D1718139

SCHRENCK-NOTZING (Hg.)

LEXIKON
DES KONSERVATISMUS

Stocker
StV

LEXIKON DES KONSERVATISMUS

Herausgegeben von

Caspar v. Schrenck-Notzing

LEOPOLD STOCKER VERLAG

GRAZ – STUTTGART

Umschlaggestaltung: Mag. Ursula Woess, Graz
Die Fotos und Abbildungen im Text wurden dem Verlag von den Autoren freundlicherweise
zur Verfügung gestellt.

Die Deutsche Bibliothek – CIP-Einheitshaufnahme
Lexikon des Konservatismus / hrsg. von Caspar von Schrenck-Notzing – Graz ;
Stuttgart : Stocker 1996
  ISBN 3-7020-0760-1

NE: Schrenck-Notzing, Caspar von [Hrsg]

ISBN 3-7020-0760-1
Printed in Austria
Gesamtherstellung: M. Theiss, A-9400 Wolfsberg

Inhaltsverzeichnis

Inhaltsverzeichnis

Vorwort

Samuel Johnson, Autor eines „Dictionary of the English Language" (1755), schrieb: „Entweder wir wissen etwas, oder wir wissen, wo wir es finden können." Bis zum Einsatz des PC für die Wissensfindung – ein revolutionärer Umbruch unserer Tage – nahm sich das Lexikon dieser Aufgabe an. Je mehr sich die Schere zwischen dem, was wir wissen, und dem, was wir wissen könnten, öffnete, desto mehr Lexika brachten die Verlage auf den Markt. Es gibt wohl kaum ein Wissensgebiet, über das ein Lexikon nicht Auskunft erteilt. Und doch bildete der Konservatismus bislang einen weißen Fleck auf der bibliographischen Landkarte.

Konservatismus spielt im alltäglichen Diskurs eine nennenswerte, wenn auch wenig geklärte Rolle, stützt sich auf eine durch die Jahrhunderte gehende geistesgeschichtliche und politische Strömung, weist viele Facetten auf und berührt die existentiellen Fragen. Wo findet sich für ein Lexikon ein herausfordernderer Gegenstand? Konservatismus gibt es in vielen, vielleicht in allen Ländern, ein „Lexikon des Konservatismus", das mehr als ein Teilgebiet behandelt, in keinem. Louis Fillers „A Dictionary of American Conservatism" (1987) ist eine Zusammenstellung eher subjektiver Bemerkungen des Autors zu zahlreichen Stichwörtern, die vor allem mit dem „sozialen Wandel" zu tun haben. Nigel Ashfords und Stephen Davies' „A Dictionary of Conservative and Libertarian Thought" (1991) ist eine durch die Ära Thatcher hervorgerufene Gegenüberstellung konservativer und libertärer (oder klassisch-liberaler) Positionen. Das lexikographische Hauptwerk im deutschen Sprachraum ist das von 1859-66 durch Hermann Wagener herausgegebene „Staats- und Gesellschaftslexikon", 22 großformatige Bände. Es führt den Untertitel „Neues Conversations-Lexikon", da die gängigen Stichwörter hier in einem konservativen Sinn abgehandelt sind.

Das vorliegende „Lexikon des Konservatismus" betritt in jeder Beziehung Neuland. Einige Prioritäten seien daher genannt: Es sollte ein erschwinglicher Band werden, geeignet für das Bücherbord jedes Interessierten. Den Bibliographien wurde viel Platz eingeräumt, um das Anfangsinteresse an den Themen auf weitere Literatur hinzulenken.

Der Umfang des Lexikons war begrenzt. Statt einer Kürzung der einzelnen Beiträge wurde lieber auf eine annähernde Vollständigkeit der aufgenommenen Stichwörter verzichtet. Wichtiger schien, durch ein Nebeneinander literarischer, biographischer, politischer und theoretischer Stichwörter der Spannweite des Konservatismus Rechnung zu tragen. Wenn der deutsche Sprachraum bevorzugt behandelt wird, so hat dies seinen Grund nicht darin, daß es Absicht war, ein Lexikon des deutschen Konservatismus zu erstellen, sondern daß eine weltweite Erfassung des Konservatismus den vorgesehenen Rahmen gesprengt hätte. Eine Gesamtgeschichte des Konservatismus gibt es bisher nicht einmal in Ansätzen, lediglich die Darstellung national begrenzter Teilabschnitte, wie die bisherigen fünf Bände von „A History of the Conservative Party" in England oder George H. Nashs „The Conservative Intellectual Movement in America. Since 1945" in den USA. Das „Lexikon des Konservatismus" glaubt für die weitere nationale und internationale Erforschung des Themas ein nützliches Hilfsmittel beigesteuert zu haben. Es wurde in relativ kurzer Zeit von einem Kreis mit dem Thema vertrauter Autoren ohne alle Unterstützung von öffentlicher Seite oder Anlehnung an bestehende Lexika-Redaktionen und spezialisierte Verlage fertiggestellt. Die unter den Autoren zu verzeichnenden Abweichungen im Stil, der Artikellänge und der vertretenen Sicht blieben weitgehend erhalten.

Das „Lexikon des Konservatismus" möchte den Konservatismus einem breiteren Kreis erschließen, nicht aber die Pforte einer reinen Lehre mit dem Schwert der Doktrin verteidigen. Wenn im Mittelpunkt die Geschichte steht, dann soll der Konservatismus keineswegs der Vergangenheit zugeordnet werden. Es spiegelt sich darin vielmehr das konservative Bemühen, dem „Drill des Vorübergehenden" (Botho Strauß) Widerstand zu leisten und den „permanent things" (T. S. Eliot) den ihnen gebührenden Vorrang einzuräumen. Das ältere Wort „Konservativismus" wurde durchgängig durch das dem Englischen nachgebildete Wort „Konservatismus" ersetzt.

Caspar von Schrenck-Notzing

Anmerkung zur Bibliographie:

Die Auswahlbibliographien sind nach folgendem Schema unterteilt:
Bibliographien (B.), Schriften (S.) der behandelten Autoren, Editionen (E.), gegebenenfalls Übersetzungen (Ü.) sowie Literatur zum Stichwort (L.).

A

Absolutismus

Mit dem Begriff A. wird im allgemeinen eine für die europäische Geschichte der frühen Neuzeit (16.-18. Jhdt.) kennzeichnende Herrschafts- und Regierungsform bezeichnet, die sich durch eine starke Monarchie, eine machtvolle Bürokratie sowie durch Zurückdrängung der traditionellen intermediären Gewalten (also des Adels und der Stände sowie der Kirche) auszeichnet. Als Prototypen absolutistischer Staaten gelten in der Regel Frankreich (bis 1789) und Brandenburg-Preußen. Kennzeichen absolutistischer Politik sind staatliche Machtentfaltung durch Zentralisierung und Vereinheitlichung der Verwaltung, durch den Aufbau stehender Heere sowie durch die soziale Disziplinierung der Bevölkerung.

Begriff und Konzept des A. als eines historischen Epochenbegriffs entstanden in Deutschland allerdings erst in den 1830er Jahren im Zusammenhang der Hegelschen Rechtsphilosophie und deren Rezeption. Hegels „Erhebung des ‚Staates' zur philosophisch-politischen Leitidee als Erscheinung des ‚Absoluten'" (Blänkner) wurde zum Ausgangspunkt nicht nur einer politischen Debatte über den A., sondern auch zum Beginn der deutschen A.-forschung, die das Konzept der „Staatsbildung" zum zentralen Moment frühneuzeitlicher Geschichtsdeutung erhob (O. Hintze, G. Schmoller, F. Hartung u.a.). Die neuere Forschung betont dagegen, „daß unter der ‚staatlichen' Suprastruktur des A. der Bereich des Ständischen weit lebendiger und machtvoller geblieben ist als man meist angenommen hat" (Vierhaus) und daß auch (der früher zumeist als zentraler Theoretiker des A. angesehene) Bodin das Nebeneinander von überpositivem (göttlichem und natürlichem) sowie positivem →Recht und auch eine begrenzte Mitwirkung der Stände an der politischen Entscheidungsfindung durchaus akzeptiert hat.

Die konservativen Theoretiker und Publizisten des 18. und 19. Jhdt.s haben – mit wenigen Ausnahmen, insbesondere in Preußen – den A. als Symptom einer schweren historischen Krise, als Beginn des Verfalls der traditionellen Ordnung Europas und ihrer geschichtlichen und religiösen Fundamente gedeutet. A. wurde mit Despotismus identifiziert und als Ursache und zugleich Hauptmerkmal der modernen Revolutionen aufgefaßt. So konnte →Radowitz von einem „A. von oben herunter als Beamtenstaat", einem „A. aus der Mitte als parlamentarischer Regierung" und von einem „A. von unten herauf als demokratische Republik" sprechen – womit jeweils eine unbeschränkte Herrschaftsgewalt gemeint war und damit zugleich eine Abkehr von der Bindung jeder Machtausübung an das „göttliche Recht".

L.: *P. Klassen:* Die Grundlagen des aufgeklärten A., Jena 1929; *F. Hartung:* Volk und Staat in der deutschen Geschichte, Leipzig 1940; *ders.:* Staatsbildende Kräfte der Neuzeit, Berlin 1961; *O. Hintze:* Gesammelte Abhandlungen, Bde. I, III, Göttingen ²1967, ³1970; *G. Oestreich:* Geist und Gestalt des frühmodernen Staates, Berlin 1969; *W. Hubatsch* (Hrsg.): A., Darmstadt 1973; *K. O. v. Aretin* (Hrsg.): Der Aufgeklärte A., Köln 1974; *R. Mandrou:* Staatsräson und Staatsvernunft. 1649-1775, Frankfurt a. M. 1976; *G. Oestreich:* Strukturprobleme der frühen Neuzeit, Berlin 1980; *H. Lehmann:* Das Zeitalter des A., Stuttgart 1980; *R. Vierhaus:* Staaten und Stände, Frankfurt a. M. – Berlin 1984; *J. Kunisch:* A., Göttingen 1986; *E. Hinrichs* (Hrsg.): A., Frankfurt a. M. 1986; *R. Vierhaus:* Deutschland im 18. Jhdt., Göttingen 1987; *H. Duchardt:* Das Zeitalter des A., München 1989; *R. Blänkner:* „A." und „frühmoderner Staat", in: *R. Vierhaus u.a.* (Hrsg.): Frühe Neuzeit – Frühe Moderne?, Göttingen 1992, S. 48-74.

– K

Acton, Lord John Emerich Edward Dalberg-Acton

* 10. 1. 1834 Neapel; † 19. 6. 1902 Tegernsee. A. stammte väterlicherseits aus einem alten englisch-katholischen, durch Karl I. geadelten Geschlecht; seine Mutter kam aus dem deutschen Fürstenhause Dalberg. Er heiratete die bayerische Gräfin Marie Arco-Valley. A.s geistige Erziehung lag zunächst in den Händen des späteren englischen Kardinals Nicholas Wiseman und des Abbé Félix Dupanloup. Seinem Wunsch, an der Universität Cambridge zu studieren, wurde nicht entsprochen: drei Colleges lehnten die Bewerbung A.s aus konfessionellen Gründen ab. Unter der Anleitung des katholischen Theologen und Kirchenhistorikers Ignaz von Döllinger studierte A. statt dessen in München Theologie und Geschichte. Von 1859-66 war A. Mitglied des britischen Unterhauses;

als erster Katholik seit der Reformation zog er 1869 ins Oberhaus ein. Als Mitarbeiter und Herausgeber der Zeitschriften „The Rambler" (1860-62) und „Home and Foreign Review" (1862-64) vertrat A. liberal-katholische Auffassungen. Sie forderten die Kritik Kardinal Mannings heraus. A. arbeitete außerdem aktiv an der Gründung der „English Historical Review" mit, die 1866 zum erstenmal erschien. Im Jahre 1895 wurde A. zum Regius Professor of Modern History an der Universität Cambridge ernannt. Die von ihm konzipierte „Cambridge Modern History" konnte erst nach seinem Tode erscheinen.

Zum Leitmotiv seines historischen Denkens wurde die wechselseitige Verschränkung von Gewissensfreiheit und Unabhängigkeitsstreben des Menschen. Beide haben ihren Urgrund in der Erlösungstat Christi. A.s unbedingter Rekurs auf die Dialektik von Gewissen und Freiheit verdrängt allerdings die Spannung zwischen Glauben und Wissen, Verstand und Offenbarung. Der christlichen Religion sei es, so A., auch zu verdanken, daß sich die Geschichte in einem fortschrittlichen Sinn entwickle. Der historische Progressus verwirkliche sich im Siegeszug des demokratischen Gedankens, der Abschaffung der Sklaverei, der stetigen Zunahme der Meinungs- und Gewissensfreiheit und der Verbesserung der Lebensumstände breiter Volksschichten. „On the whole line the development has been from force and cruelty to consent, humanity and rational persuasion."

Als Anwalt des gesellschaftlichen und politischen Fortschritts sprach sich A. auch für die englischen Wahlrechtsreformen aus. In seinen Augen fällt ein änderungsunfähiges System der Illegitimität anheim: „A government which cannot be reformed does not merit to be preserved." Allerdings dürfe sich der historische Fortschritt nicht auf Kosten der Vergangenheit vollziehen. „The breach of continuity" müsse unter allen Umständen verhindert werden. Dabei war A. der Auffassung, daß ein vernünftiger Progressus die gemeinsame Aufgabe von Liberalen und Konservativen sei. „Progressus depends not only on the victory, the uncertain and intermittent victory, of Liberals over Conservatives, but on the permeation of Conservatism with liberal ideas." So nimmt es nicht wunder, daß A. →Burke als „our best political writer" bezeichnete, sein politisches Denken als „the noblest political philosophy in the world" charakterisierte. Als Anwalt der Burkeschen Geschichtsauffassung kritisierte A. sowohl die von Lord Macaulay vertretene „Whig Interpretation of History" (H. Butterfield) wie auch das sich allzusehr am Materiellen orientierende Fortschrittsdenken Condorcets, aber er kritisierte ebenfalls jede Spielart des historischen Relativismus und des daraus resultierenden ethischen Indifferentismus, den A. nicht zuletzt bei →Ranke anzutreffen glaubte. Diese Kritik tat allerdings seiner Hochschätzung der deutschen Geschichtswissenschaft keinen Abbruch.

A.s Staatsbild ist durch und durch auf einen antiaufklärerischen Ton gestimmt. Für ihn ruht die Staatsvertragslehre vollständig auf atheistischer und utilitaristischer Grundlage. Ganz im Kontrapunkt zu ihr definierte er die Politik als „an affair of morality that touches eternal interests". Mit dieser Auffassung avancierte A. zum Vorläufer der sog. „Metaphysical Theory of State", wie sie später von Hobhouse, Bosanquet und Bradley vertreten wurde. Die politische Ordnungsvorstellung des Katholiken A. schloß sowohl die Ablehnung des Gallikanismus als auch die des Ultramontanismus ein. Während das gallikanische Kirchensystem als fürstliches Mittel zur Unterdrückung der Kirche mißbraucht worden sei, leide der Ultramontanismus unter dem Fehler, der Politik ihre Eigenrechte zu nehmen. Scharf trat er der Auffassung J. de →Maistres entgegen, daß jegliche Auflehnung gegen die weltliche Gewalt den Pflichten eines Christen widerspreche. In Übereinstimmung mit seinem Freund Gladstone rechnete er die Trennung von Kirche und Staat zu den wichtigsten Errungenschaften der Neuzeit – doch er hielt daran fest, daß die Politik einer christlichen Prägung bedürfe.

Obgleich A. – wie sein Lehrer und Freund Döllinger – der päpstlichen Infallibilitätslehre skeptisch gegenüberstand, bekannte er sich ohne Umschweife zur hierarchischen Ordnung der Kirche: „A church without a Pope is not a church." Im Gegensatz zu den politischen Ordnungsvorstellungen der theokratischen Konterrevolutionäre akzeptierte A. das Demokratieprinzip, lehnte jedoch die radikale und rationalistische Demokratieversion strikt ab: da sie jegliche Bindung an eine über dem Volkswillen stehende Macht ablehne, sei sie dauernd in Gefahr, zu einer despotischen Herrschaft zu entarten. In Übereinstimmung mit dem von ihm verehrten →Tocqueville betonte A., daß →Freiheit nicht nur „against the government", sondern auch „against the people" verteidigt werden müsse. Die – von A. kritisierte – Lehre Rousseaus kenne kein „right against the power of all"; auch für die Demokratie gelte: „Power tends to corrupt; absolute power corrupts completely."

Zu den Ländern, die dem in die Irre führenden Demokratiekonzept Rousseaus nicht folgten, gehörten A. zufolge neben Großbritannien auch die USA. Die „Federalist Papers" von Hamilton, Madison und Jay bezeichnete er als „textbook of conservative democracy", und die amerikanische Revolution sei (im Gegensatz zur Französischen) als das gelungene Werk von „conservative politicians" anzusehen. – Dem ökonomischen Liberalismus in der Tradition A. Smiths stand A. kritisch gegenüber; in ihm sah er eine der Hauptursachen für den Pauperismus und den beginnenden Klassenkampf von unten. Pointiert wandte sich A. auch gegen den Sozialdarwinismus: statt dem „survival of the fittest" das Wort zu reden, votierte er für den „survival of the unfit". Dabei lastete er sowohl den Whigs als auch den Tories an, die „demoralizing effects of property" in ihrer Bedeutung verkannt zu haben.

S.: Sendschreiben an einen deutschen Bischof des Vaticanischen Concils, Nördlingen 1870; Zur Geschichte des Vaticanischen Concils, München 1871; The History of Freedom in Antiquity, Bridgenorth 1877; The History of Freedom in Christianity, ebd. 1877.

E.: Letters to Mary, Daughter of the Right Hon. E. E. Gladstone, hrsg. v. H. Paul, London 1904; Lord A. and His Circle, Letters of Lord A., hrsg. v. A. Gasquet, London 1906; Lectures on Modern History, hrsg. v. J. N. Figgis / R. V. Laurence, London 1906 (Neuaufl. London 1913, Glasgow 1960); The History of Freedom and other Essays, hrsg. v. dens., London 1907; Historical Essays and Studies, hrsg. v. dens., London 1907; Lectures on the French Revolution, hrsg. v. dens, London 1910; Selections from the Correspondence of the first Lord A., hrsg. v. dens., London 1917; F. E. Lally: As Lord A. says, London 1942; Essays on Freedom and Power, hrsg. v. G. Himmelfarb, Boston 1949, London ²1956; Essays on Church and State, hrsg. v. D. Woodruff, London 1952; Briefwechsel I. von Döllinger – Lord A., hrsg. v. V. Conzemius, Bde. I-III, München 1963-70; Essays in the Liberal Interpretation of History. Selected Papers, hrsg. v. W. H. McNeill, Chicago

– London 1967; Lord A. on Papal Power, hrsg. v. H. A. MacDougall, London 1973; The Correspondence of Lord A. and R. Simpson, hrsg. v. J. L. Altholz / D. McElrath, Bde. I-III, Cambridge 1973-75; Essays in the History of Liberty, hrsg. v. R. Fears, Bde. I-III, Indianapolis 1985-88.

Ü.: Die neuere deutsche Geschichtswissenschaft, übers. v. J. Imelmann, Berlin 1897; U. Noack: Geschichtswissenschaft und Wahrheit. Nach den Schriften von John Dalberg-A., dem Historiker der Freiheit. Aus dem Englischen, Frankfurt a. M. 1935; ders.: Katholizität und Geistesfreiheit. Nach den Schriften von John Dalberg-A. 1834-1902. Aus dem Englischen, Frankfurt a. M. ²1947; ders.: Politik als Sicherung der Freiheit. Nach den Schriften von John Dalberg-A., 1834-1902. Aus dem Englischen, Frankfurt a. M. 1947; Revolution oder Freiheit. Aus dem Englischen. Einf. v. G. Coudenhove-Kalergi, Salzburg 1952.

L.: C. Blennerhassett: A., in: Biographisches Jahrbuch und Deutscher Nekrolog 7 (1902); dies.: The Late Lord A., in: Edinburgh Review 197 (1903); C. Lady Blennerhasset: Lord A., in: Deutsche Rundschau 122 (1905); M. Gladstone: A., Gladstone and Others, London 1924; F. Engel-Janosi: Reflections of Lord A. on Historical Principles, in: Catholic Historical Review 27 (1941); D. Mathews: A. The Formative Years, London 1946; J. A. Auchmuty: A.'s Election as an Irish Member of Parliament, in: English Historical Review 61 (1946); G. P. Gooch: Lord A.: Apostle of Liberty, in: Foreign Affairs 25 (1947); H. Finer: A. as Historian and Political Scientist, in: Journal of Politics 10 (1948); G. E. Fasnacht: Lord A. on Nationality and Socialism, London 1949; ders.: Lord A.'s Political Philosophy, London 1952; G. Himmelfarb: Lord A. – A Study in Conscience and Politics, London 1952; L. Kochan: A. on History, London 1952; P. Banaschewski: Macaulay und A. Ein Beitrag zum Freiheitsbegriff in der englischen Geschichtsschreibung, Miesbach (Obb.) 1960; H. Butterfield: A. His Training, Methods and Intellectual System, in: Studies in Diplomatic History and Historiography in Honour to G. P. Gooch, hrsg. v. A. O. Sarkissian, London 1961; J. L. Altholtz: The Liberal Catholic Movement in England. The „Rambler" and its Contributors 1848-64, London 1962; H. A. MacDougall: The A. – Newman Relations, New York 1962; G. Mann: Lord A., in: ders.: Geschichte und Geschichten, Frankfurt a. M. 1962, S. 85-101; V. Conzemius: Lord A. and the First Vatican Council, in: Journal of Ecclesiastical History 20 (1969); J. D. Holmes: More Roman than Roman: English Catholicism in the Nineteenth Century, London 1978; L. Kettenacker: Lord A.: Wegbereiter der deutschen Historischen Schule und Kritiker des Historismus, in: A. M. Birke / K. Kluxen (Hrsg.): Kirche, Staat und Gesellschaft im 19. Jhdt., München 1984; R. Kirk: Lord A. on Revolution, in: The Salisbury Review 12 (1994); P. Bahners: Lord A., der letzte Liberale und erste Intellektuelle, in: FAZ Nr. 168, 22. 7. 1995.

– JBM

Adams, Henry

* 16. 2. 1838 Boston; † 20. 3. 1918 Washington. Historiker, literarisch-politischer Publizist. A. war der Sproß einer republikanischen Dynastie: ihr entstammten der zweite und der sechste Präsident der USA. Das „Weiße Haus", dem Knaben durch Erzählungen und Besuche vertraut, wurde sein „Berufsziel". Der selbstgerechten Steifheit Bostons zog er das sommerliche Landleben beim Großvater und Altpräsidenten John Quincy A. vor. Die in Harvard begonnenen Jura-Studien setzte A. in Berlin fort (1858/59), genoß die „Kavalierstour" durch Italien und Frankreich und war 1860 wieder zu Hause. Kurz danach wurde sein Vater Francis Charles A. von Lincoln zum Vertreter der Nordstaaten in dem ihm feindlich gesinnten London ernannt; er nahm seinen Sohn als Privatsekretär mit (1861-69). Im Brennpunkt der Hauptstadt der westlichen Welt gewann A. Einblick in die Arkana der großen Politik. Zurückgekehrt, erschien ihm seine Heimat durch den Bürgerkrieg bis zur Unkenntlichkeit verändert: kurzatmig, selbstbezogen, gedankenarm. Es zog ihn in das Zentrum der Macht, Washington. A. wurde Herausgeber der einflußreichen „North American Review", stritt in ihr für eine Reform des öffentlichen Dienstes im Sinne des Berufsbeamtentums und gab die elitäre „Session" heraus. Seine Hoffnung, ein Präsident würde ihm ein hohes öffentliches Amt anbieten, erfüllte sich allerdings nicht.

1871 nahm A. die Einladung des Präsidenten von Harvard, Charles W. Eliot, an, dort Geschichte zu lehren. Nach Berliner Muster führte er das Seminar in den Lehrbetrieb ein. Mißtrauisch gegenüber den allzuvielen „facts" lehrte er Deutung und Verstehen. A. begann die monumentale „History of the United States during the Administration of Thomas Jefferson and James Madison". Die dort gegebene Beschreibung des amerikanischen Charakters gilt, neben der von →Tocqueville, als klassisch.

1877 kehrte A. nach Washington zurück. 1872 hatte er Marian Hooper, Tochter einer der reichsten Bostoner Familien, geheiratet. Die harmonische Ehe blieb kinderlos. Das gastfreie Haus schräg gegenüber dem Amtssitz der Vorfahren A.' wurde zum gesuchten Ort geistvollen gesellschaftlichen Lebens. Seinen Abscheu vor dem politischen Treiben der Hauptstadt entlud A. anonym in seinem Buch „Democracy. An American Novel" (1880), das in den USA und Europa Aufsehen erregte, weil die Demokratie hier als philanthropische Illusion dargestellt wurde. Die Biographien „The Life of Albert Gallatin" und „John Randolph" festigten A.' Ruf als Historiker. Der Neuamerikaner Gallatin aus Genf erschien A. als das unerreichte Vorbild eines republikanischen Staatsmannes.

Hochgestimmt lebte A. im Sinne der „Alten" seine „akmé". Sie endete 1885 jäh durch den Selbstmord seiner Frau. Ruhelos unternahm A. anschließend ausgedehnte Reisen in Asien, der Südsee und durch Europa. Paris wurde sein zweiter Wohnsitz. Er entdeckte die gotischen Kathedralen und durch sie das zwölfte Jhdt. als letzte Epoche der „Unity". In seinem letzten großen Werk, „Mont Saint Michel and Chartres" (1913), pries er das verlorene Reich der „Königin Maria". Etwa gleichzeitig schrieb er für seine Freunde „The education of H. A.". Trotz erheblicher Lücken (es fehlt seine Ehe) gilt das Buch als eine der bedeutendsten Selbstbiographien des englischen Sprachraums. Seit 1912 durch die Folgen eines Schlaganfalls behindert, starb A. 1918.

Skepsis durchzieht sein Werk. Von Hegel und Schopenhauer geleitet, stellt sich der „Conservative Christian Anarchist" A. unter das „Große Gesetz der Gegensätze" (Dialektik) und nimmt sich Shakespeare zur „Bibel". So gerüstet, ficht er mit scharfen Hieben gegen den Geist des Jhdt.s. Nicht Prinzipien, sondern →Werte entscheiden; „Zeit und Erfahrung ändern alle Perspektiven"; nicht Männer machen die Geschichte, sondern Kräfte („forces"); „Menschenkenntnis ist Anfang und Ende der politischen Erziehung"; Instinkt steht über der Ratio. Der →Staat, auf Privateigentum und Familie gegründet, braucht Ausgewogenheit zwischen „englischem" Freihandel und „deutschem" Gemeinsinn („Socialism"). Um 1700 sind die Naturwissenschaften auf Abwege geraten, und ihre richtungslose Energie führt zur Katastrophe.

Täglich hat A. seine Freunde – und vor allem Freundinnen – in Briefen an seinen Erlebnissen und Gedanken teilnehmen lassen.

Sein erst spät bekannt gewordenes Briefwerk füllt inzwischen viele Bände und gilt als eines der bedeutendsten der englischsprachigen Literatur. Die „Education" hatte das Ansehen, das A. sich als Historiker und Publizist erworben hatte, zu literarischem Ruhm gesteigert, der in der Keep-smiling-Zivilisation der ersten Jahrhunderthälfte bald verblaßte. Erst die konservative Renaissance der Nachkriegszeit entdeckte A.' Werk von neuem. Er war, so einer seiner Biographen (R. Hume), „one of the most meaningful persons that have lived in the present century".

S.: Essays in the Anglo-Saxon Law, Boston 1876; The Life of Albert Gallatin, Philadelphia 1879; (anonym): Democracy. An American Novel, New York 1880 (mehrere Auflagen bis 1925); John Randolph, Boston 1882; (unter dem Pseudonym F. Compton): Esther. A Novel, New York 1884; History of the United States during the Administration of Thomas Jefferson and James Madison, Bde. I-IX, New York 1889-91 (mehrere Auflagen und gekürzte Ausgaben); Historical Essays, New York 1891 (Nachdruck Hildesheim 1973); The Tendency of History, Washington 1895; Memoirs of Arii Taimai, Paris 1901; A Letter to American Teachers of History, Washington 1910; The Life of George Cabot Lodge, Boston 1911; Mont Saint Michel and Chartres, Boston 1913 (Neuauflage 1986); The Education of H. A., Boston 1918 (viele Neuauflagen und -ausgaben); The Degradation of the Democratic Dogma, hrsg. v. B. Adams, New York 1919.

E.: M. La Farge: Letters to a Niece and Prayer to the Virgin of Chartres by H. A., Boston 1920; Letters of H. A. (1858-91), hrsg. v. W. C. Ford, Boston 1930; H. A. and his Friends: a collection of his unpublished letters, hrsg. v. H. Dean Cater, Boston 1947; Two Essays: Relation of the State to Industrial Action. Economics and Jurisprudence, hrsg. v. J. Dorfman, New York 1969; The Letters of H. A., 1858-1912, Bde. I-VI, hrsg. v. J. Levenson, Cambridge (Mass.) 1982-88; Correspondence of Henry James and H. A., 1877-1914, hrsg. v. G. Monteiro, Baton Rouge (La.) 1992.

Ü.: Demokratie. Eine amerikanische Novelle, Leipzig 1882; Die Erziehung des H. A., Zürich 1953.

L.: J. Truslow: The A. Family, London 1930; E. Samuels: The Young H. A.; The Middle Years; The major Phase, Cambridge (Mass.) 1948, 1958, 1964; M. Baym: The French Education of H. A. New York 1951; R. Hume: Runaway Star. An Appreciation of H. A., Ithaca (N. Y.) 1951 (Neudruck 1973); H. Jordy: H. A., Scientific Historian, New Haven 1952; J. Levenson: The Mind and Art of H. A., Boston 1957; G. Mann: H. A., in: ders.: Geschichte und Geschichten, Frankfurt a. M. 1961, S. 395-402; F. Jaher: Doubters and Dissenters: Cataclysmic Thought in America 1885-1918, London 1964; V. Wagner: The Suspension of H. A. – A Study of Manner and Matter, Detroit 1969; J. Condler: A For-

mula of his own: H. A.'s Literary Experiment, Chicago 1970; M. Lyon: Symbol and Idea in H. A., Lincoln (Nebr.) 1970; R. Mane: H. A. and the Road to Chartres, Cambridge (Mass.) 1971; R. Vitzhum: The American Compromise: Theme and Method in the Histories of Bancroft, Parkman and A., Oklahoma 1974; J. Rowe: H. A. and Henry James: The Emergence of a Modern Consciousness, Cornell UP 1976; R. Blackmur: H. A., New York 1980; W. Dusinberre: H. A.: The Myth of Failure, Charlottesville 1980; E. Chalfant: Both Sides of the Ocean: A Biography of H. A., Bd. I, Better in Darkness: A Biography of H. A., Bd. II, Hamden 1982-94; A. Tehan: H. A. in Love, New York 1983; P. C. Nagel: Descent from Glory: Four Generations of the John Adams Family, New York 1983; T. E. Samuels: H. A., Cambridge (Mass.) 1989; W. Decker: The Literary Vocation of H. A., Chapell Hill 1990; O. Hansen: Aesthete in Individualism, Princeton 1990; P. O'Toole: The Fire of Hearts: An intimate Portrait of H. A. and his Friends, 1880-1918, New York 1990; R. Davidoff: A., James and Santayana, Chapell Hill 1992; D. Contosta u. a.: H. A. and his World, Philadelphia 1993; B. Minninger: H. A.: The Education of H. A. – Selbstanalyse, heuristisches Experiment und autobiographische Formtradition, Frankfurt a. M. 1994; E. Schütte: H. A. (1838-1918), in: Criticón 148 (1995), S. 211-14.

– Sch

Adams, John

* 30. 10. 1735 Braintree (Mass.); † 4. 7. 1826 Boston. Rechtsstudium mit Magisterabschluß in Harvard, Anwaltstätigkeit ab 1758; erste juristische und politische Publizistik. 1774 Delegierter von Massachusetts im 1. Kontinentalkongreß, Mitglied des Ausschusses, der die Unabhängigkeitserklärung von 1776 formulierte, und des Verfassungsausschusses von Massachusetts. 1777 mit B. Franklin in diplomatischer Mission in Paris, 1780 in den Niederlanden zwecks Abschluß eines Freundschafts- und Handelsvertrages und einer Anleihe. Initiative zur Errichtung der American Academy for Arts and Sciences, deren Präsident A. 1791-1813 war. 1779 politische Informationsreise nach Spanien; 1781 Mitglied der Friedensdelegation in London; 1783 einer der Unterzeichner des Friedens von Paris. Diplomatische Missionen in St. Petersburg und Berlin, 1785 erster amerikanischer Botschafter in London, 1789 Vizepräsident der Vereinigten Staaten neben G. Washington als Präsident. 1796 zweiter Präsident der USA mit knapper Mehrheit vor T. Jefferson; 1800 unterlag A. Jefferson bei der Präsidentenwahl. 1803-08 Senator von Massachusetts. 1812 Beginn des Aufstiegs seines Sohnes John Quincy A., der 1825 sechster Präsident der USA wurde.

A., wiewohl ein Mann der politischen Vita activa, hat in seinen Gesammelten Werken, seiner Autobiographie und seinen Tagebüchern einen Schatz politischer Klugheit hinterlassen, der gehoben zu werden verdient. Sein elementarer christlicher Moralismus, seine Gelehrsamkeit, seine lebendige Kenntnis der klassischen und modernen Autoren der (politischen) Philosophie ließen ihn über einen bloßen Interessen-Konservatismus hinauswachsen. Bei den *Philosophes*, den Ideologen und Doktrinären der Französischen Revolution, wie Condorcet, Turgot, Tom Paine u.a., erkannte A. die Unkenntnis der historisch-politischen Wirklichkeit und die Neigung zu intellektuellen Abstraktionen. Zwar anerkannte A. die materiellen Bedürfnisse als wesentliches Element der menschlichen Natur, gleichzeitig hatte er aber keinen Zweifel an der Angewiesenheit der schwachen, törichten und oft bösartigen Natur des Menschen auf Zügelung durch religiöse Bindungen und verläßliche politische und gesellschaftliche →Institutionen. A. nahm die Einsicht in die „Dialektik der →Aufklärung" vorweg und blieb skeptisch gegenüber aufklärerischen Perfektibilitätshoffnungen durch „Zeitungen, Zeitschriften und Leihbibliotheken".

In seinen „Thoughts on Government" (1777) stellt A. die Zentralfrage nach der dauerhaften Sicherheit der →Freiheit durch die Gegengewichte der Ordnung und Stabilität: Die Pflege und Erhaltung des Gleichgewichts zwischen beiden in →Staat und Gesellschaft wird zur zentralen politischen Aufgabe. Im Sinne der klassischen politischen Anthropologie machen Leidenschaften und Begierden politische Ordnung *nötig*, Vernunft und rechtlicher Sinn machen sie *möglich*. „Die soziale Waage ist die ‚Gerechtigkeit'; man gebe das Gleichgewicht auf, und die Gerechtigkeit verschwindet mit ihm; das Ergebnis ist Tyrannei." A. steht in der ungebrochenen Tradition der gemischten Regierung (Mischverfassung) seit Aristoteles, Polybios, Cicero. Nur ein „balanced government is a free government. The nation which will not adopt an equilibrium of power must adopt a despotism." Republikanische Regierungsweise, in

„Natur und Vernunft" begründet, verbindet konstruktiv das monarchische, das aristokratische und das demokratische Prinzip, wobei die „Ämter" als „trusts" nach den Gesetzen auf Zeit vergeben werden. „The fundamental article of my political creed is that despotism, or unlimited sovereignty, or absolute power is the same in a majority of a popular assembly, an aristocratical council, an oligarchical junto, and a single emperor."

In der Auseinandersetzung mit Turgot hat A. eingeräumt, daß die Menschen zwar in moralischer und rechtlicher Hinsicht gleich sein sollten, daß sie andererseits jedoch immer ungleich seien nach Alter, Geschlecht, Stärke, Mut, Aktivität, Wissen und Weisheit, Begabung und Tugend, so daß die Verfassungen auf die Tatsache der „natural aristocracy" Rücksicht nehmen müßten.

In der klassischen Sprache der Hochaufklärung hat A. „the divine science of politics" als „the science of social happiness" bezeichnet. Doch er versteht happiness (eudaimonia) nicht individualistisch und materialistisch, sondern im Sinne des klassischen und christlichen Naturrechts als realisierte Tugend, deren Kind sie ebenso ist wie die Freiheit. „Freiheit ohne Gesetz (und Tugend) behauptet sich so lange wie ein Lamm unter Wölfen." Die Freiheiten des laissez faire ruinieren die Voraussetzungen der wahren, der politischen Freiheit. A.' republikanischer Konservatismus wußte um das ganze Gewicht der klassischen und christlichen Libertas unter Gesetz und Tugend.

S.: The Works of J. A., hrsg. von *C. F. Adams*, Bde. I-X, Boston 1850-56; The Political Writings of J. A. Representative Selections, New York 1954 (darin besonders: Thoughts on Government; A Defence of the Constitution; Discourses on Davila).

E.: Diary and Autobiography of J. A., hrsg. von *L. H. Butterfield*, Bde. I-IV, Cambridge (Mass.) 1961-66; Legal Papers, hrsg. von *L. K. Wroth / H. B. Zobel*, Bde. I-III, Cambridge (Mass.) 1965.

L.: *J. T. Morse*: J. A., Boston – New York 1912; *J. T. Adams:* The Adams Family, Boston 1930; *C. D. Bowen:* J. A. and the American Revolution, Boston 1951; *Z. Haraszti:* J. A. and the Prophets of Progress, Cambridge (Mass.) 1952; *A. Iacuzzi:* J. A., scholar, New York 1952; *M. J. Dauer:* The A. Federalists, Baltimore 1953; *S. G. Kurtz:* The Presidency of J. A. – The Collapse of Federalism, Philadelphia 1957; *R. Kirk:* Lebendiges politisches Erbe. Freiheitliches Gedankengut von Burke bis Santayana 1790-1918, Erlenbach – Zürich – Stuttgart 1959; *P. Smith:* J. A., Bde. I-II, Garden City

(N. Y.) 1962; *G. Chinard:* Honest J. A., Boston 1964; *E. Handler:* America and Europe in the Political Thought of J. A., Princeton 1966; *J. R. Howe:* The Changing Political Thought of J. A., Princeton 1966; *R. A. Brown:* The Presidency of J. A., Lawrence 1975; *P. Shaw:* The Character of J. A., Chapel Hill 1976; *R. A. East:* J. A., Boston 1979; *J. H. Hutson:* J. A. and the Diplomacy of the American Revolution, Lexington 1980; *K. Hornung:* J. A., in: *ders.:* Freiheit in unserer Zeit, Stuttgart – Bonn 1984.

– Ho

Adel

A. (von altnord. Odal = Stammgut) bezeichnet einen Geburtsstand, für den die Verbindung von Grundbesitz mit herrschaftlichen, speziell militärischen Funktionen charakteristisch war. Der A. bildete eine Korporation, deren Mitglieder besondere Rechte („Freiheiten") genossen. Diesen standen Standespflichten gegenüber, zu denen auch das Verbot bürgerlicher Betätigungen gehörte.

Die Leitbilder des europäischen A.s gehen auf antike, germanische und christliche Vorbilder zurück. Zentrale Bedeutung kommt dem Tugend- und Ehrbegriff zu, der die Bewahrung der moralischen Integrität zum Inhalt hat. Das Selbstverständnis des A.s ist historisch geprägt und elitär. Adelige verstehen sich als „Glied einer Kette" (Börries von →Münchhausen); sie haben als traditionsgeleitete Menschen eine natürliche Affinität zum Konservatismus.

Im späten Mittelalter trat dem Schwertadel (noblesse d'épée) der Brief- und Amtsadel (noblesse de robe) zur Seite. Mit ihm festigten die Fürsten ihre Macht auf Kosten des Feudaladels. Das Heilige Römische Reich ist als Adelsdemokratie mit monarchischer Spitze, sein Immerwährender Reichstag als „Rat der Adeligen" bezeichnet worden. Bemerkenswert ist, daß die modernen Parlamente nicht nur in England und Frankreich, sondern auch in Deutschland aus den vom A. geprägten ständischen Vertretungen hervorgegangen sind.

Bei allen Gemeinsamkeiten weist die deutsche und europäische Adelslandschaft bedeutsame nationale und regionale Unterschiede auf. Hinzu kommt noch eine inneradlige Schichtung, deren Spannweite vom armen Landjunker bis zum unabhängigen Aristokraten reicht. In Deutschland vermochte das Königtum das Entstehen quasi-souveräner Landesfürstentümer nicht zu verhindern, hier schottete sich der regierende hohe A. vom niederen A. durch Ebenbürtigkeitsschranken ab. In Frankreich brach das Königtum im 17. Jhdt. die Macht der Kronvasallen. In England trotzten die Barone dem König 1215 die Magna Charta Libertatum ab und verliehen dem sich auf das House of Lords und das Unterhaus stützenden Parlamentarismus bis in das 19. Jhdt. hinein einen aristokratischen Charakter. Hier sorgte freilich das Institut der Primogenitur für die Durchlässigkeit des höheren zum niederen A. sowie auch zum Bürgertum.

Als intermediärer Stand war der A. tendenziell Gegner des absoluten Königtums und spielte in Frankreich bei dessen Sturz keine geringe Rolle (réaction nobiliaire; Mirabeau, Lafayette). Andererseits war der A. ein geborener Gegner des demokratischen Egalitarismus.

Vielfach wird übersehen, daß im deutschen A. fortlebende Reichstraditionen und der Groll der Mediatisierten über ihren für sie demütigenden Untertanenstatus eine bedeutsame Rolle bei der 1848er Einheitsbewegung gespielt haben (Heinrich von Gagern, Erzherzog Johann, Fürst Leiningen, der „rote Fürst" Waldburg-Zeil). Bemerkenswert ist auch die vom A. notgedrungen bewiesene Anpassungsfähigkeit, im Verlauf derer die Grundbesitzer als Land- und Forstwirte professionalisierten. Dies gilt auch für die nachgeborenen Söhne und Landlosen. Sie gaben aufgrund ihrer Familientradition bis zur Heraufkunft des Parteienstaates vielfach einer Tätigkeit im öffentlichen Dienst (Militär, höhere Verwaltung, Diplomatie) die Präferenz.

Aufgrund ihrer (alt-)ständischen Orientierung lehnten viele Adelige den bürokratischen (Reform-)Konservatismus ab und widersetzten sich ihm gelegentlich (→Marwitz). In bezug auf Hardenberg und →Metternich wurde deswegen etwa von „Staatskanzlerdiktatur" und „Civildespotie" (Radetzky) gesprochen.

Der geistige adlige Konservatismus ist eine Verarbeitung der Herausforderung durch →Absolutismus, radikale →Aufklärung und egalitäre Revolution. In seinem „Essai sur la noblesse de France" vertrat der Comte de Boulainvilliers 1732 eine spezifisch antiabsolutistische Adelsideologie, indem er die adligen Prärogativen auf den Sieg der fränkischen Eroberer über die galloromanische Bevölkerung gründete und die Einberufung der Generalstände forderte. Man kann in ihm einen Vorläufer des Grafen Gobineau sehen, der 1854 in seinem „Essai sur l'inégalité des races humaines" als katholischer Monarchist das Gleichheitsprinzip bekämpft und die Arier für eine „Elitenation" erklärt hatte.

Lord →Bolingbroke idealisierte 1738 in seiner „Idea of a Patriot King" die traditionellen Lebensverhältnisse und vertrat einen patriarchalischen Konservatismus, indem er gegen die mit dem Finanzkapital der City liierten Whigs als Zerstörer der überkommenen Ordnung polemisierte. Dagegen lieferte der Baron de →Montesquieu 1748 mit seinem am englischen Vorbild orientierten „L'Esprit des Lois" einen hervorragenden Beitrag zur politischen Theorie. Er wurde zum Pionier des historischen Denkens und zum Chefdenker des gewaltenteiligen Konstitutionalismus bzw. des modernen Verfassungsstaates.

Kein Zufall war es, daß die Wortführer der legitimistischen Reaktion Adelige gewesen sind. Unter ihnen ragen hervor der Vicomte de →Bonald, der Comte Joseph de →Maistre und schließlich →Donoso Cortés, Marqués de Valdegamas. Letzterer betrachtete die Revolution als Sünde und prophezeite 1849 die „größte Despotie seit Menschengedenken".

Von diesen Konterrevolutionären, für die der Altar eine Stütze der Throne war, sind die christlichen Romantiker zu unterscheiden. Sie distanzierten sich sowohl von der Revolution als auch von simpler Reaktion und strebten eine ethische und soziale Erneuerung im christlichen und korporativ-ständestaatlichen Geist an.

Ein Vorläufer dieser Tendenzen war der Bayer K. von →Eckartshausen. Dieser Theosoph sagte 1785 in einer Akademierede über die radikale Aufklärung, daß heute der irregeleitete doktrinäre Geist nicht mehr im Mönchsrock, sondern „unter der Doktorkappe sitze"! In Frankreich erteilte der Vicomte de →Chateaubriand 1802 mit seinem „Génie du Christianisme" der Aufklärung eine Absage und gab dann 1818 mit sei-

ner Zeitschrift „Le Conservateur" dem Konservatismus seinen Namen.

In Deutschland haben →Novalis (Friedrich von Hardenberg), der bereits 1799 seine Schrift „Die Christenheit oder Europa" veröffentlichte, und der gleich ihm von Eckartshausen beeinflußte F. von →Baader mit seinem Traktat „Ueber das durch die französische Revolution herbeigeführte Bedürfnis nach einer...Verbindung der Religion mit der Politik" (1815) neben dem Pietistin Juliane von Kruedener die geistigen Grundlagen für die „Heilige Allianz" gelegt. Sie ist als „Internationale des Konservatismus" bezeichnet worden.

Den intellektuellen Überbau für die nachrevolutionäre Epoche hat der Berner Patrizier C. L. von →Haller mit seiner „Restauration der Staats-Wissenschaft" (1816-34) geschaffen. Darin propagierte er eine christlich fundierte Ständegesellschaft mit starker Stellung des A.s.

Während es sich dabei um rückwärts gewandte Vorstellungen handelt, begegnet uns mit A. de →Tocqueville der vielleicht bedeutendste politische Theoretiker der Neuzeit. In seiner „De la démocratie en Amérique" (1835/40) legte der ehemalige Legitimist eine hellsichtige Analyse der modernen Demokratie vor. Er vertrat die Auffassung, daß es zum Gleichheitsprinzip keine Alternative gäbe, und machte sich gleichzeitig Sorgen darüber, daß dieses Prinzip die menschliche Unabhängigkeit bedrohe und den Despotismus begünstige. In seiner Kammerrede vom 27. 1. 1848 bezeichnete er prophetisch als Kennzeichen des Sozialismus das „tiefe Mißtrauen gegen die Freiheit". In dieser freiheitlichen Tradition steht Bertrand de →Jouvenel, der 1945 in „Du pouvoir" unter dem Eindruck von Hitler und Stalin über die Entartung der Demokratie zur Tyrannis nachdachte.

Solch eine konservative Haltung, die der →Freiheit des Individuums den Vorrang erteilt, die durch Achtung vor den Fakten und →Institutionen und Mißtrauen gegen konstruktivistische Sozialtechnologie gekennzeichnet ist – etwa auch des zu den Frühsozialisten gerechneten Comte Henri de Saint-Simon –, erklärt, weshalb mit Tocqueville, Fustel de Coulanges, →Below und Aretin Adelige bei der Analyse des Ancien régime Besonderes geleistet haben.

Was die praktische Politik anbelangt, haben bekanntermaßen Aristokraten in der Übergangsepoche zwischen Absolutismus und Demokratie herausragende Staatsmänner gestellt, und zwar sowohl eher traditionelle Kabinettspolitiker wie auch Reformer und Reaktionäre (z.B. Talleyrand, Castlereagh, Liverpool, Stadion, Metternich, →Schwarzenberg, Montgelas, →Stein, Hardenberg, →Bismarck).

Tatsächlich hat die Liberalisierung der Gesellschaft Angehörigen des A.s gleichsam als Honoratioren vorübergehend neue Wirkungsmöglichkeiten eröffnet. In Preußen spielten sie z.b. beim „Verein zur Wahrung der Rechte des Grundbesitzes" (der 1848 zum „Junkerparlament" zusammentrat) sowie später in dem mit der →Deutschkonservativen Partei verquickten →„Bund der Landwirte" eine wichtige Rolle. Der katholische A. Süddeutschlands, Westfalens und Österreichs wirkte bei der Gründung und Führung der katholischen Parteien, der Bauernverbände sowie in der kirchlichen Laienbewegung maßgeblich mit (Graf Arco, Schorlemer, Mallinckrodt, Fürst Löwenstein, Fürst Liechtenstein). Dabei gerieten „ultramontan" Orientierte oft in einen Konflikt mit dem modernen säkularen Staat.

Eine kleine, aber bemerkenswerte Gruppe bilden die christlich-sozialreformerischen „Sozialaristokraten". Dazu gehörten in Österreich der Freiherr Karl von →Vogelsang, Graf Blome sowie der „rote" Prinz Alois von Liechtenstein. In Deutschland waren Bischof von Ketteler sowie Bodelschwingh prominente kirchliche Sozialaristokraten, während Handelsminister Berlepsch sowie der „konservative Sozialist" →Moellendorff als politische Beamte wirkten.

Der Kollaps der Monarchien von 1918 brachte den A. in die Defensive. Symbolisch war, daß sich die vom Grafen →Westarp geführte Deutschkonservative Partei in →Deutschnationale Volkspartei umbenannte. Innerhalb dieser nahm der Einfluß der Monarchisten ständig ab. Adelige Legitimisten wie der Leiter des Hauptvereins der Konservativen, E. von →Kleist-Schmenzin, sowie der österreichische Monarchistenführer Baron Linden vermochten nur eine marginale Rolle zu spielen. Nur in Bayern, wo der nach der „Machtergreifung" verfolgte Freiherr von Aretin den Königsbund anführte, schien es vorübergehend möglich, die Nationalsozialisten durch eine konservativ-sozialdemokratische Allianz unter dem Dach des Legitimismus abzublocken. Die Krise der parlamentarischen Demokratie auf dem Kontinent ließ (Jung-)Konservative nach autoritär-ständestaatlichen Lösungsmöglichkeiten suchen. Ähnlich wie dies in Frankreich bei der Action Française der Fall gewesen ist, spielten dabei Adelige noch einmal eine kleinere Rolle (Heinrich von →Gleichen, K. A. Prinz →Rohan). Größere politische Bedeutung erlangte nur der österreichische Heimwehrführer Fürst Starhemberg. Das von solchen Vorstellungen beeinflußte sog. „Kabinett der Barone" unter Papen ist nach 1945 von der Linken benutzt worden, um den A. – obgleich er eine maßgebliche Rolle bei der Widerstandsbewegung gespielt hat – als „Steigbügelhalter" Hitlers zu brandmarken. In der Sowjetisch Besetzten Zone wurden die „Junker" ebenso wie die „Monopolkapitalisten" als „Feinde des Volkes" verfolgt und liquidiert.

Heute ist der außer in England als separater Stand abgeschaffte A. in die bürgerlich-demokratische Erwerbsgesellschaft integriert. Bürger adliger Herkunft sind heute in allen Berufen und allen Parteien anzutreffen. Diejenigen unter ihnen, die ihre Familientraditionen pflegen und oft den ehemals exklusiv adligen und heute karitativ tätigen Ritterorden angehören, sind meist wertkonservativ orientiert. Als Nachfahren eines Herrschaftsstandes, gegen den sich noch heute viele Aggressionen richten – sie wurden etwa 1989 anläßlich der Diskussion über die Enteignungen in der SBZ aktualisiert –, sind sie besonders sensibel bezüglich der gefährdeten Stellung des Individuums in der modernen Massengesellschaft und der stets latenten Tyrannei der Mehrheit.

L.: *Allgemeines:* O. Brunner: Adeliges Landleben und europäischer Geist, Salzburg 1949; *K. Bosl:* Der aristokratische Charakter europäischer Staats- und Sozialentwicklung, in: Historisches Jahrbuch 74 (1955), S. 631-42; *K. Bosl / H. Mommsen:* A., in: Sowjetsystem und demokratische Gesellschaft, Bd. 1, Freiburg i. Br. 1966, Sp. 51-74; *D. Gerhard* (Hrsg.): Ständische Vertretungen in Europa im 17. und 18. Jhdt., Göttingen 1969; *R. Vierhaus* (Hrsg.): Der A. vor der Revolution, Göttingen 1971; *W. Conze:* A., Aristokratie, in: Geschichtliche Grundbegriffe, Bd. I, Stuttgart 1972, S. 1-

48; *J.-P. Labatut:* Les noblesses européennes, Paris 1978; *O. von Nostitz:* Der A., in: *G.-K. Kaltenbrunner* (Hrsg.): Rechtfertigung der Elite, Freiburg i. Br. 1979; *A. Mayer:* Adelsmacht und Bürgertum. Die Krise der europäischen Gesellschaft 1848-1914, München 1984; *R. Girtler:* A. zwischen Tradition und Anpassung, in: *W. Lipp* (Hrsg.): Kulturtypen, Kulturcharaktere, Berlin 1987, S. 187-203; Les noblesses européennes du XX siècle. Actes du colloque, Rom 1988; *A. von Reden-Dohna / R. Melville* (Hrsg.): Der A. an der Schwelle des bürgerlichen Zeitalters 1780-1860, Stuttgart 1988; *H.-U. Wehler* (Hrsg.): Europäischer A. 1750-1950, Göttingen 1990; *D. Lieven:* The Aristocracy in Europe 1815-1914, London 1992.

Deutschland und Österreich: *G. Ritter:* Die preußischen Konservativen und Bismarcks deutsche Politik 1858-76, Heidelberg 1913; *N. von Preradovich:* Die Führungsschichten in Österreich und Preußen 1804-1918, Wiesbaden 1955; *H. Gollwitzer:* Die Standesherren, Stuttgart 1957; *J. C. Allmayer-Beck:* Der Konservatismus in Österreich, München 1959; *J. von Dissow (d. i. Rantzau):* A. im Übergang, Stuttgart 1961; *H. H. Hofmann:* Adelige Herrschaft und souveräner Staat, München 1962; *O. Graf zu Stolberg-Wernigerode:* Die unentschiedene Generation. Deutschlands konservative Führungsschichten am Vorabend des Ersten Weltkrieges, München 1968; *H. Siegert* (Hrsg.): A. in Österreich, Wien 1971; *H. Stekl:* Österreichs Aristokratie im Vormärz, München 1973; *K. Epstein:* Die Ursprünge des Konservativismus in Deutschland, Frankfurt a. M. 1973; *W. S. Kircher:* A., Kirche und Politik in Württemberg 1830-51, Göppingen 1973; *H. Reichold:* Bismarcks Zaunkönige. Duodez im 20. Jhdt., Paderborn 1977; *G. Kleine:* Adelsgenossenschaft und Nationalsozialismus, in: Vierteljahreshefte für Zeitgeschichte 26 (1978), S. 100-43; *H. Reif:* Westfälischer A. 1770-1860, Göttingen 1979; *H. Riehl:* Als die deutschen Fürsten fielen, München 1979; *P. U. Hohendahl / P. M. Lützeler* (Hrsg.): Legitimationskrisen des deutschen A., Stuttgart 1979; *W. Görlitz:* Die Junker, Limburg / L. ⁴1981; *K.-O. von Aretin:* Der bayerische A., in: *M. Broszat* (Hrsg.): Bayern in der NS-Zeit, Bd. III, München 1981, S. 513-67; *J. Rogalla von Bieberstein:* A. und Revolution 1918/19, in: Mentalitäten und Lebensverhältnisse. Festschrift Rudolf Vierhaus, Göttingen 1982, S. 243-59; *K. F. Werner* (Hrsg.): Hof, Kultur und Politik im 19. Jhdt., Bonn 1985; *W. Schwentker:* Konservative Vereine und Revolution in Preußen 1848/49, Düsseldorf 1988; *F. L. Carsten:* Geschichte der preußischen Junker, Frankfurt a. M. 1988; *J. Rogalla von Bieberstein:* Adelsherrschaft und Adelskultur in Deutschland, Frankfurt a. M. 1989; *I. von Hoyningen-Huene:* A. in der Weimarer Republik, Limburg 1992.

England: *A. Ponsonby:* The Decline of Aristocracy, London 1912; *F. M. L. Thompson:* English Landed Society in the 19th century, London; 1971 *J. S. Massereene and Ferrard:* The Lords, London 1973; *G. E. Mingay:* The Gentry, London 1976; *B. Masters:* The Dukes, London ²1980; *M. L. Bush:* The English aristocracy, Manchester 1984; *J. V. Beckett:* The Aristocracy in England 1660-1914, Oxford 1986; *A. Gauland:* Gemeine und Lords. Porträt einer politischen Klasse, Frankfurt a. M. 1989; *D. Cannadine:* The decline and fall of the British aristocracy, New Haven (Conn.) 1990.

Frankreich: *F. Bluche:* La vie quotidienne de la noblesse française au XVIII siècle, Paris 1973; *P. Du Puy de Clinchamps:* La noblesse, Paris ⁴1978; *A. Zobel:* Frankreichs extreme Rechte vor dem Ersten Weltkrieg unter besonderer Berücksichtigung der „Action Française", phil. Diss. Berlin 1982; *G. Chaussinand-Nogaret:* The French nobility in the eighteenth century, Cambridge 1985; *D. Higgs:* Nobles in nineteenth century France, Baltimore 1987; *J.-F. Solnon:* La cour de France, Paris 1987; *A. Texier:* Qu'est ce que la noblesse? Paris 1988.

– RvB

Adenauer, Konrad

* 5. 1. 1876 Köln; † 19. 4. 1967 Rhöndorf/ Bad Honnef. Deutscher Staatsmann. Studium der Rechte. 1906 Beigeordneter, 1917-33 Oberbürgermeister von Köln. Schuf den Kölner Grüngürtel und war Wiederbegründer der Kölner Universität. 1918-32 Vorsitzender des Provinzialausschusses der Rheinprovinz; Mitglied des Vorstandes der Zentrumspartei; 1922-33 Präsident des preußischen Staatsrates. A. hat mehrfach das Amt des Reichskanzlers ausgeschlagen. Er wies 1933 den Vorschlag der Nationalsozialisten zurück, gegen eine gute Pension freiwillig als Oberbürgermeister zurückzutreten. Im März 1933 wurde er aller Ämter enthoben und zum „Verbrecher" und „Volksfeind" erklärt; ein gegen ihn angestrengter Prozeß wegen angeblichen landesverräterischen rheinischen Separatismus mußte eingestellt werden, da die Vorwürfe nicht aufrechtzuerhalten waren. A. wurde zweimal von den NS-Machthabern, 1934 und 1944, verhaftet. Nach Kriegsende von den Amerikanern wieder als Oberbürgermeister von Köln eingesetzt; am 6. Oktober 1945 von den Engländern wegen „Unfähigkeit" abgesetzt und Verbot jeglicher politischer Tätigkeit. 1946 Vorsitzender der CDU der britischen Zone; Vorsitzender der CDU-Fraktion im Landtag von Nordrhein-Westfalen. 1948-49 Präsident des Parlamentarischen Rates; unter A.s Vorsitz wurde das Grundgesetz der Bundesrepublik Deutschland verabschiedet. 1950-66 Bundesvorsitzender der CDU. Am 15. September 1949 zum ersten Bundeskanz-

ler der Bundesrepublik Deutschland gewählt.
Vom 15. März 1951 bis 6. Juni 1955 auch Außenminister. Trat am 15. Oktober 1963 als
Kanzler zurück. Bis zu seinem Tode blieb A.
Mitglied des Deutschen Bundestages.

A. war der Baumeister der auf den Grundsätzen der Rechtsstaatlichkeit und des →Föderalismus geschaffenen Bundesrepublik
Deutschland, unter dem der Wiederaufbau
vollzogen wurde und der Deutschland nach
dem Zusammenbruch von 1945 wieder als geachtetes und gleichberechtigtes Mitglied in
die Völkerfamilie zurückgeführt hat. Durch
seine Entscheidung für eine „kleine" Koalition der bürgerlichen Parteien konnte er die
Weichen für die Einführung der freiheitlichen
sozialen Marktwirtschaft stellen, die sein
Wirtschaftsminister und Nachfolger Ludwig
Erhard verkörperte. Unter A. wurden die
Millionen von Heimatvertriebenen eingegliedert. Er sorgte für den Aufbau eines gesunden
Mittelstandes und für die dynamische Anpassung der Altersrenten. Mit seinen Kontakten
zu den Sozialpartnern trug er zu einem Klima
des sozialen Friedens bei. Durch sein Ansehen errang die CDU/CSU 1957 im Bundestag
die absolute Mehrheit. Als A. 1961 nach der
Errichtung der Mauer nicht sofort nach Berlin flog, büßte er bei der darauffolgenden
Wahl die absolute Mehrheit ein und war auf
die FDP angewiesen; diese sowie Widerstände in seiner eigenen Partei waren bestimmend für seine Kanzlerschaft auf Zeit und
seinen Rücktritt im Herbst 1963.

Als seine wichtigste Aufgabe sah A. die
Außenpolitik an. Die Bindung Deutschlands
an den Westen bei Wiederherstellung der
Souveränität, die Einigung Europas, die Versöhnung mit Frankreich und Israel, der Aufbau der Bundeswehr und die gleichberechtigte Aufnahme Deutschlands in die Atlantische Allianz waren A.s Hauptanliegen, wofür
er die Weichen gestellt und die er gemeistert
hat. Zugleich erreichte er, daß sich die drei
westlichen Garantiemächte im Deutschlandvertrag von 1952 zu einer Politik der Einheit
Deutschlands in Freiheit verpflichteten und
daß aufgrund des Alleinvertretungsanspruchs
der Bundesrepublik Deutschland das von der
UdSSR geschaffene Ostberliner Regime bis
Ende der sechziger Jahre weltweit weitgehend isoliert blieb. 1955 konnte A. in Moskau
die Aufnahme der diplomatischen Beziehungen zur UdSSR unter Wahrung des Selbstverständnisses der Bundesrepublik Deutschland
sowie die Rückkehr der zehn Jahre nach
Kriegsende noch immer in sowjetischen Lagern zurückgehaltenen deutschen Kriegsgefangenen durchsetzen, obwohl deren Existenz zunächst von sowjetischer Seite bestritten worden war. Nach dem Scheitern der
Europäischen Verteidigungsgemeinschaft
(EVG) im französischen Parlament (1954)
trat Deutschland 1955 der Atlantischen Allianz bei, und A. betrieb die Politik der europäischen Einigung konsequent weiter. Die
1950 gemeinsam mit R. Schuman begründete
Montanunion wurde 1957 mit den Römischen Verträgen durch die Europäische Wirtschaftsgemeinschaft (EWG) und Euratom ergänzt. Als die Verhandlungen für eine politische Union scheiterten, wurde 1963 durch
den Vertrag über die deutsch-französische
Zusammenarbeit mit Ch. de Gaulle die Kooperation mit Paris zum bestimmenden Element der Europapolitik.

A. ging es um eine Verbindung von Sittengesetz und Politik. Wert und Würde des
Menschen als Ebenbild Gottes standen für
ihn im Mittelpunkt der Politik, daher wandte
er sich gegen die Irrlehre vom Kollektiv und
bekämpfte den atheistischen Materialismus.
Macht müsse an Recht und Gewissen gebunden und Politik nach ethischen Werten ausgerichtet sein; Wahrhaftigkeit, Stetigkeit und
Berechenbarkeit seien entscheidend. A.s Politik war durch Willensstärke, Weitblick, Zähigkeit, Geduld und Zivilcourage gekennzeichnet: „Das Wichtigste aber ist der Mut."
Zu der ihm häufig zugeschriebenen Vereinfachung sagte er: „Man muß die Dinge tief sehen. Wenn man aber in die Tiefe schaut, dann
sieht man das Wirkliche und das ist immer
einfach." Die Geschichte sah er als Lehrmeisterin der Politik. Der Nationalismus, „Produkt der Französischen Revolution", habe
den Niedergang Europas bewirkt, er sei ein
Krebsschaden Europas. Die deutsche Einigung von 1871 habe statt einer Verwirklichung der Idee der nationalen Freiheit einen
auf Macht gegründeten Nationalismus hervorgebracht. A. wollte, „daß das deutsche
Volk wieder gesundet". Dazu gehörte für ihn
auch Patriotismus: „Liebe zu seinem Volk
und auch Stolz auf sein Volk, auf das, was dieses Volk in der Vergangenheit geleistet hat."

Als einen seiner größten Erfolge sah er es, die drei westlichen Garantiemächte im Deutschlandvertrag verpflichtet zu haben, die Einheit Deutschlands in Freiheit zu ihrer Politik zu machen. A. hatte gegen Widerstände das Deutschlandlied wieder zur Nationalhymne gemacht, und seine Erinnerungen hatte er „meinem Vaterland" gewidmet.

Die Entwicklung hat gezeigt, daß seine Überzeugung richtig war, die deutsche Einheit könne nur auf dem Weg über die Einigung Europas erreicht werden, den „Königsgedanken" unserer Zeit. Es gelang A., mit R. Schuman und Ch. de Gaulle den jahrhundertealten deutsch-französischen Gegensatz zu überwinden und eine Zusammenarbeit zu begründen, die zur Basis der europäischen Einigungspolitik wurde. Von der Notwendigkeit der deutsch-französischen Verständigung war er bereits 1919 überzeugt; als Kanzler trat er nicht zuletzt deswegen dafür ein, weil in seinen Augen nur ein geeintes Europa dem jahrhundertealten russischen Expansionsdrang, der auch die beherrschende Tendenz der Weltpolitik seit 1945 gewesen sei, widerstehen könne. Rußland wolle die Bundesrepublik den eigenen Zwecken dienstbar machen; Ziel sei die Beherrschung Europas, um so die stärkste Macht der Welt zu werden. Auch ein neutralisiertes Deutschland würde zwangsläufig in den Sog Moskaus geraten, daher lehnte A. die Vorschläge in der Stalin-Note von 1952 ab. Die Bindung an den Westen sei notwendig, „denn Deutschland darf nicht zwischen die Mühlsteine geraten, dann ist es verloren". Friedensbereitschaft, gepaart mit Widerstand gegen die Moskauer Politik, war für A. die Kernsubstanz der „Politik der Stärke", denn „derjenige, der dieses Deutschland, die Bundesrepublik und erst recht das wiedervereinigte Deutschland" in die russische Einflußsphäre bringe, „der verschiebt das Gewicht der Kräfte in der ganzen Welt". Freiheit rangierte für A. in der Wertehierarchie vor Frieden.

B.: Stiftung Bundeskanzler-A.-Haus Rhöndorf/Bad Honnef.

S.: Erinnerungen 1945-63, Bde. I-IV, Stuttgart 1965-68.

E.: I. Editionsreihe der Stiftung Bundeskanzler-A.-Haus: „A. – Rhöndorfer Ausgabe" hrsg. v. *R. Morsey / H.-P. Schwarz*, Briefe, Teegespräche, Briefwechsel T. Heuss – K. A., A. im Dritten Reich, Bde. I-XI, Berlin 1983-95; II. Editionsreihe der Stiftung Bundeskanzler-A.-Haus: „Rhöndorfer Gespräche" Bde. I-XV, Stuttgart 1978-82 u. Bonn 1985-1996; III. Sonstige Publikationen der Stiftung Bundeskanzler-A.-Haus: K. A. – Reden 1917-67 – Eine Auswahl, hrsg. v. *H.-P. Schwarz*, Stuttgart 1975; K. A.- Dokumente aus vier Epochen deutscher Geschichte, Bad Honnef 1977; Edition A.-Studien, hrsg. v. *R. Morsey / K. Repgen*, Bde. I-V, Mainz 1971-86; K. A. – Briefe über Deutschland 1945-51, hrsg. v. *P. Mensing*, Berlin 1986; K. A. im Spiegel von Zeitgenossen – 30 Jahre danach, Bad Honnef 1993; Edition der Protokolle des CDU-Bundesvorstands, hrsg. v. *G. Buchstab*, Bde. I-III, Düsseldorf 1986-94.

L.: *P. Weymar:* K. A. – Die autorisierte Biographie, München 1955; *E. Gerstenmaier:* K. A. – Würdigung und Abschied, Stuttgart 1967; *A. Poppinga:* Meine Erinnerungen an K. A., Stuttgart 1970; *G. Mann:* Zwölf Versuche, Frankfurt a. M. 1973; *H. Osterheld:* K. A. – Ein Charakterbild, Bonn 1973; *A. Poppinga:* K. A. – Geschichtsverständnis, Weltanschauung und politische Praxis, Stuttgart 1975; *A. Rummel* (Hrsg.): K. A. – Leben und Politik, Bonn 1975; *D. Blumenwitz* (Hrsg.): K. A. und seine Zeit, Bde. I-II, Stuttgart 1976; *W. Weidenfeld:* K. A. und Europa – Die geistigen Grundlagen der westeuropäischen Integrationspolitik des ersten deutschen Bundeskanzlers, Bonn 1976; *H. Kohl* (Hrsg.): K. A. 1876-1967, Stuttgart 1976; *H.-P. Schwarz:* Die Ära A. 1957-63, Stuttgart – Wiesbaden 1983; *ders.:* A., Bde. I-II, Stuttgart 1986-91; *R. Morsey:* Die Deutschlandpolitik A.s, Opladen 1991; *K. Sontheimer:* Die A.-Ära: Grundlegung der Bundesrepublik Deutschland, München 1991; *H.-P. Schwarz:* Die Legende von der verpaßten Gelegenheit: Die Stalin-Note vom 10. März 1952, Stuttgart 1992; *R. Zitelmann / K. Weißmann / M. Großheim* (Hrsg.): Westbindung – Chancen und Risiken für Deutschland, Frankfurt a. M. – Berlin 1993; *A. Poppinga:* Das Wichtigste ist der Mut – K. A., die letzten fünf Kanzlerjahre, Bergisch Gladbach 1994; *H. Köhler:* A., Berlin 1995.

– Hu

Agrarparteien

Allgemeine, am Ende des 19. Jhdt.s aufgekommene Bezeichnung für einen spezifischen Typus von konservativen Parteien, die sich der wirtschaftspolitischen Interessenvertretung der Landwirte widmeten. Die Anhänger der A., insbesondere die preußischen Großgrundbesitzer, wurden als „Agrarier" bezeichnet.

Stark verankert waren A. Anfang des 20. Jhdt.s, außer in Deutschland, vor allem in Nord-, Ost- und Südosteuropa. Während die skandinavischen A. bereits im 19. Jhdt. aus den berufsständischen Bauernvertretungen der Reichsversammlung hervorgegangen waren, entfalteten die A. der Balkanstaaten nach dem Zerfall der Donaumonarchie in der Zwischenkriegszeit ihre größte Blüte. Bedingt zu den A. zu rechnen sind auch die in den neunziger Jahren des vorigen Jhdt.s gegründete „Populist Party" der USA sowie die Narodniki in Rußland, die das agrarsozialistische Programm eines dörflichen Autarkismus vertrat.

Interessenverbände der deutschen Landwirtschaft entstanden nach 1862 zuerst in Westfalen (Baron v. Schorlemer-Ast) und in Süddeutschland als konfessionell orientierte katholische Bauernvereine, die sich politisch an die Zentrumspartei anlehnten. Nach dem I. Kongreß der deutschen Land- und Forstwirte 1864 in Breslau organisierten sich die ostdeutschen Agrarier 1866 im „Klub der Landwirte", der 1868 zum „Kongreß Norddeutscher Landwirte" erweitert wurde. 1876 wurde die „Vereinigung der deutschen Steuer- und Wirtschaftsreformer" gegründet, deren programmatische Forderungen, v.a. die Garantie von Schutzzöllen für die deutsche Landwirtschaft und die Beseitigung der Doppelbesteuerung auf Grund und Gebäude, von den preußischen Konservativen übernommen wurde. 1878 gelang im Reichstag die Bildung einer aus Abgeordneten von Deutschkonservativen, Zentrum, Nationalliberalen u.a. zusammengesetzten freien Gruppierung schutzzöllnerischer Agrarier.

Als Reaktion auf die 1891 von Reichskanzler Caprivi begonnene Freihandelspolitik und die Einbeziehung der osteuropäischen Agrarexportländer in die Handelsvertragspolitik kam es 1893 zur Gründung des →„Bundes der Landwirte", in dem der 1885 entstandene „Deutsche Bauernbund" aufging. Im Gegensatz zu den katholischen Bauernvereinen gelang es dem BdL (wichtige Repräsentanten: B. von Ploetz, G. Roesicke), sich mittels moderner Werbung zu einer reichsweiten, mitgliederstarken Interessenvertretung zu entwickeln, die aktiv an der Gestaltung der Politik, u.a. durch Kandidatenaufstellungen zu Reichstagswahlen, mitwirkte. Enge Zusammenarbeit bestand v.a. mit der →Deutschkonservativen Partei, auf deren Listen die meisten der 1893 in den Reichstag gewählten 140 BdL-Abgeordneten zu finden waren.

Während sich der BdL nicht klar als Partei im modernen Sinne definieren läßt, stellte der ebenfalls 1893 in Opposition zu den katholischen Bauernvereinen gegründete „Bayerische Bauernbund" (BBB) eine solche sehr wohl dar. Bis 1933 in allen Reichstagen vertreten, gehörte er zu den bedeutendsten A. Deutschlands. Der BBB (wichtigste Repräsentanten: G. Ratzinger, G. Eisenberger) vertrat eine kleinbäuerliche, antikapitalistische und antizentralistische Politik und konkurrierte dabei v.a. mit dem Zentrum (nach 1918 der Bayerischen Volkspartei) um ländliche Wählerstimmen. Obwohl überkonfessionell und antiklerikal, blieb der BBB überwiegend auf das katholische Altbayern beschränkt. Während der rechte Flügel monarchistisch orientiert war, beteiligte sich der linke Flügel 1918/19 an der Münchner Revolution und Räterepublik. 1920-30 gehörte der BBB den bürgerlich-konservativen Regierungen an (wichtigster Repräsentant: Landwirtschaftsminister A. Fehr).

In der Weimarer Republik entstanden zahlreiche kleinere A. Der BBB beteiligte sich 1927 an der Bildung einer „bäuerlichen Einheitsfront" durch Fusion mit dem „Reichsverband landwirtschaftlicher Klein- und Mittelbetriebe". Dieses v.a. vom Bayerischen und dem Schlesischen Bauernbund getragene Bündnis nahm an der Reichstagswahl 1928 als „Deutsche Bauernpartei" teil (8 Mandate). Ebenfalls für die Reichstagswahl 1928 kandidierte die mit den Deutsch-Hannoveranern verbundene „Christlich-nationale Bauern- und Landvolkpartei" (10 Mandate). Die CNBP, hervorgegangen aus der Abspaltung des agrarischen Flügels der DNVP, stellte sich programmatisch in die Tradition des BdL. Daneben existierten weiterhin die christliche „Vereinigung der deutschen Bauernvereine", die der Zentrumspartei verbunden blieb, sowie regionale Kleinparteien (Württembergischer Bauern- und Weingärtnerbund, Sächsische Landvolkpartei, Landbund Thüringen, u.a.). Das Bild der A. blieb so von Zersplitterung und interner Rivalität geprägt.

1928/29 entwickelte sich von Schleswig-Holstein ausgehend die „Landvolkbewegung" als Reaktion auf fehlende Schutzzölle gegenüber der Agrarindustrie in Übersee. Die Landvolkbewegung (Zeitschrift „Das Landvolk", wichtigster Repräsentant: Claus Heim), die mit militanten, aber unblutigen Aktionen auf ihre Ziele aufmerksam machte, wurde dabei teilweise aus dem Gedankengut nationalrevolutionärer Strömungen der →Konservativen Revolution gespeist. Trotz heftiger Umwerbung durch NSDAP und KPD blieb die Landvolkbewegung parteipolitisch ungebunden, gab allerdings kurzfristig den kleinen A. wichtige Impulse. Bedingt durch die Folgen der Weltwirtschaftskrise von 1929 konnten die verschiedenen A. bei der Reichstagswahl 1930 ihre größten Erfolge verzeichnen (1, 6 Millionen Stimmen und 28 Mandate, davon 19 für die in „Deutsches Landvolk" umbenannte CNBP). Dennoch blieben die A. im Parlament weitgehend isoliert und zersplittert. Nach 1932 wurde ihre Wählerschaft weitgehend von der NSDAP absorbiert. Zugleich geriet auch die 1929 von den verschiedenen Bauernorganisationen ins Leben gerufene „Grüne Front" unter den Einfluß der Nationalsozialisten, was im Herbst 1933 in die Gründung der Einheitsorganisation „Reichsnährstand" mündete.

Nach 1945 kam es in Deutschland zu keinen agrarischen Parteigründungen mehr. In den Anfangsjahren der Bundesrepublik bildeten allerdings betont bodenständige Landesparteien Sammelbecken für Agrarier, insbesondere die →Deutsche Partei und die Bayernpartei, deren Führer, Landwirtschaftsminister J. Baumgartner, bewußt an Traditionen des BBB anzuknüpfen suchte. Als berufsständische Organisation mit Nähe zu den christlichen Unionsparteien entstand 1948 der „Deutsche Bauernverband" (in Norddeutschland „Landvolk"). Die in der SBZ gegründete „Demokratische Bauernpartei Deutschlands", die nach dem Untergang der DDR 1990 mit der CDU fusionierte, diente lediglich der Sammlung der Landbevölkerung für das sozialistische Regime, weshalb sie nicht in die Tradition der A. einzuordnen ist. A. bestehen heute noch in Skandinavien („Zentrumsparteien" in Norwegen, Schweden und Finnland) sowie – seit dem Zerfall des Ostblocks – wieder auf dem Balkan („Kleinlandwirtepartei" in Ungarn, „Nationalzaranisten" in Rumänien).

L.: *H. Tholuck*: Der BdL, seine Freunde und Feinde, Berlin 1893; *F. Stephan*: Die 25jährige Tätigkeit der Vereinigung der Steuer- und Wirtschaftsreformer (1876-1900), Berlin 1900; *A Dix*: Der BdL. Entstehung, Wesen und politische Tätigkeit, Berlin 1909; *J. Conrad*: Die Geschichte der agrarischen Bewegung in Deutschland, Berlin 1909; *Bund der Landwirte* (Hrsg.): Agrarisches Handbuch, Berlin 1911; *A. Hundhammer*: Geschichte des Bayerischen Bauernbundes, Diss. München 1923; *L. Grandel*: Der Landbund, Diss. Breslau 1924; *W. Kersten*: Die freien wirtschaftspolitischen Organisationen der deutschen Landwirtschaft, Diss. Berlin 1925; *E. Varga* (Hrsg): Materialien über den Stand der Bauernbewegungen in den wichtigsten Ländern, Hamburg 1925; *K. Fuchs*: Deutsche Agrarpolitik vor und nach dem Kriege, Stuttgart 1927; *H. Stuth*: Preußisch-deutsche Innenpolitik zum Schutze der Landwirtschaft im letzten Viertel des 19. Jhdt.s, Gelsenkirchen 1927; *A. Febr*: Die bayerische Landwirtschaft, in: Dem bayerischen Volke, hrsg. v. *G. J. Wolf*, München 1930; *H. Kretschmar*: Deutsche Agrarprogramme der Nachkriegszeit, Berlin 1933; *W. Treue*: Die deutsche Landwirtschaft zur Zeit Caprivis und ihr Kampf gegen die Handelsverträge, Diss. Berlin 1933; *S. R. Tirell*: German agrarian politics after Bismarck's fall. The formation oft the Farmer's League, New York 1951; *U. Lindig*: Der Einfluß des BdL auf die Politik des wilhelminischen Zeitalters 1893-1914, unter besonderer Berücksichtigung der preußischen Verhältnisse, phil. Diss. Hamburg 1954; *K. Schade*: Die politische Vertretung der deutschen Landwirte seit 1867, Diss. Bonn 1957; *F. Jacobs*: Von Schorlemer zur Grünen Front, Düsseldorf 1957; *S. v. Frauendorfer / H. Haushofer*: Ideengeschichte der Agrarwirtschaft und Agrarpolitik im deutschen Sprachgebiet, Bde. I-II, München 1958-63. *H. Beyer*: Die Agrarkrise und die Landvolkbewegung in den Jahren 1928-32, Itzehoe 1962; *G. Stoltenberg*: Politische Strömungen im schleswig-holsteinischen Landvolk 1918-33, Düsseldorf 1962; *G. Franz*: Quellen zur Geschichte des deutschen Bauernstandes in der Neuzeit, Darmstadt 1963; *H.-J. Puhle*: Agrarische Interessenpolitik und preußischer Konservatismus im wilhelminischen Reich (1893-1914). Ein Beitrag zur Analyse des Nationalismus in Deutschland am Beispiel des Bundes der Landwirte und der Deutsch-Konservativen Partei, Bonn – Bad-Godesberg 1966; *H. Gollwitzer* (Hrsg.): Europäische Bauernparteien im 20. Jhdt., Stuttgart 1977; *F. Blaich*: Staat und Verbände in Deutschland zwischen 1871 und 1945, Wiesbaden 1979.

– St

Althaus, Paul

* 4. 2. 1888 Obershagen (Han.); † 18. 5. 1966 Erlangen. Evangelisch-lutherischer Theologe. A. stammte aus einer hannoverschen Familie, die schon zahlreiche Geistliche hervorgebracht hatte. Von seinem Vater, Paul A. (der Ältere), der 1897-1912 eine Professur für systematische und praktische Theologie in Göttingen, dann in Leipzig innehatte, wurde er im Sinne des Erlanger Luthertums geprägt. Während seines Studiums in Göttingen und Tübingen empfing A. weitere wichtige Anregungen durch A. Schlatter, C. Stange, M. Kähler, K. Heim und K. Holl.

Nach dem Krieg, an dem A. als Lazarettpfarrer im Osten teilgenommen hatte, wurde er 1919 auf einen Lehrstuhl für Systematik nach Rostock berufen. 1925 wechselte er nach Erlangen, wo er bis zu seiner Emeritierung 1956 blieb. Neben den Auseinandersetzungen um die sog. „religionsgeschichtliche Schule" war es vor allem der durch Holl eröffnete Zugang zu den Ideen der „Lutherrenaissance", der A. in seinem theologischen Denken bestimmen sollte. A. hat – wie viele Lutheraner der Zwischenkriegszeit – eine theozentrische Lehre vertreten und früh die Bedeutung der *theologia crucis* im Denken Luthers erkannt. Insofern war von Anfang an eine Frontstellung gegen den christokratischen Entwurf K. Barths gegeben. A.s besonderes Interesse galt der reformatorischen Anthropologie. Er sah den Menschen als *simul iustus et peccator* an und vertrat deshalb gegen Luther (mit Paulus) die Auffassung, daß der Mensch nicht einfach „Fleisch" sei. A. schien es wichtig, den Aspekt der menschlichen Geschöpflichkeit nicht völlig zu verdunkeln. Aus diesem Grund entwickelte er auch gegen Barth die Lehre von der vorbereitenden oder „Uroffenbarung", derzufolge allen Menschen das Gesetz schon ins „Herz" geschrieben ist. Anders als die Dialektische Theologie, vertrat A. demzufolge eine „Theologie der Ordnungen" gegen eine „Theologie der Krisis".

An dieser Stelle berührten einander A.s theologische Vorstellungen und seine politischen am deutlichsten. Schon während des Krieges hatte er durch den Aufenthalt in Polen einen lebhaften Eindruck von der Bedrohung der deutschen Volksgruppen in diesem Raum empfangen, und er gehörte nach 1919 zu den schärfsten Kritikern des Versailler Vertrages im Bereich der evangelischen Kirche. Während des Königsberger Kirchentages von 1927 hielt er den Hauptvortrag unter dem Titel „Kirche und Volkstum", in dem er „die deutsche Gegenwart weithin als schmerzliche Entartung" charakterisierte. An die Stelle des älteren Bündnisses von „Thron und Altar" wollte A. ein Bündnis von „Nation und Altar" setzen. Er betrachtete das Volk (in gewissem Sinne auch die „Rasse") ebenso wie den →Staat und die Familie als „Schöpfungsordnungen", in denen sich Gott bezeugt. Die Weimarer Republik wurde abgelehnt, weil sie nicht autoritative „Obrigkeit" im reformatorischen Sinne war.

A. gehörte damit zu einer Gruppe von jungkonservativen evangelischen Theologen; er publizierte auch in H. →Zehrers „Tat" und in W. →Stapels „Deutsches Volkstum". Wie die meisten Intellektuellen der →Konservativen Revolution, hatte er ein ambivalentes Verhältnis zum Nationalsozialismus; zum Zeitpunkt der Machtergreifung Hitlers überwog die Vorstellung, man könne die Bewegung für die eigenen Zwecke nutzen, nicht zuletzt, um in der „deutschen Stunde der Kirche" eine organisatorische Reform des Protestantismus zu bewerkstelligen. A. schloß sich vorübergehend sogar den „Deutschen Christen" an, erkannte aber rasch deren theologische Unzulänglichkeit. Er ging deshalb aber nicht zur „Bekennenden Kirche" über, in der er den theologischen Einfluß seines Hauptgegners Barth wirksam wußte. In dem gemeinsam mit W. Elert formulierten „Ansbacher Ratschlag" zur Barmer „Theologischen Erklärung" vom 11. Juni 1934 formulierte er seinen (betont lutherischen) Vorbehalt. Spätestens von 1937 an ging A. immer deutlicher auf Distanz zum NS-Regime, ohne es aber zum offenen Bruch kommen zu lassen.

1945 wurde er von den amerikanischen Besatzungsbehörden im Rahmen der „Entnazifizierung" vorübergehend seines Amtes enthoben, dann aber wiedereingesetzt. A. hat seine letzten Jahre nicht allein der Tätigkeit als Präsident der Luthergesellschaft gewidmet, der er in der Nachfolge K. Holls 1926-64 vorstand, er hat sich auch auf die Vollendung seines Werkes konzentriert: die Erweiterung seines zuerst 1929 bzw. 1932 erschienenen „Grundriß der Dogmatik" zum Handbuch, das 1948 unter dem Titel „Die christliche Wahrheit" veröffentlicht wurde, des weiteren „Die Theologie Martin Luthers", eine Arbeit, die wohl als Krönung seiner lebenslangen Beschäftigung mit Lehre und Leben des Reformators angesehen werden kann und die erst 1962 herausgebracht werden konnte.

B.: *W. Künneth / W. Joest* (Hrsg.): Dank an P. A. Eine Festgabe zum 70. Geburtstag, Gütersloh 1958, S. 246-72 (für die Zeit von 1911-57); Bibliographie P. A., in: Neue Zeitschrift für Systematische Theologie und Religionsphilosophie 8 (1966), S. 237-41 (für die Zeit von 1958-66).

S.: Luther und das Deutschtum, Leipzig 1917; Die letzten Dinge. Enwurf einer christlichen Eschatologie, Erlangen 1922; Kirche und Volkstum. Der völkische Wille im Lichte des Evangeliums, Gütersloh 1928; Grundriß der Dogmatik, Bd. 1, Erlangen 1929, Bd. 2, Erlangen 1932; Grundriß der Ethik, Erlangen 1931; Die deutsche Stunde der Kirche, Göttingen 1933; Theologie der Ordnungen, Gütersloh 1934; Obrigkeit und Führertum, Gütersloh 1936; Völker vor und nach Christus. Theologische Lehre vom Volke, Leipzig 1937; Die Theologie Martin Luthers, Gütersloh 1962; Die Ethik Martin Luthers, Gütersloh 1965.

L.: *W. Tilgner:* Volksnomostheologie und Schöpfungsglaube. Ein Beitrag zur Geschichte des Kirchenkampfes, Göttingen 1966; *R. P. Ericksen:* Theologen unter Hitler. Das Bündnis zwischen evangelischer Dogmatik und Nationalsozialismus, München 1986; *H. Graß:* Art. A., P., in: RGG³, Bd. 1, Sp. 293f.; *ders.:* Art. A., P., in: TRE, Bd. 2, S. 329-37.

– W

Altmann, Rüdiger

* 1. 12. 1922. Deutscher Publizist. Mit 19 Jahren zur Wehrmacht eingezogen und so schwer verwundet, daß er in den letzten Kriegssemestern zum Hörerkreis von Carl →Schmitt an der Friedrich-Wilhelms-Universität in Berlin gehören konnte. Referatsthemen wie „Eigentum und Enteignung", „Völkerrecht und Verfassungslehre", „Lorenz von →Stein" und „Bruno →Bauer" wurden bis zum Ende des Krieges behandelt. In der Nachkriegszeit brach der Kontakt zu Schmitt zunächst ab. A. studierte in Marburg Rechts- und Sozialwissenschaften, Politik und Soziologie. Während seiner Referendarzeit in Wiesbaden holte ihn Wolfgang Abendroth als Assistent nach Wilhelmshaven. 1951 folgte A. dem zur Politologie übergewechselten Abendroth nach Marburg. Mit dem Thema „Das Problem der Öffentlichkeit und seine Bedeutung für die moderne Demokratie" wurde A. 1954 bei Abendroth promoviert. Mit Schmitts Feststellung, daß der moderne Staat an sein Ende gelangt sei, setzte A. sich besonders auseinander; dabei untersuchte er die Öffentlichkeit als Substitut gewisser Staatsfunktionen. Die latente Krise des Staates ist ein zentraler Punkt in der Gedankenwelt A.s: *„L'état se meurt ne troublez pas son agonie'*, schrieb mir Carl Schmitt als Antwort auf den Entwurf der Formierten Gesellschaft. Aber die Todesfeststellung hat er schon in sei-

nem Kommentar zum Leviathan des Thomas Hobbes formuliert: 1938 hatte er erkannt, daß die Diktatur den Staat nicht gerettet, sondern umgebracht hatte, oder, um es genauer zu sagen, daß die Diktatur in Wirklichkeit nur ein Staatsgespenst war."

Anfang der fünfziger Jahre hatte A. Anschluß an eine Gruppe junger RCDS-Studenten gefunden (unter ihnen Johannes →Gross), die sich anschickten, über ein gemeinsames Forum das Verhältnis der Adenauerpartei zu den Intellektuellen aufzubessern. Seit 1954 erschien von Marburg aus die Zeitschrift „Civis". Schriftleiter der RCDS-Zeitschrift waren A. und Gross. Beide Autoren sorgten mit provokanten Artikeln für Aufsehen. „Die neue Gesellschaft", so das Credo von A. und Gross, „ist ein unerschöpfliches Thema und eines, das sich mit keiner Aussicht auf Systematik behandeln läßt; auch wird unter dem Wort gar vielerlei verstanden. Für die Sozialisten ist sie Ziel der Zeit, für diejenigen, die sich zur Elite zählen, nur Gegenstand der Verachtung, für die Autoren ist sie Realität, die es kritisch zu akzeptieren gilt. Die Elitetheoretiker gehören ebenso zu ihr wie die Vermaßten, die Wirkung Thomas Manns ebenso wie die Ernst →Jüngers oder Carl Schmitts, mondäne Kulturkritik ebenso wie Leistung und Scharlatanerie der political science, der Soziologie... Gottfried Benn machte einst in politischem Zusammenhang die Bemerkung: ‚Die einen sind von rechts dumm, die anderen von links dumm.' Die Autoren glauben nicht, daß das die ganze Wahrheit ist."

A. und Gross, die Schmitt regelmäßig in Plettenberg besuchten, gelang es, den Staatsrechtler für einige Zeitschriftbeiträge zu gewinnen, die unter Pseudonymen erschienen (Musil Malwald, Erich Strauss). Einer breiteren Öffentlichkeit wurde A. 1960 durch sein Buch „Das Erbe Adenauers" bekannt. Hier wie auch später in „Spiegel"-Beiträgen, wie „Seht – welch ein Staat" („Spiegel" Nr. 46/1962) oder „Von Adenauers Einfluß befreien" („Spiegel" Nr. 13/1966) machte sich A. Gedanken über den Weg der Bundesrepublik nach dem Abgang →Adenauers. 1956 wurde A. Leiter der neugegründeten Akademie Eichholz (später Konrad-Adenauer-Stiftung) bei Köln. 1959 trat er als Referent für Kulturpolitik in die Geschäftsführung des

Deutschen Industrie- und Handelstages ein und war von 1963-78 dessen stellvertretender Hauptgeschäftsführer. A. gehörte zum Beraterkreis Bundeskanzler Erhards. Die auf dem Düsseldorfer Wirtschaftskongreß der CDU 1965 zum regierungsoffiziellen Kurs erhobene Leitvorstellung einer „Formierten Gesellschaft" ging auf Konzepte A.s zurück. Er sah die Gesellschaft nicht mehr durch soziale Konflikte alten Stils gefährdet, sondern durch das funktionslose Wuchern der organisierten Interessen. Im Bulletin der Bundesregierung führte Kanzler Erhard 1965 aus, daß die Formierte Gesellschaft nicht mehr aus kämpfenden Gruppen und Klassen bestünde, die einander ausschließende Ziele durchsetzen wollten, ihrem wahren Wesen nach sei sie vielmehr kooperativ, d.h. auf ein Zusammenwirken aller Gruppen ausgerichtet. Das Ergebnis dieser Formierung sei ein vitales Verhältnis zwischen sozialer Stabilität und wirtschaftlicher Dynamik, eine Gesellschaft des dynamischen Ausgleichs. Die Formierte Gesellschaft ziele auf eine nach den Grundsätzen von →Öffentlichkeit gegliederte politische Landschaft der Interessengruppen und Verbände, die auf solche Weise das von Carl Schmitt identifizierte Odium der „potestas indirecta" verlieren sollten. Die Nähe zu autoritären, hierarchisch orientierten Theoremen störte Erhard nicht, gleichzeitig erwies er sich aber als vom Zuschnitt her ungeeignet, die Programmatik überzeugend umzusetzen und den „kastrierten Staat" zu stärken.

Als 1966 die Große Koalition unter Kiesinger gebildet wurde, blieben von der „Formierten Gesellschaft" lediglich Restbestände in der von Wirtschaftsminister Schiller initiierten „konzertierten Aktion". Nach Meinung von A. ist die Schwäche des Staates durch den Charakter des Verteilerstaates als „herrschaftsarme Subventionierungsorganisation" ebenso gefördert worden wie durch die Kanzlerdemokratie Konrad Adenauers und deren Umwandlung in die Große Koalition.

Schmitts politiktheoretische Schriften der Weimarer Zeit haben A. besonders beeinflußt, vor allem der Begriff der Repräsentation. Es ging ihm darum, den repräsentativen Parlamentarismus gegen den heraufkommenden Parteienstaat zu verteidigen. A. teilte Schmitts Ausführungen über die Gefährdungen moderner Demokratien durch „potestas indirecta". Er überdachte eine „Politische Organisationslehre", in der totalisierende Tendenzen der Gesellschaft wirksamer vermieden werden konnten, als es der Demokratiekritik der zwanziger und dreißiger Jahre gelungen war. Dieser Kompromißversuch einer „Demokratie mit Autorität" brachte A. sowohl von linker („der wohl kälteste Fortsetzer der Schmittschen Linie", Klaus Fritzsche) als auch von rechter Seite („Mumienpflege am Amenhotep des deutschen Liberalismus", Armin →Mohler) Kritik ein. – In jedem Fall ist A. einer der interessantesten Denker im liberal-konservativen Milieu, ausgestattet mit einem Spürsinn für politische Entwicklungen. 1987 erschien sein Buch „Der wilde Frieden. Notizen zu einer politischen Theorie des Scheiterns". Johannes Gross nannte es in der FAZ „den ersten großen Beitrag zum geopolitischen, zum weltpolitischen Denken, der seit dem Zweiten Weltkrieg aus Deutschland gekommen ist". A. glaubt nicht, daß der Nationalstaat noch der geeignete Maßanzug der Gesellschaft sei. Seine politischen Vorstellungen kreisen um den Begriff der „Vereinigung": „Vereinigung ist nicht mit Vereinheitlichung gleichbedeutend. Dies widerspräche unserer geschichtlichen Erfahrung. Vereinigung läßt einen großen Spielraum. Es ist heute eine gängige Praxis in der Wirtschaft, zentrale Steuerung mit maximaler Autonomie untergeordneter Ebenen zu verbinden – mit Erfolg. Gleichwohl denke ich, daß die Vielfalt nicht in einer Betonung nationaler Profile bestehen kann. Die →Nationen sind mehr Nationen im alten Spiel, auch wenn das beispielsweise England gerne anders hätte. Wir brauchen große Räume, in denen ausgetauscht werden kann, nicht mehr die Konkurrenz." Vereinigung sieht A. nicht im Sinne von Staatlichkeit, sondern von Kontrolle, von Konferenzen, die zu →Institutionen werden. Die Idee der Vereinigung ist nicht dasselbe wie die Realisierung einer politischen Einheit. A. bemängelt das Fehlen eines Zukunftshorizonts. „Die Menschen brauchen Orientierung in einer Welt, die sich so schnell verändert."

S.: die neue gesellschaft (mit *Johannes Gross*), Stuttgart 1958; Das Erbe Adenauers, Stuttgart 1960; Das deutsche Risiko, Außenpolitische Perspektiven, Stuttgart 1962; Der Kompromiß (Privatdruck), Stuttgart

1964; Die Formierte Gesellschaft (Privatdruck), Stuttgart 1965; Späte Nachricht vom Staat (Privatdruck), Stuttgart 1967; Kokelores (Privatdruck), Stuttgart 1969; Abschied von den Kirchen (Privatdruck), Stuttgart 1970; Carl Schmitt oder Das Ende der Repräsentation (Privatdruck), Stuttgart 1973; Der wilde Frieden. Notizen zu einer politischen Theorie des Scheiterns, Stuttgart 1987; Die fortdauernde Präsenz des Carl Schmitt, in: Merkur 509, August 1991.

– So

Amerikanischer Konservatismus

Auch wenn sich der a. K. erst im Zusammenhang mit der Amerikanischen Revolution als geistige und politische Kraft artikulierte, war doch das koloniale Amerika in weiten Bereichen konservativ geprägt. In praktisch allen Kolonien befand sich die politische Macht in den Händen einiger weniger Familien, die über großen Landbesitz oder durch Handel erworbenen Reichtum verfügten. Die politischen Debatten dieser Zeit wurden zwischen verschiedenen Flügeln der Whigs geführt. Die dominierende Vorstellung war die des „government by gentry". Aversion gegenüber Wandel, Ehrerbietung gegenüber der etablierten Ordnung, die Bejahung eines „balanced government", die Vorstellung eines harmonischen Zusammenwirkens der Klassen, die Bindung der Ausübung politischer Rechte an Besitzqualifikationen sowie der Gedanke der Entsprechung von individueller →Freiheit und der Pflicht zum Gehorsam gegenüber der legitimen →Autorität waren weitverbreitete Ideen.

Im Verlauf der Unabhängigkeitsbestrebungen bildete sich eine von deren Gegnern getragene konservative Strömung heraus, die mit dem erfolgreichen Abschluß der Revolution auch wieder von der Bildfläche verschwand. Dabei handelte es sich um die von den Patrioten – den Befürwortern der Trennung von der Krone – als Tories bezeichneten Loyalisten, die sich vor allem aus Staatsdienern, Großgrundbesitzern und Händlern zusammensetzten. Diese wurden nicht nur von ökonomischen Motiven bewegt, sondern standen Wandel an sich skeptisch gegenüber und fühlten sich als Engländer. Viele von ihnen lehnten auch auf der Grundlage religiöser Überzeugungen Widerstand gegen die etablierte Autorität und die britische Regierung als unmoralisch ab. Zu den Anhängern der Krone gehörten Persönlichkeiten wie etwa Thomas Hutchinson, der Gouverneur von Massachusetts, und der anglikanische Priester Jonathan Boucher, der – innerhalb der amerikanischen Tories eine Extremposition einnehmend – unter Bezugnahme auf Ideen Sir Robert →Filmers gegen John Lockes Vertragstheorie auftrat. Für die weitere Entwicklung wurden die Tories allerdings nicht prägend: Bis zum Abschluß der Revolution verließen etwa 100.000 von ihnen das Land.

Die von →Burke als „revolution not made, but prevented" verstandene Amerikanische Revolution war von ihrer prinzipiellen Stoßrichtung her der Glorious Revolution von 1688 ähnlich. Ihr ging es nicht um die Errichtung einer neuen Gesellschaftsordnung auf der Grundlage abstrakter Prinzipien oder allgemeiner Menschenrechte, sondern in Opposition zu einem als willkürlich empfundenen Handeln der Krone um die Bewahrung überkommener →Institutionen. Verlangt wurden die Achtung der „rights of englishmen" und die Erhaltung der britischen Verfassung. Radikale demokratische Doktrinen fanden dann auch keinen Niederschlag in der Bundesverfassung von 1787, in deren Regelungen die Furcht der Gründerväter vor der Herrschaft des Mobs deutlich zum Ausdruck kommt. Sie machten die Verfassung nur schwer abänderbar und reduzierten die Zahl der Wahlberechtigten durch Besitzqualifikationen. Die unmittelbare Volkswahl wurde nur für die Mitglieder des Repräsentantenhauses vorgesehen. Die Wahl des Präsidenten und der Senatoren erfolgte indirekt, und zwar durch ein *electoral college* bzw. durch die Parlamente der Einzelstaaten. Erst 1913 wurde die Wahl der Senatoren durch das Volk eingeführt. Und mit dem Supreme Court und seinen auf Lebenszeit ernannten Mitgliedern wurde eine Einrichtung geschaffen, die demokratischen Mehrheiten nicht verantwortlich ist, aber die Kompetenz hat, die Verfassungswidrigkeit von Gesetzen des Kongresses festzustellen. Im Zuge der Debatte um die Ratifikation der Bundesverfassung im Staat New York veröffentlichten John Jay, Alexander Hamilton und James Madison mit dem Ziel der Verteidigung der Verfassung eine Reihe von Zeitungsartikeln. Diese erschienen schließlich gesammelt unter dem Titel „The Federalist Papers" als Buch. Dessen Bedeutung liegt nicht nur darin, daß es ein konservativer Kommentar der Verfassung ist, sondern auch in dem Umstand, daß es aufgrund seiner Qualität zu den klassischen Werken politischen Denkens zählt.

Auf der Parteienebene wurden konservative Vorstellungen zunächst von den Federalists, den Verfechtern der Bundesverfassung, vertreten. Sie befürworteten die Ausübung politischer Ämter nur von über Besitz verfügenden Personen und die Existenz einer starken Zentralgewalt. In dieser sahen sie das beste Mittel zur Verteidigung von Eigentum, politischer Stabilität und Respekt vor Religion. Die Federalists dominierten das erste Jahrzehnt der jungen Republik. Mit George Washington und John →Adams stellten sie die ersten beiden Präsidenten der USA. Im Kongreß wurden sie in dessen ersten Perioden (1789-97) von Fisher Ames geführt, der in seinen Schriften die Auffassung vertrat, daß die Verwirklichung der Ideale der Verfassung nur von einem tugendhaften Volk unter der Führung einer Aristokratie des Talents möglich sei. Das Gedankengut der Federalists fand seinen Niederschlag auch im Werk von drei überragenden Juristen: John Marshall, der von 1801-35 als Chief Justice des Supreme Court wirkte, verteidigte Eigentumsrechte und setzte sich im Bestreben, den Intentionen der Gründerväter gerecht zu werden, für die Konsolidierung des Bundesstaates und die Stärkung der Zentralgewalt ein. Joseph Story, Associate Justice am Supreme Court von 1811-45, vertrat in seinen „Commentaries on the Constitution" ebenso wie Chancellor James Kent in seinen „Commentaries on American Law" eine vom Denken Burkes beeinflußte Sicht des →Rechts. Beide verstanden das Common Law als Ausfluß des Naturrechts, verteidigten Eigentumsrechte, das Verfassungsverständnis der Gründerväter und prägten mit ihren Kommentaren Generationen von Juristen.

Nach den Wahlen von 1800, die Thomas Jefferson und seine Republikanische Partei an die Macht brachten, verlagerte sich das Schwergewicht konservativer Politik – die Federalist Party verlor in den Folgejahren sukzessive an Einfluß und verschwand nach 1816 gänzlich von der Bildfläche – zunehmend in einen Flügel der Republikanischen Partei, nämlich den der überwiegend in den

Südstaaten verwurzelten Old Republicans. Diese Gruppe, die deshalb, weil sie weder loyal zu Jefferson stand noch den Federalists zugehörte, auch „Tertium Quids" genannt wurde, warf Jefferson vor, von den alten Prinzipien der Partei in Gestalt einer restriktiven Interpretation der Bundeskompetenzen und des Eintretens für die Rechte der Gliedstaaten abzurücken und sich zentralistischen Vorstellungen der Federalists anzunähern. Die Old Republicans standen unter der Führung des in seinem Denken von Burke beeinflußten Exzentrikers John Randolph of Roanoke, der von sich selbst sagte: „I am an aristocrat. I love liberty, I hate equality." Sie wandten sich, literarisch unterstützt von John Taylor of Caroline, der in Hamiltons Finanzierungssystem des Bundes – Hamilton war von 1789-95 Finanzminister – die Errichtung einer „aristocracy of paper and patronage" gesehen hatte, vor allem gegen die Ausweitung der Kompetenzen der Bundesregierung. Die Quids verlangten die Rückkehr zu einer agrarische Interessen verfolgenden Politik. Sie waren Gegner des Krieges von 1812 mit England und des damit verbundenen Nationalismus, da sie eine Ausweitung der Macht der Zentralgewalt durch die Kriegsanstrengungen befürchteten. Sie opponierten gegen die Pläne zur Errichtung einer neuen Bundesbank, lehnten Bundesprogramme zum Ausbau der Infrastruktur im Verkehrsbereich ab und kämpften erbittert gegen die Einführung von Schutzzöllen, deren Ziel sie in der Förderung der Industrie des Nordens auf Kosten der agrarischen Wirtschaft des Südens sahen.

In den ersten Jahrzehnten des 19. Jhdt.s bildeten sich zwei einander feindselig gegenüberstehende konservative Lager heraus. Dem einen, von den gebildeten städtischen Oberschichten der Staaten Neu Englands getragenen, das seinen bedeutendsten Vertreter in Daniel Webster fand, ging es vor allem um die Wahrung der Interessen der Industrie. Das andere, von den großen Landbesitzern der Südstaaten gebildete, wurde sich zunehmend stärker der Eigenheit seines auf der Grundlage der Sklaverei errichteten quasifeudalen Gesellschaftssystems bewußt, in dem Religion, der ritterliche Ehrbegriff und das Ideal des Gentleman eine große Rolle spielten. Beginnend mit den zwanziger Jahren des 19. Jhdt.s erfuhr der Sektionalismus des

Südens eine immer stärkere Ausprägung: Es wurde zunehmend deutlich, daß die relative Stärke des Südens und damit seine Position innerhalb der Union durch das stetige Wachstum der Bevölkerung und der Wirtschaft des Nordens bedroht war. In dieser Situation fand der Süden seinen unbestrittenen politischen Führer in John C. Calhoun, der sich in seiner langen politischen Karriere – er war u.a. Vizepräsident der USA von 1825-32 und diente viele Jahre als Senator von South Carolina – von einem Nationalisten zu einem vehementen Verfechter gliedstaatlicher Rechte entwickelte. Calhoun wies sich darüber hinaus auch als politischer Denker aus. In seinem posthum veröffentlichten Werk „A Disquisition on Government" legte er nicht nur seine Lehre von der „concurrent majority", dem Vetorecht substantieller Interessen gegenüber der Erlassung oder Umsetzung eines Gesetzes von seiten der numerischen Mehrheit, dar, sondern führte auch seine politische Philosophie im Detail aus. Ihre tragenden Gedanken sind Pessimismus hinsichtlich der Zukunft der Selbstregierung des Volkes, Feindseligkeit gegenüber Gleichmacherei und die Vorstellung vom Primat der Gemeinschaft gegenüber dem Individuum.

Neben dem sich politisch manifestierenden a. K. artikulierte sich in der ersten Hälfte des 19. Jhdt.s auch ein literarischer: James Fenimore Cooper vertrat in seinem Buch „The American Democrat" (1838) die Auffassung, daß das Überleben des sich aufgrund seiner Sitten und seines Charakters über die Masse erhebenden Gentleman eine Voraussetzung für den Erfolg der Demokratie sei; Nathaniel Hawthorne hielt in seinem umfangreichen literarischen Œuvre, darunter insbesondere in seinem Roman „The Blithedale Romance", radikalen Weltverbesserungsideen die Sündhaftigkeit des Menschen entgegen; Herman Melville kritisierte in seinen Büchern egalisierende Züge der Demokratie; der deutschstämmige Jurist Francis Lieber wandte sich gegen die der Demokratie innewohnende Tendenz der Gefährdung von individuellen Freiheitsräumen und vertrat in seinem Buch „Civil Liberty and Self-Government" (1852) die Vorstellung geordneter Freiheit; George Fitzhugh verteidigte, stark geprägt vom Denken Thomas →Carlyles und Sir Robert →Filmers, in seinen Büchern „Sociology for the

South" (1854) und „Cannibals All!" (1857) die Sozialordnung der amerikanischen Südstaaten und kritisierte gleichzeitig die gesellschaftszersetzenden Wirkungen der sich ausbildenden industriellen Strukturen im Norden; und Orestes Brownson forderte in seinen Schriften die Anerkennung der moralischen Autorität der katholischen Kirche als Grundlage der politischen Ordnung Amerikas.

Der Konservatismus des „Gilded Age", des Zeitalters der rapiden wirtschaftlichen Entwicklung nach dem Bürgerkrieg, war hauptsächlich ein solcher der Verteidigung der Doktrin des Laissez-faire. Theoretischen Ausdruck fand er vor allem in den Schriften von William Graham Sumner, John W. Burgess und E. L. Godkin. Konservative Ideen wie die Bevorzugung von →Tradition und überkommener Erfahrung gegenüber rationaler Planung und Umverteilung, wie der Glaube an einen zwar starken, aber minimalen →Staat, an die weitgehende Selbstregulierung der Gesellschaft, an Dezentralisierung, an Familie, Kirche, Nachbarschaft und lokale Gemeinschaft als entscheidende Strukturen im täglichen Leben, wurden auch von den Präsidenten Stephen Grover Cleveland (1885-89 und 1893-97) und William H. Taft (1909-13) vertreten. Gleiches gilt für die Präsidenten Warren G. Harding (1921-23), Calvin Coolidge (1923-29) und Herbert Hoover (1929-33). Ihr Werk ist die Beendigung der starken Regulierung der Wirtschaft, die Präsident Wilson während des Ersten Weltkriegs eingeführt hatte. Sie verfochten eine Politik des Sparens, der Steuersenkungen, der Erhöhung von Zöllen und der Beschränkung von Einwanderung. Außenpolitisch standen sie auf dem Standpunkt des „America First".

Während der Zeit der Politik des New Deal des demokratischen Präsidenten Franklin D. Roosevelt (1933-45) und der ersten Jahre nach dem Zweiten Weltkrieg konzentrierte sich der politische Konservatismus der USA auf den Flügel der Republikanischen Partei um Senator Robert A. Taft aus Ohio. Die Taft-Republicans waren antikommunistisch, befürworteten das freie Spiel der Marktkräfte und opponierten gegen den Großteil der Sozialgesetzgebung des New Deal, lehnten dabei aber die Verantwortung des Staates im Sozialbereich nicht zur Gänze ab. Sie wandten sich gegen die Machtkonzentration in der Verwaltung des modernen Wohlfahrtsstaates und forderten demgegenüber die Verteilung der Macht auf die verschiedenen Ebenen der Staatsorganisation. Außenpolitisch wiesen sie den durch UNO, NATO und Auslandshilfeprogramme gekennzeichneten Internationalismus zurück und traten für einen Kurs der Verfolgung nationaler Anliegen ein.

In der ersten Hälfte des 20. Jhdt.s meldete sich auch eine Reihe von Vertretern eines kulturellen K. zu Wort, die sich kritisch mit der Realität der industriellen Zivilisation und der modernen Demokratie, mit Individualismus, Materialismus und dem Glauben an den Fortschritt auseinandersetzten. Zu ihnen zählten die Gebrüder Brooks und Henry →Adams, zwei Urenkel des zweiten Präsidenten der USA, und Agnes Repplier, die kulturkritische Essays verfaßte. Weitere Exponenten dieser Strömung des a. K. waren die Führer des New Humanism, Irving →Babbitt und Paul Elmer More, die den Willen des Menschen als moralische Kraft betonten, und der Philosoph George →Santayana. Konservative waren auch die →Southern Agrarians, die insbesondere mit ihrem 1930 veröffentlichten Manifest „I'll Take My Stand" gegen den Geist der industriellen Zivilisation Position bezogen und am kulturellen Erbe der Südstaaten anzuknüpfen versuchten, sowie Albert J. →Nock und H. L. →Mencken, die Sozialismus und soziale Demokratie vehement ablehnten und dem Staat nur minimale soziale Funktionen zugestanden.

Nach 1945 formierte sich der a. K. neu. Drei verschiedene Strömungen, eine libertärmarktliberale, eine traditionalistische und eine militant antikommunistische, bildeten den Ausgangspunkt. Die zeitlich erste war die libertäre: 1944 erschien Friedrich August von →Hayeks Buch „The Road to Serfdom". Im selben Jahr veröffentlichte Ludwig von →Mises die Bücher „Omnipotent Government" und „Bureaucracy". Ein Jahr später erschien Henry Hazlitts „Economics in one Lesson". Die Libertären, zu denen Jahre später Milton Friedman, George Gilder und Arthur Laffer stießen, kämpften einerseits gegen staatliche Planung und die Zunahme staatlicher Aktivitäten. Andererseits verteidigten sie den Markt, individuelle Freiheit und private Initiative.

Der traditionalistische Flügel, zu dessen weiterem Umfeld auch die schon vor dem Krieg von Europa nach Amerika gelangten Philosophen L. →Strauss und E. →Voegelin zählten, machte ebenfalls durch eine Reihe von Büchern von sich reden: 1948 erschien das Buch „Ideas Have Consequences" Richard M. →Weavers. 1949 veröffentlichte Peter Viereck sein „Conservatism Revisited". 1953 folgten Russell →Kirks „The Conservative Mind" und Robert A. →Nisbets „The Quest for Community". Die traditionalistischen Konservativen wandten sich gegen den moralischen Relativismus. Sie traten für die Wiederbelebung der christlichen Orthodoxie und das klassische Naturrecht ein, forderten die Wiederherstellung der zwischen einzelnem und Staat liegenden intermediären Institutionen und bejahten emphatisch die kulturelle Tradition des Westens.

Die antikommunistische Strömung wurde von ehemaligen Kommunisten wie James Burnham, Witthaker Chambers, Frank S. Meyer und William S. →Schlamm getragen. Sie sahen im Liberalismus eine große Gefahr für die westliche Welt, da sie ihn aufgrund seiner Natur für unfähig erachteten, ernsthaften Widerstand gegen den Kommunismus zu leisten.

Eine zentrale Rolle bei der Bildung der neuen konservativen Bewegung spielte William F. Buckley, Jr., der – selbst ein gläubiger Katholik, vehementer Verfechter der Marktwirtschaft und unermüdlicher Kritiker des Kommunismus – in seiner 1955 gegründeten Zeitschift „National Review" Autoren aller Strömungen zu Wort kommen ließ. Dem Kreis um diese Zeitschrift, dem auch Erik von →Kuehnelt-Leddihn angehörte, gelang in gewisser Weise die – insbesondere von Frank S. Meyer auf theoretischer Ebene betriebene – „Fusion" der libertären, traditionalistischen und antikommunistischen Strömung zu einer intellektuellen konservativen Bewegung.

In den auf das Ende des Zweiten Weltkriegs folgenden Jahrzehnten gelang den Konservativen der Aufbau einer weitläufigen Infrastruktur in Form von Organisationen, Stiftungen, Think Tanks und Zeitschriften. Das 1943 gegründete American Enterprise Institute wurde dabei zum Vorbild. 1953 erfolgte unter der Führung Frank Chodorovs die Errichtung der libertären Intercollegiate

Society of Individuals, aus der später das Intercollegiate Studies Institute hervorging, das als Alternative zum herrschenden Meinungsklima an den Colleges und Universitäten Vorträge und Konferenzen veranstaltet, Stipendien vergibt und heute neben dem 1957 von Russell Kirk gegründeten „Modern Age" mit „The Intercollegiate Review", „The Political Science Reviewer" und „Continuity" den Großteil der Zeitschriften des traditionalistischen Flügels der amerikanischen Konservativen herausgibt. 1973 entstand mit der *Heritage Foundation* der heute größte und einflußreichste konservative Think Tank.

Der erste Versuch, den neu formierten Konservatismus auf breiter Ebene politisch umzusetzen, endete mit einem Desaster. Den Konservativen innerhalb der Republikanischen Partei gelang es zwar, die Nominierung Barry Goldwaters als Kandidat für die Präsidentschaftswahlen des Jahres 1964 durchzusetzen. Dieser erlitt jedoch mit seinem radikalen, auf den Rückbau des New Deal zielenden Programm eine vernichtende Niederlage. Dennoch erwies sich das Jahr 1964 als „watershed year" (W. Rusher) für den amerikanischen Nachkriegskonservatismus: Einerseits ließ nämlich das Faktum, daß Goldwater überhaupt die Nominierung seiner Partei gewinnen konnte, die Konservativen als politische Kraft von Bedeutung erscheinen. Andererseits führte sein Wahlkampf zur Mobilisierung Zehntausender Aktivisten, die nach den Wahlen für weitere konservative politische Vorhaben bereitstanden.

In den sechziger Jahren trat mit den Neokonservativen – Irving Kristol, einem ihrer prominentesten Vertreter, zufolge ist ein Neokonservativer ein „liberal who has been mugged by reality" – eine neue Gruppierung auf. Dabei handelt es sich um eine Reihe von Intellektuellen, zumeist Sozialwissenschaftlern, die ursprünglich auf der linken Seite des politischen Spektrums standen und die angesichts des offensichtlichen Versagens des Wohlfahrtsstaates, der Studentenrevolte, der Einführung von Quotenregelungen und der neo-isolationistischen Haltung vieler Liberaler in der Außenpolitik eine politische Wandlung durchmachten. In ihren Augen oblag es den USA, dem Expansionsdrang der Sowjetunion und des Kommunismus Einhalt zu gebieten. Innenpolitisch wandten sie sich gegen staatlichen Interventionismus und Paternalismus, redeten aber keinem vollkommenen Laissez-faire oder gar – wie die Old Right – dem Rückbau des New Deal das Wort, sondern setzten sich zum Ziel, den Wohlfahrtsstaat effizienter zu gestalten.

In den siebziger Jahren tauchte mit der New Right noch eine populistische Variante des a. K. auf. Personen wie Jerry Falwell, dem Führer der Moral Majority, Richard Viguerie und Paul Weyrich gelang es, empörte Bürger im Zusammenhang mit Themen wie Abtreibung, Drogenmißbrauch, Schulgebet und Pornographie zu mobilisieren. Die New Right, der es darum ging, mit Hilfe des Staates traditionelle moralische Werte, Familien und Nachbarschaften zu schützen, verlor aber schon im Verlauf der achtziger Jahre wieder an Stärke und Einfluß.

Ronald Reagan gelang es, aus den verschiedenen Strömungen des a. K. eine Koalition zu bilden und 1980 als konservativer Kandidat zum Präsidenten der USA gewählt zu werden. Die „Reagan-Revolution", von der einige Kommentatoren sprachen, fand jedoch – nicht zuletzt aufgrund innerer Widersprüche in den politischen Vorhaben und mangelnder Mehrheiten im Kongreß – nicht statt. Am Anfang seiner ersten Amtsperiode konnte Reagan zwar eine angebotsorientierte Wirtschaftspolitik mit starken Steuersenkungen ins Werk setzen und auch außenpolitische Erfolge im Kampf gegen die als „evil empire" bezeichnete Sowjetunion verbuchen. Im Bereich der sozio-moralischen Fragen blieb es aber weitgehend bei Rhetorik. Die mit dem Ziel, die Rechte der Einzelstaaten zu fördern, betriebene Politik des New Federalism scheiterte. Entgegen den angestrebten ausgeglichenen Budgets erwirtschaftete Reagan Haushaltsdefizite in Rekordhöhe. Darüber hinaus gab es am Ende seiner Amtszeit deutlich mehr Bundesbedienstete als zu ihrem Beginn.

Hauptvertreter konservativer Positionen auf politischer Ebene in der ersten Hälfte der neunziger Jahre waren einerseits Pat Buchanan, der sich mit einem populistischen, isolationistischen, freihandels- und einwanderungskritischen Programm 1992 und 1996 vergeblich um die Nominierung als Präsidentschaftskandidat der Republikanischen Partei bewarb, und andererseits Newt Gingrich, der Führer der Republikanischen Partei im Repräsentantenhaus. Letzterem gelang es mit einem radikal antistaatlichen Programm mit dem Titel „Contract with America", bei den Kongreßwahlen im Herbst 1994 die Republikanische Partei zum Gewinn der Mehrheit in beiden Häusern zu führen.

Trotz aller politischen Erfolge kam es im Verlauf der achtziger Jahre zum Ausbruch heftiger Streitigkeiten innerhalb der konservativen Bewegung, als deren Folge die Vertreter der Old Right von seiten des unter starkem Einfluß der Neokonservativen stehenden und immer stärker eine zentristische Linie verfolgenden konservativen Establishments an den Rand gedrängt wurden. Ein Teil von ihnen schart sich heute um das Rockford Institute und die in der Tradition der Southern Agrarians stehende Zeitschrift „Chronicles".

Diesen Entwicklungen korrespondiert eine – teilweise auch schon in Äußerungen Ronald Reagans sichtbare – Änderung in der Sprache und den Zielsetzungen vieler Vertreter des „conservative mainstream", welche die Berechtigung der Verwendung der Vokabel „konservativ" von seiten dieser Personen für die Kennzeichnung ihrer Auffassungen zunehmend fragwürdig erscheinen läßt. So haben unter den Neokonservativen – eine Reihe von ihnen unterstützte 1992 die Präsidentschaftskandidatur des Demokraten Bill Clinton – Vorstellungen globaler, durch amerikanischen Interventionismus zu verwirklichender Demokratie Konjunktur, wovon Bücher prominenter Neokonservativer zeugen, wie etwa J. Muravchiks „Exporting Democracy: Fulfilling America's Destiny" (1991), B. J. Wattenbergs „The First Universal Nation" (1991) und F. Fukuyamas „The End of History and the Last Man" (1991). Und auch die Rhetorik antiwohlfahrtsstaatlicher Konservativer innerhalb der Republikanischen Partei ist voll von Beschwörungen des Wandels, von Versprechungen einer besseren Zukunft und der Schaffung neuer Handlungsalternativen. Ja, der Untertitel eines Buches von Newt Gingrich lautet gar „A Blueprint for the Future". Mit gutem Grund konnte daher festgestellt werden: „Conservatives in the 1980s thus came to recapitulate the same millenarian premises that have historically been the property of the Left, and their adoption of millenarian metaphors, slogans, and actual policies

is one of the major indications of the death of a serious conservatism in that period" (Francis).

B.: *C. Rossiter:* Conservatism in America, Cambridge (Mass.) – London ³1982, S. 271-92.

L.: *J. T. Horton:* James Kent: A Study in Conservatism, New York 1939; *W. H. Wickwar:* Foundations of American Conservatism, in: The American Political Science Review, Bd. XLI (1947), S. 1105-17; *L. W. Labaree:* Conservatism in Early American History, New York 1948, Ithaca ²1959; *B. E. Brown:* American Conservatives: The Political Thought of Francis Lieber and John W. Burgess, New York 1951; *R. G. McCloskey:* American Conservatism in the Age of Enterprise: A Study of William Graham Sumner, Stephen J. Field and Andrew Carnegie, Cambridge (Mass.) 1951; *D. J. Boorstin:* The Genius of American Politics, Chicago – London 1953; *R. Kirk:* The Conservative Mind, Chicago 1953, Washington (D. C.) ⁷1986, dt. Lebendiges politisches Erbe, Erlenbach – Zürich 1959; *R. N. Current:* Daniel Webster and the Rise of National Conservatism, Boston – Toronto 1955, Prospect Heights (Ill.) ²1992; *C. Rossiter:* Conservatism in America, New York 1955, Cambrige (Mass.) – London ³1982; *W. H. Nelson:* The American Tory, Oxford 1961, Boston ²1992; *G. Kolko:* The Triumph of Conservatism. A Reinterpretation of American History, 1900-16, New York 1963; *D. H. Fischer:* The Revolution of American Conservatism. The Federalist Party in the Era of Jeffersonian Democracy, New York 1965; *R. B. Ripley:* Adams, Burke, and Eighteenth-Century Conservatism, in: Political Science Quarterly 80 (1965), S. 216-35; *N. K. Risjord:* The Old Republicans. Southern Conservatism in the Age of Jefferson, New York – London 1965; *N. M. Wilensky:* Conservatives in the Progressive Era. The Taft Republicans of 1912, Gainesville 1965; *J. Hart:* The American Dissent: A Decade of Modern Conservatism, Garden City (N. Y.) 1966; *A. Guttmann:* The Conservative Tradition in America, New York 1967; *R. Kirk / J. McClellan:* The Political Principles of Robert A. Taft, New York 1967; *J. T. Patterson:* Congressional Conservatism and the New Deal. The Growth of the Conservative Coalition in Congress, 1933-39, Lexington (Ky.) 1967; *R. M. Weaver:* The Southern Tradition at Bay: A History of Postbellum Thought, hrsg. von *G. Core / M. E. Bradford,* New Rochelle (N. Y.) 1968, Washington (D. C.) ³1989; *R. Lora:* Conservative Minds in America, Chicago 1971; *G. Doeker:* Konservatismus in den Vereinigten Staaten von Amerika, in: Der Staat 12 (1973), S. 369-97; *R. Kirk:* Konservative Elemente im gesellschaftlichen Denken Amerikas, in: Konservatismus International, hrsg. von *G.-K. Kaltenbrunner,* Stuttgart-Degerloch 1973, S. 80-92; *G. H. Nash:* The Conservative Intellectual Movement in America since 1945, New York 1976; *R. M. Crunden* (Hrsg.): The Superfluous Men: Conservative Critics of American Culture, 1900-45, Austin 1977; *D. Noble:* Conservatism in the USA, in: Journal of Contemporary History 13 (1978), S. 635-

52; *P. Steinfels:* The Neoconservatives, New York 1979; *D. D. Bruce, Jr.:* The Rhetoric of Conservatism: The Virginia Convention 1829-30 and the Conservative Tradition in the South, San Marino 1982; *J. van Houten:* Ideen haben Folgen. Die konservative Bewegung Amerikas, in: Criticón Nr. 72/73 (1982), S. 155-60; *H. Rühle / H.-J. Veen / W. F. Hahn* (Hrsg.): Der Neo-Konservativismus in den Vereinigten Staaten und seine Auswirkungen auf die Atlantische Allianz, Melle 1982; *N. Ashford:* Das Versagen des Staates. Der amerikanische Neokonservatismus, in: Neokonservative und „Neue Rechte", hrsg. von *I. Fetscher,* München 1983, S. 35-65; *J. Schissler* (Hrsg.): Neokonservatismus in den USA, Opladen 1983; *E. S. Shapiro:* American Conservative Intellectuals, the 1930's, and the Crisis of Ideology, in: *ders.:* Clio from the Right. Essays of a Conservative Historian, Washington (D. C.) 1983, S. 77-87; *G. Peele:* Revival and Reaction. The Right in Contemporary America, Oxford 1984; *W. A. Rusher:* The Rise of the Right, New York 1984, erw. ²1993; *J. P. East:* The American Conservative Movement. The Philosophical Founders, Chicago – Washington (D. C.) 1986; *G. H. Nash:* Der amerikanische K. und die „Reagan-Revolution", in: Criticón 96 (1986), S. 173-75; *K. L. Shell:* Der a. K., Stuttgart – Berlin – Köln – Mainz 1986; *G. Wolfe:* R. Minds. A Sourcebook of American Conservative Thought, Chicago – Washington (D. C.) 1987; Keeping the Tablets. Modern American Conservative Thought, hrsg. von *W. F. Buckley, Jr. / C. R. Kesler,* New York 1988; *L. Filler:* A Dictionary of American Conservatism, Secaucus (N. J.) 1988; *B. Girvin:* The United States: Conservative Politics in a Liberal Society, in: The Transformation of Contemporary Conservatism, hrsg. v. dems., London – Newbury Park – Beverly Hills – New Delhi 1988, S. 164-92; *P. Gottfried / T. Fleming:* The Conservative Movement, Boston 1988, (ohne *Fleming*) erw. New York ²1993; *W. H. Lorig:* Neokonservatives Denken in der Bundesrepublik Deutschland und in den Vereinigten Staaten von Amerika, Opladen 1988; *F. Rieger:* Der amerikanische Neokonservatismus, Wiesbaden 1989; *J. L. Himmelstein:* To the Right. The Transformation of American Conservatism, Berkely – Los Angeles 1990; *R. Kirk:* The Conservative Constitution, Washington (D. C.) 1990; *M. Minkenberg:* Neokonservatismus und Neue Rechte in den USA, Baden-Baden 1990; *M. J. Thorne:* American Conservative Thought Since World War II. The Core Ideas, Westport (Conn.) 1990; *J. D. Hoeveler, Jr.:* Watch on the Right. Conservative Intellectuals in the Reagan Era, Madison (Wisc.) – London 1991; *L. M. Schwab:* The Illusion of a Conservative Reagan Revolution. New Brunswick (N. J.) 1991; *E. D. Genovese:* The Slaveholder's Dilemma: Freedom and Progress in Southern Conservative Thought 1820-60, Columbia (S. C.) 1992, ²1995; *A. Aughey / G. Jones / W. T. M. Riches:* The Conservative Political Tradition in Britain and the United States, London 1992; *G. Dorrien:* The Neoconservative Mind, Philadelphia 1993; *S. Francis:* Beautiful Losers. Essays on the Failure of American Conservatism, Columbia (Miss.) – London 1993; *W. C. Berman:* America's Right Turn. From Nixon to Bush, Baltimore – London 1994; *E. D. Genovese:* The Southern Tradition. The Achievement and Limitations of an American Conservatism, Cambridge (Mass.) – London 1994; *J. Ehrman:* The Rise of Neoconservatism. Intellectuals and Foreign Affairs 1945-94, New Haven – London 1995.

– Z

Anarchismus von rechts

Der Begriff „A. v. r." erscheint zunächst paradox, ja sinnwidrig, aufgrund der Annahme, daß alle „rechten" politischen Weltanschauungen dem Ordnungsprinzip einen besonders hohen Stellenwert einräumen und deshalb mit „anarchistischen" nicht verbunden sein können. Tatsächlich tritt der A. v. r. auch nur in Ausnahmesituationen auf, in denen die sonst verborgene Affinität zwischen dem A. und dem Konservatismus erkennbar werden kann. E. →Jünger hat diese eigenartige Beziehung in seinem Buch „Der Weltstaat" (1960) so charakterisiert: „Der Anarchist in seiner reinen Form ist derjenige, dessen Erinnerung am weitesten zurückreicht: in vorgeschichtliche, ja vormythische Zeiten, und der glaubt, daß der Mensch damals seine eigentliche Bestimmung erfüllt habe... In diesem Sinne ist der Anarchist der Urkonservative, der Heil und Unheil der Gesellschaft an der Wurzel sucht." Jünger hat den Typus des „preußischen" (in der ersten Fassung des „Abenteuerlichen Herzens") oder „konservativen Anarchisten" später als „Anarchen" bezeichnet und seine eigene „désinvolture" dementsprechend gedeutet: ein extremes Einzelgängertum, das sich genießt und in Grenzsituationen gefährdet, zur Welt aber nur in einem beobachtenden Verhältnis steht, da alle Momente echter Ordnung in Auflösung begriffen sind und eine „organische Konstruktion" noch nicht wieder oder gar nicht mehr möglich ist.

Obwohl Jünger selbst unmittelbar durch die Lektüre M. Stirners beeinflußt wurde, ist vor allem die Nähe solcher Gedankengänge zum Dandysmus offenkundig. Die Kultur der Dekadenz brachte am Ende des 19. Jhdt.s im Dandy eine Figur hervor, die einerseits nihilistisch und lebensmüde war, andererseits dem Fortschrittsglauben ganz bewußt den Kult des Heroischen und den Vitalismus entgegensetzte. Die Ablehnung der geltenden sittlichen →Hierarchie, die Bereitschaft, „unliebenswürdig, im tiefen Sinne des Wortes" (G. Flaubert) zu sein, legten beim Dandy die Berührung mit dem Anarchischen offen; seine geübte Gefühlskälte, sein Hochmut und seine Wertschätzung verfeinerter Kleidung und Manieren sowie der Anspruch, eine „neue Art von Aristokratie" (Ch. Baudelaire) zu verkörpern, begründen die Nähe des Dandys zur politischen Rechten. Daher ist auch die Tendenz des politisierenden Dandys zu erklären, sich den Strömungen der →Konservativen Revolution bzw. ihrer Vorformen anzuschließen, so etwa M. →Barrès in Frankreich, G. d'Annunzio in Italien, S. →George oder A. →Moeller van den Bruck in Deutschland. Der japanische Schriftsteller Y. Mishima gehörte zu den Nachläufern dieser Tendenz.

Es gibt allerdings neben diesem Entwicklungsstrang des A. v. r. noch einen weiteren, davon weitgehend unabhängigen und älteren, der mit spezifisch französischen Bedingungen zusammenhängt. Hier bildete sich bereits am Ende des 18. Jhdt.s, in der Spätzeit des Ancien régime, ein *anarchisme de droite*, dessen Vertreter für sich in Anspruch nahmen, „jenseits von Gut und Böse" zu stehen, „wie die Götter" leben zu wollen, und die außer der persönlichen Ehre und dem persönlichen Mut keinen Wert gelten ließen. Die Weltanschauung dieser *Libertins* verband sich häufig mit einem aggressiven Atheismus und einer pessimistischen Geschichtsphilosophie. Den →Absolutismus hielten Männer wie Brantôme, Montluc, Béroalde de Verville und Vauquelin de La Fresnaye für eine Erfindung, die den Prinzipien des alten Feudalsystems bedauerlicherweise widerspreche und nur dem Bedürfnis des Volkes nach Wohlleben diene. Attitüden, die sich im 19. Jhdt. bei A. de Gobineau und L. Bloy und im 20. Jhdt. auch bei G. →Bernanos, H. de Montherlant und F. Céline wiederfanden. In einer betont „traditionalistischen" Wendung fand sich diese Haltung auch bei J. →Evola, soweit dessen Denken um das „absolute Individuum" kreiste.

In welcher Form der A. v. r. auch auftritt, ihn treibt immer das Dekadenzgefühl an, die Ablehnung des Massenzeitalters und des intellektuellen Konformismus. Das Verhältnis zum Politischen ist uneinheitlich, nicht selten

kann aber die Distanzierung in Aktivismus umschlagen. Eine darüber hinausgehende Übereinstimmung widerspräche schon dem hochgezüchteten Individualismus der rechten Anarchisten; nicht zu vergessen, daß die Bezeichnung auch von solchen Männern in Anspruch genommen wurde – etwa G. Orwell (*tory anarchist*) oder Ph. Ariès –, die wesentliche Merkmale der rechts-anarchistischen Ideologie gar nicht aufwiesen, während andere, die den Kriterien objektiv genügen – etwa N. Gómez Dávila oder G. Maschke – diesen Begriff nicht verwenden.

L.: *E. v. Sydow:* Die Kultur der Dekadenz, Dresden 1921; *R. Gruenter:* Formen des Dandysmus. Eine problemgeschichtliche Studie über Ernst Jünger, in: Euphorion 46 (1952) 3, S. 170-201; *H. P. Schwarz:* Der konservative Anarchist. Politik und Zeitkritik Ernst Jüngers, Freiburg i. Br. 1962; *T. Kunnas:* Literatur und Faschismus, in: Criticón 3 (1972) 14, S. 269-74; *A. Mohler:* Autorenporträt in memoriam. Henry de Montherlant und Lucien Rebatet, in: Criticón 3 (1972) 14, S. 240-42; *O. Mann:* Dandysmus als konservative Lebensform, in: *G.-K. Kaltenbrunner* (Hrsg.): Konservatismus international, Stuttgart-Degerloch 1973, S. 156-70; *G.-K. Kaltenbrunner:* Antichristliche Konservative. Religionskritik von rechts (Herderbücherei Initiative, Bd. 49), Freiburg i. Br. 1982; *F. Richard:* L' anarchisme de droite dans la litterature contemporaire, Paris 1988; *ders.:* Les anarchistes de droite, Paris 1991.

– W

Ancillon, Johann Peter Friedrich

* 30. 4. 1767 Berlin; † 19. 4. 1837 ebd. Preußischer konservativer Schriftsteller und Politiker aus angesehener Hugenottenfamilie. Nach dem Studium der Theologie in Genf wurde A. 1790 Prediger der calvinistischen französischen Gemeinde in Berlin. Seit 1792 lehrte er Geschichte an der Militärakademie. Durch seine Schriften und seine rhetorischen Fähigkeiten schnell zu Ansehen gelangt, wurde er 1805 Mitglied der Berliner Akademie der Wissenschaften und 1810 Erzieher des Kronprinzen und späteren Königs Friedrich Wilhelm IV. Seit 1814 war er im Ministerium des Auswärtigen tätig, wo er seit 1818 als Direktor der Politischen Sektion fungierte. 1832-37 amtierte er als preußischer Außenminister.

Als politischer Essayist und Schriftsteller gehörte A. zu den Ausgleichstheoretikern und Vermittlungsphilosophen. Durch das Erlebnis der Französischen Revolution tief er-

Johann Peter Friedrich Ancillon
1767-1837

schreckt, trat er für einen Reformkonservatismus ein, der durch vorsichtige Neuerungen den Gefahren des revolutionären Umsturzes vorbeugen sollte. Ihm ging es um „die Harmonie zwischen dem politischen Leben eines Volkes und den Formen desselben". Insofern verteidigte er nach 1815 „das landständische Princip" als „zweckmäßige Modifikation der alten ständischen Verfassung", und zwar „nicht allein weil die ständischen Formen herrliche Bürgen der Zukunft und feste Schutzwehren der bürgerlichen Freiheit sind..., sondern weil dieselben dem... nach einer höheren Bildung strebenden Theil der Nation eine gesetzmäßige und organische Stimme verleihen". Wie → Burke sah er in der Aufrechterhaltung historischer Kontinuität die wichtigste Aufgabe der Politik.

Als praktischer Politiker betrieb A. allerdings eine mehr restaurative als reformerische Politik. So trat er etwa als Gegner der verfassungspolitischen Pläne Hardenbergs hervor und propagierte statt dessen die Einführung der Provinzialstände. Als Außenminister folgte er dem Konzept einer Aufrechterhaltung des 1815 errungenen politischen Gleichgewichts in Europa – ganz im Banne des von ihm bewunderten → Metternich, dem er sich stets unterordnete.

S.: Considérations générales sur l'histoire ou introduction à l'histoire des révolutions du systeme politique de l'Europe pendant les trois derniers siècles, Berlin 1801; Essai sur les grandes caractères, Berlin 1806; Ueber Souveränität und Staatsverfassungen, Berlin 1815; Einige academische Gelegenheitsschriften, Berlin 1815; Ueber die Staatswissenschaft, Berlin 1820; Ueber Glauben und Wissen in der Philosophie, Berlin 1824; Ueber den Geist der Staatsverfassungen und dessen Einfluß auf die Gesetzgebung, Berlin 1825; Zur Vermittlung der Extreme in den Meinungen, Bde. I-II, Berlin 1828-31; Pensées sur l'homme, ses rapports et ses intérets, Bde. I-II, Berlin 1829; Essais de philosophie, de politique et de littérature, Bde. I-IV, Paris – Berlin 1832 u.a.

L.: – a – (= *Jakob Caro*) in ADB I, 420-24; *Hartung* in NDB I, 264f; *L. u. E. Haag:* La France protestante, Bd. I, Paris 1877; *A. Harnack:* Geschichte der Königlich Preußischen Akademie der Wissenschaften zu Berlin, Bde. I/1-I/2, Berlin 1900; *H. v. Petersdorff:* A. und Kronprinz Friedrich Wilhelm, in: KM 77 (1919/20), S. 735-40; *P. Haake:* P. F. A. und Kronprinz Friedrich Wilhelm IV., München – Berlin 1920; *ders.:* Der preußische Verfassungskampf vor 100 Jahren, München – Berlin 1921; *E. Lewalter:* Friedrich Wilhelm IV., Berlin 1938; *H. v. Srbik:* Metternich, Bde. I-II, München ²1957; *W. Bußmann:* Zwischen Preußen und Deutschland – Friedrich Wilhelm IV., Berlin 1990; *M. Stolleis:* Geschichte des öffentlichen Rechts in Deutschland, Bd. II, München 1992.

– K

Andrian-Werburg, Leopold von

* 9. 5. 1875 Berlin; † 19. 11. 1951 Freiburg/Schweiz. Dichter und konservativer Schriftsteller. Aus bedeutender Gelehrtenfamilie stammend, besuchte A.-W. die Kalksburger Jesuitenschule, wurde 1888-92 von dem späteren bedeutenden Germanisten O. Walzel als Hauslehrer unterrichtet und studierte 1893-98 die Rechte an der Universität Wien. Nach der Promotion trat A.-W. 1899 in den diplomatischen Dienst ein, in dem er bis zum Ende der Habsburgermonarchie verblieb. 1918 amtierte er kurzzeitig als Generalintendant der Wiener Hoftheater. Seit 1919 lebte A.-W. zurückgezogen und widmete sich umfänglichen theologisch-philosophischen Studien; ab 1930 betätigte er sich als theologisch-politischer Schriftsteller in Diensten des habsburgischen Legitimismus und des katholischen Ständestaats. 1938 ging er in die Emigration nach Brasilien und in die Schweiz.

A.-W. begann als junges dichterisches Genie im Umkreis des „Jungen Wien", befreundet mit H. von →Hofmannsthal und mit S. →George, in dessen „Blättern für die Kunst" A.-W. seine frühen Gedichte publizierte. Seine Novelle „Der Garten der Erkenntnis" (1895) zählt – mit ihrem auf Steigerung der Lebensintensität gerichteten Schönheits- und Gefühlskult – zu den Hauptwerken der deutschsprachigen Fin-de-siècle-Dichtung. Erst nach dem plötzlichen Versiegen seiner poetischen Inspiration wandte sich A.-W. dem Diplomatenberuf zu, ohne jedoch seine schwärmerische Freundschaft zu Hofmannsthal aufzugeben.

Nach dem Untergang des Habsburgerreichs verstand sich A. als Anwalt der vergangenen, von ihm jedoch weiterhin als Norm aufgefaßten „aristokratischen Kulturwelt" Altösterreichs. In seinem Spätwerk „Österreich im Prisma der Idee" (1937), das dem katholischen Ständestaat ein geistig-ideologisches Fundament liefern sollte, knüpfte er an die von J. Hormayr und →Metternich vorgedachte, von Hofmannsthal erneuerte „Idee Österreich" als eines übernationalen, monarchisch regierten, auf katholischen Prinzipien beruhenden Staatswesens an. Dem „bürgerlichen" Staat des Liberalismus stellte er die „organischen" Stände des Adels und des Bauerntums als Pfeiler einer stabilen Gesellschaftsordnung entgegen: „Die drei Stände, Volk, Adel, Bürgertum, sind ebenso wesentlich für eine Nation wie Wurzel, Stamm und Blätter für einen Baum."

In seinem theoretischen Hauptwerk „Die Ständeordnung des Alls" (1930) entwarf er eine an den mittelalterlichen Ordo-Begriff anknüpfende Lehre von der göttlichen Seinsordnung. Das „All" als christliche Schöpfungsordnung wird darin aufgefaßt als eine Abfolge von fünf Seinsstufen, die von der anorganischen Natur über Pflanzen, Tiere und Menschen bis zu den Engeln, Heiligen und zu Gott als der höchsten Ordnung reicht. Der Mensch erscheint als Geschöpf zwischen der bewußtlosen Natur und Gott, zwischen Tieren und Engeln, Gut und Böse. Obwohl der Autor alle Sätze seines Buches „den Entscheidungen der heiligen Römischen und Apostolischen Kirche" unterwarf, sind doch gewisse ästhetizistische Elemente in dem Entwurf seines „Weltbildes" nicht zu verkennen, das als Dichtung eindrucksvoller erscheint denn als theoretisches, gar philosophisches Werk.

S.: Der Garten der Erkenntnis, Berlin 1895; Die Ständeordnung des Alls – Rationales Weltbild eines katholischen Dichters, München 1930; Österreich im Prisma der Idee – Katechismus der Führenden, Graz 1937.

E.: W. H. Perl (Hrsg.): L. v. A. und die „Blätter für die Kunst", Hamburg 1960; ders. (Hrsg.): Briefwechsel L. v. A. – H. v. Hofmannsthal, Frankfurt a. M. 1968. F. Delle Cave (Hrsg.): Correspondenzen. Briefe an L. v. A. 1894-1950, Marbach a. N. 1989.

L.: W. H. Perl: L. v. A., ein vergessener Dichter des Symbolismus, in: Philobiblon 4 (1958), S. 303-09; ders.: Der Dichter L. v. A., in: Modern Austrian Literature 2 (1969), S. 23-9; H. Schumacher: L. A., Wien 1967; G. Stix: Der Sonderfall des L. v. A., in: Studi germanici N. S. 9 (1971), S. 477-89; C. Magris: Il mito absburgico nella letteratura austriaca moderna, Turin ³1980; U. Renner: L. A.s „Garten der Erkenntnis", Frankfurt a. M. – Bern 1981; G. N. Rovagnati: L. v. A., Mailand 1985; M. Mayr: L. v. A.s „Österreich im Prisma der Idee", in: Geschichte und Gegenwart 2 (1989), S. 96-126; H. Dorowin: Retter des Abendlands, Stuttgart 1991.

– K

Asmussen, Hans Christian

* 21. 8. 1898 Flensburg; † 30. 12. 1968 Speyer. Evangelisch-lutherischer Theologe. A. stammte aus dem Bürgertum Nordschleswigs, er wuchs in einer Atmosphäre streng lutherischer und pietistischer Prägung auf. Dies verschloß ihn allerdings nicht gegenüber modernen geistigen Einflüssen: Später sollte A. sagen, daß er schon als junger Mann „von Kierkegaard gestempelt" worden sei.

Nach dem Abitur (1917) diente A. bis zum Kriegsende als Soldat, dann nahm er in Tübingen und Kiel ein Theologiestudium auf. Zu seinen wichtigsten Lehrern gehörten K. Heim und A. Schlatter, außerdem O. Baumgarten und H. Mandel; am 30. April 1923 wurde A. in Flensburg zum Pfarrer ordiniert. Er betrachtete sich theologisch als „dezidierten Antiliberalen" und sympathisierte mit Vorstellungen der „Dialektischen Theologie"; bestimmend blieb allerdings der Einfluß der neulutherischen Entwürfe, in denen die Lehre von den Schöpfungsordnungen eine wichtige Rolle spielte. Der politische Radikalismus der späten zwanziger Jahre, der in Gestalt der Landvolkbewegung und des wachsenden Stimmenanteils der NSDAP auf Schleswig-Holstein übergriff, zwang A. zu einer Stellungnahme. Gerade wegen seiner konservativen Orientierung protestierte er entschieden gegen die Versuche der Nationalsozialisten, durch die *Deutschen Christen* (DC) Einfluß auf die Kirche zu nehmen; er hatte auch wesentlichen Anteil an „Wort und Bekenntnis Altonaer Pastoren", mit dem die evangelische Geistlichkeit der Stadt am 11. Januar 1933 die Ausschreitungen vom sogenannten „Altonaer Blutsonntag" verurteilte. Die unmittelbare Folge war der scharfe Kurs, den der Gauleiter und die neue DC-Kirchenführung nach der Machtergreifung Hitlers gegen A. einschlugen. Bereits am 15. Februar 1934 wurde er in den Ruhestand versetzt.

Die erzwungene Entbindung von seinem Amt ermöglichte es A., seine theologische Arbeit zu vertiefen und im Rahmen der „Bekennenden Kirche" aktiv mitzuwirken. Eine wesentliche Rolle spielte er bei der Bekenntnissynode, die vom 29. bis 31. Mai 1934 in Barmen stattfand. A. war davon überzeugt, daß die evangelischen Kirchen den Weg zur Einheit finden und den älteren Konfessionalismus überwinden müßten, wollte aber gerade das Erbe des Luthertums als wichtigen Bestandteil für die neue Verbindung bewahren. Die Synode beschloß ausdrücklich, die sogenannte „Barmer Erklärung" im Zusammenhang mit den Erläuterungen von A. (die sich streng an die Theologie der *Confessio Augustana* hielten) zur Grundlage ihrer weiteren Arbeit zu machen. A. trat dann in die „Vorläufige Leitung" der DEK ein und wurde gleichzeitig Mitglied des Bruderrates der Bekennenden Kirche sowie Leiter der Berliner Kirchlichen Hochschule. In dieser Zeit verband ihn eine enge persönliche Freundschaft mit M. Niemöller, dessen Familie er nach dessen Inhaftierung (1937) aufopfernd unterstützte. 1941 wurde A. selbst, nach mehreren kurzfristigen Festnahmen, zu acht Monaten Gefängnis verurteilt. Die letzte Phase des Krieges verbrachte er in Süddeutschland, wo er den württembergischen Bischof T. Wurm bei dessen „Einigungswerk" unterstützte.

Unmittelbar nach der Kapitulation trat A. an die Spitze des „Reichsbruderrates" der BK, was eine erste Verstimmung von seiten Niemöllers zur Folge hatte. Ende August 1945 wurde A. überdies zum Präsidenten der Kirchenkanzlei der neugebildeten EKiD gewählt, und im Oktober des Jahres nahm er aktiv an der Formulierung des sog. „Stuttgarter Schuldbekenntnisses" teil, das er später sowohl gegen die Selbstgerechtigkeit vieler Deutscher wie gegen die Versuche zur Umdeutung im Sinne einer Kollektivschuldthese verteidigte. Danach verstärkten sich die Spannungen mit seinen ehemaligen Kampfgefährten M. Niemöller und K. Barth: A. warf den beiden vor, eine „vierte Konfession" im deutschen Protestantismus zu formieren, die dem Kommunismus als Einfallstor diene. Der Streit eskalierte derart, daß A. schließlich zum Rücktritt von seinem Amt in der EKiD genötigt wurde; praktisch fand man ihn 1949 mit der Stelle eines Propstes in Kiel ab. A.s Kampfgeist blieb allerdings ungebrochen. Nach anfänglichen Mißverständnissen arbeitete er tatkräftig am Aufbau der VELKD mit. A. hatte außerdem schon unmittelbar nach Kriegsende zusammen mit H. →Ehlers, G. →Ritter und H. Lilje für den Aufbau der CDU als einer christlich-konservativen Partei plädiert und machte aus seiner Ablehnung der Linkstendenzen im evangelischen Bereich keinen Hehl; gleichzeitig wandte er sich der Formulierung seiner „altlutherischen" theologischen Position zu. Deshalb beteiligte sich A. auch 1954 an der Gründung der „Sammlung um Bibel und Bekenntnis", die – nicht zuletzt in der Tradition von Barmen – den Kampf gegen den theologischen Modernismus führen sollte; damit lehnte A. außerdem die in der EKiD favorisierte Genfer Ökumene ab und forderte statt dessen die Annäherung an die katholische Kirche im Sinne der Una-Sancta-Bewegung. 1955 wurde A., der mittlerweile fast völlig isoliert war, in den Ruhestand versetzt. Er blieb dennoch ein streitbarer Verfechter seiner Anschauungen. Im September 1967, ein Jahr vor seinem Tod, schrieb er mit der gewohnten Schärfe seines Urteils: „Hätte ich noch die Kraft, würde ich noch einmal zu einem Kirchenkampf aufrufen. Was wir erleben, ist schlimmer, als das, was wir 1933 erlebten...".

B.: *W. Bauer / H. Heeger / F. Hübner / W. Zimmermann:* Ich glaube Eine Heilige Kirche. Festschrift für D. H. A. zum 65. Geburtstag am 21. August 1963, Stuttgart 1963, S. 229-40.

S.: Das Alte Testament und seine Beleuchtung durch Juden, Judengenossen und Völkische, Breklum 1928; Die Offenbarung und das Amt, München 1932; Reichskirche?, Hamburg 1933; Neues Bekenntnis? Ein Beitrag zum Neubau der Kirche, Berlin 1933; Politik und

Christentum, Hamburg 1933; Kirche Augsburgischer Konfession, Theologische Existenz heute, 1 (1934) 16; Die Grundlagen der Bekennenden Kirche, Dahlem 1934; Gottesdienstlehre, Bde. 1-3, München 1936/37; Die Kirche und das Amt, München 1939; Antwort an Karl Barth, Schwäbisch-Gmünd 1946; Gesetz und Evangelium. Das Verhalten der Kirche gegenüber Volk und Staat, Stuttgart 1947; Warum noch lutherische Kirche? Ein Gespräch mit dem Augsburgischen Bekenntnis, Stuttgart 1949; Maria, die Mutter Gottes, Stuttgart 1950; (zus. mit *W. Stählin*): Katholizität der Kirche, Stuttgart 1957; Tradition. Von der Landeskirche Schleswig-Holstein bis zur Urkirche, Itzehoe 1962; Aufsätze, Briefe, Reden 1927-45, Itzehoe 1963.

L.: *G. Besier*: Die Kirchenversammlung von Eisenach (1948), die Frage der „Entstehung einer vierten Konfession" und die Entlassung H. A.s, in: Kerygma und Dogma 34 (1988), S. 252-81; *H. Goltzen / J. Schmidt / H. Schröer*: Art. A., H., in: TRE, Bd. 4, S. 259-65; *J. J. Hughes*: H. A. Prophet ohne Ruhm, in: Die Spur 12 (1972), S. 120-29; *E. Konnukiewitz*: H. A. Ein lutherischer Theologe im Kirchenkampf, Gütersloh 1984; *W. Lehmann*: H. A. Ein Leben für die Kirche, Göttingen 1988; *J. Pfeiffer*: Art. A., H., in: RGG³, Bd. I, Sp. 649.

– W

Aufklärung

Nach der berühmtesten und repräsentativsten Definition ist A. „der Ausgang des Menschen aus seiner selbst verschuldeten Unmündigkeit"; ihr Wahlspruch laute infolgedessen: „Habe Mut, dich deines eigenen Verstandes zu bedienen!" (Kant). Grundgedanke der A. ist die *Autonomie* des Menschen, d.h. seine Fähigkeit, sich selbst Gesetze zu geben und seine eigene Lebenswelt nach den Grundsätzen eigener vernünftiger Einsicht zu gestalten und zu ordnen. Damit geht die A. als modernes Denken über die alteuropäisch-antike Tradition hinaus, in der die Selbsteinordnung des Menschen in die überkommenen Zusammenhänge von Natur, Herkunft und Überlieferung als Voraussetzung sinnvoller menschlicher Existenz galt. Im Extremfall konnte und kann das Denken der A. in einen übersteigerten Utopismus münden, der im Namen der Zukunft die Ordnung der Gegenwart radikal entwertet (von Condorcet bis Bloch). In philosophischer Hinsicht vollzieht sich diese Entwicklung keineswegs nur (wie man früher meinte) als umfassende Selbstermächtigung des neuzeitlichen Rationalismus, sondern als *Rehabilitation der Sinnlichkeit*: „Als zusammengehörende Formen existenzieller Intensität bedeuten Rationalismus und Rehabilitation der Sinnlichkeit nach ihrem Selbstverständnis eine Wendung zum Unmittelbaren bzw. Lebendigen: weder der Umweg der Autorität zur Erreichung der Wahrheit noch der der Askese zur Gewinnung der Moral seien nötig" (Kondylis). Die damit einhergehende Aufwertung des Menschen findet ihren Ausdruck im weltanschaulichen Anthropozentrismus und einem weit ausgreifenden Individualismus.

Gegen diesen umfassenden Anspruch der A. hat das konservative Denken in allen seinen Formen (wiewohl mit deutlichen Gradunterschieden) opponiert. →Möser etwa kritisierte den Trend zu juristisch-legislatischer Abstraktion, →Savigny rügte die „trostlose Aufklärerei", die „mehr als ein halbes Jahrhundert... den politischen wie den geistigen Glauben wankend gemacht" habe; →Radowitz verteidigte „den Glauben und das Recht von Alt-Europa" gegen die A., →Leo prägte den polemischen Begriff „Aufkläricht", während →Voegelin in der A. nur eine Form des „gnostischen Immanentismus" zu erkennen meinte. →Gehlen konstatierte nicht zufällig im Jahre 1969: „Die Aufklärung ist, kurz gesagt, die Emanzipation des Geistes von den →Institutionen. Sie löst die Treuepflicht zu außerrationalen Werten auf, hebt die Bindungen durch Kritik ins Bewußtsein, wo sie zerarbeitet und verdampft werden, und stellt Formeln bereit, die Angriffspotential, aber keine konstruktive Kraft haben, wie in der Rede vom ‚neuen Menschen' oder von der Unmenschlichkeit der Herrschaft." Und Gadamer bestimmte das „grundlegende Vorurteil der A." als „das Vorurteil gegen die Vorurteile überhaupt und damit die Entmachtung der Überlieferung".

Die Einschätzung und Bewertung der A. hängt zuerst davon ab, ob man sie, wie etwa die ältere Forschung (Dilthey, Cassirer, Hazard), historisch-geistesgeschichtlich eingrenzt auf die Epoche zwischen ca. 1650 und 1800 (ohne freilich ihre Weiterwirkung zu verkennen), oder ob man sie, wie neuere Deutungen dies tun, als umfassende geistig-politische, bis in die Gegenwart andauernde Bewegung definiert. In diesem Sinne wird A. „als ein Prozeß der Veränderung des Bewußtseins, des Verhaltens und des Handelns, als eine sozio-kulturelle *Bewegung* begriffen. ...

Der Prozeß der A. ist... eine alle Lebensbereiche umfassende Reformbewegung. A. ist kritisches Denken in praktischer Absicht" (Bödeker / Herrmann). Diese ebenso unhistorische wie unpräzise Definition, nicht selten verbunden mit dem Anspruch einer links-libertären „zweiten A." (Grassi), ermöglichte die These vom angeblichen „Dilemma des Konservatismus", das in folgendem bestehe: „Alle Konservativen argumentieren auf dem Boden der A. gegen sie" (Greiffenhagen).

Diese These ist aber deshalb unzutreffend, weil sich konservatives Denken nicht primär als – gegen den Rationalismus der A. gerichteten – Antirationalismus versteht, sondern weil es versucht, a) auf dem Boden des vormodernen, traditionellen Rationalismus gegen den modernen zu argumentieren, b) religiös-transzendente Erfahrung gegen rein immanente Reflexion zu rehabilitieren, um damit c) gegen die aus seiner Sicht verderblichen Folgen eines Denkens anzugehen, das durch die Propagierung umfassender Autonomie des menschlichen Individuums bewußt Ordnungen zerstört, ohne (jedenfalls in den meisten Fällen) neue Ordnungen und damit sinnvolle menschliche Lebenszusammenhänge schaffen zu können. Auch und gerade in seiner Kritik der *überzogenen Ansprüche* und der *Illusionen* der A. ist Konservatismus keineswegs per definitionem bereits Anti-A., aber eben doch der Versuch, den von der A. unterschätzten Gefahren der Anomie und des Ordnungsverlustes entgegenzutreten.

L.: *I. Kant:* Beantwortung der Frage: Was ist A.? (1784), in: *ders.:* Gesammelte Schriften, Akademie-Ausgabe, Bd. VIII, Berlin 1968 u.a. , S. 33-42; *W. Dilthey:* Gesammelte Schriften, Bde. I, III, Berlin 1914ff.; *E. Cassirer:* Die Philosophie der A., Tübingen 1932; *W. Stammler:* Politische Schlagworte im Zeitalter der A., in: Lebenskräfte in der abendländischen Geistesgeschichte, Festschrift W. Goetz, Marburg 1948, S. 199-259; *P. Hazard:* Die Herrschaft der Vernunft, Hamburg 1949; *E. Grassi:* Die zweite A., Hamburg 1958; *F. Valjavec:* Geschichte der abendländischen A., Wien 1961; *H. Blumenberg:* Die Legitimität der Neuzeit, Frankfurt a. M. 1966 u.ö.; *P. Gay:* The Enlightenment, Bde. I-II, New York 1966-69; *H.-J. Schoeps* (Hrsg.): Zeitgeiste der A., Paderborn 1972; *H. Stuke:* Art. „A.", in: GG I, S. 243-342; *H. Dieckmann:* Studien zur europäischen A., München 1974; *H.-G. Gadamer:* Wahrheit und Methode, Tübingen ⁴1975 u. ö.; *P. Pütz:* Die deutsche A., Darmstadt 1978; *P. Kondylis:* Die A. im Rahmen des neuzeitlichen Rationalismus, Stuttgart 1981 u. ö.; *H. Möller:* Vernunft und Kritik, Frankfurt a. M. 1986; *R.*

Vierhaus: Deutschland im 18. Jhdt., Göttingen 1987; *H. E. Bödeker / U. Herrmann* (Hrsg.): A. als Politisierung – Politisierung der A., Hamburg 1987; *J. Schmidt* (Hrsg.): A. und Gegenaufklärung in der europäischen Literatur, Philosophie und Politik von der Antike bis zur Gegenwart, Darmstadt 1989; *E. Weis:* Deutschland und Frankreich um 1800 – A., Revolution, Reform, München 1990.

– K

Autorität

A. (lat. *auctoritas* = Gewalt, Befehlsgewalt, Machtvollkommenheit, Geltung, Ansehen, Vorbild, Würde) im konservativen Sinne bedeutet „Führungsmacht (Herrschaft) kraft geistiger Gültigkeit" (O. →Spann). „A. kennzeichnet die Art der Beziehung zwischen Führenden und Geführten" (M. Heitger). A. unterscheidet sich durch ihren Rekurs auf die „geistige Gültigkeit" von der bloß physischen Gewalt, die angewendet wird, um gegen den Willen der Geführten (Beherrschten) diese zu bestimmten Handlungen zu zwingen. A. wirkt durch die Kraft der Überzeugung, die anerkannte Überlegenheit, die Dignität der Werte, die der Autoritätsträger verkörpert, durch das Vorbild, die Dienstgesinnung, den persönlichen Einsatz bis hin zum Opfer von Gut, Leib und Leben. A. zwingt durch „innere Macht" (F. Wieser, A. Vierkant), „innere Herrschaft" kraft der Verbindlichkeit, die im Geistigen liegt: „Alle dauernde Herrschaft und alle dadurch erreichte Ordnung ist innere Herrschaft" (O. Spann). A. genießt, wer für das →Gemeinwohl einer sozialen Gruppe entscheidend verantwortlich ist und es nachhaltig fördert („Gesamt-A.") oder in seinem Fach sich durch hohe Kompetenz ausgewiesen hat. („Fach-A.", „Experte").

A. ist für die Erhaltung der „Identität" (H. Arendt) und die Entfaltung sozialer Gruppen und ihrer →Institutionen unentbehrlich: „Die menschliche Gesellschaft kann weder gut geordnet noch fruchtbar sein, wenn es in ihr niemand gibt, der mit rechtmäßiger Autorität die Ordnung aufrecht erhält und mit der notwendigen Sorgfalt auf das allgemeine Wohl bedacht ist" (PT 46). Jede Gesellschaft bedarf der Autorität, durch die sie geordnet und zum Guten, dem Gemeinwohl als ihrem Ziel, hingeleitet wird.

A. ist daher eine unabdingbare Wesenskategorie der Gesellschaft, sie ist in der Natur der Gesellschaft und, wie die gesellschaftliche Natur des Menschen, in der Schöpfungsordnung begründet. A. ist „ein wesentlicher Bestandteil der natürlichen ‚Verfassung' des Staates wie jeder ursprünglichen Gemeinschaft" (J. Messner). Jede A. leitet sich daher zuletzt vom Schöpfer ab (Röm 13, 1: „Denn es gibt keine Gewalt, die nicht von Gott stammt"), sie hat seinen Willen, der nicht anderes ist als das *bonum commune*, zu vollziehen. Dieser Ursprung der A. begründet in letzter Hinsicht auch die Gehorsamspflicht der Geführten (Röm 13, 2: „Wer sich der Gewalt widersetzt, widersetzt sich der Anordnung Gottes… und zieht sich selbst das Gericht zu").

Nach der Art der A. sind zu unterscheiden die Lehr-A., die „Hirten"-A. und die priesterliche A. Im Hinblick auf die wichtigsten gesellschaftlichen und politischen Institutionen (Familie, →Staat, →Kirche) läßt sich sprechen von der „väterlichen" A. (umfaßt die elterliche A., die auf Blutsbanden beruhende A. der älteren Verwandten und der Sippenältesten sowie generell die A. der „Vorgesetzten" und „Vorstände"), die „königliche" A. (d.i. jene der Lenker, Leiter und Verwalter der politischen Gemeinschaft) und die kirchliche A. (die A. der Vorsteher der Religionsgemeinschaften, z.B. der Priester, Bischöfe, Päpste mit der A. „zu binden und zu lösen").

Jeder rechten A. ist die ihr gebührende Ehre zu erweisen, sind Dankbarkeit und Wohlwollen entgegenzubringen (vgl. KKK 1900), denn sie sorgt für Eintracht, Friede, Ordnung, →Gerechtigkeit, Geborgenheit, Sicherheit und →Freiheit. Widerstand ist nur erlaubt, wenn die ausübende Gewalt das Gemeinwohl gröblich verletzt, ungerechte Anordnungen erläßt oder der sittlichen Ordnung widersprechende Maßnahmen ergreift: „In diesem Falle hört die A. ganz auf; an ihre Stelle tritt gräßliches Unrecht" (PT 51).

Nach konservativer Auffassung gibt es daher grundsätzlich keine A. ohne geistige Gültigkeit, d.h. ohne Gründung in der in den Objektivationssystemen der Gesellschaft konkret gewordenen Vernunft. Diese Objektivationssysteme finden sich in der Glaubens-, Wissens-, Wert-, Sitten- und Rechtsordnung der Gesellschaft. Fehlt die geistige Gültigkeit, so wird Herrschaft zur reinen Zwangsgewalt, die jedoch auf Dauer eine Gemeinschaft nicht zusammenhalten kann (Musterbeispiel: Sowjetunion). Umgekehrt kann eine politische A. nicht ohne Zwangsgewalt auskommen, um Entscheidungen, Normen und Gesetze durchzusetzen, die dem Gemeinwohl dienen. Widerstand zu brechen und Verstöße gegen die Normen durch gerechte Sanktionen (Strafmaßnahmen, Bußen) zu ahnden, ist Pflicht der (richterlichen und strafenden) A.

Zustimmung oder Anerkennung der Geführten, wenngleich wünschens- und erstrebenswert, ist nicht notwendige Bedingung für Bestehen und Ausübung von A. „Für die staatliche Ordnungsgewalt (=A.) bildet die Grundlage der seinsbestimmte Sozialzweck, nicht die Übereinkunft der Individuen, nicht ein Sozialkontrakt oder der Volkswille, wie die individualistischen und kollektivistischen Rechts- und Staatstheorien annehmen" (J. Messner). Im Interesse der Staatsraison sind oft genug Maßnahmen gegen den Willen der Betroffenen durchzusetzen (z.B. Steuergesetze). Die pädagogische A. (A. des Lehramtes, schulische A., A. des Erziehers) oder die wissenschaftliche A. hat jenes Wissen in einer dem Rezipienten verständlichen Form weiterzugeben (zu tradieren), das dem erreichten Stand der Gesittung oder der Reflexion entspricht, auch wenn dies (z.B. in einer hedonistisch ausgerichteten „Erlebnisgesellschaft") nicht opportun erscheint. Ebenso ist die kirchliche A. verpflichtet, die „Wahrheit" in Glaubens- oder Sittenfragen „zu verkünden, gleichgültig ob genehm oder nicht genehm". Dabei können die Weitergabe alter Einsichten in neuer Zeit wie auch neuer Einsichten in innovationsfeindlicher Zeit auf beträchtlichen Widerstand stoßen. Dieser kann unter Umständen zu den aus der Geschichte bekannten tragischen Entwicklungen führen, wie (Kirchen-)Spaltungen, Sezessionen, Expulsionen, „Säuberungen", Reformationen, Gegenreformationen, Meutereien, Aufstand, Revolutionen und (Glaubens-)Kriegen. Häufig liegt solchen Entwicklungen ein Versagen der A.en oder Mißbrauch ihrer Machtstellung zugrunde, so etwa bei der Ausnützung der Machtstellung im Eigeninteresse oder im Interesse eines führenden Standes, z.B. des Adels oder der „classe politique". Das Versagen hat neben geistigen Unzulänglichkeiten (etwa mangelnde Bildung, verengtes Gesichtsfeld, Ideologieverhaftetheit, Erstarrung) nicht selten mit dem Schwinden des Glaubens an die eigene „Mission" der Führung zu tun, der Beeinträchtigung der Überzeugungs- und Urteilskraft, dem Selbstzweifel, die alle wiederum zu Entscheidungsschwäche (Zaudern) oder zu häufigen und gravierenden Fehlentscheidungen führen können, welche dem Gemeinwohl abträglich sind und sogar die Existenz der Gemeinschaft (z.B. der Nation, des Volkes) zu gefährden oder gar zu vernichten imstande sind.

Sowohl Mißbrauch der Machtstellung wie Versagen einzelner Führer oder ganzer Führungsschichten und die daraus entstehenden Folgen haben dazu beigetragen, daß einzelne Richtungen der →Aufklärung, insbesondere der Anarchismus, die A. und ihre Ausübung überhaupt in Frage gestellt und mit dem Bild vom autonomen und „mündigen" Menschen für nicht vereinbar gehalten haben. Ihr Ideal ist die „herrschaftslose Gesellschaft", das „Ende der Herrschaft von Menschen über Menschen" (K. Marx). Auch Erkrankungen, so die Neurosen, wurden auf A. zurückgeführt, weil sie das Ausleben der Triebe verhindere, Schuldgefühle erzeuge und unfrei mache (S. Freud und seine psychoanalytische Schule).

Die freudomarxistische Psychoanalyse und marxistische Gesellschaftskritik verbindende Frankfurter Schule (Adorno, Horkheimer) hat die Erziehung zur Autoritätsgläubigkeit mit totalitären Herrschaftssystemen (Nationalsozialismus) in Zusammenhang gebracht: Die Erziehung zu Gehorsam, Disziplin, Duckmäusertum, kritikloser Anpassung, Spießbürgertum, Opportunismus usw. begünstigten totalitäre Herrschaftsformen und autoritäre Führung (Th. W. Adorno). Als Gegenmittel wurden die „antiautoritäre Erziehung" sowie die „Demokratisierung aller Bereiche des gesellschaftlichen Lebens" vorgeschlagen. Die sogenannte „Kulturrevolution" von 1968 hat diese Forderungen zum großen Teil aufgegriffen. Die Entwicklung seither hat in den von dieser „Revolution" betroffenen Gesellschaften gezeigt, daß auf die Ausübung von A. nicht verzichtet werden kann. Die antiautoritäre Erziehung hat zur „Kinderverstörung" (H. Schoeck) mit neuen psychischen Erkrankungen und Verkrüppelungen geführt (Autismus, antisoziales Verhalten, Lebensuntüchtigkeit). Die an Schulen und Universitäten durchgeführten Demokratisierungsversuche haben das Bildungsniveau gesenkt.

Betriebe, in denen die Betriebsräte dominierten (im Rahmen der „Mitbestimmung", der „Arbeiterselbstverwaltung", der „Werksgenossenschaften" u.a.), konnten sich im Konkurrenzkampf nicht durchsetzen. Der Abbau der Staats-A. hat die extrakonstitutionelle Macht der Hochbürokratie in den internationalen Organisationen sowie der Hochfinanz, der transnationalen Konzerne und vor allem der Medien („die 4. Gewalt") wesentlich gestärkt, ohne sie mit Verantwortung für das Gemeinwohl zu beladen. Wohlorganisierte, wenngleich oft „informelle" Kommunikationsmöglichkeiten dieser Machtträger gestatten die Akkordierung von Machtstrategien, Durchsetzungsweisen und Sprachregelungen auf globaler Ebene. Die Vernetzung dieser neuen Mächte und Machtträger hat zu „neuen Unübersichtlichkeiten" (J. Habermas) geführt, die in weiten Kreisen das Gefühl der Machtlosigkeit sowie Politikverdrossenheit hervorgerufen haben. Macht ohne Verantwortung bedeutet ja immer den Verlust legitimer A. Das hat jüngst die Frage aufgeworfen, ob die Erde überhaupt noch regiert werden kann (Y. Dror) und die Welt nicht bereits „out of control" geraten ist (Z. Brzezinski).

In solchen Erfahrungen, geschichtlichen Erscheinungen und Fragestellungen zeigt sich, daß im gesellschaftlichen Leben auf A. nicht verzichtet werden kann und den Kriterien für die Auslese der Autoritätträger, ihrer Erziehung und Fürwahl ganz entscheidende Bedeutung zukommt. Frühmenschliche Gesellschaften haben die Auslese an den Gehalt an „Mana" als den segenspendenden Kräften geknüpft, die der Häuptling aufzuweisen hatte (vgl. L. →Ziegler). Auch für die altgermanische Königsfürwahl waren „Sakralpotenzen" ausschlaggebend (O. Höfler). Die dynastische Erbfolge beruhte u.a. auf der Annahme, daß solche Potenzen vererbt werden. Bei der Suche von Nachfolgern für den Pantschen- und den Dalai-Lama achten die tibetischen Mönche noch heute auf „die Zeichen des Himmels". Für →Platon ist das ausschlaggebende Kriterium für A. die „Weisheit". Sein ganzer „Staat" darf als Erziehungsanstalt zur Hervorbringung der Füh-

rungsschicht (die „Wächter" und „Weisen")
angesehen werden (W. Becher). Heute betrachten sogar Großunternehmungen die „search of excellence" als Hauptaufgabe der
Führung, von deren Erfüllung die Existenz
abhängt (Peters und Waterman). In der Kirche gelten Bewährung auf den niedrigeren
Stufen im Priester-, Lehr- und Hirtenamt sowie heiligmäßige Lebensführung als Aus-
wahlkriterien für die Berufung zu höheren
Ämtern. Die Papstwahl selbst ist dem Kolle-
gium der Kardinäle und damit einer aristokratischen, hierarchisch auf hoher Stufe stehenden Körperschaft überlassen. In den wirtschaftlichen Interessenverbänden ist die Wahl
der Funktionäre im Rahmen der Selbstverwaltung häufig eine Sache der Kollegenschaft,
die die Fähigkeiten der Kandidaten zur Interessenvertretung ihres Standes beurteilen
kann. Politische Parteien überlassen die Nominierung von Autoritätsträgern des politischen Lebens ihren Führungsgremien, „Zen-
tralkomitees", „Zentralausschüssen" und
ähnlichen Einrichtungen, wobei sie die getroffenen Entscheidungen durch „Delegier-
tenversammlungen" absegnen lassen. Nach
welchen Kriterien die Entscheidungen gefällt
werden, bleibt für den Außenstehenden oft
undurchsichtig (R. v. Weizsäcker). Die Tendenzen zur Oligarchisierung, Cliquen- und
Klüngelbildungen (U. und E. Scheuch), zum
„Populismus", zur Demagogisierung des
Führertums bis hin zur „Herrschaft der Minderwertigen" (E. J. →Jung) sind dabei oft genug beschrieben worden.
(Abk.: KKK = Katechismus der Katholischen Kirche. München 1993; PT = Pacem in
terris. Johannes XXIII.: Enzyklika über den

Frieden unter den Völkern in Wahrheit, Gerechtigkeit, Liebe und Freiheit. Rom 1963.)

L.: *F. Wieser:* Das Gesetz der Macht, München 1926; *A. Vierkandt:* Gesellschaftslehre, Berlin ²1928; *W. Becher:* Platon und Fichte – die königliche Erziehungskunst, Jena 1937; *L. Ziegler:* Überlieferung, München 1949; *M. Weber:* Wirtschaft und Gesellschaft. Bd. I, Köln 1950; *O. Höfler:* Der Sakralcharakter des germanischen Königtums, in: Vorträge und Forschungen, Bd. III: Das Königtum, Lindau 1956; *J. Messner:* Das Naturrecht, Innsbruck ⁴1960; *H. Arendt:* What is Authority?, in: *dies.:* Between Past and Future. Eight Exercises in Political Thought, New York 1960; *Th. W. Adorno u.a.:* The Authoritarian Personality. New York 1950, gek. deutsche Fassung: Der autoritäre Charakter, Amsterdam 1968; *O. Spann:* Gesellschaftslehre, Gesamtausgabe, Bd. IV, Graz 1969; *S. Freud:* Das Unbehagen in der Kultur, Frankfurt a. M. 1972; *J. Habermas:* Legitimationsprobleme im Spätkapitalismus, Frankfurt ⁴1977; *W. Brezinka:* Die Pädagogik der Neuen Linken, München ⁶1981; *J. P. Peters / R. H. Waterman, Jr.:* In Search of Excellence – Lessons from America's Best-Run Companies, New York 1982; *M. Heitger:* „A." in: Staatslexikon, hrsg. v. d. *Görres-Gesellschaft,* Freiburg ⁷1985; *H. Schoeck:* Kinderverstörung. Die mißbrauchte Kindheit. Umschulung auf eine andere Republik, Asendorf 1987; *R. Michels:* Zur Soziologie des Parteiwesens in der modernen Demokratie. Untersuchung über die oligarchischen Tendenzen des Gruppenlebens, Stuttgart ⁴1989; *E. J. Jung:* Die Herrschaft der Minderwertigen, ihr Zerfall und ihre Ablösung durch ein Neues Reich, Struckum ³1991; *E. K. Scheuch / U. Scheuch:* Cliquen, Klüngel und Karrieren, Reinbek 1992; *G. Hofmann* (Hrsg.): R. v. Weizsäcker im Gespräch mit G. Hofmann und W. A. Perger, Frankfurt a. M. 1992; *Z. Brzezinski:* Out of Control. Global Turmoil on the Eve of the 21st Century, New York 1993; *Y. Dror:* Ist die Erde noch regierbar? Ein Bericht an den Club of Rome, München 1995.

– Ro

B

Baader, Franz Xaver von

* 27. 3. 1765 München; † 23. 5. 1841 ebd.
Philosoph und theologischer Schriftsteller.
Nach dem Studium der Naturwissenschaften
und der Medizin in Ingolstadt und Wien
(1781-85) absolvierte B. 1788-92 eine zweite
Ausbildung als Bergingenieur in Freiberg.
1792-96 bereiste er England und Schottland
und arbeitete seit 1799 als Münz- und Bergrat
in München; im Nebenberuf betrieb er eine
eigene Glashütte. 1814 wurde er durch drei
Denkschriften, die er an den Kaiser von
Österreich, den preußischen König und den
russischen Zaren richtete, zu einem der Anreger der 1815 zwischen diesen Monarchen geschlossenen Heiligen Allianz. Anfang der
1820er Jahre war B., der 1822 Rußland bereiste, für eine Annäherung der russisch-orthodoxen und der römisch-katholischen Kirche
tätig. Seit 1826 lehrte er Philosophie an der
Universität München und bildete zusammen
mit →Görres den Mittelpunkt der Münchener katholischen Spätromantik. In seinen
letzten Lebensjahren entwickelte sich B. zu
einem entschiedenen Kritiker des Papsttums
und der römischen Kirche.

Franz von Baader
1765-1841

Als Philosoph stand B. unter dem prägenden Eindruck der Kirchenväter sowie der
deutschen Mystik; insbesondere übten Augustinus, Meister Eckart, Tauler, J. Böhme und
Saint-Martin größten Einfluß auf ihn aus.
Außerdem knüpfte er an Motive der Kabbala,
des Neuplatonismus und der Gnosis an. Als
philosophischer – und politischer – Traditionalist war er Vertreter einer offenbarungsge-
bundenen Glaubensphilosophie und damit
radikaler Kritiker der Moderne und des neuzeitlichen philosophischen Rationalismus.
Insbesondere gegen Descartes (cogito ergo
sum) richtete er sein Cogitor-Axiom (Cogitor
[a Deo] ergo cogito et sum). Da allem Sein die
geoffenbarte Wahrheit Gottes zugrunde
liege, seien auch der Mensch und seine Stellung in der Welt nur aus dem Zusammenhang
der göttlichen Schöpfungsordnung zu verstehen. Nach B. hat der Mensch am Göttlichen
und an der Natur zugleich Anteil; er ist Zwi-
schenglied der göttlichen und der natürlichen
Sphäre. Menschliches Wissen ist Mitwissen
(conscientia) des göttlichen Wissens, menschliche Vernunft ist Teilhabe an der Vernunft
Gottes. Obwohl sprechendes und wirksames
„Bild Gottes", sei der Mensch infolge des
Sündenfalls in Raum und Zeit gesetzt worden. Nur durch Ergreifung des Heils in Christo könne er die Ewigkeit und damit die Selig-
keit wiedergewinnen.

In seinem politischen Denken, seiner „Societätsphilosophie", faßte B. den Menschen
im traditionell-alteuropäischen Sinn als Teil
eines vorgegebenen Ganzen auf. Der →Staat
ist nach B. ein Organismus, der durch Liebe
zusammengehalten wird und in seinem Inneren durch natürliche, gottgewollte Ungleichheit bestimmt ist. Regent und Volk bestehen
beide „von Gottes Gnaden". B. kritisierte
nachhaltig das aufgeklärte Naturrecht, dessen
Theorie vom „Naturzustand" und die daraus
folgenden atomistisch-individualistischen
Konsequenzen, insbesondere die Freiheits-
und Gleichheitslehren. B. befürwortete eine
organische, historisch gewachsene Verfassung für jedes Land, die allein Schutz gegen
den Despotismus von oben oder von unten
gewährleisten könne. Neben einer Verfas-

sungsgerichtsbarkeit empfahl B. die Einrichtung eines ständisch zusammengesetzten Parlaments, in dem auch die vermögenslosen „Proletairs" ihre Vertreter haben sollten. Als scharfer Kritiker der Auswüchse des Frühkapitalismus forderte B. eine staatliche Sozialpolitik. Nachhaltig betonte er die soziale Bindung des Eigentums. Ein enges Zusammenwirken von Staat und Kirche erschien ihm zwar wünschenswert, doch warnte er vor der Bevormundung der einen Seite durch die andere.

S.: Beyträge zur Elementarphisiologie, Hamburg 1797; Beyträge zur dinamischen Philosophie im Gegensaze der mechanischen, Berlin 1809; Ueber die Begründung der Ethik durch die Physik, München 1813; Ueber das durch die französische Revolution herbeigeführte Bedürfnis einer neuern und innigern Verbindung der Religion mit der Politik, Nürnberg 1815; Ueber die Extase und das Verzücktseyn, H. I-III, Nürnberg – Leipzig 1817-18; Ueber Divination und Glaubenskraft, Sulzbach 1822; Fermenta cognitionis, H. I-VI, Berlin – Leipzig 1822-25; Bemerkungen über einige antireligiöse Philosopheme unsrer Zeit, Leipzig 1824; Vom Segen und Fluch der Kreatur, Straßburg 1826; Vorlesungen über speculative Dogmatik, H. I-V, Stuttgart – Tübingen 1828-38; Ueber ein Gebrechen der neuen Constitutionen, München 1831; Philosophische Schriften und Aufsätze, Bde. I-III, Münster 1831-47; Ueber den Evolutionismus und Revolutionismus, o. O. 1834; Ueber das dermalige Mißverhältniß der Vermögenslosen oder Proletairs zu den Vermögen besitzenden Klassen der Societät, München 1835; Grundzüge einer Societätsphilosophie, Würzburg 1837; Ueber die Emancipation des Katholicismus von der römischen Dictatur, Nürnberg 1839; Der morgenländische und abendländische Katholicismus, Stuttgart 1841, u.a.

E.: Sämmtliche Werke, hrsg. von *Franz Hoffmann* u.a., Bde. I-XVI, Leipzig 1850-60/Ndr. Aalen 1963; Schriften; ausgew. u. eingel. v. *M. Pulver*, Leipzig 1921; Schriften zur Gesellschaftsphilosophie, hrsg. v. *J. Sauter*, Jena 1925; F. v. B. und sein Kreis – Briefwechsel, hrsg. v. *F. Werle*, Leipzig 1942; Lettres inédites de F. v. B., hrsg. v. *E. Susini*, Bde. I-IV, Paris – Wien 1942-67; Über den Begriff der Zeit, hrsg. v. *C. Linfert*, Darmstadt 1954; Gesellschaftslehre, hrsg. v. *H. Grassl*, München 1957; Vom Sinn der Gesellschaft, hrsg. v. *H. A. Fischer-Barnicol*, Köln 1966; Sätze aus der erotischen Philosophie und andere Schriften, hrsg. v. *G.-K. Kaltenbrunner*, Frankfurt a. M. 1966; Über die Begründung der Ethik durch die Physik und andere Schriften, hrsg. v. *K. Poppe*, Stuttgart 1969.

L.: *Hoffmann* in ADB I, 713-25; *Grassl* in NDB I, 474-76; *F. Hoffmann*: F. v. B. als Begründer der Philosophie der Zukunft, Leipzig 1856; *J. Hamberger*: Die Fundamentalbegriffe von F. B.s Ethik, Politik und Religions-Philosophie, Stuttgart 1858; *H. Reichel*: Die So-

zietätsphilosophie F. v. B.s, in: Zeitschrift für die gesamte Staatswissenschaft 57 (1901), S. 193-264; *L. Löwenthal*: Die Sozietätsphilosophie F. v. B.s., phil. Diss. Frankfurt a. M. 1923; *F. Werle*: Der Mystiker F. v. B., Leipzig 1924; *J. Sauter*: Die Sozialphilosophie F. v. B.s, phil. Diss. München 1926; *F. Lieb*: F. B.s Jugendgeschichte, München 1926; *D. Baumgardt*: F. v. B. und die philosophische Romantik, Halle 1927; *H. Mertens*: Untersuchungen zu F. v. B.s historisch-politischem Arbeitsgebiet, phil. Diss. Freiburg i. Br. – München 1963; *E. Klamroth*: Die Weltanschauung F. v. B.s in ihrem Gegensatz zu Kant, phil. Diss. Berlin 1965; *G.-K. Kaltenbrunner*: F. v. B. als Theologe der Gegenrevolution, in: Moderne Welt 6 (1965), S. 210-17; *F. Hartl*: F. v. B. und die Entwicklung seines Kirchenbegriffs, München 1970; *H.-J. Görtz*: F. v. B.s „Anthropologischer Standpunkt", Freiburg i. Br. – München 1977; *F. Schumacher*: Der Begriff der Zeit bei F. v. B., Freiburg i. Br. – München 1983; *P. Koslowski* (Hrsg.): Die Philosophie, Theologie und Gnosis F. v. B.s, Wien 1993.

– K

Babbitt, Irving

* 2. 8. 1865 Dayton (Ohio); † 15. 7. 1933 Cambridge (Mass.). Wichtigster Vertreter und zusammen mit Paul Elmer More auch Führer der New Humanism oder American Humanism genannten Bewegung. B. studierte Literatur und Sprachen an der Harvard University, an der er 1902 eine Professur erhielt und bis zu seinem Tode verblieb.

B.s Humanismus ist eine moralische und intellektuelle Disziplin, der es um eine bestimmte Art des menschlichen Willens geht: „I do not hesitate to affirm that what is specifically human in man and ultimately divine is a certain quality of will, a will that is felt in its relation to his ordinary self as a will to refrain." Insoweit als sich dieser auch „the inner check" genannte „will to refrain" aufgrund der moralischen Anstrengung der einzelnen im sozialen Leben zur Geltung bringt, realisiert sich nach B. Zivilisation.

Entscheidende Bedeutung kommt in B.s Humanismus den Gegenständen der klassischen humanistischen Bildung zu, die von disziplinierender Natur sind und den Menschen lehren, seinem Willen und seinen Nei-

Irving Babbitt
1865-1933

gungen Grenzen zu setzen. Da für B. eine Zivilisation letztendlich auf der Aufrechterhaltung von Maßstäben und Standards beruht, verteidigte er, der den allmählichen Verlust von Maßstäben und den diesem korrespondierenden Aufstieg des Relativismus kritisierte, die klassische Literatur. Er machte geltend, daß der Mensch am Beispiel und durch konkretes Tun oder reale Erfahrung lerne. Aufgabe der Lehrer (in denen er das unabdingbare Bindeglied in der Kette der Zivilisation sah) sei es, in ihrem Leben und in ihrem Handeln die Lehren vieler vorangegangener Generationen zu verkörpern.

Seinen Humanismus setzte B. zwei Strömungen entgegen, die er als die destruktivsten seiner Zeit ansah: einerseits der – von ihm auf Francis Bacon zurückgeführten – Auffassung, Wissenschaft und utilitaristische Manipulation seien die bedeutendsten Mittel, um mit der menschlichen Unvollkommenheit umzugehen, und andererseits dem, was er als „sentimental humanitarianism" bezeichnete. Darunter verstand er eine wesentlich von Rousseaus Vorstellung, daß der Mensch an sich gut sei, inspirierte, eine diffuse Sympathie an die Stelle aller Tugenden setzende, auf gesellschaftlichen Reformismus gerichtete Haltung: „A person who has sympathy for mankind in the lump, faith in its future progress, and desire to serve the great cause of this progress, should be called... a humanitarian." Beide Strömungen vernachlässigten nach B. die niedrige Seite der menschlichen Natur und die Notwendigkeit moralischer Selbstkontrolle, an deren Stelle sie das Verlangen nach sozialer Umgestaltung setzten. Die Verdrängung der alten, insbesondere im puritanischen Protestantismus vorhanden gewesenen Maßstäbe menschlichen Verhaltens durch eine „ethic of public service" lehnte B. ab. Deren Zielsetzung war in seinen Augen nicht Selbstkontrolle, sondern die Kontrolle anderer. B. befürchtete, daß der „sentimental humanitarianism" auf der zwischenstaatlichen Ebene zu moralischen Kreuzzügen wie im Falle Präsident Woodrow Wilsons und innerstaatlich zu einem enormen Anwachsen der Staatstätigkeit zum Zwecke der Verwirklichung vorgeblich wohltätiger Programme führen werde. „The result of the attempt to deal with evil socially rather than at its source in the individual, to substitute an outer for an inner control of appetite, has been a monstrous legalism."

Das Bemühen um die Wiederherstellung von Standards und die Überwindung des „sentimental humanitarianism" sind nach B. von größter Bedeutung für die Zukunft der Demokratie. In falschen Vorstellungen vom Leben, in „sham visions", die vom Rousseauismus und verwandten Strömungen propagiert werden, sah B. die Vermeidung aller wirklichen moralischen Verantwortung. Sie bedrohen den Bestand politischer Gemeinwesen: „In the long run democracy will be judged, no less than other forms of government, by the quality of its leaders, a quality that will depend in turn on the quality of their vision. Where there is no vision, we are told, the people perish; but where there is sham vision, they perish even faster."

B.: I. B.: Character & Culture (siehe unter **S.**), S. 251-59.

S.: Literature and the American College. Essays in

the Defense of the Humanities, Boston 1908, Washington (D. C.) ³1986; The New Laokoon: An Essay on the Confusion of the Arts, Boston 1910; The Masters of Modern French Criticism, Boston 1912, New York ²1963; Rousseau and Romanticism, Boston 1919, New Brunswick (N. J.) ³1991; Democracy and Leadership, Boston 1924, Indianapolis ²1979; On Being Creative and Other Essays, Boston 1932, New York ²1968; Spanish Character and Other Essays, hrsg. v. *F. Manchester / R. Giese / W. F. Giese*, Boston 1940, unter dem Titel: Character & Culture. Essays on East and West, New Brunswick (N. J.) ²1995; I. B. Representative Writings, hrsg. v. *G. A. Panichas*, Lincoln – London 1981.

L.: *F. Leander:* Humanism and Naturalism: A Comparative Study of Ernest Seillière, I. B. and Paul Elmer More, Göteborg 1937; *F. Manchester / O. Shepard* (Hrsg.): I. B. Man and Teacher, New York 1969; *F. Leander:* The Inner Check, London 1974; *J. D. Hoeveler:* The New Humanism. A Critique of Modern America 1900-40, Charlottesville (Va.) 1977; *C. G. Ryn:* The Humanism of I. B. Revisited, in: Modern Age 21 (Sommer 1977), S. 251-61 (auch in: Modern Age. The First Twenty-Five Years, hrsg. v. *G. Panichas*, Indianapolis 1988, S. 191-203); *T. Nevin:* I. B.: An Intellectual Study, Chapel Hill 1984; *G. Panichas / C. G. Ryn* (Hrsg.): I. B. in Our Time, Washington (D. C.) 1986; *C. G. Ryn:* Will, Imagination and Reason: I. B. and the Problem of Reality, Chicago – Washington 1986; *R. Kirk:* B. and the Ethical Purpose of Literary Studies, in: I. B.: Literature and the American College (siehe unter S.), S. 1-68; *S. C. Brennan / S. R. Yarbrough:* I. B., Boston 1987; *R. Kirk:* The Conservative Mind. From Burke to Eliot, Chicago 1953, ⁶1987, S. 419-32, 513; *P. Gottfried:* Education and the American Political Tradition, in: Educating for Virtue, hrsg. v. *J. Baldacchino*, Washington (D. C.) 1988, S. 49-60; *C. G. Ryn:* Introduction to the Transaction Edition, in: I. B.: Rousseau and Romanticism (siehe unter S.), S. IX-LXVII; *M. Hindus:* I. B., Literature, and the Democratic Culture, New Brunswick (N. J.) 1994; *C. G. Ryn:* Introduction to the Transaction Edition, in: I. B.: Character & Culture (siehe unter S.), S. IX-L.

– Z

Bachofen, Johann Jakob

* 22. 12. 1815 Basel; † 25. 11. 1887 ebd. Jurist und Altertumsforscher. Einer alteingesessenen und wohlhabenden Basler Kaufmannsfamilie entstammend, studierte B. 1834-39 in Basel, Berlin und Göttingen Philologie, Geschichte und Rechtswissenschaften. Sein wichtigster Lehrer wurde →Savigny, der ihn in die römische Rechtsgeschichte einführte. Nach der juristischen Promotion in Basel (1839) verbrachte B. zwei Jahre in England und Frankreich und folgte 1841 einem Ruf als Professor des römischen Rechts an die Universität seiner Heimatstadt. Daneben amtierte er auch als Richter und war seit 1844 Mitglied des Großen Rates von Basel. Nach einem Konflikt über seine Berufung legte er bereits im gleichen Jahr seine Professur nieder, um sich bald nur noch, von seinem Vermögen lebend, seinen historischen, rechts- und mythengeschichtlichen Studien und Sammlungen sowie einer ausgedehnten Reisetätigkeit zu widmen.

Ausgehend von einem tiefen Gefühl des Ungenügens an der „Armut und Dürre unserer heutigen Welt" (B. in einem Brief an Savigny), versenkte sich B. immer tiefer in die schriftliche und bildhafte Überlieferung der Antike, die er mit seiner „wesentlich intuitiven und anschaulich bestimmten Intelligenz" (Wieacker) auf neue Weise zu deuten und geschichtsphilosophisch zu überhöhen versuchte. In seinem Hauptwerk „Das Mutterrecht" (1861) bemühte er sich nicht nur um eine rechtshistorische Rekonstruktion matriarchalisch geprägter Institutionen und Lebensformen, sondern auch um eine philosophische Gesamtdeutung der menschlichen Geschichte, die er in drei Stufen einteilte: 1. *Hetärismus* (gekennzeichnet durch tierhafte Promiskuität, Eigentumslosigkeit und Zurechnung der Kinder zur Mutter); 2. *Gynaikokratie* (d.h. Vererbung der Familienzugehörigkeit und des Eigentums in weiblicher Linie; hohe Stellung der Frau); 3. *Vaterrecht* seit den frühen Hochkulturen.

Daneben hat B. als Rechtshistoriker und Ethnologe immer wieder die Einheitlichkeit verschiedener Kulturphänomene herausgearbeitet, so daß er als einer der Begründer der Kulturkreislehre gelten darf. Schließlich hat er als Archäologe die antike Gräbersymbolik neu erschlossen und dabei insbesondere den Zusammenhang von Religion, Mythenbildung und psychischen Urerlebnissen zu verdeutlichen versucht. Methodisch gesehen, erweisen sich viele seiner Forschungen allerdings als unzulänglich: B. arbeitete mit willkürlichen Analogien, unhaltbaren Etymologien und auf der Grundlage einer unhinterfragbaren Intuition. Er stand der romantischen Mythendeutung (Creuzer) näher als der historisch-kritischen Forschung seiner Gegenwart (Mommsen); seine Schriften wurden daher von den zeitgenössischen Altertumswissenschaften kaum zur Kenntnis genommen.

In seinem politischen Denken war B. streng konservativ, beeinflußt nicht nur durch Savigny, sondern geprägt auch von →Haller und von →Burke, dessen These vom Gemeinwesen als einem „Bündnis mit den Vorfahren" B. stark beeinflußte. Die innere Verfassung der alten römischen Republik blieb ihm das unerreichbare Vorbild einer wahren und gesunden politischen Ordnung, wozu für ihn die göttliche Grundlage des Staates, Patriziat, →Legitimität, Herkommen und Zucht sowie die Wohltätigkeit der Geschlechter gehörten. Nachhaltig betonte er die Bedeutung der Mythen, da diese die normative Grundlage jedes Gemeinwesens lieferten und damit zentral für dessen Selbstverständnis seien. Obwohl B.s Werk in den ersten beiden Jahrzehnten des 20. Jhdt.s eine spektakuläre Wiederentdeckung erlebte (verbunden vor allem mit den Namen von →Klages, Bernoulli, Schröter, Baeumler), ist B. in den Altertumswissenschaften „nicht der gewesen, als den er sich selbst wohl sah: Seher und Künder von urzeitlichen, aber auch ewigen Wahrheiten in einer von den Teufeln des Unglaubens, des kritischen Zweifels und der Verkümmerung der Wahrnehmungsorgane gerittenen Zeit" (Wieacker).

B.: *H.-J. Hildebrandt:* J. J. B. – Die Primär- und Sekundärliterarur, Aachen 1988.

S.: De Romanorum Iudiciis civilibus, de legis actionibus, de formuli et de condictione, Gottingae 1840; Das Naturrecht und das geschichtliche Recht in ihren Gegensätzen, Basel 1841; Die Lex Voconia und die mit ihr zusammenhängenden Rechtsinstitute, Basel 1843; Das Nexum, die Nexi und die Lex Petillia, Basel 1843; Das römische Pfandrecht, Bd. I, Basel 1847; Ausgewählte Lehren des römischen Civilrechts, Bonn 1848; Versuch über die Gräbersymbolik der Alten, Basel 1859; Das Mutterrecht, Stuttgart 1861; Das lykische Volk und seine Bedeutung für die Entwicklung des Alterthums, Freiburg i. Br. 1862; Der Bär in den Religionen des Alterthums, Basel 1863; Die Unsterblichkeitslehre der orphischen Theologie auf den Grabdenkmälern des Alterthums, Basel 1867; Die Sage von Tanaquil, Heidelberg 1870; Theodor Mommsen's Kritik der Erzählung von Cn. Marcius Coriolanus, Heidelberg 1870; Antiquarische Briefe vornehmlich zur Kenntnis der älteren Verwandtschaftsbegriffe, Bde. I-II, Straßburg 1880-86; Römische Grablampen, Basel 1890.

E.: Autobiographische Aufzeichnungen, hrsg. v. *H. Blocher,* in: Basler Jahrbuch 1917, S. 295-348; Der Mythos von Orient und Occident, hrsg. v. *M. Schröter,* München 1926; Urreligion und antike Symbole, hrsg. v. *C. A. Bernoulli,* Bde. I-III, Leipzig 1926; Griechische Reise, hrsg. v. *G. Schmidt,* Heidelberg 1927; Gesammelte Werke, hrsg. v. *M. Burckhardt* u.a., Bde. I-IV, VI-VIII, X, Basel 1943ff; u.v.a.

L.: *Teichmann* in ADB XLVII, 743-745; *Wolf* in NDB I, 502f.; *G. E. Howard:* A History of Matrimonial Institutions, Bd. I, Chicago 1904; *C. A. Bernoulli:* J. J. B. und das Natursymbol, Basel 1924; *ders.:* J. J. B. als Religionsforscher, Leipzig 1924; *E. Salin:* B. als Mythologe der Romantik, in: Schmollers Jahrbuch 50 (1926), S. 839-48; *G. Schmidt:* J. J. B.s Geschichtsphilosophie, München 1929; *J. Oswald:* J. J. B., in: Hochland 29 (1931/32), S. 353-70; *K. Leese:* J. J. B., in: *ders.:* Die Krisis und Wende des christlichen Geistes, Berlin 1932, S. 213-34; *A. Baeumler:* B. und Nietzsche, in: *ders.:* Studien zur deutschen Geistesgeschichte, Berlin 1937, S. 220-43; *ders.:* Das mythische Weltalter – B.s romantische Deutung des Altertums (zuerst in: Der Mythos von Orient und Occident [siehe unter E.], S. XIII-CCXIV); *M. Burckhardt:* J. J. B. und die Politik, Basel 1942; *K. Kerényi:* B. und die Zukunft des Humanismus, Zürich 1945; *W. Muschg:* B. als Schriftsteller, Basel 1949; *F. Wieacker:* J. J. B., in: *ders.:* Gründer und Bewahrer, Göttingen 1959, S. 162-80; *J. Dörmann:* Neue Quellen zur Erforschung des Evolutionismus im 19. Jhdt. aus dem Nachlaß von J. J. B., phil. Diss. Münster 1965; *M. Schröter:* Mythus und Metaphysik bei B. und Schelling, in: *ders.:* Kritische Studien, München 1971, S. 136-42; *L. Klages:* Vom kosmogenischen Eros (1922), in: *ders.:* Sämtliche Werke, Bd. III, Bonn 1974; *H. Zinser:* Der Mythos des Mutterrechts, Frankfurt a. M. – Berlin – Wien 1981; *G.-K. Kaltenbrunner:* J. J. B., in: *ders.:* Europa, Bd. I, Nürnberg o. J. (1981), S. 273-77; *H.-J. Hildebrandt:* Der Evolutionismus in der Familienforschung des 19. Jhdt.s, Berlin 1983; *A. Cesana:* J. J. B.s Geschichtsdeutung, Basel – Boston – Stuttgart 1983.

– K

Balfour, Arthur James, Earl of B. (1922)

* 25. 7. 1848 Whittingehame/East Lothian; † 19. 3. 1930 Woking/Surrey. Konservativer Politiker. Einer alten und angesehenen Adelsfamilie (B. of Whittingehame) entstammend, trat B. nach seiner Erziehung in Eton und dem hauptsächlich der Philosophie gewidmeten Studium in Cambridge (Trinity College) sehr früh in das politische Leben Englands ein – nachhaltig beeinflußt und gefördert durch seinen Onkel Lord →Salisbury. 1874 wurde er konservatives Parlamentsmitglied für Hertford, 1878 Privatsekretär seines zum Außenminister avancierten Onkels. Bereits früh betätigte sich B. auch als philosophischer Schriftsteller: 1879 publizierte er „A Defence of Philosophic Doubt". Im ersten Kabinett seines Onkels amtierte B. als Staatssekretär für Schottland (1885/86), im zweiten Kabinett als Minister für Irland (1887-91) und als Finanzminister (1891/92). In Irland bekämpfte er die irische Home-Rule-Bewegung mit aller Härte, versuchte aber, die wirtschaftlichen Ursachen des irischen Widerstandes durch großzügige ökonomische Förderungsprogramme zu beheben. Nach seiner Zeit als Oppositionsführer im Unterhaus (1892-95) leitete B. (da Lord Salisbury im Oberhaus saß) bis 1902 die konservative Regierungsfraktion des Unterhauses, übernahm zeitweilig erneut das Amt des Finanzministers und vertrat seinen Onkel, der zugleich das Amt des Außenministers innehatte, mehrmals in dieser Funktion.

1902-05 war B. Premierminister. Trotz mancher innen- und außenpolitischer Erfolge (neues Schulgesetz 1902; *Entente cordiale* mit Frankreich 1904) stand seine Regierung unter keinem guten Stern. Es waren nicht nur die Folgen des Burenkrieges zu bereinigen, sondern auch mannigfache innere Konflikte zu bestehen. Innerhalb der Konservativen Partei (der *Unionist Party* aus den traditionellen Konservativen und den imperialistischen Liberalen unter Chamberlain) kam es zu heftigen Flügelkämpfen zwischen Anhängern des traditionellen Freihandels und Chamberlains Tariff Reform League, die eine einheitliche Zollpolitik für das Britische Empire forderte. B. nahm eine vermittelnde Position ein: einerseits lehnte er Zolltarife, die einen Anstieg der einheimischen Preise zur Folge haben mußten (und gerade die Unterschichten schwer belastet hätten) ab, andererseits befürwortete er eine Reichszollkonferenz, um das Problem der ökonomischen Verbindung zwischen Kolonien und britischem Mutterland neu zu regeln. Als Chamberlain ihm 1905 die Unterstützung entzog, stürzte B.; die kurz darauf folgenden Neuwahlen fielen für die Konservativen vernichtend aus.

1905-11 amtierte B. als nicht unumstrittener Führer der konservativen Opposition. Nachhaltig kämpfte er gegen die Entmachtung des Oberhauses durch die „Parliament bill" (1911), mußte anschließend aber – von konservativen Hardlinern (den „Diehards") gedrängt – sein Amt niederlegen. Im Koalitionskabinett des Ersten Weltkrieges amtierte

B. 1915/16 als Erster Lord der Admiralität, von 1916-19 als Außenminister. In dieser Funktion war er maßgeblich mitverantwortlich für den Versailler Vertrag von 1919. Im letzten Jahrzehnt seines Lebens zog sich B. zunehmend aus dem politischen Leben zurück; zuerst vertrat er sein Land noch als Delegierter beim Völkerbund; einige Jahre amtierte er als Lordpräsident des Geheimen Rates, ebenfalls als Kanzler der Universität Cambridge und als Präsident der British Academy.

Als philosophischer Schriftsteller verfaßte B. (wie er einmal selbst sagte) seine Bücher primär zur Klärung des eigenen Selbstverständnisses. In der Tradition Berkeleys und →Humes ging es ihm um eine Rehabilitierung des philosophischen Zweifels gegenüber dem naturwissenschaftlich-technischen Optimismus und Utopismus seiner Epoche. In den „Foundations of Belief" (1895) versuchte B., die rationalen und nichtrationalen Voraussetzungen des Glaubens zu klären, wobei es ihm nicht nur darum ging, die Grenzen der Vernunft und des rationalen Denkens aufzuweisen, sondern auch die Bedeutung der nur glaubensmäßig, nicht rational zu begründenden Grundlagen des Gemeinwesens und der politischen Ordnungen herauszustellen. Geschichtsphilosophischen Globalvisionen und den daraus abgeleiteten modernen politischen Heilslehren mißtraute er zutiefst: „Of two evils it is better, … that our ship shall go nowhere than it shall go wrong, that it should stand still than that it should run upon the rocks."

S.: A Defence of Philosophical Doubt, London 1879; Essays and Addresses, Edinburgh 1893; The Currency Question: An Address, London 1893; The Foundations of Belief, London 1895; Economic Notes on Insular Free Trade, London 1903; Theism and Humanism, London 1915; Theism and Thought, London 1923; Opinions and Argument, London 1927; Chapters of Autobiography, London 1930.

L.: *B. Alderson:* A. J. B., London 1903; *W. M. Short* (Hrsg.): A. J. B. as Philosopher and Thinker, London 1912; *F. Balfour:* A Memoir of Lord B. of Burleigh, London 1924; *I. Malcolm:* Lord B.: A Memory, London 1930; *B. E. C. Dugdale:* A. J. B., First Earl of B., Bde. I-II, London 1936; *K. Young:* A. J. B., London 1963; *G. W. Monger:* The End of Isolation: British Foreign Policy 1900-07, London 1963; *A. M. Gollin:* B.s' Burden: A. B. and Imperial Preference, London 1965; *D. Judd:* B. and the British Empire, London 1968; *R. A. Rempel:* Unionists Divided: A. B., Joseph Chamberlain and the

Unionist Free Traders, New Abbot 1972; *S. H. Zebel:* B.: A Political Biography, Cambridge 1973; *J. Ramsden:* The Age of B. and Baldwin 1902-40, London 1978; *G. Phillips:* The Diehards: Aristocratic Society and Politics in Edwardian England, Harvard 1979; *A. Sykes:* Tariff Reform in British Politics 1903-13, Oxford 1979; *M. Egremont:* A Life of A. J. B., London 1980; *P. Brendon:* Eminent Edwardians, Boston 1980; *R. F. Mackay:* B.: Intellectual Statesman, Oxford – New York 1985; *R. Blake:* The Conservative Party from Peel to Thatcher, London 1985; *M. D. Pugh:* The Tories and the People 1880-1935, London 1985; *C. B. Shannon:* A. J. B. and Ireland, 1874-1922, Washington (D. C.) 1988; *M. Fforde:* Conservatism and Collectivism 1886-1914, Edinburgh 1990.

– K

Balzac, Honoré de

* 20. 5. 1799 Tours; † 18. 8. 1850 Paris.
Französischer Dichter und Schriftsteller.
Nach dem Schulbesuch in Vendôme, Tours und Paris studierte B. von 1816-20 die Rechte in Paris, betätigte sich aber nach Ablegung des *Baccalauréat de droit* seit 1820 als – zumeist erfolgloser – Schriftsteller und Publizist. Ein kurzes Intermezzo als Verleger und Buchdrucker (1825-27) endete mit dem katastrophalen Konkurs seiner Firma und belastete B. lebenslang mit Schulden. Seit 1830 erschien in rascher Folge sein Hauptwerk, der Romanzyklus „La Comédie Humaine", der ihn berühmt und erfolgreich machte. Als nunmehr angesehener Dichter betätigte er sich seit 1832 politisch für die Legitimisten; eine Parlamentskandidatur kam allerdings nicht zustande. Als Publizist und Redakteur der Zeitschriften „Chronique de Paris" (1836) und „Revue Parisienne" (1840) blieb er erfolglos. Seit 1841 hatte er mit gesundheitlichen Problemen infolge permanenter Überarbeitung zu kämpfen, dennoch setzte er die Arbeit an der „Comédie" rastlos fort. Zwischen zwei längeren Rußlandaufenthalten (1847, 1849) bei seiner späteren Ehefrau, der polnischen Gräfin Hanska, nahm er 1848 ein letztes Mal zur französischen Politik Stellung; kurz nach seiner Rückkehr nach Paris starb er an Entkräftung infolge Überarbeitung.

In der „Comédie Humaine" entwirft B. in Romanform ein umfassendes politisch-historisches Panorama des Lebens in Frankreich zwischen 1789 und etwa 1840; er teilte das Gesamtwerk ein in die *Szenen aus dem Privatleben, dem Provinzleben, dem Pariser Le-*

Honoré de Balzac
1799-1850

ben, dem politischen Leben, dem Soldaten- und dem Landleben. Hauptgestalten sind (u.a.) der an Selbstüberschätzung und Maßlosigkeit scheiternde Dichter Lucien de Rubempré, der Erzverbrecher Vautrin, der Karrierist Rastignac und der tapfere legitimistische Schriftsteller d'Arthez. – Unter dem Einfluß alchemistischer, mystischer und magischer Schriften entwickelte B. eine merkwürdige, für das Verständnis seines Gesamtwerkes allerdings unerläßliche Energielehre, die das Individuum ebenso wie Staaten, Völker und Kulturen als Energieträger auffaßt und in der Bewahrung und Steigerung von Energie durch Maßhalten sowie Sicherung von Kontinuität den höchsten Wert postuliert. In diesem Sinne ist auch B.s politisches Denken „energetischer Konservatismus" (Curtius) gewesen.

Seine konservativ-legitimistischen politischen Grundüberzeugungen hat B. konzentriert im *Avant-Propos* zur „Comédie" (Juli 1842) niedergelegt. Das Christentum, zumal der Katholizismus, ist ihm hier „ein vollkommenes System zur Unterdrückung der verdorbenen menschlichen Neigungen und bildet das stärkste Element in der sozialen Ordnung" – verbunden mit der Monarchie. Das schrankenlose Wahlrecht und die daraus resultierende Herrschaft der Massen – B. nennt sie „grenzenlos tyrannisch" – lehnt er konsequent ab: „die Familie und nicht das Individuum" ist für B. „das wahre soziale Element"; ausdrücklich stellt er sich „an die Seite von →Bossuet und →Bonald, statt mit den modernen Neuerern zu gehen".

Schon in seinen ersten politischen Broschüren von 1824 hatte sich der junge B. für den Erhalt und Ausbau des Erstgeburtsrechts („Du droit d'aînesse") eingesetzt und den Jesuitenorden verteidigt („Histoire impartiale des Jésuites"). 1830 trat er für eine gemäßigt konstitutionelle Monarchie als „glückliche Mischung" der Extreme Despotismus und Demokratie ein, wobei er wohl eher die Erneuerung des mittelalterlichen patriarchalischen Königtums im Sinn hatte, wandte sich aber ab 1832 dem strengsten oppositionellen Legitimismus zu und verteidigte schließlich auch den vorrevolutionären →Absolutismus. Ein 1843 geplantes politisches Werk, das die Monarchie glorifizieren sollte, wurde nicht mehr verwirklicht; in den letzten Jahren seines Lebens propagierte B. den Gedanken einer legitimistischen Diktatur zur Wiederherstellung traditioneller Ordnung; konstant blieb seine politische Ausrichtung an einem verklärten Ancien régime. Im französischen Zentralismus und in der politisch verhängnisvollen Rolle des „Molochs" Paris sah B. eine der Hauptursachen der politischen Krankheit seines Landes. – Marxistische Autoren haben in B.s Werk – ohne die politisch konservativen Voraussetzungen seiner Grundideen zu berücksichtigen oder auch nur zu verstehen – lediglich die Widerspiegelung und Entlarvung des bürgerlichen Frühkapitalismus sehen wollen (Lukács, Wurmser). Die konsequente Modernitätskritik, die in B.s scharfsinniger Analyse des Zerfalls der alteuropäischen Ordnungswelt enthalten ist, bleibt noch zu entdecken.

B.: W. H. *Royce:* A B. Bibliography, Bde. I-II, Chicago 1929/30.

S.: Œuvres complètes, Bde. I-XXIV, Paris 1869-76; Œuvres complètes, Bde. I-XXXVI, Paris 1902-25; Œuvres complètes, hrsg. v. *M. Bouteron* u. *H. Longnon*, Bde. I-XL, Paris 1912-40; La Comédie humaine, hrsg. v. *M. Bouteron*, Bde. I-X, Paris 1935-37; Œuvres complètes, hrsg. v. *M. Bardèche*, Bde. I-XXVIII, Paris 1956-63, u. a.

E.: Correspondance 1819-50, Bde. I-II, Paris 1876; Lettres à l'ètrangère, Bde. I-IV, Paris 1925-50; Correspondance, hrsg. von *R. Pierrot*, Bde. I-V, Paris 1960-69.

Ü.: Gesammelte Werke, Bde. I-XLVI, Berlin 1923-26; Neuaufl. 1952-55, 1977; Die Menschliche Komödie, hrsg. v. *E. Sander*, Bde. I-XII, München 1971-72.

L.: *E. Biré:* H. de B., Paris 1897; *F. Roux:* B. jurisconsulte et criminaliste, Paris 1906; *P. Bourget:* La politique de B., in: *ders.:* Études et portraits, Bd. III, Paris 1906, S. 46-81; *E. R. Curtius:* B., Bonn 1923, Bern ²1951; *A. Bettelheim:* B., München 1926; *H. Friedrich:* Drei Klassiker des französischen Romans, Frankfurt a. M. 1939 u.ö.; *M. Bardèche:* B. Romancier, Paris 1940 u.ö.; *B. Guyon:* La pensée politique et sociale de B., Paris 1947, ²1967; *G. Lukács:* B. und der französische Realismus, Berlin (-Ost) 1952; *H. Hunt:* H. de B., London 1957; *G. Picon:* H. de B. in Selbstzeugnissen und Bilddokumenten, Hamburg 1959 u. ö.; *J. H. Donnard:* La Vie économique et les classes sociales dans l'œuvre de B., Paris 1961; *E. J. Oliver:* H. de B., New York 1964; *M. Bardèche:* Une Lecture de B., Paris 1964; *A. Wurmser:* La Comédie inhumaine, Paris 1964; *P. Nykrog:* La pensée de B. dans „La Comédie humaine", Kopenhagen 1965; *A. Maurois:* Prometheus oder Das Leben B.s, Wien – Düsseldorf 1966; *P. Barbéris:* B. et le mal du siècle, Bde. I-II, Paris 1970; *ders.:* Mythes Balzaciens, Paris 1972; *N. Gerson:* The Prodigal Genius: The Life and Times of H. de B., New York 1972; *R. Beilharz:* B., Darmstadt 1979; *H.-U. Gumbrecht / K. Stierle / R. Warning* (Hrsg.): H. de B., München 1980; *R. Butler:* B. and the French Revolution, London u.a. 1983.

– K

Barrès, Maurice

* 22. 9. 1862 Charmes-sur-Moselle; † 4. 12. 1923 Neuilly-sur-Seine. Schriftsteller; anders als seine Vorbilder H. →Taine und Ernest Renan auch Politiker; neben dem Monarchisten Ch. →Maurras geistiger Führer der im Zuge der Dreyfus-Affäre (1894-99) formierten nationalistisch-antisemitischen „Anti-Dreyfusards".

Aufgewachsen in bürgerlich-katholischem Provinzmilieu in Lothringen, empfand B. – zumindest im späteren Rückblick – den Einmarsch preußischer Truppen 1870 als traumatische Zäsur und Ursprung seines lothringischen Regionalismus sowie seines streckenweise chauvinistischen Nationalismus und Revanchismus. Als Pariser Jurastudent galt B.' Hauptinteresse literarischen Zirkeln, und 1888-91 brillierte er erstmals mit der partiell autobiographischen Romantrilogie „Der Ich-Kult, Analyse dreier Lebensweisen". Noch nicht dreißig Jahre alt, wurde B. zu einem vor allem von der Jugend gefeierten Modeschriftsteller. Zugleich engagierte er sich in der kurzlebigen, teils nationalistisch, teils sozialpolitisch motivierten Bewegung des (dem Bonapartismus zuzurechnenden) Generals Boulanger und rückte als Abgeordneter für Nancy ins Parlament ein (1889-93). 1894/95 Chefredakteur eines kleinen nationalistischen und zugleich sozialistischen Blattes, „La Concarde", kultivierte B. Antiparlamentarismus und Antisemitismus, wandte sich aber nicht gegen die Französische Revolution. 1896 scheiterte B. als nationalistischer Kandidat in Neuilly, 1898 auch in Nancy, wo er von einem nationalistisch-sozialistisch-republikanischen Komitee unterstützt worden war.

Mittlerweile hatte B. mit „Die Entwurzelten" die ebenfalls autobiographisch inspirierte Trilogie „Roman der nationalen Energie" (1897-1902) begonnen und sich marginal am gescheiterten Putschversuch Paul Déroulèdes beteiligt. Als aufgrund der Dreyfus-Affäre „die zwei Frankreich" (P. Seippel) sich in der „linken" *Ligue des Droits de l'Homme* („Gerechtigkeit und Wahrheit!") und der „rechten" *Ligue de la Patrie française* („Ehre und Vaterland!") formierten, gehörte B. 1898 zu den Gründungsmitgliedern der letzteren und war 1899-1901 Mitglied ihres Vorstandes. 1906 schaffte es B., nach mehreren Anläufen und mit Tiraden gegen „Politiker, Freimaurer und die Gefahr der Anarchie", Abgeordneter des 1. Pariser Departements zu werden (bis 1923). Spätestens seit dem Ausgang des Ersten Weltkrieges, der die langersehnte Revanche und die Rückkehr von Elsaß und Lothringen brachte, rückte B. als Politiker und Parlamentarier von den extremistischen Positionen ab und schloß sich im Rahmen des *Bloc national* der konservativen Politik Raymond Poincarés an. In „Der Genius des Rheins" (dem letzten Teil seiner letzten Trilogie „Die Bastionen des Ostens", 1905-21) rief B. die französische und die Jugend eines vom „Teutonentum" gereinigten Deutschland zur Wahrnehmung gemeinsamer Aufgaben auf.

B. war ein Mann der „Rechten" mit zahlreichen Facetten, und darunter war die des Konservatismus vielleicht nicht einmal die dominierende. In seinem politischen Handeln, das sich stets in urbanem Milieu abspielte, war er bis zu seiner Etablierung in der politischen Klasse und bis zur Erfüllung seiner revanchistischen Hoffnungen ein Bonapartist. Sein mit nichtmarxistischem Sozialismus verquickter Nationalismus schloß die gesamte französische Geschichte, auch die Revolution von 1789, ein, und er versuchte, eine Synthese aus Antiparlamentarismus, plebiszitärem Führertum und einem penetranten, teils antikapitalistisch, teils auch biologistisch motivierten Antisemitismus herzustellen – eine Mixtur, in der manche Historiker die Frühform eines französischen Faschismus vermutet haben. Diesem Verdacht steht in einem Gesamtbild B.' allerdings nicht allein der individualistische, ästhetisierende, freilich auch anti-intellektualistische, partiell dem Dekadenz-Topos verpflichtete Ego-Kult entgegen, für den B. u.a. ein Vorbild in →Constants analytischem Roman „Adolphe" sah. B.' „Blut-und-Boden"-Kult um die „Erde und die Toten" war eine exaltierte Form von Regionalismus und stand in einem Spannungsverhältnis zum Ideal eines zentralistischen, (kolonial-) expansiven Staatswesens. Gewiß verlangte B. vom französischen Staat die kraftvolle, auch kriegerische Wiederherstellung der 1871 verletzten Integrität des „Hexagons". Aber ein quasi „mittelfristiger" Revanchismus, der zu seiner Vollendung binnen eines Zeitraumes drängt, worin Traditionen wieder verknüpft werden können, bevor andere, neue, an ihre Stelle getreten sind, und der – vor allem im Hinblick auf den Stand der Waffentechnik – nicht von vornherein vor dem Grundsatz der Verhältnismäßigkeit der Mittel seine Augen verschließt, kann als Bestandteil einer konservativen Theorie betrachtet werden. Konservativ – dem Widerstreben verwandt, das eine wesentlich bäuerlich-heimatverbundene Bevölkerung sowie eine ländliche, auf regionale und lokale Freiheiten pochende Oberschicht dem sozialen Wandel entgegenbrachte – waren auch B.' Ängste vor „Entwurzelung", vor „Überfremdung" und vor einem Traditionsbruch durch sozialen Wandel, womit sich dann angeblich auch – widernatürlich – ein verpflichtendes biologisches Erbe ausgeschlagen fände.

Die Unterschiede zu Maurras und zur *Action française* sind groß, und B. hat nicht nur Autoren wie Pierre Drieu la Rochelle beeinflußt, sondern auch André Gide, Henry de Montherlant, André Malraux, ja sogar Louis Aragon.

B.: *T. Field* (Hrsg.): M. B., A selective critical bibliography 1948-79, London 1982.

S.: Trilogie Le Culte du moi: Sous l'oeuil des barbares, Paris 1888; Un homme libre, Paris 1889; Le jardin de Bérénice, Paris 1891; Du sang, de la volupté et de la mort, Paris 1894; Trilogie Le roman de l'énergie nationale: Les déracinés, Paris 1898; L'appel au soldat, Paris 1900; Leurs figures, Paris 1902; Trilogie Les bastions de l'est: Au service de l'Allemagne, Paris 1905; Colette Baudoche, Paris 1909; La colline inspirée, Paris 1913; Le génie du Rhin, Paris 1921.

E.: Mes Cahiers, Textes choisies, Paris 1963; Œuvres complètes, hrsg. v. *P. Barrès*, Bde. I-XX, Paris 1965-68.

Ü.: Vom Blute, von der Wollust und vom Tode, Leipzig 1907; In deutschen Heeresdiensten, Budapest 1907; Ein Garten am Orontes, Basel 1927.

L.: *P. Seippel:* Les deux Frances et leurs origines historiques, Lausanne 1905; *E. R. Curtius:* M. B. und die geistigen Grundlagen des französischen Nationalismus, Bonn 1921; *J.-M. Domenach:* B. par lui-même, Paris 1954; *E. Weber:* The nationalist revival in France, Berkeley 1968; *Z. Sternhell:* La droite révolutionnaire, Paris 1978; *J.-M. Frandon:* B. précurseur, Paris 1983; *J. Bécaraud:* M. B. et le parlement de la Belle Epoque, Paris 1987; *F. Broche:* M. B., Paris 1987.

– SdL

Bauer, Bruno

* 6. 9. 1809 Eisenberg/Thüringen; † 13. 4. 1882 Berlin-Neukölln. Theologe und historisch-politischer Schriftsteller. B. studierte 1829-34 Theologie und Philosophie in Berlin; besonders stark beeinflußte ihn Hegel. 1834 Promotion zum Lizentiaten der Theologie und Habilitation, anschließend in Berlin und seit 1839 in Bonn Privatdozent. 1842 wurde B. aus dem Lehramt entfernt und lebte seitdem als freier Schriftsteller in Charlottenburg, später als Landwirt und Journalist in Rixdorf bei Berlin. 1848 kandidierte er (vergeblich) für die preußische Nationalversammlung. In den 1840er Jahren galt B. als der – neben Marx – führende Linkshegelianer; später näherte er sich den Konservativen, blieb aber stets politisch-weltanschaulich unabhängig und kultivierte den Habitus des konsequenten Philosophen und radikalen Geistesaristokraten.

Als Theologe beschäftigte sich B. sein Leben lang mit der Evangelienkritik, die er mit dem Endziel einer konsequenten Destruktion der christlichen Religion betrieb. Die Überlieferung der Evangelien meinte er auf einen „Urevangelisten" (den sog. „Urmarkus") zurückführen zu können, den er wiederum (im Sinne Hegels) als Sprachrohr des „absoluten

Selbstbewußtseins", das die Religion im Gesamtprozeß der Entwicklung des Geistes erzeuge, interpretierte. Weiterhin versuchte er die antiken Ursprünge des Christentums nachzuweisen: Nicht Christus und Paulus, sondern Philo und Seneca seien die eigentlichen Ahnherren des Christentums. Ziel seiner Bemühungen war die Widerlegung des Christentums, damit die Auflösung der Religion überhaupt und aller durch sie geprägten Lebens- und Denkformen durch das Mittel der philosophischen Kritik. Alles Bestehende sei durch den „Terrorismus der wahren Theorie, der reines Feld machen muß", zu zerstören; wahre →Freiheit habe die Revolte gegen die Transzendenz zur unabdingbaren Voraussetzung. Freilich könne man nicht vorhersagen, in welchem Sinne die (kritische) Theorie nach der Zerstörung praktisch werde, d.h. welche Formen die erstrebte wahrhaft menschliche Gesellschaft und der ihr gemäße vollkommene Staat annehmen würden.

Als philosophisch-politischer Zeitkritiker ging B. aus von einem Lob der →Aufklärung, in der er die Anfänge der von ihm praktizierten radikalen Kritik zu erkennen meinte. Seine antireligiöse Haltung weitete er später auf das Judentum aus, das er noch unter das Christentum stellte. Daher lehnte er jede Form der Judenemanzipation ab; später entwickelte er sich zum rassischen Antisemiten. Sein aristokratisches Selbstbewußtsein ließ ihn nicht nur die Bedeutung der großen Individuen in der Geschichte betonen – er erwartete ein neues, von Rußland ausgehendes „Zeitalter des Cäsarismus" nach der Parallele der Spätantike –, sondern führte ihn auch zu einem radikalen Antiliberalismus, der aus einer schroffen Verachtung des zeitgenössischen Bürgertums resultierte. Hatte B. um 1840 den christlichen Altkonservatismus noch scharf kritisiert, wurde er 1859 enger Mitarbeiter H. →Wageners und Redakteur des von diesem herausgegebenen „Staats- und Gesellschafts-Lexikons" (1859-67); auch in späteren Jahren war er für konservative Blätter und Zeitschriften tätig. Höchst verhängnisvoll wirkte sich diese Mitarbeit insofern aus, als B. seine rassenantisemitischen Thesen in konservativen Organen verbreiten konnte. Noch kurz vor seinem Tode förderte B. den jungen Nietzsche, den er als „deutsche(n)

Montaigne, Pascal und Diderot" bezeichnete; sein Einfluß auf Nietzsches Geschichtsdenken und Religionskritik ist unverkennbar.

S.: Kritik der Geschichte der Offenbarung, Bde. I-II, Berlin 1838; Die evangelische Landeskirche Preußens und die Wissenschaft, Berlin 1840; Kritik der evangelischen Geschichte der Synoptiker, Bde. I-II, Leipzig 1841; Die Posaune des jüngsten Gerichts über Hegel den Antichristen und Atheisten, Leipzig 1841; Hegels Lehre von der Religion und Kunst vom Standpuncte des Glaubens aus beurtheilt, Leipzig 1842; Das entdeckte Christenthum, Zürich – Winterthur 1843; Geschichte der Politik, Cultur und Aufklärung des 18. Jhdt.s, Bde. I-IV, Charlottenburg 1843-45; Denkwürdigkeiten zur Geschichte der neueren Zeit seit der französischen Revolution, Bde. I-III, Charlottenburg 1843-44; Deutschland während der Zeit der französischen Revolution, Bde. I-III, Charlottenburg 1844-45; Geschichte der constitutionellen und revolutionairen Bewegungen im südlichen Deutschland, Bde. I-III, Charlottenburg 1845; Vollständige Geschichte der Partheikämpfe in Deutschland während der Jahre 1842-46, Bde. I-III, Charlottenburg 1847; Der Untergang des Frankfurter Parlaments, Berlin 1849; Der Fall und Untergang der neuesten Revolutionen, Bde. I-II, Berlin 1850-51; Kritik der Evangelien und Geschichte ihres Ursprungs, Bde. I-IV, Berlin 1850-52; Kritik der paulinischen Briefe, Bde. I-III, Berlin 1852; Rußland und das Germanenthum, Bde. I-II, Berlin 1853; Rußland und England, Charlottenburg 1854; De la dictature occidentale, Charlottenburg 1854; Die jetzige Stellung Rußlands, Charlottenburg 1854; Die russische Kirche, Charlottenburg 1855; Das Judenthum in der Fremde, Berlin 1863; Freimaurer, Jesuiten und Illuminaten in ihrem geschichtlichen Zusammenhange, Berlin 1863; Philo, Strauß und Renan über das Urchristenthum, Berlin 1874; Christus und die Cäsaren, Berlin 1877; Einfluss des englischen Quäkerthums auf die deutsche Cultur und das englisch-russische Project einer Weltkirche, Berlin 1878; Zur Orientirung über die Bismarck'sche Ära, Chemnitz 1880; Disraeli's romantischer und Bismarck's socialistischer Imperialismus, Chemnitz 1882, u. a. (Eine Reihe dieser Schriften liegt in Neudrucken vor.)

L.: *Heinze* in ADB XLVI, 236f.; *Buff* in NDB I, 636f.; *M. Kegel:* B. B.s Theorien über die Entstehung des Christentums, Leipzig 1908; *A. Schweitzer:* Geschichte der Leben-Jesu-Forschung, Tübingen 1913 u. ö.; *E. Barnikol:* Das entdeckte Christentum im Vormärz, Jena 1927; *W. Moog:* Hegel und die Hegelsche Schule, München 1930; *G. Runze:* B. B. redivivus, Berlin 1934; J. Helfinger: B. B. und Rußland, phil. Diss. Heidelberg 1954; *E. Benz:* Nietzsches Ideen zur Geschichte des Christentums und der Kirche, Leiden 1956; *H.-M. Sass:* Untersuchung zur Religionsphilosophie der Hegelschen Schule. Diss. Münster 1962; *J. Gebhardt:* Politik und Eschatologie, München 1963; *H. Stuke:* Philosophie der Tat, Stuttgart 1963; *J. Mehlhau-*

sen: Dialektik, Selbstbewußtsein und Offenbarung, theol. Diss. Bonn 1965; *Ch. Dannenmann:* B. B., phil. Diss. Erlangen 1969; *E. Barnikol:* B. B., Assen 1972; *H. Puchta:* Die Entstehung politischer Ideologien im 19. Jhdt., phil. Diss. Erlangen 1972; *D. McLellan:* Die Junghegelianer und Karl Marx, München 1974; *Z. Rosen:* B. B. und Karl Marx, Den Haag 1977; *K. Löwith:* Von Hegel zu Nietzsche, Hamburg ⁷1978; *I. Pepperle:* Junghegelianische Geschichtsphilosophie und Kunsttheorie, Berlin (-Ost) 1978; *G. Laemmermann:* Kritische Theologie und Theologiekritik, München 1979; *J. E. Toews:* Hegelianism, Cambridge u.a. 1980; *W. Eßbach:* Die Junghegelianer, München 1988.

– K

Belcredi, Richard Graf

* 12. 2. 1823 Ingrowitz (Mähren); † 2. 12. 1902 Gmunden (Oberösterreich). Österreichischer Staatsmann. Deszendent einer in das 13. Jhdt. zurückreichenden lombardischen Adelsfamilie; Sohn von Eduard B. (1786-1838) und von Maria, geb. Gräfin Fünfkirchen (1790-1860). Nachdem B. in Prag juristische Studien begonnen hatte, trat er 1842 in den Staatsdienst ein, setzte seine Studien jedoch nach seiner Beurlaubung 1848 in Graz fort (nunmehr auch Studium der Geschichte); 1854 wurde B. zum Bezirkshauptmann in Znaim bestellt. Im gleichen Jahr heiratete er die Generalstochter Anna Freiin von Welden (1834-1918). 1860 Mitglied des schlesischen Landtages und Abgeordneter zum Reichsrat, wurde B. 1861 Leiter, 1862 Chef der schlesischen Landesregierung. Während seiner kurzen Tätigkeit (ab 1863) als Statthalter-Vizepräsident in Triest, die auf Initiative Schmerlings zustande gekommen war, sah B. sich erstmals mit dem südslawischen Problem konfrontiert. 1864 wurde B. als Statthalter von Böhmen nach Prag beordert; in dieser Zeit begann seine aktive Teilnahme an der österreichischen Innenpolitik: Indem er sich um die Unterstützung des deutschen wie des tschechischen Elements bemühte, wollte er den bevorstehenden Ausgleich mit Ungarn auch auf die Slawen ausdehnen und die Krönung Kaiser Franz Josephs mit der böhmischen Wenzelskrone herbeiführen.

Der Sturz Schmerlings und das Scheitern von dessen deutsch-liberaler Politik brachten B. nach Wien, wo er am 27. 5. 1865 zum Ministerpräsidenten ernannt wurde. Am 20. 9. 1865 sistierte er die Verfassung des Februarpatents von 1861 in der Hoffnung, nunmehr die Voraussetzungen für einen Ausgleich mit den Slawen geschaffen zu haben: Die seiner Initiative zu verdankende Einführung beider Landessprachen als Pflichtfächer an den höheren Schulen Böhmens bildete den ersten Schritt in diese Richtung. Ebenso gelang es ihm, Kaiser Franz Joseph zu einer Erklärung (29. 12. 1865) zu bewegen, in der dieser die Krönung mit der Wenzelskrone in Aussicht stellte. Der Krieg mit Preußen, der Österreich nach B.s Ansicht völlig unvorbereitet traf, bereitete seinen konservativ-föderalistischen Reformplänen zunächst ein Ende: B.s Projekte – die letzten in der Donaumonarchie, die primär auf dem alten historischen Recht basierten und die verfassungsrechtlich im theoretischen Ansatz noch stark von →Metternich inspiriert waren – hatten die Aufgliederung Österreichs in fünf Gebietsgruppen (das deutschsprachige Österreich, Ungarn, den böhmisch-mährisch-schlesischen Komplex, Polen-Ruthenien und die südslawischen Gebiete) vorgesehen, wobei ein streng föderalistisch orientierter Reichsrat die einigende Klammer hätte bilden sollen. Zerwürfnisse mit dem neu ernannten Außenminister Friedrich Freiherrn von Beust, dessen Ansichten sich der Kaiser anschloß, führten zum Rücktritt B.s am 3. 2. 1867 und letztlich zum Ausgleich mit Ungarn, den B. in dessen – die übrigen Nationalitäten der Monarchie benachteiligenden – Form zu verhindern getrachtet hatte.

In der Folge fungierte B. dennoch öfters als vertraulicher Berater Franz Josephs und prophezeite diesem den Untergang der Monarchie, sollte an der bisher verfolgten Politik gegenüber den slawischen Völkern festgehalten werden. Ferner trat B. nun als katholisch-konservativer Publizist in den Vordergrund. Zu staatlichen Würden gelangte B. nochmals 1881 mit seiner Berufung zum Präsidenten des Verwaltungsgerichtshofs (bis 1895) und mit seiner Ernennung zum Mitglied des Herrenhauses. In dieser Funktion griff er 1883 in die virulente Schuldebatte ein. Seine Stiefschwiegermutter Eleonore Freiin von Lamay war Erzieherin des Erzherzog-Thronfolgers Rudolf – dieser Umstand und seine Beziehung zum Kaiser machten B. zu einem der Eingeweihten um das Drama von Mayerling. Sein Bruder Egbert (1816-94) war Führer der konservativen Adelspartei Mährens, Financier der Zeitung „Das Vaterland", mährischer Landtags- und Reichsratsabgeordneter und ein entschiedener Vertreter des böhmischen und mährischen Staatsrechts.

S.: Über die Wahlen zum Landtage, Wien 1867; Die katholisch conservative Partei in Deutschland und die orientalische Frage, Wien 1876; Rede zur Volksschulgesetz-Novelle, Wien 1883.

E.: (Zu Egbert B.): Z deníku Moravského politika v éře Bachove k vydání připravil, uvodem a poznámkami opatřil *Jaromír Bocek* (Vlastivedná knihovna moravská 24), Brünn 1976; (Zu R. B.): *E. A. Krahl:* Mährisches Wappenbuch vom Jahre 1888, hrsg. v. *R. Graf Belcredi,* Gessertshausen 1986.

L.: *K. O. von Aretin* in: NDB 2, 26ff.; Österreichisches Biographisches Lexikon 1815-1950, Bd. I, Graz – Köln 1957, S. 66; *W. Mertal:* Graf R. B. – Ein Staatsmann aus dem Österreich Kaiser Franz Josephs, phil. Diss. Wien 1962; Die Habsburgermonarchie 1848-1918, hrsg. v. *A. Wandruszka / P. Urbanitsch,* Bd. III: Die Völker des Reiches, Wien 1980, S. 193f., 196ff., 1007-10, 1012, 1065, 1067, 1069.

– Ri

Below, Georg von

* 19. 1. 1858 Königsberg i. Pr.; † 20. 10. 1927 Badenweiler. Konservativer Historiker und politischer Publizist. Einer alten, streng religiösen und politisch konservativ orientierten Adelsfamilie entstammend, studierte B. 1878-83 in Königsberg, Bonn und Berlin Geschichte, Rechtswissenschaften und Nationalökonomie und wurde 1883 in Bonn promoviert. Nach der Habilitation in Marburg (1886) wurde B. 1889 Professor in Königsberg, 1891 in Münster, 1897 in Marburg, 1901 in Tübingen und 1905 in Freiburg i. Br., wo er bis zu seiner Zwangsemeritierung (1924) lehrte.

Die wissenschaftlichen Hauptarbeitsgebiete B.s waren die Verfassungs-, Rechts- und Wirtschaftsgeschichte; zu diesen Themengebieten hat er grundlegende Arbeiten geliefert. B. verstand sich ausdrücklich als an der Gegenwart orientierter politischer Historiker. Er stellte den →Staat in den Mittelpunkt aller historischen Anschauung und Arbeit: für B. war der Staat „der umfassendste Gesichtspunkt und der höchste Standpunkt, von dem aus man Geschichte verstehen und Geschichte schreiben" kann; die eigentliche Geschichte sei nichts anderes als „Staatengeschichte". Seine zentrale wissenschaftliche

Bemühung galt daher (in seinem unvollendeten Hauptwerk „Der deutsche Staat des Mittelalters") dem Nachweis des „staatlichen Charakter(s) der deutschen Verfassung des Mittelalters". Anderen, vermeintlich „unpolitischen" Richtungen der zeitgenössischen Geschichtswissenschaft ist B., als scharfer Polemiker bekannt, entschieden entgegengetreten, sei es der Wirtschaftsgeschichte (Schmoller), der genossenschaftlich orientierten Rechtsgeschichte (Gierke) oder auch der neuen Kulturgeschichte (Lamprecht). Zusammen mit O. →Spann bemühte sich B. um eine umfassende Rehabilitierung der →Romantik und der von ihr ausgehenden geistig-politischen und wissenschaftlichen Bewegung.

Als politischer Publizist ist B. seit 1907 hervorgetreten. Zuerst engagierte er sich für die →Deutschkonservative Partei; später befand er sich unter den Begründern der Deutschen Vaterlandspartei und der →Deutschnationalen Volkspartei in Baden. Während des Ersten Weltkriegs gehörte er zu den entschiedensten Kritikern einer Demokratisierung des Reiches; nach 1918 bekämpfte er in Wort und Schrift die Weimarer Demokratie, was ihm Gehaltskürzungen und schließlich die Zwangsemeritierung einbrachte. Das zentrale Anliegen auch seiner politischen Schriften war die Wahrung der staatlichen →Autorität und der Kampf gegen Ordnungszerfall und Staatszerstörung.

B.: *L. Klaiber:* G. v. B. – Verzeichnis seiner Schriften, Stuttgart 1929.

S.: Die Entstehung des ausschließlichen Wahlrechts der Domkapitel, Leipzig 1883; Die landständische Verfassung in Jülich und Berg bis zum Jahre 1811, Bde. I-III, Düsseldorf 1885-91; Die Entstehung der deutschen Stadtgemeinde, Düsseldorf 1889; Der Ursprung der deutschen Stadtverfassung, Düsseldorf 1892; Das Duell in Deutschland, Kassel 1896; Das ältere deutsche Städtewesen und Bürgertum, Bielefeld – Leipzig 1898; Territorium und Stadt, München 1900; Die Ursache der Rezeption des römischen Rechts in Deutschland, München 1905; Das parlamentarische Wahlrecht in Deutschland, Berlin 1909; Die politische Lage im Reich und in Baden, Heidelberg 1910; Der deutsche Staat des Mittelalters, Bd. I, Leipzig 1914; Deutschland und die Hohenzollern, Leipzig 1915; Die deutsche Geschichtsschreibung von den Befreiungskriegen bis zu unseren Tagen, Leipzig 1916; Die Ursachen der Reformation, München 1917; Kriegs- und Friedensfragen, Dresden – Leipzig 1917; Das gute Recht der Vaterlandspartei, Berlin 1918; Soziologie als Lehrfach, München – Leipzig

1920; Probleme der Wirtschaftsgeschichte, Tübingen 1920; Die parteiamtliche neue Geschichtsauffassung, Langensalza 1920; Recht und Notwendigkeit der Deutschnationalen Volkspartei, Berlin 1920; Deutsche Reichspolitik einst und jetzt, Tübingen 1922; Politik der Mitte – Politik der Schwäche, Berlin 1922; Vom Mittelalter zur Neuzeit, Leipzig 1924; Die Hemmnisse der politischen Befähigung der Deutschen und ihre Beseitigung, Langensalza 1924; Über historische Periodisierungen, Berlin 1925; Selbstdarstellung, in: *S. Steinberg* (Hrsg.): Die Geschichtswissenschaft der Gegenwart in Selbstdarstellungen, Bd. I, Leipzig 1925, S. 1-49; Einleben in die Verfassung oder Verfassungsänderung?, Langensalza 1926; Die italienische Kaiserpolitik des deutschen Mittelalters, München 1927.

E.: Die Entstehung der Soziologie. Aus dem Nachlaß hrsg. von *O. Spann*, Jena 1928.

L.: *Aubin* in NDB II, 32f.; *H. Bächtold:* G. v. B., Stuttgart 1927; *H. Aubin:* G. v. B. als Sozial- und Wirtschaftshistoriker, in: Vierteljahrsschrift für Sozial- und Wirtschaftsgeschichte 21 (1928), S. 1-32; *A. Schultze:* G. v. B., in: Zeitschrift für Rechtsgeschichte, Germ. Abt. 48 (1928), S. XI-XXV; *A. Berney:* G. v. B., in: Historische Vierteljahrschrift 24 (1929), S. 525-28; *M. v. Below:* G. v. B., Stuttgart 1930; *H. Baier:* G. v. B., in: Zeitschrift für die Geschichte des Oberrheins 82 (1930), S. 599-609; *M. Bloch:* Un tempérament: G. v. B., in: Annales d'Histoire Economique et Sociale 3 (1931), S. 553-59; *K. Schwabe:* Wissenschaft und Kriegsmoral, Göttingen 1969; *K. Töpner:* Gelehrte Politiker und politisierende Gelehrte, Göttingen 1970; *O. Pusch:* V. B. – Ein deutsches Geschlecht aus dem Ostseeraum, Dortmund 1974; *F. Graus:* Verfassungsgeschichte des Mittelalters, in: Historische Zeitschrift 243 (1986), S. 529-89; *O. G. Oexle:* Ein politischer Historiker: G. v. B., in: *N. Hammerstein* (Hrsg.): Deutsche Geschichtswissenschaft um 1900, Stuttgart 1988, S. 283-312.

– K

Below-Hohendorf, Alexander Ewald von

* 2. 3. 1801 Noistfer/Estland; † 9. 3. 1882 Hohendorf/Ostpreußen. Konservativer Politiker aus baltisch-pommerscher Adelsfamilie. 1818-21 Studium der Philosophie und Naturwissenschaften in Dorpat. 1822 Übersiedlung nach Pommern, wo er sich der dortigen neupietistischen Erweckungsbewegung anschloß und bis 1844 auf einem Familiengut Landwirtschaft betrieb. Seit 1844 Bewirtschaftung des Gutes Hohendorf in Ostpreußen.

Seit 1848 war B.-H. politisch tätig; im Revolutionsjahr gehörte er zu den Gründern der Neuen Preußischen Zeitung und war der maßgebliche Initiator des konservativen Junkerparlaments. 1851-55 gehörte er der Ersten preußischen Kammer an, seit 1855 war er, vom König persönlich berufen, Mitglied des Herrenhauses, wo er sich der äußersten Rechten (Fraktion →Stahl) als einer ihrer führenden Abgeordneten anschloß. Als enger Freund →Bismarcks (und einer seiner wichtigsten politischen Korrespondenzpartner) unterstützte er dessen deutsche Politik uneingeschränkt. Differenzen mit dem Ministerpräsidenten und späteren Reichskanzler gab es allerdings in innenpolitischen Fragen: So lehnte B.-H. die Einführung des allgemeinen und gleichen Reichstagswahlrechts strikt ab; auch kritisierte er Bismarcks Politik während des Kulturkampfes sowie die Einführung der Kreisordnung von 1872. Nach 1874 zog sich B.-H. aus gesundheitlichen Gründen von der Politik zurück.

L.: *H. v. Petersdorff:* Kleist-Retzow, Stuttgart – Berlin 1907: *G. Ritter:* Die preußischen Konservativen und Bismarcks deutsche Politik 1858-76, Heidelberg 1913; *G. v. Below:* A. E. v. B.-H., in: *H. v. Arnim / G. v. Below* (Hrsg.): Deutscher Aufstieg, Berlin – Leipzig – Wien – Bern 1925, S. 163-68; *E. Engelberg:* Bismarck, Bd. I, Berlin 1985; *O. Pflanze:* Bismarck and the Development of Germany, Bd. I, Princeton 1990.

– K

Benoist, Jean-Marie

* 4. 4. 1942 Paris; † 1. 8. 1990 ebd. Französischer Schriftsteller, Philosoph, Diplomat und Politiker. B. entstammte einer alten Familie, die tief im Westen Frankreichs verwurzelt ist. Studien am Lycée de Gravenchon, an der Khâgne d'Henri IV und der École Normale Supérieure; Studium der Philosophie an der Sorbonne. Professor der Philosophie; Kulturattaché an der französischen Botschaft in London; 1974 maître-assistant am Collège de France zunächst bei Claude Lévi-Strauss, dann bei Emmanuel Le Roy Ladurie. Bewegt von den Ereignissen des Jahres 1968 und nicht unbeeinflußt von der ökologischen Bewegung, verarbeitete B. diese Erfahrungen in einer Weise, die seinem konservativen Naturell entsprach – er bezeichnete sich selbst gerne als „Tory" –, und publizierte 1970 im Alter von 28 Jahren sein erstes Buch unter dem provozierenden Titel „Marx est mort". Er proklamierte im Frankreich der 68er Generation, deren Intellektuelle traditionell der Linken verhaftet waren, „den Tod von Marx-Idol, Marx-Totem, Marx-Tabu, Marx-Prophet,

Marx-Apokalyptiker, Marx, dem messianischen Diesseitsbeglücker, Marx-Prometheus".

B.s Buch schlug im geistigen Frankreich wie eine Bombe ein. 1975 veröffentlichte er „La Révolution structurale" und setzte sich mit dem Strukturalismus auseinander, der ihm als eine Gedankenrichtung der Diskontinuität erschien. Diesem Buch folgte im selben Jahr die „Tyrannie du Logos", worin er für eine Rückkehr zu Heraklit plädierte. Mit „L'Identité" publizierte er 1977 die Dokumente eines Seminars von Claude Lévi-Strauss, das er organisiert hatte.

Als 1977 die Bewegung der „nouveaux philosophes" an die Öffentlichkeit trat, die – insbesondere unter dem Eindruck des „Archipel Gulag" von Alexander →Solschenizyn – B. in der aktiven Bekämpfung der marxistisch-leninistischen Ideologie folgte, engagierte er sich aktiv in der Politik. Unterstützt wurde B. von André Glucksmann mit seinen „maîtres penseurs", Christian Jambert und Guy Lardreau mit ihrem „L'Ange", Bernard Henri Levy, Jean Paul Dollé, Marcel Gauchart und anderen. Bereits 1976 hatte er in seiner Schrift „Pavane pour une Europe défunte" das Bild eines Europas mit einer pluralistischen Gesellschaft gezeichnet, dessen Reichtum in seiner Vielfalt liege. 1978 kandidierte B. für die UDF Giscard d'Estaings und 1981 in Paris für die RPR Chiracs gegen den Kommunistenführer Georges Marchais. In dieser Zeit verfaßte er eine Reihe politischer Kampfschriften. 1979 gründete B. den Diskussionsclub „Forum" und 1984 das „Centre européen de relations internationales et de stratégie", mit dem er aktiv für das amerikanische Engagement in Europa und für den NATO-Doppelbeschluß zur Stationierung amerikanischer Atomwaffen in Europa eintrat. 1980 publizierte er mit „La Génération sacrifiée" einen Beitrag über Fragen der westlichen Verteidigung. 1985 legte er in „Les outils de la liberté" die Grundlagen einer freiheitlichen Gesellschaftsordnung dar. In dem gemeinsam mit Patrick Wajsman 1990 herausgegebenen Buch „Après Gorbatchev" entlarvte er als einer der ersten westlichen Autoren Gorbatschows Politik der Perestrojka als eine Täuschung des Westens. Am 1. August 1990 starb B. in Paris an einem Krebsleiden.

B. war ein Philosoph und politischer Denker, ein *homme de lettres* und ein herausragender Pädagoge, ein Zeitzeuge, der die Gabe hatte, Menschen zusammenzuführen, und der mit seinem Mut verkrustete geistige Strukturen aufzubrechen und Menschen zu begeistern und zu bewegen vermochte. Er war ein geistiger und politischer Kämpfer. Jacques Chirac hob hervor: „‚Marx est mort‘ war gegen den Strom einer Epoche gerichtet", und Emmanuel Le Roy Ladurie nannte das Buch „ein Zeugnis vorausschauender Klarsichtigkeit" und meinte, B. sei dem Erscheinen der „nouveaux philosophes" vorangegangen, „deren gewaltiges Verdienst es, mit der Hilfe Solschenizyns, gewesen ist, die französische Kultur von einer gewissermaßen leninistischen Vulgata des Marxismus zu befreien: diese hatte unsere nationale Kultur seit der russischen Revolution vergiftet". Es ist insbesondere sein Verdienst, daß die französischen Intellektuellen dem Kommunismus abgeschworen haben, was dazu führte, daß André Glucksmann 1978 sagen konnte: „Die Bühne des gemeinsamen Programmes der Linken ist frei von Intellektuellen."

B. betonte: „Endlich hat man das Recht, wieder →Tocqueville zu lesen, der zum gemeinsamen Nenner der antitotalitären Demokraten von Raymond Aron bis zu François Furet geworden ist. Parallel dazu konnten die Husaren der Ideologie, die man ‚neue Philosophen‘ nennt, zeigen, daß der Gulag kein Unfall war, sondern daß ihn die marxistische Doktrin selbst in gewissem Sinn herbeigerufen hatte." B. glaubte daran und kämpfte dafür, daß nach dem Zeitalter des Etatismus und des Sozialismus eine neue Epoche der →Freiheit der menschlichen Person und des Rechtsstaates kommen werde. Nach der geistigen Überwindung des Marxismus-Leninismus hätten nun die Intellektuellen „ihr Rendezvous mit den Werkzeugen unserer Freiheit". B. erinnerte an das Wort Andropows: „Nicht nur die SS-20 und die Migs werden uns zum Sieg verhelfen, der Kampf der Ideen wird unter den Gegnern den Sieger und den Besiegten bestimmen. Heute ist er bei weitem der wichtigste." B. forderte: „Dieser Herausforderung müssen wir uns stellen, und das verlangt von uns, uns nicht mit einem Liberalismus ohne Kultur, ohne Gedächtnis und ohne Tradition zufriedenzugeben, sondern die drängendste der Fragen zu

stellen: Im Namen welcher Werte und für welche Ziele wird dieser Kampf für die Freiheit geführt?" In seinem Buch „Die Werkzeuge der Freiheit" gab er selbst die Antwort auf diese Fragen: „Notwendig ist ein Konservatismus in dem Sinne, in dem alles in seinem Vorgehen sich gegen den Mythos eines prometheischen Subjekts wehrt, das vom Wahn besessen ist, die Welt zu verändern, das Leben zu verändern... Wir zögern nicht, uns der Maßlosigkeit und dem Wahn einer solchen Vision gegenüber als im tiefsten konservativ zu bezeichnen: wir möchten die Traditionen der kulturellen und sozialen Hierarchien erhalten, die aus den Gruppierungen der bürgerlichen Gesellschaft hervorgingen; wir möchten die vielen subtilen Ungleichheiten erhalten..., weil sie die differentiellen Abstände erzeugen, auf die die freie Gesellschaft nicht verzichten kann." Unmittelbar nach seinem Tod wurde B. von Jean-Marc Varaut folgendermaßen charakterisiert: „Denn dieser Philosoph war kein Betrachter. Sein militantes freiheitliches Werk hat, wie das von Benjamin →Constant, dazu beigetragen, mit der Philosophie die Civitas der Freiheit zu begründen."

S.: Marx est mort, Paris 1970; La révolution structurale, Paris 1975; Tyrannie du Logos, Paris 1975; Pavane pour une Europe défunte, Paris 1976; Un singulier programme, Paris 1978; Les nouveaux primaires; Paris 1978; Chronique de décomposition du P. C. F., Paris 1979; La génération sacrifiée, Paris 1980; Le devoir d'opposition, Paris 1982; Les outils de la liberté, Paris 1985; Poétique de la ville, un regard sur Londres et Paris (Fernsehfilm) Paris 1976; (als Hrsg.): L'identité (Seminar unter der Leitung von C. Lévi-Strauss), Paris 1977; (als Hrsg.): *John Donne*, Paris 1983; (als Hrsg.): Figures du Baroque (Colloquium von *Cerisy-la-Salle*), Paris 1983; (als Hrsg.): Défense spatiale et dissuasion, Paris 1987; (als Hrsg. gemeinsam mit *P. Wajsman*): Après Gorbatchev (mit Beiträgen v. *O. von Habsburg, A. Besançon, H. Carrère d'Encausse, J.-F. Deniau, J. Rupnik, G. H., J.-F. Revel, J.-M. B., F. Thom, H. Graf Huyn, J. Rovan* u. *M. Tatu*), Paris 1990.

Ü.: (als Hrsg.): Identität, ein interdisziplinäres Seminar unter Leitung von Claude Lévi-Strauss, Stuttgart 1980; Die Werkzeuge der Freiheit, München 1985.

– Hu

Bergengruen, Werner

* 16. 9. 1892 Riga; † 4. 9. 1964 Baden-Baden. Schriftsteller. Sohn eines Arztes. 1902-08 Schulbesuch in Lübeck (Katharinäum), 1911

Werner Bergengruen
1892-1964

Abitur in Marburg, dann Studium in Marburg, München und Berlin. Kriegsfreiwilliger, 1914-18 Soldat; 1919 als Cornett der Baltischen Landeswehr Kampf gegen die Rote Armee; Heirat mit Charlotte Hensel. 1920-24 Arbeit als Übersetzer, Redakteur und Schriftleiter für verschiedene Zeitschriften, die sich mit Ostfragen befaßten. Seit 1922 in Berlin, dort freier Schriftsteller. 1936 Übersiedlung nach Solln bei München, Konversion zum Katholizismus. 1937 Ausschluß aus der Reichsschrifttumskammer, Schreib- und Veröffentlichungsverbot, das durch Sondergenehmigungen unterlaufen werden konnte. Enge Kontakte zu regimekritischen katholischen Kreisen um Carl Muth und Theodor Haecker. Seit 1942 in Achenkirch/Tirol, ab 1946 in Zürich, ab 1958 in Baden-Baden. Hohe Ehrungen und Auszeichnungen des In- und Auslands, u.a. Wilhelm-Raabe-Preis (1948), Schiller-Preis (1962); Ritter des Ordens Pour le mérite (Friedensklasse); Mitgliedschaft in mehreren Akademien der Künste, Dr. h.c. der Universität München.

B., der bis in die späten 1960er Jahre zu den repräsentativen deutschen Gegenwartsautoren zählte, hat ein umfangreiches dichterisches Werk hinterlassen, das Romane, Novellen, Erzählungen, Gedichte, Reisebücher, Kinderbücher sowie Übersetzungen aus dem

Russischen (Tolstoi, Turgenjew, Dostojewski) umfaßt. Es waren nicht zuletzt diese Übersetzungen, die ihn schon in der Weimarer Republik zu einem bedeutenden Vermittler russischer Kultur in Deutschland werden ließen. In seinem literarischen Schaffen ist B. stark von seiner baltischen Heimatregion geprägt – zahlreiche Werke spielen im russisch-skandinavisch-deutschen Grenzraum und spiegeln das Zusammenleben unterschiedlicher Nationalitäten, Volksgruppen und Minderheiten wider. Charakteristische Eigentümlichkeiten seiner Erzählweise – etwa die Vorliebe fürs Anekdotische, Anachronismen in Sprache und Stil oder spezifische Landschaftserfahrungen in der Lyrik – hat er selbst gelegentlich seiner baltischen Herkunft zugeschrieben. Dieser Herkunft verdanken auch einzelne Züge seines Konservatismus ihre besondere Prägung.

Zeitlebens hat der von Haus aus an den Umgang mit Angehörigen anderer Kulturen Gewöhnte die Verlockungen des Nationalismus als „Krankheit" empfunden und dieser „Krankheit" eine Haltung bewußt gelebten Europäertums entgegengesetzt. Diese Einstellung ließ ihn von Anfang an immun sein gegenüber der totalitären Herausforderung durch den Nationalsozialismus. Die eindringlichste Kritik am Regime Hitlers boten – neben B.s umfangreichen, größtenteils noch unveröffentlichten Tagebuchaufzeichnungen – die 1937 in einem österreichischen Verlag anonym publizierten Gedichte „Der ewige Kaiser", die im Bild des Kaisers die göttliche Rechtsordnung gegen Unrecht und Tyrannei beschworen und dem Zerrbild des „Dritten Reiches" die Sehnsuchtsgestalt des „heiligen", „römisch-deutschen" →Reiches entgegenstellten. Es lag in der Konsequenz solcher Auffassungen, daß B., im Einklang zu manchen altkonservativ bzw. „großdeutsch" gesinnten Geschichtsinterpreten, dem kleindeutschen Nationalstaat Bismarckscher Prägung mit erheblicher Distanz begegnete.

In seinen Prosaschriften sind es vor allem geschichtliche Stoffe, denen B. die meisten Anregungen zur Formulierung des ihn leitenden Grundanliegens verdankt. Dieses Grundanliegen zeigt den Menschen in Konfrontation mit seinem Schicksal anhand der Darstellung eines „außerordentlichen Ereignisses". Der so herausgestellte Einzelfall wiederum erscheint als gleichnishafte Abspiegelung wiederkehrender menschlicher Ursituationen und wird zum Symbol „höherer", überpersonaler Ordnungsgefüge, in die der einzelne eingebettet ist und in deren Offenbarmachung B. die eigentliche Aufgabe der Dichtung erblickte. Daß ihm die Welt – trotz allen Wissens um die Paradoxien ihres Entwicklungsgangs und trotz der in zahlreichen seiner Werke dargestellten Bedrohtheit der menschlichen Existenz – in letzter Hinsicht „heil", „richtig" und „in Ordnung" schien, gehört zu jenen von ungebrochener christlicher Heilsgewißheit getragenen Überzeugungen, die sein Werk, vor allem in den Jahren nach 1968, zu einem Hauptangriffsziel progressiver Literaturkritik werden ließen.

B.: Bibliographie W. B., in: W. B.: Privilegien des Dichters. Vorwort von *R. Schneider*, Zürich [2]1962, S. 105-32; Schriftenverzeichnis. Zusammengestellt von *J. Bode*, in: Jahrbuch der Akademie der Wissenschaften und der Literatur Mainz (1965), S. 54-64; *M. Redlich:* Lexikon deutsch-baltischer Literatur. Eine Bibliographie, Köln 1989, S. 37-43.

S. (Auswahl): Das Buch Rodenstein, Frankfurt am Main 1927; Herzog Karl der Kühne oder Gemüt und Schicksal. Roman, München 1930; Der goldene Griffel. Roman, München 1931; Die Feuerprobe. Novelle. Mit einem autobiographischen Nachwort, Leipzig 1933; Der Teufel im Winterpalais und andere Erzählungen, Leipzig 1933; Deutsche Reise, Berlin 1934; Der Großtyrann und das Gericht, Hamburg 1935; Die drei Falken, Dresden 1937; Der ewige Kaiser, Graz 1937; Der Starost. Roman, Hamburg 1938; Der Tod von Reval. Kuriose Geschichten aus einer alten Stadt, Hamburg 1939; Am Himmel wie auf Erden. Roman, Hamburg 1940; Der spanische Rosenstock, Tübingen 1941; Das Hornunger Heimweh. Erzählung, Leipzig 1942; Schatzgräbergeschichte, Gütersloh 1942; Die Sultansrose und andere Erzählungen, Klosterberg/Basel 1946; Sternenstand. Novellen, Zürich 1947; Römisches Erinnerungsbuch, Freiburg 1949; Die heile Welt. Gedichte, Zürich 1950; Die letzte Reise. Novelle, Zürich 1950; Der letzte Rittmeister, Zürich 1952; Nachricht vom Vogel Phönix. Erzählung, Zürich 1952; Die Rittmeisterin. Wenn man so will ein Roman, Zürich 1954; Die Flamme im Säulenholz. Novellen, Zürich 1955; Hubertusnacht, Olten 1957; Figur und Schatten. Gedichte, Zürich 1958; Zorn, Zeit und Ewigkeit. Erzählungen, Zürich 1959; Schreibtischerinnerungen. Zürich 1961; Suati. Erzählung, Zürich 1961; Räuberwunder. Erzählungen, Zürich 1964; Herbstlicher Aufbruch. Gedichte, Zürich 1965; Und dein Name ausgelöscht. Erzählungen, Zürich 1971.

E.: Das Geheimnis verbleibt. Geleitwort von *I. F. Görres*, Zürich 1952; Mündlich gesprochen, Zürich 1963; Dichtergehäuse. Aus den autobiographischen Aufzeichnungen. Ausgewählt und hrsg. von *Ch. Bergengruen*. Mit einem Nachwort von *E. Staiger*, Zürich 1966; *W. B. / R. Schneider:* Briefwechsel. Mit zwei Handschriftenproben, drei Abbildungen und einem Nachwort, hrsg. von *N. L. Hackelsberger-Bergengruen*, Freiburg – Basel – Wien 1966; Geliebte Siebendinge. Aus den nachgelassenen Aufzeichnungen. Ausgewählt und hrsg. von *Ch. Bergengruen*, Zürich 1972; Über Symbolik. Aus dem Nachlaß ausgewählt von *ders.*, in: Literaturwissenschaftliches Jahrbuch N. F. 16 (1975), S. 1-7; *D. A. Binder* (Hrsg.): B.s Briefe nach Graz. Zur konservativen Opposition in der Kriegszeit, in: Österreich in Geschichte und Literatur 27 (1983), S. 281-306; Schnaps mit Sakuska. Baltisches Lesebuch, hrsg. von *N. L. Hackelsberger*, Zürich 1986; Von der Richtigkeit der Welt. Unzeitgemäße Zustimmung. Ausgewählt und eingeleitet von *ders.*, Freiburg i.Br. 1988; Compendium Bergengruenianum. Aus den Aufzeichnungen 1940-45 von *W. B.* In: Internationale katholische Zeitschrift „Communio" 21 (1992), S. 540-44, 22 (1993), S. 91-6; Von Riga nach anderswo oder Stationen eines Lebens. Bücher, Reisen, Begegnungen, hrsg. und mit einleitenden Texten von *ders.*, Zürich 1992.

L.: *G. Klemm:* W. B., Wuppertal 1949; *O. F. Bollnow:* Unruhe und Geborgenheit im Weltbild der neueren Dichtung. Acht Essays, Stuttgart 1953; *H. Kunisch:* Der andere B. Rede, gehalten anläßlich der Verleihung der Ehrendoktorwürde der Ludwig-Maximilians-Universität München an W. B. am 24. Juni 1958. Antwort von W. B. Zürich 1958; *E. Sobota:* Das Menschenbild bei B. Einführung in das Werk des Dichters, Zürich 1962; *P. Schifferli* (Hrsg.): Dank an W. B., Zürich 1962; *H. v. Rimscha:* W. B.s Schreibtischerinnerungen und sein Verhältnis zur Geschichte. In: Baltische Hefte 9 (1962/63), S. 17-21; *W. Wilk:* W. B., Berlin 1968; *A. J. Hofstetter:* W. B. im Dritten Reich, phil. Diss. Freiburg/Schweiz 1968; *J. Birznieks:* Die Bedeutung des baltischen Hintergrunds in W. B.s Erzählungen. In: Acta Baltica 10 (1970), S. 157-209; *Th. Kampmann:* Das verhüllte Dreigestirn. W. B., Gertrud von le Fort, Reinhold Schneider, Paderborn 1973, S. 13-45; *N. L. Hackelsberger:* W. B. Zum neunzigsten Geburtstag des Dichters. In: Mendelssohn-Studien 5 (1982), S. 181-91; *H. Bänziger:* W. B. Weg und Werk,. Bern – München [4]1983; *G. Scholdt:* Autoren über Hitler. Deutschsprachige Schriftsteller 1919-45 und ihr Bild vom „Führer", Bonn 1993; *G. Wirth:* Das Baltische bei B. und das Sarmatische bei Bobrowski. In: Deutschunterricht 47 (1994), S. 486-91; *N. L. Hackelsberger:* W. B. im Dritten Reich, in: *H. Siefken / H. Vieregg* (Hrsg.): Resistance to National Socialism. Kunst und Widerstand. Forschungsergebnisse und Erfahrungsberichte. München 1995, S. 67-88; *F.-L. Kroll:* Dichtung als Kulturvermittlung. Der Schriftsteller W. B. Stuttgart 1996; *ders.:* Geschichtserfahrung und Gegenwartsdeutung bei W. B., in: *ders.* (Hrsg.): Wort und Dichtung als Zufluchtsstätte in schwerer Zeit, Berlin 1996, S. 45-63.

– Kro

Berliner politisches Wochenblatt

Konservative Wochenzeitung (1831-41). Gegründet wurde das BpW unter dem Eindruck der französischen Julirevolution von 1830 von einer Gruppe junger evangelischer und katholischer Adliger, darunter →Radowitz, C. von Voß und die Brüder →Gerlach. Devise des – als interkonfessionell-konservatives Organ konzipierten – Blattes war ein verkürztes Zitat von de →Maistre: „Nous ne voulons pas le contrerévolution, mais le contraire de la révolution". Als Redakteure amtierten C. E. →Jarcke (1831-32), Major C. G. Schulz (1832-39), K. Stein (1839) und F. J. Starke (1839-41). Zu den regelmäßigen Mitarbeitern zählten führende konservative Publizisten aus dem gesamten deutschen Sprachraum, darunter (neben den Genannten) C. L. von →Haller, G. →Phillips, A. von Haxthausen, G. Görres, M. Lieber, u.a. Allerdings erschienen sämtliche Artikel ungezeichnet.

Kampf gegen die Revolution in allen ihren Formen war erstes Ziel der Zeitung; im „Prospectus" der ersten Nummer heißt es: „Der Zweck dieser Zeitschrift ist: der Revolution in jeder ihrer Gestalten entgegenzutreten, die Angriffe des ausländischen Journalismus zurückzuweisen und die schlechten politischen Lehren durch die guten zu bekämpfen." Dies bedeutete im einzelnen den konsequenten Kampf gegen den Liberalismus wie auch gegen den bürokratischen →Absolutismus und jede Form der „falschen Doktrin". Im Namen des Christentums focht man gegen Säkularisierung und Entchristlichung. Daneben bemühte man sich um eine konservative Definition zentraler politischer Begriffe (insbesondere →„Recht", →„Freiheit", „Partei", auch „Konstitutionalismus"), so daß das BpW – in Parallele gestellt mit dem liberalen Rotteck-Welckerschen „Staatslexikon" – durchaus zutreffend als „eine Art Enzyklopädie der Politik in Form einer Wochenschrift" (Meinecke) bezeichnet worden ist. Ein gewisses, meist nur verdeckt artikuliertes, Konkurrenzverhältnis bestand zu der von →Ranke herausgegebenen „Historisch-politischen Zeitschrift" (1832-36), die von der preußischen Regierung gestützt wurde. Nicht zuletzt bemühte sich das BpW um eine ausführliche Auslandsberichterstattung, wie es umgekehrt auch im Ausland starke Beachtung

fand: Zustimmung (aus Rußland) und Kritik (aus Frankreich).

Im Zuge der Ereignisse von 1837, insbesondere des Kölner Kirchenstreits (Konflikt des preußischen Staates mit dem Kölner Erzbischof in der Frage der konfessionellen Mischehen), brach die Redaktion des BpW auseinander; die Katholiken (Radowitz, Jarcke, Phillips) sagten sich von dem Blatt los, auch die Gerlachs distanzierten sich, weil sie die Zustimmung des BpW zum Handeln des Königs von Hannover im Verfassungskonflikt von 1837 (Entlassung der „Göttinger Sieben") nicht akzeptieren konnten. Das Blatt verlor daraufhin nach und nach seine (bis dahin zeitweilig um 900) Abonnenten und mußte, obwohl in den letzten Jahren von der Berliner Regierung finanziell gestützt, 1841 sein Erscheinen einstellen.

L.: C. *Varrentrapp:* Rankes Historisch-politische Zeitschrift und das BpW, in: Historische Zeitschrift 99 (1907), S. 35-119; R. *Arnold:* Aufzeichnungen des Grafen Carl v. Voß-Buch über das BpW, in: Historische Zeitschrift 106 (1911), S. 325-40; H. *Goetting:* Die sozialpolitische Idee in den konservativen Kreisen der vormärzlichen Zeit, phil. Diss. Berlin 1920; A. *Bischlager:* Die Staatslehre des BpW, phil. Diss. (masch.) Jena 1929; H.-J. *Schoeps:* Neue Briefe zur Gründung des „BpW", in: *ders.:* Studien zur unbekannten Religions- und Geistesgeschichte, Göttingen u.a. 1963, S. 243-54; W. *Scheel:* Das „BpW" und die politische und soziale Revolution in Frankreich und England, Göttingen u.a. 1964; K. *Koszyk:* Deutsche Presse im 19. Jhdt., Berlin 1966; F. *Meinecke:* Weltbürgertum und Nationalstaat, Werke, Bd. V, München 1969; R. *Berdahl:* The Politics of the Prussian Nobility, Princeton 1988; L. *Dittmer:* Beamtenkonservativismus und Modernisierung, Stuttgart 1992; H.-C. *Kraus:* Ernst Ludwig von Gerlach, Bd.I, Göttingen 1994.

– K

Berliner Revue

Sozialkonservative Wochenzeitung (1. 4. 1855-31. 10. 73). Die BR wurde 1855 von einer Gruppe sozial gesinnter konservativer Publizisten und Parlamentarier gegründet, die dem christlich-altkonservativen Kurs der preußischen Konservativen unter F. J. →Stahl und E. L. von →Gerlach opponierten und eine Hinwendung des Konservatismus zur sozialen Frage forderten. Redakteur wurde C. Graf Pinto; zu den wichtigsten Autoren zählten von Anfang an H. →Wagener, M. von Lavergne-Peguilhen und C. von Rodbertus-

Jagetzow sowie der Nationalökonom J. Glaser. Spätere zeitweilige Mitarbeiter waren u. a. C. →Frantz, L. Schneider (der Vorleser König Friedrich Wilhelms IV.) und R. →Meyer. Finanziert wurde die Zeitung durch C. von Hertefeld, der die niemals sonderlich erfolgreiche BR auch später finanziell unterstützte. 1855 betrug die Auflage 750 Exemplare; in den späteren Jahren sank sie kontinuierlich, um 1862/63 soll sie nur noch ca. 350-70 Stück betragen haben. Die BR widmete sich vor allem wirtschaftlichen und sozialpolitischen Fragestellungen, daneben wurden auch kulturpolitische Themen – v.a. durch G. Hesekiel – aus konservativer Perspektive behandelt.

Der von den Autoren der BR vertretene →Sozialkonservatismus ging von dem Gedanken einer grundsätzlichen Einbindung des Individuums in umfassende Zusammenhänge – Familie, Stand, Korporation, Gemeinde, →Staat – aus und kritisierte demgemäß vor allem die modernen Atomisierungstendenzen in Staat und Gesellschaft. Das Privateigentum sah man als Teil der Gesamtorganisation eines Gemeinwesens an. Das Eigentum wurde als solches nicht in Frage gestellt, allerdings faßte man es als Amt auf, das den Inhaber zur sozialen und politischen Mitwirkung verpflichtete. Gegen den schrankenlosen →Kapitalismus, der nach Auffassung der BR den Weiterbestand eines geordneten Gesellschaftslebens bedrohte, forderte man ein umfassendes, lenkendes und förderndes Eingreifen des Staates in die Wirtschaft. Dem Königtum maß man die zentrale Funktion eines Schiedsrichters im sozialen Kampf zu.

In den 1850er Jahren widmete sich die BR in erster Linie der Agrarpolitik: Sie wandte sich gegen Erb- und Gemeinheitsteilungen, gegen die Auflösung der traditionellen Dorfgemeinschaft und forderte im Gegenzug Maßnahmen zur Sicherung der Fideikommisse; insbesondere wurde die Schaffung genossenschaftlicher Kreditinstitute angemahnt. Daneben sollte die ländliche Selbstverwaltung unter Führung des →Adels neu auf- und ausgebaut werden. – Seit etwa 1860 setzte sich die BR verstärkt für die Interessen des Handwerks ein. Gegen die „Aristokratie des Mammons" und die „Irrlehren und Wucherkünste der Zeit" polemisierend, agitierte die Zeitschrift gegen die Gewerbefreiheit und forderte eine Restituierung und zeitgemäße Fortentwicklung des Zunftwesens und darüber hinaus eine Mitwirkung der Handwerkerkorporationen an der kommunalen Verwaltung.

Seit Mitte der 1860er Jahre trat die Arbeiterfrage zunehmend in den Vordergrund. Neben einer staatlichen Festsetzung von Minimallöhnen forderten die Autoren der BR auch die Abschaffung der Sonntagsarbeit, umfassende Beschränkungen der Frauen- und Kinderarbeit, eine Vermögens- und Gewinnbeteiligung für Arbeiter, die Errichtung von Siedlungskolonien für das ländliche Proletariat sowie die Einführung der Koalitionsfreiheit. Erstrebt wurde die Umwandlung des Proletariats in einen „staatserhaltenden Stand"; im Rahmen eines ständischen Wahlsystems sollten die Arbeiter als eigene Korporation gleichberechtigt neben den anderen Ständen vertreten sein. Nach der Reichsgründung setzte sich die BR noch einmal für eine umfassende Arbeiterschutzgesetzgebung ein; sie mußte allerdings – nach dem Fehlschlag der Gründung einer neuen sozialkonservativen Partei durch Wagener und Meyer – 1873 ihr Erscheinen einstellen. Trotz dieses Scheiterns übten die in der BR über zwei Jahrzehnte hinweg entwickelten sozialpolitischen Konzepte einen unverkennbaren Einfluß auf die Bismarcksche Sozialgesetzgebung der 1880er Jahre aus.

L.: *K. Feibelmann:* Rudolf Hermann Meyer – Ein Beitrag zur politischen Ideengeschichte des 19. Jhdt.s, phil. Diss. Leipzig 1933; *A. Hahn:* Die BR – Ein Beitrag zur Geschichte der konservativen Partei zwischen 1855 und 75, Berlin 1934; *S. Christoph:* Hermann Wagener als Sozialpolitiker, phil. Diss. (masch.) Erlangen 1950; *H.-J. Schoeps:* Konservative Erneuerung – Ideen zur deutschen Politik, Berlin ²1963.

– K

Bernanos, Georges

* 20. 2. 1888 Paris; † 5. 7. 1948 ebd. Schriftsteller. Der Name von B. ist eng verbunden mit dem „Renouveau Catholique", der „katholischen Erneuerung" – einer Bewegung, die bis in die Mitte unseres Jhdt.s zu den wichtigsten Strömungen der neueren französischen Geistesgeschichte gehörte. In der Nachfolge von Léon Bloy (1888-1917), dem „unbürgerlichen Pilger des Absoluten", und von Charles Péguy, dem Dichter der christlichen Mysterien und zugleich wortgewaltigen Streiter gegen den Materialismus seiner Zeitgenossen, hat B. die Anliegen dieser beiden aufgenommen und durch eigene Gedankengänge fortgeführt.

B. ist in einer frommen, aber durchaus nicht bigotten Familie aufgewachsen. Der Vater stammte aus Lothringen und hatte spanisches Blut. In Paris betrieb er ein Tapeziergeschäft. Sein Sohn heiratete 1917 Jeanne Talbert d'Arc, eine Nachkommin des Bruders der Jungfrau von Orléans, die ihm sechs Kinder schenkte. Trotzdem blieb er ein Einzelgänger, der auch als Ehemann keine dauernde Bleibe fand. Noch als Fünfzigjähriger wanderte B. mit der Familie nach Brasilien aus, wo er sieben Jahre blieb, ohne sich jedoch einzuleben. So kehrte er 1945 nach Frankreich zurück, wurde aber auch hier nicht wieder heimisch, sondern zog in diesen drei letzten Lebensjahren wie bisher rastlos von Ort zu Ort. Hinzu kamen Angstzustände, die ihn immer wieder heimsuchten, freilich ohne seine festen christlichen Überzeugungen in Frage zu stellen. Hierin vor allem zeigte sich das konservative Fundament seines Wesens, das für seine Weltanschauung maßgebend gewesen ist und auch sein Schriftstellerdasein entscheidend geprägt hat. – Während die meisten Schriftsteller bemüht sind, ihr eigenes Leben, mehr oder weniger verschlüsselt, in ihr Werk eingehen zu lassen, galt für B. stets das Gegenteil: „Ich bin nicht der Mensch meiner Bücher."

Als sich der junge Student der Rechtswissenschaft der Action Française anschloß, schien er zunächst ohne Bedenken die Laufbahn eines patriotischen, wenn auch nicht chauvinistischen Journalisten einzuschlagen. Mit dieser Gesinnung stimmte überein, daß B. am Ersten Weltkrieg als Kriegsfreiwilliger und Frontkämpfer teilnahm. Bald nach Kriegsende ergab sich aber, daß er sich nicht zum Journalisten, sondern zum christlichen Denker und Schriftsteller berufen fühlte. Konkreter Anlaß zu dieser Umstellung war sein Austritt aus der Action Française, als die kirchenfeindliche Einstellung von Charles →Maurras zur Verdammung von dessen Lehre und Aktivitäten durch den Vatikan geführt hatte. Danach entstanden bis an B.s' Lebensende Kampfschriften aus seiner Feder, in denen er im Sinne des „Renouveau Catholi-

que" für die christlichen Anliegen im weitesten Sinne eintrat.

Eine noch größere Resonanz fanden seine, im höheren Sinne realistischen, von keiner Romantik verzerrten Romane. Zu den wichtigsten gehören: 1. „Sous le soleil de Satan" (Die Sonne Satans, 1926). Darin erscheint der Teufel nicht als gleichwertiger Partner Gottes; er ist die Verkörperung des Nichts und zugleich Luzifer, der gefallene Engel, der als Lichtbringer nur eine unerträgliche Kälte hervorbringt. So ist denn auch seine Macht ständig bedroht, bis sie am Jüngsten Tage zuschanden wird. – 2. „Le Journal d'un Curé de campagne" (Tagebuch eines Landpfarrers, 1936/37) schildert das Tagewerk des Kaplans von Abricourt, eines armen kleinen Priesters, der in seiner völligen Demut und Selbstentäußerung die wesentliche Funktion seines apostolischen Amtes verkörpert. – 3. In „Monsieur Ouine" (deutscher Titel: Die tote Gemeinde, 1948), dem letzten großen Roman, begegnen wir einem gebrechlichen alten Professor, der wegen seines sanften, aber bestimmten Auftretens hohe Achtung genießt, dem indessen in seiner absoluten Kälte alle menschliche Gemeinschaft ein Greuel ist. So präsentiert B. den Zeitgenossen eine Erscheinungsform Satans, in welcher sich dieser die Maske des Nichts umhängt.

B. setzte sich auch in seinem Spätwerk unter christlichen Vorzeichen mit Ungerechtigkeiten im eigenen Lager sowie mit der Haltung seines Landes in grundlegenden Fragen auseinander. Diese Einstellung führte aber nicht dazu, daß er nur der „guten alten Zeit" nachtrauerte – wenngleich er bis an sein Lebensende Royalist blieb. Vielmehr sah er nicht ohne Hoffnung in die Zukunft und vertraute einer Bewältigung der Heilsfrage, vor die er auch den Menschen seiner Zeit und der „modernen Welt" gestellt sah. Nicht zuletzt unter diesem Aspekt wird man B. einen christlichen Konservativen nennen dürfen.

B.: *J. Jurt: G. B. – Essai de bibliographie des études en langue française consacrées à G. B. durant sa vie,, Bde. I-III, Paris 1972-75; *P. C. Hoy:* G. B.: critique 1976-81, Paris 1987.

S.: Œuvres de B., Bde. I-VI, Genf 1947; Œuvres romanesques suivies de Dialogues des carmélites. Préf. par *G. Picon.* Textes et variantes établies par *A. Beguin.* Notes par *M. Estève,* Paris 1961; Essais et écrits de combat. Textes présentés et ann. par *Y. Bridel / J. Chabot* u.a., Paris 1971.

E.: Correspondance, hrsg. v. *A. Béguin / J. Murray*, Bde. I-II, Paris 1971; Lettres retrouvés, hrsg. v. *J.-L. Bernanos*, Paris 1983.

L.: *L. Estang:* Présence de B., Paris 1947; *G. Picon:* G. B., Paris 1948; *O. v. Nostitz:* G. B. Leben und Werk, Speyer 1951 u. ö.; *L. Chaigne:* G. B., Paris 1954; *H. U. v. Balthasar:* B., Köln – Olten 1954; *R. M. H. Seeger-Bingemer:* G. B. – Darstellung von Leben und Werk auf Grund des unveröffentlichten Briefwechsels, phil. Diss. Köln 1955; *W. Grenzmann:* G. B., in: *ders.:* Weltdichtung der Gegenwart, Bonn 1955, S. 75-143; *A. Espinau de La Maestre:* B. und die menschliche Freiheit, Salzburg 1963; *H. Sing:* G. B. und Frankreich, phil. Diss. Freiburg i. Br. 1964; *M. Estève:* B., Paris 1965; *G. Blumenthal:* The poetic imagination of G. B., Baltimore 1965; *J. Jurt:* Les attitudes politiques de G. B. jusqu'en 1931, Fribourg 1968; *R. Speaight:* G. B. A study of the man and the writer, London 1973; *F. Field:* Three french writers and the great war, Cambridge 1975; *H. Guillemin:* Regards sur B., Paris 1976; *S. Albouy:* B. et la politique, Toulouse 1980; *J.-L. Bernanos:* B. aujourd'hui, Paris 1987; *R.-L. Bruckberger:* B. vivant, Paris 1988; *M. Gosselin / M. Milner* (Hrsg.): B. et le monde moderne, Lille 1989.

– No

Bethmann Hollweg, Moritz August von

* 8. 4. 1795 Frankfurt a. M.; † 14. 7. 1877 Schloß Rheineck bei Andernach. Konservativer Jurist und Politiker aus wohlhabender Bankiersfamilie. Nach Aufenthalten in Genf und Italien (1811-13) Studium der Rechte in Göttingen und Berlin (1813-17), dort 1818 Promotion und 1819 Habilitation als Schüler →Savignys. Sehr früh schon geriet B. H. in den Umkreis der neupietistischen Erweckungsbewegung (1816/17) und damit in Kontakt mit dem Freundeskreis des Kronprinzen und späteren preußischen Königs Friedrich Wilhelm IV. Seit 1823 Ordinarius in Berlin, ging er 1829 an die Universität Bonn, wo er u.a. 1841-48 als Kurator der Universität fungierte. Daneben war er als Gutachter für die Regierung tätig und wurde vom König 1845 in den Staatsrat berufen. Zudem entwickelte er kirchliche Aktivitäten: 1846 Mitglied der Generalsynode, organisierte er 1848 den ersten evangelischen Kirchentag in Deutschland.

In diesem Jahr gehörte B. H. außerdem zu den Gründern der Konservativen Partei in Preußen und der →Neuen Preußischen Zeitung. Er unterschied sich allerdings von den

Moritz August von Bethmann Hollweg
1795-1877

ihm freundschaftlich verbundenen Brüdern →Gerlach durch eine deutlichere Absage an das vormärzliche Regierungssystem; in seiner 1848 erschienenen Broschüre „Reaction und Sonderthümlerei" forderte er die Einführung einer Verfassung. Zwischen 1849/55 gehörte B. H. beiden Kammern des preußischen Parlaments an. 1851 kam es zum Bruch mit den Altkonservativen, da B. H. die von diesen unterstützte Wiedereinführung der 1848 abgeschafften Provinzialstände strikt ablehnte. Er und seine politischen Freunde gründeten die Partei des „Preußischen Wochenblattes", die in den folgenden Jahren bis 1858 als liberal-konservative Opposition sowohl gegen die Regierung →Manteuffel wie gegen die „Kreuzzeitungspartei" fungierte. Während des Krimkriegs (1853-56) propagierte die Wochenblattpartei einen Kriegseintritt Preußens auf seiten der Westmächte.

Nach dem Beginn der „Neuen Ära" unter Wilhelm I. amtierte B. H. 1858-62 als Kultusminister, konnte hier allerdings seine Reformvorhaben kaum durchsetzen, insbesondere wurde sein Entwurf eines neuen Schulgesetzes von den Liberalen als „zu konservativ" abgelehnt. Seit 1862 zog sich B. H. aus dem politischen Leben zurück, um sich wieder seinen umfassenden rechtshistorischen Forschungen zur Geschichte des Zivilprozesses zu widmen. →Bismarcks Politik des Jahres 1866, insbesondere der Sprengung des Deutschen Bundes, stand er kritisch gegenüber, doch begrüßte er die Reichsgründung von 1871. In seiner letzten, 1876 publizierten Schrift heißt es: „Ein Reich Deutscher Nation ist wieder erstanden, ... dem nichts zu wünschen übrig bleibt, als daß sein Volk durch weise und gerechte Einrichtungen im Innern, wie durch Frömmigkeit und Tugend des ihm geschenkten Glückes sich würdig erweise."

S.: Augustus: De causae probatione, Berlin 1820; Grundriß zu Vorlesungen über den gemeinen Civilprocess, Berlin 1821; Versuche über einzelne Theile der Theorie des Civilprocesses, Berlin 1827; Gerichtsverfassung und Prozess des sinkenden römischen Reichs, Bonn 1834; Ursprung der lombardischen Städtefreiheit, Bonn 1846; Reaction und Sonderthümlerei. Sermon an die Conservativen, Berlin 1848; Über die Germanen vor der Völkerwanderung, Bonn 1850; Die Reaktivierung der Preußischen Provinziallandtage, Berlin 1851; Christenthum und bildende Kunst, Gotha 1857; Erinnerung an Friedrich Carl von Savigny als Rechtslehrer, Staatsmann und Christ, Weimar 1867; Der Civilprozeß des gemeinen Rechts in geschichtlicher Entwicklung, Bde. I-VI, Bonn 1864-74; Ueber Gesetzgebung und Rechtswissenschaft als Aufgabe unserer Zeit, Bonn 1876, u.v.a.

L.: *Wach* in ADB XII, 762-73; *F. Fischer* in: NDB II, 178f.; *E. Landsberg:* Geschichte der deutschen Rechtswissenschaft, Bd. III/2, München – Berlin 1910; *W. Schmidt:* Die Partei B. H. und die Reaktion in Preußen, Berlin 1910; *R. Müller:* Die Partei B. H. und die orientalische Krise 1853-56, Halle a. S. 1926; *S. Neumann:* Die Stufen des preußischen Konservativismus, Berlin 1930; *F. Fischer:* M. A. v. B. H. und der Protestantismus (Religion, Rechts- und Staatsgedanke), Berlin 1938; *ders.:* Der deutsche Protestantismus und die Politik im 19. Jhdt., in: Historische Zeitschrift 171 (1951), S. 473-518; *M. Behnen:* Das Preußische Wochenblatt (1851-61), Göttingen u.a. 1971.

– K

Bethusy-Huc, Eduard Georg Graf von

* 3. 9. 1829 Bankau bei Kreuzburg/Oberschlesien; † 19. 11. 1893 ebd. Konservativer Parlamentarier aus oberschlesischem Adel. Nach dem Studium der Rechte an den Universitäten Bonn, Berlin und Breslau sowie dem juristischen Referendariat (1846-52) widmete sich B.-H. seit 1853 der Verwaltung des umfangreichen Familienbesitzes. 1856 erfolgte seine Wahl in den Kreuzburger Kreistag, 1861 in den schlesischen Provinziallandtag, und von 1862-80 gehörte er dem preußischen Abgeordnetenhaus sowie von 1867-80 dem Reichstag an. Aus der konservativen Landtagsfraktion trat er bereits 1863 wegen Meinungsverschiedenheiten über den Verfassungskonflikt aus, doch gehörte er 1866 zu den Mitbegründern der Freikonservativen Partei, der →Bismarcks Außen- und Verfassungspolitik bedingungslos unterstützte.

B.-H. befürwortete auch nach der Reichsgründung ein enges Bündnis der Freikonservativen mit den Nationalliberalen. Insbesondere widmete er sich der Reform der ländlichen Selbstverwaltung und trat für einen über Bismarcks Haltung hinausgehenden entschiedenen Unitarismus ein (dem er die Eigenstaatlichkeit Preußens weitgehend zu opfern gedachte). Während des Kulturkampfs (1872-77) trat er als scharfer Kritiker der katholischen Kirche hervor. Nachdem er 1874-79 als zweiter Vizepräsident des preußischen Abgeordnetenhauses fungiert hatte, legte er 1880 seine beiden Mandate nieder, um sich ganz dem Amt des Landrats des Kreises Kreuzburg zu widmen – vielleicht auch deshalb, um die innenpolitische Wende Bismarcks nicht mitvollziehen zu müssen.

S.: Die ständischen Rechte mit Bezug auf Polizei und Kreis, Berlin 1860; Offener Brief an meine Wähler, Creuzburg 1867.

L.: *Heffter* in NDB II, 193f.; *H. v. Poschinger:* Fürst Bismarck und die Parlamentarier, Bde. I-III, Breslau 1894-96; *A. Wolfstieg:* Die Anfänge der Freikonservativen Partei, in: Delbrück-Festschrift, Berlin 1908, S. 313-36; *F. Nippold:* Führende Persönlichkeiten zur Zeit der Gründung des Deutschen Reiches, Berlin 1911; *F. Thimme:* Graf E. v. B.-H., der Gründer der Freikonservativen Partei. Ein Nachruf aus der Feder Wilhelm v. Kardorffs, in: Deutsche Revue 43/I (1918), S. 219-31; *K. Keller:* Graf B., in: *H. v. Arnim / G. v. Below* (Hrsg.): Deutscher Aufstieg, Berlin – Leipzig – Wien – Bern 1925, S. 209-22; *S. v. Kardorff:* Wilhelm v. Kardorff, Berlin 1936; *H. Heffter:* Die deutsche Selbstverwaltung im 19. Jhdt., Stuttgart ²1969.

– K

Bismarck, Otto von

* 1. 4. 1815 Schönhausen; † 30. 7. 1898 Friedrichsruh. Preußischer Diplomat und Politiker; deutscher Reichskanzler. Einem alten märkischen Adelsgeschlecht (und mütter-

Mit der Novemberbotschaft von 1881 begann die soziale Gesetzgebung in Deutschland. Aktenstück mit eigenhändigen Anmerkungen Bismarcks.

licherseits dem Großbürgertum) entstammend, studierte B. 1832-35 in Göttingen und Berlin Rechtswissenschaften, absolvierte 1835-38 seine Referendarzeit in Berlin und Aachen, zog sich aber 1838 aus dem Staatsdienst zurück, um seine Güter Kniephof und Schönhausen zu bewirtschaften. 1844 gelangte er in den Kreis der konservativen pommerschen Pietisten um A. von Thadden-Trieglaff und E. L. von →Gerlach; seit 1846 begann sich B. erstmals politisch zu betätigen, wurde 1847 in den Ersten Vereinigten Landtag gewählt, gehörte 1848 zu den gegenrevolutionären konservativen Aktivisten, war einer der ersten Mitarbeiter der →Neuen Preußischen Zeitung und gehörte seit 1849 der Zweiten Kammer als Vertreter der äußersten Rechten an.

Als politischer Zögling der Brüder Gerlach konnte B. als Seiteneinsteiger in den diplomatischen Dienst treten und amtierte 1851-59 als preußischer Gesandter am Deutschen Bundestag in Frankfurt a. M. In diesen Jahren begann seine Abwendung vom streng doktrinären Konservatismus der Gerlachs hin zu einem pragmatischen, „realpolitischen", die konkreten Interessen Preußens zur obersten Maxime nehmenden Staatskonservatismus. Seine Abwendung von traditionell großdeutschen Ideen vollzog sich als Forderung nach preußischer Gleichberechtigung in der Führung des Deutschen Bundes und somit als Kritik der aktuellen österreichischen Politik ebenso wie als realpolitisch motivierte Annäherung an das zweite Kaiserreich Frankreichs, was sich an seinem berühmten Briefwechsel mit Leopold von Gerlach (1857/58) deutlich ablesen läßt. Die liberale „Neue Ära" konnte B. als Botschafter in St. Petersburg und Paris (1859-62) „überwintern".

Auf dem Höhepunkt des Verfassungskonflikts wurde B. von König Wilhelm I. 1862 zum preußischen Ministerpräsidenten ernannt; er übte das Amt (mit einer längeren Unterbrechung 1873) bis 1890 aus. Innenpolitisch zuerst erfolglos, konnte er mit den außenpolitischen Erfolgen, den siegreichen Kriegen gegen Dänemark (1864) und Österreich (1866) sowie der Begründung des Norddeutschen Bundes unter preußischer Führung (1867) auch den Verfassungskonflikt durch das Indemnitätsbegehren (Herbst 1866) lösen. Diese Politik brachte allerdings den Bruch mit den Altkonservativen mit sich, hatte B. doch gegen drei fundamentale konservative Grundsätze verstoßen: 1. hatte er mit der Bitte um Indemnität der liberalen Verfassungsinterpretation des Konflikts im nachhinein recht gegeben; 2. hatte er mit der Auflösung des Deutschen Bundes den in der alten Reichstradition stehenden großdeutschen Dualismus zerstört; und 3. war mit den Annexionen Hannovers und Kurhessens sowie der damit verbundenen Vertreibung angestammter Herrscherhäuser das dynastische Prinzip verletzt worden.

Nach dem siegreichen Krieg gegen Frankreich (1870) und der Gründung des Deutschen Kaiserreichs (1871) kam es in den 1870er Jahren zu einer weiteren Entfremdung B.s von den Konservativen, bewirkt durch den Kulturkampf, den auch viele protestantische Konservative als Kampf gegen Kirche und Christentum auffaßten, und durch B.s innenpolitische Zusammenarbeit mit den Liberalen bis 1879/80. Im folgenden Jahrzehnt vollzog B. eine neue Wende zum Konservatismus (Schutzzollpolitik; Ausbau der Reichsinstitutionen; Sozialistengesetz; Sozialgesetzgebung; Beendigung des Kultur-kampfs; Bündnisse mit Österreich und Rußland) und konnte sich im Reichstag nun auch auf die 1876 mit seiner Unterstützung gegründete →Deutschkonservative Partei und ihren Vorsitzenden →Helldorf-Bedra stützen; nur deren rechter Flügel (die „Kreuzzeitungsgruppe" um →Stoecker und Hammerstein) stand B.s Politik auch weiterhin kritisch gegenüber. 1889/90 kam es zu Konflikten B.s mit dem jungen Kaiser Wilhelm II., an denen konservative Berater des Monarchen (Waldersee, Stoecker) nicht unschuldig waren. Allerdings trug auch die starre Haltung des alten Kanzlers nicht unwesentlich zu seinem Sturz im März 1890 bei. Seine letzten Lebensjahre verbrachte B. in konstanter Opposition zur Politik Wilhelms II., ohne jedoch wieder politisch aktiv zu werden.

Die Bewertung von Persönlichkeit und Werk B.s ist bis heute umstritten. Zu seinen Verehrern zählten traditionell die gemäßigt konservativen und nationalliberalen Kräfte des deutschen Bürgertums; neuerdings ist er auch aus marxistischer Perspektive erstaunlich positiv bewertet worden (E. Engelberg). Seine Kritiker gehörten ebenfalls zu einem überaus heterogenen Spektrum von Altkonservativen, Katholiken, Großdeutschen, Linksliberalen und Sozialisten. B.s deutsche Politik und seine frühe Innenpolitik werden heute als „Revolution von oben", als Erneuerungs- und Reformpolitik mit dem letztendlichen Zweck der Bewahrung der politisch-sozialen Führungsrolle traditioneller →Eliten (insbesondere des →Adels und des Industriebürgertums) gedeutet; B. selbst wird in diesem Sinne als „weißer Revolutionär" (Kissinger, Gall) bzw. als Reformpolitiker in der brandenburgisch-preußischen Tradition (Pflanze) gesehen. Seine Außen- und Friedenspolitik der Jahre seit 1876/77 gilt weithin als vorbildlich, seine Innen- und Verfassungspolitik, insbesondere die auf ihn zugeschnittene starke Stellung des Kanzlers, an deren Anforderungen die meisten seiner Nachfolger scheiterten, wird heute sehr kritisch eingeschätzt. Die überragende Bedeutung seines Lebenswerks, seine herausragende Rolle bei der Gestaltung der deutschen Politik zwischen 1862 und 1890, dürften auch künftig nicht zu bestreiten sein.

B.: *Karl-Erich Born* (Hrsg.): B.-Bibliographie, Köln – Berlin 1966; *L. Gall* (Hrsg.): Das B.-Problem in der Geschichtsschreibung nach 1945, Köln 1971, S. 429-45. S.: Die politischen Reden des Fürsten B. 1847-97, hrsg. v. *H. Kohl*, Bde. I-XIV, Stuttgart 1892-1905; Gedanken und Erinnerungen, hrsg. v. *dems.*, Bde. I-II, Stuttgart 1898; Die Gesammelten Werke, Friedrichsruher Ausgabe, Bde. I-XV (in 19 Bden.), Berlin 1924-35 (davon Bde. I-VIc: Politische Schriften; VII-IX: Gespräche; X-XIII: Reden; XIV/1-XIV/2: Briefe; XV: Erinnerung und Gedanke, Krit. Neuausgabe, hrsg. v. *G. Ritter / R. Stadelmann*); Werke in Auswahl, hrsg. v. *G. A. Rein u.a.*, Bde. I-VIII, Darmstadt 1962-80.

E.: *H. v. Poschinger* (Hrsg.): Fürst B. als Volkswirth, Bde. I-III, Berlin 1889-91; *ders.* (Hrsg.): Akten zur Wirtschaftspolitik des Fürsten B., Bde. I-II, Berlin 1890-91; *ders.* (Hrsg.): Fürst B. und die Parlamentarier, Bde. I-III, Breslau 1894-96; *H. Kohl* (Hrsg.): B.-Jahrbuch, Bde. I-VI, Berlin 1894-99, *H. v. Poschinger* (Hrsg.): Fürst B. und der Bundesrat, Bde. I-V, Stuttgart – Leipzig 1897-1901; *H. v. Petersdorff* (Hrsg.): B.s Briefwechsel mit Hans-Hugo von Kleist-Retzow, Stuttgart 1919; *G. von Epstein/C. Bornhak* (Hrsg.): B.s Staatsrecht, Berlin 1923; *H. Rothfels* (Hrsg.): B. und der Staat, München 1925; *H. Krausnick* (Hrsg.): Neue B.-Gespräche, Hamburg 1940; *H. Rothfels* (Hrsg.): B.-Briefe, Göttingen 1955; *C. Sempell:* Unbekannte Briefstellen B.s, in: Historische Zeitschrift 207 (1968), S. 609-16; *H. Helbling* (Hrsg.) B.- Aus seinen Schriften, Reden und Gesprächen, Zürich 1976; *L. Gall* (Hrsg.): Die großen Reden B.s, Berlin 1981.

L.: *Lenz* in ADB XLVI, 571-775; *Stolberg-Wernigerode* in NDB II, 268-77; *L. Hahn:* Fürst von B. Sein politisches Leben und Wirken, Bde. I-V, Berlin 1878-91; *M. Lenz:* Geschichte B.s, Leipzig 1902; *E. Marcks:* B. – Eine Biographie I, Stuttgart – Berlin 1909; *D. Schäfer:* B. Ein Bild seines Lebens und Wirkens, Bde. I-II, Berlin 1917; *E. Zechlin:* B. und die Grundlegung der deutschen Großmacht, Stuttgart 1930; *E. Marcks:* B. und die deutsche Revolution 1848-51, Stuttgart – Berlin 1939; *E. Eyck:* Leben und Werk, Bde. I-III, Erlenbach – Zürich 1941-44; *A. O. Meyer:* B. Der Mensch und der Staatsmann, Leipzig 1944 / Stuttgart 1949; *G. A. Rein:* Die Revolution in der Politik B.s, Göttingen 1957; *O. Becker:* B.s Ringen um Deutschlands Gestaltung, Heidelberg 1958; *W. Mommsen:* B. Ein politisches Lebensbild, München 1959; *H. Kober:* Studien zur Rechtsanschauung B.s, Tübingen 1960; *H. Rothfels:* B., der Osten und das Reich, Stuttgart 1960; *A. J. P. Taylor:* B. Mensch und Staatsmann, München 1962; *E. R. Huber:* Deutsche Verfassungsgeschichte seit 1789, Bd. III: B. und das Reich, Stuttgart 1963; *E. Verchau:* O. v. B., Berlin 1969; *H. Rothfels:* B. Vorträge und Abhandlungen, Stuttgart 1970; *A. Hillgruber:* B.s Außenpolitik, Freiburg i. Br. 1972; *ders.:* O. v. B., Göttingen 1978; *L. Gall:* B. Der weiße Revolutionär, Frankfurt a. M. – Berlin – Wien 1980; *E. Engelberg:* B., Bde. I-II, Berlin 1985-90; *O. Pflanze:* B. and the Development of Germany, Bde. I-III, Princeton 1990.

– K

Blanckenburg, Moritz von

* 25. 5. 1815 Zimmerhausen/Kr. Regenwalde, Pommern; † 3. 3. 1888 ebd. Konservativer Politiker aus deutschem Uradel. B. geriet als Neffe A. von Roons und E. L. von →Gerlachs sowie als Alters- und Schulkamerad →Bismarcks bereits als junger Mann in den Umkreis der preußischen Konservativen. 1834-38 Studium der Rechte in Berlin; 1838 kurze Haft wegen einer „Duellsache"; seit 1838 Referendar in Stettin; 1843 Tätigkeit am Berliner Kammergericht, doch 1844 Aufgabe der juristischen Laufbahn und Übernahme der Verwaltung des Familienbesitzes. Seit 1843 enge persönliche Freundschaft mit Bismarck, Angehöriger des neupietistischen Trieglaffer Kreises um A. von Thadden. 1848 Beteiligung an der ländlichen Gegenrevolution in Pommern; seit 1852 (bis 1867) Mitglied des preußischen Abgeordnetenhauses; hier seit 1858 Vorsitzender der konservativen Fraktion als Nachfolger E. L. von Gerlachs. 1861 mit H. →Wagener Begründer des Preußischen Volksvereins; zeitweilig dessen Vorsitzender.

Bei der Spaltung der Konservativen Partei im Juni 1866 nahm B. bei Kriegsausbruch gegen Gerlach und für Bismarck und dessen Politik Partei, mit der öffentlich ausgesprochenen Begründung, er selbst sei „weder feudal noch konservativ, weder Gerlachisch noch Bismarckisch, sondern einzig und allein preußisch!" Seit 1867 Mitglied des norddeutschen Reichstags, wo er weiterhin (trotz Bedenken) für Bismarcks Politik eintrat und zwischen Konservativen und Liberalen vermittelte. 1871 wurde B. Mitglied des Reichstags, wo er in zunehmende Distanz zur Regierungspolitik geriet, ohne sich der altkonservativen Opposition anzuschließen. Seit 1871 Beteiligung an (vergeblichen) Versuchen zur Reorganisation der Konservativen Partei und zur Durchführung einer konservativen Sozialpolitik. 1873 Rückzug aus dem politischen Leben, nachdem eine von Bismarck nur halbherzig betriebene Berufung B.s zum preußischen Landwirtschaftsminister am Widerstand der Liberalen gescheitert war. B. widmete sich fortan bis zu seinem Tode neben der Verwaltung seiner Güter vor allem der pommerschen Kommunal- und Provinzialpolitik, zuletzt als Generallandschaftsdirektor.

Schon seinen Zeitgenossen galt B., „gottesfürchtig und dreist, wie ein echter Pommer" (H. Wagener), als Prototyp des ostelbischen Junkers und konservativen Honoratiorenpolitikers. Seine historische Bedeutung liegt darin, daß er – weder reiner Prinzipienpolitiker noch überzeugungsloser Opportunist – die Konservative Partei in den Jahren zwischen 1866 und 1870 trotz großer Schwierigkeiten in der Riege der Bismarck unterstützenden Regierungsparteien hielt.

E.: Zahlreiche wichtige politische Briefe B.s enthalten *W. v. Roon* (Hrsg.): Denkwürdigkeiten aus dem Leben des Generalfeldmarschalls Kriegsministers Grafen v. Roon, Sammlung von Briefen, Schriftstücken und Erinnerungen, Bde. I-III, Berlin ⁵1905; *H. Diwald* (Hrsg.): Von der Revolution zum Norddeutschen Bund – Politik und Ideengut der preußischen Hochkonservativen. Aus dem Nachlaß von Ernst Ludwig v. Gerlach, Bd. II, Göttingen 1970.

L.: *Schoeps* in NDB II, 285f; *E. Marcks:* Bismarcks Jugend 1815-48, Stuttgart – Berlin 1909; *G. Ritter:* Die preußischen Konservativen und Bismarcks deutsche Politik 1858-76, Heidelberg 1913; *H. v. Pettersdorff:* M. v. B., in: *H. v. Arnim / G. v. Below* (Hrsg.): Deutscher Aufstieg, Berlin – Leipzig – Wien – Bern 1925, S. 157-62; *H. Petrich:* Adolf und Henriette v. Thadden und ihr Trieglaffer Kreis, Stettin 1931; *H. Goldschmidt:* M. v. B. (1815-88) – Ein Beitrag zur Geschichte des pommerschen Konservativismus, in: Blätter für deutsche Landesgeschichte 91 (1954), S. 158-81; *F. Meinecke:* Bismarcks Eintritt in den christlich-germanischen Kreis, in: *ders.:* Werke, Bd. IX: Brandenburg, Preußen, Deutschland, Stuttgart 1979, S. 442-75; *E. Engelberg:* Bismarck – Urpreuße und Reichsgründer, Berlin 1985; *K. E. Pollmann:* Parlamentarismus im Norddeutschen Bund 1867-70, Düsseldorf 1985; *S. Wehking:* Zum politischen und sozialen Selbstverständnis preußischer Junker 1871-1914, in: Blätter für deutsche Landesgeschichte 121 (1985), S. 395-448.

– K

Blüher, Hans

* 17. 2. 1888 Freiburg/Schlesien; † 4. 2. 1955 Berlin. Politischer, philosophischer und sexualwissenschaftlicher Schriftsteller und Privatgelehrter. 1897 zog B. mit den Eltern nach Berlin, wo er das Steglitzer Gymnasium besuchte. Dort nahm die Wandervogelbewegung ihren Ausgang, deren erste umfassende Geschichte B. schrieb und die er als „Jugendrevolution" definierte, die zum Gutteil auf dem mann-männlichen Gesellungstrieb und Eros beruhe. B. studierte Philosophie, klassi-

sche Philologie und Naturwissenschaften in Basel und Berlin, mußte jedoch wegen einiger polemischer Schriften die Universität ohne Abschluß verlassen. Er sympathisierte in der Frühzeit mit dem Sozialismus M. Bubers, K. Hillers und G. Wynekens, dessen „Freier Schulgemeinde" er beitrat. Im Ersten Weltkrieg war B. im karitativen Bereich tätig. Von 1924 an wohnte er in Berlin-Hermsdorf, wo er als Psychotherapeut und freier Schriftsteller wirkte. Stand dem Juni-Klub unter H. von →Gleichen und →Moeller van den Bruck nahe, konnte aber, nach eigener Aussage, wegen seiner Abhandlungen über den Eros nicht Mitglied werden. 1934 bekam er Veröffentlichungsverbot. B. stand in brieflichem und persönlichem Verkehr mit Kaiser Wilhelm II. während dessen Exilszeit, ferner mit G. Benn, M. Buber und T. Däubler. R. M. Rilke schätzte ihn außerordentlich, K. Mann nannte seine Schriften eine „humanitäre Großtat". H. Keyserling bezeichnete B. als „Schöpfer des modernen Eros-Begriffes". Trotzdem war er immer umstritten und wegen seiner provokanten Art und Schreibweise vielfach ein Ausgestoßener.

Als Psychotherapeut war B. von Freud beeinflußt; er war Vorkämpfer für die Straffreiheit der Homosexualität, die er als natürliche erbmäßige Veranlagung ansah. B. erkannte zwei für das menschliche Verhalten leitende Prinzipien: 1. die Neigung zur Bildung der Familie, die auf dem mann-weiblichen Eros beruhe, und 2. die Neigung zu den Männerbünden, die in weiterer Folge zur Staatenbildung führe und den mann-männlichen Eros zur Grundlage habe. Er trat entschieden gegen die Frauenemanzipation auf, da Mann und Frau im Wesen verschieden und deshalb je nach ihrer Eigenart zu behandeln seien. Besonders starke Opposition entwickelte er gegen die politische Emanzipation der Frau, da der →Staat auf dem männlichen Gesellungsprinzip beruhe, von dem die Frau nichts verstehen könne. Für B. standen einander Familie (der Frau unterworfen) und Staat (dem Mann unterworfen) polar gegenüber. Der Staat war für B. das „Ständige", auf Jhdt.e hinaus Währende und Geschichtstragende, während die Gesellschaft „hin- und herfluktuiere". Im Staat müsse das Führerprinzip in Gestalt eines Königs herrschen. Im Gegensatz zum Nationalsozialismus habe der Füh-

rer mit dem Volk nichts gemein. B. unterschied die ökonomische Staatstheorie, vertreten durch Sozialismus und Liberalismus, für die die übergeordneten Werte des Menschentums außerhalb des Staatsphänomens lägen, von der entgegengesetzten sakralen Staatsauffassung, die den Menschen in seinen Möglichkeiten steigern und ihm so eine unwiderstehliche Mächtigkeit verschaffen wolle. Dies solle sich in einem Zwei-Kammern-System widerspiegeln. Das Abgeordnetenhaus solle dabei einen „möglichst klaren Ausdruck des Volkswunsches" darstellen und daher auch einer gleichen, geheimen und direkten Wahl unterliegen. Das Herrenhaus bezeichnete B. als ein Phänomen des „Adels" (im idealen Sinn), mit Vorbildcharakter, das die langfristigen staatstragenden Funktionen innehabe.

Wirtschaftlich fühlte B. sich S. Gesell und dessen „Schwundgeld" nahe. Großen Widerspruch haben B.s Stellungnahmen zum Judentum ausgelöst: Er verlangte eine „Ablösung der Juden von den Gastvölkern", da er im „jüdischen Literatentum" (nicht im Juden an sich) den Träger des Materialismus, Liberalismus und Marxismus zu erkennen glaubte. B. hat sich aber gegen jede Beleidigung oder Verfolgung der Juden ausgesprochen und seine Feindschaft – vom Christentum her kommend – immer theologisch zu begründen versucht.

B.s Auffassung vom Christentum entfernt sich stark von der ethisch-geistigen Interpretation und kehrt in einem gewissen Sinn zur antiken Weltanschauung zurück, die die menschliche Natur vergöttlichen will. Seine Metaphysik der Heilkunde beruht auf Paracelsus und Hahnemann und damit auch auf Astrologie und Alchemie. In seiner Philosophie entwirft B., angelehnt an →Platon, Kant, Schopenhauer und Nietzsche („es gibt eine Moral der Substanz, also des Seins, und die Moral der kleinen Leute"), eine Metaphysik der Natur und ihrer „reinen Ereignisse". Diese Metaphysik aber sei nur einzelnen wenigen Menschen (der sogenannten „primären Rasse") zugänglich. Die Natur der Naturwissenschaft sei nur „ein Eleminat ihrer selbst", abgestimmt auf deren beschränktes Verständnis.

S.: Wandervogel, Bde. I-II, Berlin 1912; Die deutsche Wandervogelbewegung als erotisches Phänomen (= Wandervogel, Bd. III), Berlin 1912; Die Theorie der Religionen und ihres Unterganges, Berlin 1912; Ulrich von Wilamowitz und der deutsche Geist, Berlin 1916; Die Intellektuellen und die Geistigen, Berlin 1916; Der bürgerliche und der geistige Antifeminismus, Berlin 1916; Führer und Volk in der Jugendbewegung, Jena 1917; Die Rolle der Erotik in der männlichen Gesellschaft, Bde. I-II, Jena 1917-19; Familie und Männerbund, Leipzig 1918; Mehrehe und Mutterschaft (mit *Milla von Prosch*), Jena 1919; In medias res, Jena 1919; Deutsches Reich, Judentum und Sozialismus, München 1919; Merkworte für den freideutschen Stand, Hamburg 1919; Gesammelte Aufsätze, Jena 1919; Werke und Tage (erste Fassung), Jena 1920; Die Nachfolge Platons, Prien 1920; Wiedergeburt der platonischen Akademie, Jena 1920; Der Geist der Weltrevolution, Prien 1920; Die Aristie des Jesus von Nazareth, Prien 1921; Frauenbewegung und Antifeminismus, Lauenburg 1921; Secessio Judaica, Berlin 1922; (Ps.: Artur Zelvenkamp): Der Judas wider sich selbst, Berlin 1922; Die deutsche Renaissance (anonym), Prien 1924; Traktat über die Heilkunde, Jena 1926; Die Elemente der deutschen Position, Berlin 1927; Philosophie auf Posten, Heidelberg 1928; Deutscher Katechismus des Christentums, Küstrin 1930; Die Erhebung Israels gegen die christlichen Güter, Hamburg 1931; Der Standort des Christentums in der lebendigen Welt, Hamburg 1932; Streit um Israel (zusammen mit *H. J. Schoeps*), Hamburg 1933; Die Achse der Natur, Hamburg 1949; Parerga zur Achse der Natur, Bad Godesberg 1952; Werke und Tage (2., vermehrte Fassung), München 1953; Studien zur Inversion und Perversion, Schmiden 1965; Die Rede des Aristophanes, Hamburg 1966.

L.: *J. Plenge:* Antiblüher, 1. Beiheft zur Zeitschrift *Unser Wollen*, Hartenstein 1920; *R. H. Grützmacher:* Kritiker und Neuschöpfer der Religion im 20. Jhdt., Leipzig 1921; *H. Thies:* H. B.s Hauptwerk: Die Rolle der Erotik in der männlichen Gesellschaft, ein Plagiat, Pfullingen o. J. (um 1920-30); *W. Ziegenfuß:* Philosophenlexikon, Bd. I, Berlin 1949, S. 122ff.; *H. Fritsche:* Erhöhung der Schlange, Stuttgart 1954; *W. Helwig:* Die blaue Blume des Wandervogels, Gütersloh 1960; Lexikon der Pädagogik, 1. Bd., Freiburg 1960, S. 529-30; *H. J. Schoeps:* Rückblicke – Die letzten dreißig Jahre (1925-1955) und danach, Berlin 1963; *Manfred Graf Keyserling:* H. B.s Versuch einer christlichen Naturphilosophie, Vortragsmanuskript der Brombacher Kaminrunde vom 10.9.1966; *G. Schloz:* „Wandervogel, Volk und Führer": Männer-Gesellschaft und Antisemitismus bei H. B., in: *K. Schwedhelm* (Hrsg.): Propheten des Nationalismus, München 1969, S. 211-27; *I. Klönne:* Mädchen, Mutter, Kameradin, in: Jahrbuch des Archivs der deutschen Jugendbewegung, Burg Ludwigstein 1984; *P. Orban:* Vorwort zu: H. B.: Traktat über die Heilkunde, Dreieich 1985; *J. H. Schoeps:* Sexualität, Erotik und Männerbund – H. B. und die deutsche Jugendbewegung, in: *J. H. Knoll / J. H. Schoeps* (Hrsg.): Typisch deutsch: Die Jugendbewegung, Opladen 1988, S. 137-54; *A. Mohler:* Die konservative Revolution in Deutschland, Bde. I-II, Darmstadt ³1989; *B. Widdig:*

Männerbünde und Massen in der Literatur der Weimarer Republik, phil. Diss. Stanford 1989; *W. Jens* (Hrsg.): Kindlers Neues Literaturlexikon, München 1989, S. 803; *Walter Killy* (Hrsg.): Literaturlexikon, II. Bd., Gütersloh 1989, S. 24.

– Hak

Bluntschli, Johann Caspar

* 7. 3. 1808 Zürich; † 21. 10. 1881 Karlsruhe. Rechtsgelehrter, Staatsdenker und Politiker. B. stammte aus einem alteingesessenen Zürcher Handwerkergeschlecht. Der schon als Knabe hochgradig ehrgeizige B. studierte Rechtswissenschaft in Berlin und Bonn, wo R. →Niebuhr den zur Politik hintreibenden Geist erweckte. In Berlin übten →Savigny und Schleiermacher bedeutenden Einfluß auf B. aus. Bereits 1829 wurde B. in Bonn promoviert. Im selben Jahr wurde er Gerichtsschreiber in Zürich und wirkte dort, nach einem halbjährigen Pariser Aufenthalt im Revolutionsjahr 1830, von 1831-33 als städtischer Notar.

B. las am Politischen Institut über Römisches Recht und wurde 1833 a.o. Professor an Zürichs neugegründeter Universität. 1836-48 war er o. Professor für Römisches und Deutsches Recht und nahm am politischen Leben seiner Heimat regen Anteil, insbesondere an der konservativen Bewegung des Kantons. Als Gegner der Radikalen, von denen er Überspannung und revolutionäre Ausartung befürchtete, gründete er eine liberalkonservative Mittelpartei. 1832 wurde er in den Großen Stadtrat gewählt, und ein Jahr später war er Rechtskonsulent der Stadt Zürich. 1839 lösten die Liberalkonservativen, deren Vorsitzender B. geworden war, die Radikalen ab; B. trat in die Regierung ein und gehörte bis 1844 dem Großen Rat des Standes Zürich an. In diesem Jahr unterlag er jedoch in einer Bürgermeisterwahl wieder einem Radikalen. 1847 trat er als Regierungsrat zurück und verließ die Schweiz mit Vorschlägen für die Bundesreform (Bundesstaat mit Zweikammersystem) und die Verfassung des Kantons Zürich (repräsentative Demokratie).

B. folgte Friedrich Rohmer, dessen Parteienlehre ihn stark beeinflußt hatte, nach München, wo er im November 1848 Professor für Deutsches Privat- und Allgemeines Staatsrecht wurde. Hier vollendete er das Zürcher Zivilgesetzbuch, das von 1855 an mehr als dreißig Jahre Gültigkeit hatte. 1851/52 erschien von ihm ein „Allgemeines Staatsrecht" und 1853 das zweibändige „Deutsche Privatrecht". Von 1857 an folgten die elf Bände des gemeinsam mit Carl Brater herausgegebenen „Deutschen Staatswörterbuchs". Bedeutendes leistete B. auch als international anerkannter Völkerrechtler. 1861 folgte er einem Ruf auf den Lehrstuhl Robert von Mohls in Heidelberg. Dort wirkte er, einer der Mitbegründer der liberalen Süddeutschen Zeitung (1859), als Professor der Staatswissenschaften und wurde Mitglied der 1. badischen Kammer (1861-71 und 1879) sowie Abgeordneter der 2. Kammer (1873). Dabei war B. auch ein vom politischen Gegner geachteter, einflußreicher Parlamentarier. Als Mitbegründer und Vizepräsident des „Institut de droit international" wurde er – gegen mancherlei Widerstände – zum Führer der Reformgesetzgebung in Baden. Hierbei blieben ihm, wie schon früher in der Schweiz, heftige Auseinandersetzungen, insbesondere mit der katholischen Kirche, nicht erspart. Im Deutschen Krieg von 1866 trat er für die Neutralität der süddeutschen Staaten ein und votierte bezüglich der Bundesreform für die kleindeutsche Lösung. Als typischer liberalkonservativer Konstitutionalist trat er in seiner politischen Tätigkeit für eine Beteiligung des gemäßigten →Bürgertums an der politischen Entscheidungsfindung ein, doch die Demokratie lehnte er aus Abscheu vor der Revolution und aus mangelndem Vertrauen in die intellektuellen und politischen Fähigkeiten der Unterschichten strikt ab. – In religiöser Hinsicht verfocht B. (zusammen mit Theodor Rohmer) einen ausgeprägten Pantheismus.

B. war bei seinem Tode Mitglied von sieben Akademien. Er verfügte über Ehrendoktorate der Universitäten Wien, Moskau, Oxford und Lahore. – In der Ungleichartigkeit von Schweizerart und Deutschtum, in der Antinomie der Methoden, in dem Gegeneinander von Rationalismus und Mystik, Philosophie und Geschichte, →Freiheit und Notwendigkeit, →Romantik und Positivismus, nahm B. eine Zwischenstellung und Vermittlerrolle ein. In B.s Lehre ist es schwierig, rein theoretische Erkenntnis von Polemik und politischer Taktik klar voneinander zu trennen.

B.: In *J. Vontobel:* Die liberal-konservative organische Rechts- und Staatslehre J. C. B.s (siehe unter **L.**).

S.: Staats- und Rechtsgeschichte der Stadt und Landschaft Zürich, Bde. I-II, Zürich 1838-39; Psychologische Studien über Staat und Kirche, Zürich-Frauenfeld 1844; Geschichte des schweizerischen Bundesrechtes, Zürich 1849; Allgemeines Staatsrecht, München 1852; Deutsches Privatrecht, München 1853; Deutsches Staatswörterbuch, hrsg. v. *J. C. B. / K. Brater,* Bde. I-XI, Leipzig-Zürich 1857-70; Kirchenfreiheit und Kirchenherrschaft vor der Geschichte, München 1863; Geschichte der allgemeinen Staatskunde und der Politik, München 1864; Das moderne Kriegsrecht der civilisierten Staaten, Nördlingen 1866; Das moderne Völkerrecht der civilisirten Staaten als Rechtsbuch dargestellt, Nördlingen 1866; Die Neugestaltung von Deutschland und der Schweiz, Zürich 1867; Charakter und Geist der politischen Parteien, Nördlingen 1869; Das moderne Völkerrecht im deutsch-französischen Krieg von 1870, Heidelberg 1871; Politik als Wissenschaft, Stuttgart 1876; Die rechtliche Unverantwortlichkeit und Verantwortlichkeit des römischen Papstes, Nördlingen 1876; Gesammelte kleinere Schriften, Bde. I-II, Nördlingen 1879-81; Denkwürdiges aus meinem Leben, hrsg. v. *R. Seyerlen,* Bde. I-III, Nördlingen 1884.

E.: J. C. B.s Briefe an seine Frau von der Tagsatzung 1841, hrsg. v. *A. Stolze,* Zürich 1828; J. C. B. und Wilhelm Wackernagel, ein politischer Briefwechsel, hrsg. v. *F. Fleiner,* Basel 1905; Briefwechsel J. K. B.s mit Savigny, Niebuhr, Leopold Ranke, Jakob Grimm und Ferdinand Meyer, hrsg. v. *W. Oechsli,* Frauenfeld 1915.

L.: *Mitteis* in NDB II, 337f.; *H. Schulze:* Rede am Sarge des Herrn Geheimen Rath Dr. J. K. B., Heidelberg 1881; *F. von Holtzendorff:* J. C. B. und seine Verdienste um die Staatswissenschaften, Berlin 1882; *H. Schulthess:* Zu J. C. B.s Leben und Wirken vom Rohmerschen Standpunkt aus. Manuskript für Freunde, Nördlingen 1882; *E. Ferrero:* Gio. Casp. B. Breve commemorazione, Turin 1882; *A. Rivier:* Notice sur M. B., Extrait de la Revue de droit international et de législation comparée, Bd. XIII, VI. Buch, Brüssel 1882; *H. B. Adams:* B.s' Life Work, Baltimore 1884; *H. B. Adams:* B., Lieber, Laboulaye, Baltimore 1884; *H. Bluntschli:* Br. J. C. B. in seiner Stellung zu den geistigen Strömungen seiner Zeit. Ein Gedenkblatt zum 100. Geburtstag, Zürich 1908; *F. Meili:* J. C. B. und seine Bedeutung für die moderne Rechtswissenschaft, Zürich 1908; *E. Landsberg:* Geschichte der deutschen Rechtswissenschaft, Bd. III/2, Teil 1 (Text), Teil 2 (Noten), München – Berlin 1910; *F. Fleiner:* Entstehung und Wandlung moderner Staatstheorien in der Schweiz. Akademische Antrittsrede, Zürich 1916; *A. O. Stolze:* J. C. B.s Vermittlungspolitik in der Schweiz 1839-47, in: Zeitschrift für Schweizerische Geschichte, 7 (1927); *A. O. Stolze:* „Der vierte Stand und die Monarchie". Die Politik des Rohmer-B.-Kreises während der Frühjahrsrevolution in Bayern 1848, in: Zeitschrift für bayerische Landesgeschichte 1935; *H. Fritzsche:* J. C. B., in: Schweizer Juristen der letzten hundert Jahre, hrsg. von *H. Schulthess,* Zürich 1945, S. 135 ff.; *E. Eichholzer:* J. C. B. als Sozialpolitiker, in: Zürcher Taschenbuch auf das Jahr 1950,

Zürich 1949; *J. Vontobel:* Die liberal-konservative organische Rechts- und Staatslehre J. C. B.s 1808-81, jur. Diss. Zürich 1956; *F. Lehner:* J. C. B.s Beitrag zur Lösung der Alabamafrage. Eine Episode im Werden der transatlantischen Solidarität, in: Wirtschaft – Gesellschaft – Staat. Zürcher Studien zur Allgemeinen Geschichte, H. 17, 1957, S. 5-119; *H. Oppikofer:* J. C. B.s Theorie und die einheimische Rechtsentwicklung, in: Zeitschrift für schweizerisches Recht, NF 60 (1961); *E. Wolf:* Große Rechtsdenker in der deutschen Geistesgeschichte, Tübingen ⁴1963; *H. Peter:* J. C. B., in: Handwörterbuch zur deutschen Rechtsgeschichte I, Berlin 1971, Sp. 456-58; *M. H. Fassbender-Ilge:* Liberalismus – Wissenschaft – Realpolitik. Untersuchung des „Deutschen Staats-Wörterbuchs" von J. C. B. und Karl Brater als Beitrag zur Liberalismusgeschichte zwischen 48er Revolution und Reichsgründung, Frankfurt a. M. 1981; *W. Hochuli:* J. C. B. (1808-81), Gedenkrede, in: Zeitschrift für Schweizerisches Recht, 123 (1982), S. 88-104; *M. Affentranger:* Besitzbegriff und Besitzesschutz im Zürcher Privatrechtlichen Gesetzbuch J. C. B.s, Zürich 1987.

– Hä

Boehm, Max Hildebert

* 16. 3. 1891 Birkenruh bei Wenden (Livland); † 11. 11. 1968 Lüneburg. Politikwissenschaftler und Soziologe. Universitätsstudium in Jena, Bonn, München und Berlin; dort wurde B. 1914 mit einer Arbeit über „Natur und Sittlichkeit bei Fichte" zum Dr. phil. promoviert. Aufgrund seiner Herkunft als Baltendeutscher und infolge seiner Tätigkeit für das Oberkommando Ost während des Krieges war B. an der Frage nationaler Minderheiten und der besonderen Situation der deutschen Volksgruppen stark interessiert. Nach dem Zusammenbruch des Reiches schloß er sich dem Kreis um A. →Moeller van den Bruck in der Berliner Motz-Straße an. In dieser Zeit entstanden einige grundlegende politische Schriften B.s, in denen er sich als Sprecher der Jungkonservativen profilierte und sich vor allem kritisch mit dem „Selbstbestimmungsrecht der Völker" in seiner Auslegung durch den Versailler Vertrag befaßte. Nach dem Tod Moellers wandte er sich zusammen mit K. Ch. von Loesch, den er aus der gemeinsamen Arbeit im „Deutschen Schutzbund für die Grenz- und Auslandsdeutschen" kannte, gegen die Versuche H. von →Gleichens, den Juni-Klub in eine aristokratische Casino-Vereinigung umzuwandeln; als Gegengründung zu Gleichens Her-

ren-Klub bildete er 1926 zusammen mit Loesch den Volksdeutschen Klub. Dieser trat in Verbindung zu zahlreichen ähnlichen Vereinigungen in allen Teilen des Reichs. Sie stellten eine wesentliche organisatorische Basis für die Jungkonservativen dar.

1920-25 war B. Leiter der „Arbeitsstelle für Nationalitätenprobleme" am →„Politischen Kolleg", seit 1928 lehrte er als Dozent an der Deutschen Hochschule für Politik in Berlin und war Leiter des Instituts für das Grenz- und Auslandsstudium (bis 1933). In dieser Zeit verdichtete er immer stärker die von ihm weitgehend selbständig entwickelte „Volkstheorie". Gegen die traditionelle Auffassung der Historiographie und der Staatswissenschaften, die nur die Staaten als Subjekte der Geschichte betrachteten, ging B. von der Figur des „eigenständigen Volkes" aus, das durch bestimmte ethnische und kulturelle Merkmale definiert sei; da sich in Mitteleuropa offensichtlich keine Kongruenz von Staats- und Volksgrenzen erreichen ließ, wollte B. einerseits die Rechte der Ethnien durch zwischenstaatliche Abkommen festhalten, andererseits die Gründung einer zentraleuropäischen Föderation erreichen. In seinem 1932 erschienenen Buch „Das eigenständige Volk" hat B. seine theoretischen Anschauungen zusammengefaßt. Gleichzeitig entstand auch der Band „Der Bürger im Kreuzfeuer", mit dem B. die von E. →Jünger im „Arbeiter" entwickelten Vorstellungen zurückwies und die jungkonservative gegenüber der nationalrevolutionären Position definierte.

Trotzdem setzte B. bei der Machtergreifung Hitlers Hoffnungen in das neue Regime. Seit 1933 mit einem Lehrauftrag an der Universität Berlin (bis 1940) versehen und gleichzeitig als Professor für Soziologie nach Jena berufen, glaubte er, die „Volkstheorie als politische Wissenschaft" begründen zu können, die den nationalsozialistischen Staat unterstützen werde bei dem Bemühen, das Fortbestehen des deutschen Volkes zu garantieren und den „völkischen Widerstand" gegenüber dem Assimilationsdruck auf die deutschen Minderheiten in den ostmitteleuropäischen Ländern zu organisieren. Wie zahlreiche andere Sozialwissenschaftler, etwa H. →Freyer und A. →Gehlen, die aus dem Umkreis der →Konservativen Revolution kamen und zu

Beginn glaubten, daß das „Dritte Reich" ihre Disziplin aufwerten und den ihr gebührenden Rang verleihen werde, ohne ihre Selbständigkeit als „Deutsche Soziologie" anzutasten, sah sich auch B. schon Mitte der dreißiger Jahre enttäuscht. Von seiten der Partei wurde ihm vorgehalten, daß er „unvollständige Anschauungen über das Wesen der Rasse" habe und Auffassungen vertrete, die „vom Standpunkt nationalsozialistischer Weltanschauung scharf abgelehnt" werden müßten. B. setzte seine Arbeit zwar fort, entfernte sich aber zunehmend von seinen ursprünglichen Interessengebieten und wandte sich stärker historischen Arbeiten zu, was sich zuletzt noch an der Veröffentlichung seines Buches zur Geschichte Burgunds, 1944, zeigte.

Nach dem Ende des Krieges zog sich B. 1946 als Privatgelehrter nach Ratzeburg zurück; 1951 übernahm er noch die Leitung der Ostdeutschen Akademie in Lüneburg und stellte sich in den Dienst der Vertriebenen-Verbände, deren Forderung nach einem „Recht auf Heimat" er auch mit seiner (an einigen Stellen allerdings modifizierten) „Volkstheorie" unterstützte.

B.: *H. Peterleitner:* M.-H. B. Verzeichnis der Schriften, in: *K. K. Klein / E. v. Sivers / W. Weizsäcker* (Hrsg.): Festgabe für M.-H. B., Ostdeutsche Wissenschaft, Bd. VIII, München 1960, S. 479-99. *O. Rammstedt:* Deutsche Soziologie 1933-45. Die Normalität einer Anpassung, Frankfurt a. M. 1986, S. 210f.

S.: Ruf der Jungen, Leipzig 1920; Europa irredenta. Eine Einführung in das Nationalitätenproblem der Gegenwart, Berlin 1923; Die deutschen Grenzlande, Berlin 1925; Das eigenständige Volk. Volkstheoretische Grundlagen der Ethnopolitik und Geisteswissenschaften, Göttingen 1932; Der Bürger im Kreuzfeuer, Göttingen 1933; Geheimnisvolles Burgund, München 1944; Deutsche Geschichte als Volksgeschichte, in: Gibt es ein deutsches Geschichtsbild, Jahrbuch der Ranke-Gesellschaft 1954, S. 87-100.

– W

Bolingbroke, Henry St. John, Viscount B. (1713)

* 10. 10. 1678 Battersea (Surrey); † 12. 12. 1751 ebd. Englischer Staatsmann und Schriftsteller; Parteiführer der Tories. B. entstammte einer namhaften, im Bürgerkrieg politisch gespaltenen Familie. Sein Vater wurde wegen Anhängerschaft zu den Whigs zum Viscount St. John erhoben. B. besuchte eine Dissenter-

Henry St. John, Viscount of Bolingbroke
1678-1751

Schule, absolvierte danach Eton und Oxford und wurde – nach einer Kavaliersreise auf den Kontinent (Paris, Mailand, Turin) – als Abgeordneter des Wahlfleckens seiner Familie, Wootton Basset, in das Unterhaus gewählt. Hier schloß er sich den Tories unter ihrem gemäßigten Führer Robert Harley (1711 Earl of Oxford) an. Organisatorische Erfolge errang B. als Kriegsminister (ab 1704) in Zusammenarbeit mit dem Herzog von Marlborough, dem siegreichen Feldherrn im Spanischen Erbfolgekrieg gegen Ludwig XIV. 1708 schied B. nach einem Wahlsieg der Whigs aus der Regierung aus; zusammen mit den Tories übte er Kritik an der Weiterführung des Krieges. Nach der Ablösung des Whig-Kabinetts durch eine neue Tory-Regierung (1710) übernahm B. das Amt des Secretary of State für auswärtige Angelegenheiten. 1711 erfolgte der Sturz Marlboroughs, außerdem wurden Geheimverhandlungen mit Ludwig XIV. geführt – zu Lasten der Allianz mit dem Reich und Holland. 1713 beendete der Frieden von Utrecht den Spanischen Erbfolgekrieg; die strategische Zielrichtung Englands verlagerte sich nunmehr vom Festland auf die Weltmeere. B.s Versuch, den außenpolitischen Erfolg durch die innenpolitische Alleinherrschaft der Tories zu festigen, schlug fehl, weil die Partei in der Sukzessionsfrage zwischen Jakobiten, Hannoveranern und Unentschiedenen gespalten war.

Wenige Tage, nachdem B. den zögerlichen Earl of Oxford von der Spitze des Kabinetts verdrängt hatte, starb am 1. 8. 1714 Königin Anne. Die Macht fiel an die einmütig das Haus Hannover unterstützenden Whigs; die Tories wurden ausgeschaltet und verfolgt. B. floh nach Frankreich und übernahm im Juli 1715 den Posten des Staatssekretärs des Stuart-Prätendenten (Jakob III.). Im Februar 1716 wurde B. nach der Rückkehr Jakobs von dessen gescheiterter Expedition nach Schottland brüsk entlassen. Der Anlaß war amouröser Natur: B.s Geliebte, die Ex-Nonne Claudine de Tercin, hatte gleichzeitig zarte Bande zum späteren Kardinal und Ersten Minister Frankreichs, Dubois, geknüpft, der mit den Whigs konspirierte. Der Verrat der Pläne Jakobs an London setzte B. somit ins Zwielicht. Fortan distanzierte er sich von den Jakobiten („Letter to Sir William Wyndham", 1717). In zweiter Ehe mit der Marquise de Villette verheiratet, ging B. auf dem Landsitz La Source bei Orléans philosophischen Studien nach. Mit Voltaire und anderen französischen Denkern stand er in Verbindung.

Durch Bestechung der zur Herzogin von Kendal erhobenen Mätresse Georgs I., Melusine von der Schulenburg, erlangte B. 1725 ein „Zwei-Drittel-Pardon", d.h. die Wiedereinsetzung in seinen Besitz und die Erlaubnis zur Rückkehr nach England, jedoch nicht in das Oberhaus. Aus der parlamentarischen Arena ausgesperrt, wurde B. auf seinem Landsitz in Daley zum Begründer einer neuen Form der Opposition, die die „Öffentlichkeit" systematisch heranzog. 1726 erschien als Leitorgan „The Craftsman", das scharfe Attacken auf R. Walpole und dessen Regierung mit einer Wortwahl verband, die der Ablösung der Vorzensur durch weniger berechenbare Formen der Nachzensur Rechnung trug. Im Kreis um B. wurde Gesellschaftskritik zur indirekten politischen Waffe der Opposition. 1726 erschienen gleichzeitig J. →Swifts „Gulliver", A. Popes „The Dunciad" und Gays „Fabeln", 1728 gefolgt von Gays erfolgreicher „Bettleroper". Den Gegensatz von Whigs und Tories ersetzte B. durch den einer „Court"- und einer „Country"-Partei. Die Gegner von Walpoles „Government by interest" (wobei B. „financial interest", nicht „landed interest" attackierte) sammelte er in der neuen, aus oppositionellen

Whigs und Tories bestehenden Partei der „Patrioten".

Aus den Beiträgen zum „Craftsman" entstanden B.s wichtigste politische Bücher („A Dissertation upon Parties", „Remarks on the History of England", „The Idea of a Patriot King"). Sie enthalten ein neuartiges Konzept von Opposition, →Öffentlichkeit, Einflußherrschaft, Korruption, „Spirit of Freedom" u.a. Weniger glücklich war B., der 1739 wieder nach Frankreich ins Exil ging, im Kampf gegen Walpole und nach Walpoles Sturz (1742) gegenüber der wenig erfolgreichen Regierung aus den verschiedenen Komponenten der „Patrioten"-Partei. Seit 1744 wieder in England, zog sich B. aus der Politik zurück und widmete sich philosophischen Studien. Diese brachten ihm wegen seines dem toristischen Hochkirchentum entgegenstehenden Deismus Angriffe ein; gleichwohl entwickelten sie einen „kosmischen Torismus" (K. Kluxen), der ganzheitlich von der naturgesetzlichen Einheit des Seins ausgeht. Die aus dieser Einheit fließende harmonische Ordnung könne, so B., gegen den Einbruch von Willkür und Korruption wiederhergestellt werden. Im späteren englischen Konservatismus schwankt die Beurteilung B.s zwischen Nichtachtung (→Burke) und Hochschätzung (→Disraeli).

B.: in *Dickinson:* B. (siehe unter **L.**).

S.: The Works, hrsg. v. *D. Mallet,* Bde. I-V, London 1777; Letters and Correspondence, Public and Private, hrsg. v. *G. Parke,* Bde. I-IV, London 1798; The Works of Lord B., Bde. I-IV, Philadelphia 1841; The Works, Bde. I-IV, London 1844.

E.: B.s' Defence of the Treaty of Utrecht, hrsg. v. *G. M. Trevelyan,* Cambridge 1932.

L.: *G. W. Cooke:* Memoirs of Lord B., Bde. I-II, London 1835; *T. MacKnight:* The Life of H. St. J., Viscount B., London 1863; *J. Skelton:* The Great Lord B., Edinburgh 1868; *M. Brosch:* Lord B. und die Whigs und Tories seiner Zeit, Frankfurt a. M. 1883; *R. Harrop:* B. A Political Study and Criticism, London 1884; *J. C. Collins:* B., London 1886; *W. Sichel:* B. and His Times, Bde. I-II, London 1901-02; *J. M. Robertson:* B. and Walpole, London 1919; *W. Ludwig:* Lord B. und die Aufklärung, Heidelberg 1928; *C. Petrie:* B., London 1937; *W. Merrill:* From Statesman to Philosopher. A Study in B.s' Deism, New York 1949; *K. Kluxen:* Das Problem der politischen Opposition. Entwicklung und Wesen der englischen Zweiparteienpolitik im 18. Jhdt., Freiburg – München 1956; *D. Harkness:* B. The Man and His Career, London 1957; *R. Faber:* Beaconsfield and B., London 1961; *J. Hart:* Viscount B.: Tory Humanist, London 1965; *H. C. Mansfield:* Statesmanship and Party Government. A Study of Burke and B., Chicago – London 1965; *I. Kramnick:* B. and His Circle, Cambridge (Mass.) 1968; *H. T. Dickinson:* B., London 1970; *S. Biddle:* B. and Harley, London 1975; *B. Cottret:* B.: exil et écriture au siècle des lumières, Bde. I-II, Paris 1992.

– S-N

Bonald, Louis Gabriel Ambroise, Vicomte de

* 2. 10. 1754 Château de Monna bei Millau (Südfrankreich); † 23. 11. 1840 Paris. B. galt zu seiner Schaffenszeit als das intellektuelle Haupt der Gegenaufklärung und der Restauration in Frankreich. Joseph de →Maistre wollte nichts gedacht haben, was B. nicht geschrieben, und nichts geschrieben haben, was B. nicht gedacht. François-René Vicomte de →Chateaubriand, der spätere Außenminister, verdankt B. seine „saines doctrines", mit denen er den Konservatismus definiert. Der Einfluß auf José →Donoso Cortés ist unübersehbar. Franz von →Baader widmet B. eine ausführliche Rezension und zitiert ihn immer wieder. Selbst so verschiedene Denker wie Charles →Maurras, T. S. →Eliot, Carl →Schmitt oder Robert →Spaemann finden in B. einen verwandten Geist, dessen Vorstellungen wie ein *arcanum* auf die politische Theologie bis in unsere Tage einwirken. Noch jene Kräfte, die die *transición* des Franco-Regimes in eine konstitutionelle Monarchie in Spanien betrieben, stützten sich verschiedentlich auf B.

B. entstammt einer Familie des Landadels, die der französischen Monarchie zahlreiche Beamte gestellt hat. Von den Oratorianern, die in Juilly eine der besten Schulen Frankreichs betrieben, gebildet, diente B. einige Jahre als „Mousquetaire du Roi" in einem Eliteregiment Frankreichs. Mit 31 Jahren wurde er Bürgermeister seines Heimatortes, ein Amt, das er bei Ausbruch der Revolution, der er anfänglich recht aufgeschlossen gegenüberstand, noch innehatte. 1790 wurde er sogar in das Direktorium des Departements Aveyron gewählt und Präsident der Departementverwaltung. Im gleichen Jahr vollzog sich der Bruch B.s mit der Revolution: Aus Protest gegen die Zivilverfassung des Klerus, durch welche die Kirche dem Staat unterstellt und der päpstliche Primat bestritten wurde,

legte er alle Ämter zurück und emigrierte nach Deutschland. Er schloß sich dort vorübergehend der royalistischen Emigrantenarmee des Duc de Bourbon an, ließ sich jedoch bald in Heidelberg nieder und schrieb sein erstes Buch, das 1796 in einer Emigrantendrukkerei in Konstanz unter dem Titel „Théorie du pouvoir politique et religieux dans la societé civile, demontrée par le raisonnement et par l'histoire" publiziert wurde. Obwohl der Großteil der nach Paris gesandten Auflage vom Direktorium beschlagnahmt und eingestampft wurde, gelangten doch einige Exemplare in royalistische Kreise, die die Bedeutung des Werkes sofort erkannten. Von ihnen ermuntert und in der Hoffnung auf eine Gegenrevolution, kehrte B. 1797 nach Frankreich zurück, doch mußte er sich hier, nach dem Scheitern eines royalistischen Umsturzversuches, im Untergrund verstecken. In rascher Folge schrieb er einige Werke, die nach dem Sturz des Direktoriums erscheinen konnten. In der Konsulats- und Kaiserzeit wurde B. von den Größen des Landes regelrecht hofiert, doch er schlug alle Angebote aus, darunter sogar jenes, Haushofmeister des Königs von Rom zu werden. Lediglich die Berufung in den „Grand Conseil de l'Université" nahm er 1810 an. Erst mit der Restauration begann er am öffentlichen Leben wieder aktiv teilzunehmen. Er wurde Mitglied der Académie française (1816), Parlamentsabgeordneter und Vizepräsident der Kammer (1821/22). Von Ludwig XVIII. wurde er mit der Pairswürde ausgestattet und von Karl X. zum obersten Zensor des Zeitungswesens bestellt. Während der gesamten Restaurationszeit schrieb B. ein Buch nach dem anderen und daneben noch zahlreiche Zeitungsartikel, die seinen Ruf, das unbestrittene Haupt der Restauration zu sein, weiter festigten.

Abrupt beendete er seine politische Karriere, als 1830 Karl X. gestürzt wurde: Er verweigerte den Eid auf den „Bürgerkönig" Louis Philippe und die neue Verfassung, legte alle Ämter nieder und zog sich, ohne seine politische Schriftstellerei aufzugeben, auf seine Güter zurück. Bis zu seinem Tode fühlte er sich verpflichtet, unaufhörlich weiterzuschreiben und Zeugnis für eine Wahrheit abzugeben, die in ihrem Ursprung religiös und in ihren Konsequenzen politisch war. „Gemessen an dieser Wahrheit nahmen sich die Entwicklungen, die 1789 ihren Lauf nahmen, als greuliche Blasphemie aus" (D. Levy). „Die Französische Revolution", schrieb B., „begann mit einer Erklärung der Menschenrechte. Sie kann nur mit einer Erklärung der Rechte Gottes enden." Sein ganzer Kampf richtete sich gegen die Hybris der →Aufklärung, der Mensch könne seine Rechte und seine gesellschaftliche Ordnung selbst und willkürlich bestimmen, statt sie in der Ordnung des Schöpfers vorzufinden wie die Schwerkraft in der Natur. „Es gibt für die moralische und soziale Ordnung ebenso Gesetze, wie es sie für die physische Ordnung gibt, Gesetze, deren volle Auswirkungen die Leidenschaft der Menschen zeitweise aufzuhalten vermag, mit deren Hilfe aber früher oder später die unsichtbare Gewalt der Natur die Harmonie der Gesellschaft wieder herstellen wird." Sich gegen diese Gesetze zu wenden oder die natürliche Ordnung außer acht zu lassen, wirkt immer destruktiv. „Es gibt eine und nur eine Verfassung der politischen Gesellschaft, und eine und nur eine Verfassung der religiösen Gesellschaft. Die Vereinigung dieser beiden Verfassungen und dieser beiden Gesellschaften macht die bürgerliche Gesellschaft aus... Die beiden Verfassungen sind notwendig im metaphysischen Sinne des Wortes, das heißt, sie können nicht anders sein, als sie sind, ohne die Natur der Glieder, aus denen sich die Gesellschaft zusammensetzt, zu zerstören." Gesetze und Institutionen sind nicht auf rationalem Wege abzuleiten und zu konstruieren, sie sind nicht Menschenwerk. „Die Philosophen (B. zielt auf Rousseau, Hobbes und →Montesquieu) haben den Anschein erweckt, als ob die Gesellschaft ein von Menschen gefertigtes Kunstwerk sei, doch ist es die Natur, aus der sie hervorgeht." Gott hat den Menschen von Anfang an mit allen notwendigen Wahrheiten (den „verités nécessaires") ausgestattet – und zwar nicht nur für sein persönliches Heil, sondern auch für die soziale Harmonie. Darum hat er dem Menschen ja auch die Sprache gegeben. Sie ist keine Erfindung des Menschen, sondern ein Geschenk Gottes, durch das sie seine Offenbarung verstehen und von Generation zu Generation überliefern können. Sprachlichkeit ist dem Menschen so angeboren wie seine soziale Natur. Ohne Sprechen gibt es kein Denken und kein Hören.

Mit der Sprache vermittelt Gott dem Menschen jene allgemeinen „moralischen und sozialen Wahrheiten" (B. nennt sie auch die „göttlichen und ewigen"), die die Grundlage jedweder gesellschaftlichen Ordnung bilden. Dem Streit der Menschen sind sie entzogen. Und wie die Sprache, so ist auch die Gesellschaft keine Erfindung des Menschen, sondern „der Mensch ist von seiner Geburt an eingebunden in eine Familie, die Familie in den Staat, der Staat in die Religion, die Religion in das Universum, und das Universum in die Unendlichkeit Gottes, des einzigen Zentrums, worauf sich alles bezieht, des unendlichen Umkreises, der alles umfaßt, des Alpha und des Omega alles Seienden."

B. wird nicht müde, alles auf dieses Zentrum, den trinitarischen Gott, zurückzuführen. Die religiöse Gemeinschaft ist für ihn die Trias von Gott, dem Gottmenschen und dem Menschen; die kirchliche Gemeinschaft jene von Gott, den Priestern und den Gläubigen; die politische Gemeinschaft ist die Trias von König, Adel und Volk; die Familie jene von Vater, Mutter und Kind: „So ist alles, was in der Welt und in unseren Gedanken allgemeiner Natur ist, einer triadischen Kombination unterworfen: Es gibt drei Seinskategorien im Universum: ‚Ursache, Mittel und Wirkung' (*cause, moyen, effet*); drei Rollen in der Gesellschaft: ‚Machtinhabe, Ausübung derselben, Untertansein' (*pouvoir, ministre, sujet*); drei Dimensionen der Zeit: ‚Vergangenheit, Gegenwart, Zukunft'; drei Ausdehnungen des Raumes: ‚Länge, Breite, Tiefe' usw." So kann auch eine Gesellschaft ohne die Dreiheit der Elemente nicht bestehen, die sie konstituieren, der Mensch kann an dieser „natürlichen Konstitution" nichts ändern, er kann sie nur stören oder versuchen zu verhindern, daß sich die Gesellschaft nach dem ihr innewohnenden „ewigen System" erneuert. Vollkommen ausgebildet ist dieses System in der absoluten Monarchie. In ihr vertritt der König den pouvoir, der Adel stellt die ministres, das „Volk" bilden die sujets. Adel und Volk sind in einer streng hierarchischen Abstufung vom pouvoir abhängig und zugleich mit ihm verbunden. Der König ist nur für das Wohl der ministres und der sujets da, die ministres sind Mitteilhaber an der Autorität des Königs und dienen ihm in Selbsthingabe als Beamte, Richter und Soldaten im Interesse des Volkes.

Das Volk aber gehorcht. Ohne schwerste Gefährdung des Wohls und des Bestandes der Gesellschaft kann diese „natürliche Konstitution" nicht gebrochen und auf den Kopf gestellt werden. Über den beiden höchsten Gesellschaften, der *société politique* und der *société religieuse*, steht Gott, von dem alle Gewalt in Staat und Kirche ausgeht. Zwischen beiden Gesellschaften müssen Harmonie und eine vollkommenes Gleichgewicht bestehen. Jede Veränderung der einen Seite wirkt sich auf die andere aus, je mehr die eine *société* verfällt, desto mehr auch die andere. Dem Katholizismus entspricht die Monarchie, dem Protestantismus die Demokratie. Die Spaltung der Kirche fördert den Atheismus, die Spaltung des Staates den Anarchismus, auf die Wahrung der Einheit kommt aus diesem Grunde alles an.

B. errichtet sehr beredt ein Bauwerk, das religiöse Warhheit, geschichtliche Tradition und politische Autorität auf eindrucksvolle Weise verbindet. Wenn er dabei manchmal übers Ziel schießt, so ist dabei zu bedenken, gegen welchen Gegner er zu kämpfen hatte, und welcher Mut dazu gehörte, in einer Zeit auf der gottgewollten Ordnung in Gesellschaft und Staat zu beharren, die der Aufklärung verfallen war und Zweifel und der Volkssouveränität mit dem Tode bestrafte. „Man kann de B. nicht wirklich verstehen, wenn man nicht die Situation des Jahres 1796 (das Jahr des Erscheinens seines ersten Buches) in Rechnung stellt: die Konfrontation mit Gegnern, deren absolute Antithese er war", schreibt Charles-Augustin Sainte-Beuve kurz nach B.s Tod. Nach dem Auslaufen des aufklärerischen Purismus wird B. auch in der neueren politischen Literatur wieder gerechter beurteilt. So meint etwa W. Krauss: „B. tritt mit voller Bewußtheit dem neuen Jahrhundert als Hüter der Schwelle entgegen. In seinem unversöhnlichen Geist sammeln sich noch einmal alle Gedanken der christlich-katholischen Epoche, um Gericht zu halten über den ‚Aufruhr' des Menschen." R. A. →Nisbet wertet ihn als Vorkämpfer für eine pluralistische Gesellschaftsauffassung. R. Spaemann sieht im Geist der Restauration eines B. den Ursprung der Soziologie, eine These, die selbst für Einzelfächer (z.B. die Literatursoziologie) bis heute Vertreter findet. Mit Recht meint D. Levy, B. sei „ein gedan-

kenstarker Vertreter jenes Realismus, den wir Konservatismus nennen".

S.: B.: Œuvres, 16 Bde., Paris 1817-43; *Abbé Migne* (Hrsg.): Œuvres complètes de M. de B., 3 Bde., Paris 1859-64; *H. Moulinié* (Hrsg.): Lettres inédite de B., Paris 1912; B.: Théorie du Pouvoir politique, ebd. 1966.

L.: *P. Bourget / M. Salomon:* B., Paris 1905; *L. de Montesquiou:* Le Realisme de B., Paris 1910; *R. Maduit:* Les Conceptions politiques et sociales de B., Paris 1913; *A. Moulinié:* De B., la Vie, la Carrière, la Doctrine politique, Paris 1915; *V. Delbos:* B. et les Traditionalistes dans la Philosophie française, Paris 1919; *A. Adams:* Die Philosophie B.s mit besonderer Berücksichtigung seiner Sozialphilosophie, Diss. München 1923; *W. Gurian:* Die politischen und sozialen Ideen des französischen Katholizismus 1789/1914, Mönchen-Gladbach 1929; *A. V. Roche:* Les Idées traditionalistes en France, de Rivarol à Charles Maurras, Paris 1937; *W. Reinerz:* B. als Politiker, Philosoph und Mensch nach neu aufgefundenen Briefen des Vicomte an den Grafen Friedrich Christian Ludwig Senfft v. Pilsach (1820-40), Leipzig 1940; *W. Krauss:* Gesammelte Aufsätze zur Literatur- und Sprachwissenschaft, Frankfurt a. M. 1949; *D. Bagge:* Les Idées politiques en France sous la Restauration, Paris 1952; *R. Calvo-Serer:* Teoria de la Restauración, Madrid 1952; *M. H. Quinlan:* The Historical Thought of the Vicomte de B., Washington 1953; *R. Spaemann:* Der Ursprung der Soziologie aus dem Geist der Restauration, Studien über L. G. A. de B., München 1959; *D. Levy:* Louis de B., in: Criticón, H. 50, München 1978; *C. Schmitt:* Politische Theologie. Vier Kapitel zur Lehre von der Souveränität, Berlin ⁵1990; *R.-M. Lüddecke:* Literatur als Ausdruck der Gesellschaft: die Literaturtheorie des Vicomte de B. Diss. Frankfurt a. M. 1995.

– Ro

Borchardt, Rudolf

* 9. 6. 1877 Königsberg, † 10. 1. 1945 Trins bei Innsbruck. Es gibt Konservative, die in einem behüteten Milieu aufwachsen und keine Alternative für ihre Einstellung kennen; andere indessen, die diese Haltung gegen allerlei Widerstände erkämpfen müssen. B. gehört zu dieser zweiten Kategorie. Als Sohn eines deutschen Geschäftsmannes in Moskau wurde er während eines kurzen Reiseaufenthaltes in Königsberg geboren; er starb 1945 in dem Tiroler Städtchen Trins, wo er als Gegner des Hitlerregimes festgehalten worden war und schließlich sein Grab erhielt.

Dieser Konservative besonderer Art, von Beruf Dichter und Schriftsteller, entstammte einer Königsberger Familie jüdischen Ursprungs, die jedoch schon so früh christianisiert worden war, daß B. sich nicht als Jude, sondern als Ostpreuße und Deutscher fühlte, und dies, obwohl er seine Heimatstadt kaum kannte und nach dem Wegzug der Eltern von Moskau zuerst in Berlin und kleineren preußischen Städten, und, später, vor allem in Italien gelebt hat. An seine Kindheit hatte er keine gute Erinnerung. Er vermißte, obwohl er fünf Geschwister hatte, ein wirkliches Zuhause. Zur Mutter fand er kein rechtes Verhältnis; vom Vater hatte er die Wesensstrenge geerbt, sich aber immer mehr von ihm entfremdet. Im Rückblick meinte er feststellen zu müssen, „daß ich nichts im Leben getan habe und geworden bin als darin, weil er wollte, daß ich das Gegenteil täte und würde". Immerhin gab es auch einiges Positive. Hierzu gehörte vor allem die Lektüre klassischer Jugendbücher, in denen den Knaben ein „ruhiger Konservativismus" ansprach und auf diese Weise bereits das Geschichtsbewußtsein der späteren Jahre vorbereitete. In seinem autobiographischen Essay „Kindheit und Jugend" bekennt er, diese Lesungen hätten ihn mit der Antike und dem Mittelalter als den Bildungsquellen des deutschen Volkes vertraut gemacht. Überdies befreundete er sich dadurch mit den Wirkungen Goethes und Herders sowie mit der Zeit der deutschen Romantik, mit einer nicht weit zurückliegenden Epoche also, die jedoch in der Mitte des 19. Jhdt.s kaum mehr gewürdigt wurde, denn damals trat ein Bruch ein, der den Materialismus der Naturwissenschaften, die Fortschritte der Technik und die Tagespolitik in den Mittelpunkt des zeitgenössischen Interesses rückte. Mit seiner Einstellung war daher der junge B. ein Einzelgänger. Das wirkte sich auch in der Schule aus. Als seine Leistungen – im Berliner Französischen Gymnasium – nachließen, entschlossen sich daher die Eltern, ihn einem preußischen Mentor anzuvertrauen, dem Oberlehrer Friedrich Witte, der ihn zunächst in Berlin, dann in Wesel in seine Obhut nahm. Später urteilte B. hierüber: „Ich bin in allem, was ich geworden bin, ein Pflegling und das Geschöpf eines preußischen Lehrers gewesen, der mich auch in der Tradition evangelischen Lebens und der Treue gegen den König ohne große Worte erzogen hat."

Hugo von →Hofmannsthal, der mit B. in langer Freundschaft verbunden war, nannte ihn einmal „den letzten großen Menschen, der

auf der deutschen Universitätskultur beruhte". Um so weniger fand B. freilich Gefallen am zeitgenössischen Universitätsstudium. Schon als Achtzehnjähriger unterbrach er das Semester für einen längeren Aufenthalt in Venedig und legte später auch kein Examen ab. 1903 siedelte er ganz nach Italien über und lebte seither – seit 1920 mit seiner zweiten Frau Marie Luise Vogt, einer Nichte Rudolf Alexander Schröders, mit der er mehrere Kinder hatte – in verschiedenen Landhäusern der Toskana. Es war jedoch kein Emigrantendasein. Zwar stand ihm das damalige Italien besonders nahe; er nannte es – im Hinblick auf den organischen Zusammenhang zwischen Landschaft, Architektur und Geschichte – im Essay „Villa" „das konservativste aller Länder". Hier fühlte er sich wohl, während er, wie er Hofmannsthal einmal gestand, im Deutschland vor dem Ersten Weltkrieg „nicht atmen" konnte! Es blieb aber seine Heimat, die er von außen besser wahrzunehmen glaubte. Das bezeugen seine Dichtungen wie auch der Umstand, daß er sich im August 1914 sogleich als Kriegsfreiwilliger meldete. Seine Hoffnung, daß der Kriegsausgang ein besseres Deutschland herbeiführen werde, erfüllte sich freilich nicht: das Versailler Diktat und die Weimarer Republik waren das dürftige Ergebnis. Wie B. formulierte, entsprach das „einem Verhängnis, dem wir praktisch nicht widerstehen konnten", das er aber für „unantastbar" hielt, solange diesem Zustand ein letztes Lebensrecht verblieb; ging es ihm doch nicht um „Tagesgewinn", sondern um die deutsche Zukunft, auch nicht um „Gegenliberalismus" oder um Restauration und Monarchismus um jeden Preis, sondern um „echten Konservativismus", den er sich zuletzt noch vom Kronprinzen Rupprecht von Bayern erhoffte. Mochte er auch anfangs die Entstehung der NSDAP noch mit Erwartungen begleitet haben, so blieb ihm nach dem 30. Januar 1933 nur die immer entschiedenere Ablehnung des Hitlerregimes. Damals fand er – namentlich in seinen Aufsätzen „Der deutsche Geist als Hüter des deutschen Föderalismus" sowie „Konservatismus und Humanismus" – Formulierungen, die als sein Vermächtnis in die deutsche Ideengeschichte eingegangen sind. Da hieß es namentlich: „Der Konservatismus nivelliert nicht die Nation zu dem herunter, was lange herablassend ‚das Volk' genannt worden war." Und: „Der Grundgedanke des Humanismus, daß wir dazu da sind, um unsere Söhne mit den Ahnen zu verknüpfen, ist der Kern des Konservatismus."

B.: *J. Grange:* R. B. (siehe unter **L.**), S. 1278-1351. **S.:** Gesammelte Werke in Einzelbänden, hrsg. v. *R. A. Schröder / S. Rizzi / E. Zinn / U. Ott,* Stuttgart 1955ff.: Reden (1955), Erzählungen (1956), Gedichte (1957), Prosa I (1957), Übertragungen (1958), Prosa II (1959), Prosa III (1960), Dramen (1962), Dantes Comedia. Deutsch (1967), Der leidenschaftliche Gärtner (1968), Prosa IV (1973), Prosa V (1979), Prosa VI (1990). **E.:** Briefe I (1895-1906), II (1907-13), III (Briefwechsel mit H. von Hofmannsthal), hrsg. v. *G. Schuster / H. Zimmermann,* München 1995. **L.:** *Elschenbroich* in NDB II, 456f.; *A. W. Beerbaum:* R. B. – A biographical and bibliographical study, Diss. New York 1950; *H. Uhde-Bernays:* Über R. B., St. Gallen 1954; *G. Sturm:* R. B.s antinomisch gespannter Traditionalismus, phil. Diss. (masch.) Erlangen 1956; *M. Liede:* Kulturkritik und schöpferische Restauration im Werke R. B.s, phil. Diss. (masch.) Freiburg i. Br. 1957; *S. Rizzi:* R. B. als Theoretiker des Dichterischen, phil. Diss. Zürich 1958; *M. Marianelli:* R. B. e la ristaurazione creatrice, Catane 1960; *W. Kraft:* R. B., Welt aus Poesie und Geschichte, Hamburg 1961; *H. J. Wierzejewski:* R. B., in: *B. v. Wiese* (Hrsg.): Deutsche Dichter der Moderne, Berlin 1965, S. 195-212; *I. Sommer:* Untersuchungen zu R. B.s Italien-Rezeption, phil. Diss. Bonn 1967; *J. Probl:* Hugo von Hofmannsthal und R. B. – Studien über eine Dichterfreundschaft, Bremen 1973; *J. Grange:* R. B. 1877-1945. Contribution à l'étude de la pensée conservatrice et de la poésie en Allemagne dans la première moitié du XXe siècle, Bde. I-II, Bern – Frankfurt a. M. – New York 1983; *H. Hummel:* R. B., Frankfurt a. M. 1983; *F. Apel:* Theorie und Praxis des Übersetzens bei R. B., Paderborn 1984; *H. A. Glaser* (Hrsg.): R. B. 1877-1945. Referate des Pisaner Colloquiums, Frankfurt a. M. u.a. 1987.

– No

Bossuet, Jacques-Bénigne

* 27. 6. 1627 Dijon; † 12. 4. 1704 Paris. Französischer Theologe und Universalhistoriker. Einer angesehenen Juristenfamilie entstammend, besuchte B. das Jesuitenkolleg in Dijon und schlug anschließend die geistliche Laufbahn ein. 1642-48 studierte er Theologie in Navarra, amtierte seit 1649 als Diakon in Metz und lebte seit 1659 als – durch seine rhetorischen und stilistischen Fähigkeiten schnell berühmter – Prediger und Universitätslehrer in Paris. 1670-79 war er Lehrer des französischen Kronprinzen in Versailles, für den er mehrere Lehrschriften, darunter sein geschichtstheologisches Hauptwerk, den „Discours sur l'histoire universelle" (1681), sowie die aus dem Nachlaß herausgegebene Schrift „La Politique tirée des propres paroles de l'Écriture Sainte" (1709) verfaßte. 1681 wurde er Bischof von Meaux; 1697 ernannte ihn Ludwig XIV. zum Staatsrat (conseiller d'État). Bis zu seinem Tode war er – zuweilen heftig befehdet und angefeindet – einflußreiches Mitglied der Hofgesellschaft von Versailles. Den Gallikanismus der französischen Staatskirche verteidigte er, während er dem mystischen Spiritualismus eines →Fénelon ablehnend gegenüberstand. Mit Leibniz korrespondierte er seit 1691 erfolglos über die Frage der Wiedervereinigung der christlichen Konfessionen.

Als Theologe war B. strenger Traditionalist in der Nachfolge Augustins. Die Bibel entstammte seiner Überzeugung nach der direkten göttlichen Inspiration, daher bekämpfte er besonders heftig die Anfänge der Bibelkritik bei Spinoza und R. Simon. Gemäß seinem Wahlspruch „Gehorsam ist besser denn Opfer" verlangte B. die bedingungslose Ein- und Unterordnung des Individuums unter die bestehende göttliche Weltordnung. Als scharfer Kritiker der beginnenden →Aufklärung bekämpfte er den philosophischen Rationalismus Descartes', die Verirrungen der Verstandesherrschaft und die hieraus resultierende „Zügellosigkeit des Geistes" (Oraison funèbre de Anne de Gonzague, 1685).

Als christlicher Geschichtstheologe verteidigte er gegen die Freidenker die Lehre von der göttlichen Vorsehung in der Geschichte. Man kann B. als den letzten bedeutenden Vertreter des traditionellen eschatologischen Geschichtsdenkens ansehen. Wichtigstes Zeugnis der alten Geschichte war ihm die Bibel, der er den Vorrang vor den griechischen Historikern zuerkannte. Eine strikte Trennung zwischen profaner und heiliger Geschichte, zwischen der Entwicklung der Weltreiche und der Ausbreitung der Kirche Gottes akzeptierte er nicht, da für ihn Gott immer Herr und Lenker der Geschichte blieb. Die französische Monarchie interpretierte er als den wahren Erben des Römischen und des Heiligen Römischen Reiches.

Als politischer Autor verteidigte er den französischen →Absolutismus seiner Epoche, definierte „absolute Herrschaft" aber – in deutlichem Gegensatz zur Willkürherrschaft – als „an die Gesetze Gottes gebunden". Die Monarchie verherrlichte B. als „die älteste und natürlichste Regierungsform"; sie sei von Gott geheiligt, absolut, „väterlich" und vernunftgemäß. Nur auf diese Weise könne sie „ein unbezwingliches Bollwerk der allgemeinen Sicherheit" werden. Der Einfluß B.s, der zu den Klassikern der französischen Literatur zählt, auf den späteren Traditionalismus und Konservatismus seines Landes ist unübersehbar.

B.: *C. Urbain:* Bibliographie critique de B., Paris 1899; *V. Verlaque:* Bibliographie raisonnée des Œuvres de B., Paris 1908.

S.: Œuvres, Bde. I-XIX, Paris 1772-88; Œuvres, hrsg. v. *J. A. Lebel*, Bde. I-XLIII, Versailles 1815-19; Œuvres complètes, hrsg. v. *F. Lachat*, Bde. I-XXXI, Paris 1862-66; Œuvres complètes, hrsg. v. *Abbé Guillaume*, Bde. I-X, Bar-le-Duc 1877; Œuvres oratoires, hrsg. v. *C. Urbain / E. Lévesque*, Bde. I-XV, Paris 1909-25; Œuvres, hrsg. v. *B. Velat / Y. Champailler*, Paris 1961.

E.: Correspondance de B., hrsg. v. *C. Urbain / E. Lévesque*, Bde. I-XV, Paris 1909-25.

L.: *C. Reaume:* Histoire de J. B. B. et de ses œuvres, Paris 1869; *G. Lanson:* B., Paris 1891; Revue Bossuet, hrsg. v. *E. Lévesque*, Bde. I-XI, Paris 1900-11; *A. Rébelliau:* B., Paris 1900; *L. Crouslé:* B. et le protestantisme, Paris 1901; *F. Brunetiere:* B., Paris 1914; *A. Gazier:* B. et Louis XIV., Paris 1914; *L. Dimier:* B., Paris 1917; *E. K. Sanders:* B. – A Study, London 1921; *G. Truc:* B. et le classicisme religieux, Paris 1934; *J. Calvet:* B., l'homme et son œuvre, Paris 1941; *R. Pissere:* Les idées politiques de B., Montpellier 1943; *J. J. Chevallier:* Au service de l'absolutisme. La politique de B., Paris 1949; *A. G. Martimort:* Le gallicanisme de B., Paris 1953; *T. Goyet:* Autour du Discours sur l'histoire universelle, Paris 1956; *T. Goyet:* L'humanisme de B., Paris 1965; *J. Truchet:* Politique de B., Paris 1966; *J. Le Brun:* La spiritualité de B., Paris 1972; *T. Goyet / J.-P. Collinet* (Hrsg.): Journées B. – La prédication au XVIIᵉ siècle, Paris 1980.

– K

Bourget, Paul

* 2. 9. 1852 Asnières; † 25. 12. 1935 Paris. B., seit 1894 Mitglied der Académie française, gab sich in seinen zahlreichen Romanen als Meister der psychologischen Interpretation zu erkennen. Als Gegner der naturalistischen Milieutheorie kam es ihm darauf an, den höchst privaten und intrigant-verworrenen Handlungsmotiven seiner literarischen Figuren nachzuspüren. Seine psychologische Feinzeichnungskunst verbindet B. mit einer rigoros konservativen Kritik an der bürgerlichen Gesellschaft. Im Mittelpunkt seiner Werke steht der ausschließlich auf sein Ich konzentrierte Mensch der liberalen Sozietät. Dieser „nihiliste délicat" hat, nach B., den Unterschied zwischen Gut und Böse völlig aus den Augen verloren. Er sieht sich außerstande, zwischen wahr und falsch, moralisch und amoralisch zu unterscheiden. Bei Licht betrachtet, gebe sich der Bürger der modernen Gesellschaft als voraussetzungsloser Epikureer zu erkennen. Was Wunder, wenn seine Seele zu einer Rechenmaschine im Dienste eines unbegrenzten Glücksstrebens schrumpfe. Sei er nun Diplomat, Advokat oder Offizier – alle seine Entscheidungen atmen den Geist des rationalen Lustkalküls und der ökonomischen Rechenhaftigkeit. Andere Aspirationen seien diesem „struggle-for-lifer" fremd.

Dem egoistischen Menschen der bürgerlichen Gesellschaft sei auch das Mitleid für die anderen abhanden gekommen. Darin zeige sich nicht zuletzt eine radikale Abkehr von der christlichen Tugendlehre. Für B. steht es außer Zweifel, daß die „pitié pour ses semblables" als das dauerhafte moralische Unterpfand einer humanen Gesellschaft angesehen werden muß.

Als Todfeind einer lebenswerten Gesellschaftsordnung sieht B. auch den Geist der modernen Wissenschaft an. Ihre rechenhaftrationale Ausrichtung erweise sich als unfähig, das soziale Ganze zu erkennen und den metaphysischen Bedürfnissen des Menschen Rechnung zu tragen. Ihr sei vor allem der Sinn für die überzeitlichen Grundprinzipien abhanden gekommen. Das habe seinen Grund in ihrer radikalen Zurückweisung aller intuitiven Interpretationsmodi. Dagegen setzt B. seine Behauptung: „Il est des vérités intuitives que l'analyse ne saurait donner."

B.s politische Ordnungsvorstellung gibt sich als Kampfansage gegen jegliches Gleichheitsdenken zu erkennen. Der demokratische Politikkosmos werde von einer „médiocrité imbécile et satisfaite" beherrscht. Das egalitäre Zeitalter habe nicht nur jeglicher Moral und Metaphysik den Kampf angesagt, es sei auch allen politischen Autoritäten abhold. Einer autoritätsfeindlichen Gesellschaft aber drohe die soziale und politische Anomie.

Der egalitäre Geist der modernen Politik

manifestiere sich auch im allgemeinen Wahlrecht. Es verhindere, daß die moralisch und intellektuell Besten an die Spitze des Staates gelangten. Ganz im Gegensatz zur demokratisch bestimmten Politik bilde sich im Wissenschaftsbereich eine Meritokratie heraus. Auf diese Weise komme es zu einem grundlegenden Spannungsverhältnis zwischen dem egalitären Prinzip der Demokratie und dem elitär strukturierten und leistungsorientierten Wissenschaftssektor.

B.s institutionenorientiertes Denken führte auch zu einer geharnischten Kritik an der Zerstörung der überkommenen Ehemoral. In der Ehescheidung erblickte der Katholik B. eine Verletzung des Naturgesetzes. Der die liberale Politik- und Gesellschaftsordnung äußerst skeptisch beurteilende B. wurde zum überzeugten Parteigänger der Action Française. Daß viele ihrer Grundpositionen seinem katholischen Credo widersprachen, störte ihn kaum. Er ließ es sich auch nicht nehmen, Mussolini als „le grand restaurateur de l'ordre au delà des Alpes" zu feiern.

S.: Œuvres complètes, Bde. I-IX, Paris 1899-1911; Ernest Renan, Paris 1883; Essais de psychologie contemporaine, Paris 1885; Le disciple, Paris 1889; Cosmopolis, Paris 1893; Outre Mer. Notes sur l'Amérique, Bde. I-II, Paris 1895; Un idylle tragique, Moeurs cosmopolites, Paris 1896; Un homme d'affaires, Paris 1900; Un divorce, Paris 1904; L'émigré, Paris 1907; Nouvelles pages de critique et de doctrine, Bde. I-II, Paris 1922; Au service de l'ordre, Paris 1929.

Ü.: Kosmopolis, Stuttgart 1894; Der Schüler, Stuttgart u.a. 1893; Ehescheidung, Mainz 1905; Der Emigrant, Stuttgart 1909; Zeitgenössische Abhandlungen über zeitgenössische Schriftsteller, Bde. I-II, Minden 1903; Des Todes Sinn, Zürich 1916.

L.: L. M. Bloy: Les dernières colonnes de l'église, Paris 1903; C. Lecigne: L'Évolution morale et religieuse de P. B., Arras 1903; A. Autin: Le disciple de P. B., Paris 1930; C. Maurras: Triptyque de P. B., Paris 1931; V. Giraud: P. B., Paris 1934; C. Baussan: De Frédéric Le Play à P. B., Paris 1935; J. Saueracker: B. und der Naturalismus, phil. Diss. Breslau 1936; E. Seillière: P. B., Paris 1937; C. Maurras: Jacques Bainville et P. B., Paris 1937; J. Demoulin: La famille française dans l'œuvre de P. B., Bordeaux 1939; L. J. Austin: B. Sa vie et son œuvre jusqu'en 1889, Paris 1940; E. Sonderegger: B. et l'étranger, Paris 1942; E. Alam: Un philosophe et un disciple, Paris 1947; J. Laurent: Paul et Jean Paul (i. e. P. B. und J.-P. Sartre), Paris 1951; M. Mansuy: P. B. De l'enfance au Disciple, Paris 1960.

– JBM

Brandes, Ernst

* 3. 10. 1758 Hannover; † 13. 5. 1810 ebd.
Konservativer Publizist und Staatsbeamter.
Einer alteingesessenen Hannoverschen Beamtenfamilie entstammend, studierte B. 1775-78 Rechtswissenschaften an der Universität Göttingen, wo er mit seinen Kommilitonen A. W. →Rehberg und dem Freiherrn vom →Stein enge Freundschaft schloß. Seit 1778 in der Geheimen Staatskanzlei zu Hannover tätig, wurde B. 1791 Nachfolger seines Vaters als Geheimer Kabinettssekretär für Universitätsangelegenheiten, eine Stellung, die er bis 1807 innehatte. In dieser Zeit erwarb er sich große Verdienste um die Weiterentwicklung (und 1803-07 um die Erhaltung) der Universität Göttingen. 1807 wurde er aus politischen Gründen zwangspensioniert und zeitweilig unter Hausarrest gestellt. Bis zuletzt unermüdlich literarisch und als Kritiker tätig, starb er noch vor der Befreiung seiner Heimat von der Fremdherrschaft.

B. gehörte zu den besten Englandkennern seiner Zeit; 1785 bereiste er das Land und schloß Freundschaft mit E. →Burke. Seine politischen Ansichten wurden stark durch das englische Vorbild geprägt, wenngleich er eine Übertragung britischer Institutionen auf den Kontinent für nicht durchführbar hielt. Ihm schwebte ein maßvolle Reformen praktizierendes, von einer kundigen, dem gemeinen Wohl verpflichteten →Öffentlichkeit begleitetes, von einer adelig-großbürgerlichen →Elite nach vernünftigen, die →Traditionen achtenden Prinzipien geführtes Gemeinwesen vor, das er ansatzweise in der englischen Verfassung realisiert sah. Sein politischer Standort war der einer gesunden Mitte zwischen absolutistischer Despotie auf der einen, demokratischer Gleichheit auf der anderen Seite. Als Hauptzweck des →Staates galt ihm „die höchstmögliche Entwicklung des Geistigen und das Wohlsein der physischen Kräfte des Einzelnen". Dabei plädierte B. durchaus für ein machtvolles, äußere Repräsentation bewußt als politisches Mittel einsetzendes Auftreten des Staates. Entschieden wandte er sich gegen eine, wie auch immer geartete, Beteiligung der bürgerlichen Unterschichten an der Regierung und politischen Entscheidungsfindung.

Das vorrevolutionäre wie auch das revolutionäre Frankreich stellten für ihn stets das negative Gegenbild zu England dar. In Anknüpfung an Burke gehörte er zu den frühesten und entschiedensten Kritikern der Französischen Revolution, als der (neben Rehberg und →Gentz) prominenteste konservative Publizist in Deutschland um 1800. Als Kultur- und Zeitkritiker kämpfte er gegen die Auswüchse der zeitgenössischen Pädagogik, gegen die Anfänge der Frauenemanzipation sowie gegen libertäre und (in seiner Sicht) frivole Tendenzen der Epoche. In seinen letzten Jahren kritisierte er den preußischen „Maschinenstaat" und dessen Bürokratie; die preußischen Reformen hat er kurz vor seinem Tode mit kritischer Zurückhaltung kommentiert und beurteilt.

B.: In: *Haase* I, 395-420 (siehe unter **L.**).

S.: Ueber den politischen Geist Englands, in: Berlinische Monatsschrift 7 (Jan.-Juni 1786), S. 101-26, 217-41, 293-323; Ueber die Weiber, Leipzig 1787; Ist es den deutschen Staaten vorteilhaft, daß der Adel die ersten Staatsbedienungen besitzt?, in: Berlinische Monatsschrift 10 (Juli-Dez. 1787), S. 395-439; Politische Betrachtungen über die Französische Revolution, Jena 1790; Ueber einige bisherige Folgen der Französischen Revolution in Rücksicht auf Deutschland, Hannover 1792; Betrachtungen über das weibliche Geschlecht und dessen Ausbildung in dem geselligen Leben, Bde. I-II, Hannover 1802; Ueber den gegenwärtigen Zustand der Universität Göttingen, Göttingen 1802; Betrachtungen über den Zeitgeist in Deutschland in den letzten Decennien des vorigen Jhdt.s, Hannover 1808; Ueber den Einfluß und die Wirkungen des Zeitgeistes auf die höheren Stände Deutschlands, Bde. I-II, Hannover 1810, u.a.

E.: *C. Haase:* E. B. in den Jahren 1805 und 1806 – Fünf Briefe an den Grafen Münster, in: Niedersächsisches Jahrbuch für Landesgeschichte 34 (1962), S. 194-223.

L.: *Spehr* in ADB III, 241f.; *Botzenhart* in NDB II, 518f.; *E. Guglia:* Die ersten literarischen Gegner der Revolution in Deutschland (1789-91), in: Zeitschrift für Geschichte und Politik 5 (1928), S. 764-94; *E. v. Meier:* Hannoversche Verfassungs- und Verwaltungsgeschichte 1680-1866, Bd. I, Leipzig 1898; *R. Elsasser:* Über die politischen Bildungsreisen der Deutschen nach England, Heidelberg 1917; *F. Braune:* Edmund Burke in Deutschland, Heidelberg 1917; *E. Botzenhart:* Die Staats- und Reformideen des Freiherrn vom Stein, Tübingen 1927; *A. Mayer:* England als politisches Vorbild und sein Einfluß auf die politische Entwicklung in Deutschland bis 1830, phil. Diss. Freiburg i. Br. 1931; *G. v. Selle:* Die Georg-August-Universität zu Göttingen, Göttingen 1937; *P. Eigen:* E. B. im Kampf mit der Revolution in der Erziehung, Weinheim 1954; *F. Uhle-Wettler:* Staatsdenken und Englandverehrung bei den frühen Göttinger Historikern, phil. Diss. (masch.) Marburg 1956; *S. Skalweit:* Edmund Burke, E. B. und Hannover, in: Niedersächsisches Jahrbuch für Landesgeschichte 28 (1956), S. 15-72; *H.-J. Schoeps:* E. B. – ein Vorläufer der Zeitgeistforschung, in: *ders.:* Studien zur unbekannten Religions- und Geistesgeschichte, Göttingen u.a. 1963, S. 228-38; *K. v. Raumer:* Deutschland um 1800, Handbuch der deutschen Geschichte, hrsg. v. *L. Just,* Bd. III/1, Konstanz 1971; *K. Epstein:* Die Ursprünge des Konservativismus in Deutschland, Frankfurt a. M. usw. 1973; *C. Haase:* E. B. 1758-1810, Bde. I-II, Hildesheim 1973-74; *F. Valjavec:* Die Entstehung der politischen Strömungen in Deutschland 1770-1815, Kronberg/Ts. ²1978.

– K

Brunner, Otto

* 21. 4. 1898 Mödling bei Wien; † 12. 6. 1982 Hamburg. Historiker. Nach dem Besuch des Gymnasiums in Iglau und Brünn bis 1916 nahm B. 1917/18 am Ersten Weltkrieg teil, wo er u.a. in den Isonzoschlachten zum Einsatz kam. 1918-22 studierte er in Wien Geschichte, Geographie, Philosophie und Rechtswissenschaften. 1921-24 absolvierte er zudem eine Ausbildung am Österreichischen Institut für Geschichtsforschung; 1922 wurde er promoviert. 1924-31 arbeitete er als Archivar im Haus-, Hof- und Staatsarchiv; 1929 habilitierte er sich, wurde 1931 a.o. Professor, 1940 Ordinarius in Wien und zugleich 1940-45 Leiter des Österreichischen Instituts für Geschichtsforschung. 1945 aus politischen Gründen entlassen, führte B. seine Forschungen im Rahmen der Österreichischen Akademie der Wissenschaften (deren Mitglied er seit 1939 war) fort und wurde 1954 an die Universität Hamburg berufen, wo er bis 1968 lehrte; 1959/60 war er Rektor der Universität.

Ursprünglich Wirtschaftshistoriker, wandte sich B. bald der Rechts- und Verfassungsgeschichte des Mittelalters zu, die er in seinem bahnbrechenden Werk „Land und Herrschaft" (1939) völlig neu deutete. In Auseinandersetzung mit dem bürgerlich-liberalen Staatsverständnis des 19. Jhdt.s versuchte er hier, „die Strukturen der politischen Gebilde in ihrer Ganzheit" darzulegen, und zwar mit Hilfe einer „quellennahen Begriffssprache", die sich vor allem davor hüten müsse, den modernen Staats- und Verfassungsbegriff auf die völlig andersgearteten mittelalterlichen Verhältnisse zu übertragen und diese dadurch falsch wahrzunehmen. Seine Neubestimmung der „Fehde" (als Wiederherstellung verletzten übergesetzlichen Rechts) und des „Landes" (als Stammesgebiet, das nach eigenem Landrecht lebt), korrigierte maßgeblich die bis dahin gültigen Auffassungen (etwa von O. Hintze, H. Mitteis, G. von →Below). Nach 1945 wurde B. (zusammen mit W. Conze und R. Koselleck) zum Begründer der modernen Begriffsgeschichte.

Die frühen Schriften B.s sind zweifellos vom Nationalsozialismus beeinflußt; seine deutliche Kritik am liberalen Staats- und Rechtsdenken des 19. Jhdt.s, überhaupt sein Postulat einer Abwendung von den Begriffen →Staat, Gesellschaft, Kultur und einer Hinwendung zu neuen Konzepten wie Volk, →Reich, Land, auch sein Konzept einer „gesamtdeutschen Volksgeschichte" sind von den politischen Gegebenheiten der Zwischenkriegszeit nicht zu trennen. Das mindert allerdings nicht die grundlegende Bedeutung vieler seiner Einsichten, zu denen neben der begriffsgeschichtlichen Schärfung historischer Erkenntnis auch der Versuch einer Neuperiodisierung der Geschichte Europas gehört: B. sieht die Zeit zwischen 1200 und 1800 als die historische Einheit „Alteuropas". In seinem zweiten Hauptwerk „Adeliges Landleben und europäischer Geist" (1949) hat B. den Niedergang der alteuropäischen Welt mit deutlich modernitätskritischen Akzenten dargestellt und „eine der wesentlichen Wurzeln der geistigen Krise der Gegenwart" darin gesehen, daß „wir noch immer in stärkstem Maße aus dem geistigen Erbe einer andersartigen Vergangenheit (leben), ohne in ihm zwischen dem Dauernd-Gültigen... und dem Zeitbedingten... mit Sicherheit scheiden zu können. Es gibt uns in vielem keine Antwort mehr und doch können wir es nicht aufgeben, ohne vor dem Nichts zu stehen."

B.: *G. Wolgast:* Verzeichnis der Schriften Professor O. B.s 1923-66, Hamburg 1966.

S.: Die Finanzen der Stadt Wien von den Anfängen bis ins 16. Jhdt., Bde. I-II, Wien 1929; Land und Herrschaft – Grundfragen der territorialen Verfassungsgeschichte Südostdeutschlands im Mittelalter, Baden b. Wien 1939 (3., erg. Aufl. Brünn u.a. 1943; 4., veränd. Aufl. Wien u.a. 1959; seitdem zahlreiche unveränd. Neuauflagen); Adeliges Landleben und europäischer Geist – Leben und Werk Wolf Helmhards von Hohberg 1612-88, Salzburg 1949; Neue Wege der Sozialge-

schichte, Göttingen 1956 (2., erw. Aufl. unter dem Titel: Neue Wege der Verfassungs- und Sozialgeschichte, ebd. 1968); Sozialgeschichte Europas im Mittelalter, Göttingen 1978. Zahlreiche Aufsätze und Handbuchbeiträge.

L.: *A. Lhotsky:* Geschichte des Instituts für österreichische Geschichtsforschung 1854-1954, Graz – Köln 1954; *T. Mayer:* Probleme der österreichischen Geschichtswissenschaft, in: Alteuropa und die moderne Gesellschaft – Festschrift für O. B., Göttingen 1963, S. 346-63; *F. Braudel:* Sur une conception de l'histoire sociale (1959), in: *ders.:* Écrits sur l'histoire, Paris 1969, S. 175-91; *D. M. Nicholas:* New Paths of Social History and Old Paths of Historical Romanticism – An Essay Review on the Work and Thought of O. B., in: Journal of Social History 3 (1969/70), S. 277-94; *W. Conze:* O. B. (1898-1982), in: Vierteljahrsschrift für Sozial- und Wirtschaftsgeschichte 69 (1982), S. 452f.; Zum Gedenken an O. B. (1898-1982), Hamburg 1983 (Beiträge v. *J. Deininger, L. Buisson, G. Wolgast*); *O. G. Oexle:* Sozialgeschichte – Begriffsgeschichte – Wissenschaftsgeschichte. Anmerkungen zum Werk O. B.s, in: Vierteljahrsschrift für Sozial- und Wirtschaftsgeschichte 71 (1984), S. 305-41; *R. Jütte:* Zwischen Ständestaat und Austrofaschismus – Der Beitrag O. B.s zur Geschichtsschreibung, in: Jahrbuch des Instituts für Deutsche Geschichte Universität Tel-Aviv 13 (1984), S. 237-62; Otto-Brunner-Tagung 19.-21. 3. 1987 in Trient, in: Annali dell' Istituto storico italo-germanico in Trento / Jahrbuch des italienisch-deutschen Historischen Instituts in Trient 13 (1987), S. 11-205 (Beiträge v. *A. Wandruszka, P. Schiera, H. Boldt, C. Dipper, M. Meriggi* u.a.); *W. Schulze:* Deutsche Geschichtswissenschaft nach 1945, München 1989; *H. Quaritsch:* B. ou le tournant dans l'écriture de l'histoire constitutionnelle allemande, in: Droits, No. 22 (1995), S. 145-62.

– K

Bülow-Cummerow, Ernst von

* 13. 4. 1775 Prützen bei Güstrow; † 26. 4. 1851 Berlin. Preußischer liberalkonservativer Publizist. Einer mecklenburgischen Adelsfamilie entstammend, studierte B.-C. 1794-98 in Rostock und Jena und stand 1798-1805 als Kammerjunker und Reisemarschall in mecklenburg-strelitzschen Diensten. 1805 wanderte er nach Pommern aus und erwarb dort im Kreis Regenwalde das Gut Cummerow mit ausgedehntem Grundbesitz. Nach 1810 fungierte er zeitweilig als Berater des preußischen Staatskanzlers Hardenberg und wirkte am Zustandekommen des Edikts zur Bauernbefreiung mit (1811), dessen Folgen er im konservativen Sinne zu beeinflussen versuchte. Im Gegensatz zu →Marwitz trat B.-C. für eine organische Fortentwicklung des Gegebenen durch vorsichtige Reformen ein.

Anfangs gegen eine gesamtstaatliche Repräsentation Preußens eingestellt, befürwortete B.-C. die Einführung der Provinzialstände (1823) und wurde in Pommern als Vertreter des dortigen Adels gewählt. In dieser Eigenschaft und auch durch seine Bemühungen zur Gründung ländlicher Kreditinstitute versuchte B.-C. die wirtschaftliche Notlage Pommerns zu bessern. Seit 1829 betätigte er sich auch als Unternehmer.

Nach 1840 war B.-C. in verstärktem Maße publizistisch tätig – mit dem Ziel, seine „Mitmenschen… zu denkenden Staatsbürgern zu erziehen" (Krauß). In wirtschafts- und finanzpolitischer Hinsicht setzte er sich für den Ausbau des ländlichen Kreditwesens, für die Schaffung von Siedlungsgenossenschaften zugunsten des Landproletariats, auch für rationellere Formen der Bodennutzung ein. Er forderte den Bau von Eisenbahnlinien in staatlicher Regie, trat aber gleichzeitig (gegen F. List) für die Beibehaltung des Freihandels ein. Nachhaltig bekämpfte er als Interessenvertreter des großen Grundbesitzes die Einführung einer Grundsteuer. Sein Vorschlag einer staatlichen Zentralbank fand kein Gehör.

In weiteren Veröffentlichungen propagierte B.-C. eine strengere Trennung von Regierung und Verwaltung. Zudem trat er für eine umfassende Reform der ländlichen Patrimonialgerichtsbarkeit ein, konnte mit seinen Reformvorschlägen allerdings nicht durchdringen. – In seiner politischen Grundhaltung verband B.-C. ein klares Bekenntnis zur monarchischen Souveränität mit einer strikten Ablehnung des →Absolutismus. Innerhalb des konservativen Lagers galt er als entschiedener Gegner der romantisch-konservativen Richtung. Nach seinen Vorstellungen sollte Preußen durch eine dreigeteilte ständische Vertretung (→Adel, →Bürger, Bauern) – später auch auf gesamtstaatlicher Ebene – zum „Mittler zwischen Konstitutionalismus und Absolutismus" in Deutschland werden. Das Recht der Stände (ergänzt durch eine zweite Kammer aus Notabeln) wollte B.-C. allerdings auf Steuerbewilligung, Kontrolle der Staatseinnahmen und Ratgeberfunktion, der Krone gegenüber, beschränkt wissen.

Nach Ausbruch der Revolution von 1848 stand B.-C. der als „Junkerparlament" (August 1848) bezeichneten Gründungsver-

sammlung des von ihm konzipierten „Vereins zur Wahrung der Interessen des Grundbesitzes und Förderung des Wohlstandes aller Volksklassen" vor, konnte aber eine klare Fixierung der neugegründeten Konservativen Partei auf einen rein interessenpolitischen Standpunkt nicht durchsetzen. In der Deutschen Frage nahm B.-C. bereits früh einen kleindeutschen Standpunkt ein: neben einer Einigung des außerösterreichischen Deutschland unter Führung Preußens befürwortete er allerdings ein enges deutsch-österreichisches Bündnis. In seinen letzten Lebensjahren betätigte sich B.-C. als Kritiker der neuen preußischen Verfassung vom altständischen Standpunkt aus.

S.: Ueber die Quellen zum Abtrag und zur Tilgung von Staatsschulden, Rostock 1811; Über die Mittel zur Erhaltung der Grundbesitzer, zur Rettung des Capitalvermögens des Staates und zur Ausgleichung der Grundbesitzer und ihrer Gläubiger, Berlin 1814; Ein Punkt aufs I oder die Belehrung über die Schrift „Die Verwaltung des Staatskanzlers Fürsten von Hardenberg", Leipzig 1821; Betrachtungen über Metall- und Papiergeld, Berlin 1824; Über Preußens Finanzen, Berlin 1841; Preußen, seine Verfassung, seine Verwaltung, sein Verhältnis zu Deutschland, Bde. I-II, Berlin 1842/43; Über Preußens Landwirtschaftliche Kreditvereine, Berlin 1843; Der Zollverein, sein System und seine Gegner, Berlin 1844; Politische und finanzielle Abhandlungen, Bde. I-II, Berlin 1844/45; Die europäischen Staaten nach ihren innern und äußern politischen Verhältnissen, Altona 1845; Das Bankwesen in Preußen, Berlin 1846; Über die beabsichtigte neue Organisation der Königl. Bank, Berlin 1846; Das normale Geldsystem in seiner Anwendung auf Preußen, Berlin 1846; Preußen im Januar 1847 und das Patent vom 3. Februar, Berlin 1847; Die Taxen und das Reglement der landschaftlichen Creditvereine nach ihren notwendigen Reformen, Berlin 1847; Die politische Gestalt Deutschlands und die Reichsverfassung, Berlin 1848; Die Lehnsverfassung in Pommern und ihre Reform, Berlin 1848; Über die gegenwärtige allgemeine Kreditlosigkeit und über die Mittel, sie gründlich zu beseitigen, Berlin 1848; Über die beabsichtigte neue Organisation der Kreditbank, Berlin 1848; Die Wahlen nach der oktroyierten Verfassung, Berlin 1848; Preußen und seine politische Stellung zu Deutschland und den übrigen europäischen Staaten, Berlin 1849; Beleuchtung des Preußischen Staatshaushaltes und der in diesem vorzunehmenden wichtigen Reformen, Berlin 1849; Die Reaction und ihre Fortschritte, Berlin 1850; Die Revolution, ihre Früchte, die Politik, die Reform, Berlin 1850; Die Reform der Verfassung aus dem konservativen Gesichtspunkte, Berlin 1851.

L.: Meitzen in ADB III, 517-20; Angermann in NDB II, 737f.; E. Marcks: Bismarck, Bd. I, Stuttgart – Berlin

1909; *H. v. Petersdorff:* B.-C., ein Agrarpolitiker in der ersten Hälfte des 19. Jhdt.s, in: Konservative Monatsschrift 68 (1911), S. 767-75, 878-84, 985-90; *E. Jordan:* Die Entstehung der konservativen Partei und die preußischen Agrarverhältnisse 1848, München – Leipzig 1914; *H. v. Pettersdorf:* B.-C., in: *H. v. Arnim / G. v. Below* (Hrsg.): Deutscher Aufstieg, Berlin – Leipzig – Wien – Bern 1925, S. 41-7; *H. Witte:* Die pommerschen Konservativen, Berlin – Leipzig 1936; *E. Krauß:* E. v. B.-C., ein konservativer Landwirt und Politiker des 19. Jhdt.s, Berlin 1937; *W. Schwentker:* Konservative Vereine und Revolution in Preußen 1848/49, Düsseldorf 1988.

– K

Bürger, Bürgertum

Der Begriff „B." zählt zu den Zentralbegriffen der Politik-, Ideen-, Sozial- und vor allem auch Rechtsgeschichte Europas. Bereits in der griechisch-römischen Antike zeichnete sich der B. (griech. *polites*; lat. *civis*) durch eine über die gesamte Einwohnerschaft eines Gemeinwesens (*polis, civitas*) herausragende Stellung aus. Der B. stellte eine rechtsfähige Persönlichkeit dar, die kraft ihrer ökonomischen Unabhängigkeit und ihrer hierin (und in der Abstammung) gründenden Zugehörigkeit zur Bürgergemeinde einen festen – wenn auch im Einzelfall sehr unterschiedlichen – Anteil an der politischen Entscheidungsfindung des Gemeinwesens besaß, die im Regelfall durch die Teilnahme an der Volksversammlung stattfand, in speziellen Fällen auch durch die Annahme und Ausübung politischer Ämter, die nur den B.n vorbehalten waren.

Nach der Spiritualisierung des Bürgerbegriffs durch die politische Theologie Augustins, der die „Gottesbürgerschaft" der Christen als Teilnahme am „Gottesstaat", der *civitas dei*, der bloß weltlichen *civitas terrena* entgegenstellte, folgte seit dem hohen Mittelalter eine zweifache Wiederannäherung an das antike Bürgerverständnis: auf der geistig-wissenschaftlichen Ebene als Folge der Rezeption des römischen Rechts und der Sozialphilosophie des Aristoteles und auf der anderen, sozialgeschichtlichen Ebene durch die Herausbildung der städtischen Bürgergemeinde, die seit dem 11. Jhdt. als Personenverband freier Männer entstand. Bis weit in die Neuzeit hinein blieb das Bürgerrecht ein exklusives Recht, in dem sich Stadtsässigkeit, wirt-

schaftliche und herrschaftlich-politische Stellung untrennbar miteinander verbanden.

Im politischen Denken der frühen Neuzeit blieb „B." ebenfalls weiterhin ein Traditionsbegriff; so konnte etwa Hermann Conring die auf dem Regensburger Reichstag vertretenen Reichsstände des Heiligen Römischen Reiches Deutscher Nation als „B." des →Reiches bezeichnen, und auch Christian Wolff hob in seinem „Naturrecht" von 1748 noch den eigentlichen „B." vom bloßen „Schutzgenossen" ausdrücklich ab – und sogar noch Kant wollte allein dem ökonomisch Unabhängigen das Recht eines „B.s" zugestehen.

Mit der Französischen Revolution von 1789 begann sich die radikaldemokratische Identifikation des „B.s" mit jedem „Einwohner" eines Staates durchzusetzen; in Deutschland wurde dieser Prozeß im Rechtsdenken von Fichte und Hegel wirksam, die nun ihrerseits das traditionelle exklusive Bürgerrecht ablehnten.

Einige der konservativen Juristen und Publizisten um und nach 1800 übten an dieser Entwicklung scharfe Kritik und versuchten, den traditionellen Begriff des B.s als eines exklusiven Rechtstitels, der nicht jedem Einwohner eines Gemeinwesens zukam, zu retten und zu rehabilitieren. So beharrte C. L. von →Haller darauf, daß „die Diener und Unterthanen nicht *B.* oder *Staatsbürger...* genannt werden", und K. F. →Eichhorn beschränkte den Begriff des B.s nur auf diejenigen, denen kraft ihrer sozialen Stellung das Recht zur Teilnahme an „den öffentlichen Geschäften" ihres Gemeinwesens zustehe. A. W. →Rehberg wollte nur denjenigen Teil der Bevölkerung als „B." bezeichnen, der sich durch bestimmte Vermögens- oder Bildungsqualifikationen aus der Masse der Einwohner heraushob. Und auch F. C. von →Savigny warnte mehrfach dringend davor, den Unterschied zwischen „B." und „Untertan" oder bloßem Einwohner zu verwischen oder gar aufzugeben.

Durch die großen Rechtskodifikationen um und nach 1800 und auch durch die späteren Maßnahmen zur Rechtsvereinheitlichung in Deutschland erwiesen sich diese Bemühungen als wirkungslos. In der späteren Diskussion um Bedeutung und politischen Rang des Bürgertums dominierten andere Fragestellungen. So bestimmte W. H. →Riehl in seiner 1851 erschienenen „Bürgerlichen Gesellschaft" das „Bürgertum" (zusammen mit dem „Vierten Stand") als eine der beiden „Mächte der Bewegung", die er den beiden „Mächten des Beharrens", also Bauerntum und Aristokratie, als komplementäre (und in diesem Sinne funktional notwendige) Elemente der Gesellschaft gegenüberstellte.

Eine heftige Diskussion um Begriff und zeitgemäße Deutung des „B.s " und des „Bürgertums" entstand am Ende der Weimarer Republik unter einigen Autoren der →Konservativen Revolution. Der massiven Kritik, die E. →Jünger in seinem Buch „Der Arbeiter" (1932) am Bürgertum seiner Zeit geübt hatte, trat u.a. M. H. →Boehm („Der B. im Kreuzfeuer", 1933) entgegen, der sich gegen die „Selbstverunglimpfung im Bürgertum... vom konservativen und vom christlichen Standpunkt aus" zur Wehr setzte, ebenso H. Grimm („Von der bürgerlichen Ehre und bürgerlichen Notwendigkeit", 1932) und O. →Spengler. Konservative Autoren und Politiker nach 1945 haben sich weitgehend mit dem „Bürgertum", soweit es noch vorhanden war – und auch gegenwärtig vorhanden ist –, im positiven Sinne identifiziert.

Das Thema: „B. und Bürgertum im konservativen Denken und Handeln" ist bisher noch nicht einmal im Ansatz wissenschaftlich aufgearbeitet worden.

L.: *P. L.* Weinacht: „Staatsbürger" – Zur Geschichte und Kritik eines politischen Begriffs, in: Der Staat 8 (1969), S. 41-63; *M. Riedel:* B., Staatsbürger, Bürgertum, in: Geschichtliche Grundbegriffe, hrsg. v. *O. Brunner / W. Conze / R. Koselleck,* Bd. I, Stuttgart 1972, S. 672-725; *M. Stolleis:* Untertan – B. – Staatsbürger. Bemerkungen zur juristischen Terminologie im späten 18. Jhdt., in: B. und Bürgerlichkeit im Zeitalter der Aufklärung, hrsg. v. *R. Vierhaus,* Heidelberg 1981, S. 65-99; *J. Kocka* (Hrsg.): Bürgertum im 19. Jhdt., Bde. I-III, München 1988; *L. Gall:* Bürgertum in Deutschland, Berlin 1988; *ders.* (Hrsg.): Vom alten zum neuen Bürgertum. Die mitteleuropäische Stadt im Umbruch 1780-1820, München 1991; *ders.* (Hrsg.): Stadt und Bürgertum im Übergang von der traditionalen zur modernen Gesellschaft, München 1993.

– K

Bund der Landwirte

1893 gegründete agrarisch-konservative und teilweise nationalistische Protestbewegung gegen die Freihandelspolitik Graf Caprivis. Der BdL entwickelte sich im wilhelminischen Kaiserreich zu einer der wichtigsten berufsständischen Organisationen, die v.a. vom preußischen Landadel getragen wurde, und blieb dabei nicht nur auf die Wirtschaftspolitik beschränkt, sondern widmete sich gesamtpolitischen Zielen. Der BdL entstand auf Betreiben des Gutsbesitzers G. Roesicke als Reaktion auf die Handelsverträge der Reichsregierung Caprivi mit den osteuropäischen Agrarexportländern. Zu der ursprünglichen Hauptforderung nach höheren Getreide-Schutzzöllen trat bald der Anspruch einer umfassenden agrarisch-konservativen Interessenvertretung, die es sich zur Aufgabe machte, die frühere Vormachtstellung der Landwirtschaft gegen die Industrialisierung zu verteidigen. Wichtigste Repräsentanten des BdL waren dessen erster Vorsitzender B. von Ploetz, Freiherr C. von Wangenheim, D. Hahn und G. Roesicke (nach 1921 Vorsitzender des Reichslandbundes).

1894 bereits 200.000 Mitglieder stark, zählte der BdL 1913 mit 320.000 Mitgliedern zu den einflußreichsten politischen Verbänden im Kaiserreich. Dabei fand er in allen bäuerlichen Schichten Rückhalt, blieb jedoch eine spezifische Interessensorganisation des Landbaues. In der Viehwirtschaft stieß er aufgrund seiner Forderung nach Verteuerung des Getreides auf Gleichgültigkeit oder Widerstand. An der Spitze des hierarchisch organisierten Verbandes standen vor allem Repräsentanten des ostelbischen Großgrundbesitzes. Offiziell überparteilich, bemühte sich der BdL seit seiner Gründung durch Aufstellung eigener Kandidaten und durch Unterstützung agrarisch orientierter Politiker parlamentarischen Einfluß zu gewinnen. Vor allem in Preußen bestand dabei eine starke Zusammenarbeit mit der →Deutschkonservativen Partei, teilweise auch mit den Freikonservativen. Zur Reichstagswahl 1898 verbündete sich der BdL vielerorts mit der Antisemitischen Partei. Während der Wahlkämpfe entfaltete er großangelegte und mit modernen Kommunikationsmitteln geführte Kampagnen zugunsten der von ihm favorisierten Kandidaten. Im Reichstag gehörten 1893 nicht weniger als 140 und 1898 insgesamt 118 Abgeordnete verschiedener Parteien dem BdL an, 1903 waren es 89, 1907 138 und 1912 78 Parlamentarier. Dennoch kam es zu keiner eigenen agrarischen Fraktionsbildung. Als der BdL bei den Reichstagswahlen in mehreren Kreisen (zumeist erfolglos bleibende) eigene Kandidaten nominierte, kam es zu einer kurzfristigen Verstimmung mit den Deutschkonservativen.

Der BdL trug entscheidend zum Sturz der Regierungen Caprivi und Bülow bei, ohne jedoch die Fortsetzung der wilhelminischen Industrialisierungs- und Außenhandelspolitik wirkungsvoll ändern zu können. Während er die deutsche Kolonialpolitik überwiegend ablehnte, setzte er sich für die „Ostkolonisation" ein (Zusammenarbeit mit dem „Ostmarkenverein"). Im Ersten Weltkrieg erhob er zusammen mit dem Alldeutschen Verband die Forderung nach einem „Siegfrieden". Ein 1919 in der Tschechoslowakei gegründeter BdL verstand sich als Partei der sudetendeutschen Agrarier.

1921 erfolgte die Umwandlung des BdL in den „Reichslandwirtebund", der die meisten kleineren Bauernorganisationen zusammenfaßte und bereits 1921 mehr als eine Million Mitglieder zählte. Als bisher größte berufsständische Organisation der deutschen Landwirtschaft mit mehr als 40 angegliederten Verbänden vertrat der RLB politisch die alten Positionen des BdL. Hinzu kamen neue Forderungen, wie die ernährungspolitische Autarkie Deutschlands, die Ablehnung der Versailler Verträge und das Festhalten an der „monarchischen Treue". Parteipolitisch stand der RLB bis 1928 der DNVP nahe.

S.: *BdL* (Hrsg.): Das Preßwesen des Bundes und die Landwirte, Berlin 1895; *ders.:* Der BdL und die Presse, Berlin 1895; *ders.:* Der BdL, seine Forderungen und seine Erfolge, Berlin 1898; *ders.:* Die politischen Erfolge des BdL, Berlin 1898; *ders.:* Katechismus des BdL, Berlin 1901; *ders.:* Merkbüchlein I. des BdL für 1909/10, Berlin o. J.; *ders.:* Agrarisches Handbuch, Berlin 1911; *P. Boetticher:* Der BdL 1893-1920, Berlin 1925; *C. A. Smolny* (Hrsg.): Das Pressearchiv des BdL, 1893-1944. In: Zeitschrift für Agrargeschichte und Agrarsoziologie, IV/4 1956, S. 185-86; *G. Meyer* (Hrsg.): Das Pressearchiv des BdL, in: Zeitschrift für Geschichte 7 (1959), S. 1122 ff.

L.: *H. Freese*: Der BdL, Berlin 1893; *E. Glantz:* Für den BdL, Güstrow 1893; *H. Tholuck:* Der BdL, seine Freunde und Feinde, Berlin 1893; *A. Dix:* Der BdL. Entstehung, Wesen und politische Tätigkeit, Berlin 1909; *W. Treue:* Die deutsche Landwirtschaft zur Zeit Caprivis und ihr Kampf gegen die Handelsverträge, Diss. Berlin 1933; *K. Heller:* Der BdL bzw. der Landbund und seine Politik. Mit besonderer Berücksichtigung der fränkischen Verhältnisse, Diss. Würzburg 1936; *K. H. Kröger:* Die Konservativen und die Politik Caprivis, Diss. Rostock 1937; *S. R. Tirell:* German agrarian politics after Bismarck's fall. The formation of the Farmer's League, New York 1951; *U. Lindig:* Der Einfluß des BdL auf die Politik des wilhelminischen Zeitalters 1893-1914, unter besonderer Berücksichtigung der preußischen Verhältnisse, Diss. Hamburg 1954; *K. Schade:* Die politische Vertretung der deutschen Landwirte seit 1867, Diss. Bonn 1957; *G. D. v. Tippelskirch:* Agrarhistorische Ausschnitte 1893-1914 im Lichte des Wirkens von Dr. Gustav Roesicke, Oldenburg 1959; *J. Puhle*: Agrarische Interessenpolitik und preußischer Konservatismus im wilhelminischen Reich (1893-1914). Ein Beitrag zur Analyse des Nationalismus in Deutschland am Beispiel des BdL und der Deutschkonservativen Partei, Bonn – Bad-Godesberg 1966; *ders.:* Der BdL im wilhelminischen Reich, in: *W. Ruegg / O. Neuloh:* Zur soziologischen Theorie und Analyse des 19. Jhdt.s, Göttingen 1971, S. 145-63; *J. Flemming:* Landwirtschaftliche Interessen und Demokratie. Ländliche Gesellschaft, Agrarverbände und Staat 1890-1925, Bonn 1978.

– St

Bunsen, Christian Carl Josias von

* 25. 8. 1791 Korbach/Waldeck; † 28. 1. 1860 Bonn. Liberalkonservativer Diplomat und theologisch-politischer Schriftsteller. Ärmlichen Verhältnissen entstammt, studierte B. nach dem Besuch des Gymnasiums in Korbach von 1808-13 Theologie in Marburg und Göttingen. 1813-15 folgten Studienaufenthalte in Berlin (wo B. →Niebuhr kennenlernte) und Kopenhagen. 1816 gelangte B. als Reisebegleiter eines befreundeten amerikanischen Millionärs nach Rom und trat hier die Stelle als Sekretär des preußischen Gesandten beim Heiligen Stuhl an, den sein Förderer Niebuhr innehatte. Bereits 1824 wurde B. Niebuhrs Nachfolger, und 1835 erhielt er den Titel eines „außerordentlichen Gesandten und bevollmächtigten Ministers des preußischen Königs beim päpstlichen Stuhl". Wegen ungeschickten Verhandelns in der Kontroverse um die konfessionellen Mischehen in Preußen mußte B. 1838 seinen Posten räumen, gelangte aber dank seiner engen Verbindungen zum preußischen Königshaus auf den Gesandtenposten in Bern (1839-41). Nach der Thronbesteigung des ihm eng befreundeten Friedrich Wilhelm IV. erreichte B. den Gipfelpunkt seiner Karriere: er amtierte 1841-54 als preußischer Botschafter in London. Hier bewährte er sich, wie schon in

Christian Carl Josias von Bunsen
1791-1860

Rom, als kultureller Vermittler zwischen seiner Heimat und dem Gastland; als Diplomat versagte er allerdings wiederum, als er nach dem Ausbruch des Krimkrieges versuchte, Preußen zum Kriegseintritt gegen Rußland zu bewegen – was sowohl den preußischen Interessen wie dem Willen des Königs und der Regierung strikt zuwiderlief. Seine letzten Lebensjahre verbrachte B. mit unablässiger schriftstellerischer Arbeit in Heidelberg und Bonn; 1857 wurde er in den erblichen Adelsstand erhoben und zum Mitglied des preußischen Herrenhauses ernannt.

Als kulturhistorischer und theologischer Autor genoß B. in seiner Zeit hohes Ansehen, doch sein Ziel einer „Vereinigung von Philosophie, Philologie und Geschichte der Menschheit" in der Tradition Herders und des Deutschen Idealismus vermochte er in seinen theoretischen und kulturhistorischen Schriften bei weitem nicht zu erreichen. Als gelehrter Eklektiker versuchte B., die religiös-kulturelle Geschichte der Menschheit als einen einheitlichen, geschlossenen und in sich sinnvollen Prozeß zu deuten, der sich in vier „Weltaltern" vollzogen habe: 1. Von der Schöpfung bis 10.000 v. Chr.; 2. Von 10.000 v. Chr. bis Abraham und Zoroaster; 3. Von

Abraham bis zu Christi Geburt; 4. Vom Wirken Christi bis zur Gegenwart. – Entstehung und Entwicklung der christlichen Religion stellten für B. den – durch Griechen- und Judentum zu gleichen Teilen vorbereiteten – sinnvollen Höhepunkt der Geschichte der Menschheit dar. Als Laientheologe blieb B. rationalistischer Optimist, der Fortschritt und Glauben miteinander zu versöhnen versuchte.

Der Politiker B. stand auf dem rechten Flügel des Liberalismus und dem linken des Konservatismus; er trat nachhaltig für einen preußischen und gesamtdeutschen Konstitutionalismus nach englischem Vorbild ein und versuchte als Freund und einflußreicher Briefpartner Friedrich Wilhelms IV., den preußischen König zu politischer Reformtätigkeit zu bewegen. Mit den preußischen Konservativen (insbesondere mit →Stahl) führte er heftige Auseinandersetzungen. Zeitlebens betätigte sich B. zudem als Kirchen- und Liturgiereformer. Er strebte ein enges Zusammenwirken zwischen der preußisch unierten Kirche und der anglikanischen Hochkirche an, entwickelte bereits früh ökumenische Konzepte und war maßgeblich an der Gründung des Bistums Jerusalem beteiligt.

B.: *F. Foerster:* C. C. J. v. B. (1791-1860). Das schriftstellerische Werk des Gelehrten und Staatsmannes, in: Geschichtsblätter für Waldeck 79 (1991), S. 160-93; B.-Bibliographie in: *Ruppel* (Hrsg.): siehe unter L. S. 221-27.

S.: De jure hereditario Atheniensium, Göttingen 1813; Versuch eines allgemeinen evangelischen Gesang- und Gebetbuchs zum Kirchen- und Hausgebrauche, Hamburg 1833; (anonym): Darlegung des Verfahrens der preußischen Regierung gegen den Erzbischof von Cöln, Berlin 1837; Die Basiliken des christlichen Roms, München 1842; Das evangelische Bisthum in Jerusalem, Berlin 1842; Die Verfassung der Kirche der Zukunft, Hamburg 1845; Aegyptens Stelle in der Weltgeschichte, Bde. I-V, Hamburg – Gotha 1845-54; Die drei ächten und die drei unächten Briefe des Ignatius v. Antiochien, Hamburg 1847; Die Deutsche Bundesverfassung und ihr eigenthümliches Verhältniß zu den Verfassungen Englands und der Vereinigten Staaten, Frankfurt a. M. 1848; Vorschläge für die Bildung einer vollständigen Reichsverfassung während der Reichsverweserschaft, Frankfurt a. M. 1848; Denkschrift über die verfassungsmäßigen Rechte der Herzogthümer Schleswig und Holstein, Berlin 1848; Hippolytus und seine Zeit, Bde. I-II, Leipzig 1852-53; Die Zeichen der Zeit, Bde. I-II, Leipzig 1855-56; Gott in der Geschichte oder der Fortschritt des Glaubens an eine sittliche Weltordnung, Bde. I-III, Leipzig 1856-59; Vollständiges Bibelwerk für die Gemeinde, Bde. I-IX, Leipzig 1858-70; Life of Martin Luther, New York 1859; Prayers from the Collection of the Late Baron B., London 1871.

E.: A Memoir of Baron B. by his widow *Frances Baroness Bunsen*, Bde. I-II, London 1868; C. C. J. v. B. – Aus seinen Briefen und nach seinen Erinnerungen geschildert von seiner Witwe. Deutsche Ausgabe von *F. Nippold*, Bde. I-III, Leipzig 1868-71; *L. v. Ranke:* Aus dem Briefwechsel Friedrich Wilhelms IV. mit Bunsen, Leipzig 1873; *F. H. Reusch* (Hrsg.): Briefe an B. von römischen Kardinälen und Prälaten, deutschen Bischöfen und anderen Katholiken aus den Jahren 1818-37, Leipzig 1897.

L.: *Pauli* in ADB XLVII, 743-45; *Bußmann* in NDB III, 17f.; *H. Abeken:* C. C. J. B., in: Unsere Zeit. Jahrbuch zum Conversations-Lexikon, Bd. V, Leipzig 1861, S. 337-77; *W. Schumacher:* Erinnerungen an C. C. J. B.s Jugendjahre, in: ders.: Waldecksche Briefe, Berlin 1862, S. 15-42; *W. Ulbricht:* B. und die deutsche Einheitsbewegung, Leipzig 1910; *W. Höcker:* Der Gesandte B. als Vermittler zwischen Deutschland und England, Göttingen 1951; *E. Benz:* Bischofsamt und apostolische Sukzession im deutschen Protestantismus, Stuttgart 1953; *K. D. Gross:* Die deutsch-englischen Beziehungen im Wirken C. C. J. v. B.s (1791-1860), phil. Diss. Würzburg 1965; *O. Maas:* Das Christentum in der Weltgeschichte – Theologische Vorstellungen bei C. K. J. v. Bunsen, theol. Diss. Kiel 1968; *M. Rudolph:* Societas Philologica Gottingensis – C. C. J. B. und sein Göttinger Freundeskreis 1809/15, in: Niedersächsisches Jahrbuch für Landesgeschichte 46/47 (1974/75), S. 59-160; *E. Geldbach* (Hrsg.): Der gelehrte Diplomat – Zum Wirken C. C. J. v. B.s, Leiden 1980; *H.-R. Ruppel* (Hrsg.): Universeller Geist und guter Europäer. C. C. J. v. B. 1791-1860. Beiträge zu Leben und Werk, Korbach 1991; *F. Foerster:* „Den sicheren Pfad Gottes durch die Zeiten verfolgen". C. C. J. v. B. (1791-1860), in: Zeitschrift für Religions- und Geistesgeschichte 45 (1993), S. 97-112; *D. E. Barclay:* Anarchie und guter Wille. Friedrich Wilhelm IV. und die preußische Monarchie, Berlin 1995.

– K

Burckhardt, Jacob

* 25. 5. 1818 Basel; † 8. 8. 1897 ebd. Kultur- und Kunsthistoriker. Einer der angesehensten alten Basler Bürgerfamilien entstammend, studierte B. 1837-39 Theologie in Basel, seit 1839 Geschichte, Philologie und Kunstwissenschaften in Berlin (1839-41), Bonn (1841) und wiederum Berlin (1841-43), u.a. als Schüler von Droysen, →Ranke, Kugler, J. Grimm und →Stahl. Nach Promotion (1843) und Habilitation (1844) in Basel betä-

tigte sich B. 1844/45 als Redakteur der konservativen „Basler Zeitung", um sich den radikalen Tendenzen seiner Heimat in der Ära vor dem Sonderbundskrieg entgegenzustemmen, widmete sich aber anschließend – nach mehreren Reisen, vor allem nach Italien – bis zu seinem Tod ausschließlich der wissenschaftlichen Arbeit und der akademischen Lehre. 1855-58 amtierte er als Kunsthistoriker an der Universität Zürich, anschließend lehrte er bis 1893 als Historiker an der Universität seiner Vaterstadt. Drei frühe bedeutende Werke machten ihn berühmt: „Die Zeit Constantins des Großen" (1852), „Der Cicerone" (1855) und „Die Kultur der Renaissance in Italien" (1860). Die beiden späteren Hauptwerke: die „Weltgeschichtlichen Betrachtungen" (entstanden 1868-73) und die „Griechische Kulturgeschichte" (ausgearbeitet seit 1870) gingen aus Vorlesungen hervor und wurden erst aus dem Nachlaß publiziert.

B.s wissenschaftliches Werk ist tief geprägt von intensiver Auseinandersetzung mit den Denkströmungen des Deutschen Idealismus und des frühen Historismus. Er geht aus von geschichtlichen Konstanten, die er einerseits begründet sieht in den invarianten Elementen der menschlichen Natur, andererseits in den drei großen „historischen Potenzen": →Staat, Religion und Kultur. Obgleich er die Geschichtlichkeit der →Werte erkennt, hält er doch unverbrüchlich an ihrer Gültigkeit fest. In der Wirksamkeit des „Bösen" in der Weltgeschichte erkennt er die Tragik alles historischen Geschehens; Glück besteht nur in der zeitweiligen Abwesenheit negativer Kräfte und Ereignisse. Nur das Streben nach Erkenntnis (im Sinne der klassischen *vita contemplativa*) vermag dem Menschen als Ersatzglück zu dienen. – B.s Kunstauffassung ist besonders stark durch das idealistische Erbe geprägt: Kunst ist demnach ästhetisch autonom, besitzt ihre eigene, ideale Würde und ihren Wert in sich selbst und nicht in ihrer historisch-zeitlichen Stellung. Sein Ziel einer Verschmelzung von Kultur- und Kunstgeschichte hat B. aufgrund dieser ästhetischen Prämissen nicht erreichen können.

Als politischer Denker ist B. seinen sehr früh ausgeprägten konservativen Überzeugungen treu geblieben, wenngleich sich bestimmte Inhalte wandelten: War er als junger Mann ein (noch von der Spätromantik tief geprägter) Verehrer Deutschlands gewesen, entwickelte er sich später zum deutlichen Kritiker der kleindeutschen Reichsgründung sowie des Machtstaatdenkens und wirtschaftlichen Materialismus' der Gründerzeit. Hatte er schon als junger politischer Redakteur den radikalen →Absolutismus von oben und von unten zu bekämpfen versucht, so analysierte er später (wie vor ihm schon →Tocqueville) das Auseinandertreten von Staat und Gesellschaft als schweres Krisensymptom Europas. Nur so ist seine Äußerung „Der Staat... soll alles *können*, aber nichts mehr *dürfen*..." (aus den „Weltgeschichtlichen Betrachtungen") zu verstehen: der Staat ist nicht mehr die konkrete Gemeinschaft aller wirklichen →Bürger, sondern nur noch Anstaltsstaat, der zwar Schutz- und Versorgungsfunktionen erfüllen, ansonsten aber den einzelnen nicht weiter behelligen soll. Den Liberalismus hat B. mit zunehmendem Alter als ordnungszerstörende Ideologie aufs schärfste kritisiert: „Seit der Pariser Commune ist überall in Europa alles möglich, hauptsächlich deshalb, weil überall... liberale Leute vorhanden sind, welche nicht genau wissen wo Recht und Unrecht sich abgrenzen... *Diese* sind's, welche überall den entsetzlichen Massen die Türen aufmachen" (1881).

Als Kultur- und Zeitkritiker war B. bestrebt, möglichst vieles von der Kultur „Alt-Europas" für die moderne Welt zu retten und auf diese Weise wiederum auch der eigenen Gegenwart zu dienen, beabsichtigte sein Werk doch vor allem, „im Vergangenen der Gegenwart einen Spiegel vorzuhalten" (Hardtwig). Seine Kritik richtete sich einerseits gegen die zunehmende, von ihm als Bedrohung empfundene Staatsomnipotenz und die dazugehörige Vermassung, andererseits gegen Atomisierung, Kommunikationsunfähigkeit und geistig-kulturelle Mediokrität. Seine immer wieder unternommene Beschwörung der wahren „historischen Größe" einzelner überragender Individuen verstand diese Gestalten in erster Linie als Träger und Vermittler historischer Kontinuität gegen die Katastrophen historischer Brüche und Revolutionen. Seine Kultur- und Gegenwartskritik sowie sein politisches Denken wurzelten tief in der antik-alteuropäischen Tradition: Die antike Polis (deren letzte Reste er in den traditionellen Schweizer Gemeinden wahrzu-

nehmen meinte), die klassische Tugendlehre, die religiösen Fundamente jedes wahren Gemeinwesens, die Einheit von Politik und Ethik und die Idee des wahren, sich für „das Allgemeine", das eigene Gemeinwesen aufopfernden Bürgers blieben bis zuletzt Leitlinien seines Denkens.

S.: Gesamtausgabe, hrsg. v. *E. Dürr* u.a., Bde. I-XIV, Stuttgart – Berlin – Leipzig 1929-34.

E.: Unbekannte Aufsätze J. B.s, hrsg. v. *J. Oswald*, Basel 1922; Reisebilder aus dem Süden, hrsg. v. *W. v. der Schulenburg*, Heidelberg 1928; Briefwechsel J. B. – H. Wölfflin, hrsg. v. *J. Gantner*, Basel 1948; Briefe, hrsg. v. *M. Burckhardt*, Bde. I-X, Basel 1949-86; J. B.s Vorlesung über die Geschichte des Revolutionszeitalters in den Nachschriften seiner Zuhörer, hrsg. v. *E. Ziegler*, Basel – Stuttgart 1974; Über das Studium der Geschichte, hrsg. v. *P. Ganz*, München 1982. Zahlreiche Einzelausgaben.

L.: *Neumann* in ADB XLVII, 381-91; *Kaegi* in NDB III, 36-8; *E. Gothein:* J. B., in: Preußische Jahrbücher 90 (1897), S. 1-33; *G. Billeter:* J. B.s Auffassung des Griechentums, Zürich 1903; *E. Dürr:* Freiheit und Macht bei J. B., Basel 1918; *K. Joel:* J. B. als Geschichtsphilosoph, Basel 1918; *P. Eppler:* Vom Ethos bei J. B., Zürich – Leipzig 1925; *C. Neumann:* J. B., München 1927; *R. Däuble:* Die politische Natur J. B.s als Element seiner Geschichtsschreibung, phil. Diss. Heidelberg 1929; *W. Rehm:* J. B., Frauenfeld – Leipzig 1930; *R. Stadelmann:* J. B. und das Mittelalter, in: Historische Zeitschrift 142 (1930), S. 457-515; *H. J. Störig:* B. als politischer Historiker, phil. Diss. Würzburg 1937; *E. Salin:* J. B. und Nietzsche, Basel 1938; *A. v. Martin:* Nietzsche und B., München 1940; *ders.:* Die Religion J. B.s, München 1942; *E. Grisebach:* J. B. als Denker, Bern – Leipzig 1943; *B. Croce:* Die Geschichte als Gedanke und als Tat, Bern 1944; *W. Kaegi:* J. B. – Eine Biographie, Bde. I-VII, Basel 1947-82; *F. Meinecke:* Ranke und B., Berlin 1948; *O. Seel:* J. B. und die europäische Krise, Stuttgart 1948; *E. W. Zeeden:* Über Methode, Sinn und Grenze der Geschichtsschreibung in der Auffassung J. B.s, Freiburg i. Br. 1948; S. 154-73; *H. Knittermeyer:* J. B., Stuttgart 1949; *E. W. Zeeden:* Der Historiker als Kritiker und Prophet, in: Die Welt als Geschichte 11 (1951), *H. Diwald:* Das historische Erkennen, Leiden 1955; *V. Gitermann:* J. B. als politischer Denker, Wiesbaden 1957; *H. Heimpel:* Zwei Historiker, Göttingen 1962; *W. Kaegi:* J. B. und sein Jhdt., Basel 1968; *H. Hofmann:* J. B. und Friedrich Nietzsche als Kritiker des Bismarckreiches, in: Der Staat 10 (1971), S. 433-53; *W. Hardtwig:* Geschichtsschreibung zwischen Alteuropa und moderner Welt – J. B. in seiner Zeit, Göttingen 1974; *D. Cross:* J. B. and the Critique of Mass Society, in: European Studies Review 8 (1978), S. 393-410; *K. Christ:* Von Gibbon zu Rostovtzeff, Darmstadt 1979; *J. Nurdin:* J. B. et la refus de la modernité, in: Revue d'Allemagne 14 (1982), S. 88-98; *K. Löwith:* J. B. (1936), Sämtliche Schriften, Bd. VII, Stuttgart 1984; *E. Flaig:* Ange-

schaute Geschichte – Zu J. B.s „Griechische Kulturgeschichte", Rheinfelden 1987; *H. M. v. Kaenel:* J. B. und
Rom, Rom 1988; *I. Siebert:* J. B. – Studien zur Kunst-
und Kulturgeschichtsschreibung, Basel 1991.
– K

Burke, Edmund

* 12. 1. 1729 Dublin; † 9. 7. 1797 Beaconsfield. Konservativer Politiker und Schriftsteller, einer der führenden Theoretiker des Konservatismus. Geboren als Sohn eines protestantischen, als Anwalt tätigen Vaters und einer katholischen Mutter, besuchte B. von
1741-43 die angesehene Ballitore School und
studierte 1743-48 am Trinity College in Dublin, wobei er sich weniger durch besondere
Befähigung und Fleiß als durch die autodidaktische Aneignung einer umfassenden Bildung auszeichnete; die antiken Klassiker –
vor allem Cicero – wurden ihm zur zentralen
Quelle politischer Weisheit. Zwischen 1750
und 1755 absolvierte B. eine Ausbildung zum
Juristen am Londoner Temple, die er jedoch
abbrach, um sich als freier Autor ganz der
philosophischen und politischen Schriftstellerei zu widmen. Seine erste Schrift, „A Vindication of Natural Society" (1756), eine im
ganzen mißglückte, wenn auch originelle Satire auf den Stil und die Ansichten →Boling-
brokes, machte ihn bekannt, seine zweite Publikation, „Philosophical Inquiry into the
Origin of our Ideas on the Sublime and Beautiful" (1756), ließ ihn weit über England hinaus berühmt werden; gerade auch in Deutschland fand sie (etwa bei Herder und Kant)
starke Beachtung. Seit 1758 arbeitete B. als
Autor und Herausgeber für das „Annual Re-
gister", ein Jahrbuch für Kultur und Politik.
   Die Wintermonate der Jahre 1759-65 verbrachte er in Dublin als Privatsekretär von W.
Hamilton, dem Sekretär des Vizekönigs von
Irland. Die hierbei gewonnenen Einblicke in
das politische Leben konnte er nutzen, als er
1765/66 zum Sekretär des Premierministers
Marquess of Rockingham avancierte, der
auch nach seiner kurzen Amtszeit B.s Freund
und Förderer blieb. B.s erste politische
Schriften galten der Verteidigung der Regierung Rockinghams: „Short Account of a Late
Short Administration" (1766) und „Observations on ‚The Present State of the Nation'"
(1769). Von 1766 bis 1794 war B. Mitglied des
House of Commons (borough of Wendover);

Edmund Burke
1729-1797

er rechnete sich dem gemäßigten Flügel der
Whigs zu, der sich in den Jahren nach 1766
fast beständig in der Opposition befand. Nur
in der kurzen Regierung von 1782 amtierte er
in der wenig einflußreichen Stellung eines
paymaster general der englischen Armee.

   Berühmt und einflußreich wurde B. als
Redner und politischer Autor der Whigs und
als eloquenter Kritiker König Georgs III., der
in den Jahren nach 1760 versuchte, die verfassungsmäßige Rolle des englischen Parlaments
zugunsten der Macht der Krone einzuschränken. B. trat zudem als scharfer Kritiker der
britischen Kolonialpolitik in Nordamerika
und Indien hervor, außerdem setzte er sich
für politische Reformmaßnahmen in seiner
Heimat Irland ein. Eine grundlegende, das
politische System im Kern verändernde Reform der englischen Verfassung lehnte er allerdings ab. Er verfocht dagegen ein Programm gemäßigter, langfristig angelegter Reformen. Seit dem Tode Rockinghams (1782)
verlor B. einen Teil seines parlamentarischen
und politischen Einflusses, den er erst durch
die Publikation seiner berühmtesten Schrift
„Reflections on the Revolution in France"
(1790), wiedergewann. Indem er sich hier –

obwohl nicht den Tories zugehörig – als konsequentester, entschiedenster und zugleich intellektuell brillantester Kritiker der Französischen Revolution, die auch in England viele Anhänger besaß, exponierte, leitete er die Spaltung der Whigs in die von ihm geprägten (rechten) *Old Whigs* und die (linken) *New Whigs* ein. Die letzten Lebensjahre B.s waren ausgefüllt mit heftigen politischen Kämpfen und publizistischen Auseinandersetzungen (vor allem mit seinem einflußreichsten Widersacher T. Paine); zudem war er durch schwere Krankheit gezeichnet.

Als politischer Denker zeichnet sich B. nicht durch strenge Systematik oder umfassende Theoriebildung aus; seine Schriften orientieren sich stets an einer konkreten politischen Lage und an der gegebenen geschichtlichen Situation. Durchaus noch an die Tradition des klassischen Naturrechts in seiner antiken wie seiner christlichen Fassung anknüpfend, geht B. von der Grundannahme einer umfassenden göttlichen Weltordnung aus, die er zugleich mit dem Begriff „Natur" umschreibt. Diese natürliche Ordnung bestehe – da von Gott geschaffen – voraussetzungslos und beinhalte zugleich eine umfassende Wert-, Rechts- und damit auch Rangordnung, welche die Stellung des Menschen in der Welt und in der gegebenen politischen Verfassung eines Gemeinwesens bestimme. B. hält fest am Gedanken von der natürlichen Sozialität des Menschen, der (im aristotelischen Sinne) nur dadurch Mensch ist, daß er einem Gemeinwesen angehört. Nachdrücklich hebt B. die Bedeutung der Religion hervor: „We feel inwardly, that religion is the basis of civil society, and the source of all good and of all comfort."

Die politische Verfassung eines Gemeinwesens hat B. als „engagement and pact of Society" definiert, wobei er sich allerdings keineswegs der modernen Vertragstheorie anschließt, sondern „Vertrag" als „eine vom menschlichen Willen unabhängige sittliche Verpflichtung" (Hilger) auffaßt, die ihre Erfüllung im Funktionieren einer gelungenen, die Freiheit sichernden und die Gefahr der Anarchie abwehrenden *civil society* findet. In der Tradition der antiken (Aristoteles, Polybios) und modernen (→Montesquieu) Theorie der Mischverfassung trat B. für eine Teilung und Begrenzung der politischen Gewalten ein.

Bereits vor 1789, aber in noch stärkerem Maße im Rahmen der Auseinandersetzung mit der Französischen Revolution und ihren Prinzipien trat B. als wortgewaltiger Verteidiger der alten, in Jhdt.en gewachsenen, →Freiheit und →Recht sichernden traditionellen englischen Verfassung auf. Er bestand darauf, „that from Magna Charta to the Declaration of Right, it has been the uniform policy of our constitution to claim and assert our liberties, as an *entailed inheritance* derived to us from our forefathers, and to be transmitted to our posterity". Den in seiner Sicht beispielhaften Charakter der politischen Ordnung seines Landes sah B. als „the happy effect of following nature", womit er zweifellos die Geschichte und Gegenwart Großbritanniens einseitig verklärte und idealisierte.

Gegen die Revolution als Umsturz von Staat und Gesellschaft mit dem Anspruch eines völligen politischen Neuanfangs setzte B. den konservativen Gedanken von Evolution und Kontinuität. Mit größtem Nachdruck wandte er sich in diesem Zusammenhang gegen einen unkritischen Vergleich der Revolutionen von 1688 und 1789: Die englische Revolution von 1688 interpretierte er nicht als Umsturz, sondern als Umkehr, als Wiederherstellung der alten freiheitlichen politischen Ordnung, die durch die absolutistischen Ansprüche des Hauses Stuart gefährdet worden war. Historische Kontinuität blieb ihm ein grundlegendes Kriterium politischen Handelns, und so hat er bezeichnenderweise die →Nation nicht nur im politischen Sinne als Gesamtheit der (wahlfähigen) →Bürger, sondern auch als Abstammungsgemeinschaft definiert: als – Geschichte, Gegenwart und Zukunft verbindendes – Bündnis der Toten, der Lebenden und der Nachgeborenen.

B.: The B. Newsletter, hrsg. v. *P. J. Stanlis / C. P. Ives*, Detroit 1959-67, danach als: Studies in B. and His Time, hrsg. v. *J. Stanlis / M. L. M. Kay*, ebd. 1968-78, seitdem: The Eighteenth Century: Theory and Interpretation, hrsg. v. *J. R. Smitten / J. C. Weinsheimer*; *W. B. Todd:* A Bibliography of E. B., London 1964; *C. I. Gandy / P. J. Stanlis:* E. B. – A Bibliography of Secondary Studies to 1982, New York – London 1983.

S.: The Works of the Right Honorable E. B., hrsg. v. *F. Laurence / W. King*, Bde. I-VIII, London 1792-27; Works and Correspondence of the Right Hon. E. B., hrsg. v. *C. W. Fitzwilliam / R. Bourke*, Bde. I-VIII, London 1852; The Works of E. B., Bde. I-XII, Boston 1865-67; Select Works, hrsg. v. *E. J. Payne*, Bde. I-III,

Oxford 1874-78; The Works (Bohn-Edition), Bde. I-VIII, London 1883-90; The Works, Bde. I-XII, London 1887 (Ndr. Hildesheim 1975); The Writings and Speeches of E. B., hrsg. v. *T. W. Copeland,* (bisher) Bde. II, V, Oxford 1981ff.

E.: The Speeches of the Right Honorable E. B., in the House of Commons, and in Westminster Hall, Bde. I-IV, London 1816; Correspondence of the Right Honorable E. B., hrsg. v. *C. W. Fitzwilliam / R. Bourke,* Bde. I-IV, London 1844; Correspondence of E. B. and W. Windham, hrsg. v. *J. P. Gilson,* Cambridge 1910; The Early Life, Correspondence and Writings of the Rt. Hon. E. B., hrsg. v. *A. P. I. Samuels / A. W. Samuels,* Cambridge 1923; The Correspondence of E. B., hrsg. v. *T. W. Copeland,* Bde. I-X, Cambridge – Chicago 1958-78.

Ü.: Betrachtungen über die französische Revolution. Nach dem Englischen des Herrn B. neu bearbeitet mit einer Einleitung, Anmerkungen, politischen Abhandlungen, und einem critischen Verzeichniß der in England über diese Revolution erschienenen Schriften von *F. Gentz,* Bde. I-II, Berlin 1793; Betrachtungen über die französische Revolution. In der deutschen Übertragung von *F. Gentz* Bearbeitet u. m. e. Nachwort von *L. Iser.* Einleitung von *D. Henrich,* Frankfurt a. M. 1967; Betrachtungen über die Französische Revolution. Aus dem Englischen übertragen von *F. Gentz,* hrsg. v. *U. Frank-Planitz,* Zürich 1986; *E. B. / F. Gentz:* Über die Französische Revolution. Betrachtungen und Abhandlungen, hrsg. v. *H. Klenner,* Berlin 1991.

L.: *R. Bisset:* The Life of E. B., Bde. I-II, London 1798 (dt. Gera 1799); *J. Prior:* Memoir of the Life and Character of the Right Ho. E. B., London 1824; *T. MacKnight:* History of the Life and Times of E. B., Bde. I-III, London 1858-60; *J. Morley:* B., London 1879; *J. Mac Cunn:* The Political Philosophy of E. B., London 1913; *F. Meusel:* B. und die Französische Revolution, Berlin 1913; *F. Braune:* E. B. in Deutschland, Heidelberg 1917; *R. Lennox:* E. B. und sein politisches Arbeitsfeld in den Jahren 1760-90, München – Berlin 1923; *B. Newman:* E. B., London 1927; *A. Baumann:* B., the Founder of Conservatism, London 1929; *A. Cobban:* E. B. and the Revolt Against the Eighteenth Century, London 1929; *R. H. Murray:* E. B., Oxford 1931; *K. H. Pfeffer:* E. B. und das 20. Jhdt., in: Zeitschrift für die gesamte Staatswissenschaft 95 (1934), S. 440-62; *P. Magnus:* E. B. – A Life, London 1939; *D. C. Bryant:* E. B. and His Literary Friends, St. Louis 1939; *E. E. Reynolds:* E. B. – Christian Statesman, London 1948; *T. W. Copeland:* Our Eminent Friend E. B., New Haven

1949; *R. Kirk:* The Conservative Mind from B. to Santayana, Chicago 1953; *C. Parkin:* The Moral Basis of B.'s Political Thought, Cambridge 1956; *S. Skalweit:* E. B. und Frankreich, Köln – Opladen 1956; *C. B. Cone:* B. and the Nature of Politics, Bde. I-II, Kentucky 1957-64; *H. Barth:* E. B. und die deutsche Staatsphilosophie im Zeitalter der Romantik, in: *ders.:* Die Idee der Ordnung, Zürich 1958, S. 28-62; *P. J. Stanlis:* E. B. and the Natural Law, Ann Arbor 1959; *D. Hilger:* E. B. und seine Kritik der Französischen Revolution, Stuttgart 1960; *F. C. Canavan:* The Political Reason of E. B., Durham 1960; *H. G. Schumann:* E. B.s Anschauungen vom Gleichgewicht in Staat und Staatensystem, Meisenheim 1964; *F. Schneider:* Das Rechts- und Staatsdenken E. B.s, Bonn 1965; *J. MacCunn:* The Political Philosophy of B., New York 1965; *W. v. Wyss:* E. B., München 1966; *B. T. Wilkins:* E. B. The Political Philosophy, Oxford 1967; *G. W. Chapman:* E. B. The Practical Imagination, Cambridge (Mass.) 1967; *R. Kirk:* E. B. – A Genius Reconsidered, New York 1967; *F. C. Canavan:* E. B., in: *L. Strauss / J. Cropsey* (Hrsg.): History of Political Philosophy, ²1972, S. 659-78; *F. O. Gorman:* E. B. – His Political Philosophy, London 1973; *I. Kramnick:* The Rage of E. B., New York 1977; *A. P. Miller:* E. B. and His World, Old Greenwich (Conn.) 1979; *F. Dreyer:* B.'s Politics, Waterloo (Ontario) 1979; *M. Freeman:* E. B. and the Critique of Political Radicalism, Chicago 1980; *C. B. MacPherson:* B., Oxford 1980; *R. Wecker:* Geschichte und Geschichtsverständnis bei E. B., Bern 1981; *F. P. Lock:* B.'s Reflections on the Revolution in France, London 1985; *C. Reid:* E. B. and the Practice of Political Writing, New York 1985; *T. Chaimowitz:* Freiheit und Gleichgewicht im Denken Montesquieus und B.s, Wien – New York 1985; *F. Canavan:* E. B.: Prescription and Providence, Durham, (N. C.) 1987; *K. Graf Ballestrem:* B. (1729-97), in: *Hans Meier / Heinz Rausch / Horst Denzer* (Hrsg.): Klassiker des politischen Denkens, Bd. II, München ⁵1987, S. 118-35; *S. Ayling:* E. B. – His Life and Opinions, London 1988; *P. Hindson / T. Gray:* B.'s Dramatic Theory of Politics, Aldershot – Brookfield u.a. 1988; *P. J. Stanlis:* B. – The Enlightenment and Revolution, New Brunswick – London 1991; *C. C. O'Brien:* The Great Melody. A Thematic Biography and Commented Anthology of E. B., Chicago – London 1992; *J. L. Pappin III:* The Metaphysics of E. B., New York 1993.

– K

C

Carlyle, Thomas

* 4. 12. 1795 Ecclefechan/Schottland; † 5. 2. 1881 London. Schottischer Historiker und literarisch-politischer Schriftsteller. Der Sohn eines Steinmetzen und Landwirts, erzogen im strengen Geist des schottischen Puritanismus, studierte, nach dem Schulbesuch in Annan, von 1809-14 an der Universität Edinburgh. 1814-18 unterrichtete er als Lehrer an den Schulen von Annan und Kirkcaldy Mathematik und alte Sprachen. Nach der Rückkehr nach Edinburgh schlug er sich in den folgenden Jahren mit schriftstellerischen Gelegenheitsarbeiten und als Hauslehrer durch; erst die Heirat mit Jane Welsh (1826) enthob ihn der größten Not. Zwischen 1828 und 1834 lebte C. als freier Schriftsteller in dem Dörfchen Craigenputtock; in diesen Jahren erlebte er seine ersten Erfolge als Autor, insbesondere als Literaturkritiker, Vermittler und Übersetzer deutscher Literatur (Wilhelm Meister) und als Biograph Schillers. Mit Goethe stand er bis zu dessen Tod im Briefwechsel. Als Dichter dagegen blieb C. erfolglos; sein am Vorbild Jean Pauls geschulter Roman „Sartor resartus" (1833) fand nur geringe Beachtung.

1834 übersiedelte C. in den Londoner Stadtteil Chelsea, wo er bis zu seinem Tode wohnte. Hier entstand in den folgenden Jahren sein erstes großes Werk „The French Revolution" (1837), das den Umsturz als gewaltige Naturerhebung gegen ein verdorbenes und dekadentes System interpretierte. Es folgten einige Jahre, in denen C. seinen Lebensunterhalt durch eine Reihe von öffentlichen Vorlesungen bestreiten mußte, von denen die (nicht erhaltene) über deutsche Literatur und die (1841 als Buch publizierte) „Über Helden und Heldenverehrung" die berühmtesten wurden. 1845 edierte er die „Letters and Speeches of Oliver Cromwell" – der erste Versuch einer grundlegenden Rehabilitierung dieser Zentralgestalt der englischen Geschichte. Der zweite große „Held", dem C. ein bedeutendes (und noch umfangreicheres) Werk widmete, war Friedrich der Große, dessen Biographie in sechs Bänden in den Jahren 1858-65 erschien. Dieses Werk festigte endgültig den Ruhm C.s als Schriftsteller inner- und außerhalb Englands. In den Jahren 1852 und 1858 hatte er

Deutschland besucht, und auch später blieb er den Deutschen verbunden: so im November 1870, als er in einem öffentlichen Brief an den Herausgeber der „Times" im deutsch-französischen Krieg für Deutschland Partei ergriff und die Annexion Elsaß-Lothringens verteidigte, so auch 1873, als er – als einzige Auszeichnung – die Friedensklasse des preußischen Ordens „Pour le mérite" akzeptierte (während er die ihm von →Disraeli angebotene englische Adelserhebung sowie den Bath-Orden ablehnte).

Als politischer Denker ging C. von dem Grundgedanken aus, daß jede menschliche Kultur auf der Herrschaft der Stärkeren über die Schwächeren beruht, daß die Teilung in Herrscher und Beherrschte den Urtypus jeder Gesellschaft darstellt. Es existiert laut C. sowohl eine Pflicht zur Herrschaft als auch eine Pflicht zur Unterordnung. Damit sei keinesfalls die Verklärung von Willkür und Gewalt gemeint, sondern die Einsicht der Starken in die Verpflichtung, die aus ihrer eigenen, nicht nur physischen, sondern auch geistig-moralischen Überlegenheit gegenüber den Schwachen erwachse. *Diese* Starken sind für C. die wirklich großen Menschen, die „Helden" (heroes), die man in der Frühzeit als Halbgötter verehrte und die später zu den politischen und geistigen Führergestalten wurden, auf denen die Fortentwicklung der Menschheit beruht. Das unbestreitbarste aller Menschenrechte ist nach C. „das Recht des Unwissenden, durch den Weiseren geleitet zu werden, mit Milde oder Gewalt durch ihn auf dem rechten Wege gehalten zu werden".

Geschichtliche Entwicklung sieht C. als einen kontinuierlichen Prozeß des Aufbaus politischer und kultureller →Institutionen und Korporationen (Familie, Geschlecht, Stamm, Gemeinde, Zünfte usw.), an dem Generationen von Menschen teilhaben. In den hieraus erwachsenen →Traditionen sei die Arbeit und zugleich die Weisheit der Vorfahren gespeichert, deren Beachtung die zentrale Voraussetzung für die richtige Existenz in der Gegenwart bilden müsse. Folgerichtig sei das Studium der Geschichte „das einzige Studium, das alle anderen in sich schließt".

Geleitet würden die Menschen vor allem durch Glaubensinhalte, nicht nur religiöse, sondern auch mythische und politische, wie etwa die Vaterlandsliebe. Nur dieser

„Glaube" vermag nach C. das gesellschaftliche Leben der Menschen wirklich zu begründen und zusammenzuhalten; ohne ihn ist menschliches Dasein im eigentlichen Sinne unmöglich, ohne Glauben falle der Mensch auf den Status des Tiers zurück. An der fundamentalen Bedeutung des Christentums „als Leben und Seele unserer modernen Kultur" hat C. (der als junger Mann eine schwere religiöse Krise durchlebte) stets festgehalten. Seine ethische Sinngebung erhalte der – im Kern selbstsüchtige – Mensch durch die Arbeit; jeder Zwang zur Arbeit, auch der härteste (bis hin zur Sklaverei, die C. ausdrücklich verteidigte), sei daher moralisch gerechtfertigt. Erst indem der einzelne durch Arbeit für das Ganze im Ganzen aufgehe und auf diese Weise zum organischen Teil des Ganzen (eines Volkes oder Gemeinwesens) werde, verwirkliche sich der Sinn seines Daseins.

Als historische Blütezeiten sieht C. die Epochen, in denen der Glaube mächtig war und das Leben der Menschen prägte. Zeiten des Niedergangs und der Dekadenz folgen aus dem Verfall des Glaubens: Wissen und Glauben klaffen auseinander, die Traditionen und Institutionen zerfallen, Egoismus und Individualismus zersetzen das Gemeinschaftsgefühl, und die Menschheit treibt dem „entsetzlichen Wahn des Materialismus" entgegen. Zwar verklärte C. das Mittelalter als Epoche, in der Glauben und Treue, auch die Einbindung in eine sinnvolle hierarchische und korporative Ordnung das Leben der Menschen bestimmten, doch postulierte er keinesfalls die Möglichkeit einer Rückkehr dorthin. Als Zeitkritiker bekämpfte er den Abfall vom Glauben, den Skeptizismus und Rationalismus als allgemeinen „Geist der Unwahrheit". Besonders heftig attackierte er sein Leben lang den Utilitarismus Benthams und den hieran anknüpfenden politischen Radikalismus. Daneben kritisierte er die von Selbstsucht beherrschte Adelsklasse Englands; nachhaltig klagte er die sozialen Mißstände seines Landes an und forderte eine umfassende staatliche Sozial- und Reformpolitik, die bis zur Enteignung der von den Grundbesitzern ungenutzten Grundflächen gehen sollte. Den britischen Parlamentarismus der Epoche lehnte er ab; C. sprach sich für eine drastische Stärkung der politischen Exekutive aus und für einen unnachsichtigen Kampf gegen jede Form der Anarchie in Staat und Gesellschaft.

B.: *J. W. Dyer:* A Bibliography of T. C.'s Writings and Ana, Portlams (Maine) 1928; *R. L. Tarr:* T. C. – A descriptive bibliography, Oxford 1989.

S.: Collected Works, Bde. I-XXX, London 1870/71; The Works, Bde. I-XXX, London 1896-99 (Ndr. New York 1969).

E.: Memoirs of the Life and Writings of T. C., hrsg. v. *R. H. Shepherd / C. N. Williamson,* Bde. I-II, London 1881; Early Letters, hrsg. v. *C. E. Norton,* Bde. I-II, London 1886; Briefe T. C.'s an Varnhagen von Ense, übers. u. hrsg. v. *R. Preuss,* Berlin 1892; New Letters, hrsg. v. *A. Carlyle,* Bde. I-II, London – New York 1904; Letters of T. C. to J. St. Mill, J. Sterling and R. Browning, hrsg. v. *A. Carlyle,* London 1924; Letters of T. C. to William Graham, hrsg. v. *J. Graham,* Princeton 1950; T. C.: Letters to his Wife, hrsg. v. *T. Bliss,* London 1953; R. W. Emerson and T. C.: The Correspondence, hrsg. v. *J. Slater,* New York 1964; The Letters of T. C. to his brother Alexander, hrsg. v. *E. W. Marrs,* Cambridge (Mass.) 1968; The Collected Letters of T. and Jane C., hrsg. v. *C. R. Sanders* u.a., bisher Bde. I-XVIII (bis 1844), Durham (N. C.) 1970ff.; Two Reminiscences of T. C., hrsg. v. *J. Clubbe,* Durham (N. C.) 1974.

Ü.: Leben Schillers, Frankfurt a. M. 1830; Die Französische Revolution, Bde. I-III, Leipzig 1844-49; Über Helden, Heldenverehrung und das Heldenthümliche in der Geschichte, Berlin 1853; Ausgewählte Schriften, dt. v. *A. Kretzschmar,* Bde. I-VI, Leipzig 1855; Geschichte Friedrichs II. von Preußen, Bde. I-VI, Berlin 1858-69; Sozialpolitische Schriften, hrsg. v. *P. Hensel,* Bde. I-II, Göttingen 1895-99; Lebenserinnerungen, Bde. I-II, Göttingen 1901-03; Sartor Resartus, Leipzig 1903; Vermischte Aufsätze, Göttingen 1910; Frühe Könige von Norwegen, Göttingen 1911; Heldentum und Macht. Schriften für die Gegenwart, hrsg. v. *M. Freund,* Leipzig o. J. (ca. 1935); Death of Goethe / Goethes Tod, hrsg. v. *H. Pöthe / N. Miller,* Berlin – New York 1981, u.v.a.

L.: *H. Taine:* L'idéalisme anglais. Étude sur C., Paris 1864; *J. A. Froude:* T. C., Bde. I-III, London 1882-84; *C. G. Duffy:* Conversations with C., London 1892; *J. Nichol:* T. C., London 1892; *H. C. MacPherson:* T. C., Edinburgh 1896; *G. v. Schulze-Gaevernitz:* C. – Seine Welt- und Gesellschaftsanschauung, Berlin 1897; *T. A. Fischer:* – Eine Geschichte seines Lebens, Leipzig 1903; *O. Baumgarten:* C. und Goethe, Tübingen 1906; *P. Hensel:* T. C., Stuttgart 1922; *W. Leopold:* Die religiöse Wurzel von C.s literarischer Wirksamkeit, Halle 1922; *D. A. Wilson:* T. C., Bde. I-VI, London 1923-34; *E. Neff:* C. and Mill, New York 1926; *H. J. C. Grierson:* C. & Hitler, Cambridge 1933; *W. Harrold:* C. and German Thought, 1819-1934, New Haven 1934; *W. Vollrath:* T. C. und H. St. Chamberlain, München 1935; *T. Deimel:* C. und der Nationalsozialismus, Würzburg 1937; *V. Basch:* C., Paris 1938; *L. M. Young:* T. C. and the Art of History, Philadelphia 1939; *H. Shine:* C. and the Saint-Simonians, Baltimore 1941; *A. Kippenberg:*

C.s Weg zu Goethe, Bremen 1946; *F. Brie:* Helden und Heldenverehrung bei T. C., Heidelberg 1948; *J. Symons:* T. C., London 1952; *R. Bell:* C.'s religious influence, Edinburgh 1959; *J. Cabau:* T. C. ou Le Prométhée enchaîné, Paris 1968; *A. J. La Valley:* C. and the Idea of the Modern, New Haven (Conn.) 1968; *J. Collis:* The C.s. A biography of T. and Jane C., London 1971; *W. Witte:* C. and Goethe, Edinburgh 1972; *F. Campbell:* T. C., London 1974; *P. Rosenberg:* The Seventh Hero: T. C. and the Theory of Radical Activism, Cambridge (Mass.) 1974; *C. R. Sanders:* C.'s Friendships and other Studies, Durham (N. C.) 1977; *E. M. Behncken:* T. C., ‚Calvinist without the theology', Columbia 1978; *K. M. Harris:* C. and Emerson, Cambridge (Mass.) 1978; *P. Krahé:* T. C., John Ruskin, Matthew Arnold, Bonn 1978; *W. Waring:* T. C., Boston 1978; *A. L. LeQuesne:* C., Oxford 1982; *F. Kaplan:* T. C., Cambridge 1983; *H. W. Drescher* (Hrsg.): T. C. 1981: Papers, Frankfurt a. M. u.a. 1983; *J. Clive:* Scott, C. and Democracy, Edinburgh 1985; *J. D. Rosenberg:* C. and the burden of history, Oxford 1985; *K. Momm:* Der Begriff des Helden in T. C.s „On Heroes, Hero-Worship and the Heroic in History", phil. Diss. Freiburg i. Br. 1986; *H. Bloom* (Hrsg.): T. C., New York 1986; *M. Timko:* C. and Tennyson, Basingstoke 1987; *M. Cumming:* A disimprisoned epic: form and vision in C.'s French Revolution, Philadelphia 1988; *T. Fasbender:* T. C. – Idealistische Geschichtssicht und visionäres Heldentum, Würzburg 1989; *C. R. VandenBossche:* C. and the Search for Authority, Columbus (Ohio) 1991.

– K

CEDI (Centre Européen de Documentation et d'Information)

Internationale und parteiunabhängige Institution mit dem Ziel, in allen europäischen Ländern aktive Kräfte zusammenzuschließen, die bereit sind, im öffentlichen Leben die Grundprinzipien der christlichen europäischen Kultur zu verteidigen. Gegründet während des ersten Kongresses des C. 1952 in Santander (Spanien) auf Anregung des spanischen Ministers Alfredo Sanchez Bella. Ehrenpräsident: Otto von Habsburg; Sitz der Vereinigung: München; zentrale Geschäftsstelle: Madrid; nationale Vereinigungen in: Belgien, Deutschland, Finnland, Frankreich, Griechenland, Großbritannien, Italien, Liechtenstein, den Niederlanden, Portugal, Schweden, Schweiz, Spanien sowie Mitglieder aus den Vereinigten Staaten und Iberoamerika. Das C. hat in den fast vierzig Jahren seines Bestehens etwa 25 Kongresse veranstaltet: u.a. in Spanien, Deutschland, Frankreich, Belgien, Großbritannien, Italien und

Portugal. Staatsoberhäupter, Regierungschefs, Minister, Abgeordnete und Persönlichkeiten des geistigen und kulturellen Lebens haben regelmäßig an den Tagungen teilgenommen. Das C. hat zu einer Zeit, als es noch keine offiziellen internationalen Organisationen christlich-konservativer Parteien gab und die Europäische Wirtschaftsgemeinschaft (EWG) als Vorgängerin der Europäischen Union noch auf die sechs Gründungsmitglieder beschränkt war, sich die Aufgabe gestellt, christlich-konservative Politiker Europas zusammenzuführen, gemeinsame Grundsätze zu Fragen der europäischen Politik zu formulieren und noch außerhalb der EWG stehende Staaten, wie Großbritannien, Spanien und Portugal, der Europäischen Gemeinschaft näherzubringen. Nach der Erfüllung dieser Aufgabe, dem Beitritt der genannten Staaten zur Europäischen Union und der Gründung offizieller internationaler Parteiorganisationen, wie der Europäischen Demokratischen Union (EDU), wurde das C. 1990 aufgelöst.

L.: *Georg von Gaupp-Berghausen:* 20 Jahre CEDI, Madrid 1971.

– Hu

Chateaubriand, François-René de (1815 Vicomte)

* 4. 9. 1768 Saint-Malo; † 4. 7. 1848 Paris. Französischer Schriftsteller und Politiker. C. stammte aus einer der ältesten Familien des bretonischen Adels. Sein Vater hatte als Reeder ein beträchtliches Vermögen erworben und von den Herzögen von Duras Herrschaft und Schloß Combourg gekauft. 1786 schlug C. die Offizierslaufbahn ein, erkannte seine Zukunft jedoch bereits in der literarischen Welt. Der Staatsmann und Gelehrte Malesherbes, dessen Enkelin C.s ältester Bruder Jean-Baptiste (guillotiniert 1794) geheiratet hatte, regte C. dazu an, auf dem Landweg nach der Nordwestpassage zwischen Pazifik und Atlantik zu suchen. C.s Amerikareise 1791 („Voyage en Amérique") brachte zwar keinen wissenschaftlichen Ertrag, erweckte jedoch seine dichterische Phantasie.

Nach seiner Rückkehr und Heirat verließ C. im Juli 1792 auf den Rat Malesherbes' Frankreich. Er wurde in der Armee des Prinzen Condé verwundet und erkrankte an Pocken, erreichte aber noch die Insel Jersey. Die

François de Chateaubriand
1768-1848

Jahre 1793 bis 1800 verbrachte er als Emigrant in London. 1797 legte er seine erste Publikation vor, einen Essay über alte und moderne Revolutionen. Allen Parteien gewidmet und von keiner geschätzt, wurde das Buch kaum bekannt. Anders die Londoner Schriften, die er nach der Rückkehr (1800) nach Frankreich veröffentlichte. 1801 brachte die romantische Erzählung „Atala" – wie „René" (1805) ein Teil des Indianerepos „Les Natchez" – den literarischen Durchbruch. „Nach so vielen militärischen Erfolgen erschien ein literarischer Erfolg wie ein Wunder, man lechzte geradezu danach." Auch das folgende Buch „Genius des Christentums oder Schönheiten der christlichen Religion" (1802) erschien zum richtigen Zeitpunkt: Napoleon, der 1801 mit dem Konkordat einen Schlußstrich unter die Revolutionspolitik gezogen hatte, sah in dem ihm gewidmeten Werk C.s ein Gegengewicht gegen die sich widersetzenden antichristlichen „Idéologues". C. wurde als Sekretär an die französische Botschaft in Rom berufen. Als er seinen ersten selbständigen Posten als Gesandter im Wallis antreten sollte, führte die Hinrichtung des Herzogs von Enghien zum Bruch C.s mit Napoleon.

Fortan widmete sich C. – unterbrochen allerdings von einer großen Orientreise („Iti-néraire de Paris à Jerusalem") – in der Zurückgezogenheit seines Landhauses in Vallée-aux-Loups seinem literarischen Werk. Während des Sturzes von Napoleon im April 1814 betrat C. mit der Streitschrift „De Buonaparte et des Bourbons" die politische Bühne und setzte sich für die Restauration der Bourbonen ein. Während der „100 Tage" floh er nach Gent, wo er zum Staatsminister ernannt wurde. Zurück in Paris, wurde er zum Pair de France mit Sitz in der Ersten Kammer erhoben, wo er die Royalisten („Ultras") leitete. In einer Programmschrift „Die Monarchie auf der Grundlage der Charte" (1816) erörterte C. in 92 Kapiteln die Grundsätze einer konstitutionellen Monarchie, die Königtum und →Freiheit, →Tradition und Fortschritt verbinden sollten und die auch den Faktor →Öffentlichkeit angemessen berücksichtigten.

Inzwischen hatte der König jedoch die Kammer aufgelöst und mit den „Ultras" gebrochen. C. verlor seine Bezüge und sah sich genötigt, seine Bibliothek und sein Landhaus in Vallée-aux-Loups zu verkaufen. Für die oppositionellen freiheitlichen Royalisten gründete er 1818 die Zeitschrift „Le Conservateur". Er schrieb später rückblickend: „Die durch diese Zeitschrift bewirkte Revolution war ungeheuer: In Frankreich änderte sie die Majorität in den Kammern, im Ausland verwandelte sie den Geist der Kabinette. So verdankten die Royalisten mir den Vorteil, aus dem Nichts, in das sie nach Ansicht der Völker gefallen waren, wieder ins Licht zu treten." (Auf den „Conservateur" geht die politische Bedeutung des Wortes „konservativ" zurück, das in England zunächst in der französischen Schreibweise verwendet wurde.) Nach der Ermordung des Herzogs von Berry, des damals letzten Thronerben, wurde 1820 die Zensur wieder eingeführt. C. stellte aus Protest den „Conservateur" ein. Doch traten die Royalisten als Regierungspartei an die Stelle der Gouvernementalen.

Nun erhielt C. Botschafterposten in Berlin, London und Rom und vertrat Frankreich auf dem Kongreß von Verona, wo neun Mächte (ohne England) für die Intervention gegen die spanischen Liberalen, die sich König Ferdinands VII. bemächtigt hatten, entschieden. Ende 1822 übernahm C. das Außenministerium und führte den erfolgreichen Interventionskrieg in Spanien, der weniger die Grundsätze der Heiligen Allianz durchsetzen als die französische Souveränität wiederherstellen sollte („Ma guerre d'Espagne"). C.s Pläne für den Ausbau einer französischen Großmachtposition im Zusammengehen mit Rußland gegen Österreich wurden durch seine Entlassung wegen einer Finanzfrage zunichte. 1828 wurde er wieder Botschafter in Rom, doch mit der Juli-Revolution endete seine politische Karriere. In seiner letzten Rede vor der Pairskammer sagte er: „Vergeblich hat mein Kassandraruf den Thron ermüdet. Mir bleibt der Schiffbruch, den ich so oft verkündete, und die Treue, die ich dem Unglück schulde."

C. widmete sich wieder ganz seinem literarischen Werk: Er verfaßte historische Studien ebenso wie eine Übersetzung Miltons, ein Buch über die englische Literatur, zwei Bände über den Kongreß von Verona, vieles über die Zeitgeschichte. Es entstand sein bedeutendes Alterswerk „La vie de Rancé", eine Biographie des Begründers des Trappistenordens. C.s schon in Vallée-aux-Loups begonnene Memoiren „Les Mémoires d'outre-tombe" erschienen erst nach seinem Tode.

Wie →Tocqueville sah C. die unabänderliche Heraufkunft eines auf die Massen gestützten demokratischen Zeitalters, dem sich niemand entgegenstellen könne. Auf einem Felsvorsprung in Saint-Malo befindet sich das Grab des großen Dichters, der wie kein anderer auch ein großer Publizist war und alle zu seiner Zeit bekannten Medien nutzte: das Buch, die eigene Zeitschrift, die Parlamentsrede, den Zeitungsartikel, Broschüren, diplomatische Akten und die Autobiographie. De Gaulle sagte einmal, daß die europäische Gemeinschaft nicht allein auf dem Fundament der wirtschaftlichen Interessen errichtet werden dürfe, sondern auch das geistige Erbe der europäischen Nationen einbeziehen müsse. Er nannte die Namen dreier Dichter: Dante, Goethe und – Chateaubriand.

B.: Bulletin de la Société C., Nr. 1ff., Chatenay-Malabry 1957ff..

S.: Œuvres complètes, Bde. I-XXXI, Paris 1826-31; Œuvres complètes, Bde. I-XX, Paris 1830-31; Œuvres complètes, Bde. I-XXXVI, Paris 1837-39; Œuvres complètes, Bde. I-XXV, Paris 1836-39; Œuvres complètes, Vorw. von *Sainte-Beuve*, Bde. I-XII, Paris 1861; Œuvres romanesques et voyages, hrsg. v. *M. Regard*, Bde. I-II, Paris 1969.

E.: Correspondance génerale, hrsg. v. *P. Reberette*, Bde. I-V, Paris 1977-86.

Ü.: C.'s Werke, Bde. I-LXVI, Freiburg i. Br. 1827-38; Karls X. und seiner Familie Verbannung, Freiburg 1831; Erinnerungen. Mémoires d'outre-tombe, München 1968.

L.: *F.-X. Collombet:* C., sa vie et ses écrits, Lyon 1851; *C.-A. Sainte-Beuve:* C. et son groupe littéraire sous l'Empire, Bde. I-II, Paris 1861, neu hrsg. v. *M. Allem*, Bde. I-II, Paris 1948; *C. Maurras:* Trois Idées politiques (C. ou l'anarchie), Paris 1898, neu hrsg. 1912; *C. Lady Blennerhasset:* C. – Romantik und die Restaurationsepoche in Frankreich, Mainz 1903; *V. Giraud:* C., Etudes littéraires, Paris 1904; *A. Cassagne:* La Vie politique de F. de C., Paris 1911; *V. Giraud:* Nouvelles études sur C., Paris 1912; *J. Lemaitre:* C., Paris 1912; *P. Moreau:* C., l'homme la vie, le génie et les livres, Paris 1927; *E. Beau de Loménie:* La Carrière politique de C. de 1814 à 1830, Bde. I-II, Paris 1929; *H. Bérenger:* C., héros de l'aventure romantique, Paris 1930; *A. Dollinger:* Les études historiques de C., Paris 1832; *H. Gillot:* C., ses idées, son action, ses œuvres, Paris 1934; *M. Duchemin:* C. Essai de critique et d'histoire littéraire, Paris 1938; *A. Maurois:* C., Paris 1938; *ders.:* René ou la vie de C., Paris 1956; *F. Sieburg:* C. – Romantik und Politik, Stuttgart 1959; *J. Mourot:* Études sur les premières œuvres de C., Paris 1962; *M. de Dieguez:* C. ou la Poète en face de l'histoire, Paris 1963; *P. Barberis:* C.: une réaction au monde moderne, Paris 1976; *ders.:* A la recherche d'une écriture: C., Tours u.a. 1976; *G. D. Painter:* C. A biography, Bd. I: 1768-93, London 1977; *M.-S. Durry:* La vieillesse du C. 1830-48. Neudr. Paris 1986; *K. O'Flaherty:* Pessimisme de C., Nanterre 1989; *A. Vinet:* C., Lausanne 1990.

– S-N

Cherbuliez, Antoine-Elisée

* 29. 7. 1797 Genf; † 7. 3. 1869 Zürich. Liberalkonservativer Gelehrter (Jurist und Nationalökonom), Publizist und Politiker. Entstammte einem Geschlecht aus dem Kt. Waadt, das seit 1698 das Genfer Bürgerrecht besaß. C.s Vater betrieb in Genf eine Buchhandlung. Nach einigen Auslandsaufenthalten, u.a. in Deutschland und Rußland, schloß C. 1826 seine Studien in Genf mit einer Dissertation über die „Causes naturelles du droit positif" ab, in der er das Naturrecht bekämpfte und J. Benthams Utilitarismus verteidigte.

Bis zur Genfer Revolution von 1846 übte er in seiner Vaterstadt verschiedene Funktionen aus: Als Jurist wurde er Richter am Tribunal de l'Audience und 1831 am Zivilgericht. 1833 übernahm er den Lehrstuhl für Römisches Recht und Strafrecht an der Akademie und wurde 1835 ebenda Professor des Öffentlichen Rechts und der Nationalökonomie. Als Publizist gründete C. 1829 die Monatszeitschrift „L'Utilitaire, journal de philosophie sociale", mit der er – auf der gedanklichen Grundlage der Lehren Benthams – die bestehenden politischen und sozialen Mißstände bekämpfen wollte; doch bereits 1830 ging die Zeitschrift ein. 1842 leitete C. drei Monate lang das konservative Kampfblatt „Courrier de Genève", außerdem war er regelmäßiger Mitarbeiter der Zeitschriften „Bibliothèque universelle" und „Journal des Economistes".

C.s politische Karriere begann 1831 als Mitglied des Genfer Repräsentativen Rates (Kantonsparlament); 1841 wurde er in die Konstituierende Versammlung (Verfassungsrat) berufen, um an der Ausarbeitung des neuen Grundgesetzes mitzuwirken. 1842 wurde er in den Großen Rat (Nachfolger des Repräsentierenden Rates) gewählt. 1841-46 widmete sich C. mit großer Energie in Wort und Schrift der Bekämpfung der radikalen Demokratie. Nach der Revolution von 1846 trat er von allen seinen Ämtern zurück und emigrierte mit seiner Familie nach Frankreich, wo er sich, vornehmlich in Paris lebend, nur mühsam durch Publikationen und Privatunterricht über Wasser halten konnte. Während der Revolution von 1848 kämpfte er als Pamphletist gegen den Sozialismus und verteidigte liberale Positionen; 1850 wurde C. französischer Staatsbürger und stimmte 1851 für Louis-Napoléon. Doch bereits ein Jahr später konnte er in die Schweiz zurückkehren, wo er in Lausanne einen Lehrstuhl für Nationalökonomie übernahm. 1855 wurde er als Professor für Nationalökonomie und Statistik an die ETH Zürich berufen, wo er bis zu seinem Tode lehrte.

C.s Denken und Werk sind geprägt durch eine spannungsvolle Diskrepanz zwischen dem Nationalökonomen und dem Staatsrechtler bzw. Politiker sowie der vorrevolutionären und der nachrevolutionären Epoche (1841, 1846, 1848). Ursprünglich dem Utilitarismus verpflichtet und ebenso, wie zahlreiche frühere Sozialreformer, der Ansicht, daß die soziale Struktur der Menschheit nur durch den Willen der übergeordneten „höheren" Klassen geändert werden könne – an die man sich daher direkt und ausschließlich zu

wenden habe –, wollte er diese jedoch, im Unterschied zu anderen Denkern, von der Notwendigkeit von Reformen durch eine Garantie der auf Privateigentum basierenden Gesellschaftsordnung überzeugen. Dem allgemein aufgefaßten (von C. auch auf das Erziehungswesen bezogenen) Grundgedanken *Laissez faire* blieb er in Wirtschaftsfragen stets treu.

In seiner „Théorie des garanties constitutionelles" (1838) brach C. mit den utilitaristischen Konzeptionen Benthams, da dessen Maxime „The greatest happiness of the greatest number" kein objektives Kriterium der Politik sei („Glück" könne nicht gemessen werden). Im selben Werk bezeichnete C. auch die Demokratie als Illusion, denn die Volkssouveränität sei eine „metaphysische Abstraktion", die sich der unmittelbaren Anwendung entziehe; zudem sei das Volk zu zahlreich, um die Macht direkt auszuüben. Das Stimmrecht solle nur intellektuell und moralisch hochstehenden Menschen gewährt werden. Wenngleich er Revolutionen strikt ablehnte, vermochte C. keine konkreten Reformvorschläge zu machen, da er nur als Wissenschaftler verstanden werden wollte.

Auch in seinen nationalökonomischen Schriften lehnte er die Demokratie im Sinne der Ideen von 1789 strikt ab. So führte er in „Riche ou pauvre" (1840) aus, daß die Masse der Lohnabhängigen aufgrund ihrer sozialen Misere auf absehbare Zeit nicht imstande sei, ihre wahren Interessen zu erkennen und ihre politischen Rechte auszuüben. In seiner Schrift „De la démocratie en Suisse" (1843) polemisierte C. gegen den Radikalismus, in dem er den Zerstörer der Schweizer Gesellschaft sah. In seinen weiteren Vorlesungen und Schriften – so in der „Etude sur les causes de la misère" (1853) – sah er den eigentlichen Grund für die sozialen Probleme der Zeit in der moralischen Misere der Proletarier. Als Anhänger des *Laissez faire* jedoch empfahl er nicht eine Verbindung von Kapital und Arbeit, sondern „se déclare favorable au patronage". Hierin sah C. weder ein System noch eine →Institution, sondern „un mode de vivre volontaire, individuel et d'une efficacité purement locale". Das Patronagesystem weist nach C. drei verschiedene Komponenten auf: Barmherzigkeit, Ausbildung / Erziehung und Einfluß.

In seinem letzten (allerdings unedierten) Werk „Théories des lois politiques" formulierte C. die Grundsätze einer „politique spéculative", die nach den richtigen Mitteln zur Erreichung der Staatsziele fragte. Diese sah er vor allem in der Garantie der Kontinuität der Gesellschaft und ihrer Sicherheit. Beide erlaubten gleichzeitig der Regierung die Erfüllung ihrer Hauptaufgabe, nämlich zu garantieren, daß der einzelne seine individuellen Fähigkeiten im Rahmen der bestehenden Gesetze frei entfalten könne.

B.: In: *E. Silberner:* L'Œuvre économique d'A.-E. C. (siehe unter **L.**).

S.: Seine mündlichen, aber schriftlich festgehaltenen Interventionen vgl. in: Mémorial des séances du Conseil Représentatif, Bde. I-XIX, Genf 1831-42; Mémorial des séances de l'Assemblée constituante genevoise, Bde. I-III, Genf 1842; Mémorials des séances du Grand Conseil du Canton de Genève, Bde. I-IX, Genf 1842-46.

E.: Dissertation sur les causes naturelles du droit positif. Thèse doct. en droit, Genf 1826; L'Utilitaire. Journal de la philosophie sociale, Bde. I-II, Genf 1829-30; Essai sur les conditions de l'alliance fédérative en général, et sur le nouveau projet d'Acte fédéral, Genf 1833; Lettre à MM. les fabricants et ouvriers en horlogerie, bijouterie et orfèvrerie, sur la loi relative au titre des ouvrages d'or et argent, Genf 1835; Théorie des garanties constitutionelles, Bde. I-II, Paris 1838; Notice sur la vie et les travaux de feu P.-F. Bellot, Genf 1838; Discours sur la vie et les travaux de feu Pierre Prévost, Genf 1839; Etudes sur la loi électorale du 19 avril 1831, et sur les réformes dont elle serait susceptible, Paris 1840; Riche ou pauvre. Exposition succincte des causes et des effets de la distribution actuelle des richesses sociales, Paris – Genf 1840; Richesse ou pauvreté, exposition des causes et des effets de la distribution actuelle des richesses sociales, Paris 1841; Lettres à un Américain sur la constitution de Genève et les événements du jour, Genf 1841-43; De la démocratie en Suisse, Bde. I-II, Paris 1843; Cours de M. le Prof. A.-E. C. sur les questions sociales et les doctrines socialistes. Le Fédéral du 16 janvier 1844 à 8 mars 1844; Lettres à un ancien magistrat, Genf 1847; Le socialisme c'est la barbarie. Examen du questions sociales qu'a soulevées la révolution du 24 février 1848, Paris 1848 (2., erw. Aufl. Paris 1888); Simples notions de l'ordre social à l'usage de tout le monde, Paris 1848 (2. Aufl. 1881); Le potage à la torture. Entretiens populaires sur les questions sociales, Paris 1849; Etude sur les causes de la misère, tant morale que physique et sur les moyens d'y porter remède, Paris 1853; Précis de la science économique et ses principales applications, Bde. I-II, Paris 1862.

L.: *G. Vaperau:* C., in: Dictionnaire universel des contemporains, ⁴Paris 1870, Bd. I, S. 385; *E. Rambert:* A.-E. C., in: *ders.:* Ecrivains nationaux, 1. ser. Genève,

Genf 1874, S. 49-158; *A. Achard:* C., im Anhang zum: Nouveau dictionnaire d'économie politique, Paris 1897, S. 71; *Meitzel:* C., in: Handwörterbuch der Staatswissenschaften, 4. Ausg., Jena 1924-29, Bd. III, S. 172; *E. L. Burnet:* C., in: Dictionnaire historique et biographique de la Suisse, Bd. II, Neuchâtel 1928, S. 500; *L. Vigouroux:* C., in: The Encyclopedia of the Social Sciences, Bd. III, S. 368f, New York 1929; *C. Borgeaud:* Histoire de l'Université de Genève. L'Académie et l'Université au XIXme siècle, 1814-1900, Genf 1934; *E. Silberner:* L'œuvre économique d'A.-E. C., oec. Diss. Genf 1935; *D. Barth:* Die Protestantisch-Konservative Partei in Genf in den Jahren 1838 bis 1846, Basel 1940; *W. E. Rappard:* A.-E. C. et la propriété privée (1797-1869), Genf 1941 (auch in: *ders.:* Economistes Genevois du XIXe Siècle, Genf 1966, S. 61-268); *ders.:* A.-E. C. et la Révolution Genevoise de 1841, in: Bulletin de la Société d'histoire et d'archéologie de Genève 7 (1942), S. 421-33; *E. Gruner:* Konservatives Denken und konservative Politik in der Schweiz, in: *G.-K. Kaltenbrunner* (Hrsg.): Rekonstruktion des Konservatismus, Freiburg i. Br. 1972, S. 241-72.

– Häu

Chesterton, Gilbert Keith

* 29. 5. 1874 Kensington; † 14. 6. 1936 London. Englischer Dichter, Autor und Journalist. Anglikanisch getauft, wuchs C. in einer eher liberal-agnostischen Atmosphäre auf. Schriftstellertalent und Humor erbte er, seine dialektischen Fähigkeiten entwickelte er in frühester Jugend. C. war instinktiv Philosoph und Theologe. Er suchte unablässig nach der Wahrheit, für die er, mit einigen unwichtigen Ausnahmen, jede Vorliebe zu opfern bereit war. Der immer nachdenkliche und daher oft zerstreute C. wurde geprägt durch eine Märchenwelt mit unzähligen Büchern, deren Inhalt in seinem phänomenalen Gedächtnis haften blieb. Hinzu kamen später die „Summa Theologiae" des hl. →Thomas von Aquin und alles, was Kardinal →Newman geschrieben hatte. C. las Bücher nicht, er überflog sie, dies aber zu tausenden. Sein Gedächtnis half ihm, sich eine umfassende Bildung zu erwerben. Wohl war ihm nach den Studien auf *Slade School* und *University College* der Weg als Schriftsteller vorgezeichnet, diese Tätigkeit blieb aber nur Mittel zum Zweck der Verbreitung der Wahrheit. Durch seine Heirat im Jahre 1901 kam C. in den Einflußbereich der *Anglocatholics*, der konservativsten anglikanischen Gruppe. Im Jahre 1908 erschien sein vielleicht bedeutendstes Werk

„Orthodoxie", eine Art von geistiger Autobiographie, voller philosophischer und theologischer Erkenntnisse. C. war Katholik, lange bevor er konvertierte. Im Jahre 1922, nach langer und reiflicher Überlegung, wurde er von Fr. O'Connor, dem Vorbild für die Figur des Pater Brown, in die katholische Kirche aufgenommen, „um seine Sünden loszuwerden", wie er selbst sagte.

Nach seinem Tode bezeichnete ihn der Papst mit dem Titel „defensor fidei", der in den Tageszeitungen zensuriert wurde, da dieser in England seit Heinrich VIII. dem König allein zusteht. Tatsächlich haben wenige Autoren in diesem Jhdt. den katholischen Glauben, die Rechtgläubigkeit und die Tradition des Lehramtes so brillant verteidigt wie C. Er tat dies nicht nur in seinen theologischen Büchern, wie „Orthodoxy", „Everlasting Man", „Catholic Church and Conversion", „St. Francis of Assisi" und „St. Thomas Aquinas", sondern auch in unzähligen Zeitungsartikeln, von denen leider nur einige in Sammelbänden veröffentlicht wurden. Sein Buch über Thomas von Aquin wurde von Etienne Gilson als das beste Werk über den engelsgleichen Doktor eingestuft, und der damalige Ordensmeister der Dominikaner benutzte es als Unterlage in Vorlesungen.

C. zeigt – und hierin unterscheidet er sich kaum von Thomas von Aquin –, daß wir in dem ehrlichen Willen zur Wahrheitsfindung mit dem gesunden Menschenverstand sehr weit gelangen können. Seine eigentliche Ergänzung der theologischen Methode besteht in seinem Gebrauch des Paradoxons und des Humors. „Paradox ist die Wahrheit, die auf dem Kopf steht, um Aufmerksamkeit zu erregen." Humor durchzieht alle seine Werke. C. mochte den Ernst nicht, er fand ihn als das Charakteristikum der falschen Religionen, die alles so ernst nehmen, bis sie sich vor einem Stück Holz oder Stein verneigen. „Es ist der Test einer guten Religion, ob man über sie Witze machen kann." Humor war für C. natürliche Gegebenheit und niemals künstliche Methode. Er verabscheute jene absurde Form des Prinzips *l'art pour l'art*, in der alles erlaubt ist, nichts auf Gesetzen beruht und nichts mehr von der durch ein Temperament ausgedrückten Realität zu sehen ist.

Die gleichen hohen Anforderungen stellte C. in der Politik. Ursprünglich als Liberaler mit Sympathie für Sozialisten, lernte er sehr bald die hinter der Fassade der Menschlichkeit und Gerechtigkeit versteckte Inhumanität kennen. Nichts war C. mehr zuwider als die zum Dogma erhobene politische Lüge. Ein Beispiel sei das 1935 erschienene „The Well and the Shallows", unter dem Titel „My Six Conversions; VI. The Case of Spain": C. war Zeitzeuge, daß die Sozialisten die Wahlen nicht respektierten, den Bürgerkrieg eröffneten und die Greueltaten der Priestermorde und Kirchenschändungen begingen. „Sie benahmen sich genau wie Mussolini; oder, besser gesagt, sie taten das Allerschlimmste, das man Mussolini je nachgesagt hat; und dies ohne einen Hauch seiner theoretischen Entschuldigungen." C. folgerte, daß der Liberalismus nichts gegen den Faschismus einzuwenden hat, solange dieser nur links ist. Die Summe aller Politik faßt C. in kurze Worte: „Es gibt keine Faschisten; es gibt keine Sozialisten; es gibt keine Liberalen; es gibt keine Parlamentaristen. Es gibt eine höchst inspirierende und irritierende Institution (der katholischen Kirche) in der Welt; und es gibt ihre Feinde."

C. lebte für die Wahrheit, sein Weltbild war theozentrisch und thomistisch und gerade deswegen so humorvoll, vergnüglich und entspannt. Er pries den Schöpfer, wo er konnte, dankte ihm für alle seine Gaben, die er auch entsprechend zu würdigen und zu genießen verstand. →Tradition war für ihn nicht Museum, sondern Orientierungshilfe und überlieferte Weisheit, aber auch überlieferter Volkswille. Das wirkliche Qualitätskriterium war für ihn die Gottgefälligkeit. C. war jene Mentalität, derzufolge der etablierte Künstler, Philosoph und Theologe nicht angegriffen werden dürfe, sehr fremd. Nicht die Maßstäbe des Menschen, sondern die Maßstäbe Gottes waren für ihn entscheidend. Letztere aber können wir nur in der katholischen Lehre erkennen, in der „Theologie, die die Menschheit gesund erhielt" und die in ihrer Gesamtheit gewahrt werden müsse. (Die Frage, ob der Häretiker daher bestraft werden dürfe, war für C. keine: „Die Modernisten sagen, wir dürfen Häretiker nicht bestrafen. Mein einziger Zweifel ist, ob wir das Recht haben, irgendwen anderen zu bestrafen.")

Nicht düstere Reingeistigkeit und humorloses Pharisäertum zeichneten C. aus, sondern ein herzlich und fröhlich lachender Glaube sowie die feste Überzeugung, daß es auch in Christus etwas gab, etwas, das sogar „für Gott zu groß war, um es uns zu zeigen, als Er noch auf Erden wandelte". Und C. „vermutete, es war Seine Fröhlichkeit".

B.: *Ernest Rhys* (Hrsg.): Stories, Essays, & Poems by G. K. C., London 1946.

S.: Greybeards at Play, 1900; The Wild Knight, 1900 (Neuausg. 1914); The Defendant, 1901; Twelve Types, 1902; Robert Browning, 1903; G. F. Watts, 1904; The Napoleon of Notting Hill, 1904; The Club of the Queer Trades, 1905; Heretics, 1905; Charles Dickens, 1906; The Man Who was Thursday, 1908; All Things Considered, 1908; Orthodoxy, 1908; George Bernard Shaw, 1909; Tremendous Trifles, 1909; The Ball and The Cross, 1910; What's Wrong With the World, 1910; Alarms and Discursions, 1910; William Blake, 1910; Appreciations and Criticisms (Dickens), 1911; The Innocence of Father Brown, 1911; The Ballad of the White Horse, 1911; Manalive, 1912; A Miscellany of Men, 1912; Simplicity and Tolstoy, 1912; The Victorian Age in Literature, 1913; Magic, A Fantastic Comedy, 1913; The Flying Inn, 1914; The Wisdom of Father Brown, 1914; The Barbarism of Berlin, 1914; The Crimes of England, 1915; Poems 1915; Wine, Water and Song, 1915; Letters to an Old Garibaldian, 1915; A Shilling for my Thoughts, 1916; A Short History of England, 1917; Irish Impressions, 1919; The New Jerusalem, 1920; The Superstition of Divorce, 1920; The Uses of Diversity, 1920; Charles Dickens: Fifty Years After, 1920; The Ballad of St. Barbara, 1922; Eugenics and Other Evils, 1922; The Man Who Knew Too Much, 1922; What I Saw in America, 1922; Fancies versus Fads, 1923; Saint Francis of Assisi, 1923; The End of the Roman Road, 1924; The Everlasting Man, 1925; The Superstitions of the Sceptic, 1925; Tales of the Long Bow, 1925; The Catholic Church and Conversion, 1926; The Incredulity of Father Brown, 1926; The Queen of Seven Swords, 1926; The Outline of Sanity, 1926; William Cobbet, 1926; The Judgement of Dr. Johnson, 1927; Robert Louis Stevenson, 1927; Gloria in Profundis, 1927; The Secret of Father Brown, 1927; The Return of Don Quijote, 1927; Poems, 1927; Generally Speaking, 1928; The Sword of Wood, 1928; Do we agree? (A debate with Bernard Shaw), 1928; The Poet and the Lunatics, 1929; The Thing, 1929; Ubi Ecclesia, 1929; G. K. C. as M. C., 1929; Four Faultless Felons, 1930; The Resurrection of Rome, 1930; Come to Think of It, 1930; The Grave of Arthur, 1930; The Turkey and the Turk, 1930; All is Grist, 1931; Christendom in Dublin, 1932; Chaucer, 1932; Sidelights on New London and Newer York, 1932; All I Survey, 1933; St. Thomas Aquinas, 1933; Poems, 1933; Avowals and Denials, 1934; The Well and the Shallows, 1935; The Scandal of Father Brown, 1935; As I was Saying, 1936; Autobiography, 1936; The Paradoxes of Mr. Pond, 1937; The End of the Armistice (Sammlung früherer Essays), 1940.

Ü.: *G. K. C.:* Alle Pater-Brown-Geschichten, 2 Bde., Frankfurt a. M. 1990.

L.: The Chesterton Review, hrsg. v. *Ian Boyd,* St. Thomas More College, Saskatoon, Sasketchawan, 1974ff (Artikel etc. von G. K. C.); *J. de Tonquédec:* G. K. C., Ses Idées et Son Charactère, Paris 1920; *H. Belloc:* G. K. C., in: The Saturday Review of Literature, 4. Juli 1936, S. 3; *M. Ward:* G. K. C., London 1944; *A. Hesse:* G. K. C., in: Die Warte, 15. Juni 1946, S. 2; *H. Kenner:* The Paradox in C., London 1948; *A. C. Masin:* Comp. Catalog of an Exhibit of Selections from the John Bennet Shaw Collection on G. K. C. Memorial Library, University of Notre Dame, 1979; *R. D. Hickson:* The Chesterbelloc, Catholic Dogma, and the Grateful Consent to Paradox and Mystery, in: Faith and Reason, Bd. XII, Nr. 3, 4, S. 1986, 179-209; *S. J. Jaki:* G. K. C. as R. C., in: ebd., S. 211-28; *F. D. Wilhelmsen:* Orthodoxy: Eighty Years Later, in: ebd., S. 243-56.

– He

Churchill, Randolph Henry Spencer Lord

* 13. 2. 1849 Blenheim Palace Woodstock (Oxfordshire); † 24. 1. 1895 London. Konservativer Politiker. Als Sohn des siebenten Herzogs von Marlborough gehörte C. zum englischen Hochadel und durchlief dessen typische Ausbildung: Schulbesuch in Eton (1863-65), anschließend Studium der Rechtswissenschaften und der Geschichte am Merton College in Oxford (1867-70). 1874 wurde er als Konservativer im Wahlkreis Woodstock in das Unterhaus gewählt, wo er zunächst wenig auffiel. Erst seit 1878 und insbesondere nach der Wahlniederlage 1880 sowie dem Tod →Disraelis (1881) machte er als Führer der „zornigen jungen Männer" unter den Konservativen von sich reden; er attackierte nicht nur mit besonderer Rücksichtslosigkeit den alten W. Gladstone und dessen liberale Regierung, sondern behandelte auch die „old gang" der konservativen Parteiführung (insbesondere Stafford Northcote) mit großer Respektlosigkeit. Die Gruppe junger Konservativer um C., scherzhaft auch die „vierte Partei" genannt, gewann rasch an Einfluß, auch über die von ihr dominierte „Primrose League" (Primelnbund, nach Disraelis Lieblingsblume), ein Verein zur Förderung konservativer Parteiinteressen. Unter ausdrücklicher Berufung auf die Ideen Disraelis trat C., der mit der Zeit eminente rhetorische Fähigkeiten entwickelte, als Ideologe der „Tory Democracy" hervor und forderte ein breites Bündnis der Unterschichten mit dem alten Adel und der Konservativen Partei, die er wiederum zu einer großangelegten politischen und sozialen Reformpolitik bewegen wollte. In der Partei blieb er allerdings lebhaft umstritten; es gelang ihm 1884 nicht, zum Vorsitzenden der „Central Union of Conservative Association" gewählt zu werden.

C.s große Stunde kam im Juni 1885, als er im ersten Kabinett →Salisbury den wichtigen Posten eines Staatssekretärs für Indien übernahm, den er aber nach der politischen Wende wieder abgeben mußte (Januar 1886). Nachdem C. als heftiger Kritiker des kurzen dritten Kabinetts Gladstone hervorgetreten war, wurde er im August 1886 Schatzkanzler des zweiten Kabinetts Salisbury und (da Salisbury im Oberhaus saß) Führer der Mehrheitsfraktion des Unterhauses. Seine Erfolge stiegen ihm allerdings zu Kopf; er sah sich bereits als baldigen Nachfolger des Premierministers und begann, den eigenen Einfluß in Partei, Fraktion und Regierung zu überschätzen. Er mischte sich auch in die Angelegenheiten anderer Ressorts ein und verlangte u.a. eine neue Außenpolitik der Annäherung an Deutschland. Um die von ihm geforderten Einsparungen im Verteidigungshaushalt durchzusetzen, trat er am 20. Dezember 1886 zurück – in der Erwartung, das Kabinett in eine Krise zu stürzen und in Ehren zurückgeholt zu werden. Doch Salisbury nahm, wohl auch, um den lästigen Konkurrenten und Querulanten loszuwerden, C.s Rücktritt an, dessen politische Karriere damit abrupt – und zwar für immer – beendet war. Zwar blieb C. bis zu seinem Tode Mitglied des Unterhauses, doch sein exzessiver Lebenswandel zerrüttete seine Gesundheit. Nach einer Südafrikareise (1891) machten sich die Anzeichen einer paralytischen Erkrankung bemerkbar, der C. schließlich erlag. Sein Sohn Winston →Churchill, der das rhetorische Talent seines Vaters erbte, erreichte das von diesem vergeblich angestrebte Ziel, Premierminister zu werden.

S.: Intermediate Education in Ireland. A Letter to Sir J. Bernard Burke, Dublin 1878; Both Sides of the Home Rule Question, Oxford 1888; Men, Mines and Animals in South Africa, London 1892.

E.: Speeches of Lord R. C., hrsg. v. *W. Lucy,* London 1885; Speeches of the Right Honourable Lord R. C., hrsg. v. *L. J. Jennings,* London – New York 1889.

L.: *T. H. S. Escott:* R. Spencer-C. as a Product of his Age, being a personal and Political Monograph, Lon-

don 1895; *W. S. Churchill:* Lord R. C., London 1906 (Neuausg. ebd., 1951); *A. P. P. Rosebery:* Lord R. C., London 1906; *A. S. MacNalty:* Die drei C.s, Düsseldorf 1949; *R. R. James:* Lord R. C., London 1959; *H. Tingsten:* R. C., in: *ders.:* Königin Victoria und ihre Zeit, München 1965, S. 270-80; *R. F. Foster:* Lord R. C., Oxford 1981; *M. Iltin Aung:* Lord R. C. and the dancing peacock: British conquest of Burma 1885, New Delhi 1990.

– K

Churchill, Winston Spencer

* 30. 11. 1874 Blenheim Palace Woodstock (Oxfordshire); † 24. 1. 1965 Chartwell Manor. Konservativer Politiker. Sohn von Lord Randolph →Churchill, jedoch mit deutlich anderen politischen Akzenten. C. orientierte sich an den Traditionen der Whigs, weniger an „Tory democracy". Er vertrat zum Unterschied von den (schutzzöllnerischen, später z. T. auch korporatistischen) Neo-Imperialisten einen ungebrochen, z. T. auch unrealistisch selbstbewußten, von einem gewissen angelsächsischen (nicht rein britischen!) Sendungsbewußtsein getragenen Imperialismus. C. war zeitlebens ein entschiedener Gegner des Sozialismus und könnte im kontinentalen Vergleich als Nationalliberaler gelten.

1904 trat C., als die Schutzzöllner in der Konservativen Partei die Oberhand gewannen, zur Liberalen Partei über und bekleidete unter den Liberalen mehrfach Ministerämter, zuletzt ab 1911 die Position des Ersten Lords der Admiralität. Er stand der Gruppe der „Liberal Imperialists" nahe und schloß sich im Ersten Weltkrieg an David Lloyd George an, auch wenn dessen ursprünglich radikale, linksliberale Steuer- und Gesellschaftspolitik wenig nach seinem Geschmack war. Gegen konservative Militärs (wie gegen US-Strategen im Zweiten Weltkrieg) verfocht er eine amphibische mediterrane Strategie. Nach dem gescheiterten Dardanellen-Unternehmen („Gallipoli") 1915 zeitweise in Ungnade, doch ab 1917 wieder Regierungsmitglied, verlor er mit dem Auseinanderbrechen der Kriegskoalition 1921 politisch den Boden unter den Füßen.

C. trat 1924 als unabhängiger Antisozialist zu den Wahlen an, wurde im konservativen Kabinett Baldwin überraschend zum Finanzminister ernannt und setzte die Rückkehr des

Pfund zur Vorkriegsparität durch. 1931 nicht wieder in die Regierung berufen, setzte C. seine ausgedehnte publizistische Tätigkeit fort; er radikalisierte seine Kritik an Baldwins Konzentrationsregierung, zunächst wegen der Gewährung von Selbstverwaltungszugeständnissen an Indien, später wegen der Versäumnisse der Aufrüstung. C. isolierte sich 1936 als Anhänger Eduards VIII. Seine Reintegration stand im Zeichen außenpolitischer Spannungen: Das Jahr 1939 sah ihn an der Spitze der innerparteilichen Opposition gegen Chamberlains Appeasementpolitik. Bei Kriegsbeginn wieder zum Marineminister ernannt, avancierte er 1940 zum Premier (paradoxerweise gerade aufgrund des Scheiterns des von ihm initiierten Norwegen-Unternehmens).

Außenpolitisch war C. 1918/19 Verfechter einer antisowjetischen Intervention im russischen Bürgerkrieg. Er begrüßte den Aufstieg Mussolinis und anfangs auch Francos, wandte sich aber aus Gründen traditioneller Gleichgewichtspolitik frühzeitig gegen das Dritte Reich. (Eine literarische Analogie stellt die in den dreißiger Jahren verfaßte Biographie seines Vorfahren Marlborough und dessen Kampfes gegen die Hegemonie Ludwigs XIV. dar.) C. zeigte demnach auch geringes Interesse am deutschen →Widerstand. Das ideologische Moment des Zweiten Weltkrieges war für ihn auf die Kontinuität der Verteidigung angelsächsischer Freiheit gegen kontinentale Tyrannei beschränkt, ohne spezifisch antifaschistischen Gehalt.

Im Mai 1940 lehnte C. die Möglichkeit einer italienischen Vermittlung ab, neutralisierte durch persönliche Kontakte jede mögliche Rechtsopposition und führte den Krieg in der Hoffnung auf Unterstützung durch die USA fort. Er stand der Sowjetunion skeptisch gegenüber, versuchte vergeblich, noch vor Kriegsende bindende Vereinbarungen über die europäische Nachkriegsordnung zu erreichen und unterschätzte die Aushöhlung der britischen Machtposition durch den Krieg. Bereits zu Weihnachten 1944 bei einem Besuch in Athen von kommunistischen Guerillas beschossen, prägte C. 1946 das Schlagwort vom „Eisernen Vorhang" (Fulton Speech, 5. 3. 1946), resignierte aber zunehmend und war in den fünfziger Jahren Anhänger einer Entspannung mit der Sowjetunion (und eines

vereinten Europas ohne englische Beteiligung).

C. vernachlässigte die von Anhängern seines Vorgängers Chamberlain dominierte Konservative Partei und erlitt 1945 eine Wahlniederlage. Die Konversion zu einem sozialreformatorischen Konservatismus mit wohlfahrtsstaatlichen Zügen trug er nur widerwillig mit. Von Nov. 1951 bis April 1955 noch einmal Premier, erlitt er einen Schlaganfall und trat noch vor der zweiten Welle der Entkolonialisierung zurück. Die Erhebung zum Herzog von London lehnte er ab. 1953 wurde ihm (für seine umfassenden Kriegsmemoiren) der Nobelpreis für Literatur verliehen.

C. hat sich zu einer Symbolfigur mit verkehrten Fronten entwickelt. Er ist in einer breiten Öffentlichkeit Gegenstand intensiver, aber nichtsdestoweniger äußerst selektiver Bewunderung. Für seine Standhaftigkeit 1940 gefeiert, wird seine übrige Karriere oft als entschuldbare Jugendsünde betrachtet. Als Reaktion muß der „Rechtsaußen" der britischen Politik der dreißiger Jahre, der Applaus von der falschen Seite erhält, zuweilen als Reibebaum der Rechten dienen.

B.: *B. J. Farmer:* Bibliography of the Works of Sir W. C., London 1958; *F. Woods:* A Bibliography of the Works of Sir W. C., London ²1969.

S.: The Story of the Malakand Field Force, London 1898; The River War, Bde. I-II, London 1899; Savrola. A Tale of the Revolution in Laurania, New York 1900; London to Ladysmith via Pretoria, London 1900; Ian Hamilton's March, London 1900; Mr. Brodrick's Army, London 1903; Lord Randolph Churchill, Bde. I-II, London 1906; My African Journey, London 1908; Liberalism and the Social Problem, London 1909; The World Crisis, Bde. I-V, London 1923-31, gek. u. überarb. Ausg. London 1931; Parliamentary Government and the Economic Problem, Oxford 1930; My Early Life, London 1930; Thoughts and Adventures, London 1932; Marlborough. His Life and Times, Bde. I-IV, London 1933-38; Great Contemporaries, London 1937; Step by Step, 1936-39, London 1939; On Human Rights, Melbourne 1942; United Europe, London 1946; A United Europe. One Way to Stop a New War, London 1947; The Second World War, Bde. I-VI, London 1948-54, gek. Ausg. London 1959; Painting as a pastime, London 1948; A History of the English-speaking People, Bde. I-IV, London 1956-58.

E.: War Speeches, Bde. I-VII, hrsg. v. *R. S. Churchill / C. Eade*, London 1941-46; The War Speeches, hrsg. v. *C. Eade*, Bde. I-III, London 1952; The Post War Speeches, hrsg. v. *R. S. Churchill*, Bde. I-V, London 1948-61; Stalin's correspondence with C., Attlee, Roosevelt and Truman 1941-45, Bde. I-II, London 1958.

L.: *C. E. Beckhofer:* W. C., London 1927; *L. Broad:* W. C., Bde. I-II, Zürich 1944-46; *A. S. MacNalty:* Die drei C.s, Düsseldorf 1949; *H. L. Stewart:* Sir W. C. as Writer and Speaker, London 1954; *V. Cowles:* W. C., Wien – München 1954; *R. L. Taylor:* W. S. C., Bern 1954; *L. Broad:* W. C. – Architect of Victory and of Peace, London 1956; *P. de Mendelssohn:* C. Sein Weg und seine Welt, Freiburg i. Br. 1957; *E. Hughes:* C., Tübingen 1959; *S. R. Graubard:* Burke, Disraeli and C., Cambridge (Mass.) 1961; *L. Wibberly:* The Life of W. C., New York 1965; *S. Haffner:* W. C. in Selbstzeugnissen und Bilddokumenten, Reinbek 1967; *M. Ashley:* C. as Historian, London 1968; *A. J. P. Taylor:* C.: Four faces and the man, London 1969; *R. R. James:* C. A Study in Failure, London 1970; *V. L. Albjerg:* W. C., New York 1973; *D. G. Broadle:* W. C. and the German Question in British Foreign Policy, 1918-22, Den Haag 1973; *A. P. Schmidt:* C.'s privater Krieg. Intervention und Konterrevolution im russischen Bürgerkrieg, Nov. 1918-März 1920, Freiburg i. Br. 1974; *E. Longford:* W. C., London 1974; *R. Payne:* The Great Man: A Portrait of W. C., New York 1974; *H. Pelling:* W. C., London 1974; *M. Weidhorn:* Sword and Pen. A Survey of the Writings of Sir W. C., Albuquerque 1974; *D. Aigner:* W. C., Ruhm und Legende, Göttingen 1975; *M. Weidhorn:* Sir W. C., Boston 1979; *J. C. Humes:* C. Speaker of the Century, New York 1980; *A. Seldon:* C.'s Indian Summer. The Conservative Government, 1951-55, London 1981; *H. V. Jaffa* (Hrsg.): Statesmanship. Essays in Honor of Sir W. C., Durham (N. C.) 1981; *M. Gilbert:* W. C., the wilderness years, London 1981; *M. Gilbert:* C.'s Political Philosophy, London 1981; *John Charmley,* C. – the End of Glory, London 1993.

– Hö

Clausewitz, Carl Philipp Gottfried von

* 1. 7. 1780 Burg (bei Magdeburg); † 16. 11. 1831 Breslau. Preußischer General, Militärtheoretiker und -historiker, Philosoph, Politiker und Publizist. C. entstammte als vierter Sohn eines bürgerlichen friderizianischen Offiziers einer Familie von Gelehrten und Zivilbeamten. Nach seinem Eintritt in das Infanterieregiment „Prinz Ferdinand" 1792 erlebte er ein Jahr später die Kanonade von Valmy und wurde 1795, fünfzehnjährig, zum Leutnant befördert. Mehrere Jahre verbrachte er als Autodidakt in Provinzgarnisonen, ehe er 1801 als Hörer des ersten Kurses der von Scharnhorst reformierten Berliner Kriegsschule immatrikuliert wurde; er absolvierte den Lehrgang als Jahrgangsbester und avancierte zum Lieblingsschüler Scharnhorsts. Mit dem Hof in Berlin kam er 1803 als Adju-

Carl von Clausewitz
1780-1831

tant des Prinzen August in Kontakt, mit dem er nach den Schlachten bei Jena und Auerstedt im Oktober 1806 auch in französische Gefangenschaft geriet. Nach seiner Rückkehr wurde er im Februar 1809 als „Wirklicher Kapitän" Scharnhorst unterstellt, als dessen Berliner Bürochef er zusammen mit Gneisenau maßgeblichen Anteil an den militärischen Reformen des preußischen Heeres hatte. 1810 als Taktiklehrer an die Berliner Kriegsschule berufen, wurde er auch militärischer Berater des Kronprinzen Friedrich Wilhelm (des späteren Friedrich Wilhelm IV.) sowie des Prinzen Friedrich der Niederlande.

Nachdem er bereits 1805 mit einer Kritik der strategischen Ansichten des damals berühmten Militärtheoretikers Heinrich von Bülow und zwei Jahre später mit seinen – in patriotischem Duktus gehaltenen – „Historischen Briefen über die großen Kriegs-Ereignisse im October 1806" erste Arbeiten veröffentlichen konnte, verfaßte er nach dem erzwungenen Allianztraktat, das Preußen verpflichtete, Napoleons Rußlandfeldzug ein Truppenkontingent entgegen eigenen Interessen zur Verfügung zu stellen, im Februar 1812 in verzweifelter Stimmung die „Bekenntnisschrift" und erbat seinen Abschied aus der preußischen Armee.

Als strategischer Berater des Zaren kämpfte C. im Rußlandfeldzug gegen Napoleon. Im Dezember überzeugte er als Parlamentär den preußischen General Yorck, die folgenreiche Konvention von Tauroggen abzuschließen. Als Oberst wieder in preußische Dienste übernommen, machte er den Feldzug gegen Napoleon als Generalstabsoffizier mit. Als enger Vertrauter Gneisenaus wurde er 1816 dessen Chef des Stabes beim Generalkommando in Koblenz, 1818 zum Direktor der Berliner Kriegsschule (ohne Lehrbefugnis) und Generalmajor ernannt.

Vom König als „liberaler" Reformer mißverstanden, fühlte sich C. kaltgestellt und bewarb sich 1821 vergeblich um die Stellen des preußischen Gesandten in London bzw. München. Zurückgezogen widmete er sich von 1819-30 seinen bahnbrechenden militärtheoretischen und -historiographischen Arbeiten, darunter seinem Hauptwerk „Vom Kriege". 1830 erhielt C. als gewünschte Truppenverwendung die zweite Artillerie-Inspektion in Breslau; nachdem als Folge des Aufstandes im russischen Teil Polens eine preußische Observationsarmee zusammengezogen worden war, wurde C. unter Gneisenau erneut Stabschef. Im November 1831 erlag er, wie kurz zuvor sein engster Vertrauter Gneisenau, der Cholera. Seine Frau Marie, geb. Gräfin Brühl, gab nach seinem Tode die umfangreichen „Hinterlassenen Werke des Generals Carl von C." heraus.

Weltweiten Ruhm und Anerkennung erwarb sich C. mit der Deutung des Krieges „als bloßer Fortsetzung der Politik unter Einmischung anderer, nämlich gewaltsamer Mittel", einer Einschätzung, der die Interessenkollision und der Konfliktbegriff für Politik und Krieg zugrunde liegen.

C.' Staatsverständnis war nicht monarchistisch, eher etatistisch. Nach der Niederlage von Auerstedt spürte er als Gefangener, daß individuelle und staatliche Würde aufs engste verknüpft sind. „So nahm C. wesentlich teil an der Gestaltung jener Lehre von dem unbedingten Machtcharakter des Staates, der man eigentümlich deutsche Züge nachsagt" (Rothfels). Die Politik verstand er als „Repräsentanten aller Interessen der ganzen Gesellschaft", nicht ohne sich über die oftmaligen Realitäten dieser idealisierten Definition im klaren zu sein. C. hatte verstanden, daß im Zeitalter der Nationalstaaten nicht mehr der Adel bzw. die absolute Monarchie alleiniger Träger der Kriegsmacht sein konnten, sondern „in der neuesten Zeit ist sie eine Potenz der gesamten Nationalkraft geworden". So ist sein Engagement im Kreise der Militärreformer 1810 nicht nur als Ausdruck liberaler oder egalitärer Einstellung zu sehen; die Einbeziehung aller gesellschaftlichen Kreise zum Heeresdienst war vielmehr die einzige Möglichkeit adäquater Stärkung der Staatsmacht.

Nachdem er Preußen 1812 verlassen hatte, wurde die gefühlsmäßige und idealisierte Identifikation mit dem Staat schwächer und wich einer realistischen Einstellung. Dennoch blieb C. weiterhin ein preußischer und deutscher Patriot.

C.' geschichtliche Studien ließen ihn erkennen, daß jedes Staatswesen das Prinzip der eigenen Zerstörung in sich trägt. Im Unterschied zu Hegel sah er im Staat nicht mehr die Verwirklichung einer ethischen Idee; er sah nur die staatliche Pflicht der Selbsterhaltung.

Wurden die Schriften des Autors C. bis zum Ersten Weltkrieg hauptsächlich von Militärs unter fachspezifischen Gesichtspunkten gelesen, begannen sich danach in Mittel- und Westeuropa, vor allem aber auch in der Sowjetunion Stimmen durchzusetzen, die seine Ideen als systematisches, historisch orientiertes Studium der organisierten Anwendung von Gewalt in den Beziehungen der Menschen untereinander betrachteten. Vor allem Lenin und die Bolschewiki setzten nüchtern den von C. postulierten Primat der Politik um, und seit dem Zweiten Weltkrieg gilt C. weltweit als Philosoph des Krieges, dessen adaptionsfähige Methodologie nicht nur in der Politik, sondern auch im Bereich der Wirtschaftswissenschaften Bedeutung erlangt hat.

S.: Historische Briefe über die großen Kriegs-Ereignisse im October 1806, in: Minerva 2 (1807); Über das Leben und den Charakter von Scharnhorst, in: Historisch-politische Zeitschrift 1 (1832); Vom Kriege. Hinterlassenes Werk des Generals C. v. C. über Krieg und Kriegführung, Bde. I-III, Berlin 1832-34, [19]1980; Hinterlassene Werke des Generals C. v. C. über Kriegführung, Bd. IV: Der Feldzug von 1796 in Italien, Berlin 1833, [3]1889; Bd. V: Die Feldzüge von 1799 in Italien und der Schweiz. 1. Teil, Berlin 1833, [2]1858; Bd. VI: Die Feldzüge von 1799 in Italien und der Schweiz. 2. Teil, Berlin 1834 [2]1858; Bd. VII: Der Feldzug von 1812 in Rußland, der Feldzug von 1813 bis zum Waffenstillstande und der Feldzug von 1814 in Frankreich, Berlin 1835, ³1906; Bd. VIII: Der Feldzug von 1815 in Frankreich, Berlin 1835, ³1906; Bd. IX: Strategische Beleuchtung mehrerer Feldzüge von Gustav Adolf, Turenne, Luxemburg und andere historische Materialien zur Strategie, Berlin 1837, ²1862; Bd. X: Strategische Beleuchtung mehrerer Feldzüge von Sobieski, Münich, Friedrich dem Großen, Berlin 1837, ²1863; Unsere Kriegsverfassung, in: Zeitschrift für Kunst, Wissenschaft und Geschichte des Krieges 104 (1858); Über das Fortschreiten und den Stillstand der kriegerischen Begebenheiten, in: Zeitschrift für preußische Geschichte und Landeskunde 15 (1878).

E.: Nachrichten über Preußen in seiner großen Katastrophe, in: Kriegsgeschichtliche Einzelschriften, hrsg. v. *Großen Generalstabe*, Kriegsgeschichtliche Abteilung II, Heft 10, Berlin ²1908; Politische Schriften und Briefe, hrsg. von *H. Rothfels*, München 1922; Karl und Marie von C. Ein Lebensbild in Briefen und Tagebuchblättern, hrsg. v. *K. Linnebach*, Berlin ³1925; Strategie aus dem Jahre 1804 mit Zusätzen von 1808 und 1809, hrsg. v. *E. Kessel*, Berlin 1937; Schriften – Aufsätze – Studien – Briefe. Dokumente aus dem Clausewitz-, Scharnhorst- und Gneisenau-Nachlaß, hrsg. v. *W. Hahlweg*, Bde. I-II, Göttingen 1966-90.

L.: *H. Rothfels:* C. Politik und Krieg, Berlin 1920; *W. Hahlweg:* C. Soldat – Politiker – Denker, Göttingen u.a. 1957; *W. Gembruch:* Zu C.' Gedanken über das Verhältnis von Krieg und Politik, in: Wehrwissenschaftliche Rundschau 9 (1959); *C. Schmitt:* C. als politischer Denker, in: Der Staat 6 (1967); *W. Ritter v. Schramm:* C. – Leben und Werk, Esslingen 1976; *R. Aron:* C. – Den Krieg denken, Berlin 1980; *G. Dill* (Hrsg.): C. in Perspektive, Berlin 1980; *P. Kondylis:* Theorie des Krieges, Stuttgart 1988; *P. Paret:* C. und der Staat, Bonn 1993.

– Ros

Coleridge, Samuel Taylor

* 21. 10. 1772 Ottery St. Mary/Devonshire; † 25. 7. 1834 Highgate/London. Englischer Dichter, Literaturkritiker und politisch-philosophischer Schriftsteller; führender Vertreter des romantischen Konservatismus. Geboren als Sohn eines Landgeistlichen, erhielt C. seine Schulausbildung in London und studierte 1791-93 in Cambridge. Hier verschuldete er sich hoch und versuchte anschließend für kurze Zeit, als Berufssoldat unterzutauchen. 1794 folgte ein Aufenthalt in Oxford, wo er R. Southey kennenlernte; die jugendliche Begeisterung beider für die Französische Revolution fand ihren Niederschlag nicht nur in dem gemeinsam verfaßten Drama „The Fall of Robespierre" (1794), sondern auch in dem – bald scheiternden – Plan, nach Amerika auszuwandern, um dort eine kommunistische („pantisokratisch" genannte) Kolonie zu gründen. Nach einer kurzen Tätigkeit als Geistlicher und politischer Vortragsredner hielt sich C. 1796-98 bei Freunden in Nether Stowey/Somersetshire auf, wo seine bedeutendsten Dichtungen entstanden; hier befreundete er sich auch mit W. Wordsworth, der zusammen mit C., R. Southey und P. B. Shelley das Quartett der namhaftesten romantischen Dichter Englands bildet.

1798/99 besuchte C. Deutschland; hier hielt er sich neun Monate in Göttingen auf, wo er an der Universität Vorlesungen besuchte und sich intensiv mit deutscher Literatur, Ästhetik und Philosophie beschäftigte; bleibenden Einfluß übten vor allem Lessing, Herder, Kant und Schelling auf sein Denken aus. Hier entstand auch seine 1800 veröffentlichte Übersetzung von Schillers „Wallenstein". Nach einem kurzen Intermezzo als politischer Journalist bei der „Morning Post" (1800-04) bereiste C. Malta und Italien (1804-06) und schloß in Rom Bekanntschaft mit W. v. Humboldt, L. Tieck und →Bunsen. Nach seiner endgültigen Rückkehr nach England scheiterte er als selbständiger Publizist mit seiner kurzlebigen Zeitschrift „The Friend" (1809), konnte sich aber als angesehener Literaturhistoriker und -kritiker behaupten. Berühmt wurden seine Vorlesungen über Shakespeare und über literarische Ästhetik. Mit seiner „Biographia literaria" (1817) verfaßte er eine epochemachende, von Jean Paul und Schelling beeinflußte romantische Poetik. Seine letzten Jahre verbrachte C. zurückgezogen in Highgate bei London im Haus des befreundeten Arztes Gillman, der ihn von seiner langjährigen Opiumsucht geheilt hatte. Umgeben von einer wachsenden Schar von Bewunderern und Schülern (die seine Äußerungen und Unterhaltungen als „Table Talk" aufzeichneten), beschäftigte er sich hier mit theologischer und mystischer Literatur und verfaßte seine letzte politische Schrift „On the Constitution of the Church and State".

In seinem politischen Denken begann der junge C. als radikaler Anhänger der französischen Revolutionsideen, von denen er sich allerdings bereits 1795 in seinen in Bristol vorgetragenen „Lectures on Politics and Religion" deutlich distanzierte. Dennoch blieb er bis etwa 1800 ein scharfer Kritiker der Politik

Pitts d. J. Als führender Vertreter der konservativen Romantik in England ging C. von einer grundlegenden Kritik nicht nur der →Aufklärung, sondern der Moderne seit dem 16./17. Jhdt. aus, die er für die langsame Zerstörung des Gleichgewichts von Religion, Politik und Ökonomie verantwortlich machte. Die von ihm bekämpfte *mechaniccorpuscular philosophy* stellte für C. die Wurzel der sozialen und politischen Destabilisierungserscheinungen seiner Epoche dar. Besonders engagiert wandte er sich gegen die beginnende Industrielle Revolution und deren Folgen; als Kämpfer gegen egoistische Raffgier und wirtschaftlichen Materialismus sowie gegen die Kinderarbeit entwickelte C. bereits sehr früh Ansätze eines sozialen Konservatismus.

Das in seinen politischen Spätschriften entworfene Modell eines vorbildlichen politischen Gemeinwesens beruht auf der Idee eines idealen Gleichgewichts zwischen den bewegenden und den beharrenden Kräften der Gesellschaft (d.h. dem Wirtschaftsbürgertum der Städte und dem ländlichen grundbesitzenden Adel). Um die persönlichen und politischen →Freiheiten zu sichern, muß das Gemeinwesen auf einem Kanon allgemein gültiger und akzeptierter sittlicher Grundnormen beruhen. Dieses moralische Fundament kann nach C. nur geschaffen und gesichert werden durch die Tätigkeit eines – von einer Art „Nationalstiftung" zu besoldenden – neuen „Standes", einer „clerisy" aus Geistlichen, Lehrern, Professoren, Ärzten und allen geistig Tätigen. Die Verwandlung der Church of England in eine „ethische Nationalanstalt" (A. Brandl) sollte die Voraussetzung zur Schaffung dieser neuen Elite sein, von der wiederum die umfassende geistig-moralische und religiöse Erneuerung Englands auszugehen habe. Als Laientheologe zählte C. zu den schärfsten Kritikern puritanischer Buchstabenverehrung und Bibelgläubigkeit, die er als „bibliolatry" ablehnte.

Den alten C. hat T. →Carlyle (der gleichwohl nicht wenigen Ideen C.s kritisch gegenüberstand) eindrucksvoll geschildert: „Ein erhabener Mensch, der allein in jenen dunklen Tagen seine Krone geistiger Kraft gewahrt hatte, der dem schwarzen Schatten des Materialismus und den revolutionären Wogen entkommen war und an den Idealen ‚Gott, Freiheit und Unsterblichkeit' festhielt; ein König unter den Menschen."

B.: *J. T. Wise:* A Bibliography of the Writings in Prose and Verse of S. T. C., London 1913; *V. W. Kennedy* / *M. N. Barton:* S. T. C. – A selected bibliography, Baltimore 1935; *R.* and *J. Haven* / *M. Adams:* S. T. C. – An Annotated bibliography of Criticism and Scholarship, Bde. I-II, Boston – London 1976-83; *J. D. Caskey* / *M. M. Stapper:* S. T. C. – a selective bibliography of criticism, 1935-77, Westport (Conn.) – London 1978.

S.: The Poetical Works, Bde. I-III, London 1835; The Complete Works, Bde. I-XXII, London 1834-53; The Works, Bde. I-XVII, London 1839-50; The Complete Works, Bde. I-VII, New York 1853-58; The Complete Poetical Works, hrsg. v. *E. H. Coleridge,* Bde. I-II, Oxford 1912; The Collected Works, hrsg. v. *K. Coburn u. a.,* Bde. I-XIV, London 1969-90.

E.: The Literary Remains of S. T. C., hrsg. v. *H. N. Coleridge,* Bde. I-IV, London 1836-39; The Political Thought. A selection, hrsg. v. *R. J. White,* London 1938; Political Tracts of Wordsworth, C. and Shelley, hrsg. v. *R. J. White,* Cambridge 1953; Collected Letters, hrsg. v. *E. L. Griggs,* Bde. I-VI, Oxford 1956-71; Selected Letters, hrsg. v. *H. J. Jackson,* Oxford 1987; The Notebooks of S. T. C., hrsg. v. *K. Coburn u. a.,* Bde. I-IV, London 1990.

L.: *J. Gillman:* The Life of S. T. C., London 1838; *A. Brandl:* S. T. C. und die englische Romantik, Straßburg 1886; *C. Brinton:* The Political Ideas of the English Romanticists, Oxford 1926; *J. H. Muirhead:* C. as Philosopher, London 1930; *E. Winkelmann:* C. und die Kantsche Philosophie, Leipzig 1933; *W. Wünsche:* Die Staatsauffassung S. T. C.s, Leipzig 1934; *H. Beeley:* The Political Thought of C., in: *E. Blunden / E. L. Griggs* (Hrsg.): C. Studies by Several Hands, London 1934, S. 159-75; *R. J. White:* The Political Thought of S. T. C., London 1938; *E. K. Chambers:* C., Oxford 1938; *G. McKenzie:* Organic Unity in C., Berkeley 1939; *C. R. Sanders:* C. and the Broad Church Movement, Durham 1942; *H. House:* C., London 1953; *J. Colmer:* C., Critic of Society, Oxford 1959; *J. Beer:* C. The Visionary, London 1959; *M. Suther:* The Dark Night of S. T. C., New York 1960; *C. R. Woodring:* Politics in the Poetry of C., Madison (Wisc.) 1961; *J. D. Boulger:* C. as Religious Thinker, Yale 1961; *J. A. Appleyard:* C.'s Philosophy of Literature, Cambridge (Mass.) 1965; *D. P. Calleo:* C. and the Idea of the Modern State, New Haven (Conn.) 1966; *W. J. Bate:* C., London – New York 1969; *G. Orsini:* C. and German Idealism, Carbondale (Ill.) 1969; *J. R. Barth:* C. and Christian Doctrine, Cambridge (Mass.) 1969; *T. McFarland:* C. and the Pantheist Tradition, Oxford 1969; *N. Fruman:* C., the damaged Archangel, New York 1971; *B. Willey:* S. T. C., London 1972; *A. Grant:* A Preface to C., London 1972; *O. Barfield:* What C. Thought, Oxford 1972; *J. Colmer:* C. and Politics, in: *R. L. Brett* (Hrsg.): Writers and their Background: S. T. C., London 1972, S. 244-70; *J. Cornwell:* C. – Poet and Revolutionary, 1772-1804, London

1973; *T. H. Landess:* The Politics of S. T. C., in: Sewanee Review 81 (1973), S. 847-59; *D. Pym:* The Religious Thought of S. T. C., Smythe/Buckinghamshire 1978; *E. Kessler:* C.'s Metaphors of Being, Princeton 1979; *O. Doughty:* Perturbated Spirit – The Life and Personality of S. T. C., East Brunswick (N. J.) 1981; *M. Butler:* Romantics, Rebels and Reactionaries: English Literature and its Background 1760-1830, Oxford 1981; *R. Holmes:* C., Oxford 1982; *D. Jasper:* C. as Poet and Religious Thinker, London 1985; *A. Gauland:* S. T. C., in: Criticón 89 (1985), S. 106-8; *S. Bygrave:* C. and the Self, Houndmills u.a. 1986; *A. J. Harding:* C. and the Inspired Word, Kingston (Ont.) – Montreal 1986; *N. Leask:* The Politics of Imagination in C.'s Critical Thought, London 1988; *E. M. Höller:* Das ganzheitliche Weltbild S. T. C.s, Frankfurt a. M. u. a. 1988; *J. Morrow:* C. and the English Revolution, in: Political Science 40 (1988), S. 128-41; *ders.:* C.'s Political Thought, London 1990; *G. Davidson:* C.'s Career, London 1990; *C. de Paolo:* C.: historian of ideas, Victoria 1992.

– K

Constant de Rebecque, Henri-Benjamin

* 25. 10. 1767 Lausanne; † 8. 12. 1830 Paris. Philosoph, Politiker, Schriftsteller. Der u.a. 1788-94 als Kammerherr am Hof des Herzogs von Braunschweig und 1803/04 als Begleiter der Schriftstellerin Germaine de Staël-Holstein in Deutschland weilende Sohn einer Genfer Hugenottenfamilie, Gesprächspartner F. →Schlegels, 1812 zum korrespondierenden Mitglied der Göttinger Akademie der Wissenschaften ernannt, nahm in Frankreich eine mittlere Position zwischen den über die Bewertung der Aufklärungsphilosophie zerstrittenen Schulen der *Philosophes* (Sieyès, Destutt de Tracy u.a.) sowie der restaurativ gesonnenen *Dévots* (F. →Chateaubriand, L. de →Bonald u.a.) ein. Sein Roman „Adolphe" (1816), ein zur Weltliteratur zählendes Meisterwerk psychologisch-analysierender Bekenntnisdichtung, vermeidet sowohl romantisches Pathos als auch die Breite und Detailliertheit des Realismus. C. gehörte 1799-1802 zu den 100 Mitgliedern des gesetzesberatenden Tribunats, eines der Akklamationsgremien Napoleons; 1815 (während der „100 Tage") war er Mitglied des Staatsrats, 1819-22 und 1824-30 nahezu durchgehend Mitglied der Deputiertenkammer. 1830 von dem für seine Hilfe dankbaren „Bürgerkönig" Louis Philippe zum Vorsitzenden einer Sektion des Staatsrates ernannt, konnte C. an den seinen

Vorstellungen wohl weitgehend entsprechenden Julimonarchie nicht mehr teilhaben. „Vierzig Jahre lang", so hatte der anglophile Kosmopolit 1829 resümiert, „habe ich das gleiche Prinzip verteidigt, →Freiheit in allen Bereichen…, und unter Freiheit verstehe ich den Triumph der Individualität sowohl über die Staatsmacht, die despotisch regieren will, als auch über die Massen, die das Recht für sich in Anspruch nehmen, die Minderheit zu unterdrücken."

1795 von G. de Staël, der Tochter des aus Genf stammenden Necker, in die Pariser Gesellschaft eingeführt, profilierte sich C. zunächst durch mehrere Schriften, die darauf zielten, die Revolution zu beenden, ohne ihre Ergebnisse preiszugeben. Der Gedanke, daß Gleichmacherei in der Gesellschaft und Machtkonzentration im →Staat zwei Seiten einer Medaille seien, zog sich seither als Leitfaden durch C.s politisches Denken – ebenso wie der, daß eine Konterrevolution hinter „1789" zurück sich demselben Verdikt aussetze wie die äußerste Rechte es über die Revolution selbst verhängt hatte: eine Veränderung der Verhältnisse anzustreben, die weder den Bedürfnissen und Interessen der Menschen noch dem Stand ihrer Einsichten entspreche. Diese *„Juste milieu"*-Linie erhoffte sich C. auch von Napoleon. Als dieser ihn 1802 als „Ideologen" kaltstellte, schuf sich C. in zurückgezogener jahrelanger Arbeit das Material für seine politischen Hauptschriften, „Vom Geist der Eroberung und der Usurpation" (1814) und „Grundprinzipien der Politik" (1815), die er – stets von dem Wunsch geleitet, auch als Politiker eine Rolle zu spielen – lancierte, als Napoleon seine letzten Kämpfe gegen die Koalition der Kriegsgegner und innenpolitisch gegen die Bourbonen-Restauration führte. Die erste, C.s Abrechnung mit Napoleons System, erschien, als sich C. für die Ambitionen des schwedischen Kronprinzen Bernadotte interessierte, französischer König zu werden; sie liest sich streckenweise wie eine Philippika auch gegen die später aufgetretenen totalitären Diktaturen. Nachgeschoben wurden noch – um damit auf die Gestaltung eines Zusatzes zur Verfassung des Empire durch den schließlich erfolgreichen Ludwig XVIII. Einfluß zu nehmen – „Betrachtungen über die Verfassungsgesetze, die Teilung der Gewalten und die Rechtsgarantien in einer konstitutionellen Monarchie", aber die *Charte constitutionnelle* wurde vom Monarchen ohne vorherige Diskussion oktroyiert. 1815 setzte sich C. dem Vorwurf des Opportunismus aus, als er für den kurzzeitig zurückkehrenden Napoleon nun seinerseits eine „Zusatzakte" entwarf – eine Quintessenz seiner dann drei Wochen vor Waterloo erschienenen „Grundprinzipien", die C. teilweise in Auseinandersetzung mit der Theorie C. L. de →Montesquieus und der Praxis Englands entwickelt hatte. C.s Behauptung, jener landläufig bald *Benjamine* genannte, nicht mehr zu praktischer Bedeutung gelangte Verfassungstext sei der liberalste Europas, verdient Zustimmung: „Sola inconstantia constans" – diese melancholische Selbsterkenntnis galt nur für C.s ebenso turbulentes wie zweifellos auch stimulierendes Privatleben.

Ludwig XVIII., wieder an die Macht gelangt, strich C.s Namen von der Liste der zu Exilierenden und fand dann in ihm einen indirekten Verbündeten gegen die Kräfte der Reaktion, die zeitweilig die Abgeordnetenkammer beherrschten und sich deshalb plötzlich aus durchsichtigen Gründen C.s Lehre zu eigen machten, das parlamentarische Regierungssystem sei das Endziel der konstitutionellen Entwicklung und der (den Reaktionären jetzt zu moderate) König nichts weiter als ein ausgleichender *pouvoir neutre*. 1816 antwortete C. auf Chateaubriands Programm „De la monarchie selon la Charte" mit seiner Schrift „Über die politische Doktrin, die alle Parteien Frankreichs einigen kann"; darin versuchte er, den durch viele Remigranten verstärkten Adel für ein liberalkonservatives Verständnis der *Charte* zu gewinnen.

C. sah in der Geschichte eine durch Revolutionen vorangetriebene und markierte Aufwärtsentwicklung im Sinne einer Verbreitung individueller Freiheit: die aufeinanderfolgende Zerstörung der „Theokratie", der Sklaverei, des Feudalsystems, schließlich der Privilegien des →Adels seien ein Hinweis auf die „Perfektibilität des Menschengeschlechts"; so habe eine „bestimmte, unmerkliche, aber allmächtige moralische Kraft Menschen und Dinge in die Richtung" der Großen Revolution „gelenkt", in eine „natürliche Bahn". Der planende Zugriff darauf sei begrenzt: „→Verfassungen verdanken ihr Entstehen selten einem reinen Willensakt der Menschen. Die Zeit schafft sie." Der Vorwurf, das „Usurpations"-System sei anachronistisch, trug also weniger bloß polemischen denn vielmehr geschichtsphilosophischen Charakter. Stets war es C. um Kontinuität und Allmählichkeit des Macht- und Gelderwerbs und um die Achtung der →Traditionen zu tun – es sei denn, diese versagten vor den Kriterien von →Gerechtigkeit und individueller Freiheit.

Der vielseitige C. (der als Religionsphilosoph nach dem gemeinsamen Ursprung aller Religionen forschte und über Regelmäßigkeiten ihrer Evolution spekulierte) plädierte für das Anliegen einer kritischen Philosophie: es sei immer nützlich, „Meinungen zu berichtigen, wie metaphysisch und abstrakt sie uns auch erscheinen mögen, weil in den Meinungen die Interessen ihre Waffen suchen". Er war ein aristokratischer Liberaler und ein kritischer Konservativer. Seine wesentlich gegen die Lehren Rousseaus gerichteten Warnungen vor „Volkssouveränitäts"-Ideologie und Parlaments-Absolutismus haben ebenso Gültigkeit behalten wie jene, daß Staatsgewalten, die bloß formal getrennt seien, „nur eine Koalition einzugehen" brauchten, um eine Form von →Absolutismus wiederherzustellen: „Es ist für die Staatsmacht ein leichtes, das Volk als Untertan zu unterdrücken, um es dann zu zwingen, als Souverän den Willen zu bekunden, den sie ihm vorgeschrieben hat." C.s klassische Unterscheidung zwischen „der Freiheit der Alten" (d.h. individueller Partizipation an einem fast allmächtigen Gesellschafts-Kollektiv) und der (allein erstrebenswerten) der „Heutigen" (d.h. friedliche Nutzung der individuellen Unabhängigkeit) ist 1984 – während der Debatte um den Schulgesetzentwurf der Regierung Mauroy – wieder in der französischen Nationalversammlung zitiert worden. C., der für Dezentralisation und →Föderalismus plädierte, lehnte hohe Steuern und Staatsverschuldung als indirekten Raub an den Besitzenden ab, denen allein (an erster Stelle den Grundeigentümern) er staatsbürgerliche Rechte einräumen wollte: nur sie verfügten über die erforderliche Verankerung im Land, über Übung im Umgang mit Geld, über die Muße, sich sowohl der Philosophie als auch der praktischen Politik zu widmen. Diese →Elite sei die adäquate Stütze einer konstitutionellen Erbmonarchie;

ihre Stabilität sah er vor allem durch eine erbliche Pairskammer (Senat) garantiert, deren Mitglieder vom Monarchen zu berufen seien. Aber auch eine Republik sei dem System der „Usurpation" vorzuziehen.

B.: *D. K. Lowe:* B. C. An annotated bibliography of critical editions and studies, 1945-78, London 1979; *E. Hofmann* (Hrsg.): Bibliographie analytique des écrits sur B. C. (1796-1980), Lausanne – Oxford 1980; *C. P. Courtney:* Annales B. C., Genf 1980ff; *ders.:* A bibliography of editions of the writings of B. C. to 1833, Cambridge 1984; *ders.:* A guide to the published works of C., Oxford 1985.

S.: De la force du gouvernement actuel et de la nécessité de s'y rallier, Paris 1796; Des réactions politiques, Paris 1797; Des suites de la contre-révolution de 1660 en Angleterre, Paris 1798; De l'esprit de la conquête et de l'usurpation dans leurs rapports avec la civilisation européenne, Hannover 1814 (London ²1814, Paris ³1814, Paris ⁴1814); De la liberté des brochures et des journaux considérée sous le rapport de l'intérêt du gouvernement, Paris 1814; Réflexions sur les constitutions, la distribution et les garanties dans une monarchie constitutionnelle, Paris 1814; Principes de politique applicable à tous les gouvernements représentatifs et particulièrement à la constitution actuelle de la France, Paris 1815; Adolphe, Anecdote trouvée dans les papiers d'un inconnu et publiée par M. B. C., London – Paris 1816; De la doctrine politique qui peut réunir les partis en France, Paris 1816; Collection complète des ouvrages publiés sur le gouvernement représentatif e la constitution actuelle de la France, formant une espèce de cours de politique constitutionnelle, Bde. I-IV, Paris 1818-19; De la liberté des anciens comparé à celle des modernes, Paris 1819; Mémoires sur les Cent-Jours, en forme de lettres, Paris 1820; De la religion, considerée dans sa source, ses formes et son développement, Bde. I-V, Paris 1824-31; Appel aux nations chrétiennes en faveur des grecs, Paris 1825; Discours à la Chambre des Deputés, Bde. I-II, Paris 1827-28; Mélanges de littérature et de politique, Paris 1829; Mémoires sur la vie privée de Napoléon, sa famille es sa cour, Bde. I-VI, Stuttgart 1830; Du polythéisme romain, considerée dans ses rapports avec la philosophie grecque et la religion chrétienne, Bde. I-II, Paris 1833.

E.: Œuvres de B. C., hrsg. v. *A. Roulin,* Paris 1957; B. C., Ecrits et discours politiques, hrsg. v. *O. Pozzo di Borgo,* Paris 1964; B. C. Œuvres complètes, Tübingen 1992 ff; B. C. et Mme. Récamier, Lettres 1807-30, Edition refondue et augmenté par *E. Harpaz,* Paris 1993; Madame de Staël, Charles de Villers, B. C., Correspondance, hrsg. v. *K. Klocke,* Frankfurt a. M. 1993; *C. P. Courtney:* B. C., Correspondance générale, Tübingen 1993.

Ü.: Betrachtungen über Constitutionen, über Vertheilung der Gewalten und die Bürgschaft in einer constitutionellen Monarchie, Bremen 1814; Die Religion nach ihrer Quelle, ihren Gestalten und ihren Entwick-

lungen, Bde. I-III, Berlin 1824-29; Denkwürdigkeiten über Napoleons Privatleben, seine Familie und seinen Hof, Bde. I-VI, Leipzig 1830-31; Über die Verantwortlichkeit der Minister, Neustadt 1831; Reden in der Kammer der Deputierten, Freiburg 1934; Werke in vier Bänden, hrsg. v. *A. Blaeschke / L. Gall,* Berlin 1970.

L.: *C. du Bos:* Grandeur et misère de B. C., Paris 1946; *H. Nicolson:* B. C., London 1949; *H. Guillemin:* Madame de Staël, B. C. et Napoléon, Paris 1959; *L. Gall:* B. C., Seine politischen Ideen und der deutsche Vormärz, Wiesbaden 1963; *P. Bastid:* B. C. et sa doctrine, Bde. I-II, Paris 1966; *H. Gouhier:* B. C., Paris 1967; *G. Poulet:* B. C., Paris 1968; *H. Fabre-Luce:* B. C., Paris 1978; *K. Kloocke:* B. C., Une biographie intellectuelle, Paris 1980; *M. Winkler:* „Décadence actuelle", C.s Kritik der französischen Aufklärung, Frankfurt a. M. 1984; *B. Fontana:* B. C. and the post-revolutionary mind, New Haven – London 1991; *K. Kloocke:* B. C., Philosophie, historien, romancier, homme d'état, Lausanne 1991; B. C., Portraits, mémoires, souvenirs, Textes établis et annotés par *E. Harpaz,* Paris 1992; *G. A. Kelly:* The human comedy, C., Tocqueville and french liberalism, Cambridge (Mass.) 1992; *D. Verrey:* Chronologie de la vie et de l'œuvre de B. C., Bd. I: 1767-1805, Genf 1992; *D. Wood:* B. C., A biography, London – New York 1993; *C. Scharer:* Communication politique: Nouvelle approche rhétorique et argumentative du discours, Discours prononcés par B. C. à la Chambre des Députés entre avril 1819 et mai 1827, Bern – Paris 1993; *S. Holms:* B. C. et la genèse du liberalisme moderne, Paris 1994; Le groupe de Coppet et l'Europe 1789-1838, Actes du Cinquième Colloque de Coppet 1993, Lausanne – Paris 1994.

– SdL

Cossmann, Paul Nikolaus

* 6. 4. 1869 Moskau (oder Baden-Baden); † 19. 10. 1942 Theresienstadt. Konservativer Publizist. Geboren als Sohn eines namhaften Cellisten jüdischer Abstammung (C. selbst konvertierte 1905 zum Katholizismus), wuchs C. in Frankfurt a. M. auf. Dort Freundschaft mit H. Pfitzner, dessen Werk C. später nachhaltig fördern sollte. Nach dem Studium der Philosophie und der Naturwissenschaften in Berlin (1887-90) und München (1890-93) versuchte er sich zunächst als philosophischer Autor und publizierte neben seinen „Aphorismen" (1898) die stark beachteten „Elemente der empirischen Teleologie" (1899), in denen er sich gegen das „Dogma von der Alleingültigkeit der Kausalität" in den modernen Wissenschaften wandte.

Seit 1900 betätigte sich C. zunehmend als Publizist, zuerst in der „Gesellschaft", anschließend in den von ihm 1903 mitbegründeten und als Herausgeber von 1904-33 geleiteten „Süddeutschen Monatsheften". Zu deren wichtigsten Mitarbeitern zählten u.a. J. Hofmiller, H. Pfitzner, F. Naumann, H. Thoma, M. Spahn, E. von Aretin und K. A. von Müller. Diese Zeitschrift, die sich anfangs vor allem dem kulturellen Erbe Süddeutschlands und dessen Pflege gewidmet hatte, wandelte sich 1914 – auch unter dem Einfluß C.s – zu einem „politischen Kampfmittel" im Sinne des deutschen Nationalismus. Nach 1918 wurden die Monatshefte zum wichtigsten publizistischen Organ der national-konservativen Rechten in Süddeutschland. C.s vorrangiger Kampf galt der „Kriegsschuldlüge", der These von der deutschen Alleinschuld am Ersten Weltkrieg; hier hatte er – insbesondere wegen des Heftes „Der Dolchstoß" (April 1924) – mehrere Prozesse, u.a. gegen die USPD, zu führen. Wenngleich C. hier nicht immer glücklich agierte, so können doch seine zutiefst ehrenhaften Motive, an erster Stelle seine „unbedingte, rücksichtslose Wahrheitsliebe" (K. A. von Müller), nicht bestritten werden. Es ging ihm vor allem darum, den Kriegsschuldartikel des Versailler Vertrages, der das innenpolitische Klima im Nachkriegsdeutschland vergiftete, zu widerlegen.

Seit 1920 amtierte C. als Leiter des größten süddeutschen Zeitungsverlages und als politischer Berater der „Münchener Neuesten Nachrichten"; dazu war er bis 1933 führend in den national-konservativen Organisationen Bayerns tätig. Schon früh entwickelte er sich zum unbedingten Gegner Hitlers und des Nationalsozialismus. Sein politisches Hauptziel war die Rückkehr zum Kaiserreich von 1871, die Restauration der Monarchie und der bis 1918 bestehenden politischen Verfassung Deutschlands. Nach der nationalsozialistischen Machtübernahme war C. 1933-34 in Haft (seine Papiere und das Archiv der „Süddeutschen Monatshefte" wurden beschlagnahmt und sind seither verschollen), lebte seit 1934 zurückgezogen in Ebenhausen, wurde 1941 in das Ghetto in Berg am Laim eingewiesen und 1942 in das Konzentrationslager Theresienstadt überstellt, wo er bald darauf „im Krankenhaus starb, innerlich zur reinen menschlichen Güte gereift, Trost und seelische Stärkung für seine Mitgefange-

nen, von manchen gleich einem Heiligmäßigen verehrt" (K. A. von Müller).

B.: Schriftenverzeichnis in: *Selig* (siehe **L.**), S. 190-94. **S.:** Aphorismen, München 1898; Elemente der empirischen Teleologie, Stuttgart 1899; Hans Pfitzner, München – Leipzig 1904; (mit *K. A. v. Müller*): Die deutschen Träumer. Gesammelte Aufsätze, München 1925; P. N. C. zum 60. Geburtstag am 6. April 1929. (Gesammelte Aufsätze C.s mit einer Widmung von *K. A. v. Müller* u. e. Erinnerung von *J. Hofmiller*), München – Berlin 1929.

L.: *Müller* in NDB III, S. 374f.; *K. A. v. Müller: P. N. C.s Ende,* in: Hochland, April 1950, S. 368-79; *ders.:* Mars und Venus, Stuttgart 1954;; *E. v. Aretin:* Krone und Ketten, München 1955; *A. Betz:* P. N. C. und die Münchener Publizistik, in: Publizistik 10 (1965), S. 376-81; *K. A. v. Müller:* Im Wandel einer Welt, München 1966; *W. Selig:* P. N. C. und die Süddeutschen Monatshefte von 1914-18, Osnabrück 1967.

– K

Criticón

Nach dem allegorischen Roman „El Criticón" von Baltasar Gracián (1601-58) benannte deutschsprachige politisch-kulturelle Zeitschrift. C. wurde – ursprünglich als Buchbesprechungsorgan – 1970 von Caspar von Schrenck-Notzing gegründet und erreichte 1996 die 150. Ausgabe. Neben den Analysen geistig-politischer Entwicklungen

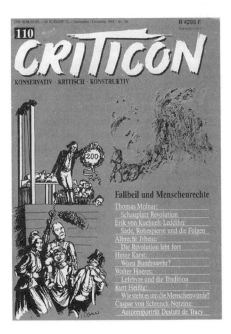

galt den Berichten aus der konservativen Welt besonderes Augenmerk. Die regelmäßigen Autorenporträts bilden ein Kompendium des literarisch-politischen Erbes des Konservatismus. Schwerpunkte von C. waren das russische Dissidententum (vor dem Nobelpreis für →Solschenizyn), der amerikanische Konservatismus (vor der Wahl Reagans), der britische Konservatismus (vor der Wahl von Mrs. Thatcher), die Emigrationen der Ostblockstaaten (vor deren Zusammenbruch), die deutsche Identität (vor der Wiedervereinigung), Parteien und Medien (vor dem Ausufern des Parteien- und Medienstaates).

Zu den Mitarbeitern von C. zählten u. a.: Peter Berglar, Wolfgang Brezinka, Herbert Eisenreich, Alexander Gauland, Uwe Greve, Walter Hoeres, Klaus Hornung, Hans Graf Huyn, Gerd-Klaus →Kaltenbrunner, Hans-Christof Kraus, Erik von →Kuehnelt-Leddihn, David Levy, Hans Lipinsky-Gottersdorf, Enno von Loewenstern, H. Joachim Maître, Winfried Martini, Armin →Mohler, Thomas Molnar, Klaus Motschmann, Günter →Rohrmoser, Günter Schmölders, Carl Gustav Ströhm, Hans Georg von →Studnitz, Karlheinz Weißmann.

E.: Sammlungen von C.-Aufsätzen sind: *A. Mohler:* Tendenzwende für Fortgeschrittene, München 1978; *C. v. Schrenck-Notzing:* Konservative Köpfe. Von Machiavelli bis Solschenizyn, München 1978; *ders. / A. Mohler* (Hrsg.): Deutsche Identität, Krefeld 1982; *G. Rohrmoser:* Das Debakel. Wo bleibt die Wende? Fragen an die CDU, Krefeld 1985; *C. v. Schrenck-Notzing:* Critilos Reisen in den freiesten Staat der deutschen Geschichte, München 1996.

– S-N

D

Dahlmann, Friedrich Christoph

* 13. 5. 1785 Wismar; † 5. 12. 1860 Bonn.
Liberal-konservativer Historiker, Publizist
und Politiker. D., noch als schwedischer Untertan geboren, entstammte einer angesehenen, im ganzen Ostseeraum verbreiteten Bürgerfamilie. Nach dem Studium der (klassischen) Philologie in Kopenhagen und Halle –
hier als Schüler von F. A. Wolf – und nach
Kontakten zum Kreis um die politischen Romantiker (A. →Müller, H. von Kleist) wurde
D. 1810 in Wittenberg promoviert und habilitierte sich 1811 in Kopenhagen. Seit 1812
amtierte er in Kiel als Professor für Geschichte, wo er sich seit 1815 – im Kontakt
mit B. G. Niebuhr, K. T. Welcker, N. Falck
u.a. – auch zu einem führenden Publizisten
der liberal-konstitutionellen Richtung entwickelte. In seinen politischen Publikationen
(seit 1815 in den von ihm mitbegründeten berühmten „Kieler Blättern") und auch in seiner
Tätigkeit als Sekretär der schleswig-holsteinschen Ritterschaft vertrat er die Interessen des
deutschen Landes gegen die Ansprüche des
dänischen Zentralstaates.

1829 wechselte D. als Professor für Geschichte und Staatswissenschaften an die Universität Göttingen, wo er sich ebenfalls nicht
nur wissenschaftlich, sondern auch politisch
betätigte: seit 1831 arbeitete er als Vertreter
der Universität im hannoverschen Landtag
am Entwurf einer neuen Verfassung mit. Als
König Ernst August 1837 die Verfassung auf-
hob, gehörte D. zu den sieben Göttinger Professoren, die gegen diesen Schritt protestier-
ten und daraufhin ihr Amt verloren. D. ging
nach Leipzig und Jena, wo er die Arbeit an
seinem historiographischen Hauptwerk, der
(unvollendeten, bis zur Reformation reichenden) „Geschichte Dänemarks", weiterführte.
1842 erhielt er wieder einen Ruf – auf einen
Lehrstuhl für deutsche Geschichte und
Staatswissenschaften an die Universität Bonn,
den er bis zu seinem Tode innehaben sollte.
1848 wurde D. als Abgeordneter des schleswig-holsteinischen Wahlkreises Segeberg in
die Frankfurter Nationalversammlung gewählt, zu deren angesehensten Mitgliedern er
zählte. Zusammen mit J. G. Droysen, G.
Waitz u.a. gehörte er zu den Führern der

kleindeutsch-preußisch orientierten „Kasi-
nopartei"; er trat für ein Erbkaisertum und
für eine starke konstitutionelle Monarchie
ein. Einen historisch begründeten Anspruch
der Habsburgermonarchie auf die Führung in
Deutschland lehnte er ab. In der Spätphase
der scheiternden Revolution versuchte D.
noch als Mitglied des Erfurter Unionsparlaments (1849) sowie der preußischen Ersten
Kammer (1849/50) ein völliges Scheitern seiner verfassungspolitischen und gesamtdeutschen Ideen zu verhindern. Im letzten Jahrzehnt seines Lebens zog er sich völlig aus der
Politik zurück.

D. hat als Publizist und politischer Schriftsteller Bedeutenderes geleistet denn als Historiker. Selbst seine bekanntesten historischen Werke, die Geschichten der englischen
(1844) und der Französischen Revolution
(1845) – von H. von Treitschke die „Sturmvö-
gel" der achtundvierziger Revolution genannt –, sind ganz aus einem politischen Anliegen heraus geschrieben: aus dem Kampf
um eine deutsche Verfassung. Bereits in seiner ersten großen politischen Schrift „Ein
Wort über Verfassung" (1815 in den „Kieler
Blättern" publiziert) hatte er sich für eine an
germanisch-sächsische Vorbilder, vor allem
aber an das von ihm geradezu glorifizierte
englische Beispiel anknüpfende schleswig-
holsteinsche Verfassung ausgesprochen, d.h.
für ein Zweikammersystem mit einem starken Monarchen an der Spitze.

In seinem theoretischen Hauptwerk „Die
Politik, auf den Grund und das Maß der gegebenen Zustände zurückgeführt" (zuerst 1835,
dann in erweiterter Form 1847 veröffentlicht)
baute er diesen Ansatz weiter aus: Indem er
sich schon auf der ersten Seite ausdrücklich
auf →Burke und Aristoteles beruft, indem er
die Lehre vom Naturzustand und überhaupt
das moderne Naturrecht strikt ablehnt und
statt dessen auf den Gedanken einer natürlichen Sozialität des Menschen zurückgreift
(„Der Staat ist uranfänglich. Die Urfamilie ist
Urstaat; jede Familie, unabhängig dargestellt,
ist Staat"), erweist sich D. hier als Altliberaler
mit deutlich konservativem Einschlag. Der
→Staat ist für ihn etwas in gleicher Weise historisch wie organisch Gewachsenes, das
sorgsam – mit dem Ziel der Herstellung eines
„guten Gemeinwesens" im aristotelischen
Sinn – weiterentwickelt werden muß, und

zwar durch Reformen, nicht durch Revolutionen.

Als ein solcher Reformstaat schwebte D. eine konstitutionelle Monarchie vor, die sich aus der ständischen Verfassung heraus entwickeln solle: nach englischem Beispiel und Vorbild (das D. allerdings nicht immer richtig auffaßte!) sollte das Bürgertum, dem Adel gleichberechtigt, an der politischen Entscheidungsfindung beteiligt werden. Trotzdem sollte die Stellung des Monarchen stark bleiben; noch im Dezember 1848 sprach sich D. in einer seiner berühmtesten Paulskirchenreden – mit dem Argument: „Es muß im Staat ein *Recht der rettenden That* geben" – für das absolute Veto eines künftigen deutschen Kaisers aus.

Diese ideenpolitische Zwischenstellung, die ihm ein hohes Ansehen beim gemäßigt orientierten deutschen Bürgertum verschaffte, gleichzeitig aber die konsequente Ablehnung seitens der Linksliberalen, der radikalen Demokraten und ebenso der Altkonservativen einbrachte, hat D. bis zu seinem Tode behauptet. Sosehr er für einen kleindeutschen Nationalstaat unter Führung Preußens eintrat, so ordnete er seinen Forderungen doch niemals seine verfassungspolitischen Ideen unter: deutsche politische Einheit und deutsche bürgerliche Freiheit in der Form einer geregelten Verfassungsordnung waren und blieben für ihn stets untrennbar.

S.: Primordia et successus veteris comoediae Atheniensium cum tragoediae historia comparati, Diss. Kopenhagen 1811; Rede zur Feier des Siegs am 18. Junius 1815, Kiel 1815; Ein Wort über Verfassung, in: Kieler Blätter, hrsg. v. einer Gesellschaft Kieler Professoren, Bd. I, Kiel 1815, S. 49-84, 245-303; Urkundliche Darstellung des dem schleswig-holsteinischen Landtage zustehenden anerkannten Steuerbewilligungsrechts, Kiel 1819; Forschungen auf dem Gebiet der Geschichte, Bde. I-II, Altona 1822-23; Quellenkunde der deutschen Geschichte, Göttingen 1830; Die Politik, auf den Grund und das Maß der gegebenen Zustände zurückgeführt, Göttingen 1835 (Leipzig ^{2}1847, neu hrsg. v. *O. Westphal*, Berlin 1924, v. *M. Riedel*, Frankfurt a. M. 1969); Zur Verständigung, Basel 1838; Denkschrift der Prälaten und Ritterschaft des Herzogthums Holstein, enthaltend die Darstellung ihrer in anerkannter Wirksamkeit bestehenden landständischen Verfassung, der deutschen Bundesversammlung überreicht (verfaßt 1822), Stuttgart 1840; Geschichte von Dänemark, Bde. I-III, Hamburg 1840-43; Geschichte der englischen Revolution, Leipzig 1844; Geschichte der französischen Revolution bis zur Stiftung der Republik, Leipzig 1845;

Kleine Schriften und Reden, hrsg. v. *C. Varrentrapp*, Stuttgart 1886; Über die letzten Schicksale der deutschen Untertanen Dänemarks und ihre Hoffnungen von der Zukunft (verfaßt 1814), hrsg. v. *dems.* in: Zeitschrift für schleswig-holsteinisch-lauenburgische Geschichte 17 (1887), S. 9-57.

E.: Briefwechsel zwischen Jacob und Wilhelm Grimm, Gervinus und D., hrsg. v. *E. Ippel*, Bde. I-II, Berlin 1885-86.

L.: *Springer* in ADB IV, 639-99; *Angermann* in NDB III, 478-81; *C. Varrentrapp:* Zur Erinnerung an F. C. D., in: Preußische Jahrbücher 55 (1885), S. 485-510; *A. Springer:* F. C. D., Leipzig 1870-72; *H. Christern:* F. C. D.s politische Entwicklung bis 1848, Leipzig 1921; *O. Brandt:* Geistesleben und Politik in Schleswig-Holstein um die Wende des 18. Jhdt.s, Berlin 1925; *O. Scheel:* Der junge D., Breslau 1926; *T. Wilhelm:* Die englische Verfassung und der vormärzliche deutsche Liberalismus, Stuttgart 1928; *H. v. Treitschke:* F. C. D. (1864), in: *ders:* Aufsätze, Reden und Briefe, hrsg. v. *K. M. Schiller*, Meersburg 1929, Bd. I, S. 509-82; *E. R. Huber:* F. C. D. und die deutsche Verfassungsbewegung, Hamburg 1937; *H. Schirmer:* Das deutsche Nationalbewußtsein bei F. C. D., in: Zeitschrift der Gesellschaft für schleswig-holsteinische Geschichte 65 (1937), S. 1-110; *H. Heimpel:* F. C. D., in: *ders:* Zwei Historiker, Göttingen 1962, S. 7-20; *H. Brandt:* Landständische Repräsentation im deutschen Vormärz, Neuwied – Berlin 1968; *C. E. McClelland:* The German Historians and England, Cambridge 1971; *R. Hansen:* F. C. D., in: Deutsche Historiker, hrsg. v. *H.-U. Wehler*, Bd. V, Göttingen 1972, S. 27-53; *H. Boldt:* Deutsche Staatslehre im Vormärz, Düsseldorf 1975; *M. Riedel:* Politik und Geschichte. F. C. D. und der Ausgang der Aristoteles-Tradition, in: *ders:* Metaphysik und Metapolitik, Frankfurt a. M. 1975, S. 307-29; Freiheit verpflichtet. Gedanken zum 200. Geburtstag von F. C. D. (13. 5. 1985), hrsg. v. *Wilhelm P. Bürklin / Werner Kaltefleiter*, Kiel 1985 (darin insbesondere die Beiträge von *Boldt, Scholz* und *Vierhaus*); *K. A. Vogel:* Der Kreis um die Kieler Blätter (1815-21), Frankfurt a. M. – Bern – New York – Paris 1989.

– K

Deutsche Partei (DP)

Konservative Partei in der Frühphase der Bundesrepublik Deutschland; 1945 als Niedersächsische Landespartei (NLP) gegründet, 1947 in DP umbenannt. Vor allem in Norddeutschland verankert, vereinte sie christliche, föderalistische und nationalkonservative Strömungen in sich. Im Deutschen Bundestag war sie von 1949-61 vertreten und in diesem Zeitraum auch an sämtlichen Kabinetten beteiligt.

Die DP bzw. NLP ging aus der „Deutsch-

Hannoverschen Bewegung" hervor. Diese hatte sich 1866/67 als Reaktion auf die gewaltsame Einverleibung des Königreichs Hannover durch Preußen gegründet. Als Kristallisationspunkt der „Welfen" entstand 1870 die Deutsch-Hannoversche Partei (DHP), die sich v.a. auf den hannoverschen Adel, ehemalige Militärs und Staatsbeamte sowie große Teile der Landbevölkerung stützte. Das politische Augenmerk der DHP galt anfangs ausschließlich der Restauration des Königreichs Hannover in einem großdeutschen Reichsverband. Nach 1918 wurde diese Programmatik zunehmend um agrarische Ziele und den sich entwickelnden niedersächsischen Heimatgedanken erweitert. Im Reichstag verband sich die DHP zumeist mit dem Zentrum und kleineren Regionalparteien; zur Reichstagswahl 1930 ging die DHP ein Bündnis mit den →Volkskonservativen ein. Nach der Selbstauflösung im Jahre 1933 engagierten sich einige Funktionsträger der Partei in der „Niedersächsischen Freiheitsbewegung".

Diese Bewegung bildete im Juni 1945 den Kern der politischen Neuformierung der „Welfen" in der neugegründeten NLP. An deren Spitze wurde im März 1946 H. →Hellwege gewählt, der den Bundesvorsitz auch behielt, als sich die NLP am 4. 6. 1947 in DP umbenannte. Hellwege blieb DP-Vorsitzender bis 1961; neben ihm hatten die stellvertretenden Vorsitzenden und Bundesminister in verschiedenen Ressorts, H.-C. Seebohm und H.-J. von →Merkatz, die Vorsitzenden der Bundestagsfraktion, M. Kalinke sowie, als „Vordenker", der erste Generalsekretär H. Mühlenfeld prägenden Einfluß auf die DP.

Mit der Umbenennung erfolgte eine mit nur mäßigem Erfolg betriebene Ausdehnung der DP über ihr Stammland Niedersachsen hinaus; nur in Schleswig-Holstein, Hamburg und Bremen gelang es der Partei, stabile Organisationsstrukturen aufzubauen. In den übrigen Bundesländern stießen insbesondere ehemalige Anhänger der DNVP und teilweise auch der NSDAP zur DP, was sich Anfang der fünfziger Jahre (Goslarer Parteitag 1952) in lähmenden personellen und inhaltlichen Auseinandersetzungen (Entnazifizierungs- und Flaggenfrage) niederschlug, die erst 1953 überwunden werden konnten.

Den Kern der DP-Programmatik bildete ein christlich-konservatives Menschenbild. Darauf aufbauend, setzte die DP besondere Schwerpunkte in der Familienpolitik und der „Pflege einer bodenständigen Heimatkultur". Wirtschaftspolitisch verfocht die DP einen strikt marktwirtschaftlichen Kurs bei besonderer Betonung der Belange von Landwirtschaft und Mittelstand. In der Deutschlandpolitik trat die DP für eine stärkere Föderalisierung bei gleichzeitigem Festhalten am Wiedervereinigungsgebot und Forderung nach Rückgewinnung der Ostgebiete ein. Hingegen wurden monarchistische Ziele bald aufgegeben (1953 Abspaltung der welfischen Deutsch-Hannoverschen Partei). Außenpolitisch bekannte sich die DP zur europäischen Einigung und militärischen Westintegration.

Zur Bundestagswahl 1949 errang die DP bundesweit 4,0 Prozent und 17 Mandate. Sie beteiligte sich mit den Ministern Hellwege (Bundesratsangelegenheiten) und Seebohm (Verkehr) an der ersten Regierung →Adenauer. Auch in Niedersachsen bahnte sich eine enge Zusammenarbeit mit der CDU an (gemeinsame Kandidatur als „Niederdeutsche Union"). Hier stellte die DP mit H. Hellwege von 1955-59 den Ministerpräsidenten. Bei der Bundestagswahl 1953 errang die DP 3,3 Prozent; sie setzte ihre Regierungsbeteiligung fort. 1957 fusionierte die DP mit der von den ehemaligen FDP-Ministern Blücher und Preusker gegründeten „Freien Volkspartei". Durch Verzicht der CDU auf Direktkandidaturen in „DP-Hochburgen" umging die DP auch bei der Bundestagswahl 1957 mit 3,4 Prozent noch einmal die Sperrklausel. In den folgenden Jahren begann ein unaufhaltsamer Erosionsprozeß, der 1960 im Übertritt sämtlicher DP-Minister und 9 von 15 Bundestagsabgeordneten zur CDU gipfelte. Im Januar 1961 trat H. Hellwege aus Protest gegen die geplante Fusion der Partei mit dem Bund der Heimatvertriebenen und Entrechteten (BHE) vom Bundesvorsitz zurück; Nachfolger wurde Herbert Schneider.

Die im April 1961 gebildete „Gesamtdeutsche Partei" (GDP) scheiterte bei der Bundestagswahl 1962 an der 5-Prozent-Hürde. Daraufhin zogen sich die meisten ehemaligen DP-Mitglieder wieder aus der Partei zurück. Ein Großteil engagierte sich im überparteilichen „Welfenbund" oder wechselte zur CDU, eine kleinere Gruppe reorganisierte im

Juni 1962 die DP als niedersächsische Heimatpartei (Vorsitzender: Wilhelm-Ernst von Cramm). Ein Einzug in den Landtag gelang der – auch heute noch bestehenden – DP aber nicht mehr.

Die DP kann sowohl hinsichtlich ihrer Programmatik wie auch ihrer Wahlerfolge als wichtigste konservative Partei in der Frühphase der Bundesrepublik bezeichnet werden. Als Partei des protestantisch-bodenständigen Bürgertums in Norddeutschland hatte sie maßgeblichen Anteil am Aufbau des Landes Niedersachsen. Allerdings erwies sich ihre strikte Loyalität gegenüber der unionsgeführten Bundesregierung langfristig als verhängnisvoll. Mangelnde Profilschärfe und fehlende inhaltliche Distanz zur CDU trugen entscheidend zum Niedergang der DP bei.

S.: Verfassungsvorschläge der DP, hrsg. v. Direktorium der DP, Stade 1947; (o. Verf.): Wille und Wesen der DP – Eine Schriftenreihe, Alfeld/Leine 1949; Grundsätze der DP, in: DP (Hrsg.): Die DP. Wesen und Auftrag einer freiheitlich-konservativen Rechtspartei, o. O. 1952; H. Mühlenfeld: Politik ohne Wunschbilder. Die konservative Aufgabe unserer Zeit, München 1952; H.-J. von Merkatz: Vier Jahre DP-Politik im Bundestag (hrsg. von der Bundesgeschäftsstelle der DP), Bonn 1953; Zwanzig Thesen einer zeitnahen konservativen Politik (Bielefelder Programm), in: Konservative Politik ist zeitnah. Ihr dient die DP, Bonn 1955; Wahlprogramm der DP (Hamburger Programm), in: Bundesgeschäftsführung der DP: Was die DP will... Material zur eigenen Willensbildung, Bonn 1957; H.-J. von Merkatz: Die konservative Funktion. Ein Beitrag zur Geschichte des politischen Denkens, München 1957; (o. Verf.): Heinrich Hellwege – ein konservativer Demokrat. Reden und Schriften (Festschrift zu seinem 50. Geburtstag am 18. 8. 1958), Braunschweig 1958.

L.: R. Holzgräber: Die DP – Partei eines neuen Konservatismus?, Stuttgart – Düsseldorf 1955; M. Jenke: Verschwörung von rechts? Bericht über den Rechtsradikalismus in Deutschland nach 1945, Berlin 1961; E. Ehrich: DP – das konservative Gewissen, in: O. K. Flechtheim (Hrsg.): Dokumente zur parteipolitischen Entwicklung in Deutschland seit 1945, Bd. I, Berlin 1963; H. Meyn: Die DP – Entwicklung und Programmatik einer nationalkonservativen Rechtspartei nach 1945, Düsseldorf 1965; H.-C. Uleer: Das Verhältnis von DP und CDU bei den niedersächsischen Regierungsumbildungen von 1955, 1957 und 1959, jur. Diss. Würzburg 1970; R. Schuster: Geschichte der DP (unveröff. masch. Manuskript), Spaichingen 1970; E. Ehrich: Heinrich Hellwege. Ein konservativer Demokrat, Hannover 1977; N. Rode: Zur Entstehungsgeschichte der Niedersächsischen Landespartei/DP, in: Niedersächsisches Jahrbuch für Landesgeschichte 53 (1981), S. 289-300; H. Schmollinger: Die DP, in: R. Stöss (Hrsg.):

Parteienhandbuch. Die Parteien der Bundesrepublik Deutschland 1945-80, Opladen 1983; C. Schmidt: Heinrich Hellwege – Der vergessene Gründervater, Stade 1991; I. Nathusius: Am rechten Rande der Union. Der Weg der DP bis 1953, phil. Diss. Mainz 1992; H. S. Strelow: Konservative Politik in der frühen Bundesrepublik: Hans-Joachim v. Merkatz, in: H. C. Kraus: Konservative Politiker in Deutschland, Berlin 1995, S. 315-34.

– St

Deutscher Konservatismus

I. Von den Anfängen bis 1918

Wie alle politischen Richtungen und Strömungen war der d. K. seit seinen Anfängen in der frühen Neuzeit zugleich eine *geistige* und eine *politisch-soziale* Bewegung. Beide waren stets eng miteinander verwoben und können auch nicht völlig unabhängig voneinander betrachtet und analysiert werden. Auf der anderen Seite aber waren beide niemals vollkommen miteinander identisch, deshalb rechtfertigt sich eine Darstellung, die beide Aspekte gleichberechtigt nebeneinanderstellt, um Nähe und Distanz zugleich in den Blick zu bekommen.

Die politisch-sozialen Ursprünge des K. liegen im Widerstand des →Adels gegen die Heraufkunft des modernen frühneuzeitlichen →Staates. Im Namen der alteuropäischen *societas civilis*, des traditionellen Gemeinwesens, das sich als Personenverband verstand, protestierte der Adel gegen den Rechts- und Souveränitätsbegriff des modernen Staates, weil er seine eigene Rolle und damit auch seinen Anteil an der politischen Machtausübung gefährdet sah. Die Idee des *modernen →Rechts*, das jetzt nicht mehr „von jeher" war, was es war, und nicht mehr nur „gefunden" und den Gegebenheiten neu angepaßt werden mußte, sondern das von oben verfügt und dekretiert wurde, geriet ebenso ins Visier der Adelskritik wie das Konzept der *modernen Souveränität*, also eines obersten politischen Entscheidungsrechts, das – de jure, wenn auch meistens keineswegs de facto – nur noch einem einzigen Träger zustand, nämlich dem absoluten Monarchen (im Sinne des römischen *princeps legibus solutus*). Die von den Vertretern des ständischen Gedankens immer wieder vorgebrachte Idee eines Festhaltens am „guten alten Recht" war ebenso ein Argument im Kampf gegen die moderne politische Begriffswelt wie die Auffassung, jedes wahre Recht sei im tiefsten Sinne *göttliches Recht* und damit unabänderlich.

Dieser Gedanke entsprang einem traditionellen Denken, das man als *alteuropäische Ordnungslehre* bezeichnen kann und das in gleicher Weise antike und mittelalterliche Wurzeln besaß. Es umfaßte vier zentrale Elemente: 1. Das Ganze rangiert vor seinen einzelnen Teilen, d.h. das Gemeinwesen vor den einzelnen Individuen, die ihm angehören; 2. Die Weltordnung ist von Gott geschaffen und daher göttlich; 3. Die göttliche Ordnung ist in sich hierarchisch strukturiert, d.h. die einzelnen Individuen sind als Teile dieser Ordnung ungleich, und: 4. Jeder Teil eines Ganzen ist Mikrokosmos eines Makrokosmos, d. h. stellt das Abbild einer umfassenden höheren Ordnung dar. – Diese Grundideen haben in unterschiedlichen Ausprägungen das konservative Denken noch während des 19. Jhdt.s, teilweise bis ins 20. Jhdt. hinein, bestimmt.

Dem deutschen Frühkonservatismus vor der Revolution von 1789 ging es vor allem darum, gleichzeitig die Erhaltung und sorgfältige Erneuerung traditionell gewachsener politischer Strukturen im Heiligen Römischen Reich Deutscher Nation zu sichern. Insofern findet man konservative Autoren sowohl auf seiten der Reichspublizisten, die gegen die steigenden Ansprüche und den wachsenden politischen Einfluß der mächtigen Territorialfürsten und ihrer Staaten Protest erhoben – etwa J. J. Moser –, wie auch auf seiten derjenigen, die sich zum Anwalt der kleinen Territorien und Stände des →Reiches machten und damit die traditionelle föderalistische Struktur Deutschlands verteidigten; hier ist z.B. J. →Möser zu nennen, der mit seinen politischen und historischen Schriften zum wichtigsten Autor des deutschen Frühkonservatismus avancierte und dem die Verteidigung des in Jahrhunderten historisch Gewachsenen ein zentrales Anliegen war. Ein weiterer Autor, der in diesen Zusammenhang gehört, war der Hannoveraner E. →Brandes, der als Reformkonservativer bereits vor 1789 für eine Weiterentwicklung und Reform des ständischen politischen Systems eintrat.

Der Widerstand gegen die Französische Revolution und die mit ihr verbundenen „Ideen von 1789" bestimmte die weitere Entwicklung auch des d. K. Der Einfluß der Ideen E. →Burkes wirkte dabei wesentlich stärker als derjenige der französischen Traditionalisten de →Bonald und de →Maistre. Die führenden Kritiker der Revolution in Deutschland, von A. W. →Rehberg über F. →Gentz bis zu A. →Müller, knüpften an die Ideen über natürlich-geschichtliche Entwicklung, historische Kontinuität und gemäßigte Reformen an, die Burke in seinen „Reflections on the Revolution in France" begründet hatte, während der katholische Fundamentalismus der französischen Traditionalisten in Deutschland nur in geringem Umfang rezipiert wurde.

Im Revolutionszeitalter zwischen 1789 und 1815 stand für die deutschen konservativen Publizisten und Denker als wichtigste Aufgabe der Abwehrkampf gegen die Revolution und später gegen deren Erben Napoleon, den Zerstörer des alten Reiches, im Vordergrund. Besondere Bedeutung erlangten hier die Publizisten Brandes, Rehberg und vor allem F. Gentz, dessen glanzvolle Burke-Übersetzung das grundlegende Werk des Engländers in Deutschland heimisch machte. Bis zu seinem Tode (1832) blieb Gentz einer der zentralen konservativen Autoren, der als Mitarbeiter →Metternichs in seinen späteren Schriften vor allem den modernen liberalen Repräsentationsgedanken angriff.

Ebenfalls wichtig wurde die →Politische Romantik, die mit Autoren wie →Novalis, den Brüdern →Schlegel, aber auch Arnim und Tieck und insbesondere A. Müller dem d. K. wesentliche Stichworte und Argumente lieferte. Müllers „Elemente der Staatskunst" (1808/09) stellen das Grundbuch des deutschen romantischen K. dar. Mit der Politischen Romantik eng verbunden war auch J. →Görres, der – von weit links kommend – etwas später zum Begründer des konservativen politischen Katholizismus in Deutschland werden sollte. Neben einigen Autoren, die man als Status-quo-Konservative bezeichnen könnte, wie etwa J. P. F. →Ancillon, der das Konzept einer Bewahrung durch Versöhnung und Ausgleich der Gegensätze vertrat, entwickelte der Schweizer C. L. von →Haller in seinem monumentalen „Restauration der Staatskunst" (1817-34) eine Theorie vom Patrimonialstaat, die – obschon in ihrer Grundidee überholt – wegen ihres ausgesprochenen

Kampfcharakters gegen die moderne staatsphilosophische Vertragstheorie und auch wegen ihrer Reichhaltigkeit einen außerordentlich großen Einfluß auf den d. K. der Epoche zwischen 1815 und 1848 ausübte.

Mittelpunkt des norddeutschen K. wurde Berlin, wo sich bereits seit 1809 mit der Gründung der „Christlich-deutschen Tischgesellschaft" und mit der Herausgabe der „Berliner Abendblätter" ein christlich-konservativer Kreis gesammelt hatte. Der preußische General und Junker F. A. L. von der →Marwitz wurde, von A. Müller beeinflußt, zum wichtigsten Sprecher der konservativen Adelsopposition gegen die Reformen Hardenbergs. Doch die Schwäche der eigenen Position der Konservativen lag darin, daß sie zwar die Notwendigkeit von Reformen nicht leugnen konnten, andererseits aber nicht imstande waren, eigene Konzepte vorzulegen und aus diesem Grunde von der Reformbürokratie mit Unterstützung des Königs übergangen werden konnten.

Während der Befreiungskriege (1813-15) entstand in ganz Deutschland die Erweckungsbewegung, die sich zugleich als religiöse und geistige Erneuerungsbewegung verstand und großen Einfluß auf den d. K. der folgenden Epoche ausüben sollte. Sie spaltete sich in einen süddeutsch-katholischen Zweig, der sich in Wien um den Priester (und späteren Heiligen) C. M. →Hofbauer sammelte, und in einen norddeutsch-protestantischen, der sein Zentrum um die von dem Berliner Theologen E. W. Hengstenberg herausgegebene →Evangelische Kirchenzeitung besaß und von den Brüdern →Gerlach maßgeblich geprägt wurde. Hegel und seine Schüler gehörten dagegen nicht zu den Vertretern des d. K. dieser Zeit, obwohl es einige Berührungspunkte (etwa über den konservativen Juristen und Hegelschüler K. F. →Göschel) gab. Wichtiger dagegen wirkte das historische Rechtsdenken F. C. von →Savignys, der bedeutende konservative Autoren und Politiker unter seinen Schülern hatte, auf den d. K. der Restaurationszeit und des Vormärz.

Seit den 1830er Jahren trat der Jurist, Philosoph und Politiker F. J. →Stahl als einer der wichtigsten konservativen Denker auf den Plan: Mit seiner „Philosophie des Rechts" (seit 1836) und vor allem mit seiner Schrift „Das Monarchische Princip" (1845) leitete er

– wenngleich nicht ohne Widerstände – die Hinwendung des d. K. zum modernen Verfassungsstaat ein. Seine Unterscheidung zwischen parlamentarischem und monarchischem Prinzip (beim ersten blieb das Letztentscheidungsrecht im Konfliktfall dem Parlament, beim zweiten dem Monarchen vorbehalten) lieferte für die deutsche Staatslehre der Ära nach 1848 eine zentrale Kategorie, die im Grunde bis 1918 ihre Gültigkeit nicht verlor.

Ein politischer Zusammenschluß des d. K. im organisatorischen Sinne gelang vor 1848 nicht, doch während der Jahre 1831-37 entwickelte sich das →„Berliner politische Wochenblatt" zu dem wohl wichtigsten Organ des d. K., zumal hier erstmals katholische (→Jarcke, →Radowitz, Haller, G. Phillips) und evangelische Konservative (die Gerlachs, →Leo, C. von Voß) gleichzeitig mitarbeiteten, um das, was sie als die gemeinsame Tradition der abendländisch-christlichen Überlieferung ansahen, gegen den Ansturm der Revolution zu verteidigen. Dieser erste Versuch eines überkonfessionellen K. in Deutschland zerbrach allerdings am Kölner Kirchenstreit von 1837. Der katholische Flügel der Mitarbeiter des BpW begründete daraufhin unter der Leitung von Görres und Jarcke die →„Historisch-politischen Blätter für das katholische Deutschland", während die protestantischen Konservativen sich weiterhin auf die EKZ stützten. In den 1840er Jahren konnte trotz weiterer Zeitschriftenprojekte („Janus", →„Volksblatt für Stadt und Land") keine erfolgreiche organisatorische Konsolidierung des d. K erreicht werden.

Erst die Revolution von 1848 erzwang unter dem Druck der Lage den organisatorischen und publizistischen Zusammenschluß des d. K., der in erster Linie in Berlin stattfand und sich in der Gründung zahlreicher konservativer Vereine sowie der ersten konservativen Tageszeitung, der „Neuen Preußischen Zeitung" (genannt →„Kreuzzeitung") niederschlug. Im Gegensatz zu den nur schwach ausgeprägten konservativen Abwehrkräften in den übrigen Ländern Deutschlands gelang es in Preußen die Verbindung von direkter Einflußnahme auf den König und durch eine flankierende, geschickte Öffentlichkeitsarbeit die Gegenrevolution wesentlich voranzutreiben und zu unterstützen und, darüber hinaus, in den dann folgenden Jahren der Reaktion (1850-58), einen nicht unbeträchtlichen, wenn auch keineswegs entscheidenden Einfluß auf die preußische Politik auszuüben.

Doch mit der scheinbar endgültigen Niederlage der Revolution begann auch der langsame organisatorische Niedergang des d. K., der sich in manchen Ländern (wie z.B. Österreich) nicht einmal als Partei hatte konstituieren können. In Preußen kam es zu einer Auseinanderentwicklung zwischen den „Pragmatikern", die nur noch eine reine Interessenpolitik im Dienste des grundbesitzenden Adels betrieben, und den „Ideenpolitikern", die sich in die altkonservative Richtung unter E. L. von Gerlach und in einen sozialpolitischen Flügel unter H. →Wagener gespalten hatten. Während des Verfassungskonflikts in Preußen (1862-66) rückten die Konservativen, die mit der Gründung des „Preußischen Volksvereins" (1861) noch einmal eine organisatorische und programmatische Erneuerung versuchten, wieder in die Position einer Quasi-„Regierungspartei" ein. Nach 1866 spaltete sich die Partei jedoch unter dem Einfluß des preußisch-österreichischen Krieges in einen oppositionellen Minderheits- und einen regierungstreuen Mehrheitsflügel, der es →Bismarck zwischen 1867 und 1870 ermöglichte, die politisch-verfassungsmäßige Begründung des Norddeutschen Bundes (einschließlich zahlreicher Reformgesetze und eines von den Konservativen früher strikt abgelehnten allgemeinen und gleichen Wahlrechtes!) durchzuführen.

Unter dem Eindruck des Kulturkampfs gegen die katholische Kirche seit 1872 zerfiel die alte konservative Partei endgültig. Nachdem die Gründung einer sozialkonservativen Partei unter Wagener gescheitert war, wurde auf Druck und mit Unterstützung Bismarcks 1876 die neue, sich auf das ganze Reich erstreckende →Deutschkonservative Partei gegründet, die sich unter ihrem langjährigen Vorsitzenden O. von →Helldorff-Bedra zum ausführenden Organ der Regierung Bismarck – insbesondere nach dessen innenpolitischer Wende von 1878/79 und seiner Abwendung vom Liberalismus – entwickelte. Die konservativen Kräfte des politischen Katholizismus sammelten sich vor allem im Zentrum, wo sie

dessen rechten Flügel bildeten (K. F. von Savigny, H. von Mallinckrodt, später G. von Hertling, P. Spahn).

Die altkonservative Opposition innerhalb der Deutschkonservativen Partei, die sich um die Kreuzzeitung („Kreuzzeitungsgruppe") und um einzelne konservative Organe wie die „Allgemeine konservative Monatsschrift für das christliche Deutschland" gesammelt hatte, vermochte nach Bismarcks Sturz (1890) für einige Zeit die Oberhand innerhalb der Partei zu gewinnen: Helldorff-Bedra wurde gestürzt, und die Partei erhielt im Dezember 1892 mit dem „Tivoli-Programm" eine neue, im Ton deutlich regierungskritische, auf ein strenges Christentum, die Bekämpfung des Sozialismus und den Erhalt des Schutzzolls gerichtete Orientierung; auch antisemitische Töne fehlten nicht. In der Partei blieb dieses Programm allerdings heftig umstritten, und nachdem die kleineren Antisemitenparteien den Konservativen bei den Wahlen von 1893 mehrere Mandate abgenommen hatten, nahm man vom Tivoliprogramm – ausgenommen das Bekenntnis zum Schutzzoll und zum Kampf gegen den Sozialismus – wieder Abstand. Die maßgeblichen Vertreter der bis dahin dominierenden „Kreuzzeitungsgruppe", W. von Hammerstein und A. →Stoecker, wurden aus der Partei ausgeschlossen. Seit 1894 arbeitete die Deutschkonservative Partei, die ihren Schwerpunkt bis zum Ende des Kaiserreichs in den ostelbischen Gebieten behalten sollte, eng mit dem →Bund der Landwirte zusammen und entwickelte sich zu einer reinen Interessenpartei des grundbesitzenden Landadels. Die Interessen der konservativ orientierten Großindustrie wurden von der Reichskonservativen Partei (die aus den früheren – streng bismarcktreuen – preußischen „Freikonservativen" hervorgegangen war) unter Führung von W. von →Kardorff und C. von Stumm vertreten. Daneben existierte weiterhin eine altkonservativ-christliche Strömung, die sich zunehmend sozialpolitischen Fragen zuwandte, aber keinerlei politische Bedeutung mehr gewinnen konnte.

Bis zum Ende des Kaiserreichs betätigte sich die Deutschkonservative Partei, nunmehr maßgeblich dominiert durch E. von →Heydebrand und der Lasa, als Verteidigerin des Status quo, ob es sich nun um die ökonomischen und politischen Vorrechte des ostelbischen Landadels, um die bestehende Schutzzollpolitik oder vor allem auch um die Bewahrung des preußischen Dreiklassenwahlrechts handelte. Da sie im Reich in der Regel zu den Regierungsparteien gehörte (und in Preußen dank des Wahlrechts ohnehin stets die stärkste Partei war), übte sie immer noch einen beträchtlichen Einfluß auf die Politik aus. Zu den entstehenden antisemitischen, radikal-nationalistischen und völkischen Bewegungen hielt die Deutschkonservative Partei deutliche Distanz. In ihrer fast völligen Unfähigkeit zu politischen Kompromissen sowie in ihrer Verweigerung jeglicher Reformen zur Weiterentwicklung der konstitutionellen Monarchie des Reiches gründet die zweifellos verhängnisvolle Rolle, die sie bis 1918 gespielt hat. In diesem Sinne war es nur folgerichtig, daß die Partei mit dem Kaiserreich selbst unterging, wenngleich sie als einflußloser Verein noch bis Ende der 1920er Jahre existieren sollte.

L.: *R. Meyer:* Hundert Jahre conservativer Politik und Literatur, Wien o. J. (1895); *G. Ritter:* Die preußischen Konservativen und Bismarcks deutsche Politik 1858-76, Heidelberg 1913; *E. Müsebeck:* Die ursprünglichen Grundlagen des Liberalismus und Konservativismus in Deutschland, in: Korrespondenzblatt des Gesamtvereins der deutschen Geschichts- und Altertumsvereine 63 (1915), Sp. 1-26; *F. Braune:* Edmund Burke in Deutschland, Heidelberg 1917; *A. v. Martin:* Weltanschauliche Motive im altkonservativen Denken, in: Deutscher Staat und deutsche Parteien. Festschrift Friedrich Meinecke, hrsg. v. *P. Wentzcke,* München – Berlin 1922, S. 342-84; *H. v. Arnim / G. v. Below* (Hrsg.): Deutscher Aufstieg. Bilder aus der Vergangenheit und Gegenwart der rechtsstehenden Parteien, Berlin – Leipzig – Wien – Bern 1925; *P. Kluckhohn:* Persönlichkeit und Gemeinschaft. Studien zur Staatsauffassung der deutschen Romantik, Halle a. S. 1925; *H. Heffter:* Die Kreuzzeitungspartei und die Kartellpolitik Bismarcks, Leipzig 1927; *G. Quabbe:* Tar a Ri. Variationen über ein konservatives Thema, Berlin 1927; *S. Neumann:* Die Stufen des preußischen Konservatismus, Berlin 1930; *J. Baxa:* Adam Müller, Jena 1930; *ders.:* Einführung in die romantische Staatswissenschaft, Jena ²1931; *E. Reinhard:* Karl Ludwig von Haller, Münster 1933; *O. Brunner:* Adeliges Landleben und europäischer Geist, Salzburg 1949; *O.-E. Schüddekopf:* Die deutsche Innenpolitik im letzten Jhdt. und der konservative Gedanke, Braunschweig 1951; *H. Mühlenfeld:* Politik ohne Wunschbilder, München 1952; *W. Bredendiek:* Christliche Sozialreformer im 19. Jhdt., Leipzig 1953; *F. W. Kantzenbach:* Die Erweckungsbewegung, Neuendettelsau 1957; *O. H. v. der Gablentz:* Art. „Konservatismus", in: Fischer Lexikon Staat und Poli-

tik, Frankfurt a. M. 1957, S. 168-72; *H. Barth:* Der konservative Gedanke, Stuttgart 1958; *H. Saile:* Hermann Wagener und sein Verhältnis zu Bismarck, Tübingen 1958; *H. Lacher:* Politischer Katholizismus und kleindeutsche Reichsgründung, phil. Diss. Mainz 1963; *W. Scheel:* Das „Berliner Politische Wochenblatt", Göttingen 1964; *W. Görlitz:* Die Junker. Adel und Bauer im deutschen Osten, Limburg a. L. ³1964; *H. Gollwitzer:* Die Standesherren, Göttingen ²1964; *J. Droz:* Le romantisme allemand et l'état, Paris 1966; *H.-J. Puhle:* Agrarische Interessenpolitik und preußischer Konservatismus im wilhelminischen Reich (1893-1914), Hannover 1966; *M. P. Fleischer:* Katholische und lutherische Ireniker, Göttingen 1968; *E. Kaufmann:* Über die konservative Partei und ihre Geschichte, in: *ders.:* Gesammelte Schriften, Bd. III, Göttingen 1969, S. 133-75; *F. Meinecke:* Weltbürgertum und Nationalstaat, Werke, Bd. V, München 1969; *G. Oestreich:* Geist und Gestalt des frühmodernen Staates, Berlin 1969; *J. B. Müller:* Der deutsche Sozialkonservatismus, in: Konservatismus. Eine deutsche Bilanz, München 1971, S. 67-97; *G.-K. Kaltenbrunner* (Hrsg.): Rekonstruktion des Konservatismus, Freiburg i. Br. 1972; *G. Mann:* Friedrich v. Gentz, Frankfurt a. M. – Berlin – Wien 1972; *K. Epstein:* Die Ursprünge des Konservativismus in Deutschland, Frankfurt a. M. – Berlin 1973; *G. Kaiser:* Pietismus und Patriotismus im literarischen Deutschland, Frankfurt a. M. ²1973; *W. Bußmann:* Ein Beitrag zum europäischen Konservatismus in der ersten Hälfte des 19. Jhdt.s, in: Festschrift Klaus Lankheit, Köln 1973, S. 38-45; *G. Grünthal:* Konstitutionalismus und konservative Politik, in: Gesellschaft, Parlament und Regierung, hrsg. v. *G. A. Ritter,* Düsseldorf 1974, S. 145-64; *A. Langner* (Hrsg.): Katholizismus, konservative Kapitalismuskritik und Frühsozialismus bis 1850, München – Paderborn – Wien 1975; *F. Valjavec:* Die Entstehung der politischen Strömungen in Deutschland 1770-1815, Königstein/Ts. ²1978; *C. v. Maltzahn:* Heinrich Leo (1799-1878), Göttingen 1979; *H.-J. Schoeps:* Ein weites Feld, Berlin 1980; *ders.:* Das andere Preußen, Berlin ⁵1981; *R. Vierhaus:* Art. „Konservativ, Konservatismus", in: Geschichtliche Grundbegriffe, Bd. III, Stuttgart 1982, S. 531-65; *B. Weber:* Die „Historisch-politischen Blätter" als Forum für Kirchen- und Konfessionsfragen, phil. Diss. München 1983; *D. Stegmann / B.-J. Wendt / P. C. Witt* (Hrsg.): Deutscher Konservatismus im 19. und 20. Jhdt. Festschrift Fritz Fischer, Bonn 1983; *H.-G. Schumann* (Hrsg.): Konservatismus, Königstein/Ts. ²1984; *P. Kondylis:* Konservativismus. Geschichtlicher Gehalt und Untergang, Stuttgart 1986; *W. Schwentker:* Konservative Vereine und Revolution in Preußen 1848/49, Düsseldorf 1988; *J. B. Müller:* Konservatismus und Außenpolitik, Berlin 1988; *J. Retallack:* Notables of the Right. The Conservative Party and Political Mobilization in Germany, 1876-1918, Boston 1988; *R. M. Berdahl:* The Politics of the Prussian Nobility. The Development of a Conservative Ideology 1770-1848, Princeton 1988; *W. Füßl:* Professor in der Politik: Friedrich Julius Stahl (1802-

61), Göttingen 1988; *W. Ribhegge:* Konservative Politik in Deutschland, Darmstadt 1989; *K. Lenk:* Deutscher Konservatismus, Frankfurt a. M. 1989; *F.-L. Kroll:* Friedrich Wilhelm IV. und das Staatsdenken der deutschen Romantik, Berlin 1990; *J. Kunisch:* Alteuropa. Der Ursprung der Moderne, in: Deutschland in Europa. Gedenkschrift Andreas Hillgruber, hrsg. v. *J. Dülffer / B. Martin / G. Wollstein,* Frankfurt a. M. – Berlin 1990, S. 21-36; *J. Garber:* Spätabsolutismus und bürgerliche Gesellschaft, Frankfurt a. M. 1992; *L. Dittmer:* Beamtenkonservatismus und Modernisierung, Stuttgart 1992; *L. E. Jones / J. Retallack* (Hrsg.): Between Reform, Reaction and Resistance. Studies in the History of German Conservatism from 1789 to 1945, Providence – Oxford 1993; *H.-C. Kraus:* Ernst Ludwig v. Gerlach. Politisches Denken und Handeln eines preußischen Altkonservativen, Göttingen 1994; *ders.* (Hrsg.): Konservative Politiker in Deutschland, Berlin 1995.

– K

II. Von 1918 bis zur Gegenwart

Der Zusammenbruch der Monarchie bedeutete für alle konservativen Kräfte in Deutschland einen schweren Schlag. Er traf nicht allein die Parteien und Verbände auf Reichsebene bis hin zum rechten Flügel des Zentrums, sondern auch die konservativen Kräfte der Länder, wo sich die Loyalität traditionell auf das angestammte Haus richtete. Dementsprechend schwierig – in Teilen auch unmöglich – war es für viele Konservative, die gewandelten Verhältnisse zu akzeptieren: der bis zum Ende der Weimarer Republik andauernde Flaggenstreit (konservative →Symbolik) war nur ein äußeres Symptom für die Reserve, welche die Konservativen und, allgemeiner, die politische Rechte gegenüber dem neuen „System" einnahm. Man fühlte sich in dieser Haltung außerdem bestätigt durch die – lange Zeit stabilen – Wahlergebnisse, die konservative Gruppierungen wie die →Deutschnationale Volkspartei, die württembergische Bürgerpartei oder die Bayerische Mittelpartei erzielten, und von dem weiterhin großen Einfluß, den Teile der alten Eliten in Verwaltung, Armee und Wirtschaft ausüben konnten. Die vorsichtige Annäherung an die Republik um die Mitte der zwanziger Jahre war nicht von Dauer, weil die prinzipielle Frontstellung gegen die aus der Revolution geborene Ordnung und die vom Versailler Vertrag bestimmte Außenpolitik bestehen blieb, auch wenn die im eigentlichen Sinn restaurativen Kräfte schwach waren und eine kriegerische Revision nur von einer Minderheit vertreten wurde.

In ihrer Rolle als Fundamentalopposition sahen sich die Konservativen vor allem bestärkt, weil sie aus den Reihen der →Konservativen Revolution intellektuelle Unterstützung erhielten. Die Konservative Revolution bildete zwar keine einheitliche Ideologie, aber einen „vielfarbigen Bau" mit einem „goldenen Dach" (C. von Schrenck-Notzing). Ihre Anziehungskraft wurde um so größer, als die liberale Demokratie offensichtlich außerstande blieb, die notwendige politische Stabilisierungsleistung zu erbringen und die „provozierende Haltung gewisser Linkskreise" (K. Epstein) eine entsprechende Gegenposition auf der anderen Seite ganz legitim erscheinen ließ. Von einer „Katastrophenpolitik" blieb die Masse der Konservativen aber weit entfernt, in ihrer Mehrheit verstanden sie sich als „konservative Erneuerungsbewegung" (E. R. Huber).

Dieser Minimalkonsens konnte allerdings die unterschiedlichen Einschätzungen der Lage am Ende der zwanziger Jahre nicht überbrücken und führte zu einer Spaltung des Konservatismus in bezug auf die politische Praxis: während eine Gruppe die Auffassung vertrat, daß man durch konstruktive Mitarbeit – vor allem im Kabinett Brüning – die Voraussetzungen für eine konservative Transformation der Republik schaffen könne (etwa im Sinne einer Präsidialverfassung oder einer konstitutionellen Monarchie), setzte die andere auf die direkte Konfrontation mit dem Ziel der kommissarischen Diktatur. Wie sich rasch zeigen sollte, gab es weder für den einen noch für den anderen Weg eine größere Unterstützungsbereitschaft. Während die Moderaten mit ihren verschiedenen Organisationen – →Volkskonservative Vereinigung, Christlich-Sozialer Volksdienst und Christlich-Nationale Bauern- und Landvolkpartei – bei den Wahlen scheiterten, reduzierte sich auch der Stimmenanteil der Radikalen, die A. Hugenberg in der von ihm geführten DNVP gesammelt hatte. Seine späte Bereitschaft, schließlich in ein von Hitler geführtes Kabinett einzutreten und mit der NSDAP eine Koalition zu bilden, hing vor allem damit zusammen, daß er die Aussichtslosigkeit der Bemühungen Papens und seiner jungkonserva-

tiven Berater um einen „Neuen Staat" einge-
sehen hatte und wie jener glaubte, an der
„Einrahmung" und „Abnutzung" der Nationalsozialisten mitwirken zu können.
Diese Ansicht sollte sich als fataler Irrtum
erweisen, was nicht nur auf die prinzipielle
Unterschätzung Hitlers zurückzuführen war,
sondern auch darauf, daß dieser sehr geschickt die Neigungen der konservativen Be-
völkerungsteile zu instrumentalisieren
wußte. Vom ersten „Aufruf der Reichsregierung an das deutsche Volk" bis zum „Tag von
Potsdam", vom Bezug auf das Erbe des
christlichen Abendlandes und die preußische
Tradition bis zum respektvollen Umgang mit
dem greisen Reichspräsidenten von Hindenburg wußte Hitler die Klaviatur konservativer Erwartungen zu spielen. Und wie in allen
anderen politischen Gruppen erkannten auch
bei den Konservativen nur sehr wenige den
eigentlichen Charakter des Regimes. Die Kritik konservativer Kreise entzündete sich erst
an den Formen des „Kirchenkampfes", der
Judenverfolgung und insgesamt an dem ple-
bejischen Auftreten der NS-Bewegung. In
den meisten Fällen reichte der Widerwille
aber kaum über persönliche Unmutsbekun-
dungen hinaus; die Hoffnung des Kreises um
E. J. →Jung und H. von Bose, die Regime-
krise im Frühjahr 1934 ausnutzen zu können,
erwies sich als illusorisch; Hindenburg war
kein ernstzunehmender Faktor mehr, und die
Reichswehr zog es vor, als „Säule" das System
zu tragen, statt es zu stürzen.
Erst unter dem Eindruck der außenpolitischen Radikalisierung des Regimes stiegen
stärkere Bedenken auf, und Teile der konservativ geprägten Elite in Militär und Diplomatie begannen seit 1938 mit einer Verschwörung, die rasch die Grenze der Systemopposi-
tion überschritt. Die Motive, die Offiziere
und Beamte bis dahin zur Zusammenarbeit
mit dem nationalsozialistischen Staat veranlaßt hatten, lagen einerseits in der Dankbarkeit für die Beseitigung der wirtschaftlichen
Krise und für die „Wiederwehrhaftmachung"
des Reiches, andererseits in der Bejahung der
Schritte, die Hitler zur Revision des Versailler
Vertrages eingeleitet hatte. Als sich jedoch
abzeichnete, daß es ihm keineswegs nur um
die Wiedergutmachung von vergangenem
Unrecht und die Gewinnung einer deutschen
Machtposition in Mitteleuropa ging, wandte

sich ein Teil der bis dahin zur Kooperation
bereiten Gruppierungen von ihm ab.
Daß der →Widerstand, der unter den gegebenen Umständen stark von konservativen
Kräften getragen wurde, sein Ziel nicht erreichte, führte ebenso zur Diskreditierung
der Konservativen wie die „Volksgemein-
schafts"-Ideologie der Nationalsozialisten
mit ihren antikonservativen Affekten und die
Nachkriegspolitik der Alliierten, die selbst einer gemäßigten Rechten mit Mißtrauen gegenüberstanden. Die älteren Führer des deutschen Konservatismus waren entweder schon
gestorben oder politisch untragbar geworden;
eine neue Generation, die als Leitungsperso-
nal in Frage kam, stand kaum zur Verfügung.
Trotzdem gab es bereits unmittelbar nach
Kriegsende Ansätze für eine Reorganisation.
Das von H. →Zehrer und O. Schmidt-Hannover – der zu den Vertrauten Hugenbergs
gehört hatte – im Winter 1945/46 abgefaßte
Konservative Manifest forderte nicht nur ein
rasches Ende des Besatzungsregimes, die
Wiederherstellung Deutschlands in seinen
Vorkriegsgrenzen, Sicherstellung des Rechtsstaates und Errichtung einer parlamentarischen Monarchie, es diente auch der in Kiel
gegründeten „Deutschen Konservativen Partei" als Programm. Die Partei ging aber schon
im Frühjahr 1946 in der neu gebildeten
„Deutschen Rechtspartei – Konservative
Vereinigung" auf, in der sich die konservativen Kräfte gegen den dominierenden Einfluß
von Völkischen und radikalen Nationalisten
nicht behaupten konnten – ein Schicksal, das
in der Nachkriegszeit zahlreiche konservative
Parteigründungen erlitten. Insofern war die
→Deutsche Partei eine wichtige Ausnahme;
ihr gelang es zwar nicht, sich wesentlich über
den norddeutsch-niedersächsischen Raum
hinaus zu verbreiten, doch wies sie ein erstaunliches Maß an organisatorischer Stabilität auf. Anders als die meisten konservativen
Gruppen der Weimarer Zeit bejahte die
Deutsche Partei grundsätzlich den neuen
Staat und das parlamentarisch-demokratische
System, obwohl sie dem Grundgesetz die Zustimmung verweigert hatte. Ihre scharfe Ablehnung des Kommunismus, das Bekenntnis
zur deutschen Einheit, zum Föderalismus,
zur freien Marktwirtschaft und die beamten-
staatliche Tendenz konnten in den fünfziger
Jahren durchaus auf Zustimmung rechnen,

zumal es der FDP – die anfangs geeignet schien, eine nationalliberal-konservative Sammlungsbewegung zu bilden – nicht gelang, diese Positionen dauerhaft zu besetzen. Der eigentliche Konkurrent der DP war ihr Verbündeter, die CDU/CSU. Die Christlichen Demokraten und die bayerischen Christlich-Sozialen konnten als überkonfessionelle bürgerliche Volksparteien jedoch lange Zeit nicht ganz aus dem Schatten des Zentrums heraustreten, obwohl es →Adenauer gelungen war, eine große Zahl prominenter Köpfe aus dem evangelischen und konservativen Bereich an seine Partei zu binden. Dazu gehörte neben H. →Ehlers vor allem E. Gerstenmaier; letzterer, der mehrfach versuchte, die Position der CDU/CSU als konservative Partei zu bestimmen, hatte damit zwar keinen Erfolg, aber faktisch konnte am Ende der fünfziger Jahre den Wählern der Deutschen Partei nicht mehr deutlich gemacht werden, worin die programmatischen Unterschiede zwischen CDU/CSU und DP eigentlich bestanden. Der Übertritt der DP-Minister der Bundesregierung in die größere Koalitionspartei bedeutete faktisch das Ende jeder genuin konservativen Partei in der Bundesrepublik. Alle späteren Versuche, rechtspopulistische Bewegungen zu gründen, in die auch die Konservativen Aufnahme hätten finden können, scheiterten entweder an inneren Auseinandersetzungen oder an der Marginalisierung der konservativen Position. Soweit die Konservativen sich nicht in die Unionsparteien integrierten, waren sie zukünftig politisch heimatlos.

Diese Heimatlosigkeit kennzeichnet auch einen großen Teil der konservativen Intelligenz in der Nachkriegszeit. Gab es zu Beginn durchaus noch Reservate im Bereich der Institutionen Staat, Armee und Kirchen, die konservative Positionen erlaubten, oder Medien wie etwa die „Deutsche Zeitung", „Christ und Welt", der „Rheinische Merkur" und anfangs auch das „Deutsche Allgemeine Sonntagsblatt", die sich zur Gänze oder teilweise dem Konservatismus verpflichtet fühlten, so änderte sich diese Situation grundlegend seit dem Beginn der sechziger Jahre. Die kulturellen Verschiebungen und das Abschmelzen der älteren konservativen Milieus gingen dabei Hand in Hand, und der Machtverlust der CDU/CSU 1969 schien vielen

Konservativen nur die Bestätigung einer lange mit Unbehagen beobachteten politischen und gesellschaftlichen Entwicklung.

Erst zu Beginn der siebziger Jahre schienen sich neue Handlungsmöglichkeiten zu eröffnen. „Tendenzwende" wurde zu einem Schlüsselbegriff in der öffentlichen Diskussion. Er bezeichnete nicht nur die Reaktion auf den terroristischen Ausbruch und die mit dem sogenannten „Ölschock" verbundene Ernüchterung über die wirtschaftlichen Möglichkeiten einer Industriegesellschaft, er bezeichnete allgemeiner die Abkehr von den hochgespannten Erwartungen der Jahre 1967/68 und der Anfänge der sozial-liberalen Koalition. Viele, die einmal das Verlangen nach großen Reformen unterstützt hatten, bekehrten sich zu einem „Konservatismus", der den gesunden Menschenverstand und den Common sense betonte, aber theoretisch desinteressiert blieb. Die „Tendenzwende" diente vor allem der Neuorientierung für jene, die wünschten, „daß die Tassen im Schrank bleiben" (H. Rudolph), nicht aber der Organisation einer neuen intellektuellen Fraktion. Auch eine unmittelbare Verbindung zur Politik kam nicht zustande. Zwar suchte die CDU/CSU nach Verbündeten im vorpolitischen Raum und pflegte, vor allem in bezug auf die neue Ostpolitik, eine aggressivere Rhetorik als in der Vergangenheit. Aber nicht nur die regen „Modernisierer" der Partei, sondern vor allem ihr traditioneller antiideologischer Affekt ließ sie stets zurückscheuen vor einer allzu engen Liaison mit dem „sacht in Mode kommenden Pseudokonservativismus" (J. →Gross).

Schon zu Anfang der siebziger Jahre begann sich ein Riß abzuzeichnen zwischen jenen Liberalkonservativen, die nur eine „radikale Mitte" (G. →Rohrmoser) wollten, und denen, die den Begriff „neue Rechte" nicht scheuten, wenn man damit den paradoxen Sachverhalt zum Ausdruck bringen konnte, daß „die Konservativen die Bewegungspartei" (G.-K. →Kaltenbrunner) formieren mußten. Die „Denk-Meister" dieser zweiten Schule waren der Philosoph und Soziologe A. →Gehlen und der Jurist C. →Schmitt. Während Schmitt aber nur geistigen Einfluß nahm, mischte sich Gehlen mit seinem Buch „Moral und Hypermoral" 1969 noch einmal direkt in die Debatte. Es war ein Werk der

Gegen-Aufklärung, da es versuchte, über die Unvernunft der linken Positionen „aufzuklären". Insofern kann auch nicht überraschen, daß die erste Nummer des Organs, das die Sympathisanten Gehlens gründeten, mit der Parole „Rückkehr zur Ratio" eröffnet wurde. Die Zeitschrift →„Criticón", die C. von Schrenck-Notzing seit Juli 1970 herausgab, wollte – anders als die älteren konservativen Zeitschriften im Nachkriegs-Deutschland, die vor allem einen *sentimental toryism* (T. S. →Eliot) pflegten – einen „kalten" Konservatismus vertreten.

Die Gründung von „Criticón" fand viele Nachahmer. In weniger als zwei Jahren entstanden zahlreiche weitere konservative Zeitschriften, die ihre Akzente wieder anders setzten und vor allem einen christlichen („Konservativ heute", 1970), ökologischen („Scheidewege", 1971) oder antitotalitären („Zeitbühne", 1972, „Epoche", 1976) Konservatismus vertraten. Besondere Erwähnung verdient in diesem Zusammenhang noch die alle drei Monate erscheinende und von G.-K. Kaltenbrunner herausgegebene „Herderbücherei Initiative" (1974). Dieser wachsenden Zahl von Publikationsforen korrespondierte eine zunehmende Resignation gegenüber der CDU/CSU, die sich nicht in der Lage sah, die Mehrheit im Parlament zurückzuerobern und gleichzeitig vor der ideologischen Herausforderung durch die „Neue Linke" resignierte. Damals begann sich in der konservativen Intelligenz allgemein die Auffassung durchzusetzen, daß gegen den Neo-Marxismus und den progressiven Liberalismus ein „Kulturkampf" (T. Molnar) geführt werden müsse.

Die schärfer gezogene Trennungslinie zur Union führte zu einer weiteren Zuspitzung der Auseinandersetzung zwischen den einzelnen Gruppen innerhalb der konservativen Intelligenz. Die Verfechter der „Tendenzwende" hielten mit dem Kongreß „Mut zur Erziehung", der Anfang Januar 1978 in Bad Godesberg stattfand, noch einmal so etwas wie eine Heerschau ab, die ein erstaunliches Echo in den Medien fand und sogar die Linke beeindruckte. Aber die Bewegung hatte offensichtlich ihren Höhepunkt überschritten. Die Lager-Solidarität war nie sehr ausgeprägt gewesen, und Angriffe der *Hardliner* auf die „Kerenskis der Kulturrevolution" (A.

→Mohler), die nach '68 zu spät begriffen hatten, trugen mit zu dem folgenden Rückzug von →H. Lübbe, Th. Nipperdey, E. Topitsch, R. →Spaemann und E. Nolte bei, während H. →Schelsky, F. Tenbruck und K. Buchheim eine Existenz als Einzelkämpfer vorzogen. Umgekehrt fand unter den Protagonisten eines schärferen Kurses eine Radikalisierung statt, die auch mit deren wachsender Isolation zu erklären ist; besonders deutlich ist dieser Vorgang in den Schriften von R. Hepp, H.-D. Sander und A. Mohler zu beobachten. Eine Sonderrolle spielte G.-K. Kaltenbrunner, dessen kulturelle Arbeiten längere Zeit vom bürgerlichen Feuilleton toleriert wurden und der sich erst relativ spät auf esoterische Interessen zurückzog.

Die Aufbruchstimmung vom Beginn der siebziger Jahre jedenfalls verflog. Der von Mohler so apostrophierte „Frontwechsel" – die Bekehrung der Konservativen zur Industriegesellschaft – entfaltete letztlich nicht jene Antriebskräfte, die man sich von einem technokratisch, soziologisch oder ethologisch abgestützten, radikal-modernen Konservatismus versprochen hatte. Und auf die neue Koalition, die seit 1982 von der CDU/CSU und der FDP gestellt wurde und deren Kanzler H. Kohl sich mit der Parole „geistig-moralischen Wende" ganz offensichtlich auf das ideologische Inventar der „Tendenzwende" berief, setzte hier kaum noch jemand Hoffnungen. Allerdings zeigte die gesellschaftliche Unruhe, die mit der Entstehung der Alternativ-Bewegung, der Friedensdiskussion und dem sich abzeichnenden Wechsel hin zu einem bürgerlichen Regierungsbündnis verknüpft war, auch Rückwirkungen bei den Resten der rechten Intelligenz. Die Fixierung auf theoretische Fragen unmittelbar nach der Revolte und die strikte Binnenorientierung des Konservatismus der „Tendenzwende" begannen zu verschwinden. Die „Renationalisierung" des konservativen Lagers führte zu einer bemerkenswerten Wiederbelebung des Diskurses: Der „nationale Imperativ" (H.-D. Sander) wurde als ein kategorischer begriffen. Neuzugänge von der Linken, wie G. Maschke oder B. Willms, verschoben die gewohnten Perspektiven nachhaltig, und ein großer Teil der konservativen Intelligenz wollte überhaupt die Lage der Bundesrepublik nicht länger nach den Regeln der Blocklogik bestimmen. Die Teilung des Landes wurde jetzt immer öfter als Folge des „Weltbürgerkriegs" verstanden, was auch die Wiederbelebung des Tauroggen- und Rapallo-Mythos sowie die Neutralitätsdebatten erklärt.

Trotz dieser Impulse schienen die Einbußen für die konservative Intelligenz viel zu schwerwiegend, als daß noch an eine kontinuierliche Arbeit gedacht werden konnte. Bereits am Ende der siebziger Jahre hatte mit der Einstellung der „Zeitbühne" und der Vereinigung von „Konservativ heute" und „Criticón" das Zeitschriftensterben begonnen, das 1988 mit der Einstellung der „Initiative" durch den Herder-Verlag endete. Nur „Criticón" und die (allerdings ganz in die Abhängigkeit der CSU geratene) „Epoche" sowie die „Scheidewege" konnten sich halten. Um so überraschender war es, daß sich in dieser Zeit eine neue Generation zu Wort meldete. Die seit 1986 erscheinende Zeitung „Junge Freiheit" entstand aus einem kleinen, hektographierten Blatt, entwickelte sich aber sukzessive zu einer professionellen, wöchentlich erscheinenden Zeitung. Die gewollte Nähe zur linken „taz" in Layout und Stil zeigt an, daß man es hier mit einer qualitativen Veränderung gegenüber früheren Publikationen zu tun hat. Die Jungen sind selten „geborene", eher „gelernte" Konservative. Es ist die Ausnahme, daß jemand noch im Elternhaus und gesellschaftlichen Umfeld entsprechend sozialisiert wurde. Die meisten wurden von intellektueller Neugier und der Aversion gegen die dominanten Weltanschauungen hierher verschlagen. Vorherrschend ist eine gewisse Skepsis gegenüber politischen Organisationen. Trotz des verbreiteten „Schmittismus" und der dezisionistischen Geste ist die Bereitschaft zur Debatte mit dem Gegner ausgeprägt. Es gibt Leitfiguren, aber kaum echte Lehrer-Schüler-Verhältnisse, was auf Kosten der Schulbildung geht. Starke Affinitäten zur „Neuen Rechten" sind vorhanden, die sich seit dem Zusammenbruch des kommunistischen Systems und der Wiedervereinigung Deutschlands herausgebildet hat (sichtbar geworden vor allem im Zusammenhang mit dem von U. Schacht und H. Schwilk herausgegebenen Sammelband „Die selbstbewußte Nation", Berlin 1994).

Der „Jungkonservatismus" ist erst im Entstehen begriffen und hat immer noch etwas Vagabundierendes an sich. Es läßt sich bei seinen Anhängern zwar ein Konsens in gewissen Punkten feststellen (Verteidigung der nationalen Interessen nach außen, EU-Skepsis, Mitteleuropa-Vision, Ablehnung des Multikulturalismus, Errichtung des „starken Staates"), aber dieser ist nicht statisch; eher handelt es sich um eine intellektuelle Suchbewegung. Dies hängt auch mit der Jugend der Träger zusammen, die sich selbstbewußt als „'89er" definieren, aber trotz ihrer abweichenden Weltanschauung gewisse Vorlieben und Schwächen der eigenen Generation teilen, allerdings auch ein eigenes Lebensgefühl ausbilden, das sie stärker noch als theoretische Erwägungen treibt.

L.: H. G. Wieck: Die Entstehung der CDU und die Wiedergründung des Zentrums im Jahr 1945, Düsseldorf 1953; H.-J. v. Merkatz: Die konservative Funktion, München 1957; J. H. Knoll: Der autoritäre Staat. Konservative Ideologie und Staatstheorie am Ende der Weimarer Republik, in: H. Diwald (Hrsg.): Lebendiger Geist. Hans-Joachim Schoeps zum 50. Geburtstag von seinen Schülern, Köln – Leiden 1959, S. 200-24; E. Nolte: Konservativismus und Nationalsozialismus, in: Zeitschrift für Politik NF 11 (1964), S. 5-20; M. Hättich: Individuum und Gesellschaft im Konservativismus, Hannover 1971; G.-K. Kaltenbrunner (Hrsg.): Konservatismus international, Stuttgart-Degerloch 1973; ders. (Hrsg.): Die Herausforderung der Konservativen, Herderbücherei Initiative, Bd. 3, Freiburg i. Br. 1974; W. Ribhegge: Konservative Politik in Deutschland. Von der Französischen Revolution bis zur Gegenwart, Darmstadt ²1992; H.-C. Kraus: Altkonservativismus und moderne politische Rechte. Zum Problem der Kontinuität rechter politischer Strömungen in Deutschland, in: Th. Nipperdey / A. Doering-Manteuffel / H.-U. Thamer (Hrsg.): Weltbürgerkrieg der Ideologien. Antworten an Ernst Nolte, Berlin 1993, S. 99-121; K. Weißmann: Gibt es eine „Neue Rechte"?, in: Deutsche Tagespost Nr. 39 vom 2. April 1994.

– W

Deutschkonservative Partei

Die von 1876-1918 bestehende wichtigste der konservativen Parteien des Deutschen Kaiserreichs wurde nach mehreren vergeblichen Anläufen seit 1872 von konservativen Vertrauensmännern →Bismarcks mit dem ausdrücklichen Ziel der Unterstützung der Politik des Kanzlers und preußischen Ministerpräsidenten gegründet. Mit dem ersten Vorsitzenden der Partei, Otto von →Helldorff-Bedra, konnte sich ein Status-quo-

Konservativer und Mann des politischen Establishments sowohl gegen den altkonservativ-christlichen Flügel unter Ph. von →Nathusius-Ludom wie gegen die sozialkonservative Gruppe um H. →Wagener durchsetzen. Bismarcks Rechnung ging bis zum Ende seiner Amtszeit (1890) auf: Die Dk. P. stellte im Kartell der Regierungsparteien (mit den Nationalliberalen und den Reichskonservativen) die verläßlichste Stütze der Regierung dar.

Doch schon im Kulturkampf und erst recht seit Beginn der 1880er Jahre begann sich Widerstand gegen die von Helldorff und von der – durch ihn dominierten – Reichstagsfraktion betriebene Politik zu regen. Die Konservativen im preußischen Landtag und insbesondere im Herrenhaus (unter der Führung →Kleist-Retzows) bemängelten eine zu große Anpassung an den von Bismarck betriebenen Kurs und eine zu geringe Vertretung konservativer Inhalte und Grundpositionen. Doch erst durch die sog. „Kreuzzeitungsgruppe" um den Chefredakteur der →Kreuzzeitung, Wilhelm von Hammerstein, und den Hofprediger Adolf →Stoecker entstand der Parteiführung um Helldorff ernste Opposition.

Nach Bismarcks Sturz (1890), in dessen Verlauf auch Helldorffs Position – als früherer Vertrauter des Kanzlers – nachhaltig geschwächt worden war, gelang es der Kreuzzeitungsgruppe, nach und nach immer mehr Einfluß in der Partei zu gewinnen. Auf dem Tivoli-Parteitag (Ende 1892) konnten Hammerstein und Stoecker gegen Helldorffs Widerstand ein neues Parteiprogramm durchsetzen, das u.a. antisemitische Elemente enthielt und darauf abzielte, die Partei breiteren Schichten, gerade auch dem nationalistisch gesinnten Kleinbürgertum, zu öffnen. Helldorff mußte 1893 zurücktreten; sein Nachfolger wurde Otto von →Manteuffel-Crossen, der sich gleichwohl bemühte, einen zwischen den verschiedenen Lagern der Partei vermittelnden Kurs zu steuern.

Die innenpolitischen Ereignisse der beginnenden wilhelminischen Ära, insbesondere die Freihandelspolitik Caprivis, zwangen die Konservativen, sich wieder stärker den konkreten politischen Realitäten zuzuwenden: seit 1894 arbeitete die Dk. P. eng mit dem →Bund der Landwirte (BdL) zusammen und

entwickelte sich in den folgenden Jahren zeitweilig fast zu einer rein agrarischen Interessenpartei. Nachdem die Antisemiten bei den Wahlen von 1893 den Konservativen 10 Reichstagssitze abgenommen hatten, wurde die kurze Zusammenarbeit allerdings abrupt beendet. Auch Hammersteins und Stoeckers Einfluß ging kontinuierlich zurück, bis beide 1895 aus der Partei ausschieden – Hammerstein wegen eines Finanzskandals, und Stoecker, weil er seine eigene, die Christlichsoziale Partei gründete.

Bis zu ihrem Ende sollte die Partei eine reine Interessenpartei – diejenige des ostelbischen Landadels und Großgrundbesitzes – bleiben; trotz immer wieder unternommener Versuche gelang es weder den christlich-altkonservativen Kräften auf der einen noch den völkischen Nationalisten um den Alldeutschen Verband auf der anderen Seite, jemals einen wirksamen Einfluß auf Politik und programmatische Ausrichtung der Partei zu gewinnen. Dies war weniger das Verdienst der Vorsitzenden Manteuffel (bis 1911) und Wilhelm von Wedel (1911-13), sondern ist eher dem Wirken des seit den späten 1890er Jahren einflußreichsten Politikers der Partei, Ernst von →Heydebrand und der Lasa, zuzuschreiben, der von 1913-18 als letzter Vorsitzender der Gesamtpartei amtierte und diese fast wie ein „Diktator" (so Bethmann Hollweg) führte.

Da es der Partei trotz großer Anstrengungen nicht gelungen war, sich außerhalb Preußens in nennenswerter Weise zu etablieren, blieb ihr Schwerpunkt im preußischen Abgeordnetenhaus, wo sie – dank des Dreiklassenwahlrechts – die dominierende parlamentarische Kraft darstellte und einen beträchtlichen politischen Einfluß (der Reichskanzler war in der Regel gleichzeitig preußischer Ministerpräsident) ausübte. Hier verfocht sie erbittert den Interessenstandpunkt des ostelbischen Agrariertums und verteidigte vor allem das preußische Wahlrecht, dessen Reform sie bis kurz vor Kriegsende erfolgreich zu blockieren vermochte.

Auf der Reichsebene arbeitete die Partei von Fall zu Fall mit der Regierung zusammen (sie war 1907/08 Teil des Bülow-Blocks), war aber nicht zu Kompromissen bereit, wenn die wirtschaftlichen Interessen der Landwirtschaft nicht angemessen berücksichtigt oder gar mißachtet wurden. In ideologischer Hinsicht verfocht Heydebrand eine Mischung aus populärem Nationalismus, Monarchismus und Antisozialismus – ohne jedoch den Verlockungen des Alldeutschen Verbandes nachzugeben, die darauf abzielten, durch einen engen Zusammenschluß beider Organisationen eine radikale, völkisch-nationalistische Oppositionsbewegung zu schaffen.

Auch während des Krieges hielt Heydebrand – trotz des offiziell verkündeten „Burgfriedens" der Parteien – im wesentlichen an seiner Linie fest. Insbesondere setzte er allen Versuchen, die auf eine innere Demokratisierung und Parlamentarisierung des Reiches sowie auf eine Reform des preußischen Wahlrechts gerichtet waren, bis Kriegsende erbitterten – zuletzt vergeblichen – Widerstand entgegen. Ebenfalls verweigerte er sich dem Aufgehen der Dk. P. in einer größeren Rechtspartei. Nach Kriegsende 1918 sorgte er dafür, daß die eigentliche Organisation der Partei, der Hauptverein der Deutschen Konservativen, *nicht* aufgelöst wurde. In der Weimarer Republik schlossen sich die meisten ehemaligen Mitglieder und Parlamentarier der Dk. P. der neugegründeten →Deutschnationalen Volkspartei an (darunter K. von Westarp und E. von Oldenburg).

Bei den Reichstagswahlen zwischen 1877 und 1912 konnte sich die Dk. P. als führende Kraft der konservativen Rechten behaupten; ihren Höhepunkt erlebte sie in den Jahren von 1878 bis 1893, wo sie zwischen 13 und 16 Prozent der Stimmen erhielt, danach sank sie wieder auf den Ausgangspunkt von 1877, etwas über 9 Prozent, zurück. Die Wahlergebnisse im einzelnen: 1877: 9,7 % / 40 Sitze; 1878: 13,0 / 59; 1881: 16,3 / 50; 1884: 15,2 / 78; 1887: 15,2 / 80; 1890: 12,4 / 73; 1893: 13,5 / 72; 1898: 11,1 / 56; 1903: 10,0 / 54; 1907: 9,4 / 60; 1912: 9,2 / 43.

B.: in *Retallack:* Notables of the Right (siehe unter L.), S. 258-94.

L.: *O. Stillich:* Die politischen Parteien in Deutschland, Bd. I: Die Konservativen, Leipzig 1908; *K. Wulff:* Die Deutschkonservativen und die preußische Wahlrechtsfrage, phil. Diss. Greifswald 1921; *W. Mommsen:* Bismarcks Sturz und die Parteien, Stuttgart 1924; *H. v. Arnim / G. v. Below* (Hrsg.): Deutscher Aufstieg. Bilder aus der Vergangenheit und Gegenwart der rechtsstehenden Parteien, Berlin – Leipzig – Wien – Bern 1925; *H. Heffter:* Die Kreuzzeitungspartei und die Kartellpolitik Bismarcks, Leipzig 1927; *S. v. Kardorff:* Bis-

marck – Vier Vorträge, Berlin 1930; *K. H. Kröger:* Die Konservativen und die Politik Caprivis, phil. Diss. Rostock 1937; *F. W. v. Oertzen:* Junker – Preußischer Adel im Jhdt. des Liberalismus, Oldenburg 1939; *O.-E. Schüddekopf:* Die deutsche Innenpolitik im letzten Jhdt. und der konservative Gedanke, Braunschweig 1951; *A. Dorpalen:* The German Conservatives and the Parliamentarization of Imperial Germany, in: Journal of Central European Affairs 10 (1951), S. 184-99; *U. Lindig:* Der Einfluß des Bundes der Landwirte auf die Politik des Wilhelminischen Zeitalters 1893-1914, phil. Diss. Hamburg 1953; *H.-G. Eckert:* Die Wandlung der konservativen Partei durch Bismarcks Innenpolitik, phil. Diss. Kiel 1953; *H. Booms:* Die Dk. P. – Preußischer Charakter, Reichsauffassung, Nationalbegriff, Düsseldorf 1954; *E. Schulte:* Die Stellung der Konservativen zum Kulturkampf 1870-78, phil. Diss. Köln 1959; *T. Nipperdey:* Die Organisationen der deutschen Parteien vor 1918, Düsseldorf 1961; *W. Görlitz:* Junker. Adel und Bauer im deutschen Osten. Geschichtliche Bilanz von 7 Jhdt.en, Limburg a.d.L. ³1964; *H.-J. Puhle:* Agrarische Interessenpolitik und preußischer Konservatismus im wilhelminischen Reich 1893-1914, Hannover 1966; *O. Graf zu Stolberg-Wernigerode:* Die unentschiedene Generation. Deutschlands konservative Führungsschichten am Vorabend des Ersten Weltkrieges, München 1968; *D. Stegmann:* Die Erben Bismarcks, Köln 1970; *R. Berdahl:* Conservative Politics and Aristocratic Landowners in Bismarckian Germany, in: Journal of Modern History 44 (1972), S. 1-20; *A. J. Peck:* Radicals and Reactionaries: The Crisis of Conservatism in Wilhelmine Germany, Washington (DC) 1978; *E. Hartwig:* Konservative Partei 1848-1918, in: *D. Fricke u.a.* (Hrsg.): Lexikon zur Parteiengeschichte, Leipzig 1983-86, Bd. III, S. 283-309; *J. Retallack:* Notables of the Right – The Conservative Party and Political Mobilization in Germany, 1876-1918, Boston 1988; *L. E. Jones/J. Retallack* (Hrsg.): Between Reform, Reaction and Resistance. Studies in the History of German Conservatism from 1789 to 1945, Providence-Oxford 1993.

– K

Deutschland-Stiftung

Die DS wurde im Februar 1966 gegründet. Vorausgegangen waren Gespräche mit Konrad →Adenauer, der das Ehrenpräsidium übernahm, sich aber in praktischen Angelegenheiten durch den ehemaligen Bundesminister der konservativen →Deutschen Partei, Hans Joachim von →Merkatz, vertreten ließ. Die DS verlieh erstmals am 27. Februar 1967 in der Aula der Münchener Universität Konrad-Adenauer-Preise für Wissenschaft, Literatur und Publizistik. Der 91jährige Adenauer hielt dabei seine letzte Ansprache auf deutschem Boden. Seither wurden fast alle Preise an Repräsentanten des deutschen Konservatismus vergeben: Ernst →Forsthoff, Emil Franzel, Ludwig →Freund, Arnold →Gehlen, Otto von Habsburg, Manfred Hausmann, Bernt von Heiseler, Wolfgang Höpker, Peter R. Hofstätter, Pascual Jordan, Gerd-Klaus →Kaltenbrunner, Rudolf Krämer-Badoni, Herbert Kremp, Nikolaus Lobkowicz, Gerhard Löwenthal, Winfried Martini, Armin →Mohler, Helmut →Schelsky, William S. →Schlamm, Hans-Joachim →Schoeps, Wilhelm →Stählin, Frank Thiess.

Initiator und Motor der DS war Kurt Ziesel (* 1911 in Innsbruck, erfolgreicher Romanschriftsteller der fünfziger Jahre, Herausgeber des „Europäischen Kulturdienstes"). Ziesel war seit 1958 („Das verlorene Gewissen") als streitbarer Gegner der linksliberalen Intellektuellen bekannt, die in den sechziger Jahren zunehmend die Medien und den Kulturbetrieb kontrollierten („Die Geister scheiden sich", 1959; „Die verratene Demokratie", 1960; „Die Literaturfabrik", 1962; „Die Pressefreiheit in der Demokratie", 1962; „Der deutsche Selbstmord", 1963; „Freiheit und Verantwortung", 1966). Mit dem erklärten Ziel, der Amoral, der Deutschland-Feindlichkeit und dem Werteverfall in allen Bereichen durch kämpferischen Einsatz entgegenzutreten und zu einer geistigen und moralischen Wende beizutragen (Ziesel im „Deutschland-Magazin" v. Juni 1996), gründete die DS 1969 das „Deutschland-Magazin" als Zweimonats-, später Monatsschrift. Der CSU-Vorsitzende Franz-Josef Strauß nannte es „die Speerspitze der Opposition" gegen die sozial-liberale Regierung und den sie tragenden Zeitgeist. Nach dem Regierungswechsel von 1982 und der Bitburg-Krise übernahm die DS zunehmend die Aufgabe, die Konservativen weiter an die CDU zu binden, die über das Ausbleiben der zunächst angekündigten, dann aber „den politischen Notwendigkeiten" geopferten geistig-moralischen Wende enttäuscht waren. Im Wahljahr 1994 wurde Helmut Kohl der Freiheits-Preis der DS verliehen.

S.: Ein Vermächtnis Konrad Adenauers. Die DS, Würzburg 1967.

– S-N

Deutschnationale Volkspartei (DNVP)

Im November 1918 entstandene konservative Sammlungspartei, deren organisatorische Basis zwar die →Deutschkonservative Partei des Kaiserreichs bildete, der sich aber auch Freikonservative, Christlichsoziale und Nationalliberale (die Vereinigung mit der DVP scheiterte definitiv erst 1920) sowie ein Teil der Alldeutschen und der Völkischen anschlossen. Die DNVP hatte ihre soziale Basis vor allem im protestantischen Mittelstand, in Teilen des Großgrundbesitzes sowie der Industrie, enge Verbindungen bestanden zu den christlich-nationalen Gewerkschaften, zum „Stahlhelm", zu den landwirtschaftlichen Interessenverbänden und zur Führung der evangelischen Kirchen. Programmatisch setzte sich die DNVP für die Wiederherstellung der Hohenzollernmonarchie ein, bekannte sich aber anfangs zu den verfassungspolitischen Gegebenheiten.

Die gemäßigte Einstellung war nicht nur dem Einfluß des ersten Vorsitzenden O. Hergt zu verdanken, des ehemaligen preußischen Finanzministers, sondern auch dem frühen Ausscheiden des völkischen Flügels um A. von Graefe-Goldebee sowie um R. Wulle, der 1922 die DNVP verließ und sich später den Nationalsozialisten anschloß. Eine neue Radikalisierung der Deutschnationalen deutete sich zwar infolge der politischen Unruhen zu Beginn der zwanziger Jahre an, aber alle putschistischen Bestrebungen (Kapp, Hitler, Ludendorff) wurden abgelehnt. Die Auseinandersetzungen mit der Republik fanden im wesentlichen innerhalb der parlamentarischen Gremien statt. So führte der begabteste Vertreter der Deutschnationalen, K. →Helfferich, einen erbitterten Kampf gegen M. Erzberger, dem nicht allein die Unterzeichnung des Versailler Vertrages, sondern auch Unregelmäßigkeiten in der Amtsführung zur Last gelegt wurden. Im September 1923 lehnte die Partei im Reichstag die Beendigung des Ruhrkampfes ab, stimmte aber mit einem Teil ihrer Parlamentarier dem Dawes-Plan zu.

Aus diesem Grund kam es – zuletzt mitbedingt durch den Tod Helfferichs (am 23. April 1924) – zu einer Führungskrise in der DNVP, die durch den Rücktritt Hergts kaum behoben wurde. Sein Nachfolger Winckler konnte die entstandenen Fronten nicht beseitigen; erst 1925, mit der Neuwahl des Grafen Westarp zum Vorsitzenden, trat eine gewisse Beruhigung ein. Zu diesem Zeitpunkt war die DNVP infolge der Reichstagswahl von 1924 mit 103 Mandaten (gegenüber 66 im Jahr 1922) zur stärksten Partei geworden und zählte 950.000 Mitglieder; ihr Einfluß zeigte sich 1925 auch an der Wahl Hindenburgs zum Reichspräsidenten.

Anfang des Jahres 1925 waren die Deutschnationalen außerdem in die Regierung des unabhängigen Reichskanzlers Luther eingetreten, verließen das Kabinett aber bereits im Oktober desselben Jahres wegen ihrer Ablehnung der Locarno-Verträge; sie beteiligten sich nur noch einmal, 1927/28, an der Regierung Marx, um der Schutzzoll- und der Osthilfe-Politik zur Durchsetzung zu verhelfen. Gerade diese konstruktive Linie ist der Partei bei der Reichstagswahl von 1928 zum Verhängnis geworden: Ihre Mandatszahl reduzierte sich auf 78. Infolgedessen gelang es dem Vertreter des alldeutschen Parteiflügels, A. Hugenberg, die Führung der Partei an sich zu reißen. Hugenberg, der durch die Kontrolle des Scherl-Konzerns über einen erheblichen Einfluß verfügte, ging auf einen scharfen Konfrontationskurs gegenüber der Republik, was allerdings seit 1929/30 zur Abspaltung verschiedener Gruppen von der DNVP führte: des „Christlich-Sozialen Volksdienstes", der →„Volkskonservativen Vereinigung" und der „Christlich-Nationalen Bauern- und Landvolkpartei".

So wenig Erfolg alle diese Bemühungen zur Bildung einer neuen rechten Mitte hatten, so wenig gelang es Hugenberg, seine Politik – „nicht Brei, sondern Block" – durchzusetzen. Schon das mit großem propagandistischen Aufwand betriebene „Volksbegehren gegen den Young-Plan" von 1929 blieb ohne die erwartete Unterstützung. Die dabei erprobte Zusammenarbeit mit den Nationalsozialisten erwies sich im Endeffekt als kontraproduktiv, zumal Hitler hier, wie auch später beim Abschluß der „Harzburger Front" (Oktober 1931), ganz genau wußte, daß die Deutschnationalen lediglich seine Massenbasis für ihre Ziele ausnutzen wollten. Seit der Reichstagswahl von 1930 hatte sich der Stimmenanteil der DNVP von 14,3 auf 7 Prozent halbiert

und ging bis zur Juli-Wahl 1932 noch einmal auf 5,9 Prozent zurück. Ein guter Teil der Stimmen, die die Deutschnationalen verloren hatten, war unter den Bedingungen der politischen und der wirtschaftlichen Krise der NSDAP zugute gekommen. Hugenbergs Versuch, es Hitler in der Aggressivität des politischen Kampfes gleichzutun, blieb indes ohne Erfolg, vielmehr wird man den relativen Anstieg auf 8,9 Prozent bei den letzten freien Wahlen im November 1932 darauf zurückzuführen haben, daß einige bürgerliche Wähler zur DNVP zurückwanderten, als (infolge des BVG-Streiks) offenkundig wurde, daß die Nationalsozialisten auch vor einer Katastrophenpolitik nicht zurückscheuten.

Wie isoliert die Deutschnationalen in der Endphase der Weimarer Republik waren, hatte sich auch bei der Wahl des Reichspräsidenten von 1932 gezeigt, als Hugenberg Hindenburg jede Unterstützung verweigerte und der Kandidat der DNVP, der 2. Bundesführer des „Stahlhelm" Th. Duesterberg, ganz ohne Erfolg blieb. Als gleichfalls aussichtslos erwies sich die Unterstützung der Regierung Papen. Trotzdem zögerte Hugenberg sehr lange, in eine von Hitler geführte Reichsregierung der „nationalen Konzentration" einzutreten. Erst dessen Versprechungen in letzter Stunde und die Tatsache, daß konservative Persönlichkeiten die Mehrheit im neuen Kabinett bildeten, beschwichtigten das Mißtrauen Hugenbergs. Er übernahm das Ministerium für Wirtschaft, Ernährung und Landwirtschaft. Den nach der März-Wahl von 1933 wachsenden Druck auf die DNVP konnte er aber nicht verhindern. Infolge seines verantwortungslosen Auftretens auf der Londoner Weltwirtschaftskonferenz mußte er zurücktreten; die mittlerweile zur „Deutschnationalen Front" umgebildete DNVP löste sich am 27. Juni 1933 selbst auf.

S.: *M. Weiß* (Hrsg.): Der nationale Wille. Werden und Wirken der DNVP 1918 bis 1928, Essen 1928; *W. Liebe*: Die DNVP 1918-24, Düsseldorf 1956; *E. Matthias* und *R. Morsey* (Hrsg.): Das Ende der Parteien 1933, Düsseldorf 1960; *L. Hertzmann*: DNVP – Right Wing Opposition in the Weimar Republic 1918-24, Lincoln (Nebr.) 1963; *A. Thimme*: Flucht in den Mythos. Die DNVP und die Niederlage von 1918, Göttingen 1969; *H. Holzbach*: Das „System Hugenberg", Stuttgart 1981.

– W

Dibelius, Otto

* 15. 5. 1880 Berlin; † 31. 1. 1967 ebd. D. war der letzte große evangelische Kirchenführer des 20. Jhdt.s und als solcher einer der markantesten Repräsentanten des deutschen Protestantismus. Er entstammte einem „typisch" preußisch-protestantischen Gesellschaftsmilieu – sein Vater war Geheimer Regierungsrat, seine Mutter kam aus einer berühmten Gelehrtenfamilie –, von dem D. sich durch seinen eigenen Entwicklungsgang nicht löste und das er auch nie verleugnete.

Nach dem Theologiestudium in Berlin, u.a. bei Adolf von Harnack, wurde D. 1903 in Gießen zum Dr. phil., 1906 in Berlin zum Lic. theol. promoviert, um dann aber die traditionelle Laufbahn eines evangelischen Pfarrers einzuschlagen. Sie führte ihn über das Predigerseminar in Wittenberg von 1904-06 über Vikariate und Hilfspredigerstellen in Brandenburg, Danzig und Pommern von 1907-15 nach Berlin. Neben der pfarramtlichen Tätigkeit in einer sog. „bürgerlichen" Gemeinde in Berlin-Schöneberg wandte sich D. unter dem Einfluß der Revolution von 1918 und den dadurch bedingten Herausforderungen an die evangelische Kirche in immer stärkerem Maße kirchenpolitischen Aktivitäten zu, sowohl in publizistischer als auch in organisatorisch-administrativer Hinsicht. 1918 wurde D. Geschäftsführer des Vertrauensrates beim Evangelischen Oberkirchenrat Berlin, 1921 Mitglied des Evangelischen Oberkirchenrates, 1925 Generalsuperintendent der Kurmark (Regierungsbezirk Potsdam). Das Motiv für dieses publizistisch-kirchenpolitische Engagement entsprang der Einsicht in die Notwendigkeit einer umfassenden kirchlichen Neuordnung.

Auf den verschiedenen Ebenen seiner kirchlichen Wirksamkeit bis 1918 war es D. bewußt geworden, daß es in Preußen eigentlich keine selbständige Kirche gab, sondern nur eine „Abteilung für kirchliche Angelegenheiten in der Staatsverwaltung". Insofern hatte er die Revolution von 1918 zunächst als ein „reinigendes Gewitter" beurteilt, weil die Kirche durch den Fortfall des königlichen Summepiskopats von der Bindung an den Staat befreit und zur gründlichsten Neuordnung seit der Reformation gezwungen worden war. Die vielzitierte Verbindung von „Thron und Altar" hatte auch D. in der Nachfolge mancher Theologen des 19. Jhdt.s (z.B. des Hofpredigers A. →Stoecker) als Belastung für den Auftrag der evangelischen Kirche empfunden. Die massiven Eingriffe der marxistisch geprägten SPD und der laizistischen DDP in die Neuordnung der Kirche und des bis dahin kirchlicher Aufsicht unterstellten Schulwesens machten es D. allerdings „bitter schwer", sich in die Weimarer Republik einzuleben. Davon zeugt seine „Wochenschau" im „Evangelischen Sonntagsblatt", in dem er regelmäßig von 1920-33 zu aktuellen (kirchen)politischen Fragen sehr pointiert Stellung nahm.

Die Auseinandersetzungen um die Neuordnung der evangelischen Kirche mußten jedoch nicht nur nach „außen", mit den maßgebenden politischen Parteien der Weimarer Republik, geführt werden, sondern mehr noch nach „innen": mit einer neuen Theologengeneration, die im Banne der dialektischen Theologie Karl Barths stand. Sie fanden ihren ersten Höhepunkt in einer heftigen, öffentlich ausgetragenen Kontroverse um das programmatische Buch „Das Jhdt. der Kirche" (es erschien 1926 und lag 1928 bereits in 6. Auflage vor!), in dem D. die Grundzüge seines Kirchenverständnisses darlegte. Die damit einsetzende Polarisierung im deutschen Protestantismus, in der die jahrhundertealten Unterschiede von lutherischem und calvinistischem Kirchen- und Staatsverständnis eine wesentliche Rolle spielten, wurde ab 1933 durch den Kirchenkampf im Dritten Reich zunächst gestoppt, aber nicht endgültig aufgehoben.

Bereits im Juni 1933 wurde D. als Generalsuperintendent der Kurmark amtsenthoben. Der von den Nationalsozialisten verordnete Ruhestand bot D. Gelegenheit zu intensiver literarischer und publizistischer Tätigkeit. Er verfaßte Gutachten, vertrauliche Rundbriefe, aber auch offene Briefe, in denen er gegen die Übergriffe des nationalsozialistischen Staates protestierte. Wegen eines solchen offenen Briefes, in dem er den Kirchenminister Hanns Kerrl angegriffen hatte, wurde D. 1937 angeklagt, in einem spektakulären Prozeß in Anwesenheit zahlreicher Pressevertreter des In- und Auslandes jedoch freigesprochen. Der gemeinsame Kampf gegen den Nationalsozialismus fand jedoch keine Fortsetzung im Kampf gegen den Kommunismus nach dem Kriege. Die in der Weimarer Republik geführten Auseinandersetzungen um die Neuordnung der Kirche setzten sich in unverminderter Form unmittelbar nach dem Zweiten Weltkrieg fort, wobei zu den grundsätzlichen theologischen Differenzen unvereinbare Auffassungen in der Beurteilung der Ursachen und der Konsequenzen der deutschen Katastrophe und den daraus resultierenden Antworten auf aktuelle politische Fragen der Neuordnung Deutschlands hinzukamen. D. spielte bei der Neuordnung der kirchlichen und politisch-gesellschaftlichen Verhältnisse nach dem Zweiten Weltkrieg eine maßgebende Rolle: als Bischof von Berlin-Brandenburg und ab 1949 als erster Ratsvorsitzender der Evangelischen Kirche in Deutschland (bis 1961). Von großer Bedeutung waren in diesem Zusammenhang zahlreiche Kontakte zu kirchlichen und politischen Persönlichkeiten und Institutionen des Auslandes. Das hohe internationale Ansehen, das sich D. in kurzer Zeit erworben hatte, wurde durch seine Wahl zum (europäischen) Präsidenten des Weltkirchenrates im Jahre 1954 (bis 1960) dokumentiert.

Der Zustand von Gesellschaft und Politik in der frühen Bundesrepublik war für die inzwischen einflußreichen linksprotestantischen Kreise um Karl Barth (Niemöller, Iwand, Scharf, Heinemann) ein Beweis für die angebliche „Restauration" im Nachkriegsdeutschland und damit auch Grund für eine sich ständig verschärfende Kritik an D., wobei der Eindruck einer publizistischen Potenzierung der Angriffe seitens der SED auf D. bewußt in Kauf genommen wurde. Aktueller Anlaß für die theologisch grundsätzliche Kritik waren der Abschluß des Militärseelsorgevertrages mit der Bundesregierung 1957 und vor allem die scharfen Auseinandersetzungen um die sog. „Obrigkeitsschrift" (1959), in der D. die Erkenntnisse des Kirchenkampfes im Dritten Reich im wesentlichen auf die DDR übertragen hatte und damit faktisch die vom Linksprotestantismus entschieden bestrittene Gleichsetzung von nationalsozialistischem und kommunistischem Totalitarismus theologisch legitimierte. Die polarisierenden Auseinandersetzungen fanden ihren Abschluß mit dem Wechsel im Amt des Ratsvorsitzenden der EKD von D. auf den damaligen Ost-

Berliner Propst D. Kurt Scharf im Februar 1961. Dieser Wechsel wurde in allen theologischen und kirchenpolitischen Lagern als das Ende des „Jhdt.s der Kirche" verstanden, was durch die Spaltung der Evangelischen Kirche in Deutschland und die Bildung einer „Kirche im Sozialismus" in der DDR ab 1968 bestätigt wurde.

S.: Das Jhdt. der Kirche, Berlin 1926, ⁶1928; Friede auf Erden?, Berlin 1930, ²1933; Die Verantwortung der Kirche. Antwort an Karl Barth, Berlin 1931; Die Germanisierung des Christentums. Eine Tragödie, Berlin 1934; Wir rufen Deutschland zu Gott (zusammen mit *M. Niemöller*), Berlin 1937; Das Erbe der Väter, Berlin 1941, ²1961; Grenzen des Staates, Berlin 1947; Obrigkeit? Eine Frage an den sechzigjährigen Bischof (Lilje), Privatdruck 1959; Ein Christ ist immer im Dienst (Autobiographie), Stuttgart 1961; Reden an eine gespaltene Stadt, Berlin 1961; Obrigkeit, Stuttgart – Berlin 1963; In Gegensätzen leben. Dreißig Predigten, Berlin 1965.

L.: *G. Jacobi* (Hrsg.): O. D. – Leben und Wirken in der Evangelischen Kirche in Deutschland, Berlin 1960; *R. Stupperich:* O. D. – Ein evangelischer Bischof im Umbruch der Zeiten, Göttingen 1989.

– Mo

Disraeli, Benjamin, Lord Beaconsfield

* 21. 12. 1804 London; † 19. 4. 1881 ebd. Schriftsteller und konservativer Politiker. D. entstammte einer alten jüdischen, ursprünglich in Spanien lebenden Familie (D'Israeli), die im 15. Jhdt. nach Venedig und von dort Mitte des 18. Jhdt.s nach England gelangt war. Sein Vater, der Privatgelehrte Isaac D. (1766-1848), hatte sich bereits als Autor literarhistorischer Arbeiten einen Namen gemacht, als er 1817 mit seiner Familie zum Christentum übertrat.

Nach kurzer Tätigkeit als Jurist begann D. mit dem unerwarteten Erfolg seines ersten Romans „Vivian Grey" (5 Bde. 1826/27) als freier Schriftsteller und Publizist zu leben. Nach einer dreijährigen Reise, die ihn nach Spanien, Italien und in den Orient führte und deren Einflüsse sowohl seine späteren Romane wie auch seine politisch-historischen Auffassungen prägten, ging D. in die Politik. Seinen frühen radikaldemokratischen Auffassungen wurde er sehr bald untreu, doch erst 1837 gelang ihm nach mehrfachen vergeblichen Versuchen die Wahl als konservativer Abgeordneter in das Unterhaus. Zuerst An-

Benjamin Disraeli
1804-1881

hänger R. →Peels, rückte D. schon bald auf den äußersten rechten Flügel der Partei und wurde einer der führenden Vertreter der romantisch-konservativen „Young England"-Bewegung (mit Smythe, Manners, Bentinck), deren Ideale er in seinem Roman „Coningsby" (1844) literarisch darstellte. Seine sozialpolitischen Ideen und seine Auffassung von der Bedeutung des Judentums fanden ihren Niederschlag in den Romanen „Sybil" (1845) und „Tancred" (1847).

Nach der Spaltung der Konservativen in der Folge der Peelschen Politik wurde er neben Bentinck und Derby – trotz mancher Widerstände innerhalb der eigenen Partei – zum führenden Politiker der Tories. Im ersten Ministerium Derby amtierte D., wenig erfolgreich, von Februar bis Dezember 1852 als Schatzkanzler; dieses Amt hatte er auch im zweiten Kabinett Derby (Februar 1858 bis März 1859) inne. Nach harten Jahren der Opposition gegen seine verhaßten Hauptgegner Gladstone und Russell gelangte D. mit dem dritten Kabinett Derby 1866 wieder in sein früheres Amt. Nachdem er 1867 die (nach 1832) zweite große Wahlreformbill durchgesetzt hatte, wurde er im Februar 1868 als Nachfolger Derbys zum ersten Mal Premierminister, mußte aber bereits im Dezember dieses Jahres wieder zurücktreten. Nach Der-

bys Tod (Oktober 1869) wurde D. alleiniger und weitgehend unangefochtener Führer der Konservativen Partei.

Seine große Stunde kam, als die Konservativen im Januar 1874 einen bedeutenden Wahlsieg errangen: Bis zum April 1880 blieb D. als Premierminister im Amt und konnte auf innen- und außenpolitischem Gebiet wichtige Erfolge erringen. Er leitete eine umfassende Sozialgesetzgebung ein, die insbesondere auf eine Verbesserung der öffentlichen Gesundheitspflege abzielte. Außenpolitisch gelang ihm die Erwerbung der Fidschi-Inseln, der Ankauf der Suezkanalaktien für England und damit die Kontrolle über Ägypten, die Erhebung der Königin Victoria zur Kaiserin von Indien (1876) und nicht zuletzt die Zurückdrängung Rußlands in Asien und im Nahen Osten im Verlaufe des Berliner Kongresses von 1878. Nach seinem Sturz am 18. 4. 1880 verfaßte D. seinen letzten Roman „Endymion". Der ihm 1876 verliehene Titel eines Earl of Beaconsfield und die damit verbundene Peerswürde endeten mit ihm.

Als Dichter war D. stark von Byron und dem literarischen „Byronismus" beeinflußt. Das romantische Element trat nicht nur in seinem schriftstellerischen Werk, sondern ebenfalls in seinen politischen Überzeugungen in Erscheinung: Zusammen mit →Coleridge und →Carlyle (der D. allerdings überaus kritisch gegenüberstand) gehört D. zum romantischen Zweig des englischen Konservatismus, der sich als konsequente Opposition gegen den Utilitarismus eines Bentham oder Mill und gegen den Manchesterliberalismus eines Cobden oder Bright verstand. Überwog in seiner Jugend der romantische Toryismus, die Verklärung des „Merry Old England" und seiner hierarchisch-feudalen Lebensformen, so näherten sich D.s politische Vorstellungen in späteren Jahren moderneren Konzeptionen an, wenngleich er immer ein strikter Gegner der Demokratie (etwa in ihrer amerikanischen Ausprägung) blieb. Seine Sozialgesetzgebung sowie seine umfassende Wahlreform waren gegen das liberale, fortschrittsgläubige Besitzbürgertum gerichtet, doch sein Ziel eines ideellen und auch konkret-politischen Bündnisses der besitzlosen Unterschichten mit einem starken, die sozialen Belange der Massen vertretenden Königtum konnte er nicht verwirklichen. Vielen

Konservativen ging seine Annäherung an die Unterschichten zu weit, und so blieb es nicht aus, daß D. auch von prominenten Vertretern seiner eigenen Partei als „Verräter" und „grundsatzloser Abenteurer" bezeichnet wurde. Auf seine Herkunft aus dem Judentum war und blieb D. besonders stolz; 1870 konnte er sogar (im Vorwort zur Ausgabe seiner gesammelten Romane) den „Einfluß der Rasse auf das menschliche Handeln" als den „Schlüssel der Geschichte" bezeichnen.

B.: *R. W. Wilson:* B. D. – A List of Writings by him and Writings about him, Metuchen (N. J.) 1972.

S.: An Inquiry into the Plans, Progress, and Policy of the American Mining Companies, London 1825; Lawyers and Legislators: or, Notes on the American Mining Companies, London 1825; The present state of Mexico, London 1825; Vivian Grey, Bde. I-V, London 1826/27; The Voyage of Captain Popanilla, London 1828; The Young Duke, Bde. I-III, London 1831; England and France, London 1832; Contarini Fleming, Bde. I-IV, London 1832; What is He?, London 1833; Velvet Lawn, London 1833; The Revolutionary Epick, Bde. I-II, London 1834; Vindication of the English Constitution, London 1835; The Letters of Runnymede, London 1836; Henrietta Temple, Bde. I-III, London 1837; Venetia, Bde. I-III, London 1837; The Tragedy of Count Alarcos, London 1839; Coningsby, or, the New Generation, Bde. I-III, London 1844; Sybil, or, The Two Nations, Bde. I-III, London 1845; Tancred, or, The New Crusade, Bde. I-III, London 1847; Lord George Bentinck, A Political Biography, London 1852; Uniform Edition of the Novels, London 1853; Church and Queen, five Speeches delivered 1860-64, London 1865; Constitutionals Reform, five Speeches 1859-65, London 1866; Parliamentary Reform, series of Speeches 1848-66, London 1867; Speeches on Conservative Policy of the last 30 Years, London 1870; Lothair, Bde. I-III, London 1870; Endymion, Bde. I-III, London 1880.

E.: Collected Edition of the Novels and Tales, Bde. I-X, London 1870/71, Hughenden Edition of the Novels and Tales, Bde. I-XI, London 1881; Selected Speeches, hrsg. v. *Kebbel*, Bde. I-II, London 1882; Home Letters, written by the late Earl of B. 1830-31, hrsg. v. *R. Disraeli*, London 1885; Correspondence with his sisters, hrsg. v. *R. Disraeli*, London 1886; L. B.'s Letters 1830-1852, London 1887; The Works of B. D., hrsg. v. *E. Gosse / R. Arnot*, Bde. I-XX, 1904/05; Uniform Edition of the Novels, hrsg. v. *Earl of Iddesleigh*, Bde. I-IX, London 1905/06; Whigs and Whiggism, Political Writings, hrsg. v. *W. Hutcheson*, London 1913: The Bradenham Edition of the Novels and Tales, hrsg. v. *P. Guedalla*, Bde. I-XII, London 1926/27; The Novels, Bde. I-XI, London 1927/28; The Letters of D. to Lady Bradford and Lady Chesterfield, hrsg. v. *Marquess of Zetland*, Bde. I-II, London 1929; The Radical Tory, D.'s

Political development illustrated from his original writings and speeches, hrsg. v. *H. W. J. Edwards*, London 1937; Letters from B. D. to Frances Anne, Marchioness of Londonderry, 1837-61, London 1938.

L.: *A. C. Ewald:* B. D., Bde. I-II, London 1883; *J. A. Froude:* Lord B., London 1890; *W. Meynell:* B. D., Bde. I-II, London 1903; *W. F. Monypenny / G. E. Buckle:* The Life of B. D., Bde. I-VI, London 1910-20; *Earl of Cromer:* D., London 1912; *A. Maurois:* La Vie de D., Paris 1928 (dt. Berlin 1928 u.ö.); *G. Brandes:* B. D., Dresden 1929 (zuerst 1878); *R. W. Seton-Watson:* D., Gladstone and the Eastern Question, London 1935; *D. C. Somervell:* D. and Gladstone, London 1938; *R. Craemer:* B. D., Hamburg 1941 (antisemitisch); *C. Roth:* B. D., New York 1952; *H. Pearson:* The Life and Nature of B. D., London 1952; *G. G. Butler:* The Tory Tradition. Bolingbroke, Burke, D., Salisbury, London 1957; *B. R. Jerman:* The young D., Princeton 1960; *S. R. Graubard:* Burke, D. and Churchill. The Politics of Perseverance, Cambridge (Mass.) 1961; *R. Maitre:* D., Homme de lettres, Paris 1963; *R. Blake:* D., London 1966 (dt. Frankfurt a. M. 1980); *P. Smith:* Disraelian Conservatism and Social Reform, London 1967; *E. J. Feuchtwanger:* D., democracy and the Tory party, Oxford 1968; *R. W. Davis:* D., Boston 1976; *C. Hibbert:* D. and his world, London 1978; *S. Bradford:* D., London 1982; *J. K. Walton:* D., London 1990; *J. Vincent:* D., Oxford 1990.

– K

Doderer, Heimito von (eigentl. Franz Carl Heimito Ritter von)

* 5. 9. 1896 Hadersdorf-Weidlingau; † 23. 12. 1966 Wien. Österreichischer Schriftsteller. Sohn eines Architekten und Bauunternehmers. D. diente als Fähnrich der Dragoner im Ersten Weltkrieg und verbrachte vier Jahre in russischer Kriegsgefangenschaft. 1920 kehrte er nach Österreich zurück, wo er in Wien u.a. bei Heinrich Ritter von →Srbik Geschichte studierte. Stark beeinflußt von Albert Paris Gütersloh, versuchte D. sich als Schriftsteller zu etablieren. Er veröffentlichte zunächst ohne größeren Erfolg Gedichte, Erzählungen und Romane. 1933 trat er der in Österreich verbotenen NSDAP bei, verließ sie jedoch 1938 wieder. In diesem Jahr gelang ihm auch mit dem Roman „Ein Mord den jeder begeht" der Durchbruch. 1940 wurde er in die katholische Kirche aufgenommen. Im Zweiten Weltkrieg war er Offizier der Luftwaffe. Zu Ruhm gelangte er schließlich mit der Veröffentlichung seiner großen Gesellschaftsromane „Die Strudlhofstiege" (1951) und „Die Dämonen" (1956).

D.s Prosa ist durch eine unerhört bildreiche Sprache gekennzeichnet. Immer wiederkehrende Motive sind die Kritik des technischen Fortschritts und der modernen großstädtischen Zivilisation sowie die Ablehnung der Massen, die nach D. der Entfaltung der menschlichen Individualität im Wege stehen: „Wer den ‚Massen' angehört, hat die Freiheit schon verloren, da mag er sich setzen wohin er will."

Eine zentrale Stellung in D.s Werk nehmen seine Konzeptionen der „Apperzeption", der „zweiten Wirklichkeit" und der „Menschwerdung" ein: Verweigert jemand die Wahrnehmung der Realität, der ersten Wirklichkeit, so entsteht nach D. durch diese Apperzeptionsverweigerung eine zweite Wirklichkeit in Gestalt einer fixen Vorstellung oder Zwangsidee, ein ideologisch verzerrtes Bild des Gegebenen. Als solche zweiten Wirklichkeiten bezeichnet D. den totalen Staat ebenso wie den revolutionären Veränderungswillen und den Primat der Politik, sexuelle Komplexe und Neurosen wie das zwanghafte Festhalten an einem bestimmten Ordnungssystem. Ein Großteil der Romanfiguren D.s steht im Kampf mit der zweiten Wirklichkeit. Deren Überwindung ist nur durch die „Menschwerdung" möglich, d.h. dadurch, daß der Mensch zu seiner wahren Bestimmung findet, indem er sich vorbehaltlos der ersten, der wahren Wirklichkeit, öffnet, die bei D. das bürgerliche Leben ist. D. beruft sich in diesem Zusammenhang auf „das Leben, wie es einmal ist" und fordert, es anzunehmen. Die Abkehr von ideologischen Fixierungen, von den – als „Hämorrhoiden des Geistes" bezeichneten – „sogenannten ehrlichen Überzeugungen oder gar Idealen" setzt die Bereitschaft zu voller Apperzeption voraus. Diese aber ist – und hier wird D.s eigene, von ihm auch klar artikulierte Position deutlich – von ihrem Wesen her konservierend, da man nicht wünsche, das, was man gerne sehen wolle, geändert zu haben. D. kann daher sagen: „Die Grundhaltung des apperzeptiven Menschen ist konservativ."

B.: *K. H. Schneider:* Die technisch-moderne Welt im Werk H. v. D.s, Frankfurt a. M. – Bern – New York 1985, S. 262-324; *H. v. D.:* Die Wiederkehr der Drachen (siehe E.), S. 313-23 (Theoretische Schriften D.s).

S.: Die Bresche. Ein Vorgang in vierundzwanzig Stunden, Wien 1924; Das Geheimnis des Reichs, Wien 1930; Ein Mord den jeder begeht, München 1938; Ein Umweg, München 1940; Die erleuchteten Fenster oder Die Menschwerdung des Amtsrates Julius Zihal, München 1950; Die Strudlhofstiege oder Melzer und die Tiefe der Jahre, München 1951; Die Dämonen, München 1956; Die Merowinger oder Die totale Familie, München 1962; Roman No. 7. 1. Tl.: Die Wasserfälle von Slunj, München 1963; Tangenten. Tagebuch eines Schriftstellers 1940-50, München 1966, ³1995; Meine neunzehn Lebensläufe und andere Geschichten, München 1966; Unter schwarzen Sternen. Erzählungen, München 1966; Roman No. 7. 2. Tl.: Der Grenzwald. Fragment, München 1967; Das erzählerische Werk, Bde. I-IX, München 1995.

E.: Frühe Prosa. Die Bresche. Jutta Bamberger. Das Geheimnis des Reichs, hrsg. v. *H. Flesch-Brunningen,* München 1968, erw. um Die sibirische Klarheit ²1995; Repertorium. Ein Begreifbuch von höheren und niederen Lebenssachen, hrsg. v. *D. Weber,* München 1969, ²1996; Die Wiederkehr der Drachen. Aufsätze, Trakte, Reden, hrsg. v. *W. Schmidt-Dengler,* München 1970, ²1996; Die Erzählungen, hrsg. v. *dems.,* München 1972, erw. ³1995; Commentarii 1951-56. Tagebücher aus dem Nachlaß. 1. Bd., hrsg. v. *dems.,* München 1976; Commentarii 1957–66. Tagebücher aus dem Nachlaß. 2. Bd., hrsg. v. *dems.,* München 1986; *H. v. D. / Albert Paris Gütersloh:* Briefwechsel 1928-62, hrsg. v. *R. Treml,* München 1986; Die sibirische Klarheit. Texte aus der Gefangenschaft, hrsg. v. *W. Schmidt-Dengler / M. Loew-Cadonna,* München 1991; Tagebücher 1920-39, Bde. I und II, hrsg. v. *W. Schmidt-Dengler / M. Loew-Cadonna / G. Sommer,* München 1996; Von Figur zu Figur. Briefe an Ivar Ivask über Literatur und Kritik, hrsg. v. *W. Fleischer / W. Schmidt-Dengler,* München 1996.

L.: *D. Weber:* H. v. D. Studien zu seinem Romanwerk, München 1963; *H. Eisenreich:* Reaktionen. Essays zur Literatur, Gütersloh 1964; Erinnerungen an H. v. D., hrsg. v. *X. Schaffgotsch,* München 1972; *A. Reininger:* Die Erlösung des Bürgers. Eine ideologiekritische Studie zum Werk H. v. D.s, Bonn 1975; H. v. D. Symposion anläßlich des 80. Geburtstags, hrsg. v. *W. Schmidt-Dengler / W. Kraus,* Wien 1976; *H. J. Schröder:* Apperzeption und Vorurteil. Untersuchungen zur Reflexion H. v. D.s, Heidelberg 1976; *E. C. Hesson:* Twentieth Century Odyssey. A study of H. v. D.'s „Die Dämonen", Columbia (S. C.) 1982; *B. I. Turner:* D. and the Politics of Marriage. Personal and Social History in „Die Dämonen", Stuttgart 1982; Begegnung mit H. v. D., hrsg. v. *M. Horowitz,* Wien – München 1983; *K. H. Schneider:* Die technisch-moderne Welt im Werk H. v. D.s, Frankfurt a. M. – Bern – New York 1985; *I. Werkgartner-Ryan:* Zufall und Freiheit in H. v. D.s „Dämonen", Wien – Köln – Graz 1986; *D. Weber:* H. v. D., München 1987; *R. Koch:* Die Verbildlichung des Glücks. Untersuchungen zum Werk H. v. D.s, Tübingen 1989; *M. Loew-Cadonna:* Zug um Zug. Studien zu H. v. D.s Roman „Ein Mord den jeder begeht", Wien 1991; *S. Leinkauf:* Diarium in principio… das Tagebuch als Ort der Sinngebung. Untersuchungen zu Leitbegriffen im Denken H. v. D.s anhand seiner veröffentlichten und unveröffentlichten Tagebücher, Frankfurt a. M. – Berlin – Bern – New York – Paris – Wien 1992; *U. Schupp:* Ordnung und Bruch. Antinomien in H. v. D.s Roman „Die Dämonen", Frankfurt a. M. – Berlin – Bern – New York – Paris – Wien 1994; *R. Helmstetter:* Das Ornament der Grammatik in der Eskalation der Zitate. „Die Strudlhofstiege", D.s moderne Poetik des Romans und die Rezeptionsgeschichte, München 1995; *I. Henkel:* Lebens-Bilder. Beobachtungen zur Wahrnehmung in H. v. D.s Romanwerk, Tübingen 1995; *W. Fleischer:* H. v. D., Wien 1995; *F. Hubmann:* Auf den Spuren von H. v. D.: eine photographisch-literarische Reise rund um die „Strudlhofstiege" in Wien, Wien – München 1996.

– Z

Dollfuß, Engelbert

* 4. 10. 1892 Texing (Niederösterreich); † (ermordet) 25. 7. 1934 Wien. Konservativer Politiker. Der uneheliche Sohn der Bauerntochter Josefa D. und des Müllergesellen Josef Weninger – D.s Mutter heiratete 1893 den Bauern Leopold Schmutz – besuchte 1899 bis 1904 die Volksschule in Kirnberg. 1904 trat er in das erzbischöfliche Knabenseminar Hollabrunn ein, 1913, nach seiner Matura, in das Wiener Priesterseminar und begann das Theologiestudium an der Universität Wien; Anfang 1914 wechselte er zur Jurisprudenz. Im August 1914 meldete sich D. als Kriegsfreiwilliger, wurde in drei Jahren Kriegsdienst an der Südwestfront („Tiroler Kaiserschützen") mehrmals ausgezeichnet und im Februar 1918 zum Oberleutnant befördert. Nach dem Krieg nahm D. sein Jurastudium wieder auf. 1919 wurde er Sekretär des Niederösterreichischen Bauernbundes und am 1. 7. 1922, nachdem er 1920/21 in Berlin studiert und 1921 Alwine Glienke geheiratet hatte, Sekretär der Niederösterreichischen Landes-Landwirtschaftskammer; am 10. 7. 1923 wurde D. zum Dr. iur promoviert. Sein Aufstieg vollzog sich auch weiterhin jenseits von jeder Parteipolitik: Am 28. 6. 1927 Direktor der Niederösterreichischen Landes-Landwirtschaftskammer und am 1. 10. 1930 Bundesbahnpräsident, trat D. am 18. 3. 1931 – ohne jemals höhere politische Funktionen oder gar ein Parlamentsmandat innegehabt zu haben – aufgrund seiner Fachkenntnisse als Landwirtschaftsminister in die Regierung des christlichsozialen Bundeskanzlers Otto Ender ein.

Schon in dieser Funktion mußte er den rasanten Aufstieg der Nationalsozialisten erleben, die bei den Landtagswahlen in Niederösterreich, Salzburg und Wien am 24. 4. 1932 enorme Stimmengewinne erzielten. Kurz darauf, Anfang Mai 1932, bemühte sich D., schon in Kenntnis seiner bevorstehenden Kanzlerschaft, den sozialdemokratischen Spitzenpolitiker Julius Deutsch zu einer zumindest passiven Akzeptanz seiner Regierung zu bewegen. Nach dessen Weigerung sah sich D., seit 10. 5. 1932 Bundeskanzler, gezwungen, mit dem großdeutsch orientierten Landbund und dem konservativen Flügel der österreichischen Heimwehren unter der Führung Ernst Rüdiger von Starhembergs zu koalieren. Ein erster großer Erfolg des Kanzlers bestand in der am 15. 7. 1932 trotz heftigster Obstruktion der Sozialdemokraten aufgenommenen Lausanner Anleihe, die das durch Kriegsfolgen und Weltwirtschaftskrise an den Rand des Zusammenbruchs gebrachte Österreich noch einmal vor dem wirtschaftlichen Ruin bewahren konnte. Das Ende der bereits durch den traditionell radikalen Austromarxismus schwer angeschlagenen Demokratie in Österreich nach westlich-liberalem Vorbild und ihre Ersetzung durch eine auf ständestaatlich-christlicher Weltanschauung basierenden Staatsform sind nur im Zusammenhang mit Hitlers legaler Machtergreifung in Deutschland verständlich.

Nachdem sich der österreichische Nationalrat mit dem geschlossenen Rücktritt seines Präsidiums am 4. 3. 1933 selbst ausgeschaltet hatte und sich die Propagandatätigkeit der Nationalsozialisten in Österreich – unter dem Eindruck ihrer Erfolge in Deutschland – verstärkte, sah sich die Regierung D. am 7. 3. 1933 gezwungen, durch Erlaß von Notverordnungen nach dem Kriegswirtschaftlichen Ermächtigungsgesetz die Presse- und Versammlungsfreiheit einzuschränken. Da es D. nicht gelang, die Sozialdemokraten für seine Politik zu gewinnen, verfügte er am 31. 3. 1933 die Auflösung des sozialdemokratischen „Republikanischen Schutzbundes" und ließ am 19. 6. 1933 die NSDAP in Österreich verbieten. Um sich außenpolitisch gegen einen potentiellen nationalsozialistischen Überfall abzusichern, suchte D. bei Italien Schutz: Beim Treffen in Riccione (August 1933) sagte Mussolini D. seine Unterstützung gegen

Deutschland zu. In der Folge arbeitete die Regierung an einer neuen Verfassung – in der „Trabrennplatzrede" vom 11. 9. 1933 kündigte D. eine solche an und rief zur Erhaltung eines unabhängigen Österreich auf –, um den unbefriedigenden Zustand des gescheiterten Parlamentarismus zu beenden. Die wiederaufgenommenen Verhandlungen mit führenden Vertretern der Sozialdemokratie endeten jedoch abrupt, als illegale Waffenverstecke des „Schutzbundes" gefunden wurden und daraufhin ein Aufstand losbrach (12. bis 15. 2. 1934); dieser wurde von der Regierung D. niedergeworfen.

Am 1. 5. 1934 proklamierte D. die neue Verfassung auf christlich-ständischer Grundlage, die explizit auf der kurz zuvor erschienenen Sozialenzyklika „Quadragesimo Anno" Papst Pius' XI. beruhte, wobei das demokratische Element, statt wie bisher auf parteipolitischer Grundlage, nun durch Wahlen zu den einzelnen Berufsständen garantiert werden sollte; vorgesehen war auch eine Einbindung der Sozialdemokratie in das „Neue Österreich". Am 25. 7. 1934 wurde D. anläßlich eines nationalsozialistischen Putschversuchs, der durch die NS-Infiltration eines Teiles der Wiener Exekutive begünstigt worden war, im Bundeskanzleramt ermordet.

D. war der erste Staatsmann, der Hitler Widerstand leistete. Seine Unnachgiebigkeit gegen den Nationalsozialismus, die er mit dem Leben bezahlte, und sein Patriotismus, mit dem er den österreichischen Staatsgedanken neu belebte, machen ihn zu einem Märtyrer für die Selbständigkeit Österreichs.

L.: *L. Kunschak:* Österreich 1918-34, Wien 1934; *J. Messner:* D., Innsbruck 1935; *K. Schuschnigg:* Dreimal Österreich, Wien 1938; *A. Rintelen:* Erinnerungen an Österreichs Weg, München 1941; *F. Funder:* Als Österreich den Sturm bestand. Aus der Ersten in die Zweite Republik, Wien 1957; *G. Sheperd:* E. D., Graz – Wien – Köln 1961; *G. Klingenstein:* Die Anleihe von Lausanne. Ein Beitrag zur Geschichte der Ersten Republik in den Jahren 1931-34, Graz 1965; *G. Jagschitz:* Die Jugend des Bundeskanzlers Dr. E. D. Ein Beitrag zur geistig-politischen Situation der „Kriegsgeneration" des 1. Weltkrieges, phil. Diss. Wien 1967; *E. R. Starhemberg:* Memoiren, Wien – München 1971; *K. Peball:* Die Kämpfe in Wien im Februar 1934, Wien 1974; *D. A. Binder:* D. und Hitler, Graz 1976; *G. Jagschitz:* Der Putsch. Die Nationalsozialisten 1934 in Österreich, Graz – Wien – Köln 1976; *F. Goldner:* D. im Spiegel der US-Akten, St. Pölten 1979; *H. von Hammerstein:* Im Anfang war der Mord, Wien 1981; *W. Etschmann:* Die

Kämpfe in Österreich im Juli 1934, Wien 1984; *F. Suvich:* Memorie 1932-36, Mailand 1984; *T. Veiter:* „Das 34er Jahr". Bürgerkrieg in Österreich, Wien – München 1984; *L. Reichhold:* Kampf um Österreich. Die Vaterländische Front und ihr Widerstand gegen den Anschluß 1933-38. Eine Dokumentation, Wien 1984; *G.-K. Kindermann:* Hitlers Niederlage in Österreich. Bewaffneter NS-Putsch, Kanzlermord und Österreichs Abwehrsieg 1934, Hamburg 1984; *R. Rill* (Hrsg.): 1934. „Hinein in die Vaterländische Front", Wien 1984; *E. A. Schmidl:* März 38. Der deutsche Einmarsch in Österreich, Wien 1987; *M. Thun-Hohenstein / A. Pethö* (Hrsg.): E. D., Wiener Neudorf 1992; *E. Dollfuß:* Mein Vater. Hitlers erstes Opfer, Wien – München 1994.

– Ri

Donoso Cortés, Juan (Marqués de Valdegamas)

* 6. 5. 1809 Valle de la Serena (Estremadura), † 3. 5. 1853 Paris. Spanischer Staatsmann, christlicher Geschichtsphilosoph, Diplomat, Staatsrechtslehrer und Publizist. Aus wohlhabender bürgerlicher Familie, die von dem Eroberer Mexicos, Hernán Cortés, abstammt. Studium der Rechte in Salamanca, Cáceres, Sevilla und Madrid. 1829-32 Professor für Ästhetik und Literatur in Cáceres. Trat 1832 mit seiner Schrift „Memoria sobre la situacion actual de la monarquía" in das politische Leben in die Reihen der *moderados*, des gemäßigten Liberalismus, ein und vertrat diese Ideen seit 1838 als Abgeordneter in den Cortes, dem spanischen Parlament, sowie in Aufsätzen in den von ihm gegründeten Zeitungen „Avenir" und „El Piloto" sowie in der „Revista de Madrid". Seine Gedanken über die Diplomatie publizierte er 1834 in den „Consideraciones sobre la diplomacia". D. C. wurde insbesondere 1836 bekannt durch seine herausragenden Vorlesungen über Verfassungsrecht im Madrider *Ateneo*, dem geistigen Zentrum des gemäßigten Liberalismus, dessen Präsident er später wurde.

In den Auseinandersetzungen zwischen den für die männliche Erbfolge in der Monarchie eintretenden *Carlistas* und den Verfechtern der pragmatischen Sanktion zugunsten der Königin Maria Cristina, den *Cristinos*, trat er aktiv für letztere ein und ging 1840-43 als Privatsekretär der Königinmutter Maria Cristina mit dieser nach Paris ins Exil. Dort begann er sich dem Liberalismus zu entfremden und kehrte bald zur konservativ-katholi-

Juan Donoso Cortés
1809-1853

schen Tradition seines Elternhauses zurück. 1843-49 war er wieder Abgeordneter und hielt am 4. Januar 1849 in den Cortes seine Rede „Über die Diktatur", die ihn mit einem Schlag in ganz Europa berühmt machte. 1846 wurde er als Marqués de Valdegamas in den Adelsstand erhoben. 1848 wurde er Gesandter in Berlin. Am 30. Januar 1850 hielt er die ebenfalls berühmt gewordene Rede „Über die europäische Lage" und Ende desselben Jahres die Rede „Über die Situation in Spanien", die seine Abkehr von den *moderados* deutlich machte und in der er forderte, jeder Staat müsse die echten religiösen und politischen Grundsätze verwirklichen und nicht lediglich materiellen Grundsätzen dienen. 1851 veröffentlichte er gleichzeitig in Madrid und Paris den „Ensayo sobre el catolicismo, el liberalismo y el socialismo", in dem er über die zentrale Stellung der katholischen Kirche in der Gesellschaft, über Gut und Böse und die Notwendigkeit der Behauptung der →Freiheit gegen die falschen Lösungen, die Liberalismus und Sozialismus anbieten, sowie über Solidarität, Schmerz und Opfer in der Geschichte schrieb. Von 1851 bis zu seinem

Tode 1853 war er spanischer Botschafter in Paris. Seine letzte grundlegende Schrift war die auf Wunsch von Kardinal Fornari als Grundlage für den Syllabus am 19. Juni 1852 in Paris verfaßte „Denkschrift über Wesen und Ursprung der schwersten Irrtümer unserer Zeit".

D. C. wandte sich gegen eine Politik ohne religiöse und geistig-sittliche Grundlagen und bekämpfte den modischen aufklärerischen Liberalismus seiner Zeit sowie den Glauben an den autonomen Menschen. Das erste Kapitel seines „Ensayo", in dem er die Irrtümer der Zeit geißelt, beginnt mit der These: „Jede bedeutende politische Frage schließt stets auch eine große theologische Frage in sich ein." Wenn er den Sozialismus und Kommunismus verurteilt, so wendet er sich im wesentlichen gegen Proudhon, ist aber in Wirklichkeit Gegenspieler von Marx, für den das Materielle das einzig Wahre im Gegensatz zum „geistigen Überbau" ist, während D. C. in der Religion die Wahrheit und das Absolute sieht, die Gesellschaft und Politik bestimmen müssen. Die Erschütterungen und Umwälzungen im gesellschaftlichen Leben begreift er als Abfall von der Wahrheit, die sich in Gott geoffenbart hat. Der Verlust des Glaubens zerstöre auch die Würde des Menschen. Echte Freiheit gäbe es nur im Glauben an Christus. Gegen das Übel der Auflösung der Gesellschaft nützten soziale Reformen nichts, die Ursache des Übels liege im Schwinden der Idee einer göttlichen und menschlichen →Autorität. Priester und Soldat sind ihm die beiden letzten wahren Repräsentanten des Abendlandes, denn in ihnen allein lebe noch der Geist seiner Schöpfung: Autorität, Gehorsam und Opfer. D. C. war aber nicht Verfechter einer absoluten Monarchie, wie de →Maistre und →Bonald, sondern wollte die Stellung des Parlaments und dessen Vollmachten gewahrt wissen. Sein Kampf war gerichtet gegen Revolution, Anarchie und Diktatur.

Mit prophetischer Wucht warnte er in der Mitte des 19. Jhdt.s vor einer Entwicklung, die Europa hundert Jahre später erleben sollte: „Die Welt geht mit Riesenschritten der Vernichtung durch einen Despotismus entgegen, der gigantischer und zerstörerischer ist als alles, was das Gedächtnis des Menschen bewahrt hat." Mit seherischer Kraft und einer zuweilen bis ins einzelne gehenden Prognose sieht er den Zusammenbruch vorher, „die Barbarisierung Europas, die Verwüstung und Entvölkerung seiner Länder", das Heraufkommen eines totalen Systems wahnwitziger Demagogen, „Plebejer von satanischer Größe", die sich in einem Blutrausch ohne gleichen austoben; er sieht die Auseinandersetzung zwischen dem universalen Katholizismus und dem luziferischen Atheismus einer totalen Despotie. An die Stelle der Einheit in Geist und Glaube trete die Einheit durch Terror im Banne einer Ersatzreligion.

In Spanien stand D. C. im Mittelpunkt des geistig-politischen Lebens. Aber seine Kontakte gingen weit darüber hinaus. F. Guizot, P. Royer-Collard und die Gedanken von H. Benjamin ›Constant haben ihn beeinflußt, über A. Lamartine hat er geschrieben, mit M. Montalembert korrespondiert. Seine Rede von 1849 über die Diktatur erregte Aufsehen im gesamten von der Revolution bewegten Europa: →Metternich, →Ranke und Schelling spendeten ihm Beifall, Friedrich Wilhelm IV. von Preußen und der russische Außenminister Graf Nesselrode waren beeindruckt. Als Gesandter in Berlin verkehrte D. C. unter anderem mit →Savigny und →Radowitz und beschäftigte sich mit der Philosophie Hegels, die er als „Hauptursache der radikalen Strömung in Deutschland" bezeichnet. Seine diplomatischen Berichte über Preußen waren sachlich und korrekt, und er zeichnete Friedrich Wilhelm IV. mit Wohlwollen. In einem seiner zahlreichen Briefe an den mit ihm eng befreundeten preußischen Gesandten in Madrid, Graf Raczynski, schreibt er jedoch (24. 5. 1852): „Ich liebe weder Preußen noch seine Politik, noch seine Vergrößerung, nicht einmal seine Existenz. In Preußen sehe ich eine Macht, die von den ersten Tagen seines Daseins an dem Satan geweiht war, und wenn ich die eigenartige und rätselhafte Entwicklung dieses Staates betrachte, dann gewinne ich die Überzeugung, daß dies auch in Zukunft so bleiben wird." Die letzten beiden Jahre seines Lebens verbrachte er, allseits geachtet und in hohem Ansehen, als Botschafter in Paris, wo selbst der damalige Präsident und spätere Kaiser Napoleon III. sich von ihm beraten ließ.

S.: Memoria sobre la situación actual de la monarquía, Madrid – Burgos 1832; Consideraciones sobre la diplomacia y su influencia en el estado político y social de Europa, Madrid 1834; Principios constitucionales aplicados al proyecto de la ley fundamental, Madrid 1837; Ensayo sobre el catolicismo, el liberalismo y el socialismo, considerados en sus principios fundamentales, Madrid 1851; Obras, nueva edición, hrsg. v. *M. Orti y Lara*, Bde. I-IV, Madrid 1903-04; Discursos parlamentarios, hrsg. v. *J. Burell*, Madrid 1915; Obras completas, hrsg. v. *H. Juretschke*, Bde. I-II, Madrid 1946 (Biblgr.); Ensayo sobre el catolicismo, el liberalismo y el socialismo, Madrid 1949/1973; Obras, hrsg. v. *G. Tejado*, Bde. I-V, Madrid 1954-56; Obras completas, hrsg. v. *C. Valverde*, Bde. I-II, Madrid 1970.

Ü.: Kulturpolitik, Kirche, Glaube, Zivilisation, Staatspolitik, hrsg. v. *J. H. Hess*, Basel 1945; Der Abfall vom Abendland, hrsg. v. *P. Viator*, Wien 1948; Drei Reden: Über die Diktatur. Über Europa. Über die Lage Spaniens, hrsg. v. *J. Langenegger*, Zürich 1948; Briefe, Parlamentarische Reden und diplomatische Berichte aus den letzten Jahren seines Lebens, hrsg. v. *A. Maier*, Köln 1950; *C. Valverde:* Botschafter in Berlin. Unveröffentlichte Depeschen, in: *H. Barion* u.a. (Hrsg.): Epirrhosis. Festgabe für Carl Schmitt, Berlin 1968; Essay über den Katholizismus, den Liberalismus und Sozialismus und andere Schriften aus den Jahren 1851-53, hrsg. v. *G. Maschke*, Weinheim 1989. – Darüber hinaus liegen französische, italienische und englische Übersetzungen vor. Wichtig insbes.: *Adhémar d'Antioche:* Deux diplomates, Le Comte Raczynski et D. C. – Dépèches et Correspondance politique. Paris 1880.

L.: *E. Schramm:* D. C., Leben und Werk eines spanischen Antiliberalen. Hamburg 1935 (Biblgr.); *A. Dempf:* Christliche Staatsphilosophie in Spanien, Salzburg 1937; *D. Westemeyer:* D. C., Staatsmann und Theologe, Münster 1940; *F. Suárez:* Evolución política de D. C., Santiago de Compostela 1949; *C. Schmitt:* D. C. in gesamteuropäischer Interpretation, Köln 1950; *R. Ceñal:* La filosofía de la historia de D. C., Madrid 1952; *J. M. Höcht:* D. C. – Untergang oder Wiedergeburt des Abendlandes? Die europäischen Geschichtsprophetien des großen spanischen Staatsmannes, Wiesbaden 1953; *J. Chaix-Ruy:* D. C. – Théologien de l'histoire et Prophète, Paris 1956; *R. Dempf:* Die Ideologiekritik de D. C., München 1956; *J. Fernández:* Spanisches Erbe und Revolution, Münster 1957; *H. Barth:* Der konservative Gedanke. Stuttgart 1958; *J. T. Graham:* D. C. – Utopian Romanticist and political Realist, Columbia 1974; *V. Alba:* Los conservadores en España, Barcelona 1981; *M. Fraga Iribarne:* El pensamiento conservador español, Barcelona 1984; *F. Suárez Verdaguer:* D. C. y la fundación de El Heraldo y El Sol, Pamplona – Mérida 1986; *J. M. Beneyto:* Apokalypse der Moderne. Die Diktaturtheorie von D. C., Stuttgart 1988; *E. M. Koch:* Die Katholische Soziologie in Spanien, Jaime Balmes und J. D. C. (1840-53), Aachen 1993.

– Hu

Drimmel, Heinrich

* 16. 1. 1912 Wien; † 2. 11. 1991 ebd. Politiker und Zeithistoriker. Sohn eines aus Sooß in Niederösterreich stammenden Sicherheitsbeamten und einer Hausbesorgerin, wuchs D. in bescheidener, aber gefestigt katholischkonservativer Umgebung auf; 1929 wurde er Mitglied der Wiener Heimwehr. 1930-36 studierte D. Rechtswissenschaften an der Universität Wien und befaßte sich – neben seinem Engagement in der katholischen Studentenverbindung „Nordgau" – auch mit ständestaatlichem Gedankengut. 1933 Vorsitzender der Katholischen Hochschülerschaft an der Universität Wien, wurde D. 1934 zum „Sachwalter der Hochschülerschaft" zunächst für Wien, später für das gesamte Bundesgebiet ernannt. Im gleichen Jahr kam D. im Schutzkorps gegen den austromarxistischen Revolutionsversuch zum Einsatz; 1937 übernahm er die Führung des Schutzkorps der Studentenschaft. D. begann 1936, nach seiner Promotion, eine Beamtenlaufbahn in der Finanzlandesdirektion Wien. 1937 wechselte er in das Unterrichtsressort.

Das Jahr 1938 beendete zunächst den Aufstieg des christlichsozialen Jungpolitikers, da D. in der Finanzverwaltung in Berlin eingesetzt wurde und 1941 zur Wehrmacht einrückte. Nach seiner Entlassung aus amerikanischer Kriegsgefangenschaft 1946 kehrte D. wieder als Beamter in das österreichische Unterrichtsministerium zurück. Sofort widmete er sich auch der Reaktivierung des ÖCV (Cartellverband der katholischen österreichischen Studentenverbindungen), in dem er die „Kaderschmiede" christlich-patriotischen Geistes erkannte, die der Verband bis zu seiner schrittweisen Degeneration in der Folge der „68er-Bewegung" zweifellos darstellte.

1947 wurde D. von seinem Vorgesetzten, Unterrichtsminister F. Hurdes, zu dessen Sekretär bestellt; 1952 wurde er Leiter der Hochschulsektion des Unterrichtsministeriums, und im Oktober 1952 berief Bundeskanzler Julius Raab D. als Unterrichtsminister in sein Kabinett. D. trat allerdings erst am Tag der Unterzeichnung des österreichischen Staatsvertrages (15. 5. 1955) der ÖVP bei. Auch weiterhin sollte sich seine Parteiarbeit nur auf das Notwendigste, d.h. auf sein fundamentales Engagement in der katholischen

Elitenbildung, beschränken. Der Wiener Zeithistoriker A. Staudinger, der D. mehr als kritisch beurteilt, attestiert dem Politiker: „Innerhalb der Partei und deren Umfeld wollte und konnte D. meist in der Form inhaltlich anspruchsvoller Vorträge ein traditionell-katholisch geprägtes und kulturell eher konservativ orientiertes Intellektuellenpublikum gewinnen, das zwar zahlenmäßig nicht allzu groß, aber mit Multiplikator-Wirksamkeit ausgestattet war."

D. stellte damit den im 20. Jhdt. immer seltener werdenden Typus eines Kulturmenschen auf zwei Ebenen dar: erstens, in Wort und Schrift, war D. konservativer Denker. Zweitens aber, als Staatsmann, förderte er bundesweit kulturelle Institutionen: Die Gründung der Universität Salzburg (1962), der Hochschule für Sozial- und Wirtschaftswissenschaften in Linz (1962), der Akademie für Musik und darstellende Kunst in Graz und die Übernahme des Mozarteums in Salzburg durch den Bund (1960) fielen in sein Ressort. Ebenso gelang es D., der die Neuverhandlungen der österreichischen Regierung mit der katholischen Kirche in der Konkordatsfrage leitete, die Sozialisten 1960 zur Annahme eines Kompromisses zu bewegen, der die Aufrechterhaltung des Konkordates von 1934 der Regierung Dollfuß trotz inhaltlicher Neuregelungen beinhaltete. Auch die in seiner Zeit als Unterrichtsminister 1962 erlassenen Schulgesetze können als Erfolg für die Kirche angesehen werden (staatliche Mitfinanzierung der konfessionellen Schulen).

1960 wurde D. Vorsitzender der Programmkommission der ÖVP, doch konnte er sich mit seinen Bestrebungen, die Partei im weltanschaulich-grundsätzlichen Bereich zu profilieren, nicht durchsetzen. Seit diesem Fehlschlag geriet D., der sich auch in der politischen Auseinandersetzung mehr auf die Loyalität seiner Beamten als auf eine parteiinterne Hausmacht stützte, als Vertreter des Wertekonservatismus mehr und mehr in die Isolation: 1963 kandidierte er auf dem Klagenfurter Parteitag der ÖVP gegen Josef Klaus und verlor eindeutig. D. zog sich vorübergehend aus der Bundespolitik zurück und verlagerte den Schwerpunkt seiner politischen Aktivitäten in den Bereich der Wiener Landespolitik. 1964-69 Vizebürgermeister, Geschäftsführender Stadtrat (für baubehördliche und technische Angelegenheiten) und Landtagsabgeordneter, gab er in der Folge die beiden erstgenannten Ämter ab, als die ÖVP 1969 die Kommunalwahlen verlor. Bis 1972 wirkte D. nun als Leiter der Abteilung „Geistige Landesverteidigung" wieder im Unterrichtsministerium und bemühte sich, der in der Folge der „68er-Bewegung" von linksstehenden Kreisen geschürten Anti-Bundesheer-Kampagne entgegenzuwirken. Der Regierungsantritt der Sozialisten 1970 mußte seine Bemühungen zunichte machen. Resigniert zog sich D. ins Privatleben zurück. Von nun an trat er als Autor zahlreicher kulturhistorischer Werke zur Geschichte der Donaumonarchie hervor, wobei er keine Mühe scheute, in österreichischen Archiven profundes Quellenstudium zu betreiben. Auch seinen Memoiren „Die Häuser meines Lebens" kommt der Stellenwert einer zeitgeschichtlichen Analyse zu. D. war zeitlebens überzeugter katholischer Konservativer, der die Politik als die Kunst des Möglichen betrachtete: Um dem politischen Gegner die ideologische Spitze abzuschleifen, war er – wie viele ÖVP-Politiker der Nachkriegszeit – ein Vertreter der Großen Koalition; mit Ärger, Verbitterung und mehreren Rücktrittsdrohungen quittierte er jedoch die seiner Ansicht nach schleichende Verflachung und weltanschauliche Anbiederung seiner Partei, die dem links-liberalen Klima in Österreich nichts mehr entgegenstellen könne und wolle.

S.: 10 Reden wider den Geist, Wien 1965; Die Häuser meines Lebens, Wien 1975; Gott erhalte, Wien 1976; Gott mit uns. Das Ende einer Epoche, Wien 1977; Gott sei uns gnädig, Wien 1979; Die Antipoden, Wien 1984; Österreich 1918-38, Bde. I-III, Wien 1985-87; Vom Anschluß zum Krieg, Wien 1989; Über Kirche und Partei. Früher haben wir Menschen geprägt – ein Interview, in: Die Weiße Rose. Zeitschrift gegen den Zeitgeist Nr. 3, 1991.

L.: *E. Weinzierl / K. Skalnik* (Hrsg.): Das neue Österreich. Geschichte der Zweiten Republik, Graz – Wien – Köln 1975; *M. Rauchensteiner:* Die zwei. Die Große Koalition in Österreich 1945-66, Wien 1987; *R. Rill:* CV und Nationalsozialismus in Österreich, Wien – Salzburg 1987; *G. Hartmann:* Im Gestern bewährt. Im Heute bereit. 100 Jahre Carolina. Zur Geschichte des Verbandskatholizismus, Graz – Wien – Köln 1988; *N. Leser:* Salz der Gesellschaft. Wesen und Wandel des österreichischen Sozialismus, Wien [2]1988; 90 Jahre Nordgau. Festschrift der Katholischen Österreichischen Hochschulverbindung Nordgau Wien im ÖCV 1900-90, redigiert v. *E. Wornay*, Wien – Horn 1990; *I. Ackerl / F. Weißensteiner:* Österreichisches Personenlexikon, Wien 1992, S. 87f.; *A. Staudinger:* H. D., in: Die Politiker. Karrieren und Wirken bedeutender Repräsentanten der Zweiten Republik, hrsg. v. *H. Dachs / P. Gerlich / W. C. Müller*, Wien 1995, S. 118-23.

– Ri

E

Eckartshausen, Karl von

* 28. 6. 1752 Haimhausen bei Dachau; † 12.
5. 1803 München. Kurf. bayer. Hofrat,
Schriftsteller, Metapolitiker. E. wurde als
Sohn des Grafen Karl von und zu Haimhausen, kurf. Kämmerer, Geh. Rat und Land-
schaftsverordneter, und der Marie Eckart,
Tochter des Schloßverwalters, geboren. Studium der Rechte an der Jesuiten-Universität
Ingolstadt bis zur Zeit der Aufhebung des
Ordens durch die Bulle „Dominus ac redemptor noster" (1773). 1776 Hofrat in München und richterliche Tätigkeit; 1777 Mitglied
der Bayerischen Akademie; 1780-93 Mitglied
des Bücherzensurkollegiums; 1784 Geheimer
Archivar. Zeitweise Mitglied im radikal-auf-
klärerischen Illuminatenorden, als „furchtsa-
mer Hase" ausgestoßen. Zusammen mit dem
abgefallenen „patriotischen" (d.h. gegen den
Anschluß Ober- und Niederbayerns an
Österreich arbeitenden) Ordensflügel Mitwirkung am Verbot der Geheimgesellschaften in Bayern (1784). Wichtige Rolle in dem
durch die radikale Aufklärung ausgelösten
Kulturkampf, beginnend 1785 mit der Akademierede „Über die literarische Intoleranz
unseres Jhdt.s" und der gegen Nicolai gerichteten Schrift „Über Religion, Freidenkerei
und Aufklärung". 1791 Denkschrift an alle
Höfe: „Über die Gefahr, die den Thronen
und Staaten und dem Christentume den gänzlichen Verfall droht, durch das falsche System
der heutigen Aufklärung und die kecken Anmaßungen sogenannter Philosophen, geheimer Gesellschaften und Sekten". Um 1790
unter dem Einfluß des christlichen Theoso-
phen Louis Claude de Saint-Martin (1743-
1803) zunehmend Übergang zu religiösen
und okkulten Arbeiten („Aufschlüsse zur
Magie", 1788). Mit der Abhandlung „Die
Wolke über dem Heiligtum" (1802) und dem
auf Zar Alexander I. ausgeübten Einfluß
wurde E. zum geistigen Wegbereiter der
„Heiligen Allianz". E. sah sich inmitten eines
„philosophischen" Bürgerkriegs, der an die
Stelle der religiösen Bürgerkriege des 16. und
17. Jhdt.s getreten sei. Er prangerte die sekti-
rerischen Züge der „falschen Aufklärung"
und die Intoleranz der angeblichen Vertreter
des Toleranzgedankens an. Doch strebte er

Karl von Eckartshausen
1752-1803

im Gegensatz zu den „harten Mönchen" die
Überwindung der Spaltungen in einem „religiösen Ausgleich" an, der seinen tiefsten
Grund in der universalen romantischen Lie-
besidee besaß. In E.s zahlreichen, weit ausein-
anderliegenden Themen gewidmeten, aber
schwer zugänglichen Schriften verbindet sich
eine Auseinandersetzung mit den Zeitströmungen und eine visionäre Sicht der Umrisse
eines neuen Zeitalters.

B.: Die Schriften E.s und deren Übersetzungen sind
in *A. Faivres* Standardwerk (siehe unter **L.**) zusammengestellt: Faivre zählt 110 Werke E.s auf.

S.: Entdeckte Geheimnisse der Zauberei, München
o. J.; Über Religion, Freidenkerei und Aufklärung,
München 1785; Der Tiger von Bengalen, München
1789; Aufschlüsse zur Magie aus geprüften Erfahrungen, Bde. I-IV, München 1788-92; Über die Gefahr, die
den Thronen und Staaten und dem Christenthume den
gänzlichen Verfall droht, durch das falsche System der
heutigen Aufklärung und die kecken Anmaßungen sogenannter Philosophen, geheimer Gesellschaften und
Sekten, o. O. 1791; Was trägt am meisten zu den Revolutionen itziger Zeiten bey?, München 1791; Zahlen-
lehre der Natur, Bde. I-II, Leipzig 1794/95; Untersuchungen über Licht, Wärme und Feuer, München 1798;
Blicke in die Zukunft oder Prognostikon des 19. Jhdt.s,
Leipzig 1799; Die Wolke über dem Heiligthum, Mün-

chen 1802; Der Salzbund Gottes mit den Menschen, München 1822 u.v.a.

L.: *Oppenheim* in ADB V, 608f.; *Grassl / Merzbacher* in NDB IV, 284f.; *L. Kleeberg:* Studien zu Novalis (Novalis und E.), in: Euphorion 23 (1921), S. 603-39; *A. Viatte:* Les Sources Occultes du Romantisme, Paris 1928; *D. Struß:* C. v. E., phil. Diss. (masch.) Freiburg 1955; *L. v. Pigenot:* C. v. E., in: Antaios 3 (1961); *H. Grassl:* Aufbruch zur Romantik. Bayerns Beitrag zur deutschen Geistesgeschichte 1765-85, München 1968; *A. Faivre:* E. et la Théosophie Chrétienne, Paris 1969; *K. Epstein:* Die Ursprünge des Konservativismus in Deutschland, Frankfurt a. M. – Berlin – Wien 1973.

– S-N

Ehlers, Hermann

* 1. 10. 1904 Schöneberg/Krs. Teltow; † 29. 10. 1954 Oldenburg. E. gehörte zu den beeindruckendsten kirchlichen und politischen Führungspersönlichkeiten der Bundesrepublik Deutschland. Das politische Milieu, in dem er sich zunächst bewegte, war stark national geprägt und traditionsorientiert. Seine in Bonn abgeschlossene juristische Doktorarbeit „Wesen und Wirkungen eines Reichslandes Preußen" (1929) stellte seine Ausrichtung an der preußischen Wertewelt unter augenfälligen Beweis. E. gab sich auch als Sympathisant der DNVP (→Deutschnationale Volkspartei) zu erkennen und war Mitglied des „Vereins Deutscher Studenten" und der „Schwarzen Reichswehr". Keineswegs zufällig geriet er in den ideologischen Bannkreis →Moeller van den Brucks. Sein antiliberales Politikverständnis dürfte auch von seinem akademischen Lehrer C. →Schmitt geprägt worden sein.

Im Gegensatz zu nicht wenigen Parteigängern der Weimarer Republik, die sich nach 1933 eher quietistisch verhielten, gab sich der nationalkonservative E. im Hitlerreich als Feind des Nationalsozialismus zu erkennen. Vor allem seine christlichen Wertmaßstäbe brachten ihn in einen diametralen Gegensatz zu den braunen Jakobinern. Scharf wandte er sich gegen die von B. von Schirach vollzogene Eingliederung der „Evangelischen Jugend" in die Hitlerjugend. Der Nationalsozialismus stand für E. so sehr im Zeichen einer forcierten Christentumsfeindlichkeit, daß seine Unterstützung der Bekennenden Kirche für ihn eine Selbstverständlichkeit war. Aufgrund seiner Haltung wurde er 1937 inhaftiert und

1939 aus dem Staatsdienst entlassen. Nach dem Zusammenbruch des Dritten Reiches unterstützte er das Stuttgarter Schuldbekenntnis seiner Kirche.

Seine Erfahrungen mit dem Nationalsozialismus ließen in E. den Entschluß reifen, wirksam und tatkräftig zum Aufbau einer liberalen Demokratie beizutragen. Der ehemalige Gegner des Parlamentarismus gab sich nun als sein engagierter Anwalt zu erkennen. Er wurde aktives Mitglied der CDU. 1949 zog er in den Deutschen Bundestag ein, der ihn am 19. 10. 1950 zu seinem Zweiten Präsidenten wählte. Im Oktober 1952 avancierte E. zum Zweiten Bundesvorsitzenden seiner Partei. E. machte sich auch als Gründer des Evangelischen Arbeitskreises der CDU einen bedeutenden politischen Namen. Er hatte die CDU nicht zuletzt deshalb als sein politisches Forum gewählt, weil er bei den anderen Parteien ein kaum verhülltes Mißtrauen gegenüber dem Christentum feststellen zu können glaubte, was seiner Ansicht nach besonders auf die SPD zutraf. Der CDU schrieb E. auch die Aufgabe zu, den konfessionellen Graben zwischen Katholiken und Protestanten zu überwinden.

Von seiner Partei erhoffte E. zudem einen effizienten Ausbau des Sozialstaates. Er gehörte zu denjenigen Politikern, die die Kategorien des Christlichen und des Sozialen miteinander verbanden, außerdem fühlte er sich schon immer der sozialen Tradition des deutschen Protestantismus besonders verpflichtet. Auch seine Stellungnahme für die liberale Demokratie ist theologisch begründet: Gerade wenn man den Menschen als ein Geschöpf Gottes auffasse, ergebe sich notwendigerweise die Parteinahme für die freiheitliche Politikordnung. Dabei ging es E. nicht zuletzt auch darum, die demokratische Tugend der Bejahung von Kompromissen theologisch zu begründen: „Die Erkenntnis der Vorläufigkeit aller irdischen Ordnungen und Entscheidungen gibt die →Freiheit zu vorläufigen Lösungen und die Freiheit zum Kompromiß."

Das grundsätzliche Bekenntnis zur westlichen Demokratie schloß keineswegs aus, daß E. der säkularisierten liberalen Ideologie reserviert gegenüberstand. Ihr stellte er eine Demokratiekonzeption entgegen, die aus vormodern-christlichen Quellen gespeist wurde. Ein der wahren Freiheit des Menschen verpflichtetes Gemeinwesen habe die Ideologie der Französischen Revolution zu überwinden und auf die christlichen Wurzeln der Demokratie zurückzugreifen. Allein auf diese Weise sei es möglich, die Demokratie auf eine stabile Grundlage zu stellen. Eine entchristlichte Demokratiekonzeption habe nicht zuletzt den Zusammenbruch der Weimarer Republik bewirkt und zum Aufstieg Hitlers beigetragen, außerdem sei sie auch für den Siegeszug des Kommunismus verantwortlich zu machen. Keinen Hehl machte E. aus seiner strikten Ablehnung der atheistischen DDR (der damaligen Sowjetischen Besatzungszone). Er warf nicht zuletzt K. Barth vor, den dortigen Kirchenkampf zu verharmlosen.

S.: Wesen und Wirkungen eines Reichslandes Preußen, jur. Diss. Bonn 1929; Freiheit und Bindung in der Ordnung der Kirche, Oldenburg 1950; Nebeneinander oder miteinander? Der Weg des Christen im öffentlichen Raum. Akademie der Diözese Rottenburg, Stuttgart 1953; Zur ethischen Existenz des evangelischen Politikers in Deutschland, Stuttgart 1953; Die politische Verantwortung des evangelischen Christen, Lüneburg 1954; Um dem Vaterland zu dienen. Reden und Aufsätze, hrsg. v. *F. K. Schramm*, Köln 1955; Führer und Funktionär in der deutschen Politik, Berlin 1956; Gedanken zur Zeit, hrsg. v. *K.-H. Meyer*, Stuttgart ²1956.

E.: Ausgewählte Reden, Aufsätze und Briefe 1950-54, hrsg. u. eingel. für die H.-E.-Stiftung von *K. D. Erdmann*, bearb. v. *R. Wenzel*, Boppard a. Rh. 1991.

L.: *K. Lohmann* in NDB IV, 347; *F. Schramm:* H. E., Wuppertal 1955; *W. Börner:* H. E., Hannover 1963; *G. Mauz:* H. E., in: *F. Andreae / S. Gräfin Schönfeldt* (Hrsg.): Deutsche Demokratie von Bebel bis Heuss. Geschichte in Lebensbildern, Frankfurt a. M. – Hamburg 1968; *G. Jasper:* H. E., in: *W. L. Bernecker / V. Dotterweich* (Hrsg.): Persönlichkeit und Politik in der Bundesrepublik Deutschland, Bd. I, Göttingen 1982; *W. Bernhard* (Hrsg.): Ein Christ in der Politik. H. E. zum Gedenken, Neumünster 1984; *A. Meier:* Die Demokratie verwirklichen. Gedenken an H. E., in: Das Parlament, Nr. 39-40, 29. 9.-6. 10. 1984; *G. Besier:* H. E. Ein evangelischer CDU-Politiker zur Frage der deutschen Einheit, in: Kerygma und Dogma 36 (1990), S. 80-109; *A. Meier:* H. E. Leben in Staat und Kirche, Bonn 1991; *K.-E. Hahn:* Politisches Profil eines christlichen Konservativen. H. E. (1904-54), in: *H.-C. Kraus* (Hrsg.): Konservative Politiker in Deutschland, Berlin 1995, S. 291-314.

– JBM

Eichendorff, Joseph Freiherr von

* 10. 3. 1788 Lubowitz (Schlesien); † 26. 11.

Joseph Freiherr von Eichendorff
1788-1857

1857 Neiße. Dichter und christlich-konservativer Literaturhistoriker. E. stammte aus aristokratischer, katholischer Familie; sein Vater war preußischer Offizier. Die Kindheit verbrachte E. auf dem elterlichen Gut in Oberschlesien. Hier wurde er durch seinen Erzieher v.a. mit Werken der →Aufklärung und des M. Claudius vertraut gemacht. Seit 1801 besuchte E. zusammen mit seinem Bruder Wilhelm das katholische Maria-Magdalena-Gymnasium in Breslau. Nach dem Abitur 1805 Studium der Rechtswissenschaften zunächst in Halle, 1807-08 an der Universität Heidelberg, wo er starke Anregungen durch J. →Görres empfing. Hier erste Begegnung mit A. v. Arnim. Die Jahre 1808-10 verbrachte E. wiederum in Lubowitz, zeitweise als Gutsverwalter. In dieser Zeit schloß er in Berlin Bekanntschaft mit C. Brentano, J. G. Fichte und A. →Müller. 1808 Aufenthalt in Paris, um für Görres' „Teutsche Volksbücher" die französische Nationalbibliothek durchzusehen. Sein erster Roman, „Ahnung und Gegenwart", greift seine politische Bewußtwerdung auf. 1810 Abschluß des Jurastudiums in Wien. 1811/12 hörte er F. →Schlegels Vorlesungen „Über Geschichte der alten und neuen Literatur". Im Frühjahr 1813 war E. Freiwilliger bei der „Schwarzen Freischar" der „Lützowschen Jäger". 1815 beteiligte er sich am letzten Feldzug gegen Napoleon. Der Verlust des väterlichen Vermögens bewahrte E. vor „poetischer Zerfahrenheit" und zwang ihn 1816 zum Broterwerb im preußischen Staatsdienst, zunächst als Regierungsreferendar in Breslau, dann als Referent im Berliner Kultusministerium. 1821 wurde E. katholischer Schul- und Kirchenrat in Danzig, 1823 Oberpräsidialrat in Königsberg, 1824-31 war er Mitglied der ostpreußischen Regierung. Seit 1831 Tätigkeit in der Ministerialabteilung für katholisches Kirchen- und Schulwesen in Berlin, dort auch Mitgliedschaft bei der „Mittwochsgesellschaft". Versuche, in Bayern (auf Vermittlung Görres') oder in Österreich eine Anstellung zu finden, scheiterten. 1844 wurde E. auf eigenen Wunsch aus dem Staatsdienst entlassen. Anschließend arbeitete er in Wien an Übersetzungen spanischer Dramen und an den eigenen literarhistorischen Werken; daneben entstanden 1847/48 zahlreiche Aufsätze für die von Görres gegründeten →„Historischpolitischen Blätter für das katholische Deutschland". Seit 1847 lebte E. wieder in Berlin und kehrte 1855 nach Schlesien zurück, wo er sein Lebensende im Haus seiner Tochter verbrachte.

E. ist einer der bedeutendsten Dichter der deutschen Hochromantik. Seine Schriften sind geprägt durch religiöse Innigkeit und eine tiefgründige Naturverbundenheit. Romantische Empfindsamkeit und Volksliedhaftes verbinden sich in seinen Novellen und Romanen mit freundlichem Humor. Die beschriebenen Landschaften erscheinen dabei nicht als symbolhafte Naturbilder und Kulissen für sich anbahnende gesellschaftliche Veränderungen, sondern werden selbst als Geschöpfe und Wesen mit eigenem Wert geschildert: „Schläft ein Lied in allen Dingen (...) Und die Welt hebt an zu singen, triffst du nur das Zauberwort". Seinen literarischen Figuren, oft ungebunden, aber in sich ruhend, gelingt die Überwindung philiströser Zwänge, ohne jedoch das tradierte Ständesystem anzurühren, meisterhaft dargestellt in „Aus dem Leben eines Taugenichts" (1826). E.s Dichtung wird so zum Abbild eines Welt-

empfindens, das jenseits aller romantischen Sehnsucht nach dem Fernen und Verborgenen frei von innerer Zerrissenheit bleibt, inneres Streben und äußeres Leben in harmonische Ausgeglichenheit zu setzen vermag.

Die →Heimat – als einer der zentralen Begriffe E.s – wird dabei ins Religiöse und Metaphysische ausgeweitet. Heimatverbundenheit, Vaterlandsliebe und Sehnsucht nach einer besseren Vergangenheit sind somit nicht mehr allein Ausdruck des Gefühls, sondern werden zum christlich erhöhten „rechten Ort" in der Welt. Der Mensch ist „auf Erden in Gott geborgen, seine irdische Heimat vergängliches, aber tragendes Gleichnis seiner himmlischen Heimat".

Politisch dem katholisch-föderativen Lager angehörend, brachte E. der Revolution von 1848 keine Sympathien entgegen. Auch als Literaturhistoriker verfocht er dezidiert konservative Positionen im Gegensatz zur vorherrschenden liberalen Literaturgeschichte, so insbesondere in der Schrift „Über die ethische und religiöse Bedeutung der neueren romantischen Poesie in Deutschland" (1847). Seine konservative Kritik an der Frühromantik richtete sich daher v.a. auf jene, die sich durch ausschließlich ästhetische Rebellion oder den Hang zum Mystizismus auszeichneten.

B.: *K. Freiherr von Eichendorff:* Ein Jahrhundert E.-Literatur, Regensburg 1927; *W. Kron:* E.-Bibliographie, in: E. heute, hrsg. v. *P. Stöcklein,* München 1960; *K. D. Krabiel:* J. v. E. Kommentierte Studienbibliographie, Frankfurt a. M. 1971; jährliche Bibliographien enthalten die Bände des Jahrbuchs der E.-Gesellschaft „Aurora", Würzburg 1970ff.

S.: Die Freier, Stuttgart 1833; Dichter und ihre Gesellen, Berlin 1834; Die Wiederherstellung des Schlosses der deutschen Ordensritter zu Marienburg, Königsberg – Berlin 1844; Geistliche Schauspiele von Don Pedro Calderón de la Barca, Bde. I-II, Stuttgart – Tübingen 1846-53; Über die ethische und religiöse Bedeutung der neueren romantischen Poesie in Deutschland, Leipzig 1847; Der deutsche Roman in seinem Verhältnis zum Christentum, Leipzig 1851; Zur Geschichte des Dramas, Leipzig 1854; Geschichte der poetischen Literatur Deutschlands, Paderborn 1857; J. Freiherrn v. E.s Sämtliche Werke, Bde. I -VI, hrsg. v. *H. von Eichendorff,* Leipzig 1864; Vermischte Schriften, Bde. I-V, Paderborn 1866/67; Sämtliche Werke. Historischkritische Ausgabe, begr. v. *W. Kosch / A. Sauer,* fortgeführt v. *H. Kunisch / H. Koopmann* (unvollendet), bis 1994 erschienen: Bde. I/1, I/2, III, VI, VIII/1, VIII/2, IX, X, XI, XII, XIII, XV, XVI, XVIII/1, XVIII/2,

XVIII/3, Regensburg 1908 ff., Stuttgart 1975ff.; Gesamtausgabe der Werke und Schriften, Bde. I-IV, hrsg. v. *G. Baumann / S. Grosse*, Stuttgart 1957-58; Werke, hrsg. v. *A. Hillach / K.-D. Krabiel*, Bde. I-V, München 1970-88; Werke, Bde. Iff., hrsg. v. *W. Frühwald*, Frankfurt/M. 1985ff.

E.: J. und Wilhelm v. E. Jugendgedichte, hrsg. v. *R. Pissin*, 1906; Ungedruckte Dichtungen E.s, hrsg. v. *F. Castelle*, Berlin 1906; Jugendgedichte E.s aus der Schulzeit, hrsg. v. *H. Schulhoff*, Prag 1915; *H. Pöhlein*: Die Memoirenfragmente J. v. E.s in: Aurora, 1929, S. 83-117.

L.: Aurora, E.-Almanach, begr. v. *K. von Eichendorff / E. Dyrhoff* (1929-43, NF seit 1953, ab 1970 als „Jahrbuch der E.-Gesellschaft); E.-Kalender, hrsg. v. *W. Kosch* (19 Bde.) 1910-29; *J. Nadler*: E.s Lyrik, Prag 1908; *H. Brandenburg*: J. v. E. Sein Leben und sein Werk, München 1922; *H. von Eichendorff*: J. Freiherr v. E. – Sein Leben und seine Schriften, neu hrsg. v. *K. Freiherr v. Eichendorff / W. Kosch*, Leipzig 1923; *R. Schindler*: E. als Literaturhistoriker, phil. Diss. Zürich 1926; *F. Strich*: J. v. E., in: Dichtung und Zivilisation, München 1928; *F. Ranegger*: Die innere Vorgeschichte von E.s literaturhistorischer Tätigkeit, in: Literarisches Jahrbuch der Görresgesellschaft, 1929, S. 141-77; *R. Schneider*: Vom Geschichtsbewußtsein der Romantik, 1951; *J. Kunz*: E. – Höhepunkt und Krise der Spätromantik, Oberursel 1951; *G. Möbus*: E. in Heidelberg, Düsseldorf 1954; *H.-E. Hass*: E. als Literaturhistoriker, in: Jahrbuch für Ästhetik und allgemeine Kunstwissenschaft 2 (1954); *W. Kohlschmidt*: Die symbolische Formelhaftigkeit von E.s Prosastil, in: *ders.*: Form und Innerlichkeit, Bern 1955, S. 177-209; *P. Stöcklein*: J. v. E., in: Die großen Deutschen, Bd. III, 1956, S. 100-16; *ders.*: J. v. E., Reinbek 1963; *H. Pörnbacher*: J. v. E. als Beamter, Dortmund 1964; *H. J. Lüthi*: Dichter und Dichtung bei J. v. E., Bern 1966; *A. v. Bormann*: Natura loquitur. Naturpoesie und emblematische Formel bei J. v. E., Tübingen 1968; *P. Krüger*: E.s politisches Denken, Würzburg 1969; *P. P. Schwarz*: Aurora. Zur romantischen Zeitstruktur bei E., Bad Homburg 1970; *H. Koopmann*: J. v. E., in: Deutsche Dichter der Romantik, hrsg. v. *B. von Wiese*, Berlin 1971, S. 416-41; *A. Hillach / K.-D. Krabiel*: E.-Kommentar, Bde. I-II, München 1972; *W. Frühwald*: E.-Chronik, München – Wien 1977; *O. Seidlin:* Versuche über E., Göttingen ²1978; *C. Wetzel*: J. v. E., Salzburg 1982; *H.-G. Pott* (Hrsg.): E. und die Spätromantik, Paderborn 1985; *A. Riemen* (Hrsg.): Ansichten zu E. – Beiträge der Forschung 1958-88, Sigmaringen 1988; *A. Riemen / F. Heiduk*: J. v. E., Frankfurt a. M. 1988; *M. Kessler / H. Koopmann* (Hrsg.): E.s Modernität, Tübingen 1989; *R. Mühlher*: Lebendige Allegorie – Studien zu E.s Leben und Werk, Sigmaringen 1990; *W. Gössmann / C. Hollender* (Hrsg.): J. v. E. – Seine literarische und kulturelle Bedeutung, Paderborn 1995.

– St

Eichhorn, Karl Friedrich

* 20. 11. 1781 Jena; † 4. 7. 1854 Köln. Konservativer Jurist, „Vater der deutschen Rechtsgeschichte". Als Sohn eines bekannten Orientalisten wuchs E. seit 1788 in Göttingen auf, wo er das Gymnasium absolvierte und anschließend (1797-1801) Rechtswissenschaften

Karl Friedrich Eichhorn
1781-1854

und Geschichte studierte. Seine wichtigsten akademischen Lehrer waren die Juristen G. Hugo und J. S. Pütter sowie die Historiker J. C. Gatterer und A. L. von Schlözer. Nach der Promotion (1801) begab er sich auf eine Bildungsreise, um die Gerichte und Behörden des Reiches in Wetzlar, Regensburg und Wien kennenzulernen, da er die Laufbahn eines Reichsjuristen anstrebte. Seit 1803 lehrte E. als Privatdozent an der Göttinger Universität. 1805 folgte er einem Ruf als a.o. Professor nach Frankfurt/Oder; hier begann er mit der Arbeit an seinem Hauptwerk, der vierbändigen „Deutschen Staats- und Rechtsgeschichte". 1811 als einer der ersten Professoren an die neugegründete Berliner Universität berufen, entfaltete E. hier mit seinem Freund und Kollegen →Savigny eine glänzende Lehrtätigkeit. Als glühender preußischer und deutscher Patriot gehörte E. dem „Tugendbund" an und beteiligte sich als einer der ersten Freiwilligen an den Befreiungskriegen, in denen er sich als Offizier hohe Auszeichnungen erwarb: „Die Jahre der Not und des tiefsten Falles gaben seinem Patriotismus für alle Zeit die festeste Richtung" (Frensdorff). Anschließend begründete E. mit Savigny die „Zeitschrift für geschichtliche Rechtswissenschaft" und hielt dem preußischen Kronprinzen Vorträge über deutsche Rechtsgeschichte. 1817 nach Göttingen zurückberufen, erreichte er hier den Höhepunkt seiner Forschungs- und vor allem Lehrtätigkeit; seinen Zuhörerzahlen zufolge war er einer der erfolgreichsten akademischen Lehrer seiner Epoche. Seit 1818 verschlechterte sich sein Gesundheitszustand derart, daß er sich 1824 beurlauben und 1829 vorzeitig emeritieren lassen mußte. Nachdem er sich zurückgezogen auf seinem Gut bei Tübingen vorwiegend kirchenrechtlichen Studien gewidmet hatte, übernahm E. 1832 erneut eine Professur in Berlin. Seine Vorlesungen gab er jedoch schon 1833 wieder auf und widmete sich einer neuen Tätigkeit als hoher Richter (Mitglied des Obertribunals), als Mitglied des Staatsrats (seit 1838) und der Gesetzgebungskommission (seit 1842). E. war Mitglied der Preußischen Akademie der Wissenschaften und des Ordens „Pour le mérite" (Friedensklasse). 1847 mußte er, wiederum aus gesundheitlichen Gründen, vorzeitig aus seinen Ämtern ausscheiden.

Mit seiner grundlegenden „Deutschen Staats- und Rechtsgeschichte" gilt E. nicht nur als „Vater der deutschen Rechtsgeschichte", sondern auch als einer der Begründer der juristischen Germanistik und der Historischen Rechtsschule. Beeinflußt von seinem Lehrer Pütter und vor allem auch von →Möser, sah E. in der Rechtsgeschichte die angemessene Basis für das Studium und Verständnis des →Rechts. Indem das geltende Recht als Produkt einer vielhundertjährigen Entwicklung gesehen und interpretiert wurde, verankerte er das Rechtsverständnis im Historisch-Konkreten und dessen Wandlungen. Die Abstraktionen des neueren Naturrechts lehnte er strikt ab, aber auch der Volksgeistlehre Savignys schloß er sich nicht an.

Politisch gesehen, blieb E. zeitlebens konservativ orientiert; seine Kritik an einigen restaurativen Tendenzen in Preußen und Deutschland nach 1815 richteten sich nur gegen die Diffamierung der Befreiungskämpfer von 1813-15. Seine 1821/22 in Göttingen gehaltene (und anhand von Mitschriften rekonstruierte) Staatsrechtsvorlesung zeigt, daß er noch ganz dem traditionellen Bürgerverständnis verhaftet war und den Anspruch auf völlige politische Gleichberechtigung aller Einwohner eines Gemeinwesens ablehnte. Im Sinne der Historischen Schule trat er allenfalls für vorsichtige Reformen des Bestehenden ein. Umfassende Reformvorhaben, wie Kodifikationen, →Verfassungen, auch moderne Volksvertretungen lehnte er ebenso ab, wie die Bauernbefreiung kritisierte. Die bevorrechtigte Stellung des grundbesitzenden Adels wollte er als gesellschaftlich und politisch stabilisierendes Element erhalten und rechtlich umfassend gesichert wissen. Die Revolution von 1848 veranlaßte ihn zum völligen Rückzug aus dem öffentlichen und wissenschaftlichen Leben.

S.: De differentia inter austraegas et arbitros compromissarios, jur. Diss. Göttingen 1801; Deutsche Staats- und Rechtsgeschichte, Bde. I-IV, Göttingen 1808-23; Einleitung in das deutsche Privatrecht mit Einschluß des Lehnrechts, Göttingen 1823; Über die Allodification der Lehen, Göttingen 1828; Grundsätze des Kirchenrechts der Katholischen und der Evangelischen Religionspartheii in Deutschland, Bde. I-II, Göttingen 1831-33; Betrachtungen über die Verfassung des deutschen Bundes in Beziehung auf Streitigkeiten der Mitglieder desselben unter einander oder mit ihren Unterthanen in ihrer jetzigen Ausbildung, Berlin 1833; Über die technischen Ausdrücke, mit welchen im 13. Jhdt. die verschiedenen Classen der Freien bezeichnet wurden, Berlin 1840, u.a. (auch mehrere Rechtsgutachten).

E.: Briefe von K. F. E., und zwei an ihn gerichtete Schreiben zur Säcularfeier seines Geburtstages hrsg. v. *H. Loersch*, Bonn 1881; Das Staatsrecht der deutschen Bundesstaaten (Vorlesungsmitschrift, 1821/22), in: *Conradi* (siehe unter L.), S. 99-492.

L.: *Frensdorff* in ADB VI, 469-81; *Bader* in NDB IV, 378f.; *J. F. v. Schulte*: K. F. E. – Sein Leben und Werk, Stuttgart 1884; *F. Frensdorff*: Das Wiedererstehen des Deutschen Rechts, Weimar 1908; *E. Landsberg*: Geschichte der deutschen Rechtswissenschaft, München – Berlin 1910, Bd. III/2 (Text), S. 253-77, (Noten), S. 110-14; *R. Hübner*: K. F. E. und seine Nachfolger, in: Festschrift für Heinrich Brunner, Weimar 1910, S. 808-38; *K. Jelusic*: Die historische Methode K. F. E.s, Baden – Wien – Leipzig – Brünn 1936; *E.-W. Böckenförde*: Die deutsche verfassungsgeschichtliche Forschung im 19.

Jhdt., Berlin 1961; *W. Sellert:* K. F. E., in: Juristische Schulung 21 (1981), S. 799-801; *R. Conradi:* K. F. E. als Staatsrechtslehrer, Frankfurt a. M. usw. 1987; *K. Michaelis:* C. F. E. (1781-1854), in: *F. Loos* (Hrsg.): Rechtswissenschaft in Göttingen, Göttingen 1987, S. 166-89; *J. Schröder:* K. F. E. (1781-1854), in: *G. Kleinheyer / ders.:* Deutsche Juristen aus fünf Jhdt.en, Heidelberg ³1989, S. 75-8; *M. Stolleis:* Die Historische Schule und das öffentliche Recht, in: Die Bedeutung der Wörter – Festschrift für Sten Gagnér, München 1991, S. 495-508.

– K

Eliade, Mircea

* 9. 3. 1907 Bukarest; † 22. 4. 1986 Chicago. Religionswissenschaftler. E. stammte aus einer rumänischen Offiziers- und Beamtenfamilie. Nach dem Ende des Schulbesuchs nahm er das Studium der Religionswissenschaft in Bukarest auf und wurde im Alter von einundzwanzig Jahren zum Dr. phil. promoviert. Als Stipendiat setzte er seine Arbeit an der Universität von Kalkutta fort. In Indien kam er nicht nur mit dem zeitgenössischen Hinduismus und Buddhismus sowie den älteren spirituellen Traditionen des Landes in Kontakt, er machte auch wichtige persönliche Glaubenserfahrungen. 1931/1932 lebte er in den Ashrams von Almora, Hardwar und Rishikesh. Diesem Aufenthalt bei den Lehrern des Himalaja ist das erste und vielleicht bedeutendste Werk E.s zu verdanken: das 1936 auf Französisch erschienene Buch „Yoga". Es zeugt von der Bedeutung, die die esoterischen Disziplinen und darin erhalten gebliebenen archaischen religiösen Formen für E. gewonnen hatten. Er vertrat die Anschauung, daß „Indien… sich mit einer nie mehr erreichten Strenge um die Analyse der verschiedenen Bedingtheiten der menschlichen Existenz bemüht" und gegenüber dem Abendland das Wissen bewahrt habe, daß die Wahrheit außerhalb der Geschichte liege.

E.s Kritik am „historizistischen Nihilismus" führte ihn zur intensiven Beschäftigung mit den mythischen Vorstellungen der traditionalen Gesellschaften. Anders als viele Religionswissenschaftler sah er im Mythos nicht einfach eine primitive und unzulängliche, sondern eine komplexe und gegenüber der Rationalität selbständige Form der Weltwahrnehmung. Mythen waren für E. „heilige Geschichten", die den Ursprung aller Dinge –

des Kosmos, der Vegetation, der Menschen, des eigenen Volkes, der Sexualität, der Werkzeuge, der Religion selbst – erklärten. Alle mythischen Ereignisse fanden *illo tempore* statt, in einem Goldenen Zeitalter, bevor die Geschichte begann und diese Epoche zerstörte. In ihren Kulten versuchten die frühen Völker die Geschichte rückgängig zu machen und die „Perfektion der Anfänge" durch Wiederholung des damals Geschehenen wiederzugewinnen. Die Tatsache, daß das historische Bewußtsein, im eigentlichen Sinne die „Geschichte… eine judäo-christliche Schöpfung" darstellt, hat dazu geführt, daß E. Judentum und Christentum mit einer gewissen Distanz gegenüberstand. Die im Glauben Israels angelegte „Desakralisierung der Natur, die Entwertung der kultischen Handlung, kurz die heftige und totale Zurückweisung der kosmischen Religiosität" schienen ihm mitverantwortlich für den religiösen Verfall der westlichen Gesellschaft in der Neuzeit. Das hinderte ihn andererseits nicht, dem Christentum, soweit es ein „kosmisches Christentum" im Sinne der östlichen Orthodoxie war, einen besonders hohen Stellenwert zuzubilligen.

Wenn E. trotz der offenbaren Säkularisation an der Ansicht festhielt, daß das „Heilige" eine ontologische Größe sei, die nicht verschwinden könne, dann hing das einerseits mit der Auffassung zusammen, daß die „Hierophanien" verschleiert aufträten; andererseits hoffte E., zumindest in den dreißiger Jahren, auf eine Art kultureller Regeneration Europas, die auch die Religion erfassen werde. In dieser Anschauung lag seine fortdauernde intellektuelle Nähe zur gesamteuropäischen →Konservativen Revolution begründet. Nachdem E. 1933 einen Ruf an die Universität Bukarest erhalten hatte, gründete er mit Freunden, die den verschiedensten politischen Lagern angehörten, die Gruppe (und später die Zeitschrift) „Criterion", die dem Dialog zwischen den Weltanschauungen verpflichtet war. In der folgenden Zeit wurde E. zu einem der profiliertesten Sprecher, in mancher Hinsicht zum „Idol der ‚jungen Generation'" (E. M. Cioran) Rumäniens. Seine Sympathie für die „Eiserne Garde" stand dem nicht im Wege, sondern trug zu seiner Attraktivität noch bei. Was E. an diesem rumänischen „Faschismus" fasziniert hat, war etwas spezifisch „Unfaschistisches": die eigenartige Mischung aus Aktivismus und christlicher Mystik, die ihr Gründer C. Z. Codreanu zur Grundlage der Ideologie der „Legionäre" gemacht hatte. E. sah in dem Messianismus und der Bereitschaft ihrer Mitglieder und Führer zur Aufopferung eine mögliche Basis für die Wiederbelebung der abendländischen Spiritualität. Aus ähnlichen Gründen wie im Fall der Eisernen Garde interessierte E. sich auch für die Arbeiten der „Traditionalisten" um R. →Guénon und J. →Evola. Evolas Schriften hatte E. schon 1927 während einer Italienreise kennengelernt, seiner „Revolte" widmete er 1935 eine ebenso ausführliche wie wohlwollende Besprechung in der Zeitschrift „Vremea" („Die Zeit"). 1937 kam es in Bukarest zu einer ersten persönlichen Begegnung, die sich nach dem Krieg, 1949, wiederholen sollte. Die Distanz blieb allerdings unüberbrückbar, obwohl E. und Evola einen intensiven Briefwechsel aufrechterhielten. Die unterschiedliche Einstellung zur Bedeutung des Okkultismus und später zu Fragen der politischen Praxis spielten eine wichtige Rolle für die Differenzen zwischen den beiden. E. ging jedenfalls seit dem Ende der dreißiger Jahre auf deutliche Distanz zur Legionärsbewegung in Rumänien und entzog sich – auch weil er deren immer radikaleren Antisemitismus ablehnte – dem politischen Geschehen. Ende 1938 wurde er im Zusammenhang mit der Inhaftierung seines akademischen Lehrers N. Ionescu kurze Zeit in ein Lager der rumänischen Geheimpolizei verbracht, aber bald darauf wieder freigelassen.

Die verworrene Situation in seinem Land erlaubte es E. trotzdem, 1940 als Kulturattaché der rumänischen Botschaft nach London zu gehen. Kurz darauf wechselte er als Diplomat nach Lissabon, wo er auch das Kriegsende erlebte. Angesichts der Besetzung seines Landes durch die Rote Armee zog er es vor, nicht zurückzukehren, sondern nach Paris ins Exil zu gehen. Die folgenden Jahre widmete E. – neben der Fortsetzung seines erzählerischen Werkes, das er 1933 mit dem Buch „Das Mädchen Maitreyi" begonnen hatte – religionsgeschichtlichen Studien, intensivierte den Kontakt zu C. G. Jung, G. Scholem und anderen bedeutenden Gelehrten und hielt an zahlreichen Hochschulen Gastvorlesungen. In dieser Zeit entstanden viele seiner

wichtigsten Bücher, die er i.a. in französischer Sprache abfaßte: „Die Religionen und das Heilige" (1949); „Schamanismus und archaische Ekstasetechnik" (1951); „Bilder und Sinnbilder" (1952); „Der Mythos der ewigen Wiederkehr" (1953); „Schmiede und Alchemisten" (1956). Im Jahr 1956 erhielt E. einen Lehrstuhl für Religionswissenschaft an der Universität von Chicago und übersiedelte in die Vereinigten Staaten.

Politisch übte E. in der Nachkriegszeit Zurückhaltung. Die Zeitschrift „Antaios", die er 1960 zusammen mit E. →Jünger gründete, diente ausdrücklich nicht dem Zweck politischer Diskussion, eher der geistigen Vorbereitung eines „neuen Humanismus", dessen Grundeinsicht nach E.s Auffassung lauten sollte: „Mensch sein, oder, besser: werden, heißt religiös sein." Die weitere Entwicklung der Industriegesellschaft beobachtete E. mit großer Skepsis. Er glaubte, daß sie selbstzerstörerische Kräfte entbinde, von denen Massenkonsum, Kernspaltung und Umweltvernichtung nur besonders dramatische Ausdrucksformen seien. Die Möglichkeit zu unmittelbarem Eingreifen sah E. nicht, aber er glaubte doch „irgendwo in der Avantgarde der Menschheit von morgen oder übermorgen" zu stehen. Der Religionswissenschaft billigte er in dieser Zeit des Interregnums eine geheime „königliche Funktion" zu: sie sollte die Erinnerung an den Reichtum der Glaubenserfahrungen für eine bessere Zukunft bewahren. Sein letztes Jahrzehnt widmete E. deshalb der Niederschrift einer umfassenden „Geschichte der religiösen Ideen", deren Vollendung er allerdings nicht mehr erlebte.

B.: *D. Allen* und *D. Doeing:* M. E.: an annotated bibliography, New York 1980.

W.: Schamanismus und archaische Ekstasetechnik, Salzburg 1951; Ewige Bilder und Sinnbilder, Olten – Freiburg i. Br. 1952; Die Religionen und das Heilige, Salzburg 1953; Der Mythos der ewigen Wiederkehr, Düsseldorf 1953; Die Religionen und das Heilige, Salzburg 1954; Das Heilige und das Profane, Reinbek 1957; Schmiede und Alchemisten, Stuttgart 1960; Yoga, Zürich 1960; Das Mysterium der Wiedergeburt, Zürich – Stuttgart 1961; Mythen, Träume und Mysterien, Salzburg 1961; Geschichte der religiösen Ideen, 4 Bde., (1-3/2, letzterer von *I. P. Culianu* abgefaßt) und Quellenband, Freiburg i. Br. 1978-91; Von Zalmoxis zu Dschingis-Khan, Köln-Lövenich 1982.

L.: *O. Buhociu:* M. E., in: Criticón 4 (1974) 22, S. 48f.; *Ph. Baillet:* Julius Evola et M. E. (1927-74): une

amitié manquée, in: Les deux étendards, 1 (1988) 1, S.
45-55; *M. L. Rickett:* M. E.: the Romanian Roots, New
York 1988; *C. Mutti:* M. E. et la ‚révolution spirituelle‘,
in: *ders.:* Les plumes de l'archange, Chalons-sur-Saône
1993, S. 79-104.
– W

Eliot, Thomas Stearns

* 26. 9. 1888 St. Louis; † 4. 1. 1965 London.
Angloamerikanischer Dichter und Essayist.
Einer angesehenen, noch fest in der Tradition
des Puritanismus stehenden Familie entstammend, besuchte E. zwischen 1898 und 1906
Eliteschulen in Washington und Massachusetts, bevor er zwischen 1906 und 1910 sein –
mit dem M. A. abgeschlossenes – Studium der
Philosophie und der Literaturwissenschaften
an der Harvard University absolvierte. Nach
einem Europaaufenthalt (der ihn nach England, Frankreich und Deutschland führte)
und einem Postgraduiertenstudium in Harvard ging E. nach Großbritannien, wo er in
Oxford studierte und 1916-18 an den Universitäten von Oxford und London lehrte. Nach
einer Tätigkeit als Bankangestellter (1917-25)
arbeitete E. von 1925 an als Mitarbeiter, später als Direktor des Verlages Faber & Faber,
der auch seine Werke publizierte. 1922-39
gab er die angesehene Kulturzeitschrift „Criterion" heraus. Im Jahre 1927 wurde E. nicht
nur englischer Staatsbürger, sondern konvertierte auch zur anglikanischen Hochkirche.
Er blieb von nun an in Großbritannien – nur
unterbrochen von Vortragsreisen und Gastprofessuren, die ihn wiederholt zurück in
seine amerikanische Heimat führten.

Ausgehend von der Erfahrung eines extremen Subjektivismus und eines bis hin zum
Nihilismus führenden Skeptizismus, beschäftigte sich der junge E. vor allem mit Philosophie: wegweisend wurden für ihn H. Berg-
sons neues Verständnis der individuellen Zeit
als Bewußtseinsstrom, F. H. Bradleys Versuch, das „Absolute" der „Skepsis" entgegenzustellen und vor allem I. →Babbitts und Ch.
→Maurras' vehemente Anti-Romantik, einschließlich ihres Bestrebens, den „auflösen-
den" Zeittendenzen durch eine neue „Klassik" der abendländisch-lateinischen Kultur
zu begegnen. Dichterisch wurde E. insbesondere von Dante, den englischen „metaphysical poets" des 17. Jhdt.s (Dryden, Donne) sowie von Baudelaire und den französischen

Thomas Stearns Eliot
1888-1965

Symbolisten beeinflußt. E.s dichterisches
Frühwerk, „The Love Song of J. Alfred
Prufrock" (1915), und vor allem der Gedichtzyklus „The Waste Land" (1922) können
ebenso als Widerschein der Fremdheit, Kälte,
Gleichgültigkeit und Verlorenheit der modernen individuellen Existenz angesehen
werden wie auch als Ausdruck eines starken
künstlerischen Willens, diese Zeittendenzen
durch die Kraft und Stärke poetischer Form
zu bändigen und auf diese Weise mit den Mitteln der Kunst in den Griff zu bekommen.

Unter dem Einfluß des von E. anfangs als
seinen „Meister" angesehenen Charles Maurras entwickelte sich E. seit den zwanziger Jahren zum antiliberalen Gegner der Demokratie; schon 1924 erklärte er im „Criterion":
„Demokratie entsteht dann, wenn die Herrscher eines Volkes den Glauben an ihr Recht
zu herrschen verlieren", und noch 1937 stellte
er fest: „Wir brauchen nicht zuzugestehen,
daß... alle guten Menschen... liberal denken;
und wenn es gute Menschen gibt, die nicht liberal denken, dann beweist die Tatsache, daß

alle Liberal-Denkenden für die Demokratie sind, noch nicht, daß die Demokratie ein absolutes Gut ist." Doch trotz kurzfristiger Sympathien für Mussolini und den italienischen Faschismus bekannte sich E. seit den frühen dreißiger Jahren ausdrücklich zu einem christlich geprägten Konservatismus (er nannte sich selbst „a firm Tory"), und er betonte: „Für manche Leute heißt eine kritische Haltung gegenüber der Demokratie soviel wie Sympathie für den Faschismus – welcher jedoch, vom Standpunkt eines echten Tory aus betrachtet, lediglich eine äußerste Verfallserscheinung der Demokratie ist." Auch in seinem bekanntesten Drama „Murder in the Cathedral" von 1935, das den Mord an Thomas Becket (1170) behandelt, hat E. unter Rückgriff auf die abendländische Werttradition gegen den moralischen und politischen Relativismus seiner Epoche Stellung bezogen.

Seit dem Beginn des Zweiten Weltkrieges besann sich E. noch stärker auf die spezifischen Traditionen Englands zurück; er bezeichnete sich jetzt ausdrücklich als Royalist, Klassizist und Anglo-Katholik. Mit seiner Schrift „The Idea of a Christian Society" (1939) versuchte er, sowohl der totalitären Herausforderung seiner Zeit wie aber auch den Auflösungserscheinungen der modernen Demokratie, wie er sah, ein geschlossenes Gegenbild der →Tradition, der Ordnung und des Glaubens gegenüberzustellen. 1940 betonte er die Notwendigkeit „einer von oben gesteuerten Umerziehung des Volkes im Hinblick auf dessen Wertvorstellungen"; ob er indes an die Praktikabilität eines solchen Vorhabens wirklich geglaubt hat oder hier nur Idealvorstellungen formulierte, deren Unausführbarkeit ihm nur allzu bewußt war, kann nicht mit letzter Sicherheit geklärt werden.

Auch sein wichtigstes dichterisches Spätwerk, der Gedichtzyklus „Four Quartets", entstand während des Zweiten Weltkrieges. 1937 bereits hatte er festgestellt: „Ich kann mir die Kunst weder als national noch als international vorstellen – diese Begriffe sind ja schließlich modern –, sondern allein als volks- und ortsgebunden." So versuchen die vier Gedichte – nach kleinen englischen Dörfern benannt –, die eigene dichterische Existenz und das Schicksal Englands in Geschichte und Gegenwart wie in einem Brenn-spiegel knappester und andeutungshafter poetischer Sprache zu sammeln. In der Nachkriegszeit galt E. – der auch noch mehrmals als Verfasser erfolgreicher Dramen hervortrat – bis zu seinem Tode als der bedeutendste englische Dichter seiner Zeit (1948 erhielt er den Nobelpreis für Literatur) und als der repräsentativste Vertreter eines christlich-abendländisch geprägten, konservativen Humanismus.

B.: *D. Gallup:* T. S. E. A Bibliography, London 1952, neu hrsg. ebd. 1969; *M. Martin:* A Half Century of E. Criticism, 1916-65, Lewisburg 1972; *A. P. Frank:* T. S. E. Criticism and Scholarship in German: A Descriptive Survey 1923-80, Göttingen 1986. Eine gute Bibliographie (bis 1965) auch bei *Kleinstück* (siehe unter L.), S. 167-88.

S.: Prufrock and Other Observations, London 1917; The Sacred Wood. Essays on Poetry and Criticism, London 1920; The Waste Land, Surrey 1923; Hommage to John Dryden, London 1924; Poems 1909-25, London 1925; For Lancelot Andrewes. Essays on Style and Order, London 1928; Dante, London 1929; Ash-Wednesday, London 1930; Selected Essays 1917-32, London 1932; The Use of Poetry and the Use of Criticism, London 1933; After Strange Gods. A Primer of Modern Heresy, London 1934; Elizabethan Essays, London 1934; The Rock. A Pageant Play, London 1934; Murder in the Cathedral, London 1935; Collected Poems 1909-35, London 1935; Essays Ancient and Modern, London 1936; The Family Reunion, London 1939; Old Possum's Book of Practical Cats, London 1939; The Idea of a Christian Society, London 1939; Four Quartets, London 1944; Notes Toward the Definition of Culture, London 1948; The Cocktail Party, London 1950; Poetry and Drama, London 1951; The Confidential Clerk, London 1954; On Poetry and Poets, London 1957; The Elder Statesman, London 1959; Collected Poems 1909-62, London 1963; Knowledge and Experience in the Philosophy of F. H. Bradley, London 1963, u.a.

Ü.: (Auswahl): Tradition und individuelle Begabung, in: Europäische Revue 12 (1936), S. 874-82; Die Einheit der europäischen Kultur, Berlin 1946; Die Idee einer christlichen Gesellschaft, Wien 1949; Zum Begriff der Kultur, Reinbek 1961; Werke, Bde. I-IV, Frankfurt a. M. 1966-72.

E.: The Letters of T. S. E., hrsg. v. *V. Eliot,* (bisher) Bd. I (1898-1922), London 1988.

L.: *J. A. Passmore:* T. S. E., Sydney 1934; *A. C. Partridge:* T. S. E., Pretoria 1937; *G.* und *H. H. Schaeder:* Ein Weg zu T. S. E., Hameln 1948; *E. Vietta:* Die Selbstbehauptung des Abendlandes im Werk von T. S. E., Hamburg 1948; *H. L. Gardner:* The Art of T. S. E., London 1949; *M. C. Bradbrook:* T. S. E., London 1950; *E. Beer:* T. S. E. und der Antiliberalismus des XX. Jhdt.s, Wien 1953; *H. Galinsky:* Deutschland in der

Sicht von D. H. Lawrence und T. S. E., Mainz 1956; *H. Kenner:* The Invisible Poet: T. S. E., New York 1959; *S. Lucy:* T. S. E. and the Idea of Tradition, London 1960; *G. G. Meerwein:* T. S. E.s Kritik und seine Auseinandersetzung mit Goethe, phil. Diss. Frankfurt a. M. 1962; *P. R. Headings:* T. S. E., New York 1964; *S. S. Sen:* Metaphysical Tradition and T. S. E., Calcutta 1965; *J. Kleinstück:* T. S. E. mit Selbstzeugnissen und Bilddokumenten, Reinbek 1966; *R. Verma:* Royalist in politics. T. S. E. and political philosophy, London 1968; *F. M. Ishak:* The mystical philosophy of T. S. E., New Haven (Conn.) 1970; *R. Kojecky:* T. S. E.'s social criticism, London 1971; *R. Kirk:* E. and his age, New York 1971; *B. Bergonzi:* T. S. E., New York 1972; *W. M. Chace:* The political identities of E. Pound and T. S. E., Stanford (Cal.) 1973; *K. Habedank:* Kultur- und Sozialkritik bei T. S. E., Hamburg 1974; *E. Schneider:* T. S. E., Berkeley 1975; *S. Spender:* E., Glasgow 1975; *H. Levin:* E. Pound, T. S. E., and the European Horizon, Oxford 1975; *L. Gordon:* E.'s early years, Oxford 1977; *P. Drexler:* Escape from personality. Eine Studie zum Problem der Identität bei T. S. E., phil. Diss. Braunschweig 1978; *E. Lobb:* T. S. E. and the romantic critical tradition, London 1981; *P. Gray:* T. S. E.'s intellectual and poetic development, 1909-22, Sussex 1982; *C. Behr:* T. S. E. A chronology of his life and works, London 1983; *P. Ackroyd:* T. S. E., London 1984 (dt. Frankfurt a. M. 1988); *W. Boehler:* Der Literat als Vermittler ökonomischer Theorie: T. S. E. in „Criterion" 1922-39, Frankfurt a. M. 1985; *W. Skaff:* The philosophy of T. S. E., Philadelphia (Pa.) 1986; *F. B. Pinion:* A T. S. E. companion: life and works, Basingstoke 1986; *J. X. Cooper:* T. S. E. and the politics of voice, Ann Arbor (Mich.) 1987; *L. F. Gordon:* E.'s new life, Oxford 1988.

– K

Elite

Wie die lateinische (*eligere*) bzw. französische Wurzel (*élire*) des Wortes schon sagt, ist jede E. ein Ergebnis des „Auswählens", E.n entstehen infolge von „sozialer Siebung" (W. E. Mühlmann). Der ältere europäische Konservatismus kannte noch keine E.n-Problematik, da er im →Adel die durch Herkunft bestimmte natürliche E. sah. Das änderte sich mit dem Zerfall der „societas civilis" seit dem Ende des 18. Jhdt.s. Zu diesem Zeitpunkt begann auch das aus dem bürgerlichen Denken stammende Leistungsprinzip als Begründungsmoment für gesellschaftliche E.n in konservative Vorstellungen einzudringen. Mit dieser Entwicklung überschnitt sich die allmähliche Ausbildung der Massengesellschaft, deren immanente nivellierende Tendenzen von den Konservativen (A. de →Toc-

queville, T. →Carlyle) mit Sorge gesehen wurden, zumal sich diese Richtung mit einem ideologischen Egalitarismus verband, der die Notwendigkeit von E.n prinzipiell in Frage stellte. Darauf reagierte einerseits die von F. Nietzsche formulierte Kulturkritik, die der Heraufkunft des „letzten Menschen" die Hoffnung auf den „Übermenschen" entgegenstellte und mit der Vorstellung von einer neuen Aristokratie auf die intellektuelle europäische Rechte erheblichen Einfluß ausübte; andererseits entstand seit dem Ende des 19. Jhdt.s auch eine „realistische" soziologische Schule, zu deren Begründern vor allem G. Mosca, V. Pareto und R. →Michels zählten, die das „eherne Gesetz der Oligarchisierung" (R. Michels) und die Zwangsläufigkeit der „Elitenzirkulation" (V. Pareto) entdeckte: „In allen Gesellschaften, von den primitivsten im Aufgang der Zivilisation bis zu den vorgeschrittensten und mächtigsten, gibt es zwei Klassen, eine, die herrscht, und eine, die beherrscht wird. Die erste ist immer die weniger zahlreiche, sie versieht alle politischen Funktionen, monopolisiert die Macht und genießt deren Vorteile, während die zweite, zahlreichere Klasse von der ersten befehligt und geleitet wird" (G. Mosca).

Die grundsätzlichen Vorbehalte insbesondere des deutschen Konservatismus gegenüber der parlamentarischen Demokratie während der Zwischenkriegszeit resultierten aus dem Mißtrauen in die Fähigkeit dieser politischen Ordnung, geeignete E.n zu rekrutieren. Während eine Minderheit auch nach 1918 von der Wiederherstellung der tradierten Privilegien des Adels träumte, wurde auf der Seite der rechten Intelligenz im Umkreis der →Konservativen Revolution entweder eine Verbindung aus charismatischer Herrschaft und plebiszitärer Legitimation (O. →Spengler) und/oder ein ständischer Aufbau (E. J. →Jung, →Tat-Kreis) des Gemeinwesens – immer mit deutlich elitärer Ausrichtung – geplant. Daneben gab es die eher ästhetisch motivierten, von einer geistigen E. ausgehenden Vorstellungen im Umkreis von S. →George und L. →Klages.

Infolge der Diskreditierung aller autoritären Lösungsmodelle in der Nachkriegszeit verschwand die konservative Demokratiekritik zwar nicht (E. von →Kuehnelt-Leddihn, W. Martini), aber die meisten ihrer Verfechter verstanden sie jetzt als Moment der System-stabilisierung. Erneut waren es vor allem So-ziologen, darunter in erster Linie H. →Freyer und A. →Gehlen, später H. Schoeck und H. →Schelsky, die darauf hinwiesen, daß sich alle Wohlfahrtsstaaten in „Neid-Gesellschaf-ten" (H. Schoeck) zu verwandeln drohen, in denen die „Demokratisierung" lediglich als Verschleierung von Herrschaft genutzt werde. Man gab der Sorge Ausdruck, daß die Bundesrepublik kaum überlebensfähig sei, wenn es nicht gelänge, eine angemessene Aus-wahl der Tüchtigsten im Sinne meritokrati-scher Grundsätze – „E." als „Erziehung für den Ernstfall" (G.-K. →Kaltenbrunner) – vorzunehmen. Ein „technokratischer Kon-servatismus", in dem eine E. von Experten die wesentlichen Entscheidungen treffen sollte, und den neben H. Schelsky vor allem E. →Forsthoff und A. →Mohler vertraten, war allerdings nicht einmal im eigenen Lager mehrheitsfähig. Infolge der kulturrevolutio-nären Umwälzungen, die die Neue Linke dann seit den sechziger Jahren in West-deutschland durchführen konnte, durfte man sich zwar in seinen Befürchtungen bestätigt fühlen, sah sich aber außerstande, die eigenen Vorstellungen durchzusetzen.

B.: *G.-K. Kaltenbrunner:* Weiterführende Literatur, in: *ders.* (Hrsg.) (s. unter **L.:**) S. 171-88.

L.: *T. Carlyle:* Über Helden, Heldenverehrung und das Heldentümliche in der Geschichte, Leipzig 1895; *G. Mosca:* Die herrschende Klasse. Grundlagen der po-litischen Wissenschaft (1895), München 1950; *T. Veblen:* Theorie der feinen Leute (1899), München 1978; *R. Michels:* Zur Soziologie des Parteiwesens in der modernen Demokratie (1911), Stuttgart 1970; *T. S. Eliot:* Beiträge zum Begriff der Kultur (1948), in: *ders.:* Essays, Bd. 1, Frankfurt a. M. 1988, S. 9-186; *H. de Man:* Vermassung und Kulturverfall, München 1951; *J. H. Knoll:* Führungsauslese in Liberalismus und Demo-kratie, Stuttgart 1957; *A. Mohler:* Der Weg der „Tech-nokratie" von Amerika nach Frankreich, in: *Hans Bar-ion u.a.* (Hrsg.): Epirrhosis. Festgabe für Carl Schmitt, Berlin 1958, S. 579-96; *A. Gehlen:* Moral und Hyper-moral, Frankfurt a. M. 1969; *A. Gehlen / G. Schmölders u.a.:* Sinn und Unsinn des Leistungsprinzips, München 1974; *A. Mohler:* Howard Scott und die „Technocracy", in: *Ernst Forsthoff* (Hrsg.): Standorte im Zeitstrom. Festschrift für Arnold Gehlen zum 70. Geburtstag am 29. Januar 1974, Frankfurt a. M. 1974, S. 249-98; *H. Schelsky:* Die Arbeit tun die anderen. Klassenkampf und Priesterherrschaft der Intellektuellen, Opladen 1975; *V. Pareto:* Ausgewählte Schriften, Frankfurt a. M. – Berlin – Wien 1976; *G.-K. Kaltenbrunner* (Hrsg.):

Rechtfertigung der E., Herderbücherei Initiative, Bd. 29, Freiburg i. Br. 1979; *ders.:* E. Erziehung für den Ernstfall, Asendorf ²1990.

– W

Englischer Konservatismus

Der K. in Großbritannien stand, im Unter-schied zum K. anderer Länder, schon früh in enger Verbindung mit einer Partei. Die kon-servative Partei in Großbritannien ist die älte-ste, wandlungsfähigste und erfolgreichste Partei überhaupt. Sie stand nicht nur über drei Jhdt.e im politischen Wettbewerb, son-dern verkörperte auf dem Höhepunkt der im-perialen Machtentfaltung Großbritanniens die „volonté générale" der Nation („The Conservative nation"). Der britische K. be-gleitete und überlebte auch die allmähliche Auflösung des Imperiums. In siebzig der letz-ten hundert Jahre waren die Konservativen entweder als bestimmender Koalitionspart-ner oder allein an der Regierung.

Wenn englische Autoren zwischen einem (pragmatischen) englischen und einem (dok-trinären) kontinentalen K. unterschieden, so geht das darauf zurück, daß der britische mehr als der kontinentale K. auf die Schaf-fung parlamentarischer Mehrheiten und die Übernahme der Regierungsgewalt gerichtet war. Doch finden sich Grundströmungen des kontinentalen K. (Ultras, Liberalkonserva-tive, Sozialkonservative, Nationalkonserva-tive) auch im britischen K. wieder. Die Viel-falt der Strömungen erleichterte der Partei die Anpassung an neue Lagen und sicherte ihren Zusammenhalt. Wenn zwischen einem K. mit einem „big C" (Conservative Party) und ei-nem mit einem „small c" (conservative) un-terschieden wird, so handelt es sich bei letzte-rem nur um eine Stimmung. Eine besondere Rolle spielt im britischen K. der Parteiführer, der nicht nur die Politik bestimmt und dabei mit der Loyalität der Mitstreiter rechnen kann, sondern weitgehend das, was konserva-tiv ist, durch seine Person definiert. Die heu-tige Konservative Partei läßt ihre Geschichte meist 1830/32 beginnen. Doch sollte die aus Frankreich übernommene Bezeichnung „konservativ" (erstmals im Januar 1830 in der „Quarterly Review" vorgeschlagen) den Zu-gang zu neuen mittelständischen Wähler-schichten erleichtern, nicht jedoch eine Änderung der Führung oder der Politik der Partei benennen.

Als „Tories" (ursprünglich irisch-katholische Banditen) wurden die Royalisten beschimpft, die sich in der Exklusionskrise (1679-81) gegen den Versuch des erstmals von den Whigs beherrschten Parlaments stemmten, den katholischen Herzog von York, den späteren König Jakob II., durch eine „exclusion bill" von der Thronfolge auszuschließen. Der Parteienstreit nahm mit Klubs, Pamphleten, Unterschriftensammlungen und tumultuösen Umzügen des „Mobs" (= mobile vulgus) auch außerparlamentarische Formen an. Während sich die Tories auf das „divine right" des Königs und die Pflicht zur Unterordnung („non-resistance") beriefen, stützten sich die Whigs auf die Vertragstheorie (John Locke). Als papstfeindliche Anglikaner waren die Tories keine reine Hofpartei („Church and King"). Einige beteiligten sich sogar an der Seite der Whigs an der „Glorious Revolution" von 1688. Unter König Wilhelm III. war das politisch-theologische Prinzip („divine right") der Tories jedoch nicht mehr haltbar, die Partei brach auseinander. Die Jakobiten versuchten, den exilierten Jakob II. und seine Nachfolger wieder auf den Thron zu bringen, die „non-jurors" verweigerten aus Gewissensgründen den Eid auf den Oranier, während ein pragmatischer Flügel sich an dessen Regierungen beteiligte und kaum noch inhaltliche Gegensätze zu den Whigs erkennen ließ. Unter Königin Anna, Tochter Karls II., beendete die Tory-Regierung unter dem Earl of Oxford und dem Viscount of →Bolingbroke (1710-14) den Spanischen Erbfolgekrieg gegen Ludwig XIV. nach dem Sturz Marlboroughs mit dem Frieden von Utrecht, konnte jedoch in der Sukzessionsfrage keine gemeinsame Linie finden.

Der Tod von Königin Anna brachte mit Georg I. das Haus Hannover auf den Thron. Die Tories wurden aus der Regierung entfernt und zeitweise verfolgt. Es begann eine siebzigjährige Whig-Suprematie. Gegen diese rief der aus dem Exil zurückgekehrte Bolingbroke eine neuartige, auf die sich bildende →„Öffentliche Meinung" gestützte Opposition ins Leben; ihre Zeitschrift war „The Craftsman". Bolingbrokes Parteilehre war nicht mehr politisch-theologisch, sondern aufklärerisch-psychologisch. Eine regierende

Partei verfalle im Genuß der Macht und unter Ausnutzung der Patronage der Korruption („court-party"), während die von der Machtausübung ausgeschlossene Opposition sich reinige und fähig werde, das Land zu regieren („country-party"). So stützte sich die regierende Whig-Oligarchie auf die königliche Patronage und das aus Holland übernommene Finanzwesen, die Tories auf den Landadel („Squirearchy"). Der Gegensatz von „moneyed interest" und „landed interest" entstand (J. →Swift: „Die Macht, die nach alter Maxime mit dem Land ging, neigt heute zum Geld"). Die Tories zogen weniger das Geld als den Geist an. Von John Dryden in der Exklusions-Krise über Jonathan Swift, Alexander Pope und John Gay im Kreise um Bolingbroke bis zu Samuel Taylor →Coleridge und Sir Walter →Scott in der Romantik verbanden sich ihnen namhafte Dichter. Toryismus bezeichnete seither (auch) eine imaginative Korrektur gegenüber einem allzu pragmatischen und auf Wirtschaftsinteressen bezogenen K.

Die Klammer zwischen der Whig-Oligarchie und der hannoveranischen Dynastie wurde erst durch Georg III., den Urenkel von Georg I., gelöst. Als „Patriot King" (Bolingbroke) setzte er sich über die Parteien hinweg und bildete im Parlament eine Fraktion der „Freunde des Königs". 1783 beendete die Ernennung von William Pitt (dem Jüngeren) die Whig-Herrschaft. Das 1784 gewählte Parlament besaß eine Tory-Mehrheit. Wichtiger wurde noch, daß der 1793 ausgebrochene Krieg mit dem revolutionären Frankreich die Whigs in Revolutionsgegner und Revolutionsfreunde, „Pittites" und „Foxites", spaltete. Auch in der Bevölkerung bildeten sich antirevolutionäre Gesellschaften, und es enstanden antirevolutionäre Zeitschriften („The Anti-Jacobin"), die die anfangs dominierenden radikalen und revolutionsfreundlichen Zusammenschlüsse und Organe bekämpften. Zu Pitt übergetretene Whigs schufen das mit dem früheren Toryismus nicht deckungsgleiche konservative Denken. Der als Parlamentarier und Wirtschaftsreformer aufgestiegene Programmatiker der Rockingham-Whigs („Gedanken über die Ursachen der gegenwärtigen Unzufriedenheiten"), Edmund →Burke, eröffnete 1790 mit seinen „Betrachtungen über die Französische Revolution" eine heftige

Grundsatzdebatte, die im Grunde bis heute nicht abgeklungen ist. Obwohl sich Burke gegen die Reißbrett-Entwürfe der „Sophisten, Ökonomisten und Rechenmeister", wie er die Planifikateure seiner Zeit nannte, verwahrte, und sein Werk aus parlamentarischen und publizistischen Stellungnahmen zu Tagesfragen besteht, sind seine Schriften zur wichtigsten Quelle des konservativen Denkens im Spannungsfeld zwischen Ordnung und Freiheit, Beharren und Wandel geworden.

Nach dem Tode Pitts (1806) wurde „Tory" wieder zur Richtungsbezeichnung seiner Nachfolger. Doch sahen sie sich, vom Earl of Liverpool (1812-27) bis zu Sir Robert →Peel (1841-46), mehr als der Krone verantwortliche „governing men" denn als Parteipolitiker. In ihrer Wirtschafts- und Finanzpolitik begannen sie, auch jenen Bevölkerungsteilen Rechnung zu tragen, die nicht im Parlament vertreten waren. Unter dem Duke of Wellington (1828-30) wurden den Katholiken und den Dissidenten die politischen Rechte gegeben, was zum Ausscheiden der Ultra-Tories aus der Regierung führte. Doch blieb die überfällige Parlamentsreform den Whigs und Radikalen unter Lord Grey überlassen und führte 1831 und 1832 zu schweren Wahlniederlagen der Tories.

Das neue Wahlrecht und das wachsende Gewicht städtischer Wähler führten zu programmatischen und organisatorischen Korrekturen. Sir Robert Peel erkannte im Wahlmanifest für die Wahlen von 1835 („Tamworth-Manifesto") die vollzogene Parlamentsreform an und bekannte sich zur Beseitigung „nachgewiesener Mißstände" bei gleichzeitiger Aufrechterhaltung der überlieferten Ordnung in Kirche und Staat. Zugleich kam es zu ersten Parteiorganisationen außerhalb des Parlaments. In den Wahlkreisen bildeten sich Registrationsgesellschaften, die die Wählerlisten prüften; 1832 bezog eine Parteileitung im „Carlton Club" ihren Sitz. Es begann ein fünfunddreißig Jahre andauerndes Klubregime, währenddessen ein „magic circle" von namhaften Grundbesitzern die Fäden zog. Peel kam 1841 an die Regierung, sanierte die Finanzen (Einführung der Einkommensteuer), beseitigte die Hindernisse für den britischen Handel, scheiterte aber schließlich bei der Einführung des Freihandels für Agrarprodukte. Er hatte zu wenig be-

achtet, daß protektionistische Verbände in ländlichen Wahlkreisen auf Abgeordnete seiner Partei einwirken konnten. Die Konservativen spalteten sich: Die Minister und Organisatoren schlossen sich Peel an, dessen liberalkonservative Anhängerschaft jedoch in den Whigs, später der Liberalen Partei, aufging.

Der Name „Konservative Partei" verblieb den Protektionisten, dem Earl of Derby, einem berühmten Namen des Pferderennsports, im Oberhaus – und Benjamin →Disraeli, einem geistreichen, durch politische Romane („Coningsby", „Sybil") hervorgetretenen Literaten im Unterhaus. Disraeli gehörte zur „Young-England"-Gruppe, die einen romantischen, auf das 18. Jhdt. zurückgreifenden Toryismus pflegte. Doch waren Disraeli die demographischen Daten nicht fremd. Er wollte den – trotz eines wachsenden „Villa-Toryismus" – liberalen Mittelstand durch eine Verbindung von K. und Demokratie (d.h. den breiten Schichten) majorisieren („Tory-Democracy"). 1867 setzte er im Kabinett Derby eine zweite riskante Parlamentsreform durch, die die Wählerzahl verdoppelte. Auch diese Parlamentsreform hatte ihre organisatorischen Konsequenzen. Die nun entstandene Parteiorganisation sicherte langfristig die Überlegenheit der Konservativen und hat in ihren Grundzügen bis heute Bestand. 1870 ersetzte ein „Central Office" die Klubs, 1867 faßte eine „Nationale Union" („National Union of Conservative and Constitutional Organizations") die lokalen Parteiorganisationen zusammen. 1872 verkündete Disraeli im Londoner Kristallpalast ein neues Dreipunkteprogramm: Verteidigung der Institutionen, Eintreten für das Empire, Verbesserung der Lebensbedingungen. Der Klassenkampf sollte durch einen auf dem Patriotismus fußenden Sozialimperialismus überwunden werden. An die Stelle der von Disraeli in „Sybil" geschilderten zwei Nationen (von arm und reich) sollte „One Nation" treten. Die Konservative Partei „wickelte sich in die Flagge" und identifizierte sich mit dem Empire, das 1876 durch die Erhebung der Königin Victoria zur Kaiserin von Indien symbolisiert wurde. In der Tat war Disraeli „die außergewöhnlichste, widersprüchlichste, faszinierendste, frischeste, zeitloseste Erscheinung, die je die Konservative Partei geführt hat" (Lord Blake). Zwei Jahre nach seinem Tode wurde unter der Devise „*Imperium et Libertas*" zu seinem Gedenken die „*Primrose League*" gegründet, die zeitweise zwei Millionen Mitglieder umfaßte. Sie gab besonders den bis 1918 bzw. 1928 nicht wahlberechtigten Frauen die Möglichkeit, die Konservative Partei auch zu einem dominierenden gesellschaftlichen Faktor zu machen.

Die konservative Vorherrschaft erreichte unter dem Marquess of →Salisbury (er amtierte als Premierminister in den Jahren 1885, 1886-92, 1895-1902) ihren Höhepunkt. In dreizehneinhalb Regierungsjahren war Salisbury elf Jahre zugleich Außenminister. Er war der letzte Parteiführer, der aus dem Oberhaus kam und für den die Anglikanische Kirche eine zentrale Rolle spielte. Für ihn handelte es sich bei einer guten Regierung und Liberalität um Güter, die im Massenzeitalter mit seinen „Parteimaschinen" und Werbekampagnen in Gefahr geraten waren. Die Verbürgerlichung der Konservativen Partei kam durch den Zusammenschluß mit den „liberalen Unionisten" voll in Gang. Diese hatten sich 1886 bei der Abstimmung über „*Home Rule*" für Irland von den Liberalen unter Gladstone abgespalten, mit den Konservativen erst eine Koalition gebildet, dann fusioniert. Ihr Führer war Joseph Chamberlain, Ex-Radikaler, Schraubenfabrikant und Unitarier (religiöser Nonkonformist). Als Kolonialminister unter Salisbury wollte er das Empire politisch, wirtschaftlich und militärisch stärken (Burenkrieg). Er forderte Vorzugszölle für die sich selbst regierenden Kolonien (*tariff reform*). Da der Freihandelsstaat England (seit Peel) erst Zollmauern errichten mußte, um sie dann zugunsten des Empires wieder abzubauen, geriet die Partei erneut in den Strudel des Kampfes zwischen Freihändlern und Protektionisten und erlitt 1906 eine schwere Wahlniederlage. Salisburys Neffe Arthur →Balfour war machtlos.

Ihm folgten Parteiführer aus dem Industriebürgertum, die Eisenfabrikanten Bonar Law, Stanley Baldwin und Chamberlains Söhne Austen und Neville. Beträchtlichen Einfluß hatten die hemdsärmeligen Presse-„Lords" Beaverbrook, Northcliffe und Rothermere, die das neue Medium der Massen- und Boulevardpresse entwickelt hatten. Neben dem Parteikonservatismus der prakti-

Wahlplakat der Conservativ Party von 1935

schen Politiker stand eine zeitkritische Strömung in der Literatur – von G. K. „Chesterton und Hillaire Belloc vor dem Ersten Weltkrieg, T. S. →Eliot, Ezra Pound, William Butler →Yeats, Wyndham Lewis zwischen den Kriegen bis Evelyn Waugh in der Nachkriegszeit, der bedauerte, daß die Konservative Partei die Uhr niemals zurückgestellt habe. Dies war eine völlig andere Art des K., die von den Politikern überhaupt nicht wahrgenommen wurde. Anders die „Die-hards", die gegen den Versuch der Liberalen, das Oberhaus zu entmachten und Irland die Selbstregierung zu geben, erbitterten – und schließlich vergeblichen – Widerstand leisten (Lord Willoughby de Broke).

Der Erste Weltkrieg führte die Konservativen in eine Kriegskoalition, die unter dem Liberalen Lloyd George auch nach dem Krieg als antisozialistische Koalition fortgesetzt wurde. 1922 glaubte eine Versammlung der konservativen Parlamentarier im „Carlton Club" durch eine Aufkündigung der Koalition die politische Identität der Konservativen wiederherstellen zu können. Der Wortführer Stanley Baldwin stellte dem unkonventionellen und „unkonservativen" politischen Stil Lloyd Georges einen „Gärtnerkonservatismus" gegenüber. Statt wie ein Architekt auf dem Reißbrett Pläne zu entwerfen, sollte der Konservative das Wachsende hegen und pflegen. Der Konfrontationspolitik gegen den Sozialismus stellte Baldwin, der zwischen 1923 und 1937 dreimal die Regierung bildete, eine Konsenspolitik entgegen, die Frieden und sozialen Ausgleich im Inneren, Abrüstung und Völkerbundspolitik nach außen mit Freundlichkeit und Common sense vertrat. Sosehr diese Politik der Mitte, die Baldwin auch *„new conservatism"* nannte, an den Urnen Zuspruch fand – 1924 gerieten die Liberalen, 1931 Labour an den Rand des Abgrunds –, sowenig war sie geeignet, mit den wirtschaftlichen und politischen Krisen der Zeit fertig zu werden.

Am 10. 5. 1940, bei Beginn der deutschen Westoffensive, wurde Winston →Churchill – nicht nur energischer Staatsmann, sondern auch lebenslang ein Literat – Premierminister, im folgenden Oktober auch Parteiführer. Parteien waren ihm immer nur Mittel zum Zweck gewesen; er war 1904 von den Konservativen zu den Liberalen übergetreten, 1924 von den Liberalen wieder zu den Konservativen. Im Juli 1945 wurde er nicht als nationales Symbol, sondern als Exponent der Konservativen Partei abgewählt. Die in den rosaroten dreißiger Jahren entstandene kulturelle Hegemonie der Linken, ihre innenpolitischen Weichenstellungen während des Krieges, die gleichzeitige Vernachlässigung des konservativen Parteiapparates und Parteiinteresses sowie eine vehemente Abrechnung mit der konservativen Politik unter Baldwin und Chamberlain (*„ Guilty men"*) wogen schwerer als die Dankbarkeit gegenüber dem Kriegspremier. Die geschlagene Konservative Partei verzichtete darauf, dem sozialistischen Wohlfahrtsstaat Widerstand zu leisten. Sie baute unter Lord Woolton den Parteiapparat wieder auf, wobei die Politik der Partei zunehmend wissenschaftlich abgestützt und begleitet wurde (*Conservative Research Department*). Von 1951-64 genoß die Konservative Partei eine lange Regierungsperiode (1951 Sir Winston Churchill, 1955 Sir Anthony Eden, 1957 Harold Macmillan, 1963 Sir Alec Douglas Home), in der sie darauf verzichtete, die wohlfahrtsstaatlichen Strukturen radikal zu

beschneiden. Die lange Periode des Wirtschaftsaufschwungs gab den hierfür nötigen Spielraum.

Unter dem ersten gewählten (und wieder abgewählten) Parteiführer Edward Heath (Premierminister 1970-74), der England in die EWG führte, wurden eine Strukturkrise und das wirtschaftliche Zurückbleiben des Landes deutlich. Die Partei geriet in einen heftigen Streit zwischen wohlfahrtsstaatlichen Staatsinterventionisten und klassisch-liberalen Marktwirtschaftlern. Innerhalb der Partei gab es Vereinigungen sämtlicher Richtungen, von der *Bow Group* (Pragmatiker), dem *Monday Club* (Rechte), PEST (*Pressure for Economic and Social Toryism*, Linke) bis zur *Selsdon Group* (Wirtschaftsliberale); die „Thinktanks" blühten. Über die Reihen der Partei hinaus wandte sich das Interesse der Öffentlichkeit in zahllosen Publikationen der Partei und ihrer Geschichte zu. Hatte der Parteitheoretiker der Nachkriegszeit, Quintin Hogg, noch geschrieben: „Eine Unze Praxis ist so viel wert wie eine Tonne Theorie", so schien jetzt das Umgekehrte der Fall zu sein.

L.: *T. E. Kebbel:* History of Toryism from 1783-1881, London 1886; *C. B. R. Kent:* The Early History of the Tories (1660-1729); London 1908; *K. Feiling:* History of the Tory Party, 1640-1714, Oxford 1924; *G. Kitson Clark:* Peel and the Conservative Party, London 1929; *K. G. Feiling:* The Second Tory party, 1741-60, London 1938; *Sir C. Petrie:* The Jacobite Movement. The First Phase 1688-1716, London 1948; *R. J. White:* The Conservative Tradition, London 1950; *N. Gash:* Politics in the Age of Peel, London 1953; *H. Dietz:* Geschichte der konservativen Partei Englands, Laupheim 1955; *K. Kluxen:* Das Problem der politischen Opposition. Entwicklung und Wesen der englischen Zweiparteienpolitik im 18. Jhdt., Freiburg – München 1956; *R. B. MacDowell:* British Conservatism, 1832-1914, London 1959; *E. J. Feuchtwanger:* Disraeli, Democracy and the Tory Party, Oxford 1968; *T. F. Lindsay / M. Harrington:* The Conservative Party 1918-70, London 1974; *D. Southgate* (Hrsg.): The Conservative Leadership, 1832-1914, London 1974; *Lord Butler* (Hrsg.): The Conservatives: A History from the Origins to 1965, London 1977; *R. Stewart:* The Foundation of the Conservative Party, 1830-67, London 1978; *A. Quinton:* The Politics of Imperfection. The religious and secular tradition of conservative thought in England from Hooker to Oakeshott, London 1978; *J. A. Ramsden:* The Age of Balfour and Baldwin, 1902-1940, Burnt Mill 1978; *ders.:* The Making of the Conservative Party Policy. The Conservative Research Departement since 1929, Burnt Mill 1980; *F. O'Gorman:* The Emergence of the British Two Party System 1760-1832, London 1982; *L. Colley:* In Defiance of Oligarchy. The Tory party 1741-60, Cambridge 1982; *R. Blake:* The Conservative Party from Peel to Thatcher, London 1985; *M. Pugh:* The Tories and the People, 1880-1935, Oxford 1985; *G. C. Webber:* The Ideology of the British Right 1918-39, London 1986; *B. Holmes:* British Politics in the Age of Anne, London ²1987; *B. Coleman:* Conservatism and the Conservative Party in Nineteenth Century Britain, London 1988; *R. O'Gorman:* Voters, Patrons and Parties. The Unreformed Electoral System of Hanoverian England 1734-1832, Oxford 1989; *A. Gauland:* Gemeine und Lords. Porträt einer politischen Klasse, Frankfurt a. M. 1989; *R. Eccleshall:* English Conservatism since Restoration, London 1990; *M. Fforde:* Conservatism and Collectivism 1886-1914, Edinburgh 1990; *R. Shannon:* The Age of Disraeli, 1868-81, Burnt Mill 1992; *M. Weinzierl:* Freiheit, Eigentum und keine Gleichheit. Die Transformation der englischen politischen Kultur und die Anfänge des modernen Konservativismus 1791-1812, Wien 1993; *A. Seldon/S. Ball* (Hrsg.): Conservative Century. The Conservative Party since 1900, Oxford 1994; *S. Ball:* The Conservative Party and British Politics 1902-91, Burnt Mill 1995; *J. Ramsden:* The Age of Churchill and Eden, 1940-57, Burnt Mill 1995; *R. Shannon:* The Age of Salisbury 1881-1902: Unionism and Empire, Burnt Mill 1996.

– S-N

Eos-Kreis

Der in den Jahren zwischen 1828 und 1832 in München bestehende E.-K. gilt als eine der Keimzellen des politischen Katholizismus in Deutschland. Er entstand im Zuge der im Deutschland der Restaurationsepoche (1815-30) mehrfach anzutreffenden Versuche, die Folgen der Französischen Revolution von 1789 nicht nur politisch, sondern auch geistig aufzuarbeiten und – in Auseinandersetzung mit dem liberalen und revolutionären Gegner – konservativ-antirevolutionäre Gegenstrategien zu entwickeln. Äußerer Anlaß für die Begründung des E.-K.es war die 1826 erfolgte Verlegung der bayrischen Landesuniversität von Landshut nach München; nach Vorstellung führender bayrischer Intellektueller sollte München ein geistiges Zentrum der Gegenrevolution werden. Hiermit standen die Berufungen Franz von →Baaders und Joseph →Görres' als Professoren an die Ludwig-Maximilians-Universität (1826/27) in engem Zusammenhang.

1828 gelang es Baader und Görres, die seit 1818 bestehende, kleine literarische Zeitschrift „Eos" zum Organ des sich in München sammelnden Kreises führender katholisch-konservativer Intellektueller zu machen. Neben den beiden Genannten gehörten zu den führenden Mitgliedern des Kreises (und zu den Autoren der „Eos") auch der Theologe Ignaz von Döllinger, der Mediziner Nepomuk von Ringseis, der Nationalökonom Joseph von Koch-Sternfeld und der Jurist Ernst von Moy; außerdem fühlten sich führende hohe bayerische Staatsbeamte dem E.-K. eng verbunden. Zu den bedeutenderen Mitarbeitern der „Eos" zählten in den folgenden Jahren auch Carl Ludwig von →Haller, Carl Ernst →Jarcke, Joseph von →Eichendorff, Friedrich von →Hurter, Ernst von →Lasaulx sowie der Philosoph und Mediziner Windischmann, die Theologen Möhler und Deutinger, der Jurist Phillips und der Historiker Höfler. Neben Originalbeiträgen der Mitglieder und Sympathisanten des E.-K.es wurden auch Grundsatztexte führender konservativer Autoren abgedruckt, darunter →Burke, Friedrich →Schlegel, Adam →Müller, Johann Georg Hamann und Louis de →Bonald.

Der von einer „Gesellschaft kundiger Männer" getragenen Zeitschrift kam es, wie Görres 1828 in einem programmatischen Aufsatz betonte, darauf an, den „zerstörenden Kräften", die „seit Jahren das Gebäude der gesellschaftlichen Ordnung in Europa unterwühlen", offensiv entgegenzutreten. „Das ehrwürdige Werk" der alteuropäischen Ordnung sei „mit Gottes Hilfe den stürmenden Horden zu entreißen und... einer besseren Zukunft zur Wiederherstellung und zum Ausbau zu bewahren." Die Zeitschrift habe sich, so Görres weiter, vorgenommen, „überall das wirklich Ewige, wahrhaft Lebendige, Großartige, Ächtursprüngliche, unverwüstlich Gute zu vertreten und nach besten Kräften es gegen jene rohen und frevelhaften Angriffe zu verteidigen".

Dem entsprach die Thematik der Beiträge in den folgenden Jahren. In gesellschaftspolitischer Hinsicht trat die E.-K. für die Bewahrung bzw. die Wiederherstellung der traditionellen ständischen Ordnung ein; dieses Bestreben richtete sich zugleich gegen den bürokratischen Absolutismus der Zeit wie gegen die Ansprüche des modernen Liberalismus. Auf ökonomischem Gebiet befürwortete die

„Eos", ganz im Sinne ihres organisch-universalistischen, an die Romantik anknüpfenden Weltbildes, eine umfassende Förderung der Landwirtschaft; der moderne „Industrialismus" wurde hingegen strikt abgelehnt. Auch die soziale Frage fand bereits Beachtung: Die scharfe Liberalismuskritik der Zeitschrift trat nicht zuletzt in der Form einer Thematisierung der Probleme und sozial-politischen Folgewirkungen des „Pauperismus" auf den Plan. Die Verteidigung des Christentums im allgemeinen und der katholischen Kirche im besonderen blieb ein vorrangiges Anliegen des Kreises; zuweilen griff man auch in aktuelle kulturpolitische und literarische Kontroversen ein: so findet sich etwa eine heftige Polemik Döllingers gegen Heinrich Heine; nachhaltig verteidigte die „Eos" auch die Totenehre Friedrich Schlegels und Adam Müllers gegen Angriffe der liberalen Presse.

Einen weiteren Schwerpunkt der Zeitschrift bildete die bayrische Innenpolitik; hier ergriff man ebenfalls entschieden für „ultramontane" Personen und Positionen Partei; u.a. wurde die Bildungspolitik des bedeutenden Neuhumanisten Friedrich Thiersch kritisiert. Diese Stellungnahmen waren vermutlich die wichtigste Ursache für das politische Scheitern der Zeitschrift und des sie tragenden Kreises: Indem man sich in die Machtkämpfe der hohen Münchener Beamtenschaft einmischte, forderte man den Gegner heraus. Daß die „Eos" und einige ihr nahestehende Persönlichkeiten 1829 „in Ungnade" fielen, ist den Intrigen des österreichischen Historikers (und scharfen →Metternich-Gegners) Joseph von Hormayr zuzuschreiben, der seit 1828 in bayrischen Diensten stand und den E.-K. bei König Ludwig I. offenbar mit Erfolg anzuschwärzen vermochte. Um 1832 zogen sich die führenden Mitglieder des Kreises von der „Eos" zurück; mehrere Mitarbeiter der Zeitschrift arbeiteten in den folgenden Jahren am →„Berliner politischen Wochenblatt" mit. Erst um 1837 erhielt der politische Katholizismus in der Folge des Kölner Kirchenstreits neuen Auftrieb, und die seit 1838 erscheinenden →„Historisch-politischen Blätter für das katholische Deutschland" können – sowohl im Hinblick auf den Mitarbeiterkreis wie auch in ihrer politischen Ausrichtung – als eine Art Fortsetzung der „Eos" gesehen werden.

L.: *L. Bergsträßer:* Studien zur Vorgeschichte der Zentrumspartei, Tübingen 1910; *H. Kapfinger:* Der E.-K. 1828-32. Ein Beitrag zur Vorgeschichte des politischen Katholizismus in Deutschland, München 1928; *G. Schoeler:* Die Anfänge der konservativen Publizistik in Deutschland, phil. Diss. (masch.) Berlin 1945; *H. Gollwitzer:* Ludwig I. von Bayern. Eine politische Biographie, München 1986; *M. Klug:* Rückwendung zum Mittelalter? Geschichtsbilder und historische Argumentation im politischen Katholizismus des Vormärz, Paderborn 1995.

– K

Eschmann, Ernst Wilhelm

* 16. 8. 1904 Berlin; † 22. 2. 1987 München. Soziologe und Kulturphilosoph. E. wurde entscheidend durch seine Erfahrungen in der Bündischen Jugend (*Deutsche Freischar*) geprägt; nach Ende der Schulzeit Studium der Philosophie und Soziologie in Heidelberg und Promotion zum Dr. phil. bei A. Weber. Noch als dessen Assistent kam er in Kontakt zu H. →Zehrer und trat 1929 in die Redaktion der kulturpolitischen Zeitschrift „Die Tat" ein. E. gehörte mit F. F. Zimmermann, G. Wirsing und H. Zehrer zum Kern des sog. →„Tat-Kreises". Allerdings lag sein Interesse weniger bei der Tagespolitik als in der Erörterung grundsätzlicher Fragen. E. versuchte die moderne Soziologie (V. Pareto, G. →Sorel und R. Smend) für die Weltanschauung einer „Dritten Front" zwischen Nationalsozialismus und Kommunismus nutzbar zu machen, wobei er sich vor allem auf die Frage der Elitenrekrutierung konzentrierte. Er vertrat die Anschauung, daß die zukünftige politische und wirtschaftliche Ordnung einem ständischen Aufbau folgen müßte; den italienischen Faschismus hielt er nur für eine Ausdrucksform der breiten Strömung, die das neue, von den besten Kräften des Bürgertums getragene, aber antiliberale Zeitalter heraufführen werde.

In diesem Sinne suchte E. auch noch 1933 die Machtergreifung der Nationalsozialisten zu interpretieren. Nach dem erzwungenen Rücktritt Zehrers blieb er zusammen mit G. Wirsing in der Leitung der „Tat" (ab 1939 und bis 1944 unter der Bezeichnung „Das XX. Jahrhundert"). Seit 1933 war E. außerdem als Dozent an der Hochschule für Politik tätig. Nach deren Umwandlung zur Auslandswissenschaftlichen Fakultät der Universität Berlin erhielt er den Titel eines a.o. Professors; 1940 mit der Wahrnehmung eines Lehrstuhls „Allgemeine Gesellschaftslehre (bes. Führerschichtenbildung der Nationen)" beauftragt und ab 1943 a.o. Professor für Volks- und Landeskunde Frankreichs; gleichzeitig (bis 1944) stand E. dem Deutschen Institut in Marseille vor. Trotz einer an vielen Stellen feststellbaren äußerlichen Anpassung an die herrschende Weltanschauung war den Arbeiten E.s immer deutliche Distanz zur NS-Ideologie anzumerken; in seiner letzten soziologischen Arbeit, „Die Führungsschichten in Frankreich" (Berlin 1943), etwa machte er aus seiner Skepsis gegenüber der Rassentheorie als Erklärungsmoment keinen Hehl und berief sich statt dessen auf die gesellschaftswissenschaftlichen Arbeiten von M. Weber und V. Pareto.

Bereits in den dreißiger Jahren hatte E. einige Arbeiten veröffentlicht („Griechisches Tagebuch", Jena 1936; „Erdachte Briefe", Jena 1938), die eine zunehmende Distanz zu seiner bisherigen politischen und wissenschaftlichen Tätigkeit signalisierten. Nach 1945 zog sich E. als freier Schriftsteller für mehrere Jahre in die Schweiz zurück, wo er ganz seinen literarischen Neigungen lebte; erst 1960 folgte er dem Ruf der Universität München auf einen eigens für ihn geschaffenen Lehrstuhl für Kulturphilosophie.

B.: *G. v. Wilpert / A. Gühring:* Erstausgaben deutscher Dichtung. Eine Bibliographie der deutschen Literatur 1600-1990, Stuttgart ²1992, S. 365f.

S.: Der faschistische Staat in Italien, Breslau 1930; (Pseud. Leopold Dingräve): Wo steht die junge Generation?, Jena 1931; (Pseud. Leopold Dingräve): Wohin treibt Deutschland?, Jena 1932; Vom Sinn der Revolution, Jena 1933; Griechisches Tagebuch, Jena 1936; Erdachte Briefe, Jena 1938; Der Aufstieg Italiens zur Großmacht und zum Imperium von 1871 bis zum Kriegseintritt gegen die Westmächte, Berlin 1941; Gespräche im Garten, Jena 1941; Die Führungsschichten Frankreichs, Bd. 1: Von den Capetingern bis zum Ende des Grand Siècle, Berlin 1943 (nicht mehr erschienen); Notizen im Tal, Düsseldorf – Köln 1962.

L.: *E. Demant:* Hans Zehrer als politischer Publizist, Mainz 1971.

– W

Europäische Revue

Die politische Kulturzeitschrift E. R. erschien als Monatszeitschrift von April 1925 bis Februar 1944. Sie war die bedeutendste deutschsprachige Europazeitschrift der Zwischenkriegszeit. Die durchschnittliche Auflage betrug in einem über ganz Europa reichenden Bezugsraum rund 2000 Exemplare pro Heft. Gründer und erster Herausgeber war bis 1936 der österreichische Publizist Karl Anton Prinz →Rohan, der 1922/24 den Europäischen Kulturbund in Wien und Paris ins Leben gerufen hatte. Die zunächst unter einem Beirat von Industriellen und Wirtschaftsführern unter wesentlicher Mitwirkung der IG-Farben finanzierte Zeitschrift erfuhr seit der Wirtschaftskrise 1929/30 wesentliche Förderung durch das Berliner Auswärtige Amt und nach 1933 zusätzlich durch das Propagandaministerium. Die Redaktion wurde von 1926 bis Mitte 1932 von dem Heidelberger Sozialwissenschaftler und Alfred Weber-Schüler Max Clauss geleitet. Dieser wurde von Joachim Moras abgelöst, der 1936 anstelle des ausgeschiedenen Rohan die Schriftleitung übernahm. Seit 1930 stand der Diplomat W. Solf bis zu seinem Tod 1936 an der Spitze des Beirats der Zeitschrift.

Bis 1930 pflegte die E. R. bewußt ein pluralistisches, über den katholischen Jungkonservatismus und Philofaschismus des Herausgebers hinausreichendes politisches und intellektuelles Spektrum. 1930-32 stützte sie den außenpolitischen Kurs des Präsidialkabinetts Brüning sowie die →Volkskonservativen, außerdem stand sie dem →Tat-Kreis nahe. In der zweiten Hälfte 1932 erschien ein Heft zum zehnjährigen Bestehen des faschistischen Regimes in Italien und ein Heft zur „Judenfrage". Von L. Baeck und A. Zweig über H. →Blüher und J. Nadler bis W. Sombart und A. E. →Günther war hier ein breites Feld an Positionen abgedeckt. Ab 1933 unterstützte die E. R. die Brückenbauversuche zwischen Katholizismus und Drittem Reich sowie die auf eine friedliche revisionistische Außenpolitik des Reiches zielende NS-Propaganda. Im Zweiten Weltkrieg diente die E. R. der nationalsozialistischen Europaideologie.

Unter den Rubriken sind neben dem Hauptteil mit politischen, zeitgeschichtlichen, literarischen und kulturhistorischen Beiträgen besonders zwei Teile hervorzuheben: „Der Horizont. Das junge Europa" war vor allem der Kriegsteilnehmergeneration und jungkonservativen Autoren gewidmet;

unter „Neue Bücher" fand sich ein reicher Besprechungsteil. Zu den Autoren gehörten in erster Linie die führenden liberalen, konservativen, jungkonservativen und faschistischen europäischen Schriftsteller und Publizisten der Zwischenkriegszeit. Darunter waren in den ersten Jahren Heidelberger Sozial- und Kulturwissenschaftler besonders stark vertreten. A. Bergsträsser und H. von Eckardt leiteten 1927/28 die Rubrik „Europäische Wirtschaft".

Seit Beginn ihres Erscheinens wurde die E. R. vor allem von H. von →Hofmannsthal gefördert. Er gab das hohe literarische Niveau vor, das u.a. im Abdruck von Texten der folgenden Autoren zum Ausdruck kam: R. M. Rilke, F. Kafka, S. Zweig, T. Mann, H. Hesse, M. Buber, A. Zweig, F. Gundolf, C. G. Jung. In Übersetzungen erschienen Texte zahlreicher zeitgenössischer Autoren, wie H. de Montherlant, A. Gide, A. Cartier, A. Malraux, P. Valéry, C. du Bos, A. Fabre-Luce, H. van de Velde, Le Corbusier, E. Vandervelde, H. de Man, P. Levi, J. →Ortega y Gasset, E. Hemingway, W. →Churchill, D. H. Lawrence und M. Gandhi. Nach 1933 rückte die Mitwirkung französischer und angelsächsischer Autoren allmählich zugunsten südosteuropäischer Beiträge in den Hintergrund. Unter den deutschen Autoren fallen nun einerseits Nationalsozialisten auf: u.a. J. Goebbels, W. Frick, H. Frank, H. F. Blunck, F. Grimm, W. Stuckart, A. Seyß-Inquart, J. Terboven, E. R. Huber, A. Mirgeler, F. Berber und K. Megerle. Daneben publizierten ab 1938 verstärkt auch ältere und jüngere konservative Autoren, wie W. Andreas, K. Brandi, T. Heuss, W. Grewe, H. H. Schaeder, R. A. Schroeder, H. von Rimscha, P. R. Rohden, F. →Sieburg, K. Voßler, U. von →Hassell, D. Sternberger und W. →Bergengruen. – Der Hauptschriftleiter J. Moras gründete nach dem Krieg die Zeitschrift „Der Neue Merkur", mit der er an den bildungsbürgerlich-elitären Anspruch der mondänen Kulturzeitschrift E. R. anknüpfte.

L.: K. A. Rohan: Heimat Europa, Düsseldorf u.a. 1954; *K.-P. Hoepke*: Die deutsche Rechte und der italienische Faschismus, Düsseldorf 1968; *K. Breuning*: Die Vision des Reiches, München 1969; *K. Gossweiler*: Die Balkanpolitik Nazideutschlands im Spiegel der Zeitschrift „E. R." 1938/39, in: Studia Balcanica 7, Sofia 1973, S. 329-37, in: *ders.*: Aufsätze zum Faschismus,

Berlin 1986, S. 304-15; *G. Müller*: Der Publizist Max Clauss, die Heidelberger Sozialwissenschaften und der „Europäische Kulturbund" (1924-33), in: Heidelberger Sozial- und Staatswissenschaften. Das InSoSta zwischen 1918 und 1958, hrsg. v. *R. Blomert / H. U. Eßlinger*, Marburg 1996; *H. M. Bock*: E. R. Politische Aspekte, in: Les Revues Européennes de l'Entre-Deux-Guerres, hrsg. v. *M. Trebitsch / N. Racine*, Paris 1996; *A. Betz*: E. R. Aspekte einer Literatur- und Kulturzeitschrift, in: Les Revues Européennes de l'Entre-Deux-Guerres, hrsg. v. *M. Trebitsch / N. Racine*, Paris 1996; *G. Müller*: „Mitarbeit in der Kulisse...". Der Publizist Max Clauss in den deutsch-französischen Beziehungen von der Weimarer Republik zum „neuen Europa" (1924-43), in: Lendemains 22 (1997).

– GM

Evangelische Kirchenzeitung

Die E.KZ. – am 1. 7. 1827 in Berlin gegründet und bis 1869 herausgegeben von dem Berliner Theologieprofessor Ernst Wilhelm Hengstenberg – war eine der wichtigsten konfessionspolitischen Zeitschriften des 19. Jhdt.s und zwischen 1830 und 1848 das führende Organ des norddeutschen Konservatismus. Zu den Mitgründern und Autoren zählten führende Persönlichkeiten der neupietistischen Erweckungsbewegung in Preußen, darunter A. Tholuck, A. von le Coq, O. und E. L. von →Gerlach. Insbesondere letzterer war es, der das Blatt – zunächst gegen den Willen Hengstenbergs – von einem primär kirchlich-theologischen Organ zu einer entschieden politisch orientierten Zeitschrift machte, die vor allem in den Jahren des Vormärz einen unerbittlichen Kampf gegen alle Spielarten des politischen Liberalismus und theologischen Rationalismus führte. Die Auflage entwickelte sich von 600-750 Stück (1827) über 800 (1828) bis auf etwa 1000 Stück. Der Einfluß der Zeitschrift war trotz dieser relativ geringen Verbreitung groß, da sie in den politisch einflußreichen Kreisen – bis hin zum Kronprinzen und selbst zum König – aufmerksam zur Kenntnis genommen wurde. Im Begleitschreiben der ersten, an den Kronprinzen Friedrich Wilhelm geschickten Ausgabe heißt es programmatisch: „Das Ziel, dem wir mit rastlosem Eifer nachstreben werden, ist die Verteidigung der reinen evangelischen Lehre, des göttlichen Wortes, das zu allen Zeiten gegen Menschensatzungen und dünkelhafte Menschenweisheit zu Felde liegen muß."

Endgültig zu einem politischen Organ des

preußischen Konservatismus wurde die EKZ durch den von ihr entfachten Kirchenstreit in Halle: E. L. von Gerlach hatte zwei bekannte rationalistische Theologen der Universität, Wegscheider und Gesenius, wegen ihrer von den Pietisten als provozierend empfundenen Lehre scharf angegriffen. Die sich anschließende große publizistische Kontroverse machte die EKZ in ganz Deutschland bekannt. In den 1830er und 1840er Jahren führte das Blatt unter der Leitung Hengstenbergs und der geistigen Führung Gerlachs auch weiterhin vom christlich-altkonservativen Standpunkt aus den öffentlichen Kampf vor allem gegen die Junghegelianer, gegen D. F. Strauss' „Leben Jesu" und nicht zuletzt gegen die seit 1840 neu aufkommenden Gruppen des theologischen Rationalismus – die „Lichtfreunde" und die „Freien Gemeinden" auf evangelischer und die „Deutschkatholiken" auf katholischer Seite. Ein weiteres Anliegen des Blattes war der Kampf gegen das (aus Sicht der Autoren zu liberale) preußische Ehescheidungsrecht. Das Verhältnis der EKZ zum politischen Katholizismus war eher zwiespältig: Zwar beobachtete man aufmerksam und keineswegs immer ohne Sympathie die Entwicklungen im katholischen Bereich, etwa die Publikation von Möhlers „Symbolik" (1832) und das Erscheinen der von →Görres herausgegebenen →„Historisch-politischen Blätter für das katholische Deutschland" (seit 1838). Doch es blieb auch Kritik nicht aus: So stellte man sich im Kölner Kirchenstreit von 1837 auf die Seite der preußischen Regierung (sosehr man auch den Streit an sich – als Wasser auf die Mühlen des „Unglaubens" – bedauerte). Auch der Kult um die stigmatisierte Nonne Anna Katharina Emmerick wurde in der EKZ äußerst zurückhaltend bewertet. Im ganzen jedoch war man bemüht, jede Polemik gegen die katholische Kirche im Interesse des gemeinsamen Kampfes gegen den „liberalen Unglauben" zu vermeiden.

Den Höhepunkt ihres politischen Einflusses erreichte die EKZ in den 1840er Jahren, als neben Gerlach so prominente Autoren des konservativen Lagers wie K. F. →Göschel, H. →Leo und F. J. →Stahl für das Blatt arbeiteten und deutliche Akzente setzten. Aktuelle Themen der Zeit bis hin zur Sozialen Frage wurden ausführlich erörtert. In seiner von Februar bis April 1846 publizierten Artikelserie „Die Partei der Evangelischen Kirchenzeitung" formulierte Gerlach den ersten Versuch einer konservativen Theorie der Partei. Hier sprach er sich entschieden für die Sammlung einer zugleich kirchlichen und politischen Partei der Konservativen in Preußen und in Deutschland aus und machte damit den ersten Versuch, die bis dahin in konservativen Kreisen noch weitverbreitete Ablehnung politischer Parteien zu überwinden. Nach der Revolution von 1848 – gegen deren Ziele Gerlach in der EKZ mit großer Deutlichkeit Stellung nahm – ging die eigentlich politische Bedeutung der EKZ langsam zurück; als Organ der konservativen Partei Preußens wurde sie nun von der →„Kreuzzeitung" abgelöst. Religiöse, kirchliche und im engeren Sinne theologische Themen traten wieder stärker in den Vordergrund, so etwa die Parteinahme für den lutherischen Konfessionalismus in Preußen. 1866 stellte sich Hengstenberg im Konflikt Gerlachs mit der Bismarckschen Politik gegen Österreich auf die Seite des Ministerpräsidenten, was den Bruch mit der altkonservativen Tradition zur Folge hatte.

L.: *J. Bachmann:* Ernst Wilhelm Hengstenberg, Bde. I-III, Gütersloh 1876-92; *N. Bonwetsch:* Die Anfänge der „EKZ", in: Geschichtliche Studien. Festschrift Albert Hauck, Leipzig 1916, S. 287-99; *A. Kriege:* Geschichte der EKZ unter der Redaktion Ernst Wilhelm Hengstenbergs (vom 1. Juli 1827 bis zum 1. Juni 1869), theol. Diss. (masch.) Bonn 1958; *H. Wulfmeyer:* Ernst Wilhelm Hengstenberg als Konfessionalist, phil. Diss. Erlangen 1970; *W. Kramer:* Ernst Wilhelm Hengstenberg, die EKZ und der theologische Rationalismus, phil. Diss. Erlangen 1972; *R. M. Bigler:* The Politics of German Protestantism. The Rise of the Protestant Church Elite in Prussia, 1815-48, Berkeley – Los Angeles – London 1972; *M. K. Christensen:* Ernst Wilhelm Hengstenberg and the Kirchenzeitung Faction: Throne and Altar in Nineteenth Century Prussia, phil. Diss. University of Oregon 1972; *H.-J. Schoeps:* Das andere Preußen. Konservative Gestalten und Probleme im Zeitalter Friedrich Wilhelm IV., Berlin ⁵1981; *R. M. Berdahl:* The Politics of the Prussian Nobility. The Development of a Conservative Ideology 1770-1848, Princeton (N.J.) 1988; *C. Clark:* The Politics of Revival. Pietists, Aristocrats, and the State Church in Early Nineteenth-Century Prussia, in: *L. E. Jones / J. Retallack* (Hrsg.-): Between Reform, Reaction and Resistance. Studies in the History of German Conservatism from 1789 to 1945, Providence – Oxford 1992, S. 31-60; *H.-C. Kraus:* Ernst Ludwig v. Gerlach, Göttingen 1994.

– K

Evola, Julius

* 19. 5. 1898 Rom; † 11. 6. 1974 ebd. Philosophischer, kulturhistorischer, politischer
und esoterischer Schriftsteller. E. stammte
aus sizilianischem Landadel, wurde katholisch erzogen und gelangte früh unter den
Einfluß von F. Nietzsche, C. Michelstaedter
und O. Weininger. Kriegsteilnahme als Artillerieoffizier; Kontakt zu G. Papini und F.
Marinetti; Freundschaft mit T. Tzara und dadurch Hinwendung zum Dadaismus. Ein
technisches Studium brach E. unmittelbar vor
der Graduierung ab. 1922 Ende der Tätigkeit
als Maler und Dichter und Beschäftigung mit
der idealistischen Philosophie. Daraus folgend, ab 1924 intensives Studium westlicher
und östlicher esoterischer Strömungen.

Das Aufkommen des Faschismus in Italien
ließ ihn ab 1928 energisch in den geistig-politischen Kampf eingreifen. Vortragsreisen
führten E. nach Deutschland und Österreich,
wo er Vertreter der →Konservativen Revolution kennenlernt (u.a. Heinrich von →Glei-
chen, Edgar Julius →Jung, Karl Anton Prinz
→Rohan). Hinwendung zu Rassenfragen und
dadurch Bekanntschaft mit Mussolini; 1943
wegen seiner Deutschkenntnisse Zusammentreffen mit J. von Ribbentrop und Mussolini
– unmittelbar nach dessen Befreiung – in Ra-
stenburg, um eine Gegenregierung zu P. Ba-
doglio vorzubereiten. 1945 schwerste Rück-
gratverletzung bei einem russischen Bomben-
angriff auf Wien. Mehrjähriger Krankenhaus-
aufenthalt, danach bis zum Tod an den Roll-
stuhl gefesselt. 1950 Rückkehr nach Rom und
schriftstellerische Tätigkeit. 1951 Festnahme
und Anklage wegen „Verherrlichung des Faschismus", aber völliger Freispruch. 1963 erfolgreiche Ausstellung seiner dadaistischen
Bilder in Rom. E. arbeitete als Schriftsteller
und Übersetzer (u.a. O. →Spengler, H.-J.
→Schoeps, E. von →Kuehnelt-Leddihn) bis
zu seinem Tode.

Kennzeichnend für E.s gesamtes Schaffen
ist sein Drang nach Überwindung und Überhöhung der menschlichen Existenzweise und
seine Ausrichtung nach transzendenten Prinzipien. Schon in seiner dadaistischen Periode
war für ihn Kunst „eine interessenfreie
Schöpfung, die von einem höheren Bewußtsein des Individuums kommt". So genügte
ihm die reine akademische Philosophie eben-

Julius Evola
1898-1974

falls nicht. Auch hier suchte E. den Niveau-
durchbruch zu einer ganz anderen Ebene.
Das „absolute Ich", für das Erkenntnis und
Verwirklichung eins sind, war sein Ziel. Folgerichtig nannte er seine philosophische
Richtung „magischer Idealismus". Damit
verband er auch das Studium religiöser und
esoterischer Lehren von Taoismus, Buddhismus, Tantrismus, Alchemie, Magie bis hin
zur christlichen Mystik, wobei er – sogar in
praktischer Ausübung – einen Weg zur Tran-
szendierung seines Ich und der Welt suchte.

Ohne diese ständige Bezugnahme auf das
Sakrale und die Transzendenz ist auch E.s politisches Wirken nicht zu verstehen. Schon ab
1925 kritisierte er Mussolini und den Faschismus, weil genau diese transzendentale Basis
fehlte, obwohl E. andererseits starke Hoffnungen darin setzte, daß Mussolini Italien
wieder zu seiner antiken Größe als heidnisch-
sakrales Imperium Romanum zurückführen
werde. Nachdem der Abschluß der Lateran-
verträge mit dem Vatikan und Mussolinis politische Praxis diese Hoffnung zunichte gemacht hatten, versuchte E. im Nationalsozia-

lismus Partner für seine heidnisch-sakrale Staatsphilosophie zu finden, was noch gründlicher mißlang. Selbst sein Anliegen, eine geistige Einheit von Deutschland und Italien herbeizuführen, stieß in beiden Lagern auf Mißtrauen.

E.s Weltanschauung wird durch seine äußerst scharfe Gegnerschaft zur modernen Welt, ja zum Fortschrittsgedanken ganz allgemein charakterisiert. In Anlehnung an die Antike und an altindisches Weistum sieht E. in der Weltgeschichte keinen Aufstieg, sondern einen ständigen Abstieg, der nur in einem Untergang enden könne. Wichtige Etappen dieses Abstiegs seien die Entstehung des Christentums, die Renaissance und schließlich die Französische Revolution. Amerikanismus und Bolschewismus, die beide in gleichem Maße abzulehnen seien, stellten nur die zeitlich uns am nächsten liegenden Verfallserscheinungen dieser Gesamtentwicklung dar. Das letzte Aufbäumen der idealen Weltanschauung, die E. im Anschluß an R. →Guénon „integrale →Tradition" nennt, sei im Mittelalter im Rahmen des Reichsgedankens und hier vor allem unter den Staufern erfolgt.

E.s Staatsphilosophie beruht auf dem hierarchischen Gedanken und findet ihren Ausdruck im sog. „Organischen Staat". Organisch ist ein Staat dann, wenn er ein auf transzendenten Prinzipien basierendes Zentrum hat, das allein aufgrund seiner spirituellen Kraft in sämtliche Staatsbereiche ausstrahlt und sie von oben nach unten durchwirkt. In Analogie zum menschlichen Körper ergibt sich auch eine unterschiedliche hierarchische Funktion und Stellung der einzelnen Staatsglieder. Die Aufgabe des →Staates ist wie bei →Platon eine anagogische: Die Staatsbürger sollen in Richtung Transzendenz geführt werden. Damit ergibt sich nach E. der Gegensatz zum totalitären Staat, der auf äußerem Zwang beruhe und alle Staatsbürger ihrer Verschiedenheit und somit ihrer Freiheit beraube, indem er sie gleichschalte. An der Spitze des organischen Staates müsse eine Persönlichkeit stehen, die als Mittler der Transzendenz wirksam sein könne.

E.s Rassenvorstellungen, die den Beifall Mussolinis fanden, der zum rein „biologischen" Rassismus des Nationalsozialismus ein Gegengewicht aufbauen wollte, gingen von einer Dreiteilung und einer Festlegung von oben nach unten aus. E. unterschied zwischen einer „Rasse des Geistes" (die jeweilige, unterschiedliche Einstellung zu den sakralen Prinzipien), einer „Rasse der Seele" (die jeweilige Charakterprägung) und einer „Rasse des Körpers", die den üblichen Rassebegriff abdeckt. Da er den letztgenannten Rassebegriff als den niedersten und damit unwichtigsten abtat, geriet er in Gegnerschaft zu anderen Rassetheoretikern und verlor zunehmend an Einfluß.

E.s Einstellung zum Judentum, in dem er vor allem ein Symbol der materialistisch-ökonomischen Herrschaft der Moderne sah, reicht von polemischen Angriffen auf einzelne Juden bis hin zu der 1939 (!) geschriebenen Warnung, „aus dem Juden nicht eine Art Sündenbock zu machen für all das, was in Wirklichkeit auch die Nicht-Juden zu verantworten haben".

E. ist als „Marcuse von rechts" bezeichnet worden. Da er aber nie einer Partei angehörte – auch nicht der Faschistischen zu Zeiten Mussolinis –, blieb sein Einfluß in der Nachkriegszeit nur auf wenige italienische Jugendliche beschränkt. Dazu kamen die Schwierigkeit seiner Schriften und die hohen ideellen Anforderungen. Später lehnte E. jede Politik ab und vertrat den Standpunkt einer „apoliteia".

Seit seinem Tod wird E.s Gedankengut wieder breiter und auch im universitären Bereich diskutiert. Übersetzungen seiner Werke in deutscher, französischer, englischer, spanischer, portugiesischer, griechischer und russischer Sprache sind erschienen. Einzelne seiner Schriften sind auch ins Flämische, Serbische, Ungarische und Polnische übertragen worden.

(Die im folgenden genannten Jahreszahlen beziehen sich auf die Erstausgaben. Der Großteil der Werke ist von E. aber mehrmals überarbeitet und bis heute immer wieder aufgelegt worden. Da es von den Hauptwerken mehrere Übersetzungen in fremde Sprachen gibt, wird bei Vorhandensein einer deutschen Ausgabe nur diese genannt, ansonsten, soweit vorhanden, die englische oder französische. Viele kleinere Essaysammlungen – so die bis jetzt 28 Hefte der Fondazione J. E. – sind nicht angeführt worden.)

B.: *Renato del Ponte:* J. E. Una Bibliografia 1920-94, in: Futuro Presente no. 6, Ellera Scalo (Perugia) 1995.

S.: Arte Astratta, Rom 1920; La Parole Obscure du Paysage Intérieur, Zürich 1920; Saggi sull'Idealismo Magico, Todi – Rom 1925; L'Uomo come Potenza, Todi – Rom o. J. (1926); l'Individuo e il Divenire del Mondo, Rom 1926; Teoria dell'Individuo Assoluto, Turin 1927; Imperialismo Pagano, Todi – Rom 1928, dt: Heidnischer Imperialismus, Leipzig 1933; Fenomenologia dell'Individuo Assoluto, Turin 1930; La Tradizione Ermetica, Bari 1931, dt: Die hermetische Tradition, Interlaken 1989; Maschera e Volto dello Spiritualismo Contemporaneo, Turin 1932, frz.: Masques et Visages du Spiritualisme Contemporain, Montreal 1972; Rivolta contro il Mondo Moderno, Mailand 1934, dt.: Erhebung wider die moderne Welt, Stuttgart 1935, Revolte gegen die moderne Welt, Interlaken 1982 u. Vilsbiburg 1993; Tre Aspetti del Problema Ebraico, Rom 1936; Il Mistero del Graal e la Tradizione Ghibellina dell'Impero, Bari 1937, dt: Das Mysterium des Grals, München – Planegg 1955, Schwarzenburg 1978 u. Sinzheim 1995; Il Mito des Sangue, Mailand 1937; Sintesi di Dottrina della Razza, Mailand 1941, dt.: Grundrisse der faschistischen Rassenlehre, Berlin 1942; Indirizzi per una Educazione Razziale, Neapel 1941, frz.: Eléments pour une Education Raciale, Puiseaux 1984; La Dottrina del Risveglio, Bari 1943, engl.: The Doctrine of Awakening, London 1951; Lo Yoga della Potenza, Mailand 1949, engl.: The Yoga of Power, Rochester 1992; Orientamenti, Rom 1950, frz.: Orientations, in: J. E., le Visionnaire Foudroyé, Paris 1977; Gli Uomini e le Rovine, Rom 1953, dt.: Menschen inmitten von Ruinen, Tübingen 1991; Metafisica del Sesso, Rom 1958, dt.: Metaphysik des Sexus, Stuttgart 1962 u. Frankfurt a. M. 1983; L'Operaio nel Pensiero di Ernst Jünger, Rom 1960; Cavalcare la Tigre, Mailand 1961, frz.: Chevaucher le Tigre, Paris 1964; Il Cammino del Cinabro, Mailand 1963, frz.: Le Chemin du Cinabre, Mailand – Carmagnola 1982; Il Fascismo, Rom 1964; frz.: Le Fascisme Vu de Droite suivi de Notes sur le Troisième Reich, Paris 1981; L'Arco e la Clava, Mailand 1968, frz.: L'Arc et la Massue, Paris – Puiseaux 1983; Raaga Blanda, Composizioni 1916-22, Mailand 1969; Ricognizioni, Rom 1974, frz.: Explorations, Puiseaux 1989; Esplorazioni e Disanime vol. I: 1934-IX – 1939-XIV, Parma 1994; Lo Stato (1934-43), Rom 1995; Lettere 1955-74, Finale Emilia (MO) 1996.

E.: I Saggi di „Bilychnis", Padua 1970; I Saggi della „Nuova Antologia", Padua 1970; Citazioni, Rom 1972; Meditazioni delle Vette, La Spezia 1974, frz.: Méditations du Haut des Cimes, Puiseaux – Paris 1986; Ultimi Scritti, Neapel 1977; La Tradizione di Roma, Padua 1977; Saggi di Dottrina Politica, San Remo – Imperia 1979, frz.: Essais Politiques, Puiseaux 1988; Scritti sulla Massoneria, Rom 1984, frz.: Ecrits sur la Franc-Maçonnerie, Puiseaux 1987; Oriente e Occidente, Mailand 1984, frz.: Orient et Occident, Mailand 1982; Monarchia, Aristocrazia, Tradizione, San Remo 1986; Gli Articoli de La Vita Italiana, Treviso 1988; Il „Genio d'Israele", Catania 1992; Fenomenologia della Sovversione, Borzano (R. E). 1993. – Sammelwerke unter der Her-

ausgeberschaft E.s mit Beiträgen von ihm: Introduzione alla Magica quale Scienza dell'Io a cura del „Gruppo di Ur", Bde. I-III, Rom 1927-29, dt.: (nur I. Bd., II. Bd. geplant 1997): Magie als Wissenschaft vom Ich, Interlaken 1985; Diorama Filosofico, Rom 1974; La Torre, Mailand 1977.

L.: G. Mehlis: Italienische Philosophie der Gegenwart, 1932, S. 61-4; A. Romualdi: J. E.: L'Uomo e l'Opera, Rom 1968; Omaggio a J. E. per il suo LXXV compleanno a cura di G. F. de Turris, Rom 1973; J. E., le Visionnaire, Paris 1977 (Sammelwerk); D. Cologne: J. E., René Guénon et le Christianisme, Paris 1978; G. F. Lami / G. Borghi: Introduzione a J. E., Rom 1980; T. Sheehan: Myth and Violence: The Fascism of J. E. and Alain de Benoist, in: Social Research 48 (Frühjahr 1981), S. 45-73; G.-K. Kaltenbrunner: Europa, Bd. II, Heroldsberg 1982, S. 405-13; K. Weißmann: Kshatriya: J. E. – ein Frondeur gegen die Moderne, in: Phönix 10, Goslar 1984, S. 3-13; R. Melchionda: Il Volto di Dionsio, Filosofia e Arte in J. E., Rom 1984; G. Ferracuti: J. E., Rimini 1984; M. Veneziani: J. E. tra filosofia e tradizione, Rom 1984; G. Benn: Gesammelte Werke, Bd. IV, Stuttgart 1985, S. 251-61; G. F. de Turris: Testimonianze su E., Rom 1985; R. Drake: J. E. and the Ideological Origins of the Radical Right in Contemporary Italy, in: P. Merkl (Hrsg.): Political Violence and Terror: Motifs and Motivations, Berkeley 1986, S. 61-89; N. Cospito / H. W. Neulen: J. E. nei Documenti Segreti del Terzo Reich, Rom 1986; E. Gugenberger / R. Schweidlenka: Mutter Erde, Magie und Politik, Wien 1987, S. 129-32; Politica Hermetica, Nr. 1: Métaphysique et Politique: René Guénon, J. E., Paris 1987; A. Negri: J. E. e la Filosofia, Mailand 1988; R. Waterfield: Baron J. E. and the Hermetic Tradition, in: Gnosis 14 (IV, 1990), S. 12-7; C. Boutin: Politique et Tradition, J. E. dans le Siècle, Paris 1992; Encyclopédie Philosophique Universelle, Bd. III, Paris 1992, S. 2394-96; P. di Vona: E., Guénon, de Giorgio, Borzano (R. E). 1993; H. T. Hansen: J. E.s politisches Wirken, in: J. E.: Menschen inmitten von Ruinen (siehe unter S.), S. 7-132; ders.: Einführung in: J. E.: Revolte gegen die moderne Welt (siehe unter S.), S. 7-16; ders.: A Short Introduction to J. E., in: Theosophical History, Bd. V, Nr. 1, Fullerton 1994, S. 11-22; Neue Zürcher Zeitung v. 12./13 11. 1994, S. 69; Pablo Echaurren: E. in Dada, Rom 1994; Elisabetta Valento: Homo Faber, J. E. fra arte e alchimia, Rom 1994; Renato del Ponte: E. e il magico „Gruppo di UR", Borzano (R. E.) 1994; Marco Fraquelli: Il Filosofo Proibito, Mailand 1994; Futuro Presente no. 6: J. E., Ellera Scalo (Perugia) 1995; Sandro Consolato: J. E. e il Buddhismo, Borzano (R. E.) 1995; M. Bernardi Guardi / M. Rossi (Hrsg.): Delle Rovine e oltre, Rom 1995; G. Wehr, Spirituelle Meister des Westens, München 1995, S. 163–76; R. Liedtke: Die Hermetik, Paderborn 1996, S. 116-34.

– Hak

F

Fénelon, François de Salignac de la Mothe F.

* 6. 8. 1651 Schloß Fénelon (Périgord); † 7. 1. 1715 Cambrai. Französischer Theologe und philosophisch-pädagogisch-politischer Schriftsteller. Nach der Ausbildung am Collège in Cahors, am Pariser Collège du Plessis und am Séminaire von Saint-Sulpice wurde F. 1674 zum Priester geweiht; 1677 wurde er in Cahors zum Doktor der Theologie promoviert. 1678-89 amtierte er als Vorsteher einer Erziehungsanstalt für junge Konvertitinnen (Congrégation des Nouvelles Catholiques); in diesen Jahren befaßte er sich intensiv mit pädagogischen Fragen und verfaßte seine ersten wichtigen Schriften zu diesem Problem. 1689 wurde F. einer der beiden Erzieher des „Kleindauphins", des siebenjährigen Herzogs von Burgund, dem er sein berühmtestes Werk, die „Aventures de Télémaque", widmete, und er trat in engen persönlichen Kontakt zu →Bossuet, der F. 1695 zum Erzbischof von Cambrai weihte. Seit 1693 war F. Mitglied der Académie française.

Doch F.s Kontakt zu der quietistischen, von der französischen Staatskirche bekämpften Mystikerin Madame Guyon, zu deren Gedankenwelt er sich immer stärker hingezogen fühlte, brachte 1697-99 den Bruch mit Bossuet und die Verbannung vom königlichen Hof. F.s publizistische Verteidigung des Quietismus wurde durch ein Breve Papst Innozenz' XII. (*Cum alias* v. 12. 3. 1699) verworfen. Nach dem Tode Bossuets (1704) hoffte F. noch einmal auf eine Rückkehr an den Hof, und während der französischen Staatskrise von 1710/11 formulierte er eine Reihe von politischen Reformvorschlägen. Doch diese Hoffnungen wurden schon 1711 mit dem Tode seines einstigen Schülers, des Herzogs von Burgund, zunichte. In den letzten vier Jahren seines Lebens widmete sich F. nur mehr seiner schriftstellerisch-theologischen Arbeit.

Kern von F.s politischem Denken ist seine Religiosität: die „amour pur", die reine Liebe des Menschen zu Gott und zu seinen Mitmenschen, steht im Mittelpunkt richtigen religiös-moralischen und politischen Handelns – und sie bildet gleichzeitig den Gegensatz zur verderblichen Eigenliebe („amour propre"), in der F. den Ursprung allen Übels ausmacht. F.s pädagogische Vorstellungen richten sich auf die Entwicklung und Förderung der „reinen Liebe" im Kind: Natürlichkeit, Einfachheit, aber auch Hinführung der kindlichen Seele zum Glauben und zur Liebe Gottes sind hier seine zentralen Maximen. – F. steht bewußt in der Tradition des antiken und des christlichen Staatsdenkens (von →Platon und Aristoteles bis zu Augustin und →Thomas von Aquin), d.h. für ihn gibt es ein durch Gott verbürgtes, allgemein verbindliches Naturrecht, das jede Herrschaftsgewalt regelt und begrenzt; ebenfalls gilt für F. das Prinzip der untrennbaren Einheit von Moral und Politik: Die Maxime *Justitia est fundamentum regnorum* ist für ihn die Basis allen politischen Handelns. Neben der Erinnerung an die antik-alteuropäische Tradition war es die unmittelbare zeitgenössische Erfahrung des despotischen Regimes Ludwigs XIV., die F. zum erbitterten Gegner des →Absolutismus werden ließ. Er machte seinen König, dem er Pflichtvergessenheit und vermessene Ruhmsucht vorwarf, für den politischen, ökonomischen und vor allem moralischen Niedergang der Nation verantwortlich; er kritisierte Intrigantentum, Schmeichelei, Profitgier, gebrochene Verträge, widerrechtliche Kriege und Annexionen sowie einen im Luxus erstickenden Hof, während das Volk gleichzeitig am Rande des Hungertodes lebe. Deutlich sah er die Gefahr einer Revolution durch ungehemmten Machtmißbrauch einer immer anonymer werdenden staatlichen Bürokratie.

Seine eigenen politischen Ideen hat F. allerdings niemals in einem systematischen Werk niedergelegt (der 1719 unter seinem Namen publizierte und in die Gesamtausgaben aufgenommene „Essai philosophique sur le gouvernement civil" stammt aus der Feder seines Schülers und Vertrauten Ramsay!), sondern in einzelnen kleineren Dichtungen und Schriften, vor allem dem „Télémaque", den „Dialogues des Morts", der „Lettre à Louis XIV" und den „Plans de gouvernement". In deutlicher Differenz zur Vertragstheorie geht F. davon aus, daß sich die →Staaten aus den Familien entwickelt haben, daß sie in der menschlichen Natur begründet und zugleich vernünftig und gottgewollt sind (dabei verwendet er bezeichnenderweise kaum den modernen Begriff „état", sondern meist „patrie", „nation", „société des hommes" usw.). Die Ziele jedes vernünftigen Gemeinwesens liegen – im gut aristotelischen Sinne – im Glück seiner Bürger, dem „bien public", das sich auf Frieden, Selbstbescheidung und ein selbstgenügsames Leben im Einklang mit der Natur gründet. Nachhaltig betont F. die Notwendigkeit der Bindung des Bürgers an den Boden seiner →Heimat: Nur das Bewußtsein, einen ganz konkreten Teil des eigenen Vaterlandes in persönlichem Besitz zu haben, vermag den Sinn einer Teilhabe am Allgemeinen und am Wohl des Staatsganzen zu wecken.

An der monarchischen Staatsform hielt F. allerdings ohne Einschränkung fest: Das Gottesgnadentum des Herrschers, die Gehorsamspflicht der Untertanen und die strenge Schichtung des Volkes in die traditionellen drei Stände galten für ihn als unantastbar und als Sinnbild der göttlichen Ordnung auf Erden. Allerdings lehnte er die absolute Monarchie strikt ab: Jeder König ist für F. nur Nachfolger des „premier législateur" und deshalb als „gardien des lois" an eben diese Gesetze strikt gebunden. Königtum sei Dienst und Opfer, das nicht nur mehr Rechte, sondern vor allem mehr Pflichten und vielfache Selbstverleugnung für den Inhaber eines Thrones mit sich bringe. Ein guter König ist „Vater" seines Volkes, der es zugleich vor ungerechtfertigten Übergriffen der Staatsmacht schützen müsse und die Geltung von Moral und christlicher Tugend im Lande sicherzustellen habe. Trotz seiner Kritik an den bestehenden Zuständen im Frankreich um 1700 lehnte F. jede Art von Revolution entschieden ab; er plädierte für eine maßvolle Anknüpfung an das Vergangene und eine Orientierung an den vor-absolutistischen Zuständen. Ganz in diesem Sinne sind auch seine politischen Reformvorschläge zur Zeit der Krise von 1710/ 11 zu verstehen: Wiedereinberufung der Generalstände, Gewährung des Steuerbewilligungsrechts, Föderalisierung und Dezentralisierung des Landes, Unabhängigkeit der Kirche von staatlichen Eingriffen und Sicherstellung von Handelsfreiheit sowie eine Förderung der Landwirtschaft (was eine deutliche Kritik des bestehenden Merkantilismus beinhaltete).

Wenngleich F.s traditionalistische Gedankenwelt die politische Wirklichkeit Frankreichs nicht beeinflussen konnte, stellen seine Gedanken doch einen wichtigen Beitrag zum konservativen Denken seiner Zeit dar; sie zeigen, daß es im 17. Jhdt. bedeutende geistige Gegenentwürfe zur Vertragstheorie und zur absolutistischen Souveränitätslehre gegeben hat, deren spätere Wirkung – gerade in der Form einer Vermittlung alteuropäischen Ordnungsdenkens – nicht zu verkennen ist.

B.: *E. Carcassonne:* Etat présent des travaux sur F., Paris 1939.

S.: Œuvres de F., hrsg. v. *Abbé Gallard / Père de Querbeuf,* Bde. I-VII, Paris 1787-92; Œuvres de F., hrsg. v. *J. E. A. Gosselin,* Bde. I-XXXV, Versailles – Paris 1820-30; Œuvres de F., précédées d'études sur sa vie par *M. Aimé-Martin,* Bde. I-III, Paris 1835; Œuvres complètes de F., Bde. I-X, Paris 1848-52; Œuvres spirituelles, hrsg. v. *F. Varillon,* Paris 1954.

E.: Correspondance, hrsg. v. *A. Caron,* Bde. I-XI, Paris 1827-29; F. et Mme Guyon (correspondance secrète), hrsg. v. *M. Masson,* Paris 1907; Correspondance de F., hrsg. v. *J. Orcibal,* (bisher) Bde. I-V, Paris 1972ff.

L.: *A. de Bausset:* Histoire de F., Paris [4]1830; *L. Crouslé:* F. et Bossuet, Paris 1894/95; *R. Mahrenholtz:* F., Erzbischof von Cambrai, Leipzig 1896; *E. K. Sanders:* F. – His Friends and His Enemies 1651-1715, London 1901; *Viscount St. Cyres:* F. de F., London 1901; *G. Gidel:* La politique de F., Paris 1906; *M. Cargnac:* F. – Études critiques, Paris 1910; *J. Lemaître:* F., Paris o. J. (1910); *R. Osterloh:* F. und die Anfänge der literarischen Opposition gegen das politische System Ludwigs XIV., Göttingen 1913; *L. Navatel:* F., Paris 1914; *M. Wieser:* Deutsche und romanische Religiosität. F., seine Quellen und seine Wirkungen, Berlin 1919; *H. Sée:* Les idées politiques en France au XVIIe siècle, Paris 1923; *G. Lenz:* Französische Staatslehren im 17. und 18. Jhdt., Hamburg 1925; *K. Martin:* French Liberal Thought in the Eighteenth Century, London 1929; *P. E. Hübinger:* F. als politischer Denker, in: Historisches Jahrbuch 57 (1937), S. 61-85; *J. L. May:* F. A Study, London 1938; *E. Carcassonne:* F., L'homme et l'œuvre, Paris 1946; *K. D. Little:* F. de F., New York 1951; *L. Berg:* Die Sozialprinzipien F.s, in: *J. Kraus / J. Calvet* (Hrsg.): F. – Persönlichkeit und Werk. Festschrift zur 300. Wiederkehr seines Geburtstages, Baden-Baden 1953, S. 259-306; *F. A. v. der Heydte:* Die Stellung F.s in der Geschichte der Staatstheorien, in: ebd., S. 307-17; *H. Brossard:* F. et la guerre, in: ebd., S. 319-29; *F. Varillon:* F. et le pur amour, Paris 1957; *R. Spaemann:* Reflexion und Spontaneität. Studien über F., Stuttgart 1963; *F. Gallouédec-Genuys:* Le Prince selon F., Paris 1963; *L. Rothkrug:* Opposition to Louis XIV, Princeton 1965; *E. Mohr:* F. und der Staat, Bern – Frankfurt a. M. 1971; *H. Gouhier:* F. philosophe, Paris 1977; *J. H. Davis:* F., Boston 1979.

– K

Filmer, Sir Robert

* 1588; † Mai 1653 East Sutton/Kent. Politischer Theoretiker zur Zeit des englischen Bürgerkriegs. Sohn eines Grundbesitzers und Sheriffs von Kent, Neffe des Kapitäns Sir Samuel Argall, des Erforschers der neuenglischen Küste. Ausbildung am Trinity College in Cambridge und Lincoln's Inn. Mit 41 Jahren übernahm F. als Ältester unter 18 Geschwistern den Familienbesitz in East Sutton bei Maidstone, Kent. Er stand im ständigen geistigen Austausch mit einem herausragenden Kreis von Klerikern, Juristen, Historikern und Dichtern in Kent und London, für den er handschriftlich kopierte Manuskripte verfaßte, darunter: „Patriarcha: A Defence of the Natural Power of Kings against the Unnatural Liberty of the People". Im Bürgerkrieg wurde F. auf der Festung von Leeds gefangengesetzt; East Sutton wurde mehrfach geplündert. Nach der Haft veröffentlichte der parlamentsfeindliche Verleger Richard Royston mehrfach anonyme Schriften F.s, darunter (unter Verwendung von Teilen des Manuskripts der „Patriarcha") „The Freeholder's Grand Inquest touching our Soveraigne Lord the King and his Parliament", „The Anarchy of a Limited or Mixed Monarchy" und „The Necessity of the Absolute Power of all Kings, and in particular the King of England". Es folgten Auseinandersetzungen mit den Schriften von Milton, Hobbes, Grotius, Aristoteles sowie ein Buch über Hexenprozesse.

Über ein Vierteljahrhundert nach F.s Tod – während der Exklusionskrise (1679-81), als die Whigs den Ausschluß des katholischen Herzogs von York, später König Jakob II., von der Thronfolge betrieben und die Tories dem Parlament das Recht des Eingriffes in die Thronfolge bestritten – kam es zu einer Neuauflage seiner gedruckten Schriften und auch zur Erstveröffentlichung der „Patriarcha". Diese zog heftige Reaktionen von seiten der Whigs nach sich mit den Schriften von John Locke, Algernon Sidney und James Tyrrell. Da sich der erste Teil von Lockes ungemein einflußreichen „Two Treatises on Government", einer frühen Grundschrift des Liberalismus, ausschließlich gegen F. richtete, galt dieser als restlos widerlegt. Erst gegen Ende des 19. Jhdt.s entstand ein neues Interesse an F.; dieses galt nicht nur seiner Lehre von der uneingeschränkten Souveränität, die sich – gestützt auf die Genesis – auf Adam zurückführt und weitervererbt, wobei das Staatswesen in Analogie zur Familie („Patriarchalismus") gesehen wird, sondern auch seiner Rolle bei der Erforschung der englischen Verfassungsgeschichte, seiner Kritik der Begründung von Herrschaft durch die Zustimmung der Beherrschten, seiner Kritik des Mehrheitsprinzips und auch seiner dies alles verbindenden politischen Theologie. – Leben und Werk F.s sind erst in Ansätzen erforscht.

S.: Patriarcha and Other Political Works of Sir R. F. Ed. from the original sources by *P. Laslett*, Oxford 1949 (enthält: Patriarcha: A Defence of the Natural Power of Kings against the Unnatural Liberty of the People, 1680; The Freeholder's Grand Inquest Touching Our Soveraigne Lord the King and His Parliament, 1648; Observations Upon Aristoteles Politiques Touching Forms of Government Together with Directions for Obedience to Governours in dangerous or doubtfull Times, 1652; Observations Concerning the Original of Government, Upon Mr. Hobbes Leviathan, Mr. Milton against Salmasius, H. Grotius De Jure Belli, 1652; The Anarchy of a Limited or Mixed Monarchy, 1648; The Necessity of The Absolute Power of all Kings: And in particular of the King of England by John Bodin..., 1648); Sir R. F.: Patriarcha and other Writings, hrsg. v. *J. P. Sommerville*, Cambridge 1991.

L.: *J. N. Figgis:* The Divine Right of Kings (1896), neu hrsg. Cambridge 1922; *J. W. Allen:* Sir R. F., in: *F. J. C. Hearnshaw* (Hrsg.): The Social and Political Ideas of Some English Thinkers in the Augustean Age, London 1928; *P. Laslett:* Sir R. F.: The Man versus the Myth, in: William and Mary Quarterly 1948; *J. G. A. Pocock:* The Ancient Constitution and the Feudal Law, Cambridge 1957, Neuausg. 1987; *W. H. Greenleaf:* Order, Empiricism and Politics: Two Traditions of English Political Thought, 1500-1700, Oxford 1964; *M. Hennigson:* Divine Right of Kings: James I. und R. F., in: *E. Voegelin* (Hrsg.): Zwischen Revolution und Restauration. Politisches Denken in England im 17. Jhdt., München 1968; *G. J. Schochet:* Patriarchalism in Political Thought, Oxford 1974; *J. Daly:* Sir R. F. and English political thought, Toronto 1979; *M. Goldie:* Absolutismus, Parlamentarismus und Revolution in England, in: Pipers Handbuch der politischen Ideen, hrsg. v. *I. Fetscher / H. Münkler*, Bd. III, München – Zürich 1985, S. 275-352.

– S-N

Föderalismus

Unter F. sind ein (staats-)politisches Ordnungskonzept sowie eine allgemeine philosophische Weltanschauung zu verstehen, deren Leitbild die „Einheit in Vielfalt" ist (lat. *foedus* = „Bund"). Dies gilt sowohl für den verfassungsrechtlichen Bereich, wo sich der F. in bundesstaatlichen oder staatenbündischen Strukturen äußert, als auch für die allgemeine Gesellschaftsgliederung, die im F. auf dem Grundsatz der Eigenverantwortlichkeit und dem Vorhandensein eines vielstufigen, geschichteten und vernetzten Wirkungsgefüges unterschiedlicher →Institutionen beruht. Trotz Fehlens einer →geschlossenen, einheitlichen Theorie und damit verbundener begrifflicher Unschärfe kann der F. somit dennoch als ein „natürlicher" Widersacher unitaristischer, zentralistischer und kollektivistischer Richtungen bezeichnet werden.

Der F. kann sich auf ethnische, dynastische, soziale oder korporative Gruppenbindungen gleichermaßen stützen; er zeichnet sich nicht durch abstraktes Systemdenken, sondern durch starke Nähe zu vorgefundenen Lebenskreisen aus, weshalb die meisten Föderalisten auch Familie, berufliche Korporation, Gemeinde, Stammesverband u. ä. als Ausgangspunkt ihrer Organisationsentwürfe nehmen. Ziel ist jedoch nie die Vereinzelung, sondern das „bündische" Zusammenfügen.

Sich auf antike Vorbilder (Achäischer Bund) berufend, setzte die theoretische Beschäftigung mit dem F. verstärkt im 18. Jhdt. ein. Charles de →Montesquieu entwarf 1748 im „Esprit des Lois" das Bild eines föderalistischen →Staates. Verfassungsrechtlich setzte sich der Begriff des F. spätestens mit der Gründung der Vereinigten Staaten von Amerika durch („Federalist Papers"). Pierre-Joseph Proudhon entwickelte eine eigene Theorie des F. („Du principe fédératif", 1863). Seine Gegnerschaft zum Etatismus und Egalitarismus der Französischen Revolution und zu Sozialismus, Liberalismus und Nationalismus stellte den F. im 19. Jhdt. an die Seite christlich-konservativer und legitimistischer Politik. Im deutschsprachigen Raum verbanden sich die wichtigsten föderalistischen Denker, Constantin →Frantz und Bischof W. E. von Ketteler, in ihrer Ablehnung der preußisch-kleindeutschen Reichsgründung mit dem großdeutsch-katholischen Lager. Verfassungsgeschichtlich gesehen, war aber auch das bundesstaatlich geprägte Kaiserreich von 1871 – trotz preußischer Dominanz – wesentlich föderaler strukturiert als die Weimarer Republik und die Bundesrepublik Deutschland. Träger des F. waren nach 1871 in

Deutschland vornehmlich die konservativen Parteien und das katholische Zentrum, in der Weimarer Republik neben dem Zentrum insbesondere die Bayerische Volkspartei. In deren Tradition stehend, nahmen in der Bundesrepublik CDU und CSU teilweise föderalistische Positionen auf. Dezidiert föderalistische Parteien, die nach 1945 entstanden (Bayernpartei, Niedersächsische Landespartei) und kurzfristig Einfluß auf die Politik gewannen, verschwanden hingegen bald wieder.

Als politisch-territoriales Gestaltungskonzept ist vor allem zwischen dem zentripetalen F. auf staatsrechtlicher Grundlage (v.a. als Bundesstaat) und dem zentrifugalen F. auf völkerrechtlicher Grundlage (v.a. als Staatenbund) zu unterscheiden. Während im Bundesstaat (z.B. Bundesrepublik Deutschland, USA, Schweiz, Österreich) den Gliedstaaten nur eine eingeschränkte Souveränität verbleibt, die sich dem Bundesinteresse einfügt, fehlt im Staatenbund (z.B. Deutscher Bund 1815-66, GUS) eine einheitliche, gemeinsame Staatsgewalt; die Unabhängigkeit der Mitgliedstaaten bleibt gewahrt, und nur nach außen stellt dieser lockere Bund ein völkerrechtliches Subjekt dar. Dadurch, daß der F. grundsätzlich die Zusammenfassung der – mehr oder weniger selbständigen – Glieder eines staatlichen Gefüges bejaht, ist er vom Separatismus oder Partikularismus deutlich zu unterscheiden.

F. als soziales Strukturprinzip geht davon aus, daß einer übergeordneten Gewalt oder Instanz nur diejenigen Kompetenzen übertragen werden sollen, die nicht auf unterer Ebene im Interesse des Ganzen eigenständig und eigenverantwortlich geregelt werden; darin ist er dem aus der →Katholischen Soziallehre herrührenden Subsidiaritätsprinzip verwandt. Wesentlich ist weiterhin ein korporativer Zug, der sich in berufsständischer, kommunaler und regionaler Selbstverwaltung manifestiert.

Die Bedeutung des F. liegt heute vor allem in seiner Entlastung bzw. im Abbau zentralistischer Institutionen, was zu einer Stabilisierung des Gesamtgebäudes und zur Verstärkung von Mitbestimmung und Teilhabe der Bürger am Gemeinwesen führt.

L.: *C. Frantz:* Untersuchungen über das europäische Gleichgewicht, Berlin 1859; *ders.:* Die Naturlehre des Staates als Grundlage aller Staatswissenschaft, Leipzig –

Heidelberg 1870; *ders.:* Wahlaufruf zur Begründung einer föderativen Partei, München 1876; *ders.:* Der Untergang der alten Parteien und die Parteien der Zukunft, Berlin 1878; *ders.:* Der F. als das leitende Prinzip für die sociale, staatliche und internationale Organisation unter besonderer Bezugnahme auf Deutschland, Mainz 1879; *G. Jellinek:* Die Lehre von den Staatenverbindungen, Wien 1882; *H. Preuß:* Gemeinde, Staat, Reich als Gebietskörperschaften. Versuch einer deutschen Staatskonstruktion auf Grundlage der Genossenschaftstheorie, Berlin 1889; *H. Triepel:* Unitarismus und F. im Deutschen Reiche. Eine staatsrechtliche und politische Studie, Tübingen 1907; *F. Meinecke:* Weltbürgertum und Nationalstaat, München – Berlin 1908 u. ö.; *A. Rapp* (Hrsg.): Großdeutsch – kleindeutsch. Stimmen aus der Zeit von 1815 bis 1914, München 1922; *K. Beyerle:* Föderalistische Reichspolitik, München 1924; *J. Haller:* Die Staatenverbindungen (Handbuch des Völkerrechts, Bd. 2, Abt. II), Stuttgart 1929; *E. Hunger:* Zur Idee und Tradition des F., Karlsruhe 1929; *S. Mogi:* The Problem of Federalism. A Study in the History of political Theory, Bde. I-II, London 1931; *H. Mütze:* Der F. im Bundesstaatsrecht, jur. Diss. Bonn 1931; *E. J. Jung:* Föderalismus als Weltanschauung, München 1931; *W. Vogel:* Deutsche Reichsgliederung und Reichsreform in Vergangenheit und Gegenwart, Leipzig 1932; **Reichsgesellschaft Deutscher Föderalisten** (Hrsg.): Das Reich als Aufgabe, Köln 1933; *W. Ferber:* Der F., Augsburg 1946; *G. Messmer:* F. und Demokratie, jur. Diss. Zürich 1946; *B. Dennewitz:* Der F. – Sein Wesen und seine Geschichte, Hamburg 1947; *H. Ehard:* Freiheit und F., 1947; *H. Mühlenfeld:* Politik ohne Wunschbilder. Die konservative Aufgabe unserer Zeit, München 1948; *W. Grewe:* Antinomien des F., Bleckede 1948; *F. Lenz:* Deutscher F., Stuttgart 1948; *H. Maier:* Deutscher und europäischer F., Stuttgart 1948; *C. Frantz,* Der F. als universale Idee. Beiträge zum politischen Denken der Bismarckzeit; hrsg. v. *I. Hartmann,* Berlin 1948; *F. A. Kramer:* Die geistigen Grundlagen des F., in: Hochland 40 (1947/48), S. 216-25; *F. W. Jerusalem:* Die Staatsidee des F. (1949); *A. Brecht:* F., Regionalismus und die Teilung Preußens, Bonn 1949; *J. J. Kindt-Kiefer:* Föderativer Aufbau in Gemeinde, Wirtschaft und Staat, München – Stuttgart – Berlin 1949; *B. Kamer:* F. und Korporativismus in gegenseitiger Beziehung, jur. Diss. Zürich 1950; *H. Hellwege:* Die föderalistische Lebensordnung, Bonn 1953; *K. C. Wheare:* Federal Government, London 1953, dt.: Föderative Regierung, München 1959; *F. Ermacora:* Das Wesen und die Grundformen der Zentralisation und Dezentralisation, in: Österreichische Zeitschrift für öffentliches Recht, NF 5 (1953), S. 101-65; *R. R. Bowie / C. J. Friedrich* (Hrsg.): Studies in Federalism, Boston 1954; *W. Mommsen:* F. und Unitarismus, Schloß Laupheim 1954; *E. v. Puttkamer:* Föderative Elemente im deutschen Staatsrecht seit 1648, Berlin – Frankfurt/M. 1955; *E. Deuerlein:* Das Problem des F. in der deutschen Geschichte, in: Aus Politik und Zeitgeschichte.

Beilage zur Wochenzeitung Das Parlament, 28 (1955), S. 421-39; *A. W. MacMahon* (Hrsg.): Federalism, Garden City 1955; *W. S. Livingston:* Federalism and Constitutional Change, Oxford 1956; *G. Berger:* Le fédéralisme, Paris 1956; *O. H. v. d. Gablentz:* Die Chancen des F. in der gegenwärtigen Gesellschaft, in: Bund und Länder, hrsg. von *O. K. Flechtheim,* Berlin 1959; *R. Wierer:* Der F. im Donauraum, Graz – Köln 1960; *A. Süsterhenn* (Hrsg.): Föderalistische Ordnung. Ansprachen und Referate der vom Bund Deutscher Föderalisten und vom Institut für Staatslehre und Politik e.V. am 9.-10. 3. 1961 in Mainz veranstalteten staatswiss. Arbeitstagung, Koblenz 1961; *K. H. Walper:* F., Berlin 1964; *W. Weber:* Die Gegenwartslage des deutschen F., Göttingen 1966; *H. Heffter:* Die deutsche Selbstverwaltung im 19. Jhdt., Stuttgart 1969; *K. Wedl:* Der Gedanke des F. in Programmen politischer Parteien Deutschlands und Österreichs, München – Wien 1970; *E. Deuerlein:* F. – Die historischen und philosophischen Grundlagen des föderativen Prinzips, München 1972; *G. Kirsch* (Hrsg.): F., Stuttgart – New York 1977; *F. Esterbauer / G. Héraud / P. Pernthaler* (Hrsg.): F. als Mittel permanenter Konfliktregelung, Wien 1977; *K. Assmann / T. Goppel* (Hrsg.): F. Bauprinzip einer freiheitlichen Grundordnung, München 1978; *F. Esterbauer:* Europäische Union – Föderalistisch-demokratische Grundzüge, Wien 1979; *F. Graf Kinsky:* F. – ein Weg aus der Europakrise, Bonn 1986; *F. Ossenbühl* (Hrsg.): F. und Regionalismus in Europa – Verfassungskongreß in Bonn vom 14.-16. 9. 1989, Baden-Baden 1990; *T. Straubhaar:* Zur optimalen Größe eines integrierten Wirtschaftsraumes. Das Konzept des funktionalen F., Hamburg 1993; *K. W. Zimmermann / W. Kahlenborn:* Umweltf. – Einheit und Einheitlichkeit in Deutschland und Europa, Berlin 1994.

– St

Fontane, Theodor

*** 24. 3. 1819 Neuruppin; † 20. 9. 1898 Berlin. Dichter und Schriftsteller. F. entstammte einer alten Hugenottenfamilie. Er besuchte 1833-36 die Gewerbeschule in Berlin und wurde 1836-40 zum Apotheker ausgebildet. Daneben betätigte er sich bereits früh als Journalist und Dichter, doch der Versuch, 1843 in Dresden hauptberuflich den Journalistenberuf zu ergreifen, scheiterte. 1847 erhielt er seine Approbation als Apotheker; diesen (ihm verhaßten) Beruf übte er bis 1849 aus, danach lebte er bis zu seinem Tode als freier Schriftsteller und Journalist. 1849/50 arbeitete er als Korrespondent für die „Dresdner Zeitung", und 1850-59 war er Mitarbeiter im „Literarischen Kabinett" der preußischen Regierung, d.h. er schrieb für regierungsamtliche Blätter, für die er u.a. von April bis Sep-

Theodor Fontane
1819-1898

tember 1852 und von 1855-59 als Korrespondent aus London berichtete. 1860-70 gehörte F. zur Redaktion der konservativen →„Kreuzzeitung" („Neue Preußische Zeitung"); während dieser Jahre begann er mit der Arbeit an seinen später berühmten „Wanderungen durch die Mark Brandenburg" (1862-84). Über die Kriege von 1864, 1866 und 1870/71 schrieb er umfassende militärgeschichtliche Darstellungen. 1876 amtierte er für kurze Zeit als Sekretär der Berliner Akademie der Künste, danach lebte er als freier Schriftsteller. Seit 1878 entstanden in kurzer Folge F.s große Romane, die – beginnend mit „Vor dem Sturm" (1878) und endend mit dem „Stechlin" (1897) – seinen Ruhm als einer der führenden Dichter der Epoche begründeten.

Im engen Sinne der politischen Parteiungen und Konflikte seiner Zeit ist F. kein Konservativer gewesen, eher in seiner skeptischen und auf den Wert des Gewordenen vertrauenden geistigen Grundhaltung. Vor 1848 war er der typische Liberale, der in gleicher Weise auf die Herstellung der Einheit und Freiheit Deutschlands hoffte, auf ein zwar monarchisch regiertes, doch freiheitlich (nach englischem Vorbild) konstituiertes Gemeinwesen. Im Verlauf des Revolutionsjahres entwickelte er sich vorübergehend zum Republikaner – was ihn nicht daran hinderte, mit streng konservativen Freunden (etwa B. von Lepel) Umgang zu pflegen. Seit 1849 allerdings begann eine politische Umorientierung, eine entschiedene Abkehr von den Idealen der Revolution. F.s anfängliche Enttäuschung über deren Mißlingen ging über in eine Verteidigung der Tradition preußischer Staatlichkeit und Beharrungskraft. 1850 bezeichnete er sich gar als einen „Reactionair von reinstem Wasser".

Dies bedeutete indes keinen direkten Übergang ins konservative politische Lager der damaligen Zeit, sondern eher die Hinwendung zu einem entschiedenen politischen Skeptizismus, der sich in den 1850er Jahren u.a. darin manifestierte, daß F. – als Korrespondent in Großbritannien mit der damaligen politischen Wirklichkeit dieses Landes konfrontiert – seine frühere Hochschätzung des englischen politischen Systems verlor und zu einem entschiedenen Kritiker des britischen „Mammonismus" und Imperialismus wurde. In den 1860er Jahren bekannte er sich deutlicher zum Konservatismus; so äußerte er einmal, „daß alle ernsten Leute, die nach Zuverlässigkeit, Treue, Charakter, meinetwegen auch ein bißchen nach Fanatismus und Verbissenheit aussehen, *Conservative* sind; – das andre ist doch der wahre Triebsand: durch die Strömung, wie sie gerade geht, mal hierhin, mal dorthin geworfen wird." Doch auch das hinderte ihn nicht, sich selbst später in seiner Autobiographie als einen Nationalliberalen mit demokratischen Neigungen zu kennzeichnen.

Zwei Aspekte seines geistigen Daseins stellen F. allerdings in die nächste Nähe einer konservativen Grundhaltung: zum einen seine prinzipielle Skepsis, seine „verantwortungsvolle Ungebundenheit" (Th. Mann), die sich in seiner Verachtung jeder Art von politischer Ideologie ebenso ausdrückte wie in seinem Haß auf Phrasen jedweder Art. Seine Sicht der Welt und der Menschen war zutiefst desillusioniert, *ohne* allerdings jemals in eigentliche Menschenverachtung umzuschlagen. Zum anderen ist sein ausgeprägter Sinn für Geschichte, für den Wert, die Bedeutung und den Rang des Gewordenen zu nennen, der sich in seinem nicht-dichterischen Hauptwerk, den „Wanderungen durch die Mark Brandenburg", ebenso zeigt wie in seiner Ablehnung des zu jener Zeit in gewissen schriftstellerischen Kreisen modischen „borniertern

Antikatholizismus". Den Begriff der *Ehre*, der im Mittelpunkt mehrerer seiner Dichtungen steht („Schach von Wuthenow", „Effi Briest"), hat er nicht etwa „entlarven" wollen; es ging ihm vielmehr ausdrücklich um die Unterscheidung eines angemessenen von einem unzutreffenden Ehrbegriff, um die Rettung der wirklichen Ehre vor dem äußerlichen und lebensfernen „Ehrenkultus" seiner Epoche.

B.: *J. Schobess:* Literatur von und über T. F., Potsdam 1965; F.-Blätter, hrsg. v. T. F.-Archiv der Deutschen Staatsbibliothek, Potsdam 1965ff; *C. Jolles:* T. F., Stuttgart 1972.

S.: Gesammelte Werke, Bde. I,1-10; II, 1-11, Berlin 1905-10; Sämtliche Werke, hrsg. v. *E. Gross / K. Schreinert / C. Jolles u.a.,* Bde. I-XXIV, München 1959ff.; Werke, Schriften und Briefe, hrsg. v. *W. Keitel / H. Nürnberger,* Bde. I-XIX, München 1962ff.

E.: T. F. und Bernhard von Lepel. Ein Freundschafts-Briefwechsel, hrsg. v. *J. Petersen,* Bde. I-II, München 1940; Briefe an die Freunde, hrsg. v. *F. Fontane / H. Fricke,* Bde. I-II, Berlin 1943; Storm – F. Briefe der Dichter und Erinnerungen von T. F., hrsg. v. *E. Gülzow,* Reinbek 1948; Briefe an Georg Friedlaender, hrsg. v. *K. Schreinert,* Heidelberg 1954; Briefe an Wilhelm und Hans Hertz, hrsg. v. *K. Schreinert,* Stuttgart 1972; Der Briefwechsel zwischen T. F. und Paul Heyse, hrsg. v. *G. Erler,* Berlin – Weimar 1972 u.a.; Die F.s und die Merckels. Ein Familienbriefwechsel 1850-70, hrsg. v. *G. Erler,* Bde. I-II, Berlin u.a. 1987; T. F.s Briefwechsel mit Wilhelm Wolfsohn, hrsg. v. *C. Schultze,* Berlin u.a. 1988.

L.: *F. Servaes:* T. F. Ein literarisches Porträt, Berlin – Leipzig 1900; *C. Wandrey:* T. F., München 1919; *G. Kricker:* T. F., Berlin 1921; *M. Krammer:* T. F., Berlin 1922; *G. Roethe:* Zum Gedächtnis T. F.s, in: *ders.:* Deutsche Reden, Leipzig o. J. (1927), S. 399-438; *A. L. Davis:* F. as a Political Thinker, in: The Germanic Review 8,3 (1933), S. 183-94; *ders.:* T. F.'s Relation to German Conservative Forces during the Period 1849-70, in: The Journal of English and Germanic Philology 35,2 (1936), S. 259-70; *J. Fürstenau:* F. und die märkische Heimat, Berlin 1941; *G. Radbruch:* T. F. oder Skepsis und Glaube, Leipzig 1948; *J. Förstenau:* T. F. als Kritiker seiner Zeit, Potsdam 1948; *J. Ernst:* Die religiöse Haltung T. F.s, phil. Diss. (masch.) Erlangen 1951; *H. Ritscher:* F. Seine politische Gedankenwelt, Göttingen 1953; *A. Bosshart:* T. F.s historische Romane, Winterthur 1957; *F. Martini:* Deutsche Literatur im bürgerlichen Realismus 1848-98, Stuttgart 1962; *H. Roch:* F., Berlin und das 19. Jhdt., Berlin 1962; *K. H. Höfele:* T. F.s Kritik am Bismarckreich, in: Geschichte in Wissenschaft und Unterricht 14 (1963), S. 337-42; *J. Remak:* The Gentle Critic. T. F. and German Politics 1848-98, Syracuse (N. Y.) 1964; *P. Demetz:* Formen des Realismus. T. F., München 1964; *H. Nürnberger:* Der frühe F., Hamburg 1967;

ders.: T. F. in Selbstzeugnissen und Bilddokumenten, Reinbek 1968; *H.-H. Reuter:* F., Bde. I-II, Berlin 1968, München 1968; *K. Attwood:* F. und das Preußentum, Berlin 1970; *W. Müller-Seidel:* T. F. Soziale Romankunst in Deutschland, Stuttgart 1975; *C. Jolles:* F. und die Politik, Berlin – Weimar 1983 (Teildruck als Berliner phil. Diss. 1936); *E. Verchau:* T. F. – Individuum und Gesellschaft, Frankfurt a. M. u.a. 1983; *H. Ahrens:* Das Leben des Romanautors, Dichters und Journalisten T. F., Düsseldorf 1985; *G. Sichelschmidt:* T. F., München 1985; *H. L. Arnold* (Hrsg.): T. F., München 1989; *S. Greif:* Ehre als Bürgerlichkeit in den Zeitromanen T. F.s, Paderborn u.a. 1992.

– K

Forsthoff, Ernst

* 13. 9. 1902 Duisburg; † 13. 8. 1974 Heidelberg. Staats- und Verwaltungsrechtslehrer, der dem sog. „technokratischen Konservatismus" zugerechnet wird. Als Schüler Carl →Schmitts wurde F. 1925 promoviert. Er habilitierte sich 1930 mit einer Arbeit über „Die öffentliche Körperschaft im Bundesstaat" und erhielt Rufe nach Frankfurt a. M. (1933), Hamburg (1935), Königsberg (1936) und Wien (1941). F., der sich auch an der nationalsozialistischen Debatte um die „Erneuerung" des →Rechts beteiligte, optierte 1933 mit seiner Schrift „Der totale Staat" für den Nationalsozialismus, wandte sich jedoch in der Folge wieder von ihm ab. Aufgrund seines Wirkens als Rechtsberater des Oberkirchenrates der Altpreußischen Union in Berlin von 1936-41 geriet F. in Konflikt mit dem Regime, das ihm den Antritt des Wiener Lehramtes untersagte. 1943 ging F. nach Heidelberg. 1946 wurde er auf Anweisung der amerikanischen Besatzungsmacht entlassen und erhielt seinen Lehrstuhl 1952 zurück. 1967 ließ er sich emeritieren. 1960-63 wirkte er als Präsident des Verfassungsgerichtshofes der Republik Zypern. Dieses Amt legte er nieder, als sich der zypriotische Präsident Erzbischof Makarios weigerte, ein Urteil des Gerichtshofes zugunsten der türkischen Minderheit auszuführen.

Bahnbrechend waren die Arbeiten F.s auf dem Gebiet des Verwaltungsrechts. Bereits in seiner 1938 erschienenen Schrift „Die Verwaltung als Leistungsträger" machte er der herrschenden Verwaltungsrechtslehre den Vorwurf, über der Orientierung an den Institutionen der Eingriffsverwaltung die administrative Tätigkeit auf dem eine immer größere Bedeutung erlangenden Gebiet der „Daseinsvorsorge" zu vernachlässigen. Die dogmatische Durchdringung der Leistungsverwaltung, mit welcher er dem Rechtsstaat die soziale Dimension erschloß, leistete F. in seinem 1950 in erster Auflage erschienenen „Lehrbuch des Allgemeinen Verwaltungsrechts", das rasch zu einem Klassiker wurde. F. bejahte die Verwirklichung des Sozialstaats auf der Ebene von Gesetzgebung und Verwaltung, verneinte jedoch die Vereinbarkeit von Rechts- und Sozialstaat auf der Verfassungsebene, da er auf soziale Leistungen abzielende unmittelbare verfassungsrechtliche Verbürgungen nur bei gleichzeitigem Abbau rechtsstaatlicher verfassungsrechtlicher Gewährleistungen, wie etwa Eigentum, Erwerbsfreiheit und Rechtsgleichheit, für möglich hielt. Im Rechtsstaat ein „System rechtstechnischer Kunstgriffe zur Gewährleistung gesetzlicher Freiheit" erblickend, lehnte er das Verständnis der Grundrechte als Wertsystem ab, weil es – unter Abkehr vom Methodenkanon →Savignys, an dem F. festhielt – einerseits dem jeweiligen Verfassungsinterpreten die manipulatorische Möglichkeit des Auf-, Ab- und Umwertens gäbe und andererseits über den Einbezug des einzelnen in das soziale Ganze verfassungspolitisch nichts anderes bedeute als „die Umdeutung der Grundrechte in wesentlich sozial determinierte Pflichtbindungen unter weitgehender Eliminierung ihres liberalen Gehalts".

In der sozialen und technischen Realisation – die erstere erschien ihm als weitgehend abgeschlossen – sah F. die Gefahr der pluralistischen Auflösung der Staatsgewalt. Er betrachtete es als „ehernes Gesetz ..., daß die Staatlichkeit in dem Maße abgebaut wird, in dem sie sich in Sozialstaatlichkeit verwandelt". Der →Staat sei nicht mehr Herr, sondern Funktion der Gesellschaft. In der Verflechtung der Bundesrepublik Deutschland mit der stabilisierend wirkenden Industriegesellschaft, dem harten Kern des sozialen Ganzen, erblickte F. aber eine Stärkung der Bundesrepublik, da es sich dabei vielleicht um die einzige Ressource handle, die geeignet sei, ihr Dauer zu verleihen.

F. bedauerte es, daß der Staat der individuellen Freiheit nicht mehr als „geistig-politische Potenz mit anerkannter Autorität" ge-

genübertrete. Im Staat sah er nämlich jene Instanz, „die den technischen Prozeß nicht den immanenten Bedingungen seiner Fortbewegung überläßt, sondern ihm Grenzen setzt", was die Humanität gebiete. Daß die Bundesrepublik diese reale, präsente und souveräne Macht aber nicht darstelle, leide jedoch keinen Zweifel. Sie sei „kein Staat im hergebrachten Sinne des Begriffs mehr". Ihre Unfähigkeit zu geistiger Selbstdarstellung mache klar, daß sie nicht mehr das Konkret-Allgemeine repräsentiere.

B.: Festschrift für E. F. zum 70. Geburtstag, hrsg. v. *R. Schnur*, München 1972, ²1974, S. 495-538.

S.: Die öffentliche Körperschaft im Bundesstaat, Tübingen 1931; Die Krise der Gemeindeverwaltung im heutigen Staat, Berlin 1932; Der totale Staat, Hamburg 1933, ²1934; Die Verwaltung als Leistungsträger, Stuttgart – Berlin 1938; Deutsche Verfassungsgeschichte der Neuzeit, Berlin 1940, Stuttgart ³1967; Recht und Sprache. Prolegomena zu einer richterlichen Hermeneutik, Halle 1940, Darmstadt ²1964; Lehrbuch des Verwaltungsrechts, Bd. I: Allgemeiner Teil, München 1950, ¹⁰1973; Verfassungsprobleme des Sozialstaats, Münster 1954; Rechtsfragen der leistenden Verwaltung, Stuttgart 1959; Rechtsstaat im Wandel. Verfassungsrechtliche Abhandlungen 1950-64, Stuttgart 1964, unter dem Titel: Rechtsstaat im Wandel. Verfassungsrechtliche Abhandlungen 1954-73, München ²1976; (als Hrsg.): Rechtsstaatlichkeit und Sozialstaatlichkeit, Darmstadt 1968; Der Staat der Industriegesellschaft, München 1971, ²1972; (mit *R. Hörstel* Hrsg.): Standorte im Zeitstrom. Festschrift für Arnold Gehlen, Frankfurt a. M. 1974.

L.: *E. Kaufmann:* Carl Schmitt und seine Schule. Offener Brief an E. F., in: *ders.:* Gesammelte Schriften, Bd. III, Göttingen 1960, S. 375-77; *A. Hollerbach:* Auflösung der rechtsstaatlichen Verfassung? Zu E. F.s Abhandlung „Die Umbildung des Verfassungsgesetzes" in der Festschrift für Carl Schmitt, in: Archiv des öffentlichen Rechts 85 (1960), S. 241-70; *W. Skuhr:* Die Stellung zur Demokratie in der deutschen Nachkriegsdiskussion über den „Demokratischen und Sozialen Rechtsstaat", dargestellt unter besonderer Berücksichtigung der Beiträge E. F.s, jur. Diss. Berlin 1961; *G. Roellecke:* Der Begriff des positiven Gesetzes und das Grundgesetz, Mainz 1969, S. 210-20; *W. von Simson:* Der Staat der Industriegesellschaft, in: Der Staat 11 (1972), S. 51-60; *H. Quaritsch:* Erinnerung an E. F., in: Neue juristische Wochenschrift 1974, S. 2120; *H. Schneider:* E. F., in: Die öffentliche Verwaltung 1974, S. 596f.; *W. Euchner:* E. F.: Der Staat der Industriegesellschaft, in: Archiv des öffentlichen Rechts 99 (1974), S. 179-82; *K. Doehring:* E. F., in: Archiv des öffentlichen Rechts 99 (1974), S. 650-53; *P. Noack:* Technischer Fortschritt als konservative Aufgabe? Zur Kritik des technokratischen Konservatismus, in: Die Herausforderung der Konservativen, hrsg. v. *G.-K. Kaltenbrunner*, Freiburg i. Br. – Basel – Wien 1974, S. 66-83; *P. Häberle:* Lebende Verwaltung trotz überlebter Verfassung? Zum wissenschaftlichen Werk von E. F., in: Juristenzeitung 1975, S. 685-89; *ders.:* Retrospektive Staats(rechts)lehre oder realistische „Gesellschaftslehre"? Zu E. F.: Der Staat der Industriegesellschaft, in: *ders.:* Verfassung als öffentlicher Prozeß. Materialien zu einer Verfassungstheorie der offenen Gesellschaft, Berlin 1978, S. 246-70; ebd. *ders.:* Zum Staatsdenken E. F.s, S. 396-406; *U. Storost:* Staat und Verfassung bei E. F., Frankfurt a. M. 1979; *R. Saage:* Konservatismus und Faschismus. Anmerkungen zu E. F.s Entwicklung vom „Totalen Staat" zum „Staat der Industriegesellschaft", in: *ders.:* Rückkehr zum starken Staat, Frankfurt a. M. 1983, S. 181-201; *U. Storost:* Die Verwaltungsrechtslehre E. F.s, in: *E. V. Heyen* (Hrsg.): Wissenschaft und Recht der Verwaltung seit dem Ancien Régime, Frankfurt a. M. 1984, S. 163-88; *K. Doehring:* E. F., in: Semper Apertus. 600 Jahre Ruprecht-Karls-Universität Heidelberg 1386-1986, Bd. III, Berlin u. a. 1985, S. 437-63; *H. H. Klein:* F., in: Staatslexikon, hrsg. v. d. Görres-Gesellschaft, Bd. II, Freiburg – Basel – Wien ⁷1986, Sp. 649-51; *K. Doehring:* E. F., in: Juristen im Porträt. Verlag und Autoren in vier Jahrzehnten, München 1988, S. 341-49; *D. van Laak:* Gespräche in der Sicherheit des Schweigens. Carl Schmitt in der politischen Geistesgeschichte der frühen Bundesrepublik, Berlin 1993, S. 240-46, *F. Herrmann:* F., E., in: Juristen. Ein biographisches Lexikon von der Antike bis zum 20. Jhdt., hrsg. v. *M. Stolleis*, München 1995, S. 212f.

– Z

Frantz, Constantin

* 12. 9. 1817 Oberbörnecke bei Halberstadt; † 2. 5. 1891 Blasewitz bei Dresden. Konservativer politischer und philosophischer Schriftsteller. Einer anhaltinisch-thüringischen Familie entstammend (mit hugenottischen Vorfahren von der mütterlichen Seite), wuchs F. als Sohn eines Pastors in Halberstadt auf, wo er 1836 am Domgymnasium das Abitur ablegte. 1836-40 studierte er an den Universitäten Halle und Berlin die Fächer Physik, Mathematik, Philosophie, Staatswissenschaften und – als Schüler →Rankes – Geschichte; anschließend unterrichtete er an einer Berliner Realschule und wurde 1841 in Jena zum Doktor der Philosophie promoviert. In den folgenden Jahren versuchte F. als freier Schriftsteller zu leben und vertrat zunächst, unter dem Einfluß Hegels und seiner Schule, sozialrevolutionäres Gedankengut. Schon bald geriet er jedoch unter den Einfluß des ab 1841 in Berlin lehren-

den F. v. Schelling, dessen Lehre – sowie ein religiöses Erweckungserlebnis – F. zu einem streng gläubigen Christen werden ließen. Sein erstes größeres Werk sind (neben kleineren Schriften zur sozialen Frage) die „Grundzüge des wahren und wirklichen absoluten Idealismus" (1843).

Der junge Autor, der durch seine frühen Bücher die Aufmerksamkeit des preußischen Kultusministers Eichhorn erregt hatte, erhielt von diesem eine Anstellung als Pressereferent im Kultusministerium: Es sollte vor allem F.' Aufgabe sein, „der radikalen Publizistik einen Damm entgegenzusetzen", was er mit eine Reihe größerer und kleinerer Schriften auch tat. 1847 unternahm er im Auftrag des Ministers eine größere Reise durch das Habsburgerreich; erstmals wurde ihm hier die politische und kulturelle Bedeutung gerade der west- und südslawischen Landesteile vor Augen geführt. Die Revolution von 1848 trieb F. wie seinen Förderer und Vorgesetzten aus dem Amt; F. war nun wieder auf die Einkünfte aus seinen (in den Jahren bis 1851 weitgehend anonym veröffentlichten) Broschüren und Büchern angewiesen. Die Revolution und die Tätigkeit der Paulskirche betrachtete er mit kritischer Ablehnung. Gefördert durch den russischen Botschafter in Wien und Berlin, P. von Meyendorff, wurde F. mit dem alten →Metternich sowie führenden Politikern und Diplomaten Österreichs, darunter →Schwarzenberg und Prokesch-Osten, bekannt; seine deutliche Kritik an der preußischen Unionspolitik von 1849/50, wie sie in seiner Schrift „Unsere Politik" (1850) formuliert wurde, war ganz in deren Sinne (und in dem des preußischen Konservatismus!) geschrieben. Mit seiner Schrift „Louis Napoleon" (1851) verteidigte F. den Staatsstreich in Frankreich und empfahl zugleich (in „Unsere Verfassung", ebenfalls 1851) indirekt eine ähnliche Politik für den preußischen Staat – womit er sich wiederum von den Konservativen absetzte. Er trat →Bismarck nahe und wurde, nachdem er 1850 das Angebot einer a.o. Professur für Staatswissenschaften in Breslau abgelehnt hatte, vom neuen preußischen Ministerpräsidenten O. von →Manteuffel als „Geheimer expedierender Sekretär" im Außenministerium angestellt. Doch seine nächsten politischen Schriften, darunter die sozialpolitische Abhandlung

„Die Staatskrankheit" (1852), fanden nicht den Beifall der offiziellen Stellen, so daß F. bald für drei Jahre (1853-56) als Konsul nach Spanien (Barcelona und Cádiz) abgeschoben wurde. 1856 nach Deutschland zurückgekehrt, widmete sich F. erneut der Schriftstellerei und publizierte 1857 seine „Vorschule zur Physiologie der Staaten", die – zusammen mit der 1870 veröffentlichten „Naturlehre des Staates" – die Kerngedanken seiner konservativen Staatsphilosophie enthält: Wie →Haller und die politischen Traditionalisten Alteuropas sieht auch F. in der Familie den Ursprung und die Grundlage des →Staates und jeder gesunden Staatsbildung überhaupt. Ständisch-korporative Ausdifferenzierung, christliche und soziale Grundorientierung sowie eine föderale, den Frieden sichernde und auf Ausgleich bedachte Gliederung sind nach F. die Ziele einer guten Politik, während Nationalismus, Liberalismus und Konstitutionalismus Resultate des seit 1789 eingeschlagenen europäischen Irrweges darstellen.

Aus dem Staatsdienst – mit äußerst geringem Ruhegehalt – beurlaubt, widmete sich F. fortan, obgleich es ihn immer wieder in die Politik drängte, ausschließlich seiner Schriftstellerei. In seinen anonym erschienenen „Untersuchungen über das europäische Gleichgewicht", einem seiner bedeutendsten Werke, umriß F. nicht nur eine weit ausgreifende Geschichte der europäischen Staatsbildung, sondern verkündete zugleich das Ende der traditionellen europäischen Pentarchie, der alten Fünf-Mächte-Politik seit dem Wiener Kongreß von 1815. Statt dessen sah er (ähnlich wie andere Zeitgenossen, etwa →Tocqueville und →Burckhardt), die langfristige Ablösung der Weltgeltung Europas durch die beiden Flügelmächte USA und Rußland voraus. Als Gegengewicht hierzu empfahl er die Bildung eines großen, im Kern aus Preußen, Österreich und den deutschen Mittelstaaten bestehenden, mitteleuropäischen Bundes, der wiederum die Keimzelle eines künftigen europäischen Staatenbundes darstellen sollte.

Mit diesen Gedanken – auch mit seinen stets wiederholten Warnungen vor Rußland, das nach einem Weltreich mit der „natürliche(n) Grenze… in der Linie von Hamburg nach Triest" strebe – fand er indessen bei Bismarck kein Gehör. Dessen Politik seit 1866 ging in eine ganz andere Richtung, und F. entwickelte sich in seinen späteren politischen Schriften zu einem der schärfsten und konsequentesten Kritiker des preußischen Ministerpräsidenten und späteren Reichsgründers. 1873 verließ F. endgültig Berlin und zog sich nach Dresden, später nach Blasewitz zurück, wo er – unablässig weiter publizierend – zunehmend vereinsamte. Richard Wagner und der Bayreuther Kreis zählten zu den wenigen Förderern und Freunden seiner späteren Jahre. Nachdem F.' Bemühungen um die Gründung einer oppositionellen „Föderalistischen Partei" (1875/76) gescheitert waren, lebte er in völliger Zurückgezogenheit allein seinem Werk. Seine letzten größeren Arbeiten waren die, seine Grundgedanken noch einmal weitschweifig zusammenfassende dreiteilige Schrift „Die Weltpolitik unter besonderer Bezugnahme auf Deutschland" (1882/83) sowie die 1899 aus dem Nachlaß publizierte prophetische Schrift „Die Gefahr aus Osten", eine letzte Warnung vor Rußland.

Wenige, dafür aber treue Freunde und Anhänger sorgten dafür, daß sein Werk nicht vergessen wurde, und nach 1945 meinte man, in F.' Ideen eine – zum Schaden Deutschlands nicht verwirklichte – mögliche politische Alternative zur Reichsgründung Bismarcks sehen zu können. Dies allerdings dürfte, bei allem Respekt vor dem Ideenreichtum F.', nicht zutreffen, da die Gegebenheiten der modernen industriellen Welt und auch die Partizipationsbedürfnisse des national und liberal orientierten Bürgertums, mit dem Bismarck sich arrangieren mußte, weitgehend vernachlässigen zu können meinte. Doch dies mindert nicht seine Bedeutung als eines eindrucksvollen und vielfach originellen politischen Visionärs.

S.: Die Philosophie der Mathematik, zugleich ein Beitrag zur Logik und zur Naturphilosophie, Leipzig 1842; Hegels Philosophie in wörtlichen Auszügen, von K. F. und A. Hillert, Berlin 1843; Grundzüge des wahren und wirklichen absoluten Idealismus, Berlin 1843 (Ndr. Aalen 1970); Spekulative Studien, Bde. I-II, Berlin 1843/44; Versuch über die Verfassung der Familie, ein Mittel gegen den Pauperismus, Berlin 1844; Ahasverus oder die Judenfrage, Berlin 1844; Über die Gegenwart und Zukunft der preußischen Verfassung, Halberstadt 1846 (Ndr. hrsg. v. *H. E. Onnau*, Einl. v. *U. Sautter*, Siegburg 1975); Polen, Preußen und Deutschland, Halberstadt 1848 (Ndr. Siegburg 1969); Über die gegenwärtige Lage des Staates, Berlin 1848; Unsere Politik, Berlin 1850; Die Erneuerung der Gesellschaft und die Mission der Wissenschaft, Berlin 1850 (Ndr. Siegburg 1967); Die Constitutionellen, Berlin 1851; Von der deutschen Föderation, Berlin 1851 (Ndr., hrsg. v. *H. E. Onnau*; mit einer Denkschrift „Politische Aussichten" vom Anfang der 1850er Jahre, Siegburg 1980); Unsere Verfassung, Berlin 1851; Louis Napoleon, Berlin 1852 (mehrere Nachdrucke, u.a. hrsg. v. *F. Kemper* [=J. P. Mayer], Potsdam 1933; hrsg. v. *G. Maschke*, Wien – Leipzig 1990); Die Staatskrankheit, Berlin 1852; Vorschule zur Physiologie der Staaten, Berlin 1857; Quid faciamus nos? Berlin 1858; Untersuchungen über das europäische Gleichgewicht, Berlin 1859 (Ndr. Osnabrück 1968); Der Militärstaat, Berlin 1859 (Ndr. Aalen 1970); Die Ereignisse in Amerika in ihrer Rückwirkung auf Deutschland, Berlin 1861; Dreiunddreißig Sätze vom deutschen Bunde, Berlin 1861; Kritik aller Parteien, Berlin 1862; Die Quelle allen Übels. Betrachtungen über die preußische Verfassungskrisis, Stuttgart 1863 (Ndr. Aalen 1973); Der dänische Erbfolgestreit und die Bundespolitik, Berlin 1864; Die Wiederherstellung Deutschlands, Berlin 1865 (Ndr. Aalen 1972); Die Schattenseite des Norddeutschen Bundes vom preußischen Standpunkt betrachtet, Berlin 1870; Die Naturlehre des Staates als Grundlage aller Staatswissenschaft, Leipzig – Heidelberg 1870 (Ndr. Aalen 1964); Das neue Deutschland. Beleuchtet in Briefen an einen preußischen Staatsmann, Leipzig 1871; Die Religion des Nationalliberalismus, Leipzig 1872 (Ndr. Aalen 1970); Abfertigung an die nationalliberale Presse nebst einer höchst nötigen Belehrung über den Ultramontanismus, Leipzig 1873; Die nationalliberale Rechtseinheit und das Reichsgericht, Augsburg 1873; Was soll aus Elsaß-Lothringen werden? München 1873; Bismarckismus und Fridericianismus, München 1873; Nationalliberalismus und Judenherrschaft, München 1874; Die preußische Intelligenz und ihre Grenzen, München 1874; Die Genesis der Bismarckschen Ära und ihr Ziel, München 1874; Der Bankrott der herrschenden Staatsweisheit, München 1874; Aufruf zur Begründung einer föderativen Partei, München 1875; Philosophie und Christentum, München 1875; Literarisch-politische Aufsätze nebst einem Vorwort über die Verdienste des Fürsten Bismarck und einem Nachwort über deutsche Politik, München 1876; Deutsche Antwort auf die orientalische Frage, Leipzig 1877; Der Untergang der alten Parteien und die Partei der Zukunft, Leipzig 1878 (Ndr. Frankfurt a. M. 1970); Der Föderalismus als das leitende Prinzip für die soziale, staatliche und internationale Organisation, unter besonderer Bezugnahme auf Deutschland, kritisch nachgewiesen und konstruktiv dargestellt, Mainz 1879 (Ndr. Aalen 1962); Schellings positive Philosophie, Bde. I-III, Cöthen 1879/80 (Ndr. Aalen 1968); Blätter für deutsche Politik und deutsches Recht. Gesammelte Aufsätze aus den Jahren 1873-75, München – Augsburg 1880; Die soziale Steuerreform als die Conditio sine qua non, wenn der sozialen Revo-

lution vorgebeugt werden soll, Mainz 1881 (Ndr. Aalen 1972); Zwischenbemerkungen zur Judenfrage, Berlin 1882; Die Weltpolitik unter besonderer Bezugnahme auf Deutschland, Bde. I-III, Chemnitz 1882/83 (Ndr. Osnabrück 1966).

E.: Die deutsche Politik der Zukunft, hrsg. v. *O. Schuchardt*, Dresden 1905; C. F.' Briefe an Richard Wagner, hrsg. v. *H. v. Wolzogen*, in: Bayreuther Blätter 29 (1906); Deutschland und der Föderalismus, Hellerau 1917; Deutsche Weltpolitik im Licht C. F.', hrsg. v. *H. Schwamm-Schneider*, Stuttgart 1920; Der Föderalismus als universale Idee. Beiträge zum politischen Denken der Bismarckzeit, hrsg. v. *I. Hartmann*, Berlin 1948; Briefe, hrsg. v. *U. Sautter / H. E. Onnau*, Wiesbaden 1974.

L.: *Schuchardt* in: ADB XLVIII, S. 716-20; *E. Wittenberg* in NDB V, S. 353-56; *O. Schuchardt*: K. F., Deutschlands wahrer Realpolitiker, Meslungen 1896; *E. Stamm*: K. F.' Schriften und Leben, 1. Teil 1817-56, Heidelberg 1907; *F. W. Foerster*: Politische Ethik und politische Pädagogik, München 1918; *ders.*: Bismarcks Werk im Lichte der föderalistischen Kritik, Ludwigsburg 1921; *A. Wahl*: C. F., in: Deutscher Aufstieg. Bilder aus der Vergangenheit und Gegenwart der rechtstehenden Parteien, hrsg. v. *H. v. Arnim / G. v. Below*, Berlin – Leipzig – Wien – Bern 1925, S. 139-46; *H. Häne*: Die Staatsideen des K. F., Gladbach-Rheydt 1929; *E. Stamm*: K. F. 1857-66. Ein Wort zur deutschen Frage, Stuttgart 1930; *K. vom Hövel*: C. F., in: Mitteldeutsche Lebensbilder, Bd. V, Magdeburg 1930, S. 372-94; *E. Quadflieg*: Dokumente zum Werden von C. F., in: Historisches Jahrbuch der Görres-Gesellschaft 53 (1933), S. 320-57; *E. Stamm*: Ein berühmter Unberühmter. Neue Studien über K. F. und den Föderalismus, Konstanz 1948; *I. Hartmann*: Leben und Hauptgedanken des C. F., in: C. F.: Der Föderalismus als universale Idee, hrsg. v. *dems.*, Berlin 1948, S. 7-77; *F. Schnabel*: Das Problem Bismarck (1949), in: *L. Gall* (Hrsg.): Das Bismarck-Problem in der Geschichtsschreibung nach 1945, Köln 1971, S. 97-118; *H. Gollwitzer*: Europabild und Europagedanke, München 1951; *H. C. Meyer*: Mitteleuropa in German Thought and Action, 1815-1945, Den Haag 1955; *H. Stangl*: Die Bedeutung der Soziologie bei K. F., phil. Diss. München 1957; *J. Droz*: L'Europe centrale. Evolution historique de l'idée de „Mitteleuropa", Paris 1960; *U. Sautter*: C. F. und die Zweite Republik. Eine Denkschrift aus dem Jahre 1851, in: Historische Zeitschrift 210 (1970), S. 560-82; *K. Buchheim*: C. F. als Wahlsachse, in: Historisches Jahrbuch der Görres-Gesellschaft 94 (1974), S. 243-46; *P. F. H. Lauxtermann*: C. F. Romantik und Realismus im Werk eines politischen Außenseiters, Groningen 1978; *L. Lenk*: C. F. Idealist – Romantiker – Realist (1817-1891), in: Criticón Nr. 87 (1985), S. 10-13; *M. Ehmer*: C. F. Die politische Gedankenwelt eines Klassikers des Liberalismus, Rheinfelden 1988.

– K

Französischer Konservatismus

I. Von 1789 bis 1870

Die durch die Französische Revolution von 1789 ausgelöste und seither immer wieder aufbrechende Konfrontation von „links" und „rechts" hat die französische Politik bis heute geprägt. Auch der f. K. hat seine Wurzeln in der „Gegenrevolution". F.-R. de →Chateaubriands royalistische Zeitschrift „Le Conservateur" (1818-20) stellte sich die Aufgabe, die „gesunden Ideen zu bewahren", nicht aber das Ancien régime und seine absolutistische Regierungsform wiederherzustellen. Nach dem Regimewechsel von 1830 wurde als K. die Politik der auf Besitz, Bildung und Verwaltung gestützten und sich jeder „Demokratisierung" widersetzenden Notabeln bezeichnet. Nach 1848 und 1870 nahmen die Wahlbündnisse der dynastischen Parteien den Namen „konservativ" an (*Union conservatrice*). Die Ausdrücke „links" und „rechts" erhielten ihre heutige politische Bedeutung, als im September 1789 die Abgeordneten der Nationalversammlung entsprechend ihrer Auffassungen rechts oder links vom Präsidenten Platz nahmen. Die umstrittenen Verfassungsfragen waren das Vetorecht des Königs gegen Gesetze des Parlaments und das Zweikammersystem. Die erste konservative Partei bildeten die gemäßigten *Monarchiens* oder *Anglomanen*, die das englische freiheitssichernde Modell eines „mixed government" aus monarchischen (Krone), aristokratischen (Oberhaus) und demokratischen (Unterhaus) Elementen befürworteten. Die Niederlagen der *Monarchiens* bei den Abstimmungen über das Veto und das Zweikammersystem beendeten ihren Einfluß auf die Nationalversammlung. Als sie unter P.-V. Malouet als Gegengewicht zum Jakobinerklub einen „Club des Impartiaux" bildeten, war es bereits zu spät. Die *Monarchiens* emigrierten, behielten aber als Denkrichtung (J.-J. Mounier, T.-G. de Lally-Tolendal, J. Mallet-Du Pan, F.-D. Comte de Montlosier) ihre Wirkung. Revolutionsgegnerische Klubs (Club Monarchique, Feuillants, Salon Français, Société de 1789) und Presseorgane (A. →Rivarols „Journal politique national", J.-G. Peltiers „Actes des Apôtres", T.-M. Royous „Ami du Roi", J. Mallet-Du Pans „Mercure de France") waren bis zur Errichtung der Republik zwar legal, wurden aber durch eine von der Linken ausgeübte „öffentliche Zensur" unterdrückt. Im August 1792 beschloß die Pariser Commune, die „Vergifter der öffentlichen Meinung" gefangenzunehmen und ihre Druckereien „Patrioten" zu übergeben. Die Herstellung eines allgemeinen Konsenses („volonté génerale") mit immer gewaltsameren Mitteln ließ die Zahl der „Gegenrevolutionäre" wachsen, sei sie im Untergrund, in den Aufstandsgebieten (Vendée) oder im Exil. Kaum war Robespierre guillotiniert und der Jakobinerklub geschlossen worden, entstanden monarchistische Organisationen, nach ihrem Sitz in der Rue de Clichy „Clichyens" genannt, während im Lande unter dem Deckmantel der Wohltätigkeit „Philanthropische Institute" die Monarchisten sammelten. Nach dem monarchistischen Erfolg bei den Teilwahlen von 1797 führte das Direktorium den antiroyalistischen Staatsstreich des 18. Fructidor durch, ließ 53 Abgeordnete deportieren und 42 Zeitungen schließen. Nach einem weiteren antiroyalistischen Staatsstreich am 30. Prairial ergriff General Bonaparte am 18. Brumaire 1799 die Macht. Er stellte, gestützt auf seine militärischen Erfolge, die Regierbarkeit Frankreichs wieder her, indem er alle Parteien (sowie die Presse) unterdrückte, aber ehemalige Emigranten wie ehemalige Revolutionäre in die sich neu bildenden Eliten seines autoritären Kaiserreichs aufnahm.

1814 führte die alliierte Invasion Frankreichs zu einem politischen Vakuum, in dem Ludwig XVIII. die Monarchie restaurieren konnte. In der Proklamation von St. Ouen und einer Verfassungsurkunde („Charte") zeigte Ludwig XVIII. seinen Willen, nicht als „roi de deux peuples" zu regieren, sondern bei der Wiederherstellung des legitimen Königtums die Umwälzungen der 25jährigen Revolutionsära zu berücksichtigen. Allgemeines „Vergessen" und die Rechtsgültigkeit des Verkaufs der „Nationalgüter" (enteigneter Besitz von Kirche und Adel) standen im Vordergrund. Die Rückkehr Napoleons von Elba deckte die Schwächen dieser zwischen den ehemaligen Emigranten und der napoleonischen Elite schwankenden Politik auf. Im Lande bildete sich die starke Strömung eines „reinen" Royalismus, der nach der Auflösung der „Chambre introuvable" 1816 und Mandatsverlusten bei den Neuwahlen (nur noch 90 von 260 Sitzen) in die Opposition ging und den Charakter einer Partei annahm. Für die Loyalität gegenüber dem König bei gleichzeitiger Bekämpfung der Politik seiner Minister prägte Fouché den Spitznamen „Ultra-Royalisten". Diese seien royalistischer als der König. Das Programm dieser „Ultras" schrieb 1816 F.-R. de →Chateaubriand („La Monarchie selon la Charte"). Ihre Parteiführer waren J. de Villèle in der Abgeordnetenkammer, Chateaubriand in der Pairskammer. Den personellen Kern stellten die Mitglieder des 1810 von F. de Bertier, dem Sohn des nach dem Pariser Bastillensturm ermordeten Pariser Intendanten, gegen Napoleon gegründeten Geheimbundes der „Chevaliers de la Foi". Die Royalisten verfügten über ein festes theoretisches Fundament, nachdem die im Exil geschriebenen großen Werke der „maîtres de la contre-révolution" aus der katholisch-royalistischen Schule (J. de →Maistre und L. de → Bonald) bekannt wurden. Ihre Presse war beachtlich („Journal des Débats, „Gazette de France", „Drapeau Blanche" und Chateaubriands „Le Conservateur", der aus den Royalisten „die Partei der Intelligenz" machen wollte). Schließlich ließ sich nicht mehr ohne sie regieren. Villèle übernahm die Regierung, Chateaubriand wurde Außenminister. Er bereitete den Feldzug gegen die spanischen Liberalen vor, die sich König Ferdinands VII. bemächtigt hatten, aber im September 1823 in Cádiz vor den französischen Truppen kapitulieren mußten. Für Chateaubriand war der Feldzug im Auftrag der Heiligen Allianz ein Schritt zur Wiederherstellung der französischen Großmachtposition, doch wurde er wegen einer Finanzfrage von Ludwig XVIII. entlassen – ein schwerer Fehler, da Chateaubriands Einfluß auf die →öffentliche Meinung nicht in Rechnung gestellt wurde. Ludwig XVIII. war trotz aller guten Vorsätze ein „roi de deux peuples" geblieben und Karl X. nicht minder. Die öffentliche Meinung bildete das Zünglein an der Waage, und als 1830 der Sturz des Ministeriums Polignac die Dynastie mit sich riß, handelte es sich nicht zuletzt um eine Revolution der Zeitungen. Die Royalisten, die dem neuen König Louis-Philippe den Eid verweigerten, wurden von nun an Legitimisten genannt. Aus Armee und Verwaltung entfernt, zog sich der größte Teil auf das Land und in die „innere Emigration" zurück. Ein kleinerer Teil

suchte die in Parlament und Presse gegebenen Möglichkeiten zu nutzen; einige setzten, wie der bonapartistische Präsident Louis-Napoléon, vergeblich auf den bewaffneten Umsturz.

Während der Juli-Monarchie gab eine neue Generation dem Legitimismus nach dem Abtreten der Zeitzeugen von Revolution und Gegenrevolution ein neues Gesicht. Nach dem Tode Karls X. 1836 war die Thronfolge umstritten. Sein bereits unter der Restauration geborener Enkel wurde von den *Henriquinquisten* enthusiastisch unterstützt, während die *Carlisten* seinem Onkel anhingen, der noch in den Revolutionskriegen gekämpft hatte. Vom „Jungen Frankreich" (A. Nettements „L'Echo de la Jeune France") wurde eine antibürgerliche Mischung von Religion, Royalismus, Freiheit und romantischem Lebensgefühl vertreten. In Zeitungen wie „La Mode", „La Quotidienne", aber auch in einer Provinzpresse, die die Namen der alten Provinzen (Normandie, Bretagne, Anjou, Auvergne) führte, wurde gegen das Bürgerkönigtum ein „Krieg der Epigramme" geführt, ähnlich dem „Krieg der Karikaturen" auf der Linken. Von größerer Bedeutung war jedoch die allmähliche „Separation" des katholischen Lagers, seine mehrheitliche Trennung vom Legitimismus und der Versuch, durch einen eigenen *Parti catholique* (C. Montalembert) die Freiheit der Kirche gegenüber dem Staat zu verfechten. In einem sich breit entwickelnden sozialen Katholizismus richtete sich eine von „gegenrevolutionären" Positionen ausgehende systematische Kritik gegen die liberale, individualistische, säkularistische Gesellschaft, die mit der Revolution heraufgezogen war. Doch gerade die moderne Erwerbsgesellschaft wurde von den in der Juli-Monarchie regierenden Orléanisten verteidigt. Ihr „juste milieu" zerfiel in eine linke („Mouvement") und eine rechte („Résistance") Mitte. Nach 1831 waren meist Politiker der „Résistance" (F. Guizot, L. M. Molé) an der Regierung, während die „dynastische Linke" und die „Linke Mitte" (A. Thiers) in der Minderheit blieben. Guizot versuchte eine liberale, konservative und antirevolutionäre Partei zu bilden, die sich an den englischen Tories orientierte, aber nur eine die Regierung unterstützende Parlamentsfraktion blieb. Er hielt an einer Beschränkung des Wahlrechts (Zensus) auf (1846) 250.000 Bürger fest und war so am Sturz des Juli-Königtums in der Revolution von 1848 nicht unbeteiligt – „Fortschrittliche Konservative" oder „Neo-Konservative" (A. de →Tocqueville) stellten sich gegen diesen Ausschluß der Bevölkerungsmehrheit von der politischen Partizipation. Der Schock der Revolution führte zur Bildung eines „Parti d'ordre", einer Ordnungspartei, die unter dem Motto „Ordnung, Eigentum, Religion" die unterschiedlichen dynastischen und katholischen Gruppen vereinte. Doch setzte sich bald ein Regime der Ordnung in Gestalt des Zweiten Kaiserreichs gegen die Partei der Ordnung durch.

L.: *A. Challamel:* Les clubs contre-révolutionnaires, cercles, comités, sociétés, salons, réunions, cafés, restaurants et librairies, Paris 1895; *L. Dimier:* Les maîtres de la contrerévolution au dix-neuvième siècle, Paris 1907; *R. de Batz:* Histoire de la Contre-Révolution, Paris 1909; *F. Baldensperger:* Le mouvement des idées dans l'emigration française, Paris 1924; *E. Vingtrinier:* La Contre-Révolution. Première période 1789-91, Paris 1924; *W. Gurian:* Die politischen und sozialen Ideen des französischen Katholizismus 1789/1914, Mönchen-Gladbach 1929; *A. V. Roche:* Les idées traditionalistes en France de Rivarol à C. Maurras, Urbana (Ill.) 1937; *J. B. Duroselle:* Les débuts du catholicisme social en France (1822-70), Paris 1951; *D. Bagge:* Les idées politiques en France sous la réstauration, Paris 1952; *M. H. Elbow:* French Corporate Theory, 1789-1948, New York 1953; *R. Rémond:* La droite en France de 1815 à nos jours, Paris 1954; *G. de Bertier de Sauvigny:* La restauration, Paris 1955; *P. H. Beik:* The French Revolution seen from the Right, Philadelphia 1956; *J. J. Oechslin:* Le mouvement ultra-royaliste sous la restauration, Paris 1960; *J. Godechot:* La Contre-Révolution. Doctrine et action, Paris 1961; *H. Maier:* Revolution und Kirche. Studien zur Frühgeschichte der christlichen Demokratie (1789-1850), Freiburg 1959; *J.-C. Petitfils:* La droite en France de 1789 à nos jours, Paris 1973; *A. Dru:* Erneuerung und Reaktion. Die Restauration in Frankreich, München 1967; *G. de Broglie:* L'orléanisme, Paris 1981; *W. J. Murray:* The Rightwing Press in the French Revolution, London 1985; *D. Sutherland:* France 1789-1815. Revolution and Counterrevolution, London 1985; *H. de Changy:* Le parti légitimiste sous la Monarchie de Juillet, Paris 1986; *S. Rials:* Révolution et Contre-Révolution au XIXe siècle, Paris 1987; *F. Lebrun / R. Dupuy:* Les résistances à la Révolution, Paris 1987; *F. Furet / M. Ozouf* (Hrsg.): Dictionnaire critique de la Révolution française, Paris 1988; *L. Beneton:* Le conservatisme, Paris 1988; *J. J. Langendorf:* Pamphletisten und Theoretiker der Gegenrevolution 1789-99, München 1989; *J. F. Sirinelli* (Hrsg.): Histoire des droites en France, Paris 1992.

– S-N

II. Von 1870 bis zur Gegenwart

Die Lage des f. K. war nach der Niederlage von 1871 vor allem durch die Fraktionierung der Monarchisten bestimmt, die zwar in der Nationalversammlung von Bordeaux die Mehrheit besessen hatten, aber nicht zu einem geschlossenen Vorgehen in der Lage gewesen waren. Der Tod Napoleons III. im englischen Exil, im Januar 1873, machte schon früh alle Staatsstreichpläne der Bonapartisten hinfällig, und das unkluge Verhalten des Grafen von Chambord, der die Wiedereinführung der weißen Fahne anstelle der Trikolore bei einer Restauration verlangte, trug dazu bei, daß auch die mühsame Einigung der Orléanisten und der Anhänger der Bourbonen zerbrach. Die Schwäche der Rechten zeigte sich schließlich unübersehbar, als Frankreich im Januar 1875 die bis dahin vermiedene Staatsbezeichnung „Republik" einführte und gleichzeitig die Orléanisten mit den gemäßigten Republikanern eine Koalition eingingen, die sich gleichermaßen gegen die Legitimisten und die Linke richtete. Mit Deckung des Präsidenten M. de MacMahon bildete diese „opportunistische" Rechte die eigentliche Regierungspartei in den Anfangsjahren der Dritten Republik.

Ihre Zeit endete durch den Aufstieg L. Gambettas, eines Volkstribunen, der sich auf die Zustimmung der Massen stützen konnte und den republikanischen Nationalismus und Militarismus zu seinen bevorzugten Agitationsinstrumenten machte. Gambettas Versuch, das parlamentarische System zu beseitigen und durch ein plebiszitäres zu ersetzen, scheiterte allerdings am Widerstand der Notabeln; er starb nach einer kurzen Phase der Ministerpräsidentschaft 1881/82. In gewisser Weise trat G. Clemenceau, der Führer der „Neuen Linken" in der Kammer, seine Nachfolge an, verzichtete aber auf die Regierungsübernahme, um im Hintergrund zu wirken. Ihm gelang es – trotz des großen Erfolgs der Rechten bei den sog. Tongking-Wahlen von 1885 –, seine Männer in dem Kabinett J. Freycinet durchzusetzen. Unter ihnen befand sich auch General G. Boulanger, der als Sprecher des gegen Deutschland gerichteten Revanchismus und als Erbe der jakobinischen Tradition populär wurde. Obwohl Boulanger eindeutig von links kam, richteten sich auf ihn rasch die Erwartungen der intransigenten Rechten, die immer noch auf einen putschbereiten Offizier hoffte, der die Wiederherstellung der Monarchie mit einer Militärdiktatur vorbereiten würde. Die Unentschlossenheit Boulangers und seine Flucht aus Angst vor einer Verhaftung haben aber schon vor dem Tod des Generals im belgischen Exil, September 1890, der Bewegung des „Boulangismus" die wichtigsten Antriebskräfte geraubt.

Während das Scheitern des Boulangismus einerseits den größten Teil der gemäßigten Rechten an der Vorstellung einer Restauration irre werden ließ und einen der Führer des legitimistischen Lagers, A. de Brun, dazu brachte, nach dem Vorbild des deutschen Zentrums eine katholische Volkspartei zu gründen – die allerdings weniger erfolgreich war und später in der *Action libérale* aufging –, die die Existenz der Republik prinzipiell anerkannte, entstand andererseits aus den Resten des Boulangismus eine „Neue Rechte" – nationalistisch, plebejisch, demokratisch, aber antiparlamentarisch –, die unter dem Eindruck der Skandale, die das Land während der 1890er Jahre erschütterten, eine gewisse Massenbasis gewinnen konnte und deren Führer die Wirksamkeit des Antisemitismus als Propagandamittel erkannten. Die Leitfigur dieser Strömung war der Schriftsteller M. →Barrès, der sich nach einer nihilistischen Phase und einem vorübergehenden Liebäugeln mit der Linken nun einem „socialisme-nationaliste" zuwandte. Barrès betrachtete den „Sozialismus" als „organisierende Idee", die dazu helfen sollte, die Massen neu in den Staat zu integrieren, die gesellschaftliche Dekadenz zu überwinden, einen Burgfrieden zwischen französischem Kapital und französischer Arbeiterschaft herzustellen, um einerseits das „fremde" (gemeint war das „jüdische") Kapital zu entmachten, andererseits den Einfluß des „deutschen" und „jüdischen" Marxismus zu brechen, um die neue nationale Gemeinschaft auf den notwendigen Krieg gegen das Reich vorzubereiten.

Barrès verstand den Nationalismus als innerweltliche Religion und entwarf eine kollektivistische „Doktrin", die auf eine ganze Generation junger französischer Intellektueller erheblichen Einfluß hatte. Darunter war auch C. →Maurras, der von Barrès vor allem die Idee übernahm, daß der Nationalismus eine Art von „Klassizismus" sein müsse, der aber, anders als Barrès, auch an die Entwicklung einer selbständigen Theorie dachte. Für den Cartesianer Maurras war die „Religion der Wissenschaft" die „Religion Frankreichs", und wenn er sich mit seinem Bekenntnis zum Royalismus von Barrès unterschied, dann bedeutete das keineswegs eine Rückkehr zu den traditionalistischen Ideen, aber auch keinen Übergang zum Bonapartismus, sondern erklärte sich aus der Überzeugung Maurras', daß die Idee einer „wissenschaftlichen Monarchie" entwickelt und mit einem „integralen Nationalismus" verbunden werden müsse.

Bezeichnend für die Eigenwilligkeit und den Voluntarismus, der die Ideen Maurras' kennzeichnete, war, daß er ausgerechnet in dem Moment, als der Verlauf der Dreyfus-Affäre die Positionen der Dreyfusards bestätigte, mit seiner eigentlichen politischen Agitation begann und erklärte, daß Staat, Armee und Kirche in ihrer Existenz bedrohe, wer die Unschuld von Dreyfus behaupte. Maurras' Versuch, mit seiner 1900 erschienen „Enquête sur la Monarchie" die Nationalisten um die Idee des Königtums zu sammeln, hatte zwar nur begrenzten Erfolg – vor allem Barrès blieb distanziert –, aber mit der Tageszeitung „Action Française" (AF) und der gleichnamigen Organisation (gegr. 1898) schuf er ein Instrument von großer intellektueller Wirksamkeit. Seine Überzeugung, daß alles auf die Unterstützung der geistigen Elite und das Bündnis mit den alten Führungsschichten ankomme, machte ihn allerdings blind für die Notwendigkeit, unter den Bedingungen des Massenzeitalters eine breitere Anhängerschaft zu sammeln. Zumindest an diesem Punkt zeigte sich ein ähnliches Verhaftetsein an überkommene Vorstellungen wie im Falle der gemäßigten Rechten, die sich zwar seit dem Beginn des neuen Jhdt.s in eigenen Parteien – vor allem der *Alliance Démocratique* (gegr. 1901) und der *Fédération Républicaine* (gegr. 1903) – zu organisieren begann, aber weder die geistige Ausstrahlungskraft des Neo-Royalismus gewann noch in der Lage war, mit dem populären, häufig antisemitisch und immer antideutsch gefärbten Nationalismus zu konkurrieren, sondern wesentlich auf die „bourgeoisie bien-pensante" – das wohlmeinende Bürgertum – beschränkt blieb.

Die Entmachtung der antirepublikanischen Rechten schien nach dem Ende der Dreyfus-Affäre besiegelt infolge der Stabilisierung der Republik, und der Sieg des Linksblocks bei den Wahlen im April/Mai 1914 mußte diesen Eindruck noch bestätigen. Allerdings hat dann die von Clemenceau (der sich von seinen politischen Ursprüngen sehr weit enfernt hatte) seit Kriegsausbruch bestimmte Politik der *union sacrée,* die im Namen des Vaterlandes das Ende der inneren Auseinandersetzungen forderte und einen Konsens begründete, der von den Sozialisten bis zur AF reichte, einer ganzen Reihe von Vorstellungen zur Durchsetzung verholfen, die die Rechte bis dahin vertreten hatte: das betraf besonders den Gedanken der Revanche und ganz allgemein die Hochschätzung des Nationalismus. Daraus erklärt sich auch, daß trotz der Ausläufer der revolutionären Unruhen, die Frankreich in den Jahren 1917-20 erreichten, der Sieg über den Erzfeind Deutschland zu einem Rechtsruck führte, der in den frühen zwanziger Jahren die französische Politik sehr stark bestimmen sollte. Die erste Kammer der Nachkriegszeit – wegen der großen Anzahl ehemaliger Kriegsteilnehmer als „horizontblaue Kammer" bezeichnet – machte diese Situation nur besonders sinnfällig. Sie führte zur Installation jenes „Bloc national", der als Bündnis verschiedener Gruppen der rechten Mitte und der Rechten die Politik des Landes bis auf weiteres verantwortete. Diese irritierenderweise als *Républicains de gauche,* als *Gauche radicale,* als *Républicains radicaux* oder *Démocrates populaires* firmierenden Parteien des Blocks gehörten alle dem Lager zwischen Liberalismus und Konservatismus an, ähnliches galt auch für die *Union républicaine démocratique* und die *Gauche républicaine démocratique* oder die *Alliance démocratique,* die trotz ihrer Bezeichnungen von dem Teil des Bürgertums getragen wurden, der sich vor allem mit dem Machtinteresse Frankreichs identifizierte und nach dem Intermezzo des „Linkskartells" unter R. Poincaré eine Regierung der „nationalen Einheit" unterstützte, die dem Land ein letztes Mal die Möglichkeit eröffnete, eine hegemoniale Rolle auf dem europäischen Kontinent zu spielen.

Trotz oder wegen der faktischen Bedeutung, die die Rechte in dieser Zeit besaß, konnte sie an ihre geistige Blütezeit in den Vorkriegsjahren nicht wieder anknüpfen, sieht man einmal von den Intellektuellen des *renouveau catholique* ab, unter denen vor allem G. →Bernanos den Ideen von Maurras nahestand. Dessen Vorstellungen wirkten seit dem Ende des Krieges immer steriler und autistisch gegenüber den neuen politischen Entwicklungen. Eine kleine Gruppe von Abtrünnigen der AF um G. Valois wollte wohl das Modell Mussolinis übernehmen, stieß damit aber auf den Widerstand von Maurras, der dem Faschismus zwar mit einem gewissen Wohlwollen gegenüberstand, ihn aber für ein typisch italienisches Phänomen hielt, das nicht auf Frankreich übertragbar sei. Gleichzeitig mußte sich der Führer der *Action* mit Vorwürfen der Kirche auseinandersetzen, die seinen „heidnischen Katholizismus" jetzt offen mißbilligte, die AF 1926 mit dem Interdikt belegte und Maurras selbst exkommunizierte. Die Folge davon war, daß die Mehrzahl seiner Anhänger, die aus traditionalistischen Katholiken bestand, mindestens verunsichert wurde, sich häufig aber auch von der *Action Française* abwandte. Deren Unfähigkeit, sich den gewandelten Umständen anzupassen, zeigte sich erst recht angesichts der großen Krise des liberalen Systems, die Anfang der dreißiger Jahre ausbrach. Weder konnte sich Maurras entschließen, seinen Frieden mit der Republik zu machen, noch war er in der Lage, mit seiner Organisation jenen Elan zu entwickeln, der die national-sozialistischen Bewegungen dieser Zeit kennzeichnete.

A. →Mohler hat deshalb von einem „Schisma" gesprochen, das damals die intellektuelle Rechte Frankreichs zu spalten begann. Auf der einen Seite standen dabei die Anhänger von Maurras, auf der anderen Angehörige einer jüngeren Generation, wie H. de Montherlant oder P. Drieu la Rochelle, die sich den neuen Strömungen zuwandten, etwa den militanten Veteranenverbänden der „Feuerkreuzler" des Oberst de la Rocque oder den häufig von linken Renegaten wie M. Déat oder J. Doriot getragenen „faschistischen" Versuchen. Erfolg hatten diese „Faschisten" allerdings nicht, obwohl die Republik nach den denkwürdigen Tagen des Februar 1934 kaum in der Lage war, ihrer Feinde von links und rechts Herr zu werden.

Die Bürgerlichen hatten ausgespielt, die „Volksfront", die seit 1936 das Land regierte, konnte nur noch defensiv agieren, aber die Republik bestand fort, weil sich ihre Feinde auf der Linken und der Rechten wechselseitig blockierten.

Daß die Dritte Republik schließlich erst im Augenblick ihrer Niederlage gegen Deutschland zusammenbrach, hatte sie jedenfalls nicht ihrem Selbstbehauptungswillen zu verdanken. Der Entschluß der Nationalversammlung vom 9./10. Juli 1940, alle Macht in die Hände des greisen Marschalls P. Pétain zu legen, wurde damals von der großen Mehrheit der Franzosen als notwendiger Schritt betrachtet. Pétain war ein Mann der traditionalistischen und katholischen Rechten, und das von ihm errichtete Vichy-Regime kam den Erwartungen gerade vieler konservativer Franzosen entgegen. Wie von faschistischer Seite immer wieder kritisiert wurde, war der geistige Einfluß von Maurras überall mit Händen zu greifen. Zwar kam es nicht zum Versuch einer Restauration, aber der scharfe Antikommunismus, auch die Wendung gegen England, die Glorifizierung des *Empire*, die Privilegierung des Katholizismus (die Trennung von Staat und Kirche wurde wieder aufgehoben), die Bevorzugung der Landwirtschaft sprachen für sich. Daß das Regime daneben auch andere Seiten hatte, insbesondere einem scharfen Antisemitismus huldigte, und totalitäre Züge aufwies, trat erst mit der Zeit immer deutlicher hervor.

Die Auseinandersetzung zwischen Vichy und seinen Gegnern war nicht einfach ein Kampf zwischen links und rechts. Dem Marschall hatten sich zahlreiche ehemalige Sozialisten zur Verfügung gestellt, und umgekehrt gab es auch unter seinen Feinden Männer konservativer Gesinnung. Das betraf nicht nur bestimmte Führer der Résistance, sondern vor allem die Bewegung des „Freien Frankreich", die von C. de Gaulle geführt wurde. De Gaulle selbst kam aus einer Familie, die sich dem monarchischen Gedanken verpflichtet gefühlt hatte, er persönlich hielt die Idee einer Wiederherstellung des Königtums unter den Bedingungen, wie sie sich bei Kriegsende 1944/45 darstellten, allerdings für aussichtslos. Nicht einmal die Tatsache, daß er selbst an die Spitze des Staates trat, schien das politische Gesicht der Vierten Republik

wesentlich zu bestimmen. Die linke Mehrheit in der verfassunggebenden Nationalversammlung machte ihm die Durchsetzung eigener Vorstellungen weitgehend unmöglich, die „alten" Parteien der Mitte und der Rechten – der christlich-demokratische *Mouvement Républicain Populaire* unter P. Pflimlin und R. Schuman und das immer etwas diffus gebliebene *Centre National des Indépendants et Paysans* unterstützten ihn nicht in dem erwarteten Maß. Bereits 1953 zog sich der Präsident-General enttäuscht aus der Politik zurück. Aber er kehrte auf Wunsch der Nationalversammlung zurück, als infolge des Algerienkonflikts Ende der fünfziger Jahre das Land in eine Existenzkrise geraten war. 1958 an die Spitze einer Regierung berufen, die die Unabhängigkeit Algeriens vorbereitete, gab de Gaulle seinem Land durch die Verfassung der Fünften Republik eine Ordnung, die mit der starken Stellung der Exekutive, der Schwächung des Parlaments und der plebiszitären Bestätigung am ehesten seinen politischen Vorstellungen entsprach. Auch seine Außenpolitik mit ihrer deutlich gegen die angelsächsischen Mächte gekehrten Spitze, dem Versuch, durch die *Force de Frappe* die nationale Unabhängigkeit Frankreichs zu wahren, dem Antikommunismus und der Idee eines von Frankreich und Westdeutschland getragenen „karolingischen" Europa prägte er die Vorstellungswelt jener bürgerlichen Wähler, die sich in der Sammlungsbewegung des „Gaullismus" zusammenfanden.

Der „Gaullismus" war niemals eine ideologische Einheit, in ihm verschmolzen vielmehr ältere, katholisch-konservative, paternalistisch-soziale und national-jakobinische Vorstellungen. Eine konsistente organisatorische Form fand er erst nach mehreren vergeblichen Anläufen. Der 1947 gegründete *Rassemblement du Peuple Français* (RPF) löste sich bereits 1952 wieder auf, erst sechs Jahre später, mit der Rückkehr de Gaulles an die Macht, gruppierten sich die Gaullisten neu um die *Union pour la Nouvelle République* (UNR), die nach internen Auseinandersetzungen 1968 in die *Union des Démocrates pour la Ve République*, 1976 in das *Rassemblement pour la République* überging, aber nicht wieder zerfiel, auch nicht nach dem Tod de Gaulles im Jahr 1970. Trotz des großen Wahlerfolgs der Linken von 1981 waren und sind die Gaullisten die eigentliche Staatspartei der Fünften Republik – ein Umstand, der wesentlich dazu beigetragen hat, daß mit J. Chirac 1995 wieder ein Gaullist an die Spitze des Staates trat. Neben den Gaullisten spielen der authentische Konservatismus des in Reaktion auf den Vertrag von Maastricht gegründeten *Mouvement pour la France* des P. de Villiers und der Liberalkonservatismus, dessen Wähler meistens der giscardistischen *Union pour la Démocratie Française* (UDF) nahestehen, keine ausschlaggebende Rolle.

Während die französische Linke sich seit Mitte der achtziger Jahre in einem anhaltenden Schwächezustand zu befinden scheint, sieht sich die bürgerliche Rechte heute wieder – wie zuletzt nach der Lösung Algeriens vom Mutterland – stärker durch die radikale Rechte bedroht, seitdem der 1981 gegründete *Front National* (FN) sie bei Wahlen mehrfach in Bedrängnis gebracht hat. Die vor allem gegen den wachsenden Zuzug von Fremden nach Frankreich und die zunehmende Kriminalität agitierende Partei unter Führung J.-M. Le Pens nimmt daneben aber auch Sorgen des unruhig gewordenen (Klein-)Bürgertums und der traditionellen Katholiken auf. Die Vorstellung, daß es sich hier nur um eine Neuauflage des sogenannten Poujadismus der fünfziger Jahre – einer nationalistischen Mittelstandsbewegung – handelt, hat sich angesichts der Stabilität des FN und seiner kontinuierlichen Erfolge bisher nicht bestätigt.

Auf eine andere Weise als durch den FN hat das bürgerlich-konservative Lager auch noch Angriffe von rechts her einzukalkulieren, die nicht praktisch-organisatorisch, sondern geistiger Natur sind. Während es in der Nachkriegszeit nur einen kleinen Kreis ausgesprochen konservativer Intellektueller in Frankreich gab – man wird B. de →Jouvenel und den späten R. Aron dazuzurechnen haben –, entstand seit dem Ende der sechziger Jahre, nicht zuletzt als Reaktion auf die Neue Linke und den Pariser Mai '68, eine „Nouvelle Droite" (ND). Ihr wichtigstes Zentrum ist der GRECE, der *Groupement de Recherche et d'Etudes pour la Civilisation Européenne* unter Führung des Publizisten A. de Benoist. Die französische Neue Rechte hat sich von zahlreichen Vorstellungen getrennt, die der alten Rechten eigentümlich waren, dazu gehören nicht nur die Beschwörung der Einheit von Thron und Altar – die ND ist „heidnisch" – oder die Kolonial-Nostalgie, sondern auch die antideutsche Grundhaltung. Ganz im Gegenteil erhielt die Nouvelle Droite wichtige geistige Anstöße aus der Überlieferung der →Konservativen Revolution, bemüht sich daneben aber auch, Ansätze der modernen Biologie, Soziologie und Ethnologie im Sinne einer „Nouvelle École" – so der Titel ihrer seit 1969 erscheinenden Theoriezeitschrift – zu integrieren. Nach der Verleihung des Essay-Preises der *Académie française* an de Benoist für sein 1977 erschienenes Buch „Vu de droite" hat eine heftige Kampagne gegen die ND eingesetzt, die sie – trotz ihrer weitergehenden Publikationstätigkeit – wieder marginalisieren konnte.

Das Bild, das die französische Rechte heute bietet, entspricht nur noch sehr bedingt dem Schema, das R. Rémond gezeichnet hat, als er ihre *familles de pensées* in drei Gruppen – Ultras, Orléanisten und Bonapartisten – einteilte. Nicht nur, daß der Royalismus (trotz einer beeindruckenden organisatorischen Kontinuität) heute völlig unbedeutend ist und die Populisten um Le Pen keinesfalls als seine Erben betrachtet werden können, auch die Tradition der plebiszitären und autoritären Rechten hat sich mit so vielen anderen Strömungen legiert, daß sie mit dem alten Bonapartismus kaum mehr etwas gemein hat, und für die im einzelnen so differierenden Gruppierungen wie den Gaullismus und die Neue Rechte wird man zumindest die Gemeinsamkeit festzustellen haben, daß sie sich innerhalb des alten Schemas gar nicht mehr verorten lassen.

L.: E. R. *Curtius:* Maurice Barrès und die geistigen Grundlagen des französischen Nationalismus, Bonn 1921; P. R. *Rohden:* Faschistische Motive im französischen Staatsethos, in: C. *Landauer / H. Honegger* (Hrsg.): Internationaler Faschismus, Karlsruhe 1928, S. 94-110; W. *Gurian:* Der integrale Nationalismus in Frankreich, Frankfurt a. M. 1931; R. *Stadelmann:* Hippolyte Taine und die politische Gedankenwelt der französischen Rechten, in: ders.: Deutschland und Westeuropa, Laupheim 1948, S. 35-83; A. *Mohler:* Die französische Rechte, München 1958; E. *Weber:* L'Action Française, Paris 1964; F.-G. *Dreyfus:* De Gaulle et le Gaullisme, Paris 1982; Z. *Sternhell:* Maurice Barrès et le Nationalisme Français, Brüssel ²1985; R. *Rémond:* Les Droites en France, Paris ²1992.

– W

Freiheit

F. bedeutet, „Herr seiner Entscheidungen" zu sein (Jes. Sir. 15, 14). Die Fähigkeit, frei, d.h. unerzwungen zu entscheiden, können Individuen, soziale Gruppen, Völker, Staaten und Staatengemeinschaften besitzen. Im Falle von Völkern und Staaten wird F. mit Unabhängigkeit, Selbstbestimmung und Souveränität gleichgesetzt.

Nach konservativer Auffassung ist der „Herr" in seinen Entscheidungen niemals frei von Verantwortung und an die Erfüllung seiner Pflichten gebunden. So trägt der einzelne Mensch Verantwortung für sich selbst, für die Entfaltung seiner Persönlichkeit und die Entwicklung seiner Talente, vor allem aber für seine persönliche „Integrität"; er trägt Verantwortung für seine Nächsten, für die seiner Herrschaft Anvertrauten, für seine Familie; er hat seine Entscheidungen und Handlungen zu verantworten vor seinen Freunden in politischen oder geselligen Vereinigungen, gegenüber seinen Berufskollegen, seinen Vorgesetzten in Betrieb, Unternehmen oder Anstalten; er hat seine geschriebenen und ungeschriebenen Standespflichten zu erfüllen; er hat Traditionen, Sitten, Gesetze und Normen der kulturellen, sozialen, politischen und ökonomischen Gemeinschaften, denen er angehört, zu wahren; er hat seine Vaterlandspflichten zu erfüllen und seine Heimat im Notfalle unter Einsatz von Gut und Leben zu verteidigen; er hat jede einzelne Entscheidung vor seinem Gewissen zu rechtfertigen und schließlich sein ganzes Leben vor einer letzten Instanz als höchstem und endgültigem Richter zu verantworten.

In ähnlicher Weise haben auch soziale Gruppen ihre Entscheidungen und Handlungen zu verantworten, vor allem im Hinblick auf das →Gemeinwohl. Völker und Staaten unterliegen dem Urteil der Völkergemeinschaft, unabhängig von den Möglichkeiten der Vollstreckung solcher Urteile. F., gleichgültig ob F. des einzelnen oder F. gesellschaftlicher und politischer Gebilde, ist immer an Sitte, Ordnung und Recht gebunden F., ja Sitte, Ordnung und →Recht bilden die Voraussetzung oder Bedingung der F. Ohne Recht keine F., sondern der Kampf aller gegen alle (*bellum omnium contra omnes*), mit dem Resultat der gegenseitigen Vernichtung

(*homo homini lupus*) oder der Unterdrükkung des Schwächeren durch den Stärkeren. „Die Idee des Rechts ist die F.", und die Idee der F. ist die Sittlichkeit (Hegel).

Dem Geschenk der F. verdankt der Mensch seine sittliche Würde (→Leo XIII.). Könnte er sich nicht frei für das Gute entscheiden oder sich ihm versagen, er wäre kein sittliches Wesen und könnte nicht „gut" im sittlichen Sinne sein. Das Gute tun und das Böse meiden ist jene Forderung („Imperativ"), die in jeder Handlung und Entscheidung stets aufs neue zu erfüllen ist und diese daher der sittlichen Norm unterstellt. Ohne diese Unterstellung wäre subjektive F. bloß Willkür.

Was das „Gute" seinem Inhalt nach ist, liegt dem Sittlichen voraus: „Das wahrhaft Sittliche (ist) Folge der Religion" (Hegel). Durch die Religion, die Rückverbundenheit mit Gott, wird das Gute zuletzt bestimmt. In Gott, dem sich rein Selbstbestimmenden, Souveränen, Allmächtigen, hat alle F. ihren Ursprung, so auch die einzelmenschliche, gesellschaftliche und politisch-staatliche F., die an der absoluten F. Gottes (auf relative und bloß analoge Weise) teilhat. Das Gute besteht nach konservativer Auffassung in der Erfüllung des göttlichen Willens durch die Völker und Staaten, die sozialen Gebilde und Institutionen sowie durch die einzelnen Menschen. Der göttliche Wille ist das „Gesetz", das in die Schöpfung „eingeschrieben" ist und auf natürliche Weise erkannt werden kann (Naturrecht) sowie jenes, das durch Gottes „Wort" offenbart wurde. Die Erfüllung des göttlichen Gesetzes befreit von den beiden größten Bedrohungen der F., dem Bösen (Sünde, Unterdrückung, Ungerechtigkeit) und dem Tod (Vergänglichkeit). Wie Kant gezeigt hat („Kritik der praktischen Vernunft"), ist sittliches Leben nicht denkbar ohne den Glauben an Gott, F. und Unsterblichkeit. Ohne Annahme eines höchsten Wesens gibt es keine Wertordnung (Ethik), ohne F. gibt es keine Sittlichkeit, und ohne Unsterblichkeit besteht kein Grund zu sittlicher Lebensführung.

Die konservative Freiheitsauffassung unterscheidet sich grundlegend von der liberalen. Der Mensch ist nicht frei geboren (Rousseau: „L'homme est né libre". Der erste Satz des „Contrat social"), sondern in „Ketten". Sie abzuwerfen und sich allen Widrigkeiten und Zwängen zum Trotz zur F. und zur sittlichen Würde zu bestimmen, ist seine ureigenste Aufgabe. Ob und wie er sich ihr stellt, ist seinem freien Willen anheim gegeben. Auf welche Weise von der Willensfreiheit (*libertas arbitrii*) Gebrauch gemacht wurde, stellt sich in der persönlichen Geschichte als Lebensvollzug dar.

Den durch den Willen selbstbestimmten sittlichen Lebensvollzug überhaupt zu ermöglichen und sodann auch zu erleichtern, dient die Gewährung von Grund- und Freiheitsrechten geistig-kultureller, politischer, sozialer und wirtschaftlicher Art. Zu den geistig-kulturellen Freiheitsrechten zählen die Gewissensfreiheit, die Meinungsfreiheit, die Religionsfreiheit, die F. der Wissenschaft und der Kunst; zu den politischen die Versammlungs-, Vereinigungs-, Demonstrations-, Wahl- und die Pressefreiheit; zu den sozialen die Wahl des Lebensstandes, des Wohnorts, das Recht auf Familiengründung, das Elternrecht auf Erziehung und Bildung der Kinder; zu den wirtschaftlichen zählen die Eigentums-, Erwerbs-, Handels-, Gewerbefreiheit, die F. der Berufswahl. Auch im liberalen →Staat gelten Grund- und Freiheitsrechte niemals unbeschränkt: Äußere und innere Sicherheit, die öffentliche Ordnung, die Rücksichtnahme auf religiöse Überzeugungen und Kulte von anerkannten Glaubensgemeinschaften, die wirtschaftlichen Interessen des Landes sowie die persönliche Ehre bilden die rechtlichen Grenzen des Freiheitsgebrauchs. Die sittliche Verpflichtung, das Gute zu tun, für die Wahrheit Zeugnis abzulegen (Johannes Paul II.), das Gemeinwohl zu fördern, die Gesellschaft zu festigen, Freundschaft zu pflegen und Friedensstörer zu bekämpfen, reicht über solche Grenzfestlegungen für die Betätigung der subjektiven F. hinaus und gibt dem Freiheitsbegriff positiven Inhalt. Dieser positive Inhalt wird durch gesellschaftliche und politische →Institutionen und Rechtsschöpfungen gefördert und gesichert, so z.B. durch den Schutz von Ehe und Familie, die Darstellung ethisch-sittlicher Gehalte im Bereich von Bildung und Erziehung durch die öffentlichen Lehranstalten und die Lehrpläne für staatliche Schulen, die staatliche Anerkenntnis von Religionsgemeinschaften und die Unterstützung ihrer Tätigkeit in öffentlichen Einrichtungen (Universität, Schule, Heer, Krankenanstalten), die Förderung der Berufsstände (z.B. durch die Einrichtung von öffentlich-rechtlichen Körperschaften und Kammern) und der Standeserziehung (einschl. Berufsehre). In positiver Sicht ist F. Ergebnis sozialer Organisation, nicht etwas natürlich Vorgegebenes, sondern ein zu Verwirklichendes, Aufgabe der Gemeinschaften und des Staates, nicht bloß des einzelnen Menschen.

L.: *A. Augustinus:* De libero arbitrio libri tres (um 400). Corpus scriptorum ecclesiasticorum latinorum. Bd. 74, Wien 1956; *Thomas v. Aquin:* Texte zur thomistischen Freiheitslehre. Ausgew. u. eingel. v. *G. Siewerth,* Düsseldorf 1954; *M. Luther:* Von der F. eines Christenmenschen (1520), in: *ders:* An den christlichen Adel deutscher Nation und andere Schriften, hrsg. v. *E. Kähler,* Stuttgart o. J.; *I. Kant:* Kritik der praktischen Vernunft (1788), hrsg. v. *K. Vorländer,* Hamburg 1952; *J. G. Fichte:* Fichtes Freiheitslehre, hrsg. v. *T. Ballauf,* Düsseldorf 1956; *G. W. F. Hegel:* Grundlinien der Philosophie des Rechts (1821), Frankfurt a. M. 1973; *ders.:* Enzyklopädie der philosophischen Wissenschaften (1830), Stuttgart 1970; *Leo XIII.:* Enzyklika über die menschliche F. „Libertas, praestantissimum", Rom 1888; *H. Freyer* u.a.: Das Problem der F. im europäischen Denken von der Antike bis zur Gegenwart, München 1958; *R. Garaudy:* Die F. als philosophische und historische Kategorie, Berlin 1959; *I. Berlin:* Four Essays on Liberty, London 1969; *W. Böckenförde:* Der Staat als sittlicher Staat, Berlin 1978; *J. Messner:* Das Naturrecht, ⁷1984; Kongregation für die Glaubenslehre: Instruktion über die christliche F. und die Befreiung „Libertatis conscentia", Rom 1986; *C. Taylor:* Negative F.? Zur Kritik des neuzeitlichen Individualismus, Frankfurt a. M. 1988; *F. A. v. Hayek:* Die Verfassung der F., Tübingen ³1991; *Johannes Paul II.:* Enzyklika über einige grundlegende Fragen der kirchlichen Morallehre „Veritatis splendor", Rom 1993; *E. Heintel:* Abendländischer Geist. Zum Begriff des Menschen im Gesamtraum der Wirklichkeit, in: *ders.:* Gesammelte Abhandlungen, Bd. IV, Stuttgart 1995.

– Ro

Freund, Ludwig

* 22. 5. 1898 Mülheim/Ruhr; † 1. 9. 1970 Hannover. Der Lebenslauf dieses konservativen Politologen verlief nicht eben geradlinig. Der von 1916-19 im Felde stehende F. arbeitete von 1930-34 als Landesgeschäftsführer des „Bundes jüdischer Frontsoldaten" und als Chefredakteur seines Verbandsorgans „Der Schild". 1934 emigrierte er in die USA. Von 1937-47 war er Professor für Soziologie und politische Wissenschaften am Ripon College in Wisconsin, lehrte 1947-59 an der Roosevelt University in Chicago und kehrte 1959 nach Deutschland zurück. Er erhielt eine Professur an der Pädagogischen Hochschule Hannover; bis 1969 war er deren Direktor. 1967 erhielt F. als erster den Konrad-Adenauer-Preis für Wissenschaft der Deutschland-Stiftung. F. vertrat eine geisteswissenschaftlich orientierte Politikwissenschaft. Seine kulturphilosophischen, soziologischen und politologischen Reflexionen siedelte er in einem Spannungsfeld an, das von den Polen →Tradition und Fortschritt bestimmt ist. Dabei wurzeln ihm zufolge sowohl die →Aufklärung als auch der Liberalismus in der geistigen Tradition des Abendlandes. Auch der Konservative achte das Ideal der Menschenwürde und zolle den Rechten des Individuums Respekt. Allerdings seien die „edlen Kampfparolen" der Aufklärung oft zur Formulierung eines defizienten Freiheitsbegriffs mißbraucht worden. Die von ihr ausgelösten Emanzipationsbewegungen, ihre übersteigerte Freiheitssehnsucht habe im Verlauf der neuzeitlichen Geschichte bisweilen ausgesprochen repressive Folgen gehabt. Das augenfälligste Beispiel hierfür sei die Französische Revolution. Die →Freiheit des Menschen sei besonders in Gefahr, wenn das progressive Freiheitsstreben sich mit dem säkularisierten Erlösungsgedanken verschwistere. Dies beweise sowohl die Herrschaftspraxis des Sowjetkommunismus als auch jene der „braunen Bolschewisten". F. gab sich als vehementer Kritiker der modernen Industriegesellschaft zu erkennen. Vor allem rückte er ihren ungebrochenen Glauben an den wissenschaftlichen Fortschritt in ein skeptisches Licht. Dessen letzten Endes irrationale Topoi erwiesen sich als unfähig, das von der Entchristlichung hinterlassene Sinnvakuum auszufüllen. Dabei seien die Parteigänger der Wissenschaftsreligion ständig in Gefahr, von ihrem Glauben abzufallen und sich einem neuen Irrationalismus anheimzugeben. Der protestantische Christ F. lastet dem modernen Progressismus auch an, mit seinem übersteigerten Freiheitsbegriff die Gemeinschaftsgebundenheit des Menschen aus dem Auge verloren zu haben. Ihm zufolge „gehört das menschliche Für- und Beieinander zum normalen Leben und zum Gefühl der persönlichen Sicherheit". Der Mensch sei unfähig, sich von seinen Ge-

meinschaftsbindungen überhaupt zu lösen. Nachhaltig plädierte F. für die Achtung des überkommenen Institutionengefüges. Leider gehöre Deutschland zu den traditionsfeindlichsten Ländern der Welt. In diesem Zusammenhang wird nicht zuletzt H. Marcuse angelastet, einer libertären Gesellschaftskonzeption das Wort zu reden. Das Spannungsverhältnis zwischen Ordnung und Freiheit reduziere dieser in höchst illegitimer Weise auf die „Freiheit des Trieblebens". Dabei scheue sich Marcuse keineswegs, selber illiberale Politikpraxen zu empfehlen. Obgleich der liberale Freiheitsbegriff ziemlich oft mißbraucht wird, hält F. an ihm fest. „Die Tatsache nun, daß es Illiberale oder falsche Liberale sowie einen illusionären Liberalismus gibt, bedeutet keineswegs, daß der Liberalismus als Weltanschauung und als Lebensattitüde widerlegt ist." Dabei berge auch der konservative Ideenkreis legitime und illegitime Bestimmungsmomente in sich. Seine „unkonservativen, extremistischen Elemente" dürften allerdings nicht dazu benutzt werden, um die Daseinsberechtigung der konservativen Ordnungsvorstellung in Zweifel zu ziehen. Letzten Endes geht es F. darum, einem Mixtum compositum aus Liberalismus und Konservatismus das Wort zu reden.

Was F.s außenpolitische Prinzipien anlangt, so rückt er den Machtaspekt in den Vordergrund. Er akzeptiert die Prämissen der sogenannten realistischen Schule. Kein verantwortungsethisch agierender Politiker dürfe ihre an den harten Fakten des außenpolitischen Geschehens orientierte Lehre in den Wind schlagen.

S.: Am Ende der Philosophie, München 1930; Philosophie – ein unlösbares Problem, München 1933; The Threat to European Culture, New York 1935; Motive der amerikanischen Außenpolitik, München 1951; Politik und Ethik. Möglichkeiten und Grenzen ihrer Synthese, Gütersloh ²1961; Freiheit und Unfreiheit im Atomzeitalter, Gütersloh 1963; Zum Verständnis des amerikanischen Menschentypus, Würzburg 1964; Staat und Souveränität im Lichte klassischer Literatur und heutiger Wirklichkeit, Würzburg 1965; Koexistenz und Entspannung. Hoffnung oder Gefahr?, Würzburg 1966; Politische Waffen. Grundkonzeptionen der westlichen Verteidigungsstrategie, Frankfurt a. M. 1966; Deutschland im Brennpunkt. Die amerikanische Politikwissenschaft und die deutsche Frage, Stuttgart 1968; Individuum, Gemeinschaft, Gesellschaft, Hannover 1969.

– JBM

Freyer, Hans

* 31. 7. 1887 Leipzig; † 18. 1. 1969 Eber-
steinburg/Baden-Baden. Deutscher Philosoph und Soziologe. Der Sohn eines sächsischen Postdirektors erhielt seine Gymnasial-
ausbildung am königlichen Elitegymnasium
zu Dresden-Neustadt, studierte 1907-11 in
Leipzig Philosophie, Psychologie, Nationalökonomie und Geschichte, u.a. bei Wilhelm
Wundt und Karl Lamprecht; in deren univer-
salhistorischer Tradition verfaßte er seine ersten Arbeiten zur Geschichtsauffassung der
→Aufklärung (Dissertation 1911) und zur
Bewertung der Wirtschaft in der deutschen
Philosophie des 19. Jhdt.s (Habilitation
1921). Nach zusätzlichen Studien in Berlin
mit engen Kontakten zu Georg Simmel und
Lehrtätigkeit an der Reformschule der Freien
Schulgemeinde Wickersdorf nahm F. am Ersten Weltkrieg teil und wurde mit dem Mili-
tär-St.-Heinrichs-Orden ausgezeichnet. Als
Mitglied des von Eugen Diederichs initiierten
„Serakreises" der →Jugendbewegung verfaßte er an die Aufbruchsgeneration gerichtete philosophische Schriften: „Antäus"
(1918), „Prometheus" (1923), „Pallas
Athene" (1935). 1922-25 lehrte F. als Ordinarius hauptsächlich Kulturphilosophie an der
Universität Kiel, erhielt 1925 den ersten deutschen Lehrstuhl für Soziologie ohne Beiord-
nung eines anderen Faches in Leipzig und
widmete sich seitdem der logischen und hi-
storisch-philosophischen Grundlegung dieser neuen Disziplin. In Auseinandersetzung
mit dem Positivismus seiner Lehrer und mit
der Philosophie Hegels sollten typische gesellschaftliche Grundstrukturen herausgearbeitet und ihre historischen Entwicklungsge-
setze gefunden werden. Darüber hinaus war
für F. die Soziologie als konkrete historische
Erscheinung erst durch die abendländische
Aufklärung möglich geworden. Als Äußerung einer vorher nie dagewesenen Selbstreflexion drücke sie deshalb – als „Wirklichkeitswissenschaft" – in der Erfassung des gegenwärtigen gesellschaftlichen Wandels auch
den kollektiven Willen aus; sie sei also als
Wissenschaft zugleich politische Ethik, die
die Richtung des gesellschaftlichen Willens
anzeigen könne. Darauf gründet die F.s Gesamtwerk bestimmende Überzeugung, daß
man sich der offenen Dynamik des wissen-

Hans Freyer
1887-1969

schaftlichen Wissens anvertrauen könne,
ohne zu wissen, wohin man getragen wird.

F. war ab 1933 Direktor des Instituts für
Kultur- und Universalgeschichte an der Leipziger Universität. Den damaligen europäischen politischen Umbrüchen brachte F. als
Theoretiker des Wandels zunächst offenes
Interesse entgegen, fühlte sich der theoretischen Erfassung dieser Entwicklungen verpflichtet und war deshalb nie aktives Mitglied
einer politischen Partei oder Bewegung. Er
wurde später der →Konservativen Revolution der zwanziger Jahre als „jungkonservativer Einzelgänger" (A. →Mohler) zugeordnet.
Die vor 1933 noch idealistisch formulierte
Konzeption des →Staates als höchste Form
der Kultur (1925) hat F. im Laufe der bedrohlichen politischen Entwicklung revidiert; bereits in „Revolution von rechts" (1931) ist der
Gedanke der Selbstkonstitution des „politi-

schen Volkes" verkürzt zu einem totalen nationalen und schlagartigen Umsturz. In seinen Studien über Machiavelli (1938) und Friedrich den Großen „Preußentum und Aufklärung" (1944) gelangte er schließlich zu einem realistischen Staatsbegriff, der ausschließlich durch →Gemeinwohl, langfristige gesellschaftliche Entwicklungsperspektiven und durch prozessuale Kriterien der →Legitimität gerechtfertigt ist: durch den Dienst am Staat, der aber den Menschen keinesfalls total vereinnahmen dürfe, sowie durch die Prägekraft des Staates, die dem Kollektiv ein gemeinsames Ziel gebe, aber dennoch die Freiheit und Menschenwürde seiner Bürger bewahre. In der Herausarbeitung der Legitimität als generellem Gesetz jeder Politik erreichte F. eine dialektische Verknüpfung des naturrechtlichen Herrschaftsgedankens mit der klassischen bürgerlich-humanitären Aufklärung: Nur diejenige Herrschaft ist legitim, die dem Sinn ihres Ursprungs entspricht – es muß das erfüllt werden, was das Volk mit der Einsetzung der Herrschaft gewollt hat.

Als Gastprofessor für deutsche Kulturgeschichte und -philosophie an der Universität Budapest (1938-45) verfaßte F. sein größtes historisches Werk, die „Weltgeschichte Europas", eine Epochengeschichte der abendländischen Kultur. Von den politischen Bestimmungen der Amtsenthebung nicht betroffen, lehrte F. ab 1946 wieder in Leipzig, wurde 1947 nach einer von G. Lukács ausgelösten ideologischen Debatte entlassen, war danach Redakteur des „Neuen Brockhaus" in Wiesbaden, lehrte 1955-63 Soziologie an der Universität Münster und nahm mehrere Gastprofessuren in Ankara und Argentinien wahr. 1958 leitete er als Präsident den Weltkongreß des „Institut International de Sociologie" in Nürnberg und wurde mit dem Ehrendoktor der Wirtschaftswissenschaften in Münster (1957) und der Ingenieurswissenschaften an der Technischen Hochschule in München (1967) ausgezeichnet.

Zentraler Gesichtspunkt seiner Nachkriegsschriften war die gegenwärtige Epochenschwelle, der Übergang der modernen Industriegesellschaft zur weltweit ausgreifenden wissenschaftlich-technischen Rationalität, deren „sekundäre Systeme" alle naturhaft gewachsenen Lebensformen erfassen.

F. legt dar, wie diese Fortschrittsordnung in allen Teilentwicklungen zum tragenden Kulturfaktor wird. Seine frühere integrative Perspektive einer Kultursynthese wird ersetzt durch den Konflikt von eigengesetzlichen, künstlichen Sachwelten einerseits und den „haltenden Mächten" des sozialen Lebens andererseits, die im „Katarakt des Fortschritts" auf wenige, die private Lebenswelt beherrschende Gemeinschaftsformen beschränkt sind. Jedoch bleibt die Synthese von „Leben" und „Form", von Menschlichkeit und technischer Zivilisation für F. weiterhin unerläßlich für den Fortbestand jeder Kultur.

F. hielt allerdings an einem gegen die Sachgesetzlichkeiten gerichteten Begriff der Geschichte als souveräne geistige Verfügung über Vergangenheit fest. Die Annahme einer selbstläufigen Entwicklung ist nach F. dem Geschichtsdenken des 19. Jhdt.s verhaftet. Geschichte als Reservoir von Möglichkeiten für konkrete Zielformulierungen könne Wege öffnen zur Bewältigung der Entfremdung durch sekundäre Systeme. Zugleich weist F. auf die Paradoxie eines rein konservativen Handelns hin: Ein Erbe *nur* zu hüten sei gefährlich, denn es werde dadurch zu nutzbarem Besitz, zum Kulturbetrieb entwertet; ebenso werde die Utopie, durchaus förderlich als idealtypische oder experimentelle Modellkonstruktion, als konkrete Zukunftsplanung zum Terror einer unmenschlichen wissenschaftlichen Rationalität. Diese Paradoxien beweisen für F. die Wirklichkeitsmacht der Geschichte, die weder bewahrt, geformt noch geplant, sondern nur spontan gelebt werden kann. F.s bleibender Beitrag zum politischen Denken besteht in der dialektischen Verschränkung und Nichtreduzierbarkeit der Dimensionen politischer Herrschaft, wissenschaftlicher Rationalität und der sozialen Willens- und Entscheidungsgemeinschaft – und in der Charakterisierung dieses dialektischen Verhältnisses als die eigentliche Dimension des „Politischen", die auch im gegenwärtigen „technisch-wissenschaftlichen Zeitalter" nicht an Bedeutung verloren hat.

B.: *E. Üner:* H. F.-Bibliographie, in: *H. F.:* Herrschaft, Planung und Technik, hrsg. v. *E. Üner* (siehe unter E.), S. 175-97.

S.: Die Geschichte der Geschichte der Philosophie

im 18. Jhdt., phil. Diss. Leipzig 1911; Antäus. Grundlegung einer Ethik des bewußten Lebens, Jena 1918; Die Bewertung der Wirtschaft im philosophischen Denken des 19. Jhdt.s, Leipzig 1921; Theorie des objektiven Geistes, Leipzig – Berlin 1923; Prometheus. Ideen zur Philosophie der Kultur, Jena 1923; Der Staat, Berlin 1925; Soziologie als Wirklichkeitswissenschaft, Leipzig – Berlin 1930; Revolution von rechts, Jena 1931; Pallas Athene. Ethik des politischen Volkes, Jena 1935; Die politische Insel, Leipzig 1936; Das geschichtliche Selbstbewußtsein des 20. Jhdt.s, Leipzig 1937; Machiavelli, Leipzig 1938; Weltgeschichte Europas, Wiesbaden 1948; Die weltgeschichtliche Bedeutung des 19. Jhdt.s, Kiel 1951; Theorie des gegenwärtigen Zeitalters, Stuttgart 1955; Schwelle der Zeiten, Stuttgart 1965.

E.: Gedanken zur Industriegesellschaft, hrsg. v. A. *Gehlen*, Mainz 1970; Preußentum und Aufklärung und andere Studien zu Ethik und Politik, hrsg. v. E. *Üner*, Weinheim 1986; Herrschaft, Planung und Technik. Aufsätze zur politischen Soziologie, hrsg. v. dems., Weinheim 1987.

L.: *J. Pieper:* Wirklichkeitswissenschaftliche Soziologie, in: Archiv für Sozialwissenschaft und Sozialpolitik 66 (1931), S. 394-407; *E. Manheim:* The Sociological Theories of H. F.: Sociology as a Nationalistic Paradigm of Social Action, in: *H. E. Barnes* (Hrsg.): An Introduction to the History of Sociology, Chicago 1948, S. 362-73; *H. Lübbe:* Die resignierte konservative Revolution, in: Zeitschrift für die gesamte Staatswissenschaft 115 (1959), S. 131-38; *ders.:* Herrschaft und Planung. Die veränderte Rolle der Zukunft in der Gegenwart, in: Evangelisches Forum, H. 6, Modelle der Gesellschaft von morgen, Göttingen 1966; *W. Giere:* Das politische Denken H. F.s in den Jahren der Zwischenkriegszeit, Freiburg i. Br. 1967; *F. Ronneberger:* Technischer Optimismus und sozialer Pessimismus, Münster 1969; *E. Pankoke:* Technischer Fortschritt und kulturelles Erbe, in: Geschichte in Wissenschaft und Unterricht 21 (1970), S. 143-51; *E. M. Lange:* Rezeption und Revision von Themen Hegelschen Denkens im frühen Werk H. F.s, Berlin 1971; *P. Demo:* Herrschaft und Geschichte. Zur politischen Gesellschaftstheorie H. F.s und Marcuses, Meisenheim a. G. 1973; *W. Trautmann:* Utopie und Technik, Berlin 1974; *R. König:* Kritik der historisch-existenzialistischen Soziologie, München 1975; *W. Trautmann:* Gegenwart und Zukunft der Industriegesellschaft: Ein Vergleich der soziologischen Theorien H. F.s und H. Marcuses, Bochum 1976; *H. Linde:* Soziologie in Leipzig 1925-45, in: *M. R. Lepsius* (Hrsg.): Soziologie in Deutschland und Österreich 1918-45, Kölner Zeitschrift für Soziologie und Sozialpsychologie, Sonderheft 23, 1981, S. 102-30; *E. Üner:* Jugendbewegung und Soziologie. H. F.s Werk und Wissenschaftsgemeinschaft, in: ebd., S. 131-59; *M. Greven:* Konservative Kultur- und Zivilisationskritik in „Dialektik der Aufklärung" und „Schwelle der Zeiten", in: *E. Hennig / R. Saage* (Hrsg.): Konservatismus – eine Gefahr für die Freiheit?, München 1983, S. 144-59; *E. Üner:* Die Entzauberung der Soziologie, in: *H. Baier* (Hrsg.): H. Schelsky – ein Soziologe in der Bundesrepublik, Stuttgart 1986, S. 5-19; *J. Z. Muller:* The Other God That Failed. H. F. and the Deradicalization of German Conservatism, Princeton 1987; *W. Schulze:* Deutsche Geschichtswissenschaft nach 1945, München 1989; *E. Üner:* H. F.s Konzeption der Soziologie als Wirklichkeitswissenschaft, in: Annali di Sociologia 5/II (1989), S. 331-69; *K. Barheier:* „Haltende Mächte" und „sekundäre Systeme", in: *E. Pankoke* (Hrsg.): Institution und technische Zivilisation, Berlin 1990, S. 215-30; *E. Nolte:* Geschichtsdenken im 20. Jhdt., Berlin – Frankfurt a. M. 1991, S. 459-70; *E. Üner:* Soziologie als „geistige Bewegung", Weinheim 1992; *H. Remmers:* H. F.: Heros und Industriegesellschaft, Opladen 1994; *E. Üner:* H. F. und Arnold Gehlen: Zwei Wege auf der Suche nach Wirklichkeit, in: *H. Klages / H. Quaritsch* (Hrsg.): Zur geisteswissenschaftlichen Bedeutung Arnold Gehlens, Berlin 1994, S. 123-62.

– Ün

G

Gäa

Einflußreiche bayerische monarchistisch-konservative Vereinigung in der Zeit der Weimarer Republik. Die Gründung der G. 1923 fällt in eine Zeit der Reorganisation der monarchistischen Bewegung Bayerns, die nach dem gescheiterten Versuch der Bildung einer Königspartei sich u.a. im ebenfalls 1923 entstandenen „Bayerischen Heimat- und Königsbund" (BHKB) neu formierte. Anders als der BHKB, verstand sich die G. aber nicht als eine auf Massenwirkung bedachte Organisation, sondern bemühte sich um gezielte politische Einflußnahme und Interessenwahrnehmung – insbesondere für den Großgrundbesitz. Wichtigste Repräsentanten waren Eugen Prinz zu Oettingen-Wallerstein und der Geschäftsführer der G., Franz Freiherr v. Gebsattel.

Die Bedeutung der G., die das Verbandsblatt „Geja" herausgab, lag in ihrer Funktion als Forum und Schaltstelle des süddeutschen Konservatismus; enge Verbindungen bestanden mit konservativen Kreisen im gesamten Reichsgebiet. Der antiparlamentarisch ausgerichtete Verband organisierte 1926 den „Dolchstoßprozeß" und die bayerischen Aktivitäten gegen die Fürstenenteignung. Einfluß besaß die Organisation über Paul Nikolaus →Cossmann auf die Publizistik der „Münchner Neuesten Nachrichten" und der „Süddeutschen Monatshefte". Politisch stand die G. dem monarchistischen Flügel der Bayerischen Volkspartei nahe; 1929/30 kam es zur Zusammenarbeit zwischen der G. und der →Volkskonservativen Vereinigung, was in der Kandidatur prominenter bayerischer Monarchisten (Prinz zu Oettingen-Wallerstein, Erwein von Aretin) für die Konservative Volkspartei gipfelte. In der Endphase der Weimarer Republik nahm v. Gebsattel schließlich Kontakt zu nationalsozialistischen Parteiführern auf (u.a. Ernst Röhm) in der Hoffnung, ein NS-Regime werde zur Wiedereinführung der Monarchie in Bayern führen. Nach der „Machtergreifung" Hitlers löste sich die G. im März 1933 selbst auf, v. Gebsattel wurde – wie zahlreiche andere bayerische Monarchisten – verhaftet. Das von der Gestapo beschlagnahmte G.-Archiv gilt seither als verschollen.

L.: *K. Schwend:* Bayern zwischen Monarchie und Diktatur, München 1954; *K. Sendtner:* Rupprecht v. Wittelsbach, München 1954; *E. v. Aretin:* Krone und Ketten. Erinnerungen eines bayerischen Edelmanns, hrsg. v. *H. Buchheim / K. O. v. Aretin*, München 1955; *J. Donohoe:* Hitlers Conservative Opponents in Bavaria 1930-45. A study of catholic, monarchist and separatist anti-Nazi activities, Leiden 1961; *H. Fenske:* Konservativismus und Rechtsradikalismus in Bayern nach 1918, Bad Homburg – Berlin – Zürich 1969; *K. O. v. Aretin:* Die bayerische Regierung und die Politik der bayerischen Monarchisten in der Krise der Weimarer Republik 1930-33, in: Festschrift für Hermann Heimpel, Bd. I, Göttingen 1971, S. 205-37; *ders.:* Der bayerische Adel. Von der Monarchie zum Dritten Reich, in: *M. Broszat* (Hrsg.): Bayern in der NS-Zeit, Teil B, München – Wien 1981, S. 513-68.

– St

Ganzheit

G. bezeichnet sowohl das Eine wie alles, was zu ihm gehört („das Viele"), somit „das Ganze". Seit Aristoteles wird im philosophischen Sprachgebrauch das Ganze von den Teilen unterschieden und das Verhältnis der Teile zum Ganzen und des Ganzen zu den Teilen näher zu bestimmen versucht. Unterschieden werden „merogene" G.en, die durch Zusammenstellung von homogenen oder heterogenen Teilen durch Zufall und ohne (Bau-)Plan gebildet werden (Menge, Häufung), von „organischen" G.en, bei denen das Ganze die Teile als „Organe" oder Glieder nach Plan und Ordnung ausbildet.

Für die Erklärung der Entstehung merogener G.en wird auf eine oder mehrere der folgenden Annahmen zurückgegriffen: Aus Chaos entsteht Kosmos (Ordnung); aus Niederem entsteht Höheres, aus niedrig organisierten Lebewesen (z.B. Einzellern) entstehen hochorganisierte Lebewesen; Leben entsteht aus Totem (Stoff); Geist entsteht aus Materie; Vernunft ist ein Produkt des sozialen Prozesses; soziale Gebilde entstehen durch Zusammenschluß von einzelnen Individuen; Gesellschaft ist die Summe der Beziehungen der einzelnen untereinander; die Souveränität des →Staates gründet in der Souveränität des einzelnen →Bürgers; der Staat entsteht durch Vertrag der Bürger, diese setzen die Staatsgewalt und ihre Träger ein; der Allgemeinwille spiegelt den Einzelwillen; das allgemeine Beste ist identisch mit dem Willen der Mehrheit; das Gesamtwohl (→Gemeinwohl) ist die

Summe der Einzelwohle; die freie Verfolgung der Einzelinteressen bringt das Maximum an Gesamtwohlfahrt. Freie Marktwirtschaft, Privateigentum und Demokratie („Regierung des Volkes, durch das Volk, für das Volk") sind die Grundpfeiler freier Gesellschaften. Methodisch herrschen atomistische, individualistische, empiristische, positivistische, rationalistische, hedonistische, utilitaristische und materialistische Betrachtungsweisen vor, die sich an den Naturwissenschaften und ihrem Reduktionismus orientieren (z.B. Erklärung des Lebens aus physikalisch-chemischen Prozessen). Schlüsselbegriffe sind „Selbstorganisation" und „Evolution".

Aus der Sicht einer organischen Ganzheitslehre müssen heute sämtliche meristische Ganzheitstheorien als gescheitert angesehen werden. Selbstorganisation setzt das organisierende „Selbst" als G. voraus. Die Entstehung neuer Arten von Lebewesen läßt sich demnach durch Selektion und Mutation nicht nachweisen, immer ist dazu der schöpferische Eingriff einer planenden Instanz erforderlich.

Die Erklärungen für echte, oben als „organisch" bezeichnete G.en gehen auf folgende Annahmen zurück: das Höhere ist vor dem Niedrigeren, das Ganze vor den Teilen; Ordnung ist vor Chaos, Chaos entsteht aus dem Nichtfesthalten der Ordnung (Verwirrung, Abfall); Leben entsteht nur aus Leben, nicht aus totem Stoff; Geist entsteht nur aus Geist, geschöpflicher Geist aus Schöpfergeist und dieser aus sich selbst (reines Selbstbewußtsein, absoluter Geist, *actus purus*, Gott); menschliche Vernunft ist das Vermögen des richtigen (logischen) Denkens und Erkennens durch Teilnahme am göttlichen Logos und seinem Reich der „Ideen" (den *logoi spermatikoi*, den geistigen Wesenheiten); Materie ist „Geist in seinem Anderssein" (G. W. F. Hegel), die Natur ist („objektivierter") Geist (F. W. J. Schelling), Materie ist aus „immateriellen Wurzeln" entstanden (O. →Spann); gesellschaftliche Gebilde haben religiösen Ursprung, sie entstehen aus kultischen (Opfer-) Gemeinschaften, der *communio* mit Gott; Stellung und Rang der einzelnen Individuen und der sozialen Untergruppen bestimmen sich nach der Leistung für das Gemeinwohl; die (relative) Souveränität des Staates ist Spiegel der Souveränität Gottes (C. →Schmitt); aus dem Kult entstehen Sittlichkeit, →Recht und Ordnung des Staates, der Staat ist Diener der Ordnung; die staatliche Gewalt (→Autorität) hat ihren Ursprung in Gott, ihre Funktion ist der Mitvollzug der Schöpfungsordnung („Naturrecht"); diese Funktion bestimmt den Willen des Staates, und in dem Maße, in dem er sie erfüllt, wird er zur „Wirklichkeit der sittlichen Idee" (Hegel), ist er „objektiver Geist"; Pflicht der einzelnen Individuen (der „Subjekte") ist es, sich durch Teilnahme an der sittlichen Idee zu „objektivieren" und der staatlichen Autorität Gehorsam zu leisten; das Gemeinwohl hat den Vorrang vor dem Einzelwohl, der Gemeinnutzen vor dem Eigennutzen. Hierarchische Gliederung („von oben nach unten"), gemischte →Verfassung (mit monarchischen, aristokratischen und demokratischen Elementen) und korporativ-ständische Bindungen bestimmen Gesellschafts- und Staatsaufbau. Ganzheitliche Verfahren sind essentialistisch (sie versuchen das „Wesen" der Dinge zu erfassen), universalistisch (abzielend auf die Gewinnung von Allgemeinbegriffen oder „Universalien" *ante rem* und *in re*), „anschaulich" (E. Salin), auf „Eingebung" (Ideenschau, intellektuelle Anschauung, *visio intellectualis*) und Offenbarung vertrauend. Schlüsselbegriffe sind das Ganze, das in den Gliedern erscheint (sich ausgliedert oder „vermittelt"), sich hierbei hierarchisch abstuft und inhaltliche Funktionskreise bildet, die Glieder mit Eigenleben (= verhältnismäßige Autonomie oder →„Freiheit") ausstattet und für die Rückverbindung der Glieder im Ganzen sowie für die notwendige Anpassung in der Zeit („Umgliederung") sorgt. Ganzheitliche Verfahren orientieren sich nicht an der Naturwissenschaft, sondern anerkennen die Autochthonie des Geistes. Mystik, Metaphysik, Mythos, Kulte, Riten, Doxa, →Traditionen, geschichtliche Erfahrungen werden als geistige Wirklichkeiten von der wissenschaftlichen Betrachtung ebensowenig ausgeschlossen wie Analytik, Empirie oder Logikkalkül. G.en sind geistige Wesenheiten, Träger von Ideen, schöpferische und ordnende Kräfte, die nur mit den ihnen entsprechenden (geisteswissenschaftlichen) Methoden erfaßt werden können. Für die Theoriebildung durch die dem Konservatismus zuzuzählenden Richtungen in Wissenschaft und Politik finden vorrangig ganzheitliche Verfahren Anwendung.

Neben den Geistes- und Sozialwissenschaften haben ganzheitliche Verfahren im 20. Jhdt. auch in der Atomphysik, Kosmologie, Biologie und Ökologie Einzug gehalten und die kausal-mechanistischen Verfahren weitgehend verdrängt. Mit einigem Recht läßt sich daher von „Wendezeit" und „Neuem Denken" (F. Capra) sprechen. Zunehmend führt dies heute zur Rückbesinnung auf die unverlierbaren, z. T. jahrtausendealten universalistischen Denktraditionen der Völker und Philosophenschulen (→Universalismus).

L.: H. Conrad-Martius: Der Selbstaufbau der Natur, Hamburg 1944; **W. Heinrich:** Die Verfahrenlehre als Wegweiser für Wissenschaft und Kultur, in: **ders.:** (Hrsg.): Die G. in Philosophie und Wissenschaft. **O. Spann** zum 70. Geburtstag, Wien 1950 (Wiederabdruck in: **J. H. Pichler** [Hrsg.]: Die G. von Wirtschaft, Staat und Gesellschaft, Berlin 1977); **J. Huxley:** Evolution in Action, New York 1953; **E. Voegelin:** Order and History, Bde. I-III, Baton Rouge (La.) 1956-57; **O. Spann:** Ganzheitliche Logik, Salzburg 1958 (Wiederabdruck in: Gesamtausgabe O. S., Bd. XVII, Graz 1971); **E. Salin:** Politische Ökonomie, Tübingen 1967; **L. von Bertalanffy:** General Systems Theory, New York 1968; **W. Heisenberg:** Der Teil und das Ganze, München 1969; **F. Wagner:** Weg und Abweg der Naturwissenschaft. Denk- und Strukturformen, Fortschrittsglaube und Wissenschaftsreligion, München 1970; **A. Koestler / J. R. Smythies** (Hrsg.): Das neue Menschenbild, Wien 1970; **J. W. Forrester:** Der tödliche Regelkreis, Darmstadt 1971; **D. Maedows:** Die Grenzen des Wachstums. Bericht des Club of Rome zur Lage der Menschheit, Stuttgart 1972; **J. Monod:** Zufall und Notwendigkeit, München 1975; **E. Jantsch:** Die Selbstorganisation des Universums. Vom Urknall zum menschlichen Geist, Darmstadt 1980; **H. Pietschmann:** Das Ende des naturwissenschaftlichen Zeitalters, Wien 1980; **H. Kahle:** Evolution – Irrweg moderner Naturwissenschaft?, Bielefeld [2]1981; **A. Portmann:** Biologie und Geist, Frankfurt a. M. 1982; **I. Prirogine:** Order out of Chaos, Toronto 1984; **K. Hübner:** Die Wahrheit des Mythos, München 1985; **E. Chargaff:** Unbegreifliches Geheimnis. Wissenschaft als Kampf für und gegen die Natur, Stuttgart [3]1986; **R. Riedl / F. M. Wuketits:** Die evolutionäre Erkenntnistheorie. Bedingungen, Lösungen, Kontroversen, Berlin 1987; **F. Capra:** Wendezeit. Bausteine für ein neues Weltbild, München 1988; **ders.:** Neues Denken. Die Entstehung eines ganzheitlichen Weltbildes im Spannungsfeld zwischen Naturwissenschaft und Mystik, Bern 1990; **E. Voegelin:** Die neue Wissenschaft der Politik, Freiburg i. Br. [4]1991; **D. u. D. Meadows / J. Randers:** Die neuen Grenzen des Wachstums, Stuttgart 1992; **G. Pöltner:** Evolutionäre Vernunft. Eine Auseinandersetzung mit der evolutionären Erkenntnistheorie, Stuttgart 1993.

– Ro

Gehlen, Arnold

* 29. 1. 1904 Leipzig; † 30. 1. 1976 Hamburg. Deutscher Philosoph und Soziologe. Nach dem Studium der Philosophie, Psychologie, Kunstgeschichte und Germanistik in Leipzig und Köln wurde G. 1927 zum Dr. phil. promoviert, drei Jahre später habilitierte er sich bei H. Driesch. Seine zwischen Phänomenologie und Existenzphilosophie angesiedelte wissenschaftliche Arbeit (vor allem „Wirklicher und unwirklicher Geist", 1931) befriedigte ihn auf lange Frist so wenig wie der Schritt zur streng idealistischen „Theorie der Willensfreiheit" (1933). Politisch trat G. in dieser Zeit nicht hervor, obwohl er als Assistent von H. →Freyer am Soziologischen Institut der Universität Leipzig unmittelbare Berührung mit einem der führenden Köpfe der →Konservativen Revolution hatte.

Daß G. am 1. Mai 1933 in die NSDAP eintrat, hätte man mit dessen taktischen Erwägungen erklären können. Und tatsächlich war G. kein Nationalsozialist im konventionellen Sinn. Er hatte, wie viele Bürger, die Hoffnung, daß Hitler das drohende politische Chaos abwenden könne und die NS-Bewegung die notwendige „Homogenisierungskraft" besitze, um den Zerfall der Gesellschaft zu verhindern. Während der dreißiger Jahre übernahm G. in verschiedenen Parteigliederungen Aufgaben als Funktionär, und der Duktus seiner Gelegenheitsarbeiten für Zeitungen und Zeitschriften war stark vom NS-Jargon bestimmt. Seine außergewöhnliche Begabung und sein Einsatz eröffneten ihm eine rasche akademische Karriere. Bereits im November 1934 erhielt G. eine Professur für Philosophie in Leipzig, 1938 bewarb er sich erfolgreich auf den Kant-Lehrstuhl in Königsberg und wechselte 1940 noch einmal nach Wien.

In diesem Jahr veröffentlichte G. sein Hauptwerk, „Der Mensch". Dieser anthropologische Entwurf, in dem er Erkenntnisse der Philosophie, Soziologie, Psychologie und Biologie zu einem einheitlichen Bild zusammenfügen wollte, ohne dem traditionellen Leib-Seele-Schema zu folgen, fand aber nur ein geteiltes Echo. Trotz der Anpassungen im Text – etwa durch die Verwendung von Rosenbergs Begriff des „Zuchtbildes" – und der Betonung der „Obersten Führungssysteme" für die Funktionstüchtigkeit des Staates, blieb die Zustimmung von offizieller Seite verhalten. G.s These, daß der Mensch ein „organisches Mängelwesen" sei, das allein durch planendes „Handeln" zum „Prometheus" werde und die Grundlagen seines Überlebens schaffe, wurde als „individualistisch und wesentlich unpolitisch" (G. Lehmann) kritisiert, und andere Rezensenten wiesen auf die fehlende Übereinstimmung mit der nationalsozialistischen Rassenlehre hin. Den schärfsten Angriff führte E. Krieck, der G. in denunziatorischer Absicht vorwarf, daß er die Weltanschauung des Nationalsozialismus nur „halb und halb" vertrete.

Tatsächlich blieb die innere Distanz zum Regime immer spürbar, ohne daß G. jemals in Opposition gegangen wäre. Seit 1942 durch den Heeresdienst aus dem wissenschaftlichen Betrieb ausgeschieden, sah er sich nach Kriegsende vor der Notwendigkeit, eine neue Existenz aufzubauen. Angesichts der relativen Zurückhaltung der französischen Besatzungsmacht in Entnazifizierungsfragen konnte er schon 1947 einen Lehrstuhl an der neu gegründeten Verwaltungshochschule in Speyer übernehmen, 1962 wechselte er noch einmal an die Technische Hochschule Aachen, an der er bis zu seiner Emeritierung im Jahr 1969 verblieb. Das an akademischen Würden arme Leben G.s in der Nachkriegszeit tat seiner Wirksamkeit allerdings keinen Abbruch. Neben zahlreichen Aufsätzen publizierte G. noch zwei grundlegende Werke: 1956 den Band „Urmensch und Spätkultur" und 1969 das Buch „Moral und Hypermoral".

In „Urmensch und Spätkultur" hat G. über das hinausgehend, was in „Der Mensch" zum Thema schon gesagt war, seine Lehre von den →Institutionen entwickelt. Anders als zuvor, lag hier der Akzent aber nicht mehr auf der Biologie, sondern auf der Vor- und Frühgeschichte. G. entfaltete eine eigene Anschauung über die Bedeutung der „politischen Theologie", wenn er darauf beharrte, daß alle Institutionen „ursprünglich Transzendenzen ins Diesseits im Vollsinne" gewesen seien. Die Institutionen waren seiner Meinung nach aber nicht nur göttlichen Ursprungs, sie besaßen auch eine „theogonische" Fähigkeit. Ohne die religiöse Scheu vor der Verletzung eines Gesetzes wäre der Respekt gegenüber

Arnold Gehlen
1904-1976

den Institutionen gar nicht zu erklären. Allerdings gilt das, strenggenommen, nur für die archaische Zeit. Bereits die Durchsetzung des Monotheismus – und die mit ihr einhergehende Desakralisierung des Diesseits – habe, so G., den ursprünglichen Nimbus aller Institutionen beschädigt, und doch müßten Institutionen – trotz der Zerstörung des ursprünglichen Zusammenhangs von Kult und Politik – weiter „Mehr-als-Zweck-Institute" sein, um Bestand zu haben: „Das Wesentliche einer dauerhaften Institution ist ihre Überdeterminiertheit..." Die Institutionen führen nicht nur zu „Außen-", sondern auch zu „Innenstabilisierung", zu „wohltätiger Fraglosigkeit", und der „Bestand einer jeden Kultur ist nur dann gesichert, wenn ein... Unterbau gewohnheitsmäßigen, auf Außensteuerung abgestellten Verhaltens vorhanden ist, auch wenn dieses damit notwendig formalisiert wird". Dem gegen diese Institutionenlehre immer wieder erhobenen Einwand, daß sie dem Individuum gar keine Entfaltungsmöglichkeit einräume, ist G. mit dem Hinweis begegnet, daß die Persönlichkeit „eine Institution in einem Fall" sei. Das bedeutet aber auch, daß sie kein moralisches Recht habe, auf dem „perfiden Terrain des Subjektiven" zu verharren. G. insistierte auf der für den modernen Menschen unbequemen Wahrheit, daß man „anthropologisch den Begriff der Persönlichkeit nur im engsten Zusammenhang mit dem der Institutionen denken (könne; W), die letzteren geben der Personqualität in einem anspruchsvolleren Sinne überhaupt erst die Entwicklungschance".

G. mußte Ende der sechziger Jahre erleben, daß das Bewußtsein vom notwendigen Zusammenhang zwischen Institution und Persönlichkeit immer weiter in Vergessenheit geriet. Unter den besonders verlockenden Umständen der Wohlstandsgesellschaft schien sich die Möglichkeit zu bieten, daß „protestlerische Selbstbetonung" folgenlos blieb. Der Einspruch gegen diese Tendenz war das Thema des letzten Buches, das G. geschrieben hat und das 1969 unter dem Titel „Moral und Hypermoral" erschien. Es war zugleich G.s erstes im engeren Sinne politisches Buch und zeigte ein glänzendes polemisches Talent. Der Band trug den Untertitel „Eine pluralistische Ethik", und tatsächlich ging es dem Verfasser hier um den Nachweis, „daß es mehrere voneinander funktionell wie genetisch unabhängige und letzte sozialregulative Instanzen im Menschen gibt". G. hat sich für seine Forderung nach einer „pluralistischen Ethik" auf das Vorbild aller differenzierten Gesellschaften berufen, die ja immer verschiedene Tugenden für verschiedene Lebensbereiche kannten. Es ging ihm aber unter den aktuellen Gesichtspunkten vor allem um das Widerspiel zweier Moralen: der Kleingruppenoder Familienmoral und der politischen Moral. G. wandte seinen ganzen Scharfsinn auf, um die Fragwürdigkeit des „Humanitarismus" aufzuzeigen, jener Utopie, die jede auf Erhaltung der staatlichen Ordnung, ja der Institutionen überhaupt, gerichtete Bemühung unterlief. Individualismus und →Universalismus wurden in einen direkten Zusammenhang gebracht, die „überdehnte Hausmoral" zum Maßstab jeder Handlung und eben auch der staatlichen gemacht. Aber ihre an der Intimität orientierten Normen – so G. – seien ungeeignet für die politische Aktion, bei der der Besitz von Macht eine unabdingbare Voraussetzung sei.

G.s Hoffnung, daß sich an der von ihm diagnostizierten Situation etwas ändern ließe, war nur gering. Bereits 1961 entwickelte er in einem Vortrag die These, daß die westliche

Welt in einen Zustand der „Kristallisation" übergegangen sei, der durch „Überraschungslosigkeit" und das Verschwinden der „großen Schlüsselattitüde" gekennzeichnet sei. Solche Kristallisationen habe es in der Vergangenheit zwar immer wieder gegeben, aber die entsprechende Tendenz sei in der „industriell-technisch-szientifischen" Welt übermächtig. Die „kristallisierte Gesellschaft" der Gegenwart biete zwar noch einige „Spielplätze höherer Art", aber das sei „Beweglichkeit auf stationärer Basis", stärker wirkten in ihr der Sachzwang der industriellen Produktion und die Tendenz der Massen, die „ihren Hang zum Konformismus durchsetzen". G. hat den Begriff der *cristallisation sociale* von dem französischen Philosophen A. A. Cournot übernommen, auf den auch der Begriff des *post-histoire* zurückgeht. Nach dem Ende der ideologischen und heroischen Geschichte – so schon Cournot – würden Technik, Wissenschaft, moderne Fabrikation und Verstädterung sowie Medieneinfluß einen historisch einmaligen Zustand heraufführen, der von Rationalität, Nivellierung der gesellschaftlichen Unterschiede und bereitwilliger Einordnung der Bevölkerung in ein System gekennzeichnet sei, das ihr Sicherheit und wachsenden Wohlstand verspreche. G. hat aus seiner persönlichen Aversion gegen diese schöne neue Welt keinen Hehl gemacht, aber auch darauf hingewiesen, daß es keine Kulturkritik gäbe, die die Entwicklung wirklich treffen könne. Die Affekte gegen die „Vermassung" hielt er für den Ausdruck von Hilflosigkeit und politischer Romantik. G. betrachtete jede antimoderne Einstellung mit einer gewissen Amüsiertheit, weil die Geschichte – auf die sich alle Kulturkritik mit Vorliebe beruft – keine oder doch fast keine Maßstäbe bereithalte, um den globalen Prozeß zu beurteilen, dem die Menschheit seit fast zweihundert Jahren ausgesetzt sei. Nach seiner Auffassung überschreitet sie eine „absolute Kulturschwelle", die nur der „Neolithischen Revolution" vergleichbar ist. Die Existenzweise des modernen Menschen ist krisenhaft in einem „totalen" Sinn und wesentlich widerspruchsvoller als die seiner Vorgänger. Die Aufforderung, der industriellen Welt nicht auszuweichen, sondern nach Lösungen im Sinne einer realistischen Option zu suchen, hat G. neben C. →Schmitt zum bedeutendsten Rechtsintellektuellen der Nachkriegszeit und zum geistigen Vater des „technokratischen Konservatismus" gemacht, wie er dann in den siebziger Jahren vor allem von H. →Schelsky und A. →Mohler vertreten wurde.

B.: *K.-S. Rehberg / U. Hoffmann:* A.-G.-Bibliographie, in: *H. Klages / Quaritsch (Hrsg.)* (siehe unter **L.**), S. 899-1001.

W.: A. G. Gesamtausgabe, bisher erschienen sind die Bände Bde. 1 (Philosophische Schriften I), 2 (Philosophische Schriften II), 3 (Der Mensch; zwei Teilbände), 4 (Philosophische Anthropologie und Handlungslehre) und 7 (Einblicke); Der Mensch. Seine Natur und seine Stellung in der Welt, Berlin 1940 (endgültige Fassung in der 7. Aufl. Frankfurt a. M. 1966); Urmensch und Spätkultur, Bonn 1956; Zeit-Bilder. Zur Soziologie und Ästhetik der modernen Malerei, Frankfurt a. M. – Bonn 1960; Moral und Hypermoral, Frankfurt a. M. 1969.

L.: *F. Jonas:* Die Institutionenlehre A. G.s, Tübingen 1966; *E. Forsthoff / R. Hörstel* (Hrsg.): Standorte im Zeitstrom. Festschrift für A. G. zum 70. Geburtstag am 29. Januar 1974, Bonn 1974; *K.-S. Rehberg:* A. G., in: *C. v. Schrenck-Notzing:* Konservative Köpfe, München 1978, S. 157-66; *H. Klages / H. Quaritsch* (Hrsg.): Zur geisteswissenschaftlichen Bedeutung A. G.s, Schriftenreihe der Hochschule Speyer, Bd. 113, Berlin 1993; *V. Steinkampf:* Mensch und Technik bei A. G., phil. Diss. Köln 1994.

– W

Gelzer, Johann Heinrich

* 17. 10. 1813 Schaffhausen; † 15. 8. 1889 Witwald/Eptingen. G. entstammte einem der ältesten Bürgergeschlechter der Stadt Schaffhausen. Sein Vater, von Beruf Schreiner, starb noch vor seiner Geburt. G.s Begabung wurde früh erkannt und gefördert. Seine ihm durch Gönner ermöglichten Studien der Theologie und Geschichte absolvierte er in Zürich, Jena, Göttingen und Halle. In Jena wurde er 1836 zum Dr. phil. promoviert. Nachdem er einen Winter lang Hauslehrer einer englischen Familie in Nizza gewesen war, kam G. nach Bern, wo er Vorträge über die drei letzten Jahrhunderte der Schweizer Geschichte und über christliche Ethik hielt. 1839-43 lehrte er in Basel, zunächst als Privatdozent, später als Professor für Geschichte.

Durch Vermittlung des Freiherrn von →Bunsen, damals preußischer Gesandter in der Schweiz, wurde G. 1842 an die Universität Berlin berufen. Hier eröffnete er sein akademisches Wirken mit der Antrittsrede „Die

ethische Bedeutung der Geschichte für die Gegenwart". Seine Vorlesungen erstreckten sich von neuerer deutscher Literatur- und Kulturgeschichte bis zur Geschichte der englischen und Französischen Revolution.

Schon 1850 trat G. infolge einer schweren Erkrankung vom akademischen Lehramt zurück. Auf einer Erholungsreise in den Süden entstanden die „Protestantischen Briefe aus Südfrankreich und Italien". 1852 nahm er seinen bleibenden Wohnsitz in Basel, frei von beruflicher Bindung und festem Amt. Er setzte es sich zur Aufgabe, den tiefliegenden Gründen der unaufhaltsamen politisch-sozialen und kirchlich-religiösen Krise des Zeitalters nachzuforschen, zugleich aber die Vorbedingung einer fruchtbaren Lösung darzulegen. Zu diesem Zweck gründete er die „Protestantischen Monatsblätter für innere Zeitgeschichte", die er 1852-70 in Basel herausgab und redigierte. Durch sein lehrendes und publizistisches wie auch durch sein politisch-diplomatisches Wirken gehörte G. der Schweiz und Deutschland gleichermaßen an. Er selbst konnte beide ohne Probleme zugleich als sein Vaterland bezeichnen. Diese Haltung drückte sich nicht zuletzt darin aus, daß er während des Neuenburger Konflikts (1856/57) zwischen Preußen und der Schweiz erfolgreich als Vermittler tätig sein konnte. Er war aber nicht nur Vertrauter König Friedrich Wilhelms IV. von Preußen, sondern später auch Ratgeber des badischen Fürstenhauses (1866 großherzoglich badischer Staatsrat). In dieser Stellung arbeitete er in manch vertraulicher Mission im Dienste der deutschen Einigung. Schließlich folgte G. im Auftrag König Wilhelms von Preußen als Beobachter den Verhandlungen des vatikanischen Konzils. Römische Missionen nahmen ihn bis in die 1880er Jahre in Anspruch. Jedoch publizierte er nach 1870 nur noch wenig.

G.s Verhältnis zur Geschichte war kein rein wissenschaftliches. Bei der Vergangenheit wollte er den Blick für die Zukunft schärfen und „Licht… suchen für die Gegenwart". „Die providentielle Schrift der Vergangenheit zu enträtseln" war seines Erachtens denn auch die Hauptaufgabe des Historikers. Da seine Hauptwerke vor der Jahrhundertmitte entstanden waren, wurde G. für die zweite Hälfte seines Lebens vollends zum kulturkritischen Denker und Mahner, der vom „Rande des Abgrundes", an dem er im Jahr 1848 die Welt hatte stehen sehen, wegführen, die erstarrten Parteipositionen überwinden und eine geistige Erneuerung vorbereiten wollte. Die Verantwortung des Zeitgeschichtlers sah er darin, seinen Zeitgenossen mit fester Hand einen ungetrübten Spiegel vorzuhalten; er sei, wenn er seinen Beruf recht verstehe, dazu bestimmt, das öffentliche Gewissen seiner Zeit wachzuhalten.

G. war überzeugt, daß „der Verfall auf dem geistigen Gebiete nothwendig dem Verfalle von Staat und Kirche vorangehen mußte". Die Rettung könne daher nur aus dem Inneren kommen, nicht aus Institutionen oder politischen Programmen. Für G. war klar, daß die Welt in allen Fragen durch Ideen beherrscht wird. Er war davon überzeugt, daß noch eine echte konservative Politik möglich ist, „die den Anker ihrer Hoffnung nicht mit mattherziger Verzagtheit in die romantischen Untiefen einer erträumten hierarchischen Restauration des Mittelalters" einzusenken brauche. Den Ideen →Tocquevilles, der den Sieg der Demokratie als unabwendbare Tatsache und als Signatur des Zeitalters erkannt hatte, brachte G. aufgeschlossenes Verständnis entgegen. Die unbefangene Würdigung der demokratischen Richtung der Zeit, die Einsicht in das Unaufhaltsame dieses Zuges unterschied ihn von den Denkern der Reaktion. Die Demokratie war ihm jedoch nicht Heilmittel für alles; er hielt sie des „entsetzlichsten Despotismus fähig", sobald die sittliche Grundlage erschüttert sei. Nicht die demokratische Neuverteilung der Macht erschreckte ihn, sondern der Übergang der Macht an den Geist, der mit dem Glauben gebrochen hatte. Bejahung der altschweizerischen Demokratie und der Ideen der Historischen Schule verbanden sich in dieser Vorstellung. Die Konstruktionen des naturrechtlichen Rationalismus verwarf G. Ferner lehnte er den abstrakten Freiheitsbegriff der →Aufklärung ebenso ab wie die Idee der Volkssouveränität. Seit frühen Jahren höfischen Kreisen verbunden, konnte er den Gedanken vom patriarchalisch regierten Staat nie ganz überwinden. Demokratische Erneuerung des Staates lehnte er deswegen nicht ab; er erwartete aber echten Fortschritt nur von einer Verbindung von politischer und sozialer Reform. G. hatte die weittragende Bedeutung der sozialen Frage, die er als „Sphynx des 19. Jahrhunderts" bezeichnete, schon früh erkannt. Für ihn war schon 1840 klar, daß die nächste Revolution „eine sociale sein werde".

B.: *E. Vischer:* J. H. G., in: Schaffhauser Biographien des 18. und 19. Jhdt.s, Thayngen 1956, S. 331-38.

S.: Die Schlacht bei Kappel. Huldreich Zwinglis Todestag, Zürich 1831; Johannes von Müller: Worte der Wahrheit an alle Eidgenossen, hrsg. v. *H. G.*, Zürich 1832; Die drei letzten Jhdt.e der Schweizergeschichte, mit besonderer Berücksichtigung der geistigen und religiösen Zustände und der Sittengeschichte, Bde. I-II, Aarau – Thun 1838-39; Aufblicke. Eine Festgabe, Zürich 1839; Die Religion im Leben oder die christliche Sittenlehre. Reden an Gebildete, Zürich 1839; Die zwei ersten Jhdt.e der Schweizergeschichte, Basel 1840; Die deutsche poetische Literatur seit Klopstock und Lessing nach ihren ethischen und religiösen Gesichtspunkten, Leipzig 1841 (2. Aufl.: Die neuere deutsche Nationalliteratur nach ihren ethischen und religiösen Gesichtspunkten. Zur neueren Geschichte des deutschen Protestantismus, Bde. I-II, Leipzig 1847-49); Die Straußschen Zerwürfnisse in Zürich von 1839. Zur Geschichte des Protestantismus, Hamburg – Gotha 1843; Schule und Erfahrung. Ein biographisches Fragment, Zürich 1844; Die ethische Bedeutung der Geschichte für die Gegenwart, Berlin 1844; (anonym): Die geheimen deutschen Verbindungen in der Schweiz seit 1833. Ein Beitrag zur Geschichte des modernen Radikalismus und Communismus, Basel 1847 (zuerst in der Zeitschrift „Janus" 1847, H. 8-12); Dr. Martin Luther, der deutsche Reformator, Hamburg 1851; Protestantische Briefe aus Südfrankreich und Italien, Zürich 1852 (2. Aufl.: Der katholische Süden und Pius IX. nach der Revolution von 1848. Briefe aus Frankreich und Italien, Zürich 1868); Bunsen als Staatsmann und Schriftsteller, Gotha 1861.

L.: *Curtius* in ADB XLIX, 277-84; *Bonjour* in NDB VI, 177f.; *F. Curtius:* H. G., Gotha 1892; *K. Gelzer:* Erinnerungen an meinen Vater, Basel 1920; *E. Bonjour:* H. G.s Vermittlungstätigkeit im Neuenburger Konflikt 1856/57, Bern 1930; *R. Feller:* Die schweizerische Geschichtsschreibung im 19. Jhdt., Zürich 1938; *K. Wall:* H. G. 1813-89, phil. Diss. (masch.) Basel 1950; *ders.:* H. G. als Diplomat im Neuenburger Konflikt, in: Basler Zeitschrift für Geschichte und Altertumskunde 49 (1950), S. 203-26; *E. Vischer:* Die deutsche Reichsgründung von 1871 im Urteil schweizerischer Zeitgenossen, in: Schweizerische Zeitschrift für Geschichte 1 (1951), S. 461-76; *E. Vischer:* J. H. G. (Sonderabdruck aus: Schaffhauser Biographien des 18. und 19. Jhdt.s), Thayngen 1956; *W. Meyer:* Demokratie und Cäsarismus. Konservatives Denken in der Schweiz zur Zeit Napoleons III., phil. Diss. Bern 1975, S. 67-79.

– Hä

Gemeinwohl

(*bonum commune*, das allgemeine Beste, allgemeine Wohlfahrt, öffentliches Interesse) bezeichnet das Zielgesamt (das „Ganze") einer Gemeinschaft, den Zweck ihrer Existenz. Das G. ist die Einheit der verschiedenen Ziele, denen die Gemeinschaft (oder Gesellschaft) dient und die den Zweck ihrer Existenz beschreiben. In wohlverfaßten Gemeinschaften stehen die Einzelziele oder -zwecke in einer (Wert-)Ordnung zueinander, und zwar so, daß die niedrigeren Ziele oder Zwecke nur um der höheren willen und nur insoweit verfolgt werden, als sie zur Verwirklichung der höheren Ziele oder Zwecke beitragen. Immer umfaßt das G. einer Gemeinschaft oder eines gesellschaftlichen Verbandes naturnahe, materielle, soziale, politische, kulturelle und sogar religiöse („heilige") Aspekte. Selbst reine Interessenverbände, wie etwa Gewerkschaften oder Kartelle, können sich nicht auf die Verfolgung rein materieller Ziele (z.B. Erhöhung von Löhnen oder Preisen) beschränken, sondern müssen sich um die (soziale) Verhältnismäßigkeit (= Gerechtigkeit) und politische Durchsetzbarkeit ihrer Forderungen kümmern, ökonomische und ökologische Auswirkungen auf die Gesamtwirtschaft berücksichtigen, Leistungs-, Produktivitäts- und Bildungsstand ihrer Mitglieder heben und selbst religiöse Sitten und Gebräuche (z.B. Sonntagskultur bei der Arbeitszeitregelung) beachten.

Von den einzelnen Mitgliedern oder gesellschaftlichen Untergruppen her gesehen, ist das G. „die Gesamtheit jener Bedingungen des gesellschaftlichen Lebens, die sowohl den Gruppen als auch deren einzelnen Gliedern ein volles und leichteres Erreichen der allgemeinen Vollendung ermöglichen" (Vatikanum II, Gaudium et spes 26). In dieser dienenden Funktion hat das G. subsidiären Charakter, es bietet Hilfe für die Entfaltung und Vollendung der Glieder einer Gemeinschaft. Jedoch erschöpft sich das G. nicht in dieser Funktion, sondern es hat für die Gemeinschaft ein von den Gliedern unabhängiges und diese überdauerndes Eigenwert, ein „mehr" und qualitativ anderes ist als die Summe des Nutzens, den die gemeinschaftlichen Werte und Einrichtungen zum Eigenwohl der Glieder beisteuern. Die →Kirche ist beispielsweise nicht allein um des (Eigen-)Wohls oder „Heils" der Gläubigen willen da, sondern dient in erster Linie der Verherrlichung Gottes, der „Repräsentation" (C. →Schmitt) seines Reiches auf Erden. Alle gesellschaftlichen Ziele („Gemeinwohle") bilden zusammen eine Stufenordnung, die, nach konservativer Auffassung, zuletzt im höchsten Gemeingut, Gott, mündet. Insoweit alle Gemeinschaften, ganz besonders aber die Familie, die Gemeinde, der →Staat, der Gesetzgeber, die Kirche, auf dieses höchste Gut ausgerichtet sind, sind sie „heilig", integer („heil"), vollkommen. Heiligkeit, „Güte" (Liebe), Wahrheit, Schönheit, →Gerechtigkeit und Friede sind mit dem G. untrennbar verbundene Güter oder →„Werte", die auf möglichst vollkommene Weise und nach der Eigenart der Gemeinschaft realisiert werden sollen. Das Resultat dieser Realisierung macht dann die Kultur dieser Gemeinschaft aus.

Kraft dieser Realisierungs- und Kulturaufgabe besitzt das G. den sachlichen, zeitlichen, wertmäßigen und würdemäßigen Vorrang vor dem Einzelwohl der Glieder der Gemeinschaft: „Das Ganze ist vor den Teilen" (Aristoteles), „Gemeinnutz geht vor Eigennutz", das öffentliche „Interesse" geht Privatinteressen vor. Selbst „unveräußerliche", individuelle Menschenrechte, wie etwa „das Recht auf Leben", das „Recht auf Privateigentum" oder das Recht „auf freie Meinungsäußerung", werden durch diesen *Vorrang* des G.s relativiert und eingeschränkt, so z.B. bei Angriffen auf die Integrität der Gemeinschaft (Wehrdienst), zur Sicherung von Ruhe und Ordnung (Verhetzungsverbot), zur Durchsetzung des öffentlichen Interesses bei Verkehrsbauten (Enteignungsverfahren) usw.

Infolge von Bedeutung und Komplexität ist die konkrete, inhaltliche Bestimmung des G.s in der Praxis äußerst schwierig, und die Verfahren hierzu sind umstritten. Als Orientierungsnorm des (politischen) Handelns ist das G.s nicht einfach eine Resultante des Klassenkampfes (Marxismus), des Parteienstreits (Demokratie), des „freien Spiels der Kräfte" (Liberalismus), der „Gegenkräfte" („countervailing powers") oder Ergebnis des „herrschaftsfreien Diskurses" (J. Habermas) und noch weniger aufgrund eines Mehrheitsentscheids ermittelbar. Die Bestimmung des

199

G.s ist vielmehr Aufgabe der (politischen) Führung und →Autorität und erfordert ein hohes Maß an Weisheit, Einsicht in die Zusammenhänge und Überzeugungskraft.

L.: *W. Merk:* Der Gedanke des Gemeinen Besten in der deutschen Staats- und Rechtsentwicklung, Weimar 1934; *C. J. Friedrich* (Hrsg.): The Public Interest, New York 1962; *J. Messner:* Das G. – Idee, Wirklichkeit und Aufgabe, Osnabrück ²1968; *ders.:* Das Naturrecht, Berlin ⁷1984; *H. H. v. Arnim:* G. und Gruppeninteresse. Die Durchsetzungsschwäche allgemeiner Interessen in der pluralistischen Demokratie, Frankfurt a. M. 1977; *A. Rauscher* (Hrsg.): Selbstinteresse und G., Berlin 1985; *H. Schambeck:* Ethik und Staat, Berlin 1986; *R. Weiler:* Einführung in die katholische Staatslehre, Graz 1991.

– Ro

Gentz, Friedrich

* 2. 5. 1764 Breslau; † 9. 6. 1832 Weinhaus bei Wien. Publizist, Diplomat, Staatsdenker. G. wurde als Sohn eines preußischen Beamten, der später zum Generaldirektor der Königlichen Münze in Berlin aufstieg, geboren. Durch seine Mutter (geb. Ancillon) und seine Ehefrau (geb. Gilly) war er den Hugenotten der französischen Kolonie eng verbunden. Nach dem Besuch des Joachimsthaler Gymnasiums studierte G. zwei Jahre in Königsberg, wo er u.a. mit Kant zusammentraf, der den stärksten philosophischen Einfluß auf ihn ausüben sollte; anschließend trat er in den preußischen Staatsdienst ein (1797 Kriegsrat) und verkehrte in den Kreisen der Berliner Aufklärung.

G.' Erstlingsschrift „Versuch einer Grundlegung der obersten Prinzipien des Rechts" (1790) diente noch der Rechtfertigung der Französischen Revolution; 1792 jedoch wandte er sich von der Revolution ab, die für ihn nicht eine Zerstörung der Ordnung *durch die Vernunft,* sondern *wider die Vernunft* bedeutete. Seine Übersetzung und Kommentierung von →Burkes „Reflections on the Revolution in France" machte G. zum bekanntesten deutschen Kritiker der Revolution. Umfangreiche Übersetzungen von Schriften französischer Revolutionsgegner (Mallet du Pan, Mounier, d'Ivernois) dienten der Aufklärung der Öffentlichkeit über die „Natur" der Französischen Revolution. Von Dienstpflichten zunehmend entlastet, gründete G. die Zeitschriften „Neue Deutsche Monats-

Friedrich Gentz
1764-1832

schrift" (1795) und „Historisches Journal" (1799). Seine Analysen der Außenpolitik und des Finanzwesens unterschieden sich durch ihre Grundsätzlichkeit, die Klarheit des Stils und die Prägnanz des Ausdrucks von der übrigen Publizistik zur Revolution. Bei G. findet sich eine auf rationaler und naturrechtlicher Basis stehende konservative Staatsauffassung. G. wurde zum publizistischen Vorkämpfer der Wiederherstellung der politischen Ordnung und des durch die französische Supratmatie gestörten Gleichgewichts der europäischen Mächte. In seinem Buch „Von dem politischen Zustande Europas vor und nach der Französischen Revolution" (1801) sah er in England den letzten Hort der Freiheit in Europa. Unermüdlich warb G. für ein gemeinsames Vorgehen der Gegner Frankreichs, besonders Österreichs und Preußens, während Rußland nicht in der ersten Linie stehen sollte.

1802 wechselte G. von preußischen in österreichische Dienste. Als Hofrat in Wien war er zugunsten publizistischer Vorhaben freigestellt. Durch Publizistik wirkte er auf weitere Kreise, durch Denkschriften auf die regierenden Staatsmänner ein, ohne daß sich der Tenor seiner Ausführungen unterschied. Nach der Schlacht von Austerlitz wich er nach Dresden und nach Böhmen aus, wo er weiter als Kristallisationskern der antinapoleonischen „Kriegspartei" wirkte. 1806 erschien im Ausland sein bekanntestes Werk „Fragmente aus der neuesten Geschichte des politischen Gleichgewichts in Europa". Erst 1809 wurde er durch den Grafen Stadion zur Abfassung des Kriegsmanifestes erneut nach Wien gerufen. Nach der Niederlage näherte sich G. allmählich der lavierenden Politik →Metternichs an und vollzog den Übergang von der Position eines unabhängigen, wenn auch von der Regierung geförderten Publizisten zu einem die offizielle Politik vertretenden Kronpublizisten.

Zwar wurde in den Befreiungskriegen, in denen er in Prag „eine Art von Presse- und Publizitätsministerium" führte, seine alte Forderung des Zusammengehens der Gegner Napoleons Wirklichkeit, doch jetzt sah er zwei neue Gefahrenherde: das Übergewicht Rußlands und das Erwachen einer mehr ideologisch geprägten als politisch verantworteten deutschen Nationalbewegung, die auf die Expansion Preußens setzte („Teutomanie"). Im Sinne des Gleichgewichts trat er für die Schonung Frankreichs, zunächst auch Napoleons, ein und im Sinne der Ordnung gegen ein Übermaß antinapoleonischer Propaganda („Fühle ich doch ein weit größeres Bedürfnis, die →öffentliche Meinung zu beherrschen oder zu reformieren, als Gesetze von ihr anzunehmen"). Als engster Mitarbeiter Metternichs war er der Sekretär und Protokollführer des Wiener Kongresses. Auch auf den Folgekongressen von Aachen, Troppau, Laibach und Verona hatte er die gleiche Position („Diplomatie der Landstraße"). Vor allem auf der Konferenz von Karlsbad nach dem Mord an A. Kotzebue (1819) machte er sich durch seine Gegnerschaft gegen die nationale und liberale Zeitströmung als Exponent des „Metternichschen Systems" höchst unbeliebt, was seine Gegner veranlaßte, durch Anzweiflung seines Charakters und seiner Lebensführung auch seine Politik in Frage zu stellen. Doch auch auf der konservativ-katholischen Seite gab es Einwände. F. →Schlegel meinte, der „halb-französische Diplomatiker" sei gar

kein Konservativer, sondern ein Anhänger der alten rationalistisch-mechanischen Staatslehre, wie sie die aufgeklärten Absolutisten des 18. Jhdt.s gebraucht hätten. Doch kann G. auch als „einer der schärfsten und kühnsten Denker, eines der weichsten und kindlichsten Herzen, einer der fleißigsten und unterrichtetsten Staatsmänner, welche Europa getragen hat" (Prokesch-Osten), bezeichnet werden.

B.: *F. M. Kircheisen:* Die Schriften von und über F. v. G., in: Mitteilungen des Instituts für österreichische Geschichtsforschung 27 (1906), S. 91-146; *F. K. Wittichen:* Zur G.-Bibliographie, in: ebd., S. 682-94; *Kronenbitter:* Wort und Macht (siehe unter L.), S. 373-414.

S.: Betrachtungen über die französische Revolution. Nach dem Englischen des Herrn Burke neu bearbeitet mit einer Einleitung, Anmerkungen, politischen Abhandlungen und einem critischen Verzeichniß der in England über diese Revolution erschienenen Schriften, Bde. I-II, Berlin 1793; Mallet du Pan über die französische Revolution und die Ursachen ihrer Dauer. Uebersetzt mit einer Vorrede und Anmerkungen, Berlin 1794; Mounier's Entwicklung der Ursachen welche Frankreich gehindert haben zur Freiheit zu gelangen. Mit Anmerkungen und Zusätzen, Bde. I-II, Berlin 1795; Edmund Burke's Rechtfertigung seines politischen Lebens. Uebersetzt mit einer Vorrede und einigen Anmerkungen, Berlin 1796; Geschichte der französischen Finanz-Administration im Jahre 1796. Aus dem Französischen des Ritters d'Ivernois übersetzt und bis zum April 1797 fortgeführt, Berlin 1797; (als Hrsg.): Historisches Journal, Bde. I-VI, Berlin 1799-1800; Ueber den Ursprung und Charakter des Krieges gegen die Französische Revoluzion, Berlin 1801; Authentische Darstellung des Verhältnisses zwischen England und Spanien vor und bei dem Ausbruche des Krieges zwischen beiden Mächten, St. Petersburg 1806; Fragmente aus der neusten Geschichte des politischen Gleichgewichts in Europa, St. Petersburg 1806. – Ausgewählte Schriften, hrsg. v. *W. Weick*, Bde. I-V, Stuttgart u.a. 1836-38; Schriften. Ein Denkmal, hrsg. v. *G. Schlesier*, Bde. I-V, Mannheim 1838-40; ; Staatsschriften und Briefe, hrsg. v. *H. v. Eckardt*, Bde. I-II, München 1921.

E.: Aus dem Nachlasse F.s v. G., hrsg. v. *A. Graf Prokesch-Osten*, Bde. I-II, Wien 1867-68; Tagebücher und Briefe von F. v. G., (hrsg. v. *L. Assing*), Bde. I-IV, Leipzig 1873-74; Briefe von und an F. v. G., hrsg. v. *F. C. Wittichen / E. Salzer*, Bde. I-IV, München u.a. 1909-13; Tagebücher von F. v. G. (1829-31), hrsg. v. *A. Fournier / A. Winkler*, Wien 1920.

L.: *Beer* in ADB VIII, 577-93; *Rumpel* in NDB VI, 190-3; *E. Schmidt-Weissenfels:* F. G. Eine Biographie, Bde. I-II, Prag 1859; *E. Guglia:* F. v. G., Wien 1901; *F. Braune:* Edmund Burke in Deutschland, Heidelberg 1917; *K. Groba:* F. v. G., in: Schlesische Lebensbilder, Bd. II, Breslau 1926, S. 132-155; *A. Stern:* Der Einfluß der Französischen Revolution auf das deutsche Geistesleben, Stuttgart – Berlin 1928; *J. A. v. Rantzau:* F. v. G. und die Politik, in: Mitteilungen des Instituts für österreichische Geschichtsforschung 43 (1929), S. 77-112; *G. Schwalm:* Studien zu F. v. G., phil. Diss. Frankfurt a. M. 1930; *P. R. Sweet:* F. v. G. – Defender of the Old Order, Madison (Wisc.) 1941; *J. Droz:* L'Allemagne et la Révolution Française, Paris 1949; *K. v. Raumer:* Ewiger Friede. Friedensrufe und Friedenspläne seit der Renaissance, Freiburg i. Br. 1953; *J. Baxa:* F. v. G., Wien 1965; *H. Brandt:* Landständische Repräsentation im deutschen Vormärz. Politisches Denken im Einflußfeld des monarchischen Prinzips, Neuwied – Berlin 1968; *G. Mann:* F. v. G., Frankfurt a. M. u.a. 1972; *K. Epstein:* Die Ursprünge des Konservativismus in Deutschland. Der Ausgangspunkt: Die Herausforderung durch die Französische Revolution 1770-1806, Frankfurt a. M. – Berlin 1973; *J. Godechot:* La contrerévolution. Doctrine et action 1789-1804, Paris 1984; *G. Kronenbitter:* Wort und Macht. F. v. G. als politischer Schriftsteller, Berlin 1994.

– S-N

Geopolitik

G. ist ein Grenzfach zwischen Geographie, Staatswissenschaften, Geschichte und Soziologie. Sie untersucht umfassend die Raumbezogenheit und räumlichen Bedingungen der Politik mit dem Ziel, daraus Optionen und Grenzen politischen Handelns abzuleiten. Sie zieht dabei die Schlußfolgerungen aus den Einsichten der Politischen Geographie, von der sie zu unterscheiden, aber nicht eindeutig zu trennen ist. Diese Teildiziplin der wissenschaftlichen Geographie widmet sich den politisch relevanten natürlichen Gegebenheiten sowie der räumlichen Konfiguration historisch entstandener Faktoren, seien sie staatlicher, wirtschaftlicher, demographischer, sozialer, kultureller oder religiöser Art.

Es hängt in hohem Maß von politischen Vorgaben und Umständen sowie dem Wandel der technischen Möglichkeiten ab, wie die Ergebnisse der Politischen Geographie in die geopolitische Analyse einfließen und welches Gewicht ihnen zukommt. G. bewertet vor diesem Hintergrund die räumlichen Umstände und zeigt auf, wie diese gestaltet und, wo das möglich ist, überwunden oder verändert werden können. Eine allgemein anerkannte Definition der G. existiert nicht; ob ihr selber der Rang einer Wissenschaft zukommt, ist bis heute umstritten. Einiges spricht dafür, diesen Anspruch auf die Politi-

sche Geographie zu beschränken und die G. der Sphäre des Politischen zuzuschlagen.

Der Hinweis auf die Bedeutung geographisch-klimatischer Gegebenheiten für die menschliche Kultur ist nicht neu. Er findet sich schon bei den Autoren der Antike. Im Zuge der →Aufklärung hat bereits Charles de →Montesquieu in „De l'Esprit des Lois" 1748 die Frage nach dem Zusammenhang zwischen Klima und Gesetzen gestellt und den Kontext mit den kulturellen und politischen Gegebenheiten gesehen. Der Begriff der Politischen Geographie taucht erstmals 1750 auf. Die G. selber ist etwa zeitgleich zu Ende des 19. und zu Anfang des 20. Jhdts. in verschiedenen Staaten entstanden. Die Bezeichnung selbst geht auf den schwedischen Staatswissenschaftler Rudolf Kjellén (1899) zurück. Bereits seinerzeit zeigte sich, daß die Disziplin den jeweiligen nationalen Interessen und Existenzbedingungen stark verhaftet war.

In den USA wurde sie durch den Marineoffizier Alfred Thayer Mahan begründet, der 1890 und 1892 mit zwei Werken zum Einfluß und zur Herausbildung von Seemächten den Blick seines Landes aufs Meer lenkte. Er hat die Rivalität zwischen den Machtfaktoren Land und Meer als eine der wirksamsten geopolitischen Thesen begründet. Der Engländer Sir Halford J. Mackinder stellte im Sinne dieses Ansatzes wenige Jahre später die eurasische Landmasse in das Zentrum seiner Überlegungen. Um dieses Kernland schließt sich ihm zufolge ein Halbkreis maritimer oder kontinentaler Staaten. Ihnen stehen die Seemächte gegenüber, die den äußeren oder insularen Gürtel beherrschen: damals Großbritannien mit seinen Kolonien und die USA. Die Macht über Eurasien sicherte für Mackinder die Weltherrschaft.

Am Anfang der deutschen G. stand Friedrich Ratzel (1844-1904). Der Geograph untersuchte die Bezüge des Staates, den er als einen unvollkommenen Organismus auffaßte, zum Boden. Er warf den Staatswissenschaften, der Soziologie und Geschichte vor, diesen Boden des Staates „nur wie eine größere Art von Grundbesitz" zu betrachten. Ratzel versuchte, Gesetze der Politischen Geographie zu formulieren, in denen die Abhängigkeit der Politik von geographischen Gegebenheiten stark herausgestellt wurde. Rudolf

Kjellén entwickelte diesen Ansatz weiter. Er verstand unter G. „die Lehre vom Staat als geographischem Organismus oder als Erscheinung im Raum". Sie war Teil eines breiteren analytischen Ansatzes der staatlichen Wirklichkeit, zu dem daneben die Demopolitik, die Ökopolitik (hier im Sinne von Ökonomie), die Soziopolitik und die Kratopolitik gehörten. Letztere sollte sich mit den im engeren Sinne politischen und rechtlichen Fragen befassen.

Ihren Durchbruch erlebte die G. in Deutschland nach dem Ersten Weltkrieg mit Karl →Haushofer. Er bemängelte, daß es in Deutschland keine Politikwissenschaften wie in der einen oder anderen Form bei den Entente-Mächten gab und führte die Niederlage auch auf diesen Umstand zurück. Geographie, Volkswirtschaft, Soziologie und Geschichte blieben in der vorrangig juristischen Ausbildung ausgeblendet. Seine G. sollte „eben gerade jenen eisernen Bestand von lehrbarem und lernbarem politischem Wissen" liefern, „der als notwendige Brücke bis an den Absprung zum politischen Handeln" reichte.

Haushofer hielt den breiten Ansatz Kjelléns grundsätzlich für richtig, wies der G. aber eine Bündelungsfunktion zu. Sie war damit im Grunde eine stark geographisch ausgerichtete Form der Politikwissenschaft. Wie nach 1918/19 kaum anders zu erwarten, nahm die junge Disziplin unter der Forderung Gestalt an, die Ergebnisse des Versailler Vertrags zu revidieren. Durch diese eindeutige Zielsetzung und den volkspädagogischen Anspruch Haushofers, der ihn zu simplifizierenden und plakativen Mitteln greifen ließ, litt der Versuch, der G. als anerkannter Wissenschaft zum Durchbruch zu verhelfen. Mit der „Zeitschrift für G." existierte gleichwohl ein Periodikum, das auch in den wissenschaftlichen Raum hineinwirkte.

Wesentlichen Anteil an dem Versuch, das Fach zu etablieren, hatte Haushofers Sohn Albrecht, Leiter des Instituts für politische Erdkunde an der Universität Berlin; dem einzigen seiner Art. Er sah die Risiken im wissenschaftlichen Neuland schärfer, gewichtete die geographischen Faktoren zurückhaltender, wandte sich gegen die Organismusanalogie für den Staat und hielt es für bedenklich, komplexe Probleme aus propagandistischen

Gründen kartographisch zu vereinfachen. In seinem 1951 posthum erschienenen Werk „Allgemeine Politische Geographie und G." hat Albrecht Haushofer versucht, Grundlagen der Disziplin zu formulieren. Das Werk blieb unvollendet.

Mit dem Kriegsende 1945 riß die Entwicklung der deutschen G. weitgehend ab, da sie im Verdacht stand, den theoretischen Unterbau für die Hitlersche Lebensraum- und Expansionspolitik bereitgestellt zu haben; zu Unrecht, wie H. A. Jacobsen herausgearbeitet hat. Überdies boten aber auch die erstarrten Fronten des Ost-West-Konflikts wenig Anlaß, geopolitische Optionen zu erörtern. Ein Versuch, in den fünfziger Jahren die „Zeitschrift für G." neu zu gründen, scheiterte. Die Politische Geographie war von diesem Tabu nicht betroffen. Sie näherte sich stärker der Politikwissenschaft und der Soziologie an.

Das Interesse an der G. erwachte erst in den späten siebziger und achtziger Jahren neu, als sich immer mehr Konflikte kaum noch sinnvoll im Rahmen des bipolaren Blockschemas interpretieren ließen, etwa die Konflikte zwischen den kommunistischen Staaten Kambodscha, Vietnam und China oder der Falklandkrieg zwischen England und Argentinien. Die Wiederbelebung geopolitischer Ansätze ging zunächst von den USA, Frankreich und Italien aus. In Paris nimmt sich seit 1982 die von Yves Lacoste herausgegebene Zeitschrift „Hérodot. Revue de géographie et de géopolitique" ausdrücklich des Themas an. 1989 hat die Universität Paris VIII ein Geopolitisches Seminar eingerichtet. In der Bundesrepublik Deutschland wies insbesondere der Mitte der achtziger Jahre geführte Streit um die politische Aktualität Mitteleuropas zahlreiche geopolitische Bezüge auf.

Die Umbrüche seit 1989/90 scheinen den Bann über der G. gebrochen zu haben. Die Wiedervereinigung Deutschlands, der Zerfall der Sowjetunion, der Tschechoslowakei und Jugoslawiens oder die Suche nach einer neuen Sicherheitsarchitektur für Europa werfen so viele Fragen geopolitischer Natur auf, daß auf dieses analytische und politische Instrumentarium nicht mehr verzichtet werden kann. Grenzen, die territoriale Inkongruenz von Staaten und Völkern, Minderheitenprobleme, Migration, die räumliche Ausdehnung von

Religionen oder Ideologien, Ressourcen und ihre Zugänglichkeit, politische Bündnisse und Einflußzonen erweisen sich damit als nach wie vor aktuelle Gegenstände der Politischen Geographie und G.

L.: *A. T. Mahan:* The Influence of Sea Power upon the French Revolution and Empire, Bde. I-II, London 1892; *R. Kjellén:* Der Staat als Lebensform, Leipzig 1917; *ders.:* Grundriß zu einem System der Politik, Leipzig 1920; *F. Ratzel:* Politische Geographie, München ³1923; *O. Maull:* Politische Geographie, Berlin 1925; *C. Schmitt:* Land und Meer. Eine weltgeschichtliche Betrachtung, 1944, ³1993; *A. Haushofer:* Allgemeine Politische Geographie und G., Bd. I, Heidelberg 1951; *H. J. Mackinder:* The Scope and Methods of Geography and the Geographical Pivot of History, neu hrsg. v. *E. W. Gilbert,* 1951; *A. Grabowsky:* Raum, Staat und Geschichte, Köln – Berlin 1960; *A. T. Mahan:* Der Einfluß der Seemacht auf die Geschichte, hrsg. und bearbeitet von *A. Wolter,* Herford 1967; *M. Schwind:* Allgemeine Staatengeographie, Berlin 1972; *J. Matznetter* (Hrsg.): Politische Geographie, Darmstadt 1977; *U. Ante:* Politische Geographie, Braunschweig 1981; *G. Parker:* Western Geopolitical Thought in the Twentieth Century, London – Sydney 1985; *Y. Lacoste:* Geographie und politisches Handeln, Berlin 1990; Dictionnaire de Géopolitique, Paris 1993; *H. Brill:* G. heute. Deutschlands Chance?, Frankfurt a. M. – Berlin 1994 (vgl. ferner die Bibliographie zu Karl Haushofer).

– Ha

George, Stefan

* 12. 7. 1868 Büdesheim bei Bingen; † 4. 12. 1933 Minusio bei Locarno. Deutscher Dichter. Sohn eines Gastwirtes und Weinhändlers, dessen väterliche Vorfahren aus Lothringen stammten. Nach seiner Gymnasialzeit in Darmstadt (1882-88) unternahm G. ausgedehnte Reisen nach England, in die Schweiz, nach Italien, Frankreich und Spanien. In Paris lernte er über den Lyriker Albert Saint-Paul den Kreis der Symbolisten um Stéphane Mallarmé und Paul Verlaine kennen, von denen er wichtige Impulse für sein eigenes, seit der Schulzeit begonnenes dichterisches Werk empfing. Nach dem Vorbild der französischen Symbolisten versammelte G. später seine ersten Dichterfreunde und literarischen Weggenossen in Deutschland um sich; ihr Ziel war es, richtungsweisend auf die Entwicklung der deutschen Literatur zu wirken. Aus diesen zunächst nur literarischen Anfängen entstand der für das deutsche Geistesleben zwischen Fin de siècle und 1933 höchst einflußreiche „G.-Kreis". 1889-91 studierte G. ohne erkennbares Engagement und ohne erkennbare Folgen in Berlin französische und deutsche Philologie, Philosophie und Kunstgeschichte.

Mit den „Hymnen" (1890) beginnt die Veröffentlichung seiner Gedichte, es folgen „Pilgerfahrten" (1891) und „Algabal" (1892), alle zunächst noch als Privatdrucke, wie auch die vom Jahr 1892 an bis 1919 erscheinenden „Blätter für die Kunst" anfangs einen „geschlossenen, von den mitgliedern geladenen leserkreis" hatten. Programm dieser Zeitschrift war, „der kunst, besonders der dichtung und dem schrifttum (zu) dienen, alles staatliche und gesellschaftliche ausscheidend", getragen von der Überzeugung: „In der kunst glauben wir an eine glänzende wiedergeburt." Mitarbeiter der Zeitschrift waren u.a. Leopold von →Andrian-Werburg, Max Dauthendey, Ludwig Derleth, Friedrich Gundolf, Ludwig →Klages, Karl Wolfskehl und Hugo von →Hofmannsthal, den G. 1891 in Wien kennengelernt hatte. Mit ihm zusammen, so hatte G. gehofft, hätte er „eine sehr heilsame diktatur" über die deutsche Literatur üben können. Die schwierige, spannungsreiche Beziehung zu Hofmannsthal endete 1906.

Im Jahr 1893 lernte G. die Runde der Münchener „Kosmiker" um Ludwig Klages, Alfred Schuler und Karl Wolfskehl kennen, ein in der Schwabinger Boheme verankerter Kreis, der eine merkwürdige Mischung aus Kulturpessimismus, Verehrung heidnisch-chthonischer „Ursprünglichkeit" und Zivilisationsfeindschaft kultivierte. Es kam zwischen G. und Wolfskehl einerseits, Klages und Schuler andererseits 1904 zum Bruch, als letztere Wolfskehl wegen seines Eintretens für den Zionismus attackierten. 1895 erschienen G.s „Bücher der Hirten- und Preisgedichte, der Sagen und Sänge und der Hängenden Gärten", 1897 „Das Jahr der Seele", 1899 „Der Teppich des Lebens und die Lieder von Traum und Tod", 1907 „Der Siebente Ring". Mit dem 1914 erschienenen „Stern des Bundes" erreichte G. den Höhepunkt seiner literarischen Wirkung in Deutschland. Es gab nur wenige unter den geistig Interessierten dieser Zeit, die sich dem eigentümlichen Zauber seiner Gedichte und Spruchweisheiten entzogen. Die Gesamtausgabe seiner Werke (1927-28) enthält auch die Übertragungen Dantes, Shakespeares, Baudelaires und zahlreicher zeitgenössischer europäischer Dichter, die G.s Sprachtalent und Sprachmacht eindrucksvoll widerspiegeln. Mit den Gedichten und Sprüchen des 1928 erschienenen Bandes „Das Neue Reich" vollendete G. sein dichterisches Schaffen.

Seine kulturpolitische Wirkung hatte sich seit der Jahrhundertwende in seinem Kreis, von seinen Mitgliedern auch „Staat" und „Das Geheime Deutschland" genannt, entfaltet, dessen geistige Grundlagen die drei Jahrgänge des „Jahrbuches für die geistige Bewegung" (1910, 1911, 1912) am deutlichsten artikulierten. „Staatsstützen" waren meist hochgebildete, genialische oder geniale Freunde oder Jünger wie Karl Wolfskehl, Kurt Breysig, Friedrich Gundolf, Robert Boehringer, Melchior Lechter, Percy Gothein, Norbert von Hellingrath, Ernst →Kantorowicz, Max Kommerell, Friedrich Wolters, die Gebrüder Stauffenberg und andere. Zu den „Staatsfeinden" zählte in lebenslanger, dramatischer Ambivalenz Rudolf →Borchardt.

Konservativ ist G. in seinem Werk da, wo es um das Bewahren der vitalen Werte und der seelischen Grundlagen menschlicher Existenz geht, am einprägsamsten in dem Gedicht „Der Mensch und der Drud" (Das Neue Reich): „Du bist nur mensch.. wo deine weisheit endet / Beginnt die unsre·du merkst erst den rand / Wo du gebüsst hast für den übertritt", ebenso exemplarisch in dem Gedicht „Die tote Stadt": „Das gut was euch vor allem galt ist schutt", und den Zeitgedichten (Der Siebente Ring). Dabei zieht G. eine klare Grenze zu denen, die konservativ sind um des bloßen Bewahrens willen: „Die art wie ihr bewahrt ist ganz verfall" (Der Stern des Bundes). Ansonsten ist das Werk des charismatischen Revolutionärs, der G. auch war, wohl zu Recht dem „ästhetischen Fundamentalismus" (S. Breuer) zuzurechnen. Den Kern des kulturpolitischen Selbstverständnisses G.s und seines Kreises enthält der von Ernst Kantorowicz 1933 erstmals öffentlich und in polemischer Abgrenzung gegen die Nationalsozialisten konkretisierte Begriff des „Geheimen Deutschlands", in dem einander Konservatives – als Verehrung der großen Geister der Vergangenheit – und Revolutionäres – als radikale Gegenwartsverachtung – verschränken: die Tat des Grafen Stauffenberg vom 20. Juli 1944 ist dieser Konstellation verpflichtet.

B.: *G. P. Landmann*, S. G. und sein Kreis. Eine Bibliographie, Hamburg ²1976.

S.: Gesamt-Ausgabe der Werke. Endgültige Fassung, Bde. I – XVIII, Berlin 1927-34; Werke. Ausgabe in vier Bänden, München 1983; Werke, hrsg. von *R. Boehringer*, Bde. I-II, Stuttgart ⁴1984; Sämtliche Werke in XVIII Bänden, hrsg. von der *S. G.-Stiftung*, Stuttgart 1982 ff. (noch nicht abgeschlossen, bislang erschienen: Bde. II-VIII, X / XI, XIII / XIV); Deutsche Dichtung, hrsg. und eingel. von *G. u. K. Wolfskehl*, Neuaufl. mit e. Nachwort von *U. Oelmann*: Bd. I: Jean Paul, Stuttgart 1989, Bd. II: Goethe, Stuttgart 1991, Bd. III: Das Jhdt. Goethes, Stuttgart 1995; Blätter für die Kunst. Begründet von S. G., hrsg. v. *C. A. Klein*, Folge I – XII, Berlin 1892-1919.

E.: S. G. – Hugo von Hofmannsthal. Briefwechsel, hrsg. v. *R. Boehringer*, München – Düsseldorf ²1953; S. G. – Friedrich Gundolf. Briefwechsel, hrsg. von *dems./ G. P. Landmann*, München – Düsseldorf 1962; S. G. – Ida Coblenz. Briefwechsel, hrsg. v. *G. P. Landmann / E. Höpker-Herberg*, Stuttgart 1983; Melchior Lechter und S. G. Briefe, Kritische Ausgabe, hrsg. v. *G. Heintz*, Stuttgart 1991.

L.: *L. Klages*: S. G., Berlin 1902; *F. Wolters*: Herrschaft und Dienst, Berlin 1909; *K. Wolfskehl*: Die Blätter für die Kunst und die neuste Literatur, in: Jahrbuch für die geistige Bewegung 1 (1910), S. 1-18; *F. Wolters*: S. G. und die Blätter für die Kunst. Deutsche Geistesgeschichte seit 1890, Berlin 1930; *F. Gundolf*: G., Berlin ³1930; *E. Morwitz*: Die Dichtung S. G.s, Berlin 1934; *S. Lepsius*: S. G. – Geschichte einer Freundschaft, Berlin 1935; *Th. Lessing*: Einmal und nie wieder. Lebenserinnerungen, Prag 1935, Ndr. Gütersloh 1969; *A. Verwey*: Mein Verhältnis zu S. G.. Erinnerungen aus den Jahren 1895-1928, Leipzig u.a. 1936; *E. R. Curtius*: S. G. im Gespräch, in: *ders.*: Kritische Essays zur europäischen Literatur, Bern 1950, S. 138-57; *E. Salin*: Um S. G. Erinnerung und Zeugnis, Düsseldorf – München ²1954; *E.-E. Starke*: Das Plato-Bild des G.-Kreises, phil. Diss. Köln 1959; *E. Morwitz*: Kommentar zum Werk S. G.s, Düsseldorf – München 1960; *B. Vallentin*: Gespräche mit S. G. 1902-31. Tagebuchaufzeichnungen, Castrum Peregrini 44 / 45 (1960), S. 15-138; *H. Linke*: Das Kultische in der Dichtung S. G.s, Bde. I-II, Düsseldorf – München 1960; *K. Breysig*: Begegnungen mit S. G., in: Castrum Peregrini 42 (1960) S. 9-32; *ders.*: Aus meinen Tagen und Träumen. Memoiren, Aufzeichnungen, Briefe, Gespräche, hrsg. von *dems. / M. Landmann*, Berlin 1962; *L. Thormaelen*: Erinnerung an S. G., Hamburg 1962; *E. Morwitz*: Kommentar zu den Prosa-, Drama- und Jugenddichtungen S. G.s, Düsseldorf – München 1962; *H. Steiner*: Begegnungen mit Dichtern, Tübingen 1963; *Th. W. Adorno*: G. und Hofmannsthal. Zum Briefwechsel 1891-1906, in: *ders.*: Prismen. Kulturkritik und Gesellschaft, München 1963, S.

190-231 (wieder in: *ders.:* Gesammelte Schriften, Bd. XI, Frankfurt a. M. 1974); *E. Landmann:* Gespräche mit S. G., Düsseldorf – München 1963; *K. Hildebrandt:* Erinnerungen an S. G. und seinen Kreis, Bonn 1965; *G. P. Landmann* (Hrsg.): Der G.-Kreis. Eine Auswahl aus seinen Schriften, Köln – Berlin 1965; *M. Kommerell:* Briefe und Aufzeichnungen 1919-44. Aus dem Nachlaß hrsg. v. *I. Jens*, Olten – Freiburg 1967; *C. David:* S. G. Sein dichterisches Werk, München 1967; *R. Boehringer:* Mein Bild von S. G., Düsseldorf – München ²1967; *A. Broderson:* S. G. und sein Kreis. Eine Deutung aus der Sicht Max Webers, Castrum Peregrini 91 (1970), S. 5-24; *M. Stettler:* Begegnungen mit dem Meister. Erinnerungen an S. G., Düsseldorf – München 1970; *E. Glöckner:* Begegnung mit S. G. Auszüge aus Briefen und Tagebüchern 1913-34, hrsg. v. *F. Adam*, Heidelberg 1972; *H. J. Seekamp / R. C. Ockenden / M. Keilson:* S. G. – Leben und Werk. Eine Zeittafel, Amsterdam 1972; *R. Huch:* Alfred Schuler, Ludwig Klages und S. G. – Erinnerungen an Kreise und Krisen der Jahrhundertwende in München-Schwabing, Amsterdam 1973; *L. Helbing / C. V. Bock* (Hrsg.): S. G. – Dokumente seiner Wirkung, Amsterdam 1974; *S. G. Freymuth:* Ein Feind im Kreise S. G.s (über Rudolf Borchardt), in: Neue Deutsche Hefte 22 (1975), S. 721-29; *K. Landfried:* S. G. – Politik des Unpolitischen, Heidelberg 1975; *P. v. Matt:* Der geliebte Doppelgänger. Die Struktur des Narzißmus bei S. G., in: Zeitschrift für Literaturwissenschaft und Linguistik 1976, S. 63-80; *B. Würffel:* Wirkungswille und Prophetie. Studien zu Werk und Wirkung S. G.s, Bonn 1978; *R.-R. Wuthenow* (Hrsg.): S. G. in seiner Zeit; S. G. und die Nachwelt, Dokumente zur Wirkungsgeschichte, Bde. I-II, Stuttgart 1980-81; *E. Grünewald:* Ernst Kantorowicz und S. G. Beiträge zur Biographie des Historikers bis zum Jahre 1938 und zu seinem Jugendwerk „Kaiser Friedrich der Zweite", Wiesbaden 1982; *M. Landmann:* Figuren um S. G., Bde. I-II, Amsterdam 1982-88; *M. Keilson-Lauritz:* S. G., Alfred Schuler und die „Kosmische Runde", in: Castrum Peregrini 168 / 9 (1985), *G. Mattenklott:* Bilderdienst. Ästhetische Opposition bei Beardsley und G., Frankfurt a. M. ²1985; S. 24-41; *K. Kluncker:* Percy Gothein. Humanist und Erzieher. Das Ärgernis im G.-Kreis, Amsterdam 1986; *F. Schonauer:* S. G., Reinbek 1986; *F. Weber:* Die Bedeutung Nietzsches für S. G. und seinen Kreis, Frankfurt a. M. 1989; *P. Hoffmann:* Claus Schenk Graf von Stauffenberg und seine Brüder, Stuttgart 1992; *E. Grünewald:* Sanctus amor patriae dat animum – ein Wahlspruch des G.-Kreises?, in: Deutsches Archiv für Erforschung des Mittelalters 50 (1994) 89-125; *S. Breuer:* Ästhetischer Fundamentalismus, Darmstadt 1995; G.-Jahrbuch, im Auftrag der S.-G.-Gesellschaft hrsg. v. *W. Braungart / U. Oelmann*, Bd. 1, Tübingen 1996/97; *E. Grünewald:* Ernst Kantorowicz und das Geheime Deutschland (in Vorbereitung).

– Gr

Gerechtigkeit

G. ist Ausfluß, Quelle, Prinzip und Resultat der „rechten", „vollkommenen", „integren", „heilen" (und „heilenden") Ordnung in Sein (Schöpfung, Kosmos), Gesellschaft (Gemeinschaft, →Staat, →Kirche) und einzelmenschlicher Lebensführung. Die „soziale G." (*iustitia socialis*) ist →Gemeinwohl (*bonum commune*), verstanden in seiner das Gemeinschaftsleben („die Kommunität") ordnenden Wirkung. Im einzelmenschlichen Leben ist G. die höchste der vier klassischen Kardinaltugenden: Weisheit, Tapferkeit und Besonnenheit (Mäßigung, *temperantia*) sind auf G. hingeordnet; gerecht zu werden ist das Ziel menschlichen Lebens, der Gerechte ist der „Heilige", der das „Heil" und die „Glückseligkeit" Besitzende, der „Vollendete", am Ziel des Lebens Angekommene.

Der Zusammenhang der G. mit der Ordnung von Sein, Mensch und Staat war dem religiösen Bewußtsein aller Völker und Zeiten selbstverständlich (evident): die göttliche Himmels- und Weltordnung spiegelte sich in der Kultordnung, diese wiederum in Sitte („Brauch") und →Recht, die einzelmenschliche Moral (Lebensführung) orientierte sich an Sitte, Recht und Kult. Für die jüdische Religion ist G. eine Eigenschaft Gottes: Gott allein ist gerecht, durch ihn regieren die Fürsten, er schließt mit seinem auserwählten Volk den Bund und gibt ihm sein Gesetz. Die Treue zu letzterem belohnt er mit der Niederwerfung der Feinde und der Führung in das „heilige Land der Verheißung", in dem „Milch und Honig fließen" (synonym für G.). Gottes G. verlangt vom Volk Israel Bundestreue durch Erfüllung der göttlichen Gebote. Verstöße ahndet er an seinem Volk mit z.T. fürchterlichen Strafen: Gefangenschaft, Zerstreuung, Brandopfer. Wegen Israels Versagen schafft sich, nach christlicher Lehre, Gott ein neues Volk, ein Volk von Priestern und Königen, und übergibt ihm mit einem neuen Bundesschluß (Vertrag) sein Reich auf Erden, das die Völker sammelt. Gerecht ist, was der Vollendung dieses göttlichen Reiches dient, zu dem alle gerufen sind.

In der Staatsphilosophie hat →Platon den Zusammenhang von G. und Ordnung in vollendeter Weise verdeutlicht: Die gerechte Ordnung ist dann gegeben, wenn im ganzen

Sein (Kosmos) Gott über die intelligiblen (Ideen) und die körperlichen Dinge herrscht, im Staat der Weise über die Wächter und die „Ernährer" (Wirtschafter), in der menschlichen Seele aber die Vernunft über Wille und Trieb durch die Pflege von Weisheit, Tapferkeit und Besonnenheit. Dementsprechend enthält die Verfassung der vollkommenen Polis Elemente der Monarchie, Aristokratie und Politie in Entsprechung zu den drei Ständen (Lehrstand, Wehrstand, Nährstand) und den drei Seinsschichten (Gott, Ideenreich, Körperwelt).

Alle großen Staatslehrer, Gesellschaftsphilosophen und Kirchenlehrer, so vor allen anderen Aristoteles, Cicero, Augustinus, →Thomas von Aquin, →Leo XIII. und Hegel, sind Platons Lehre von der G. als Ausfluß und Ziel der rechten Ordnung in den Grundlagen gefolgt. Auch führende Vertreter der →Konservativen Revolution haben sich auf ihn berufen (so z.B. O. →Spann, L. →Ziegler, A. →Moeller van den Bruck, E. J. →Jung; W. →Heinrich). Frappierende Parallelen zu den Weisheitslehren außereuropäischer Kulturkreise weisen die platonische „Politeia" als allgemeingültigen, universalen „Archetyp" aus, der in die Schöpfungs- oder Seinsordnung „eingeschrieben" ist. Der „Staat" Platons wird damit zum Kriterium der G. Sie ist soweit verwirklicht, als die in der Geschichte auftretenden Staatsordnungen in Geist, Struktur und Wirkung dem platonischen Staatsideal nahe kommen. Gegen Platon und den von ihm ausgehenden Traditionsstrom sind Sophismus, Nominalismus, →Aufklärung und „Moderne" (Positivismus, Liberalismus, Marxismus, Demokratismus) aufgetreten, die in letzter Konsequenz (z.B. H. Kelsen, K. R. Popper oder F. A. von →Hayek) alle Aussagen über G. für Leerformeln halten und die Idee eines „wahren" Staates und einer *societas perfecta* als Hirngespinst ablehnen. Quelle von Recht und Staat sind für sie das „Volk", seine Vernunft und sein Wille (die „volonté générale" Rousseaus), das Interesse der Individuen oder der Mehrheit an Konfliktlösungen und Frieden (Vertragstheorie), Klassen- oder Machtinteressen der jeweils Herrschenden (Marx, Kelsen). Wird die Möglichkeit objektiver Erkenntnis über das Gerechte verneint, dann auch über das Gute und alle Werte: die Wer-

tetafeln zerbrechen, Staat, Recht und Ordnung sind nicht mehr Ausdruck der sittlichen Idee oder „Wertegemeinschaft", sie verpflichten nicht mehr im Gewissen („das sanfte Gesetz" A. →Stifters), sondern durch Zwang, Repression, äußere Gewalt. „Nehmt die Gerechtigkeit hinweg, was sind die Staaten dann anderes als große Räuberbanden? Sind doch auch die Räuberbanden nichts anderes als kleine Staaten" (Augustinus: De civitate dei, IV, 4). G. dient dann nur noch zur Bemäntelung von Interessen der Parteien, Cliquen und Klüngel, die den Staat beherrschen. Der inflationäre Gebrauch in Wortverbindungen wie „Verteilungs-G.", „Lohn-G.", „Preis-G.", „Steuer-G.", „Leistungs-G.", „Vermögens(verteilungs)-G.", „Besitzstands-G.", „Bedürfnis-G." (verbunden mit der Forderung nach arbeitslosem Grundeinkommen oder „Basislohn"), „Chancen-G.", „(Frauen-)Quoten-G." machen dies deutlich.

Mit der Renaissance des „Naturrechts" und ihrem Rückgriff auf die in den „existentiellen Zwecken" (J. Messner) der menschlichen Person angelegten Menschen-, Grund- oder Freiheitsrechte hat sich auch die wissenschaftliche Diskussion um die G. wiederbelebt, wofür der vielbeachtete, von J. Rawls gewählte Ansatz, „G. als Fairneß" zu begreifen und von hier zur rechten Gesellschaftsordnung vorzustoßen, ein Beispiel bietet. Auch diese Diskussion mündete in Vorstellungen und Vorschlägen, die von Kants „Metaphysik der Sitten" und Platons „Staat" weniger weit entfernt sind, als manche Autoren wahrhaben mögen.

L.: *Platon:* Staat, Gesetze, Der Staatsmann; *Cicero:* Über den Staat (De re publica); *Augustinus:* Vom Gottesstaat (De civitate dei); *Thomas von Aquin:* Über die Herrschaft der Fürsten (De regimine principum), in: *F. Schreyvogel:* Ausgewählte Schriften zur Staats- und Wirtschaftslehre des Thomas von Aquin, Jena 1923; *G. W. F. Hegel:* Grundlinien der Philosophie des Rechts oder Naturrecht und Staatswissenschaft im Grundrisse, Werkausgabe, Bd. VII, Frankfurt a. M. 1973.

E. J. Jung: Die Herrschaft der Minderwertigen. Ihr Zerfall und ihre Ablösung, Berlin 1927; *A. Moeller van den Bruck:* Das dritte Reich, Berlin ³1931; *K. R. Popper:* Die offene Gesellschaft und ihre Feinde, Bde. I-II, Bern 1957/58; *H. Kelsen:* Reine Rechtslehre, Berlin ²1960; *O. Spann:* Der wahre Staat, in: Gesamtausgabe, Bd. V, Graz 1972; *F. A. von Hayek:* Die Verfassung der Freiheit, Tübingen ³1991.

W. Heinrich: Das Ständewesen mit besonderer Berücksichtigung der Selbstverwaltung der Wirtschaft, Jena ²1934; *J. Messner:* Die berufsständische Ordnung, Innsbruck 1936; *L. Ziegler:* Von Platons Staatheit zum christlichen Staat, Olten 1948; *F. A. von Hayek:* Wie sozial kann die G. sein? Über die Konsequenzen einer Utopie, die im totalen Staat zu enden vermag, in: Die Presse, Wien, 30. 4. 1965, S. 5; *J. Rawls:* G. als Fairneß, Freiburg 1977; *J. Messner:* Das Naturrecht, Berlin ⁷1984; *F. Vonessen:* Einheit und Ganzheit der vier Kardinaltugenden, in: Zeitschrift für Ganzheitsforschung 34 (1990); *F. Romig:* Die christliche Staatslehre Leos XIII., in: Zeitschrift für Ganzheitsforschung 35 (1991); *E. K. / U. Scheuch:* Cliquen, Klüngel und Karrieren. Über den Verfall der politischen Parteien – eine Studie, Hamburg 1992; *F. Romig:* Um das Reich Gottes. Vier Traktate über den Konservativismus, Bde. I-II, Wien 1993.

– Ro

Gerlach, Ernst Ludwig von

* 7. 3. 1795 Berlin, † 18. 2. 1877 ebd. Konservativer Politiker und Publizist aus preußischem Beamtenadel. Nach dem Studium der Rechtswissenschaft in Berlin, Göttingen und Heidelberg (1810-15), nahm G. zwischen 1813 und 1815 an den Befreiungskriegen teil, zuletzt als Offizier. 1815 wurde er Mitbegründer des romantisch-konservativen Zirkels „Maikäferei". 1820-26 Assessor und Landgerichtsrat in Naumburg, war er von 1826-29 am Berliner Obertribunal tätig, amtierte 1829-34 als Landgerichtsrat in Halle/S., war 1834-42 Oberlandesgerichtsvizepräsident in Frankfurt/O., 1842-44 Referent im Preußischen Ministerium für Gesetzgebung und schließlich 1844-74 Oberlandesgerichtspräsident in Magdeburg. 1827 war G. Mitbegründer der in Berlin erscheinenden →Evangelischen Kirchenzeitung, die sich bald zum führenden Organ des norddeutschen Konservatismus im Vormärz entwickelte. Zwischen 1830 und 1848 bemühte sich G. um die Sammlung einer informellen „konservativen Partei" als politisch-religiöser Gesinnungsgemeinschaft. Im Revolutionsjahr 1848 wurde er Mitbegründer der Neuen Preußischen Zeitung (→„Kreuzzeitung"), des Vereins für König und Vaterland und der Konservativen Partei. 1849-52 war er Mitglied der I. Preußischen Kammer, 1852-58 des Preußischen Abgeordnetenhauses – 1855-58 als Vorsitzender der Fraktion G. auf der äußersten Rechten. 1862-66, während des Verfassungskonflikts,

Ernst Ludwig von Gerlach
1795–1877

war G. einflußreicher innenpolitischer Berater →Bismarcks. 1866 brach G. mit Bismarck und dessen deutscher Politik, die er radikal ablehnte und publizistisch bekämpfte. Seit 1871 unterhielt er enge Kontakte zur Zentrumspartei; 1873-77 war er wiederum Mitglied des Preußischen Abgeordnetenhauses als Hospitant des Zentrums; noch kurz vor seinem Tode, im Januar 1877, wurde G. in den Reichstag gewählt, konnte sein Mandat jedoch nicht mehr antreten.

Beeinflußt von C. L. v. →Haller, F. C. v. →Savigny, der neupietistischen Erweckungsbewegung sowie der Romantik verfocht G. als überaus fruchtbarer und einflußreicher politischer Publizist die zentralen Gedanken der altkonservativen Ideenwelt: Die Welt sah er als hierarchisch gegliederte göttliche Ordnung, an deren Spitze Gott steht. Könige, Väter, Richter waren für G. nur Abbilder des göttlichen Urbildes: nur von ihm haben sie ihre Macht und Bedeutung. Die Welt als ganze krönt das „Königreich Gottes", die in die Welt hineingegebene göttliche Ordnung, in die sich Gläubige und Ungläubige einzufügen haben. Das →Recht ist, so G.s Auffassung, ewig, im Kern unveränderlich und unveräußerlich; es stammt direkt von Gott. Recht, Ethik und Politik sind im Kern identisch; sie wurzeln gemeinsam in der immer vorausgesetzten Ordnung Gottes, die unantastbar ist.

Als Politiker war G. neben →Stahl zwischen 1848 und 1858 der einflußreichste Parlamentarier der preußischen Konservativen und als „Rundschauer" der „Kreuzzeitung" lange Zeit ihr bedeutendster Publizist. Nach 1866 verlor er zwar an Einfluß, konnte aber nach der Reichsgründung als einer der entschiedensten Widersacher Bismarcks während des Kulturkampfs in die politische Arena zurückkehren. Als er 1874 von Bismarck wegen Beleidigung verklagt und verurteilt wurde, trat er von seinem Amt als Oberlandesgerichtspräsident zurück. Politisch und ideengeschichtlich kann G. als einer der konsequentesten Gegner der modernen Welt angesehen werden; er war politischer Theologe, der den Kampf für die göttliche Ordnung, wie er sie verstand, als seine zentrale Aufgabe ansah, während der politische Erfolg für ihn von zweitrangiger Bedeutung war.

B.: in *Schoeps* (1981) und *Kraus* (1994), siehe unter L.

S.: Ueber die heutige Gestalt des Eherechts, Berlin 1842; Ueber die fernere Behandlung der Revision des preußischen Strafrechts, Berlin 1846; 9 Bde. Politischer Monats-Rundschauen (erschienen zuerst in der NPZ), Berlin 1849-58; Der Ministerwechsel im November 1858, Berlin 1859; Der Bruch mit der Vergangenheit, Berlin 1861; Die liberale Reaction und die Wahlen von 1861, Berlin 1862; Die Selbständigkeit des Preußischen Königthums, Berlin 1862; Die Krisis Preußens im September 1862, Berlin 1862; Preußens Kampf gegen die Demokratie, Berlin 1863; Das Königreich Gottes, Berlin 1864; Der Landtag von 1865, Berlin 1865; Die Freiheits-Tendenzen unserer Zeit, Berlin 1866; Krieg und Bundes-Reform, Berlin 1866; Die Annexionen und der Norddeutsche Bund, Berlin 1866; Deutschland um Neujahr 1870, Berlin 1870; Das neue Deutsche Reich, Berlin 1871; Kaiser und Papst, Berlin 1872; Die Civilehe und der Reichskanzler, Berlin 1874, u.v.a.

E.: E. L. v. G. Aufzeichnungen aus seinem Leben und Wirken, hrsg. v. *J. v. Gerlach*, 2 Bde., Schwerin 1903; *H. Liermann / H. J. Schoeps* (Hrsg.): Materialien zur preußischen Eherechtsreform im Vormärz, Göttingen 1961; Aus den Jahren Preußischer Not und Erneuerung. Tagebücher und Briefe der Gebrüder G. und ihres Kreises 1805-20, hrsg. v. *H. J. Schoeps*, Berlin 1963; Von der Revolution zum Norddeutschen Bund. Politik und Ideengut der preußischen Hochkonservativen 1848-66, hrsg. v. *H. Diwald*, 2 Bde., Göttingen 1970.

L.: *Wippermann* in ADB IX, 9-14; *Schoeps* in NDB VI, 296-99; *G. Lüttke*: Die politischen Anschauungen des Generals und des Präsidenten v. G., phil. Diss. Leipzig 1907; *A. Maurer*: Die Brüder v. G. und ihr Einfluß auf die Politik Friedrich Wilhelms IV., Frankfurt a. M. 1909; *E. Jedele*: Die kirchenpolitischen Anschauungen von E. L. v. G., phil. Diss. Tübingen 1910; *M. Hesse*: Die politische Haltung L. v. G.s unter Bismarcks Ministerium 1862 bis 1877, phil. Diss. Marburg 1911; *L. v. Keyserling*: Studien zu den Entwicklungsjahren der Brüder G., Heidelberg 1913; *M. Wildgrube*: Die politischen Theorien L. v. G.s, phil. Diss. Heidelberg 1914; *H. v. Petersdorff*: Die Gebrüder Gerlach, in: Deutscher Aufstieg. Bilder aus der Vergangenheit und Gegenwart der rechtsstehenden Parteien, hrsg. von *H. v. Arnim / G. v. Below*, Berlin – Leipzig – Wien – Bern 1925, S. 83-104; *H. Herzfeld*: E. L. v. G., in: Mitteldeutsche Lebensbilder, Bd. V, Magdeburg 1930, S. 275-98; *G. Kramer*: Die Stellung des Präsidenten v. G. zum politischen Katholizismus, phil. Diss. Breslau 1931; *J. W. Badger*: L. v. G.: A Study in Nineteenth Century Prussian Conservatism, M. A.-Thesis (masch.), Columbia University (N. Y.) 1942; *W. Grundmann*, Die Rechtsanschauung von E. L. v. G., jur. Diss. (masch.) Tübingen 1953; *H. J. Schoeps*: Das andere Preußen, Berlin 1981; *H.-C. Kraus*: E. L. v. G. Politisches Denken und Handeln eines preußischen Altkonservativen, Bde. I-II, Göttingen 1994.

– K

Gerlach, Leopold von

* 17. 9. 1790 Berlin; † 10. 1. 1861 Potsdam. Preußischer General und konservativer Politiker. Nach dem Besuch des Joachimsthalschen Gymnasiums in Berlin absolvierte G. die Militärakademie und nahm am Feldzug von 1806 als Fähnrich teil. Nach der Niederlage Preußens gegen Napoleon nahm er, wie seine Brüder Wilhelm und Ernst Ludwig, das Studium der Rechte auf, das er in Göttingen, Heidelberg und Berlin – hier als Schüler →Savignys – absolvierte. In dieser Zeit war er u.a. Mitglied der „Christlichdeutschen Tischgesellschaft". Nach kurzer Tätigkeit als Referendar nahm er 1813-15 an den Befreiungskriegen teil – zuletzt als Offizier im großen Generalstab. Im Anschluß an den Krieg setzte er seine militärische Laufbahn fort; seit 1826 diente er dem Prinzen Wilhelm (dem späteren König und Kaiser Wilhelm I.) als persönlicher Adjutant. Besonders nahe stand er jedoch dem Kronprinzen Friedrich Wilhelm, der ihn bald in den engsten Kreis seiner Berater und Freunde zog. Von 1838-42 amtierte G., zum Oberst befördert, als Chef des Generalstabs im 3. Armeekorps in Frankfurt a. d. Oder, anschließend kehrte er nach Berlin zurück, wo er, seit 1844 Generalmajor, in der engsten Umgebung

Leopold von Gerlach
1790-1861

Friedrich Wilhelms IV. tätig war. Dieser ernannte G. 1850 zum Generaladjutanten.

Obwohl der König, dem G. in enger persönlicher Freundschaft verbunden war, keineswegs immer G.s Rat befolgte, übte dieser, insbesondere in den Jahren 1848-57, bedeutenden Einfluß auf die preußische Politik aus. Als Mitglied des engsten Kreises um den Monarchen war G., zusammen mit seinem Bruder Ernst Ludwig, wesentlich an der Durchführung der „Gegenrevolution" des Jahres 1848 beteiligt. Die Verlegung und Vertagung der Nationalversammlung, die Berufung des Grafen Brandenburg im November 1848 zum neuen Ministerpräsidenten, auch die Ablehnung der deutschen Kaiserkrone im April 1849 gehen im wesentlichen auch auf G.s Einfluß zurück; dagegen war er an anderen Maßnahmen, wie etwa dem Oktroi der Verfassungsurkunde vom 5. 12. 1848, nicht beteiligt. Ebenfalls lehnte er das von →Radowitz verfochtene und von Friedrich Wilhelm IV. mitgetragene Konzept einer deutschen Unionspolitik unter preußischer Führung ab, da er sich weiterhin an der Tradition des alten Reiches orientierte und ein kleindeutsches Modell unter Ausschluß der Habsburgermonarchie ablehnte; außerdem sah er frühzeitig das Scheitern dieser Politik am Widerstand

Rußlands und Österreichs voraus und forderte statt dessen die Wiederherstellung des Deutschen Bundes.

Innenpolitisch nahm G. im letzten Regierungsjahrzehnt seines Königs auch deshalb eine besonders wichtige Funktion ein, weil er als der entscheidende Verbindungsmann der preußischen Konservativen am Königshof (mit direktem Zugang zum Monarchen) fungierte. In enger Zusammenarbeit mit seinem Bruder Ernst Ludwig, der als Parlamentarier und Publizist in der öffentlichen Sphäre der Politik wirkte, gelang es ihm, den konservativen Kräften im Lande einen ansehnlichen Einfluß auf die politische Entscheidungsfindung zu sichern – was allerdings nicht ohne zeitweilige schwere Konflikte mit dem Ministerpräsidenten O. von →Manteuffel und anderen mächtigen Günstlingen des Königs, wie →Bunsen und Radowitz, möglich war.

G.s eigentliche Domäne aber war die Außenpolitik; immer wieder war er als Spezialgesandter des Königs in diplomatischer Funktion unterwegs. Innerhalb Deutschlands war es sein Anliegen, eine möglichst enge Zusammenarbeit aller antirevolutionären Kräfte zu erreichen, und außerhalb Deutschlands besaß für ihn die Sicherung der Eintracht der drei Ostmächte Preußen, Österreich und Rußland, das „Bündnis der drei schwarzen Adler" als Fortsetzung der „Heiligen Allianz", unbedingt Priorität; daneben trat er für ein enges preußisch-englisches Zusammenwirken ein. Die Neutralität Preußens im Krimkrieg (1853-56) konnte G. zusammen mit dem König nur gegen stärkste Widerstände im Land, auch innerhalb der Regierung, durchsetzen. Noch in seinen letzten Lebensjahren führte G. mit seinem einstigen Schützling →Bismarck, dem er den Seiteneinstieg in die diplomatische Laufbahn ermöglicht hatte, einen (später mit Recht berühmt gewordenen) Briefwechsel, in dem er vor der ausschließlichen Anwendung eines reinen Machtkalküls in der Außenpolitik warnte und an die historische Erfahrung seiner Generation im Kampf gegen den ersten Napoleon erinnerte. Die Krankheit und Regierungsunfähigkeit Friedrich Wilhelms IV. (1857) beendeten G.s Einfluß auf die preußische Politik; er starb nur wenige Tage nach dem Tode seines verehrten Königs und Freundes.

E.: Denkwürdigkeiten aus dem Leben L. v. G.s, nach seinen Aufzeichnungen hrsg. v. seiner Tochter (*Agnes v. G.*), Bde. I-II, Berlin 1891-92; *(anonym):* Neues über L. v. G. und ungedruckte Briefe desselben, in: Deutsche Revue, 25/I (1900), S. 145-57, 329-43; Briefe des Generals L. v. G. an Otto von Bismarck, hrsg. v. *H. Kohl,* Stuttgart – Berlin 1912; Aus den Jahren preußischer Not und Erneuerung. Tagebücher und Briefe der Brüder G. und ihres Kreises 1805-20, hrsg. v. *H.-J. Schoeps,* Berlin 1963; Von der Revolution zum Norddeutschen Bund. Politik und Ideengut der preußischen Hochkonservativen 1848-66. Aus dem Nachlaß von E. L. v. G., hrsg. v. *H. Diwald,* Bde. I-II, Göttingen 1970.

L.: *Schoeps* in NDB VI, 294-96; *H. Delbrück:* General v. G., in: *ders.:* Erinnerungen, Aufsätze und Reden, Berlin 1902, S. 213-23; *G. Lüttke:* Die politischen Anschauungen des Generals und des Präsidenten v. G., phil. Diss. Leipzig 1907; *A. Maurer:* Die Brüder v. G. und ihr Einfluß auf die Politik Friedrich Wilhelms IV., Frankfurt a. M. 1909; *L. v. Keyserling:* Studien zu den Entwicklungsjahren der Brüder G., Heidelberg 1913; *R. Augst:* Bismarck und L. v. G., Leipzig 1913; *A. Clausen:* Die Stellung L. v. G.s zum Abschluß des preußischen Verfassungswerkes unter Friedrich Wilhelm IV., phil. Diss. Leipzig 1914; *H. v. Petersdorff:* Die Gebrüder Gerlach, in: Deutscher Aufstieg. Bilder aus der Vergangenheit und Gegenwart der rechtsstehenden Parteien, hrsg. von *H. v. Arnim / G. v. Below,* Berlin – Leipzig – Wien – Bern 1925, S. 83-104; *W. Näf:* Die Idee der Heiligen Allianz bei L. v. G., in: Zeitschrift für Schweizerische Geschichte 11 (1931), S. 459-72; *H. Mombauer:* Bismarcks Realpolitik als Ausdruck seiner Weltanschauung. Die Auseinandersetzung mit L. v. G. 1851-59, Berlin 1936; *S. Nobbe:* Der Einfluß religiöser Überzeugung auf die politische Ideenwelt L. v. G.s, phil. Diss. Erlangen 1970; *F. Meinecke:* Die Tagebücher des Generals v. G., in: *ders.:* Brandenburg – Preußen – Deutschland (= Werke, Bd. IX), hrsg. v. *E. Kessel,* Stuttgart 1979, S. 377-401; *ders.:* G. und Bismarck, in: ebd., S. 402-15; *K. Canis:* L. v. G., in: Männer der Revolution von 1848 (I.), hrsg. von *K. Obermann u.a.,* Berlin (-Ost) [2]1988, S. 463-81; *H.-C. Kraus:* Ernst Ludwig v. G., Bde. I-II, Göttingen 1994.

– K

Gleichen, Heinrich von (eigentl. Raimund August Heinrich Freiherr von Gleichen-Rußwurm)

* 14. 7. 1882 Dessau; † 29. 7. 1959 Göttingen. G. war der organisatorische Kopf der jungkonservativen Bewegung in ihrer Frühzeit. Anders als E. →Stadtler, der sich als Propagandist, und anders als →Moeller van den Bruck, der sich als ideologischer Vordenker verstand, ging es ihm vor allem um die Schaffung eines Netzwerkes, das nicht nur dem inneren Zusammenhalt der Jungkonservativen, sondern auch dazu dienen sollte, Verbindung zu einflußreichen Kreisen in Wirtschaft und Politik aufzunehmen.

G. stammte aus einem thüringischen Adelsgeschlecht; er übersiedelte schon vor dem Ausbruch des Ersten Weltkriegs nach Berlin. 1914 erhielt er die Leitung des „Bundes deutscher Gelehrter und Künstler", der etwa tausend Mitglieder hatte, unter ihnen zahlreiche Persönlichkeiten des geistigen Lebens. Der „Bund" trat in engen Kontakt zur amtlichen Kriegspropaganda, während G. selbst im Stellvertretenden Generalstab und im Landwirtschaftsministerium tätig wurde. Er hielt die geistige Begründung der deutschen Kriegsziele für eine außerordentlich wichtige, doch allgemein unterschätzte Aufgabe. Noch kurz vor dem Zusammenbruch gründete G. im Oktober 1918 die „Vereinigung für nationale und soziale Solidarität", die nur etwa zwanzig Personen umfaßte und dazu gedacht war, Antworten für die neue Zeit zu geben, die sich immer deutlicher abzeichnete: Die „Solidarier" verstanden sich als revolutionär, aber antibolschewistisch; volksnah, aber antiparlamentarisch. Trotz ihres geringen personellen Umfangs gewann die „Vereinigung" einen gewissen Einfluß, weil eines ihrer führenden Mitglieder, Stadtler, den Vorsitz der „Antibolschewistischen Liga" übernahm, die am 1. Dezember 1918 gegründet worden war und zu einer der einflußreichsten Massenorganisationen der unmittelbaren Nachkriegszeit aufstieg.

Nach einem Zerwürfnis aufgrund ihrer konservativ-sozialistischen Ideen schieden die Solidarier aber bald aus der Liga aus, und in G.s Wohnung, in der Potsdamer Privatstraße 121i, wurde ein neuer, loser Zusammenschluß, der „i-Klub", gegründet, der sich im Monat der Unterzeichnung des Versailler Vertrages in „Juni-Klub" umbenannte. Er bildete das eigentliche Zentrum der jungkonservativen Bewegung. Deren wichtigstes Sprachrohr wurde die bereits seit April 1919 erscheinende Wochenzeitung „Das Gewissen". Die eigene Angabe, derzufolge das Blatt in seiner Blütezeit – 1922 – mit einer Auflage von 30.000 Exemplaren verbreitet wurde, dürfte stark übertrieben sein; der geistige Einfluß des Juni-Klubs darf dennoch nicht unterschätzt werden. 1921 wurde darüber hinaus ein „Ring-Verlag" gegründet, in dem verschiedene Bücher, darunter die erste und zweite Auflage von Moellers „Das dritte Reich" publiziert wurden.

Seine größte Bedeutung hatte der Juni-Klub in den Jahren 1919-21. Mit der Stabilisierung der Weimarer Republik zeigte sich nicht nur die Erfolglosigkeit seiner bisherigen Strategie der eher indirekten Einflußnahme, sondern auch die Dvergenz zwischen den Vorstellungen der führenden Köpfe in der Bewegung. Während Moeller seit dem Herbst 1924 gesundheitlich zunehmend verfiel, suchte G. und mit ihm W. Schotte, einen „Ring der Tausend" zu sammeln, in dem führende Persönlichkeiten aus Wirtschaft und Politik zusammenkommen sollten. Moeller opponierte gegen diesen Kurs, den er als „reaktionär" betrachtete, ebenso wie gegen G.s Plan, den Juni- in „Herrenklub" umzubenennen. Infolge seiner Erkrankung konnte er den Kurswechsel aber nicht verhindern, und nach seinem Tod kam es zum offenen Bruch zwischen G. und den Jüngeren wie →Boehm, →Jung, →Schwarz, Stadtler und Brauweiler.

Der Juni-Klub zerfiel in den „Volksdeutschen Klub", den „Jungkonservativen Klub" und den „Herrenklub". Hier konnte G. endlich seine eigenen Vorstellungen verwirklichen. Der „Herrenklub" zog aus der Motzstraße in ein repräsentatives Gebäude in der Nähe des Reichstagsgebäudes, an die Stelle von „Gewissen" trat ab 1928 die von G. herausgegebene Wochenschrift „Der Ring", die mit einer Auflage von tausend Exemplaren auf eine Breitenwirkung verzichtete. Die Vereinigung umfaßte nie mehr als fünftausend Mitglieder; diese waren 1932 in 18 Herrengesellschaften und -klubs organisiert. Das entsprach ganz dem elitären Zuschnitt, den G. wünschte. In einem Brief an Stadtler vom Oktober 1925 hatte er erklärt, daß er ausdrücklich eine „Gruppenbildung in der Oberschicht" anstrebe, „um dann als Machtfaktor in Rechnung gestellt zu werden". Zusammen mit dem anderen Vorsitzenden, H. B. Graf von Alvensleben-Neugattersleben, organisierte er den Herrenklub nach dem Vorbild vergleichbarer englischer Zusammenschlüsse. Der außerordentlich hohe Jahresbeitrag von zweihundert Reichsmark hielt einen unerwünschten Zustrom fern, statt dessen schlossen sich zahlreiche einflußreiche

Persönlichkeiten aus Wirtschaft, Politik, Administration, Diplomatie und Armee an; soweit sie inkognito bleiben wollten, traten sie nur dem „Civil-Casino" bei.

G.s Forderung nach Sammlung einer „Aristokratie", die auch in der Lage sein würde, einen „neuen Staat" zu schaffen, gekennzeichnet durch autoritäre Führung, korporative Organisation und starke Stellung im mitteleuropäischen Raum sowie ein gewisses adeliges Sendungsbewußtsein, führten am Ende der Weimarer Republik zu seiner Annäherung an F. von Papen. Als G. unmittelbar nach dem Sturz Brünings einen Vortrag im Rundfunk hielt, galt dies allgemein als Signal, ihn als intellektuellen Stichwortgeber der neuen Regierung zu betrachten. Andererseits schuf die betonte Sympathie G.s für Papen aber auch eine sehr deutliche Distanz zu den Nationalsozialisten. Im November 1931 richtete G. im „Ring" einen „Offenen Brief an Hitler", in dem es u.a. hieß: „Wir lehnen den politischen Antisemitismus der NSDAP mit aller Entschiedenheit ab... Neben Hitler steht der Kreis der bereits Fertigen, weil ungeistigen, funktionellen ‚Unterführer'. Hier gehen wir in unserer Entschiedenheit weiter als Günther, Stapel und ihr Kreis. Hier erwarten wir nichts... Wir fordern das Recht der echten Sache gegen die fortgesetzten Machtansprüche der Subalternität." Ein Jahr später begründete Papen allerdings bei einer Ansprache vor dem Herrenklub in Berlin die Notwendigkeit einer Regierungsbeteiligung der Nationalsozialisten und erhielt dafür die Zustimmung der meisten Anwesenden.

Mit der Machtübernahme Hitlers wurde der Herrenklub zwar nicht verboten, mußte sich dem neuen egalitären Zeitgeist aber insofern anpassen, als er sich nur noch „Deutscher Klub" nennen durfte. G. selbst verschwand aus der Öffentlichkeit, auch wenn der „Ring" bis 1944 weiter erscheinen durfte. Kurz vor Kriegsende zog sich G. auf sein Gut Tannroda bei Weimar zurück. Der Besitz fiel der Bodenreform in der SBZ (Sowjetischen Besatzungszone) anheim, und G. floh über die Demarkationslinie in den Westen. Seine letzten Lebensjahre verbrachte er zurückgezogen, in bedrängten Verhältnissen und von einer schweren Krankheit gezeichnet, in Göttingen.

S.: als Hrsg. zusammen mit *A. Schmidt*, Der Bolschewismus und die deutschen Intellektuellen. Äußerungen auf eine Umfrage des Bundes deutscher Gelehrter und Künstler, Leipzig 1920.

L.: *M. H. Boehm:* Ruf der Jungen. Eine Stimme aus dem Kreise um Moeller van den Bruck, Freiburg i. Br. 1933; *H. J. Schwierskott:* Arthur Moeller van den Bruck und der revolutionäre Nationalismus in der Weimarer Republik, Göttingen – Berlin – Frankfurt a. M. 1962; *M. Schoeps:* Der Deutsche Herrenklub. Ein Beitrag zur Geschichte des Jungkonservatismus in der Weimarer Republik, phil. Diss. Erlangen 1974.

– W

Goerdeler, Carl-Friedrich

* 31. 7. 1884 Schneidemühl; † (hingerichtet) 2. 2. 1945 Berlin-Plötzensee. Kommunalpolitiker und Widerstandskämpfer. G.s Vater war Richter und Syndikus der westpreußischen „Landschaft" zu Marienwerder. Als freikonservatives Mitglied des preußischen Abgeordnetenhauses hatte Julius G. 1899 gegen die kaiserliche Kanalvorlage gestimmt. Die Dissertation seines Sohnes behandelte „Das Bewußtsein der Pflichtwidrigkeit im Schuldinhalte und seine Behandlung in der Literatur und den wichtigsten deutschen Gesetzbüchern des XIX. Jahrhunderts" (Leipzig 1908). Darin wird am Wert ethischer Kategorien, wie Gewissen und Verantwortung, gegenüber der zunehmenden Berücksichtigung sozialer, genetischer oder psychologischer Theorien im Strafrecht festgehalten. Seit 1912 als Erster Beigeordneter der Stadt Solingen tätig, wurde G. während des Ersten Weltkriegs erst als Artillerieoffizier und dann als Verwaltungsexperte in Weißrußland eingesetzt. Nach dem Zusammenbruch versuchte er 1919, von Danzig aus die örtlichen Befehlshaber und Politiker wie August Winnig zur militärischen Verteidigung der in Versailles abgetretenen Territorien zu bewegen. Trotz seiner →DNVP-Mitgliedschaft zum Zweiten Bürgermeister Königsbergs gewählt, begann G. dort eine rigorose Haushaltspolitik durch Personaleinsparungen, Privatisierung von Dienstleistungen sowie die Einforderung von Reichszuschüssen für die Städte der Provinz. Zentralstaatliche Überlegungen zur Revision der Weimarer Verfassung, die z.B. H. von Seeckt 1923 und später der „Bund zur Erneuerung des Reichs" anstellten, ergänzte G. durch die Mahnung, den Schwerpunkt nicht ins Parlament, sondern auf die Macht des Prä-

sidenten zu legen. Es folgte eine rasche Karriere als Funktionär in Kommunal- und Arbeitgeberverbänden, wobei er sowohl in Tarifverhandlungen als auch im Personal- und Steuerrecht konsequent das Prinzip der Effizienz und Kostensenkung vertrat. G. war Mitherausgeber der „Deutschen Juristenzeitung" und des „Deutschen Wohnungsarchivs".

1930 zum Oberbürgermeister Leipzigs gewählt, wurde G. unter Brüning 1931 außerdem Reichskommissar für die Preisbildung. Theoretisch rein marktwirtschaftlich orientiert, erwies sich G. als ausdauernder Gegner staatlicher Wirtschaftsregulierung und der ihre Rechtsansprüche verteidigenden Gewerkschaften. In vielen Denkschriften forderte er Kürzungen bei der Sozialhilfe und der Arbeitslosenunterstützung sowie die Einführung eines straff organisierten Arbeitsdienstes. Im Krisenjahr 1932 zögerte G. zu lange, gegen A. Hugenberg um den Vorsitz der DNVP zu kandidieren. Auch wurde er als möglicher Minister und Regierungschef in Preußen oder im Reich genannt, doch bestand G. jeweils auf zu großen Vollmachten und einer direkten Beteiligung der NSDAP. Anläßlich der Leipziger Wagner-Ehrung 1933 kam es zur persönlichen Bekanntschaft mit Hitler, der G. 1934-35 erneut zum Preiskommissar ernannte. Als fachlicher Berater wirkte er gleichzeitig an der Formulierung der Reichsgemeindeordnung mit, deren Grundsätze G. in der Festschrift für F. Schlegelberger (1936) erläuterte. Weitergehende Angebote, etwa direkt in das Kabinett einzutreten, lehnte G. auf Anraten Brünings ab, was er noch 1938 bitter bereute. Im Gegensatz zum kommunalen Bereich, wo er Elemente der Selbstverwaltung neben dem „Führergrundsatz" erhalten wissen wollte, erkannte G. auf der nationalen Ebene ausdrücklich die Notwendigkeit einer autoritären Regierung an. In zahlreichen Aufsätzen sprach er sich gegen Kartelle oder staatliche Pläne und für den freien Wettbewerb als Motor des Fortschritts aus. Zur Erklärung ökonomischer Pläne verwendete er gern schlichte darwinistische Lebensregeln, wie das Schlagwort vom „Kampf ums Dasein" oder „Der Krieg ist der Vater aller Dinge"; „Wirtschaften heißt kämpfen". Als beharrlicher Kritiker defizitärer Haushalte wie auch der Autarkiepolitik wurde G. der NS-Regierung immer unbequemer, so daß sie dessen bereits geplanten Wechsel in den Vorstand des Krupp-Konzerns verhinderte. Mit Wirkung vom 1. 4. 1937 schied G. offiziell aus dem Leipziger Amt, nachdem man in seiner Abwesenheit gegen seinen Willen das Denkmal F. Mendelssohn Bartholdys entfernt hatte. Seitdem Auslandsbeauftragter von Robert Bosch, reiste G. durch weite Teile Europas, Nordamerika und den Vorderen Orient. Fremden wie emigrierten Gesprächspartnern fiel es dabei schwer, die oft nur angedeuteten konspirativen Ziele von jenen des „Dritten Reichs" zu unterscheiden, zudem wirkte G. oft ungeduldig und belehrend. Daß er in London sehr undiplomatisch auf einer Revision der Ostgrenzen bestand und seine guten Kontakte zur Generalität wie zu Göring erkennen ließ, hat das negative Bild des deutschen Widerstands bei Außenpolitikern wie Lord Vansittart maßgeblich beeinflußt. In den Jahren kurzfristiger Erfolge des NS-Regimes 1938-40 vorübergehend isoliert, gelang es G. während des Krieges, zusammen mit anderen Repräsentanten der preußischen Elite, wie Ludwig Beck, Johannes Popitz und Ulrich von →Hassell, die bürgerliche Opposition zu organisieren, wobei er auch Vertreter der SPD und der Gewerkschaften einbezog. G. selbst galt seit 1943 als designierter Kanzler einer Regierung nach Hitler. Persönlich kein Anhänger des Parlamentarismus oder kollegialer Verwaltungsstrukturen, plädierte G. für autoritäre Ordnungsmodelle, in denen „Stände" und komplizierte Delegationsverfahren an die Stelle von freien Wahlen treten sollten. Außerdem wünschte er die Wiedereinführung der Monarchie. In zahlreichen Denkschriften beschäftigte sich G. mit der staatlichen und gesellschaftlichen Neuordnung Deutschlands und der Bildung eines europäischen „Wirtschaftsraums". Aufgrund seiner Haltung zum Sozialismus wie zur Sowjetunion und seiner Vorstellung, Hitler zunächst vor Gericht zu stellen, kam es zu Konflikten mit den militärischen Verschwörern um Stauffenberg und dem →Kreisauer Kreis um H. J. v. Moltke. Nach dem gescheiterten Attentat vom 20. Juli 1944 verhaftet, wurde G. vom Volksgerichtshof zum Tod verurteilt und hingerichtet.

G.s Weltbild war geprägt vom Gedanken der „Restauration" (H. Rothfels); dieser Beamte moralisierte, sobald er politisch überfordert war; in seiner Kompromißlosigkeit zeigte sich der deutsche „Fachmann in seiner zuweilen unerfreulichsten, kältesten und tyrannischsten Gestalt" (M. Freund). G.s Opfergang steht stellvertretend für die Tragik einer ganzen Generation.

E.: W. von Schramm (Hrsg.): Beck und G. Gemeinschaftsdokumente für den Frieden, München 1965; A. P. Young: Die „X"-Dokumente. Die geheimen Kontakte C. G.s mit der britischen Regierung 1938/39, München 1989.
L.: G. Ritter: C. G. und die deutsche Widerstandsbewegung, Stuttgart 1954; M. Krüger-Charlé: C. G.s Versuche der Durchsetzung einer alternativen Politik 1933-37, in: J. Schmädeke / P. Steinbach (Hrsg.): Widerstand gegen den Nationalsozialismus, München 1986, S. 383-404; M. Meyer-Krahmer: C. G. und sein Weg in den Widerstand. Eine Reise in die Welt meines Vaters, Freiburg i. Br. 1989; M. Matthiesen: Ein Konservativer auf dem Weg in den Widerstand. C.-F. G. (1884-1945), in: H.-C. Kraus (Hrsg.): Konservative Politiker in Deutschland, Berlin 1995, S. 235-71.
– Ma

Görres, Joseph

* 25. 1. 1776 Koblenz; † 29. 1. 1848 München. Katholischer Publizist, politisch-philosophisch-theologischer Schriftsteller. Als Sohn eines Kaufmanns wuchs G. in Koblenz auf, wo er sich schon als Schüler für die Französische Revolution begeisterte. Bereits als Siebzehnjähriger verließ er das Gymnasium und schloß sich dem Koblenzer Jakobinerclub an, für den er kurze Zeit auch publizistisch tätig war. Seine Zeitschriften „Das rothe Blatt" und „Der Rübezahl" (1797-99) vertraten ebenso rein jakobinistisches Gedankengut wie seine erste Schrift „Der allgemeine Friede, ein Ideal" (1798), in der er die Verwirklichung von Gleichheit, →Freiheit und Weltfrieden durch den allgemeinen Nachvollzug der Französischen Revolution proklamierte. Zur Jahreswende 1799/1800 hielt er sich als Vertreter seiner Vaterstadt in Paris auf, um deren Anschluß an Frankreich zu bewirken, doch er kehrte – nun erstmals mit der politischen Wirklichkeit Frankreichs konfrontiert – tief desillusioniert nach Hause zurück. Er, der eine sittlich-moralische, läuternde Funktion der Revolution erwartet hatte und nun auf Korruption und Unrecht gestoßen war, wurde zu einer tiefgreifenden

Joseph Görres
1776-1848

Revision seiner politischen Überzeugungen gezwungen, die freilich fast zwanzig Jahre dauern sollte.

Bis 1806 unterrichtete G., der sich aus der Politik zurückzog, Naturwissenschaften an der Koblenzer Sekundarschule und widmete sich intensiven, nicht nur naturphilosophischen, sondern auch literaturhistorischen und philosophischen Studien. 1806-08 hielt er Vorlesungen über Ästhetik, altdeutsche Literatur und Naturphilosophie an der Heidelberger Universität. In diesen Jahren trat er in engste Verbindung mit führenden Vertretern der Romantik, wie A. von Arnim, C. Brentano und J. von →Eichendorff, denen er wesentliche Eindrücke vermittelte, wie er selbst wiederum romantische Einflüsse, vor allem die Naturphilosophie Schellings, aufnahm und für seine eigene Weltsicht weiterverarbeitete. Diese „romantische Periode" seines Lebens wurde bestimmend für seine Abkehr vom aufklärerisch-rationalistischen Denken, die sich auch darin ausdrückte, daß er die deutsche Kultur des Mittelalters für sich entdeckte und sich intensiv mit mittelalterlicher Dichtung, Philosophie und Theologie befaßte.

1808 mußte G., da er in Heidelberg keine feste Anstellung erhalten hatte, an die Koblenzer Schule zurückkehren. Hier setzte er jedoch nicht nur seine wissenschaftlich-literaturhistorischen Studien fort, sondern gab zwischen 1814 und 1816 den bald in ganz Deutschland verbreiteten, höchstes Ansehen genießenden „Rheinischen Merkur" heraus, der zum Sprachrohr der deutschen Intelligenz während der Befreiungskriege avancierte. G.s' Koblenzer Haus wurde in diesen Jahren zu einem Mittelpunkt des rheinischen und deutschen Geisteslebens; zu seinen Besuchern zählten u.a. Goethe, der Freiherr vom →Stein, →Savigny und die Brüder Grimm. Doch G.s' Kritik an den restaurativen Tendenzen der deutschen Politik nach 1815 stieß rasch auf den Widerstand offizieller Stellen; bereits 1816 wurde die Zeitung verboten, und nachdem G. 1819 seine Schrift „Teutschland und die Revolution" publiziert hatte, fiel er vollends in Ungnade und konnte sich der Verhaftung gerade noch durch seine Flucht nach Straßburg entziehen. Hier fand, unter dem Eindruck des lebendigen religiösen Lebens im Elsaß, seine endgültige Rückwendung zum katholischen Glauben statt, die durch seine jahrelange Beschäftigung mit mittelalterlicher Geschichte und Literatur, mit religiöser Mystik und romantischer Naturphilosophie vorbereitet worden war. Bis 1827 lebte und wirkte G. in Straßburg, weiterhin politische Broschüren verfassend und als Journalist die Zeitschrift „Der Katholik" redigierend (1824-27).

Von 1827 bis zu seinem Tode im Jahr 1848 wirkte G. als Professor für „Allgemeine und Litterärgeschichte" an der Universität München, wo er nicht nur seine späten politischen, theologischen und mystischen Schriften verfaßte, nicht nur weiterhin publizistisch tätig war (1827-29 arbeitete er an der →„Eos" mit, seit 1838 gab er die →„Historisch-politischen Blätter für das katholische Deutschland" heraus), sondern auch einen großen Kreis von Gleichgesinnten um sich sammelte, die als die geistige Elite des katholischen Deutschland gelten konnten: Möhler, Döllinger, Ringseis, →Baader, →Jarcke, →Phillips, →Lasaulx, u.a.

G.' Annäherung an konservatives Gedankengut begann bereits vor seiner Zeit als Herausgeber des „Rheinischen Merkur", in dem er 1814 Grundlinien der „künftige(n) teutsche(n) Verfassung" skizzierte: „Die drei Säulen, auf welche alle ständische Verfassung ge-

gründet ist, Lehrstand, Wehrstand und Nährstand" seien es, die sich in den Reichsständen
der geistlichen, der weltlichen Fürsten sowie
der Städte widerspiegelten, und eben „auf
dieser dreifachen Grundlage, die so alt ist wie
die Geschichte,...wird auch der neue Staats-
vertrag errichtet werden". Das alte deutsche
Kaisertum sollte in erneuerter Gestalt hervor-
treten, nun ergänzt durch eine ständische
Verfassung, in der die drei Stände „Vermittler
zwischen dem Volke und der Regierung" sein
sollten. In den späteren Jahren traten die reli-
giös-theologischen Motive in G.' politischen
Schriften immer stärker in den Vordergrund.
Obwohl er am Konstitutionalismus festhielt
und auch die bayerische Verfassung verteidigte, interpretierte er die konstitutionelle
Monarchie jedoch im streng konservativen
Sinne als Abbild des göttlichen Urbildes und
als notwendiges Gegenmittel gegen alle radikalen, demokratischen und atheistischen
Zeittendenzen. Mit seinen späten politischen
Schriften, insbesondere dem „Athanasius"
(1837) und seinen Beiträgen in den „Historisch-politischen Blättern", wurde G. zum eigentlichen Begründer und bis ins 20. Jhdt.
hinein zur geistigen Leitfigur des politischen
Katholizismus in Deutschland, was sich nicht
zuletzt in der Begründung der Görres-Gesellschaft zur Förderung der Wissenschaften
(1876) ausgedrückt hat.

S.: Gesammelte Schriften, I. Abt.: Politische Schrif-
ten, hrsg. v. *M. Görres*, Bde. I-VI, München 1854-60; II.
Abt.: Gesammelte Briefe, hrsg. v. *M. Görres / F. Binder*,
Bde. VII-IX, München 1858-74; Ausgewählte Werke
und Briefe, hrsg. v. *W. Schellberg*, Bde. I-II, Kempten –
München 1911; Deutschland und die Revolution. Mit
Auszügen aus den übrigen Staatsschriften, hrsg. v. *A.
Duch*, München 1921; Gesammelte Schriften, hrsg. im
Auftrag d. G.-Gesellschaft v. *W. Schellberg / M. Brau-
bach / A. Dyroff / L. Just u.a.*, fortgeführt v. *H. Raab
u.a.*, Köln 1928ff., bisher erschienen: I: Politische
Schriften der Frühzeit, II/1-II/2: Naturwissenschaftli-
che, kunst- und naturphilosophische Schriften, III-IV:
Geistesgeschichtliche und literarische Schriften 1-2, V:
Mythengeschichte der asiatischen Welt, VI-IX: Rheini-
scher Merkur, XII: Das Heldenbuch von Iran, XIII:
Politische Schriften 1817-22, XIV: Schriften der Straß-
burger Exilszeit 1824-27, XV: Geistesgeschichtliche
und politische Schriften der Münchener Zeit 1828-38,
XVI/1-XVI/2: Aufsätze in den Historisch-politischen
Blättern, 1838-48; Erg.-Bd. 1: J. G. Leben und Werk im
Urteil seiner Zeit (1776-1876), hrsg. v. *H. Raab*; Ausge-
wählte Werke, Bde. I-II, hrsg. v. *W. Frühwald*, Freiburg – Basel – Wien 1978.

B.: *H. Trapp:* J. v. G. Leben und Werk. Aus den Be-
ständen der Stadtbibliothek Koblenz, Koblenz 1976, S.
31-117; *H. Raab:* J. G. Ein Leben für Freiheit und Recht
(siehe unter **L.**), S. 268-78; *A. Portmann-Tinguely:* G.-
Bibliographie. Verzeichnis der Schriften von und über
J. J. G. (1776-1848) und G.-Ikonographie, Gesammelte
Schriften, Erg.-Bd. 2, Paderborn 1993.

L.: *Friedrich* in ADB IX, 378-89; *Roegele*, in: NDB
VI, 532-36; *W. Menzel:* J. G., in: Deutsche Vierteljahrsschrift 1848, H. 2, S. 126-67; *D. Haneberg:* Zur Erinnerung an J. G., München 1848; *G. Görres:* J. v. G., in: Historisch-politische Blätter für das katholische Deutschland 27 (1851), S. 1-41, 89-128, 272-304; *J. B. Heinrich:*
J. G., Frankfurt a. M. 1867; *J. Galland:* J. v. G., Freiburg
i. Br. 1876; *J. N. Sepp:* G. und die Zeitgenossen, 1776-
1848, Nördlingen 1877; *ders.:* G., Berlin 1896; *F.
Schultz:* J. G. als Herausgeber, Litterarhistoriker, Kritiker im Zusammenhang mit der jüngeren Romantik,
Berlin 1902 (Ndr. 1967); *A. Henrich:* J. v. G. Seine Sprache und sein Stil, phil. Diss. Bonn 1907; *M. Spahn:* J. v.
G., der Publizist und Politiker, in: Hochland 7 (1909/
10), S. 31-46; 8 (1911), S. 416-30; *J. Uhlmann:* J. G. und
die deutsche Einheits- und Verfassungsfrage bis zum
Jahre 1824, Leipzig 1912; *L. Bergsträsser:* Der G.-Kreis
im Bayerischen Landtag von 1837, in: Oberbayerisches
Archiv 56 (1912), S. 248-60; *W. Schellberg:* G., Mönchen-Gladbach 1913; *M. Berger:* G. als politischer Publizist, Bonn – Leipzig 1921; *H. v. Grauert:* Graf Joseph
de Maistre und J. G. vor hundert Jahren, in: Vereinsgaben der G.-Gesellschaft. Erste Vereinsschrift 1922,
Köln 1922, S. 3-44; *J. Nadler:* G. und Heidelberg, in:
Preußische Jahrbücher 198 (1924), S. 279-91; *W. Schell-
berg:* J. v. G., Köln 1926; *K. A. v. Müller:* G. in Straß-
burg 1819-1820, Stuttgart – Berlin – Leipzig 1926; *H.
Kindt:* Zwischen liberal und konservativ. Die deutsche
Presse in der Zeit der Befreiungskriege. Eine G.-Studie,
Braunschweig 1926; *R. Reisse:* Die weltanschauliche
Entwicklung des jungen G.', Breslau 1926; *K. Hoeber*
(Hrsg.): G.-Festschrift, Köln 1926; *H. Dähnhardt:* J.
G.' politische Frühentwicklung (1776-1805), phil. Diss.
Hamburg 1926; *B. Lettau:* Ein Beitrag zu G.' Staatsauf-
fassung von 1800-24, Leipzig 1926; *C. Bieler:* J. v. G.'
sozialphilosophische Anschauung, phil. Diss. Leipzig
1927; *F. O. Zur Linden:* G. und der Protestantismus,
Berlin 1927; *H. Kapfinger:* Der Eoskreis, München
1928; *F. Borinski:* J. G. und die deutsche Parteibildung,
Leipzig 1928 (Ndr. 1970); *A. Schorn:* J. G.' religiöse
Entwicklung, phil. Diss. Köln 1929; *H. F. Jappe:* G.'
Staatsbild, in: Gelbe Hefte 6 (1929/30), S. 270-304; *M.
Grollmuss:* J. G. und die Demokratie, phil. Diss. Leipzig 1932; *A. Dempf:* G. spricht zu unserer Zeit. Der
Denker und sein Werk, Freiburg i. Br. 1933; *H. Wöhr-
mann:* G.' Rheinischer Merkur, phil. Diss. Hamburg
1933; *F. Nothardt:* G. und sein „Rothes Blatt", phil.
Diss. Heidelberg 1933; *H. F. Jappe:* Die Vorstellungen
von Volk und Nation, Staat und Reich im Rheinischen
Merkur, in: Forschungen zur brandenburgischen und
preußischen Geschichte 46 (1934), S. 112-46; *E. Con-
rads:* Der Wandel in der G.schen Geschichtsauffassung,

Münster 1937; *K. Dörr:* G.' Geschichtsbild, Münster 1940; *F. Hirth:* Der junge G., Baden-Baden 1947; *T. Würtenberger:* Naturrecht und Geschichte bei J. G., in: Festschrift Wilhelm Sauer, Berlin 1949, S. 279-91; *R. Saitschik:* J. G. und die abendländische Kultur, Olten 1953; *K. Vogt:* J. G., Bern 1953; *G. Stein:* Grundlagen und Tendenzen der Publizistik von J. G. in seiner Münchener Zeit, phil. Diss. Bonn 1953; *L. Just:* G. in Heidelberg, in: Historisches Jahrbuch 74 (1955), S. 416-31; *P. Becker:* Der Staat bei J. G. in den Jahren 1814-24, jur. Diss. (masch.) Köln 1957; *G. Bürke:* Vom Mythos zur Mystik. J. G.' mystische Lehre und die romantische Naturphilosophie, Einsiedeln 1958; *E. Werth:* J. G. und seine Vision des neuen Deutschland, phil. Diss. Heidelberg 1958; *R. Habel:* J. G. – Studien über den Zusammenhang von Natur, Geschichte und Mythos in seinen Schriften, Wiesbaden 1960; *E. R. Huber:* J. G. und die Anfänge des katholischen Integralismus in Deutschland, in: *ders.:* Nationalstaat und Verfassungsstaat, Stuttgart 1965, S. 107-26; *G. Kallen:* G. und der deutsche Idealismus, in: *ders.:* Probleme der Rechtsordnung in Geschichte und Theorie, Köln – Graz 1965, S. 43-73; *R. Hagmann:* Die politischen Schriften von J. G. im zeitgenössischen Urteil 1817-22, in: Jahrbuch für Geschichte und Kunst des Mittelrheins 20/21 (1968/69), S. 109-58; *M. Braubach:* Der junge G. als „Cisrhenane", in: *ders.:* Diplomatie und geistiges Leben im 17. und 18. Jhdt., Bonn 1969, S. 807-33; *L. Tarnói:* J. G. zwischen Revolution und Romantik, Budapest 1971; *H. Raab:* J. G., in: *B. v. Wiese* (Hrsg.): Deutsche Dichter der Romantik, Berlin 1971, S. 341-70; *H. Raab:* G. und die Geschichte, in: Historisches Jahrbuch 93 (1973), S. 73-103; *W. Bopp:* G. und der Mythos, phil. Diss. Tübingen 1974; *H. Raab:* G. und die Revolution, in: *A. Rauscher* (Hrsg.): Deutscher Katholizismus und Revolution im frühen 19. Jhdt., München – Paderborn – Wien 1975, S. 51-80; *H. Raab:* Europäische Völkerrepublik und christliches Abendland. Politische Aspekte und Prophetien bei J. G., in: Historisches Jahrbuch 96 (1976), S. 58-92; *H. Dickerhoff:* J. G. an der Münchener Universität, in: Historisches Jahrbuch 96 (1976), S. 148-181; *J. Isler:* Das Gedankengut der Aufklärung und seine revolutionäre Auswertung in G.' Frühschriften (1795-1800), in: Historisches Jahrbuch 96 (1976), S. 1-57; *A. Kraus:* G. als Historiker, in: Historisches Jahrbuch 96 (1976), S. 90-122; *O. Weiss:* Der Ultramontanismus. Grundlagen – Vorgeschichte – Struktur, in: Zeitschrift für bayerische Landesgeschichte 41 (1978), S. 821-77; *H. Raab:* J. G. Ein Leben für Freiheit und Recht, Paderborn usw. 1978; *ders.:* J. G., in: Rheinische Lebensbilder, Bd. VIII, 1980, S. 183-204; *E. B. Körber:* G. und die Revolution, Husum 1986; *H. Dickerhoff:* G. und die G.-Tradition, in: Historisches Jahrbuch 108 (1988), S. 213-30; *B. Wacker:* Revolution und Offenbarung. Das Spätwerk (1824-48) von J. G. – Eine politische Theologie, Mainz 1990.

– K

Göschel, Karl Friedrich

* 7. 10. 1784 Langensalza; † 22. 9. 1861 Naumburg. Konservativer Jurist und philosophisch-theologisch-politischer Schriftsteller. Nach dem Besuch des Gymnasiums in Gotha Studium der Rechte in Leipzig (1803-06), anschließend bis 1818 Tätigkeit als Jurist und Magistratsmitglied in Langensalza. 1819 Eintritt in den preußischen Justizdienst, für den er bis 1834 als Oberlandesgerichtsrat in Naumburg tätig war, wo er Verbindung zur neupietistischen Erweckungsbewegung knüpfte und sich mit seinem Amtskollegen E. L. von →Gerlach anfreundete. 1834-45 amtierte G. als Geheimer Oberjustizrat in Berlin und bis 1848 als Konsistorialpräsident der Provinz Sachsen in Magdeburg; hier führte er den Kampf gegen die liberal-rationalistischen „protestantischen Lichtfreunde" an. Im Revolutionsjahr von seinem Amt und aus Magdeburg vertrieben, verbrachte er seine letzten Lebensjahre als Pensionär in Berlin, ausschließlich befaßt mit schrifstellerischer Arbeit.

Schon früh von Hegel beeinflußt, wurde G. durch seine 1829 halb anonym publizierten (und ohne Kontakt zu Hegel verfaßten) „Aphorismen über Nichtwissen und absolutes Wissen..." schlagartig bekannt. Er bemühte sich darin um eine Verbindung strengen Christentums mit den Grundsätzen der Hegelschen Philosophie und um den Nachweis einer Untrennbarkeit von Glauben und Philosophie. Hegel selbst rezensierte die Schrift äußerst wohlwollend und versuchte, G. in seinen Schülerkreis zu ziehen. G. wechselte indes nicht zur Philosophie über, wurde auch nicht (obwohl von →Savigny vorgeschlagen) Lehrstuhlnachfolger Hegels, sondern widmete sich neben seinem juristischen Hauptberuf einer umfangreichen Schriftstellerei, die neben der Philosophie auch die Gebiete der Jurisprudenz, Geschichte, Theologie und Literaturwissenschaft umfaßte; neben Hegel zählten Goethe und Dante zu den bevorzugten Gegenständen seiner Publikationen.

Mit seinem politischen Hauptwerk „Zerstreute Blätter aus den Hand- und Hülfsakten eines Juristen" (1832-42) wurde er zu einem wichtigen Anreger und Stichwortgeber der preußischen Altkonservativen. Insbesondere vermittelte er seinen Zeitgenossen die Lehre vom göttlichen Ursprung allen →Rechts und von der hierin gründenden Einheit und Untrennbarkeit von Recht und Sittlichkeit. Den Ursprung des →Staates sah er in der Ehe, die Revolution deutete er als Strafe der „Sünde der Obrigkeit durch Sünde der Unterthanen". Dagegen trat er lange vor 1848 für konstitutionelle Verfassungen ein, „wodurch im Fortschritte der Zeit ein Theil der fürstlichen Gewalt nach Befinden vertheilt wird". Von der heutigen Geschichtsschreibung (auch von der philosophie- und rechtshistorischen Forschung) wird die Bedeutung von G.s schriftstellerischem Werk allgemein unterschätzt.

B.: in Haubold (s. u. L.), S. 210-26.

S.: Chronik der Stadt Langensalza in Thüringen, Bde. I-IV, Langensalza 1818-44; Ndr. ebd. 1905/06; Ueber Göthe's Faust und dessen Fortsetzung, Leipzig 1824; Caecilius und Octavius oder Gespräche über die vornehmsten Einwendungen gegen die christliche Wahrheit, Berlin 1828; Aphorismen über Nichtwissen und absolutes Wissen im Verhältnisse zur christlichen Glaubenserkenntniß, Berlin 1829; Der Monismus des Gedankens, Naumburg 1832; Hegel und seine Zeit. Mit Rücksicht auf Göthe, Berlin 1832; Zerstreute Blätter aus den Hand- und Hülfsakten eines Juristen. Wissenschaftliches und Geschichtliches aus der Theorie und Praxis oder aus der Lehre und dem Leben des Rechts, Bd. I, Erfurt 1832, Bde. II-III/2 Schleusingen 1835-42; Aus Dante Alighieri's göttlicher Komödie, Naumburg 1834; Unterhaltungen zur Schilderung Göthescher Dicht- und Denkweise, Bde. I-III, Schleusingen 1834-38; Von den Beweisen für die Unsterblichkeit der menschlichen Seele im Lichte der spekulativen Philosophie, Berlin 1835; Der Eid nach seinem Principe, Begriffe und Gebrauche, Berlin 1837; Beiträge zur spekulativen Philosophie von Gott und dem Menschen und von dem Gott-Menschen, Berlin 1838; Dante Alighieri's Unterweisung über Weltschöpfung und Weltordnung diesseits und jenseits, Berlin 1842; Sekular-Erinnerungen des Jahres 1848 in Rückblicke auf alle vergangenen Jhdt.e christlicher Zeitrechnung, Magdeburg 1848; Mein Amts-Abschied im März 1848. Ein Wort für Freund und Feind, Berlin 1849; Ueber die Bedeutung der lutherischen Kirche und ihr Verhältniß zur allgemeinen Kirche und zum Staate, Berlin 1849; Zur Lehre von den letzten Dingen, Berlin 1850; Ueber den Prolog zu Faust von Goethe, Berlin 1850; Mittheilungen aus der Göttlichen Komödie, Berlin 1853; Der Mensch nach Leib, Seele und Geist diesseits und jenseits, Leipzig 1856; Die Concordien-Formel nach ihrer Geschichte, Lehre und kirchlichen Bedeutung, Leipzig 1858; Vorträge und Studien über Dante Alighieri, hrsg. v. C. Wachsmuth, Berlin – Osnabrück 1863, u.v.a.

L.: Müller in ADB IX, 397f.; Gebhardt in NDB VI, 540f.; G. W. F. Hegel: Rez. von „Aphorismen über Nichtwissen und absolutes Wissen..." (1829), in: ders.: Werke, hrsg. v. E. Moldenhauer, K. M. Michel, Bd. XI, Frankfurt a. M. 1986, S. 353-89; J. J. Roßbach: Die Perioden der Rechts-Philosophie, Regensburg 1842; H. E. Schmieder: K. F. G. Dr. jur. weiland Präsident des Consistoriums der Provinz Sachsen, Berlin 1863; W. Moog: Hegel und die Hegelsche Schule, München 1930; J. Fock: K. F. G. (1781-1861) – der Verteidiger der spekulativen Philosophie, phil. Diss. Kiel 1939; J. Gebhardt: Politik und Eschatologie, München 1963; J. E. Toews: Hegelianism – The Path Toward Dialectical Humanism, 1805-41, Cambridge u.a. 1980; A. Haubold: K. F. G. (1784-1861) – Ein sächsisch-preußisches Lebensbild des Literaten, Juristen, Philosophen, Theologen zwischen Goethezeit und Bismarckära, Bielefeld 1989.

– K

Gogarten, Friedrich

* 13. 1. 1887 Dortmund; † 16. 10. 1967 Göttingen. Evangelischer Theologe. Studierte nach dem Schulabschluß zuerst Germanistik, Kunstgeschichte und Psychologie, wechselte dann aber zur Theologie. In Berlin hörte er bei den prominentesten Vertretern der liberalen Richtung – A. von Harnack und E. Troeltsch –, schloß sich dieser Tendenz aber so wenig an wie irgendeiner anderen. Sehr stark wirkte sich für G. die Lektüre von Fichte, Kierkegaard und Luther aus. Seine erste, im Jahr des Kriegsausbruchs 1914 erschienene Schrift „Fichte als religiöser Denker", die er einem der prominentesten Führer der „deutschkirchlichen" Bewegung, A. Bonus, widmete, schien allerdings – ebenso wie eine kurze Abhandlung über „Religion und Volkstum" (1915) – darauf hinzudeuten, daß G. der Vorstellung von einer „Germanisierung" des Christentums zuneigte.

Daß davon doch keine Rede sein konnte, erwies sich erst in der Nachkriegszeit. 1920 veröffentlichte G. in der „Christlichen Welt" einen programmatischen Aufsatz mit der Überschrift „Zwischen den Zeiten", zwei Jahre später erschien die erste Ausgabe einer Zeitschrift mit eben diesem Titel, die das Forum der „Dialektischen Theologie" werden sollte. Wie K. Barth und E. Thurneysen – die beiden anderen Häupter dieser „Schule" – vertrat G. die Auffassung, daß der Kulturprotestantismus in allen seinen Facetten (zu denen er auch die Vorstellung von einer völkischen Anverwandlung des Christentums rechnete) das Eigentliche des Glaubens nicht erkennen könne: „Religion" müsse als Menschenwerk das „ganz und gar Andere" – Gott – verfehlen, weil sie sich des „absoluten Gegensatzes... zwischen Schöpfer und Geschöpf" nicht bewußt sei. Christlicher Glaube habe vor allem in die „Krisis" zu führen, erzwinge die „Entscheidung", das „Entweder – Oder" im Sinne Kierkegaards.

Gehörten alle diese Überzeugungen zum Credo der Dialektischen Theologie, so unterschieden sich die Vorstellungen G.s in anderer Hinsicht doch deutlich von denen, die etwa Barth vertrat. Das hing vor allem mit der Unterschiedlichkeit der konfessionellen Prägung zusammen: Während Barth dem Erbe des Calvinismus verpflichtet blieb, gehörte G. mit seinem ganzen Denken in den Zusammenhang des Luthertums und war nicht unbeeinflußt geblieben von der sogenannten Luther-Renaissance. Luthers Theologie diente G. dazu, jene Defekte der Moderne namhaft zu machen, die sich in Individualismus und Materialismus ausdrückten. Im Vorwort zu einer Neuausgabe von Luthers Schrift „Vom unfreien Willen" hatte G. schon programmatisch erklärt, daß der Bindungslosigkeit des gegenwärtigen Menschen entgegengetreten werden müsse. Er habe neu zu verstehen, wem er „gehöre"; die „Hörigkeit" im Sinne einer Zugehörigkeit zu den elementaren „Schöpfungsordnungen" – Ehe, Familie, Arbeit, Staat und Nation – sei dem einzelnen wieder in Erinnerung zu rufen. Die „Hörigkeit" beruhe zwar auf dem dialogischen Prinzip, also der Ich-Du-Beziehung, aber sie kenne keine „Gleichheit", sondern nur die Zuweisung des Menschen zu den Ordnungen, denen er eingefügt sei. Markierte das 1926 erschienene Buch „Ich glaube an den dreieinigen Gott" G.s Wende von der Kritik des Kulturprotestantismus zur positiven Bestimmung seiner eigenen theologischen Inhalte, so verdichtete er seine neuen ethischen Grundgedanken am stärksten in seiner Polemik „Wider die Ächtung der Autorität" von 1930 und dann in der „Politischen Ethik" 1932. Hier wie dort wandte er sich gegen den „Wahn der →Freiheit", den die „Ideen von 1789" hervorgebracht hätten, und berief sich für die Begründung des Politischen ausdrücklich auf C. →Schmitt und dessen grundlegende Ausführungen über →Staat und Souveränität.

Zu diesem Zeitpunkt hatte G. – der 1917 ins Pfarramt eingetreten war und erst 1924 den Ehrendoktor der Theologischen Fakultät in Gießen erhielt – bereits die erste Phase seiner akademischen Laufbahn hinter sich. Seit 1925 lehrte er als Privatdozent an der Universität Jena, 1931 wurde er als Professor für Systematische Theologie nach Breslau berufen. Spätestens in der Endphase der Weimarer Republik war unübersehbar geworden, daß er dem Kreis jungkonservativer Theologen zuzurechnen war, dem auch P. →Althaus, H. →Asmussen, W. Elert und E. Hirsch angehörten. Aber erst das Jahr 1933 brachte den vollständigen Bruch mit Barth und den übrigen Weggefährten aus dem Kreis der „Dialektischen Theologie". G. schloß sich vorübergehend sogar der „Glaubensbewegung Deutsche Christen" an, erkannte seinen Irrtum allerdings relativ rasch und verließ die DC nach der skandalösen Kundgebung im Sportpalast im Frühjahr 1934; im November dieses Jahres unterzeichnete er eine an den Reichsbischof L. Müller gerichtete Rücktrittsforderung. Seine Hoffnung, daß der Nationalsozialismus dem Interregnum ein Ende bereiten und wieder eine echte autoritative Ordnung herbeiführen werde, hatte sich zu diesem Zeitpunkt längst zerschlagen. Politisch verstummte G. völlig; 1937 erschien noch eine scharfe Auseinandersetzung mit Barth und eine kleine Arbeit über „Weltanschauung und Glaube", aber dann wurde die Kette der Veröffentlichungen für fast zehn Jahre unterbrochen. G. konzentrierte sich ganz auf seine Arbeit als akademischer Lehrer – 1935 war er nach Göttingen gewechselt – und Seelsorger. Seine Predigten aus dieser Zeit, die erst nach dem Ende des Zweiten Weltkriegs veröffentlicht wurden, lassen die zunehmende Distanz zum NS-Regime erkennen, ohne daß G. aber auf die Seite der Bekennenden Kirche gewechselt wäre.

Erst 1948 hat G. dann wieder mit „Die Verkündigung Jesu Christi" ein neues Buch veröffentlicht; es folgten bis 1953 in rascher Folge vier weitere – zuletzt der Band „Verhängnis und Hoffnung der Neuzeit", der ihm noch einmal erhebliche Resonanz in der Öffentlichkeit einbrachte. Wieder hatte sich G. seinem Generalthema – dem Verhältnis von „Glaube" und „Geschichte" – zugewandt und nahm auch kritisch Stellung zu eigenen früheren Vorstellungen. Anders als in der Vergangenheit, verwarf er die Moderne jetzt nicht mehr vollständig, sondern begriff sie als notwendiges Ergebnis einer Entgötterung der Welt, die ihren Anfang in der biblischen Lehre vom Schöpfer hatte, der seiner Schöpfung gegenübertrat, aber von ihr unendlich unterschieden blieb. „Säkularisierung" konnte insofern verstanden werden als ein Vorgang, der bereits in den Grundlagen des Judentums und Christentums wurzelte, wohingegen die Gottvergessenheit der Neuzeit – der „Säkularismus" – verdammenswert blieb. Alle späteren Bücher G.s hatten (vielleicht mit Ausnahme des populären „Was ist Christentum?") nur noch fachspezifischen Charakter und blieben von einem breiteren Publikum fast unbemerkt.

B.: *F. Brandi-Hinnrichs:* (siehe unter L.:) S. 560-76.

W.: Fichte als religiöser Denker, Jena 1914; Religion und Volkstum, Jena 1915; Die religiöse Entscheidung, Jena 1921; Illusionen. Eine Auseinandersetzung mit dem Kulturidealismus, Jena 1922; Ich glaube an den dreieinigen Gott, Jena 1926; Glaube und Wirklichkeit, Jena 1928; Die Schuld der Kirche gegen die Welt, Jena 1928; Wider die Ächtung der Autorität, Jena 1932; Politische Ethik, Jena 1932; Einheit von Evangelium und Volkstum? Hamburg 1933; Ist Volksgesetz Gottesgesetz? Hamburg 1934; Das Bekenntnis der Kirche, Jena 1934; Gericht oder Skepsis. Eine Streitschrift gegen Karl Barth, Jena 1937; Der Zerfall des Humanismus und die Gottesfrage, Stuttgart 1937; Die Verkündigung Jesu Christi, Heidelberg 1948; Der Mensch zwischen Gott und Welt, Heidelberg 1952; Verhängnis und Hoffnung der Neuzeit, Stuttgart 1953; Was ist Christentum? Göttingen 1956; Jesus Christus – Wende der Welt, Tübingen 1966; Luthers Theologie, Tübingen 1967; Die Frage nach Gott, Tübingen 1968.

L.: *G. Wieser:* F. G., Jena 1930; *W. Tilgner:* Volksnomostheologie und Schöpfungsglaube, Göttingen 1966; *C. H. Ratschow:* F. G., in: RGG³, Bd. 2, Sp. 1684f.; *T. Strohm:* Theologie im Schatten politischer Romantik. Eine wissenschafts-soziologische Anfrage an die Theologie F. G.s, München 1970; *ders.:* F. G. (1887-1967), in: *M. Greschat* (Hrsg.): Theologen des Protestantismus im 19. und 20. Jhdt., Stuttgart 1978, S. 331-49; *K. Weißmann:* F. G., in: Criticón 15 (1985) 90, S. 149-52; *F. Brandi-Hinnrichs:* Von der personalen zur politischen Theologie. Die theologie- und kulturgeschichtlichen Hintergründe der Theologie F. G.s, Diss. theol. Hamburg 1990.

– W

Gotthelf, Jeremias (eigentl. Albert Bitzius)

* 4. 10. 1797 Murten (Kt. Bern); † 22. 10. 1854 Lützelflüh (Kt. Bern). Pfarrer, Pädagoge, Politiker und Schriftsteller. G. wuchs als Albert Bitzius, Sohn des Pfarrers Sigmund Bitzius, in Murten auf. G. stammte aus dem gehobenen gebildeten Bürgertum des Stadtstaates Bern. Nach dem Besuch des „Pädagogiums" in Bern studierte er an der dortigen Akademie Theologie und wurde Mitbegründer der Berner Literararischen Gesellschaft, einer Studentenorganisation. 1820 legte er sein theologisches Examen ab und wurde Kandidat des Predigeramtes. Am 26. 6. 1820 erfolgte die Konsekration, und ab Juli diente er bei seinem Vater in Utzenstorf als Vikar. Nach dessen Tod wurde G. nach Herzogenbuchsee versetzt, wo er bis 1829 amtierte. Nach verschiedenen anderen Stationen, u.a. an der Heiliggeistkirche in Bern, bewarb er sich 1832 um die Pfarrstelle Lützelflüh, wo er am 9. 3. zum Pfarrer gewählt wurde. Hier blieb G. bis zu seinem Tode; neben seinem geistlichen Amt und seiner umfangreichen Schriftstellerei versah er mannigfache Funktionen in gelehrten und literarischen Gesellschaften, Pfarrvereinen, schließlich auch als Schulkommissar seines Heimatortes und als Präsident des Vereins für Volksbildung.

G.s Werk und Wirken werden erst vor dem weltgeschichtlichen Einbruch der industriellen Revolution angemessen verständlich. Der Handwerksburschenroman „Jakobs Wanderungen", der gegen „Kommunisten, Sozialisten, Fouristen und andere Unchristen" gerichtet ist, behandelt denn auch ganz moderne Probleme, die vor der industriellen Revolution noch gar nicht existiert hatten. „Und gerade weil er beide Zeitalter überschaute, weil er mit einem Bein im Agrar-, mit dem anderen im Industriezeitalter stand, weil er Lebensformen und Gemütslagen beider kannte, sind seine Reaktionen weitsichtiger, seine Lösungen zuverlässiger, seine Voraussagen wahrscheinlicher. In einigen Texten ist ihm auch eine Synthese der beiden Richtungen möglich gewesen, aber gerade dort haben Zeitgenossen und Nachwelt nicht auf ihn gehört" (H. P. Holl).

G. hat weder die moderne Wissenschaft noch die Errungenschaften der Technik, noch die moderne Wirtschaft abgelehnt. *Er wollte nur ihretwegen die Religion nicht aufgeben.* Seine „Bauerndichtung" ist keine rückwärts gewandte Schwärmerei und hat nichts Nostalgisches. Vielmehr ist sie als eine Reaktion auf die „sogenannten industriellen Zeiten" und auf das „Jahrhundert der Eisenbahnen" entstanden. Diese sah G. sehr sachlich und ökonomisch. Da er aber in der ihm eigenen aufrechten Grobheit auf der Religion bestand, war es den Menschen seiner Zeit ein leichtes, ihn in diesem Kulturkampf als „Pfaffen" einzustufen. Auf jeden Fall ist G.s Versuch, die alte Religion auch in der modernen Zeit zu bewahren, von seinem fortschrittsgläubigen Jahrhundert beiseite geworfen worden.

G.s Werk spiegelt jedoch auch seine persönliche Situation wider, in der er sich – als Pfarrer der damaligen Zeit Repräsentant der bernischen Obrigkeit und natürliches Bindeglied zwischen Stadt und Land, im wahren Sinne des Wortes somit ein „Herr" – in dreifacher Mission sah: als Seelsorger der Gemeinde, als Fürsprecher der Armen und als Inspektor der Schule. Alle drei verfolgte er mit derselben Hartnäckigkeit und mit einem Eifer, der ihn bald nach allen Seiten in Konflikt mit über- und beigeordneten Instanzen brachte.

Zu G.s Hauptwerken, deren jedes eine bestimmte ethische Tendenz vertritt, kommen noch etwa fünfzig kleinere Erzählungen. Mit dem Erscheinen der ersten Bücher stand G. bereits in der vordersten Reihe der deutschen Volksschriftsteller. Gottfried Keller meinte in einer seiner G.-Kritiken, daß des Dichters Werk „durch zweckmäßige Anwendung und Übertragung, welche die Zeit früher oder später erlauben wird", auch „für die weitesten Grenzen" gültig und verbindlich werden könne. Keller erkannte somit die globale Bedeutung dieses Dichters.

G.s Werke waren immer auch einer bestimmten ethischen Tendenz verpflichtet, die Ausdruck seiner politischen Einstellung war. Sein Grundanliegen war und blieb – egal, in welcher Situation und in welchen Formen und Inhalten er sich auch politisch äußerte und engagierte – die Bewahrung der christlichen Grundlagen der eigenen Kultur und Lebenswelt. Den Säkularisierungsprozeß wiederum erklärt sich G. als Folge der umfassenden Verwissenschaftlichung aller Lebensbereiche.

Immer mehr spitzte sich G.s politische Einstellung in der Folge zu einer grimmigen Kampfbereitschaft gegen alles zu, was an alter Zucht und Sitte, an Religion und Moral rütteln wollte; von Jahr zu Jahr sah er sich von der Partei des „entschiedenen Fortschritts" mehr zur Zielscheibe wütenden Hasses und niedriger Verleumdungen gemacht, was er seinerseits mit immer rabiateren Keulenschlägen beantwortete.

Das gesamteuropäisch wichtige Jahr 1848 mit den Revolutionen in Paris, Wien, Berlin und München ist in G.s Werk sogar dort noch faßbar, wo er ausschließlich von Schweizer Problemen zu sprechen scheint. Umgekehrt werden Schweizer Zeitgeschichte und Politik – der Sonderbundskrieg 1847, die Bundesverfassung von 1848, die Tätigkeit der radikalen Berner Regierung von 1846-50, des sog. „Freischarenregiments" – nicht als Lokalhistorie, sondern als Ereignisse im Rahmen säkularer Umwandlungsprozesse und allgemeiner Modernisierungskrisen erfaßt. Ungeachtet fehlerhafter Prognosen und situationsbedingter Fehleinschätzungen war G. auch zu erstaunlichen Analysen und Einsichten fähig. So etwa lehnte er die Freiheit Amerikas ab, weil sie seiner Ansicht nach in Anarchie auszuzuarten drohte und nur dem Stärkeren Recht verschaffte; die Monarchie wiederum erschien ihm als Despotie. Die →Freiheit, die er selber im Sinn hatte, lag dazwischen.

B.: *B. Juker / G. Martorelli :* J. G. 1797-1854 (Albert Bitzius). Bibliographie 1830 – 1975. G.s Werk – Literatur über G., Bern 1983.

S.: Gesammelte Schriften. Ausgabe letzter Hand, Bde. I-XXIV, Berlin 1856-58; Sämtliche Werke in 24 Bänden. In Verbindung mit der Familie Bitzius hrsg. v. *R. Hunziker / H. Bloesch,* Erlenbach – Zürich 1911-77; Kleinere Erzählungen, hrsg. v. *R. Hunziker,* Bde. I-IV, Erlenbach – Zürich 1925-41.

E.: J. G.s Briefwechsel mit dem Amtsrichter Burkhalter, Zürich – Leipzig 1940.

L.: *Alker* in NDB VI, 679-81; *A. Bartels:* J. G., Leipzig – Berlin 1902; *G. Muret:* J. G. in seinen Beziehungen zu Deutschland, München 1912; *R. Hunziker:* J. G., Frauenfeld – Leipzig 1927; *W. Muschg:* J. G. – Die Geheimnisse des Erzählers, München 1931; *K. Guggisberg:* J. G. – Christentum und Leben, Zürich – Leipzig 1939; *H. L. Goldschmidt:* Der Geist der Erziehung bei J. G., Bern – Leipzig 1939; *O. Schmidt:* Der natürliche Mensch. Ein Versuch über J. G., Gießen 1940; *T. Salfinger:* G. und die Romantik, Basel 1945; *E. Buess:* J. G.

– Sein Gottes- und Menschenverständnis, Zollikon – Zürich 1948; *K. Fehr:* Das Bild des Menschen bei J. G., Frauenfeld 1953; *W. Günther:* J. G. – Wesen und Werk, Berlin 1954; *W. Muschg:* J. G., München 1954; *E. Bärtschi:* Unser G., Zürich 1954; *E. Steiner:* Individuum und Gemeinschaft bei J. G., phil. Diss. Bern 1954; *J. Maybaum:* Gottesordnung und Zeitgeist. Eine Darstellung der Gedanken J. G.s über Recht und Staat, Bonn 1960; *E. Gallati:* J. G.s Gesellschaftskritik, Bern 1970; *W. Bauer:* J. G. Ein Vertreter der geistlichen Restauration der Biedermeierzeit, Stuttgart – Berlin – Köln 1975; *K. M. Littell:* J. G.s „Die Käserei in der Vehfreude"; a didactic satire, Bern 1977; *U. Jaussi:* Der Dichter als Lehrer; zur parabolisch-didaktischen Struktur von G.s Erzählen, Bern 1978; *H. Göttler:* Der Pfarrer im Werk J. G.s; ein Beitrag zur Stellung des Geistlichen in der Literatur der Biedermeierzeit, phil. Diss. München 1979; *U. Küffer:* J. G., Grundzüge seiner Pädagogik: Untersuchung über die Fehlformen der Erziehung, Bern 1982; *K. Lindemann:* J. G., Die schwarze Spinne; zur biedermeierlichen Deutung von Geschichte und Gesellschaft zwischen den Revolutionen, Paderborn – Zürich 1983; *Th. Grossenbacher:* Studien zum Verhältnis von Literatur und Moral aus ausgewählten Werken des schweizerischen bürgerlichen Realismus, phil. Diss. Bern 1984; *H. P. Holl:* G. im Zeitgeflecht; Bauernleben, industrielle Revolution und Liberalismus in seinen Romanen, Tübingen 1985; *P. Trautvetter:* J. G., ein früher Warner vor dem zur totalitären Despotie ausgearteten „Sozialismus", Zürich o. J.; *K. Fehr:* J. G. (Albert Bitzius), Stuttgart 1985; *ders.:* J. G.: Poet und Prophet, Erzähler und Erzieher; zu Sprache, dichterischer Kunst und Gehalt seiner Schriften, Bern 1986; *H. P. Holl:* J. G. Leben – Werk – Zeit, Zürich – München 1988; *K. Jarchow:* Bauern und Bürger; die traditionale Inszenierung einer bäuerlichen Moderne im literarischen Werk J. G.s, Frankfurt a. M. – Bern 1989; *U. Knellwolf:* Gleichnis und allgemeines Priestertum – Zum Verhältnis von Predigtamt und erzählendem Werk bei J. G., theol. Diss. Zürich 1990; *W. Hahl:* J. G. – der „Dichter des Hauses", München 1993.

– Hä

Gross, Johannes

* 6. 5. 1932 Neunkhausen. Publizist und Schriftsteller. Nach dem Abitur studierte G. Philosophie und Rechtswissenschaften, verließ mit dem Ersten juristischen Staatsexamen 1955 die Universität Marburg. Er zog eine journalistische Karriere vor, nachdem er schon während des Studiums als Mitbegründer der RCDS-Zeitschrift „Civis" redaktionelle Erfahrungen gesammelt hatte. 1959 wurde G. Bonner Korrespondent der „Deutschen Zeitung", zwei Jahre später deren Ressortchef für Politik. 1962 wechselte er zum Deutschlandfunk in Köln, wo man ihm die Leitung der Abteilung Politik und Zeitgeschehen sowie die Funktion des stellvertretenden Direktors des Aktuellen Programms übertrug. G. ist für die Klarheit und Rücksichtslosigkeit seiner Beiträge zur Innenpolitik bekannt geworden. Das sozialdemokratische „Hamburger Echo" vermutete „Jesuitisches" in ihm; der Parodist Robert Neumann hielt ihn in der „Zeit" für einen nach rechts ausgewanderten Schüler des linken Abendroth „mit zum Teil erschreckenden Ansichten"; der „Monat" hingegen fand ihn einfach „blitzgescheit". Carl →Schmitt äußerte über G., er sei „frech, witzig und eifrig". Rüdiger →Altmann lobt G. als Verteidiger „der Sprache in einer Epoche ihres politischen Verfalls". Große Aufmerksamkeit erregte G. durch sein 1967 erschienenes Buch „Die Deutschen": „Der Mangel des Selbstbewußtseins, so vorzüglich er sich in einem Deutschland ausnimmt, das sich als vereinigtes Wirtschaftsgebiet verstehen kann, bedeutet eine elementare Schwäche. Wer kein Selbstbewußtsein hat, kann keine Politik formulieren und keine Politik betreiben. Die Deutschen, die immer das Bedürfnis hatten, beliebt zu sein, wenngleich sie sich selber nicht ausstehen konnten, sind heute geradezu versessen darauf, keinen Feind zu haben. Sie haben immer dazu geneigt und tun es vielleicht auch heute noch, die Politik als Fortsetzung der Philosophie, der Wirtschaft, der Moral mit anderen Mitteln zu betrachten."

Im August 1968 avancierte G. zum Chefredakteur und stellvertretenden Intendanten der „Deutschen Welle" in Köln. Nach Querelen um die gegen seinen Willen geplante Etablierung von vier Stellvertretern – seitens der SPD soll versucht worden sein, seine Machtbefugnisse zu begrenzen – wechselte er im Oktober 1974 als Chefredakteur zum Wirtschaftsmagazin „Capital", um von 1980 an als Herausgeber sowohl dieser Publikation als auch der neugegründeten Zeitschrift „Impulse" zu fungieren. 1983-94 gehörte er zum Vorstand des Gruner & Jahr-Verlages. Im 1980 veröffentlichten Band „Unsere letzten Jahre" beschrieb er das klägliche Scheitern sozialdemokratischer Reformpolitik unter den Kanzlern Brandt und Schmidt. Die siebziger Jahre hatten als das Jahrzehnt der Verheißungen begonnen – als das der Enttäuschungen gingen sie zu Ende. „Das gilt für alle Seiten: für die linken Utopisten, die noch schneller mit dem Latein am Ende waren, als sie es in den Schulen abschaffen konnten, wie für die konservativen Beschwerdeführer, die aus dem Scheitern ihrer volksbeglückenden Gegner auf eine Tendenzwende schlossen; ein Kater macht aber noch keine Bekehrung."

Seit 1981 ist G. Kolumnist der „Frankfurter Allgemeinen Zeitung". In seinem „Notizbuch" beschreibt er Kulturelles, gibt Lesefrüchte zum besten und macht sich Gedanken über politische Entwicklungen. So beschreibt er die Beliebtheit der Gesinnungskontrollen bei Deutschen. „Der Anteil der Blockwarte, der Spruchkammer-Vorsitzenden und die Bereitschaft, solche Ämter – auch in Geschäftsführung ohne Auftrag – zu übernehmen, scheint unerfreulich hoch. – Mir fällt die Bemerkung von H. L. →Mencken ein, daß der Puritanismus die Furcht sei, es könne irgend jemand irgendwo doch glücklich sein. Die Lust an der Ausübung von Sozialkontrolle wird sich wohl aus Ähnlichem speisen wie die Befürchtung, daß es anderen besser gehe, daß sie sich und die Welt genießen und sich Freiheiten herausnehmen, die vielleicht allen zugänglich sind, die sie aber nicht zu nutzen wagen oder zu nutzen verstehen." In seinem Buch „Begründung der Berliner Republik" betont G. die grundlegende Andersartigkeit der Berliner Republik im Vergleich zur Bonner. So verlieren die inneren Träger der bundesrepublikanischen Konsensdemokratie, das „Kartell der Garanten", die großen sozialen Organisationen, die Gewerkschaften, die Kirchen und die Staatsparteien an Bedeutung. Sie werden die neue Berliner Republik nicht mehr in der alten Weise tragen und stützen können. Daraus resultiert eine innere Labilität, die G. jedoch für die Wiederkehr der Normalität des Politischen hält. Die Trennung von Staat und Gesellschaft hält er in der alten Bundesrepublik für unterentwickelt. Je mehr diese Unterscheidung aufgegeben wird, desto mehr reduziert sich Politik auf gesellschaftliche Bedürfnisbefriedigung, dergegenüber das Formulieren und Durchsetzen von Entscheidungen, Entwickeln und Wahrnehmen politischer Optionen ganz in den Hintergrund tritt. „Dem entsprach es, daß sich westdeutsche Politiker gern und vehement im Brustton der Überzeugung, in

dem Dummheiten fast immer vorgetragen werden, gegen das Freund-Feind-Denken wendeten, das nach Carl Schmitts berühmter Formel den Begriff des Politischen ausmacht. In der Bedürfnisbefriedigung der Gesellschaft darf es in der Tat die Unterscheidung von Freund oder Feind nicht geben." In der faktisch, nicht theoretisch vollzogenen Preisgabe der Trennung von Staat und Gesellschaft zeigt sich nach Ansicht von G. die Bundesrepublik als postfaschistisches Phänomen: bei aller entschiedenen Abkehr vom Nationalsozialismus war doch die Volksgemeinschaft lebendig geblieben.

S.: die neue gesellschaft (mit *R. Altmann*), Stuttgart 1958; Lauter Nachworte, Stuttgart 1965; Die Deutschen, Frankfurt a. M. 1967; Absagen an die Zukunft, Frankfurt a. M. 1970; Unsere letzten Jahre, Stuttgart 1980; Notizbuch, Stuttgart 1985, Phönix in Asche, Stuttgart 1989; Das neue Notizbuch, Stuttgart 1990; Über die Deutschen, 1992; Für- und Gegenwitz, 1993; Wie das Wunder in die Jahre kam, Düsseldorf 1994; Begründung der Berliner Republik, Stuttgart 1995.

– So

Gruhl, Herbert

* 22. 10. 1921 Gnaschwitz (Sachsen); † 26. 6. 1993 Regensburg. Konservativer ökologischer Politiker und Schriftsteller. Bauernsohn aus alteingesessener Familie. Nach Kriegsdienst und Flucht aus der Gefangenschaft nahm G. in Berlin das Studium der Germanistik, Geschichte und Philosophie auf, das 1957 mit einer Dissertation über H. von →Hofmannsthal abgeschlossen wurde. 1954 Eintritt in die CDU; kommunalpolitisches Engagement im Raum Hannover. 1969 Wahl in den Deutschen Bundestag, dem er bis 1980 angehörte. Mitglied des Innenausschusses und der Arbeitsgruppe für Reaktorsicherheit und Strahlenschutz. 1970-76 Vorsitzender der Arbeitsgruppe Umweltvorsorge in der CDU/CSU-Bundestagsfraktion.

Bereits seine erste Rede im Parlament am 16. 12. 1970 galt der Umweltpolitik. Allgemeine Aufmerksamkeit errang G. 1975 mit der Veröffentlichung des später weit verbreiteten Buches „Ein Planet wird geplündert", einer schonungslosen Bilanz der Raubbau- und Zerstörungspolitik gegenüber den natürlichen Lebensgrundlagen. In der Folge wurde G. zu einer Kristallisationsfigur der sich formierenden Umweltbewegung. 1975-77 stand

Herbert Gruhl
1921-1993

er dem „Bund Natur- und Umweltschutz"
(BUND) vor.

Gleichzeitig zunehmende politische Disso-
nanzen zwischen der CDU und G. in Fragen
der Atom- und Wirtschaftspolitik führten
1978 zum Parteiaustritt des Umweltpoliti-
kers. G. rief daraufhin die „Grüne Aktion
Zukunft" (GAZ) ins Leben, die sich 1979 mit
der entstehenden Partei „Die Grünen" zu-
sammenschloß. Aufgrund einer bald einsetzenden Linksdrift der „Grünen" trennte sich
G. 1980 auch von diesen. 1981/82 wurde die
formell nicht aufgelöste GAZ in „Ökolo-
gisch-Demokratische Partei" (ÖDP) umbenannt. Als deren Bundesvorsitzender (1982-
89) versuchte G. vergeblich, die ÖDP als
konservativen Arm der Umweltbewegung zu
etablieren. Personelle Querelen um eine
Linksorientierung der ÖDP führten 1989
zum Rücktritt G.s vom Parteivorsitz und
1990 zum Parteiaustritt. Daraufhin gründete
er mit anderen wertkonservativen Umwelt-
schützern die überparteilichen „Unabhängigen Ökologen Deutschlands".

Mehr noch als Politiker, hat G. sich als
Schriftsteller und konservativer Mahner vor
dem leichtfertigen Umgang mit der Natur einen bedeutenden Rang erworben. Stellte „Ein
Planet wird geplündert" noch vorwiegend
eine Bilanz der Umweltzerstörung dar, so
wurden in „Das irdische Gleichgewicht"
konsequent die geistigen und gesellschaftlichen Ursachen eines selbstmörderischen
Umgangs mit der Umwelt hinterfragt. Anstelle eines leichtgläubigen Vertrauens in ein
immerwährendes wirtschaftliches Wachstum
und den technischen Fortschritt setzte G. in
Anlehnung an Ludwig Erhards Politik des
Maßhaltens den Appell an eine Ethik des Ver-
zichts, der Bescheidenheit und der Umkehr
zu traditionellen Werten wie Familie und
→Heimat. Diese Haltung umschrieb G. mit
dem 1988 von ihm geprägten Begriff des „Na-
turkonservatismus".

In seinem stark von Nietzsche beeinflußten
Spätwerk „Himmelfahrt ins Nichts" (1993)
vollzog G. den Bruch mit der christlichen
Heilserwartung und attestierte der Menschheit angesichts von Überbevölkerung, unge-
bremstem Ressourcenverbrauch und globaler
Ausbreitung der „multikulturellen" Industriegesellschaft das unabwendbare Ende:
„Die Vereinheitlichung der Welt ist ein Mei-
lenstein zu ihrem Ende... So wie die technische Zivilisation absolut einmalig in der Geschichte des Menschen ist, so einzigartig wird
auch ihr Ende sein. Sie wird nicht an kultureller Degeneration zugrunde gehen, sondern an
der physischen Ausplünderung der Erde, wobei heute alle Völker einmütig handeln. Der
Erdkreis quillt erstmalig an Menschen über;
die Grenzen der natürlichen Räume, der
Grundstoffvorräte und der Belastbarkeit der
Natur sind infolge der Menschenmassen weit
überschritten. Der Rest der Tragödie ist nur
noch eine Folge der Zeit, in der jetzt die Vorgänge eskalieren."

S.: Ein Planet wird geplündert. Die Schreckensbilanz unserer Politik, Hamburg 1975; Das irdische
Gleichgewicht – Ökologie unseres Daseins, Düsseldorf
1982; Glücklich werden die sein..., Düsseldorf 1984;
Häuptling Seattle hat gesprochen. Der authentische
Text seiner Rede mit einer Klarstellung, Düsseldorf
1984; Gehört die Welt dem Menschen oder der Mensch
der Welt?, in: **Studienzentrum Weikersheim** (Hrsg.):
Umweltschutz, Herausforderung unserer Zeit, Mainz
1984, S. 50-62; Der atomare Selbstmord, München
1986; Überleben ist alles (Autobiographie), München
1987; Himmelfahrt ins Nichts. Der geplünderte Planet
vor dem Ende, München 1992.

L.: *A. L. Vogel:* Das Politische bei Carl R. Rogers. Versuch einer Annäherung mit der Darstellung von ausgewählten Strukturanalogien zur Programmatik der Ökologisch-Demokratischen Partei, Frankfurt a. M. 1989; *R. van Hüllen:* Ideologie und Machtkampf bei den Grünen, Bonn 1990; *M. Schroeren* (Hrsg.): Die Grünen. Zehn bewegte Jahre, Wien 1990; *R. Wacker:* H. G. Ein ehrlicher Politiker wird 70. Gesammelte Reden und Schriften, Langenselbold 1991; *P. Meier-Bergfeld:* Der Chronist des Untergangs, in: Rheinischer Merkur, 12. 6. 1992; *J. Raschke:* Die Grünen, Köln 1993; *H.-S. Strelow:* Autorenportrait H. G., In: Criticón 149 (1995), S. 129-34.

– St

Guénon, René

* 15. 11. 1886 Blois; † 7. 1. 1951 Kairo. Philosophischer, kulturhistorischer und esoterischer Schriftsteller; Vertreter einer „integralen Tradition". Wegen schwacher körperlicher Konstitution Privatunterricht durch eine Tante. Besuchte erst zwölfjährig eine öffentliche Schule. 1903 Bakkalaureat, anschließend Studium der Mathematik in Paris, das er 1906 abbrechen mußte. Intensive Beschäftigung mit zahlreichen okkultistischen Richtungen und Eintritt in eine Reihe von esoterischen Gruppierungen; Übertritt zum Islam und Zugang zu einem „traditionalen" Sufi-Orden. 1915 Lizentiat in Literatur. 1916 Bekanntschaft mit J. Maritain; Tätigkeit als Lehrer. 1918 Rückkehr nach Blois und Vorbereitung auf das Studium der Philosophie. 1921 wurde seine Dissertation über den Hinduismus abgelehnt. Reiche schriftstellerische Tätigkeit. 1930 Reise nach Kairo, um einige Sufi-Texte zu suchen, doch dann blieb G. bis zu seinem Tode dort. 1934 Heirat mit einer Ägypterin. Obwohl G. wie ein Araber unter Arabern lebte, setzte er seine schriftstellerische Tätigkeit ebenso wie seine umfangreiche Korrespondenz bis zu seinem Ableben fort.

Integrale Tradition ist nach G. die Urüberlieferung der Menschheit, die für alle Menschen aller Zeiten gültig ist und auf transzendenten Prinzipien beruht, deren Ursprung unergründlich ist. Diese Prinzipien sind rein spirituell und – da nicht zeitunterworfen – auch unwandelbar. Erkannt werden können sie nur durch „direkte intellektuelle Intuition", was aber nur der dafür speziell begabten und ausgebildeten Personengruppe, z.B. der Brahmanenkaste in Indien, möglich ist.

Im Gegensatz zu J. →Evola, den er mit seiner Idee der →Tradition stärkstens beeinflußt hat, legt G. auch die Führerschaft im Staatswesen allein in die Hände der spirituellen „Kaste". Imperiale Vorstellungen, wonach der oberste Staatslenker sowohl spirituelle als auch weltliche Gewalten in sich vereinigen müsse, wie bei Evola, lehnte G. ab. Anders als Evola, hat er sich zu konkreten politischen Fragen kaum geäußert, auch wenn eine gewisse Deutschfeindlichkeit spürbar ist. Wichtig war ihm in der Politik immer nur der Vorrang der „Kontemplation" vor der „Aktion".

Der Ablauf der Weltgeschichte ist für G. ein ständiger und immer schneller werdender Niedergang. Fortschrittsglaube, Individualismus, Gleichheitsbestrebungen, Demokratie und Materialismus sind für ihn bewußte Gegenströmungen zur Tradition. →Hierarchie ist für ihn unabdingbar, denn das Höhere kann, so G.s Lehre, nicht seinen Ursprung im Niedrigen haben, sondern nur umgekehrt. Die moderne Zeit beschrieb er als „Reich der Masse", wo nur Quantität, nicht aber Qualität zählt. Der Westen müsse wiederum vom Osten lernen, was wahre und nicht pseudomäßige Geistigkeit sei. Trotzdem stehe das Ende dieses Weltzyklus bereits fest. Danach winke aber ein neues „Goldenes Zeitalter" – jedoch auf einer ganz anderen, für uns nicht vorstellbaren Ebene.

(Beginnend mit „Initiation et Réalisation Spirituelle", sind die Werke Essaysammlungen, die nicht von G. zusammengestellt wurden. Die Jahreszahlen bezeichnen die – bis heute wiederaufgelegten – Erstausgaben.)

B.: *A. Desilets:* R. G. Index-Bibliographie, Quebec 1977.

S.: Introduction Générale à l'Étude des Doctrines Hindoues, Paris 1921, engl.: Introduction to the Study of the Hindu Doctrines, London 1945; Le Théosophisme, Paris 1921; L'Erreur Spirite, Paris 1923; Orient et Occident, Paris 1924, engl.: East and West, London 1941; L'Homme et son Devenir selon le Vedanta, London 1925; L'Esotérisme de Dante, Paris 1925; Le Roi du Monde, Paris 1927, dt.: König der Welt, München – Planegg 1956; La Crise du Monde Moderne, Paris 1927, dt.: Die Krisis der Neuzeit, Köln 1950; Autorité Spirituelle et Pouvoir Temporel, Paris 1929; Saint-Bernard, Marseille 1929; Le symbolisme de la Croix, Paris 1931, dt. (stark gekürzt): Die Symbolik des Kreuzes, Freiburg 1987; Les Etats Multiples de l'Etre, Paris 1931, dt. (stark gekürzt): Stufen des Seins, Freiburg 1987; La Métaphysique Orientale, Paris 1939; La Règne de la Quantité et les Signes des Temps, Paris 1945; engl.: The Reign of the

Quantity and the Signs of the Times, London 1953; Les Principes du Calcul Infinitésimal, Paris 1946; Le Grande Triade, Paris 1946; Aperçus sur l'Initiation, Paris 1946, engl.: Initiation and the Crafts, Ipswich 1973; Initiation et Réalisation Spirituelle, Paris 1952; Aperçus sur l'Esotérisme Chrétien, Paris 1954; Symboles fondamentaux de la Science Sacrée, Paris 1962; Études sur la Franc-Maçonnerie et le Compagnonnage, Paris 1965; Études sur l'Hindouisme, Paris 1968; Formes traditionnelles et Cycles Cosmiques, Paris 1970; Comptes Rendus, Paris 1973; Aperçus sur l'Esotérisme Islamique et le Taoisme, Paris 1973; Mélanges, Paris 1976; L'Archéomètre, Paris 1986.

L.: *L. Ziegler:* R. G., in: Deutsche Rundschau, September 1934; **ders.:** Vorwort zu: R. G.: König der Welt (siehe unter **S.**); *J. Marcireau:* R. G. et son œuvre, Poitiers 1946; Études Traditionelles, nn. 293-95, Paris 1951; *P. Sérant:* R. G., Paris 1953; *P. Chacornac:* La Vie Simple de R. G., Paris 1958; Planète-Plus (Paris), April 1970; *G. Asfar:* R. G. A chapter of French Symbolist Thought, Princeton 1972 (N. J); *J. Tourniac:* Propos sur R. G., Lausanne 1975; *J. P. Laurant:* Le Sens Caché dans l'œuvre de R. G., Lausanne 1975; *J. Robin:* R. G. Témoin de la Tradition, Paris 1978; *M. F. James:* Esotérisme et Christianisme autour de R. G., Paris 1981; *D. Roman:* R. G. et les destins de la Franc-Maçonnerie, Paris 1982; *A. Terenzoni:* Lessico di R. G., Genua 1983; *P. M. Sigaud* (Hrsg.): R. G., Lausanne 1984; *J. P. Laurant* (Hrsg.): R. G., Paris 1985 *G.-K. Kaltenbrunner:* R. G., in: *ders.:* Vom Geist Europas, Bd. I, Asendorf 1987, S. 395-400; *R. Waterfield:* R. G. and the Future of the West, Wellingborough 1987; Politica Hermetica no. 1: Métaphysique et Politique: R. G., Julius Evola, Paris 1987; Encyclopédie Philosophique Universelle, Bd. III, Paris 1992, S. 3291; *J. Borella:* R. G. and the Traditionalist School, in: *A. Faivre / J. Needleman* (Hrsg.): Modern Esoteric Spirituality, New York 1992, S. 330-58; *G. Wehr,* Spirituelle Meister des Westens, München 1995, S. 147-61.

– Hak

Günther, Albrecht Erich

* 8. 1. 1893 Langenburg/Württemberg; † 29. 12. 1942 Hamburg. Der Publizist G. gehörte zusammen mit seinem Bruder Gerhard – Söhne der Dichterin Agnes G. – zu einer Gruppe von Intellektuellen aus dem Umfeld der →Konservativen Revolution, die an der Grenze zwischen Jungkonservativen und Nationalrevolutionären stand. G.s berühmt gewordene Formulierung über das „Konservative" (verstanden „nicht als ein Hängen an dem, was gestern war, sondern als ein Leben aus dem, was immer gilt"; „Der Ring" 4, 1931, 22, S. 409) war wahrscheinlich die gül-

tigste Formulierung für das Anliegen der Konservativen Revolution überhaupt.

Im April 1926 trat G. in die Redaktion des „Deutschen Volkstums" ein, dessen Leitung er künftig mit W. →Stapel gemeinsam ausübte. Seine geistreichen Aufsätze kontrastierten deutlich zu den eher pädagogisch wirkenden Ausführungen Stapels. Anders als jener, veröffentlichte G. nur eine kleine Anzahl selbständiger Schriften, so das ganz aus dem politischen Kontext fallende „Totem. Tier und Mensch im Zusammenhang" und später noch ein schmales Bändchen mit dem Titel „Der Geist der Jungmannschaft".

G. war sehr an der politischen Praxis interessiert, seine Sympathie für E. →Jüngers „Neuen Nationalismus" hatte allerdings keine unmittelbaren Auswirkungen; er hielt auch nur wenig vom Konzept des →Tat-Kreises und ging im Laufe der Zeit deutlicher auf Distanz zu E. Niekischs „Widerstand". Längere Zeit setzte er seine Hoffnungen auf die Landvolkbewegung, bis er begreifen mußte, daß auch das aussichtslos war. Seine Einstellung zum Nationalsozialismus schwankte. Zwar hatte er die 1931 von R. Heß an ihn und Stapel ergangene Aufforderung zum Parteieintritt abgelehnt, aber doch im Frühjahr 1932 ein Buch mit dem Titel „Was wir vom Nationalsozialismus erwarten" herausgegeben. Darin beschrieben zwanzig Persönlichkeiten der nationalrevolutionären und konservativen Rechten ihre Position zur NSDAP, die – wie jene G.s – meistens auf vorsichtiges Wohlwollen hinauslief. Allerdings verband G. seine Einschätzung mit der „Frage, ob diese Bewegung die Rettung enthält". Seine Skepsis scheint schließlich überwogen zu haben, so daß er noch am 26. Januar 1933 bei Major E. Marcks vorsprach, der zu den Beratern Schleichers gehörte, um den Kanzler-General von der Notwendigkeit eines Staatsstreichs zu überzeugen, der allein die Regierungsübernahme der Nationalsozialisten verhindern konnte.

Als regimekritisch eingeschätzt, wurde G. im Frühjahr 1933 kurzfristig von der Gestapo festgesetzt. Nach seiner Verhaftung trat er zur Tarnung in die NSDAP ein (er blieb der einzige „Parteigenosse" in der Redaktion des „Deutschen Volkstums"), entwickelte sich aber rasch zu einem immer entschiedeneren Gegner des neuen Systems. Vor allem fürchtete er eine aggressive Außenpolitik Hitlers, die die Konstellation von 1914 bzw. 1917 wieder heraufbeschwören würde. G. teilte schließlich die Auffassung Stapels, daß das „Deutsche Volkstum" unter den gegebenen Umständen nicht fortgeführt werden sollte, und zog sich mit seinem Partner Ende 1938 aus dessen Leitung zurück. Er übernahm dann das wehrwissenschaftliche Lektorat der Hanseatischen Verlagsanstalt und widmete sich zukünftig der Übersetzung französischer Bücher.

Bereits vor dem Ausbruch des Zweiten Weltkriegs hatte G. über seinen Freund F. W. Heinz Kontakt zu den Kreisen der Militäropposition um Beck und Oster aufgenommen. Zweimal – noch vor Beginn der Feindseligkeiten und nach dem Rückschlag vor Moskau – erklärte er sich bereit, an einem Attentat auf Hitler teilzunehmen, 1938 mit dem von Heinz schon aufgestellten Stoßtrupp, der die Reichskanzlei stürmen sollte, 1942 durch eine Selbstmordaktion, dazu wohl auch entschlossen unter dem Eindruck seiner unheilbaren Erkrankung an Tuberkulose, der er im Dezember 1942 erlag.

S.: Totem. Tier und Mensch im Zusammenhang, Hamburg 1927; Der Geist der Jungmannschaft, Hamburg 1934. Als Übersetzer: *J. Bainville:* Frankreichs Kriegsziel, Hamburg 1939; *ders.:* Geschichte zweier Völker, Hamburg 1940; *J. Benoist-Méchin:* Ernte vierzig: Tagebuch eines Kriegsgefangenen, Hamburg 1942; *A. Fabre-Luce:* Französisches Tagebuch, Hamburg 1943.

– W

Guttenberg, Karl Ludwig Freiherr von und zu

* 20. 5. 1902 Würzburg; verschollen 24. 4. 1945 Berlin (wahrscheinlich von der Gestapo ermordet). G. wuchs in Franken auf. Studium in München und Würzburg; Promotion über das Thema „Lenin in der deutschen Presse" bei Max Buchner, dem Herausgeber der „Gelben Blätter". 1929 Heirat mit Therese Benedikta Prinzessin Schwarzenberg, deren Vater Fürst Johann Schwarzenberg er 1932-33 im Aufsichtsrat der „Münchener Nach-

richten" vertrat. Seit 1932 Herausgeber der Zeitschrift „Monarchie" und, nach deren Verbot, 1934-43 der Nachfolgezeitschrift „Die Weißen Blätter – Monatsschrift für Geschichte, Tradition und Staat". Als Mitarbeiter konnte G. u.a. Jochen →Klepper, Reinhold →Schneider, Werner →Bergengruen, Harald von Koenigswald, aber auch Ulrich von →Hassell und Klaus Bonhoeffer gewinnen. Anliegen der Zeitschrift war es vor allem, den Gedanken an die Monarchie wachzuhalten, aber auch eine Aussöhnung zwischen den beiden großen Konfessionen in Deutschland sowie zwischen Preußen und Bayern herbeizuführen. Einen breiten Raum nahm auch die Auseinandersetzung mit dem Friedensvertrag von Versailles, der „Dolchstoßlegende" und der Abdankung des Kaisers ein. Zunehmend konnte eine wache Leserschaft in den historischen Artikeln die Verfehlungen der Gegenwart aus den Darstellungen der Vergangenheit ablesen. Nicht zuletzt seine Tätigkeit als Herausgeber der „Weißen Blätter" führte 1942 zu G.s Berufung nach Berlin in das OKW (Abteilung Abwehr unter Canaris), aber auch in den →Kreisauer Kreis und damit in den Widerstand um den 20. 7. 1944. Nach der anfänglichen Meinung, Hitler um jeden Preis vor ein ordentliches Gericht zu stellen, stimmte G. den Plänen eines Attentats zu. Seine Entscheidung sowie das Wissen um alle damit verbundenen Risiken wurden von seiner Frau mitgetragen.

L.: *J. Donohoe:* Hitlers conservative opponents in Bavaria 1930-1945, Leiden 1961; *H. Gollwitzer* (Hrsg.): Du hast mich heimgesucht bei Nacht. Abschiedsbriefe und Aufzeichnungen des Widerstandes 1933-1945, München 1965; *A. Ritthaler:* K. L. Freiherr von und zu G., Ein politisches Lebensbild, Würzburg 1970; *U. von Hassell:* Die Hassell-Tagebücher 1938-1944, hrsg. v. *Friedrich Freiherr Hiller von Gaertringen,* Berlin 1988; *M. Th. Freifrau von dem Bottlenberg-Landsberg:* Die „Weißen Blätter" des K. L. Freiherrn von und zu G. – Zur Geschichte einer Zeitschrift monarchistisch-religiöser Opposition gegen den Nationalsozialismus 1934-1943, Berlin 1990; *U. Catarius:* Opposition gegen Hitler, Berlin 1994.

– B-L

H

Haller, Carl Ludwig von

* 1. 8. 1768 Bern, † 20. 5. 1854 Solothurn. Konservativer Theoretiker, Publizist und Politiker aus angesehener Schweizer Familie (Enkel Albrecht von H.s). 1786 Eintritt in den Staatsdienst des Kantons Bern, für den er auch diplomatisch tätig wurde. Daneben erste Publikationen als politischer Schriftsteller. 1799 nach der französischen Invasion Flucht aus der Schweiz nach Süddeutschland und Österreich, wo er als Mitglied der Kanzlei des Erzherzogs Karl in Wien agierte. 1806 Rückkehr nach Bern und Berufung an die dortige Akademie als Professor für allgemeines Staatsrecht, vaterländische Geschichte und Kameralistik. 1814 Aufgabe der Professur, Wahl in den Großen Rat der Stadt Bern und Ausarbeitung seines theoretischen Hauptwerks „Restauration der Staats-Wissenschaft". Oktober 1820 heimliche Konversion zum Katholizismus, die er, nachdem sie bekannt wurde, 1821 in einer Broschüre öffentlich verteidigte. Noch im selben Jahr ging H. nach Paris, wo er sich als Publizist der ultraroyalistischen Presse betätigte; 1824 wurde er „Publiciste attaché au Ministère des Affaires étrangères". Im Mai 1830 zum Professor an der École des Chartes berufen, mußte er nach der Julirevolution das Land verlassen, kehrte in die Schweiz zurück und lebte fortan bis zu seinem Tod in Solothurn als konservativer Publizist und Schriftsteller.

H.s politisches Denken, das er (mit zuweilen ermüdender Umständlichkeit) in seinem Hauptwerk und in vielen kleineren Schriften entwickelte, geht von der Grundthese aus, daß der Naturzustand unter den Menschen nicht durch einen Herrschafts- oder Gesellschaftsvertrag beseitigt wurde, sondern daß er unvermindert andauert und alle politischen Verhältnisse unmittelbar bestimmt. Alle Rechtsverhältnisse sind nach H. privatrechtlicher Natur; ein hiervon abgehobenes Staatsrecht kann es nicht geben. Das „Naturgesetz" der Herrschaft des Stärkeren über den Schwächeren ist gottgewollt, jeder Herrscher ist Statthalter Gottes und regiert von Gottes Gnaden. Dennoch ist das Recht des Herrschers kein absolutes Recht: Er ist durch Gottes Gesetz zur Unterstützung und zum Schutz der Schwachen ebenso verpflichtet, wie er nicht gegen die göttliche Moral- und Wertordnung verstoßen darf. – Daher ist der gegen H. vielfach erhobene Vorwurf, er habe einem „krassen Machtnaturalismus" den Weg geebnet, unzutreffend. Gegen jeden Herrscher, der gegen Gottes Gesetz verstößt, hat der Untertan ein →Widerstandsrecht.

Von großer Bedeutung für die weitere Entwicklung des Konservatismus wurde H.s Lehre vom *Patrimonialstaat*. Nach H. entsteht jeder →Staat aus der Familie: Weil nur die unabhängigen Familienhäupter freie Landeigentümer sein können, entwickelt sich aus ihrer Herrschaft mit der Zeit die Monarchie als „naturgemäße" Staatsform. – In den weiteren Bänden seines Hauptwerkes entwickelte H. eine Typologie der verschiedenen Staatsgattungen; er unterscheidet hier neben dem Patrimonialstaat die Militärstaaten, die Priesterstaaten (womit die reine Theokratie gemeint ist) sowie die Republik. H.s Theorie wurde (vor allem infolge seiner Verkennung der Tatsache des modernen Staates) von den meisten zeitgenössischen politischen Denkern und Juristen als schon im Ansatz veraltet abgelehnt; zu seinen schärfsten Kritikern zählte Hegel. Andererseits gingen von H. starke und wichtige Anregungen auf fast alle der führenden konservativen Politiker, Denker und Publizisten seiner Epoche aus – etwa auf →Jarcke, die →Gerlachs, →Lancizolle u.a.. Er verfügte über vielfältige Kontakte und Verbindungen in ganz Europa und kann gewissermaßen als Zentrum einer „Internationale der Ultras" in der Ära zwischen 1815 und 1848 angesehen werden.

B.: in Haller: Satan und die Revolution, hrsg. v. *Langendorf* (1991), siehe unter **L**.

S: Abhandlung über den freyen Kauf und Verkauf der Butter im Canton Bern, Bern 1791; Ueber den Patriotismus, Bern 1794; Exposé historique des faits concernant la neutralité de la Suisse envers la France, o. O. 1794; Darstellung des feindlichen Ueberfalls der Franzosen, o.O. o.J. (1799); Geist und Gang der letzten Pariser Revolution oder: Was ist von derselben für den Frieden zu hoffen oder zu fürchten?, Erlangen 1800; Was ist besser, Krieg oder Frieden mit den Franzosen?, o.O. 1800; Geschichte der Wirkungen und Folgen des Oestreichischen Feldzugs in der Schweiz, Weimar 1801; Denkmal der Wahrheit auf Johann Caspar Lavater, Weimar 1801; Lavater als Menschenfreund, Weimar 1801; Wer ist der angreifende Teil, Oesterreich oder Frankreich?, o.O. 1805; Ueber die Nothwendigkeit einer andern obersten Begründung des allgemeinen Staats-Rechts, Inaugurations-Rede von 1806, Bern 1807; Grund-Ideen zu einem allgemeinen philosophischen Kranken-Recht, Bern 1808; Handbuch der allgemeinen Staatenkunde, des darauf gegründeten allgemeinen Staatsrechts und der allgemeinen Staatsklugheit nach den Gesetzen der Natur, Winterthur 1808; Politische Religion oder biblische Lehre über die Staaten, Winterthur 1811; Was ist die alte Ordnung? Eine Neujahrs-Rede an Stadt und Land, Bern 1814; Was sind Unterthanen-Verhältnisse?, o.O. 1814; Restauration der Staats-Wissenschaft oder Theorie des natürlich geselligen Zustands; der Chimäre des künstlich-bürgerlichen entgegengesetzt, Bde. I-VI, Winterthur 1817-34 (die Bde. I-IV u. VI erschienen 1821-25 in erweiterter 2. Aufl.; Bd. V erschien 1834), Ndr. Aalen 1964; Ueber die Constitution der Spanischen Cortes, o.O. 1820, Ndr. Frankfurt a. M. 1970; Lettre de M. Charles-Louis de Haller, membre du conseil souverain de Berne, à sa famille, pour lui déclarer son retour à l'église catholique, apostolique et romaine, Paris – Lyon 1821; De quelques dénominations de partis pour servir à l'intelligence des journaux et de plusiers autres écrits modernes, Genf 1822; Theorie der geistlichen Staaten und Gesellschaften, Winterthur 1822; Entwurf eines Bundes der Getreuen zum Schutz der Religion, der Gerechtigkeit und der wahren Freyheit, Winterthur 1833; Satan und die Revolution. Ein Gegenstück zu den Paroles d'un croyant, Luzern 1834; Geschichte der kirchlichen Revolution oder protestantische Reform des Kantons Bern und umliegender Gegenden, Augsburg – Luzern 1836; Mélanges de droit public et de haute politique, Bde. I-II, Paris 1839; Die Freymaurerey und ihr Einfluß in der Schweiz, Schaffhausen 1840; Nachtrag zur Freymaurerey und ihrem Einfluß in der Schweiz, Schaffhausen 1841; Staatsrechtliche Prüfung des vereinigten Preußischen Landtags nebst redlichem Rath an den König zur Behauptung seines guten Rechts, Schaffhausen 1847; Die wahren Ursachen und die einzig wirksamen Abhülfsmittel der allgemeinen Verarmung und Verdienstlosigkeit, Schaffhausen 1850.

E.: *A. Vogt:* C. L. de H. et sa correspondance, in: Zeitschrift für Schweizerische Kirchengeschichte 1 (1907), S. 183-93, 286-94; *F. Stähelin:* Ein Briefwechsel zwischen K. L. v. H. und Fürst Hardenberg, in: Basler Zeitschrift für Geschichte und Altertumskunde 11 (1912), S. 221-29; *W. Oechsli:* Zwei Denkschriften des Restaurators K. L. v. H. über die Schweiz aus den Jahren 1824 und 1825, in: Festgabe für Gerold Meyer v. Knonau, Zürich 1913, S. 413-44; Briefe K. L. v. H.s an Daniel Hurter und Friedrich v. Hurter, hrsg. v. *E. Scherer*, Bde. I-II (Beilagen zum Jahresbericht der Kantonalen Lehranstalt Sarnen 1913/14), Sarnen 1914-15; *E. Reinhard:* K. L. v. H. und Heinrich Zschokke – Ungedruckte Briefe H.s, in: Gelbe Hefte 4 (1928), S. 829-47; *ders.:* Briefe K. L. v. H.s an Anton Freiherrn v. Salis-Soglio, in: Historische Vierteljahrsschrift 28 (1934), S. 571-603; *ders.:* Ein selbstverfaßter Lebensabriß des Re-

staurators K. L. v. H., in: Zeitschrift für Schweizerische Geschichte 15 (1935), S. 369-75; *K. Schib:* C. L. v. H.s Briefwechsel mit Joh. v. Müller und Joh. Georg Müller, in: Schaffhauser Beiträge zur vaterländischen Geschichte 14 (1937), S. 168-232; *J. Niquille:* Une lettre inédite de C.-L. de H. à Mgr Pierre-Tobie Yenny, in: Zeitschrift für Schweizerische Kirchengeschichte 34 (1940), S. 53-7; *A. Haasbauer:* Briefe K. L. v. H.s an seinen Züricher Großvater Hans Caspar Schultheß aus den Jahren 1782-97, in: Berner Zeitschrift für Geschichte und Heimatkunde 4 (1950), S. 171-87; *ders.:* Briefwechsel zwischen Johann Kaspar Lavater und K. L. v. H. aus den Jahren 1798 und 1799, in: Archiv des Historischen Vereins des Kantons Bern 41 (1951/52), S. 47-65; *E. Reinhard:* Die Résumés der Tagebücher des „Restaurators" K. L. v. H., in: Jahrbuch für Solothurnische Geschichte 27 (1954), S. 137-67; *E. Reinhard / A. Haasbauer:* Aufzeichnungen K. L. v. H.s über seine Jugendjahre 1768-92, in: Berner Zeitschrift für Geschichte und Heimatkunde 23 (1961), S. 27-67; C. L. v. H.: Satan und die Revolution und andere Schriften, hrsg. v. *J.-J. Langendorf*, Wien – Leipzig 1991.

L.: *Blösch* in ADB X, 431-36; *Bonjour* in NDB VII, 549-50; *H. Looser:* Entwicklung und System der politischen Anschauungen K. L. v. H.s, phil. Diss. Bern 1896; *E. Reinhard:* H.s „Restauration der Staatswissenschaft", in: HpB 152 (1913), S. 918-31; *ders.:* Präludien zu einer Biographie K. L. v. H.s, in: HJb 35 (1914), S. 591-605; *ders.:* K. L. v. H. – Ein Lebensbild aus der Zeit der Restauration, Köln 1915; *W. Kosch:* K. L. v. H., in: HpB 157 (1916), S. 761-72; *E. Reinhard:* K. L. v. H. und seine Beziehungen zum Kreise um Metternich, in: HpB 162 (1918), S. 168-75; *F. Curtius:* K. L. v. H. im Lichte unserer Tage, in: Hochland 19 (1921/22), S. 393-423; *E. Reinhard:* K. L. v. H. und seine Beziehungen zu Göttingen, in: HpB 169 (1922), S. 328-46; *ders.:* Der Züricher Kreis der Hallerfreunde, in: HJb 42 (1922), S. 29-56; *O. Friedländer:* C. L. v. H. und die Gesellschaftslehre der Romantik, phil. Diss. (masch.) Freiburg i. Br. 1922; *M. Kaiser:* Die volkswirtschaftlichen und sozialen Anschauungen von K. L. v. H. unter besonderer Berücksichtigung seiner Lehre von der Finanzwirtschaft, phil. Diss. (masch.) Gießen 1924; *W. H. v. Sonntag:* Die Staatsauffassung K. L. v. H.s, ihre metaphysische Grundlegung und ihre politische Formung, Jena 1929; *A. Hagemann:* Die Staatsauffassung K. L. v. H.s, jur. Diss. Erlangen 1931; *E. Reinhard:* K. L. v. H., der „Restaurator der Staatswissenschaft", Münster 1933; *K. Guggisberg:* Das Christentum in C. L. v. H.s „Restauration der Staatswissenschaft", in: Zeitschrift für Kirchengeschichte 55 (1936), S. 193-226; *E. Reinhard:* Die Beziehungen des „Restaurators" K. L. v. H. zum Elsaß, in: Archiv für elsässische Kirchengeschichte 12 (1937), S. 327-38; *K. Guggisberg:* C. L. v. H., Frauenfeld – Leipzig 1938; *ders.:* K. L. v. H. im Verkehr mit ausländischen Diplomaten, in: Berner Zeitschrift für Geschichte und Heimatkunde 1945, S. 24-33; *A. Haasbauer:* Die historischen Schriften K. L. v. H.s, phil.

Diss. Basel 1949; *U. Schrettenseger:* Der Einfluß K. L. v. H.s auf die preußische konservative Staatstheorie und -praxis, jur. Diss. (masch.) München 1949; *E. Reinhard:* K. L. v. H.s Freunde in Luzern, in: Der Geschichtsfreund 102 (1949), S. 99-104; *J.-D. Murith:* Un groupe international d'ultras sous la restauration et la monarchie de Juillet d'apres la correspondance de C.-L. de H., in: Annales Fribourgeoises 1953, S. 89-121; *H. Weilenmann:* Untersuchungen zur Staatstheorie C. L. v. H.s, phil. Diss. Bern 1955; *E. Reinhard:* Der Streit um K. L. v. H.s „Restauration der Staatswissenschaft", in: Zeitschrift für die gesamte Staatswissenschaft 111 (1955), S. 115-30; *H. R. Liedke:* The German Romanticists and K. L. v. H.s Doctrines of European Restauration, in: The Journal of English and Germanic Philology 57 (1958), S. 371-93; *J.-J. Oechslin:* Le mouvement ultra-royaliste sous la restauration. Son idéologie et son action politique (1814-30), Paris 1960; *H. Raab:* Friedrich Leopold zu Stolberg und K. L. v. H., in: Zeitschrift für Schweizerische Kirchengeschichte 62 (1968), S. 333-60; *H. Raab:* Johann Franz Anton v. Olry und K. L. v. H., in: Festschrift für Max Spindler, München 1969, S. 685-707; *C. Pfister:* Die Publizistik K. L. v. H.s in der Frühzeit 1791-1815, Bern – Frankfurt a. M. 1975; *J.-J. Langendorf:* C. L. v. H. oder die Größe des illiberalen Menschen in: Haller: Satan und die Revolution, hrsg. v. *Langendorf* (s. o.), S. 7-15.

– K

Hassell, Ulrich von (sen.)

* 11. 11. 1848 Celle; † 11. 3. 1926 Bad Doberan. Offizier und konservativer Publizist. Als Sohn eines Juristen, der zuletzt Gerichtspräsident in Hildesheim war und früh verstarb, trat H. – nach dem Schulbesuch in Celle und Hildesheim – 1863 in das hannoversche Kadettenkorps ein. 1866 nahm er als junger Offizier am Krieg gegen Preußen teil und kämpfte u.a. in der Schlacht bei Langensalza. Nach dem verlorenen Krieg trat er bereits 1867 in das preußische Heer als Seconde-Lieutenant ein – entschlossen, sich „in das Unabänderliche (zu) fügen". 1867-70 war er in Mainz stationiert, nahm dann als Regimentsadjutant am Krieg gegen Frankreich teil und ging dann 1871-74 nach Berlin, um sich an der dortigen Kriegsakademie fortzubilden. 1874-76 wirkte H. in Schlesien, Pommern und Westpreußen als militärischer Topograph, von 1877-82 lehrte er an der Kriegsschule im pommerschen Anklam. Seit 1878 im Rang eines Hauptmanns, diente H. 1882-88 als Kompaniechef in Frankfurt a. d. O. und war anschließend von 1888-96 in der Eisenbahnabteilung des Großen Generalstabs in

Ulrich von Hassel (sen.)
1848-1926

Berlin und Frankfurt a. M. tätig. 1896 mußte er wegen eines unheilbaren Gehörleidens vorzeitig aus dem militärischen Dienst ausscheiden.

Bereits seit 1879 war H. publizistisch und schriftstellerisch tätig. Er arbeitete an der „Allgemeinen Konservativen Monatsschrift" (→Volksblatt für Stadt und Land) seines Schwagers Martin von →Nathusius als Spezialist für militärische und Kolonialfragen mit, daneben schrieb er auch für die →„Kreuzzeitung" und „Daheim". Unter dem prägenden Einfluß von Nathusius wandte sich H. bald ganz der streng christlich-konservativen Richtung zu und wurde nach seinem Ausscheiden aus dem Dienst von 1896-1905 Mitherausgeber und zugleich Schriftleiter der „Allgemeinen Konservativen Monatsschrift"; außerdem war er hauptamtlich für den Berliner „Christlichen Verein junger Männer" tätig. Während des Ersten Weltkriegs wurde H. reaktiviert; er hielt in den Jahren 1917/18 an der Ostfront Vorträge gegen die Gefahren der „Sittenlosigkeit" unter den Soldaten und gab das Flugblatt „Unter des Königs Fahnen" heraus.

Während er bis zum Krieg einer der führenden Publizisten der christlich-altkonservativen Richtung gewesen war, schloß sich H. 1917 trotz mancher Bedenken der „Deutschen Vaterlandspartei" an, für die er auch als Publizist und gesuchter Vortragsredner tätig war. Starken Einfluß übte jetzt und auch in den folgenden Jahren der Großadmiral von Tirpitz auf ihn aus, mit dessen Tochter sich H.s gleichnamiger einziger Sohn, der spätere konservative Widerstandskämpfer gegen Hitler, verheiratet hatte. Rückblickend bemerkte H.: „Eigentlich richtete sich mein Streben seit vielen Jahren doch auf religiöse Ziele und auf die Ausbreitung des Reiches Gottes auf Erden. Aber ich war als *Deutscher* nach dem Willen Gottes geboren und liebte mein irdisches Volk und Vaterland von ganzem Herzen. Sollte ich in einer Zeit, in der ich Schwäche und Mattigkeit wachsen sah, nicht alles in meinen Kräften Stehende tun, um diesem Niedergang entgegenzutreten?"

Nach der Niederlage von 1918 zog sich H. ins Privatleben zurück, betätigte sich aber weiterhin als freier Publizist; u.a. verfaßte er eine Kurzbiographie Tirpitz'. Am Schluß von H.s 1919 veröffentlichter Selbstbiographie heißt es in der für ihn charakteristischen Weise: „Die Wiederaufrichtung unseres Volkes aus tiefer Schmach und bitterem Elend ist nur möglich, wenn es sich aus dem Taumel der Gottlosigkeit und Weltlust, in dem es dahinlebt, wieder zu Gott wendet."

S.: Deutschlands Kolonien. Ein Rückblick und Ausblick, Stuttgart 1897; Die Christlichen Vereine junger Männer in Deutschland und ihre Aufgabe, Stuttgart 1898; Christentum und Heer, Stuttgart 1899; Das Kolonialwesen im 19. Jhdt., Stuttgart 1900; Streiflichter auf die Unterhaltungs-Litteratur der letzten 20 Jahre, Stuttgart 1901; Deutsche Zeitschriften und ihre Wirkungen auf das Volk, Stuttgart 1902; Öffentliche Bücher- und Lesehallen als Bildungsmittel für das Volk, Stuttgart 1903; Deutschland – eine Weltmacht?, Stuttgart 1905; Brauchen wir eine Kolonial-Reform? Kolonialpolitische Betrachtungen, Stuttgart 1906; Wer trägt die Schuld? Reformgedanken über die Erziehung der männlichen Jugend nach der Konfirmation, Stuttgart 1907; Klar zum Gefecht für den Kampf um die männliche Jugend der Großstädte, Stuttgart 1908; Haben wir eine Kolonial-Reform? Kolonialpolitische Betrachtungen über die Ära Dernburg, Stuttgart 1909; Eberhard v. Rothkirch und Panthen. Ein Lebensbild nach Briefen und Aufzeichnungen, Berlin 1912, Barmen ²1924; Erinnerungen aus meinem Leben 1848-1918, Stuttgart 1919; Männer von heute und Christus, Berlin 1920; Alfred v. Tirpitz. Sein Leben und Wirken mit Berücksichtigung seiner Beziehungen zu Albrecht v. Stosch, Stuttgart

1920. – Daneben zahlreiche Aufsätze und Artikel in der „Allgemeinen Conservativen Monatsschrift für das christliche Deutschland" bzw. in der „Monatsschrift für Stadt und Land".

– K

Hassell, Ulrich von (jun.)

* 12. 11. 1881 Anklam (Vorpommern); † (hingerichtet) 8. 9. 1944 Berlin-Plötzensee. Nach dem Abitur Jurastudium in Lausanne, Tübingen und Berlin; 1901 Referendar- und 1908 Assessorexamen. 1909 Eintritt in den Auswärtigen Dienst, 1911-14 Vizekonsul in Genua. In der Marneschlacht 1914 schwer verwundet; anschließend in der Innen- und Kommunalverwaltung tätig. 1919 Rückkehr in den Auswärtigen Dienst (Botschaftsrat in Rom, Generalkonsul in Barcelona, Gesandter in Kopenhagen und Belgrad). 1932-38 deutscher Botschafter in Rom; Versetzung in den Wartestand (z. D.); 1943 Versetzung in den Ruhestand. 1940-43 im Vorstand des Mitteleuropäischen Wirtschaftstages, 1943/44 im Institut für Wirtschaftsforschung Berlin. Seit 1938 im Kreis um C.-F. →Goerdeler und L. Beck führend am Widerstand gegen Hitler und das NS-Regime beteiligt; am 29. 7. 1944 verhaftet und am 8. 9. durch Freislers Volksgerichtshof zum Tode verurteilt und sofort hingerichtet.

Als Sohn des Offiziers und Publizisten U. v. →H. sen., mütterlicherseits aus der Familie des Generals und späteren Flottenchefs Admiral von Stosch stammend und (seit 1911) Schwiegersohn des Großadmirals von Tirpitz, gehörte v. H. zur konservativen Führungsschicht des Kaiserreichs. Ein weites Bildungsinteresse, wachsende Auslandserfahrung sowie eine christlich-humanistische Prägung ließen ihn Grenzen des Herkommens mehr und mehr überwinden. Hitlers außenpolitische Anfänge im Gewand friedlicher Revisionspolitik gegen Versailles fanden zunächst auch seine Zustimmung, einschließlich des Anschlusses Österreichs und des Sudetenlandes; diese Politik sollte in einem Viermächtepakt zwischen Deutschland, England, Frankreich und Italien einen stabilen europäischen Rahmen finden. Als Hitler sich mehr und mehr einer gefährlichen Risiko- und Expansionspolitik verschrieb, „die sich bewußt gegen England stellt und einen Weltkonflikt ins Auge faßt", war für v. H. der Weg in die

Opposition unvermeidlich. In Verbindung vor allem mit der Gruppe Goerdeler-Beck-Popitz galt seine Aktivität der Vermeidung und, seit dem September 1939, der möglichst raschen Beendigung des Krieges. Noch Ende August hatte er dies durch Kontakt mit dem ihm seit Belgrad bekannten britischen Botschafter in Berlin, Henderson, versucht; im Frühjahr 1940 erneut über einen Abgesandten des Außenministers Lord Halifax in der Schweiz und über den amerikanischen Gesandten in Berlin, Alexander Kirk.

Hatte v. H. schon den Hitler-Stalin-Pakt vom August 1939 für ein gefährliches Vabanque-Spiel gehalten, so richtete sich sein entschiedener Widerspruch seit Beginn des deutsch-sowjetischen Krieges 1941 immer mehr gegen die „innere Bolschewisierung" Deutschlands durch das NS-Regime, dessen ideologische Verblendung und Verwüstung des deutschen Charakters, der ohnehin schon „oft genug Neigung zu sklavenhafter Art gezeigt hat" (Tagebücher, 29. 5. 1940). Der Sturz des totalitären Herrschaftssystems Hitlers war daher die Vorbedingung für die Rettung Deutschlands als politischem Faktor in Europa, eines Gemeinwesens auf den Grundlagen europäischer Zivilisation und christlicher Überlieferung und als Glied eines europäischen Staatenbundes unter antibolschewistischem Vorzeichen.

In der Widerstandsbewegung gegen Hitler und das NS-Regime zählte v. H. zu den aus nationalkonservativer und Bismarcktradition kommenden „Honoratioren". Im Unterschied etwa zu Goerdeler vertrat er jedoch kein Programm monarchischer Restauration. In seiner Schrift „Das Ringen um den Staat der Zukunft" (1939), in seinen jetzt neu edierten Tagebüchern (1938-44), einer „Fundgrube für die inneren Verhältnisse unter dem Nationalsozialismus" (H. Mommsen), und in dem sog. „Programm für erste Maßnahmen nach dem Umsturz" (vermutlich Januar/Februar 1940) zeichnete v. H. das Bild eines politischen Neuaufbaus auf der Grundlage rechtsstaatlicher Prinzipien und christlicher Ethik, das auch die fortdauernde Kritik an einem „mechanistischen Parlamentarismus" einschloß und sich auf ein Selbstverwaltungssystem in der Tradition des Freiherrn vom →Stein auf berufsständischer Grundlage und als Instrument „geordneter Mitarbeit des Volkes an Regierung und Verwaltung" stützen sollte. Diese Vorstellungen eines Neuaufbaus „von unten", von den Wurzeln aus, sowie sein Eintreten für soziale Reform und eine Zusammenarbeit mit der Sozialdemokratie machten v. H. auch zum Vermittler zwischen den „Honoratioren" und dem →Kreisauer Kreis, dessen reine Gesinnungsethik und betont angelsächsische Orientierung (jedenfalls bei J. von Moltke und A. von Trott) er freilich nicht teilte. Außenpolitisch plädierte er für eine Rückkehr zu den Prämissen Bismarckscher Realpolitik und hoffte lange auf die Einsicht der angelsächsischen Mächte in die Notwendigkeit eines starken Deutschlands in der europäischen Mitte, nicht zuletzt mit Blick auf die bolschewistische Gefahr.

H.s Persönlichkeit und politische Grundpositionen sind nur aus seiner eigenen Zeit heraus richtig zu verstehen: aus der Erfahrung des Scheiterns der Weimarer Republik gegenüber Hitler und der zu lange andauernden englisch-französischen Beschwichtigungspolitik. Hinzu trat schließlich das tiefe Erschrecken gegenüber dem sich zum Zug um Zug ausprägenden nationalsozialistischen →Totalitarismus, der sich „immer mehr zu einem unsittlichen und bankrotten Unternehmen unter Führung eines verantwortungslosen Spielers" (Tagebücher, 9. 6. 1943) entwickelte. Hatte sich der Edelmann v. H. der „braunen Elite" nicht unterordnen können, diesem „Konsortium, das nur noch um seine Selbstbehauptung auf Kosten des Volkes" kämpfte, so mußte er aus Patriotismus zum schärfsten Kritiker der Diktatur werden. Die analytische Schärfe seines politischen Urteils setzte seinen Handlungswillen frei, oft genug mit der Unvorsichtigkeit „des die Gefahr nicht achtenden Edelmanns" (E. Zeller). Man hat U. v. H.s Persönlichkeit und Position als hoffnungslos überlebten „Anachronismus in der modernen Welt" herabzuwürdigen versucht. Aber bei v. H. war es mehr ein Aristokratismus „von dem nichtjunkerlichen westdeutschen Typ" (H. Rothfels); inmitten einer großen Weltkrise ließ er seine Klassengebundenheit immer mehr hinter sich und las Dante und Werner Jaegers „Paideia", mit überraschenden Ein- und Ausblicken in Vergangenheit und Zukunft. So gilt noch immer H. Rothfels' Urteil über ihn: „All denen, die in

232

Europas Rückkehr zu humanistischen und christlichen Überlieferungen ein für die damalige Zeit berechtigtes Hoffnungssymptom erblicken, mag H. viel mehr als einer unter anderen eine mögliche Zukunftssaat bezeugen, die in einer Zeit des Chaos gelegt wurde."

S.: Die Einrichtungen der preußischen Landkreise auf dem Gebiete der Kriegswirtschaft, Berlin 1918; Die Bedeutung des politischen Gedankens Dantes für die Gegenwart, Weimar 1934; Cavour und Bismarck, Leipzig 1936; Deutschlands und Italiens politische Sendung, Köln 1937; Das Drama des Mittelmeers, Berlin 1940; Im Wandel der Außenpolitik von der französischen Revolution bis zum Weltkrieg, München 1940; Europäische Lebensfragen im Lichte der Gegenwart, Berlin 1943; Vom anderen Deutschland. Aus den nachgelassenen Tagebüchern 1938-44, Zürich – Freiburg i. Br. 1946; Das Ringen um den Staat der Zukunft, in: Schweizer Monatshefte 44 (1964/65), S. 314ff.; Die H.-Tagebücher 1938-44. U. v. H.s Aufzeichnungen vom anderen Deutschland. Nach der Handschrift revid. u. erw. Ausg., hrsg. v. F. Freiherr Hiller von Gaertringen, Berlin 1988; Der Kreis schließt sich. Aufzeichnungen aus der Haft, Berlin – Frankfurt a. M. 1994.

L.: H. Rothfels: Die deutsche Opposition gegen Hitler. Eine Würdigung (zuerst unter dem Titel: The German Opposition to Hitler, Hinsdale (Ill.) 1948; dt. Krefeld 1951, Frankfurt a. M. 1958 u. ö.). Mit einer Einf. v. F. Freiherr Hiller von Gaertringen, Zürich 1994; G. Ritter: Carl Goerdeler und die deutsche Widerstandsbewegung, Stuttgart 1955; H. Mommsen: Gesellschaftsbild und Verfassungspläne des deutschen Widerstands, in: H. Graml (Hrsg.): Widerstand im Dritten Reich, Frankfurt a. M. 1984, S. 63ff.; G. Schöllgen: U. v. H., in: R. Lill / H. Oberreuther (Hrsg.): 20. Juli – Porträts des Widerstandes, Düsseldorf – Wien 1984, S. 135ff.; H. Mommsen: Verfassungs- und Verwaltungsreformpläne der Widerstandsgruppen des 20. Juli 1944, in: J. Schmädeke / P. Steinbach (Hrsg.): Der Widerstand gegen den Nationalsozialismus, München 1985, S. 7ff.; P. Hoffmann: Widerstand – Staatsstreich – Attentat. Der Kampf der Opposition gegen Hitler, München – Zürich ⁴1985; G. Schöllgen: U. v. H. 1881-1944. Ein Konservativer in der Opposition, München 1990; G. Schöllgen: U. v. H.: Der Vermittler, in: K. von Klemperer / E. Syring / R. Zitelmann (Hrsg.): „Für Deutschland" – Die Männer des 20. Juli, Frankfurt a. M. – Berlin 1993, S. 34-107.

– Ho

Haushofer, Karl

* 27. 8. 1869 München; † (Selbstmord) 13. 3. 1946 Hartschimmelhof bei Pähl/Oberbayern. Bayerischer Generalstabsoffizier, Mitbegründer und bekanntester Repräsentant der →Geopolitik in Deutschland während der Weimarer Republik und des Dritten Reichs. Bedeutender Exponent der →Konservativen Revolution. H. entstammte väterlicher- wie mütterlicherseits angesehenen bürgerlichen Familien, die wissenschaftliche und künstlerische Talente hervorgebracht hatten. H. erhielt dadurch schon früh zahlreiche intellektuelle und musische Anregungen. Der Vater, Max H., war Professor für Staatsökonomie an der TH München und zeitweilig liberaler Landtagsabgeordneter in Bayern.

1887 schlug H. eine militärische Laufbahn ein. Dank hervorragender Leistungen erhielt er 1899 die Generalstabsqualifikation und wurde 1903 als Lehrer für Kriegsgeschichte an die bayerische Kriegsakademie berufen. 1896 heiratete er Martha Mayer-Doss, die wesentlichen Anteil an seinen späteren wissenschaftlichen Arbeiten haben sollte. Ihr Vater war ein wohlhabender jüdischer Geschäftsmann. Daraus ergaben sich nach 1933 für die Familie erhebliche Schwierigkeiten.

Eine entscheidende Wendung nahm H.s Biographie durch ein Kommando, das ihn mit seiner Frau vom Herbst 1908 bis zum Sommer 1910 zum Studium der japanischen Armee nach Fernost führte. H. bereiste neben Japan Vorder- und Hinterindien, Korea, die Mandschurei und Nordchina. Die Eindrücke dieses Aufenthaltes verarbeitete er 1913 in seinem Erstlingswerk „Dai Nihon" (Großjapan), das von den Kritikern wohlwollend aufgenommen wurde. Erstmals wies der Offizier hier auf den Erkenntniswert der politischen Geographie hin und warb für ein gegen die westlichen Siegermächte gerichtetes Bündnis zwischen Japan, Rußland und Deutschland: ein Kernelement seiner außenpolitischen Vorstellungen.

Noch im gleichen Jahr promovierte H. mit einem ebenfalls japanischen Thema in München, dann wurde die nun angestrebte wissenschaftliche Laufbahn durch den Ersten Weltkrieg unterbrochen. Während der Kriegsjahre gelangte H. zu der Überzeugung, daß es in Deutschland an handhabbarer politischer Bildung mangele. Unter anderem durch die Lektüre Friedrich Ratzels und Rudolf Kjelléns angeregt, meinte H. eine Antwort darauf in der Geopolitik zu finden. 1919 habilitierte er sich bei Ernst von Drygalski, seinem Doktorvater, für Geographie in München. 1921 erhielt er eine Honorarprofessur für dieses Fach. 1933 wurde sie in eine ordentliche Professur für „Auslandsdeutschtum, Grenz- und Wehrgeographie" umgewandelt.

Während H.s wissenschaftliche Arbeit im engeren Sinn zunächst weiter dem fernöstlichen Raum galt, wuchs seine öffentliche Resonanz vor allem durch seinen Einsatz für die Geopolitik. Er propagierte sie in zahllosen Vorträgen und Aufsätzen, versuchte sie aber auch wissenschaftlich zu untermauern; letztlich allerdings erfolglos. Anhänger eines schlichten geographischen Determinismus, wie oft unterstellt wird, war H. allerdings nicht. „Rechtverstandene Geopolitik lehrte, die Bühne zu kennen und zu verstehen und als Kulturlandschaft umzubauen", wie er 1939 in seiner Abschiedsvorlesung darlegte. Seit 1924 gab H. die „Zeitschrift für Geopolitik" heraus, die zum wichtigsten Forum der neuen Disziplin wurde.

Der umtriebige und unentwegt publizierende Professor bekleidete daneben verschiedene Ämter. Nach einem kurzen Zwischenspiel in der nationalliberalen Deutschen Volkspartei (DVP) engagierte sich H. seit den zwanziger Jahren u.a. in führenden Positionen im Verein für das Deutschtum im Ausland (VDA). Maßgeblich war er 1925 an der Gründung der Deutschen Akademie (DA) beteiligt, die sich wissenschaftlich mit deutscher Kultur innerhalb und außerhalb der Reichsgrenzen beschäftigen sollte.

Schicksalhaft für H. sollte die Freundschaft mit Rudolf Heß werden, den er 1919 kennenlernte. Die intensive Verbindung führte dazu, daß H. früh in Kontakt mit der NSDAP kam und deren Politik nach 1933 lange durch die Brille des „Stellvertreters des Führers" betrachtete. Zum Parteigenossen oder unkritischen Parteigänger Hitlers wurde er gleichwohl nicht, und zwar aufgrund der Herkunft seiner Frau und damit auch seiner Söhne Albrecht und Heinz, die nur durch die Protektion von Heß zunächst ohne Konsequenzen für die Familie blieb. Dagegen standen aber auch inhaltliche Differenzen, die von Albrecht H. jedoch prägnanter benannt wurden als von seinem Vater. H. sah in Albrecht, der in Berlin eine Professur für Geographie und Geopolitik innehatte, seinen geistigen Erben. Bis zur Münchner Konferenz 1938 und zur

Eingliederung des Sudetenlandes verfolgten beide H.s die Außenpolitik Hitlers alles in allem zustimmend und unterstützten sie hier und da als Berater und Propagandisten von hoher Reputation. Schien sie doch darauf abzuzielen, Staats- und Volksgrenzen zur Deckung zu bringen, eine Forderung, die auf breiteste Zustimmung in der ganzen Bevölkerung rechnen konnte.

Danach ging H. – zumindest innerlich – auf Distanz zu der sich abzeichnenden Expansionspolitik. Im November 1938 will er seine Zweifel gegenüber Hitler auch angedeutet haben. Dessen weitergehende ostpolitische Ziele entsprachen nicht den Vorstellungen des Generals und Professors; den von Hitler schließlich vom Zaun gebrochenen Krieg hielt er für nicht lokalisierbar. Die Politik in den besetzten Gebieten war in seinen Augen verheerend, und der Krieg mit der Sowjetunion lief dem Kern seines weltpolitischen Entwurfs vollends zuwider. Hinzu kamen einzelne Eingriffe der Zensur in Arbeiten H.s, unter anderem die Südtirolfrage betreffend.

Durch den Flug R. Heß' nach England am 10. Mai 1941 erregten die H.s als enge Freunde „des motorisierten Parsifal" (H. im September 1944) das Mißtrauen des Regimes. H. zog sich aus seinen Ämtern und auf seinen Hartschimmelhof zurück; er durfte nicht mehr öffentlich auftreten. Heß hatte sich wiederholt mit beiden H.s beraten, ohne daß völlig klar ist, wieweit sie in dessen Pläne eingeweiht waren. Nach dem 20. Juli 1944 wurde Albrecht H. seiner Verbindungen zum Widerstand wegen gesucht, im Dezember verhaftet und vom 23. auf den 24. April 1945 von einem SS-Kommando in Berlin ermordet. H. selbst wurde bis Ende August 1944 in Dachau inhaftiert.

In den Monaten nach Kriegsende versuchte der inzwischen Sechsundsiebzigjährige, sein Werk gegenüber der amerikanischen Besatzungsmacht zu verteidigen. Bei den Westalliierten hatte sich der Eindruck festgesetzt, H. sei der eigentliche Stichwortgeber oder gar Drahtzieher der nationalsozialistischen Außenpolitik. Sie stützten sich auf den von H. und Hitler gleichermaßen verwandten Begriff „Lebensraum". Eine offensichtliche Fehlinterpretation, die übersieht, daß H. damit nie mehr als die Arrondierung des Reiches um die angrenzenden und deutsch bevölkerten

Gebiete und allenfalls, auf freiwilliger Basis, Böhmen gemeint hat.

Gleichwohl hat H. diesen falschen Eindruck selbst mit hervorgerufen, weil auch er bis über den Kriegsbeginn hinaus Hitlers Außenpolitik immer wieder öffentlich als Vollzug geopolitischer Einsichten darstellte – oft wider besseres Wissen. Welche Rolle dabei die partielle Abhängigkeit vom Wohlwollen R. Heß' hatte, läßt sich nicht mit letzter Sicherheit sagen. Körperlich angeschlagen, vom Gram über das Schicksal seiner Familie und Deutschlands gebeugt und wohl auch von Zweifeln bedrängt, schied H. am 10. März 1946 zusammen mit seiner Frau freiwillig aus dem Leben.

B.: *A. Mohler:* Die Konservative Revolution in Deutschland 1918-32. Ein Handbuch, 3., um einen Ergänzungsband erw. Aufl., Darmstadt 1989, S. 419f. (darin Hinweis auf die hinsichtlich der zahlreichen verstreuten Aufsätze vollständige, aber nur in wenigen Exemplaren vorhandene Bibliographie bei: *G. Fochler-Hauke:* Raum und Rasse. Eine Auswahl aus den Schriften K. H.s, Heidelberg 1945).

S.: Dai Nihon. Betrachtung über Groß-Japans Wehrkraft, Weltstellung und Zukunft, Berlin 1913; Über den deutschen Anteil an der geographischen Erschließung Japans und des japanischen Erdraums und deren Förderung durch den Einfluß von Krieg und Wehrpolitik, Diss. München 1913, in: Mitteilungen der Geographischen Gesellschaft München 9 (1914); Südostasiens Aufstieg zur Selbstbestimmung, Leipzig 1923; Japan und die Japaner. Eine Landeskunde, Leipzig 1923; Geopolitik des Pazifischen Ozeans, Heidelberg 1924; Grenzen in ihrer geographischen und politischen Bedeutung, Berlin 1927; Bausteine zur Geopolitik, Berlin 1927 (zusammen mit *H. Lautensach, O. Maull* und *E. Obst*); Die Großmächte vor und nach dem Weltkriege, Leipzig – Berlin 1930 (zusammen mit *R. Kjellén*); Geopolitik der Pan-Ideen, Berlin 1931; Jenseits der Großmächte, Leipzig 1932; Wehr-Geopolitik, Berlin 1932; Der nationalsozialistische Gedanke in der Welt, München 1934; Weltpolitik von heute, Berlin 1934; Raumüberwindende Mächte. Macht und Erde Bd.III, Leipzig – Berlin 1934 (als Hrsg.); Weltmeere und Weltmächte, Berlin 1937; Das Werden des deutschen Volkes. Von der Vielfalt der Stämme zur Einheit der Nation, Berlin 1939 (zusammen mit *H. Roeseler*); Der Kontinentalblock. Mitteleuropa – Eurasien – Japan, München 1941.

E.: *H.-A. Jacobsen:* K. H. Leben und Werk. Bd. I: Lebensweg 1869-1946 und ausgewählte Texte zur Geopolitik, Bd. II: Ausgewählter Schriftwechsel 1917-46, Boppard a. Rh. 1979.

L.: *E. A. Walsh:* Wahre anstatt falsche Geopolitik für Deutschland, Frankfurt/Main 1946; *K. H. Harbeck:* Die „Zeitschrift für Geopolitik" 1924-44, Kiel 1963; *G.*

Bakker: Duitse Geopolitik 1919-45. Eene imperialistische Ideologie, Utrecht 1967; *R. Matern:* Karl H. und seine Geopolitik in den Jahren der Weimarer Republik und des Dritten Reiches, Karlsruhe 1978; *H.-A. Jacobsen:* K. H. (siehe unter E.); *M. Korinman:* Quand l'Allemagne pensait le monde. Grandeur et décadence d'une géopolitique, Paris 1990; *F. Ebeling:* Geopolitik. Karl H. und seine Raumwissenschaft 1919-45, Berlin 1994.

– Ha

Hayek, Friedrich August von

* 8. 5. 1899 in Wien; † 23. 3. 1992 Freiburg i. Br. Nationalökonom, Philosoph, Ideenhistoriker, Jurist und Psychologe; Hauptrepräsentant der vierten Generation der Österreichischen Schule der Nationalökonomie und zugleich wohl bedeutendster Vertreter des klassischen Liberalismus im 20. Jhdt. Gewichtiger Inspirator des Nachkriegs-Konservatismus in den USA und Großbritannien sowie der klassisch-liberalen Renaissance. Mitbegründer der liberalen, libertären und USA-konservativen Mont Pelerin Society. H. wuchs in Wien in einer Familie renommierter österreichischer Wissenschafter auf. Als Schüler von Friedrich Wieser erwarb er 1921 den Dr. iur. sowie 1923 den Dr. rer. pol. 1929 habilitierte er sich in Politischer Ökonomie. Von 1927-31 war H. wissenschaftlicher Direktor des Österreichischen Instituts für Konjunkturforschung. Seine Gastvorlesungen führten 1931 zur Berufung als Ökonomieprofessor an der London School of Economics; 1938 wurde H. britischer Staatsbürger. 1950 wechselte er an die Universität Chicago, wo er Professor für Moralphilosophie wurde. Zwölf Jahre später übernahm H. die Professur für angewandte Nationalökonomie in Freiburg i. Br. Nach der Emeritierung wirkte er bis 1976 als Gastprofessor in Salzburg. Für seine Arbeiten auf den Gebieten der Ökonomie, der Rechts-, Staats- und Sozialphilosophie, der Wissenschaftstheorie und der Psychologie, die er auf glückliche Weise verknüpfte und die auch zum Verständnis des Gesamtwerks als sich gegenseitig befruchtend und zueinander untrennbar in Verbindung stehend begriffen werden müssen, wurde H. 1974 mit dem Nobelpreis für Wirtschaftswissenschaften ausgezeichnet.

H. vertrat wie die Wiener bzw. Österreichische Schule den methodologischen Individualismus, wandte sich aber, im Unterschied zu seinem bisherigen *maître à penser* Ludwig von →Mises, vom Apriorismus ab. Ausgelöst wurde diese Wende durch einen Hinweis des ehemaligen Wiener Ökonomen Gottfried Haberler (Harvard University) auf Karl Poppers 1934 erschienenes Werk „Logik der Forschung". Nach Ludwig von Mises (1921) doppelte H. erstmals 1934 in der sogenannten sozialistischen Kalkulationsdebatte nach: Anhand der verschiedenen Spielarten des Sozialismus, einschließlich des sogenannten Marktsozialismus, legte er dessen Problem dar, das darin besteht, wie das grundlegende Wissen, das den Entscheidungen wirtschaftlichen Handelns zugrunde liegt und das im Markt dank dem Preismechanismus zustande kommt, verbreitet werden kann. Damit der Wettbewerb als Mittel zur Verbreitung von Wissen genutzt werden kann, ist Privateigentum erforderlich.

In den dreißiger Jahren war H. der Hauptgegenspieler von Lord Keynes. Politisch, nicht aber intellektuell, blieb dessen neue Theorie der Unterinvestition und Unterkonsumtion über H.s Überinvestitions- und Überkonsumtionstheorie vorerst siegreich, da H.s Empfehlung, die Wirtschaftskrise ohne Geld- und Kreditspritzen durchzustehen, politisch weniger attraktiv für aktionistische Politiker war.

Mit zunehmendem Alter beschäftigte sich H. intensiver mit philosophischen Fragen, dennoch veröffentlichte der Mikroökonom weiterhin grundlegende Beiträge auf ökonomischem Gebiet zur Inflationsbekämpfung, wobei er eine Gegenposition zum makroökonomischen Konzept des liberalen und positivistischen Monetaristen Milton Friedman einnahm. 1976 plädierte er in einem Buch für die Privatisierung des Geldes mit der Begründung: Aus politischen wie ökonomischen Gründen ist eine sich beschleunigende Inflation unausweichlich, wenn dem Staat nicht das Monopol der Geldausgabe entzogen wird.

Weltberühmt wurde H. im Jahre 1944 mit dem nunmehr in über 20 Sprachen übersetzten Bestseller „Der Weg zur Knechtschaft": Mit zwingender Logik beweist er, daß alle Formen des Sozialismus, zu denen er auch den Nationalsozialismus zählt, mit →Freiheit unvereinbar sind. 1960 veröffentlichte H. sein Magnum opus „Die Verfassung der Freiheit", die systematische Darstellung der grundlegenden Prinzipien einer freiheitlichen Philosophie, in der die Bedeutsamkeit der „Rule of Law" („Herrschaft des Rechts") in Anknüpfung an die Tradition des Scottish Enlightenment bzw. der Old Whigs (Edmund →Burke) zur Geltung kommt. Er versteht darunter die allgemeinen, für jedermann gültigen Regeln (Gesetze) des liberalen Rechtsstaats (Privat- und Strafrecht), die er reinen Ermessensentscheiden von Behörden etc. (Öffentliches Recht) gegenüberstellt. In der 1973, 1976 und 1979 publizierten Trilogie „Recht, Gesetzgebung und Freiheit – eine neue Darstellung der liberalen Prinzipien der Gerechtigkeit und der politischen Ökonomie" werden in Band I („Regeln und Ordnung") die alten und neuen Grundlagen eines konsequent liberalen Rechtsstaats dargelegt. In Band II („Die Chimäre der sozialen Gerechtigkeit") wird ein heute oft verwendetes politisches Schlagwort hinterfragt und als mit den Grundlagen der →Gerechtigkeit und einer freiheitlichen Ordnung unvereinbar erklärt. In „Die politische Ordnung eines freien Volkes" (Band III) wird nicht nur die Modellverfassung einer liberalen Ordnung dargestellt, sondern es werden auch Fragen der Staatsfunktionen sowie legitimer wie unzulässiger Staatsmonopole leidenschaftslos und ohne das heute so modische Schwanken zwischen Staatsvergötzung und Staatsverteufelung geprüft und überzeugende Antworten gegeben. Im „Epilog" wird H.s Wertkonservatismus deutlich.

Zuletzt arbeitete H. während über zehn Jahren an einem Buch, das die Frage „War der Sozialismus ein Fehler?" wissenschaftlich beantworten sollte und das zugleich als eine Art „Manifest für die freie Marktwirtschaft" gedacht war: 1988 erschien „The Fatal Conceit. The Errors of Socialism" in einer massiv gekürzten Fassung. Auf kultur-evolutionärer Grundlage kommt H. zur Schlußfolgerung: Das Überleben der menschlichen Zivilisation hängt von der Bewahrung der „ausgedehnten Ordnung der menschlichen Kooperation", d.h. der Marktwirtschaft, ab. Diese ermöglichte es den Menschen, frei zu werden und, unabhängig von Familiensippen oder kleinen Gruppen vorstehenden Häuptlingen, den Lebensunterhalt zu bestreiten. Dank des

Aufkommens des Handels und der Arbeitsteilung wurde es möglich, eine wachsende Zahl von Menschen zu ernähren. „Der Disput zwischen der marktwirtschaftlichen Ordnung und dem Sozialismus ist nichts weniger als eine Frage des Überlebens. Eine Übernahme der sozialistischen Moral würde einen Großteil der gegenwärtigen Menschheit zum Verschwinden bringen und die Mehrheit der Überlebenden verarmen lassen."

H. war stets mit großer Zivilcourage und oft historisch entscheidend zur Stelle, wenn es galt, die Grundlagen einer freiheitlichen Gesellschafts-, Wirtschafts- und Sozialordnung intellektuell zu verteidigen. Er beeinflußte Politiker wie Winston S. →Churchill, Margaret Thatcher, Ronald Reagan, Franz Josef Strauß, Otto Graf Lambsdorff, Roger Douglas, Vaclav Klaus und Antonio Martino. Als Mensch zeigte er Größe; als einer der herausragenden Wissenschafter dieses Jhdt.s war er sich stets der Begrenztheit menschlichen Wissens bewußt – deshalb sein Eintreten für „spontane Ordnungen" wie den Markt oder das Recht (lawyer's law, Common Law, Sitten und Gebräuche), die als komplexe, kultur-evolutionär entstandene Systeme selbstregulierend sowie das Ergebnis menschlichen Handelns, nicht aber menschlichen Entwurfs sind und reinen Befehlsstrukturen bzw. willentlich geschaffenen Ordnungen, d.h. den „konstruktivistischen Systemen", überlegen sind.

S.: The Collected Works of F. A. H., hrsg. v. *W. W. Bartley III / S. Kresge*, Bde. I-XIX, London – Chicago 1988ff.; bisher erschienen: Bd. I: The Fatal Conceit: The Errors of Socialism (1988); Bd. II: The Uses and Abuses of Reason: The Counter-Revolution of Science, and Other Essays; Bd. III: The Trend of Economic Thinking: Essays on Political Economists and Economic History (1991); Bd. IV: The Fortunes of Liberalism: Essays on Austrian Economics and the Ideal of Freedom (1992); Bd. V: Good Money, Teil l; Bd. VI: Good Money, Teil 2; Bd. VII: Investigations in Economics; Bd. VIII: Monetary Theory and Industrial Fluctuations; Bd. IX: Contra Keynes and Cambridge: Essays, Correspondence, and Documents (1995); Bd. X: Socialism and War: Essays, Correspondence, and Documents; Bd. XI: Essays on Liberty; Bd. XII: Essays, Debates, and Reviews; Bd. XIII: The Pure Theory of Capital; Bd. XIV: The Road to Serfdom; Bd. XV: The Constitution of Liberty; Bd. XVI: Philosophy, Politics, and Economics; Bd. XVII: Law, Legislation, and Liberty; Bd. XVIII: The Sensory Order and Other Essays in Psychology; Bd. XIX: John Stuart Mill and Harriet Taylor: Their Friendship and Subsequent Marriage; *Stephen Kresge* und *Leif Wenar:* H. on H.. An Autobiographical Dialogue, London – Chicago 1994.

E.: *C. Nishiyama / K. R. Leube* (Hrsg.): The Essence of H., Stanford 1984.

Ü.: Der Weg zur Knechtschaft, Erlenbach/Zürich 1945 (1944); Individualismus und wirtschaftliche Ordnung, Salzburg 1976 (1952); Mißbrauch und Verfall der Vernunft, Frankfurt a. M. 1959; Freiburger Studien, Tübingen 1969: Die Verfassung der Freiheit, Tübingen 1971 (1960); Entnationalisierung des Geldes, Tübingen 1977; Die Theorie komplexer Phänomene, Tübingen 1972; Die Irrtümer des Konstruktivismus, Tübingen 1975; Liberalismus, Tübingen 1979; Wissenschaft und Sozialismus, Tübingen 1979; Recht, Gesetzgebung und Freiheit, München 1981; Evolution und spontane Ordnung, Zürich 1983; Markt, Plan, Freiheit. Franz Kreuzer im Gespräch mit F. v. H., Wien 1983; Der Strom der Güter und Leistungen, 1984.

L.: *E. Streissler / G. Haberler / F. A. Lutz / F. Machlup* (Hrsg.): Roads to Freedom. Essays in Honour of F. A. v. H. (Festschrift), London 1969; *F. Machlup* (Hrsg.): Essays on H. (Festschrift), London 1977; *R. L. Cunningham* (Hrsg.): Liberty and the Rule of Law (Festschrift), College Station – London 1979; Ordo – Jahrbuch für die Ordnung von Wirtschaft und Gesellschaft, Bd. 30: Zur Verfassung der Freiheit. Festgabe für F. A. v. H. zur Vollendung seines achtzigsten Lebensjahres, Stuttgart 1979; *N. P. Barry:* H.'s Social and Economic Philosophy, London 1979; *E. Hoppmann* (Hrsg): F. A. v. H. – Vorträge und Ansprachen auf der Festveranstaltung der Freiburger Wirtschaftswissenschaftlichen Fakultät zum 80. Geburtstag von F. A. v. H., Baden-Baden 1980; *E. Butler:* H. – his contribution to the political and economic thought of our time, London 1983; The Institute of Economic Affairs: H.'s „Serfdom" Revisited, London 1984; *J. Gray:* H. on Liberty, Oxford 1984; *K. Leube / A. H. Zlabinger* (Hrsg.): The Political Economy of Freedom. Essays in Honor of F. A. H. (Festschrift), München 1985; Critical Review Bd. 3 Nr. 2: F. A. H.'s Liberalism, Sonderausg., Chicago 1989; *C. Kukathas:* H. and Modern Liberalism, Oxford 1989; *H. Bouillon:* Ordnung, Evolution und Erkenntnis. H. Sozialphilosophie und ihre erkenntnistheoretische Grundlage, Tübingen 1991; *A. K. Winterberger:* H.s Theorie der Gerechtigkeit in: Sonderausg. Schweizer Monatshefte, Bd. 92, Nr. 5a H., 1992; *ders. / K. Popper / R. Dahrendorf:* Kontroverse um F. A. v. H., Reflexion Nr. 26-27, Liberales Institut Zürich 1991/92; *E. u. M. Streissler:* F. A. v. H., Sankt Augustin 1993; *C. Frei / R. Nef* (Hrsg.): Contending with H., Bern 1994; *C. Zeitler:* Spontane Ordnung, Freiheit und Recht. Zur politischen Philosophie von F. A. v. H., Bern 1995.

– Wi

Heimat

Unter H. im engeren Sinne ist die durch Ort und Zeit der Geburt naturgegebene Umwelt des Menschen zu verstehen, in der er aufwächst und lebt. H. ist somit eine Grundkonstante menschlichen Lebens. Nach Lorenz von →Stein und Eduard Spranger sind Landschaft und Stamm die tragenden Säulen der H., da beide die „Einheit des Lebens", H. als „Ganzes" bilden. H. ist ein zugleich raumbezogener und emotional besetzter Begriff, der, anders als das „Nationalgefühl", keiner staatlichen räumlichen Zuordnung bedarf. H.-Gefühl kann sich gleichzeitig auf verschiedene räumliche Ebenen (z.B. Gemeinde, Landschaft, Kulturkreis) bis hin zur „ideellen" geistigen H. beziehen. Daher ist H., auch wenn sie als Terminus immer wieder Eingang in das Rechtswesen fand, ihrem Wesen nach kein juristischer, sondern ein phänomenologischer Begriff.

Die vergleichende Verhaltensforschung geht davon aus, daß dem H.-Gefühl das Territorialitäts-Prinzip, die notwendige Identifikation mit einem begrenzten „eigenen" Raum, zugrunde liegt. H. „verlangt Markierungen der Identität eines Ortes" (A. Mitscherlich). Wesentliche Voraussetzungen für ein ausgeprägtes H.-Gefühl sind dabei Vielfältigkeit – als Garant von vertrauten Orientierungspunkten („Psychotopen") – und Unverwechselbarkeit sowohl hinsichtlich eines spezifischen sozialen Milieus als auch landschaftlicher und kultureller Strukturen. Letzteren kommt die Rolle eines „Trägers und Vermittlers seelischer Erlebnisse" zu (K. Buchwald). Eine neuere Richtung der H.-Geschichtsforschung vertritt die Auffassung, daß H. eine erst durch subjektive Aneignung der Umwelt gewonnene Territorialität sei. Richtig freilich ist, daß der Mensch als „ungenügend instinktgesichertes Wesen gezwungen (ist), sich die ihm gemäße, schützende Umwelt erst zu schaffen" (K. Buchwald). Dieser Prozeß der Aneignung von Natur und deren Umwandlung in Kulturlandschaft schlägt allerdings dann ins Negative um, wenn die Eingriffe in die Natur lebensfeindliche Formen annehmen. Eine solche Aneignung von Umwelt führt nicht zur Humanisierung, sondern zur „Selbstentfremdung": „Die Monotonie der Getreideozeane… bietet als ‚Natur' sowenig H. … wie die Großfabrik es als ‚Kultur' tut" (H. Jonas).

Etymologisch ist H. eine Schöpfung des germanischen Sprachraums; „Heim-od" um-schrieb ursprünglich den eigenen Haus- und Hofbesitz. Die territoriale Bedeutung des H.-Begriffes läßt sich zwar auch schon im Minnelied nachweisen, erlangt jedoch erst Mitte des 19. Jhdt.s ihre heutige gefühlsbetonte Gestalt. Bis dahin wurde unter H. vor allem ein Rechtsbegriff verstanden, hervorgegangen aus dem Armenrecht, der das H.-Recht auf Aufenthalt und wirtschaftliche Betätigung in einer Gemeinde regelte und dem Individuum das Gemeinde- und Staatsangehörigkeitsrecht garantierte.

H. als geschichtlich verstandener oder landschaftlich umfaßter Lebensraum entwickelte sich aufgrund der politischen und sozialen Veränderungen erst im 19. Jhdt. Mit Industrialisierung, Landflucht, Aufhebung der Schollenpflicht gingen großen Teilen der Bevölkerung die alte Lebenswelt und ihre H.-Rechte verloren. Die Folge war eine Überhöhung, Romantisierung und Verklärung der verlorenen ländlichen H. Die sichtbar werdenden Landschaftszerstörungen und das Absterben kultureller Traditionen führten schließlich zu Bemühungen, diese Werte durch →H.-Schutz zu bewahren und zu verteidigen.

Der bis 1914 vorwiegend ästhetisch-kulturkonservative H.-Gedanke erweiterte sich in der Weimarer Republik zusehends um geopolitische Ansätze, um schließlich im Dritten Reich ideologisch vereinnahmt zu werden. Nach 1945 wurde die Debatte um den Begriff der H. vor allem durch die ostdeutschen H.-Vertriebenen entfacht, die ein „Recht auf H." auch unter völkerrechtlichen Aspekten einforderten. In der Zeit des „Wirtschaftswunders" verlor der H.-Gedanke zusehends an Bedeutung. Erst zu Beginn der siebziger Jahre entwickelte sich ein neues, „alternatives" H.-Bewußtsein, dessen Auslöser ökologische Fragen, Gebietsreformen, Agrarkrisen und ein neues Interesse an ländlich-regionalen Lebensformen (Dialektbewegung, Denkmalpflege, Dorferneuerung, lokale Feste und Märkte, usw.) waren. Angesichts politischer und ökonomischer Großstrukturen und deren Anonymität gewinnt das Bedürfnis nach Identifikation mit überschaubaren, kleinräumigen und Geborgenheit vermittelnden Lebenskreisen wieder Aktualität. H. hat dadurch eine neue politische, dezentralisierende und deregulierende Funktion erhalten.

L.: *Gesellschaft der Freunde des deutschen H.-Schutzes* (Hrsg): Der deutsche H.-Schutz. Ein Rückblick und Ausblick, München 1930; *M. H. Boehm:* Das eigenständige Volk. Grundlegung der Elemente einer europäischen Völkersoziologie, Göttingen 1932; *E. Spranger:* Volkstum und Erziehung, Berlin 1952; *ders.:* Der Bildungswert der H.-Kunde, Berlin 1952; *R. Ardrey:* Adam und sein Revier. Der Mensch im Zwang des Territoriums, Wien 1968; *A. Mitscherlich:* Die Unwirtlichkeit unserer Städte, Frankfurt/M. 1969; *I.-M. Greverus:* Der territoriale Mensch. Ein literaturanthropologischer Versuch zum H.-Phänomen, Frankfurt a. M. 1972; *ders.:* Auf der Suche nach H., München 1979; *G.-K. Kaltenbrunner:* Lob des Kleinstaats. Vom Sinn überschaubarer Lebensräume, München 1979; *H. Jonas:* Das Prinzip Verantwortung, Frankfurt a. M. 1979; *K. Buchwald:* H. für eine Gesellschaft von heute und morgen, in: *Deutscher H.-Bund* (Hrsg.): 75 Jahre Deutscher H.-Bund, Siegburg 1979; *E. Moosmann:* H. Sehnsucht nach Identität, Berlin 1980; *W. Riedel* (Hrsg): H.-Bewußtsein. Erfahrungen, Gedanken, Beiträge zur Theoriebildung, Husum 1981; *R. P. Sieferle:* Fortschrittsfeinde? Opposition gegen Technik und Industrie von der Romantik bis zur Gegenwart, München 1984; *O. Kimminich:* Das Recht auf die H., Bonn 1989; *K. Ditt:* Die deutsche H.-Bewegung 1871-1945, in: *Bundeszentrale für politische Bildung* (Hrsg): H. Analysen, Themen, Perspektiven, Bonn 1990, S. 135-54; *W. Lipp:* H.-Bewegung, Regionalismus. Pfade aus der Moderne?, in: *Bundeszentrale für politische Bildung* (Hrsg): H. Analysen, Themen, Perspektiven, Bonn 1990, S. 155-84; *W. Hinrichs:* H.-Bindung, H.-Kunde, Ökologie im nationalen und europäischen Kontext, Bonn 1991; *E. Klueting* (Hrsg): Zur Geschichte der deutschen H.-Bewegung, Darmstadt 1991; *Deutscher H.-Bund* (Hrsg): 90 Jahre für Umwelt und Naturschutz, Bonn 1994; *A. Knaut:* Zurück zur Natur! Die Wurzeln der Ökologiebewegung, München 1992.

– St

Heimatschutz

Auf E. →Rudorff zurückgehender, um 1880 geprägter Sammelbegriff für die Belange des Naturschutzes, der Denkmalpflege sowie der Bewahrung kultureller Eigentümlichkeiten (Brauchtums-, Trachten-, Baustil- und Dialektpflege), besonders des ländlichen Raumes. Dabei ging es dem H. nicht um ein restauratives Festhalten bestimmter Zustände, sondern um das Bemühen, Natur und Volkskultur vor Entstellungen durch moderne Entwicklungen, v.a. in der Industrialisierung, zu bewahren bzw. derartige Neuerungen in ein möglichst harmonisches Verhältnis zu organisch gewachsenen →Traditionen oder Landschaften zu bringen.

Die geistigen Wurzeln der H.-bewegung liegen bereits in der u.a. durch →Möser, die Romantik und insbesondere durch →Riehl erweckten Besinnung auf die Werte der deutschen Kultur in ihrer landschaftlichen Vielfalt. Ihre Blüte erlebte die H.-bewegung um die Jahrhundertwende als bildungsbürgerlich-konservative Reaktion auf die forcierte Industrialisierung und Verstädterung während der wilhelminischen „Gründerzeit". 1897 verfaßte der Musiklehrer E. Rudorff seinen grundlegenden Aufsatz „Heimatschutz", der insbesondere Belange des Natur- und Denkmalschutzes thematisierte. Organisatorischen Ausdruck und Rückhalt fand der H. um die Jahrhundertwende in der Gründung zahlreicher H.-bünde, zunächst auf Landesebene (Heimatbund Niedersachsen 1901; Bayrischer Landesverein für H., 1902). 1904 erfolgte in Dresden die Gründung des Deutschen Bundes H. unter Vorsitz des Architekten und Kunstkritikers P. Schultze-Naumburg. An ihr beteiligten sich u.a. F. Avenarius, F. Dahn, E. Diederichs sowie zahlreiche Repräsentanten der „Heimatkunstbewegung" (F. Mackensen, F. Overbeck, H. Vogeler). Stärkster Einzelverband des Deutschen Bundes H. mit mehr als 40.000 Mitgliedern wurde der Sächsische Landesverein H.

Der Deutsche Bund H. bemühte sich in seinen Aktivitäten um enge Zusammenarbeit mit ihm inhaltlich nahestehenden Organisationen (F. Avenarius' „Dürerbund" u. H. Sohnreys „Reichsverband für ländliche Wohlfahrts- und Heimatpflege") sowie staatlichen Behörden, insbesondere der 1910 ins Leben gerufenen preußischen „Staatlichen Stelle für Naturdenkmalpflege" unter Leitung von H. Conwentz. Besonderes Engagement galt daneben der Mitwirkung an Gesetzeswerken, dem Aufbau von Heimatmuseen, der Vermittlung des Naturpark-Gedankens und einer regen publizistischen Tätigkeit (u.a. seit 1914 in der eigenen Zeitschrift „H."). Internationale H.-kongresse sorgten für regelmäßigen Austausch mit ähnlichen Bewegungen in Europa, den USA und Japan.

In der Weimarer Republik traten an die Stelle des Begriffes H. zunehmend die „Heimatpflege" sowie die „Volkstumsarbeit". 1933-34 kurzzeitig im „Reichsverband für Volkstum und Heimat" gleichgeschaltet, arbeitete der Deutsche Bund H. seit 1934 eigenständig weiter. 1937 erfolgte die Umbenennung des Deutschen Bundes H. in „Deutscher Heimatbund" (DHB); die Landesvereine wurden aufgelöst und als parteipolitisch dominierte Verbände („Gauheimatwerke") der staatlichen Verwaltung zugeteilt.

Nach 1945 organisierten sich die westdeutschen Landesvereine neu; 1951 wurden ihnen „Fachstellen für ostdeutsches Volkstum" zugeordnet, um die Vertriebenen in die H.-arbeit einzubeziehen. 1952 beschloß die Arbeitsgemeinschaft der westdeutschen Heimatbünde in Celle die Wiedergründung des „Deutschen Heimatbundes" mit der Zielsetzung „Erziehung der Deutschen zu lebendigem Heimat- und Stammesbewußtsein". Im selben Jahr erfolgte auch die Gründung der Dachorganisation „Arbeitsgemeinschaft der deutschen Heimat-, Wander- und Naturschutzbünde". Enge Zusammenarbeit mit anderen europäischen H.-bünden besteht u.a. seit 1963 im Dachverband „Europa nostra" und der Internationalen Naturschutz-Union (IUCN).

Anfang 1990 kam es zur Wiederbegründung des „Landesvereins Sächsischer Heimatschutz", wenig später auch der anderen Verbände im Gebiet der ehemaligen DDR; die dortigen Mitglieder rekrutierten sich dabei häufig aus dem „Kulturbund", der als „Massenorganisation" in der DDR Teilfunktionen des H. wahrgenommen hatte.

Als Dachverband der verschiedenen H.-organisationen zählt der DHB gegenwärtig 3 Millionen Mitglieder. Inhaltlicher Schwerpunkt heutiger H.-arbeit ist nach dem Selbstverständnis des Bundes in erster Linie das überparteiliche Bemühen, „die Brücke zu schlagen vom Umweltschutz zum H.". Daneben eröffnen sich durch den europäischen Einigungsprozeß neue Arbeitsgebiete im Bereich H. und Regionalismus.

L.: *E. Rudorff:* H., Berlin 1901; *P. Schultze-Naumburg:* Die Entstellung unseres Landes, Halle 1905; *ders.:* Die Kulturarbeiten, Bde. I-IX, München 1901-10; *F. G. Konrich:* Hannoverland. Ein Buch der Heimatpflege, Hannover 1910; *H. Conwentz:* Die Gefährdung der Naturdenkmäler und Vorschläge zu ihrer Erhaltung, Berlin 1911; *F. W. Bredt:* Die H.-gesetzgebung der deutschen Bundesstaaten, Düsseldorf 1912; *H. Conwentz:* Merkbuch für Naturdenkmalpflege, Berlin 1918; *Gesellschaft der Freunde des deutschen H.s* (Hrsg): Der deutsche H. Ein Rückblick und Ausblick, München

1930; *W. Schoenichen:* Naturschutz, H. Ihre Begründung durch Ernst Rudorff, Hugo Conwentz u.a., Stuttgart 1954; *K. Zuhorn* (Hrsg.): 50 Jahre Deutscher Heimatbund. Deutscher Bund H., Neuss 1954; *G. Kratzsch:* Kunstwart und Dürerbund. Ein Beitrag zur Geschichte der Gebildeten im Zeitalter des Imperialismus, Göttingen 1969; *K. Bergmann:* Agrarromantik und Großstadtfeindschaft. Studien zur Großstadtfeindschaft und „Landflucht"-Bekämpfung in Deutschland seit dem Ende des 19. Jhdt.s, Meisenheim a. Glan 1970; *H. Gollwitzer:* Der kulturgeschichtliche Ort der Heimatbewegung gestern und heute, in: Westfälische Forschung 27 (1975); *K. Rossbacher:* Heimatkunstbewegung und Heimatroman. Zu einer Literatursoziologie der Jahrhundertwende, Stuttgart 1975; *Deutscher Heimatbund* (Hrsg.): 75 Jahre Deutscher Heimatbund, Siegen 1979; *E. Moosmann:* Heimat. Sehnsucht nach Identität, Berlin 1980; *W. Riedel* (Hrsg): Heimatbewußtsein. Erfahrungen, Gedanken, Beiträge zur Theoriebildung, Husum 1981; *I. M. Greverius / E. Haindl* (Hrsg): Ökologie, Provinz, Regionalismus. Frankfurt/M. 1984; *J. Ruland:* Der Deutsche Heimatbund im Spiegel der Zeit, Bonn 1984; *R. P. Sieferle:* Fortschrittsfeinde? Opposition gegen Technik und Industrie von der Romantik bis zur Gegenwart, München 1984; *W. Lipp* (Hrsg.): Industriegesellschaft und Regionalkultur, Köln – Berlin – Bonn – München 1984; *N. Borrmann:* Paul Schultze-Naumburg. Maler, Publizist, Architekt, Essen 1989; *W. Hartung:* Denkmalpflege und H. im wilhelminischen Deutschland 1900 bis 1913 in: Österreichische Zeitschrift für Kunst und Denkmalpflege 43/III-IV (1989), S. 173-81; *A. Andersen:* H. Die bürgerliche Naturschutzbewegung, in: *F.-J. Brüggemeier / T. Rommelspacher:* Besiegte Natur. Geschichte der Umwelt im 19. u. 20. Jhdt., München 1989; S. 143-57; *W. Lipp:* Heimatbewegung, Regionalismus. Pfade aus der Moderne, in: *Bundeszentrale für politische Bildung* (Hrsg.): Heimat. Analysen, Themen, Perspektiven, Bonn 1990; *K. Ditt:* Die deutsche Heimatbewegung 1871-1945, in: *Bundeszentrale für politische Bildung* (Hrsg): Heimat. Analysen, Themen, Perspektiven, Bonn 1990; *W. Hartung:* Konservative Zivilisationskritik und regionale Identität. Am Beispiel der niedersächsischen Heimatbewegung 1895-1919, Hannover 1991; *E. Klueting:* Antimodernismus und Reform. Beiträge zur Geschichte der deutschen Heimatbewegung, Darmstadt 1991; *M. Jeffries:* Back to the Future? The „H." Movement in Wilhelmine Germany, in: History 77 (1992), S. 411-20; *o. Verf.:* Deutscher Heimatbund. In: Deutscher Umwelttag 1992. Ein Portrait seiner Mitgliedsverbände, Frankfurt/M. 1992, S. 103-33; *J. Hermand* (Hrsg.): Mit den Bäumen sterben die Menschen. Zur Kulturgeschichte der Ökologie, Köln – Weimar – Wien 1993; *A. Knaut:* Zurück zur Natur! Die Wurzeln der Ökologiebewegung, phil. Diss. München 1993; *Deutscher Heimatbund* (Hrsg): 90 Jahre für Umwelt und Naturschutz, Bonn 1994.

– St

Heinrich, Walter

* 11. 7. 1902 Haida (Böhmen); † 25. 1. 1984 Graz. Konservativer Nationalökonom. H. entstammte einer im Böhmischen ansässigen Lehrerfamilie. Noch in seiner Gymnasialzeit kam er mit der sudetendeutschen →Jugendbewegung in Verbindung, die geistig dem Kreis um Stefan →George und O. →Spann nahestand. Unter diesem Einfluß wurde H. angeregt, das Studium der Rechts- und Staatswissenschaften bei dem 1919 nach Wien berufenen O. Spann aufzunehmen. Bei diesem wurde H. 1925 mit einer Arbeit über „Führung und Führer in der Gesellschaft" promoviert, die alle damals gängigen massen- und individualpsychologischen Führungslehren und Führertypen behandelte und eine ganzheitliche Führungslehre entwickelte. H. wurde Assistent bei Spann und habilitierte sich bei ihm 1928 mit einer Arbeit über die „Grundlagen einer universalistischen Krisenlehre": Konjunktur und Krise, so das Ergebnis, folgen nicht mechanischen Gesetzen und Zyklen, sondern sind von Menschen hervorgerufene „Umgliederungsvorgänge", Ausdruck von „Entsprechungsveränderungen" des Leistungszusammenhangs („Systems") der Wirtschaftszweige. Mit einer aus dieser Erkenntnis folgenden Wirtschaftspolitik der „Verstetigung" (Stabilisierung) war allem Laisser-faire-Liberalismus der Kampf angesagt. Die politische Durchsetzung einer solchen Politik hielt H. nur in einer ständisch organisierten Wirtschaft und Gesellschaft für möglich, wofür er im →Korporatismus Mussolinis erste Ansatzpunkte fand. In Österreich wurde H. zur gleichen Zeit einer der geistigen Führer der gegen den Bolschewismus agierenden Heimwehr.

Die Tätigkeit H.s blieb nicht auf Österreich beschränkt. In seiner sudetendeutschen Heimat gründete er mit Heinz Rutha den „Kameradschaftsbund für volks- und sozialpolitische Bildung", aus dem später (nach dem Zusammenschluß mit dem „Sudetendeutschen Turnerbund") die „Sudetendeutsche Partei" hervorging, die 1935 zur stärksten Partei des tschechoslowakischen Staates wurde.

Auch die deutschen Wirtschaftsführer erbaten die Hilfe H.s bei der Bekämpfung des Bolschewismus. In ihrem Auftrag gründete

Fritz Thyssen nach Plänen H.s das „Institut für Ständewesen" in Düsseldorf, das unter H.s geistiger Leitung eine umfangreiche Forschungs-, Führerschulungs- und Publikationstätigkeit entfaltete. Gewissermaßen als Lehrgrundlage schuf H. zwei für die →Konservative Revolution bedeutsame Standardwerke: „Das Ständewesen mit besonderer Berücksichtigung der Selbstverwaltung der Wirtschaft" und „Die soziale Frage". Für H. war die Lösung der letzteren nur durch eine Wiederverwurzelung der Arbeiterschaft in einer ständisch geordneten Wirtschaft und Gesellschaft möglich.

H.s Bemühungen um eine gesellschafts- und wirtschaftspolitische Neuorientierung scheiterten jedoch sowohl in Österreich, wo die geringe Ausbildung der Selbstverwaltung in der ständischen Verfassung vom 1. Mai 1934 auf Kritik und Widerstand von seiten Spanns und H.s stieß, wie auch in Deutschland, wo das „Institut für Ständewesen" von den Nationalsozialisten aufgelöst wurde. Spann und H. wurden 1938, nach dem „Anschluß" Österreichs, verhaftet und blieben auch nach ihrer Freilassung mit Lehrverbot belegt.

Der Grund für dieses Scheitern lag nach H. in fehlender geistiger Tiefe und Geschlossenheit. Noch in KZ-Haft entwickelte er daher seine „Lehre von den Letzten Dingen", die er jedoch erst nach 1945 publizieren konnte. Auch seine Lehrtätigkeit an der Wiener Universität und an der damaligen Hochschule für Welthandel konnte er erst nach Kriegsende wiederaufnehmen. Bereits 1948 legte er den 1. Band seiner „Wirtschaftspolitik" vor (2. Bd. 1954), die zum erstenmal in der Geschichte der Nationalökonomie eine systematische Ordnung aller wirtschaftspolitischen Maßnahmen zur Hebung der Produktivität und zur Festigung der Gesellschaft enthielt, darunter auch einen ausführlichen Abschnitt über die „Naturgrundlagenpolitik" zum Schutz von Boden, Bodenschätzen, Wald, Wasser, Luft, Klima, Pflanzen und Tierrassen. Im Geiste dieser Wirtschaftspolitik bildete H. eine ganze Generation von Nationalökonomen und Wirtschaftsführern für Industrie, Gewerbe, Kreditwesen, Landwirtschaft, Kammern und Gewerkschaften sowie für die Besetzung der Lehrstühle aus, die den ständischen Gedanken der sozialpartnerschaftlichen Zusammenarbeit in Österreich in die Tagespolitik einbrachten und den sozialen Frieden förderten. Für die von ihm zu pädagogischen Zwecken in den österreichischen Bundesländern gegründeten „Volkswirtschaftlichen Gesellschaften" verfaßte H. 1957 sein programmatisches Werk „Wirtschaft und Persönlichkeit", in dem er an Liberalismus, Kollektivismus, Marxismus und Zentralismus scharfe Kritik übte und die Wirtschaftspartner zu friedlicher Konfliktlösung aufforderte.

Von besonderer Tragweite für diese Aufgabe erwies sich H.s kulturkritischer Ausgangspunkt, den er im Geiste von R. →Guénon sowie seiner persönlichen Freunde J. →Evola und L. →Ziegler in seinem Vortrag über „Adamitische und kainitische Wirtschaft" (1949) darlegte: Alle heile und heilige Wirtschaft ist gottbezogen, sie kulminiert im Opfer; unheilige Wirtschaft hat zur Ware Leben und Seele der Menschen, sie zerstört und mordet Mensch und Natur. Das Dreigestirn Guénon, Evola und Ziegler behandelt H. in seiner Schrift „Über die traditionelle Methode" (1954), die das Interferieren von Geschichte und Übergeschichte, die Verzeitlichung („Offenbarung") des Ewigen und die Verewigung („Heiligung") des Zeitlichen zu erfassen sucht und sich damit als die konservative Methode katexochen ausweist.

B.: In: Im Prisma des Geistes, Festschrift für W. H. zum 80. Geburtstag (siehe unter **L.**).

S.: Führung und Führer in der Gesellschaft. Zur psychologischen und soziologischen Theorie der Führung, Diss. (ungedr.) Wien 1925; Grundlagen einer universalistischen Krisenlehre, Jena 1928; Der Faschismus. Staat und Wirtschaft im neuen Italien, München 1932 (Neubearbeitung der in der Zeitschr. Nationalwirtschaft, H. 3-6, Berlin 1929, erschienenen Beiträge über „Die Staats- und Wirtschaftsverfassung des Faschismus"); Das Ständewesen mit besonderer Berücksichtigung der Selbstverwaltung der Wirtschaft, Jena 1932; Die soziale Frage. Ihre Entstehung in der individualistischen und ihre Lösung in der ständischen Ordnung, Jena 1934; Wirtschaftspolitik, Bde. I-II, Wien 1948-54 (Berlin ²1966-67); Über die traditionelle Methode, Salzburg 1954; Wirtschaft und Persönlichkeit. Die Führungsaufgaben des Unternehmers und seiner Mitarbeiter in einer freien Welt, Salzburg 1957; Verklärung und Erlösung im Vedânta, bei Meister Eckehart und bei Schelling. Ein Beitrag zur Lehre von den Letzten Dingen und von der Versenkung, München o. J. (1962; in Einzelbänden bereits 1955-59 in der Stifterbibliothek Salzburg erschienen).

E.: Die Ganzheit von Wirtschaft, Staat und Gesellschaft. Ausgewählte Schriften, hrsg. v. *J. H. Pichler,* Berlin 1977; Der Sonnenweg, Interlaken 1985 (Neuabdruck von: Über die traditionelle Methode; Verklärung und Erlösung).

L.: *E. von Salomon:* Der Fragebogen, Hamburg 1951 (zur Rolle H.s im Sudetenland); *F. Romig:* Wirtschaft der Mitte. Eine Einführung in die Wirtschaftspolitik von W. H., Salzburg 1955; *H. Riehl u. a.* (Hrsg.): Festschrift für W. H., Graz 1963; *M. Schneller:* Zwischen Romantik und Faschismus. Der Beitrag Othmar Spanns zum Konservatismus der Weimarer Republik, Stuttgart 1970; *J. H. Pichler* (Hrsg.): W. H. zum 70. Geburtstag, Graz 1973; *R. M. Smelser:* Das Sudetenproblem und das Dritte Reich 1933-38, Wien 1980; *J. H. Pichler* (Hrsg.): Im Prisma des Geistes. Besprechungsaufsätze und ausgewählte Einzelrezensionen über zwei Jahrzehnte von W. H. Eine Festgabe aus Anlaß seines 80. Geburtstages (mit Kurzbiographie und Schrifttumsverzeichnis), Graz 1982; *F. Romig:* Die ganzheitliche Wirtschafts- und Sozialpolitik W. H.s (Festvortrag zum 80. Geburtstag W. H.s), in: Zeitschrift für Ganzheitsforschung, N. F. 27 (1983); *W. Wiltschegg:* Die Heimwehr. Eine unwiderstehliche Volksbewegung?, Wien 1985.

– Ro

Helffrich, Karl

* 22. 7. 1872 Neustadt a. d. Haardt; † 23. 4. 1924 (Eisenbahnunglück) bei Bellinzona/Schweiz. Nationalökonom und konservativer Politiker. Einer pfälzisch-rheinländischen Kaufmannsfamilie entstammend und Sohn eines Fabrikanten, absolvierte der hochbegabte H. das Gymnasium in Neustadt a. d. Haardt. Seinen dichterischen Neigungen – er publizierte als Student Gedichte und ein Drama („Ulrich von Hutten", 1893) – folgte er nicht, sondern wandte sich dem Studium der Rechtswissenschaften und der Nationalökonomie zu, das er zwischen 1890 und 1894 in Berlin, München und Straßburg absolvierte. Zu seinen wichtigsten Lehrern gehörten drei der führenden deutschen Wirtschaftswissenschaftler der Zeit: G. Schmoller, L. Brentano und G. F. Knapp, bei dem H. 1894 mit einer Studie über „Die Folgen des deutsch-österreichischen Münzvereins von 1857" promoviert wurde. Vier Jahre später habilitierte er sich an der Berliner Universität mit der Studie „Die Reform des deutschen Geldwesens nach der Begründung des Deutschen Reiches" (1898 in zwei Bänden erschienen). Diese Arbeiten sowie sein 1903 publiziertes wissenschaftliches Hauptwerk „Das

Geld" festigten und sicherten H.s Ruf als einer der ersten deutschen Währungsexperten. In seinen Veröffentlichungen (auch in zahlreichen publizistischen und polemischen Publikationen) zeigte sich H. als entschiedener „Metallist", d.h. er hielt an der Bindung des Geldes an Edelmetalle, insbesondere Gold, unbedingt fest und warnte entschieden vor der damals vielfach propagierten Idee eines reinen Papiergeldes: Kein Staat besitze soviel wirtschaftliche Vernunft, um in einem solchen Fall der Möglichkeit unbegrenzter Geldschöpfung widerstehen zu können.

Neben seiner wissenschaftlichen Tätigkeit – H. hielt als Privatdozent und a.o. Professor bis 1906 Vorlesungen an der Berliner Universität – knüpfte er schon recht früh Verbindungen zur Politik. Seine währungspolitischen Schriften hatten ihm die Bekanntschaft führender liberaler Parlamentarier, Publizisten, aber auch hoher Beamter und Industrieller eingebracht, darunter L. Bamberger, T. Mommsen, G. von Siemens, J. von Miquel und R. von Delbrück. Bereits seit 1901 war er für die kolonialpolitische Abteilung des Auswärtigen Amtes tätig, um die Währungsprobleme der deutschen Kolonien zu regeln, seit 1905 als Vortragender Rat. Doch schon ein Jahr später schied er aus dem Dienst des Reiches und aus der Universität aus und übernahm (im Auftrag der Deutschen Bank) das Amt eines Direktors der Anatolischen Eisenbahngesellschaft in Konstantinopel; daneben wurde er 1908 Vorstandsmitglied der Deutschen Bank und 1910 Mitglied des Zentralausschusses der Reichsbank.

Nach dem Ausbruch des Ersten Weltkrieges kehrte H. in den Staatsdienst zurück – um gleich in höchste Positionen zu gelangen: Im Januar 1915 wurde er Staatssekretär des Reichsschatzamtes und damit de facto Leiter der gesamten Reichsfinanzen, dem nun insbesondere die Organisation der Kriegsfinanzierung zufiel. Im Mai 1916 übernahm er die Leitung des Reichsamts des Inneren und wurde als Vizekanzler der Stellvertreter Bethmann Hollwegs. Obwohl zuerst Annexionist, riet H. Ende 1916 dem Kanzler zum Friedensangebot an die Alliierten Mächte und warnte nachdrücklich vor dem uneingeschränkten U-Boot-Krieg. Dies war vermutlich der Grund dafür, daß H., der den Sturz Bethmann Hollwegs überlebt hatte, Ende

1917 im Zusammenhang mit dem Rücktritt Michaelis' als Reichskanzler seine Ämter niederlegen mußte. Von da an war H. – nur unterbrochen durch ein kurzes Intermezzo als deutscher Botschafter in Moskau (Juli/August 1918), wo er die Gegenrevolution zu unterstützen suchte – mit der Ausarbeitung seiner Gesamtdarstellung des Krieges, einer Mischung aus Geschichtsschreibung und persönlichen Memoiren, befaßt, die 1919 in drei Bänden unter dem lapidaren Titel „Der Weltkrieg" erschien.

Doch H. blieb nicht nur als Schriftsteller und Publizist weiterhin unermüdlich tätig, es drängte ihn auch wieder in die Politik. Nun entfernte er sich deutlich von seinen liberalen Anfängen und wurde ein entschiedener Konservativer, der sich in den Jahren 1919/20 als schärfster Kritiker des Versailler Friedensvertrages und der deutschen Unterhändler bei den Verhandlungen profilierte. Berühmtheit erlangte seine Kampagne gegen den Zentrumspolitiker M. Erzberger, mit dem H. schon im Ersten Weltkrieg harte Kontroversen ausgefochten hatte. Nachdem Erzberger und auch – der ebenfalls von H. scharf attackierte – W. →Rathenau Mordanschlägen seitens der extremen Rechten zum Opfer gefallen waren, wurde H. öffentlich als geistiger Urheber dieser Morde angefeindet (der damalige Reichskanzler Wirth rief 1922 im Reichstag, gegen H. gewendet: „Der Feind steht rechts!").

Obwohl er sich erst der Deutschen Volkspartei hatte anschließen wollen (diese Partei hatte sich seiner Mitgliedschaft widersetzt), trat H. 1919 der →Deutschnationalen Volkspartei bei, für die er im gleichen Jahr in den Reichstag gewählt wurde. Bald war er die unbestrittene Führungsgestalt der DNVP, deren weltanschauliche Ausrichtung und Politik in ihren ersten Jahren durch H. nachhaltig geprägt wurde. Und dies in zwei Hauptaspekten: Zum einen hielt H. – trotz schärfster Kritik am „Versailler Friedensdiktat", vor allem an der englischen Politik – an einer westlichen Orientierung Deutschlands fest. Allen Ideen einer neuen, explizit gegen den Westen gerichteten deutschen Ostorientierung, die auch innerhalb der DNVP viele Anhänger besaß, setzte H. (der 1918 das bolschewistische Rußland in Augenschein hatte nehmen können) seinen Widerstand entgegen, wie er auch die damals grassierende Idee eines „deutschen Sozialismus" rundheraus ablehnte und für eine klare marktwirtschaftliche Option Deutschlands (wenn auch mit staatlichen Eingriffen in die Wirtschaft) eintrat. Zum anderen drängte er die Gruppe der Völkischen und Antisemiten in der Partei zurück; so konnte er 1921 einen Parteitagsbeschluß verhindern, der Juden von der Mitgliedschaft in der DNVP ausgeschlossen hätte. Ende 1922 hatte H. seine Absicht erreicht: Die Antisemiten verließen die Partei, und H. war seinem Ziel, die DNVP zu einer starken, bürgerlich-konservativen Kraft zu machen, näher gekommen. (Noch 1938 wurde übrigens ein antisemitisches Pamphlet gegen H. publiziert, das an diese Vorgänge erinnerte!) H.s vorrangiges Ziel in den frühen zwanziger Jahren war die Schaffung einer nationalkonservativen bürgerlichen Regierung unter Ausschluß der Sozialdemokratie (die er schon vor 1918 heftig bekämpft hatte). Obwohl keineswegs ein „Vernunftrepublikaner" und erst recht kein Demokrat, wäre H. vermutlich der einzige gewesen, der dem von Hugenberg nach 1928 betriebenen, für die weitere Entwicklung so verderblichen Schwenk der DNVP nach rechtsaußen hätte verhindern können.

Kurz vor seinem Tode war H. maßgeblich an der Konzeption der „Rentenmark" beteiligt, die im Oktober 1923 die deutsche Hyperinflation beendete, doch seine bereits in Aussicht genommene Berufung zum Reichsbankpräsidenten, dessen Stelle unerwartet vakant geworden war, wurde wegen offizieller Bedenken gegen H.s politische Stellung vereitelt.

B.: In *Williamson* (siehe unter **L.**), S. 415-24.

S.: Ulrich von Hutten. Trauerspiel in fünf Aufzügen von Erich F. Helf, Dresden – Leipzig 1893; Die Folgen des deutsch-österreichischen Münzvereins von 1857. Ein Beitrag zur Geld- und Währungstheorie, Straßburg 1894; Bimetallistische Kampfesart. Eine Auseinandersetzung mit Herrn Dr. Otto Arendt, Neustadt a. d. Haardt 1895; Gegen den Währungsumsturz, Berlin 1895; Der gegenwärtige Stand der Währungsfrage, Berlin 1895; Währung und Landwirtschaft. Gemeinfaßlich dargestellt, Stuttgart 1895; Die Währungsfrage. Gemeinfaßlich dargestellt, Stuttgart 1895; Germany and the Gold Standard, London 1896; Zur Geschichte der Goldwährung, Berlin 1896; Die Währungs-Debatte im englischen Unterhaus vom 17. März 1896, Stuttgart 1896; Deutschlands Münzreform und die Silberentwertung. Einige Worte über bimetallistische Geschichts-

schreibung, Stuttgart 1898; Das neue Fiasko der internationalen Doppelwährung. Englischer Parlamentsbericht vom 22. Oktober 1897, Stuttgart 1898; Die Reform des deutschen Geldwesens nach der Begründung des Deutschen Reiches, Bde. I-II, Leipzig 1898; Der Abschluß der deutschen Münzreform, Berlin 1899; Malthussche Bevölkerungslehre und der moderne Industriestaat, München 1899; Zur Erneuerung des deutschen Bankgesetzes, Leipzig 1899; Studien über Geld- und Bankwesen, Berlin 1900; Handelspolitik, Leipzig 1901; Das Geld, Leipzig 1903 u. ö.; Zur Reform der kolonialen Verwaltungs-Organisation, Berlin 1905; Das Geld im russisch-japanischen Kriege. Ein finanz-politischer Beitrag zur Zeitgeschichte, Berlin 1906; Deutschlands Volkswohlstand 1888-1913, Berlin 1913; The Condition of Belgium under the German Occupation. Impressions of a Voyage, Berlin o. J. (1914); Die Entstehung des Weltkrieges im Lichte der Veröffentlichungen der Dreiverbandmächte, Berlin 1915; Reden und Aufsätze aus dem Kriege, Berlin 1917; England und wir, Berlin 1918; Krieg und Kriegsanleihe, Stuttgart 1918; Rede über die deutsche Volkskraft, Berlin 1918; Die politische Lage und die Wahlen zur Nationalversammlung o. O., o. J. (1918); Fort mit Erzberger!, Berlin 1919; Der Friede von Versailles, Berlin 1919; Die Friedensbedingungen. Ein Wort an das deutsche Volk, Berlin 1919; Die Friedensbemühungen im Weltkrieg, Berlin 1919; Rede am 24. Juli 1919 anläßlich der ersten Versammlung des „National-Club von 1919" in Hamburg, Hamburg 1919; Das Reichsnotopfer, Berlin 1919; Versailles und die Kriegsschuld, Berlin 1919; Der Weltkrieg, Bde. I-III, Berlin 1919; Der wirtschaftliche Hintergrund des Weltkrieges, Leipzig 1919; Gegen Erzberger. Rede vor der Strafkammer in Moabit, 20. Januar 1920, Berlin 1920; Die deutsche Türkenpolitik, Berlin 1921; Deutschland in den Ketten des Ultimatums, Berlin 1921; Erzberger redivivus?, Berlin 1921; Die Lage der deutschen Finanzen, Berlin 1921; Die Politik der Erfüllung, München 1922; Reichstagsreden 1920-22. Mit einem Anhang: Reden vom 12. und 14. November 1919 vor dem Untersuchungsausschuß der Nationalversammlung, Berlin 1922; Georg von Siemens. Ein Lebensbild aus Deutschlands großer Zeit, Bde. I-III, Berlin 1923; Das neue Steuergesetz vom 20. März 1923 über die Berücksichtigung der Geldentwertung in den Steuergesetzen, Berlin 1923; Die Wahrheit über die Rentenmark, Berlin 1924.

E.: Reichstagsreden 1922-24, hrsg. v. *J. G. Reichert*, Berlin 1925.

L.: *Born* in NDB VIII, S. 470-72; *K. Graf Westarp:* Lebensbild des Staatsministers a. D. Dr. K. H., in: *H.:* Reichstagsreden 1922-24 (s. u. E.), S. 7-42; *K. Graf Westarp:* H., in: Deutscher Aufstieg. Bilder aus der Vergangenheit und Gegenwart der rechtsstehenden Parteien, hrsg. von *H. v. Arnim / G. v. Below*, Berlin – Leipzig – Wien – Bern 1925, S. 371-85; *K. v. Lumm:* K. H. als Währungspolitiker und Gelehrter, Leipzig 1926; *R. Fischer:* K. H., Berlin 1932; *A. Scheffbuch:* H. – Ein Kämpfer für Deutschlands Größe, Stuttgart 1934; *O.*

Hoetzsch: K. H. 1872-1924, in: Die Großen Deutschen. Neue Deutsche Biographie, hrsg. v. *W. Andreas / W. v. Scholz*, Bd. IV, Berlin 1937, S. 552-62; *K. Wahrmund:* Dr. K. H. als Gelehrter, Wirtschaftspolitiker und Staatsmann. Ein Beitrag zur Geschichte des Unterganges des Bismarckschen Reiches, Leipzig 1938 (antisemitisch); *K. v. Raumer:* K. H., in: Deutscher Westen – Deutsches Reich, Bd. I: Saarpfälzische Lebensbilder, hrsg. v. *K. v. Raumer / K. Baumann*, Kaiserslautern 1938, S. 185-220; *W. Liebe:* Die Deutschnationale Volkspartei 1918-24, Düsseldorf 1956; *K.-B. Netzband / H.-P. Widmaier:* Währungs- und Finanzpolitik der Ära Luther 1923-25, Basel – Tübingen 1964; *P.-C. Witt:* Die Finanzpolitik des Deutschen Reiches von 1903-13, Lübeck – Hamburg 1970; *J. G. Williamson:* K. H. 1872-1924. Economist, Financier, Politician, Princeton (N. J.) 1971; *K.-D. Krohn:* H. contra Hilferding. Konservative Geldpolitik und die sozialen Folgen der deutschen Inflation 1918-23, in: Vierteljahrschrift für Sozial- und Wirtschaftsgeschichte 62 (1975) S. 62-92; *G. D. Feldman:* The Great Disorder. Politics, Economics and Society in the German Inflation, 1914-24, New York – Oxford 1993.

– K

Helldorf-Bedra, Otto Heinrich von

* 16. 4. 1833 Schloß Bedra/Kr. Querfurt, † 10. 3. 1908 ebd. Konservativer Politiker aus sächsischem Adel. Nach dem Studium der Jurisprudenz in Bonn, Leipzig, Heidelberg und Berlin Tätigkeit als Beamter, zuerst beim Kreisgericht und bei der Bezirksregierung in Merseburg. Im Feldzug gegen Bayern 1866 schwer verwundet, amtierte H.-B. 1867-74 als Landrat des Kreises Wetzlar, anschließend widmete er sich neben der Verwaltung seiner vier Rittergüter bis 1893 der aktiven Parteipolitik. 1871-74, 1877-81 und 1884-93 gehörte er dem Reichstag als Abgeordneter der preußischen konservativen Partei, seit 1876 der →Deutschkonservativen Partei an, deren Mitgründer er – von →Bismarck maßgeblich unterstützt – gewesen war. 1884-92 amtierte er als Fraktionsvorsitzender. Außerdem war er Mitglied des Preußischen Staatsrates, der Kommission für die Beratung des Bürgerlichen Gesetzbuches sowie (seit 1890) des Preußischen Herrenhauses.

H.-B. gehörte von Anfang an zu den Bismarck bedingungslos unterstützenden Parlamentariern der Konservativen; er wurde zu einem der wichtigsten Helfer des Kanzlers in dessen letzten Regierungsjahren. Exponent des linken Parteiflügels, führte H.-B. die Konservativen in ein enges Bündnis mit den gemäßigt-bürgerlichen Kräften: Er war der maßgebliche Verfechter des Kartells aus Nationalliberalen, Reichskonservativen und Deutschkonservativen, das Bismarck in den letzten Jahren seiner Regierung stützte. An der Schutzzollpolitik, an der Sozialgesetzgebung und am Zustandekommen des Sozialistengesetzes hatte H.-B. wichtigen Anteil. Als er 1890, Bismarcks Taktik mißverstehend, die Verlängerung des Sozialistengesetzes verhinderte, verlor er das Vertrauen des Kanzlers.

Obwohl unter seiner Führung die Deutschkonservativen hohe Wahlergebnisse erzielten, konnte sich H.-B. nach 1890 gegen den rechten Parteiflügel unter →Stoecker und Hammerstein nicht mehr durchsetzen; sein Festhalten an der Kartellpolitik nach 1890 sowie seine Kritik an der konservativen Opposition gegen die Freihandelspolitik Caprivis kosteten ihn nicht nur den Vorsitz der Reichstagsfraktion und der Gesamtpartei, sondern auch sein Reichstagsmandat, worauf er aus der Partei austrat (und auch im Herrenhaus aus der konservativen Fraktion ausgeschlossen wurde). Der Sieg des altkonservativen Flügels auf dem Tivoli-Parteitag (Dezember 1892) besiegelte seine Niederlage. Politisch trat H.-B. bis zu seinem Tode nicht mehr hervor.

S.: Die heutigen Konservativen in England und Deutschland, in: Deutsche Revue, Bd. 22/III (1897), S. 285-307, Bd. 22/IV, S. 57-82; Der Fall des Sozialistengesetzes, in: ebd., Bd. 25/I (1900), S. 273-84, Bd. 25/II, S. 41-3.

L.: *Hiller v. Gaertringen* in NDB VIII, 474f.; *Merbach* in Arnim/Below, S. 243-46; *H. v. Poschinger:* Bismarck und die Parlamentarier, Bde. I-III, Breslau 1894-96; *W. Schüssler:* Bismarcks Sturz, Leipzig ²1922; *W. Mommsen:* Bismarcks Sturz und die Parteien, Stuttgart 1924; *H. Heffter:* Die Kreuzzeitungspolitik und die Kartellpolitik Bismarcks, Leipzig 1927; *S. v. Kardorff:* Bismarck – Vier Vorträge, Berlin 1929; *E. Devrient:* Das Geschlecht von Helldorf, Bd. I, Berlin 1931; *H. Booms:* Die Deutschkonservative Partei, Düsseldorf 1954; *J. C. G. Röhl:* The Disintegration of the Kartell and the politics of Bismarck's fall from power, 1887-90, in: Historical Journal 9 (1966), S. 60-89; *J. N. Retallack:* Notables of the Right – The Conservative Party and Political Mobilization in Germany, 1876-1918, Boston u.a. 1988; *J. Retallack:* Ein glückloser Parteiführer in Bismarcks Diensten – O. v. H.-B. (1833-1908), in: Konservative Politiker in Deutschland, hrsg. v. *H.-C. Kraus*, Berlin 1995, S. 185-203.

– K

Hellwege, Heinrich

* 18. 8. 1908 Neuenkirchen; † 4. 10. 1991 ebd. Konservativer Politiker, Bundesvorsitzender der →Deutschen Partei (DP). 1949-53 Mitglied der Bundesregierung; 1955-59 niedersächsischer Ministerpräsident. Aus streng lutherischem und hannoversch-patriotischem Hause stammend, war H. ein überzeugter Anhänger der „Welfen", einer monarchistisch orientierten niedersächsischen Regionalbewegung. Als Zwanzigjähriger schloß sich der gelernte Kaufmann, der in Stade das Gymnasium besucht hatte, der Deutschhannoverschen Partei (DHP) an. Nach 1933 geriet er aufgrund seiner christlichen und föderalistischen Überzeugungen in Opposition zu den Nationalsozialisten und engagierte sich in der Widerstandsgruppe „Niedersächsische Freiheitsbewegung" und der „Bekennenden Kirche". 1939-45 diente er bei der Luftwaffe.

1945 trat H. der Niedersächsischen Landespartei (NLP) bei, deren Vorsitz er am 24. 5. 1946 übernahm. Mit der Umbenennung und Erweiterung der NLP 1947 zur Deutschen Partei (DP) wurde H. deren Bundesvorsitzender; er hatte dieses Amt bis zu seinem Rücktritt 1961 inne.

1945-47 war H. Landrat in Stade. Dem niedersächsischen Landtag gehörte er von 1947-52 und von 1959-63 an. Seit 1949 war er zudem Mitglied des deutschen Bundestages. Als Bundesminister für Angelegenheiten des Bundesrates amtierte er vom 20. 9. 1949 bis 26. 5. 1955. Anschließend wechselte er nach Hannover, wo er als Ministerpräsident an die Spitze einer Vierparteienkoalition aus DP, CDU, FDP und BHE trat, die bis 1957 Bestand hatte. 1957-59 leitete H. eine Koalition aus DP, CDU und SPD.

Nach dem 1960 einsetzenden Erosionsprozeß der DP (Zerfall der Bundestagsfraktion im Juli 1960) und gescheiterten Bemühungen um einen Zusammenschluß mit FDP und BHE trat H. im Januar 1961 vom Bundesvorsitz seiner Partei zurück. Die kurze Zeit später erfolgte Fusion der DP mit dem BHE zur Gesamtdeutschen Partei (GDP) wurde von ihm mißbilligt. Nach dem Scheitern der GDP bei der Bundestagswahl 1961 trat H. zur CDU über, ohne jedoch für diese Partei Aktivitäten zu entfalten. 1979 verließ er auch die CDU mit der Begründung, sie verschrecke immer mehr ihre konservativen Wähler.

H. war prominentester Repräsentant der DP und deren Bundesvorsitzender im Zeitraum ihrer politischen Relevanz. In dieser Funktion wirkte M. vor allem integrativ. Obwohl selbst aus der welfischen Tradition stammend, bemühte er sich darum, der Partei ein moderates nationalkonservatives Gesicht zu geben, um sie über den niedersächsischen Bereich hinaus als „dritte Kraft" bundesweit zu etablieren. Gleichzeitig versuchte er, wiederholt auftretende Tendenzen des Abdriftens der DP ins Lager der extremen Rechten im Keim zu ersticken. Die DP, so sein Credo, habe die Aufgabe, in Zeiten der Massenideologien das „Banner der Mäßigung" und der „konservativen Erneuerung" aufzuziehen. Christliche und heimatverbundene Werte müßten wieder in den Mittelpunkt der Gesellschaftspolitik rücken. Wahrer Patriotismus manifestiere sich weder im Nationalismus noch im Weltbürgertum, sondern im „reichstreuen Föderalismus". In den Kabinetten →Adenauer galten die DP und besonders H. als zuverlässigste Koalitionspartner.

Neben der Parteipolitik engagierte sich H. als Synodaler der evangelisch-lutherischen Landeskirche in Hannover sowie als Anhänger der „Moralischen Aufrüstung" (CAUX-Bewegung). Er gehörte der „Abendländischen Akademie" und der „Deutschland-Stiftung" an.

S.: Deutsche Verantwortung. Der konservative Weg in die Zukunft. Eine Rede und die Grundsätze der Deutschen Partei, Braunschweig o. J.; Die föderalistische Lebensordnung, Bonn 1953; (o. Verf.): H. H. Ein konservativer Demokrat (Festschrift zu seinem 50. Geburtstag), Braunschweig 1958.

L.: *R. Holzgräber:* Die DP – Partei eines neuen Konservatismus?, in: Parteien in der Bundesrepublik, Stuttgart – Düsseldorf 1953, S. 407-49; *W. Henkels:* H. H., in: *ders.:* Zeitgenossen. Fünfzig Bonner Köpfe, Hamburg 1953; *H. Meyn:* Die DP. Entwicklung und Programmatik einer nationalkonservativen Rechtspartei, Düsseldorf 1965; *E. Ehrich:* H. H. Ein konservativer Demokrat, Hannover 1977; *C. Schmidt:* H. H. Der vergessene Gründervater. Ein politisches Lebensbild, Stade 1991; *I. Nathusius:* Am rechten Rande der Union. Der Weg der DP bis 1953, phil. Diss. Mainz 1992.

– St

Heydebrand und der Lasa, Ernst von

* 20. 2. 1851 Gollkowe/Kr. Militsch (Schle-

Ernst von Heydebrand und der Lasa
1851-1924

sien); † 15. 11. 1924 Klein-Tschunkawe/Kr. Militsch (Schlesien). Konservativer Politiker. H. entstammte einem alten schlesischen Adelsgeschlecht; zu seinen Vorfahren zählten neben Gutsbesitzern vor allem Beamte und Offiziere. Als Sohn eines Rittergutsbesitzers und Geheimen Regierungsrats geboren, studierte H. 1870-74 – nur durch die Teilnahme am deutsch-französischen Krieg unterbrochen – Rechtswissenschaften in Heidelberg, Berlin, Breslau und Jena, wo er zum Dr. jur. promoviert wurde. Besonderen geistigen Einfluß übten auf ihn während seiner Studentenzeit die Vorlesungen des Historikers H. von Treitschke aus, die H. an der Berliner Universität hörte. Nach dem Assessorexamen (1878) trat er in den preußischen Verwaltungsdienst ein. Seit 1883 amtierte er als Landrat seines heimatlichen Kreises Militsch in Schlesien, doch schied er 1895 nach einer Auseinandersetzung mit dem Oberpräsidenten der Provinz, Graf Hatzfeld, aus dem Staatsdienst aus. Fortan widmete er sich nur noch der Bewirtschaftung seines 1888 ererbten Gutsbesitzes und vor allem der Politik.

H. gehörte von 1888-1918 ununterbrochen dem preußischen Abgeordnetenhaus und von 1903-18 dem Reichstag an; er entwickelte sich mit den Jahren zum einflußreichsten Parlamentarier der →Deutschkonservativen Partei, die er von 1906 an – mit der Übernahme des Fraktionsvorsitzes der preußischen Landtagsfraktion – unumstritten führte. Die Bezeichnung H.s als „ungekrönter König von Preußen", die in diesen Jahren aufkam, war gleichwohl maßlos übertrieben. H. verstand sich nicht als Ideologe, sondern war in erster Linie Interessenpolitiker, der die Anliegen der ostelbischen Agrarier und der deutschen Landwirtschaft in den Mittelpunkt seiner Politik stellte; sein Widerstand gegen die Handelspolitik Caprivis (seit 1892) und gegen die Kanalvorlagen (seit 1899) sowie sein Eintreten für massive Schutzzölle sind hieraus erwachsen.

Auf dem Gebiet der Innenpolitik ging es H. um die Absicherung des monarchisch-konstitutionellen Systems in Preußen und Deutschland sowie um die Bewahrung der Vormachtstellung der preußischen Krone im Reich. Der immer wieder angemahnten Wahlrechtsreform für Preußen hat er sich bis 1918 zäh widersetzt; nicht zuletzt seinem Widerstand ist es zuzuschreiben, daß das 1849 eingeführte Dreiklassenwahlrecht in Preußen bis zum Ende des Kaiserreichs überleben konnte – und damit der Konservativen Partei sichere Mehrheiten im Landtag zu sichern vermochte. Im Gegensatz zu →Helldorff-Bedra und den Konservativen der späten Bimarck-Ära (1876-90) verfocht H. keineswegs einen grundsätzlich regierungstreuen Kurs; während er mit Bülow gut zusammenarbeitete, kam es mit Bethmann Hollweg immer wieder zu Auseinandersetzungen. H.s Widerstand gegen eine Reform des Erbrechts führte 1909 zur Sprengung des „Bülowblocks" und zu heftigen Konflikten zwischen Konservativen und Liberalen. Die katastrophale Wahlniederlage der Deutschkonservativen Partei von 1912 ist maßgeblich auf H.s Intransigenz und Kompromißunfähigkeit zurückzuführen. – Dem Kaiser stand H. persönlich nicht nahe; das öffentliche Wirken Wilhelms II., insbesondere im Verlauf der „Daily Telegraph-Affäre" von 1908, ist von H. deutlich, wenn auch in zurückhaltenden Formulierungen, kritisiert worden.

Außenpolitisch trat H. zunächst wenig hervor, daher erregte sein scharf antienglisches Auftreten im Reichstag während der Marokkokrise (November 1911) großes Aufsehen. Während des Ersten Weltkriegs trat er nachhaltig für einen Siegfrieden ein und begrüßte den Entschluß zum uneingeschränkten U-Boot-Krieg; auf der anderen Seite aber lehnte er die Annexionsforderungen der Alldeutschen ab. Nach dem Zusammenbruch der Monarchie im November 1918 zog sich H. auf seine schlesischen Güter zurück. Am politischen Leben – so etwa an der Gründung der →Deutschnationalen Volkspartei – nahm er nur mehr am Rande teil; gelegentlich publizierte er noch in der konservativen Presse.

Seine grundsätzlichen Überzeugungen, die er in einer 1909 vor Studenten in Leipzig gehaltenen Rede „Über konservative Gedanken und Ziele" formulierte, waren weder originell noch umfassend begründet; sie faßten nur die allgemeine konservative *communis opinio* der Epoche zusammen – so, wenn er sie etwa die umfassende Einordnung des Individuums in die politische Gemeinschaft und dessen Unterordnung unter die Autorität von →Tradition und Erfahrung forderte. Besonderen Wert legte er auf die Bewahrung von Kontinuität: „Wir halten an dem Alten nicht deswegen fest, weil es alt ist, sondern wir sind der Meinung, daß es deswegen alt ist, weil es gut ist. Und deswegen sind wir auch der Meinung, das Neue, das sich uns bietet, hat die Pflicht gegenüber dem Bestehenden, zu beweisen und darzutun, daß es das Bessere ist; und soweit uns das einleuchtet, müssen wir ihm folgen." – Seine nach dem Untergang des Kaiserreichs abgeschlossene Familienchronik endete mit den Worten: „Mag auch mein politisches Lebenswerk gescheitert sein, so bleibt mir doch der Boden, aus dem ich erwachsen bin. Wie lange noch?"

S.: Beiträge zu einer Geschichte der konservativen Partei in den letzten 30 Jahren (1888 bis 1919), in: Konservative Monatsschrift 77 (1920), S. 497-504, 539-45, 569-75, 605-11, 638-44; Bethmann Hollweg und seine Betrachtungen zum Weltkriege, in: Konservative Monatsschrift 79 (1922), S. 285-89.

E.: Abgeordneter v. H. über konservative Gedanken und Ziele, in: *U. v. Heydebrand und der Lasa* (Hrsg.): Chronik des schlesischen Uradelsgeschlechts v. H. u. d. L. (siehe unter **L.**), S. 31-7; Dr. E. v. H. u. d. L. über die „Aufgaben der konservativen Partei", in: ebd., S. 38-41.

L.: *Hiller v. Gaertringen* in NDB IX, 66f.; *K. Graf*

Westarp: H., in: Deutscher Aufstieg. Bilder aus der Vergangenheit und Gegenwart der rechtsstehenden Parteien, hrsg. von *H. v. Arnim / Georg v. Below*, Berlin – Leipzig – Wien – Bern 1925, S. 337-55; *K. Graf Westarp:* Konservative Politik im letzten Jahrzehnt des Kaiserreiches, Bde. I-II, Berlin 1935; *F. W. v. Oertzen:* Junker. Preußischer Adel im Jhdt. des Liberalismus, Oldenburg – Berlin 1939; *H. Booms:* Die Deutschkonservative Partei, Düsseldorf 1954; *W. Görlitz:* Die Junker. Adel und Bauer im deutschen Osten. Geschichtliche Bilanz von 7 Jhdt.en, Limburg a. d. L. ³1964; *U. v. Heydebrand und der Lasa* (Hrsg.): Chronik des schlesischen Uradelsgeschlechts v. H. u. d. L., Limburg a. d. L. 1964; *O. Graf zu Stolberg-Wernigerode:* Die unentschiedene Generation. Deutschlands konservative Führungsschichten am Vorabend des Ersten Weltkrieges, München – Wien 1968; *H.-J. Puhle:* Agrarische Interessenpolitik und preußischer Konservatismus im wilhelminischen Reich (1893-1914), Bonn – Bad Godesberg ²1975; *J. N. Retallack:* Notables of the Right. The Conservative Party and Political Mobilization in Germany, 1876-1918, Boston 1988; *ders.:* The Road to Philippi: The Conservative Party and Bethmann Hollweg's „Politics of the Diagonal", 1911-14, in: Between Reform, Reaction and Resistance. Studies in the History of German Conservatism from 1789 to 1945, hrsg. v. *L. E. Jones / J. Retallack*, Providence – Oxford 1993, S. 261-98.

– K

Hierarchie

(von griech. hieros, „heilig", und arché, „Herrschaft"). H. ist Bauprinzip jeglicher Ordnung, gleichgültig, ob im Himmel (Ps.-Dionysius Areopagita: De caelesti hierarchia, um 500 n. Chr.) oder auf Erden, ob unter sichtbaren (körperlich-stofflichen) oder unsichtbaren (geistigen) Wesen, ob in Gesellschaft (→Kirche, Familie, Unternehmung) oder →Staat (Verwaltung, Heer, Polizei), ob in (politischen) Parteien oder in Geselligkeitsvereinen, in öffentlich-rechtlichen Körperschaften (Kammern, Ständen) oder Interessenverbänden (Kartellen, Gewerkschaften, Arbeitgebervereinigungen). Wo Ordnung ist, dort ist H. (vgl. →Thomas von Aquin: „Eine geordnete Gesellschaft ist eine H."). Die hierarchische Verfassung allen Seins findet Ausdruck in wissenschaftlichen Systemen (Kosmologie, Ontologie, Logik, Physik), ethischen Wertordnungen (Wertepyramide), in der Rechtsordnung (Stufenbau des →Rechts), in den Gliederungsplänen staatlicher Einrichtungen und Behörden sowie in den Organisationsplänen von Unternehmungen und Verbänden.

Jede H. hat zwei Funktionen. Sie ermöglicht (1.) die Darstellung oder „Ausdifferenzierung" einer Einheit in einer Vielheit von „Gliedern" und somit die „Vermittlung" des „Ganzen" (z.B. des einheitlichen Willens, des Ziels, des →Gemeinwohls) in den Teilen, die Schaffung von „Organen" oder „Ab-Teilungen" und, umgekehrt, (2.) die Rückbindung der Teile an das Ganze, die Eingliederung in den (System-)Zusammenhang, die Teilnahme am Leben der Gemeinschaft.

In den ältesten Kulturen steht an der Spitze der gesellschaftlichen Pyramide der „Hierarch", der Priesterkönig, dessen Hauptaufgabe es ist, über die Einhaltung der „heiligen Ordnung" (H.) und den rechtzeitigen („rituellen") Vollzug der Kulte zu wachen, damit auf diese Weise der Wille („das Gesetz") der Götter und himmlischen Mächte erfüllt wird und durch ihren Segen der „Wohl-Stand" des Gemeinwesens erblüht. Mit der Ausdifferenzierung der beiden Funktionen, der Aufteilung des Priesteramtes und des Königsamtes auf zwei verschiedene Personen, entsteht die Notwendigkeit, ihr Verhältnis zueinander und damit ihren hierarchischen *Rang* zu bestimmen. Die rechte Rangordnung (H.) zwischen geistlicher und weltlicher Gewalt und dann innerhalb der jeweiligen Gewalten herzustellen und zu bewahren, ist noch heute die vornehmste Aufgabe konservativer Politik.

Der Gegensatz zur H. ist die Anarchie. Die Vorstellung einer „herrschaftslosen Gesellschaft" liegt allen aufklärerischen Ideologien, so zuletzt auch dem Liberalismus und Marxismus, zugrunde. Die Realisierungsversuche solcher wesens- und seinswidrigen Vorstellungen führen regelmäßig zu den totalitären Systemen des Kollektivismus, Demokratismus, Faschismus oder Bürokratismus, die die angestrebte „Freiheit des Individuums" ersticken. Von →Platon (Theorie des Verfassungswandels) bis zu Max Webers Herrschaftssoziologie und die „Dialektik der Aufklärung" (Horkheimer/Adorno) weiß die politologische Literatur um das Umschlagen der zügellosen Freiheit in die Tyrannis. Die Sicherung von Freiheit und Würde des Menschen ist an die Voraussetzung einer hierarchischen Ordnung gebunden, die Mensch, Gesellschaft und Staat auf ihre eigentliche und einheitliche Bestimmung, ihr *summum bonum*, hinweist und zurückführt.

L.: Platon: Der Staat; *Ps.-Dionysius Areopagita:* De caelesti hierarchia; dt. Über die himmlische Hierarchie, Stuttgart 1986; *Dante Alighieri:* De Monarchia.
G. Weippert: Das Prinzip der H. in der Gesellschaftslehre von Platon bis zur Gegenwart, Hamburg 1932; *L. Ziegler:* Überlieferung, München ²1947; *M. Weber:* Wirtschaft und Gesellschaft, Tübingen ⁴1954; *R. Roques:* L'univers Dionysien. Structure hiérarchique du monde selon le Pseudo-Denys, Paris 1954; Vatikanum II: Die dogmatische Konstitution über die Kirche „Lumen gentium" (insbes. Kap. III: Die hierarchische Verfassung der Kirche), Rom 1964; *W. F. Otto:* Theophania. Der Geist der altgriechischen Religion, Frankfurt a. M. 1975; *J. G. Frazer:* Der goldene Zweig. Eine Studie über Magie und Religion, Bde. I-II, Berlin 1977 (insbes. Kap. II: Priesterliche Könige).

– Ro

Historisch-politische Blätter für das katholische Deutschland

Die HpBl wurden am 1. 4. 1838 in München gegründet. Sie waren nach der Mainzer Monatsschrift „Der Katholik" die älteste Zeitschrift des deutschen politischen Katholizismus.

Das Entstehen der HpBl fällt mit den Anfängen des politischen Katholizismus als Bewegung zusammen. Infolge der kontroversen Auseinandersetzungen über den sog. Kölner Kirchenstreit in Preußen (1837) schied eine katholische Gruppe um C. E. →Jarcke aus dem →„Berliner politischen Wochenblatt" aus und gründete unter maßgeblicher Mitwirkung von J. →Görres eine neue Zeitschrift. Für die Berichterstattung war neben Jarcke, dem eigentlichen Urheber der Blätter, besonders G. →Phillips wichtig. Auch nach der Trennung vom „Berliner politischen Wochenblatt" gab es weiterhin Verbindungen zum protestantischen Konservatismus, vor allem über C. L. von →Haller. Um die Zeitschrift bildete sich bereits in den ersten Jahren ihres Bestehens ein weiter Kreis von Publizisten, dem u.a. J. von →Eichendorff, F. →Hurter, I. Döllinger und J. A. Möhler angehörten. Insbesondere dem Einfluß Jarckes ist es zuzuschreiben, daß die Blätter in den ersten Jahrzehnten ihres Bestehens ausgesprochen konservativ ausgerichtet waren.

Unter Rückgriff auf das Gedankengut der französischen Traditionalisten (de →Bonald, de →Maistre) und der politischen →Romantik entwickelten die HpBl eine „politische

Theologie des Konservatismus" (T. Nipperdey). Vor allem in der frühen Phase ging es darum, die „revolutionäre wie die despotische Doktrin der falschen Staatsweisheit durch die Verkündigung der Grundsätze wahrer →Freiheit und des Rechts zu bekämpfen". Inhalte des publizistischen Wirkens waren die Ablehnung des omnipotenten Staatsabsolutismus, der sich zur alleinigen Rechtssetzungsinstanz erhob, die Kritik am atomistischen Liberalismus, aber auch die Distanzierung vom neuzeitlichen Subjektivismus, der sich nach Meinung der HpBl sowohl in der Reformation wie auch in der Französischen Revolution niedergeschlagen hatte. Dabei vermischten sich oft kirchliche und politische Argumentationen. Die herkömmlichen Topoi konservativen Denkens wurden hier auf dem Hintergrund kirchlich-katholischer Lehre präsentiert.

Primäres Ziel war die Sicherung katholischer Rechte vor dem Zugriff des →Staates im Sinne der defensiven Strategie des politischen Katholizismus insgesamt. Weiterhin erfolgte eine strikte Abgrenzung von allen weltanschaulichen Gegnern der Kirche, wie dem Liberalismus und dem antikatholischen Protestantismus. Bei aller Loyalität war die Distanz zur Kurie kaum zu übersehen, was freilich für viele Richtungen innerhalb des Katholizismus charakteristisch war. Der klerikale Zug der Blätter ergab sich aus der speziellen Sichtweise des Verhältnisses von Staat und →Kirche: Auf dem Hintergrund der Lehre von der Gleichursprünglichkeit beider Mächte gingen die Autoren der HpBl von einer originären Rechtssetzungsbefugnis der Kirche für ihren Bereich aus, die ihre Eigenständigkeit auch gegenüber dem Staat sichern sollte.

Während in der frühen Zeit konservativ-katholische Grundsatzfragen stärker im Vordergrund standen, waren in der zweiten Hälfte des 19. Jhdt.s, besonders vor und nach dem Einschnitt von 1870/71, tagespolitische Themen stärker akzentuiert. 1852 übernahm J. E. →Jörg, der sich besonders dem Erbe J. Görres' verpflichtet fühlte, für ein halbes Jhdt. die Redaktion der Zeitschrift. Von diesem Zeitpunkt an war die Ausrichtung der Blätter mit der Haltung dieses engagierten Politikers und Publizisten identisch. In den ersten beiden Jahrzehnten bis zur Reichsgründung hatte das Wirken Jörgs vor allem ein Ziel: den Kampf gegen den in der Nachfolge Montgelas' stehenden „Ministerialdespotismus" zu führen, der die Kirche bevormundete.

Die Haltung der HpBl bezüglich der Konstellation in Europa nach 1870/71 wechselte mehrmals. Ursprünglich wollte der großdeutsch ausgerichtete Jörg eine Reichsgründung im europäischen Gesamtkontext, nicht aber ausschließlich auf preußisch-nationaler Basis. Sein Ziel war ein gemeinsames Bündnis von Preußen und Österreich als „Kern eines mitteleuropäischen Blocks" (H. Martin). Nachdem Preußen sich immer mehr aus der Allianz mit Österreich zurückgezogen hatte, bevorzugte er ein Bündnis zwischen Frankreich und Österreich – allerdings nur bis zum Zeitpunkt der Vertreibung Österreichs aus Italien durch Napoleon III. Während eines Zeitraums von über einem Jahrzehnt vor 1870/71 waren die HpBl unübersehbar preußenfreundlich.

Erst 1867 kam es zur endgültigen Wende, zu einer Haltung des „schroffsten Partikularismus" (M. Spahn). Die Zeitschrift lehnte den casus foederis im Krieg zwischen Deutschland und Frankreich ab. Die Bündnisverträge mit Preußen wurden vom bayerischen Parlament angenommen, und 1871 kam es zum Beitritt Bayerns zum Reich. Die Stellung Jörgs, der diese Entwicklung in den HpBl heftig kritisierte, blieb weitgehend isoliert. Deutliche Kritik wurde auch an den Verhandlungen in Versailles geübt: Die Bayern eingeräumten Partikularrechte erschienen den „Blättern" als unzureichend, außerdem galt der Norddeutsche Bund (und später das neue Reich) als zu zentralistisch und zu stark von Preußen dominiert.

Nachdem der Eintritt Bayerns in den Reichsverband nicht zu verhindern gewesen war, kämpfte Jörg nach 1871 vor allem gegen die „unitarischen Ziele des Nationalliberalismus" (H. Martin). Auch nach der Reichsgründung blieb Jörg, der sich nun aus dem bayerischen Landtag zurückzog, einer der engagiertesten und leidenschaftlichsten Anwälte der bayerischen Eigenständigkeit, was ihm selbst innerhalb der Patriotenpartei Kritik einbrachte.

Wichtige Themen der späteren Publizistik der HpBl waren neben der Stellung Bayerns im Reich die Neugestaltung Mitteleuropas, aber auch innenpolitische Streitpunkte wie die soziale Frage. Mit dem besonderen Interesse für diesen Gegenstand kehrten die Blätter zu einer Thematik zurück, die seit den Tagen A. →Müllers und F. von →Baaders für den Konservatismus stets von Bedeutung gewesen war. Der „konservative Sozialist" Jörg (H. Gollwitzer) leistete mit seinen diesbezüglichen Überlegungen und Thesen sogar einen nicht unwichtigen Beitrag zur Entstehung der →Katholischen Soziallehre.

L.: *F. Rhein:* Zehn Jahre „HpBl" 1838-48. Ein Beitrag zur Vorgeschichte des Zentrums, phil. Diss. Bonn 1916; *W. v. Kloeber:* Die deutsche Frage 1859-71 in großdeutscher und antiliberaler Beurteilung. Die Zeitläufe Dr. Jörgs in den HpBl für das katholische Deutschland, München 1932; *H. Martin:* Die Stellung der HpBl zur Reichsgründung, in: Zeitschrift für bayerische Landesgeschichte 6 (1933), S. 60-84, 217-45; *H. Gollwitzer:* Edmund Jörg, in: Zeitschrift für bayerische Landesgeschichte 15 (1949), S. 125-48; *H. Lacher:* Politischer Katholizismus und kleindeutsche Reichsgründung. Eine Studie zur politischen Ideenwelt im deutschen Katholizismus 1859-71, phil. Diss. Mainz 1963; *T. Nipperdey:* Deutsche Geschichte 1800-66. Bürgerwelt und starker Staat, München 1983; *B. Weber:* Die „HpBl" als Forum für Kirchen- und Konfessionsfragen, phil. Diss. München 1983; *H. Raab:* Konservative Publizistik und katholische Geschichtsschreibung. Mit unbekannten Briefen von Franz Binder, Edmund Jörg, George Phillips und Johann Nepomuk Sepp, in: Zeitschrift für bayerische Landesgeschichte 50 (1987), S. 591-637.

– Di

Hofbauer, P. Clemens Maria (Johannes)

* 26. 12. 1751 Taßwitz (Tasovice, Mähren); † 15. 3. 1820 Wien. Heiliger, Ordensmann und Seelsorger. Das neunte von zwölf Kindern eines Bauern und Fleischhauers – sein Vater war ein aus Mährisch-Budweis zugewanderter Tscheche, der ursprünglich Dworschak hieß – entstammte einer deutsch-slawischen Mischehe. Früh verwaist, konnte H. zunächst keine höhere Schule besuchen, sondern begann 1767 eine Bäckerlehre in Znaim. 1769 pilgerte er mit einem anderen Bäckerlehrling nach Rom. Nach seiner Rückkehr bekam H. eine Anstellung als Geselle in der Bäckerei des Prämonstratenserstiftes Klosterbruck, wo er 1772 als Novize eintrat und gleichzeitig als Kammerdiener und Tafeldek-

Clemens Maria Hofbauer
1751-1820

ker arbeitete. Dort erhielt er auch die Gelegenheit, sein Gymnasialstudium nachzuholen. 1777 unternahm H. seine zweite Wallfahrt nach Rom; in der Folge ließ er sich in Tivoli unter dem Ordensnamen Clemens als Eremit nieder. Wieder zurück in Mähren, richtete sich H. in der Nähe von Pölz bei Mühlfrau eine Einsiedelei ein. 1779 begab er sich nach Wien, um an der Normalschule von St. Anna einen Kurs für Katecheten zu besuchen und gleichzeitig wieder als Bäckergeselle zu arbeiten.

1782 konnte H. an der Universität das Philosophiestudium beginnen, kurz darauf auch das Studium der Theologie. 1784 wanderte er wieder nach Rom, wo er im Herbst des Jahres in die Kongregation der Redemptoristen eintrat und zusätzlich den Namen Maria annahm. Im März 1785 leistete er die Ordensgelübde und übersiedelte in das Redemptoristenkolleg nach Frosinone, kurz darauf wurde er in Alatri zum Priester geweiht. 1785/86 studierte er in Wien weiter, 1787 begab er sich (eigentlich in der Absicht, in Kurland zu missionieren) nach Warschau, wo er die deutsche Nationalkirche bei St. Benno übernahm und sich besonders der Seelsorge der dortigen deutschen Bevölkerung widmete. Außerdem gründete der „Apostel von Warschau", wie H. später genannt werden sollte, eine Armenschule, ein Waisenhaus, eine Lateinschule und ein Internat für sozial und moralisch gefährdete Mädchen, so daß insgesamt über 10.000 Kinder bei ihm Erziehung genossen.

Seit 1788 Generalvikar des Redemptoristenordens nördlich der Alpen, war H. in seinem neuen Betätigungsfeld aufgrund der entgegengesetzten Zeitströmungen der →Aufklärung weniger erfolgreich: Seine Versuche, neue Ordensniederlassungen zu gründen – 1797/98 in Wollerau (Schweiz), 1802-05 in Jestetten, Triberg und Babenhausen (Süddeutschland) –, schlugen fehl. Außerdem hob Napoleon I. im Juni 1808 St. Benno auf. H. wurde auf die Festung Küstrin gebracht und zog in der Folge wieder nach Wien. Zunächst wirkte er eher zurückgezogen an der Wiener Minoritenkirche und half während der französischen Belagerung der Stadt in den Militärkrankenhäusern aus. Nach seiner Ernennung zum Beichtvater der Ursulinen und Kirchendirektor von St. Ursula ab 1813 bildete er jedoch den Mittelpunkt des wiedererstarkenden religiösen Lebens und der katholischen Reform.

Als Prediger wählte H. das Motto „Das Evangelium ganz neu predigen" und begründete damit seinen legendären Ruf in allen Schichten der Bevölkerung. Zum „H.-Kreis" zählten bald Romantiker und Konvertiten, wie die Literaten Zacharias Werner, Friedrich →Schlegel, Clemens Brentano und Joseph von →Eichendorff, aber auch höhere Beamte, wie Metternichs Sekretär Joseph Anton von Pilat, Maler, wie Friedrich August Klinkowström, der Philosoph und Staatsrechtler Adam H. →Müller; Juristen, Pädagogen und zahlreiche Studenten. Dieser Kreis wiederum potenzierte die Bestrebungen seines Lehrmeisters durch die Gründung mehrerer katholischer Zeitschriften, der damals einzigen geistlichen Leihbibliothek Wiens oder durch die Schaffung eines katholischen Erziehungsinstituts für Knaben. Ein breites Sozialprogramm begleitete H.s Kampf gegen Aufklärung und Josephinismus. Auch konnte scharfe polizeiliche Überwachung nicht verhindern, daß H. zum Seelenführer der Reformbischöfe Zängerle (Seckau), Ziegler (Linz) und Rauscher (Wien) wurde und jeden seiner Schritte – besonders während des Wie-

ner Kongresses 1814/15, als er mithalf, nationalkirchliche Bestrebungen zu vereiteln – durch intensiven Kontakt zur Nuntiatur mit Rom absprach.

1818 gelang H. die Gründung einer Ordensniederlassung in Valsainte (Schweiz). Weitere Planungen, den Orient und Amerika betreffend, konnte er nicht mehr verwirklichen, auch erlebte er die Zulassung der Redemptoristen in Österreich nicht mehr: Fünf Wochen nach seinem Tod, am 19. 4. 1820, genehmigte Kaiser Franz den Orden und überwies ihm die wichtige Wiener Innenstadtkirche Maria am Gestade (wohin der Leichnam H.s 1862 vom Friedhof in Maria Enzersdorf überführt wurde). 1888 wurde H. selig-, 1909 heiliggesprochen. Seit 1913 ist er zweiter Schutzheiliger der Gesellenvereine, seit 1914 Schutzpatron von Wien. Durch seine Begabung, seine Zähigkeit und seine Unbeirrbarkeit im Glauben gelang H. nichts Geringeres als die Beendigung der geistigen Diktatur der Aufklärung in Österreich. In den folgenden Jahrzehnten sollte die Kirche in Österreich noch einmal jene Freiheit wiedergewinnen (kulminierend im Konkordat von 1855), die ihr die Irrlehren des Revolutionszeitalters geraubt hatten.

L.: *Welzig* in NDB IX, 376f.; *Till* in: Neue Österreichische Biographie ab 1815 XVI, 41-9; *F. Pösl:* C. M. H., der erste deutsche Redemptorist in seinem Leben und Wirken, 1844; *S. Brunner:* C. M. H. und seine Zeit, Wien 1858; *C. von Wurzbach:* Biographisches Lexikon des Kaiserthums Oesterreich, Bd. IX, Wien 1863, S. 154-58; Vollständiges Heiligen-Lexikon, hrsg. v. *J. E. Stadler,* Bd. III, Augsburg 1869, S. 625-31; *M. Haringer:* Leben des Dieners Gottes P. C. M. H., Wien 1877; *A. Innerkofler:* C. M. H. als Liturgiereformer, in: Der Gral. Monatsschrift für Kunstpflege im katholischen Geiste 4 (1909/10), S. 297ff.; *J. Eckhardt:* C. M. H. und die Wiener Romantikerkreise am Beginn des 19. Jhdt.s, in: Hochland 8/I (1910), S. 17-27; *H. Güttenberger:* K. M. H., Der Heilige der Romantik, Wien 1927; *A. Meier:* Der heilige K. M. H., Fribourg 1932; *J. Fried:* Heilige, die durch Wien gingen, Wien 1935; *E. Hosp:* Der heilige K. M. H. (1751-1820), Wien 1951; *K. Schedl:* Ein Heiliger steht auf. K. M. H., Wien 1951; Österreichisches Biographisches Lexikon 1815-1950, Bd. II, Graz – Köln 1959, S. 371f.; *A. Reimann:* K. M. H., 1970; *O. Weiss:* K. M. H. Repräsentant des konservativen Katholizismus und Begründer der katholischen Restauration in Österreich, in: Zeitschrift für bayerische Landesgeschichte 34 (1971), S. 211-37; *F. Loidl:* Geschichte des Erzbistums Wien, Wien – München 1983; *K. Fleischmann:* K. M. H. – Sein Leben und seine Zeit, Graz 1988; *W. Hünerman:*

Der Apostel von Wien: K. M. H., Innsbruck – Wien 1988; Der Romantikerkreis in Maria Enzersdorf: K. M. H. und seine Zeit. Ausstellung der Marktgemeinde Maria Enzersdorf am Gebirge im Schlößchen auf der Weide vom 3. Juni bis 25. Juni 1989 (Katalog), Maria Enzersdorf 1989; *P. Schwaiger:* K. M. H. Ein marianischer Heiliger, Diplomarbeit Universität Wien 1989; *R. Chlada:* Der Heilige von Wien, in: Die Weiße Rose. Zeitschrift gegen den Zeitgeist Nr. 6, 1990, S. 17-20; Biographisch-bibliographisches Kirchenlexikon, hrsg. v. *F. W. Bautz*, Bd. II, Hamm 1990, S. 943-46.

– Ri

Hoffer, Eric

* 25. 7. 1902 New York City; † 21. 5. 1983 San Francisco. Auf der Suche nach einem intellektuellen Fürsprecher des sogenannten Arbeiter-Konservatismus (Working Class Conservatism) stößt man unweigerlich auf den Amerikaner H. Dieser Autodidakt übte in seinem Leben die unterschiedlichsten Berufe aus. So arbeitete er als Holzfäller, Bauernknecht und als Dockarbeiter. Ohne Oberschulzeugnis und ohne Hochschulstudium brachte er es sogar zum Gastprofessor an der University of California (Berkeley). Auch während seiner Dozententätigkeit ließ er es sich nicht nehmen, im Hafen von San Francisco weiterhin als Schauermann tätig zu sein.

In allen seinen Schriften findet sich eine tief eingewurzelte Skepsis gegenüber dem Versuch, die komplexe politische Wirklichkeit auf das Prokrustesbett einer konstruktivistischen Ordnungsvorstellung zu legen. Damit ist seine Nähe zum Konservatismus, also auch zur Ablehnung aller Weltverbesserungsideologien, offenkundig.

H. hat sein wissenschaftliches Augenmerk folgerichtig auch dem modernen →Totalitarismus entgegengebracht. Dabei weist er auf dessen pseudoreligiösen und eschatologischen Charakter hin. Hakenkreuz und Hammer und Sichel seien an die Stelle des christlichen Kreuzes getreten. Sowohl im Nationalsozialismus als auch im Bolschewismus gäbe es Heilige und Märtyrer. Im Kontrapunkt zum Christentum strebe der Parteigänger des modernen Totalitarismus ein irdisches Paradies an. Um dieses Ziel zu erreichen, bedürfe es der Führerpersönlichkeiten, die ihr Leben vollkommen der Errichtung dieses utopischen Endzustandes widmeten. Sie trieben die von ihnen überzeugten Massen an und in-

doktrinierten sie. Als historische Beispiele dienen H. Marat, Robespierre, Lenin und Hitler. Diese totalitären Führer zeichneten sich notwendigerweise auch durch ein Höchstmaß an ideologischer Intoleranz aus. Jeder politische Kompromiß werde als Schwäche denunziert, auch die geringste Abweichung vom revolutionären Tugendpfad als Todsünde wider die Heilsbotschaft interpretiert.

Dabei garantiere allein die radikale Zerstörung der alten Ordnung die Möglichkeit, eine gänzlich neue Welt zu errichten. Aus diesem Grund erweise sich der totalitäre Fanatiker auch als Freund chaotischer Zustände. Die soziale und politische Anomie gäbe sich für ihn als das Unterpfand der zukünftigen Heilsordnung zu erkennen. Er zeichne sich auch durch eine faktenverneinende Wirklichkeitsfremdheit aus. Da er kaum über politische Erfahrung verfüge und die Fakten der Politik weitgehend negiere, erweise er sich auch als unfähig, die wahren Folgen seiner revolutionären Aktivität in den Blick zu nehmen. Seine wirklichkeitsnegierende Revolutionsbesessenheit ende zwangsläufig in der repressivsten Tyrannei. Statt der angestrebten Befreiung des Menschen zeichneten sich die modernen totalitären Regime durch ein Höchstmaß an Herrschaftsintensität aus. Letzten Endes entsprächen ihre Strukturprinzipien denjenigen des totalitären Revolutionsbewegung. Was in ihr an bewußter Selbsterniedrigung und Ichschwäche praktiziert werde, gäbe sich als Seinsmodus der totalitären Ordnung zu erkennen. Der Versuch des revolutionären Fanatikers, den radikalen Sprung in die Zukunft zu wagen und alle Gegenwartsbezüge hinter sich zu lassen, bringe diesen in einen radikalen Gegensatz zum Konservativen. Während dieser die Gegenwart nach dem Vorbild der Vergangenheit zu formen versuche, lehne der utopieorientierte Fanatiker die Seinsprinzipien sowohl der früheren wie auch der heutigen Ordnung ab.

H.s Votum für eine wirklichkeitsorientierte und ideologiefeindliche Politik brachte ihn auch in einen dichotomischen Gegensatz zu jenen marxistischen Intellektuellen, die die Gewerkschaftsbewegung für ihre ideologischen Ziele benutzten. H. warf ihnen vor, eine im Grunde arbeiterfeindliche Politik zu betreiben. Ihr Ziel, an die Stelle des →Kapitalismus eine sozialistische Gesellschaftsordnung zu setzen, widerstrebe den Interessen der Arbeiter. Die historische Erfahrung habe augenfällig unter Beweis gestellt, daß diese im Sozialismus nichts zu gewinnen, aber alles zu verlieren hätten.

S.: The True Believer, New York 1951; The Passionate State of Mind, New York 1955; The Ordeal of Change, London 1964; The Temper of Our Time, New York 1967; Reflections on the Human Condition, New York 1972; In Our Time, New York 1976; Before the Sabbath, New York 1979.
Z: Working and Thinking on the Waterfront. A Journal. June 1958-May 1959. Neuausg. New York 1970.
Ü.: Der Fanatiker. Eine Pathologie des Parteigängers, Reinbek-Hamburg 1965; Die Angst vor dem Neuen, Reinbek-Hamburg 1968.
L.: *H. J. Maitre:* Der Dockarbeiter als Philosoph. E. H. – Selfmademan des Geistes, in: Die Welt, Nr. 189, 16. 8. 1969.

– JBM

Hoffmann, Leopold Alois

* 29. 1. 1760 Niederwittig/Nordböhmen; † 2. 9. 1806 Wiener Neustadt. Konservativ-antirevolutionärer Publizist und Schriftsteller. Der ärmlichen Verhältnissen entstammende H. begann – nach seiner Ausbildung an der Breslauer Jesuitenakademie – seit 1778 in Prag eine Laufbahn als freier Schriftsteller und Journalist. 1782 ging er nach Wien, wo er Freimaurer wurde und als radikaler Aufklärer und scharfer Kritiker der katholischen Kirche hervortrat. 1785-90 lehrte er an der Akademie in Pest und 1790-93 an der Universität Wien deutsche Sprache und Literatur.

Um 1786/87 machte H. eine deutliche Wandlung seiner politischen Überzeugungen durch, deren Ursache kaum noch zu rekonstruieren ist. Vom radikalen josephinisch-aufklärerischen Publizisten entwickelte er sich jetzt zu einem der wichtigsten frühkonservativen Autoren des ausgehenden 18. Jhdt.s. Bereits vor 1789 war H. „Bahnbrecher der aufklärungsfeindlichen Richtung, nicht etwa ihr inspiriertes oder gar bezahltes Werkzeug" (F. Valjavec). Seine Angriffe richteten sich zunächst gegen das im Österreich Josephs II. besonders mächtige Freimaurertum, sodann gegen die norddeutsch-protestantisch inspirierte →Aufklärung, insbesondere gegen Friedrich Nicolai und die „Berlinische Monatsschrift".

Nach dem Ausbruch der Französischen Revolution stieg H.s Einfluß; in den Jahren der Regierungszeit Leopolds II. (1790-92) arbeitete er mit dem Kaiser eng zusammen; einige von H. in dieser Zeit verfaßte Broschüren gegen den beginnenden ungarischen Nationalismus sind offenbar vom Monarchen direkt inspiriert worden. Der von H. eingeleitete Versuch der Gründung einer kaisertreuen konservativen Geheimgesellschaft, die dem Wirken der Illuminaten und der Revolutionsanhänger auf gleicher Ebene und mit vergleichbaren Mitteln entgegentreten sollte und deren Zielsetzung lautete: „Entgegenarbeitung wider die französischen Propaganden, den Demagogismus, den philanthropischen Freiheitstaumel, die Religionslosigkeit und falsche Aufklärung" scheiterte mit dem frühen Tod des Kaisers.

Erfolgreicher dagegen war die von H. 1792/93 herausgegebene „Wiener Zeitschrift", die als „das erste bewußt konservativen Zielsetzungen dienende Organ Mitteleuropas" (Valjavec) bezeichnet worden ist. Dieses ebenfalls von Leopold II. nicht nur inspirierte, sondern auch finanzierte Periodikum führte mit aller Schärfe einen unnachsichtigen Kampf gegen die Revolution und deren Anhänger inner- und außerhalb des deutschen Sprach- und Kulturraumes. Die „Wiener Zeitschrift" besaß Mitarbeiter in fast allen Teilen Deutschlands; darunter befanden sich u.a. der hannoversche Hofrat Johann Georg Zimmermann, der Freimaurergegner Ernst von Göchhausen, sodann August von Kotzebue und vermutlich auch der junge Carl Ludwig von →Haller. In Berlin wurde die Zeitschrift im Kreis um Wöllner beachtet und vermutlich König Friedrich Wilhelm II. empfohlen.

H.s polemische Kampfesweise, die sich gegen die radikale Aufklärung, das Freimaurertum und die Revolution im allgemeinen ebenso richtete wie gegen einzelne radikale Aufklärer und Jakobiner (in Österreich vor allem Sonnenfels, in Norddeutschland u.a. Rebmann, Bahrdt, Knigge und Campe), machte ihn bald schon zur bevorzugten Zielscheibe gegnerischer Presse- und Enthüllungskampagnen. Sein einflußreichster Gegner war der Wiener Dichter J. B. von Alxinger, der 1792/93 einen zweibändigen „Anti-Hoffmann" veröffentlichte. Mit dem überraschenden Tod Leopolds II. (1. 3. 1792) verlor H. seinen Gönner und mußte noch im gleichen Jahr – vorzeitig in den Ruhestand versetzt – seinen Wiener Lehrstuhl räumen. Ein Jahr später war er auch zur Einstellung der „Wiener Zeitschrift" gezwungen. H. – der neben seiner publizistischen Tätigkeit ebenfalls als Autor von Dramen und Romanen hervorgetreten ist – zog sich nach Wiener Neustadt zurück, wo er bis zu seinem vorzeitigen Tod noch einmal eine Reihe von politischen Pamphleten und gegen seine vielen Feinde gerichteten Schmähschriften verfaßte. Daneben schrieb er sein Memoirenwerk „Höchstwichtige Erinnerungen zur rechten Zeit, über einige der allerernsthaftesten Angelegenheiten dieses Zeitalters" (2 Bde., 1795-96), das wichtige Informationen und Materialien über Entstehung und Entwicklung der frühkonservativen Bewegung in Österreich enthält. Noch 1800 publizierte er eine an Bonaparte gerichtete Denkschrift, in der er vor den radikalen Illuminaten und Jakobinern im französisch besetzten Rheinland warnte.

H., der um 1792 vorübergehend einer der meistdiskutierten und -angefeindeten Journalisten des deutschen Sprach- und Kulturraums gewesen ist, war „als konservativer Theoretiker bedeutungslos", aber er besaß „beispielhafte Bedeutung als praktischer Verfechter des Konservativismus" (F. Epstein). Seine harten Kampfesmethoden, die bis hin zum Rufmord gingen, sind ihm immer wieder vorgeworfen worden und haben das Bild, das sich die Nachwelt von ihm machte, deutlich getrübt. Doch andererseits bleibt festzuhalten, daß H. keiner der vielen Konjunkturritter dieser Epoche gewesen ist, sondern stets aus ehrlicher Überzeugung gehandelt hat. Sein Einfluß auf die spätere konservative Bewegung innerhalb Wiens und Österreichs nach 1808, insbesondere auf die Wiener politische Romantik und den Kreis um Clemens Maria →Hofbauer, dürfte nicht zu unterschätzen sein.

B.: in *K. Epstein:* Die Ursprünge des Konservativismus in Deutschland (siehe unter L.), S. 798-805 (unvollständig).

S.: Gedichte, Breslau 1778; Wöchentliche Wahrheiten für und über die Prediger in Wien, Bde. I-IX, Wien – Prag 1782-84; Über den Gottesdienst und die Religion in den Österreichischen Staaten, Bde. I-VI, Wien 1783-85; Vermischte kleine Schriften, Bde. I-II, Pesth 1785; Werden wir Katholiken noch im Jahre 1786 fasten?, Wien 1786; Über den wahren Endzweck der Freimaurerei, o.

O. (Wien) 1786; Kaiser Josephs Reformation der Freymaurer. Eine Denkschrift fürs achtzehnte Jhdt. Von E..., Bde. I-II o. O. (Wien) 1786; Achtzehn Paragraphen über Katholizismus, Protestantismus, Jesuitismus, geheime Orden und moderne Aufklärung in Deutschland. Eine Denkschrift an deutsche Regenten und das deutsche Publikum, Wien 1787; Miscellen, Pesth 1788; Einleitungsrede beim Antritt des öffentlichen Lehramtes des deutschen Stils an der hohen Schule zu Wien, Weimar – Wien 1790; Babel. Fragmente über die jetzigen politischen Angelegenheiten in Ungarn, o. O. (Salzburg) 1790; Ninive. Fortgesetzte Fragmente über die dermaligen politischen Angelegenheiten in Ungarn, o. O. (Salzburg) 1790; Vorlesungen über die Philosophie des Lebens, Wien 1791; Geschichte der Päpste von Petrus bis Pius VI., Leipzig – Wien 1791; Wiener Zeitschrift, Bde. I-VI, Wien 1792-93; Endliche Beurlaubung von dem Herrn Joh. von Alxinger, berühmtem Verfasser des Anti-Hoffmann, Wien 1793, Höchstwichtige Erinnerungen zur rechten Zeit, über einige der allerernsthaftesten Angelegenheiten dieses Zeitalters, Bde. I-II, Wien 1795-96; Fragmente zur Biographie des verstorbenen Geheimen Raths Bode in Weimar. Mit zuverlässigen Urkunden, Rom (= Wien) 1795; Aktenmäßige Darstellung der Deutschen Union und ihrer Verbindung mit dem Illuminaten-, Freimaurer- und Rosenkreuzer Orden. Ein nöthiger Anhang zu den höchst wichtigen Erinnerungen zur rechten Zeit, Wien 1796; Die zwo Schwestern P(rag) und W(ien) oder neu entdecktes Freimaurer- und Revolutionssystem, o. O. (Wien) 1796; Lehrbuch einer christlich-aufgeklärten Lebensweisheit für alle Stände, Wien 1797; Schreiben an den Oberconsul Frankreichs, Bonaparte, o. O. 1800.

L.: *Vancsa* in NDB IX, 433f.; *C. v. Wurzbach:* L. A. H., in: Biographisches Lexikon des Kaiserthums Österreich, Bd. IX, Wien 1863, S. 161-64; *A. Faülhammer:* Politische Meinungen und Stimmungen in Wien in den Jahren 1793 und 1794, in: Programm des k. k. Staats-Gymnasiums in Salzburg, Salzburg 1893, S. 3-32; *G. Gugitz:* L. A. H. und die Wiener Zeitschrift, in: Deutsche Arbeit 10 (1911); *J. Fried:* L. A. H., phil. Diss. Wien 1930; *F. Sommer:* Die Wiener Zeitschrift (1792-93), Die Geschichte eines antirevolutionären Journals, Zeulenroda-Leipzig 1932; *F. Valjavec:* Die Entstehung der politischen Strömungen in Deutschland 1770-1815, München 1951, Kronberg/Ts. ²1978; *ders.:* Die Anfänge des österreichischen Konservativismus: L. A. H., in: Festschrift Karl Eder, hrsg. v. *H. J. Mezler-Andelberg,* Innsbruck 1959, S. 169-79; *M. Lunzer-Lindhausen:* L. A. H. – Wiener Publizist im Schatten der Reaktion, in: Wiener Geschichtsblätter 15 (1960), S. 104-9; *D. Silagi:* Ungarn und der geheime Mitarbeiterkreis Kaiser Leopolds II., München 1961; *A. Wandruszka:* Leopold II., Bd. II, Wien – München 1965; *K. Epstein:* Die Ursprünge des Konservativismus in Deutschland. Der Ausgangspunkt: Die Herausforderung durch die Französische Revolution 1770-1806, Frankfurt a. M. – Berlin 1973.

– K

Hofmannsthal, Hugo von

* 1. 2. 1874 Wien; † 15. 7. 1929 Rodaun.
Dichter und Schriftsteller, der als Wahrer der
Überlieferung und als engagierter Zeitge-
nosse in die Geschichte eingegangen ist. Sein
Vater, ein gebildeter, aber nicht sonderlich an
schöner Literatur interessierter Bankdirek-
tor, war Enkel eines österreichisch-jüdischen
Unternehmers und Sohn einer kultivierten
Mailänderin. H.s Mutter entstammte einer
Bauern- und Beamtenfamilie. Ihr verdankte
er seine ungewöhnliche Sensibilität. „Ich bin
vielleicht ein allzu sozialer Mensch für einen
Dichter", bekannte der Dreißigjährige und
meinte damit die Aufgeschlossenheit für
menschliche Beziehungen in ihrer ganzen
Breite und Tiefe – eine Gabe, die schon die
vielbewunderten Gedichte des Jünglings
kennzeichneten. Und nicht nur seine frühen
Zeugnisse: sein ganzes Werk, namentlich die
Theaterdichtungen, zeigten seine Anteilnahme an der vielschichtigen Wirklichkeit sowie eine vom Historismus weit entfernte Verbundenheit mit der Vergangenheit. Deren
Hereinholen in die Gegenwart wies H. als
Konservativen aus, lange bevor er politische
Reflexionen anstellte. Stets waren es die Gegensätze zwischen der entschwindenden Zeit
und der Dauer, zwischen Einsamkeit und Gemeinschaft, die ihn bedrängten. Er versuchte
nicht, sie mit dem Rüstzeug des Gelehrten,
sondern als Dichter und Erzähler zu bewältigen, und zwar mit leichter Hand. „Die Tiefe
muß man verstecken. Wo? An der Oberfläche", notierte er im „Buch der Freunde" –
eine Maxime, die er in Komödien und Erzählungen befolgte. Nur selten bekannte er sich
offen zum Verhüllten. „Ich will die Treue lernen, die der Halt von allem Leben ist!", vermerkt er einmal in „Der Tor und der Tod".
Damit klingt ein Motiv an, das Fortschrittler
als restaurativen Moralismus belächeln, das
indessen in der konservativen Wertordnung
einen hohen Rang einnimmt. Für H. bedeutete „Treue" ein Grundgefühl, dem er nach-
zuleben versuchte und das ihn veranlaßte, in
mehreren Werken die Anwendung institutioneller Zwänge gegenüber der Anarchie
menschlicher Triebe und Umtriebe zu rechtfertigen. Ein Zeugnis hierfür sind die „Briefe
des Zurückgekehrten" von 1907: eine kritische Auseinandersetzung mit den Schwächen

Hugo von Hofmannsthal
1874-1929

wilhelminischer Deutscher. Auch Bühnen-
stücke, wie „Cristinas Heimreise", „Die Frau
ohne Schatten", „Der Schwierige", gehören
in diesen Zusammenhang. In ihnen besteht
die Ehe – ohne aufdringliche Analyse – in den
Konflikten menschlichen Mit- und Gegen-
einanderlebens ihre Bewährungsprobe.

Durch den Ersten Weltkrieg bedingt, im
August 1914, beginnt dann H.s politisches
Engagement im engeren Sinne. Nunmehr gibt
er eine „Österreichische Bibliothek" heraus,
setzt sich in Vorträgen und Artikeln für die
Donaumonarchie ein. Ist er damit ein österreichischer Patriot geworden? Jedenfalls
nicht im partikularistischen Sinne! Nach wie
vor galt ihm die ganze deutsche Geschichte
als Voraussetzung der Gegenwart; daher war
für ihn die Heimat virtuell noch ein Bestandteil des alten Reichsverbands. In einer „Bemerkung" aus den zwanziger Jahren äußerte
er denn auch, die von Österreichern hervor-
gebrachten Werke hätten „nur mit der gesamten deutschen Nation zu tun, wie sie erst im
heiligen Römischen Reiche repräsentiert

war…" – eine signifikante konservative Formulierung: macht sie doch deutlich, daß sich H.s Vorstellung der →Nation vom mittelalterlichen Reichsbegriff herleitete und daher wesentlich vom zeitgenössischen nationalstaatlichen Denken unterschied, einer Konzeption, von der er sich in diesen Kriegsjahren immer deutlicher distanzierte. Schon im Jahr 1916 forderte er in einem Berner Vortrag „ein neues europäisches Ich". Es war dies eine Überlegung, die er – im Gegensatz zu Coudenhove-Kalergis Paneuropa-Ideen und in Anlehnung an das Gedankengut von Karl Anton →Rohans →„Europäischer Revue" – weiter vertiefte. Dabei betätigte er sich – über den dichterischen Bereich hinaus – als Kulturpolitiker und Publizist. So gab er in den zwanziger Jahren die Zeitschrift „Neue deutsche Beiträge" heraus, in der er vor allem das Bleibende, den geistigen Besitz der Deutschen, zu vergegenwärtigen suchte.

Ein verwandtes Ziel, zusammen mit dem Bemühen, die Kluft zwischen dem einfachen Volk und den Gebildeten zu überbrücken, wurde mit der von ihm inspirierten Gründung der Salzburger Festspiele angestrebt. Auch als Publizist war es sein Anliegen, der geistigen Zerklüftung entgegenzuwirken. Die markanteste Äußerung in dieser Hinsicht war seine Münchner Rede vom 27. Januar 1927: „Das Schrifttum als geistiger Raum der Nation", in welcher er sich mit der „produktiven Anarchie" der Deutschen auseinandersetzte und dieselben zu neuen Bindungen, zu einer „konservativen Revolution", aufrief. – In einem seiner Bühnenwerke der Nachkriegszeit, dem „Salzburger Großen Welttheater", behandelt er erstmals die soziale Frage in ihrer ganzen Brisanz. Zwar verkündete er keine neue Soziallehre, wies aber darauf hin, daß die säkularisierte Gesellschaft einer höheren Ordnung bedürftig bleibe. „Der Turm" war dann sein letztes großes Werk, das ihn sieben Jahre beschäftigte. Die zweite Fassung von 1927 schloß mit dem Hinweis auf den „nüchternen Tag", der über die Welt hereingebrochen sei. Hier vor allem bewährte H. sich als Konservativer, der vor dem Kommenden nicht die Augen verschloß, sondern dem „Erbarmungslosen unserer Wirklichkeit" standhielt.

B.: (K. Jacoby): H. v. H. Bibliographie, Berlin 1936; H. Weber: H. v. H. Bibliographie des Schrifttums 1892-

1963, Berlin 1966; ders.: H. v. H. Bibliographie. Werke, Briefe, Gespräche, Übersetzungen, Vertonungen, Berlin – New York 1972; H.-A. Koch / U. Koch: H. v. H. Bibliographie 1964-76, Freiburg i. Br. 1976; H.-Blätter 1-42, 1968-92 (mit fortlaufender Bibliographie); eine ausführliche Bibliographie enthält auch die Arbeit von Volke (siehe unter L.):

S.: Gesammelte Werke, Bde. I-XV, hrsg. v. H. Steiner, Stockholm – Frankfurt a. M. 1945-59; Gesammelte Werke, Bde. I-X, hrsg. v. B. Schoeller / R. Hirsch, Frankfurt a. M. 1979; Sämtliche Werke. Kritische Ausgabe, Bde. I-XXXVIII (noch nicht abgeschlossen), veranstaltet vom Freien Deutschen Hochstift, hrsg. v. H. O. Burger / R. Hirsch / D. Lüders / H. Röllecke, E. Zinn, Frankfurt a. M. 1975ff.

E.: Richard Strauss – H. v. H., Briefwechsel, hrsg. v. F. Strauss, Berlin – Leipzig – Wien 1926 (spätere erw. Ausg. 1952, 1954, 1967 u.a.); Briefwechsel zwischen George und H., hrsg. v. R. Boehringer, Berlin 1938 (2., erg. Aufl. München – Düsseldorf 1953); H. v. H. – Rudolf Borchardt, Briefwechsel, hrsg. v. M. L. Borchardt / H. Steiner, Frankfurt a. M. 1954; H. v. H. – Carl Jacob Burckhardt, Briefwechsel, hrsg. v. C. J. Burckhardt, Frankfurt a. M. 1956; H. v. H. – Arthur Schnitzler, Briefwechsel, hrsg. v. T. Nickl / H. Schnitzler, Frankfurt a. M. 1964; H. v. H. – Helene v. Nostitz, Briefwechsel, hrsg. v. O. v. Nostitz, Frankfurt a. M. 1965; H. v. H. – Leopold von Andrian, Briefwechsel, hrsg. v. W. H. Perl, Frankfurt a. M. 1968; H. v. H. – Willy Haas. Ein Briefwechsel, hrsg. v. R. Italiaander, Berlin 1968; H. v. H. – Harry Graf Kessler, Briefwechsel 1898-1929, hrsg. v. H. Burger, Frankfurt a. M. 1968; H. v. H. – Josef Redlich, Briefwechsel, hrsg. v. H. Fußgänger, Frankfurt a. M. 1971; H. v. H. – Anton Wildgans, Briefwechsel, hrsg. v. N. Altenhofer, Heidelberg 1971; H. v. H. – Richard Beer-Hofmann, Briefwechsel, hrsg. v. E. Weber, Frankfurt a. M. 1972; H. v. H. – Ottonie Gräfin Degenfeld, Briefwechsel, hrsg. v. M. T. Miller-Degenfeld / E. Weber, Frankfurt a. M. 1974; H. v. H. – Rainer Maria Rilke, Briefwechsel 1899-1925, hrsg. v. R. Hirsch / I. Schnack, Frankfurt a. M. 1978 u.v.a.

L.: K. J. Naef: H. v. H.s Wesen und Werk, Zürich – Leipzig 1938; C. J. Burckhardt: Erinnerungen an H. v. H., Basel 1944; G. Schaeder: H. v. H. und Goethe, Hameln 1947; H. A. Fiechtner: H. v. H., Wien 1949; A. Bergsträsser: H. und der europäische Gedanke, Kiel 1951; W. Metzeler: Ursprung und Krise von H.s Mystik, München 1956; H. Hammelmann: H. v. H., London 1957; R. Alewyn: H. v. H., in: Die Großen Deutschen, Bd. IV, Berlin 1957, S. 317-25; ders.: Über H. v. H., Göttingen 1958; E. Hederer: H. v. H., Frankfurt a. M. 1960; W. Haas: H. v. H., Berlin 1964; G. Erken: H. v. H., in: Deutsche Dichter der Moderne, hrsg. v. B. v. Wiese, Berlin 1964, S. 213-36; H. Broch: H. und seine Zeit, München 1964; O. Heuschele: H. v. H., Mühlacker 1965; G. Wunberg: Der frühe H., Stuttgart 1965; W. Volke: H. v. H. in Selbstzeugnissen und Bilddokumenten, Reinbek 1967 u.ö.; F. Ritter: H. v. H. und Österreich, Heidelberg 1967; S. Bauer (Hrsg.): H. v. H.,

Darmstadt 1968; *E. Kobel:* H. v. H., Berlin 1970; *R. Tarot:* H. v. H. – Daseinsformen und dichterische Struktur, Tübingen 1970; *H. Rudolph:* Kulturkritik und Konservative Revolution. Zum kulturell-politischen Denken H. v. H.s und seinem problemgeschichtlichen Kontext, Tübingen 1971; *H. J. Meyer-Wendt:* Der frühe H. und die Gedankenwelt Nietzsches, Heidelberg 1973; *J. Prohl:* H. v. H. und Rudolf Borchardt, Bremen 1973; *O. v. Nostitz:* Zur Interpretation von H.s Münchener Rede, in: Festschrift für Rudolf Hirsch, Frankfurt a. M. 1975, S. 261-78; *W. Mauser:* H. v. H. – Konfliktbewältigung und Werkstruktur, München 1977; *K. Mommsen:* H. v. H. und Fontane, Bern usw. 1978; *B. Urban:* H., Freud und die Psychoanalyse, Frankfurt a. M. usw. 1978; *F. Clandon:* H. et la France, Bern usw. 1979; *H. Lunzer:* H.s politische Tätigkeit in den Jahren 1914-17, Frankfurt a. M. usw. 1981; *W. Kuckartz:* H. v. H. als Erzieher, Fellbach-Oeffingen 1981.

– N

Hohenwart, Karl Sigmund Graf von

* 12. 2. 1824 Wien; † 26. 4. 1899 ebd. Österreichischer Staatsmann. H. entstammte einem bedeutenden krainischen Adelsgeschlecht, das, 1767 in den Grafenstand erhoben, zwei österreichische Kirchenfürsten hervorgebracht hatte: Sigismund Anton, 1791-94 Bischof von Triest, in der Folge von St. Pölten und ab 1803 Fürsterzbischof von Wien, sowie Sigismund, ab 1809 Bischof von Linz. Sohn von Andreas H. (1794-1881), der als Präsident des Österreichischen Kunstvereins in Laibach fungierte, und von Theresia, geb. von Tachauer (1794-1856), genoß H. seine Erziehung am Wiener Theresianum und trat anschließend in den Staatsdienst ein. 1846 heiratete H. Aloysia Anna Franziska von Weingarten (1823-1902). 1848 wurde er als Nachfolger von Anastasius Grün in die Frankfurter Nationalversammlung gewählt, übte sein Mandat jedoch nicht aus. Eine typische Beamtenkarriere in den betreffenden Landesregierungen – bis 1854 in Krain, 1855 im k. k. Ministerium des Inneren, ab 1856 in Fiume – ließ H. 1862, nach kurzer Tätigkeit als Leiter der Statthaltereiabteilung Trient, zum Landeshauptmann von Krain, 1867 zum Landespräsidenten in Kärnten, 1868 zum Statthalter von Oberösterreich avancieren.

Im „Allerhöchsten Auftrag" befaßte sich H. nun erstmals mit dem Nationalitätenproblem in der Habsburgermonarchie, auf dessen Bewältigung von da an sein Hauptaugenmerk gerichtet bleiben sollte: Kaiser Franz Joseph beauftragte ihn mit der Abfassung einer Denkschrift über innenpolitische Fragen, so daß H. in der Folge in Wien an Verhandlungen über das böhmische Staatsrecht teilnahm. Am 7. 2. 1871 wurde H. zum österreichischen Ministerpräsidenten ernannt. Während der wenigen Monate, die H. dieses Amt innehatte, wurden die vielleicht bedeutendsten Versuche unternommen, den beginnenden Dualismus zu überwinden und Signale in Richtung einer föderalistischen Organisation der Monarchie zu setzen, womit H. nach Meinung von Robert A. Kann „nicht den Buchstaben, wohl aber vielleicht den Geist der österreichisch-ungarischen Ausgleichsgesetzgebung" verletzte: Im April 1871 beantragte H. Gesetzesinitiativen für die Landtage, im Mai 1871 bemühte er sich, durchaus im Bewußtsein des Vorbildcharakters für andere Kronländer, durch ein Statut um die Autonomie Galiziens. Den Vorwurf des versuchten Trialismus seitens der deutschen und magyarischen Opposition brachte H. aber vor allem sein Bestreben ein, den Ländern der Böhmischen Krone durch eine neue Landtagswahlordnung und die sogenannten „Fundamentalartikel", die besonders der tschechischen Bevölkerung entgegenkommen sollten, eine Ungarn (seit 1867) ähnliche Stellung einzuräumen. H., durch den deutschen Soziologen Professor Albert Schäffle inspiriert, konnte den liberal-zentralistisch orientierten Gegnern, zu denen auf ungarischer Seite besonders Andrássy zählte – nachdem eine kroatische Erhebung (8. 10. 1871) den Anlaß geboten hatte –, nicht länger standhalten und trat zurück.

Kurze Zeit hielt H. sich nun von der politischen Bühne fern; 1873 zog er als führender konservativer Staatsmann in den Reichsrat ein und bildete 1879-91 als Führer der geeinten „Rechten" – „H.-Club" – und somit der damaligen Reichsratsmehrheit die Stütze der Regierung →Taaffe. Mit Geschick faßte er konservative Parlamentarier der verschiedenen Nationalitäten – Deutsche, Böhmen, Mähren, Slowenen, Kroaten und Rumänen – zu seinem legendären „Eisernen Ring" zusammen, wobei Länderautonomie und →Föderalismus weiterhin H.s politisches Glaubensbekenntnis bildeten. 1885 wurde ihm das Amt des Präsidenten des Obersten Rechnungshofes übertragen. Nachdem Taaffe, mit

258

dem er sich schon bei Durchführung einer Wahlreform überworfen hatte, 1895 gestürzt worden war, zog sich H. schließlich 1897 aus der Politik zurück.

H. ist nicht nur als einer der bedeutendsten konservativen Realpolitiker der franzisko-josephinischen Epoche in die österreichische Geschichte eingegangen; sein zu Lebzeiten oftmals mißverstandenes Modell eines „Mitteleuropa der Regionen" und sein Einsatz für den Föderalismus weisen ihn als Vorkämpfer für Politikergenerationen des 20. Jhdt.s aus.

S.: Die Verfassungspartei und das Ministerium H. – Eine politische Studie, Wien 1871.

E.: H., Beust, Andrássy und ihre Politik. Enthüllungen aus dem Briefwechsel berühmter Staatsmänner, Leipzig 1872.

L.: *R. A. Kann* in NDB IX, 495f.; *E. Schenk-Sudhof:* K. Graf H., phil. Diss. Wien 1952; Österreichisches Biographisches Lexikon, Bd. II, Graz – Köln 1959, S. 296; *R. Wierer:* Das böhmische Staatsrecht und der Ausgleichsversuch des Ministeriums H.-Schäffle. Die böhmische Verfassung und die staatsrechtliche Doktrin vor 1870, in: Bohemia 4 (1963); *E. C. Büchsel:* Die Fundamentalartikel des Ministeriums H.-Schäffle von 1871. Ein Beitrag zum Problem des Trialismus im Habsburgerreich, Aalen 1982; *T. Kletečka:* Der Ausgleichsversuch des Ministeriums H.-Schäffle mit Böhmen im Jahre 1871, phil. Diss. Wien 1984.

– Ri

Hooker, Richard

* 1554 (?) Heavitree; † 2. 11. 1600 Bishopsbourne. Englischer Theologe und politischer Philosoph. H. trat 1568 ins Corpus Christi College von Oxford ein und wurde 1577 dessen Mitglied. 1579 wurde er Diakon. 1585 erfolgte seine Wahl zum Master of the Temple in London. Aufgrund seiner Predigten, in denen er loyal die anglikanische Position vertrat, geriet H. in Konflikt mit dem gleichfalls in der Temple Church predigenden William Travers, einem überzeugten Calvinisten. 1591 erwirkte H. seine Versetzung aufs Land. In Boscombe bei Salisbury verfaßte er die (1593 erschienenen) ersten vier seines aus acht Büchern bestehenden Hauptwerkes, der Abhandlung „Of the Laws of Ecclesiastical Polity". 1595 ging H. nach Bishopsbourne bei Canterbury, wo er das rein theologische fünfte Buch seiner Abhandlung schrieb; es wurde 1597 veröffentlicht. Die übrigen Bücher erschienen erst Jahre nach seinem Tod.

H.s Hauptwerk ist eine systematische, gegen die Auffassungen der calvinistischen Puritaner gerichtete Verteidigung der von Königin Elisabeth I. getroffenen Organisation der Church of England. Die dabei unter Heranziehung aristotelischen und thomistischen Gedankengutes angestellten grundsätzlichen rechts- und sozialphilosophischen Überlegungen machen die „Laws of Ecclesiastical Polity" nicht nur zur bedeutendsten politischen Abhandlung, die im England des 16. Jhdt.s verfaßt wurde, sondern auch zu einem klassischen Werk des politischen Denkens.

H. begreift die Welt als von Gott durch eine Vielfalt hierarchisch gestufter Gesetze so geordnet, daß jedes Ding, so lange es seiner natürlichen Bestimmung folgt, zugleich das Ganze und auch sich selbst erhält. Das ewige Gesetz, die *Lex aeterna*, stammt von Gott selbst; es ist der Ursprung aller anderen Gesetze. In ihm gründet auch das Gesetz der Vernunft („law of reason"), das H. mit dem gleichsetzt, was üblicherweise natürliches Gesetz („law of nature") genannt wird. Deshalb kann H. gegenüber der puritanischen Position, wonach einzig das aus der Bibel ersichtliche göttliche Gesetz eine verläßliche Richtschnur für menschliches Handeln und die Organisation der →Kirche biete, geltend machen, daß in den Angelegenheiten, die wie die Details der staatlichen und kirchlichen Organisationsstruktur der Erlösung gegenüber „indifferent" sind, Regelungen der menschlichen Vernunft getroffen werden können, bei dem es sich um nichts anderes als um Anwendungen der Prinzipien des Gesetzes der Vernunft auf die je vorhandenen Gegebenheiten handelt. Gegen die Puritaner gerichtet ist auch die These, daß →Staat und Kirche aufgrund der Identität ihrer jeweiligen Mitgliederkreise nicht zwei verschiedene Gemeinschaften seien. Bei ihnen handle es sich vielmehr um ein und dieselbe, wenn auch unter zwei verschiedenen Gesichtswinkeln betrachtete Gemeinschaft. Im Fall einer Teilung der Autorität über diese befürchtet H. die Entstehung politischer Konflikte. Deshalb solle die höchste Autorität über Staat und Kirche in einer Person ruhen, nämlich dem Monarchen, der damit auch Oberhaupt der Kirche sei.

Da der gesamte Kosmos von Gesetzen beherrscht werde, sei auch der König, wie H. gegen die Lehre vom „divine right of kings" ins Treffen führt, an diese gebunden. Als Prinzipien der königlichen Regierung kann H. daher *Lex facit Regem* und *Rex nihil potest, nisi quod jure potest* nennen. Aber nicht nur das →Recht, sondern auch die →Tradition setze dem königlichen Handeln – und das insbesondere im Bereich der zentralen Fragen der christlichen Religion – Schranken. Es wäre nämlich „a thing very scandalous and offensive…, if either *Kings* or laws should dispose of the affairs of God, without any respect had to that which of old hath been reverently thought of throughout the world".

Was den Ursprung politischer, aufgrund menschlicher Sündhaftigkeit erforderlicher Gemeinwesen anbelangt, so schließen sich H. zufolge die Menschen einerseits aufgrund natürlicher Neigungen zu solchen zusammen; andererseits akzeptieren sie ausdrücklich, wovon das positive Recht zeugt, oder stillschweigend die am →Gemeinwohl orientierte Ordnung des politischen Körpers. Die Zustimmung, von der die →Legitimität der Regierung abhängt, wird als im Regelfall implizit gegeben angenommen. H. spricht von „silent allowance famously notified through custom reaching beyond the memory of man".

Wenngleich sich in H.s Denken vertragstheoretische Elemente finden und sich J. Locke ausdrücklich auf ihn berufen hat, so darf doch der Unterschied zwischen H. und Locke nicht übersehen werden: H. erkennt weder individuelle natürliche Rechte noch ein →Widerstandsrecht gegen die willkürliche Ausübung der Staatsgewalt an. Für ihn ist das politische Gemeinwesen keine auf dem Voluntarismus einzelner beruhende Sache, sondern eine Generationen überdauernde Einrichtung: „…the act of a public society of men done five hundred years since standeth as theirs, who presently are of the same societies, because corporations are immortal: we were then alive in our predecessors, and they in their successors do live still".

B.: *S. Lee:* H., in: Dictionary of National Biography XXVII, London 1891, S. 294f.; *W. Speed Hill* (Hrsg.): Studies in R. H.: Essays preliminary to an Edition of His Works, Cleveland 1972, S. 279-320.

S.: The Works of That Learned and Judicious Divine Mr. R. H., Bde. I-III, hrsg. v. *J. Keble*, 7., erw. Ausg., hrsg. v. *R. W. Church / F. Paget*, Oxford 1888; The Folger Library Edition of the Works, hrsg. v. *W. Speed Hill*, Cambridge (Mass.) 1977ff. (Bd. I: Of the Laws of Ecclesiastical Polity. Preface, Books I-IV, hrsg. v. *G. Edelen*, 1977; Bd. II: Of the Laws of Ecclesiastical Polity, Book V, hrsg. v. *W. Speed Hill*, 1977; Bd. III: Of the Laws of Ecclesiastical Polity, Books VI-VIII, hrsg. v. *P. G. Stanwood*, 1981; Bd. IV: Of the Laws of Ecclesiastical Polity. Attack and Response, hrsg. v. *J. E. Booty*, 1982; Bd. V: Tractates and Sermons, hrsg. v. *L. Yeandle / E. Grislis*, 1989); Of the Laws of Ecclesiastical Polity. Preface, Book I, Book VIII, hrsg. v. *A. S. McGrade*, Cambridge (Mass.) u.a. 1989, [2]1994.

L.: *S. Lee:* H., in: Dictionary of National Biography XXVII, London 1891, S. 289-95; *P. Schutz:* R. H., phil. Diss. Halle 1922; *G. Michaelis:* R. H. als politischer Denker, Berlin 1933; *A. P. d'Entrèves:* The Medieval Contribution to Political Thought, Oxford 1939, New York [2]1959, S. 88-142; *C. J. Sisson:* The Judicious Marriage of Mr. H. and the Birth of the Laws of Ecclesiastical Polity, Cambridge 1940; *F. J. Shirley:* R. H. and Contemporary Political Ideas, London 1949; *C. R. Amelunxen:* Die staatskirchenrechtlichen Ideen R. H.s, Diss. Münster 1950; *P. Munz:* The Place of H. in the History of Thought, London 1952; *S. S. Wolin:* R. H. and English conservatism, in: Western Political Quarterly 6 (1953), S. 28-47; *G. Hillerdal:* Reason and revelation in R. H., Lund 1962; *A. S. McGrade:* The coherence of H.'s Polity: the books on power, in: Journal of the History of Ideas 24 (1963), S. 163-82; *J. S. Marshall:* H. and the Anglican Tradition, Sewanee 1963; Studies in R. H.: Essays preliminary to an Edition of his Works, hrsg. v. *W. Speed Hill*, Cleveland u.a. 1972; *A. Quinton:* The Politics of Imperfection. The religious and secular traditions of conservative thought in England from H. to Oakeshott, London u.a. 1978, S. 176-90; *A. Pollard:* R. H., in: British Writers, Bd. I, hrsg. v. *I. Scott-Kilvert*, New York 1979, S. 176-90; *D. Germino:* Machiavelli to Marx. Modern Western Political Thought, Chicago u.a. [2]1979, S. 74-89; *R. Eccleshall:* R. H. and the Peculiarities of the English: The Reception of the ‚Ecclesiastical Polity' in the Seventeenth and Eighteenth Centuries, in: History of Political Thought 2 (1981), S. 63-117; *R. K. Faulkner:* R. H. and the Politics of a Christian England, Berkeley 1981; *J. P. Sommerville:* R. H., Hadrian Saravia, and the Advent of the Divine Right of Kings, in: History of Political Thought 4 (1983), S. 229-46; *D. B. Forrester:* R. H., in: History of Political Philosophy, hrsg. v. *L. Strauss / J. Cropsey*, Chicago [3]1987, S. 356-65; *P. Lake:* Puritan and Anglican? Presbyterianism and English Conformist Thought from Whitgift to H., London 1988; *R. Eccleshall:* R. H., in: The Blackwell Encyclopedia of Political Thought, Oxford u.a. [2]1991, S. 216f.

– Z

Huber, Victor Aimé

* 10. 3. 1800 Stuttgart; † 19. 7. 1869 Nöschenrode bei Wernigerode. H. gehört ohne Zweifel zu den führenden Repräsentanten des

Victor Aimé Huber
1800-1869

deutschen →Sozialkonservatismus. Er bekleidete Professuren für Neuere Literatur und Geschichte ab 1833 in Rostock und seit Herbst 1836 in Marburg. Ursprünglich war er republikanisch-fortschrittlich gesinnt. In Paris wurde er durch B. →Constant in die Kreise der liberalen Opposition eingeführt. Der Pariser Julirevolution stimmte er uneingeschränkt zu. Mehr und mehr entfernte er sich jedoch von seinen liberalen Ordnungsvorstellungen. Zu seinem ideologischen Hauptfeind erkor er sich vor allem den Rationalismus. Seiner Auffassung nach waren es nicht zuletzt die Junghegelianer, die die überkommenen Grundlagen von Staat, Gesellschaft und Kirche untergruben. Nachhaltig trat er für die Gründung einer konservativen Partei ein. →Radowitz sorgte dafür, daß H. im Sommer 1843 Professor für abendländische Sprachen in Berlin wurde. Unter dem Protektorat von Friedrich Wilhelm IV. gründete er im Jahre 1845 die Zeitschrift „Janus. Jahrbücher deutscher Gesinnung, Bildung und That". H. wollte mit ihr in erster Linie den „Halleschen Jahrbüchern" A. Ruges entgegentreten. H. gehörte auch zu den Mitbegründern der →„Kreuzzeitung" (Neue Preußische Zeitung). Nach und nach entfernte er

sich allerdings vom preußischen Konservatismus. Er warf seinen Parteigängern vor, die Niederschlagung der Revolution von 1848 zur Errichtung eines Parteiregiments zu benutzen. Auch lastete er ihnen an, sich zu sehr mit dem Gedanken des Parlamentarismus anzufreunden und Österreich aus Deutschland hinauszudrängen.

Seine Hauptkritik an den Konservativen gipfelte in dem Vorwurf, die soziale Frage zu wenig zu beachten. Auf seinen Reisen ins europäische Ausland war es H. zur Gewißheit geworden, daß das kapitalistische System an einer ihm immanenten Überproduktion leide. Dies führe notwendigerweise zur Verelendung des Vierten Standes. Aus diesem Grund sei es die Aufgabe des Staates, im Interesse der Arbeiter in das System der Bedürfnisse zu intervenieren. Er rief die politische Führung nicht zuletzt auch dazu auf, für menschenwürdige Wohnungen zu sorgen. Auf diese Weise hoffte er, die Entvölkerung der großstädtischen Wohnquartiere bewirken zu können. Er beließ es nicht bei politischen Appellen: H. war an der Gründung der Berliner „Gemeinnützigen Baugesellschaft" entscheidend beteiligt. Er erwies sich als warmherziger Förderer von →Wicherns „Innerer Mission" und der Reformmaßnahmen von Schulze-Delitzsch. Auch den englischen „Pioneers of Rochdale" galt seine uneingeschränkte Sympathie. Um die Wirtschaftsmacht der Unternehmer zu begrenzen, propagierte H. auch den organisatorischen Zusammenschluß der Arbeiter. In ihren „Assoziationen" erblickte er ein wichtiges Mittel zur Hebung ihres Lebensstandards. Besonders am Herzen lag ihm auch die Versöhnung von Christentum und Arbeiterschaft.

S.: Spanisches Lesebuch, Bremen 1832; Englisches Lesebuch, Bremen 1833; Die neuromantische Poesie in Frankreich und ihr Verhältniß zu der geistigen Entwicklung des französischen Volkes, Leipzig 1833; Die englischen Universitäten, eine Vorarbeit zur englischen Literaturgeschichte, Bde. I-II, Kassel 1839/40; Über die Elemente, die Möglichkeit oder Nothwendigkeit einer conservativen Parthei in Deutschland, Marburg 1841; Die Opposition, Halle 1842; Suum Cuique in der deutschen Frage, Berlin 1850; Berlin – Erfurt – Paris 1850; Recht, Ehre, Vortheil in der deutschen Frage, Berlin 1850; Bericht über die cooperativen Arbeiterassociationen in England, Berlin 1852; Bruch mit der Revolution und Ritterschaft, Berlin 1852; Über Association und deren Verhältnis zur Inneren Mission, Halle 1855; Reisebriefe aus Belgien, Frankreich und England im Sommer 1854, Bde. I-II, Hamburg 1855; Die Wohnungsnoth der kleinen Leute in großen Städten, Leipzig 1857; Noth und Hülfe unter den Fabrikarbeitern auf Anlaß der Baumwollensperre in England, Hamburg 1863; Über Arbeiter-Coalitionen, Berlin 1865; Die Rochdaler Pioniers, Nordhausen 1866; Zur Reform des Armenwesens, Schaffhausen 1867; Staatshilfe, Selbsthilfe und Sparen, Wien 1968; Ausgewählte Schriften über Soziale Reform und Genossenschaftswesen, hrsg. v. *K. Munding*, Berlin 1893.

L.: *R. Elvers:* V. A. H. Sein Werden und Wirken, Bde. I-II, Bremen 1872/74; *F. Mühle:* V. A. H.s wirtschafts- und sozialwissenschaftliche Gedankenwelt, Diss. (masch.) Jena 1922; *H. Faust:* V. A. H. Ein Bahnbrecher der Genossenschaftsidee, Hamburg 1952; *I. Paulsen:* V. A. H. als Sozialpolitiker, Berlin ²1956; *S. Hindelang:* Konservatismus und soziale Frage. V. A. H.s Beitrag zum sozialkonservativen Denken im 19. Jhdt., Frankfurt a. M. – Bern – New York 1983; *W. Schwentker:* V. A. H. and the Emergence of Social Conservatism, in: Between Reform, Reaction and Resistance. Studies in the History of German Conservatism from 1789 to 1945, hrsg. v. *L. Eugene Jones / J. Retallack*, Providence – Oxford 1993, S. 95-121.

– JBM

Hulme, Thomas Ernest

* 16. 9. 1883 Endon/Staffordshire; † (gefallen) 28. 9. 1917 bei Nieuport/Flandern. Britischer Dichter, Kritiker und Philosoph. H. entstammte einer bäuerlichen Familie. Nach abgebrochenem Studium in Cambridge wurde er 1906 Gelegenheitsarbeiter in der kanadischen Prärie. Dort hatte er ein religiöses Erlebnis, das ihn in die Nähe von Anglokatholizismus und röm. Katholizismus führte. 1907 Studium der deutschen und der französischen Sprache in Brüssel. Übersetzer von Henri Bergson („An Introduction to Metaphysics") und Georges →Sorel („Reflections on Violence"). In London Mittelpunkt eines literarischen Kreises („The Poet's Club", Imaginisten). Infolge seines frühen Todes existiert nur ein fragmentarisches Werk aus gedruckten Aufsätzen und Vorträgen sowie Kladden. Ein Teil des Nachlasses wurde vernichtet. „The Complete Poetical Works of T. E. H.", 1912 im Anhang von Ezra Pounds „Ripostes" gedruckt, umfassen nur fünf Gedichte; im gleichen Jahr wurde „A Tory Philosophy" als Vortrag gehalten. H. war ein einflußreicher Theoretiker des Modernismus in der englischen Literatur, teils durch Einwirkung auf avantgardistische Zeitgenossen,

teils durch die postume Wirkung seiner Bände „Speculations" (1924) und „Further Speculations" (1955), etwa auf T. S. →Eliot. Seither war die Rede von einem „T. E. H. Myth". H.s Abkehr von der viktorianischen Dichtung mit ihrem wortreichen und verschleiernden Ausdruck von Gefühlen und seine Hinwendung zum Konkreten, Geometrischen und Präzisen führten ihn zu einer scharfen Gegenüberstellung von Weltanschauungstypen der Romantik und Klassik, deren erste davon ausgehe, daß der Mensch gut sei und nur durch die Umstände verdorben werde, deren zweite davon, daß der Mensch begrenzt sei, aber durch Ordnung und Tradition zu etwas leidlich Anständigem diszipliniert werden könne. Durch die Betonung der Erbsünde verbindet H. Theologie, Metaphysik, Politik und Ästhetik.

S.: Complete poetical works, in: *E. Pound:* Ripostes, London 1915, S. 58-64; Speculations, hrsg. v. *H. Read*, London 1924; Notes on Language and Style, hrsg. v. *H. Read*, Seattle 1929; Further Speculations, hrsg. v. *S. Hynes*, Minneapolis 1955.

Ü.: Bemerkungen über Sprache und Stil, Berlin 1962.

L.: *M. Roberts:* T. E. H., London 1938; *E. Beer:* Thomas Stearns Eliot und der Antiliberalismus des XX. Jhdt.s, Wien 1953; *F. Kermode:* Romantic Image, London 1957; *A. R. Jones:* The Life and Opinions of T. E. H., London 1960; *M. Roberts:* T. E. H., Manchester 1982.

– S-N

Hume, David

* 7. 5. 1711 Edinburgh; † 25. 8. 1776 ebd. Schottischer Philosoph, Historiker und Diplomat. Nach Abbruch sowohl des Studiums der Jurisprudenz als auch einer kaufmännischen Ausbildung ging H. 1734 philosophischer Studien wegen nach Frankreich. „A Treatise of Human Nature", sein Hauptwerk, das 1739-40 in drei Bänden veröffentlicht wurde, erwies sich zunächst als Mißerfolg. Besser ging es H. mit den 1741/42 veröffentlichten „Essays Moral and Political". In der Folge widmete er sich vor allem Überarbeitungen seines „Treatise". Diese führten zum Entstehen von zwei eigenständigen Büchern: „An Enquiry concerning Human Understanding" erschien – zunächst allerdings unter einem anderen Titel – 1748; „An Enquiry concerning the Principles of Morals" wurde drei Jahre später veröffentlicht. Die 1751 erfolgte

David Hume
1711-1776

Ernennung zum Bibliothekar der juristischen Fakultät von Edinburgh ermöglichte H. die Abfassung einer sechsbändigen „History of England". 1763 wurde er Gesandtschaftssekretär in Paris, 1767 Unterstaatssekretär im Auswärtigen Amt. 1769 kehrte H. nach Schottland zurück.

H. war Empiriker und Skeptiker. Er wandte sich gegen metaphysische Spekulationen mit der Begründung, daß der Mensch nicht über bestimmte angeborene, aus sich heraus wahre Ideen – wie etwa solche von den allgemeinen Seinsbegriffen oder von Gott – verfüge und daß Verstand und Vernunft von sich selbst her keine Wahrheit erfassen können. Vielmehr seien Sinneseindrücke die einzige Quelle der Erfahrung über Tatsachen. Die Rolle des Geistes beschränke sich bei der Wissensgewinnung darauf, der Erfahrung nachgebildete Eindrücke zu verbinden, umzustellen, zu erweitern oder zu vermindern. Wahr könne nur das sein, was sich auf Sinneseindrücke zurückführen läßt. Von dieser Position aus gelangte H. zu der Auffassung, daß es unmöglich sei, ein Kausalwissen zu gewinnen. Beobachtbar sei nämlich nur, daß auf Ereignisse einer bestimmten Art immer solche einer bestimmten anderen folgen, weshalb wissenschaftliche Gesetze und Theorien im-

mer nur wahrscheinlich, nie aber sicher sein können. H. konnte daher sagen: „... all our reasonings concerning causes and effects are derived from nothing but custom".

Die konservative Weltsicht H.s ist eng mit seinem Skeptizismus verknüpft: Die Vorstellungen bzw. Institutionen von →Gerechtigkeit und Ungerechtigkeit, von Verpflichtung, Eigentum und →Recht erachtet H. – sich gegen die Naturrechtstradition seiner Zeit stellend – als nicht durch metaphysische Spekulation aufweisbar. Ihr Aufkommen erklärt er als Folge von im Laufe der Zeit etablierten, den Erfordernissen der menschlichen Natur entsprechenden und der Selbstsüchtigkeit der einzelnen entgegenwirkenden Konventionen. Gegenüber der Lehre vom Gesellschaftsvertrag macht er geltend, daß man auch von einem freiwillig und stillschweigend geschlossenen Vertrag nicht ausgehen könne, da die meisten Menschen aufgrund ihrer Einbindung in Kultur, Sprache und bestimmte Verhaltensweisen praktisch keine Möglichkeit haben, etwas anderes zu wählen.

Da H. den abstrakten, von den konkreten Gegebenheiten einer Gesellschaft abgelösten Vernunftgebrauch ablehnt, wendet er sich auch gegen dessen Auftreten im Bereich des Politischen. Er lehnt folglich „that grave philosophic Endeavour after Perfection" ab und fordert demgegenüber, „not to depart too far from the receiv'd Maxims of Conduct and Behaviour". In den Parteien, und insbesondere in den für die moderne Zeit charakteristischen Parteien auf der Grundlage abstrakter spekulativer Prinzipien sieht H. die Ursache für die Auflösung sozialer Bindungen. Jene bringen ihm zufolge scharfe Feindseligkeit unter den Menschen derselben →Nation hervor, nehmen den Gesetzen ihre Kraft und untergraben die Regierung. In diesen Zusammenhang gehört auch H.s Sozialkritik der Religion, die ihm aufgrund ihrer Verquikkung mit rationaler Argumentation als eine Art von Philosophie erscheint: Religiöser Fanatismus und Aberglaube gefährden, wie H. anhand historischer Beispiele erläutert, die Stabilität des Gemeinwesens.

Sich gegen die Menschen wendend, die alles lächerlich machen, was bislang wie Vernunft, Besonnenheit, Ehre, Freundschaft, Ehe und Bürgersinn in den Augen der Menschheit als heilig und verehrungswürdig erschien, lehnt H. radikalen Wandel ab. Ihm zufolge „it is necessary, in order to preserve stability in government, that the new brood should conform themselves to the established constitution". Wenngleich menschliche →Institutionen notwendigerweise gewisser Neuerungen bedürfen, „violent innovations no individual is entitled to make". Darüber hinaus erachtet H. die hierarchische Gliederung der Gesellschaft in Abhängigkeit von Geburt, Vermögen, Anstellung, Fähigkeiten und Ruf der einzelnen als unvermeidlich. Für H., der im Alter der Institutionen den ausschlaggebenden Grund für die Annahme ihrer →Legitimität erblickte und der in seiner „History" die von der britischen Mischverfassung gewährleisteten Freiheiten verteidigte, war „nothing of greater importance in every state than the preservation of the ancient government, especially if it be a free one".

Obwohl H. aufgrund seiner Kritik an von den Whigs vertretenen Standpunkten und den von ihm in seiner „History" eingenommenen Positionen oft den Tories zugerechnet worden ist, stand er eigentlich über dem Parteienstreit seiner Zeit. Dessenungeachtet ist er, der in seinem Philosophieren nicht von metaphysischen Prinzipien, sondern von der gesellschaftlichen Praxis ausgegangen ist und dem es um die Auffindung der in dieser implizit vorhandenen Normen zu tun war, neben M. →Oakeshott als der wohl bedeutendste Vertreter der säkularen und skeptischen Tradition des angelsächsischen konservativen Denkens anzusehen.

B.: *T. E. Jessop:* A Bibliography of D. H. and of Scottish Philosophy, from Francis Hutcheson to Lord Balfour, London 1938; *R. Hall:* Fifty Years of H. Scholarship: A Bibliographical Guide, Edinburgh 1978.

S.: The Philosophical Works of D. H., Bde. I-IV, hrsg. v. *H. T. Green / T. H. Grose*, London 1874-75, Ndr. Aalen 1964; The Natural History of Religion, hrsg. v. *H. E. Root*, London 1956; A Letter from a Gentleman to His Friend in Edinburgh, hrsg. v. *E. C. Mossner / J. V. Price*, Edinburgh 1967; D. H.'s Enquiries Concerning Human Understanding and Concerning the Principles of Morals, hrsg. v. *L. A. Selby-Bigge*, Oxford ³1975; A Treatise of Human Nature, hrsg. v. *dems.*, Oxford ²1978; Dialogues Concerning Natural Religion, hrsg. v. *N. K. Smith*, Indianapolis 1979; The History of England, Bde. I-VI, Indianapolis 1983-85; Essays, Moral, Political, and Literary, hrsg. v. *E. F. Miller*, Indianapolis 1987.

E.: New Letters of D. H., hrsg. v. *E. Klibansky / E.*

C. Mossner, Oxford 1954; The Letters of D. H., hrsg. v. *J. Y. T. Greig*, Oxford 1969.

Ü.: Eine Untersuchung über die Prinzipien der Moral, übers. v. *C. Winckler*, Hamburg 1972; Traktat über die menschliche Natur, Bde. I-II, hrsg. v. *T. Lipps*, Hamburg 1978-89; Abriß eines neuen Buches, betitelt: Ein Traktat über die menschliche Natur, etc. – Brief eines Edelmannes an seinen Freund in Edinburgh, hrsg. v. *J. Kulenkampff*, Hamburg 1980; Dialoge über die natürliche Religion, hrsg. v. *G. Gawlick*, Hamburg ⁵1980; Die Naturgeschichte der Religion. Über Aberglaube und Schwärmerei. Über die Unsterblichkeit der Seele. Über Selbstmord, hrsg. v. *L. Kreimendahl*, Hamburg 1984; Politische und ökonomische Essays, Bde. I-II, hrsg. v. *U. Bermbach*, Hamburg 1988; Eine Untersuchung über den menschlichen Verstand, hrsg. v. *J. Kulenkampff*, Hamburg ¹²1993.

L.: *C. W. Hendel:* Studies in the Philosophy of D. H., Princeton 1925; *B. M. Laing:* D. H., London 1932; *J. Laird:* H.'s Philosophy of Human Nature, London 1932, *R. W. Church:* H.'s Theory of the Understanding, Ithaca (N. Y.) 1935; *N. K. Smith:* The Philosophy of D. H., London u.a. 1941, ²1964; *D. G. C. MacNabb:* D. H. Hi s Theory of Knowledge and Morality, London 1951; *J. A. Passmore:* H.'s Intentions, Cambridge 1952; *S. S. Wolin:* H. and Conservatism, in: The American Political Science Review 48 (1954), S. 999-1016; *L. Wenzel:* D. H.s politische Philosophie in ihrem Zusammenhang mit seiner gesamten Lehre, Köln 1959; *A. Flew:* H.'s Philosophy of Belief, London u.a. 1961; *A. Schaefer:* D. H. – Philosophie und Politik, Meisenheim a. d. G. 1963; *J. B. Stewart:* The Moral and Political Philosophy of D. H., New York 1963; *L. Bongie:* D. H., Prophet of the Counter-Revolution, Oxford 1965; *W. Jäger:* Politische Partei und parlamentarische Opposition. Eine Studie zum politischen Denken von Lord Bolingbroke und D. H., Berlin 1971; *N. Capaldi:* D. H. The Newtonian Philosopher, Boston 1975; *D. Forbes:* H.'s Philosophical Politics, Cambridge 1975; *D. W. Livingston / J. King* (Hrsg.): H. – A Re-Evaluation, New York 1976; *A. J. Ayer:* H., Oxford 1980; *D. Miller:* Philosophy and Ideology in H.'s Political Thought, Oxford u.a. 1981; *D. F. Norton:* D. H. Common-Sense Moralist, Sceptical Metaphysician, Princeton 1982; *F. Linares:* Das politische Denken von D. H., Hildesheim 1984; *D. W. Livingston:* H.'s Philosophy of Common Life, Chicago u.a. 1984; *F. G. Whelan:* Order and Artifice in H.'s Political Philosophy, Princeton 1985; *R. S. Hill:* D. H., in: History of Political Philosophy, hrsg. v. *L. Strauss / J. Cropsey*, Chicago u.a. ³1987, S. 535-58; *P. Helm:* H., in: Conservative Thinkers. Essays from The Salisbury Review, hrsg. v. *R. Scruton*, London 1988, S. 59-76; *N. Capaldi:* H.'s Place in Moral Philosophy, New York 1989; *J. Kulenkampff:* D. H., München 1989; *B. Gräfrath:* Moral Sense und praktische Vernunft. D. H.s Ethik und Rechtsphilosophie, Stuttgart 1991; *R. Lüthe:* D. H. – Historiker und Philosoph, Freiburg i. Br. 1991; *S. R. Letwin:* The Pursuit of Certainty. D. H.,

Jeremy Bentham, John Stuart Mill, Beatrice Webb, Aldershot – Brookfield ²1993, S. 11-123; *G. Streminger:* D. H. Sein Leben und sein Werk, Paderborn 1994.

– Z

Hurter, Friedrich Emanuel von

* 19. 3. 1787 Schaffhausen; † 27. 8. 1865 Graz. Konservativer Theologe, Historiker und Publizist. H. entstammte einem alten Patriziergeschlecht seiner Heimatstadt Schaffhausen; sein Vater hatte als Landvogt des Tessins amtiert und später die Leitung des familieneigenen Verlages sowie der dazugehörigen „Schaffhauser Zeitung" übernommen. Nach dem Besuch des Gymnasiums in Schaffhausen studierte der junge H. von 1804-06 evangelisch-reformierte Theologie in Göttingen und folgte bereits früh seiner eigentlichen Neigung, die der Geschichte des Mittelalters galt: Schon 1807 veröffentlichte er unter dem Einfluß seines Landsmannes, des Historikers Johannes von Müller, eine Geschichte Theoderichs. Doch die Hoffnung auf eine Laufbahn als Historiker oder Schriftsteller erfüllte sich vorerst nicht; H. mußte von 1808-24 als Landpfarrer in der Schweizer Provinz amtieren, bevor er in seine Vaterstadt zurückkehrte. In Schaffhausen wurde er 1835 zum Antistes (Oberpfarrer) gewählt und erreichte damit den Höhepunkt seiner Laufbahn als evangelischer Geistlicher. Bereits früh war er als ausgesprochen streitlustiger, streng konservativer Publizist hervorgetreten, der sich schon 1825 vehement gegen eine Revision der Schaffhausener Kantonalverfassung im liberalen Sinne gewandt und 1830 als unnachsichtiger Gegner der Julirevolution hervorgetan hatte. Zu seinen engen Freunden gehörten Carl Ludwig von →Haller, dessen politische Schriften H. stark beeinflußten, und später auch Carl Ernst →Jarcke.

Seit 1834 begann H. mit der Publikation seines ersten Hauptwerkes: Die bis 1842 in vier Bänden erschienene „Geschichte Papst Innocenz III. und seiner Zeitgenossen" machte ihren Verfasser weithin bekannt. Aufsehen erregte vor allem die Tatsache, daß hier ein protestantischer Geistlicher „eine hingebende Verherrlichung des Mittelalters und der mittelalterlichen kirchlichen Ideen und Erfolge auf ihrem Höhepunkte" (F. X. von Wegele) vorgenommen hatte; jedenfalls

konnte von einer historisch-kritischen Behandlung des Themas im Sinne der neueren Geschichtsschreibung Niebuhrs und →Rankes nicht die Rede sein. Durch dieses Werk sowie durch seine zahlreichen öffentlichen Stellungnahmen zugunsten der katholischen Kirche innerhalb und außerhalb der Schweiz erreichte H. bald hohes Ansehen in der katholischen Welt, insbesondere in Österreich und Süddeutschland. H. knüpfte über Jarcke enge Kontakte sowohl zum Münchener Görres-Kreis – er wurde bald Mitarbeiter der →„Historisch-politischen Blätter" – als auch nach Wien, wo er 1839 von →Metternich empfangen wurde.

Der ausführliche Bericht, den H. 1840 unter dem Titel „Ausflug nach Wien und Preßburg" über seine Reise in die Habsburgermonarchie publizierte, führte in Schaffhausen zu heftigen öffentlichen Angriffen gegen H., die ihn im März 1841 veranlaßten, sein Pfarramt niederzulegen. In den folgenden Jahren betätigte er sich weiterhin als wortmächtiger Anwalt der schweizerischen Katholiken, doch erst im Sommer 1844 vollzog er während eines Aufenthaltes in Rom öffentlich seinen Übertritt zur katholischen Kirche. Seine innere Entwicklung bis zur Konversion hat H. nach seiner Rückkehr in die Schweiz in seinem vielgelesenen autobiographischen Werk „Geburt und Wiedergeburt" (3 Bde., 1844-45) ausführlich beschrieben.

Offenbar auf Betreiben Jarckes wurde H. im Januar 1845 durch ein persönliches Schreiben Metternichs nach Wien berufen, wo er den Rest seines Lebens zubringen sollte. Er wurde zum kaiserlichen Hofhistoriographen ernannt – mit der Aufgabe, die Geschichte Kaiser Ferdinands II. zu verfassen. Daneben war H. weiter als konservativer Publizist tätig und bildete „eine Art von Mittelpunkt der konservativen literarisch-politischen Interessen in Wien" (Wegele). Folgerichtig wurde er nach Ausbruch der Revolution bereits im Mai 1848 seines Amtes enthoben; 1849 wurde diese Entscheidung revidiert, doch H. in den sofortigen Ruhestand versetzt. 1852 allerdings erreichten H.s zahlreiche Gönner seine volle Rehabilitierung: er wurde wieder in sein Amt eingesetzt und noch im gleichen Jahr in den erblichen Adelsstand erhoben. Nun konnte er neben kleineren Arbeiten seine monumentale „Geschichte Kaiser Ferdinands II.

und seiner Eltern" vollenden, die 1851-64 in elf Bänden erschien. Wegen ihrer unbestreitbaren technischen und formalen Unzulänglichkeiten, vor allem aber wegen ihres jetzt geradezu militanten Katholizismus und Antiprotestantismus wurde sie von der Mehrheit der Zeitgenossen allerdings abgelehnt.

Bis zuletzt blieb H. als politischer Schriftsteller und Publizist ein unermüdlicher Propagandist der Habsburgermonarchie und der katholischen Sache. Seine Feindbilder waren vor allem das protestantische Preußen und der norddeutsche Protestantismus.

S.: Geschichte des Ostgothischen Königs Theoderich, Bde. I-II, Schaffhausen 1807; Wie die Stadt Schaffhausen zu ihren Freiheiten, Besitzungen, Gütern, Rechten und Häusern kam, Schaffhausen 1832; Die Weihe der Münsterkirche zu Schaffhausen, Schaffhausen 1834; Ermunterung zum Bekenntniß Christi in Unterstützung nothleidender Mitchristen, Schaffhausen 1834; Geschichte Papst Innocenz III. und seiner Zeitgenossen, Bde. I-IV, Hamburg 1834-42; Ausflug nach Wien und Preßburg im Sommer 1839, Bde. I-II, Schaffhausen 1840; Denkwürdigkeiten aus dem letzten Decennium des 18. Jhdt.s, Schaffhausen 1840; Der Antistes Hurter von Schaffhausen und sogenannte Amtsbrüder, Schaffhausen 1840; Die Befeindung der katholischen Kirche in der Schweiz seit dem Jahre 1831, Bde. I-III, Schaffhausen 1842; Die Katholiken des Aargaus und der Radicalismus, Schaffhausen 1843; Reden und Predigten, Schaffhausen 1844; Kleinere Schriften, Schaffhausen 1844; Geburt und Wiedergeburt. Erinnerungen aus meinem Leben und Blicke auf die Kirche, Bde. I-III, Schaffhausen 1845; Philipp Lang. Kammerdiener Kaiser Rudolphs II., Schaffhausen 1851; Geschichte Kaiser Ferdinands II. und seiner Eltern, Bde. I-XI, Schaffhausen 1851-64; Rom. Eine Skizze, Freiburg i. Br. 1855; Zur Geschichte Wallensteins, Schaffhausen 1855; Französische Feindseligkeiten gegen das Haus Oesterreich zur Zeit Kaiser Ferdinand's des Zweiten, Wien 1859; Friedensbestrebungen Kaiser Ferdinands II., Wien 1860; Bild einer christlichen Fürstin. Maria, Erzherzogin zu Oesterreich, Herzogin von Bayern, Schaffhausen 1860; Wallenstein's vier letzte Lebensjahre, Wien 1862; Kirche und Protestantismus, Wien 1864.

E.: Briefe Karl Ludwig v. Hallers an David H. und F. v. H., hrsg. v. *E. Scherer*, Bde. I-II, Sarnen 1914-15; Briefe von Konstantin Siegwart-Müller an F. v. H., hrsg. v. *dems.*, Bde. I-II, Sarnen 1924-25.

L.: *Wegele* in ADB XIII, 431-44; *H. v. Hurter:* F. v. H., k. k. Hofrath und Reichshistoriograph, und seine Zeit, Bde. I-II, Graz 1876-77; *F. X. v. Wegele:* Geschichte der deutschen Historiographie seit dem Auftreten des Humanismus, München – Leipzig 1885; *H. Ritter v. Srbik:* Metternich – Der Staatsmann und der Mensch, Bd. II, München 1925; *G. Wolf:* Studie über F. H. bis um die Zeit seiner Konversion, in: Zeitschrift für Schweizerische Geschichte 9 (1929), S. 276-325, 385-434; *G. Köstler:* F. v. H.s historiographische Tätigkeit seit seiner Konversion, phil. Diss. (masch.) Wien 1937; *F. Schnabel:* Deutsche Geschichte im neunzehnten Jhdt., Bd. IV: Die religiösen Kräfte, Freiburg i. Br. 1937; *H. Ritter v. Srbik:* Geist und Geschichte vom deutschen Humanismus bis zur Gegenwart, Bd. II, München – Salzburg 1951; *P. Vogelsanger:* Weg nach Rom. F. H.s geistige Entwicklung im Rahmen der romantischen Konversionsbewegung, Zürich 1954.

– K

266

I

Idealismus, insbesondere Deutscher Idealismus

I. ist eine philosophische Denkströmung, die in der Erscheinung (Phänomen) das Erscheinende (noumenon), in dem Bewegten das Unbewegte, in dem Veränderlichen das Unveränderliche, im Zeitlichen das Ewige, im Geschichtlichen den Sinn, im Mannigfaltigen das Eine, im Seienden das Sein zu ergründen sucht. Sie durchzieht die ganze Geschichte der Philosophie des Abendlandes, von der milesischen Naturphilosophie über →Platon, Aristoteles, Plotin, die Kirchenväter und die Scholastik bis hin zum D. I., der mit Kant, Fichte, Schelling und Hegel die Philosophie der Menschheit auf einen neuen Höhepunkt führte. Gegner des I. ist in der Antike der Sophismus, im Mittelalter der Nominalismus, in der Neuzeit die Philosophie der →Aufklärung als Sammelbegriff für Empirismus, Subjektivismus, Relativismus, Positivismus, Materialismus, Evolutionismus und Rationalismus. Seinen Namen verdankt der I. der platonischen Ideenlehre. Ideen sind für Platon unveränderliche und daher ewig sich gleichbleibende und dennoch schöpferisch-lebendige, geistige Wesenheiten, Substanzen, →Werte und Gattungsbegriffe, die sich in den veränderlichen Dingen und Erscheinungen darstellen. Aristoteles nennt sie formende Formen oder Prinzipien, für Plotin sind sie Emanationen des Einen. Bei den Kirchenvätern werden die Ideen zu „Gedanken Gottes", die Scholastik kennt sie als Universalien und streitet über ihre logisch-ontologische Positionierung (Universalienstreit) *in re* oder *ante rem* mit dem Nominalismus, der die Begriffe nur als Namen oder Etiketten gelten läßt, die einer Merkmalsreihe nachträglich umgehängt werden (*post rem*) und denen keine Substanz oder eigenes Sein zukommt.

Der D. I. entsteht aus der Auseinandersetzung mit dem englischen Empirismus und Subjektivismus (vor allem David →Hume) sowie dem französischen Rationalismus (Descartes). Kant (1724-1804), noch weitgehend dem rationalistischen Zweig der Aufklärung verpflichtet, endeckt mit den nichtempirischen (apriorischen) Voraussetzungen der menschlichen Erfahrung übersubjektive, in jedem menschlichen Bewußtsein vorhandene Anschauungs-, Denk- und Urteilsformen, die es ermöglichen, mannigfache Erscheinungen zu verknüpfen, zu ordnen und in ihrem gesetzmäßigen Ablauf zu erklären (z.B. werden alle Bewegungen nur erfaßt oder „angeschaut" in Raum und Zeit, erklärt sie, wenn ihre Ursache [Kausalität] erforscht ist). Die Voraussetzung allen Erkennens aber ist für Kant das „Ich", die ursprüngliche „Einheit" des Denkens, die alle Erscheinungen „percipiert" und „synthetisiert", d.h. zusammenfaßt und unter Regeln oder Gesetzen darstellt. Es ist der Verstand, welcher der Natur die Gesetze vorschreibt, nicht umgekehrt. Das eben zeichnet den menschlichen Geist und seine Würde aus, daß er sich selbst Gesetz ist. Die Autonomie oder Freiheit des Geistes verlangt jedoch die Unterordnung unter die Gesetze der Vernunft oder unter das Denknotwendige, und zwar sowohl beim Erkennen (Theoriebildung), beim Handeln (Praxis) wie Gestalten (Poetik). Allein das, was als notwendig gedacht werden muß, verdient es, Wissen und Wissenschaft genannt zu werden. Kants drei Kritiken (der reinen Vernunft, der Urteilskraft und der praktischen oder sittlichen Vernunft) zielen alle auf die Scheidung des Empirischen oder Kontingenten vom Nichtempirischen, apriorisch Notwendigen und Allgemeinen ab, das ganz unabhängig vom Subjekt, seiner Position in der Gesellschaft oder der Höhe seiner Kultur vernünftigerweise gedacht werden muß. Der kantische Rigorismus, die preußische Disziplin und der deutsche Hang zum Perfektionismus entsprechen und verstärken einander so sehr, daß sie zum Teil zu bewunderten und beneideten, zum Teil aber auch zu abgelehnten und verhaßten Kennzeichen der deutschen Nation wurden. Menschlich erträglich werden diese Kennzeichen in der Tat nur durch ihre Einbettung in die romantische Seite des Volkscharakters der „Dichter und Denker".

Den Romantikern am nächsten steht der zweite große Denker des D. I., Friedrich Wilhelm Schelling (1775-1854), der das Geist- und Seelenartige der Natur wiederentdeckt und beide, Geist und Natur, als aufeinander angewiesene „Potenzen" aus dem Absoluten hervorgehen läßt. Der Geist will sich in der Natur objektivieren („darstellen", Gestalt gewinnen), die Natur im Geist subjektivieren (teilhaben an der Freiheit des Geistes). Die Natur ist das Reale des Geistes, der Geist das Ideale der Natur. Ihren ästhetischen Ausdruck finden beide in der „Kunst", der vollkommenen Einheit von Idealem und Realem. Sein logisch-konsequent verfolgter Weg führt Schelling von der Philosophie der Natur über die Philosophie der Kunst und der Transzendentalphilosphie des I. zur Philosophie der Mythologie und der Offenbarung, mit der er der modernen vergleichenden Religionswissenschaft bedeutende Impulse vermittelt.

Den Übergang von Kant zu Schelling bildet Fichtes „Wissenschaftslehre". Sie setzt dort an, wo Kant aufhört, beim „Ich" als der „ursprünglich synthetischen Einheit der transzendentalen Apperzeption", das allen unseren Vorstellungen zugrunde liegt und unser ganzes Denken „begleitet". Johann Gottlieb Fichte (1762-1814) erkennt das Wesen des Ich und der Tätigkeit des menschlichen Geistes als „Selbstsetzung" oder „Spontaneität" und damit als Freiheit. Der Freiheit des Geistes verdankt der Mensch seine Würde. „Das Ich setzt sich selbst", lautet der erste Satz seiner „Wissenschaftslehre", alles Denken ist Selbstsetzung und Selbstentgegensetzung oder „Vergegenständlichung". Diese ist eine Tat des Ich, das Ich ist der Schöpfer seiner Welt. Die cartesianische Zerreißung der Welt in Subjekt und Objekt ist damit aufgehoben, das Objekt, der Gegenstand, ist Setzung des Ich, das sich in dem von ihm geschaffenen oder „gesetzten" Gegenstand erkennt. Der Gefahr des Solipsismus begegnet Fichte durch die Anknüpfung des einzelnen „Ich" an das „absolute Ich", den Logos, an dessen Wahrheit das einzelne Ich teilhat. Besonders in seiner Spätlehre („Anweisungen zum seligen Leben") tritt die Gottbezogenheit des „Ich", des Inbegriffs der menschlichen Person, immer deutlicher zutage. Fichtes Entwicklung mündet wie jene Schellings in der Wiedergewinnung des religiösen Bewußtseins, das unter dem Ansturm der Aufklärung verlorenzugehen drohte.

Für den an Fichtes Lehre vom absoluten Ich anknüpfenden Georg Wilhelm Friedrich Hegel (1770-1831) werden Schöpfung und Geschichte zu einem riesigen Syllogismus, durch den der Weltgeist zum vollen Bewußtsein von sich selbst und seiner →Freiheit gelangt. Sinn des schöpferischen Denkens wie der Geschichte ist der Fortschritt im Bewußtsein der Freiheit. Im Ringen der Völker und Staaten untereinander, ihrem Aufstieg und Abstieg, wird die gesamte Menschheit vom Geist der Freiheit durchdrungen und vollendet.

Betrachtet man den D. I. als Einheit, so läßt er sich durch folgende Merkmale kennzeichnen: 1. Die Autochthonie des Geistes: Geist kann nicht aus anderem (z.B. Materie) erklärt werden als aus ihm selbst. 2. Der Geist (die Vernunft, der Logos) ist der Grund und Schöpfer der Welt, das „Wirkliche" in der Welt daher vernünftig, das Vernünftige wirklich. 3. Das Wesen des Geistes ist Spontaneität (Selbstsetzung, Freiheit). 4. Der Geist gelangt zum Bewußtsein von sich selbst durch Denken in logischen Schritten (Selbstsetzung, Entgegensetzung, Ineinssetzung). 5. Geschichte ist Fortschritt im Bewußtsein der Freiheit. 6. Der Staat ist Ausdruck (status) des erreichten Zustandes der Freiheit und somit die Wirklichkeit der sittlichen Idee, wie sie auf Erden erscheint. 7. Aufgabe (Pflicht) des einzelmenschlichen Geistes ist es, sich durch Teilhabe am Leben der bürgerlichen Gesellschaft (Familie, Berufsvereinigung oder Korporation), des Staates (Recht, Sittlichkeit) und den „Objektiviationssystemen" des absoluten Geistes (Religion, Philosophie und Kunst) zu „objektivieren", d.h. moralisch und sittlich zu vervollkommen und sein bloß relatives und subjektives Sein „aufzuheben" und „allgemein" zu werden.

Der Einfluß des D. I. auf die Entwicklung aller Teilbereiche der Philosophie sowie der Religionswissenschaft, Kulturanthropologie, Gesellschafts- und Staatslehre, Nationalökonomie, Psychologie, Pädagogik und selbst die Politik dauert bis heute an: Erkenntnisse, Denkaufgaben und Lösungsansätze, die der D. I. hervorgebracht hat, bestimmen selbst dort noch die Entwicklung, wo sie infolge individualistischer und positivistischer oder materialistischer (linkshegelianischer) Ausgangsbasis auf Ablehnung stoßen und der Versuch gemacht wird, den D. I. „vom Kopf auf die Füße zu stellen" (dialektischer und historischer Materialismus). In der ersten Hälfte des 20. Jhdt.s unternahm O. →Spann den Versuch einer „Wiederherstellung des I. auf allen Gebieten der Philosophie".

S.: *Kants* gesammelte Schriften, hrsg. von der Königlich Preußischen Akademie der Wissenschaften. Bde. I-XXIII, Berlin 1900ff; *Kant:* Werke in 6 Bdn. Hrsg. v. *W. Weischedel*, Wiesbaden 1956ff; *Fichte:* Gesamtausgabe der Bayerischen Akademie der Wissenschaften, hrsg. v. *R. Lauth, H. Jakob* u.a. Stuttgart 1964ff; *Fichte:* Sämtliche Werke, hrsg. v. *I. H. Fichte*, 8 Bde. 1845f., unveränd. Nachdruck, Berlin 1965; *Hegel:* Werke, Bde. I-XX, hrsg. v. *E. Moldenhauer / K. M. Michel*, Frankfurt a. M. 1969ff; *O. Spann:* Gesamtausgabe, hrsg. v. *W. Heinrich* u.a., Graz 1961ff.

L.: *N. K. Fischer:* Geschichte der neueren Philosophie. Bde. III-VII, Mannheim – Heidelberg 1860-1901; *Hartmann:* Die Philosophie des D. I., Bde. I-II, Berlin 1923/29, ²1960; *R. Kroner:* Von Kant bis Hegel, Tübingen ³1978; *O. Spann:* Philosophenspiegel. (Bd. 13 der Gesamtausgabe), Graz 1970; *R. Bubner:* D. I., Stuttgart 1992; *F. Romig:* Die Philosophie des D. I.: Wegweiser für die Zukunft? in: Jahrbuch für politische Erneuerung 1993, Wien 1992.

– Ro

Institution

Das lateinische Wort *institutio* ist in folgenden Bedeutungen in die neuzeitliche Philosophie eingegangen: als Prozeß des Einrichtens, der Stiftung oder Setzung als autoritativer Akt von besonderem Gewicht, damit verbunden der Einrichtung, von der eine öffentliche Wirkung und →Autorität ausgeht. Durch die Spaltung in →Staat und (bürgerlicher) Gesellschaft in den staatsphilosophischen Auseinandersetzungen nach der →Aufklärung hat der Begriff I. Brisanz erhalten. Für den französischen Revolutionär Saint-Just z.B. verbürgten I.en als „gesellschaftliche" Instanzen die →Freiheit des Volkes gegen den Staat und waren Träger der Säkularisierung der Moral – je zahlreicher die I.en, desto selbständiger stand die Macht des Volkes dem Staat gegenüber. Staat wie I.en wurden als konkrete soziale Gebilde aufgefaßt, ihre Geschichte wurde säkularisiert zur realen Abfolge gesellschaftlicher Zustände und zum Kampf gesellschaftlicher I.en um die staatlichen Machtmittel. Die Eigengesetzlichkeit der I.en als Gegenkraft zum autonomen Bildungsprinzip des Staates bestimmte die wissenschaftliche Diskussion des 19. Jhdt.s, verbunden mit Namen wie Saint-Simon, Auguste Comte, Lorenz von →Stein und Karl Marx, und die Aufdeckung ihrer Gesetzmäßigkeiten war Aufgabe der neuen Wissenschaft der Soziologie. Diese galt vornehmlich als Institutionenlehre,

sei es in integrationistischer Version, die Staat und Gesellschaft als verschiedene, aber einander ergänzende Prinzipien des gesellschaftlichen Zusammenlebens auffaßte und Gesellschaftslehre als moderne Staatslehre begriff (H. von Treitschke) – oder in konflikttheoretischer bzw. dialektischer Version, in der ihr als Wissenschaft der sozialen Bewegungen die aktuelle Mission aufgetragen wurde, durch wissenschaftliche Bewußtmachung die Emanzipation der dem Staat entfremdeten gesellschaftlichen Mächte in einer neuen Staatsform einzuleiten (L. von Stein, später H. →Freyer). Die Soziologie als Institutionenlehre stand damit als Oppositionswissenschaft in enger Verbindung mit den gesellschaftlichen Umwälzungen des industriellen Zeitalters (Saint-Simon, L. von Stein). Da der Begriff I. die Vermittlung zwischen →Werten und Ideen, die eine Gesellschaft von sich hat, und den Individuen, ihrem Handeln und ihren Bedürfnissen, auch zwischen soziobiologischer Antriebsstruktur und sozialen Interaktionsmustern, kulturellen Objektivationen, religiösen und politischen Wertmustern und Legitimationsvorstellungen leisten soll, wird er von allen Kultur- und Humanwissenschaften thematisiert.

Folgende Grundkontroversen bestimmen die wissenschaftliche Diskussion:

1. Schöpferische Setzung oder eigengesetzliche Objektivation?

Die Verfestigung sozialer Tatsachen in I.en und ihre Eigengesetzlichkeit ist Grundlage der Soziologie E. Durkheims. I.en sind wie Gegenstände von eigener Natur zu betrachten, die dem menschlichen Willen widerstehen und durch ihre rigiden Handlungsfestlegungen Zwang auf die Individuen ausüben. Es handelt sich um Kristallisierungen bereits vergangener Entwicklungen, die auch bei ständiger Veränderung sozialer Konstellationen lange fortbestehen können. Weder als Reduktion auf individuelle Manifestationen noch als „Kollektivbewußtsein", auch nicht reduziert auf ökonomische Faktoren können I.en soziologisch erfaßt werden, sondern nur durch die ihnen eigenen Gesetzmäßigkeiten, die eine ihnen gewidmete eigene Wissenschaft erst rechtfertigen.

Im Gegensatz dazu steht H. Freyers frühes Konzept der I. als „Sozialform": Nur im Vollzug wird sie real – I.en bestehen, solange man sich zu ihnen bekennt, und ihre wissenschaftliche Erkenntnis kann nur prozeßhaft, d.h. dialektisch erfolgen. Auch für H. Arendt stellt Handeln nach kollektiv geglaubten Ordnungen oder I.en deren öffentliche Manifestation und damit wirkendes und politisches Handeln dar und steht deshalb im Gegensatz zu rein zwanghaftem oder traditionalem Verhalten. Der „Einrichtung" (*institutio*) als grundlegende Ordnungsvorstellung mit Rechtsnormen und entsprechendem Sanktionsapparat steht immer auch das „Einrichten" (*instituere*) als aktive Sinngebung, variierende Sinndeutung und moralischer Anspruch gegenüber. Dieser Aspekt wird durch die pluralistische Konstruktion sozialer Wirklichkeit in der pragmatistischen Theorietradition (G. H. Mead, später Berger/Luckmann) ausgearbeitet; allerdings wird dort die politische Dimension zugunsten der Alltagswelt weitgehend ausgeblendet.

Die funktionalistischen Theorien der Ethnologie (Malinowski) betonen die Eigengesetzlichkeit von I.en, jetzt jedoch erweitert durch evolutionäre Entwicklungsdynamik. Ausgehend von der Frage, welche biologisch unabdingbaren Grundbedürfnisse (*basic needs*) durch soziale und materielle Austauschbeziehungen befriedigt werden, konstruieren sie ein evolutionäres System ihrer institutionellen Transformationen in Brauchtum, Mythos, Sitte und Recht und deren funktionalem Zusammenspiel (Malinowski), das wissenschaftliche Kulturvergleiche erlaubt und die Reduktion des Sozialen auf biologische Grundkonstanten korrigiert. Mit der postulierten Eigendynamik werden die I.en jedoch der unmittelbaren Gestaltung durch die Teilnehmer weitgehend entzogen. Im Zentrum steht die Frage nach der Homöostase und dem Erhalt des Gesamtsystems. I.en erscheinen als Funktionen einer Gesamtkultur, ihre Veränderung wird evolutionär interpretiert als Ausdifferenzierung von abgeleiteten Bedürfnissen, die ihrerseits wieder erneute Institutionalisierung hervorrufen. In der soziologischen Systemtheorie T. Parsons tritt an die Stelle der Basis-Institutionen das allen gemeinsame Normen- und Kultursystem, und der Vorgang der Institutionalisierung fungiert als Vermittlungsprozeß zwischen dem sozialen und personalen System. Nur die Internalisierung der I.en durch Sozialisation spielt dabei eine ausschlaggebende Rolle, und Gestaltungsakte der Subjekte sind nur als Bestätigung der I.en funktional für das Gesamtsystem und damit relevant.

Die von komplexen Systemen bestimmte Eigendynamik ist auch Grundannahme der kulturkritischen Annäherungen an die Institutionentheorie, jedoch in negativem Sinn: I. ist Ursache der Entmündigung und Entfremdung des Menschen in der modernen Industriegesellschaft. Das von Natur aus freie Individuum wird durch festgeschriebene Rollen in I.en einem unentrinnbaren Zwang unterworfen, der trotz Entfremdung hingenommen wird, weil negative Sanktionen drohen (R. Dahrendorf). Die Übermacht und Selbstläufigkeit der I.en bedeuten den schleichenden Untergang des Individuums in einer total verwalteten Welt. Beschränkt auf bestimmte I.en der gegenwärtigen Gesellschaft, Gefängnisse oder geschlossene psychiatrische Anstalten, werden Strukturen und Prozesse derartiger „totaler I.en" analysiert (E. Goffman). Die Eigendynamik technisch-industrieller Systeme veranlaßte H. Freyer, in seinen Spätwerken eine Aufspaltung des Institutionenbegriffs vorzunehmen: I.en des technischen Fortschritts einerseits als „sekundäre Systeme" im Sinne von extrem künstlichen Sachwelten, deren Dynamik der Logik der Automation folgt und damit extremen Anpassungsdruck auf die Menschen ausübt; als Gegenkräfte andererseits I.en als historisch sedimentiertes kollektives Kulturwissen, die „haltenden Mächte", die im gegenwärtigen weltgeschichtlichen Umbruch nur reduziert auf einen die individuelle Lebenswelt gestaltenden Habitus überdauern können; ihre Synthese in neuen Formen der Industriekultur ist gegenwärtige Forderung. Ähnlich wird eine Entgegensetzung vom technisch-industriellen System der I.en und von der „Lebenswelt" später von J. Habermas ausgearbeitet.

Subjektive Entscheidung, Kreativität und Hingabe im Handeln in I.en werden in der theologischen Diskussion hervorgehoben, so etwa bringt die evangelische Rechtstheologie mit dem Aspekt der Stiftung das korrigierende Argument ein, daß I.en sich nicht notwendigerweise aus zunächst spontan gelebtem Verhalten entwickeln, sondern durch einen akausalen Akt gestiftet werden, und daß sie immer unter einer transzendentalen Wertidee stehend gedacht werden müssen; nicht jede kollektiv gelebte →Tradition und nicht jeder gesellschaftliche Trend kann den einer I. zustehenden Anspruch auf Verbindlichkeit erheben. Es geht weniger um Zwang denn um freiwillige Zuwendung, und die freiheitliche Entscheidung zur I. begründet einen „Status" der Teilnehmer, der nicht nur als Pflicht auferlegt wird, sondern Prestige und Verantwortung verleiht; es besteht eine Dialektik von bewußter Setzung und freiwilliger Annahme (H. Dombois). Betont wird damit, daß auch in durchaus funktionalen Verhältnissen diese Akte der gewährenden Institutionalisierung möglich sind, die die Teilnehmer weniger instrumentalisiert als normativ verpflichtet und damit die Chance der Weltgestaltung durch I.en hervorhebt.

Der Begriff der „Stiftung" wird an Beispielen katholisch-christlicher und muslimischer Tradition in die Kultursoziologie eingebracht (M. Rassem). Grundlage bildet die willentliche und altruistische Verfügung des Stifters, der dadurch, daß er wirtschaftliche und politische Machtmittel freiwillig einem höheren Zweck unterstellt, der Stiftung besonderen Glanz und Würde verleiht. Der Nutznießer unterwirft sich aufgrund der höheren Aufgabe der Stiftung einer strengen Disziplin, oft auch einer harten Bewährungsprobe, jedoch im Rahmen eines freiwilligen „Bundes" mit ursprünglich frei definierten Zielen. Säkularisiert und auf die demokratische Gesellschaft angewandt, behalten I.en diesen Stiftungscharakter, indem sie im Interessenkampf und gegenüber der Staatsmacht eine selbständige Macht aufbauen und nur durch persönliche Reverenz und durch Sendungsbewußtsein erhalten bleiben; so bieten sie die Chance zu neuer gesellschaftlicher Politisierung und Humanisierung. Für neue soziale Bewegungen, für das transnationale Kooperations-, Wettbewerbs- und Förderungswesen in Wirtschaft, Wissenschaft und Kultur als Gegeninstanzen zum Verteilerstaat soll der Zusammenhang von Stiftung, Status und Gestaltung einen adäquaten Erklärungsrahmen bieten.

2. Reflexion als Gesetzmäßigkeit – Synthese von Setzung und Eigendynamik

Die evolutionäre Dynamik der I.en, ihre Bedürfnissteigerungsfunktion und Höherentwicklung in Folgeinstitutionen gehen später durchaus positiv als das Grundgesetz eines stabilen sozialen Wandels in die Erörterungen ein (H. →Schelsky); sie ist gegenwärtig an einem neuen Bewußtseinsbedürfnis des Menschen nach kritischer Selbstreflexion angelangt, feststellbar u.a. am Anspruch auf persönliche Freiheit, an der kritischen Distanz zu sozialen Zwängen oder auch an der Meinungsfreiheit, die nun in neuen Folgeinstitutionen Befriedigung finden müssen. Der Rückzug in die private Lebenswelt, von H. Freyer als Krisenerscheinung beklagt, wird von Schelsky unter dem Begriff der „Subjektivität" in den Rang der neuen „Leitidee" der modernen I.en erhoben. Die entsprechenden subjektiven Bedürfnisse sind nicht mehr auf Veränderung, sondern auf begleitende Dauerreflexion gestellt, was keineswegs einen Rückfall in subjektive Beliebigkeit bedeuten muß, denn die individuelle Freiheit wird vor allem in der Sprache und im Kommunikationssystem erneut kollektiv verbindlich institutionalisiert. In Umfragen zum Wertewandel in Deutschland werden eine Abnahme von Pflicht- und Akzeptanzwerten und Zunahme von Selbstentfaltungswerten bestätigt und damit eine Institutionalisierung der auf Selbstentfaltung bedachten Subjektivität empirisch nachgewiesen (H. Klages), die sich in der Arbeitswelt bereits als partizipative Führung, Klientenorientierung und innovativer Arbeitsstil niederschlägt, womit bewußt die individuelle Motivation geweckt wird und mit der Organisationszielsetzung zu einer „Unternehmenskultur" verschmilzt. Auf Max Webers These der okzidentalen Rationalisierung aufbauend, sieht R. M. Lepsius gleichermaßen ein dominierendes Bedürfnis der Selbstreflexion als gesellschaftliches Rationalisierungskriterium, das sich (in der Tradition des weberianischen Neukantianismus) an einer inhärenten vernunft- und wertbestimmten Ordnung orientieren kann. Die Erfüllung dieses modernen Rationalisierungsbedürfnisses wird der I. der Intellektuellen als gesellschaftliche Aufgabe zugeschrieben, die als Vermittlungsinstanz die rationale Vernunft in einer wissenschaftlichen Modernisierungspolitik zu konkretisieren hat.

In A. →Gehlens anthropologischer Verankerung der I.en, die auf Malinowski aufbaut, ist der Dualismus von „Geist" und „Leben", von Schöpfung und eigengesetzlicher Objektivierung, ineinander aufgegangen. An die Stelle des „Geistes", dessen Objektivität für ihn wissenschaftlich nicht nachzuweisen ist, tritt das menschliche Bewußtsein, das sich im Handlungskreis fortwährend zu stabilisieren hat. Dadurch, daß der Mensch im Gegensatz zum Tier nicht instinktgebunden ist, gehören das Bewußtsein und die bewußte Führung („Zucht", Askese) der lebensdienlichen Handlungen in I.en zu seiner naturgemäßen Ausstattung, die somit keinen Verlust des Menschlichen, vielmehr eine Chance zu reicherer Lebensführung darstellen. Die Zivilisation ist getragen von den Leistungen jedes einzelnen bis in seine elementarsten Schichten hinein, und I.en können, da sie praktische Zwecke auf eine allgemeine objektive Ebene heben, höhere Werte erst lebensfähig machen. Nur im Rahmen funktionierender I.en zahlt es sich aus, Moral zu haben. Nach wie vor hebt eine Eigendynamik der „sekundären objektiven Zweckmäßigkeit" die I.en über den kurzgeschlossenen Kreis von Handlung und Erfolgs- oder Mißerfolgsmeldung hinaus, die jedoch nicht mehr auf eine transzendente Objektivität des „Geistes" transponiert wird. Der Heroismus der Person besteht darin, daß sie durch Handeln I.en „setzt" und gestaltet und sich subjektiv damit „in Zucht hält" – „eine Persönlichkeit ist eine I. in einem Fall" (Gehlen).

Auf dem Konzept der Dauerreflexion aufbauend, hebt N. Luhmann den Dualismus zwischen Sachgesetzlichkeit und sozialer Gestaltung ebenfalls auf. I.en als verfestigte Strukturen sind vergangenen Epochen zuzurechnen, während heute nur mehr ein prozessualer Begriff der Institutionalisierung Gültigkeit hat. Eine komplexe Gesellschaft im Wandel muß ihre Institutionalisierungsmechanismen offenhalten durch ständige Auslotung und Anonymisierung eines nicht konkreten, sondern generalisierten und damit unterstellten Konsenses. Dauerreflexion bedeutet die Freigabe jedes verbindlichen Wissens; ihre Institutionalisierungen – wie wissenschaftliche Forschung oder Rechtssysteme – haben immer hypothetischen und falsifizierbaren Charakter, und ihre Leistung besteht in der Reduktion von Komplexität durch Prozesse der Beschaffung von unterstellbarem Konsens für diese Änderungsfähigkeit von

Systemen, die auf offenen wandelbaren Sinn bezogen sind. Auch ist die Idee einer evolutionären Entwicklung aufgegeben; die „Eigengesetzlichkeit" des Systems besteht in der kontinuierlichen Setzung der Wandlungsfähigkeit.

3. Vorrechtliche Ordnungen – formales Recht

Die politische Betrachtung, die den Begriff I. auf die Qualität einer öffentlichen Entscheidungsinstanz begrenzt, konzentriert sich auf rechtstheoretische Gegensätze.

Mit der Kennzeichnung der I.en als „soziale Tatsachen" (E. Durkheim) wurde betont, daß I.en von einem „Kollektivbewußtsein", d.h. einer noch vorrechtlichen Ordnung, getragen sind, die eine über jede formale Rechtsgarantie hinausgehende Legitimität besitzt. Die fundamentalen I.en, wie Ehe, Eigentum, Familie, Religion, sind nicht durch →Recht oder Staat entstanden; das Recht kann sie nur stützen, und der Staat verleiht durch seine „institutionelle Garantie" (C. →Schmitt) im nachhinein die Dignität einer verfassungsrechtlichen I. Mit dem „konkreten Ordnungsdenken" (C. Schmitt) ist die Forderung an den Staat gestellt, der vorhandenen gesellschaftlichen Realität durch verfassungsmäßige Verankerung Rechnung zu tragen. Der französische Staatsrechtler M. Hauriou stellte der Staatssouveränität ein öffentlich-rechtliches System der I.en entgegen, dessen Gegenmacht in kollektiven politischen und sozialen Vorstellungen besteht; diese vorrechtlichen „idées directrices", die nicht mit dem Zweck oder der Funktion der I. verwechselt werden dürfen, sind initiativ für die Schaffung von I.en und sind zugleich der jeweilige Bezugspunkt der Legitimation und Identifikation. A. Gehlen spricht diesbezüglich von einem „ideativen Bewußtsein", dessen Eigengesetzlichkeit eine objektive, transpersonale Realität besitzt und gleichzeitig Ausdruck seiner Verrechtlichung ist. Max Webers Konzeption der nicht gesatzten, jedoch kollektiv als gesatzt angenommenen Ordnungen, durch die Handeln erst zum „sozialen Handeln" wird, ist die klassische soziologische Umsetzung des vorrechtlichen Kollektivbewußtseins in I.en.

Unter dem Eindruck des Umbruchs der 1920er Jahre wurde betont, daß nur eine im Volk lebendige Rechtsanschauung die Staatsakte determinieren könne. Das Recht müsse „Imperativ einer Gemeinschaftsautorität" sein, nur dann könne es in entsprechenden materialen Ausformungen, den I.en, gemeinschaftlich gelebt werden (H. Heller). Andererseits wurde eine öffentlich-rechtliche Verankerung als unerläßliche zweite Komponente der I. hervorgehoben (R. Smend). Der Rückgang auf vorrechtliche, kulturell verankerte Beziehungen und Sinngebungen, ohne Zweifel wirksam gegen positivistischen Gesetzesdogmatismus oder gegen die Verengungen des vernunftrechtlichen Vertragsdenkens eingesetzt, kann die Rechtssicherheit und die Legitimitätsvorstellungen sehr schnell untergraben, wenn die Rechtsgewinnung sich nur an den sich dauernd verändernden Verhältnissen orientiert – „Volksgesetze" bergen die Gefahr ständiger Novellierungsbedürftigkeit. Das Konzept einer sachlichen und dauerhaften Rechtsordnung kann ein wirksames Korrektiv sein gegen Ausuferung der individuellen Freiheit. Hierauf stützt sich die Eingrenzung der politischen Institutionenlehre auf die in der Verfassung verankerten I.en der politischen Willensbildung, Regierung und Verwaltung, die damit aber andere politische Prozesse ausblendet. Die rechtliche Einbindung der I.en gilt in der aktuellen systemtheoretischen Staatsdiskussion als die dominierende Konfliktentscheidungsfunktion des Staates. Der Rückgang auf vorrechtliche Werte muß abgelöst werden, weil der moderne Staat von einem Wertepluralismus bestimmt ist. Eine kontrollierte Einbindung der verschiedensten Parteien, sozialen Bewegungen und Interessenvertretungen, ohne daß auf die unterschiedlichen Weltbilder der Bürger zurückgegriffen werden muß, gelingt nur durch das formale Recht. Dabei werden hierarchische Ordnungsvorstellungen aufgegeben: Der Staat hat das Rechtsmonopol, der Sinn staatlicher Ordnungsleistungen beruht jedoch auf der Vermittlung durch heterarchische gesellschaftliche Teilsysteme, die die Durchsetzung von „Grundwerten" pluralistisch bewältigen; jedoch wird der einzelne Teilnehmer dabei zum Spielball unsichtbarer Teilsysteme (H. Willke).

Mit erneuter Entdeckung des antiken Begriffs der „Praxis" wird postuliert, den Begriff der I. von der Kontingenz der Geschichte freizumachen und zu einer „Ontolo-gie der Unbestimmtheit" vorzudringen, wiederum mit Hilfe der wissenschaftlichen Selbstreflexion (C. Castoriadis). In aktuellen entscheidungstheoretischen Konzepten des kollektiven Handelns werden die individuelle Nutzenmaximierung und die rationale Wahl herausgestellt (M. Olson), die dadurch auf eine Ethik des reinen Überlebenstriebes hinauslaufen und das politische Verhalten in I.en nicht erklären. Hierauf weist M. Douglas hin und geht in einer epistemologischen Annäherung auf die Grundfrage der Möglichkeit kollektiven Glaubens und Wissens ein. Hier werden die tieferen Schichten des institutionalisierten Wissens – Analogien, Klassifikationen, Transformationen durch Erinnern und Vergessen – aufgedeckt; dabei ist aber der Begriff I. in der Gesamtheit des kollektiven Wissens zerflossen: I.en sind „Theorien, die die Gesellschaft von sich selber hat". Der „neue Institutionalismus" in den Wirtschafts- und Sozialwissenschaften will erneut den Reduktionismus auf individuelles Verhalten oder ökonomische Mechanismen der Ressourcenverteilung korrigieren, da die Dominanz von Großinstitutionen, wie internationales Staatenrecht oder Bürokratie, eine komplexere theoretische Erfassung von Kohärenz, Interdependenz und Autonomie der I.en erfordert. Heute stehen aber nicht mehr erkenntnistheoretische oder anthropologische Begründungen im Vordergrund; vielmehr zwingt die Revision behavioristischer bzw. entscheidungstheoretischer Begründungen nun zu Differenzierungen institutioneller und symbolischer Ordnungskonzepte sowie zur Erfassung komplexer Systemdynamiken. Diese hauptsächlich in den USA geführten Auseinandersetzungen erreichen soeben den deutschen wissenschaftlichen Diskurs, der sich bisher auf die Wiedergabe, Kategorisierung und Differenzierung der oben diskutierten Theorien beschränkte (G. Göhler u.a.). Eine die transnationalen I.en der Weltwirtschaft und Weltkultur, die sozialen Bewegungen, die neuen Regionalismen, Fortschrittsethik und ökologische Wertorientierung integrierende Institutionenlehre ist auch in Deutschland längst konzipiert (W. L. Bühl), ihre Ausarbeitung bleibt eine zukünftige Aufgabe.

L.: *C.-H. Comte de Saint-Simon:* Du système industriel (1821); Catechisme des industriels (1823-24), in:

ders.: Œuvres choisies, Brüssel 1859, Ndr. Hildesheim 1973; *A. Comte:* Cours de Philosophie positive (Bde. I-VI, 1837-42); dt. Auswahl: Die Soziologie, hrsg. v. *F. Blaschke,* Stuttgart 1974; *L. v. Stein:* Geschichte der sozialen Bewegung in Frankreich von 1789 bis auf unsere Tage (1850), Bde. I-III, Darmstadt 1959; *A. de Saint-Just:* Œuvres complètes, hrsg. v. *C. Velley,* Bde. I-II, Paris 1908; *H. v. Treitschke:* Die Gesellschaftswissenschaft (1859), in: *ders.:* Aufsätze, Reden und Briefe, hrsg. v. *K. M. Schiller,* Bd. II, Meersburg 1929, S. 737-809; *H. Freyer:* Theorie des objektiven Geistes, Leipzig – Berlin 1923; *ders.:* Soziologie als Wirklichkeitswissenschaft, Leipzig – Berlin 1930; *C. Schmitt:* Freiheitsrechte und institutionelle Garantien der Reichsverfassung (1931), in: *ders.:* Verfassungsrechtliche Aufsätze, Berlin ²1973, S. 140-73; *L. v. Stein:* Staat und Gesellschaft, hrsg. v. *H. Aschenbrenner,* Zürich 1934; *C. Schmitt:* Über die drei Arten des rechtswissenschaftlichen Denkens, Hamburg 1934; *G. H. Mead:* Mind, Self and Society, Chikago 1934; *H. Heller:* Staatslehre, Leiden 1934, Tübingen ⁶1983; *B. Malinowski:* A Scientific Theory of Culture and Other Essays, Chapel Hill 1944; *T. Parsons:* Essays in Sociological Theory, New York 1949; *H. Freyer:* Theorie des gegenwärtigen Zeitalters, Stuttgart 1955; *M. Weber:* Wirtschaft und Gesellschaft, Tübingen ⁴1956; *A. Gehlen:* Urmensch und Spätkultur, Bonn 1956; *R. Dahrendorf:* Homo Sociologicus, Opladen 1958; *P. Häberle:* Die Wesensgehaltgarantie des Art. 19 Abs. 2 GG, Heidelberg 1962; *A. Gehlen:* Studien zur Anthropologie und Soziologie, Neuwied – Berlin 1963; *N. Luhmann:* Grundrechte als I., Berlin 1965; *T. Parsons:* Societies. Evolutionary and Comparative Perspectives, Englewood Cliffs (N. J.) 1966 (dt.: Gesellschaften, Frankfurt a. M. 1975); *M. Olson:* Die Logik kollektiven Handelns. Kollektivgüter und die Theorie der Gruppe, Tübingen 1968; *M. Hauriou:* Die Theorie der I. und die Gründung; Sozialordnung, Gerechtigkeit und Recht; Macht, Ordnung, Freiheit, alle in: *R. Schnur* (Hrsg.): I. und Recht, Darmstadt 1968; *H. Dombois* (Hrsg.): Recht und I., Bde. I-II, Stuttgart 1969; *P. Berger / T. Luckmann:* Die gesellschaftliche Konstruktion der Wirklichkeit, Frankfurt a. M. 1970; *H. Schelsky* (Hrsg.): Zur Theorie der I., Düsseldorf 1970; *E. Goffman:* Asyle, Frankfurt a. M. 1972; *M. Weber:* Über einige Kategorien der verstehenden Soziologie, in: *ders.:* Gesammelte Aufsätze zur Wissenschaftslehre, Tübingen ⁴1973, S. 427-74; *H. Arendt:* Über die Revolution, München 1974; *T. Parsons:* Zur Theorie sozialer Systeme, Opladen 1976; *W. L. Bühl:* Transnationale Politik, Stuttgart 1978; *R. Schnur* (Hrsg.): Staat und Gesellschaft. Studien über Lorenz v. Stein 1978; *M. Rassem:* Stiftung und Leistung, Mittenwald 1979; *H. Arendt:* Vita Activa oder Vom tätigen Leben, München 1981; *J. Habermas:* Theorie des kommunikativen Handelns, Bd. II, Frankfurt a. M. 1981; *N. Luhmann:* Rechtssoziologie, Opladen ²1983; *J. G. March / J. P. Olsen:* The New Institutionalism: Organizational Factors in Political Life, in: American Political Science Review 78 (1984), S. 734-49; *C. Castoriadis:* Gesellschaft als imaginäre I., Frankfurt a. M. 1990; *H. Klages:* Gesellschaftlicher Wertewandel und institutionelles Engagement, in: *E. Pankoke* (Hrsg.): I. und technische Zivilisation, Berlin 1990; *M. R. Lepsius:* Interessen, Ideen und I.en, Opladen 1990; *G. Göhler* u.a. (Hrsg.): Politische I.en in gesellschaftlichem Umbruch. Ideengeschichtliche Beiträge zur Theorie politischer I.en, Opladen 1990; *ders.* u.a. (Hrsg.): Die Rationalität politischer I.en. Interdisziplinäre Perspektiven, Baden-Baden 1990; *M. Douglas:* Wie I.en denken, Frankfurt a. M. 1991; *H. Willke:* „Ironie des Staates". Grundlinien einer Staatstheorie polyzentrischer Gesellschaft, Frankfurt a. M. 1992; *W. Gebhardt:* Individualisierung, Pluralisierung und institutioneller Wandel. Für eine „kritische" Theorie der I.en, in: Der Staat 31 (1992), S. 347-65; *G. Göhler* (Hrsg.): Die Eigenart der I.en. Zum Problem politischer Institutionentheorie, Baden-Baden 1994; *R. Smend:* Staatsrechtliche Abhandlungen, Berlin ³1994; *Brigitta Nedelmann* (Hrsg): Politische I.en im Wandel, in: Kölner Zeitschrift für Soziologie und Sozialpsychologie, 35, 1995.

– Ün

J

Jarcke, Carl Ernst

* 10. 11. 1801 Danzig; † 27. 12. 1852 Wien.
Konservativer Jurist und politischer Publizist. 1819-22 Studium der Rechte in Bonn
und Göttingen, hier 1822 Promotion (Schüler
G. Hugos) und im selben Jahr Habilitation in
Bonn. 1825 Konversion zum Katholizismus
und a.o. Professor der Rechte an der Universität Berlin. 1831 Mitbegründer und erster
Redakteur des →Berliner politischen Wochenblatts, 1832-1848 als Nachfolger von F.
→Gentz Mitarbeiter →Metternichs in der
Wiener Staatskanzlei. 1837 Ausscheiden aus
der Redaktion des BpW, und 1838 Mitbegründer und leitender Redakteur der →Historisch-politischen Blätter für das katholische Deutschland. 1848 aus Wien vertrieben,
lebte er bis 1850 in München, kehrte dann
nach Wien zurück, wo er 1850-52 als Berater
des österreichischen Kultusministers L. Graf
von →Thun-Hohenstein wirkte. In den Jahren vor seinem Tod galt J. als einer der führenden, bekanntesten und auch umstrittensten politischen Publizisten seiner Epoche.

Beeinflußt von C. L. von →Haller und den
französischen Legitimisten de →Maistre und
de →Bonald, war J. politischer Theologe, für
den „der Wille Gottes… in jedem Falle die
Regel und das Gesetz der Welt" darstellte. Er
forderte, das „in der christlichen Offenbarung ausgesprochene Gesetz Gottes" müsse
zum „Anfange und Ausgangspunkte" des allgemeinen Staatsrechts gemacht werden. Das
über allem positiven →Recht stehende göttliche Recht war für ihn unantastbar und ewig.
Es stellte zugleich Richtschnur für politisches
Handeln dar; eine Trennung zwischen
(christlicher) Ethik und Politik wurde von J.
strikt verneint. J.s Eigentumskonzept und
sein Sozialdenken waren streng patriarchalisch: Jeder Eigentümer sei durch das Gebot
der Nächstenliebe zur Unterstützung des
Schwachen verpflichtet. Die Monarchie galt J.
als ideale politische Ordnung; der König
dürfe jedoch keineswegs absolut sein, sondern bleibe Gott und dessen Geboten unterworfen. J. war Verfechter der ständischen
Freiheit und übte von diesem Standpunkt aus
Kritik sowohl am →Absolutismus wie am Individualismus des modernen Naturrechts

Carl Ernst Jarcke
1801-1852

und an der staatsphilosophischen Vertragstheorie.

Dem Prinzip der Revolution stellte J. das
Modell einer langsam sich vollziehenden historischen Evolution entgegen. Den Bonapartismus deutete er als terroristische Überspitzung der Französischen Revolution. Den
modernen Liberalismus und den Nationalismus hat er in gleicher Weise als Folgen der
Revolution aufs schärfste bekämpft: Der Liberalismus sei „nichts anderes als eine mattere
Schattierung des terroristischen Jakobinismus"; den Nationalitätsgedanken verurteilte
er vom Standpunkt des christlichen →Universalismus aus. Diesem Universalismus entsprach das übernationale →Reich als politische Form; J. hielt stets an Idee und Konzept
des Heiligen Römischen Reiches Deutscher
Nation – als dessen Fortsetzung er Österreich
ansah – fest. Nach 1848 meinte er, durch die
Zeitereignisse pessimistisch geworden, den
Niedergang Europas durch fortschreitende
Säkularisierung und Ausbreitung des Nationalismus und Liberalismus voraussehen zu
können.

S: Commentatio de summis principiis juris rem de
delictis eorumque poenis, inprimis de notione et fine
poenarum, de natura et quantitate, delictorum, atque de
atplicatione legum poenarum, Göttingen 1822; Versuch

einer Darstellung des Censorischen Strafrechts der Römer, Bonn 1824; Bemerkungen über die Lehre vom unvollständigen Beweis, in Bezug auf außerordentliche Strafen, Halle 1825; Über die spätere Geschichte des deutschen Strafprozesses, mit Rücksicht auf Preußen, Halle 1826; Handbuch des gemeinen deutschen Strafrechts, mit Rücksicht auf die Bestimmungen der preußischen, österreichischen, bayerischen und französischen Strafgesetzgebung, Bde. I-III, Berlin 1827-30; Die Lehre von der Aufhebung der Zurechnung durch unfreie Gemütszustände, Berlin 1829; Carl Ludwig Sand und sein, an dem kaiserlich-russischen Staatsrat von Kotzebue verübter Mord. Eine psychologisch-kriminalistische Erörterung aus der Geschichte unserer Zeit, Berlin 1831; Die französische Revolution von 1830, historisch und staatsrechtlich beleuchtet in ihren Ursachen, ihrem Verlauf und ihren wahrscheinlichen Folgen, Berlin 1831; Über die austrägalgerichtliche Entscheidung der Streitigkeiten unter den Mitgliedern des deutschen Bundes, Wien 1833; Die ständische Verfassung und die deutschen Constitutionen, Leipzig 1834; Vermischte Schriften, Bde. I-III, München 1839; Studien und Skizzen zur Geschichte der Reformation. Ein Beitrag zur Würdigung derselben, aus dem politischen und sozialen Gesichtspunkte, Bd. I, Schaffhausen 1846; Vermischte Schriften, Bd. IV: Prinzipienfragen, Paderborn 1854. – Editionen aus dem Nachlaß: *E. Reinhard:* K. E. J. an K. L. von Haller, in: HpB 154 (1914), S. 402-15; *E. Fleig:* Briefe C. E. J.s an Legationsrat Dr. Moritz Lieber, in: Hochland 18/II (1921), S. 331-48, 470-82, 619-27, 725-32.; *E. Hosp:* Aus dem Nachlaß C. E. J.s, in: HpB 168 (1921), S. 748-56.

L.: *Eisenhart* in ADB XIII, 711-721; *Winter* in NDB X, 353f.; *C. v. Wurzbach:* Biographisches Lexikon des Kaiserthums Oesterreich, Bd. X, Wien 1863, S. 95-100; *G. Phillips:* C. E. J., in: *ders.:* Vermischte Schriften, Bd. II, Wien 1856, S. 599-616; *R. v. Mohl:* Die Geschichte und Literatur der Staatswissenschaften, Bd. II, Erlangen 1856; *E. Förstemann:* Erinnerungen an C. E. J., in: HpB 95 (1885), S. 733-49; 96 (1885), S. 785-805; 97 (1886), S. 161-77, 444-60; *A. Dock:* Revolution und Restauration über die Suveränität, Straßburg 1900, Ndr. Aalen 1972; *E. Hosp:* Aus K. E. J.s Leben, in: HpB 163 (1919), S. 606-15, 655-68; 164 (1919), S. 81-93, 167-74; *F. Peters:* C. E. J.s Staatsanschauung und ihre geistigen Quellen, phil. Diss. Köln 1924; *O. Weinberger:* K. E. J. – Ein Beitrag zu seiner Würdigung nebst unveröffentlichten Briefen und Aktenstücken, in: HJb 46 (1926), S. 563-93; *E. Fleig:* K. E. J.s philosophisches Denken in seinen Briefen an Moritz Lieber, in: Theologische Quartalschrift 119 (1938), S. 118-34; *A. Wegner:* C. E. J., in: Festschrift für E. H. Rosenfeld, Berlin 1949, S. 65-117; *H.-C. Kraus:* C. E. J. und der katholische Konservatismus im Vormärz, in: HJb 110 (1990), S. 409-45.

– K

JES

Die Junge Europäische Studenteninitiative (JES) wurde am 10. Oktober 1974 von Carina Rys, Vincenz Liechtenstein, Peter Sassmann und Wulf G. Hauser in Wien als Reaktion auf die Veränderung des politischen Klimas an den österreichischen Universitäten im Gefolge der „Kulturrevolution" gegründet. Sich selbst als „nichtsozialistische Alternative" verstehend, wandte sich die J. unter ausdrücklicher Bezeichnung ihrer Vorstellungen als solcher christlichsozialer und konservativer Natur gegen die Ideen der 68er-Bewegung und die in diesem Geiste geführte gesetzliche Interessenvertretung der Studierenden, die Österreichische Hochschülerschaft (ÖH). Hauptanliegen der J. war und ist die Zurückdrängung der – zu einem erheblichen Teil aus (gesetzlich vorgesehenen) Zwangsbeiträgen finanzierten – allgemeinen gesellschaftspolitischen Agitation der ÖH, begleitet von der Forderung nach Ausweitung der Arbeit der ÖH auf dem Gebiet der Servicetätigkeit zugunsten der Studierenden.

In universitätspolitischer Hinsicht trat die J. in ihrer Anfangszeit gegen das den Staatseinfluß auf die Universitäten stärkende, deren Bürokratisierung und Politisierung fördernde Universitätsorganisationsgesetz des Jahres 1975 auf und entwickelte schließlich in ihrem Konzept „Akádemos" im Geiste der Humboldtschen Universitätskonzeption stehende Vorschläge zur Erneuerung des Universitätswesens. In betont antimarxistischer und antisozialistischer Rhetorik bekennt sich die J., die ihre Positionen durch eine Reihe von im Selbstverlag herausgegebenen Schriften auch theoretisch untermauert hat, zum Leistungsprinzip und zur Elitenbildung, zur Beschneidung des Staatseinflusses in Gesellschaft und Wirtschaft, zur militärischen Landesverteidigung sowie zur Idee der europäischen Integration. Vor allem das vehemente Engagement der J. gegen die Fristenlösung hat zu wiederholten Störungen einschlägiger Vortragsveranstaltungen auf universitärem Boden durch politische Gegner geführt.

Trotz heftiger Anfeindungen konnte die J. bereits bei ihrem ersten Antreten bei den (alle zwei Jahre stattfindenden) Wahlen zu den Vertretungskörpern der ÖH im Jahre 1975 7% der bundesweit abgegebenen Stimmen erhalten. Weitere Wahlerfolge in den Folgejahren führten zur Übernahme von Exekutivfunktionen im Rahmen der ÖH durch Vertreter der J. und zu einer Ausweitung der Aktivitäten: 1979 konnte sich die J. in Südtirol und 1982 in der Schweiz etablieren. Bei den Wahlen im Mai 1985 erreichte sie mit 20,66% der bundesweit abgegebenen Stimmen ihr bislang bestes Ergebnis. Auf dieses folgte eine Phase des Niedergangs. Das Abflauen der politischen Polarisierung am Ende der achtziger Jahre, die weitgehende Entpolitisierung der Hochschülerschaft und die unter Führung der größten Studentenfraktion parallel dazu erfolgende Konzentration der meisten Hochschülerschaften auf Servicearbeit beraubten die J. ihres wirksamsten Themas. Sie reagierte darauf mit einer weitgehenden Abkehr von hochschulpolitischen Fragen, trat massiv gegen die (gesetzlich vorgegebene) Struktur der ÖH (Zwangsmitgliedschaft aller Studierenden) auf und zog sich auf abstrakte weltanschauliche Aussagen zurück. Mit diesem Wechsel ihrer Stoßrichtung gelang es ihr aber nicht mehr, größere Zahlen von Wählern anzusprechen. Nach einer Serie von Niederlagen, die zum Verlust jeglicher Exekutivverantwortung führten, fiel die J. bei den ÖH-Wahlen des Jahres 1993 auf ihren vorläufigen Tiefstpunkt: sie erreichte nur mehr 2,37% der Stimmen, für den Zentralausschuß, das bundesweite Studentenparlament. Zwei Jahre später gelang ihr jedoch eine Trendumkehr. Mit einem wieder stärker auf universitäre Probleme bezogenen Wahlkampf konnte die J. mehrere zusätzliche Mandate gewinnen.

S.: (Auswahl): Der moderne Konservatismus, Wien o. J.; Bildungskonzept 80, Wien o. J.; Marxismus ist Verrat an der Arbeiterklasse, Wien o. J.; Kritische Einführung in die Theorie des Marxismus, Wien o. J.; Umwelt, Wien o. J.; Anstöße 81 – Gedanken zum Grundsatzprogramm, Wien o. J.; Friedenskonzept, Wien o. J.; Nationalsozialismus – Kommunismus – Sozialismus, Wien o. J.; Das Europakonzept der J. Wien o. J.; Akádemos – Ansätze zur Erneuerung der Universität, Wien 1988; Erläuterungen zu den Grundsätzen der J. Wien 1989; Konservativismus als Leitlinie für politisches Handeln, Wien 1990; Das Studentenvertretermodell der J. Wien 1991.

L.: *JES.*: 10 Jahre J. Wien o. J.; *A. Pethö:* Avantgarde der Reaktion, in: Wiener Journal, Nr. 56, Mai 1985, S. 17.

– Z

Jörg, Joseph Edmund

* 23. 12. 1819 Immenstadt; † 18. 11. 1901 Landshut. Christlich-konservativer Politiker

Joseph Edmund Jörg
1819-1901

und Publizist, Führer der Bayerischen Patriotenpartei. Nach Besuch des Immenstädter Gymnasiums studierte J. seit 1837 in München Philosophie und Theologie, später auch Geschichte. 1847 erfolgte die Ausbildung zum Archivar am Reichsarchiv in München. Als langjähriger Leiter des „Archivkonservatoriums" und späteren Staatsarchivs in Landshut hatte J. maßgeblichen Anteil an dessen Erschließung und Organisation („Jörgscher Zettelkatalog"). Als vor allem an sozialgeschichtlichen Themen (u.a. Bauernkriege) arbeitender Historiker erwarb sich J. bald überregionale Anerkennung. In seiner katholisch-konservativen Haltung stark von seinem Lehrer, dem frühen Ignaz von Döllinger, und von Joseph →Görres geprägt, wurde J. Mitarbeiter an dessen →„Historisch-politischen Blättern für das katholische Deutschland", deren Herausgabe er 1852 übernahm und bis zu seinem Tod innehatte. Seine geschliffenen politischen Kommentare in diesen sogenannten „Gelben Heften" weisen ihn als „das Urbild eines Publizisten" (Gollwitzer) aus. Reger geistiger Austausch bestand mit dem Zentrumsführer Ludwig Windhorst und dem Wiener Historiker Onno →Klopp.

J. war der wichtigste Führer der Bayerischen Patriotenpartei, die er 1865-81 im bayerischen Landtag vertrat. 1868/69 gehörte er auch dem Zollparlament an. Als Verfechter föderalistisch-großdeutscher und christlich-übernationaler Vorstellungen lehnte er die kleindeutsche Reichsgründung →Bismarcks schroff ab und bemühte sich am 21. 1. 1871 in einer kämpferischen Rede („non possumus") vergeblich, die bayerischen Abgeordneten zur Ablehnung des Beitritts zum Reich zu bewegen. Nachdem J. kurzfristig mit dem Gedanken an einen Rückzug aus der Politik gespielt hatte, vertrat er 1874-78 die Bayerische Patriotenpartei im Deutschen Reichstag, in den er als Kandidat des Zentrums gewählt worden war.

Neben Ketteler und Kolping ist J. darüber hinaus zu den wichtigsten politischen Vertretern der →Katholischen Soziallehre zu zählen. Auf deren Basis setzte sich J. nicht für eine Restauration überkommener Zustände ein, sondern vertraute auf die organische Entwicklung neuer Gesellschaftsformen. Als Gegner des politischen, kulturellen und ökonomischen Liberalismus verfocht er dabei teilweise korporativistische Positionen zum Schutz von Landwirtschaft und Handwerk. Sein Hauptinteresse galt aber der Frage nach der künftigen politischen und sozialen Ordnung in einem sich auf der Basis abendländischer Werte einigenden Europa. Diesem sollte eine Mittlerrolle zwischen den kommenden Weltmächten zufallen, als welche er mit nüchterner Schärfe die USA, Rußland und China sah. Verbunden damit hegte er die Befürchtung, daß sich die europäischen Völker in nationalistischem Eifer durch Kriege selbst paralysieren könnten. In seiner engeren Heimat ist J. als der wichtigste Repräsentant eines gemäßigt-konservativen Partikularismus zu sehen. Sein Einfluß strahlte über das 19. Jhdt. hinaus und prägte auch die Programmatik der Nachfolgeorganisationen der Bayerischen Patriotenpartei.

S.: Deutschland in der Revolutionsperiode von 1522-26. Aus den Akten der diplomatischen Correspondenzen und Originalakten bayerischer Archive dargestellt, Freiburg 1851; Der Irvingianismus, 1856; Geschichte des Protestantismus in seiner neuesten Ent-

wicklung, Bde. I-II, 1858; Die neue Ära in Preußen, 1860; Geschichte der social-politischen Parteien in Deutschland, Freiburg i. Br. 1867.

E.: Wider Kaiser und Reich 1871. Reden der verfassungstreuen Patrioten in den bayerischen Kammern über die Versailler Verträge, hrsg. v. E. Roeder, München 1977; J. E. J. Briefwechsel 1846-1901, hrsg. v. D. Albrecht, Mainz 1988.

L.: Zittel in NDB X, 461f.; F. Binder: J. E. J. in: Historisch-politische Blätter für das katholische Deutschland 128 (1901), S. 773-92; M. Doeberl: J. E. J., in: Biographisches Jahrbuch 6 (1904), S. 429-33; M. Spahn: J. E. J., in: Hochland 17 (1919/20), S. 273-83 u. 434-43; F. Wöhler: J. E. J. und die sozialpolitische Richtung im deutschen Katholizismus, phil. Diss. Leipzig 1929; W. v. Kloeber: Die deutsche Frage 1859-71 in großdeutscher und antiliberaler Beurteilung. Die Zeitläufe Dr. J.s in den historisch-politischen Blättern für das katholische Deutschland, München 1932; H. Martin: Die Stellung der Historisch-Politischen Blätter zur Reichsgründung, in: Zeitschrift für bayrische Landesgeschichte 6 (1933), S. 60-84, 217-45; M. Poll: E. J.s Kampf für eine christliche und großdeutsche Volks- und Staatsordnung, 1936; H. Gollwitzer: E. J., in: Zeitschrift für bayrische Landesgeschichte 15 (1949), S. 125-48; B. Zittel: E. J., in: Lebensbilder aus dem bayrischen Schwaben 4 (1955); H. Lacher: Politischer Katholizismus und kleindeutsche Reichsgründung. Eine Studie zur politischen Ideenwelt im deutschen Katholizismus 1859-71, phil. Diss. Mainz 1963; K.-H. Lucas: J. E. J. – Konservative Publizistik zwischen Revolution und Reichsgründung (1852-71), phil. Diss. Köln 1969; V. Conzemius: I. v. Döllinger und E. J., in: Festschrift für Max Spindler zum 75. Geburtstag, hrsg. von D. Albrecht / A. Kraus / K. Reindel, München 1969, S. 743-66; F. Hartmannsgruber: Die bayerische Patriotenpartei 1868-87, München 1986.

– St

Johnson, Samuel

* 18. 9. 1709 Lichfield, Staffordshire; † 13. 12. 1784 London. Englischer Schriftsteller, Kritiker, Dichter und Essayist. Erste Prägungen erfuhr der junge J. durch seinen Vater Michael, einen wenig bemittelten Buchhändler, dessen Bücherlager dem Sohn eine ausufernde Lektüre ermöglichte und dessen konservative politische Gesinnung – inklusive einer treuen Anhänglichkeit an das abgesetzte Königshaus der Stuarts – die politische Orientierung des später berühmten Sohnes vorwegnahmen.

1717 trat J. in die Grammar School seiner Heimatstadt ein; hier fiel er schon bald durch seine überragenden Kenntnisse in den alten Sprachen auf; das Lateinische sollte J. lebenslang perfekt beherrschen – er gilt bis heute als der bedeutendste lateinische Autor im England des 18. Jhdt.s. Nach kurzer Tätigkeit als Hilfslehrer in Stourbridge und als Helfer in der Buchhandlung seines Vaters konnte J. 1728/29 in Oxford (Pembroke College) studieren: Auch hier erregten seine herausragenden literarischen Kenntnisse und seine Fertigkeiten im Lateinischen großes Aufsehen, doch wegen Geldmangels mußte er Oxford bereits nach 13 Monaten wieder verlassen. In den nächsten Jahren war er wiederum als Helfer seines Vaters, dann als Hilfslehrer an verschiedenen Schulen tätig, bis er 1737 nach London kam, um sich als freier Publizist und Schriftsteller zu betätigen.

Die ersten Jahre in London waren für J. zugleich von harter Arbeit wie von bitterster Armut geprägt, was nicht zuletzt durch seine entschieden oppositionelle Haltung, seine Gegnerschaft zur Whig-Regierung R. Walpoles bedingt war, die von J. in verschiedenen satirisch-politischen Schriften, so etwa in der 1739 publizierten Versdichtung „London", wortmächtig angeprangert wurde. Hatte J. mit seinen Dichtungen – so mit seiner 1749 uraufgeführten Tragödie „Irene" und mit seinem zweiten Lehrgedicht „The Vanity of Human Wishes" (1749) – allenfalls Achtungserfolge errungen, so kündigten seine „moralischen Essays", die er 1750-52 in seiner eigenen kleinen Zeitschrift „Rambler" publizierte, den kommenden großen Autor und Kritiker an. Seinen eigentlichen Ruhm aber begründete J. durch sein großes „Dictionary of the English Language", das er in den Jahren 1747-55 im Auftrag mehrerer Londoner Verleger erarbeitete. Dieses Lexikon wurde nicht nur durch die Fülle seiner Belege, sondern insbesondere durch die Originalität vieler Definitionen berühmt, in denen nicht zuletzt die konservativen politischen Ansichten ihres Urhebers kaum verhüllt zutage traten. So definierte J. „Tory" als: „One who adheres to the ancient constitution of the state, and the apostolical hierarchy of the church of England, opposed to a Whig", – während es unter dem Stichwort „Whig" nur hieß: „One of the party, in our political history, opposed to the tories"!

Mit dem Wörterbuch hatte J. jedoch keinesfalls finanziell ausgesorgt; er lebte weiterhin an der Armutsgrenze, trotz seines stei-

genden Ruhms als Autor und Kritiker, als Herausgeber und Kommentator der Werke Shakespeares, auch als politischer Pamphletist, der u.a. den englischen und französischen Kolonialismus in Amerika scharf angriff. Sein Kurzroman „Rasselas, the Prince of Abissinia" (1759), in manchem ein Gegenstück zu Voltaires „Candide", legte einmal mehr seine pessimistische Weltsicht, seine tiefe Überzeugung von der „Vanity of Human Wishes" dar. Doch 1762 änderte sich seine Situation grundlegend: König Georg III. verlieh ihm eine lebenslange Pension von 300 Pfund pro Jahr, die J. erst nach einigem Zögern annahm. Seine Gegner sollten ihm die Akzeptanz dieser Pension seitens eines Königshauses, dessen Legitimität J. immer bekämpft hatte, später als Opportunismus ankreiden, zumal J. in seinen letzten politischen Schriften der Jahre 1771-74 vehement für die Politik der Regierung Georgs III. eintrat. Doch hat J. (wie schon in den Jahrzehnten zuvor) niemals einen Eid auf das neue Königshaus abgelegt; er akzeptierte die Pension nur als eine ihm zustehende Anerkennung seiner literarisch-schriftstellerischen Verdienste.

In seinen letzten Lebensjahren krönte J. seinen Ruf als Kritiker und Schriftsteller mit seinen „Lives of the most eminent English Poets" (1781), einer Sammelbiographie der bedeutendsten Dichter englischer Sprache. Auch hier verneinte er keineswegs seine zutiefst konservativen Überzeugungen, wenngleich J., etwa in der Darstellung von Leben und Werk Miltons, zwischen poetischer Größe und politischem Engagement deutlich zu unterscheiden wußte. – Eine eigene Berühmtheit erlangte J. auch als geistreicher Gesprächspartner und schlagfertiger Disputant. Da er als schwerer Melancholiker nichts so sehr fürchtete wie die Einsamkeit, begründete J. 1764 einen eigenen Freundeskreis („The Club"), der sich regelmäßig traf und zum Vorbild vieler ähnlicher Gründungen wurde: dem Club gehörten neben anderen Berühmtheiten der Maler Joshua Reynolds, der Dichter Oliver Goldsmith und Edmund →Burke an. 1763 machte J. die Bekanntschaft des jungen Schotten James Boswell, der von J. so fasziniert war, daß er ihn fortan fast ständig begleitete, Reisen mit ihm unternahm und seine Gesprächsäußerungen in umfangreichen Tagebüchern aufzeichnete. Nach J.s Tod verfaßte Boswell eine monumentale Biographie des älteren Freundes, die 1791 unter dem Titel „The Life of Samuel Johnson, LL. D." erschien und heute zu den klassischen Werken der englischen Literatur zählt. Neben dem „Dictionary" war es vor allem diese Lebensdarstellung, die J.s überragenden Ruhm, den er bis heute in der angelsächsischen Welt genießt, begründete.

B.: *J. D. Fleeman:* A preliminary handlist of documents & manuscripts of S. J., Oxford 1967; *J. L. Clifford / D. J. Greene:* S. J.: a survey and bibliography of critical studies, Minneapolis 1970; *W. P. Courtney / D. N. Smith:* A bibliography of S. J., Ndr. New Castle (Del.) 1984.

S.: The Yale Edition of the Works, hrsg. v. *E. L. McAdam / W. J. Bate / J. M. Bullitt / A. B. Strauss / D. J. Greene,* (bisher) Bde. I-X, XIV-XVI, New Haven u.a. 1963-90.

E.: Selected Letters, London 1951; S. J. on Shakespeare, hrsg. v. *W. K. Wimsatt,* London 1960; J. as critic, hrsg. v. *J. Wain,* London 1973; The Poems of S. J., hrsg. v. *D. N. Smith / E. L. McAdam,* Oxford 1974; J. on J., hrsg. v. *J. Wain,* New York 1976; The Letters of S. J., hrsg. v. *B. Redford,* Bde. I-V, Princeton 1992-94.

L.: *J. Hawkins:* The Life of S. J., LL. D., London 1787; *J. Boswell:* The Life of S. J., LL. D. (zuerst London 1791, in zahlreichen Ausgaben verbreitet, darunter: Bde. I-VI, hrsg. v. *G. B. Hill / L. F. Powell,* Oxford 1934-50, Bde. I-II, London 1949; gekürzte dt. Übers. Zürich 1951, ²1981); *R. Anderson:* The life of S. J., o. O. 1795; *A. Main:* Life and Conversations of Dr. S. J., London 1874; *L. Stephen:* S. J., London 1891; *S. Christiani:* S. J. als Kritiker, Leipzig 1931; *M. C. Struble:* A J. Handbook, New York 1933; *J. J. Brown:* S. J. and eighteenth-century science, New Haven (Conn.) 1943; *J. W. Krutch:* S. J., New York 1944; *S. C. Roberts:* S. J., London 1944; *C. E. Vulliamy:* Ursa major. A study of Dr. S. J. and his friends, London 1946 (Ndr. 1972); *M. Joyce:* S. J., London 1955; *C. L. Clifford:* Young S. J., London 1955; *E. A. Bloom:* S. J. in Grub Street, Providence (R. I.) 1957; *C. R. Hart:* S. J., Eton, Windsor 1959; *F. W. Hilles* (Hrsg.): New Light on Dr. S. J., New Haven 1959; *D. J. Greene:* The Politics of S. J., New Haven 1960, ²1990; *F. E. Halliday:* Doctor J. and his world, London 1968; *C. Brinitzer:* Dr. J. und Boswell, Mainz 1968; *C. Hibbert:* The personal history of S. J., London 1971; *P. Fussell:* S. J. and the life of writing, New York 1971; *P. Quennell:* S. J., his friends and enemies, London 1972; *J. Wain:* S. J., London 1974; *O. M. Brack / F. Powell* (Hrsg.): The Early Biographies of S. J., Iowa City 1974; *W. Westerman:* The stylistic life of S. J., New Brunswick (N. J.) 1977; *P. N. Carroll:* The other S. J., Rutherford 1978; *W. J. Bate:* S. J., London 1978; *J. L. Clifford:* Dictionary J.: S. J.'s middle years, New York 1979; *J. P. Hardy:* S. J.: a critical study, London 1979; *C. E. Pierce:* The religious life of S. J., London 1983; *J. A.*

Vance: S. J. and the sense of history, Athens (Ga.) 1984; *T. F. Wharton:* S. J. and the theme of hope, London 1984; *J. Grundy* (Hrsg.): S. J.: new critical essays, London 1984; *M. C. Stuprich:* Residual grandeur: S. J.'s development as biographer, Hattlesburg (Miss.) 1986; *J. Grundy:* S. J. and the scale of greatness, Leicester 1986; *T. Kaminski:* The early career of S. J., New York 1987; *C. S. Hinnant:* S. J.: an analysis, Basingstoke 1988; *N. Hudson:* S. J. and eighteenth-century thought, Oxford 1988; *D. Greene:* S. J., Boston 1989; *M. R. Brownell:* J.'s attitude to the arts, Oxford 1989; *C. N. Parke:* S. J. and biographical thinking, Columbia (Miss.) u.a. 1991; *G. S. Gross:* This invisible riot of the mind: S. J.'s psychological theory, Philadelphia 1992; *M. Wechselblatt:* On the authority of S. J., New York 1992; *R. DeMaria:* The Life of S. J., Oxford 1993; *T. Woodman:* A Preface to S. J., London 1993; *J. C. D. Clark:* S. J. – Literature, religion and English cultural politics from the Restoration to Romanticism, Cambridge 1994.

– K

Jouvenel, Bertrand de

* 31. 10. 1903 Paris; † 1. 3. 1987 ebd. Politisch-philosophischer Publizist, seit 1967 außerordentlicher Professor für „Futurologie" (*Prospective sociale*) an der rechts- und wirtschaftswissenschaftlichen Fakultät der Sorbonne, Lehrbeauftragter mehrerer angelsächsischer Universitäten, Gründer der Zeitschrift „Futuribles", Président-Directeur Général der SEDEIS (Société d'étude et de documentation économique, industrielle et sociale), Gründungsmitglied des Club of Rome. Sohn des Politikers, Diplomaten und Journalisten Henri d. J. und Stiefsohn der Schriftstellerin Sidonie-Gabrielle Colette (die dem Protagonisten in ihrem Roman „Le blé en herbe", 1923, Züge von J. verliehen haben soll), wurde J. nach einem Jura-, Medizin- und Biologiestudium Reporter unterschiedlicher Zeitungen. Er zählte zu den jungen Intellektuellen, die sich 1927 um die neugegründete Zeitschrift „Nouvel Temps" gruppierten, und trat seit 1928 mit Büchern vor allem über wirtschaftspolitische Grundsatzfragen hervor, wobei ihn die Suche nach einem „dritten Weg" zwischen Kommunismus und Kapitalismus umtrieb und besonders das Problem der Arbeitslosigkeit: Keynes' ökonomische Theorie und Roosevelts Wirtschaftspolitik schienen ihm vielversprechende Ansätze.

Nach anfänglichem Engagement im „Parti Radical" (Mitte-links) wandte sich J. 1936-39 vorübergehend dem rechtsradikalen, von

Mussolini mitfinanzierten „Parti Populaire Français" unter Doriot zu und schrieb ein verharmlosendes Hitler-Interview, das am 26. 2. 1936 im „Paris-Midi" lanciert wurde (einen Tag vor der Ratifizierung des Frankreich-Rußland-Paktes). Diese Umstände trugen ihm vierzig Jahre später den Vorwurf des israelischen Historikers Z. Sternhell ein, J. habe dem →Totalitarismus den Weg bereiten helfen. J., dessen Sympathien mittlerweile den französischen Sozialisten galten, gewann 1984 einen Verleumdungsprozeß gegen Sternhell.

Nach der deutschen Okkupation vertrat J. noch bis 1942 zusammen mit Drieu la Rochelle u.a. die Kollaboration zwischen Vichy-Frankreich und NS-Deutschland, dann trat er der Résistance bei. Von der Gestapo verfolgt, schrieb er im Schweizer Exil, frappiert von der Mobilisationskraft der kriegführenden Staatsapparate, sein Hauptwerk über das quasi „natürliche" Wachstum der Staatsgewalt – von der Kritik oft als Beitrag zum Neoliberalismus bezeichnet und in dessen Reihen gern zitiert (→Hayek, →Röpke). Bis zuletzt war sein Werk aber gekennzeichnet durch das Spannungsverhältnis zwischen radikalem Liberalismus auf politischem und von intelligentem Staatsinterventionismus auf wirtschaftlichem Gebiet.

Die Monarchen und ihre weniger deutlich als Herrscher auszumachenden Nachfolger – die Parteipolitiker – seien stets auf die Expansion des von ihnen geführten bzw. besetzten Staatsapparates aus: mit immer umfangreicheren Steuererhebungen und mit Parlamenten zur Legitimierung dieser Steuern; mit der Einführung der allgemeinen Wehrpflicht und deren „Zwillingsbruder", dem allgemeinen Wahlrecht; dies ist die Hauptthese von J.s Hauptwerk über die Staatsgewalt, über jenen „beständigen Körper..., dem man aus Gewohnheit gehorcht, der über materielle Mittel zur Durchsetzung seines Willens verfügt, der sich durch die bloße Vorstellung seiner Macht, durch den Glauben an sein Recht, zu befehlen (seine Legitimität) und durch die Hoffnung aufrechterhält, die sich an seine Wohltätigkeit knüpft". →Staat und Gesellschaft seien keineswegs dasselbe; gewiß sei in der Neuzeit an die Stelle der transzendenten Legitimationsquelle Gott (Theokratie) das Volk getreten (Demokratie), seien an die

Stelle der Kirche die Parlamente als Vertretungskörperschaft jenes transzendenten Souveräns getreten, doch die Gefahr des Despotismus sei deshalb sogar noch gestiegen: Könnten, ja dürften einer Staatsgewalt, die sich (vorgeblich) auf das gesamte Volk stütze, noch Schranken gesetzt werden? „Das, was man als Errichtung der Demokratie bezeichnet, ist nur die Übernahme der bestehenden Staatsgewalt durch andere Innehaber": durch Parlamente und Parteien.

Ebensowenig wie →Le Bon der Massengesellschaft, wollte sich J. der fortwährenden Ausweitung der Staatsgewalt entgegenstellen: er wisse, was die Menschheit von ihr erwarte, viele setzten ihre Hoffnungen auf den Despotismus, zögen ihrer Freiheit ihre Sicherheit vor. J. hat seine etwas nostalgische Sympathie für einen „aristokratischen" Freiheitsbegriff nicht verhehlt: Zwischen befehlender Staatsgewalt und gehorchendem Volk müsse es zur Mäßigung der ersteren und zum Schutze der letzteren „corps intermédiaires" geben, wie sie von →Montesquieu, Odilon Barrot und →Tocqueville empfohlen worden waren. Allein auf diese Weise könne einem im Cäsarismus gipfelnden, fatalen Zusammenspiel zwischen quasi populistischer Staatsgewalt und quasi etatistischem Volk Einheit geboten werden. Die moderne Geldaristokratie hielt J. freilich für ungeeignet, diese Rolle zu spielen: Die Profitgier der Kapitalisten lasse das Volk um so stärker sich der Omnipotenz des Sozialstaates zuwenden.

Auch später hat J. zentrale Topoi der modernen Demokratie- (Volksherrschafts-) Ideologie in Frage gestellt: Seien nicht in der als Vorbild hingestellten attischen Demokratie – wie schon →Constant gezeigt habe – die so sehr bewunderten öffentlichen Rechte der zum Kollektiv zusammengefaßten Individuen mit deren privater Rechtlosigkeit einhergegangen? Könne es andererseits die Souveränität des Volkes in einem Land geben, wo ein Staatsapparat seinen Inhabern die Unabhängigkeit von eben diesem Volk garantiere? Seien Repräsentationsorgane (Parlamente) tatsächlich vom Volk erkämpft oder nicht vielmehr von Herrschern zur Erleichterung ihrer Herrschaft gewährt worden – zur Beschaffung von Legitimation und als Transmissionsriemen? Die Existenz von Wahlen ändere daran nichts: „Wir regieren uns ebensowenig selbst, indem wir an einer Wahl teilnehmen, wie wir uns selbst operieren, wenn wir uns einen Chirurgen aussuchen." Werden die Wähler nicht – wie schon Rousseau kritisiert hatte – sogleich nach der Wahl wieder zu Untertanen? „Regierung durch das Volk" – die einzig sinnhaltige Komponente des bekannten Lincoln-Diktums (Demokratie sei Regierung *des Volkes, für das Volk* und *durch das Volk*) – sei dort undurchführbar, wo einerseits größere Bevölkerungsmengen existierten, andererseits die Rechte der Individuen als unverzichtbar gälten. Der Kampf zwischen formierten „Clans", Parteien, die J. in Anlehnung an →Ostrogorski als „politische Unternehmen" bezeichnet, dürfe ebensowenig als Demokratie bezeichnet werden wie die Herrschaft einer Einheits- und Staatspartei.

Für menschenwürdige Städte und Wohnungen, für saubere Luft und sauberes Wasser, für Humanisierung der Arbeitswelt, für Bildungs- und Erziehungsreformen ist J. in der zweiten Hälfte der 1960er Jahre eingetreten, als diese der Öffentlichkeit gerade auch Frankreichs erst später zu Bewußtsein gelangten Postulate noch Utopisten und Futuristen vorbehalten schienen: es ging ihm um den essayistischen Entwurf eines neuen Arkadiens.

S.: L'Economie dirigée, Le programme de la nouvelle génération, Paris 1928; Vers les Etats-Unis d'Europe, Paris 1930; Vie de Zola, Paris 1931; Un plan de valorisation coloniale et de collaboration économique, Paris 1931; La crise du capitalisme américain, Paris 1933; La prochaine, Paris 1934; La réveil de l'Europe, Paris 1938; D'une guerre à l'autre, Bde. I-II, Paris 1940-42; Après la défaite, Paris 1941; Napoléon et l'économie dirigée, Le blocus continental, Paris 1942; L'or au temps de Charles Quint, Paris 1943; L'économie mondiale au XXe siècle, Paris 1944; Du pouvoir, Histoire naturelle de sa croissance, Genf 1945; Les Français, Genf 1945; Raisons de craindre, raisons d'éspérer, Bde. I-II, Paris 1947; Du contrat social, Essai sur la politique de Rousseau, Paris 1947; La dernière année, Genf 1947; L'échec d'une expérience, Paris 1947; Problèmes de l'Angleterre socialiste, Paris 1947; L'Amérique en Europe, Le Plan Marshall, Paris 1948; The ethics of Redestribuation, Cambridge 1951; De la souveraineté, A la recherche du bien public, Paris 1955; De la politique pure, Paris 1963; L'art de la conjecture, Paris 1964; Le rôle de la prévivion dans les affaires publiques (Cours de droit), Paris 1968; Arcadie, Essais sur le mieux-vivre, Paris 1968; Sociologie politique (Cours de droit), Paris 1969; Du principat et autres réflexions politiques, Paris 1972 (vgl. darin v.a.: Qu'est-ce que la démocratie, 1958); Le début de l'état moderne, Une histoire des idées politiques au XIXe siècle, Paris 1976; La civilisation de puissance, Paris 1976; Un voyageur dans le siècle, 1903-45, Paris 1979; Marx et Engels, Paris 1983; Revoir Hélène, Paris 1986.

E.: B. d. J., Itinéraire 1928-76, Textes réunis et présentés par *E. Roussel*, Paris 1993.

Ü.: Nach der Niederlage, Berlin 1941; Über Souveränität. Auf der Suche nach dem Gemeinwohl, Neuwied – Berlin 1963; Die Kunst der Vorausschau, Neuwied – Berlin 1967; Reine Theorie der Politik, Neuwied – Berlin 1972; Über die Staatsgewalt. Die Naturgeschichte ihres Wachstums, Freiburg i. Br. 1972; Jenseits der Leistungsgesellschaft. Elemente sozialer Planung und Vorausschau, Freiburg i. Br. 1972.

L.: *E. Pisier:* Autorité et liberté dans les écrits politiques de B. d. J., Paris 1967.

– SdL

Jünger, Ernst

* 29. 3. 1895 Heidelberg. Schriftsteller. Sohn eines niedersächsischen Chemikers und einer fränkischen Mutter. Längst ist der 101jährige zum kaum noch umstrittenen Doyen der deutschen Literatur geworden; er wohnt mit seiner zweiten Frau, der 22 Jahre jüngeren Philologin Dr. Liselotte J., in seinem Refugium in Wilflingen am Südfuß der Schwäbischen Alb. Seit 1950 wurde J. dort von der freiherrlichen Linie der Stauffenbergs ein Wohnsitz zur Verfügung gestellt – zunächst in ihrem Schloß, seit 1951 in der gegenüberliegenden Oberförsterei. Seither ist viel Prominenz die Treppe zum Sitz des einstigen Oberförsters hinaufgestiegen, so z.B., kurz vor seinem Tod, Jorge Luis Borges, der mit J. über dessen Erstling „In Stahlgewittern" (1920) sprechen wollte, das eines der ganz großen Lese-Erlebnisse des Argentiniers gewesen war. Für die Öffentlichkeit aufregender sind allerdings die von dem französischen Staatspräsidenten Mitterand entfachten Wallfahrten nach Wilflingen, denen sich dann der deutsche Bundeskanzler anschloß, und andere, die im Helikopter hinter dem Kirchturm von Wilflingen landeten. J., der einst so viele Feinde hatte – „die sind alle schon gestorben" (Jünger dixit) –, ist zu einer Kultfigur geworden.

J.s Werk entwickelte sich jedoch nicht so eindeutig, wie man nach der geschilderten Apotheose erwarten könnte. 1913 holt sein Vater den ungestümen Sohn von einem Ausbruch in die Fremdenlegion zurück. Auffällig ist J.s Verhalten gegenüber der →Jugendbewegung, die für die Elite seiner Generation das große Jugenderlebnis war – eine zwiespältige Bewegung, welche zwar neue Horizonte eröffnete, zugleich aber, wie wir erst heute erkennen, unerläßliche Bindungen in vage Gefühligkeit auflöste. J. hatte kurz Kontakte zu den Wandervögeln, ließ sich aber nicht von ihnen vereinnahmen. Er wurde 1914 Kriegsfreiwilliger und erhielt seine Prägung erst in den Schützengräben. Die vier Bücher J.s über seine Erfahrungen im Ersten Weltkrieg – „In Stahlgewittern", „Der Kampf als inneres Erlebnis" (1922), „Das Wäldchen 125" (1925) und „Feuer und Blut" (1925) – gelten als Inbegriff der Erfassung von Intensität. Der polnische Germanist Wojcech Kunicki konnte in „Projektionen des Geschichtlichen / E. J.s Arbeit an den Fassungen von ‚In Stahlgewittern'" (1993) mit erstaunlicher Genauigkeit nachweisen, daß die Bewältigung des Kriegserlebnisses zugleich mit der Herausarbeitung des typisch „klassischen Stils" von J. verbunden war. Dies unterscheidet ihn von den üblichen Darstellern des Krieges. Dieselbe „Klassik" setzt J. auch bei anderen Themen an und erreicht damit die Spitze seines Könnens: mit den beiden Fassungen von „Das abenteuerliche Herz" (1929, 1938) und in seinem Entwurf eines nicht liberalen Staats in „Der Arbeiter. Herrschaft und Gestalt" (1932).

J.s Wandlungsfähigkeit zeigt sich darin, daß er zur gleichen Zeit auch ganz anders zu schreiben weiß. Von 1920-33 verfaßt er, über eine größere Anzahl von Zeitschriften verstreut, eine Kette von Aufsätzen, die bei genauerer Prüfung ein in sich geschlossenes System eines deutschen Nationalismus auf hohem Niveau ergibt. J. brach diese Arbeit 1933, beim Sieg eines primitiveren Nationalismus, ab, und er hat keinen einzigen dieser Aufsätze in eine seiner Werkausgaben übernommen. Dabei handelte es sich um Texte, die weit mehr als bloßer Tages-Journalismus waren. Ein weiteres Argument für die vollständige Veröffentlichung dieser Aufsätze in einem besonderen Buch war, daß aus dem Zusammenhang gerissene Zitate leicht ein falsches Bild ergäben. Doch J. parierte elegant: Man habe die Texte sofort lesen müssen – oder dann in 800 Jahren…

Die Stellung J.s gegenüber dem National-sozialismus war vor 1933 nicht die eines Feindes der NSDAP, sondern die eines Konkurrenten innerhalb der Rechten. Einen Versuch, die zahllosen bündischen Gruppen im Sinne der →Konservativen Revolution zu einem Gegengewicht gegen die NSDAP zusammenzuschließen, mußte J. schon 1927 aufgeben: Kaum einer der „Häuptlinge" wollte auch nur auf einen Teil seiner Autorität verzichten. Die Einstellung der NSDAP zu J. war zwiespältig: obwohl J. kein Hehl daraus machte, daß die Wehrmacht für ihn der maßgebende Faktor im Staate war, bot ihm die NSDAP zweimal (vergeblich) einen Sitz im Reichstag an – erst 1927, dann wieder 1933, nach der „Machtergreifung". (Daß dem zweiten Angebot kurz zuvor eine Hausdurchsuchung der Gestapo bei J. vorausging, war typisch für das Chaos der Instanzen in den Anfängen des Dritten Reiches.) Im großen Ganzen war J. als „großer nationaler Dichter" unantastbar, solange er auf Akte des Hoch- und Landesverrates verzichtete. Noch nach Erscheinen des Romans „Auf den Marmorklippen", der heute u.a. mit Werner →Bergengruens „Der Großtyrann und das Gericht" als einer der großen Widerstandsromane gilt, die im Dritten Reich publiziert wurden, hielt Hitler an dieser Maxime fest – wie J.s erste Frau Gretha J. (1906-60) unter Hinweis auf Zeugen bestätigte. Ebenso kennzeichnend ist, daß der Leutnant des Ersten Weltkriegs J. zwar unter Ernennung zum Hauptmann 1939 wieder zu den Waffen gerufen wurde, jedoch während des langen Dienstes im Stab des Militärbefehlshabers Frankreich, in Paris, nie befördert wurde. Hinwiederum ist er auch nicht, wie oft behauptet, aus dem Dienst verstoßen worden. Vielmehr wurde er bei der Auflösung dieses Stabes im September 1944 nach Hause entlassen, wo er den örtlichen „Volkssturm" zu übernehmen hatte.

Bezeichnend ist die Wahl von J.s Wohnsitzen seit seiner Entlassung aus dem Heer im Jahr 1923: in den Jahren, in denen er aktive Politik betrieb, waren es große Städte – von Hannover über Leipzig (1923) bis nach Berlin (1927). Von 1933 an hatte J. nur noch ländliche Wohnsitze: Goslar, Überlingen am Bodensee (1936), Kirchhorst (1939). Nachdem J. so die Gefahrenzone durchquert hatte, begann er nach dem Krieg ein neues Werk aufzubauen. Zum einen setzte er das Begonnene fort. Die Tagebücher des Zweiten Weltkriegs, die von weniger Blut und Tränen belastet waren als die des Ersten, hatten noch 1942 mit „Gärten und Straßen" begonnen; die Fortsetzungen – „Strahlungen" (1949), „Jahre der Okkupation" (1958) – holten ihm das große Publikum zurück. Die symbolistische Erzählung „Auf den Marmorklippen", die 1939 so viel politisches Rätselraten geweckt hatte, wurde weniger politisch fortgeführt in den Romanen „Heliopolis" (1949) und „Eumeswil" (1977). Größeren Erfolg hatten allerdings die Reiseschilderungen „Atlantische Fahrt" (1948), „Am Sarazenenturm" (1955). Das Nachkriegswerk umfaßt jedoch auch eine große Reihe von Büchern, die einen „neuen" J. zeigen. Der Nominalist der zwanziger und dreißiger Jahre hat sich in einen Universalisten verwandelt (vgl. sein Manifest „Der Friede", 1945, und den Traktat „Der Weltstaat", 1960). Parallel dazu entwickelt J. eine anarchistische Theorie, die sich um den „Anarch" dreht: „Über die Linie" (1950); „Der Waldgang" (1951). Die größte Überraschung von seiten J.s – sie bringt ihm viele neue Leser und vertreibt einen Teil der alten – ist aber sein Übertritt zu einer neuplatonischen Philosophie, der sich in „An der Zeitmauer" (1959) ankündigte und in den „Siebzig verweht" (1980 ff.) genannten Tagebüchern weit ausbreitet.

B.: *H. Mühleisen:* Bibliographie der Werke E. J.s. Begründet von *H. W. des Coudres.* Erw. Ausg. von 1920-95, Stuttgart 1996.

S.: In Stahlgewittern. Aus dem Tagebuch eines Stoßtruppführers, Hannover 1920; Der Kampf als inneres Erlebnis, Berlin 1922; Feuer und Blut. Ein kleiner Ausschnitt aus einer großen Schlacht, Berlin 1926; Das abenteuerliche Herz. Aufzeichnungen bei Tag und Nacht, Berlin 1926; Die Totale Mobilmachung, Berlin 1931; Der Arbeiter. Herrschaft und Gestalt, Hamburg 1932; Blätter und Steine, Hamburg 1934; Afrikanische Spiele, Hamburg 1936; Auf den Marmorklippen, Hamburg 1939; Gärten und Straßen. Aus den Tagebüchern von 1939 und 1940, Berlin 1942; Myrdun. Briefe aus Norwegen, 1943; Der Friede. Ein Wort an die Jugend Europas und an die Jugend der Welt, Hamburg 1945; Atlantische Fahrt 1947; Sprache und Körperbau, Zürich 1947; Strahlungen, Tübingen 1949; Heliopolis. Rückblick auf eine Stadt, Tübingen 1949; Über die Linie, Frankfurt a. M. 1950; Der Waldgang, Frankfurt a. M. 1951; Besuch auf Godenholm, Frankfurt a. M. 1952; Der gordische Knoten, Frankfurt a. M. 1953; Das Sanduhrbuch, Frankfurt a. M. 1954; Am Sarazenenturm, Frankfurt a. M. 1955; Rivarol, Frankfurt a. M. 1956;

Gläserne Bienen, Stuttgart 1957; Jahre der Okkupation, Stuttgart 1958; An der Zeitmauer, Stuttgart 1959; Sgraffiti, Stuttgart 1960; Der Weltstaat. Organismus und Organisation, Stuttgart 1960; Sturm, Amsterdam 1963; Grenzgänge. Essays, Reden, Träume, Stuttgart 1966; Subtile Jagden, Stuttgart 1967; Annäherungen. Drogen und Rausch, Stuttgart 1970; Die Zwille, Stuttgart 1973; Zahlen und Götter, Philemon und Baucis. Zwei Essays, Stuttgart 1974; Eumeswil, Stuttgart 1977; Siebzig verweht I, Stuttgart 1980; Siebzig verweht II, Stuttgart 1981; Autor und Autorenschaft, Stuttgart 1984; Eine gefährliche Begegnung, Stuttgart 1985; Zwei Mal Halley, Stuttgart 1987; Siebzig verweht III, Stuttgart 1993; Siebzig verweht IV, Stuttgart 1995.

L.: *W. D. Müller:* E. J. Ein Leben im Umbruch der Zeit, Berlin 1934; *A. v. Martin:* Der heroische Nihilismus und seine Überwindung. E. J.s Weg durch die Krise, Krefeld 1948; *G. Nebel:* E. J. Abenteuer des Geistes, Wuppertal 1949; *M. Bense:* Ptolemäer und Mauretanier oder Die theologische Emigration der deutschen Literatur, Köln – Berlin 1950; *H.-R. Müller-Schwefe:* E. J., Wuppertal – Barmen 1951; *A. Mohler* (Hrsg.): Die Schleife. Dokumente zum Weg von E. J., Zürich 1955; *G. Loose:* E. J. Gestalt und Werk, Frankfurt a. M. 1957; *K.-O. Paetel:* E. J. in Selbstzeugnissen und Bilddokumenten, Reinbek 1962; *H. P. Schwarz:* Der konservative Anarchist. Politik und Zeitkritik E. J.s, Freiburg i. Br. 1962; *G. Kranz:* E. J.s symbolische Weltschau, Düsseldorf 1968; *V. Katzmann:* E. J.s Magischer Realismus, Hildesheim 1975; *K. H. Bohrer:* Die Ästhetik des Schreckens. Die pessimistische Romantik und E. J.s Frühwerk, München 1978; *V. Droste:* „Der Arbeiter". Studien zu seiner Metaphysik, Göppingen 1981; *R. Woods:* E. J. and the Nature of Political Commitment, Stuttgart 1982; *E. Jaeckle:* E. J.s Tagebuch des Jhdt.s, Lahnstein 1985; *N. Dietka:* E. J. nach 1945. Das Jünger-Bild der bundesdeutschen Kritik, 1945-85, Frankfurt a. M. 1987; *H. Schwilk* (Hrsg.): E. J. Leben und Werk in Bildern und Texten. Stuttgart 1988; *M. Meyer:* E. J., München 1990; *P. Koslowski:* Der Mythos der Moderne. Die dichterische Philosophie E. J.s, München 1991; *R. Brenneke:* Militanter Modernismus. Vergleichende Studien zum Frühwerk E. J.s, Stuttgart 1992; *W. Kunicki:* Projektionen des Geschichtlichen. E. J.s Arbeit an den Fassungen von „In Stahlgewittern", Frankfurt a. M. 1993; *N. Dietka:* E. J. – vom Weltkrieg zum Weltfrieden. Eine Biographie, Bad Honnef 1995; *H. Kiesel:* Wissenschaftliche Diagnose und dichterische Vision der Moderne. Max Weber und E. J., Heidelberg 1995; *H. H. Müller / H. Segeberg* (Hrsg.): E. J. im 20. Jhdt., München 1995.

– AM

Jünger, Friedrich Georg

* 1. 9. 1898 Hannover; † 20. 7. 1977 Überlingen/Bodensee. Dichter, Erzähler und philosophischer Essayist. J. wuchs in einem positivistisch gesinnten Elternhaus am Steinhuder

Meer (Niedersachsen) auf. Als Schüler war er Mitglied des „Wandervogels". Nach dem Abitur am Humanistischen Gymnasium von Detmold absolvierte er eine Offiziersausbildung als Kriegsfreiwilliger; er erlitt beim Sturm auf Langemarck eine schwere Schulterverwundung. Als Leutnant verließ J. 1920 die Reichswehr, um in Leipzig Jura zu studieren; 1924 wurde er zum Dr. iur. promoviert und legte 1928 in Dresden das Assessorexamen ab. Nach einem kurzen Aufenthalt in München folgte J. seinem Bruder Ernst 1929 als freier Schriftsteller nach Berlin. Er beschäftigte sich mit →Spengler, Kant, Leibniz, Nietzsche, →Yorck von Wartenburg, Descartes, →Hume sowie mit griechischer Metrik, Klopstock, Hölderlin und Trakl, und begegnete hier u.a. E. Niekisch, F. Hielscher, E. von →Salomon, A. E. →Günther und anderen Nationalrevolutionären. Nach der Machtergreifung Hitlers übersiedelte J. nach Überlingen. In seinen autobiographischen Werken („Grüne Zweige", München 1951; „Spiegel der Jahre", München 1958) schildert J. atmosphärisch seine Kindheit und die Jahre in Leipzig und Berlin.

1926 verfaßte J. die nationalrevolutionäre Streitschrift „Aufmarsch des Nationalismus" (Leipzig 1926). In dieser Schrift, wie auch in Zeitschriftenbeiträgen („Fiasko der Bünde", 1926; „Kampf", 1926; „Revolution und Diktatur", 1930) vertrat J. einen Nationalismus, der „als eine Kampfbewegung, die den Willen zur Herrschaft verkörpert, gekennzeichnet und bejaht" werden sollte.

Gleichzeitig begann J.s Auseinandersetzung mit der technischen Zivilisation („Opium für das Volk", 1927; „Vom deutschen Kriegsschauplatz", 1930; „E. T. A. Hoffmann", 1934), die – neben jener Heideggers – als die grundlegendste angesehen werden muß. Seine philosophischen Essays „Die Perfektion der Technik" (geschrieben 1939, erschienen Frankfurt a. M. 1946) und „Maschine und Eigentum" (ebd. 1949) beschreiben die Genese des technischen Fortschritts, seine ihm zugrunde liegende technische Ratio, die die Naturvorgänge ausschließlich als Bedingung und Gesetzlichkeit begreift, und deren Folge, der Raubbau an Erde und Mensch. Ausgehend von Descartes, der den alten *influxus physici* beseitigt und die *res cogitans* zum Herrn der Welt erhebt, zeigt J. den

– die wissenschaftlich-abstrakte Anschauung ermöglichenden – dynamischen Herauslösungsmechanismus, der Bedingungen und Gesetze aus den Naturvorgängen herauslöst und mit den gewonnenen mechanischen Erkenntnissen die Natur als perfekte Konstruktion nachzuahmen versucht, ohne jedoch zu bemerken, daß der Mensch vom „Bau und Plan der Welt nichts verstehen" kann. Nicht ideologische, politische oder ökonomische Bedingungen formen also den die Schätze der Erde vernutzenden neuzeitlichen Menschen (Arbeiter, Wissenschaftler) und seinen Staat (Demokratie), sondern der *technisch-dynamische Herauslösungsprozeß* durch Apparatur und Organisation, der den Menschen in eine Funktion zwingt und damit aus seinen Bindungen, aus Natur und Handwerk, herauslöst. Zurück bleibt der Mensch des „technischen Kollektivs" („*Homo crepitans*"), der von allen Bindungen, die nicht der technischen Welt entsprechen, befreit ist, gleichzeitig aber den strengen Mechanismen kausaler Determinationen und Deduktionen unterworfen ist. Sturz der →Hierarchien, der →Traditionen und →Institutionen, Liberalisierung, Demokratisierung, Ideologisierung, Verwissenschaftlichung, Vermassung und Vulgarisierung sind Kennzeichen des „Machtstrebens der Technik". Erst wenn die Mobilisierung einen Umfang erreicht hat, unter deren mechanischer Last der Mensch zusammenbricht, läßt das Machtstreben nach, und das Ende der „Sackgasse" wird sichtbar („Nicht der Anfang, das Ende trägt die Last"). In seinem Buch „Die vollkommene Schöpfung" (1969) beschreibt J. die dogmatische Beschränktheit der naturwissenschaftlichen Anschauungen und ihrer Begriffe von der Natur, in denen „Seiendes nicht mehr in den Blick kommt". 1971 begründete J. zusammen mit M. Himmelheber die Zeitschrift „Scheidewege", die ein Forum für die Diskussion über Technik und Wissenschaft bilden sollte.

In seinen Schriften über die Sprache („Sprache und Kalkül", 1953; „Wort und Zeichen", 1959; „Sprache und Denken", 1962) beschreibt J. die Zugehörigkeit des Menschen zu der Sprache, aus der er spricht, denkt und lebt und die „vor allem Bezeichnen liegt". Denn die Sprache, als eine Universale, ist kein Gegenstand, der die Dinge bezeichnet; die

Dinge erscheinen in ihr. Auch das Denken entfaltet sich in der Sprache, dessen Widersprüche und Fehler sie aufdeckt, weil sie in ihr enthalten sind.

Im Zentrum des J.schen Werkes stehen der Aphorismus („Gedanken und Merkzeichen", Frankfurt a. M. 1949) und die Lyrik. Zunächst stand die Hymnik („Gedichte", Berlin 1934) im Vordergrund des lyrischen Schaffens. J. besingt die dunkle Harmonie der Wildnis, das Walten mythischer Urkräfte und deren zeugende Kraft durch Wasser und Feuer. Den Höhepunkt der an Homer, Vergil und Ariost geschulten Hymnendichtung bildet der Gedichtband „Der Krieg" (Berlin 1936), ein Gesang auf die Schlachten des Ersten Weltkriegs. Je inniger die Beziehung J.s zum „elementaren göttlichen Leben" und zur „Heiterkeit des Geistes" (B. von Wiese) wird, desto liedhafter, graziöser und spielerischer wird sein lyrisches Sprechen („Das Weinberghaus"; „Die Silberdistelklause", beide Hamburg 1947). J. macht in seinen Gedichten jenen Rhythmus sichtbar, der, wie die Wiederkehr, durch alles Leben hindurchgeht und es trägt. Auch seine Romane („Der erste Gang", München 1954; „Zwei Schwestern", München 1956; „Heinrich March", Stuttgart 1981) und Erzählungen („Dalmatinische Nacht", München 1950; „Die Pfauen", München 1952; „Kreuzwege", München 1961; „Wiederkehr", München 1965; „Laura", München 1970) zeichnen sich durch mythische Einsicht, innere, heitere Ruhe und hohe Sinnlichkeit aus.

B.: *A. Mohler* in: F. G. J. zum 60. Geburtstag (Privatdruck), München – Frankfurt a. M. 1958, S. 29-37; *Des Coudres:* F. G. J.-Bibliographie, in: Philobiblon 3/1963, S. 160-82; *A. Mohler:* F. G. J., in: *C. v. Schrenck-Notzing* (Hrsg.): Konservative Köpfe, München 1978, S. 135-39; *A. H. Richter:* A Thematic Approach to the Works of F. G. J., Las Vegas – Bern – Frankfurt a. M. 1982, S. 109-17; *U. Fröschle:* (siehe unter **L.**), S. 106-21.

S.: Werkausgabe in zwölf Bänden, hrsg. v. *C. Jünger*, Stuttgart 1978-87 (Autobiographische Schriften; Erzählungen in Auswahl; Romane; Gedichte in Auswahl; Übersetzung von Homers Odyssee); Über das Stockwerkeigentum, jur. Diss. (ungedruckt) Leipzig 1924; *Otto Braun / Hermann Löns / Manfred von Richthofen / Gustav Sack / Albert Leo Schlageter / Maximilian von Spee / Georg Trakl*, in: Die Unvergessenen, hrsg. v. *E. Jünger*, Berlin 1928; Krieg und Krieger, in: Krieg und Krieger, hrsg. v. *dems.*, Berlin 1930; Der verkleidete Theseus, Lustspiel, Berlin-Halensee 1934; Über das Komische, Berlin 1936 (Neuausg. Zürich 1948; erw.

Ausg. Frankfurt a. M. 1948); Taurus, Gedichte, Berlin 1937; Der Missouri, Gedichte, Leipzig 1940; Erinnerung an den Fürsten Sturdza, in: Zur Erinnerung an den Fürsten Sturdza, Winterthur 1940; Drei Gedichte (Privatdruck), Frankfurt a. M. 1943; Briefe aus Mondello, Hamburg 1943; Wanderungen auf Rhodos, Hamburg 1943 (beide aufgegangen in: Orient und Okzident, Hamburg 1948, 2., erw. Aufl. Frankfurt a. M. 1966); Griechische Götter, Frankfurt a. M. 1943; Die Titanen, Frankfurt a. M. 1944 (beide verändert aufgegangen in: Griechische Mythen, Frankfurt a. M. 1947); Der Westwind, Gedichte, Frankfurt a. M. 1946; Die Perlschnur, Gedichte, Hamburg 1947; Gespräche, Frankfurt a. M. 1948; Nietzsche, Frankfurt a. M. 1949; Sprüche in Versen (Privatdruck), Frankfurt a. M. 1949; Iris im Wind, Frankfurt a. M. 1952; Morgenländische Stadt (Privatdruck), Frankfurt a. M. 1952; Rhythmus und Sprache im deutschen Gedicht, Stuttgart 1952 u. ö.; Die Spiele, Frankfurt a. M. 1953; Gedanken und Merkzeichen. Zweite Sammlung (Privatdruck), Frankfurt a. M. 1954; Schwarzer Fluß und windweißer Wald, Gedichte, Frankfurt a. M. 1955; Der weiße Hase. Erzählungen. Mit einem Nachwort von A. Mohler, Stuttgart 1955; Gedächtnis und Erinnerung, Frankfurt a. M. 1957; Gärten im Abend- und Morgenland, München 1960; Es pocht an der Tür, Gedichte, Frankfurt a. M. 1968; Der Arzt in seiner Zeit, Frankfurt a. M. 1970; Im tiefen Granit, Gedichte, Stuttgart 1983.

L.: *K. O. Paetel:* Ernst und F. G. J.s politische Wandlung, in: Deutsche Blätter 1943, S. 22-7; *S. D. Podewils:* F. G. J., Hamburg 1947; *J. Höffner:* Erschütterte Weltfrömmigkeit, in: Trierer Theologische Zeitschrift 1947, S. 239-41; *J. Günther / M. Bense:* Die Perfektion der Technik, in: Merkur 1948, S. 301-10; *H. Diwald:* Urbild und Abbild, in: Zeitschrift für Religions- und Geistesgeschichte 1 (1948); *A. Mohler:* F. G. J., in: Die Tat vom 17. 1. 1948; *C. Hohoff:* F. G. J., in: Jahresring 1956/57, S. 309-24; *B. v. Wiese:* F. G. J. zum 60. Geburtstag (Privatdruck), München – Frankfurt a. M. 1958; *H. E. Holthusen:* Die Tugend und Manier der heilen Welt, in: *ders.:* Plädoyer für einen Einzelnen, München 1967; *D. Larese:* F. G. J., Amriswil 1968; *J. Günther:* F. G. J., in: Neue Deutsche Hefte 4/1968, S. 227-29; *H. L. Arnold:* F. G. J., in: Merkur 1968, S. 859-61; *E. Jaeckle:* F. G. J., in: Deutsche Dichter der Gegenwart, Berlin 1973, S. 98-109; *C. Graf Podewils:* F. G. J., in: Merkur 6/1977, S. 646-56; *A. v. Schirnding:* F. G. J., in: Jahresring 1978/ 79, S. 260-63; *A. Mohler:* F. G. J., in: Criticón 1978, S. 60-3; *W. Hädecke:* Die Welt der Maschine, in: Scheidewege 10 (1980), S. 284-317; *ders.:* Der Erzähler F. G. J., in: Merkur 1/1980, S. 77-83; *S. Breuer:* Die Gesellschaft des Verschwindens, Hamburg 1992, S. 103-30; *U. Fröschle:* F. G. J.s Kritik an der Technik, Magisterarbeit (ungedruckt) München 1993; *V. Beismann:* Spurensuche im Labyrinth. Das politische Frühwerk F. G. J.s, in: Elfte Etappe, Bonn 1995, S. 104-25; *M. Großheim:* Ökologie oder Technokratie? – Der Konservatismus in der Moderne, Berlin 1995, S. 120-23.

– Han

Jugendbewegung

In den 1890er Jahren entstandene Bewegung, in der sich Heranwachsende zusammenschlossen, um in eigenen Gemeinschaften nach dem Prinzip der Selbsterziehung unter gewählten Führern zu leben. Die J. blieb faktisch auf den deutschen Sprachraum, d.h. das Reich, Österreich, Böhmen, das Baltikum, die Schweiz und Flandern, beschränkt. Das fast zeitgleich entstandene Pfadfindertum, der von R. S. Baden-Powell begründete *scoutism*, hatte zwar Einfluß, fiel aber mit seiner paramilitärischen Konzeption eher unter die Jugendpflege, für die es in Deutschland vor 1914 auch vergleichbare konfessionelle und nichtkonfessionelle Organisationen (*Jungdeutschland*) gab. Die Geschichte der eigentlichen J. läßt sich in drei Phasen gliedern:

1. Die Urzelle der J. war der „Wandervogel", der aus einem 1896 von dem Studenten H. Hoffmann-Fölkersamb gegründeten Zusammenschluß von Steglitzer Gymnasiasten hervorging; die Gruppe erhielt aber erst durch K. Fischer eine deutlichere Gestalt. Fischer gelang es 1901, einen Trägerverein unter Vorsitz des Dichters H. Sohnrey zustande zu bringen, der die Bezeichnung *Wandervogel. Ausschuß für Schülerfahrten* trug. Die Bewegung breitete sich rasch in ganz Mittel- und Norddeutschland aus, blieb allerdings auf die Oberschulen und damit das Bürgertum beschränkt; eine sozialistische J. im engen Anschluß an die Arbeiterbewegung entstand in der Vorkriegszeit aus eigenen Impulsen. Die mit der Verbreitung der J. geförderte Heterogenität führte trotz der Bemühungen Fischers um die Einheit rasch zum organisatorischen Zerfall; bereits 1904 spaltete sich der *Wandervogel e. V.* von einem *Alt-Wandervogel* ab, der unter der Führung Fischers verblieb; 1907 entstand der *Wandervogel. Deutscher Bund für Jugendwandern* in Jena, der die (in der J. immer umstrittene) Aufnahme von Mädchen gestattete. Es entstanden daneben auch rein weibliche Bünde. Obwohl sich der Wandervogel für weltanschaulich neutral erklärte und allein das Erlebnis von Natur, →Heimat und jugendlicher Gemeinschaft zu seinen Anliegen machen wollte, stand er offensichtlich unter dem Einfluß der „Neuromantik" (E. Diederichs), die seit der Jahrhundertwende zusammen mit den zahlreichen Ansätzen der „Lebensreformbewegung" auf das deutsche Geistesleben einwirkte. Unmittelbar vor dem Ausbruch des Ersten Weltkrieges machten sich in der J. Probleme bemerkbar, die v.a. aus der Entstehung einer Älterenschaft resultierten. Deshalb fand der Plan des Pädagogen G. Wyneken Anklang, aus Anlaß des hundertsten Jahrestages der Völkerschlacht bei Leipzig auf dem Hohen Meißner bei Kassel ein Treffen abzuhalten, das dem engeren Zusammenschluß der J. dienen sollte.

2. Der „Erste Freideutsche Jugendtag", der mit 2000 bis 3000 Teilnehmern vom 11. bis 13. Oktober 1913 auf dem Hohen Meißner abgehalten wurde, brachte allerdings nicht die erhoffte Einigung, man verabschiedete lediglich eine kurze gemeinsame Resolution („Meißner-Formel"), in der das Recht der Jugend auf Autonomie ihrer Lebensgestaltung festgehalten wurde. Die *Freideutsche Jugend*, die anfangs die Aufgabe einer Dachorganisation übernehmen sollte, konnte wegen interner Streitigkeiten ihre Funktion nicht erfüllen. Der Ausbruch des Krieges (von 12000 eingerückten „Wandervögeln" fielen 7000) machte alle weiteren Pläne zunichte; die Bildung des „Feld-Wandervogels", der den Zusammenhalt der Jugendbewegten während des Krieges gewährleisten sollte, konnte seine Aufgabe naturgemäß nur unvollkommen erfüllen. Spätestens nach der Heimkehr der Wandervogel-Soldaten in die Heimat 1918/19 stellten sich die alten Schwierigkeiten in ganz neuer Schärfe dar. Vor allem kam es zu einer raschen Politisierung und Radikalisierung der J. unter dem Eindruck der revolutionären Situation im Reich. Ein Teil der Freideutschen (*Entschiedene Jugend*) ging in das kommunistische Lager über, andere Führer öffneten sich der konservativen oder völkischen Rechten (*Jungdeutscher Bund*). An der Basis des Wandervogels kam es zu heftigen Auseinandersetzungen um die zukünftige Gestalt der J., während gleichzeitig in der deutschen Pfadfinderschaft nachdrücklich die Forderung nach mehr Selbstbestimmung im Sinne des Wandervogels erhoben wurde.

3. Die Verschmelzung der Ideale von Wandervogel- und Pfadfindertum in den zahlreichen Gruppen der *Neu-* oder *Ringpfadfinder* führte zur Entstehung eines neuen Phänomens, der „Bündischen Jugend". Für sie war der Bund mehr als eine ad hoc gebildete

Horde, eher ein auf „Führung" und „Gefolgschaft" beruhender – wenigstens der Theorie nach – ordensähnlicher Zusammenschluß. Die bündische „Kluft" hatte Uniform- oder Trachtähnlichkeit, das Auftreten war militärisch, viele Bünde wurden als reine Jungenbünde organisiert. Dazu kam ein hoher Grad an Politisierung wenigstens in den Führungen der Zusammenschlüsse: neben völkischen (z.B. *Artam, Wandervogel/Völkischer Bund, Adler und Falken*) gab es bis Ende der zwanziger Jahre auch nationalrevolutionäre (*Freischar Schill, Jungnationaler Bund*) und national-sozialistische (*Geusen*) Formationen. Daß die letzte große Leitfigur der Bündischen, der Führer der *d.j.1.11*, E. Koelbel („tusk"), zur KPD übertrat, blieb ein Ausnahmephänomen. Sehr stark war ganz allgemein der Einfluß von Ideen der →Konservativen Revolution; neben F. Nietzsche sind es einzelne Autoren wie S. →George, O. →Spengler und A. →Moeller van den Bruck gewesen, die auf die Heranwachsenden eine kaum zu überschätzende Wirkung ausübten.

Obwohl es B. von Schirach als neuem Reichsjugendführer und mit ihm der HJ erst 1936 gelang, eine Monopolstellung für den Bereich der Jugendorganisation zu errichten, hatte die J. bereits mit der Machtergreifung der NS ihr Ende gefunden, insofern als ein gewisser Teil der Bünde bereit war, in der größeren Staatsjugend das Ziel ihrer eigenen Wünsche („Hochbund") zu erkennen, ein kleinerer Teil die aktive (aber letztlich aussichtslose) Unterwanderung plante und ein weiterer resignierte. Einige Impulse der J. erhielten sich allerdings in den illegalen „schwarzen Bünden" und spontan entstandenen Jugend-„Cliquen", die während des Zweiten Weltkrieges aufkamen. Nach 1945 lebte die J. in Teilen wieder auf, es gelang ihr aber unter den veränderten Bedingungen nicht, noch einmal zum Generationenphänomen zu werden. Seit den sechziger Jahren wurde eine deutliche Linkstendenz bemerkbar, der sich nur wenige Bünde völlig entziehen konnten. Demgegenüber muß die J. in ihrer „klassischen" Phase als „deutsche Hauptrichtung neukonservativer Reform" (J. Müller) angesehen werden; zahlreiche bedeutende konservative Theoretiker, wie H. →Blüher, E. W. →Eschmann, H. →Freyer, A. E. →Günther, E. und F. G. →Jünger, H.-J.

→Schoeps, Theologen wie L. Cordier und W. →Stählin und Politiker wie H. →Ehlers sind durch sie wesentlich geprägt worden.

L.: *E. Busse-Wilson:* Stufen der J., Jena 1925; *E. Frobenius:* Mit uns zieht die neue Zeit. Eine Geschichte der deutschen J., Berlin 1927; *L. Fick:* Die deutsche J., Jena 1939; *K.-O. Paetel:* Jugend in der Entscheidung 1913 – 1933 – 1945, Bad Godesberg 1954; ; *F. Raabe:* Die bündische Jugend, Stuttgart 1961, *H. Siefert:* Der bündische Aufbruch 1919-23, Bad Godesberg 1963; *B. Schneider:* Daten zur Geschichte der J., Bad Godesberg 1965; Jahrbuch der deutschen J. 1969ff., *J. Müller:* Die J. als deutsche Hauptrichtung neukonservativer Reform, phil. Diss. Zürich 1971; *W. Laqueur:* Die deutsche J. Eine historische Studie, Köln 1978; *T. Koebner / R.-P. Janz / F. Trommler* (Hrsg.): „Mit uns zieht die neue Zeit". Der Mythos Jugend. Frankfurt a. M. 1985; *M. v. Hellfeld:* Bündische Jugend und Hitlerjugend. Zur Geschichte von Anpassung und Widerstand 1930-39, Köln 1987.

– W

Jung, Edgar Julius

* 6. 3. 1894 Ludwigshafen; † (erschossen) 1. 7. 1934 bei Oranienburg. Jurist und Theoretiker der Jungkonservativen. J.s Familie kam aus dem evangelischen Bauerntum der Pfalz, dem der Aufstieg in bürgerliche Schichten gelungen war. Nach der Teilnahme am Ersten Weltkrieg schloß J. bis 1922 ein Jurastudium ab. Infolge der Besetzung der Pfalz durch französische Truppen bildete er eine Geheimorganisation, den Rheinisch-Pfälzischen Kampfbund. Im Januar 1924 führte der Kampfbund das Attentat auf den Präsidenten der separatistischen „Pfälzischen Republik", Heinz-Orbis, aus. J. mußte wegen seiner Beteiligung nach Bayern fliehen.

Er ließ sich als Rechtsanwalt in München nieder; eine politische Heimat hatte er schon früher in der „Deutschen Volkspartei" gefunden. J. ging allerdings nach dem Abschluß des Vertrages von Locarno auf Distanz zur DVP. Er schloß sich der konservativen „Klub"-Bewegung an und wurde einer der wichtigsten Protagonisten der →Konservativen Revolution. Beiträge aus seiner Feder erschienen in zahlreichen Zeitungen und Zeitschriften, vor allem in den „Münchener Neuesten Nachrichten", in den „Süddeutschen Monatsheften" und der „Deutschen Rundschau". In seinem 1927 veröffentlichten Hauptwerk „Die Herrschaft der .Minderwertigen" begründete Jung die Notwendigkeit einer Konservativen

Edgar Julius Jung
1894-1934

Revolution damit, daß die Erhaltung der überindividuellen „→Werte" prinzipiell „konservativ" sei; degeneriere aber ein Kollektiv zu einer Summe von einzelnen, dann müsse man auf „revolutionärem" Wege den „Hochwerten" wieder zu ihrer ursprünglichen Geltung verhelfen. Die für die „Herrschaft" zentrale Parlamentarismus- und Demokratiekritik J.s war deutlich durch V. Pareto beeinflußt, den J. während eines Studienjahres 1912/13 in Lausanne gehört hatte; später beschäftigte er sich auch mit den Elite-Theorien von R. →Michels und A. de →Tocqueville. Die von den „Ideen von 1789" wie von den objektiven Tendenzen der Industriegesellschaft bewirkte Egalisierung führte nach Meinung J.s dazu, daß die Unfähigen – in der Diktion Nietzsches: die „Minderwertigen" – an die Spitze traten und jede große Ordnung zerstörten

„Die Herrschaft der Minderwertigen" war nicht nur Kulturkritik in Fortsetzung →Spenglers, J. verstand sie auch als Enzyklopädie der Gegenrevolution. Allerdings arbeitete er die erste Fassung des Buches in den folgenden beiden Jahren völlig um und veröffentlichte 1930 eine zweite Version. Sie hatte

jetzt beinahe den doppelten Umfang der ersten Fassung. Auffällig waren aber vor allem die inhaltlichen Änderungen: Sprach er 1927 noch von der Notwendigkeit eines „neuen Nationalismus", so stand jetzt die „Reichsidee" im Zentrum. Ganz deutlich war dieser Gedanke durch O. →Spanns „Universalismus" beeinflußt. Von Spann übernahm J. auch die Vorstellung von „Stand" und „Genossenschaft" sowie das gestufte Wahlrecht. Den →Korporatismus verband er mit der von L. →Ziegler und N. Berdjajew inspirierten Überzeugung, daß die aufklärerische Moderne zu Ende gehe und durch eine „Wiederverchristlichung", ein „neues Mittelalter" abgelöst werde.

J. mußte zu Beginn der dreißiger Jahre allerdings erkennen, daß sich eine von ihm erhoffte konservativ-revolutionäre Sammlungsbewegung nicht mehr organisieren ließ; rasch trennte er sich deshalb von den →Volkskonservativen, denen er sich vorübergehend angeschlossen hatte. Was den Nationalsozialismus anging, so waren die Empfindungen J.s ambivalent. Er hatte eine ausgeprägte persönliche Aversion gegen Hitler, hinzu kamen ideologische Differenzen, die sich vor allem auf den Biologismus und den Antisemitismus bezogen. Andererseits hielt J. die NSDAP für eine „Widerstandsbewegung" gegen Versailles und die Dekadenz des parlamentarischen „Systems". Indes konnte der von ihm ersehnte „organische Staat" kaum durch „Volkskondottieri" wie Mussolini oder Hitler geschaffen werden. Zu seiner Verwirklichung bedurfte es nach J. einer kommissarischen Diktatur, die von einer echten →Elite geführt werden mußte. Wahrscheinlich dachte J. an ein Militärregime, gestützt auf das Notstandsrecht des Präsidenten, und dadurch erklärt sich wohl auch J.s Hinwendung zu Papen. Dessen deutlich von J. inspirierte Vorstellung des „Neuen Staates" blieb aber vage, und Anfang Januar 1933 schrieb J. resigniert: „Es gibt keine regierungsfähige deutsche Rechte."

Die Machtübernahme Hitlers empfand J. als persönlichen Schlag. Erst als Ende des Jahres 1933 eine Gruppe jungkonservativer Intellektueller um seinen Freund H. von Bose in der Vizekanzlei Papens ein konspiratives Zentrum aufzubauen begann, erwachte er aus einer tiefen Depression. Boses Pläne für den

Umsturz beruhten darauf, den Konflikt zwischen Röhm und der Reichswehrführung zu nutzen, um mit der Rückendeckung Hindenburgs ein Militärregime zu errichten. Mitte Juni 1934 lief die Aktion an. In einer Rede vor dem Marburger Universitätsbund am 17. Juni sollte Papen – unwissentlich – das Signal geben. Hitler zeigte sich empört über die Ansprache; der bereits gedruckte Text wurde beschlagnahmt, eine Übertragung im Rundfunk verboten. Rasch wurde bekannt, daß J. die Marburger Rede verfaßt hatte, woraufhin Hitler am 25. Juni dessen Verhaftung befahl. Kurz nachdem man Bose im Rahmen der Aktion vom 30. Juni ermordet hatte, erschossen SS-Wachen J. am 1. Juli in einem Wäldchen bei Oranienburg.

S.: Die geistige Krise des jungen Deutschland. Rede vor der Studentenschaft der Universität München, Berlin 1926; Die Herrschaft der Minderwertigen. Ihr Zerfall und ihre Ablösung, Berlin 1927; Die Herrschaft der Minderwertigen. Ihr Zerfall und ihre Ablösung durch ein Neues Reich, Berlin ²1930 (3. Aufl. von 1931 identisch mit der 2.); Föderalismus aus Weltanschauung, München 1931; Sinndeutung der deutschen Revolution, Oldenburg i. O. 1933. – Wahrscheinlich ist J. auch der Verfasser von: Deutsche über Deutschland. Die Stimme des unbekannten Politikers, München 1932; als „ghostwriter" Papens schrieb er: *Franz v. Papen*: Appell an das deutsche Gewissen. Reden zur nationalen Revolution, Oldenburg i. O. 1933.

L.: *L. Ziegler:* E. J. J. Denkmal und Vermächtnis, Salzburg 1955; *F. Graß:* E. J. J. (1894-1934), in: *K. Baumann* (Hrsg.): Pfälzer Lebensbilder, Bd. 1, Speyer 1964, S. 320-48; *M. Graß:* E. J. J., Papenkreis und Röhmkrise 1933-34, phil. Diss. Heidelberg 1966; *B. Jenschke:* Zur Kritik der konservativ-revolutionären Ideologie in der Weimarer Republik. Weltanschauung und Politik bei E. J. J., München 1971; *E. Forschbach:* E. J. J. Ein konservativer Revolutionär. 30. Juni 1934, Pfullingen 1984; *Gilbert Merlio:* E. J. J. ou l'Illusion de la „Révolution Conservatrice", in: Revue d'Allemagne 16 (1984) 3, S. 382-96; *K. Weißmann:* E. J. J., in: Criticón 17 (1987) 104, S. 245-49.

– W

K

Kaltenbrunner, Gerd-Klaus

* 23. 2. 1939 Wien. Konservativer Publizist.
K. studierte in Wien Rechtswissenschaften,
folgte jedoch beruflich seinen früh auftretenden literarischen und philosophischen Neigungen (mit acht Jahren Erzählungen in Kin-
derzeitschriften, mit 18 Jahren geistesgeschichtliche Essays). 1962 übersiedelte er
nach Deutschland und war bis 1973 in verschiedenen Verlagen als Lektor und Herausgeber tätig. Da das Verlagswesen, besonders
auf der Lektoratsebene, sich als Vorhut einer
„angelesenen Revolution" (Günter Grass)
empfand, war K. auf die 68er-Revolte vorbereitet. Wie für die Kulturrevolutionäre, lag
für ihn der Motor der Geschichte nicht im
wirtschaftlichen, sondern im geistig-kulturellen Bereich. Er stellte sein als Lektor erwor-
benes Know-how einer Erneuerung des Konservatismus zur Verfügung. Die von ihm herausgegebenen Sammelbände „Rekonstruktion des Konservatismus" (1972) und „Konservatismus international" (1973) zeichneten
die Umrisse einer fast in Vergessenheit geratenen geistig-politischen Bewegung. 1974
schloß sich die Herausgeberschaft der Ta-
schenbuchzeitschrift „Herderbücherei Initiative" an. Jeweils einem Thema gewidmet, tragen die 75 Bände unverkennbar die Handschrift K.s. Die Bände sind ebensoviele Bausteine einer realistischen und unkonventionellen Anthropologie, einmal vom naturwissenschaftlichen, einmal vom nationalökonomischen, einmal vom psychologischen Ausgangspunkt her gesehen. Brennpunkte blieben jedoch →Staat und Religion, auch das
bereits eine Antwort auf die Frage: „Was ist
der Mensch?" Der Titel des ersten Bandes,
„Tendenzwende", wurde zum Schlagwort für
eine Gegenbewegung gegen die utopisch-so-
zialistische Welle der beginnenden siebziger
Jahre. Die fast aphoristischen Titel anderer
Bände, z.B. „Die Wiederkehr der Wölfe",
„Das Geschäft der Tröster", „Nestwärme in
einer erkalteten Gesellschaft", „Parasitismus
als Lebensform", „Strategie der Feigheit",
„Der innere Zensor", prägten sich ein. Die
gesellschaftlichen Analysen der „Herderbücherei Initiative" ergänzte K. durch die geistesgeschichtliche Rückschau der ausschließlich von ihm verfaßten drei Bände „Europa –
Seine geistigen Quellen in Porträts aus zwei
Jahrtausenden".

S.: Rekonstruktion des Konservatismus (Hrsg.),
Freiburg 1972; Konservatismus international (Hrsg.),
Stuttgart 1973; Der schwierige Konservatismus; Her-
ford 1975; Europa. Seine geistige Quellen in Porträts
aus zwei Jahrtausenden, 3 Bde., Heroldsberg 1981-85;
Wege der Weltbewahrung, Asendorf 1985; Vom Geist
Europas, 3 Bde., Asendorf 1987ff; Was ist deutsch? Von
der Unvermeidlichkeit, eine Nation zu sein (Hrsg.),
Asendorf 1988.

– S-N

Kantorowicz, Ernst

* 3. 5. 1895 Posen; † 9. 9. 1963 Princeton
(N.J.). Historiker. K. entstammte einer
deutsch-jüdischen Unternehmerfamilie. Er
besuchte vom Herbst 1904 bis zum Frühjahr
1913 das Königliche Auguste-Viktoria-Gym-
nasium in Posen. Seine schulischen Leistungen waren nur durchschnittlich, was – neben
der Tatsache, daß seine Familie eine große
Spirituosenfabrik besaß – mit dazu beigetragen haben mag, daß K. nach dem Abitur eine
kaufmännische Lehre begann. Sein reges intellektuelles Interesse (das sich damals vor allem auf den Orient richtete) war allerdings zu
diesem Zeitpunkt schon erkennbar. Der weitere Lebensweg K.s wurde bestimmt durch
seinen Eintritt als Kriegsfreiwilliger in das 1.
Posener Feldartillerieregiment. K. war – wie
E. Salin einmal feststellte – „seiner Natur
nach zum Gefecht gewillt". Er nahm an den
Kämpfen in Frankreich – auch vor Verdun –
und dann in der Ukraine teil und wurde
schließlich zu einer Eisenbahnkompanie in
die Türkei abkommandiert. Im Sommer 1918
kurzfristig zum Studium der Philosphie an
der Universität Berlin beurlaubt, ging er im
Herbst dieses Jahres an die Dolmetscher-
schule des Heeres in der Hauptstadt.

So erlebte K. den Ausbruch der Revolution
in Berlin. Am 15. November 1918 schied er
als Vize-Wachtmeister aus dem Dienst, nahm
aber schon im Februar 1919 an den Abwehr-
kämpfen in Posen gegen polnische Insurgen-
ten teil, schlug sich im März gegen Spartaki-
sten in Berlin und im Mai in München gegen
die Truppen der Räterepublik. Dort hatte K.
auch sein Philosophie-Studium fortgesetzt,
ging aber im Sommer 1919 nach Heidelberg,
um Nationalökonomie zu hören. Hier kam

K. zum erstenmal in Kontakt zum George-Kreis.

K. erhielt von →George den Kreis-Namen „Chevalier" und trat relativ schnell in ein engeres Verhältnis zum „Meister". Nach seiner Entfremdung von F. Gundolf bezog George häufiger in K.' Heidelberger Wohnung Quartier. K. schloß 1922 seine Studien bei dem Nationalökonomen E. Gothein mit einer Dissertation über „Das Wesen der muslimischen Handwerkerverbände" ab. In der Geschichtswissenschaft blieb K. „ein in seiner Art genialer ‚Autodidakt'" (P. E. Schramm), auch wenn damit nur unzureichend erklärt wird, daß ihm auf diesem Gebiet mit seiner Arbeit über Friedrich II. von Hohenstaufen ein großer Wurf gelang. Den Entschluß, das Buch über den Kaiser zu schreiben, fällte K. 1924. Er fuhr in jenem Jahr nach Italien, wo der 750. Geburtstag Friedrichs aufwendig gefeiert wurde. Es ist nicht mehr eindeutig feststellbar, wer an der im Vorspruch des Bandes erwähnten Kranzniederlegung am Grabmal Friedrichs teilgenommen hat, aber möglicherweise geschah sie durch K. selbst, der sich zu diesem Zeitpunkt in Palermo aufhielt, begleitet von F. Wolters sowie A. und B. von Stauffenberg.

Ende März 1927 erschien das (von George herausgegebene) Friedrich-Buch in einer Auflage von 2.900 Exemplaren bei Bondi. Es fand ebenso begeisterte Aufnahme wie harte Kritik. Für große Teile des konservativen Bürgertums prägte es fortan das Bild des staufischen Herrschers, aber auch in Teilen der völkischen und nationalistischen Rechten wurden die Ausführungen K.s, trotz seiner jüdischen Herkunft, begrüßt (einer kryptischen Überlieferung zufolge soll auch Hitler von der Darstellung sehr beeindruckt gewesen sein). Dagegen sprach R. →Borchardt von „pseudognostischer Geschichtsschreibung", und vor allem die Fachhistoriker reagierten mit dem Vorwurf der „Mythenschau", die weniger an der Tatsächlichkeit des Geschehenen als an einer Stilisierung Friedrichs im Geist des George-Kreises interessiert sei. K. blieb von diesen Einwendungen nicht unbeeindruckt und erarbeitete in den folgenden Jahren einen Ergänzungsband, der den gesamten wissenschaftlichen Apparat für das Friedrich-Buch nachlieferte. Sein Auftritt vor dem Historikertag 1930 sicherte ihm neue Aufmerksamkeit, und im Sommer des Jahres erreichte er seine Ernennung zum Honorarprofessor für mittelalterliche Geschichte an der Universität in Frankfurt a. M. Kurz darauf, Anfang 1931, erschien der Ergänzungsband. K. hatte bis dahin aufgrund des elterlichen Vermögens keine berufliche Bindung eingehen müssen und sich deshalb nur bedingt für eine Universitätskarriere interessiert. Als er aber infolge der Wirtschaftskrise den größten Teil seiner Mittel verlor, nahm er am 18. August 1932 die Berufung zum o. Professor in Frankfurt an.

K.' Situation änderte sich gravierend mit der nationalsozialistischen Machtübernahme. Trotz der „Frontkämpferklausel" im „Gesetz zur Wiederherstellung des Berufsbeamtentums" kam er am 20. April (sic) 1933 um seine Beurlaubung für das kommende Semester ein. Im Wintersemester nahm er seine Veranstaltungen zwar wieder auf und begann mit einem stark beachteten Vortrag über „Das Geheime Deutschland", infolge der von nationalsozialistischen Studenten organisierten Störungen resignierte er aber rasch. Am 21. Januar 1934 folgte er einer Einladung der Universität Oxford und ging nach Großbritannien. Dort wandte er sich Studien über die Geschichte mittelalterlicher Institutionen zu, die später Aufnahme in dem Band „Laudes regiae" fanden. Mitte Juli 1934 kehrte K. nach Deutschland zurück. Da er den Treueid auf Hitler nach Hindenburgs Tod verweigerte, wurde er – formell auf eigenen Wunsch – am 1. November 1934 emeritiert. Infolge der „Reichskristallnacht" floh er 1938 unter dramatischen Umständen zuerst nach England und dann in die USA.

Dort lehrte K. seit 1939 zunächst an der Universität von Berkeley, die er aber in der McCarthy-Ära verlassen mußte, da er den von ihm verlangten Treueid nicht zu leisten bereit war. Er wechselte an das Institute for Advanced Study in Princeton. Dort entstanden die Vorarbeiten für sein zweites großes Werk, das 1957 erschien. Dessen Titel „The King's Two Bodies" ging auf einen Rechtsgrundsatz des elisabethanischen Englands zurück, der allerdings in sehr viel älteren Vorstellungen wurzelte. Demzufolge besaß der König einen „natürlichen", sterblichen und einen „übernatürlichen", unsterblichen Leib. Der König war nicht nur Herrscher auf Zeit, sondern auch Abbild Christi. Insofern erlosch die Herrschaft mit dem Tod des Monarchen nicht – eine politisch-theologische Denkfigur, die seit dem frühen Mittelalter immer weiterentwickelt worden war und das abendländische Recht bis in die Neuzeit hinein prägte, da sie die Vorstellung vom →Staat als konkretem Personenverband ablösen half durch die Vorstellung von der „Ewigkeit" des Staates.

„Die zwei Körper des Königs" fanden im angelsächsischen Bereich, aber auch in Frankreich und in Italien sehr viel früher Aufmerksamkeit als in Deutschland, wo der Band erst 1990 in einer Übersetzung herausgebracht wurde. Hier blieb der Name K. immer mit dem Friedrich-Buch verbunden, obwohl K. aus Sorge vor Inanspruchnahme durch einen neuen Nationalismus nach dem Zweiten Weltkrieg jede Neuauflage des Buches verweigerte. Erst kurz vor seinem Tod, am 9. September 1963, erschien doch noch ein – um eine aktuelle Einleitung ergänzter – Nachdruck des Bandes von 1927.

B.: *W. Seitter:* Bibliographie der Schriften von E. H. K., in: Tumult 16, S. 76-8.

S.: Friedrich II., Berlin 1927; Ergänzungsband Berlin 1931; Laudes regiae. A study in liturgical acclamations and mediaeval ruler worship, Berkeley – Los Angeles 1946; Die zwei Körper des Königs. Eine Studie zur politischen Theologie des Mittelalters, Stuttgart 1990 (Originalausgabe unter dem Titel „The King's Two Bodies", Princeton, [N. J.] 1957); Selected Studies, hrsg. v. *M. Cherniavsky* und *R. E. Giesey,* Locust Valley 1965.

L.: E. K. zum Gedächtnis, Frankfurter Universitätsreden, H. 34, Frankfurt a. M. 1964; *F. Böckelmann/D. Kampfer/W. Seitter* (Hrsg.): K., Tumult 16; *E. Grünewald:* E. K. und Stefan George. Beiträge zur Biographie des Historikers bis zum Jahre 1938 und zu seinem Jugendwerk „Kaiser Friedrich der Zweite", Wiesbaden 1982; *R. E. Giesey:* E. H. K.: Scholary Triumphs and Academic Travails in Weimar Germany and the United States, in: Leo Baeck Institute Yearbook 30 (1985), S. 191-202; *A. Boureau:* K. Geschichten eines Historikers, Stuttgart 1992.

– W

Kapitalismus

Mit K. wird heute ein Wirtschafts- und zugleich Gesellschaftssystem bezeichnet, das vorrangig der Selbstschöpfung und Selbstverwertung des Kapitals dient. In seinem Mittelpunkt stehen nicht der Mensch und soziale Gruppen, nicht die Befriedigung ihrer Be-

dürfnisse und auch nicht die Reichtumsvermehrung von „Kapitalisten" als der Klasse der Eigentümer des Kapitals. Gesprochen wird heute von einem „K. ohne Kapitalisten" (J. K. Galbraith) und vom „Tod des Rentiers" (J. M. Keynes), um damit anzudeuten, daß der Einfluß der Kapitaleigentümer auf den Prozeß der Selbstschöpfung und Selbstverwertung des Kapitals nicht entscheidend ist. Die kapitalistischen „Strukturen" werden weitgehend beherrscht von „Managern" (J. Burnham: The Managerial Revolution), die in den industriellen Großbetrieben, staatlichen Verwaltungen, Forschungszentren, politischen Parteien, internationalen Organisationen und Großbanken, vielfach eng zusammenarbeitend, die Entscheidungen treffen. Ihr wichtigstes Entscheidungsmotiv als Klasse ist die Ausweitung ihrer Macht und Autonomie, zumeist nicht einmal im eigenen materiellen Interesse, sondern im Dienste der Unternehmungen und „Technostrukturen" des K. Kapital wird begriffen als Verfügungsmacht über soziale, politische, menschliche (Human-) und materielle Ressourcen, die der Reproduktion und Vermehrung des Kapitals (euphemistisch als „Wachstum" bezeichnet) dienen können. Staat, „internationale Zusammenarbeit", Abbau der Staatssouveränität (Europäische Union), Auflösung der Grenzen (Gemeinsamer Markt, GATT), äußere (gemeinsame Außenpolitik, Verteidigungsunion, kollektive Sicherheitssysteme) und innere Sicherheit, Rüstung, ferner Verwaltung, Gesetzgebung, Rechtsprechung, das gesamte primäre und höhere Bildungswesen, aber auch Großforschung, Raumfahrt, (Atom-) Energiegewinnung, selbst Kunst, Unterhaltung, Information, Telekommunikation, Werbung, Konsum, Freizeit, Tourismus, Sexualleben, eheliche Verbindung, ja praktisch alle Lebensäußerungen von „welfare and warfare" werden im K. in den Dienst der Akkumulation von Kapital gestellt. Als Merkmale des K. lassen sich hervorheben:

1. Durchgängige Vermachtung, Konzentrierung der Macht, Verschmelzung der Machtzentren, Zentralisierung der Verwaltung, Aufhebung der Gewaltenteilung, Ausübung der Macht durch die Exekutive, Bürokratisierung. Kennzeichnend für den modernen K. sind transnationale Industriekonzerne, internationale Hochfinanz, internatio-

nale Organisationen für Welthandel, Wirtschaftsordnung und politische Ordnung, starke nationale (Gewerkschaften, Unternehmerverbände, Kammern) Interessenverbände.

2. Kollektivierung, Uniformierung, Entnationalisierung, Internationalisierung, Entföderalisierung, Sozialisierung, Zerstörung der „kleinen Gemeinschaften" und ihrer Selbstverwaltung, Entdemokratisierung, Verminderung der Möglichkeiten zur Mitsprache, Mitbestimmung, Mitentscheidung und Mitverantwortung durch jene, die nicht den Entscheidungsgremien angehören (Stichwörter: „Staats-K." und „imperialistischer K.").

3. Entfremdung durch die Notwendigkeit der Anpassung an das System (Ideal des „perfectly adjusted man"), „Verdinglichung" des Menschen, Entpersönlichung, Anonymisierung der Verantwortung (niemand ist für Entscheidungen persönlich verantwortlich und haftbar, Entscheidungen trifft der „Apparat") (Stichwort: „inhumaner K.").

4. Naturwissenschaft und Technik zwecks Beherrschung, Ausbeutung und Überwindung der Natur, Ersatz der Kultur des Anbaus durch die Kultur des Abbaus, des Organischen durch das Anorganische, der Naturpflege durch Naturzerstörung (besonders auf dem Gebiet der Energiegewinnung: Explosionstechnik, Atomzertrümmerung). Das Autonomiestreben bezweckt Unabhängigmachung der kapitalistischen Gesellschaft von der Natur, ihren Zyklen und Kreisläufen, durch Schaffung einer „künstlichen" Umwelt (typisch: die hypertechnisierte moderne Großstadt mit ihren Wolkenkratzern, Verkehrs- und Energieversorgungssystemen). (Stichwort: „Technologie-K.").

5. Industrielle Erzeugungsweisen, meist in Groß- und Größtbetrieben. Durchrationalisierte, weitgehend automatisierte Fertigungsvorgänge, hoher Kapitaleinsatz, hoher Fixkosteneinsatz, Inflexibilität, lange Vorlaufzeiten, exakte Durchplanung (Stichwort: „Industrie-K.").

6. Planung und Kontrolle der „Märkte" und Verbraucher durch „vertikale Integration", Aufbau von Vertriebs- und Servicenetzen, Zusammenarbeit der Produzenten mit Beschaffungsstellen (bes. im Militärbereich, im Bauwesen mit Kommunen), langfristige Zuliefer- und Abnahmeverträge, Manipula-

tion des Verbraucherverhaltens, Bestimmung der Verbraucherwünsche mittels Werbung durch den Produzenten, Marktschöpfung, Management der „gezielten" und „globalen" Nachfrage (Stichwort: „managed capitalism" im Gegensatz zur „freien Wirtschaft").

7. Externalisierung von Kosten für Umweltbelastungen (Boden-, Luft-, Wasserverschmutzung, Waldsterben, Klimaverschlechterungen, Radioaktivität, Schutz von Tier- und Pflanzenarten) und für wesentliche Produktionsfaktoren wie Großforschung, Ausbildung, Spezialisierung, Infrastruktur (z.B. Verkehrseinrichtungen, Energieversorgung), Grundstücksbereitstellung und -aufschließung, Bereitstellung von Wohnraum für Arbeitskräfte etc). Ziel ist es, einen möglichst großen Anteil der Kosten für Umweltschäden und für Produktionsfaktoren vom Einzelunternehmen auf die Gesellschaft und den Staat abzuwälzen. Der gesamte gesellschaftliche „Überbau" hat der Ökonomie des K. zu dienen (Stichwort: „subventionierter K.").

8. Staatliche „Intervention" in den Wirtschaftskreislauf zwecks „Vollbeschäftigung", Kreditschöpfung, „Wachstum", „Umverteilung", sozialen Härteausgleichs. (Stichwort: „Interventions-K.").

K. ist ein Kind der →Aufklärung, der Loslösung („Emanzipation") des Menschen aus den ihn umgreifenden und einbindenden Gemeinschaftsbezügen in Familie, Gemeinde, Stand, →Staat und →Kirche. Durch die ihr innewohnende „Dialektik" (Horkheimer, Adorno) haben die Aufklärung und die durch sie erfolgte Entfesselung und „Autonomisierung" der kapitalistischen Wirtschaft zur Entfremdung („Verdinglichung") des Menschen, zur Verschwendung der Ressourcen („affluent society") und zur Naturzerstörung geführt, wobei der K. und alles, was in seinen Dienst gestellt werden konnte, diesen Prozeß in Gang gehalten und vorangetrieben hat. K. ist so gewissermaßen der Antriebsmotor der modernen Gesellschaft.

Die Gründe für das Entstehen des K. in Europa sind zu suchen in der nicht gelungenen Synthese von geistlicher und weltlicher Macht, dem Kampf zwischen Kaiser und Papst, dem Zerfall des →Reiches, der Herausbildung souveräner Staaten, dem Kampf dieser Staaten untereinander um Macht, Vorherrschaft, Territorien und Ressourcen oder auch nur ums Überleben, dem Ersatz der Ritterheere durch das Fußvolk, des Schwertes durch die Schußwaffe, der Notwendigkeit von Massenheeren, dem Erfordernis ihrer einheitlichen Ausrüstung mit Waffen, Kanonen, Munition durch „kalibierte" Massenproduktion, der Ablösung des Adels durch den Beamten, der Verrechtlichung der Verwaltung, dem Hunger nach Gold als dem Mittel zum Unterhalt von Armee und Beamten, dem Fürstenabsolutismus samt der Zentralisation der Verwaltung am Hof und in der Hauptstadt, dem Merkantilismus des Staates zwecks Geldbeschaffung, der Gründung von Kolonialreichen und von internationalen Handelskompagnien zwecks Ausbeutung der eroberten Gebiete und der Vermehrung der königlichen Schätze, im Versuch zur Beherrschung der Meere, in der Förderung der Industriemanufakturen durch Privilegierung, Monopolisierung und Reglementierung („System der fürstlichen Wohlstandspolizei"), in der Mobilisierung und Kapitalisierung des Bodenbesitzes, in der Vervollkommnung der Naturbeherrschung und Naturausbeutung durch technische Mittel, im Erstarken des Bürgertums dank Verlagerung der Bildungsinhalte auf technisches Wissen und seine Popularisierung mit Hilfe der Druckpresse, in der Bevölkerungsexplosion infolge der Fortschritte auf dem Gebiet der Medizin (Geburtenüberschuß durch Senkung der Sterberate), in der Verelendung des Bauernstandes, Landflucht, Verstädterung und Enstehen des Proletariats als Voraussetzung für die Rekrutierung billiger Arbeitskräfte, in der Mechanisierung und Rationalisierung der Produktion, in der Verdrängung des Handwerks und des Gewerbes durch die Industrie und industrielle Großbetriebe, in der Erfindung der Dampfmaschine und des durch sie ermöglichten Einsatzes fossiler Energieträger, in der Erfindung der Elektrizität, der Fernmeldetechnik, des Automobils, in der Ausbildung von Verkehrs- und Nachrichtennetzen, in den Fortschritten auf dem Gebiet der Chemie, künstlichen Düngung, der Kunst- bzw. Ersatzstoffe, Kunstfasern und Kohlesynthese, in der Erfindung der Transistorschaltung und ihrer Anwendung in Elektronik und Computertechnik.

Die marxistische Kritik am K. und die in ihrem Gefolge entstandenen sozialen Bewegungen (Kommunismus, Sozialismus, Sozialdemokratie, Gewerkschaften) haben die Entwicklung des K. nicht gebremst, sondern, im Gegenteil, beschleunigt (Massenkonsum, Wohlfahrtsstaat, Verwandlung des Arbeiters in den Kleinbürger und Bourgeois, Beendigung des Klassenkampfes, Interessenkonformität von Arbeitgebern und Arbeitnehmern an Produktivitätserhöhung und technischem Fortschritt, „sozialpartnerschaftliche Zusammenarbeit", „Mitbestimmung", „Betriebsräte", „Kollektivverträge").

Erst in jüngster Zeit wird die die Entwicklung des K. fördernde, geradezu puritanischasketische Haltung (M. Weber) vielfach durch hedonistische Einstellungen („Erlebnisgesellschaft") abgelöst und zu einer Gefahr für den K. westlicher Länder, in denen Arbeitsdisziplin, Gehorsam, Fleiß, Genauigkeit, Pünktlichkeit in der Werte- und Erziehungsskala keinen hohen Rang mehr besitzen. Der „technische Fortschritt" wird skeptisch beurteilt und der Folgenkontrolle unterstellt (Beispiel: Gentechnik).

Trotz vermehrter staatlicher Interventionen, des gewaltigen Anwachsens der Budgetdefizite und Staatsschulden, der exorbitanten Staatsquote von 40 und mehr Prozent des Bruttosozialprodukts, der ständigen Inflation und Geldentwertung lassen sich die Probleme, Fehlentwicklungen und Krisenerscheinungen des K. nicht mehr verdecken. Vor der Größe der Probleme („Globalisierung") und der sich ausbreitenden Ratlosigkeit findet heute eine „Flucht aus Staat und politischer Verantwortung" durch Übertragung von Hoheitsrechten auf internationale Organisationen statt, die keiner demokratischen Kontrolle unterliegen (Stichwörter: „New World Order", „Weltstaat").

L.: *K. Marx / F. Engels:* Das kommunistische Manifest, 1848 u. ö.; *K. Marx:* Das Kapital. Kritik der politischen Ökonomie, Bde. I-III, 1867-94 u. ö.; *W. Sombart:* Der moderne K. Historisch-systematische Darstellung des gesamteuropäischen Wirtschaftslebens von seinen Anfängen zur Gegenwart. Bde. I-III, München 1916ff. u. ö.; *M. Weber:* Die protestantische Ethik und der Geist des K., Tübingen 1934 u. ö.; *A. Müller-Armack:* Genealogie der Wirtschaftsstile. Die geistesgeschichtlichen Ursprünge der Staats- und Wirtschaftsformen bis zum Ausgang des 18. Jhdt.s, Stuttgart ³1944; *W. Roepke:* Civitas humana, Erlenbach – Zürich 1944; *F. A. v. Hayek:* Der Weg zur Knechtschaft, Erlenbach – Zürich 1945; *A. Müller-Armack:* Soziale Marktwirtschaft, in: Wirtschaftsspiegel, H. 1 München 1946/47; *J. A. Schumpeter:* K., Sozialismus und Demokratie, Bern ²1950; *ders.:* Theorie der wirtschaftlichen Entwicklung, Berlin ⁵1952; *F. A. v. Hayek:* Individualismus und wirtschaftliche Ordnung, Erlenbach – Zürich 1952; *A. Rüstow:* Ortsbestimmung der Gegenwart. Eine universalgeschichtliche Kulturkritik, Bde. I-III, Stuttgart 1950-55; *W. Roepke:* Jenseits von Angebot und Nachfrage, Erlenbach – Zürich 1958; *W. Eucken:* Grundsätze der Wirtschaftspolitik, Hamburg 1959; *A. Müller-Armack:* Religion und Wirtschaft. Geistesgeschichtliche Hintergründe unserer Lebensform, Stuttgart 1959; *E. E. Nawroth:* Die Sozial- und Wirtschaftsphilosophie des Neoliberalismus, Heidelberg 1961; *G. Myrdal:* Das politische Element in der nationalökonomischen Doktrinbildung (1932), Ndr. Hannover 1963; *J. Robinson:* Doktrinen der Wirtschaftswissenschaft. Eine Auseinandersetzung mit ihren Grundgedanken und Ideologien, München 1965; *J. M. Keynes:* Allgemeine Theorie der Beschäftigung, des Zinses und des Geldes, Berlin ³1966; *J. K. Galbraith:* Die moderne Industriegesellschaft, München 1968; *H. Marcuse:* Der eindimensionale Mensch. Studien zur fortgeschrittenen Industriegesellschaft, Berlin 1968; *M. Horkheimer / T. W. Adorno:* Dialektik der Aufklärung, Frankfurt a. M. ²1969; *F. Romig:* Die ideologischen Elemente in der neoklassischen Theorie, Berlin 1971; *D. Meadows:* Die Grenzen des Wachstums. Bericht des Club of Rome zur Lage der Menschheit, Stuttgart 1972; *M. Friedmann:* K. und Freiheit, München 1976; *D. Bell:* The Cultural Contradictions of Capitalism, New York 1976; *H. Arndt:* Irrwege der Politischen Ökonomie, München 1979; *P. Koslowski:* Ethik des K., Tübingen ³1986; *F. A. v. Hayek:* The Fatal Conceit – The Errors of Socialism, London 1988; *F. Romig:* Martwirtschaftliche und konservative Wirtschaftsauffassung – ein Gegensatz, in: Criticón 121 (1990); *F. A. v. Hayek:* Die Verfassung der Freiheit, Tübingen 1991; *D. u. D. Meadows / J. Randers:* Die neuen Grenzen des Wachstums. Die Lage der Menschheit: Bedrohung und Zukunftschancen, Stuttgart ³1992.

– Ro

Kardinaltugenden

Seit →Platon (427-347) werden vier Grund- oder Haupttugenden aufgezählt: **Klugheit, Gerechtigkeit, Tapferkeit** und **Maßhalten.** Seit Leo dem Großen bezeichnete man sie auch als die Angeltugenden, weil sich um sie wie die Tür um die Angeln das ganze sittliche Leben bewegt und alle übrigen natürlichen Tugenden sich von ihnen herleiten. Vermittelt durch Cicero, über die Stoa und neuplatonische Denkschulen, fand das „Viergespann" Eingang in das Christentum. Im Zeitalter Theodosius des Großen (379-

95), nach der Erhebung des Christentums zur Staatsreligion, brachte Ambrosius in seinem Lehrbuch „De officiis ministrorum" die K. systematisch mit dem Evangelium in Einklang. In der neuplatonischen Verschmelzung der Tugenden mit den eingegossenen göttlichen Gnadentugenden in der Theologie des hl. Augustinus blieben sie bis an die Schwelle des Hochmittelalters unterbewertet, gleichsam durch die Liebe aufgesogen.

Ihre Wiederaufwertung als eigenständige und sittlich verdienstvolle Tugenden erfolgte im Zeitalter der Kreuzzüge, zunächst in den Predigten des Bernhard von Clairvaux (1090-1153) und schließlich, nach der Rezeption der aristotelischen Philosophie durch Albert den Großen, in der „Summa theologica" des →Thomas von Aquin (1225-74). Gemäß der in der Scholastik zum Durchbruch gelangten Unterscheidung zwischen natürlicher und übernatürlicher Theologie stellte er die vier K. an die Spitze der natürlichen Tugenden. Zu diesen zählte er auch die Verstandes- oder „dianoetischen" Tugenden der reinen theoretischen Wahrheit: der *Einsicht* als der Gewandtheit im Urteil, der *Wissenschaft* als der Fertigkeit im Schließen, der *Weisheit* als der Fähigkeit, bis zur letzten und höchsten Wahrheit vorzudringen. Thomas ließ die Verstandestugenden hinter die sittlichen Tugenden zurücktreten, weil die Wahrheitserkenntnis für sich allein den Menschen noch nicht sittlich gut mache. Zwar gehe die Wahrheit dem Guten voraus, aber die Wahrheit müsse *getan* werden, um den Menschen sittlich gut zu machen. In Übereinstimmung mit Platon und Aristoteles waren auch nach Thomas die Tugenden nicht angeboren, sondern nur der Anlage nach vorhanden. Nur durch Wiederholung und ständige Übung, durch „Gewöhnung im Guten", ist Tugend erreichbar. Die Neigung zum Guten wird erst zur Tugend, wenn sie zur zweiten Natur, zum „Habitus" auf dem Wege zur Vollendung des Menschen geworden ist. Dazu bedarf es darüber hinaus nach christlicher Lehre, infolge des Verlustes der heiligmachenden Gnade durch die Erbsünde noch der „eingegossenen göttlichen Tugenden" des *Glaubens,* der *Hoffnung* und der *Liebe.* Dem Prinzip zufolge, daß die Gnade die Natur voraussetze und vollende (*gratia suponit naturam et perficit*), behielten die K. in der Tugendlehre des

Aquinaten ihren eigenständigen Rang, im Unterschied zum fideistischen *„sola gratia, sola scriptura, sola fide"*-Postulat Luthers, das selbst auf eine ehrwürdige Tradition bis zu Tertullian zurückreicht. So wies Thomas die K. als natürliche Tugenden in seinem Lehrgebäude der Moralphilosophie bzw. der Ethik zu, während er die eingegossenen Gnadentugenden der übernatürlichen Theologie zuordnete. In der Gnadentheologie, die auch von Thomas als die Krönung der christlichen Tugendlehre angesehen wurde, folgte er der augustinischen Spiritualität.

In der Einteilung der K. stand, der antiken Tradition entsprechend, die **Klugheit** *(prudentia)* als Leittugend an erster Stelle. Ihre Bestimmung lag in der Umformung wahrer Erkenntnisse in kluge Beschlüsse. Sie bestand nicht (wie nach dem Verständnis späterer Zeiten) darin, für zweifelhafte Ziele die geeigneten Mittel zu finden, sondern darin, in jedem Fall durch Überlegung, Urteil und Beschluß die wahrheitsgemäße Lösung zu treffen. Als Brücken- und Schlüsseltugend gehört sie zur Hälfte den Erkenntnistugenden, zur anderen Hälfte jedoch durch ihren Befehls- und Entscheidungscharakter den sittlichen Tugenden an. Die Klugheit als Kardinaltugend besteht also nach der klassischen Lehre nicht in der Umgehung des Guten (Schlauheit), sondern im Vollzug des von der Wahrheit geformten Gewissens.

An zweiter Stelle steht die →**Gerechtigkeit** *(iustitia)*. Sie besteht in dem Bestreben, niemandem zu schaden und jedem das Seine, als das ihm Geschuldete, zuzuteilen. Die Gerechtigkeit bewährt sich in drei Grundverhältnissen, die das Gemeinwesen ordnen: erstens in den Beziehungen der einzelnen zueinander; zweitens in den Beziehungen des Ganzen zu den einzelnen, drittens in den Beziehungen der einzelnen zum Ganzen. Diesen drei Grundverhältnissen sind drei Grundformen der Gerechtigkeit zugeordnet: die ausgleichende oder Tauschgerechtigkeit *(iustitia commutativa)*; diese ordnet in Vertragstreue das Verhältnis des einzelnen zum einzelnen im Geiste des gerechten Interessenausgleichs. Die zuteilende Gerechtigkeit *(iustitia distributiva)* entscheidet darüber, was das Gemeinwesen seinen Gliedern als Anteil des Ganzen schuldet. Es ist dies die eigentlich herrscherliche Tugend, die über die Qualität

der Herrschaft entscheidet, unabhängig von der Frage der Staatsform. Schließlich die gesetzliche Gerechtigkeit *(iustitia legalis)*, welche die Beziehung der einzelnen Glieder zum Ganzen ordnet. Sie entscheidet darüber, was der einzelne dem Ganzen schuldet, um das Funktionieren des Gemeinwesens und die Geltung von dessen Wertordnung zu gewährleisten.

An dritter Stelle der K. steht die **Tapferkeit** *(fortitudo)*. Sie besteht in der Bereitschaft, sich um höherer Güter willen Gefahren auszusetzen, Schmerzen zu ertragen und auch vor dem Tode nicht zurückzuweichen. Im Angriff wie in der Verteidigung überwindet sie die Furcht, die vor dem drohenden Übel zurückschreckt. Sie bewahrt den Menschen davor, sein Leben auf solche Weise zu lieben, daß er es verliert (vgl. Joh. 12, 25). Der Tapfere sucht nach dem rechten Maß zwischen Vorsicht und Tollkühnheit. Die Tapferkeit als Tugend bleibt an die Forderung der anderen drei K. gebunden: „Tapferkeit ohne Gerechtigkeit ist", laut Ambrosius, „ein Hebel des Bösen". Ruhmsucht oder die Angst, für feige gehalten zu werden, genügt nicht zur Erfüllung der Tapferkeit. Das Gut, um dessentwillen der Tapfere zu sterben bereit ist, muß um seiner selbst willen geliebt werden. Nach Thomas erreicht die Tapferkeit dann ihre höchste Stufe, wenn sie sich im Kampf gegen die Übermacht des Bösen bewährt, wie im Martyrium, das nicht um seiner selbst willen erstrebt werden darf. Von alters her galten Helden, Heilige und Märtyrer nicht nur als verehrungswürdig, sondern als nachahmenswert.

An vierter Stelle der K. steht schließlich die **Mäßigung**, die *Tugend von Zucht und Maß (temperantia)*. Sie besteht nicht – wie in der Stoa – in der Abtötung der Leidenschaften, die nun als gottgewollte Quellen der Kraft gelten, sondern in deren Beherrschung. Die Mäßigung dient in allen Bereichen der Leidenschaften und der sinnlichen Lust als Kunst der selbstlosen Selbstbewahrung. Ihr Ziel ist die innere Ordnung des Menschen. Ihr Auftrag lautet: in sich selber Ordnung zu schaffen. Sie begründet die Selbstachtung, verbunden mit Demut, als Erkenntnis der eigenen Grenzen. Sie fordert das Maßhalten im Streben nach Auszeichnung wie die gebotene Milde, die im Bestrafen Nachsicht übt.

Nach alter Lehre bilden die K. unter sich eine Einheit. Keine kann ohne die anderen bestehen, ohne ihr eigenes Wesen zu verfälschen. Sie erhalten ihre Qualität durch die Ausrichtung auf die höchste göttliche Vernunft, die sich der menschlichen Vernunft aus der seinsgerechten Ordnung der Schöpfung offenbart. In dem Glauben, daß, „was von Gott erkennbar ist", auch den Heiden offenbar wurde „seit Erschaffung der Welt durch seine Werke" (Röm. 1, 19), lag die theologische Rechtfertigung für den Einbau der antiken Tugend- und Weisheitslehre in das Lehrgebäude der christlichen Theologie. Der Grundsatz, daß der Mensch trotz des durch die Erbsünde erlittenen Gnadenverlustes „mit dem natürlichen Licht der Vernunft" Gott als den Ursprung und das Ziel aller Dinge mit Gewißheit aus der Schöpfung erkennen könne, unabhängig von der biblischen Offenbarung, ist heute noch katholisches Dogma.

Wie in der Antike, waren die Hauptadressaten der K. die herrschenden Stände. Durch Jhdt.e blieben die K. als politische Tugenden Kernbestand der Fürsten- und Ritterspiegel. Sie dienten der Veredelung und z.T. auch nach den Exzessen des vierten Kreuzzugs und des Raubrittertums der Entbarbarisierung des Ritterstandes. In Verbindung mit der „Politik" und der *„oikonomia"* (Kunst der Haushaltsführung) des Aristoteles bildeten sie die geistige Grundlage der Adelserziehung sowie für die Heranbildung eines staatsfähigen juristischen Laienstandes. Im Zeitalter des Humanismus und der landesfürstlichen Universitätsgründungen vermochte Luthers *Sola scriptura*-Prinzip, wie auch dessen Anti-Aristotelismus, die Wirkung der zur allgemeinen Geltung gelangten K. nicht mehr zu beeinträchtigen. Dies gilt um so mehr für die nachlutherische Entwicklung des 17. Jhdt.s, in welchem die Aristotelesrezeption und die Übernahme des Naturrechts auch an den protestantischen Universitäten einsetzten.

Eine Schwächung der eigenständigen Geltung der K. zeichnete sich im Übergang vom konfessionellen Absolutismus zum aufgeklärten Absolutismus, seit dem Dreißigjährigen Kriege, ab, als die Kardinaltugend der Klugheit zunehmend der Staatsräson unterworfen wurde. Gravierend wirkte sich dies aus, als mit der Übernahme der nationalökonomischen Theorien Westeuropas die Hinwendung zu den vergänglichen Gütern und die Bereicherung der Bürger zum Staatszweck erhoben wurden. Was früher als lasterhaft galt, war jetzt gleichsam zur Tugend erhoben. Damit war nach der Erweckung des „Systems der Bedürfnisse" die Atomisierung der Stände eingeleitet. Über dieser im neuen Sinne verstandenen „Gesellschaft" erhob sich in der Staatslehre Hegels der →Staat als „Wirklichkeit der sittlichen Idee". Seitdem der Staat sich mehr für die Steuerkraft seiner Bürger als für deren Bürgertugenden interessierte, wurden diese im Verlauf des 19. Jhdt.s mitsamt der Religion in die Privatsphäre abgedrängt. Wer jetzt noch an den – ihrer überzeugenden Kraft beraubten – K. festhalten wollte, galt entweder als unruhiger Bürger oder als „Moralist", der zu schwach oder zu feige war, sich dem Lebenskampf zu stellen. Gegen das geistig entleerte und kraftlos gewordene Scheinchristentum lehnte sich Nietzsche als Künder einer neuen lebenskräftigen Herrenmoral auf. Er träumte davon, an die Stelle des traditionellen, in den Bereich des Privaten abgedrängten und damit geschwächten Tugendbegriffs eine neue Art von „virtù" im Sinne Machiavellis zu setzen, und er forderte den „Willen zur Macht jenseits von Gut und Böse". Damit eröffnete er aus Verzweiflung über die Ohnmacht Gottes in seiner „Gott ist tot"-Philosophie den Kampf gegen die „Sklavenmoral des Christentums" – Gedanken, die sich im 20. Jhdt. verhängnisvoll auswirken sollten. – Darüber hinaus erwies sich im Dritten Reich die Verfügbarkeit der Tugenden der Gerechtigkeit und der Tapferkeit im Dienste der „Volksgemeinschaft" und des Vaterlandes – infolge der pervertierten und unbarmherzig verfolgten Zielsetzung – gleichsam als ein „Hebel des Bösen".

Die nachfolgende Epoche stand und steht nach dem Scheitern der Ideologien anscheinend wieder im Zeichen des Kampfes zwischen den Verfechtern einer relativistisch und hedonistisch begründeten Auflösung der Tugenden und den Trägern einer erneuerten Verantwortungsethik, die nolens volens zum zeitfreien Kern der K. zurückführt. Dies erfolgt über den Weg eines vielfach zur Meisterschaft gelangten Sachverstandes, der in Gestalt einer allgemein geforderten neuen

Tugend der „Sachlichkeit", der „Kompetenz", an die Stelle der obsolet gewordenen Leittugend der Klugheit getreten zu sein scheint. Jedoch auch diese moderne Leittugend ist, wie die Tugend der alten, um die innere Einheit von „Einsicht und Handeln" bemüht. Anscheinend nähert sie sich zunehmend der Kardinaltugend der Klugheit an, je mehr ihr Streben am Objekt (der seinsgemäßen Ordnung) orientiert ist und sich der „Grenzen der Machbarkeit" bewußt wird. Was die anderen K. anlangt, so werden die Gerechtigkeit und das Maßhalten im Sinne der Beherrschung der Emotionen täglich eingefordert, während die in Verruf geratene Tapferkeit noch zurückbleibt. Selbst in ihrer zivilen Dimension eines standhaften Beharrens in der Wahrheit wird sie allzuoft durch Kleinmut und Opportunismus erstickt – was auch den anderen Tugenden ihre Kraft raubt. Diese Schwäche liegt nicht zuletzt darin, daß der Tugendbegriff durch einen falschen Moralismus entstellt ist.

Zur Neubelebung der K. mag daher die Einsicht förderlich sein, daß die Alten unter Tugend (*arete, virtus*) nicht „Bravheit" verstanden, sondern *Tauglichkeit* bzw. *mannhafte Tüchtigkeit*, und daß der deutsche Begriff Tugend sich (wie der griechische) von Tüchtigkeit herleitet. Auch bei den Kirchenvätern führte die Idee der Tugend – über die Erfüllung der Gebote und Verbote hinaus – auf den Weg zur Vollendung des Menschen, gemäß der Aufforderung Christi: „Seid also vollkommen, wie Euer Vater im Himmel vollkommen ist!" (Matth. 5, 48). Das griechische Wort für Tugend, *arete*, ist seiner Bedeutung nach überhaupt kein „moralischer", sondern ein teleologischer Seinsbegriff, der sich auf den *telos*, die Bestimmung eines jeden Wesens, bezieht und die Bedingungen zur Erfüllung der jeweiligen Bestimmung angibt. So liegt die *arete* des Messers in seiner Schärfe, die des Pferdes in seiner Schnelligkeit u.s.f. Entsprechend der Bestimmung des Menschen, als vernunftbegabtes und politisches Lebenswesen in Ausrichtung auf die höchste göttliche Vernunft und in freier Entscheidung einer wahrheitsfähigen Ordnung zu dienen, lag der Sinn der K. darin, ihn für diese Bestimmung *tauglich* zu machen.

Die Wiederentdeckung und Wiederbelebung einer solchen – wie es scheint – zeitlosen

Forderung entspricht dem konservativen Grundsatz, „das Alte mit dem Neuen organisch zu vermitteln, durch Erneuerung der überzeitlichen Substanz" (H. →Sedlmayr).

S.: *Platon:* Symposion, Politeia; *Aristoteles:* Politik, Nikomachische Ethik; *Thomas v. Aquin:* Summa theologica 2, II.

L.: *M. Winkler:* Die Tugendlehre des hl. Thomas von Aquin nach ihren aristotelischen, platonischen und christlichen Bestandteilen, 1913; *O. Dittrich:* Geschichte der Ethik, Bde. I-IV, Leipzig 1926-32; *O. Brunner:* Adeliges Landleben und europäischer Geist, Salzburg 1949; *N. Hartmann:* Ethik, Berlin [3]1949; *J. Pieper:* Über die Gerechtigkeit, München 1953; *W. Jaeger:* Paideia. Die Formung des griechischen Menschen, Bde. I-III, Berlin 1954-55; *O. F. Bollnow:* Wesen und Wandel der Tugenden, Frankfurt a. M. 1958; *E. Coreth:* Ethik, in: Lexikon für Theologie und Kirche, Bd. III, Freiburg i. Br. [2]1959; *W. Künneth:* Protestantische Ethik, in: Lexikon für Theologie und Kirche, Bd. III, Freiburg i. Br. [2]1959; *W. Hennis:* Politik und praktische Philosophie, Neuwied – Berlin 1963; *J. Pieper:* Die Wirklichkeit und das Gute, München [7]1963; *ders.:* Zucht und Maß, München [9]1964; *ders.:* Das Viergespann, München 1964; *ders.:* Traktat über die Klugheit, München [7]1965; *H. Sedlmayr:* Erneuerung als konservatives Prinzip, in: Rekonstruktion des Konservatismus, hrsg. v. *G.-K. Kaltenbrunner,* Freiburg i. Br. 1972; *H. Lübbe:* Der Lebenssinn der Industriegesellschaft. Über die moralische Verfassung der wissenschaftlich-technischen Zivilisation, Berlin [2]1994; *A. MacIntyre,* Der Verlust der Tugend. Zur moralischen Krise der Gegenwart, Frankfurt a. M. [3]1995.

– Th

Kardorff, Wilhelm von

* 8. 1. 1828 Neustrelitz; † 21. 7. 1907 Nieder-Wabnitz/Schlesien. Konservativer Politiker. K., Stiefsohn des konservativen Juristen, Theologen und Schriftstellers K. F. →Göschel, studierte 1846-49 in Heidelberg und Halle Rechtswissenschaften. Nach dem Referendariat, das er in Naumburg und Berlin absolvierte, und nach kurzer Tätigkeit als Regierungsbeamter in Stralsund quittierte K. 1855 den Staatsdienst, um sich ganz der Landwirtschaft auf seinem Gut Nieder-Wabnitz/Kreis Oels in Schlesien zu widmen, das er im gleichen Jahr erworben hatte. Politisches Aufsehen erregte K. erstmals im Mai 1866, als er einen engen Freund seines Stiefvaters, E. L. von →Gerlach, in der →„Kreuzzeitung" wegen dessen Kritik an →Bismarcks Politik scharf angriff. Kurz darauf, am 3. 7. 1866, wurde K. für die Konservative Partei ins preußische Abgeordnetenhaus gewählt. Schon Ende Juli 1866 bildete er mit gleichgesinnten Freunden, darunter →Bethusy-Huc, die neue „Freikonservative Partei", die sich als Partei „Bismarck sans phrase" verstand und den preußischen Ministerpräsidenten und späteren Kanzler bedingungslos unterstützte; im Reichstag trat sie unter dem Namen „Deutsche Reichspartei" auf. Ihr gehörten in erster Linie große Magnaten und Industrielle an, darunter auch prominente Katholiken. K. blieb 1866-76 und nochmals 1888-1907 Mitglied des Abgeordnetenhauses und war zudem 1867-1906 Mitglied des Norddeutschen bzw. des Deutschen Reichstags, wo er zeitweilig zu den einflußreichsten Parlamentariern gehörte.

K. agierte fast stets als treuer Gehilfe des von ihm verehrten Bismarck, dessen enger Berater und wichtigster parlamentarischer Verbindungsmann er lange Jahre war. An vielen wichtigen politischen Vorhaben Bismarcks war K. an führender Stelle mitbeteiligt, so u.a. an der Reform der inneren Verwaltung und an der preußischen Kreisreform von 1872; während des „Kulturkampfs" wirkte K. maßgeblich am Zustandekommen des „Jesuitengesetzes" von 1872 mit. 1875 wurde er, wie Bismarck, in der „Kreuzzeitung" wegen angeblicher Beteiligung am „Gründungsschwindel" scharf angegriffen; er konnte die gegen ihn erhobenen Vorwürfe allerdings zurückweisen. Während der 1870er Jahre gehörte K. zu den führenden Agitatoren für den Übergang des Reiches zur Schutzzollpolitik, die er u.a. in seiner Broschüre „Gegen den Strom!" (1876) propagierte; diesem Anliegen diente auch die von ihm im Februar 1876 veranlaßte Gründung des „Centralverbands Deutscher Industrieller".

Die innenpolitische Wende Bismarcks 1879/80 führte K.s Anstrengungen zum Erfolg. Seit 1880 war er einer der führenden deutschen „Bimetallisten", d.h. er setzte sich für eine deutsche Doppelwährung auf Gold- und Silbergrundlage ein und warnte vor einer einseitigen Orientierung am Goldstandard, die sowohl eine Verknappung des Goldes wie ein volkswirtschaftlich gefährliches Absinken des Silberpreises zur Folge haben müsse. 1885 wurde K. in den Preußischen Staatsrat berufen. Höhepunkt seiner politischen Laufbahn waren die Jahre 1887-90, als er im Kartell-reichstag als Führer der Regierungsmehrheit (also des aus Reichspartei, Konservativen und Nationalliberalen bestehenden „Kartells") eine zentrale Rolle spielte. Nach Bismarcks Sturz im März 1890 verminderte sich K.s Einfluß, wenngleich er im parlamentarischen Kampf gegen die Freihandelspolitik von Bismarcks Nachfolger Caprivi noch einmal besonders hervortrat – nun als einflußreicher Lobbyist der deutschen Landwirtschaft und als führendes Mitglied des →„Bundes der Landwirte", aus dem er erst 1902 nach einem schweren Konflikt austrat. Bis zu seinem Tod blieb er einer der führenden konservativen Parlamentarier der gemäßigten deutschen Rechten; den etwa vom Alldeutschen Verband betriebenen Radikalisierungsbestrebungen auf der äußersten Rechten stand K. strikt ablehnend gegenüber.

S.: Präfectur oder Selbstverwaltung. Ein Beitrag zu den schwebenden Fragen innerer Politik, Berlin 1868; Ceterum censeo. Ein Wort zur Tabacks- und andern Steuerfrage, Berlin 1874; Gegen den Strom! Eine Kritik der Handelspolitik des Deutschen Reiches an Hand der Careyschen Forschungen, Berlin 1875; Die wirtschaftlichen und finanziellen Reformprojekte des Reichskanzlers, in: Nord und Süd, März-Heft 1879; Die Goldwährung. Ihre Ursachen, ihre Wirkungen und ihre Zukunft, Berlin 1880; Zur Währungsfrage, Berlin 1882; (zus. mit *Fürst H. Hatzfeldt* u. *O. v. Zedlitz*): Die Geschichte, die Aufgaben und die Ziele der Reichs- und freikonservativen Partei, Berlin 1907.

L.: *Richter* in NDB XI, 150f.; *H. v. Poschinger:* Aus den Denkwürdigkeiten W. v. K.s, in: Deutsche Revue 1908/II; *A. Wolfstieg:* Die Anfänge der freikonservativen Partei, in: Delbrück-Festschrift, Berlin 1908, S. 313-36; *H. Diez:* W. v. K., in: Biographisches Jahrbuch und Deutscher Nekrolog, hrsg. v. *A. Bettelheim,* Bd. XII, Berlin 1909, S. 203-06; *F. Thimme:* Bismarck und K. Neue Mitteilungen aus dem Nachlaß W. v. K.s, in: Deutsche Revue 1916/IV-1917/I; *F. Thimme:* W. v. K., in: Schlesische Lebensbilder, Bd. I, Breslau 1922, S. 308-14; *K.Keller:* W. v. K., in: Deutscher Aufstieg. Bilder aus der Vergangenheit und Gegenwart der rechtsstehenden Parteien, hrsg. v. *H. v. Arnim / G. v. Below,* Berlin usw. 1925, S. 261-75; *S. v. Kardorff:* Bismarck. Vier Vorträge, Berlin 1929; *ders.:* W. v. K. Ein nationaler Parlamentarier im Zeitalter Bismarcks und Wilhelms II. 1828-1907, Berlin 1936; *H. Kaelble:* Industrielle Interessenpolitik in der wilhelminischen Gesellschaft. Centralverband Deutscher Industrieller 1895-1914, Berlin 1967; *H.-J. Puhle:* Agrarische Interessenpolitik und preußischer Konservatismus im wilhelminischen Reich (1893-1914), Hannover 1967; *O. Pflanze:* Bismarck and the Development of Germany, Bde. II-III, Princeton 1990.

– K

Katholische Soziallehre

Die K. S. ist die Lehre der römisch-katholischen Kirche von der Gestaltung der Gesellschaft. Ihr Programm hat Pius XI. im Titel seiner Sozialenzyklika „Quadragesimo anno" (1931) umschrieben: „Die gesellschaftliche Ordnung, ihre Wiederherstellung und Vollendung nach dem Heilsplan der Frohbotschaft" (*„de ordine sociali instaurando et ad evangelicae legis normam perficiendo"*). Zustandsbeschreibung (Analyse), anzustrebende Gesellschaftsordnung (Norm) und die Exposition von Maßnahmen zur Überführung der angetroffenen gesellschaftlichen Zustände in die normgemäßen Zustände (Politik als Zuständereform) ist Inhalt der K. S. Analyse und Politik sind zeit- und situationsbedingt, die Aussagen zur Norm haben übergeschichtlichen Charakter, sie sind Sozialtheologie.

Der hier allein zu behandelnde sozialtheologische Teil der K. S. stützt sich auf die üblichen theologischen Quellen, nämlich 1. das Naturrecht, das nach Auffassung der K. S. in die Schöpfung und die Herzen der Menschen „eingeschrieben" ist, 2. das Alte Testament mit den göttlichen Geboten, 3. das Neue Testament (Evangelien, Apostelgeschichte, Apostelbriefe und Apokalypse), 4. die Lehrtradition der →Kirche, wie sie insbesondere in den Schriften der Kirchenväter und Kirchenlehrer enthalten ist, 5. die in Ausübung ihres allgemeinen und ordentlichen Lehramtes von den Päpsten vorgelegte („dogmatische") Glaubenslehre und 6. die Äußerungen des Lehramts zu sozialen Fragen (meist in Form von Enzykliken, Apostolischen Schreiben, Hirtenbriefen, feierlichen Adressen und Ansprachen). Die Zuständigkeit der Kirche für soziale Fragen ergibt sich aus ihrer Funktion als Wächterin der Glaubenslehre und als Hüterin des sittlichen Schatzes der Menschheit. Sie „repräsentiert", d.h. sie macht, ganz im Wortsinne, gegenwärtig und wirklich das „Reich Gottes" hier auf Erden. Dieses →Reich ist nach katholischer Auffassung das absolute Gut und höchste Ziel aller Gesellschaftsgebilde. Aus dem Gesagten ergibt sich, daß der empirischen Soziologie, Sozialpsychologie, Politologie, Sozialgeschichte, Jurisprudenz, Sozialethik, Ökologie, Nationalökonomie, Ökonometrie, Statistik, Demoskopie und ähnlichen Wissenschaften ohne theologische Fundierung für die K. S. nur die Stellung von Hilfswissenschaften für die Analyse und für die Folgenabschätzung politischer Maßnahmen eingeräumt werden kann. Human- und Naturwissenschaften können – nach dieser Auffassung – allenfalls „Sachgesetzlichkeiten" erhellen, normenbegründend (im ethischen Sinne) können sie nicht wirken.

Religion und Gesellschaft. Die ausschlaggebende Rolle der Religion für die Gestaltung der Gesellschaft ist heute unbestritten. Völkerkunde, Philologie, Kulturmorphologie, Kulturanthropologie, vergleichende Religionswissenschaft und Altertumskunde haben Zeugnisse vorgelegt, die jeden Zweifel über die Bedeutung der Gottesauffassung für das Gemeinschaftsleben, seine Gestaltung und Ordnung ausschließen. Von diesem Grundverständnis rückt die K. S. keineswegs ab: „Gott regiert die Welt" (Ps 47, 8-9), durch ihn „regieren die Könige, herrschen die Fürsten und verordnen die Mächtigen Gerechtigkeit" (Spr 8, 15-16). Für die K. S. gilt grundsätzlich, daß von der Religion, mit der Gott verehrt wird, das Wohl der Gesellschaft und des Staates abhängen.

Hauptaufgabe der K.S.: Evangelisierung. Evangelisierung heißt, „alles in Gott zu erneuern" (Eph 1, 10: *Omnia instaurare in Christo"*). Mitwirkung bei der Evangelisierung ist die Hauptaufgabe der K. S. Über die bloße Verkündigung und Sozialpredigt hinaus steht die K. S. im Dienste des Aufbaues und der Entfaltung des Gottesreiches auf Erden. Sie richtet sich dazu vor allem an die Laien und unterstützt diese in ihrer Berufung.

Kirche, Lebensprinzip der Gesellschaft. Was die Seele im menschlichen Leib, ist nach katholischer Auffassung die Kirche in der Gesellschaft: Lebensprinzip. „Die Kirche ist das Lebensprinzip der menschlichen Gesellschaft" (Pius XII.: U.-G. 4106, 611 u.ö.), die „Seele der in Christus zu erneuernden und in die Familie Gottes umzugestaltenden menschlichen Gesellschaft" (GS 40). Sie verbindet die gesellschaftlichen Gebilde mit Gott, ist Brücke zwischen Himmel und Erde, allumfassendes Sakrament und damit „Zeichen und Werkzeug für die innigste Verbindung mit Gott und für die Einheit der ganzen Menschheit" (LG 1), „Mutter und Lehrmeisterin der Völker" (MM 1). Potientiell ist sie als das Reich Gottes inwendig in jedem Menschen, denn alle sind zum Heil berufen. Als „Hauskirche" erscheint sie in den katholischen Familien. In der kleinen Pfarrgemeinde ist sie der spirituelle „Brunnen im Dorf". Durch die Volkskirche wird die einzelne Nation zum Gottesvolk, und als katholische sammelt die Kirche alle Völker zu einer Gemeinschaft des Friedens und der →Gerechtigkeit, denn die Gottesliebe will, „daß das ganze Menschengeschlecht ein einziges Volk Gottes bilde, in den einen Leib Christi zusammenwachse und zu dem einen Tempel des Heiligen Geistes aufgebaut werde" (AG 7).

Zu dem mystischen Leib Christi, der die Kirche ist, gehören über seine sichtbaren Grenzen hinaus nach Pius XII. die christlichen Familien, die Städte, die Landschaften („Marken"), die Nationen und die ganze Völkergemeinschaft nicht weniger als alle Menschen insgesamt und jeder einzelne (U.-G. 226, 4554, 4555, 4061). Die Kirche verteidigt und fördert mit all ihrer Macht und Autorität die Würde der menschlichen Person und die unbedingte Achtung ihrer Grund- oder Menschenrechte und -pflichten. Zu den Grundrechten des Menschen gehören an erster Stelle das Recht auf Leben, „das Recht zum Handeln nach der rechten Norm seines Gewissens, das Recht auf Schutz des Privatlebens und auf die rechte Freiheit, und zwar auch im religiösen Bereich" (GS 26). Ebenso drängen die Kirche und ihre Soziallehre auf die Erfüllung der sozialen Grundrechte, damit jedem Menschen das zugänglich gemacht werde, „was für ein wirkliches menschliches Leben notwendig ist, wie Nahrung, Kleidung, Wohnung, Gesundheit, Arbeit, Erziehung und Bildung, richtige Information und Recht auf Familiengründung" (KKK 1908).

Auf der anderen Seite schärfen Kirche und K. S. die über den Rechten so oft vernachlässigten Grundpflichten ein, die unveränderlich immer und überall gelten: die Gottesverehrung durch den einzelnen Menschen und die Gesellschaft (KKK 2105), die Abwehr von Gottlosigkeit, Götzendienst, Aberglauben, Gotteslästerung und Eidbruch, die Sonntagsheiligung, die Nächstenliebe und Solidarität, die Ehrung der Eltern und die Respektierung der gesellschaftlichen und politischen →Autorität, die Achtung vor dem menschlichen Leben („Du sollst nicht töten") und vor der Ehre des anderen, die Achtung des Ehebandes und der ehelichen Treue, die Achtung des Eigentums und der Unversehrtheit der ganzen Schöpfung, Wahrheitsliebe und Redlichkeit, die Zähmung materieller Begierden und die Bewahrung der Herzensreinheit, Arbeit und Eigenvorsorge, die Bekämpfung von Habgier und Neid. Ohne die Beachtung dieser Rechte und die sorgfältige Erfüllung dieser Pflichten verkümmere jede Gemeinschaft und das ganze Gesellschaftsleben.

Nachdrücklich tritt die K. S. auch für die Rechte der Völker und Volksgrupppen ein (Recht auf Sprache, auf Bewahrung ihrer religiösen und kulturellen Traditionen sowie ihrer Beziehung zum Heimatboden), verdanke doch der Mensch der Teilnahme an der „Volksgemeinschaft – auch wenn sie noch nicht die ausgereifte Form einer →Nation erreicht hat –" seine kulturelle und historische Identität (LE 10.3). Durch die feste und unauflösliche Verankerung dieser Grundrechte und -pflichten in Gott, von dem alles →Recht ausgeht, bildet die Kirche das wichtigste Bollwerk der Gesellschaft zum Schutz der menschlichen →Freiheit vor gesellschaftlicher und staatlicher Willkür.

Die vollkommene Gesellschaft und ihre Ordnungsprinzipien. Die Kirche ist nach einer *sententia certa* der Theologie eine „vollkommene Gesellschaft" (*societas perfecta*), selbstverständlich nur ihrer überzeitlichen Norm und Wirklichkeit (dem „Sein" oder „Wesen") nach, nicht in ihrer äußeren Erscheinung (im „Seienden"). Als *societas perfecta* ist die Kirche Urbild der gesellschaftlichen Ordnung, dem nach der K. S. alle sozialen Entitäten „gleichförmig" oder „ähnlich" werden sollen. Aus dem vollkommenen Urbild der Gesellschaft leitet die K. S. die Ordnungsprinzipien für alle sozialen Gebilde ab. Wie es Bestimmung des Menschen ist, sich Christus, dem vollkommenen Menschen, zu „verähnlichen" (*similitudo Dei*), so ist es die Bestimmung der gesellschaftlichen Gebilde, dem *corpus Christi mysticum*, der vollkommenen Gesellschaft, sich anzugleichen. Die Kirche, das *corpus Christi mysticum*, ist der auf Erden fortlebende Christus, gewissermaßen ein „zweiter Christus", den der Völkerapostel sich nicht scheut, einfachin „Christus" zu nennen (1 Kor 12, 12; vgl. MCC 51).

Die Identität der Kirche mit dem Menschensohn macht sie zur (Gesamt-) Person. Als gesellschaftliche Person – und dies ist für die K. S. von grundlegender Bedeutung – besitzt die Kirche ein „überindividuelles, substantielles gemeinsames Bewußtseinszentrum", einen „überindividuellen, aber personalen Gemeinschaftsgeist" (Monzel, S. 264f.), in dem der Gemeinsinn aller Gesellschaftskörper und -gebilde wurzelt.

Weil Ursprung, Grundlage und Ziel der Kirche wie der menschlichen Gemeinschaften dieselben sind – Abbild vom Urbild –, weisen sie auch analoge Form- und Ordnungsprinzipien auf. Wie das *corpus Christi mysticum*, so sind auch gesellschaftliche Gebilde eine (gewissermaßen „hypostatische") Union dreier Naturen: der organischen, der moralischen und der mystischen (vgl. MCC 11-66). In organischer, körperlicher, leiblich-sichtbarer Hinsicht gleichen die Gesellschaftskörper „Organismen" mit Organen und Gliedern, die in unterschiedlicher Weise dem Leben des Ganzen dienen. Die sich aus der organischen Auffassung der Gesellschaft ergebenden Sozialprinzipien sind: *1. Einheit, 2. →Ganzheit, 3. →Gemeinwohl, 4. →Hierarchie oder Stufenfolge, 5. →Gerechtigkeit,* die jedem das Seine, d.h. das für die Erfüllung seiner Rolle in der Gemeinschaft Notwendige, zuteilt (*iustitia distributiva*), *6. Solidarität* oder gegenseitige Hilfeleistung. Von noch größerer Bedeutung sind die aus der moralischen Natur abzuleitenden Sozialprinzipien: *7. →Freiheit* als Ausdruck der sittlichen Würde der Person, des Gewissens und des Willens, *8. Gesamtpersonalität* als Ausdruck des kollektiven Bewußtseins, des Eigenwerts, der Eigenwürde und der Eigenverantwortung von „Körperschaften öffentlichen Rechts", „juristischen" oder „moralischen Personen" und Gemeinschaften, *9. →Subsidiarität* als Prinzip der Herrschaftsausübung und der Respektierung der Eigenverantwortung, Eigenkräfte, Eigenversorgung und Selbstverwaltung der kleinen Gemeinschaften (→Föderalismus), *10. Liebe* als Essential jeder Gemeinschaftsbindung, *11. Bundesschluß* zur Durchsetzung des Führungsanspruchs nach dem Prinzip des Bundes. Aus der mystischen Natur des Gesellschaftskörpers folgt als das alle anderen überwölbende Prinzip: *12. Identitätsstiftung* durch die Ganzhingabe an das höchste Gut und der Empfang des („Heiligen") Geistes, der das unzerreißbare Band der Gemeinschaft bildet und ihre eigentliche, überindividuelle Substanz ausmacht.

Die K. S. hat die Aufgabe, die ewig gültigen Sozialprinzipien in der Sprache der Zeit und entsprechend der jeweiligen Eigenart des Sozialverbandes immer wieder neu zu reflektieren, sie als Urteilskriterien für die Analyse gesellschaftlicher Zustände fruchtbar zu machen und mit ihrer Hilfe die Bemühungen um die Vervollkommnung und Vollendung der gesellschaftlichen Gebilde und Ordnungen zu inspirieren.

Einzelmensch und Gesellschaft. Das Verhältnis von Einzelmensch zur Gesellschaft ist eines der zentralen Themen der K. S., die gerade hier zahlreichen Mißverständnissen ausgesetzt ist, zu denen allerdings ihre Vertreter viel beigetragen haben. So wurde die Formulierung Johannes' XXIII., die auch vom Vatikanum II aufgenommen wurde: „Der Mensch ist Träger, Ursprung (Schöpfer) und Ziel der menschlichen Gesellschaft" (MM 219, vgl. GS 25) individualistisch und nach dem Homo-mensura-Satz interpretiert, ebenso die daraus resultierende Definition des Gemeinwohls als „Gesamtheit der Bedingungen des gesellschaftlichen Lebens, die sowohl den Gruppen als auch deren einzelnen Gliedern, ein volleres und leichteres Erreichen der eigenen Vollendung ermöglichen" (GS 26, vgl. MM 65). Auch die Behauptung, „jedwede Gesellschaftstätigkeit ist ihrem Wesen und Begriff nach subsidiär" (QA 79) oder die in die gleiche Richtung gehende Aussage „der Mensch ist der Weg der Kirche" (RH 14) wurden individualistisch gedeutet. Diese individualistischen Interpretationen übersehen, daß dort, wo in kirchlichen Dokumenten vom Menschen die Rede ist, zumeist der allgemeine Mensch der christlichen Anthropologie gemeint ist, nämlich „Christus, der vollkommene Mensch" (GS 41; RH 8), durch den jeder einzelne Mensch, der sich mit ihm erfüllt, zur Vollendung gelangt. Dieser Christus aber ist verkörpert im Gottesvolk, dem *corpus Christi mysticum*, und nur in diesem und mit diesem gelangt der Einzelmensch zum Heil und zu Gott (*extra ecclesiam nemo salvatur*). Nicht der isolierte Einzelmensch wird erlöst und errettet, sondern die Gemeinschaft des Volkes Gottes, dessen Glied der einzelne ist;

gemeinsam mit ihr gelangt er zum Heil: „Gott aber hat es gefallen, die Menschen nicht einzeln, unabhängig von aller wechselseitigen Verbindung zu heiligen und zu retten, sondern sie zu einem Volk zu machen, das ihn in Wahrheit anerkennen und ihm dienen soll" (Vatikanum II: LG 9). Es ist dies die tiefste Begründung der K. S. für das Gemeinschaftsleben und für jede Gemeinschaft, findet doch jede Gemeinschaft ihren Ursprung und ihr Ziel in Gott, so die Familie, die Gemeindeverbände, die Berufsstände, das Volk, der →Staat und die ganze Völkergemeinschaft. Sie alle sind ja Abbild des dreieinigen Gottes. Die Gemeinschaft hat daher nach der K. S. den Vorrang vor dem Einzelmenschen in sachlicher, begrifflicher, zeitlicher, wert- und vollkommenheitsmäßiger Hinsicht. Daher hat auch das Gemeinwohl den Vorrang vor dem Einzelwohl: Das Einzelwohl der Glieder eines Gesellschaftsganzen ist, „da es nur mit Hilfe des Gemeinwohls zustande kommt, daher ursächlich durch dieses bedingt ist, selbst Teil desselben" (J. Messner). Die Selbsthingabe an die Gemeinschaft (Nächstenliebe) macht den Menschen zur Persönlichkeit und adelt ihn. Die „Liebe als Selbsthingabe ist der eigentlichste Sinn des Lebens und der Freiheit der Person" (EV 96, vgl. auch EV 86). „Keiner aber hat größere Liebe als der, der sein Leben hingibt für seine Freunde" (Joh. 15, 13). Auf dem Einsatz für das höchste Gut, dem Selbstopfer, vor allem der Führenden, beruht nach der K. S. das Heil (Wohl) jeder Gesellschaft.

Kirche und Staat. Für das Verhältnis von Kirche und Staat ist die Formel maßgebend: „ungetrennt, unvermischt". Wie in der menschlichen Person geistige und leibliche Natur unvermischt vereinigt sind, so in der Gesamtperson „Gesellschaft" die geistliche und die weltliche Macht, Kirche und Staat. Auch der Staat hat seinen Ursprung in Gott und ist, wie die Kirche, eine „vollkommene Gesellschaft". Und beide kümmern sich auch um denselben Menschen, ihre einträchtige Zusammenarbeit ist daher Bedingung für sein Wohl. „Gott hat die Sorge für das Menschengeschlecht zwei Gewalten zugeteilt: der geistlichen und der weltlichen. Jede ist in ihrer Art die höchste; jede hat ihre gewissen Grenzen, die durch die Natur und ihren nächsten unmittelbaren Gegenstand bestimmt sind, so

daß eine jede wie von einem Kreis umschlossen ist, in dem sie sich selbständig bewegt... Die eine hat zunächst vorzugsweise die Sorge für das irdische Wohl zur Aufgabe; die andere dagegen kümmert sich um die himmlischen und ewigen Güter. Was immer daher in den menschlichen Angelegenheiten heilig ist, was immer auf das Heil der Seelen und den göttlichen Dienst Bezug hat..., alles das ist der kirchlichen Gewalt und ihrer Entscheidung unterstellt; alles andere dagegen, was den bürgerlichen und politischen Bereich betrifft, ist mit vollem Recht der staatlichen Gewalt unterstellt" (ID 29).

Beide Gewalten, wenngleich verschieden in ihrer Aufgabe und nicht gleicher Würde, müssen einträchtig zusammenwirken und sich wechselseitig Dienste leisten (vgl. LP 67), denn nur dann wird die Welt gut regiert (ID 29). Die Kirche dabei der irdischen Gewalt unterstellen zu wollen, hieße die Ordnung verkehren, indem man das Übernatürliche dem Natürlichen unterordnet. Der heilsame Einfluß, den die Kirche auf die Gesellschaft ausübt, hörte dann entweder ganz oder doch zu einem beträchtlichen Teil auf (vgl. ID 38 und 43). Die Staatsform (Monarchie oder Republik) ist für die K. S. sekundär; hinsichtlich der Regierungsform wird die („demokratische") Einbindung von Vertretern des Volkes in die politischen Entscheidungsprozesse seit 1944 (Weihnachtsansprache Pius' XII. über Demokratie und Weltfrieden) von den Päpsten mehr und mehr begrüßt, wenngleich an Bedingungen gebunden (Beachtung von Naturrecht und Offenbarung, persönliche Voraussetzungen der Abgeordneten wie Verantwortungsbewußtsein, Sachlichkeit, Unparteilichkeit, Unbestechlichkeit, Gerechtigkeitssinn, Großmut, Unabhängigkeit, Gewissensreinheit, Aufrichtigkeit und klare Haltung), die kaum zu erfüllen sind. Kriterium zur Beurteilung von Staats- und Regierungstätigkeit, gleichgültig, in welchen Formen sie sich abspielt, ist für die K. S. die Auswirkung auf das wohlverstandene Gemeinwohl.

(**Abkürzungen:** AA = Vatikanum II: Dekret über das Laienapostolat „Apostolicam actuositatem", Rom 1965; AG = Vat. II: Dekret über die Missionstätigkeit der Kirche „Ad gentes"; EN = Paul VI.: Apostolisches Schreiben über die Evangelisierung in der Welt von heute „Evangelii nuntiandi", Rom 1975; EV = Johannes Paul II: Enzyklika über den Wert und die Unantastbarkeit des Lebens „Evangelium vitae", Rom 1995; GS = Vat. II: Die pastorale Konstitution über die Kirche in der Welt von heute „Gaudium et spes", Rom 1965; ID = Leo XIII.: Enzyklika über die christliche Staatslehre in der Auseinandersetzung mit den neuzeitlichen Staatsauffassungen „Immortale Dei", Rom 1864; KKK = Katechismus der Katholischen Kirche, München 1993; LC = Kongregation für die Glaubenslehre: Instruktion über die christliche Freiheit und die Befreiung „Libertatis conscientia", Rom 1986; LE = Johannes Paul II.: Enzyklika über die menschliche Arbeit „Laborem exercens", Rom 1981; LG = Vat. II: Die dogmatische Konstitution über die Kirche „Lumen gentium", Rom 1964; LP = Leo XIII.: Enzyklika über die menschliche Freiheit „Libertas, praestantissimum", Rom 1888; MCC = Pius XII.: Enzyklika über den mystischen Leib Christi und über unsere Verbindung mit Christus in ihm „Mystici corporis Christi", Rom 1943; MM = Johannes XXIII.: Enzyklika über die jüngsten Entwicklungen des gesellschaftlichen Lebens und seine Gestaltung im Lichte der christlichen Lehre „Mater et magistra", Rom 1961; PT = Johannes XXIII.: Enzyklika über den Frieden unter allen Völkern in Wahrheit, Gerechtigkeit und Freiheit „Pacem in terris", Rom 1963; QA = Pius XI.: Enzyklika über die gesellschaftliche Ordnung, ihre Wiederherstellung und Vollendung im Heilsplan der Frohbotschaft „Quadragesimo anno", Rom 1931; RH = Johannes Paul II.: Enzyklika über den Erlöser des Menschen „Redemptor hominis", Rom 1979; RN = Leo XIII.: Enzyklika über die Arbeiterfrage „Rerum novarum", Rom 1891; SRS = Johannes Paul II.: Enzyklika über die soziale Sorge der Kirche „Solicitudo rei socialis", Rom 1987; U.-G. = A. F. Utz / J. – F. Groner (Hrsg.): Aufbau und Entfaltung des gesellschaftlichen Lebens. Soziale Summe Pius XII., 3 Bde., Freiburg/Schweiz 1954-61.)

B.: A. Utz / B. Gräfin v. Galen (Hrsg.): Die katholische Sozialdoktrin in ihrer geschichtlichen Entfaltung. Eine Sammlung päpstlicher Dokumente vom 15. Jhdt. bis in die Gegenwart (Originaltexte mit Ü.), Aachen 1976; A. Klose / W. Mantl / V. Zsifkovits (Hrsg.): Katholisches Soziallexikon, Innsbruck [2]1980; Katholische Arbeiterbewegung-KAB (Hrsg.): Texte zur K. S. Die sozialen Rundschreiben der Päpste und andere kirchliche Dokumente mit einer Einleitung von O. v. Nell-Breuning u. J. Schasching, Kevelaer [8]1992; K. Rahner / H. Vorgrimler (Hrsg.): Kleines Konzilskompendium. Sämtliche Texte des Zweiten Vatikanums, Freiburg [21]1989; Görres-Gesellschaft (Hrsg.): Staatslexikon, Recht – Wirtschaft – Gesellschaft, Bde. I-VI, Freiburg [7]1985-92; A. F. Utz: Sozialethik – mit internationaler Bibliographie, Bde. I-III, Heidelberg 1958-92.

S.: Kongregation für die Glaubenslehre: Instruktion über einige Aspekte der „Theologie der Befreiung", Rom 1984; Johannes Paul II.: Enzyklika über den Heiligen Geist im Leben der Kirche und der Welt „Dominum et vivificantem", Rom 1986; Kongregation für die Glaubenslehre: Instruktion über die christliche Freiheit und die Befreiung, Rom 1986; Johannes Paul II.: Enzy-

klika über die Berufung und Sendung des Laien in Kirche und Welt „Christifideles laici", Rom 1988; Kongregation für die Glaubenslehre: Schreiben über „einige Aspekte der Kirche als Communio", Rom 1992; Johannes Paul II.: Enzyklika über einige grundlegende Fragen der katholischen Morallehre „Veritatis splendor", Rom 1993.

L.: J. Donoso Cortés: Essay über den Katholizismus, den Liberalismus und den Sozialismus (1851), hrsg. v. G. Maschke, Weinheim 1989; F. Pilgram: Physiologie der Kirche. Forschungen über die geistigen Gesetze, in denen die Kirche nach ihrer natürlichen Seite hin besteht, Mainz 1860. Ndr. Mainz 1931; H. Pesch: Lehrbuch der Nationalökonomie Bde. I-V, Freiburg 1923-26; H. de Lubac: Catholicisme. Les aspects sociaux du dogme (1938), dt. v. H. U. v. Balthasar: Glauben aus der Liebe. „Catholicisme", Einsiedeln [3]1992; O. v. Nell-Breuning: Die Kirche als Lebensprinzip der Gesellschaft, Köln 1946; ders.: Einzelmensch und Gesellschaft, Heidelberg 1950; D. v. Hildebrand: Metaphysik der Gemeinschaft. [2]1955; O. v. Nell-Breuning: Wirtschaft und Gesellschaft heute, Bde. I-III, Freiburg 1956-60; E. Nawroth: Die Sozial- und Wirtschaftsphilosophie des Neoliberalismus, Heidelberg [2]1962; G. Gundlach: Die Ordnung der menschlichen Gesellschaft, Köln 1964; N. Monzel: K. S., Bde. I-II, Köln 1965-67; J. Höffner: Christliche Gesellschaftslehre, Kevelaer [7]1978; W. Heierle / S. H. Pfürtner: Einführung in die K. S. Darmstadt 1980; J. Messner: Das Naturrecht, Berlin [7]1984; J. Höffner: Der Staat – Diener der Ordnung, Bonn 1986; Th. Herr: K. S., eine Einführung, Paderborn 1987; W. Ockenfels: Kleine K. S. Eine Einführung – nicht nur für Manager, Trier 1990; W. Kerber / E. Ertl / M. Hainz: Katholische Gesellschaftslehre im Überblick, Frankfurt a. M. 1991; R. Weiler: Einführung in die K. S. Ein systematischer Abriß. Graz 1991; F. Romig: Um das Reich Gottes. Zur wissenschaftlichen Grundlegung der K. S., in: H.-D. Klein / J. Reikerstorfer (Hrsg.): Philosophia perennis. Festschrift für E. Heintel zum 80. Geburtstag., Frankfurt 1993.

– Ro

Kirche

(gr. kyriaké = dem Herrn zugehörig; auch gr. ekklesia, lat. ecclesia = Versammlung des heiligen Volkes und vor allem dessen Festversammlung; hebr. quahal = im Alten Testament die Versammlung der Israeliten). K. ist nach Vat. II der von Christus gestiftete und mit seinem Blut erworbene neue Bund, den er mit seinem Geist über seinen Tod hinaus erfüllt und mit geeigneten Mitteln sichtbarer und gesellschaftlicher Einheit ausgerüstet hat (Lumen gentium, n. 9). Weil sie „durch den Willen und die Güte ihres Stifters alles in sich und durch sich selbst besitzt, was zu ihrem

Bestande und ihrer Wirksamkeit notwendig ist, ist die K. ihrer Art und ihrem Rechte nach eine *vollkommene Gesellschaft* (Leo XIII.: Immortale Dei). Als *societas perfecta* ist die K. Archetyp, Urbild, Vorbild und „Modell" für alle gesellschaftlichen Gebilde, auch für die „häusliche" (Familie) und „politische" Gemeinschaft (Staat). Dank dieses Modellcharakters, aber auch aufgrund der Dauer ihres Bestehens, ihrer Verfassung und ihrer Funktionen ist die K. die konservative →Institution *katexochen* und als solche für die Theorienbildung bestimmter Richtungen des Konservatismus von eminenter Bedeutung.

Die Ekklesiologie der römisch-katholischen K. definiert K. als den „mystischen Leib Christi", womit auf die „organisch-leibliche", die „moralisch-gesellschaftliche" und die „mystisch-geistlich-transzendente" Natur der K. angespielt wird. Aus diesen drei Naturen lassen sich die Schlüsselbegriffe oder „Kategorien" gewinnen, die für gesellschaftliche Gebilde jeglicher Art gelten, so aus 1. der organischen Natur: Einheit oder →Ganzheit; Vielgliedrigkeit, Unterschiedlichkeit oder Ungleichheit; Gegenseitigkeit oder „Solidarität"; Organisation, Organschaffung, Ordnung; →Gerechtigkeit und rechtes Maß; →Hierarchie oder Stufenfolge; Rang, Vorrang, unterschiedliche Vorzüglichkeit, Wertunterschiede; 2. aus der moralischen Natur: →Freiheit in Verantwortung; überindividuelle Persönlichkeit (Allgemeinwille, Kollektivrechte und -pflichten, z.B. Volksgruppenrechte); Zuneigung oder Liebe (Hingabe und Opferbereitschaft als die Gemeinschaft konstituierendes und erhaltendes Prinzip); bündisches Prinzip (Großgesellschaften als Kosmos von Bünden oder „kleinen Gemeinschaften"); →Subsidiarität als Prinzip der Herrschaftsausübung (Entfaltung des Eigenlebens der kleineren Gemeinschaften); 3. aus der mystischen Natur: Identitätsstiftung durch Religion, Kult, Mythos, Philosophie, Wissenschaft (Lehre), Kunst, Sprache, Bildung, Erziehung.

Christus, der Sohn Gottes und Menschensohn, ist Stifter, Haupt, Erhalter und Erlöser der K.; zusammen mit seiner K. bildet er eine einzige mystische Person, in der Haupt und Glieder durch den (Heiligen) Geist verbunden sind. Gegründet hat Christus die K., um seinem „heilbringenden Werk der Erlösung

Dauer zu verleihen" (Vat. I). Die K. ist der auf Erden fortlebende und fortwirkende Christus. Zur Erfüllung ihrer Heilsaufgaben hat Christus der K. Auftrag und Vollmacht erteilt, seine Wahrheit zu verkünden (Lehramt), seine Gebote einzuschärfen (Hirtenamt) und seine Gnadenmittel zu spenden (Priesteramt). Mit der Übertragung dieser drei Ämter auf die Apostel gab Christus seiner K. eine hierarchische Verfassung. An ihre Spitze stellte er Petrus (Mt. 16, 17-19). Petrus, der Stellvertreter („*vicarius*") Christi, ist Inhaber des Jurisdiktionsprimats. Kraft göttlichen Rechts sind die Nachfolger des Petrus im Primat die Bischöfe zu Rom. Ihre oberste Jurisdiktionsgewalt erstreckt sich auf alle kirchlichen Angelegenheiten; sie können sie an sich ziehen und selbständig entscheiden, ihre Urteile erlauben keine Berufung, sie können von niemandem auf Erden gerichtet werden. Sie sind, wenn sie *ex cathedra* sprechen, unfehlbar. Ihre Jurisdiktionsgewalt betrifft nicht nur Sachen des Glaubens und der Sitte, sondern auch die Regierung der K. und die Kirchenzucht.

Diese Vorkehrungen dienen der „Indefektibilität" der K. Verfassung, Lehre und Kult der K. sollen der Intention nach bis ans Ende der Welt im wesentlichen unverändert bleiben. Durch die von allen Gläubigen zu allen Zeiten festzuhaltende Glaubens- und Sittenlehre bildet die K. eine *communio sanctorum*, eine Gemeinschaft der Heiligen aller Generationen. Die K. ist daher die „Seele der... in die Familie Gottes umzugestaltenden Gesellschaft" (GS 40), innerstes „Lebensprinzip der Gesellschaft" (Pius XII.), Brücke zwischen Himmel und Erde, das in Ausbreitung, Verteidigung und Vollendung begriffene „Reich Gottes auf Erden" (GS 39-40). Der Dienst am Reich Gottes ist letztgültiger Inhalt christlich-konservativer Politik (vgl. Johannes Paul II.: Christifideles laici, 14). Diese beabsichtigt nicht die Herstellung einer Theokratie, wohl aber die Orientierung des →Staates an einer Wertordnung, die der Staat nicht selbst produzieren kann: Sie entstammt dem religiös-kultischen und philosophischen Bereich. Von ihrer Beachtung hängt das Wohl des Staates ab (Leo XIII.: Immortale Dei). „Denn wenn es keine letzte Wahrheit gibt, die das politische Handeln leitet und ihm Orientierung gibt, dann können die Ideen und Überzeugungen leicht für Machtzwecke mißbraucht werden. Eine Demokratie ohne →Werte verwandelt sich, wie die Geschichte beweist, leicht in einen offenen oder hinterhältigen →Totalitarismus" (Johannes Paul II.: Veritatis splendor; Centesimus annus). Die einträchtige Zusammenarbeit von K. und Staat, des Priesteramtes und des Königsamtes, war von jeher für die Festigung der Gemeinschaft, das Aufblühen ihrer Kultur und das Wohl der Völker von ausschlaggebender Bedeutung.

In jüngster Zeit wurden die politischen und sozialen Aspekte der K. und ihrer Glaubenslehre zum wichtigsten Problem der Fundamentaltheologie. Von einigen Vertretern der „Politischen Theologie" (J. B. Metz) und der „Theologie der Befreiung" (G. Gutiérrez, L. Boff u.a.) wird das Engagement der K. im Klassenkampf zugunsten der „Unterdrückten" gefordert und das Evangelium als Aufforderung zur Gesellschaftsveränderung im marxistischen Sinne verstanden. Basisdemokratische und kommunistisch-anarchische Vorstellungen sind hierbei weit verbreitet. Das kirchliche Lehramt hat diesen Mißbrauch von K. und Glauben zur Sozialrevolution wiederholt verurteilt.

L.: *Leo XIII.:* Enzyklika Immortale Dei, Rom 1885; *C. Schmitt:* Römischer Katholizismus und politische Form, München 1925; *Pius XII.:* Enzyklika Mystici corporis Christi, Rom 1943; Vatikanum II. Dogmatische Konstitution über die K. „Lumen gentium" (LG), Rom 1964; Vatikanum II: Die pastorale Konstitution über die K. in der Welt von heute „Gaudium et spes" (GS), Rom 1965; *L. Ott:* Grundriß der Dogmatik, Freiburg [10]1981; Römische Kongregation für die Glaubenslehre, Instruktion über einige Aspekte der „Theologie der Befreiung", Rom 1984; *J. B. Metz:* Glaube in Geschichte und Gesellschaft. Studien zu einer praktischen Fundamentaltheologie, Mainz [4]1984 (mit ausführlichen Hinweisen zur Bibliographie der „Politischen Theologie"); Römische Kongregation für die Glaubenslehre, Instruktion über die christliche Freiheit und die Befreiung, Rom 1986; *G. Gutiérrez:* Theologie der Befreiung, München [9]1986; *K. Rahner / H. Vorgrimler:* Kleines theologisches Wörterbuch, Freiburg [16]1988; *L. Boff:* Jesus Christus, der Befreier, Freiburg [3]1989; *G. Rohrmoser:* Religion und Politik in der Krise der Moderne, Graz 1989; *Johannes Paul II.:* Enzyklika Centesimus annus, Rom 1991; *F. Romig:* Die K. ist das Lebensprinzip der Gesellschaft, in: Criticón, Nr. 125 (1991); *H. de Lubac:* Glauben aus der Liebe (Originaltitel.: Catholicisme: Les Aspects sociaux du Dogme), [3]1992; *L. Scheffczyk:* Aspekte der K. in der Krise, Siegburg 1993; *Johannes Paul II.:* Enzyklika Veritatis splendor, Rom 1993; Katechismus der Katholischen K., München 1993; *F. Romig:* Um das Reich Gottes. Zur wissenschaftlichen Grundlegung der katholischen Soziallehre, in: *H.-D. Klein / J. Reikerstorfer* (Hrsg.): Philosophia perennis. Erich Heintel zum 80. Geburtstag, Bd. II, Frankfurt a. M. 1993; *G. Rohrmoser:* Der Ernstfall. Die Krise unserer liberalen Republik, Berlin 1994; *J. Ratzinger:* Wahrheit, Werte, Macht. Prüfsteine der pluralistischen Gesellschaft, Freiburg [2]1994.

– Ro

Kirk, Russell

* 19. 10. 1918 Plymouth (Mich.); † 29. 4. 1994 Mecosta (Mich.). Man of letters, Historiker, kultureller und politischer Publizist, Essayist und Romancier. Als Nachkomme schottischer Bauern und neuenglischer Puritaner wuchs K. in der Nähe von Detroit auf, studierte Geschichte und Literatur am Michigan State College in East Lansing und erwarb 1941 den M. A. an der Duke University im Fach Geschichte mit einer Arbeit, die zehn Jahre später als sein erstes Buch erschien: „Randolph of Roanoke: A Study in Conservative Thought". 1941-45 leistete K. Kriegsdienst als Stabsgefreiter im Dienst für chemische Kriegsführung. 1946 wurde er „Assistant professor" für Geschichte der Zivilisation an der Michigan State University. 1952 wurde er an der St. Andrews University (St. Andrews, Schottland) zum seltenen Grad des D. litt. promoviert. Die Dissertation erschien unter dem Titel „The Conservative Mind. From →Burke to →Santayana" im Folgejahr bei Regenery in Chicago, erregte großes Aufsehen und gilt als (akademische) Gründungsschrift des amerikanischen Nachkriegskonservatismus.

1950 hatte Lionel Trilling geschrieben: „In den Vereinigten Staaten ist gegenwärtig der Liberalismus nicht nur die vorherrschende, sondern die einzige intellektuelle Tradition." Anknüpfend an Edmund Burke stellte K.s „The Conservative Mind" eine entgegengesetzte konservative Gedankenströmung in England und Amerika fest, in der u.a. John →Adams, Samuel T. →Coleridge, Alexis de →Tocqueville, Nathaniel Hawthorne, Benjamin →Disraeli, Irving →Babbitt und T. S. →Eliot figurieren. Aus ihren Werken leitete K. sechs Leitsätze des konservativen Denkens ab:

1. Der Glaube, daß eine göttliche Absicht die Gesellschaft wie das Gewissen bestimmt und eine ewige Kette von Rechten und Pflich-

Russel Kirk
1918-1994

ten schmiedet. Politische Probleme sind im Kern religiöse und moralische Probleme. 2. Zuneigung zu der sich fortzeugenden Verschiedenheit und Rätselhaftigkeit des traditionellen Lebens, im Unterschied zur einengenden Uniformität, zum Egalitarismus und zur utilitaristischen Zielsetzung der meisten radikalen Systeme. 3. Die Überzeugung, daß eine zivilisierte Gesellschaft Ordnungen und Klassen braucht. Die einzige wahre Gleichheit ist die moralische Gleichheit. 4. Die Überzeugung, daß Eigentum und Freiheit unlösbar miteinander verbunden sind. 5. Der Glaube an die Vorsehung und Mißtrauen gegenüber „Sophisten und Kalkulatoren". 6. Anerkennung, daß Wechsel und Reform nicht miteinander identisch sind und daß Reform, im Gegensatz zum bloßen Wechsel, ein Werk der Vorsehung ist.

„The Conservative Mind" änderte mehr als jedes andere Buch das Meinungsklima in den Vereinigten Staaten und stellte K. als Sprecher der neuen Konservativen heraus. Als Redner und Schriftsteller sehr gefragt, gab K. die akademische Karriere auf und ließ sich auf seinem Familiensitz Piety Hill in Mecosta, Mi-

chigan, nieder, wo er Bücher schrieb und Bäume pflanzte. In zahllosen Vorträgen und Artikeln warb er für den konservativen Gedanken. Zudem war er Gründer der akademisch-konservativen Vierteljahresschrift „Modern Age" (1957) und der Besprechungszeitschrift „The University Bookman" (1960), die beide noch heute erscheinen. Neben einer regelmäßigen Kolumne in „National Review" (1955-80) belieferte er 1962-75 die amerikanische Presse mit der Kolumne „To the point". K.s wichtigste Bücher sind: „A Program for Conservatives" mit der Anwendung Burkeschen Denkens auf aktuelle Probleme, die Essaybände „Beyond the Dreams of Avarice" und „Enemies of the Permanent Things", „Eliot and His Age", „The Roots of American Order" (über die Herkunft der amerikanischen Institutionen) und seine 1995 postum erschienenen Memoiren „The Sword of Imagination".

„Im wesentlichen", schrieb K. 1972, „ist die Gesamtheit der Überzeugungen, die wir ‚Konservatismus' nennen, die Bekräftigung der Normalität in den Fragen der Gesellschaft. Es gibt Standards, die wir wiederherstellen können; der Mensch ist nicht perfektibel, doch vermag er einen leidlichen Grad von Ordnung, Gerechtigkeit und Freiheit zu erreichen." Die westliche Zivilisation teilt sich, so K., ein gemeinsames Erbe von Christentum und Humanismus – das sich etwa in Werken von Sophokles, Cicero, Augustinus, Shakespeare findet –, aus dem ethisches Bewußtsein und die Normen einer anständigen sozialen Ordnung entnommen werden können. Diese Ordnung und das, was Burke „the unbought grace of life" nannte, seien – warnte K. – in Amerika und anderswo gefährdet durch den Niedergang der humanen Erziehung und durch moderne Neuheiten wie Fernsehen („Dämon TV") und Automobile („der mechanische Jakobiner"). Er sah „soziale Langeweile sich immer weiter verbreiten" – in seinen Augen ein Zeichen des Verfalls, demgegenüber er auf die Wiedergewinnung wahrer Muße und echter Gemeinschaft hoffte, die nicht auf Sozialismus oder Laissezfaire-Kapitalismus, sondern auf Liebe, Bürgersinn und den „Respekt vor der Weisheit unserer Vorfahren" gründe.

Seit 1964 mit Annette Courtemanche verheiratet, wurde K.s Haus in Mecosta nicht nur zum Ziel eines nicht abreißenden Stromes von Besuchern, sondern auch zum Ort regelmäßiger Seminare in K.s Bibliothek, an denen im Laufe der Jahre etwa zweitausend Studenten teilnahmen. 1988 begann K. mit der Herausgabe einer „Library of Conservative Thought", von der bis zu seinem Tode dreißig Bände erschienen. Sein größter Bucherfolg war jedoch die „gothic novel" „Old House of Fear", die erste seiner phantastischen Erzählungen, die ihm die Würde eines Ritters der „Gesellschaft des Grafen Dracula" einbrachten.

B.: *C. C. Brown:* R. K.: A Bibliography, Mount Pleasant (Mich.) 1981.

S.: Randolph of Roanoke, Chicago 1951; The Conservative Mind, Chicago 1953 bzw. St. Andrews – London 1954; A Program for Conservatives, Chicago 1954 (erw. Ausg.: Prospects for Conservatives, Washington 1989); Academic Freedom, Chicago 1955; Beyond the Dreams of Avarice, Chicago 1956; The American Cause, Chicago 1957; The Intelligent Women's Guide to Conservatism, New York 1957; Confessions of a Bohemian Tory, New York 1963; The Intemperate Professor, and Other Cultural Splenetics, Baton Rouge (La.) 1965; Edmund Burke: A Genius Reconsidered, New Rochelle (N. Y.) 1967; (mit J. McClellan): The Political Principles of Robert A. Taft, New York 1967; Enemies of the Permanent Things, New Rochelle (N. Y.) 1969; Eliot and His Age: T. S. Eliot's Moral Imagination in the Twentieth Century, New York 1971; The Roots of American Order, La Salle (Ill.) 1974; Decadence and Renewal in the Higher learning, South Bend (Ind.) 1978; (als Hrsg.): The Portable Conservative Reader, New York 1982; The Wise Men Know What Wicked Things are Written on the Sky, Washington 1987; Economics: Work and Prosperity, Pensacola (Fla.) 1989; The Conservative Constitution, Washington 1990; The Politics of Prudence, Bryn Mawr (Pa.) 1993; America's British Culture, New Brunswick (N. J.) 1993; The Sword of Imagination: Memoirs of a Half-Century of Literary Conflict, Grand Rapids (Mich.) 1995. – *Romane:* Old House of Fear, New York 1961; The Surly Sullen Bell, New York 1965; A Creature of the Twilight, New York 1966; The Princess of All Lands, Sauk City (Wisc.) 1979; Lord of the Hollow Dark, New York 1979; Watchers at the Strait Gate, Sauk City (Wisc.) 1984.

Ü.: Lebendiges politisches Erbe. Freiheitliches Gedankengut von Burke bis Santayana 1790-1958, Erlenbach – Zürich – Stuttgart 1959.

L.: *G. Mann,* in: Der Monat, Nr. 62 (1953), S. 183-88; *W. Röpke,* in: Universitas 13 (1958), S. 1300-1; *G. Nash:* The Conservative Intellectual Movement in America, since 1945, New York 1976, S. 69-76; *T. Molnar:* R. K., in: Konservative Köpfe. Von Machiavelli bis Solschenizyn, hrsg. v. *C. v. Schrenck-Notzing,* München

1978, S. 183-87; *H. Regenery:* Memoirs of a Dissident Publisher, New York 1979, S. 146-66; *J. Person, Jr.* (Hrsg.): The Unbought Grace of Life: Essays in Honor of R. K., Peru (Ill.) 1994; R. K. – Man of Letters: a tribute issue of The Intercollegiate Review, hrsg. v. *J. Nelson,* Bryn Mawr (Pa.) 30 (1994); *D. Frum:* The Legacy of R. K., in: New Criterion 13 (Dezember 1994), S. 10-6.

– Br

Klages, Ludwig

* 10. 12. 1872 Hannover; † 29. 7. 1956 Kilchberg/Zürich. Philosoph, Psychologe und Begründer der wissenschaftlichen Graphologie. Seine Jugend und Schulzeit verbrachte K. in Hannover; eine Jugendfreundschaft verband ihn mit dem späteren Philosophen T. Lessing. In dieser Zeit finden sich bereits erste dichterische Versuche sowie ein starker Hang zur Naturverehrung und zum träumerischen Sich-Versenken („Seelenausfahrten"). Nach dem Abitur 1891 absolvierte K. ein Studium der Chemie in Leipzig (1891/ 92), Hannover (1893/94) und München (1893-1900); hier erfolgte auch seine Promotion. Daneben dichterisches Schaffen (1944 in „Rhythmen und Runen" ediert). Ein frühzeitiges Interesse an Philosophie, Psychologie und Literatur führte zur Beschäftigung v.a. mit der griechischen Antike und den Werken J. W. v. Goethes, F. Nietzsches, Johann Jakob →Bachofens und der Romantik, hier v.a. von C. G. Carus. In München hatte K. zeitweilig freundschaftlichen Kontakt mit Franziska zu Reventlow und dem Kreis um S. →George, für dessen „Blätter für die Kunst" er 1892-1904 publizierte. Seit 1899 gehörte K. zur „Kosmischen Runde" (mit A. Schuler, K. Wolfskehl). Mit H. H. Busse und G. Meyer war 1896 die Gründung der „Deutschen Graphologischen Gesellschaft" erfolgt, deren „Graphologische Monatshefte" K. bis 1908 herausgab.

1903 wurde das „Psychodiagnostische Seminar" ins Leben gerufen, das K., der 1914 in die Schweiz übersiedelte, als „Seminar für Ausdruckskunde" in Zürich 1919 neu eröffnete. 1916 hatte er die Arbeiten an seinem Hauptwerk „Der Geist als Widersacher der Seele" begonnen, das 1929 und – mit zwei Ergänzungsbänden – 1932 erschien. Gleichzeitig entstanden Arbeiten über „Goethe als Seelenforscher" und „Die psychologischen Errungenschaften Nietzsches" sowie „Vom kosmogonischen Eros", eine Synthese von Psychologie, Völkerkunde und Mythologie. Seit 1933 war K. Senator der Deutschen Akademie in München. In den dreißiger Jahren unternahm er zahlreiche Vortragsreisen durch ganz Europa. 1956 starb der Träger der Goethe-Medaille, des Nietzsche-Preises und des Bundesverdienstkreuzes in seiner Schweizer Wahlheimat.

K. hat sich als Begründer einer wissenschaftlich fundierten Graphologie Ansehen erworben. Seine Bedeutung liegt aber v.a. auf dem Gebiet der Philosophie, wo er eine „biozentrische" Metaphysik ins Leben rief. Er verwarf den cartesianischen Dualismus Geist-Materie und nahm die antike Dreiteilung Geist-Seele-Leib wieder auf. Anders als die antiken Philosophen, sah er jedoch im Geist eine „akosmische Macht", die zur Entzweiung von Leib und Seele als den zusammenhängenden „Polen der Lebenszelle" führe und damit letztlich auf die Zerstörung des Lebens hinwirke. Das außerraumzeitliche Wesen des Geistes zeige sich u.a. darin, daß er sich nur dann offenbaren könne, wenn er an eine Lebenszelle gekoppelt bleibe; das Leben hingegen bestehe auch ohne das Vorhandensein des Geistes. Knüpfungsstelle von Geist und Leben sowie Ursprungsort des geistigen Aktes ist für K. das Ich. K.' Kritik am Geist ist vielfach als pauschale „Geistfeindschaft" fehlinterpretiert worden. Tatsächlich lag K. aber daran, nicht gegen den Intellekt zu polemisieren, sondern im Willen den Schlüssel zur Außerraumzeitlichkeit des Geistes zu finden. Die Emanzipation des zum Wollen befähigten Menschen von den „lebendigen Mächten" sah K. als große Gefahr und als Verhängnis, da die kontemplativen Es-Gefühle verdrängt würden durch Ich-Gefühle des Beherrschens, Durchsetzens, Untertanmachens. Der „Wille zur Macht" sei somit der Widersacher des Lebens und die Triebfeder der Unterwerfung und Zerstörung der Erde.

Zentral für die Philosophie von K. ist seine Lehre von der „Wirklichkeit der Bilder". Mit Bildern bezeichnet K. seelische Mächte, die den elementaren und organischen Erscheinungen innewohnen; K. bezeichnet sie als Bilder, weil sie sich dem Menschen in sinnlich wahrnehmbaren Bildern offenbaren: bei den Organismen (Mensch, Tier, Pflanze) äußerten sie sich vor allem in der Fortpflanzung.

Diese sei „die in ähnlichen Zeitspannen erfolgende Wiederkehr ähnlicher Bilder", weshalb gelte: „Der Leib ist die Erscheinung der Seele, die Seele ist der Sinn des Leibes." Nicht Entdeckung und Entschlüsselung der Einzelteile, sondern das „Schauen" des Lebensganzen führe dazu, die Welt zu begreifen. Durch seine „Fernschaugabe" vermag der Mensch diese Wirklichkeit der Bilder zu erkennen; ihre Darstellung ist nach K. die eigentliche Wurzel aller Kultur, Dichtung, →Tradition, Mythologie und Ahnenverehrung. Im Einzelmenschen gehe die Weltfindung der Selbstfindung voraus. So wie das Kleinkind seine Umwelt voll beseelter Wesen wahrnehme, bevor es über sein eigenes Ich reflektiert, so sei auch in vermeintlich „primitiven" Kulturen und Religionen die Welt noch voller beseelter Wesen. Erst die immer erfolgreichere Aneignungstätigkeit des Geistes habe die Erscheinungen als leblose Dinge abgewertet. Schreite diese Entwicklung fort, drohe das Herabsinken der Menschheit in eine Herrschaft des „bewußtlos reagierenden Automatismus".

Vor diesem Hintergrund attackierte K. alle philosophischen Lehren und Religionen, die dem Anthropozentrismus verpflichtet waren, auf das heftigste. Ihnen stellte er eine „biozentrische" Weltsicht entgegen: Solange der Willensakt bestimmt werde vom Auffassungsakt, bleibe der Geist des Menschen vom Leben abhängig. Nicht Rückkehr – was unmöglich sei –, sondern Umkehr zu einer kontemplativen Einbindung in die Natur ist seine Forderung. Der Grad, in dem der Geist Herrschaft über die Seele gewinnt (oder sie unterläßt), ist das wichtigste Unterscheidungskriterium von Charakteren – bei Individuen wie Kulturen und Epochen.

In seiner Schrift „Mensch und Erde", verfaßt für das Treffen der freideutschen →Jugendbewegung auf dem Hohen Meißner 1913, formulierte K. eine der bis dahin schärfsten Anklagen gegen die Zerstörung der Natur durch die moderne Zivilisation. Darin wird die Erde bereits als ein ökologisch vernetztes Ganzes („Arche") verstanden und die darwinistische Lehre vom „Survival of the fittest" verworfen. Gleichermaßen sah K., der auch im →Heimatschutz aktiv war, in der Nivellierung der Völker und der Ablösung der „symbiotischen Gauverbände" durch die

Ludwig Klages
1872-1956

„abgelöste Legislative der Staatsmaschine" eine kulturell und politisch verhängnisvolle Entwicklung. Im Laufe seines Lebens verdichtete sich seine pessimistische Überzeugung, daß die Entzauberung, Entgötterung und Zerstörung der Erde unaufhaltsam sei.

Die Lebensphilosophie von K. rief zahlreiche, z.T. erbitterte Kritiken hervor. Die vor allem von marxistisch beeinflußten Autoren unterstellte geistige Vorläuferschaft K.' für den Nationalsozialismus kann nach heutigem Forschungsstand endgültig als wissenschaftlich widerlegt bezeichnet werden. Vielmehr stand K.' Lebensphilosophie im diametralen Gegensatz zur Weltanschauung des Regimes. Umgekehrt hatte K.' Lehre von der „Wirklichkeit der Bilder" Einfluß auf unterschiedlichste Denker, wie W. Benjamin, C. J. Burckhardt, K. Jaspers, H. Hesse und M. Weber. Die Aktualität der Philosophie von K. liegt heute vor allem in ihren weitsichtigen Warnungen vor den ökologischen Folgen einer anthropozentrisch verengten Weltsicht.

S.: Handschrift und Charakter, Leipzig 1907; Die Probleme der Graphologie. Entwurf einer Psychodiagnostik, Leipzig 1910; Mensch und Erde. Ein Aufruf, Leipzig 1913; Mensch und Erde. Fünf Abhandlungen, München 1920; Vom Wesen des Bewußtseins, Leipzig 1921; Vom kosmogonischen Eros, München 1922; Die Grundlagen der Charakterkunde, Leipzig 1926; Die psychologischen Errungenschaften Nietzsches, Leipzig 1926; Zur Ausdruckslehre und Charakterkunde, Heidelberg 1927; Der Geist als Widersacher der Seele, Bde. I-III, Leipzig 1929-32; Goethe als Seelenforscher, Leipzig 1932; Vom Wesen des Rhythmus, Kampen 1934; Grundlegung der Wissenschaft vom Ausdruck, Leipzig 1935; Rhythmen und Runen (Nachlaß), Leipzig 1944; Die Sprache als Quell der Seelenkunde, Zürich 1948; Vom Traumbewußtsein, Hamburg 1962; Sämtliche Werke, hrsg. v. *E. Frauchiger* u.a., Bde. I-VIII u. Registerbd., Bonn 1964-82.

L.: *G. Walther:* L. K. und sein Kampf gegen den „Geist", in: Philosophischer Anzeiger 3 (1928/29), S. 48-90; *H. Prinzhorn* (Hrsg.): Die Wissenschaft am Scheideweg von Leben und Geist, Leipzig 1932; *W. Deubel:* L. K. oder Die Revolution in der Philosophie, in: Der Kreis. Zeitschrift für künstlerische Kultur 4 (1932), S. 714-19; *G. Thibon:* La science du caractère. L'œuvre de L. K., Paris 1933; *C. Wandrey:* L. K. und seine Lebensphilosophie, Berlin 1933; *W. Deubel:* Auswirkungen des biozentrischen Menschenbildes, in: Süddeutsche Monatshefte 31 (1934), S. 220-31; *C. Haeberlin:* Einführung in die Forschungsergebnisse von K., Kampen 1934; *H. Kern:* Von Paracelsus bis K. Studien zur Philosophie des Lebens, Berlin 1942; *H. Hönel* (Hrsg.): L. K., Erforscher und Künder des Lebens. Festschrift zum 75. Geburtstag des Philosophen, Linz 1947; (o. Verf.): L. K., in: *W. Ziegenfuß:* Philosophenlexikon, Bd. I, Berlin 1949, S. 666-70; *E. Bartels:* L. K.: Seine Lebenslehre und der Vitalismus, Meisenheim 1953; *Klages-Gesellschaft* (Hrsg.): Hestia – Jahrbuch der L. K.-Gesellschaft, Bonn 1963 ff., bisher 13 Bde.; *H. E. Schröder:* L. K., Die Geschichte seines Lebens, Bde. I-III (Bd. III hrsg. v. *F. Tenigl*), Bonn 1966-92; *H. Kasdorff:* L. K. – Werk und Wirkung. Einführung und kommentierte Bibliographie, Bde. I-II, Bonn 1969-75; *R. Müller:* Das verzwistete Ich. L. K. und sein philosophisches Hauptwerk „Der Geist als Widersacher der Seele", phil. Diss. Bern – Frankfurt a. M. 1971; *H. E. Schröder:* L. K. 1872-1956. Katalog zur Centenar-Ausstellung. Bonn 1972; *H. E. Schröder:* Schiller – Nietzsche – K., Bonn 1974; *G.-K. Kaltenbrunner:* L. K. Der Konservative als Seelenforscher, Kosmiker und Untergangsdenker, in: *ders.:* Der schwierige Konservatismus, Herford 1975, S. 247-65; *W. Kuckartz:* L. K. als Erzieher, Bonn 1978; *M. Kiessig:* L. K. und seine Zeit, in: Criticón 51, 1979, S. 25-7; *H. Kasdorff:* L. K. – Gesammelte Aufsätze und Vorträge zu seinem Werk, Bonn 1984; *H. E. Schröder:* Das Bild, das in die Sinne fällt. Erinnerungen an L. K., Bonn 1986; *K. Eugster:* Die Befreiung vom anthropozentrischen Weltbild. L. K.' Lehre vom Vorrang der Natur, Bonn 1989; *S. Hammer* (Hrsg.): Widersacher oder Wegbereiter. L. K. und die Moderne, Berlin

1992; *M. Großheim:* L. K. und die Phänomenologie, Berlin 1994; *ders.:* Ökologie oder Technokratie? Der Konservatismus in der Moderne, Berlin 1995; *S. Breuer:* Ästhetischer Fundamentalismus. Stefan George und der deutsche Antimodernismus, Darmstadt 1995; *F. Tenigl:* L. K., in: Metzlers Philosophenlexikon, Stuttgart 1995.

– St

Kleist-Retzow, Hans Hugo von

* 25. 11. 1814 Kieckow bei Belgard/Pommern; † 20. 5. 1892 ebd. Konservativer Politiker. K.-R., der einer der ältesten und angesehensten Familien des alten Preußen entstammte, absolvierte 1828-34 die berühmte Gelehrtenschule Schulpforta, die er als Primus omnium verließ, um anschließend in Göttingen und Berlin die Rechte zu studieren. Daneben hörte er auch Vorlesungen anderer Fächer und Fakultäten; den stärksten Eindruck empfing er von Leopold →Ranke. Nach dem 1838 abgelegten juristischen Examen wurde K.-R. Referendar am Oberlandesgericht in Frankfurt/Oder, wo er unter den Einfluß des dortigen Landgerichtsdirektors Ernst Ludwig von →Gerlach geriet, der zu seinem langjährigen politischen Mentor und Förderer werden sollte. Unter dem Einfluß Gerlachs und seiner eigenen hinterpommerschen Verwandten und Freunde wandte sich K.-R. dem Pietismus in der Tradition der „Erweckungsbewegung" der 1820er Jahre zu. Diese religiöse Grundhaltung sollte für sein späteres Wirken als Parlamentarier und Politiker entscheidend werden. Nach dem dritten juristischen Examen wurde K.-R. im September 1844 als Nachfolger seines Vaters zum Landrat des Kreises Belgard ernannt; das Amt hatte er bis 1851 inne.

Die Revolution von 1848 ließ K.-R. zum Politiker werden. Nachdem seine ersten Versuche, mit Hilfe königstreuer Bauern in Hinterpommern die Gegenrevolution in die Wege zu leiten, gescheitert waren, spielte K.-R. eine führende Rolle bei der Begründung der →„Kreuzzeitung" und der Konservativen Partei in Berlin; im August des Revolutionsjahres präsidierte er dem sog. „Junkerparlament", der Generalversammlung des von E. von →Bülow-Cummerow gegründeten „Vereins zum Schutze des Eigentums und zur Förderung des Wohlstandes aller Volksklassen". 1849 wurde er als Abgeordneter in die

Hans Hugo von Kleist-Retzow
1814-1892

Zweite Kammer gewählt, und 1850 berief ihn Friedrich Wilhelm IV. in das Staatenhaus des Erfurter Unionsparlaments. Auch hier gehörte K.-R. wie stets der äußersten Rechten an und verfocht den christlich-altkonservativen Standpunkt mit zumeist kompromißloser Strenge. 1850 lehnte K.-R. das Angebot Friedrich Wilhelms IV., das Außenministerium zu übernehmen, ab. Um so eifriger wandte er sich der Innenpolitik zu und war 1850-52 maßgeblich an der Umwandlung der Ersten Kammer in das preußische Herrenhaus beteiligt.

In den Jahren 1851-58 amtierte K.-R. als Oberpräsident der vorwiegend katholischen Rheinprovinz, wo er sich als entschiedener Protestant nicht immer geschickt verhielt; mit dem Antritt der Regentschaft durch Wilhelm I. wurde K.-R. sofort abberufen. Er verlegte seine politische Hauptaktivität nun ganz in das Herrenhaus, in das er noch im gleichen Jahr als Vertreter des Verbandes der Familie von Kleist eintrat. Hier wurde er nach dem Tode F. J. →Stahls (1862) Führer der äußersten Rechten und während des Verfassungskonflikts einer der engsten Vertrauten seines alten

Freundes und Verwandten Otto von →Bismarck. Als es 1866 in der Frage der Politik Bismarcks gegenüber Österreich zum Bruch innerhalb der Konservativen Partei kam, stellte sich K.-R. vorerst noch auf Bismarcks Seite, und er stimmte auch – trotz größter Bedenken – im Herbst 1866 für die Indemnitätsvorlage, mit der sich Bismarck die Zustimmung der Liberalen zu seiner deutschen Politik sicherte.

Seit 1867 näherte sich K.-R. allerdings zunehmend der altkonservativen Opposition gegen Bismarck: das allgemeine Wahlrecht zum Reichstag des Norddeutschen Bundes und schließlich die preußische Gemeindereform, vor allem aber der Kulturkampf seit 1872 mit seinen zahlreichen liberalen Gesetzen (von der Schulaufsicht bis zur Einführung der Zivilehe) ließen K.-R. zeitweilig zum erbitterten Gegner des Kanzlers werden. Trotzdem kam es Ende der 1870er Jahre, wohl nicht zufällig zeitgleich mit Bismarcks antiliberaler innenpolitischer Wende, zu einer Versöhnung; sie führte aber nicht zu einer Wiederherstellung des einst sehr engen gegenseitigen Vertrauensverhältnisses. K.-R., der seit 1877 (bis zu seinem Tod) auch dem Reichstag angehörte, wandte sich in den letzten Jahren seines Lebens zunehmend kirchlichen und sozialen Fragen zu. Sein sozialpolitisches Engagement bewegte sich freilich noch ganz im Horizont seiner christlichen und sozialpatriarchalischen Grundüberzeugungen, die ihn immerhin deutlich von der Ellbogenmentalität der Liberalen abhob.

S.: Pastorat und Patronat, Berlin 1863; Der Adel und die Kirche. Ein Vortrag, Berlin 1866; Welche Aufgaben entstehen der evangelischen Kirche aus dem Friedensschlusse des preußischen Staates in Rom? Vortrag, Greifswald 1886.

E.: Bismarcks Briefwechsel mit K.-R., hrsg. v. *H. v. Petersdorff*, Stuttgart – Berlin 1919.

L.: *Petersdorff* in ADB LI, 191-202; *Richter* in NDB XII, 28f.; *M. Gensichen:* H. v. K.-R., Berlin 1892; *A. Andrae-Roman:* Drei pommersche Junker, in: Aus Höhen und Tiefen. Jahrbuch für das deutsche Haus 5 (1902), S. 293-351; *H. v. Petersdorff:* K.-R. Ein Lebensbild, Stuttgart – Berlin 1907; *ders.:* K.-R., in: Deutscher Aufstieg. Bilder aus der Vergangenheit und Gegenwart der rechtsstehenden Parteien, hrsg. v. *H. v. Arnim / G. v. Below*, Berlin – Leipzig – Wien – Bern 1925, S. 123-34; *A. O. Meyer:* H. v. K.-R., in: *ders.:* Deutsche und Engländer. Wesen und Wirken in großer Geschichte, München 1937, S. 190-209; *F. W. v. Oertzen:* Junker. Preußischer Adel im Jhdt. des Liberalismus, Oldenburg

– Berlin 1939; *W. Görlitz:* Die Junker. Adel und Bauer im deutschen Osten. Geschichtliche Bilanz von 7 Jhdt.en, Limburg a. d. L. ³1964; *W. Schröder:* H. H. v. K.-R. Ein Junker von Schrot und Korn, in: Gestalten der Bismarckzeit, hrsg. v. *G. Seeber*, Berlin (-Ost) 1978, S. 218-42; *S. Wehking:* Zum politischen und sozialen Selbstverständnis preußischer Junker 1871-1914, in: Blätter für deutsche Landesgeschichte 121 (1985), S. 395-448; *W. Nitschke:* Junker, Pietist, Politiker – H. H. v. K.-R., in: Konservative Politiker in Deutschland. Biographische Porträts aus zwei Jhdt.en, hrsg. v. *H.-C. Kraus*, Berlin 1995, S. 135-55.

– K

Kleist-Schmenzin, Ewald von

* 22. 3. 1890 Groß-Dubberow (Kreis Belgard/Pommern); † (hingerichtet) 9. 4. 1945 Berlin-Plötzensee. Konservativer Politiker. K.-S. stammte aus einer der ältesten Familien des pommerschen Adels. Nach dem Abitur studierte er Jura an den Universitäten Leipzig und Greifswald. K.-S. trat seinen Referendardienst in der Landesverwaltung an, verließ den Staatsdienst aber bald wieder. 1914 meldete er sich freiwillig zum Militärdienst, wurde ausgezeichnet und zum Leutnant befördert.

Noch 1918 kehrte K.-S. nach Pommern zurück, wo er sich der Verwaltung der Güter seiner Großmutter annahm. Er war entschlossen, die traditionellen Lebensverhältnisse soweit als möglich zu verteidigen. So gründete er den Pommerschen Landbund als korporative Organisation, in der er die Arbeitgeber vertrat. Allerdings war K.-S. kein Landwirt aus Passion, und schon mit dem Untergang der Monarchie wurde der *Homo politicus* geboren. Er verabscheute die parlamentarische Staatsform, setzte sich für eine Restauration der Hohenzollern ein und sympathisierte mit der republikfeindlichen Rechten. Als am 13. März 1920 in Berlin der Kapp-Lüttwitz-Putsch stattfand, riß K.-S. in Belgard vorübergehend die vollziehende Gewalt an sich. Erst mit dem Scheitern des 9. November 1923 begriff er, daß in der nächsten Zeit keine erfolgreiche Konterrevolution geben konnte. K.-S.s politische Arbeit konzentrierte sich in der Folge auf die geistige Vorbereitung des Umbruchs. Er trat der →Deutschnationalen Volkspartei bei und beteiligte sich am Aufbau von konservativen Organisationen, wie dem Herrenklub und der feudalen Casino-Gesellschaft. K.-S. fand aber auch Kontakt zu W. →Stapel, H. →Schwarz und später zu den jungen Nationalisten, die sich um E. →Jünger und E. Niekisch sammelten. Allerdings war K.-S. keiner Gruppierung der →„Konservativen Revolution" zuzurechnen. Seine Sonderstellung wurde schon an der Umdeutung von Schlüsselbegriffen der Konservativen Revolution erkennbar: „Der Konservativismus muß eine nationalrevolutionäre Bewegung sein", und: „Die nationale Revolution muß eine religiöskonservative sein." K.-S. versuchte im eigentlichen Sinne „konservativ" zu bleiben, insofern als er verlangte, die altständische Ordnung wiederherzustellen. Er ist mit seinen Anschauungen kaum über die Positionen der konservativen Denker des 19. Jhdt.s hinausgegangen. Den Konservatismus hielt er für die Weltanschauung des gesunden Menschen, die zwangsläufig aus dem tradierten christlichen Glauben erwachse.

K.-S. schuf keine neue Organisation, und auch seine Wahl zum Vorsitzenden des Hauptvereins der Konservativen im März 1929 eröffnete ihm kaum Wirkungsmöglichkeiten. Hugenbergs Aufstieg zum Vorsitzenden der Deutschnationalen im Oktober 1928 sah er mit einem gewissen Optimismus, aber er verwarf dessen Bündnisangebot an die NSDAP. K.-S. hielt Hitler für einen „geborenen Demokraten", und in seiner 1932 erschienenen Broschüre „Der Nationalsozialismus – eine Gefahr" kritisierte er nicht nur die „kaum begreifbare Unduldsamkeit" der Partei, die keineswegs auf dem Boden des Christentums stehe, sondern auch ihren biologischen Materialismus, dessen Rationalismus sie eigentlich auf die linke Seite des politischen Spektrums verweise.

Im Mai 1932 war K.-S. kurzfristig für ein Präsidialkabinett als Innenminister vorgesehen, aber der Plan wurde nicht ausgeführt. Trotzdem hoffte er, über seine Verbindung zu Papen einen gewissen Einfluß gewinnen zu können. Nur allmählich erkannte er dessen Unfähigkeit. Im Januar 1933 unternahm K.-S. noch mehrere Vorstöße bei Hindenburg, um eine Ernennung Hitlers zum Kanzler zu verhindern, und nach der „Machtergreifung" wollte er mit seinem Freund O. Schmidt-Hannover erreichen, daß die Deutschnationalen sowie die Abgeordneten

des Zentrums dem Ermächtigungsgesetz nur dann ihre Zustimmung gaben, wenn die Grundlagen des Rechtsstaates gewährleistet seien. Nach dem Fehlschlag auch dieser Bemühungen verließ er Berlin. Im April und nochmals am 1. Mai 1933 versuchten Nationalsozialisten das Gut Schmenzin zu stürmen, am 21. Juni wurde K.-S. verhaftet, aber nach drei Wochen wieder freigelassen; er stand auch auf den Todeslisten der SS im Zusammenhang mit der Aktion vom 30. Juni 1934. K.-S. zog sich danach weitgehend aus der Öffentlichkeit zurück, schloß sich allerdings dem Kampf der „Bekennenden Kirche" an und lernte auf diesem Wege den Theologen D. Bonhoeffer kennen. Er hatte auch Kontakte zu A. Delp, A. Winnig und dem ihm in vielem geistesverwandten U. von →Hassell. Im Frühjahr 1938 nahm K.-S. Verbindung zu den Kreisen der militärischen Opposition um L. Beck auf und wurde bald darauf im Auftrag des →Widerstands nach London gesandt. Am 24. August 1939 reiste er noch einmal nach Stockholm zu Gesprächen mit schwedischen Regierungsvertretern. Nach dem Kriegsausbruch hegte K.-S. nur mehr wenig Hoffnung auf einen Umsturz, zumal ihm die Handlungsbereitschaft der Generalität und die konspirativen Fähigkeiten der zivilen Verschwörer zweifelhaft waren. Da er in den Umsturzplänen C.-F. →Goerdelers als Verbindungsmann für Pommern auftauchte, wurde er nach dem 20. Juli 1944 inhaftiert. Dem Vorsitzenden Richter Freisler erklärte K.-S.: „Jawohl, ich habe Hochverrat betrieben seit dem 30. Januar 1933, immer und mit allen Mitteln. Ich habe aus meinem Kampf gegen Hitler und den Nationalsozialismus nie ein Hehl gemacht. Ich halte diesen Kampf für ein von Gott verordnetes Gebot. Gott allein wird mein Richter sein." Am 9. April 1945 wurde K.-S. in Plötzensee durch das Fallbeil hingerichtet.

S.: Reformation oder Revolution?, Berlin 1930; Der Nationalsozialismus – eine Gefahr, Berlin 1932.

L.: *Scheurig* in NDB XII, 29f.; „Widerstand ist vaterländische Pflicht". Aus den Akten des Schwedischen Ministeriums des Äußeren, in: Politische Studien 10 (1959), S. 435-39; *B. Scheurig:* E. v. K.-S. Ein Konservativer gegen Hitler, Oldenburg i. O. 1968; *A. Stahlberg:* Die verdammte Pflicht. Erinnerungen 1932-45, Berlin – Frankfurt a. M. 1987.

– W

Klepper, Jochen

* 22. 3. 1903 Beuthen (Schlesien); † 11. 12. 1942 Berlin. K. wurde in einen schlesischen Pfarrhaushalt hineingeboren. Für den Sohn eines Geistlichen lag die kirchliche Laufbahn nahe, und K. nahm 1922 an der Universität Erlangen, dann in Breslau sein Theologiestudium auf. Den Plan, Pfarrer zu werden, verwarf er aber; nicht nur weil ihn seine empfindliche Gesundheit für diesen Beruf ungeeignet machte, sondern auch weil K. an seiner Bestimmung zweifelte. Die sich verschlechternde finanzielle Lage seines Elternhauses ließ die Fortsetzung des Studiums schließlich ohnehin nicht zu. K. übernahm eine Tätigkeit als Leiter des „Evangelischen Presseverbandes" in Schlesien und arbeitete gleichzeitig als Journalist für Zeitungen und den Rundfunk. Ende der zwanziger Jahre geriet er in eine Lebenskrise, die ihn an den Rand des Selbstmordes führte. In dieser Situation lernte er Hanni Stein kennen, die Witwe eines jüdischen Rechtsanwaltes, dreizehn Jahre älter als er, Mutter von zwei halbwüchsigen Töchtern. Gegen alle gesellschaftlichen Widerstände und um den Preis eines Bruches mit seinen Eltern heiratete K. sie 1931.

Im strengen Sinne war K. immer ein unpolitischer Mensch. Mehr aus sentimentalen Gründen, bestimmt von einem ausgeprägten Gerechtigkeitsgefühl und der persönlichen Freundschaft zu einigen Sozialdemokraten in Breslau, schloß er sich der Bewegung „Religiöse Sozialisten" und der SPD an. Aber die innere Bindung an die Linke blieb schwach; K. wünschte, die Führung der Partei möge sich „aus der Enge des sozialdemokratischen Parteiprogramms zu einer nationaldeutschen Auffassung und Arbeit" durchringen. Wie viele andere damals, war auch K. davon überzeugt, daß alle politischen Anstrengungen zuerst auf die Beseitigung des Diktatfriedens von Versailles gerichtet werden müßten. Durch seine Heirat blieb er allerdings von der Illusion verschont, daß die NSDAP die Kraft sei, Deutschland zu befreien und zu erneuern. Zwar sah auch er die Bewegung nicht ohne alle Hoffnung, doch der rabiate Antisemitismus vieler Anhänger Hitlers erfüllte ihn mit Sorge.

Das Jahr 1933 begann für K. mit einem ersten größeren literarischen Erfolg durch die Veröffentlichung seines Romans „Der Kahn der fröhlichen Leute". Als früherer Sozialdemokrat und Ehemann einer Jüdin hatte er jedoch nach der nationalsozialistischen Machtergreifung mit Restriktionen zu rechnen. Zwar wurde kein Arbeitsverbot gegen ihn ausgesprochen, aber man verwehrte ihm die Aufnahme in die „Reichsschrifttumskammer". Seine Anstellung im Ullstein-Verlag verlor er 1935; von da an war er völlig auf den Broterwerb mit Hilfe seiner Publikationen angewiesen. Durch seinen engen Kontakt zur Bekennenden Kirche versuchte K. die evangelischen Christen zu einem entschlossenen Eintreten für die deutschen Juden zu bewegen, blieb aber ohne Erfolg. Trotzdem lehnten K. und seine Frau jeden Gedanken an Emigration ab – zumal man sich gewissen Illusionen über die weitere Entwicklung hingab.

K. war außerdem von der lutherischen Vorstellung geprägt, daß der Christ auch einer ungerechten Obrigkeit Gehorsam leisten müsse, wie überhaupt seine tiefe evangelische Gläubigkeit in diesen Jahren ihren schönsten Ausdruck fand; das gilt vor allem für die Gedichte, die 1938 in dem Buch „Kyrie" zusammengefaßt wurden und, teilweise vertont, ihren Eingang in das Kirchengesangbuch fanden. Der einzige Ausweg, der sich K. unter den gegebenen Umständen eröffnete, war ein literarischer Protest. Als ein solcher sollte der 1937 erschienene Band „Der Vater" gelesen werden, ein biographischer Roman über die Gestalt des „Soldatenkönigs" Friedrich Wilhelm I. von Preußen. Hier stellte K. dem terroristischen Regime einen wenn auch strengen, so doch rechtlichen Staat entgegen. Die nationalsozialistische Führung, die sich gern auf die preußische Tradition berief, konnte schwer etwas gegen eine Darstellung des Soldatenkönigs einwenden; doch ahnte man wohl, was der Verfasser eigentlich aussagen wollte. Das Buch wurde ein großer Erfolg, und in den Kreisen der stillen, konservativen Opposition – vor allem im Offizierskorps der Wehrmacht – verstand man die Botschaft und gewährte K. bis zum Ende der Friedenszeit einen gewissen Schutz.

Für K. bedeutete der Ausbruch des Krieges zuerst eine Verschärfung seiner persönlichen Schizophrenie. Sein Widerwille gegen den Staat und sein nationales Empfinden traten in eine unaufhebbare Spannung. Daß er wegen seiner Ehe nicht eingezogen wurde, traf ihn tief. Das Heer mit seiner preußischen Tradition war für K. immer noch „geistig und seelisch eine der größten Manifestationen Deutschlands". Erst 1940 erreichte K. dann doch der Gestellungsbefehl. Alle Zweifel, die er über den Sinn des Krieges geäußert hatte, traten nun für ihn in den Hintergrund. Zu Beginn des Rußlandfeldzuges überkam ihn eine geradezu euphorische Stimmung. Er wollte diesen Krieg um jeden Preis als Schlacht für die Befreiung der Völker in der stalinistischen Sowjetunion begreifen. Bereits Ende 1941 wurde er aber wegen „Wehrunwürdigkeit" wieder aus dem Heer entlassen. Obwohl sich zahlreiche Offiziere für K. verwendeten, blieb es dabei, daß er als „jüdisch versippt" nicht wert sei, eine deutsche Uniform zu tragen. Nach Berlin zurückgekehrt, mußte er begreifen, wie bedrohlich sich die Situation für seine Frau und seine jüngste Stieftochter – die ältere war noch vor dem Krieg in die USA ausgewandert – zugespitzt hatte. K. wollte seine Familie vor der Deportation nach Osten schützen, aber die immer sinnloseren Anstrengungen begannen ihn zu zermürben. Im Dezember 1942 entschloß er sich mit seiner Familie zum Freitod.

B.: *G. v. Wilpert / A. Gühring:* Erstausgaben deutscher Dichtung. Eine Bibliographie zur deutschen Literatur 1600-1990, Stuttgart ²1992, S. 856f.

S.: Der Kahn der fröhlichen Leute, Stuttgart 1933; Der Vater, Berlin 1937; In tormentis pinxit. Bilder und Briefe des Soldatenkönigs, Stuttgart 1938; Der Soldatenkönig und die Stillen im Lande, Berlin 1938; Kyrie. Geistliche Lieder, Berlin 1938; Der christliche Roman, Berlin 1940; Das ewige Haus. Geschichte der Katharina von Bora und ihres Besitzes (aus dem Nachlaß), Stuttgart 1951; Unter dem Schatten deiner Flügel, Stuttgart 1956; Ziel der Zeit. Gesammelte Gedichte, Stuttgart 1962.

L.: *K. Ihlenfeld:* Freundschaft mit J. K., Berlin 1958; *R. Thalmann:* J. K.: ein Leben zwischen Idyllen und Katastrophen, München 1977.

– W

Klopp, Onno

* 9. 10. 1822 Leer; † 9. 8. 1903 Wien. Archivar, Historiker und Publizist. Sohn des Tabak- und Kolonialwarenhändlers Wiard K., der gegen Napoleon gekämpft hatte, entstammte K. einer alten protestantischen ostfriesischen Bürgerfamilie. Wiewohl beim Tod seines Vaters K.s Mutter mit elf minderjährigen Kindern zurückblieb, genoß er eine gute Schulbildung: Zunächst von einem Hauslehrer unterrichtet, absolvierte er seit 1839 das Gymnasium in Emden, das er 1841 mit dem „Zeugnis der Reife erster Klasse" verließ. Im gleichen Jahr begann K. sein Studium der Philologie, der evangelischen Theologie und der Geschichte an der Universität Bonn; zu seinen Lehrern zählten u.a. Ernst Moritz Arndt und Immanuel Hermann Fichte. Nachdem er seine Studien in Berlin und Göttingen fortgesetzt hatte, legte K. 1845 die höhere Lehramtsprüfung ab und unterrichtete am Ratsgymnasium Osnabrück; 1846 wurde er zum Dr. phil promoviert.

Im Revolutionsjahr 1848 war von seiner späteren konservativen Haltung noch nichts zu spüren; der nationale Taumel erfaßte auch den jungen Osnabrücker Lehrer, der sich für die Gründung einer gesamtdeutschen Flotte begeisterte. Gleichzeitig scheint K. in diesen Jahren eine stärkere Berufung zur Forschung als zur Lehre verspürt zu haben – jedenfalls bewarb er sich 1851 erfolglos um eine Stelle als Archivar in Hannover und begann seine publizistische Tätigkeit. Hier lassen sich die Anfänge seiner später so prägnanten Weltanschauung finden: In seiner dreibändigen „Geschichte Ostfrieslands" (1854-58) nahm er den großdeutsch-konservativen Standpunkt ein und erteilte dem borussophilen Zeitgeist eine Absage. 1856 gab er den Lehrberuf auf, um sich ganz der Wissenschaft zu widmen. Seine Abneigung gegen die „kleindeutschen Geschichtsbaumeister" brachte ihn auch in Distanz zu Martin Luther und dessen Lehre, gleichzeitig aber in die geistige Nähe des katholischen Rheinländers und Historikers Johannes Janssen. 1861 wurde K. von König Georg V. von Hannover mit einer Edition der Werke von Leibniz beauftragt, 1866 zum Archivrat ernannt und mit der Reorganisation des hannoveranischen Archivwesens betraut.

Das Schicksalsjahr 1866 fand ihn auf der Seite der radikalen Bismarck-Gegner und im Gefolge seines Königs, der an der Seite Österreichs gegen Preußen kämpfte. Nach der Niederlage der Hannoveraner bei Langensalza (27.-29. 6. 1866) begab er sich nach Bamberg, um die Hilfe Bayerns zu gewinnen. Obwohl der seines Erachtens zu kurze österreichische Widerstand K. zutiefst enttäuschte, ging er –

wie auch Georg V. – nach der Eingliederung Hannovers in den preußischen Staatsverband (September/Oktober 1866) nach Wien ins Exil und ließ sich nahe Schönbrunn nieder. Schon bald fand er Zugang zu den Wiener katholisch-konservativen Kreisen. Mit Karl von →Vogelsang freundete er sich an, auch die Zeitung „Das Vaterland" fand in K. einen geistvollen Mitarbeiter. 1870 ernannte ihn König Georg V. zum hannoverschen Hofrat; bereits 1872 wurde er mit seiner Familie österreichischer Staatsbürger; 1873 Katholik. Während des preußischen Kulturkampfes wurde K.s Haus in Wien-Penzing zu einer Art Drehscheibe der katholischen Abwehr: der Führer der deutschen Zentrumspartei, Ludwig Windthorst, traf dort mit päpstlichen Diplomaten zusammen. Obwohl K. von 1876-85 die Söhne Erzherzog Karl Ludwigs in Geschichte unterrichtete, blieb er ein Kritiker der offiziellen österreichischen Politik, da deren Abhängigkeit vom Wilhelminischen Deutschland immer evidenter wurde. Dem Haus Hannover blieb K. zeitlebens verbunden, auch beim Sohn König Georgs, dem nachmaligen Prätendenten Herzog Ernst August von Cumberland, fungierte er als Hauslehrer.

Im hohen Alter war es K. noch vergönnt, die Wiedergeburt des politischen Katholizismus in der christlichsozialen Bewegung Karl Luegers zu erleben, die er lebhaft begrüßte. Starb K. auch als Gegner des Zeitgeistes – trotz der Publikation von über 400 historischen Schriften wissenschaftlich vereinsamt –, so konnte er doch die für Deutschland unselige Kulturkampfepoche →Bismarcks überleben. Diesen beurteilte er mit den folgenden Worten: „Als die Sentenz, die ich dem Fürsten Bismarck ins Album zu schreiben gedächte, würde ich erwähnen die Worte des hl. Augustin: Sine justitia, quid sunt civitates nisi magna societas latronum?"

S.: Die Grundrechte des deutschen Volkes mit allgemein faßlichen Erläuterungen nebst der deutschen Reichsverfassung, Osnabrück 1849; Geschichten, charakteristische Züge und Sagen der deutschen Volksstämme aus der Zeit der Völkerwanderung bis zum Vertrage von Verdun, Leipzig 1851; Geschichten und Charakterzüge der deutschen Kaiserzeit von 843-1125, Leipzig 1852; Leben und Thaten des Admirals de Ruiter, Hannover 1852; Geschichte Ostfrieslands, Bde. I-III, Hannover 1854-58; Studien über Katholizismus, Protestantismus und Gewissensfreiheit in Deutschland, Schaffhausen, 1857; Wird Deutschland wieder katholisch werden?, Schaffhausen 1859; Friedrich II. von Preußen und die deutsche Nation, Schaffhausen 1860; Tilly im Dreißigjährigen Krieg, Bde. I-II, Stuttgart 1861, (Neuaufl.: Der Dreißigjährige Krieg bis zum Tode Gustav Adolfs 1632, Bde. I-III, Paderborn 1891-93); Kleindeutsche Geschichtsbaumeister, Freiburg i. Br. 1863; Leibniz, der Stifter gelehrter Gesellschaften, Leipzig 1864; Die Politik der hannoverschen Regierung in der deutsch-dänischen Frage, Hannover 1864; Die preußische Politik des Fridericianismus nach Friedrich II., Schaffhausen 1867; Rückblick auf die preußische Annexion des Königreichs Hannover, München 1868; Der evangelische Oberkirchenrat und das Konzil, Wien 1869; Das preußische Verfahren in der Vermögenssache des Königs von Hannover, Wien 1869; Der Fall des Hauses Stuart und die Sukzession des Hauses Hannover in Großbritannien und Irland im Zusammenhang mit den europäischen Angelegenheiten von 1660 bis 1714, Bde. I-XIV, Wien 1875-88; König Georg V., Hannover 1878; Das Jahr 1683 und der Türkenkrieg bis 1699, Graz 1882; Corrispondenza epistolare tra Leopoldo I ed il P. Marco d'Aviano, 1888; Philipp Melanchthon 1497-1560, Berlin 1897; (als Hrsg.): Leibniz: Historisch-politische Schriften, Bde. I-XI, Hannover 1864-84.

E.: Deutschland und die Habsburger, hrsg. v. *L. König*, Graz 1908; Politische Geschichte Europas, hrsg. v. *W. Klopp*, Bde. I-II, Mainz 1912; *L. v. Pastor*: Briefe von O. K. an Johannes Janssen, in: Hochland 16 (1918/19), S. 229-53, 385-405, 484-511, 578-607.

L.: *Schnath* in NDB XII, 115f.; Katalog der nachgelassenen Bibliothek O. K., Wien 1903; *W. v. Klopp*: O. K. Ein Lebensbild, Osnabrück 1907, neu hrsg. v. *F. Schnabel*, München 1950; *H. Reimers*, in: Blätter des Vereins für Heimatschutz und Heimatgeschichte, Leer 1926, S. 112-20; *E. Laslowski*: Zur Entwicklungsgeschichte O. K.s, in: Historisches Jahrbuch 56 (1936), S. 481-98; *W. Kosch*: Das katholische Deutschland. Biographisch-bibliographisches Lexikon, Bd. II, Augsburg 1937, Sp. 2187f.; *T. v. Borodajkewycz*: Leo Thun und O. K. Ein Gespräch nach Königgrätz um Österreichs Wesen und Zukunft, in: Gesamtdeutsche Vergangenheit, Festgabe für Heinrich Ritter v. Srbik, München 1938, S. 319-34; *E. Menhofer*: Das deutsche Problem bei O. K., phil. Diss. Wien 1964; Österreichisches Biographisches Lexikon, Bd. III, Graz – Köln 1965, S. 419; *H. Schmidt*: O. K. und die „kleindeutschen Geschichtsbaumeister", in: Kirche, Staat und katholische Wissenschaft in der Neuzeit. Festschrift für Heribert Raab, hrsg. v. *A. Portmann-Tinguely*, Paderborn – München – Wien – Zürich 1988, S. 381-95; *K. Fuchs*: O. K., in: Biographisch-bibliographisches Kirchenlexikon, hrsg. v. *F. W. Bautz*, Bd. IV, Herzberg 1992, S. 70ff.; *L. Matzinger*: O. K. – Leben und Werk, 1993.

– Ri

Kompensation

Der ursprünglich „Geschäft" bedeutende Begriff K., der in der heutigen Juristensprache als Synonym für die Aufrechnung einer Forderung mit einer Gegenforderung gebraucht wird, stammt aus der römischen Handelssprache. Er findet in der christlichen Theologie seit dem 2. Jhdt. n. Chr. Verwendung im Zusammenhang mit dem Verständnis von Gottes Erlösungshandeln als einer gnadenhaften K. für die durch die Sünde geschehene Korruption der Schöpfung. In der Theodizee wandelt sich dieser Gedanke: Durch Gottes Gnade werden nunmehr die Übel der Welt kompensiert.

Im 19. Jhdt. wird unter K. zunächst allgemein das Prinzip des Ausgleichs in der Natur verstanden; in Medizin und Psychologie nimmt dieser Begriff schließlich die Bedeutung von Ausgleich und Ersatz für Defekte und Mängel an. Er findet sich wieder in der Anthropologie A. →Gehlens, in der dargelegt wird, daß die Mängelbedingungen der menschlichen Existenz durch die Fähigkeit des Menschen, eben diese Mängelbedingungen in Chancen seiner Lebensfristung umzuarbeiten, kompensiert werden.

Ihre eigentliche politische Bedeutsamkeit erlangt die Kategorie der K. im neokonservativen Denken. Den Ausgangspunkt dafür bildet die These Joachim Ritters, daß unter den Bedingungen der homogenen Zivilisation, d.h. angesichts der Abstraktheit, Geschichtslosigkeit und Versachlichung der modernen Gesellschaft auf deren Boden die Geisteswissenschaften ausgebildet werden, „weil die Gesellschaft notwendig eines Organs bedarf, das ihre Geschichtslosigkeit kompensiert und für sie die geschichtliche und geistige Welt des Menschen offen und gegenwärtig hält, die sie außer sich setzen muß". H. →Lübbe hat – den Gedanken der K. aufnehmend und zur Erschließung modernitätsspezifischer Phänomene wie den Denkmalschutz oder die Renaissance der Geschichtswissenschaften heranziehend – gegenüber Ritter geltend gemacht, daß nicht die Ungeschichtlichkeit, sondern gerade die beispiellose Geschichtlichkeit der modernen Zivilisation über die Beschleunigung des Wandels Erfahrungsverluste und damit jenen „Zukunftsgewißheitsschwund" erzeuge, welcher die durch die historischen Kulturwissenschaften zu leistende kompensierende Vergegenwärtigung der jeweiligen Herkunftskulturen erforderlich mache.

O. Marquard, der sich in seinen Arbeiten intensiv mit den kompensierenden Funktionen von Ästhetik und Kunst in der Gegenwart beschäftigt, hat das Kompensationstheorem einer breiteren Öffentlichkeit bekannt gemacht. Seine zentrale These, mit der er die bedeutsame Rolle der Geisteswissenschaften für die Stabilisierung von Modernisierungsprozessen hervorgehoben hat, lautet: „Je moderner die moderne Welt wird, desto unvermeidlicher werden die Geisteswissenschaften." Marquard verweist darauf, daß die von den Naturwissenschaften über die Neutralisierung von Herkunftswelten verursachten lebensweltlichen Verluste unkompensiert einen für Menschen unaushaltbaren Verlust darstellen. In dieser Situation helfen die Geisteswissenschaften „den →Traditionen, damit die Menschen die Modernisierungen aushalten können: sie sind... nicht modernisierungsfeindlich, sondern – als K. der Modernisierungsschäden – gerade modernisierungsermöglichend". Indem die Geisteswissenschaften dieses über die Erzählung vielfältiger Sensibilisierungs-, Bewahrungs- und Orientierungsgeschichten leisten, wirken sie, so Marquard, „pluralisierend und kompensierend, kritisieren dadurch die Herrschaft jener gefährlichen Alleingeschichten (Monomythen), die gerade im modernen Zeitalter der Entgeschichtlichungen zur Herrschaft zu kommen drohen".

L.: *J. Ritter:* Die Aufgabe der Geisteswissenschaften in der modernen Gesellschaft, in: *ders.:* Subjektivität, Frankfurt a. M. 1974, ²1989, S. 105-40, 169-71; *O. Marquard:* Über die Unvermeidlichkeit der Geisteswissenschaften, in: *ders.:* Apologie des Zufälligen, Stuttgart 1986, S. 98-116; Kursbuch 91. Wozu Geisteswissenschaften?, Berlin 1988; *ders:* Aesthetica und Anaesthetica, Paderborn u.a. 1989 (darin insbesondere: K. – Überlegungen zu einer Verlaufsfigur geschichtlicher Prozesse, S. 64-81, 149-60); *H. Lübbe:* Erfahrungsverluste und K.en, in: *ders.:* Die Aufdringlichkeit der Geschichte, Graz u.a. 1989, S. 105-19; *ders.:* Exkurs II. Der Streit um die Kompensationsfunktion der Geisteswissenschaften, in: *ders.:* Im Zug der Zeit, Berlin u.a. 1992, S. 281-304.

– Z

Konservatismus, konservativ

In der Umgangssprache hat das Kunstwort *konservativ* (aus dem lat. conservare = bewahren, erhalten, schützen) ein Bedeutungsfeld, das von erprobt, wertgebunden, stabil bis zu rückständig, unmodern, verknöchert reicht. Als spezieller Terminus bezieht sich *konservativ* auf eine bestimmte Strömung in der Ideen- und Parteiengeschichte. Der Wortgebrauch schwankt beträchtlich, wobei es jeweils eine Rolle spielt, ob in einem Lande konservative Parteien (z.B. in Großbritannien) und außerparlamentarische konservative Organisationen (z.B. in den USA) vorhanden sind oder nicht (z.B. in Italien).

Aus dem umgangssprachlichen Gebrauch läßt sich der spezielle Terminus nicht ableiten, zumal aus dem Postulat des Bewahrens nicht entnommen werden kann, was und wie bewahrt werden soll. Doch wird zwischen dem umgangssprachlichen und dem speziellen Terminus selten eine strikte Trennlinie gezogen, was zum „schwierigen Konservatismus" (G.-K. →Kaltenbrunner) führt. Der spezielle Terminus fand in der ersten Hälfte des 19. Jhdt.s Verbreitung, nachdem in den vorausgegangenen Jahrzehnten (etwa seit 1770) sich die betreffende Ideenströmung herausgebildet und fast alle ihre Grundschriften hervorgebracht hatte (man denke im deutschen Sprachraum etwa an F. →Gentz, C. L. von →Haller, A. →Müller, F. →Schlegel, A. W. →Rehberg, K. von →Eckartshausen), ohne durch einen gemeinsamen Namen zusammengefaßt worden zu sein. Doch treffen einander die antiabsolutistische Verteidigung der *Societas civilis* (J. →Möser), der Streit um die kulturrevolutionären Projekte der Spätaufklärung, vor allem im Bereich der Religion, der Geheimgesellschaften und des Schulwesens (Illuminaten-Orden, Kampf gegen Wöllners Religionsedikt, Philanthropien, Deismus), die Auseinandersetzung mit den Grundsätzen der Französischen Revolution (E. →Burkes „Reflections on the Revolution in France", 1790), die Historische Rechtsschule, die romantische Staats- und Gesellschaftslehre sowie die theokratischen Lehrgebäude der „Meister der Gegenrevolution" (J. de →Maistre, L. G. A. de →Bonald) alle in der Absicht der Überwindung der Aufklärungsphilosophie, speziell ihrer religiösen

und politischen Konsequenzen, und der Wiederherstellung einer Ordnung, die gestört war.

Die Übernahme des Ausdrucks *konservativ* für diese vielfältige Ideenströmung wird auf das Erscheinen von F. R. de →Chateaubriands Zeitschrift „Le Conservateur" (Okt. 1818 bis März 1820) zurückgeführt, in der ein christlicher, parlamentarisch-publizistischer Royalismus vertreten wurde, der sich gleichwohl gegen die Regierung Ludwigs XVIII. und die von ihr betriebene Zensur wandte (daher „Ultra-Royalismus"). Man hat jedoch übersehen, daß der Zeitschriftentitel ebenso wie die Auslegung von *konservativ* in dem Sinne, die gesunden Lehrmeinungen zu bewahren („conserver les saines doctrines"), ironisch gemeint war. Denn unter dem Titel „Conservateur" waren in der Zeit des Directoire mehrere Zeitschriften von der atheistischen Schule der „Ideologen" herausgegeben worden, die im Fahrwasser von E. B. de Condillacs Sensualismus eine auf der Physiologie basierende Einheitswissenschaft propagierte. Da Fortschritt für die „Ideologen" aus der Vermehrung und Bewahrung von Sinneseindrücken resultierte, war bei ihnen der Ausdruck *konservativ* inhaltlich fundiert gewesen, während die sog. Konservativen bis zur Gegenwart mit diesem Namen nie recht glücklich waren. Die „Ideologen" hatten 1799 Napoleons Staatsstreich unterstützt, und *konservativ* ging damit in den öffentlichen Sprachgebrauch ein, was sich in Napoleons Proklamation vom 19. Brumaire („Les idées conservatrices, tutélaires, libérales sont rentrées dans leur droit") ebenso wie in der Errichtung eines „Sénat Conservateur" zeigte. Napoleons Bruch mit den „Ideologen" anläßlich seines Konkordats mit der katholischen Kirche (1801) und der Erfolg von Chateaubriands Neo-Katholizismus („Le Génie du Christianisme", 1802) ermöglichten eine Umprägung des Wortes *konservativ*.

Gesamteuropäische Verbreitung gewann der Ausdruck, als sich die britische Tory-Partei unter der Führung von Sir Robert →Peel 1832 in „Konservative Partei" umbenannte (erste Erwähnung Januar 1830 in der „Quarterly Review", zuvor in England in französischer Sprache verwendet). Da die von den britischen Konservativen errichteten landesweiten Parteiorganisationen Modellcharakter für das moderne Parteiwesen annahmen, verbreitete sich *konservativ* in fast allen Ländern, die über parlamentarische Institutionen und ein entsprechendes Parteiwesen verfügten. Doch wurde dabei der Ideengehalt des „klassischen K." durch den Pragmatismus des Parteiwesens mit seinen wechselnden Inhalten überlagert. Umstritten ist, ob der ältere, ideelle K., der auf der *Societas civilis* beruhte, die gesellschaftliche Rolle der Religion betonte und von der Leitidee des unantastbaren und ewigen göttlichen →Rechts ausging, zusammen mit der ihn tragenden Schicht des →Adels untergegangen und daher jede spätere Verwendung des Begriffs *konservativ* mißbräuchlich ist (P. Kondylis); oder ob K. sich nach dem Wechsel der sozialen Trägerschicht und weitgehend auch der ideellen Grundlagen wieder neu bildet, wenn auch in anderer Form; oder ob es sich bei „progressiv" und *konservativ* gar um „zwei nicht weiter auflösbare Grundhaltungen handelt, die sich in den verschiedenen Gestalten – religiösen, künstlerischen und politischen – durch die Jahrtausende hin nachweisen lassen" (G.-K. Kaltenbrunner).

Überzeitlichkeit und historische Epochengebundenheit des K. versuchte K. Mannheim zu vereinbaren, indem er zwischen einem „Traditionalismus" als einer „allgemein menschlichen seelischen Veranlagung, die sich darin äußert, daß wir am Althergebrachten zäh festhalten und nur ungern auf Neuerungen eingehen" und dem K. „als einem spezifisch historischen und modernen Phänomen" unterschied. Wenn der K. zum „treibenden Keim einer ‚Bewegung' wurde, die in ihren geistigen und seelischen Gehalten einen bestimmten, wenn auch historisch sich abwandelnden Strukturzusammenhang aufweist", so liegt das laut Mannheim daran, „daß unmittelbar vorher das ‚Fortschrittswollen' in einer ähnlichen Weise zu einer ‚Strömung' mit einem eigenen Strukturzentrum geworden ist". K. ist somit stets eine Parteiung, die sich mit einer anderen und entgegengesetzten auseinandersetzt, ob es sich dabei nun um die →Aufklärung, den Progressismus, den Liberalismus oder den Sozialismus handelt. Für diese Auseinandersetzung sind ein überindividueller Denkzusammenhang ebenso notwendig wie ein Mindestmaß an Organisation.

Da der K. des 19. Jhdt.s als Parteiung nach-

haltig bekannt geworden ist, bietet sich für eine erneute Konfrontation mit aufklärerischen und progressistischen Strömungen der Ausdruck *konservativ* fast von selbst an. Das beste Beispiel dafür ist der →amerikanische K., der fast ohne Vorgeschichte um 1950 entstand (R. →Kirk: „The Conservative Mind", 1953). Es handelte sich um eine Gegenbewegung gegen die staatsbürokratischen, wohlfahrtsstaatlichen, sowjetfreundlichen, kulturell progressiven Tendenzen der Roosevelt-Ära, die sich im Einklang mit einem „liberalen" Zeitgeist in Medien, Behörden und Universitäten befanden. Es ist mehr als einmal behauptet worden, daß es sich bei dem amerikanischen K., richtig gesehen, um Liberalismus handle, weil das Individuum gegen den Staat, die freie Wirtschaft gegen bürokratische Lenkung verteidigt werde und keine Spur von „organischen" Gemeinschaftstraditionen des europäischen K. vorhanden sei. In diesem Sinn hat auch der selbst zu den amerikanischen Konservativen gezählte Nationalökonom F. A. von →Hayek die „Verteidiger der Freiheit" von den Konservativen abgegrenzt („Die Verfassung der Freiheit", 1971).

Der amerikanische K. ist jedoch nicht ein Liberalismus auf der Suche nach einem richtigen Namen. Es handelt sich um eine auf der pragmatischen Ebene zusammengehende und bei allen Unterschieden in der Auseinandersetzung mit dem „liberalen" Syndrom (vgl. Burnham) übereinstimmende Koalition aus fünf Grundströmungen, nämlich die (in zeitlicher Reihenfolge) der „Libertären" (radikal individualistische Freiwirtschaftler), der Antikommunisten (Gegner der sowjetischen Expansion und der inneren Subversion), der Konservativen im engeren Sinne (Gegner des wohlfahrtsstaatlichen Progressismus und der permissiven Gesellschaft) und der „Neuen Rechten" (christlich-fundamentalistische Populisten). Für diese weitgespannte Koalition, die sich kaum auf einen gemeinsamen theoretischen Nenner bringen läßt, wurden die besonderes Ansehen genießenden kulturkritischen „Konservativen" (R. →Weaver, R. Kirk) zu Namensgebern, die teilweise auf dem Weg über die vom „American way of life" abweichende Südstaatentradition vom klassischen europäischen K. durchaus beeinflußt waren. Nicht unterschätzt werden darf dabei auch der Einfluß der Schulen, die sich um einige aus Europa eingewanderte Denker konservativer Prägung (L. →Strauss, E. →Voegelin) bildeten.

Wenn man den von Mannheim als „Traditionalismus" bezeichneten Bereich ganz außer acht läßt, dann läßt sich mit W. Ribhegge der K. „als spezifisch historisches und modernes Phänomen" in drei Phasen unterteilen: 1. die Phase des klassischen europäischen K.; 2. die Phase des bürgerlich-nationalen K.; 3. die Phase des modernen K..

1. Der klassische K. (1770-1848) wandte sich gegen eine Aufklärung, die den Menschen als Schöpfer seiner Welt an die Stelle des entthronten Schöpfergottes setzte und beanspruchte, im Lichte der Vernunft bestehende Mißbräuche, Gewohnheiten und Vorurteile auszumerzen. Dabei verwendete der K. ebensosehr Argumente der Politischen Theologie („Thron und Altar") wie der Gesellschaftslehre (Dauer, Ordnung als Voraussetzung der →Freiheit, Notwendigkeit der →Institutionen). Beide Argumente treten nicht nur gegeneinander, sondern auch nacheinander auf, wenn etwa der Übergang von der Regierung des Duke of Wellington (1828-30) – als letztem Tory – zur Regierung von Sir Robert Peel (1834-35, 1841-46) – als erstem Konservativen – als Übergang vom kosmologischen Argument für die Ordnung (religiöse Sanktion der Institutionen „von Gottes Gnaden") zum soziologischen Argument (durch Erfahrung begründete Notwendigkeit gesellschaftlicher Kontinuität) gewertet wurde (vgl. R. Blake).

2. Der bürgerlich-nationale K. (1848-1918) hatte liberale, antiständische Argumente in sich aufgenommen. Er huldigte stärker dem bürgerlichen Leistungs- als dem aristokratischen Standesprinzip. Die konkrete Wirklichkeit, in der sich der bürgerlich-nationale K. pragmatisch bewährte, gipfelte in der →Nation und im Imperium (England). Die konservativen Parteien waren in besonderem Maße Hüter des Patriotismus, so daß sich ihre Gegner leicht in der Rolle von „vaterlandslosen Gesellen" wiederfanden. Die Abneigung gegenüber theoretischen Erörterungen in dieser Phase spiegelt sich in der Bemerkung F. J. C. Hearnshaws wider, daß, im Gegensatz zu den Sozialisten, die Konservativen auf ihrem Wege nicht leere Traktate, sondern Monumente zurückließen. Ihre Gegner

höhnten jedoch über „the stupid party". Der klassische K. überlebte eingeschränkt noch in dem antimodernistischen Flügel der katholischen Kirche. So blieb in Mitteleuropa als letzte der den modernen Massenparteien weichenden konservativen Parteien die Katholisch-konservative Partei der Schweiz, bis sie sich 1957 in Christlich-demokratische Volkspartei umbenannte.

3. Der moderne K. (seit 1918) war, wie einst der klassische K., wieder eine geistig-politische Bewegung, die, in deutlicher Distanz zu den Parteien, vor allem von intellektuellen Kreisen getragen wurde. Die tiefe Erschütterung der bürgerlich-nationalen Ordnung durch den Ersten Weltkrieg ließ eine Vielzahl von zeit- und kulturkritischen Richtungen in Abkehr vom vorherrschenden Industrialismus, Demokratismus und Liberalismus auf die Suche nach neuen Ordnungsformen gehen. Dabei wurde der vorher zum Parteinamen erstarrte Begriff *konservativ* wieder inhaltlich aufgefüllt. Doch wurden auch andere Namen verwendet. So bezeichnete sich in England eine einschlägige Richtung (T. E. →Hulme, T. S. →Eliot) als „neo-klassisch", denn es ging laut Hulme um die Gegenüberstellung zweier Lebensformen, deren eine besagt, „daß der Mensch im Grunde gut ist und nur durch äußere Umstände verdorben wird. Die andere besagt, daß er im Grunde begrenzt ist, jedoch durch die Disziplin der Ordnung und der Tradition zu einem erträglichen Wesen gemacht wird." Die eine sei die romantische, die den Menschen für ein Reservoir von Möglichkeiten halte, die andere die klassische, die in ihm eine endliche und umrissene Kreatur sehe.

Doch zählt ein solcher anthropologischer Realismus, ob religiös begründet oder nicht, zusammen mit dem Institutionalismus und dem Antiutopismus zu den wenigen grundlegenden Gemeinsamkeiten des K. in allen seinen Phasen. Zu den um konservative Erneuerung bemühten intellektuellen Strömungen in Frankreich gehören der Renouveau Catholique und die Action Française, in Italien der soziologische Realismus von V. Pareto, G. Mosca oder R. →Michels, aber auch die kulturpolitische Bewegung des Futurismus, in Deutschland die →Konservative Revolution. Ob die Konservativen nach einer „Achsenzeit" die Rückkehr zu früheren Ordnungen für unmöglich und eine neue „organische Konstruktion" für notwendig erachtet haben (A. →Moeller van den Bruck: „Konservativ ist, Dinge zu schaffen, deren Erhaltung sich lohnt"), wie A. →Mohler meint, oder ob die Verbindung von K. mit seinem Gegenteil, der Revolution, einen „Verzweiflungsschritt" darstellte, der in den Abgrund führte, wie M. Greiffenhagen behauptet, ist umstritten.

Jedenfalls hat sich an die Konservative Revolution (O. →Spengler, E. und F. G. →Jünger, A. Moeller van den Bruck, C. →Schmitt, M. Heidegger) die „schwarze Legende" eines deutschen konservativen Sonderwegs geknüpft, auf dem der →deutsche K. (im Gegensatz zu den Konservatismen anderer Länder) in den Nationalsozialismus eingemündet sei und sich so selbst und seine ganze Geschichte widerlegt habe (M. Greiffenhagen). Diese zur „Vergangenheitsbewältigung" zählende Theorie konnte nur deshalb aufgestellt werden, weil der gesamteuropäische Zusammenhang des modernen K. (im Gegensatz zu dem des klassischen K.) bisher noch nicht erforscht worden ist. Zur „schwarzen Legende" zählt auch die Behauptung, daß der K. 1945 diskreditiert gewesen und nach dem Krieg nicht wieder aufgelebt sei. Dies gilt jedoch nur für die vier Jahre der Besatzungsherrschaft und der Lizenzzeit. Ein Blick in die Bücherkataloge und Vorlesungsverzeichnisse der fünfziger Jahre zeigt, welch großen Anteil die K. am geistigen Leben dieser Zeit hatte. Selbst einen parteipolitischen K. gab es in Gestalt der →Deutschen Partei, die im Bundestag und in der Bundesregierung bis 1960 vertreten war.

Erst die Kulturrevolution der sechziger Jahre mit einer sich auf Marx und Freud berufenden „zweiten Aufklärung" verdrängte die konservative Komponente aus der Öffentlichkeit fast völlig. Doch gerade die öffentliche Alleinherrschaft der „zweiten Aufklärung" mit ihren Postulaten der Veränderung, der Emanzipation, der Demokratisierung, der „hinterfragenden" Kritik, der Beseitigung der Vorurteile unter Einsatz der modernen Massenmedien trieb einen theoretisch fundierten konservativen Widerspruch hervor. Publikationen wie H. Schoeck: „Was heißt politisch unmöglich?" (1959), A. →Gehlen: „Moral und Hypermoral" (1969), H. →Schelsky: „Die Arbeit tun die anderen"

(1975) sind durch das Ineinandergreifen einer durchdachten theoretischen Konzeption und einer scharfen polemischen Konfrontation für das Wiedererstehen des K. als einer auch theoretisch ausgebauten Parteiung charakteristisch.

Zum Widerspruch gegen die progressive Herrschaft, die sich nicht zuletzt auf das Manipulationspotential der Medien stützte, trat 1973/74 eine Erschütterung der objektiven Grundlagen der progressiven Einstellung hinzu. Die Diskussion über die „Grenzen des Wachstums", der Schock der Ölkrise, das Erwachen des Umweltbewußtseins und der Einsicht in die Kosten und Nebenwirkungen technischer und planerischer Fortschritte erschütterten den Glauben an die Machbarkeit aller gesellschaftlichen Verhältnisse, an die Selbstverständlichkeit der hedonistischen Anspruchshaltung und an die Verantwortbarkeit der Ausbeutung der Natur ohne Rücksicht auf kommende Generationen. Eine „Tendenzwende" zeichnete sich ab. Ob mehr an die Kompensation der Dynamik der Industriegesellschaft und der Folgen des Wertewandels durch stabilisierende und integrierende Faktoren gedacht wird oder an eine dem Epochenwechsel adäquate „geistige Wende" (G. Rohrmoser) – jedenfalls ist seither in allen Debatten um die Wiedergewinnung der Geschichte, die Identitätsfindung der Deutschen, die Überwindung des Wohlfahrtsstaates im Neo-Konservatismus, die Postmoderne als Gegenschlag gegen Szientismus, Utopismus und Unitarismus eine Präsenz konservativer Positionen unübersehbar, auch wenn diese nicht immer expressis verbis als solche bezeichnet werden.

L.: *H. Wagener* (Hrsg.): Staats- und Gesellschafts-Lexikon, 23 Bde., Berlin 1859 ff; *R. Meyer:* Hundert Jahre conservativer Politik und Literatur, Wien o. J. (1896); *O. Stillich:* Die politischen Parteien in Deutschland I: Die Konservativen, Leipzig 1908; **Lord H. Cecil:** Conservatism, London 1912; *Sir G. Butler:* The Tory Tradition, London 1914; *A. v. Martin:* Weltanschauliche Motive im altkonservativen Denken, in: Deutscher Staat und deutsche Parteien, Meinecke-Festschrift, München 1922; *P. R. Rohden:* Deutscher und französischer Konservativismus, in: Dioskuren, Jb. 1924; *E. Kaufmann:* Über die konservative Partei und ihre Geschichte, Bonn 1925; *K. Mannheim:* Das konservative Denken, in: Archiv für Sozialwissenschaft und Sozialpolitik 57/1927; *G. Quabbe:* Tar a Ri, Berlin 1927; *S. Neumann:* Die Stufen des preußischen Konservativismus, Berlin 1930; *Q. Hogg:* The Case for Conservatism, London 1947; *R. J. White* (Hrsg.): The Conservative Tradition, London 1950; *F. G. Wilson:* The Case for Conservatism, Seattle 1951; *F. Valjavec:* Die Entstehung der politischen Strömungen in Deutschland 1770-1815, München 1951; *H. Mühlenfeld:* Politik ohne Wunschbilder, Münschen 1952; *R. Kirk:* The Conservative Mind from Burke to Santayana, Chicago 1953; *ders.:* A Program for Conservatives, Chicago 1954; *R. Rémond:* La droite en France, Paris 1954; *C. Rossiter:* Conservatism in America, London 1955; *H.-J. Schoeps:* Konservative Erneuerung, Stuttgart 1958; *R. Kirk:* Lebendiges politisches Erbe, Erlenbach – Zürich 1959; *W. Kendall:* The Conservative Affirmation, Chicago 1963; *J. Burnham:* Begeht der Westen Selbstmord?, Düsseldorf 1965; *T. Molnar:* The Counter-Revolution, New York 1969; *H. Gerstenberger:* Der revolutionäre K., Berlin 1969; *F. Glum:* K. im 19. Jhdt., Bonn 1969; *R. Blake:* The Conservative Party from Peel to Churchill, London 1970; *W. F. Buckley* (Hrsg.): American Conservative Thought in the Twenteeth Century, Indianapolis 1970; *R. Schüttinger:* The Conservative Tradition in the European Thought, New York 1970; *M. Greiffenhagen:* Das Dilemma des K. in Deutschland, München 1971; *H. Grebing:* Konservative gegen die Demokratie, Frankfurt a. M. 1971; *G.-K. Kaltenbrunner* (Hrsg.): Rekonstruktion des K., Freiburg i. Br. 1972; *ders.:* K. international, Stuttgart 1973; *K. Epstein:* Die Ursprünge des Konservativismus in Deutschland, Frankfurt a. M. 1973; *H.-G. Schumann* (Hrsg.): Konservativismus, Gütersloh 1974; *R. A. Kann:* Die Restauration als Phänomen der Geschichte, Graz 1974; *A. Gamble:* The Conservative Nation, London 1974; *G.-K. Kaltenbrunner:* Der schwierige K., Herford 1975; *G. H. Nash:* The Conservative Intellectual Movement in America, New York 1976; *N. O'Sullivan:* Conservatism, London 1976; *G. H. Nash:* The Conservative Intellectual Movement in America, New York 1976; *I. Gilmour:* Inside Right, London 1977; *K. Fritzsche:* K., in: *F. Neumann* (Hrsg.): Politische Theorien und Ideologien, Baden-Baden [2]1977; *C. v. Schrenck-Notzing* (Hrsg.): Konservative Köpfe, München 1978; *M. Cowling* (Hrsg.): Conservative Essays, London 1978; *R. Scruton:* The Meaning of Conservatism, Harmondsworth 1980; *J. H. Schoeps:* K., in: *ders. / Knoll / Bärsch:* K., Liberalismus, Sozialismus, München 1981; *R. Norton / A. Aughey:* Conservatives and Conservatism, London 1981; *R. Nisbet:* Conservatism. Dream and Reality, Milton Keynes 1986; *P. Kondylis:* Konservativismus, Stuttgart 1986; *P. Beneton:* Le conservatisme, Paris 1988; *A. Mohler:* Die konservative Revolution in Deutschland. Ein Handbuch, Bde. I-II, Darmstadt [3]1989; *R. Eatwell / N. O'Sullivan:* The Nature of the Right, London 1989; *K. Lenk:* Deutscher K., Frankfurt a. M. 1989; *A. Gauland:* Was ist K., Frankfurt a. M. 1991; *N. Ashford / S. Davies* (Hrsg.): A Dictionary of Conservative and Libertarian Thought, London 1991; *J. B. Müller:* Der K. als Ordnungslehre, in: *ders.,* Die politischen Ideenkreise der Gegenwart, 1992; *A. Chevalier:* Eloge du Conserva-

tisme, Paris 1992; *P. Gottfried:* The Conservative Movement, Rev. Ausg., New York 1993.

– S-N

Konservative Frauenbewegung

Der engagiert-behutsame, Bewahrung durch Reformen anstrebende oder solche Reformen nur im Rahmen des bestehenden Systems beabsichtigende Flügel der (zweiten, hauptsächlich liberalen) deutschen Frauenbewegung (1865-1933). Er stand den christlichen Kirchen und den liberal-konservativen und konservativen Parteien nahe und wurde von Frauen geführt, die aus dem christlich-konservativen Milieu heraus vor allem soziale, aber auch rechtliche Verbesserungen der Lage der Frau erreichen wollten (z.B. Paula Müller, 1865-1946, als Reichstagsabgeordnete seit 1920 Müller-Otfried) oder aus dem großbürgerlich-nationalliberalen Milieu heraus für „gemäßigt" politische, z.T. auch soziale Reformen eintraten (z.B. Emma Ender, 1875-1954).

Als 1848/49 die erste deutsche Frauenbewegung hervortrat, die der liberal-demokratischen Frauenclubs und der Hamburger Frauenhochschule, hatte Amalie Sieveking (1794-1859) – einer der ersten Hamburger Familien angehörig – durch die Gründung eines „Vereins für Kranken- und Armenpflege" bereits ihre schon früher gefaßte Idee des karitativen Frauenvereins verwirklicht: Im Rahmen der Kirche sollte für die große Zahl der alleinstehenden jungen Frauen aus Großbürgertum und Bürgertum eine am →Gemeinwohl orientierte Lebensaufgabe bereitgestellt werden. Die Liberale Louise Otto-Peters, die in ihrer Person ein Stück Kontinuität zwischen der ersten und der zweiten, nach der Reaktion der 1850er Jahre einsetzenden Frauenbewegung verkörperte (1865 wurde der „Allgemeine Deutsche Frauenverein", ADF, gegründet), lehnte Sievekings Ansatz ab. Der dagegen genau hier anknüpfende, 1866 von dem damaligen Präsidenten des „Centralvereins in Preußen für das Wohl der arbeitenden Klasse", Wilhelm A. Lette, patriarchalisch „von oben herab" gegründete „Verein zur Förderung der Erwerbstätigkeit des weiblichen Geschlechtes" (ab 1869 „Lette-Verein") schien Peters' Befürchtungen zunächst zu bestätigen, denn was Lette auch „in noch so fernen

Jahrhunderten" nicht wünschte, war die Gleichberechtigung der Frauen. Vielleicht wollte er bloß die Väter und Brüder der unverheirateten Frauen des Bürgertums von ihren Fürsorgeverpflichtungen befreien. Im Vorstand des Vereins saß zunächst nur eine (kooptierte) Frau, die Schriftstellerin Jenny Hirsch, die 1872 John Stuart Mills Buch „On the subjection of women" (1869) ins Deutsche übersetzte – im selben Jahr, als Lettes Tochter, Anna Schepeler-Lette (1829-97), den Vorsitz des unter dem Protektorat der Prinzessin Viktoria (der späteren „Kaiserin Friedrich", 1840-1901) stehenden Vereins übernahm, der allmählich eine gelinde frauenpolitische Eigendynamik entfaltete. Hirsch gab 1870-81 die Zeitschrift „Der Frauenanwalt" heraus. In Österreich war nach dem Vorbild des Lette-Vereins schon 1866 von Iduna Laube (1808-79) der „Wiener Frauen-Erwerbsverein" gegründet worden.

Waren die auf Emanzipation drängende oder hinarbeitende, anti-patriarchalische, in unterschiedlichen Graden stets „progressive" deutsche Frauenbewegung der zweiten Hälfte des 19. und des ersten Drittels des 20. Jhdt.s einerseits und der Konservatismus andererseits nicht zwei miteinander nicht zu vereinbarende Strömungen? Nur dann, wenn man das konservative Etikett, mit dem oft platter männlicher Chauvinismus bemäntelt wurde, hier mit der Sache selbst verwechselte. Entschieden ablehnend äußerte sich beispielsweise Ph. E. →Nathusius 1871: „Von einer Frauenfrage... müssen wir selbst den Namen ablehnen... Im übrigen soll die liebe Frauenwelt eine glückliche, stille Oase sein, ein Quell der Lebenspoesie, ein Rest aus dem Paradiese. Und den wollen wir uns... von keinem unglücklichen Blaustrumpf und von keinem überstudierten Nationalökonomen nehmen lassen." Organisiert trat diese Richtung 1912 im „Bund zur Bekämpfung der Frauenemanzipation" hervor, dessen Mitglied Arnold Runge, ein Heidelberger Professor, sich zu der Behauptung verstieg, die Frauenbewegung setze sich zusammen „aus alten Mädchen, sterilen Frauen, Witwen und Jüdinnen", nur fehlten darin die Frauen, die ihre Pflichten als Mütter erfüllten.

Die k. F. dagegen erscheint als ein Musterbeispiel für einen „echten" Konservatismus, der gerade nicht Ideologie der Gewohnheits-menschen oder der vom Status quo Profitierenden ist, sondern – ausgehend von als „bewährt" oder „natürlich" betrachteten Zuständen, die es in ihren Grundzügen zu bewahren gelte – auf der Suche ist nach einem optimalen Tempo des sozialen und Wertewandels (zu realisieren zugunsten eines Maximums an Menschenwürde bei einem Minimum an Traditionsbruch).

Unter Federführung des Lette-Vereins wurde 1894 in Berlin der „Bund Deutscher Frauenvereine" (BDF) als nationaler Dachverband gegründet. Darin haben die konservativen Frauenvereine gegenüber den „radikalen", d.h. vor allem linksliberalen (ADF und „Allgemeiner Deutscher Lehrerinnenverband" – ADLV), z.T. auch sozialistischen, häufig gebremst, aber zugleich wesentlich dazu beigetragen, der Frauenbewegung trotz der massiven Anfeindungen, denen sie ausgesetzt war, ihre Massenbasis zu verschaffen. Der BDF organisierte vor dem Ersten Weltkrieg 250.000 Frauen, und wohl die meisten mußten dort abgeholt werden, wo sie mit ihrem gesellschaftspolitischen Bewußtsein und ihrem Selbstbewußtsein nach jahrtausendelanger Unterdrückung, aufgrund privater Abhängigkeit und wirtschaftlicher Unterprivilegierung fast zwangsläufig standen. Hier hatte vor allem auch der „Deutsch-Evangelische Frauenverein" (DEFB) während seiner BDF-Mitgliedschaft (1908-18) eine wichtige Funktion.

Nachdem unter Mitwirkung von Elisabeth Gnauck-Kühne (1850-1917) in Berlin 1894 eine „Evangelisch-soziale Frauengruppe" entstanden war, kam es 1899 zur Gründung des DEFB in Kassel – unter organisatorischer Hilfestellung des Hofpredigers Adolf →Stoecker. An der Spitze des DEFB stand von 1901 bis 1934 Paula Müller-Otfried. 1905 eröffnete der DEFB in Hannover die erste christlich-soziale Frauenschule. Er war aber maßgeblich daran beteiligt, daß der BDF nicht die Ablehnung des Abtreibungsparagraphen 218 beschloß, sondern nur Forderungen nach Senkung des Strafausmaßes und Einführung bestimmter Indikationen. Das Gegenstück zum DEFB auf katholischer Seite (auf welche Gnauck-Kühne 1900 gewechselt war) entstand 1903 in Köln unter dem Namen „Katholischer Frauenbund Deutschlands" (KFD), seit 1912 unter dem

Vorsitz von Hedwig Dransfeld (1871-1925). Obwohl es darin unterschiedliche Meinungen zum Frauenwahlrecht gab, kam ein Anschluß an den breit angelegten BDF, der 1913 sogar den „Deutschen Frauenbund zur Bekämpfung der Sozialdemokratie" aufnahm, nicht zustande: der KFD bestand intransigent auf der Hierarchie innerhalb der Ehe. Das Stimmrecht der katholischen Frauen zu ihren Gemeindevertretungen wurde erst 1924 eingeführt (in der evangelischen Kirche zuvor schon 1920).

Für die konfessionelle Frauenbewegung dürfte gelten, daß just der Konservatismus der darin agierenden Frauen, ihr für alle Seiten glaubwürdiges Eintreten für das überkommene christliche Wertesystem, es ihnen erlaubte, im Rahmen eben dieses Wertesystems durch behutsame Uminterpretationen einen Wertewandel im Detail einzuleiten, ja den einen oder anderen Protest zu erheben. Bestimmte konservative Züge eigneten auch dem liberalen „mainstream" der zweiten Frauenbewegung. Lange Zeit verharrte sie theoretisch im Rahmen des geschlechteranthropologischen „Ergänzungs"-Paradigmas: Sollten die Frauen – dem herrschenden patriarchalischen Dogma gemäß – je individuell für ihre Männer eine teils notwendige, teils angenehme Ergänzung bieten, so wurde diese Funktion von den meisten Frauen der Frauenbewegung zunächst nur von der Familienebene auf das Niveau der Gesellschaft gehievt: Frauen sollten als sinnreiche Ergänzung im Bereich von Kranken- und Sozialpflege sowie im Bildungswesen arbeiten, sich auf der Basis ihrer natürlichen „Mütterlichkeit" sozialpolitisch und nationalökonomisch nutzbar machen, d.h. zunächst Pflichten übernehmen (dürfen), um daraus zu einem späteren Zeitpunkt die einen oder anderen Rechte herleiten zu können. Erst allmählich, überwiegend wohl gar erst in der zweiten Hälfte des 20. Jhdt.s, gewannen gegenüber dem gewissermaßen „asymmetrisch-dualistischen" Ergänzungsparadigma ausgewogendualistische, egalitäre oder sogar androgyne Konzeptionen an Bedeutung, d.h. Frauen und Männer wurden als ungleichartig, aber (annähernd) gleich wertvoll und berechtigt angesehen, oder als verschieden, aber rechtlich und politisch vollkommen gleichgestellt gewünscht, oder gar als kulturell konvergie-

rend erhofft – im Sinne eines unter dem Aspekt „männlich/weiblich" fast monistischen Menschenbildes, worin die konstitutionellen Geschlechtsunterschiede als sekundär betrachtet werden.

Nach der Reform des – reichsweit maßgeblichen – Preußischen Vereinsgesetzes 1908 durften Frauen auch politischen Parteien beitreten, sofern diese es gestatteten, und nicht wenige der konservativen Frauen bewiesen beträchtliche Geduld gegenüber den Verzögerungsstrategien mancher besonders hartgesottener Landesverbände: Die Hausfrau Emma Ender trat 1912 als eine der ersten Frauen dem Hamburger Nationalliberalen Verein bei, der sich bislang – sogar entgegen einer Empfehlung der Nationalliberalen Partei von 1910 – strikt geweigert hatte, seine Reihen für Frauen zu öffnen. Müller-Otfried hatte schon 1911 eine „Vereinigung konservativer Frauen" ins Leben rufen können. Das Frauenwahlrecht lehnte sie – ob nun aus Überzeugung oder taktischen Erwägungen – ausdrücklich ab. Als im BDF, der sich im Ersten Weltkrieg durch seine umfassende „Heimatfront"-Aktion „Nationaler Frauendienst" auch in den Augen konservativer Männer große Verdienste und entsprechendes Selbstbewußtsein erworben hatte, die Forderung nach dem Frauenwahlrecht immer lauter wurde, führte Müller-Otfried 1917 den DEFB aus dem Dachverband heraus. Selbst eine so kämpferisch auftretende liberale Frauenführerin wie Helene Lange hatte das Frauenwahlrecht bis zum Ersten Weltkrieg bloß als Fernziel betrachtet. Müller-Otfried zog 1920 in den Reichstag als Abgeordnete der →DNVP ein (bis 1932); letztere hatte sich nach der Revolution auf den Boden der neugeschaffenen Tatsachen gestellt: „Durch ihre bewundernswerten Leistungen in der Kriegszeit hat die deutsche Frau sich ein volles Anrecht auf die Mitwirkung an der Gestaltung unseres öffentlichen Lebens erworben. Wir heißen die Frauen als gleichberechtigte Mitarbeiter an der Wiederaufrichtung unseres Volkes herzlich willkommen." Das entsprach sowohl einem politisch-unternehmerischen Denken, wie es die DNVP als Partei wohl an den Tag legen mußte, als auch einem nichtreaktionären Konservatismus, der immer bereit sein mußte, auf dem Boden auch der gegen seinen Willen veränderten Verhältnisse mitzuarbeiten, soweit diese Verhältnisse nicht einen Rückschritt in puncto Freiheit und Menschenwürde darstellten. Die DNVP und die katholische Zentrumspartei konnten dann die Stimmen des Großteils der „gemäßigten" Frauen auf sich vereinigen.

Während der Weimarer Republik nahm die gesamte bürgerliche Frauenbewegung teils konservative Züge an – galt es doch, die Ergebnisse der Revolution gegen restaurative Tendenzen zu verteidigen –, teils auch schon die Züge eines politischen Establishments innerhalb des neuerrichteten Parteienstaats. Der BDF, der Mitte der zwanziger Jahre wohl 2 Millionen Frauen organisierte, wurde 1924-31 von der nationalliberalen Politikerin Ender präsidiert, deren Stärken vor allem auf den Gebieten der Organisation und Repräsentation lagen. Mehrfach waren die mitgliederstarken Hausfrauenverbände bei den Generalversammlungen ein ausschlaggebender Faktor. Daß ein Establishment nicht stets auch konservative Kräfte entwickelt, selbst dann nicht, wenn nicht Privilegien, sondern fundamentale Rechte verteidigt werden müssen, zeigte das Ende des BDF und seiner Verbände und Vereine 1933. Der „Nationalen Revolution" hatten sie – nicht anders als die meisten Parteien – fast nur Unsicherheit oder Gutgläubigkeit entgegenzusetzen. Im nachhinein mag es prophetisch klingen, wenn z.B. der von Ender geleitete „Stadtbund Hamburgischer Frauenvereine" 1932 an die Frauen appelliert hatte: „Wählt keine Partei, die euch aus den Berufen verdrängen will, die euch als Wählerinnen entrechten will!" Doch die Selbstauflösungsbeschlüsse der Frauenverbände zeigten dann zum einen, daß die führenden Frauen ihre eigenen Alarmrufe nicht ernst genug nahmen, zum anderen aber auch, daß die Basis bereit war, den Aufbruch in nationalistischen Kollektivismus höher zu stellen als die Konservierung ihrer Rechte und ihrer Würde.

Innerhalb der dritten deutschen Frauenbewegung, die „1968" ihren Anfang nahm, teils antikapitalistisch, teils (und wohl noch stärker) anti-patriarchalisch auftrat und unterschiedliche Varianten von Feminismus vertrat, läßt sich ein konservativer Flügel nicht ausmachen. Das demgegenüber vielleicht als konservativ zu bezeichnende, klassische Gleichberechtigungskonzept (dessen Ziele bei weitem noch nicht erfüllt sind) wird von den etablierten Frauenverbänden in der Bundesrepublik Deutschland vertreten („Deutscher Frauenrat"). Die Frage, ob sie noch als Frauen-„Bewegung" zu bezeichnen sind, ähnelt derjenigen, ob es sich bei den etablierten Gewerkschaften um eine Arbeitnehmer-„Bewegung" handelt.

L.: *J. Hirsch:* Geschichte der 25jährigen Wirksamkeit (1866-91) des unter dem Protektorat Ihrer Majestät der Kaiserin und Königin Friedrich stehenden Lette-Vereins zur Förderung höherer Bildung und Erwerbsfähigkeit des weiblichen Geschlechts, Berlin 1891; *O. S. Pataky:* Jenny Hirsch, in: Lexikon deutscher Frauen der Feder, Bd. I, Berlin 1898; *H. Lange / G. Bäumer* (Hrsg.): Handbuch der Frauenbewegung, Bde. I-V, Berlin 1901-02; *H. Simon:* Elisabeth Gnauck-Kühne, Bde. I-II, Mönchengladbach 1928-29; *L. Hauff:* Der Lette-Verein in der Geschichte der Frauenbewegung, Berlin 1928; *M. Twellmann:* Die deutsche Frauenbewegung, ihre Anfänge und ihre Entwicklung 1843-89, Bde. I-II, Meisenheim a. G. 1972; *H. Schenk:* Die feministische Herausforderung, München 1980; *B. Greven-Aschoff:* Die bürgerliche Frauenbewegung in Deutschland 1894-1913, Göttingen 1981; *D. Weiland:* Geschichte der Frauenemanzipation in Deutschland und Österreich, Düsseldorf 1983; *R. Hellwig* (Hrsg.): Unterwegs zur Partnerschaft, Frauen in der Politik. Die Christdemokratinnen, Stuttgart 1984; *L. Funcke* (Hrsg.): Frei sein, um andere frei zu machen, Frauen in der Politik: Die Liberalen, Stuttgart 1984; *E. Meyer-Renschhausen:* Radikal, weil sie konservativ sind? In: Die ungeschriebene Geschichte. Historische Frauenforschung, hrsg. v. Wiener Historikerinnen, Himberg b. Wien 1985; *U. Gerhardt / Y. Schütze* (Hrsg.): Frauensituation. Veränderungen in den letzten zwanzig Jahren, Frankfurt a M. 1988; *R. Nave-Herz:* Die Geschichte der Frauenbewegung in Deutschland, Hannover, ³1989; *I. Brehmer* (Hrsg.): Mütterlichkeit als Profession? Pfaffenweiler 1990; *S. Hering:* Die Kriegsgewinnlerinnen. Praxis und Ideologie der deutschen Frauenbewegung im Ersten Weltkrieg, Pfaffenweiler 1990; *H. Stubbe-da Luz:* Emma Ender, in: Die Stadtmütter Ida Dehmel, Emma Ender, Margarete Treuge, Hamburg 1994.

– SdL

Konservative Monatsschrift
→Volksblatt für Stadt und Land

Konservative Revolution

Der paradoxe Begriff „K. R." konnte erst in dem Augenblick Verwendung finden, als der ältere europäische Konservatismus durch den vollständigen Zusammenbruch des *Ancien régime* in eine Krise geraten war. Wenn der Zentrumsabgeordnete A. Reichensperger in einer Rede vor dem preußischen Landtag am 20. Februar 1852 die Notwendigkeit des Gleichgewichts von Bewahrung und Veränderung unter Hinweis auf die *Glorious Revolution* – eine „conservative Revolution" – begründete, so war das doch nur eine Andeutung dessen, was in der Zeit nach dem Ersten Weltkrieg in Deutschland als „revolutionärer Konservatismus" bezeichnet wurde.

Die Bedeutung des Begriffs blieb anfangs vage und diente nur selten als politische Selbstbezeichnung. Erst allmählich setzte sich die Auffassung durch, die K. R. umfasse jene Suchbewegung, die durch das Verlangen nach Bindung anstelle von individueller Freiheit und nach Ganzheit anstelle von Aufspaltung getrieben werde. Beherrschend war der Gedanke, daß ein spezifisch deutscher Weg in die Moderne zu finden sei: für die „Ideen von 1914" und gegen die „Ideen von 1789", für die „Gemeinschaft" und gegen die „Gesellschaft", für einen preußischen „Sozialismus" und gegen den →Kapitalismus, für das „→Reich" und gegen „Versailles", für die geopolitische und metaphysische „Mitte" und gegen den „Westen". Die Anziehungskraft solcher Vorstellungen war außerordentlich groß, und in mancher Hinsicht bildete die K. R. die „faktisch dominierende Ideologie im Deutschland der Weimarer Zeit" (L. Dupeux). Sie faszinierte in den zwanziger und frühen dreißiger Jahren zahlreiche deutsche Intellektuelle, griff aber auch auf Gruppen und politische Bewegungen über und zeigte außerdem Berührungspunkte mit geistigen und politischen Strömungen, die sich der Attraktivität des Begriffs versichern wollten. Der Italiener S. Panunzio sprach schon in einem 1921 erschienenen Buch vom Faschismus als *Conservazione rivoluzionaria*, und Hitler hat sich – nach der „Machtergreifung" – als „konservativster Revolutionär der Welt" und die NSDAP als „,konservativ-revolutionäre' Partei" bezeichnet. Obwohl Faschismus bzw. Nationalsozialismus und revolutionärer Konservatismus häufig als ähnliche oder gar als identische Phänomene wahrgenommen wurden, hat schon die umfassendste zeitgenössische Deutung der K. R. – W. Gurians Buch „Um des Reiches Zukunft" von 1932 – auf die komplexe und widerspruchsvolle Beziehung zwischen ihnen hingewiesen, die aus

„ganz verschiedenen Staatsbildern" resultiere und dazu führen müsse, daß sich die Bewegungen gegeneinander wendeten, „sobald ihr gemeinsamer Gegner... erschüttert ist".

Zu relativer Eindeutigkeit ist der Begriff K. R. erst nachträglich gekommen, insofern als er „eine der erfolgreichsten Schöpfungen der neueren Ideengeschichtsschreibung" (St. Breuer) wurde, ein „Syntagma", das seinen klar bestimmten Inhalt durch die 1950 erschienene Arbeit A. →Mohlers über „Die K. R. in Deutschland 1918-1932" erhielt. Mohler rechnete der K. R. fünf Hauptgruppen zu: Völkische, Jungkonservative, Bündische, Nationalrevolutionäre und Landvolk-Bewegung. Da die Völkischen im Grunde in der Zwischenkriegszeit schon anachronistisch waren, Bündische und Landvolk aufgrund ihres aktivistischen Charakters keine selbständigen Ideologien entwickelten, konzentrierte sich Mohler auf die Jungkonservativen (v.a. M. H. →Boehm, E. →Forsthoff, H. →Freyer, H. von →Gleichen, A. E. →Günther, E. J. →Jung, A →Moeller van den Bruck, C.→ Schmitt, O. →Spengler, W.→ Stapel, H. →Zehrer und die anderen Autoren des →Tat-Kreises) sowie die Nationalrevolutionäre (v.a. H. Franke, F. Hielscher, E. und F. G. →Jünger, E. Niekisch, F. Schauwecker) als eigentlichen Kern der K. R. Diese Gruppen verband – nach Auffassung Mohlers – trotz aller ideologischen Differenzen eine gemeinsame „Mentalität", vermittelt durch Nietzsches Gedanken der „ewigen Wiederkehr" und den Willen zur „organischen Konstruktion".

Mohlers Begriff der K. R. ist sehr bald kritisiert worden. Einen der kompetentesten Angriffe führte K. von Klemperer, der in seiner Untersuchung „Germany's New Conservatism. Its History and Dilemma in the Twentieth Century" (Princeton 1957; dt. „Konservative Bewegungen zwischen Kaiserreich und Nationalsozialismus", München o. J.) die These vertrat, daß die von ihm als „neukonservativ" bezeichnete politische Strömung in Deutschland das Wesen des Konservatismus verfehlt habe: „Man marschierte zuviel, trommelte zu laut, berauschte sich – was hatte das noch mit Konservatismus zu tun?" Klemperer tat sich allerdings schwer, den Inhalt seines eigenen Konservatismus-Begriffs positiv zu bestimmen, jenseits der Berufung auf eine als idealtypisch betrachtete angelsächsische Tradition. Stärker politisch motiviert waren die Einwendungen von K. Sontheimer, der 1962 mit seiner Studie über „Antidemokratisches Denken in der Weimarer Republik. Die politischen Ideen des deutschen Nationalismus zwischen 1918 und 1933" die K. R. als Ausfluß des „Deutschen Sonderweges" deutete und die – auch in marxistischen Kreisen immer – wieder aufgebrachte – These von der „Wegbereitung" Hitlers durch die „intelligenten Zutreiber" der K. R. vertrat.

Wesentlich plausibler wirkt dagegen die Argumentation von P. Kondylis, der in einer umfassenden Studie über den Konservativismus plausibel machen konnte, daß „Konservativismus" sinnvoll nur eine konkrete politische Einstellung genannt werden kann, die mit der Verteidigung der alteuropäischen *societas civilis* verbunden war. Die Entmachtung des Adels führte am Ende des 19. Jhdt.s zu einer Neuinterpretation und „Ästhetisierung" konservativer Vorstellung, in deren Zusammenhang auch die K. R. gehört. Diese habe im Grunde eher altliberale Vorstellungen aufgenommen, und ihre Bedeutung im Deutschland der Zwischenkriegszeit resultiere ganz wesentlich aus der Demütigung und Isolation des Reiches: „Wenn den genannten Ideen ein vorübergehender politischer Einfluß in Deutschland beschert wurde, so war der Grund dafür nicht ihre besondere Affinität mit dem ‚deutschen' bzw. ‚preußischen' Geist oder ‚Sonderweg', wie es die Sieger-Ideologie will, sondern die einzigartige und höchst paradoxe Lage, die in Deutschland nach 1918 eine Radikalisierung großer Teile des Bürgertums bewirkte." Kondylis hat außerdem prinzipielle Zweifel daran geäußert, daß die politischen Begriffe der bürgerlichen Epoche im Zeitalter der Massengesellschaft noch weiterverwendet werden könnten. Es habe für Begriffe wie „Konservatismus" oder „Liberalismus" ein Prozeß der dauernden „Umdeutung" stattgefunden, der zu völliger Sprachverwirrung führen mußte und deshalb auch Rettungsversuche wie den über die K. R. sinnlos mache.

Diese skeptische Haltung hat sich allerdings nicht durchsetzen können, zumal Kondylis keine überzeugende Neubezeichnung der von Mohler als K. R. bestimmten Gruppierungen angeben konnte, denen sich das Forschungsinteresse immer wieder und mit zunehmender Aufmerksamkeit zuwendet. So hat etwa E. Nolte versucht, eine Definition der K. R. vorzunehmen, indem er sie als Versuch einer „kleinen Lösung" von der „großen" des totalitären Nationalsozialismus unterschied. Zwar habe zwischen der konservativ-revolutionären Intelligenz und den Nationalsozialisten im Hinblick auf die Zivilisationskritik, den Antimarxismus und den Antiliberalismus Übereinstimmung bestanden, aber während die Bewegung Hitlers aus dem Kampf gegen das bolschewistische Rußland geboren wurde, habe die K. R. ihre Wurzeln in einem Prozeß, der seit dem 19. Jhdt. dazu führte, „daß sich bei jeder großen Veränderung der historischen Situation und in der Abfolge der Generationen ein jüngerer Zweig des Konservativismus sich einem älteren entgegenstellte, ein Zweig, welcher ‚der Revolution' als der ‚sechsten Großmacht' des Jhdt.s in gewisser Weise näherstand und ihr doch gleichzeitig feindseliger gesinnt war als der ältere Zweig". Der Ansatz Noltes hat den Vorzug, daß er das Moment der Kontinuität trotz aller Diskontinuität in der Geistesgeschichte des Konservatismus festhält und das bis in die Gruppen der Nationalrevolutionäre hineinreichende „konservative" Selbstverständnis der K. R. ernst nimmt.

Gegenüber Mohler wird hier allerdings die „Achsenzeit" des konservativen Denkens verschoben, d.h. aus der Zwischenkriegsära an das Ende des 19. Jhdt.s zurückverlegt. Die Berechtigung dieser Korrektur hat Mohler selbst vor einiger Zeit mit seiner grundsätzlich positiven Wertung des von Z. Sternhell formulierten Ansatzes zugegeben. Sternhells Begriff des „Faschismus" ist zwar auf problematische Weise umfassend, aber er zeigt doch, daß es seit den 1890er Jahren – infolge einer Krise der liberalen Demokratie wie des Marxismus – zur Entstehung von potentiell revolutionären Ideologien und Bewegungen kam, die „weder rechts noch links" waren und die man als „Ausdruck eines Umbruchs, der alle Kennzeichen einer Krise der Zivilisation" trug, verstehen muß. Mohler hat unter dem Eindruck der von Sternhell vorgetragenen Forschungsergebnisse sein ursprüngliches Modell außerdem dahingehend korrigiert, daß er nicht mehr sosehr die zyklische

Zeitvorstellung und die Ablehnung des Christentums als Schlüssel zum Verständnis der K. R. begreift, sondern ein Gesamt von Leitideen, zu denen der Anti-Materialismus, der Anti-Individualismus, die anthropologische Skepsis, die voluntaristische Erneuerungsvorstellung, das agonale Politikverständnis und die Betonung der Perspektivität in jeder Weltanschauung gehörten.

Auch St. Breuer hat für seine „Anatomie der K. R." die Grundgedanken Sternhells zur Interpretation der K. R. aufgenommen, aber der Vorgeschichte des revolutionären Konservatismus keinerlei Aufmerksamkeit gewidmet und die Fragestellung wieder auf die deutsche Situation verengt. Unter Hinweis auf Kondylis bestreitet auch Breuer, daß die K. R. im eigentlichen Sinne als „konservativ" bezeichnet werden könne: hier habe es sich um „ein Ensemble von Orientierungsversuchen und Suchbewegungen in der Moderne (gehandelt), die zwar dem von Aufklärung und Liberalismus geprägten *mainstream* opponieren, dabei aber so tief von dem für die Moderne typischen Voluntarismus und Ästhetizismus durchdrungen sind, daß von Konservatismus im historisch-spezifischen Sinne keine Rede mehr sein kann". Die weltanschauliche Heterogenität der K. R. sei folgenreicher, als Mohler annehmen wolle. Es gäbe zwar so etwas wie eine „Generationeneinheit", da die meisten Jungkonservativen und Nationalrevolutionäre zu den Kriegsteilnehmern gehörten; das allein genüge aber nicht, um die Zusammengehörigkeit im Sinne einer kohärenten Weltanschauung zu behaupten. Was tatsächlich deren Mentalität prägte – eine „Kombination von Apokalyptik, Gewaltbereitschaft und Männerbündlertum" –, sei nicht nur für die K. R., sondern für die gesamte radikale Rechte der Weimarer Republik typisch gewesen und insofern als Kriterium für die Existenz einer selbständigen „Doktrinärideologie" ungeeignet. Mehr noch: „Ein Kernbestand politischer, sozialer oder wirtschaftlicher Überzeugungen, der nur den Autoren der K. R. eigen wäre und sie von anderen Richtungen unterschiede, ist nicht auszumachen... Es führt kein Weg daran vorbei: ‚Konservative Revolution' ist ein unhaltbarer Begriff, der mehr Verwirrung als Klarheit stiftet. Er sollte deshalb aus der Liste der politischen Strömungen des 20.

Jhdt.s gestrichen werden." Überraschenderweise bleibt Breuer nicht bei diesem negativen Befund stehen. Er schlägt vielmehr vor, die bisher als jungkonservativ oder nationalrevolutionär verstandenen Formationen innerhalb der K. R. nun als Strömungen des „Neuen Nationalismus" zu begreifen. Dieser neue Nationalismus war nach Meinung Breuers im wesentlichen bestimmt durch sein „holistisches" Verständnis der Nation, seinen revolutionären, aber antijakobinischen Charakter und die kriegerische Akzentuierung ohne konkrete imperialistische Absichten.

Was gegen die Bezeichnung „Neuer Nationalismus" spricht, ist allerdings die Tatsache, daß sich nur eine Minderheit unter den konservativen Revolutionären als „nationalistisch" verstand, während das „Reich" für L. →Ziegler, E. J. Jung oder M. H. Boehm eben eine übernationale Größe bildete, von der die eigentliche Verpflichtung ausging. Die Schwäche von Breuers Position beruht aber vor allem darauf, daß er den alle Fraktionen der K. R. umfassenden „Willen zur Welttauglichkeit" (T. Mann) oder „heroischen Realismus" (W. Best) nicht ausreichend analysiert, so daß ihm die verborgene Gemeinsamkeit der Konservativ-Revolutionären tatsächlich verborgen bleibt; sein wohlmeinender Versuch, zwischen der K. R. und dem Nationalsozialismus einen deutlichen Trennungsstrich zu ziehen, leidet daran, daß er zwar die Diskussion über Konflikt oder Bündnis behandelt, die die Rechtsintellektuellen in den zwanziger und dreißiger Jahren führten, aber das konkrete Verhalten nach 1933 nicht genügend ausleuchtet, das zwischen Übertritt (z.B. A. Baeumler, W. Best, E. Krieck), Anpassung (z.B. F. Schauwecker), innerer Emigration (z.B. E. und F. G. Jünger) und offener Opposition (z.B. F.-W. Heinz, E. Niekisch, K.-O. Paetel, B. Römer) schwankte und den Einfluß der K. R. auf die jüngere Generation des →Widerstandes, vor allem die „Nationalbolschewisten" um H. Schulze-Boysen und den „preußisch-sozialistisch" orientierten Kreis um Stauffenberg und Tresckow, ganz vernachlässigt.

Das wissenschaftliche Interesse an der K. R. ist anhaltend stark und wird in Zukunft vielleicht auch dazu führen, einen neuen Gesamtansatz zu entwickeln, der in jedem Fall den europäischen Vergleich stärker zu betonen hätte. Bis dahin muß der Entwurf Mohlers als maßgeblich betrachtet werden.

B.: *T. Homann / G. Quast*: Bibliographie zur K. R., in: Jahrbuch zur K. R. 1 (1994), S. 361-400; *A. Mohler*: siehe unter **L.**, S. 173-505.

L.: *Z. Sternhell*: La droite révolutionaire. Les origines françaises du fascisme, Paris 1978; *B. Faulenbach*: Ideologie des deutschen Weges, München 1980; *P. Kondylis*: Konservativismus. Geschichtlicher Gehalt und Untergang, Stuttgart 1986; *Z. Sternhell*: Ni Droite, ni Gauche. L'idéologie fasciste en France, Brüssel ²1987; *A. Mohler*: Die K. R. in Deutschland 1918-32. Ein Handbuch, 3., um einen Ergänzungsband erw. Aufl., Darmstadt 1989; *P. Kondylis*: Der Niedergang der bürgerlichen Denk- und Lebensform. Die liberale Moderne und die massendemokratische Postmoderne, Weinheim 1991; *ders.*: Planetarische Politik nach dem Kalten Krieg, Berlin 1992; *H.-G. Jaschke*: Nationalismus und Ethnopluralismus. Zum Wiederaufleben von Ideen der „K. R.", in: Aus Politik und Zeitgeschichte, B 3-4 vom 10. Januar 1992, S. 3-10; *L. Dupeux* (Hrsg.): La „Révolution Conservatrice" dans l'Allemagne de Weimar, Paris 1992; *ders.*: Das Potsdam der K. R., in: *B. R. Kroener* (Hrsg.): Potsdam. Staat, Armee, Residenz in der preußisch-deutschen Militärgeschichte, Frankfurt a. M. – Berlin 1993, St. *Breuer*: Anatomie der K R., Darmstadt 1993; S. 31-5; *E. Nolte*: Martin Heidegger, die Weimarer Republik und die „K. R.", in: *M. Großheim/H.-J. Waschkies* (Hrsg.): Rehabilitierung des Subjektiven. Festschrift für Hermann Schmitz, Bonn 1993, S. 505-20; *K. v. Klemperer*: Konservative Bewegungen zwischen Kaiserreich und Nationalsozialismus, München o. J; *R. P. Sieferle*: Die K. R. – Fünf biographische Skizzen, Frankfurt a. M. 1995.

– W

Korporatismus

Die Ordnungsidee, →Staat und Gesellschaft nach dem Berufsprinzip zur organisieren, findet sich in fast allen historischen Epochen und in allen politischen Ideenkreisen. Sie manifestiert sich deshalb auch in den unterschiedlichsten Formen. Ihr Proteuscharakter ist unübersehbar.

Im Mittelalter, und noch darüber hinaus, war die städtische Bevölkerung vorwiegend in Zünften organisiert. In dem Maße, wie die Demokratisierung der Stadtverfassungen voranschritt, avancierten diese sogar zu politischen Körperschaften. Im Gegensatz zu den Zünften war das berufsständische Moment in den Herrschaftsständen ungleich weniger ausgeprägt. Das gilt sowohl für den Adel wie auch für den Klerus.

Sowohl dem herrschaftsständischen als auch dem berufsständischen Prinzip erwuchs in der Naturrechtslehre des Liberalismus ein prinzipieller Gegner. Die Ordnungsvorstellungen der Naturrechtslehre beeinflußten nicht zuletzt die Französische Revolution. In der Nationalversammlung wurde nicht mehr nach Ständen, sondern nach Köpfen abgestimmt. Die liberale Nationalökonomie sah die Zünfte als ein Haupthindernis für die freie Preisbildung an; Adam Smith wandte sich ausdrücklich gegen den „Corporation spirit". Die *Loi Le Chapelier* verbot am 14. Juni 1791 alle berufsständischen Vereinigungen in Frankreich.

Der liberale Anti-K. konnte es allerdings nicht verhindern, daß sich die Gewerkschaften und Arbeitgeberverbände in allen kapitalistischen Ländern als berufsständische Organisationen formierten. F. Tannenbaum zufolge haben diese nicht zuletzt auch den USA einen korporatistischen Charakter verliehen. Von vielen Autoren wurden dem Sozialexperiment des New Deal berufsständische Bestimmungsmomente imputiert.

Die heutige, auf Dauer angelegte Zusammenarbeit zwischen Staat, Unternehmerverbänden und Gewerkschaften wird in der Politikwissenschaft als Neo-Korporatismus bezeichnet. Ein besonders augenfälliges Beispiel hierfür ist die „Konzertierte Aktion" der Bundesrepublik Deutschland. Diese Form des K. ist allerdings streng von all jenen Ordnungsvorstellungen zu unterscheiden, die jenseits von →Kapitalismus und Sozialismus eine auf dem Berufsprinzip basierende Ordnung zu etablieren suchten. Sie finden sich bei allen Vertretern des romantischen Gesellschafts- und Staatsentwurfs. Am ausführlichsten ist jener von A. →Müller. Auch die meisten Repräsentanten der →Katholischen Soziallehre haben sich diesem Ordnungsmodell verschrieben. So forderte der Österreicher K. Freiherr von →Vogelsang die „Souveränität der Werkstatt". In der Enzyklika *Quadragesimo Anno* aus dem Jahre 1931 forderte Papst Pius XI. dazu auf, den Gegensatz zwischen Kapital und Arbeit durch eine „berufsständische Ordnung" zu überwinden. Dabei wollte er allerdings nur die Gesellschaft, nicht aber den Staat in einem korporatistischen Sinn umgestalten.

Es ging jedoch vielen Parteigängern des Konservatismus bzw. des Neo-Konservatismus darum, auch den Staat in die berufsständischen Umgestaltungskonzeptionen einzubeziehen. So wollte O. →Spann den einzelnen Berufsgruppen Ordnungsaufgaben übertragen, die bisher zur Domäne des Staates gehört hatten, wie etwa „richterliche Verrichtungen" und „allgemeine Verwaltungsdienste". Nach Spann sollten die Berufsvereinigungen sogar als ein „die Volkswehrhaftigkeit ergänzender Kriegerstand" fungieren. An der Spitze des berufsständischen Gebäudes Spanns steht das Ständehaus als die „Oberbehörde der ihm unterstehenden Zünfte". Sie tritt an die Stelle der auf der regionalen Repräsentation basierenden und von den Parteien bestimmten parlamentarischen Volksvertretung.

Auf einen ausgesprochen antiparlamentarischen Ton ist auch die berufsständische Ordnungskonzeption A. →Moeller van den Brucks gestimmt. Dabei beklagt dieser führende Repräsentant der sog. →Konservativen Revolution nachhaltig den antikorporatistischen Geist der Deutschen. „Wir bildeten nicht den Ständestaat aus, sondern machten den Parlamentsstaat nach, der eine Idee des Westens war." Die Deutschen hätten in ihrer ideologischen Verblendung ihr Heil „nicht in organischer Verknüpfung der Glieder", sondern in „mechanischer Zusammenzählung der Stimmen" gesucht.

Die neokonservativen Anwälte der korporatistischen Gesellschafts- und Staatsordnung mußten allerdings zu ihrem Leidwesen erkennen, daß sich die autoritären und totalitären Regime der Neuzeit kaum an ihre berufsständischen Ordnungsideen hielten. Obgleich sich die faschistischen Staaten und teilweise auch das Dritte Reich zur korporatistischen Idee bekannten, degradierten sie ihre berufsständischen Organe zu Transmissionsriemen der Staatsmacht. Vor allem der „K." des Hitlerstaates gibt sich als Schwundstufen-K. zu erkennen.

Im Gegensatz zur antiparlamentarischen Spielart des Konservatismus ging es der liberalen darum, die geographische Repräsentation mit der funktionalen in einen sinnvollen Zusammenhang zu bringen. So schlug Ernest Barker vor, dem englischen Unterhaus eine berufsständische Kammer anzuschließen. In Deutschland forderte Hans Dichgans einen Bundeswirtschaftsrat, der dem Bundestag beratend zur Seite stehen sollte.

Berufsständische Bestimmungsmomente weisen auch die Ordnungsentwürfe vieler sozialistischer Autoren auf. Sie finden sich vor allem bei Babeuf, Fourier, Proudhon und Karl Marlo. In England redete der Guild Socialism einer Verbindung von Gemeinwirtschaft und K. das Wort. Berufsständische Topoi finden sich auch bei den sozialistischen Rätetheoretikern. Siegmund Rubinstein spricht in diesem Zusammenhang von einer „berufsständisch gebauten Demokratie".

Korporatistischen Ordnungsgedanken gegenüber zeigte sich auch der Linksliberalismus aufgeschlossen. So haben beispielsweise Walter →Rathenau und John Maynard Keynes dem berufsständischen Gedanken Reverenz erwiesen. Sie haben jedoch nie daran gedacht, die geographische Repräsentation durch die funktionale zu ersetzen. Wie den liberalen Konservativen, so schwebte auch ihnen ein Mixtum compositum aus beiden Vertretungsprinzipien vor. Dabei ließen sie allerdings keinen Zweifel daran, daß das überkommene Parlament die entscheidende Instanz bleiben sollte.

Im Liberalismus finden sich allerdings auch deutliche Gegner des K. Scharf gegen alle berufsständischen Ordnungsentwürfe zogen vor allem Max Weber und die beiden Neo-Liberalen Wilhelm →Röpke und Walter Eucken zu Felde. Als Anwälte des Parlamentarismus kritisierten sie, daß es im vollkorporatistischen System nicht mehr möglich sei, die Regierung zu kontrollieren. Dazu komme, daß eine berufsständische Minderheitsgruppe niemals in der Lage sein könne, eines Tages eine Mehrheitsposition einzunehmen. Sie machten auch auf die Schwierigkeit aufmerksam, einen gerechten Repräsentationsschlüssel für die einzelnen Berufsgruppen zu finden.

L.: *H. Pesch S. J.:* Neubau der Gesellschaft, Freiburg i. Br. ³1919; *H. Herrfahrdt:* Das Problem der berufsständischen Vertretung von der französischen Revolution bis zur Gegenwart, Stuttgart – Berlin 1921; *S. Rubinstein:* Romantischer Sozialismus, München 1921; *E. Tartarin-Tarnheyden:* Die Berufsstände, Berlin 1922; *H. Brauweiler:* Berufsstand und Staat, Berlin 1925; *A. Piper:* Berufsgedanke und Berufsstand im Wirtschaftsleben, M. Gladbach 1925; *W. Andreae:* Staatssozialismus und Ständestaat, Jena 1931; *W. Heinrich:* Das Ständewesen unter besonderer Berücksichtigung der Selbstverwaltung der Wirtschaft, Jena 1932; *H. E. Goad:* The Making of the Corporate State. A Study of Fascist Development, London 1932; *J. Pieper:* Thesen zur Gesellschaftspolitik. Die Grundgedanken der Enzyklika Quadragesimo Anno, Regensburg 1933; *M. Frauendorfer:* Der ständische Gedanke im Nationalsozialismus, München 1933; *J. Horning:* Berufsständische Vertretung und ihre staatsrechtliche Bedeutung, Berlin 1933; *F. Bülow:* Der deutsche Ständestaat, Leipzig 1934; *H. Böhler:* Korporative Wirtschaft, Zürich – Leipzig 1934; *M. Manoilesco:* La siècle du corporatisme, Paris 1934; *H. Bayer:* Der berufsständische Aufbau in Österreich, Innsbruck – Wien – München 1935; *M. Günther:* Das deutsche Berufsständeproblem seit 1919, Dresden 1935; *A. Menzel:* Der Staatsgedanke des Faschismus, Leipzig – Wien 1935; *S. G. Hobson:* Functional Socialism, London 1936; *W. A. Jöhr:* Die ständische Ordnung, Leipzig – Bern 1937; *L. Manz:* Der Ordo-Gedanke. Ein Beitrag zur Frage des mittelalterlichen Ständegedankens, Stuttgart – Berlin 1937; *L. Baudin:* La doctrine corporative, Paris 1937; *A. Weber:* Über die berufsständische Idee in Deutschland, in: Jahrbuch für Nationalökonomie und Statistik 143 (1937), S. 129ff.; *C. T. Schmidt:* The Corporate State in Action, New York 1939; *G. Pirou:* Néo-Libéralisme. Néo-Corporatisme. Néo-Socialisme, Paris 1939; *T. Cole:* Corporative Organization of the Third Reich, in: The Review of Politics 1 (1940), S. 438ff.; *J. Beyer:* Die Ständeideologien der Systemzeit und ihre Überwindung, Darmstadt 1941; *J. A. C. Grant:* The Guild returns to America, in: The Journal of Politics 4 (1942), S. 303ff.; *R. H. Bowen:* German Theories of the Corporative State, New York – London 1947; *E. Barker:* British Ideas of a Social Parliament, in: The American Political Science Review 44 (1950), S. 14ff.; *F. Tannenbaum:* Eine Philosophie der Arbeit, Nürnberg 1954; *W. Hoeres:* Stände und Massengesellschaft, in: Wort und Wahrheit 7 (1957), S. 259ff.; *T. Cole:* Functional Representation in the German Federal Republic, in: The Midwest Journal of Political Science 2 (1958), S. 256ff.; Die formierte Gesellschaft. Erhards Gedanken zur politischen Orientierung Deutschlands, Bonn o. J. (ca. 1963); *S. H. Beer:* British Politics in the Collectivist Age, New York 1965; *H. Bußhoff:* Berufsständisches Gedankengut zu Beginn der 30er Jahre in Österreich und Deutschland, in: Zeitschrift für Politik 13 (1966), S. 451ff.; *J. Becker:* The Corporation Spirit and its Liberal Analysis, in: Journal of the History of Ideas 30 (1969), S. 69ff.; *M. Monzel:* Stand und Ständeordnung im Weltbild des Mittelalters, Paderborn [2]1970; *P. C. Mayer-Tasch:* K. und Autoritarismus, Frankfurt a. M. 1971; *Ph. C. Schmitter:* Still the Century of Corporatism?, in: The Review of Politics 36 (1974), S. 85ff.; *L. P. Carpenter:* Corporatism in Britain, 1930-45, in: Journal of Contemporary History 11 (1976), S. 3ff.; *J. M. Malloy* (Hrsg.): Authoritarianism and Corporation in Latin America, London 1977; *U. v. Alemann:* Neo-K., Frankfurt a. M. 1981; *J. B. Müller:* Der K. im Spannungsfeld von Konservatismus, Liberalismus und Sozialismus, in: Zeitschrift für Politik 35 (1988), S. 57ff.

– JBM

Kreisauer Kreis

Mit K. K. bezeichnet die Zeitgeschichtsschreibung eine Gruppe von Mitgliedern des deutschen Widerstands gegen Hitler und den Nationalsozialismus, die zwischen 1940 und 1943 im Gut Kreisau (bei Schweidnitz in Schlesien) des Grafen James von Moltke und in Berlin zu Beratungen zusammenkamen über eine „Neuordnung" Deutschlands nach dem voraussehbaren Zusammenbruch des NS-Regimes. Im Unterschied zur Oppositionsgruppe um C.-F. →Goerdeler und Generaloberst Ludwig Beck handelte es sich um einen Kreis jüngerer Männer im Alter zwischen 30 und 40 Jahren von sehr unterschiedlicher Herkunft: Angehörige der alten Aristokratie Ostelbiens, besonders auch des geistig regsamen Schlesiens, wie James Graf Moltke, Peter Graf →Yorck von Wartenburg, Horst von Einsiedel, Carl-Dietrich von Trotha u.a.; Repräsentanten einer jüngeren sozialdemokratischen „Arbeiterelite" wie die ehemaligen Reichstagsabgeordneten Julius Leber und Carlo Mierendorff, Wissenschaftler wie Adolf Reichwein, der Gewerkschaftsführer Wilhelm Leuschner u.a.; Theologen aus beiden Kirchen, wie die Patres Alfred Delp, Augustin Rösch, Lothar König und die evangelischen Theologen Eugen Gerstenmaier, Harald Poelchau u.a.; Vertreter aus Wissenschaft und Verwaltung, wie Hans Peters, Paulus von Husen, Theodor Steltzer, Adam von Trott zu Solz, Hans Lukaschek, Günter Schmölders u.a.; schließlich gingen Beziehungen hinüber zum militärischen Widerstand, besonders zum Kreis um Claus Graf Stauffenberg. Die Frage des Tyrannenmords war im K. K. lange Zeit umstritten. Am 20. Juli 1944 waren jedoch Kreisauer wie Peter Yorck und Eugen Gerstenmaier im Oberkommando in der Berliner Bendlerstraße anwesend.

James Graf Moltke hat die Ziele des Kreises gültig umrissen: „Die eigentliche Frage, vor die Europa nach dem Krieg gestellt wird, ist die, wie das Bild des Menschen im Herzen unserer Mitbürger wiederhergestellt werden kann. Das aber ist eine Frage der Religion und der Erziehung, der organischen Verbundenheit mit Beruf und Familie, des rechten Verhältnisses zwischen Verantwortung und Anspruch."

Die jungen schlesischen Aristokraten hatten ihre Prägung vor allem in der „Schlesischen Jungmannschaft" der bündischen →Jugendbewegung gefunden. Unter der Mentorschaft des Breslauer Rechtshistorikers und Soziologen Eugen Rosenstock-Huessy hatten sich seit 1928 im Boberhaus bei Löwenberg in Schlesien Studenten, junge Bauern und Arbeiter in „Arbeitslagern" zusammengefunden als Keimzellen einer künftigen „Volksgemeinschaft" und einer neuen staatlich-gesellschaftlichen Führungsschicht. Das Pendant dazu war der „Hofgeismarer Kreis", in dem sich mit Mentoren wie dem Staatsrechtslehrer Hermann Heller, dem Theologen Paul Tillich und dem Nationalökonom Eduard Heimann eine jüngere sozialdemokratische Generation zusammenfand, die dem marxistischen Dogmatismus (ökonomischer Materialismus, Klassenkampflehre) kritisch gegenüberstand und zu einer neuen Würdigung der kulturellen, religiösen und volkhaft-nationalen Grundlagen von Staat und Gesellschaft gelangte. Schon seit den zwanziger Jahren wurden auf beiden Seiten die alten Trennungen von „rechts" und „links" als überholt betrachtet; eine Konvergenzbewegung, die unter den Bedingungen der totalitären Diktatur und des Krieges weiter an Boden gewann.

In den **Staatsneuordnungsplänen** des K. K. ging es vorrangig um die Überwindung des totalitären Machtmonopols der nationalsozialistischen Diktatur und ihres Parteistaates durch die Wiederherstellung eines natürlichen Pluralismus der Interessen und Weltanschauungen in einer neuen „Bürgergesellschaft" (die an das Programm der Civil society bei den antikommunistischen Dissidenten von 1989 in Osteuropa erinnert): Wiederherstellung der Menschen- und Minderheitsrechte, von Rechtsstaat und Gewaltenteilung. →Subsidiarität und →Föderalismus sollten als „vertikale Gewaltenteilung" hinzutreten. Die Reichsreformpläne der Weimarer Zeit mit der Auflösung Preußens und der Neuordnung des Reiches in etwa gleichstarke Länder wurden wiederaufgenommen. Aufgrund der Erfahrungen in der Weimarer Republik waren die Kreisauer kritisch gegenüber den Parteien. Sie diskutierten Verfassungspläne für eine parteilose, stufenweise von den Gemeinden über die Kreise und Länder bis zum Reich aufgebaute Demokratie

mit einem indirekten, räteartigen Wahlsystem. Die Skepsis gegen den Egalitarismus des allgemeinen Wahlrechts war unverkennbar in den Kreisauer Vorschlägen zu indirekten Wahlverfahren mit Mehrfach-Stimmrecht, etwa für Familienväter entsprechend ihrer Kinderzahl; dies war Ausdruck des Denkens in der Verantwortlichkeit der Generationen anstelle individualistischer „Selbstverwirklichung". Die Staatsautorität sollte durch eine Präsidialdemokratie sichergestellt werden mit (zunächst) einem „Reichsverweser" und der gleichfalls starken Stellung von „Landesverwesern".

In den Bereichen **Wirtschaftsordnung** und **Gesellschaftspolitik** stimmten die Mitglieder des K. K., ob konservativer, liberaler oder sozialdemokratischer Herkunft, in der Skepsis gegenüber der liberal-bürgerlich-kapitalistischen Gesellschaft überein. Freiheit wurde als „Vorleistung" des Gemeinwesens an den einzelnen begriffen, die zu dessen „Gegenleistung" im Sinne von Gemeingeist und Bürgersinn verpflichtete. Auch hier sah man sich in der Tradition des deutschen Staats- und Gesellschaftsdenkens etwa im Sinne des Freiherrn vom →Stein. Durch den Neubau einer „verantwortlichen Gesellschaft" sollte die Dialektik von liberalistischem Individualismus und totalitärem Kollektivismus überwunden werden, die der Epoche bis dahin ihr Gepräge gegeben hatte. Eigentum hatte (in Aufnahme auch der →Katholischen Soziallehre) gleichermaßen dem Eigenwohl wie dem Gesamtwohl zu dienen. Im Sinne der protestantischen Sozialethik (Emil Brunner, Friedrich Brunstädt u.a.) wurde →Gerechtigkeit als Ausdruck von „Schöpfungsordnungen" ohne liberalistische Verkürzung verstanden. Über die Jesuitenpatres Delp und Rösch wurden Ideen des „Solidarismus" Heinrich Peschs im K. K. wirksam, durch Gerstenmaier die protestantische Sozialethik. Hinzu kamen Einflüsse der Jugendbewegung mit ihren Forderungen gemeinwohlverpflichteten Eigentums und der Bodenreform.

Aus der deutschen sozialkonservativen Tradition wurden genossenschaftliche wie staatssozialistische Impulse wirksam. Der Ökonom des Kreises, Horst von Einsiedel, nahm Anregungen Wichard von →Moellendorffs auf, wonach die staatlich-volkliche Gemeinschaft das Recht und die Pflicht habe, der Wirtschaft Ziele zu setzen und den individuellen Erwerbstrieb zu „bändigen". Bei der Forderung der Betriebsgemeinschaften und des Miteigentums an Unternehmen und Produktivvermögen standen Selbstverwaltungsideen Pate („personalistischer Sozialismus" bei Günter Schmölders). „Unorganische" Monopolgebilde in der Wirtschaft sollten beseitigt werden. Der Staat hatte Verantwortung zu übernehmen für einen „geordneten Leistungswettbewerb", Vollbeschäftigung etc. Die Schlüsselunternehmen des Bergbaus, der Eisen- und Metallindustrie, der Grundchemie und Energiewirtschaft sollten in die „öffentliche Hand" (nicht nur des Staates) überführt werden. Die Entscheidung für eine gemischte Wirtschaft mit öffentlichem Sektor und privatem Wirtschaftssektor entsprach dem allgemeinen Diskussionsstand dieser Jahre und war auch Ausdruck von Kompromissen zwischen den Gruppen des K. K.. Staatsintervention sollte sich aber auch auf die Lohn-, Preis- und Kreditpolitik, eine antimonopolistische Kartellpolitik und eine aktive Raumordnungspolitik mit dem Ziel der Entflechtung von Ballungsgebieten erstrecken.

In der **Kultur-** und **Kirchenpolitik** einigte man sich im K. K. auf die Abschaffung des traditionellen Staatskirchentums, unbeschadet der Staatsaufgabe, den Kirchen einen angemessenen Freiraum ihres Wirkens zu sichern. In der Schulpolitik sollte die Bekenntnisschule durch die „christliche Gemeinschaftsschule" ersetzt werden. In der Hochschulpolitik wandte man sich im K. K. gegen die Überschätzung des modernen spezialistischen Wissens und trat für die Erneuerung der erzieherischen und normativen Inhalte und Aufgaben von Hochschulen und Wissenschaft ein. Die bürgerlichen Bildungsprivilegien sollten zwar nicht wiederhergestellt, wohl aber die Bildungs- und Persönlichkeitsideale etwa Wilhelm von Humboldts zeitgemäß erneuert werden. Die Kreisauer Pläne unterschieden zwischen ausbildungsbezogenen Hochschulen und „Reichsuniversitäten" zur Heranbildung der „leitenden Träger des öffentlichen Dienstes" und als Institutionen des „Wissens und Gewissens des Staates". Dabei spielten die Vorbilder der angelsächsischen Colleges, aber auch der deutschen

Landerziehungsheime (Salem, Schulpforta, Odenwaldschule etc.) und ihrer Reformpädagogik eine wesentliche Rolle. Gerade auch die moderne demokratische Gesellschaft dürfte und sollte sich der Aufgabe der Elitebildung nicht entziehen.

E.: *G. Schmölders:* Personalistischer Sozialismus. Die Wirtschaftskonzeption des K. K.s, Köln – Opladen 1969; *D. Beck / W. F. Schoeller* (Hrsg.): Schriften, Reden, Briefe von Julius Leber, München 1976; *E. Gerstenmaier:* Streit und Friede hat seine Zeit. Ein Lebensbericht, Frankfurt a. M. – Berlin – Wien 1981; *Alfred Delp:* Gesammelte Schriften, hrsg. v. *R. Bleistein,* Bd. IV: Aus dem Gefängnis, Frankfurt a. M. 1984; *ders.* (Hrsg.): Dossier K. K. Aus dem Nachlaß von Lothar König S. J., Frankfurt a. M. 1987; *M. Gräfin Yorck v. Wartenburg:* Die Stärke der Stille. Erzählung eines Lebens aus dem deutschen Widerstand, München 1987; *B. Ruhm v. Oppen* (Hrsg.): Helmuth James v. Moltke: Briefe an Freya 1939-45, München 1991.

L.: *H. Rothfels:* Die deutsche Opposition gegen Hitler, Frankfurt a. M. 1958 u.ö.; *G. van Roon:* Neuordnung im Widerstand. Der K. K. innerhalb der deutschen Widerstandsbewegung, München 1967 (umfangreicher Dokumentenanhang); *ders.:* Widerstand im Dritten Reich, München [4]1989; *K. Finker:* Graf Moltke und der K. K., Berlin (-Ost) 1978; *R. Lill / H. Oberreuter* (Hrsg.): 20. Juli. Porträt des Widerstandes, Düsseldorf – Wien 1984; *W. E. Winterhager* (Hrsg.): Der K. K.. Porträt einer Widerstandsgruppe. Begleitband zu einer Ausstellung der Stiftung Preußischer Kulturbesitz, Berlin 1985; *P. Hoffmann:* Widerstand, Staatsstreich, Attentat. Der Kampf der Opposition gegen Hitler, München [4]1985; *ders.:* Claus Schenk Graf v. Stauffenberg und seine Brüder, Stuttgart 1992; *K. v. Klemperer / E. Syring / R. Zitelmann* (Hrsg.): „Für Deutschland". Die Männer des 20. Juli, Frankfurt a. M. – Berlin 1994; *U. Karpen / A. Schott* (Hrsg.): Der K. K. Zu den verfassungspolitischen Vorstellungen von Männern des Widerstandes um Helmut James Graf v. Moltke, Heidelberg 1996.

– Ho

Kreuzzeitung

Die K. wurde von den preußischen Konservativen im Revolutionsjahr 1848 unter dem Namen „Neue Preußische Zeitung" als Organ aller antirevolutionär-konservativen Kräfte gegründet. Zu den Gründungsvätern zählten u.a. die Brüder Leopold und Ernst Ludwig von →Gerlach, Moritz August von →Bethmann Hollweg und Carl Graf von Voß. Die Zeitung – sie sollte ursprünglich „Das Eiserne Kreuz" heißen – trug im Titel das Symbol des Eisernen Kreuzes mit der Umschrift „Mit Gott für König und Vaterland"; deshalb wurde sie schon sehr bald von Freund und Feind nur als K. bezeichnet.

Nach mehreren Probenummern im Juni 1848 begann das Blatt vom 30. Juni 1848 an regulär zu erscheinen. Im Programm, abgedruckt in der ersten Probenummer vom 16. Juni, hieß es: „Die reißende Gewalt, mit welcher sich die Revolution in unserem Vaterlande Bahn gebrochen, die Veränderungen, welche sie uns gebracht hat und mit welchen sie uns noch bedroht, die Lehren, aus welchen dies alles geboren worden ist, machen es zur unabweislichen Pflicht, den entfesselten Geistern der Empörung mit Kraft und Nachdruck entgegenzutreten. Jedoch hiermit allein, mit dem bloßen Bekämpfen und Bestreiten, ists nicht getan, vielmehr gilt es, neben dem Kampfe gegen die Revolution und ihre verderblichen Grundsätze und Konsequenzen zugleich eine positive Stellung zu der neuen Ordnung der Dinge einzunehmen." Die Zeitung betrachte es als ihre besondere Aufgabe, „in der neuen Ordnung der Dinge diejenigen Elemente auf(zu)weisen, welche wahre Realität und Inhalt haben, die lebensfähigen Triebe (unter organischer Anknüpfung an das geschichtlich Gegebene) zu positiven Bildungen und wirklichen Lebensmächten zu entwickeln, und so zu zeigen, wo wahre Freiheit und wahrer Fortschritt liegt".

Unter der Leitung ihres überaus geschickten und talentierten ersten Chefredakteurs Hermann →Wagener, der später einer der führenden Vertreter des deutschen →Sozialkonservatismus werden sollte, erlebte die K. einen bedeutenden Aufschwung; sie blieb keineswegs nur ein antirevolutionäres Agitations- und Oppositionsblatt, sondern wandte sich, gemäß ihrem Programm, eindringlich den bewegenden Fragen der Zeit zu. Bemerkenswerte Theoriediskussionen – etwa zwischen E. L. von Gerlach und F. J. →Stahl über die angemessene konservative Auslegung und Bewertung der Verfassungsfrage – fanden schon im Gründungsjahr 1848 statt.

Die Leitung der Zeitung oblag dem Chefredakteur, dieser wiederum unterstand einem Komitee, bestehend aus den wichtigsten Geldgebern, zu denen in den 1850er Jahren u.a. die Brüder Gerlach, der spätere pommersche Oberpräsident Ernst von Senfft-Pilsach, Graf von Voß und Graf Finck von Finckenstein gehörten. Dieses Komitee bildete zugleich das führende Gremium der Konservativen Partei Preußens, die deshalb nicht zu Unrecht auch als „Kreuzzeitungspartei" bezeichnet wurde. Zu den regelmäßigen Mitarbeitern zählten führende konservative Politiker und Publizisten dieser Epoche, darunter →Bismarck, Heinrich →Leo, Victor Aimé →Huber und Friedrich Julius Stahl. Langjährige Redakteure waren Hermann Goedsche und George Hesekiel, die beide auch als Schriftsteller hervortraten. In den 1860er Jahren zählte Theodor →Fontane zur Redaktion der K.

Trotz ihrer konservativen Ausrichtung war die K. meistens kein regierungstreues Organ; gerade in den Jahren der „Reaktionszeit" (1850-57) wurde sie, ähnlich wie die oppositionellen Blätter der Linken, immer wieder von der Zensur gemaßregelt, nicht selten auch beschlagnahmt und für kurze Zeit verboten. Als die Konflikte zwischen der „Kreuzzeitungspartei" und der Regierung Manteuffel im Sommer 1853 ihren Höhepunkt erreichten, trat Wagener von seinem Posten zurück und überließ dem bisherigen politischen Redakteur Thuiskon Beutner die Leitung des Blattes (Wagener blieb jedoch weiterhin Mitarbeiter). Während des Krimkrieges (1853-56) fiel die K. wegen ihrer klaren Parteinahme für Rußland auf. In den 1860er Jahren stand das Blatt auf seiten der Regierung Bismarck, und als es im Sommer 1866 zum Bruch zwischen den Altkonservativen um Gerlach und den konservativen Anhängern Bismarcks um Moritz von →Blanckenburg kam, stellten Gerlach und seine Freunde ihre Mitarbeit an der K. ein.

Nach mehreren Jahren der engen Zusammenarbeit Bismarcks mit den Liberalen wendete sich am Beginn des Kulturkampfs das Blatt entschieden: Beutner wurde 1872 durch den jungen Philipp von →Nathusius-Ludom ersetzt, der die Politik des Reichskanzlers vehement kritisierte. Den Höhepunkt bildete eine von dem Finanzjournalisten Franz Perrot verfaßte und in der K. vom 29. 6. bis 3. 7. 1875 publizierte Artikelserie, in der unter dem Titel „Die Aera Delbrück-Camphausen-Bleichröder" nicht nur der Kanzler, sondern vor allem dessen finanzpolitische Mitarbeiter und Vertraute scharf angegriffen wurden. Bismarck trat diesem Angriff auf seine liberale Wirtschaftspolitik im Januar 1876 im

Reichstag entgegen und forderte die Leser der K. auf, sich von dem Blatt loszusagen. Die Altkonservativen antworteten mit einer in der K. abgedruckten „Deklaration", in der es hieß: „Als treue Anhänger der königlichen und konservativen Fahne weisen wir diese Anschuldigungen gegen die ‚K.' und die gesamte durch sie vertretene Partei auf das entschiedenste zurück. Wir bedauern, daß der erste Diener der Krone zu derartigen Mitteln greift, um eine Partei zu bekämpfen, die er jahrelang als zuverlässigste Stütze des Thrones anerkannt hat." Dieser Appell war unterzeichnet von den meisten der altadeligen preußischen Familien, darunter auch engen Freunden und Verwandten des Kanzlers.

Trotzdem konnte sich Bismarck durchsetzen: Nathusius-Ludom mußte noch 1876 seinen Posten räumen und wurde durch Benno von Niebelschütz ersetzt, der einen regierungsfreundlichen Kurs vertrat. Ende 1881 übernahm Wilhelm von Hammerstein die Leitung der Zeitung. Er druckte zwar eine öffentliche Entschuldigung Perrots ab, begann sich aber gleichwohl seit Mitte der 1880er Jahre immer deutlicher gegen die Kartellpolitik Bismarcks (d.h. gegen die Einbindung der →Deutschkonservativen Partei in ein aus Konservativen und Liberalen bestehendes „Kartell") zu wenden. Seit etwa 1887/88 kam es zu Konflikten zwischen dem Führer der Reichstagsfraktion, →Helldorff-Bedra, und Hammerstein, aus denen der letztere mit seinem Verbündeten, dem Hofprediger →Stoecker, 1892 als Sieger hervorging: in diesem Jahr konnte die von ihnen angeführte „Kreuzzeitungsgruppe" auf dem konservativen Parteitag ihr christlich-sozialkonservatives „Tivoliprogramm" gegen Helldorff durchsetzen.

Doch Stoecker verlor, nachdem der Kaiser sich von ihm distanziert hatte, bald seinen Einfluß, und Hammerstein mußte 1896 wegen einer Unterschlagungsaffäre die Leitung der K. abgeben. Sein Nachfolger Hermann Kropatschek führte das Blatt aus der politischen Schußlinie heraus: er wandte sich vor allem schul- und kulturpolitischen Themen zu – eine Tendenz, die im wesentlichen auch von seinen Nachfolgern Hermes und Müller-Fürer fortgesetzt wurde; die streng konservative Grundrichtung des Blattes, das weiterhin der Deutschkonservativen Partei auch organisatorisch eng verbunden blieb, stand jedoch niemals zur Diskussion. Der konservative Reichstagsabgeordnete Kuno Graf Westarp wurde bald einer der führenden Leitartikler für Innenpolitik; die Außenpolitik wurde von den angesehenen Berliner Professoren Theodor Schiemann und Otto Hoetzsch kommentiert.

Nach dem Untergang des Kaiserreichs fiel die Devise „Mit Gott für König und Vaterland" im Titel fort (bis zum Februar 1921 wurde sie durch „Gott mit uns" ersetzt). Zuerst vertrat die K. noch weiterhin offensiv den monarchischen Gedanken, doch wurde sie bald zum Organ der →Deutschnationalen Volkspartei; sie bekämpfte den Versailler Vertrag und dessen Folgen und trat den Parteien der Weimarer Gründungskoalition immer wieder scharf entgegen. Als sich 1930 der – in der Leitung der K. einflußreiche – Westarp-Flügel von der DNVP abspaltete und eine neue Gruppierung, die →„Volkskonservativen", bildete, mußte sich die K. auf Druck ihres politischen Beirats zu einer neutralen Linie zwischen beiden Parteien bekennen; der Wehrverband „Stahlhelm" unter seinem Führer Franz Seldte bekam nun einen stärkeren Einfluß auf die Ausrichtung des Blattes, unterstützt vom Chefredakteur Georg Foertsch.

Die K. hatte sich Hitler und den Nationalsozialisten gegenüber nicht durchweg ablehnend gezeigt, wenngleich man die NSDAP durchaus als Konkurrent auf der politischen Rechten ansah. Eine Regierungsbeteiligung Hitlers wurde von der K. im Sommer 1932 allerdings abgelehnt, nicht zuletzt weil man den „linken" Tendenzen innerhalb der NS-Bewegung mißtraute. Nach der Machtergreifung Hitlers begann die Bedeutung des Blattes zu schwinden; die Zahl der Leser und Abonnenten ging langsam zurück, die Chefredaktion der K. wechselte mehrmals, und am 29. August 1937 übernahmen die Nationalsozialisten auch offiziell die Leitung der Zeitung. Am 31. Juli 1939 stellte die traditionsreichste Zeitung in der Geschichte des deutschen Konservatismus ihr Erscheinen ein.

L.: *H. Wagener:* Erlebtes. Meine Memoiren aus der Zeit von 1848 bis 1866 und von 1873 bis jetzt, Bde. I-II, Berlin [2]1884; E. L. v. Gerlach – Aufzeichnungen aus seinem Leben und Wirken, hrsg. v. *J. v. Gerlach,* Bde. I-II, Schwerin 1903; *H. Leuss:* Wilhelm Freiherr von Hammerstein, Berlin 1903; *L. Salomon:* Geschichte des deutschen Zeitungswesens, Bd. III, Leipzig 1906; *F. Eberhardt:* Friedrich Wilhelm Hermann Wagener. Die ideellen Grundlagen seines Konservatismus und Sozialismus. Ein Beitrag zur Geschichte und Psychologie des Konservatismus, phil. Diss. (masch.) Leipzig 1922; *P. A. Merbach:* Die K. 1848-1923. Ein geschichtlicher Rückblick, in: Neue Preußische (Kreuz-) Zeitung, 16. 6. 1923 (Festnummer zum 75jährigen Jubiläum), S. 1-17; *H. Heffter:* Die Kreuzzeitungspartei und die Kartellpolitik Bismarcks, Leipzig 1927; *S. v. Kardorff:* Bismarck. Vier Vorträge. Ein Beitrag zur deutschen Parteigeschichte, Berlin 1929; *K. Danneberg:* Die Anfänge der „Neuen Preußischen (Kreuz-) Zeitung" unter Hermann Wagener 1848-52, phil. Diss. (masch.) Berlin 1943; *W. Saile:* Hermann Wagener und sein Verhältnis zu Bismarck. Ein Beitrag zur Geschichte des deutschen Konservatismus, Tübingen 1958; *K. Koszyk:* Deutsche Presse im 19. Jhdt.. Geschichte der deutschen Presse, Teil II, Berlin 1966; *E. Dovifat:* Das publizistische Leben, in: Berlin und die Provinz Brandenburg im 19. und 20. Jhdt., hrsg. von *H. Herzfeld*, Berlin 1968, S. 751-81; *H. Schnitter:* Drei konservative Berliner Zeitungen während des Krimkrieges 1853-56, phil. Diss. Berlin 1969; Von der Revolution zum Norddeutschen Bund. Politik und Ideengut der preußischen Hochkonservativen 1848-66. Aus dem Nachlaß von E. L. v. Gerlach, hrsg. v. *H. Diwald*, Bde. I-II, Göttingen 1970; *W. J. Orr:* The Foundation of the Kreuzzeitung Party in Prussia, 1848-50, phil. Diss. University of Wisconsin 1971; *M. Rohleder / B. Treude:* Neue Preußische (Kreuz-) Zeitung (1848-1939), in: Deutsche Zeitungen des 17. bis 20. Jhdt.s, hrsg. von *H.-D. Fischer*, München/Pullach 1972, S. 209-24; *J. H. Schoeps:* Die Neue Preußische (Kreuz-) Zeitung, in: Criticón Nr. 22 (1974), S. 67-9; *H.-C. Kraus:* E. L. v. Gerlach. Politisches Denken und Handeln eines preußischen Altkonservativen, Bde. I-II, Göttingen 1994.

– K

Kuehnelt-Leddihn, Erik Maria (Ritter von)

* 31. 7. 1909 Tobelbad (bei Graz). Österreichischer Autor und Publizist. K. war Schüler des „Theresianums" in Wien und studierte hier und in Budapest Jura, Theologie und Osteuropakunde. Doktor der Staatswissenschaft und Volkswirtschaft mit einer Dissertation über „Englands innere Krise". 1937-47 Professor an verschiedenen katholischen Universitäten und Colleges in den USA (Georgetown, St. Peters', Fordham, Chestnut Hill). Seither lebt K. als Privatgelehrter, Schriftsteller und Maler in Tirol, von wo er zwischen 1956 und 1992 alljährlich zu Vortragsreisen auf der gesamten Welt aufbrach.

Erik von Kuehnelt-Leddihn
geb. 1909

Der polyglotte, theologisch und historisch-politisch umfassend gebildete K.-L. setzte sich als katholischer und liberaler Monarchist in Romanen und oft polemischen Schriften mit dem →Totalitarismus auseinander. Der Titel seines bekanntesten Buches, „Freiheit oder Gleichheit", zeigt, daß der Gegensatz von Liberalismus und Demokratismus für ihn eine beherrschende Rolle spielt. K.-L. wird als Publizist in den USA (langjährige Verbindung mit W. Buckleys „National Review") und dem deutschen Sprachraum (vor allem im katholischen Bereich) gleichermaßen beachtet. Für die amerikanischen Konservativen gilt er, wie der Titel eines seiner Bücher lautet, als „The Intelligent American's Guide to Europe".

S. (Romane): Jesuiten, Spießer, Bolschewiken, Salzburg 1933; Über dem Osten Nacht, Salzburg 1935, Moskau 1997; Zürich 1949; Die Gottlosen, Salzburg 1952.

(Politische Schriften): *Francis Campbell* (Pseudonym): The Menace of the Herd or Procrustes at Large, Milwaukee 1943; Freiheit oder Gleichheit, Salzburg 1953; Zwischen Ghetto und Katakombe, Salzburg 1966; Hirn, Herz und Rückgrat, Osnabrück 1968;

Amerika, Leitbild im Zwielicht, Einsiedeln 1971; Luftschlösser, Lügen und Legenden, Wien 1972; Leftism – From Sade and Marx to Hitler and Marcuse, New Rochelle 1974; Narrenschiff auf Linkskurs, Graz 1977; The Intelligent American's Guide to Europe, New Rochell 1979; Rechts wo das Herz schlägt, Graz 1980; Austria infelix oder Die Republik der Neidgenossen, Wien 1983; Gleichheit oder Freiheit, Tübingen-Zürich-Paris 1985; Die falsch gestellten Weichen, Wien 1985; Die rechtgestellten Weichen, Wien 1989; Leftism Revisited, Washington 1989; Kirche und Moderne – moderne Kirche? Graz 1992; Demokratie. Eine Analyse, Graz 1996; Von Sarajevo nach Sarajevo. Österreich 1918-96, Wien 1996.

– S-N

Künneth, Walter

* 1. 1. 1901 Etzelwang (Bayern). Der spätere maßgebende Vertreter der apologetischen Theologie und als solcher herausragender Repräsentant der Bekennenden Kirche im Kirchenkampf des Dritten Reichs entstammte selbst einem evangelischen Pfarrhaus. Nach dem Studium der Theologie in Erlangen und Tübingen wurde er 1924 zum Dr. phil., 1927 zum Lic. theol. promoviert und habilitierte sich 1930 an der Berliner Friedrich-Wilhelms-Universität. 1933 erschien seine „Theologie der Auferstehung", bis heute ein Standardwerk evangelischer Theologie und Hebelpunkt der streng lutherisch-bekenntnistreuen Theologie K.s, weil sich am Auferstehungsglauben zu allen Zeiten die entscheidende Geisteswende bzw. Geisterscheidung zwischen biblischem Denken und außerchristlicher Weltanschauung vollzogen hat.

Die akademisch-wissenschaftliche Laufbahn, die sich mit der Lehrtätigkeit als Privatdozent an der Berliner Universität zu den Themenbereichen „Lutherische Bekenntnisschriften" und „Geistig-religiöse Strömungen der Gegenwart" anzubahnen schien, verfolgte K. jedoch nicht weiter. 1932 übernahm er die Leitung der Apologetischen Centrale im Berliner Johannesstift, in der er bereits seit 1926 tätig war. Die Apologetische Centrale war 1919 vom Centralausschuß für Innere Mission im Sinne der von J. H. →Wichern 1848 ins Leben gerufenen Volksmission gegründet worden. K. verstand Apologetik nicht im Sinne einer vordergründigen Defensive überkommener →Tradition, sondern im Sinne christlicher Verantwortung (1. Petr. 3,

Walter Künneth
geb. 1901

15) als „Antwort des Glaubens" auf die Herausforderungen des Zeitgeistes im Umbruch der politischen, gesellschaftlichen und geistigen Verhältnisse nach dem Ersten Weltkrieg. Der Schwerpunkt der Arbeit lag demzufolge nicht in einer bloß akademisch-wissenschaftlichen Auseinandersetzung, so wichtig ihm diese als Grundlage auch immer war, sondern in der volksmissionarisch-publizistischen Arbeit durch eine umfassende Vortragstätigkeit in den Gemeinden, durch Seminare und Rüstzeiten für Pfarrer, kirchliche Mitarbeiter und Laien sowie durch eine eigene Zeitschrift „Wort und Tat". K. legte damit wesentliche Teile eines Fundaments, auf dem nach dem Zweiten Weltkrieg die Evangelischen Akademien aufgebaut wurden, die sich dann allerdings sehr bald von den damaligen Zielsetzungen entfernten.

Die Verantwortung des Christen für die Neuordnung der politisch-gesellschaftlichen Strukturen in Deutschland unterstrich K. mit seiner aktiven Teilnahme an der Gründung der „Jungreformatorischen Bewegung", einer Sammlungsbewegung unterschiedlich motivierter und geprägter Gruppierungen des deutschen Protestantismus, die sich einerseits den reformatorischen Bekenntnissen, andererseits den neuen Formen kirchlicher Organisation und Verkündigung im Sinne des lutherischen Grundprinzips *ecclesia semper reformanda* verpflichtet wußten. Zusammen mit Hanns Lilje und Martin Niemöller wurde K. 1933 in das dreiköpfige Leitungsgremium berufen. Mit dieser Organisation war ein wesentlicher Grundstein für die sich etwas später formierende Bekennende Kirche gelegt; eine Tatsache, die in den Darstellungen des Kirchenkampfes im Dritten Reich aus ideologisch-politischen Gründen inzwischen immer weniger bedacht wird.

Die Auseinandersetzung K.s mit dem Nationalsozialismus blieb indes nicht auf die bloße Abwehr der massiven Einflußnahme von Partei und Staat auf die kirchliche Neuordnung nach 1933 beschränkt, sondern führte zu direkter politischer Konfrontation. Ihren Höhepunkt erreichte sie im Jahr 1935 mit einer radikalen Kritik K.s an Alfred Rosenbergs „Mythus des 20. Jhdt.s" in einer zweihundertseitigen Streitschrift „Antwort auf den Mythus – Die Entscheidung zwischen dem nordischen Mythus und dem biblischen Christus". Sie hatte zur Folge, daß K. 1937 mit Rede- und Schreibverbot belegt und die Apologetische Centrale 1938 von der Gestapo geschlossen wurde. Immerhin konnte K. 1938 ein Pfarramt in Starnberg übernehmen, wenn auch mit strengen Auflagen und ständiger Überwachung durch die Gestapo.

Theologie und Kirche sah K. jedoch nicht nur „von außen", durch den nationalsozialistischen Zeitgeist, herausgefordert, sondern gleichermaßen „von innen", durch eine auch in der Bekennenden Kirche um sich greifende Politisierung und Ideologisierung der Verkündigung, für die vor allem der Einfluß der dialektischen Theologie Karl Barths und der Theologie der Entmythologisierung Rudolf Bultmanns verantwortlich waren. Mißverständnisse über das Wesen des Kommunismus, Aversionen gegen die preußisch-deutsche Geschichte, theologischer Liberalismus und die fortbestehenden Gegensätze zwischen lutherischer und calvinistischer Theologie mischten sich zu einer unheilvollen Bewußtseinslage, die, während der Zeit der gemeinsamen Abwehr des Nationalsozialismus, in ihren destruktiven Konsequenzen zunächst nicht erkannt wurde – trotz aller Warnungen K.s. Sie bestätigten sich nach dem

Krieg in einem systematisch betriebenen Traditionsabbruch in der evangelischen Kirche, den K. als eine Fortsetzung des Kirchenkampfes des Dritten Reiches – mit anderen Mitteln – verstand. Die während des Kirchenkampfes in den Jahren 1933-45 gewonnenen Erfahrungen und formulierten Grundsätze behielten für K. im wesentlichen (selbstverständlich mutatis mutandis) ihre Gültigkeit auch in der Auseinandersetzung mit dem Kommunismus und dem Neomarxismus in der späteren Bundesrepublik Deutschland: der Grundsatz, daß *allein* das unverfälschte Evangelium und die Bekenntnisse der Kirche bleibende Quelle und Maß aller Antworten auf die wechselnden Herausforderungen des Zeitgeistes seien. K. vertrat diese Position nach Kriegsende zunächst im akademisch-wissenschaftlichen und publizistischen Bereich. Seit 1946 wirkte er als Professor für Systematische Theologie und als reger Autor, wobei vor allem an seine grundlegende Ethik „Politik zwischen Dämon und Gott" (1954) zu denken ist, in der sich K. um eine zeitgemäße Aneignung der lutherischen Zwei-Reiche-Lehre in der Abwehr der sich ausbreitenden Lehre Karl Barths von der Königsherrschaft Christi bemühte.

Mit dem offenen Ausbruch des „zweiten Kirchenkampfes" Mitte der sechziger Jahre, gegen den der Kirchenkampf im Dritten Reich nach einem Wort des damaligen Ratsvorsitzenden der EKiD, Bischof Dietzfelbinger, nur eine Art „Vorhutgefecht" war, unterstützte K. – inzwischen Emeritus – aufgrund seiner reichen Erfahrungen aktiv den Aufbau der Bekenntnisbewegung „Kein anderes Evangelium" (1966) und den Zusammenschluß der zur gleichen Zeit entstehenden anderen bekenntnistreuen Gemeinschaften zur Konferenz der Bekennenden Gemeinschaften im Jahr 1970. Als Präsident des theologischen Konvents der Bekennenden Gemeinschaften hat er in ungezählten Erklärungen, Studien und Stellungnahmen zu allen wesentlichen theologischen, kirchenpolitischen und gesellschaftlichen Auseinandersetzungen Maßstäbe gesetzt. Zum Verständnis der jüngeren Kirchengeschichte Deutschlands sind sie unentbehrlich.

Seinem Werk fühlt sich insbesondere das von der Evangelischen Notgemeinschaft in Deutschland 1994 gegründete und von seinem Sohn Adolf K. geleitete W.-K.-Institut in Lübeck verpflichtet.

B.: *H. G. Pöhlmann / W. Kopfermann:* Bibliographie W. K. 1923-65, in: Jahrbuch des Martin-Luther-Bundes 14 (1967), S. 78-95; *E. Brendel:* Bibliographie W. K. 1965-79, in: *Asendorf / Künneth* (siehe unter **L.**), S. 238-47.

S.: Die Lehre von der Sünde, Gütersloh 1927; Theologie der Auferstehung, München 1933; (zus. mit *H. Schreiner*): Die Nation vor Gott, Berlin 1933; Antwort auf den Mythus – Die Entscheidung zwischen dem nordischen Mythus und dem biblischen Christus, Berlin 1935; Evangelische Wahrheit, Berlin 1937; Der große Abfall, Hamburg 1947; Politik zwischen Dämon und Gott, Berlin 1954; Glauben an Jesus, Hamburg 1962; Entscheidung heute, Hamburg 1966; Fundamente des Glaubens – Eine Laiendogmatik, Wuppertal 1974; Lebensführungen – Der Wahrheit verpflichtet (Autobiographie), Wuppertal 1979; Der Christ als Staatsbürger – Eine ethische Orientierung, Wuppertal 1983.

L.: *U. Asendorf / F.-W. Künneth* (Hrsg.): Christuszeugnis im Nebel des Zeitgeistes. Nicänisches Christusbekenntnis heute – W. K. zu Ehren, Neuhausen – Stuttgart 1979.

– Mo

L

Lagarde, Paul Anton de (eigentl. Paul Bötticher)

* 2. 11. 1827 Berlin; † 22. 12. 1891 Göttingen. Orientalist und politischer Theoretiker. L. wuchs in einem streng konservativ und pietistisch geprägten Elternhaus auf – eine Bindung, die sich für ihn erst in den 1850er Jahren zu lockern begann. Zu diesem Zeitpunkt hatte er das 1844 in Berlin begonnene Studium der Theologie und der orientalischen Sprachen bereits mit der Promotion (1849) und später der Habilitation (1851) an der Universität Halle abgeschlossen. L.s Ziel war die Hochschullaufbahn, doch zerschlugen sich mehrfach Pläne, ein Extraordinariat zu übernehmen, und er sah sich 1854 gezwungen, in den preußischen Schuldienst einzutreten. Unter großen Entbehrungen setzte er seine wissenschaftliche Arbeit fort; diese betraf vor allem die Edition koptischer und syrischer Texte sowie Vorstudien für eine kritische Revision der Septuaginta (den hebräischen Text des Alten Testaments hielt er für desolat). Erst 1866 wurde er durch Wilhelm I. von seinen Lehrverpflichtungen unter Fortzahlung der Bezüge befreit; drei Jahre später erhielt L. die Berufung zum Professor an der philosophischen Fakultät der Universität Göttingen.

L.s akribische Untersuchungen zu altorientalischen Texten und zur Patristik übten einen erheblichen Einfluß auf die „Religionsgeschichtliche Schule" aus, die ihrerseits für die evangelische Theologie des 20. Jhdt.s von großer Bedeutung sein sollte. Nach seinem Verständnis war Theologie eine „ausschließlich historische Disciplin", er lehnte die Verbindlichkeit des Kanons der biblischen Schriften und das Dogma von der ausschließlichen Offenbarung Gottes in Jesus Christus ab. Seine vom Historismus bestimmte Hervorhebung der Geschichtlichkeit des Christentums hinderte ihn aber weder an einer besonderen Hochschätzung der Religion – die er als notwendiges Element der Persönlichkeitsbildung hervorhob – noch an einem Bekenntnis zur „reinen Lehre Jesu". Darunter verstand er eine von allen paulinischen Elementen gereinigte und auf die Gottesbeziehung sowie die Ethik konzentrierte Anschauung.

L.s Kritik an der kirchlichen Verkündigung hatte aber auch eine unverkennbar politische Spitze und eine volkspädagogische Implikation. Seiner Vorstellung nach sollten Thron und Altar strikt getrennt und die Konfessionen gezwungen werden, ihre Streitigkeiten beizulegen und in einer „Nationalkirche" aufzugehen, deren Lehre eine „deutsche Religion" zu sein habe. Diese Glaubensgemeinschaft der Zukunft trug in L.s Vision deutlich katholische Züge, was mit seiner scharfen Kritik am Protestantismus – dem er „Unvornehmheit" nachsagte – und insbesondere an Luther zusammenhing. Dem Reformator warf er vor, ganz zeitbedingte Mißstände des kirchlichen Lebens überbewertet und durch die Aufnahme des paulinischen Rechtfertigungsgedankens jüdische Vorstellungen im Christentum zur Vorherrschaft gebracht zu haben. L.s auch hier zum Ausdruck kommende aggressive Einstellung gegenüber den Juden beruhte auf der Behauptung, daß sie nicht einfach eine Religionsgemeinschaft, sondern eine →„Nation" in der „Nation" seien; das mache sie zur dauernden Anfechtung für die Deutschen, unter denen sie lebten, da „in einer Nation nur eine Seele vorhanden sein darf". L. forderte verschiedentlich die völlige Eingliederung der Juden und die Aussiedlung des nicht assimilierbaren Teils. Rassische Vorstellungen im eigentlichen Sinne lehnte er allerdings ab: Da „Deutschsein nicht eine Sache des Geblüts, sondern des Gemüts" sei, könne wohl zum Deutschen werden.

In vieler Hinsicht waren die antisemitischen Züge in L.s Denken auch auf die Beeinflussung durch das Gedankengut der frühen deutschen Nationalbewegung zurückzuführen; Fichte und Arndt, dem er noch persönlich begegnet war, hatten einen nachhaltigen Eindruck auf ihn ausgeübt. Von ihnen übernahm er den Gedanken, daß Deutschland keineswegs ein politisch-geographischer Begriff sei, sondern „die Gesamtheit aller deutsch empfindenden, deutsch denkenden, deutsch wollenden Deutschen". L. kritisierte deshalb auch die kleindeutsche Reichseinigung, die die Österreicher ausschloß, und forderte eine – in ihrem Konstruktivismus und ihrer „alldeutschen" Tendenz gefährliche – Großmachtbildung in Mitteleuropa unter Führung der Häuser Hohenzollern und Habsburg.

Dabei stand L.s Enthusiasmus für die deutsche Zukunft in einem merkwürdigen Widerspruch zu seiner ständigen Befürchtung, daß die Nation vom Materialismus und Individualismus ebenso bedroht werde wie von den Auswirkungen der modernen Technik und der Industrialisierung. Vor allem seine Kulturkritik führte L. auf die Seite der Konservativen, auch wenn seine Vorstellungen von Konservatismus sich sehr deutlich von den Programmen der konservativen Parteien jener Zeit unterschieden. Schon in einem 1853 erschienenen Text hatte er erklärt, daß unter den gegebenen Umständen nur „umzugestalten konservativ, aber radikal konservativ" sei, und in dem „Programm für die konservative Partei Preußens", das er 1884 vorlegte, hieß es: „Von einem Erhalten alles Bestehenden ist bei den Konservativen keine Rede: sie wenden ihre Fürsorge nicht dem Arbeitsergebnisse irgend welcher Kräfte, sondern nur Kräften zu, also Dingen, welche sich selbst erhalten, woferne man ihnen die Bedingungen des Weiterlebens nicht entzieht."

L.s Einfluß blieb zu seinen Lebzeiten denkbar gering. Erst in der nachfolgenden Generation gehörte er zu den wichtigen Anregern. F. Nietzsche hat sich ebenso auf ihn bezogen wie F. Naumann oder T. Mann, in der →Jugendbewegung fanden seine „Deutschen Schriften" massenhaft Verbreitung. Mann hat in den „Betrachtungen eines Unpolitischen" L. als Muster des unpolitischen Politikers bezeichnet und damit etwas entscheidend Richtiges gesehen, das nicht zuletzt erklärt, wieso L. zu einem der einflußreichsten Väter der →Konservativen Revolution in Deutschland werden konnte.

B.: *R. J. H. Gottheil:* Bibliography of the works of P. A. d. L., o. O., 1892.

W.: Deutsche Schriften, 2 Bde., Göttingen 1878 u. 1881 (Gesamtausgabe letzter Hand in einem Bd., Göttingen 1886).

L.: *A. de Lagarde:* P. d. L. Erinnerungen aus seinem Leben, Leipzig ²1918; *L. Schemann:* P. d. L., Leipzig 1919; *H. Karpp:* L.s Kritik an Kirche und Theologie, in: ZThK 49 (1952), S. 367-85; *H. E. Schaller:* Die Stellung von P. d. L. und Constantin Frantz im Werdegang des deutschen Nationalismus, phil. Diss. Göttingen 1953; *A. Prugel:* Träumereien an großdeutschen Kaminen, in: *K. Schwedhelm* (Hrsg.): Propheten des Nationalismus, München 1969, S. 56-71; *J. R. Breitling:* L. und der großdeutsche Gedanke, Wien – Leipzig 1972; S. 409-12; *R. Hanhart:* P. A. d. L. und seine Kritik an der Theologie, in: *B. Moeller* (Hrsg.): Theologie in Göttingen – eine Vorlesungsreihe, Göttingen 1978, *J. Favrat:* La Pensée de P. d. L. (1827-91), Lille – Paris 1979; *Schriewer:* Art. L., in: NDB 13 (1982), S. 271-305; *R. Heiligenthal:* Art. L., in: TRE, Bd. 20, S. 375-78.

– W

Lamennais (eigentl. de la Mennais), Hugues Félicité Robert

* 29. 6. 1782 Saint-Malo; † 27. 2. 1854 Paris. Priester, theologisch-philosophischer Schriftsteller und Politiker. In seinen ersten, ultramontane Positionen propagierenden Schriften griff L., der 1816 die Priesterweihe empfing, den Gallikanismus an, verteidigte die Vorherrschaft der römischen Kirche, die päpstliche Unfehlbarkeit in lehramtlichen Fragen und die grundsätzliche Autorität der →Tradition. Mit dem enthusiastisch aufgenommenen ersten Band seines „Essai sur l'indifférence en matière de religion" (1817) lieferte er der traditionalistischen Bewegung eine theologische Basis. Er vertrat darin die Auffassung, die Reformation habe das Prinzip der Autorität zerstört, die Souveränität der individuellen Vernunft verkündet, den religiösen Atheismus inthronisiert und über die Zerstörung der religiösen Einheit auch die politische beseitigt. Die Revolution sei nichts anderes als die rigorose Anwendung der letzten Prinzipien des Protestantismus. L. sprach – und damit geriet er in Widerspruch zur überlieferten kirchlichen Lehre – der individuellen menschlichen Vernunft die Möglichkeit der Erkenntnis der *vérité absolue* ab. Diese sei in der sich durch Zeugnis und Wort manifestierenden „raison générale (sens commun)" enthalten, welche von der Kirche ausgedrückt werde. Der an der Spitze der Kirche stehende Papst verkünde deshalb notwendig unfehlbar die Wahrheit. Dieser unterliege, wenngleich ihm im Bereich des Sozialen die Autorität zukomme, auch der König.

L., der auch in →Chateabriands „Le Conservateur" veröffentlichte, verneinte die Möglichkeit der Gewährleistung der Einheit des politischen Körpers durch ökonomische Interessen: „Un bazar n'est point une cité." Unter dem Motto „réconstituer la société politique à l'aide de la société religieuse" strebte er nach einer geistig-politischen Einheit, die nach seiner Auffassung nur durch die Religion, die Grundlage der sozialen Ordnung, gewährleistet werden könne.

In seinem Kampf um die Freiheit der Kirche geriet L. im Lauf der Zeit in einen immer stärkeren Gegensatz zum Restaurationsregime, dem er vorwarf, im Katholizismus nur eine besonders ehrwürdige, für politische Zwecke mißbrauchbare Religion zu sehen. Nachdem 1828 den Jesuiten das Unterrichtsrecht entzogen worden war und der Papst die französischen Bischöfe dazu aufgefordert hatte, sich der königlichen Weisheit zu unterwerfen, forderte L. in seiner Schrift „Des progrès de la révolution et de la guerre contre l'église" von 1829 die Freiheit der →Kirche vom →Staat und wandte sich dem Liberalismus zu. Er glaubte, daß die Monarchie keine Zukunft mehr habe und daß die Kirche, sollte sie sich nicht von ihr trennen, mit ihr fallen werde. Deshalb verlangte er von ihr, sich von der Sache der Könige zu trennen und sich mit dem Volk zu verbünden.

L. lehnte wohl den doktrinären Liberalismus ab, unter welchem er den die Souveränität der *raison individuelle* behauptenden Individualismus verstand, der Christentum und Kirche zu zerstören suche, hoffte aber, den Liberalismus im Kampf um die Freiheit entindividualisieren zu können. Unterstützt von Lacordaire und Montalembert, gründete er die Tageszeitung „L'Avenir", die – unter dem Motto „Dieu et la liberté" stehend – erstmals im Oktober 1830 erschien. L. kämpfte darin für die Wiederherstellung der Autonomie der lokalen Gemeinschaft, für die Dezentralisierung der Verwaltungsorganisation des Landes, für Unterrichts- und Vereinigungsfreiheit, für die Rechte des Volkes und, im Interesse der kirchlichen Freiheit, für die Trennung von Staat und Kirche. Letzterer schrieb er die Rolle der Führung der Völker auf dem Weg in demokratische Verhältnisse zu. Eine Reise nach Rom in der Hoffnung, die offizielle Anerkennung seiner Lehren durch den – unterdessen von →Metternich gegen ihn beeinflußten – Vatikan zu erhalten, blieb ohne Erfolg. Auf seiner Rückreise erhielt er in München die Enzyklika „Mirari vos" (1832), die – ohne ihn allerdings beim Namen zu nennen – seine Lehren und insbesondere seine Freiheitsforderungen verurteilte.

Die Unterdrückung des Aufstands des katholischen Polen von 1830 gegen Rußland und die Unterstützung des Zaren durch Papst Gregor XVI. stürzten L. in eine tiefe religiöse Krise. Seine Forderungen wurden radikaler. Seine Schrift „Paroles d'un croyant" (1834), in der er Brüderlichkeit und die Freiheit der Assoziierung predigte, die Unterdrückten pries und in den Fürsten die Verhinderer von →Freiheit und →Gerechtigkeit sah, wurde von der auch den philosophischen Traditionalismus zurückweisenden Enzyklika „Singulari nos" (1834) als Aufruf zur Revolution verurteilt. In der Folge verlor L. seinen Glauben. Sein Christentum wurde zu einer Humanitätsreligion, und er wandte sich der sozialen Frage zu. Mit der Veröffentlichung der „Affaires de Rome" (1836) vollzog er endgültig den Bruch mit der Kirche. Als Abgeordneter der Nationalversammlung bemühte er sich 1848 und 1849 zusammen mit →Tocqueville noch erfolglos darum, die auszuarbeitende Verfassung dezentral und föderalistisch auszugestalten.

B.: *F. Duine:* Essai de bibliographie de F. R. d. L. M., Paris 1923; *G. Valerius:* Deutscher Katholizismus und L., Mainz 1983, S. XIV – XXXI.

S.: Œuvres Complètes, Bde. I-XII, Paris 1836-37, unv. Ndr. Frankfurt a. M. 1967; Œuvres choisies et philosophiques, Bde. I-X, Paris 1837-41; Le livre du peuple, Paris 1838; Politique à l'usage du peuple, Paris 1838; De l'esclavage moderne, Paris 1839; Le pays et le gouvernement, Paris 1840; Esquisse d'une philosophie, Bde. I-IV, Paris 1840-46; Discussions critiques et pensées diverses sur la religion et la philosophie, Paris 1841; Amschaspands et Darvands, Paris 1843; Les Evangiles, Paris 1846.

E.: Correspondence générale, Bde. I-IX, Paris 1971ff.

Ü. (Auswahl): Versuch über die Gleichgültigkeit in Religions-Sachen Bd. 1, Sitten – Solothurn 1820; Absolutismus und Freiheit, Bern 1834; Worte eines Glaubenden, Herisau 1834; (unter dem Titel:) Worte eines Gläubigen, Bern 1834; Angelegenheiten Roms, Basel 1837; Das Buch des Volkes, Biel 1838; Die Sklaverei unserer Zeit, Schabelitz 1840; Grundriß einer Philosophie Bde. I-III, Paris – Leipzig 1841; Gesammelte Werke, Bde. I-II, Leipzig 1843.

L.: *C. Boutard:* L. Sa vie et ses doctrines, Bde. I-III, Paris 1905-13; *W. Gurian:* Die politischen und sozialen Ideen des französischen Katholizismus 1789-1914, Mönchen-Gladbach 1929; *L. Ahrens:* L. und Deutschland, Münster 1930; *R. Vallery-Radot:* L. ou le prêtre malgré lui, Paris 1931; *V. Giraud:* La vie tragique de L., Paris 1933; *C. Carcopino:* Les doctrines sociales de L., Paris 1942; *L. de Villefosse:* L. ou l'occasion manquée, Paris 1945; *H. Barth:* Über die Staats- und Gesellschaftsphilosophie von L., in: Schweizer Beiträge zur

Allgemeinen Geschichte Bd. 6, hrsg. von *W. Näf,* Aarau 1948, S. 142-68; *W. Gurian:* L., in: Perspektiven, H. 3 (1953), S. 69-85; *A. Posch:* L. und Metternich, in: Mitteilungen des Instituts für österreichische Geschichtsforschung 62 (1954), S. 490-516; *M. Mourre:* L. ou l'hérésie des temps modernes, Paris 1955; *B. A. Pocquet du Haut-Jussé:* L. M.: L'évolution des ses idées politiques jusqu'en 1832, Rennes 1955; *R. Spaemann:* Der Ursprung der Soziologie aus dem Geist der Reaktion. Studien über L. G. A. de Bonald, München 1959, S. 173-80; *J.-R. Derré:* L., ses amis et le mouvement des idées à l'époque romantique. 1824-34, Paris 1962; *ders.:* Metternich et L. d'après les documents conservés aux Archives de Vienne, Paris 1963; *K. Jürgensen:* L. und die Gestaltung des belgischen Staates, Wiesbaden 1963; *W. Roe:* L. and England: The Reception of L.'s Religious Ideas in the Nineteenth Century, London 1966; *M.-J. Le Gouillou:* L'évolution de la pensée religieuse de F. L., Paris 1966; *ders.:* Die Krise von L., in: Concilium 3 (1967), S. 567-72; *R. Nisbet:* The Politics of Pluralism: L., in: *ders.:* Tradition and Revolt, New York 1968, S. 31-50; *J. Raubaum:* Für Gott und die Freiheit. Von Meslier bis L. – Französische Christen zwischen Reform und Revolution, Berlin 1976; *G. Valerius:* Deutscher Katholizismus und L., Mainz 1983; *H. Maier:* Revolution und Kirche. Zur Frühgeschichte der Christlichen Demokratie, Freiburg – Basel – Wien ⁵1988; *A. Verhülsdonk:* Religion und Gesellschaft: F. L., Bern – Berlin – Frankfurt a. M. – New York – Paris – Wien, 1991; *R. Nisbet:* L. and Tocqueville, in: The Unbought Grace of Life. Essays in Honour of Russell Kirk, hrsg. von *J. E. Person, jr.,* Peru (Ill.) 1994, S. 247-57.

– Z

Lancizolle, Carl Wilhelm von

* 17. 2. 1796 Berlin; † 21. 5. 1871 ebd. Konservativer Jurist. L. entstammte einer angesehenen, ursprünglich im Languedoc beheimateten Familie der Berliner Hugenottenkolonie; sein Vater war reformierter Geistlicher, zuletzt im Rang eines Konsistorialrats. Nach dem Besuch des Französischen und des Friedrich-Werderschen Gymnasiums seiner Heimatstadt nahm L. 1813-14 an den Befreiungskriegen teil und studierte anschließend in Göttingen und Berlin Rechtswissenschaften. Nach der Promotion in Göttingen (1818) habilitierte er sich ein Jahr später in Berlin und wurde hier 1820 a.o., 1823 o. Professor der Rechte. Seine Lehrtätigkeit umfaßte neben dem Privatrecht vor allem die deutsche Rechtsgeschichte; so unterrichtete er auch den preußischen Kronprinzen, den späteren König Friedrich Wilhelm IV., in diesen Fächern. Von 1832-48 war L. Mitglied des preu-

ßischen Oberzensurkollegiums, und 1852 wurde er zum Direktor der preußischen Staatsarchive ernannt; dieses Amt übte er bis 1866 aus. Daneben war L. auch im kirchlichen Bereich sehr aktiv: so gehörte er zu den Mitbegründern der Berliner Missionsgesellschaft, außerdem erwarb er sich, u.a. mit einer Neuedition der Lieder Paul Gerhardts, Verdienste um das evangelische Kirchenlied.

In seinem wissenschaftlichen und politischen Werk vertrat L., der bereits früh zum romantisch-konservativen und neupietistischen Kreis um die Brüder Ernst Ludwig und Leopold von →Gerlach gehörte, einen streng konservativen Standpunkt, wobei auch Einflüsse Carl Ludwig von →Hallers und nicht zuletzt seines wichtigsten akademischen Lehrers und Förderers Friedrich Carl von →Savigny nachwirkten. Als einer der letzten und unbeirrbarsten Vertreter des vorparlamentarisch-altständischen Gedankens bekannte sich L. (so 1831 in der Vorrede seiner „Beiträge zur Politik und zum Staatsrecht") „zu der schärfsten Opposition gegen alle absolutistische Tyrannei geistlicher oder weltlicher Machthaber und Obrigkeiten und deren servile Beschönigung, wie gegen die vielköpfige Tyrannei des falschen Liberalismus und gegen die vielfache, seltsame Allianz und Vermischung dieser scheinbar unversöhnlichen Elemente; mit einem Wort: von Herzen bin ich feind aller revolutionären Thorheit und Verkehrtheit, in welcher Region der Gesellschaft sie sich regen mag". Der Kampf gegen die revolutionären Regungen und Tendenzen der Epoche wurde von L. in erster Linie als Kampf gegen die Prinzipien der liberalen Verfassungsbewegung, gegen die Idee der Volkssouveränität, gegen das Trugbild der „öffentlichen Meinung" und nicht weniger auch gegen „einen gesteigerten Regierungs- und Beamten-Absolutismus" geführt. Jeder Regent und jedes Volk in Deutschland (!) möge sich hingegen, so L., „nach der wesentlichen Weisheit... fragen, die vom Himmel gekommen ist, nach der von Gott gegebene(n) Verfassungsurkunde des Staates aller Staaten, des Reiches Gottes."

In seinem letzten politischen Hauptwerk „Ueber Königthum und Landstände in Preußen" (1846) bekämpfte er – indem er das provinzialständische System in Preußen gegen dessen liberale Gegner verteidigte – „...de(n)

344

ganze(n) abstracte(n) Staatsbegriff der modernen politischen Doctrin... mit allem was er an Centralisation, Codification, Nivellirungs- und Uniformitätssucht, an Despotismus der Gesetze und Mechanisirung der ganzen Rechtsordnung mit sich führt". Dagegen hob er noch einmal die ständisch-freiheitlichen Grundlagen der „ächten deutschen Freiheit" hervor, „die durch alle Jhdt.e der Geschichte im vollen Einklang mit hingebender Treue gegen die von Gott gesetzten Obrigkeiten gelebt hat und... auch heut noch nicht erloschen ist. Diese Freiheit ist aber eben so sehr dem Servilismus wie dem vulgären Liberalismus unserer Tage, also auch dem constitutionellen oder republikanischen wie dem absolutistischen Despotismus auf das entschiedenste entgegengesetzt."

L. mußte es erleben, daß die von ihm vertretenen politischen und juristischen Positionen auch von den meisten seiner engsten Gesinnungsgenossen aufgegeben wurden. Den Schritt hin zum modernen Konstitutionalismus, den seit 1848 so prominente Vertreter des preußischen Konservatismus wie etwa E. L. von Gerlach und L.s Berliner Fakultätskollege Friedrich Julius →Stahl vollzogen, hat L. nicht mitmachen können; sein allmählicher Rückzug vom Lehramt und von allen öffentlichen Funktionen dürfte hiermit zusammenhängen.

S.: Dissertatio de praescriptione feudali, Berlin 1820; Geschichte der Bildung des preußischen Staats, Bd. I, Berlin 1828; Grundzüge der Geschichte des deutschen Städtewesens, mit besonderer Rücksicht auf die preußischen Staaten, Berlin – Stettin 1829; Uebersicht der deutschen Reichsstandschafts- und Territorial-Verhältnisse vor dem französischen Revolutionskriege, der seitdem eingetretenen Veränderungen und der gegenwärtigen Bestandtheile des deutschen Bundes und der Bundesstaaten, Berlin 1830; Beiträge zur Politik und zum Staatsrecht. Erste Sammlung, Berlin 1831; Ueber Königthum und Landstände in Preußen, Berlin 1846; Beiträge zum Verständnis und zur Würdigung der preußischen landständischen Verfassung vor und seit dem 3. Februar 1847, Berlin 1847; Aus der Geschichte und zur Charakteristik der landständischen Verfassung in Deutschland und in Preußen, Berlin 1847; Rechtsquellen für die gegenwärtige landständische Verfassung in Preußen mit Einschluß der Landtags-Abschiede, Berlin 1847; Die Bedeutung der römisch-deutschen Kaiserwürde nach den Rechtsanschauungen des Mittelalters, Berlin 1856; Nachlese von 80 Liedern zu dem von dem königl. Konsistorium der Provinz Brandenburg als Entwurf herausgegebenen Gesangbuch für

evangelische Gemeinen nebst Beiträgen zur Würdigung des Entwurfs, Berlin 1869.

L.: *Friedlaender* in ADB XVII, 583f.; *Brandt* in NDB XIII, 474f.; *E. Landsberg:* Geschichte der Deutschen Rechtswissenschaft, Bd. III/2, München – Leipzig 1898; *E. L. v. Gerlach:* Aufzeichnungen aus seinem Leben und Wirken, hrsg. v. *J. v. Gerlach*, Bde. I-II, Schwerin 1903; *M. Lenz:* Geschichte der königlichen Friedrich-Wilhelms-Universität zu Berlin, Bde. I-IV, Halle a. S. 1910-18; *H. J. Schoeps* (Hrsg.): Aus den Jahren preußischer Not und Erneuerung. Tagebücher und Briefe der Gebrüder Gerlach und ihres Kreises 1805-20, Berlin 1963; *H. Brandt:* Landständische Repräsentation im deutschen Vormärz. Politisches Denken im Einflußfeld des monarchischen Prinzips, Neuwied – Berlin 1968; Von der Revolution zum Norddeutschen Bund. Politik und Ideengut der preußischen Hochkonservativen 1848-66. Aus dem Nachlaß von Ernst Ludwig v. Gerlach, hrsg. v. *H. Diwald*, Bde. I-II, Göttingen 1970; *R. Koselleck:* Preußen zwischen Reform und Revolution. Allgemeines Landrecht, Verwaltung und soziale Bewegung von 1791-1848, Stuttgart ²1975; *H.-C. Kraus:* Ernst Ludwig v. Gerlach. Politisches Denken und Handeln eines preußischen Altkonservativen, Bde. I-II, Göttingen 1994.

– K

Lasaulx, Ernst von

* 16. 3. 1805 Koblenz; † 9. 5. 1861 München. Klassischer Philologe, Geschichtsphilosoph und Politiker. L., der einer ursprünglich in Lothringen ansässigen französischen Juristenfamilie (de la Saulx) angehörte, studierte 1824-28 in Bonn und 1828-30 in München Philosophie und (klassische) Philologie; zu seinen Lehrern, die ihn nachhaltig prägten, zählten (in Bonn) B. G. Niebuhr, A. W. Schlegel und (in München) F. W. J. Schelling, J. →Görres sowie F. von →Baader, dessen Schwiegersohn L. 1835 wurde. Nach der Rückkehr von einer langen Bildungsreise, die ihn nicht nur nach Italien und Griechenland, sondern bis nach Konstantinopel und Jerusalem geführt hatte, wurde L. 1835 in Kiel zum Dr. phil. promoviert und noch im gleichen Jahr als a.o. Professor (seit 1837 Ordinarius) der Philologie nach Würzburg berufen. 1844 folgte er einem Ruf an die Universität München, wo er bis zu seinem Tode (unterbrochen nur von 1847-49) lehrte.

Bereits als Student hatte L. in München den Zugang zum katholisch-konservativen Kreis um Görres und die →„Historisch-politischen Blätter" gefunden, und 1847 wurde er, wie die anderen Professoren um Görres, im Zusammenhang mit der Lola-Montez-Affäre durch König Ludwig I. amtsenthoben und in den vorzeitigen Ruhestand versetzt. Nach dem Ausbruch der Revolution von 1848 wurde L. als Vertreter eines niederbayerischen Wahlkreises in die Frankfurter Nationalversammlung gewählt, wo er sich mit Gleichgesinnten (Phillips, Döllinger, →Radowitz) der äußersten Rechten anschloß. In seinen Reden in der Paulskirche setzte er sich zuerst für die Sicherung der Freiheiten der katholischen Kirche ein. Sein zweiter Schwerpunkt aber war die Idee einer Wiedererrichtung des Heiligen Römischen Reiches Deutscher Nation in erneuerter Form: Hier knüpfte L. sowohl an die romantisch-konservativen Reichsideale des Görres-Kreises an wie auch an die Ideen →Dahlmanns, dessen „Politik" L. 1838 einmal als sein „politisches Glaubensbekenntnis" bezeichnet hatte. Dahlmanns Orientierung an englischen Verfassungsidealen versuchte L. mit seiner Idee einer Erneuerung des alten deutschen Reichsgedankens (etwa in seiner Konzeption eines „Reichsoberhauses") zu verbinden. Um 1850 mußte L. allerdings zugeben, daß sein politisches Ideal einer umfassenden Eneuerung von →Reich und →Kirche gescheitert war; die revolutionäre Epoche zwischen 1789 und 1848 hatte in seiner Sicht den Untergang des alten Europa vollendet.

L.' politischem Pessimismus (er war trotzdem von 1849-60 noch Mitglied des bayerischen Landtages) entsprach seine in seinen letzten Lebensjahren entwickelte und in verschiedenen Arbeiten – besonders in der 1856 publizierten Schrift „Neuer Versuch einer alten, auf die Wahrheit der Thatsachen gegründeten Philosophie der Geschichte" – vorgelegten eigenartigen Geschichtsdeutung, die u.a. von J. →Burckhardt stark beachtet wurde. In Anknüpfung an Ideen seines Schwiegervaters Baader, vor allem aber an Grundgedanken Schellings konzipierte L. den Gedanken einer analogischen, Antike und Gegenwart parallelisierenden Geschichtsdeutung. Tief berührt von dem zeitgenössischen Niedergang des christlichen Glaubens, von der umfassenden Säkularisierungsbewegung des 19. Jhdt.s, stellte er eine Parallele zwischen dem Untergang des Hellenismus im vierten nachchristlichen Jhdt. und dem Christentum seiner Gegenwart her, wo-

mit er die deutliche Kritik der zeitgenössischen katholischen Theologie – u.a. seines früheren Freundes Döllinger – hervorrief (nach L.' Tod wurden seine Schriften auf den römischen Index der verbotenen Bücher gesetzt).

Die Parallelisierung von Antike und Gegenwart, von griechischer Kultur und Christentum, von Philosophie und Religion (Sokrates und Christus!) ging so weit, daß L. gerade in seiner Gegenwartserfahrung von Niedergang und Zerfall auf die Zukunft hoffen zu können meinte. Denn seine Idee einer „Wiederkehr im Unterschied" (S. Peetz) erschöpfte sich nicht, wie frühere Deuter und Interpreten seines Werkes annahmen, in der Konzeption einer geschichtsphilosophischen Kulturzyklen- oder Verfallstheorie. L. war keineswegs ein „Vorläufer →Spenglers" (Schoeps), denn er nahm in sein Geschichtsdenken ein messianisches Element auf: Das Auftauchen säkularer Gestalten – für L. waren dies vor allem Moses, Sokrates, Christus – in Zeiten des Niedergangs und Zerfalls verbürge die Zukunft und eine umfassende, geistig-religiöse Erneuerung von Welt und Menschheit. Für die Zukunft der eigenen Epoche erhoffte L. die Entstehung einer neuen, Antike und Gegenwart, Christentum und Philosophie miteinander versöhnenden „Geistreligion".

S.: De mortuis dominatu in veteres. Commentatio theologico-philosophica, München 1835; Das pelasgische Orakel des Zeus zu Dodona, ein Beitrag zur Religionsphilosophie, Würzburg 1840; Studien des classischen Alterthums. Akademische Abhandlungen, Regensburg 1854; Der Untergang des Hellenismus und die Einziehung seiner Tempelgüter durch die christlichen Kaiser. Ein Beitrag zur Philosophie der Geschichte, München 1854 (Ndr. Stuttgart 1965); Neuer Versuch einer alten, auf die Wahrheit der Thatsachen gegründeten Philosophie der Geschichte, München 1856 (neu hrsg. v. *E. Thurnher*, München – Wien 1952); Über die theologische Grundlage aller philosophischen Systeme, München 1856; Des Sokrates Leben, Lehre und Tod nach den Zeugnissen der Alten, München 1857 (Ndr. Stuttgart 1958); Die prophetische Kraft der menschlichen Seele in Dichtern und Denkern, München 1858; Philosophie der schönen Künste, München 1860.

E.: E. v. L. Verschüttetes deutsches Schrifttum. Ausgewählte Werke 1841-60, hrsg. v. *H. E. Lauer*, Stuttgart 1925; Die Welt als Ganzes, hrsg. v. *E. Felden*, Stuttgart o. J. (1947).

L.: *Prantl* in ADB XVII, 728f.; *Conzemius* in NDB

XIII, 644f.; *H. Holland:* Erinnerungen an E. v. L., München 1861; *R. Stölzle:* E. v. L., ein Lebensbild, Münster 1904; *A. Doeberl:* E. v. L., in: Historisch-politische Blätter für das katholische Deutschland 162 (1918), S. 205-11, 296-309; *K. v. Lassaulx:* Geistesgeschichtliche Voraussetzungen der E. v. L.schen Geschichtsphilosophie, in: Historisch-politische Blätter für das katholische Deutschland 171 (1923), S. 189-99, 265-80; *A. C. Burg:* Die Geschichtsphilosophie E. v. L.', phil. Diss. (masch.) Freiburg i. Br. 1924; *H. U. Instinsky:* E. v. L. Christentum – Humanismus – Gnosis, in: Hochland 33/II (1936), S. 409-24; *A. Koether:* E. v. L.' Geschichtsphilosophie und der Einfluß auf Jacob Burckhardts „Weltgeschichtliche Betrachtungen", phil. Diss. Münster 1937; *H. Horn:* Die Geschichtsphilosophie E. v. L.', in: Zeitschrift für Deutsche Kulturphilosophie 3 (1937), S. 95-112; *E. Thurnher:* Einleitung in: E. v. L.: Neuer Versuch einer alten, auf die Wahrheit der Tatsachen gegründeten Philosophie der Geschichte (siehe unter S.), S. 7-60; *H. J. Schoeps:* Vorläufer Spenglers. Studien zum Geschichtspessimismus im 19. Jhdt., Leiden – Köln 1953; *F. Engel-Janosi:* The Historical Thought of E. v. L., in: Theological Studies 14 (1953), S. 377-401; *S. J. Tonsor:* The Historical Morphology of E. v. L., in: Journal of the History of Ideas 25 (1964), S. 374-92; *H.-U. Docekal:* E. v. L. Ein Beitrag zur Kritik des organischen Geschichtsbegriffs, Münster 1970; *S. Peetz:* Die Wiederkehr im Unterschied. E. v. L., Freiburg i. Br. – München 1989.

– K

Le Bon, Gustave

* 7. 5. 1841 Nogent-le-Rotrou; † 15. 12. 1931 Paris. Arzt, vielfältig forschender, erfindender, reisender und ausgiebig publizierender Privatgelehrter (über vierzig Bücher), vor allem auf den Gebieten der Anthropologie, der Völkerkunde und der (politischen) Psychologie; Begründer der allgemeinen „Massenpsychologie" und damit indirekt auch der sich davon abgrenzenden und wesentlich in Auseinandersetzung mit L. B. konstituierenden Sozialpsychologie.

L. B., der seinen Beruf nur am Rande ausübte, war während des Krieges 1870/71 Chefarzt eines Feldlazaretts, arbeitete zeitweise im Laboratorium des Anthropologen Paul Broca mit, übernahm Forschungsarbeiten im Auftrage des Unterrichtsministeriums und der Geographischen Gesellschaft, erhielt Auszeichnungen der „Académie des sciences" (ohne es freilich zu schaffen, deren Mitglied zu werden), inventarisierte 1884 für die Akademie buddhistische Baudenkmäler in Indien. 1889 war er Mitglied des Organisationskomitees der Weltausstellung; 1902 gab er bei Flammarion die „Bibliothèque de philosophie scientifique" heraus. In seinem Hauptwerk „Psychologie der Massen", das sich auf Erkenntnisse der Soziologen Gabriel Tarde („Die Gesetze der Nachahmung", 1890) und Scipio Sighele („Die verbrecherische Masse", 1893) stützte und erklärtermaßen durch →Tocqueville, →Taine und Herbert Spencer beeinflußt war, trug der anglophile, von der Dekadenz der lateinischen Rasse überzeugte L. B. zur Verbreitung teils traditionalistischer, teils konservativer Topoi bei: Trauer über die Einebnung gesellschaftlicher →Hierarchien, Mißtrauen gegenüber den an Zahl zunehmenden „gewöhnlichen" Menschen, Skepsis gegenüber der Kraft der menschlichen Erkenntnis, gegenüber der Bedeutung der Ratio und gegenüber geplanten sozialen Veränderungen; Vorbehalte gegenüber Revolutionen und Führertum, Sozialismus und Etatismus; Hypostasierung der Zeit als des „wahren Schöpfers" und des „großen Zerstörers". Mit weniger heiterem denn melancholischem Fatalismus sah L. B. das Zeitalter der Massengesellschaft heraufziehen, den Sieg „des unbewußten Seelenlebens über das bewußte Geistesleben", der „barbarischen Massenseele" über „die kultivierte Rassenseele" (d.h. Volksseele), der egalisierenden Mittelmäßigkeit jener „ungleichartigen" Massen (Straßenansammlungen, Geschworenengerichte, Parlamente) und „gleichartigen" Massen (Sekten, Kasten, Klassen) über die intelligenten und gebildeten Individuen: „Gegen die Überzeugung der →Masse streitet man ebensowenig wie gegen Zyklone."

L. B., der seine Beispiele häufig der Französischen Revolution und der Pariser Kommune entlehnte, hat ausdrücklich keiner politischen Richtung zugehört. An den Massen verachtete er „eine fetischistische Ehrfurcht vor den Überlieferungen, eine unbewußte Abscheu vor allen Neuerungen" als spezifische Art „konservativen Geistes", die man freilich eher als Traditionalismus oder als „Furcht vor der →Freiheit" bezeichnen müßte. Obwohl L. B. betonte, die sozialen Tatsachen seien „so verwickelt, daß man sie in ihrer Gesamtheit nicht umfassen und die Wirkungen ihrer wechselseitigen Beeinflussung nicht voraussagen" könne, stellte er das „Gesetz der seelischen Einheit der Masse" auf:

Eine Masse sei etwas anderes als die Summe ihrer weitgehend entindividualisierten Mitglieder; in ihr könnten alle Formen einer (so L. B.s zeittypische Auffassung) wesenhaft „weiblichen" Irrationalität wirksam werden: „Triebhaftigkeit", „Erregbarkeit", „Leichtgläubigkeit", „Überschwang", „Unduldsamkeit" etc.; sie verlange geradezu nach quasireligiösen Überzeugungen und vor allem nach Führergestalten. Als Mitglied einer Masse unterliege das Individuum psychischer Regression: das Bewußtsein vernebele sich, die Triebe und das „Unbewußte" gewännen an Einfluß, das Verantwortungsgefühl lasse nach, die Beeinflußbarkeit steigere sich ebenso wie die Neigung zu unmittelbarem Handlungsvollzug.

Der Leser ist manchmal unsicher, ob L. B. besondere Methoden von „Führern", mit Massen umzugehen, ironisierend beschreibt oder zynisch-machiavellistisch empfiehlt: „Das geschriebene Programm des Kandidaten darf nicht sehr entschieden sein, weil seine Gegner es ihm später entgegenhalten können, aber sein mündliches Programm kann nicht übertrieben genug sein." Dazu paßt in keinem Falle L. B.s anfängliche Bemerkung, der „Staatsmann" müsse die Massen studieren, um sich von ihnen nicht allzusehr beherrschen zu lassen.

Aus akademisch-sozialpsychologischer Sicht ist an der „romantischen Massenpsychologie", deren Entstehen in Zusammenhang mit dem in Frankreich, Spanien und Italien zur Wirksamkeit gelangten „revolutionären Syndikalismus" gebracht wurde (Massenstreiks!), eingewandt worden, daß der Begriff der Masse quantitativ und qualitativ schwer faßbar wäre, daß L. B. und andere – im Gegensatz zum wissenschaftlichen Objektivitätsideal – abschätzig-wertend vorgegangen seien, und daß es zur Erforschung der „flüchtigen" Massenphänomene keine adäquate Methode gäbe. Dies alles bedeutet jedoch nicht viel mehr, als daß es sich hier um ein anregendes Stück Sozialphilosophie handelte, das darauf wartete, durch empirische Forschung ersetzt zu werden. Niemand hat eingewandt, daß L. B. damit ein Scheinproblem aufgeworfen hätte. Objekt der Kritik müßte auch L. B.s These von der Existenz eines „Unbewußten" sein, die dann S. Freud salonfähig gemacht hat.

S. Moscovici hat den Nutzen betont, den eine auf Demokratie gerichtete Politik aus der präzisen Lokalisierung von Irrationalismen im politischen Leben ziehen könne. L. B. war kein militanter Antidemokrat (wenn er auch die demokratische Idee, ebenso wie das Christentum und den Sozialismus, für einen „ziemlich armseligen Irrtum" hielt), und er wandte sich nicht nur gegen übertriebene Hoffnungen, sondern auch gegen elitäre Ressentiments, die sich auf das allgemeine Wahlrecht und die Macht der Parlamente bezogen. Parlamentsversammlungen seien zwar, so räumte L. B. ein, das Ideal für Philosophen, Künstler und Gelehrte, aber er ließ die Tragik dieser elitären Intellektuellen deutlich werden: Innerhalb der Massen ebenso wirkungslos wie gegenüber den Demagogen, drohten sie zwischen diesen beiden Mühlsteinen (populistischen Führern und nach „Entscheidungen" verlangenden Massen) zerrieben zu werden. Die größten Führer aller Zeiten seien „sehr beschränkt" gewesen. Vielleicht galt L. B.s größte Sorge jedoch nicht einmal den *foules hétérogènes* der Aufläufe, der Wähler, der Geschworenen oder Abgeordneten, sondern den *foules homogènes*, vor allem den „Kasten" (z.B. der Richter und Beamten): „Die Massen lassen sich vielleicht überzeugen, die Kasten geben niemals nach." – Die Frage, was geschähe, wenn derartige Kasten die Führerschaft von Massen übernähmen, stellten dann die Parteienkritiker →Ostrogorski und →Michels. L. B.s gesamter Beitrag zur politischen Psychologie bleibt noch zu würdigen.

S.: La mort apparente et les inhumations prématurées, possibilité de ramener à la vie un grand nombre de personnes enterrées vivantes, Paris 1866; Psychologie de la génération de l'homme et des principaux êtres vivants, Paris 1868; La vie, physiologie humaine appliquée à l'hygiène et à la médicine, Paris 1874; La fumée du tabac, recherches chimiques et physiologiques, Paris 1880; L'homme et les sociétés, leurs orgines et leur histoire, Bde. I-II, Paris 1881; La civilisation des Arabes, Paris 1884; Les civilisations de l'Inde, Paris 1887; Les levers photographiques et la photographie en voyage, Bde. I-II, Paris 1888/89; Les premières civilisations, Paris 1889; L'équitation actuelle et ses principes, Paris 1892; Les monuments de l'Inde, Paris 1893; Les lois psychologiques de l'évolution des peuples, Paris 1894; Psychologie des foules, Paris 1895; Psychologie du socialisme, Paris 1898; Psychologie de l'éducation, Paris 1902; L'évolution de la matière, Paris 1905; L'évolution des forces, Paris 1907; La naissance et l'évanouissement de la matière, Paris 1908; Psychologie politique et la défense sociale, Paris 1910; Les opinions et les croyances, genèse, évolution, Paris 1911; La révolution française et la psychologie des révolutions, Paris 1912; Aphorismes du temps présent, Paris 1913; Enseignements psychologiques de la guerre européenne, Paris 1916; Les premières conséquences de la guerre, Transformation mentale des peuples, Paris 1917; Hier et demain. Pensées brèves, Paris 1918; Psychologie des temps nouveaux, Paris 1920; A psychologia política, Paris 1921; Le déséquilibre du monde, Paris 1923; Les incertitudes de l'heure présente. Réflexions sur la politique, les guerres, les alliances, le droit, Paris 1923; L'évolution actuelle du monde. Illusions et réalités, Paris 1927; Bases scientifiques d'une philosophie de l'histoire, Paris 1931.

Ü.: Psychologie der Massen, Leipzig 1908 (zahlr. Aufl.); Die Entwickung der Materie, Leipzig 1909; Psychologische Grundgesetze in der Völkerentwicklung, Leipzig 1922; Die gegenwärtige Entwicklung der Welt, Täuschungen und Tatsachen, Wien 1930.

L.: *H. Dingeldey:* Einführung, in: L. B.: Psychologie der Massen, Stuttgart [7]1950; *R. K. Merton:* The ambivalences of L. B.'s The Crowd, in: L. B.: The Crowd, New York 1963; *J. Stoetzel:* L. B., in: International Encyclopedia of the Social Sciences, Bd. IX, New York 1968; *I. L. Janis:* Victims of Groupthink. A Psychological Study of Foreign-policy Decisions and Fiascoes, Boston 1972; *S. Barrows:* Distorting Mirrors. Visions of the Crowd in Late Nineteenth-Century France, New Haven – London 1981; *P. R. Hofstätter:* Einführung, in: L. B.: Psychologie der Massen, Stuttgart [15]1982; *S. Moscovici:* Das Zeitalter der Massen. Eine historische Abhandlung über Massenpsychologie, München 1984; *C. Rouvier:* Les idées politiques de G. L. B., Paris 1986.

– SdL

Legitimität

Der politisch-juristische Begriff L. bezeichnet die Rechtmäßigkeit politischer Herrschaft. Gemeint ist damit – im Gegensatz zur *Legalität* (also der Gebundenheit an jeweils geltendes →Recht) – die Rückbindung von Herrschaft und Herrschaftsausübung an überpositive, als allgemeingültig und zuweilen auch als universal angesehene Rechts- und Moralgrundsätze, an ethische und traditionsbedingte Wertsetzungen – die ihrerseits aber ebenfalls in hohem Maße zeitbedingt und damit relativ sein können. Im allgemeinen kann jede politische Herrschaftsausübung als legitim angesehen werden, „die mit den überwiegend anerkannten Rechtsvorstellungen der Kulturgemeinschaft übereinstimmt, welcher der Staat nach seiner Geschichte und dem Willen seines Volkes angehört" (H. Quaritsch).

Die moderne Soziologie bestimmt als L. hingegen „die im politischen Bewußtsein der Bevölkerung tatsächlich vorhandenen Rechtfertigungsmechanismen" (T. Würtenberger). So hat Max Weber in seiner berühmten Definition drei Arten von L. unterschieden: die *traditionale* L. (Glaube an die legitimierende Kraft der Tradition einer Herrschaftsform oder eines Gemeinwesens), die *charismatische* L. (Glaube an die charismatischen Fähigkeiten eines Alleinherrschers oder „Führers"), und die (modern-)*rationale* L. (Glaube an die Funktionsfähigkeit einer bestehenden Rechts- und Verfassungsordnung). Auf den Spuren Webers und seiner Bestimmung der modern-rationalen L. hat der Systemtheoretiker Niklas Luhmann die These vertreten, daß in der Gegenwart die alte naturrechtliche Rückbindung von L. an einen überpositiven Wahrheitsbegriff hinfällig geworden sei: L. trete heute nur noch in der Gestalt von Entscheidungsverfahren auf, die deshalb legitimierend wirkten, weil sie von den Staatsbürgern akzeptiert (wenn auch im einzelnen keineswegs mehr durchschaut) würden („Legitimation durch Verfahren").

Die traditionelle, alteuropäische Lehre von der L. ging allerdings davon aus, daß sich jede Art von Herrschaft durch Rückbindung an überpositive Grundsätze zu legitimieren habe – sei es durch Berufung auf das Gottesgnadentum oder auf andere, letztlich jedoch religiös begründete Rechtsprinzipien. Das trifft auch noch auf die frühmodernen Theoretiker des →Absolutismus zu, etwa Bodin, oder andererseits auf die Kritiker der absoluten Herrschergewalt, die Monarchomachen und die Anwälte des Ständetums.

Spätestens seit der Französischen Revolution von 1789 aber entwickelte sich L. zu einem politischen Kampfbegriff: Die Anhänger der Revolution waren nun bestrebt, L. eng mit der Idee der Volkssouveränität zu verknüpfen, während die konservativen Gegner der Revolution L. nicht mehr nur durch die Theorie des Gottesgnadentums, sondern jetzt auch durch den Rekurs auf die Bedeutung von *Kontinuität* für die Rechtmäßigkeit einer bestehenden politischen Herrschaftsform definierten – so E. →Burke und J. de →Maistre. Die Politiker und Theoretiker der französischen Restauration nach 1814/15, insbesondere Talleyrand, →Chateaubriand und

→Constant, verknüpften ihren antirevolutionären Legitimitätsbegriff ebenfalls nicht mehr mit dem traditionellen Gottesgnadentum, sondern verbanden den Kontinuitätsgedanken mit dem berechtigten Anspruch auf Wiederherstellung von Ordnung, Frieden, Sicherheit und Wohlstand: allein eine Anknüpfung an die Kontinuität bourbonischer Herrschaft (wenngleich keineswegs eine Rückkehr zum Status quo ante!) konnte nach ihrer Auffassung diesen Anspruch sicherstellen.

In diesem Sinne wurde L. in der Ära zwischen 1815 und ca. 1860 auch von den meisten deutschen konservativen Autoren definiert, wenngleich hier die Idee der Herrschaft von Gottes Gnaden zeitweilig ebenfalls noch weiterhin eine wichtige Rolle spielte. Die Idee der Kontinuität – einer Staatsform, einer Verfassung oder einer Dynastie – sollte hier die Verbindung zwischen traditioneller und funktionaler L. herstellen: Legitim sollte ein Gemeinwesen sein, das durch Anknüpfung an die bewährte →Tradition, durch Vermeidung von Umsturz und Revolution (und also auch durch Bekämpfung aller revolutionären Bestrebungen) Ordnung, Wohlstand und →Freiheit (diese freilich in engeren oder weiteren Grenzen) sichert. Auch wurde das Problem der Entstehung neuer L. nach einem Macht-, System- oder Dynastiewechsel erörtert: Man schloß zwar das Entstehen neuer L. nicht aus, akzeptierte eine solche aber erst nach einem längeren Zeitraum und unter bestimmten Voraussetzungen (etwa dem Aussterben einer vertriebenen Dynastie usw.). Die konservativen Legitimitätstheorien – vertreten etwa durch →Haller, →Radowitz, →Jarcke, →Stahl, →Gerlach und andere – galten jedoch bereits in der zweiten Hälfte des 19. Jhdt.s als gescheitert.

Seit der Jahrhundertmitte setzten sich in Europa neue Legitimitätsideen endgültig durch: etwa die L. der Ansprüche einer Volksvertretung oder die L. einer nationalstaatlichen Einigungspolitik (Italien, Deutschland), die dazu führten, daß etwa die traditionelle, an Kontinuität und Gottesgnadentum gebundene dynastische L. in den Hintergrund geriet und ihre Bedeutung weitgehend verlor (Akzeptanz der – nach konservativer Lehre illegitimen – preußischen Annexionen von 1866). Später trat die traditionelle Legitimitätsidee im Denken des deut-

schen Rechtspositivismus hinter den Anspruch der Geltung der „normativen Kraft des Faktischen" (G. Jellinek) zurück; in den 1920er Jahren band Carl →Schmitt den Begriff der L. einer bestehenden Verfassung ganz an die „politische Entscheidung" eines Volkes.

Das heutige Legitimitätsverständnis vermag durchaus – in Grenzen – an traditionelle Legitimitätsideen wieder anzuknüpfen: Wenn Konsens, Akzeptanz, allgemeine Sicherheit und „Gemeinwohlförderung" als wichtige Voraussetzungen der L. eines modernen Staatswesens angesehen werden, dann kann die Staatsordnung als legitim angesehen werden, welche die *Kontinuität* dieser Faktoren sichert. Schließlich ist L. auch anthropologisch zu begründen, denn der Mensch ist als „weltoffenes", stets den Gefährdungen des Chaos und der Unordnung ausgesetztes Wesen (→Gehlen) auf ein Staats- und Gemeinwesen angewiesen, das Ordnung, Sicherheit sowie inneren und äußeren Frieden garantieren und bewahren kann. Das bedeutet aber auch, daß es in einer Situation, in der ein →Staat nicht mehr in der Lage ist, diese Funktionen zu erfüllen, zu einem Legitimitätsschwund kommen kann, der konkret dadurch entsteht, daß die politisch relevanten Kräfte eines Gemeinwesens sich nicht mehr an den Grundkonsens der →Verfassung gebunden fühlen.

L.: *M. Weber:* Wirtschaft und Gesellschaft, Tübingen 1922, [5]1976; *C. Schmitt:* Verfassungslehre, Berlin 1928, [6]1983; *ders.:* Legalität und L., Berlin 1932; *G. Jellinek:* Allgemeine Staatslehre, Darmstadt [3]1960; *A. Gauland:* Das Legitimitätsprinzip in der Staatenpraxis seit dem Wiener Kongreß, Berlin 1971; *T. Würtenberger:* Die L. staatlicher Herrschaft. Eine staatsrechtlich-politische Begriffsgeschichte, Berlin 1973; *ders.:* L., in: Handwörterbuch zur deutschen Rechtsgeschichte, Bd. II, Berlin 1978, Sp. 1681-86; *P. Graf Kielmannsegg / U. Matz* (Hrsg.): Die Rechtfertigung politischer Herrschaft, Freiburg i. Br. 1978; *N. Achterberg / W. Krawietz* (Hrsg.): Legitimation des modernen Staates, Wiesbaden 1981; *J. Heidorn:* L. und Regierbarkeit, Berlin 1982; *T. Würtenberger:* L., Legalität, in: Geschichtliche Grundbegriffe, hrsg. v. *O. Brunner / W. Conze / R. Koselleck*, Bd. III, Stuttgart 1982, S. 677-740; *N. Luhmann:* Legitimation durch Verfahren, Frankfurt a. M. 1983; *H. Quaritsch:* Legalität, L., in: Evangelisches Staatslexikon, hrsg. v. *R. Herzog / H. Kunst / K. Schlaich / W. Schneemelcher*, Bd. I, Stuttgart [3]1987, Sp. 1989-92; *T. Würtenberger:* Legalität, L., in: Staatslexikon, hrsg. v. d. *Görres-Gesellschaft*, Bd. III, Freiburg – Basel –

Wien [7]1987, Sp. 873-78; *H.-C. Kraus:* Machtwechsel, L. und Kontinuität als Probleme des deutschen politischen Denkens im 19. Jhdt. (Ms.).

– K

Leo XIII. (Vincenzo Gioacchino dei Conti Pecci)

* 2. 3. 1810, Carpineto Romano (Kirchenstaat); † 20. 7. 1903 Rom. Papst. Der Sohn eines Offiziers wurde seit seinem achten Lebensjahr am Jesuitenkolleg Viterbo erzogen und studierte anschließend in Rom Theologie und Philosophie am Collegium Romanum sowie Rechtswissenschaft an der Accademia dei Nobili Ecclesiastici. Im Dezember 1837 wurde P. zum Priester geweiht, 1838 hatte er in S. Andrea al Quirinale Primiz. Im gleichen Jahr zum Delegaten (Provinzialgouverneur) für Benevent ernannt, wurde P. 1841 in gleicher Mission in die (diesbezüglich wichtigere) Provinz von Perugia entsandt. 1843 wurde P. zum Bischof geweiht (Titularerzbischof von Damietta) und mit der Nuntiatur in Brüssel betraut. Hier lernte P. auch den eigenwilligen, doch unbeugsamen rheinpreußischen Katholizismus kennen, der ihm später zur wichtigsten Stütze in →Bismarcks Kirchenkampf werden sollte. 1846 zog P. – nun als Bischof (1853 Kardinal) – wiederum in Perugia ein. Seine maßvolle Haltung während der italienischen Insurrektion von 1860 machte P. bei Kardinalstaatssekretär Antonelli, der ihn zu Unrecht des Liberalismus verdächtigte, wenig beliebt, so daß er erst nach dessen Tod nach Rom berufen wurde.

Indessen profilierte sich P. auf pastoralem Gebiet durch die mustergültige Erneuerung seiner Diözese: Die Wiederbelebung der Bruderschaften, die forcierte Einbindung der Laien in die Katholische Aktion sowie die geistige Hebung des Diözesanklerus durch eine vorbildhafte Neugestaltung des Priesterseminars begründeten seinen überregionalen Ruf. In seinen Hirtenbriefen – „Die Kirche und das 19. Jhdt." (1876), „Die Kirche und die Kultur" (1877) – tritt erstmals jener weltoffene Konservatismus zutage, der sein Pontifikat auszeichnen sollte. 1877 wurde P. von Papst Pius IX. nach Rom berufen und zum Kämmerer ernannt.

Am 20. 2. 1878 wurde P. als Leo XIII. zum Papst gewählt; er galt zunächst als eher konzilianter Kompromißkandidat. In seiner ersten Enzyklika („*Inscrutabili*", 21. 4. 1878) ging L. bereits auf die Mängel der menschlichen Gesellschaft ein, womit er das pastorale Hauptthema seines Pontifikats angeschnitten hatte: die propagierte Abkehr von den materialistischen Weltanschauungen seiner Zeit (Liberalismus, später Sozialismus) zugunsten der →Katholischen Soziallehre, die durch ihn eine grundlegende weitere Spezifizierung erfuhr. Während er sich in den Enzykliken „*Supremi apostolatus*" (1. 9. 1883), „*Quamquam pluries*" (15. 8. 1889) und „*Sapientiae Christianae*" (10. 1. 1890) vor allem um die Vertiefung der Frömmigkeit bemühte und in der Enzyklika „*Auspicato concessum*" (17. 9. 1882) das religiöse Apostolat an den Gläubigen dem Dritten Orden der Franziskaner an. Die Enzykliken „*Aeterni Patris*" (4. 8. 1879), „*Cognita nobis*" (15. 2. 1882) und „*Fin dal principio*" (8. 12. 1902) befassen sich mit der Erziehung des Klerus, wobei L. auf die Lehren des hl. →Thomas von Aquin besonderen Wert legte.

Gleichzeitig bemühte sich L. auch auf rein pastoralem Gebiet um eine Stärkung der Weltkirche gegenüber nationalen bzw. separatistischen Strömungen, die häufig von den einzelnen Regierungen gefördert wurden. Vorübergehend kam es zu einer Annäherung zur anglikanischen wie zur russisch-orthodoxen Kirche. Mit den Enzykliken „*In plurimis*" (5. 5. 1888) und „*Catholicae Ecclesiae*" (20. 11. 1890) wandte sich der Papst entschieden gegen die Sklaverei. Während es ihm über Kardinal Gibbons im wesentlichen gelang, die katholische Kirche in den USA zu fördern und dortige Alleingänge zu unterbinden, fungierten in Europa die einzelnen Nuntiaturen als Abwehrzentralen in den Kulturkämpfen, die von liberalen Regierungen gegen die katholische Kirche geführt wurden. In Deutschland konnte Bismarck Anfang der 1880er Jahre zum Abrücken von seiner starren Kulturkampfpolitik bewegt werden.

Da der als unerträglich empfundene Staatsantiklerikalismus Italiens den Vatikan den Dreibundgegnern in die Arme treiben mußte, bemühte sich der Papst um eine Annäherung an das republikanische Frankreich (Enzyklika *Sapientiae Christianae*", 10. 1. 1890), indem er die französischen Katholiken zu einer Aussöhnung mit der republikanischen

Staatsform drängte – eine Politik, die letztlich fehlschlug, wie die weitere Entwicklung (Kündigung des Konkordats 1905) zeigen sollte. L.s Italienpolitik wurde durch die Römische Frage – nach der Besetzung Roms durch die Truppen des Königreichs Italien hatte trotz der sog. italienischen „Garantiegesetze" der Vatikan keinen international anerkannten rechtlichen Status – gekennzeichnet, aber auch durch die Reaktion auf die italienische Gesetzgebung und Exekutive, die als Folge nationalliberaler Risorgimento-Ideologie den katholischen Einfluß zu beseitigen versuchten. Seine Antwort bestand in der Aufrechterhaltung des Verbotes für italienische Katholiken, an Wahlen teilzunehmen („*non expedit*"), in der Förderung von Protestresolutionen auf ausländischen Katholikentagen, in Interventionen der Nuntiaturen bei ausländischen Regierungen, im Ausbau des katholischen Presse- und Vereinswesens (Katholische Aktion) sowie in organisierten Massenprotesten (wie etwa nach dem 13. 7. 1881, als nationalliberale Fanatiker versucht hatten, den Leichnam seines Vorgängers, Pius' IX., in den Tiber zu stürzen), wobei bereits erstmals katholische Arbeiterwallfahrten zum Tragen kamen. L., der bereits mit der Enzyklika „*Libertas*" (20. 6. 1888) der Ideologie des Liberalismus seine Absage erteilt hatte, legte mit seiner populärsten Enzyklika „*Rerum Novarum*" (15. 5. 1891) den Grundstein für die christlichsoziale Bewegung auf internationaler Ebene.

Sein soziales Engagement, seine Absage an den Manchesterliberalismus und den marxistischen Sozialismus seiner Zeit lassen ihn ebenso als einen Vater des modernen Konservatismus erscheinen wie sein kontinuierliches Beharren auf den zeitlosen Rechten der Heiligen Römischen Kirche.

S.: Leonis XIII. Pontificis Maximi Acta, Bde. I-XXIII, Rom 1881-1905; Leonis XIII. allocutiones, epistolae et constitutiones, Bde. I-VIII, Brügge 1881-1905; Leonis XIII. carmina, hrsg. v. *J. Bach*, Köln 1903.

L.: *C. de T'Serclaes*: Le Pape Léon XIII, Bde. I-III, Lille – Brügge 1884-1906; *C. Crispolti / G. Aureli*: La politica di Leone XIII da Luigi Galimberti a Mariano Rampolla, Rom 1912; *U. Stutz*: Die päpstliche Diplomatie unter Leo XIII. Nach den Denkwürdigkeiten des Kardinals Domenico Ferrata (Abhandl. d. Preußischen Akademie d. Wissenschaften, phil.-hist. Kl., Jg. 1925, Nr. 3/4), Berlin 1926; *E. Soderini*: Il Pontificato di Leone XIII, Bde. I-III, Mailand 1932-33; *J. Schmidlin*:

Papstgeschichte der neuesten Zeit, Bd. II, München 1934, S. 331-589; *F. Hayward*: Léon XIII, Paris 1937; *E. Martire*: Leone XIII, in: Enciclopedia Cattolica, Bd. VII, Città del Vaticano – Florenz 1951, Sp. 1158-63; *R. Aubert*: Leo XIII., in: Lexikon für Theologie und Kirche, Bd. VI, Freiburg ²1961, Sp. 953-56; *F. Engel-Janosi*: Die politischen Korrespondenzen der Päpste mit den österreichischen Kaisern 1804-1918, Wien 1964, S. 290-370; *C. Weber*: Quellen und Studien zur Kurie und zur vatikanischen Politik unter Leo XIII., Tübingen 1973; *C. Falconi*: I Papi sul divano, Mailand 1975, S. 199-286; *A. C. Jemolo*: Chiesa e Stato in Italia negli ultimi cento anni, Mailand 1975, S. 271-360; *G. Candeloro*: Il Movimento Cattolico in Italia, Rom ⁴1982; *J. Gelmi*: I Papi, Mailand 1986, S. 238-42; *R. Rill*: Die Störung der Translation des Leichnams Papst Pius' IX. nach S. Lorenzo fuori le mura am 13. Juli 1881 und die politischen Folgen, in: Römische Historische Mitteilungen 30 (1988), S. 327-80; *E. Bader*: Karl von Vogelsang. Die geistliche Grundlegung der christlichen Sozialreform, Wien 1990, S. 189-200; *R. Aubert*: Leo XIII., in: Theologische Realenzyklopädie, Bd. XX, Berlin – New York 1990, S. 748-53; *H. Kühner*: Lexikon der Päpste, Wiesbaden 1991, S. 370-73; *D. Menozzi*: Einstellungen der katholischen Kultur Italiens in der Epoche des Kulturkampfes, in: Der Kulturkampf in Italien und in den deutschsprachigen Ländern, hrsg. v. *R. Lill / F. Traniello*, Berlin 1993, S. 87-108.

– Ri

Leo, Heinrich

* 19. 3. 1799 Rudolstadt; † 24. 4. 1878 Halle/Saale. Konservativer Historiker und Publizist. L. entstammte einer im Thüringischen beheimateten Pastoren- und Beamtenfamilie italienischen Ursprungs. Er studierte seit 1816 in Jena, Göttingen und Heidelberg Theologie, Philosophie, verschiedene Sprachen und Geschichte. Zeitweilig gehörte er zum radikalsten Flügel der Deutschen Burschenschaft (den „Schwarzen" um K. Follen in Jena), doch nach der Ermordung Kotzebues (1819) duch K. L. Sand wandte sich L. von diesen Kreisen ab. Zudem hatte schon in Göttingen K. F. →Eichhorn L.s Denken geprägt; nachhaltig wirkte auch die Lektüre der Schriften C. F. von →Savignys und C. L. von →Hallers auf den jungen Studenten. Bereits in Heidelberg war L. unter den Einfluß Hegels geraten, und nach der Promotion und Habilitation in Erlangen (1820 bzw. 1822) ging er nach Berlin, wo er sich – gefördert von Hegel und dem mächtigen Kultusminister Altenstein – 1824 mit einer Arbeit über die „Entwicklung der Verfassung der lombardi-

schen Städte bis zur Ankunft Kaiser Friedrichs I. in Italien" noch einmal habilitierte. Nachdem er 1825 einen Ruf nach Dorpat ausgeschlagen hatte, wurde L. Extraordinarius an der Berliner Universität, wo er bald in Konflikt mit L. →Ranke geriet. Nachdem er 1827 aus persönlichen Gründen Berlin verlassen hatte, erhielt er, wiederum von Hegel empfohlen, 1828 eine Professur an der Universität Halle, wo er – seit 1830 Ordinarius und 1854-56 Rektor – bis an sein Lebensende bleiben sollte.

L. war ein wissenschaftlich außerordentlich fruchtbarer Autor, dessen historiographische Hauptwerke, die „Geschichte von Italien" (5 Bde., 1829-32) und das „Lehrbuch der Universalgeschichte" (6 Bde., 1835-53), sich zwar durch immense Stoffülle, nicht aber durch Quellenkritik auszeichneten. In seinen historischen Darstellungen blieb L. Kompilator, der zudem nicht selten die Fehler seiner Vorlagen übernahm. Um so entschiedener fielen dagegen seine Wertungen aus. Nachdem sich L. seit Anfang der 1830er Jahre unter dem Einfluß des hallischen Theologen F. A. G. Tholuck und seines Freundes E. L. von →Gerlach vom Hegelianismus losgesagt hatte, entwickelte er auf religiösem und politischem Gebiet streng konservative Ansichten, was in seiner Geschichtsschreibung zu einer entschiedenen Aufwertung des von ihm nachhaltig verklärten Mittelalters führte; die Neuzeit erschien ihm fast nur noch als Entartung der einst großartigen Welt alteuropäisch-christlicher Ordnung. Die Reformation beurteilte er überaus kritisch; auch in politischer Hinsicht entwickelte L. in späteren Lebensjahren große Sympathien für den Katholizismus, ohne jedoch zu konvertieren. – Neben seinen historischen Schriften verfaßte L. allerdings auch (beeinflußt von J. Grimm) eine Anzahl sprach- und literaturhistorischer Arbeiten von hohem wissenschaftlichem Wert.

Auch außerhalb der Wissenschaften entfaltete L. bedeutende Aktivitäten. Bereits seit den 1830er Jahren betätigte er sich als politischer Publizist, vor allem in der →„Evangelischen Kirchenzeitung", dem →„Volksblatt für Stadt und Land" und der →„Kreuzzeitung". L. – bald ein gefürchteter, wortmächtiger Polemiker – setzte sich ebenso scharf mit J. →Görres während des Kölner Kirchen-

Heinrich Leo
1799-1878

streits von 1837 wie mit den linken Junghegelianern auseinander, deren „Hallische Jahrbücher" 1841 auf sein Betreiben hin verboten wurden. Im Revolutionsjahr wirkte L. zeitweilig – von seinen Freunden, den Brüdern →Gerlach, gefördert – in nächster Nähe Friedrich Wilhelms IV., dessen Politik er erfolgreich im konservativen Sinne zu beeinflussen vermochte.

In seinem politischen Denken, das er nicht nur in zahllosen Zeitschriften- und Lexikonartikeln niederlegte, sondern auch in seinen „Studien und Skizzen zu einer Naturlehre des Staates" (1833) und in der Aufsatzsammlung „Nominalistische Gedankenspäne" (1864), vertrat er einen christlichen Altkonservatismus, verbunden mit einem Denkansatz, der die „natürlich-organischen" Elemente des →Staates besonders hervorhob. In späteren Jahren wuchs sein Mißtrauen gegenüber allen geschichtsphilosophischen Konstruktionen, und L. verstand sich nunmehr ausdrücklich als ein am Gegebenen und Konkreten sich orientierender „Nominalist". Im Konflikt der Altkonservativen mit →Bismarcks deutscher Politik des Jahres 1866 stellte sich L. ausdrücklich gegen seinen alten Freund E. L. von Gerlach und optierte für Bismarck. Doch bereits wenige Jahre später zog sich L. – seit

1863 Mitglied des Preußischen Herrenhauses – vom Gang der Dinge enttäuscht aus dem politischen Geschehen zurück.

S.: Über die Verfassung der freyen lombardischen Städte im Mittelalter, Rudolstadt 1820; Über Odins Verehrung in Deutschland, Erlangen 1822; Entwicklung der Verfassung der lombardischen Städte bis zur Ankunft Kaiser Friedrichs I. in Italien, Hamburg 1824; Von der Entstehung und Bedeutung der deutschen Herzogsämter nach Karl dem Großen, Berlin 1827; Niccolo di Machiavelli. Historische Fragmente, aus dem Italienischen übersetzt von *H. L.*, Hannover 1828; Vorlesungen über die Geschichte des jüdischen Staates, Berlin 1828; Geschichte von Italien, Bde. I-V, Hamburg 1829-32; Lehrbuch der Geschichte des Mittelalters, Bde. I-II, Halle 1830; Zwölf Bücher niederländischer Geschichten, Bde. I-II, Halle 1832-35; Studien und Skizzen zu einer Naturlehre des Staates, Halle 1833 (neu hrsg. v. *K. Mautz*, Frankfurt a. M. 1948); Lehrbuch der Universalgeschichte, Bde. I-VI, Halle 1835-53; Sendschreiben an Joseph Görres, Halle 1838; Die Hegelingen, Halle 1838; Beowulf, das älteste deutsche, in angelsächsischer Mundart erhaltene Heldengedicht nach seinem Inhalte und nach seinen historischen und mythologischen Beziehungen betrachtet, Halle 1839; Signatura temporis, Berlin 1848; Vorlesungen über die Geschichte des deutschen Volkes und Reiches, Bde. I-V, Halle 1854-68; Nominalistische Gedankenspäne. Reden und Aufsätze, Halle 1864; Aus meiner Jugendzeit, Gotha 1880.

E.: *O. Kraus:* Aus H. L.s geschichtlichen Monatsberichten und Briefen, in: Allgemeine Konservative Monatsschrift für das christliche Deutschland 50 (1893), S. 817-34, 929-48, 1041-61, 1153-73, 1279-1301; 51 (1894), S. 1-25, 113-36, 225-45, 448-64, 561-73, 673-86, 785-803, 897-910, 1009-20, 1121-1139; *C. Varrentrapp:* Drei Briefe von H. L., in: Historische Zeitschrift 92 (1904), S. 72-88; *E. Salzer:* Ein Brief L.s an Stahl, in: Konservative Monatsschrift 68 (1911), S. 352-61; *N. Bonwetsch:* Der Historiker H. L. in seinen Briefen an Ernst Wilhelm Hengstenberg, in: Nachrichten von der Königlichen Gesellschaft der Wissenschaften zu Göttingen, phil.-hist. Klasse, 1917, S. 349-98, 499-559; *ders.:* Briefe des Historikers H. L. an Frau von Quast, in: Nachrichten von der Königlichen Gesellschaft der Wissenschaften zu Göttingen, phil.-hist. Klasse, 1918, S. 347-77; *D. Gerhard:* Zur Geschichte der Historischen Schule. Drei Briefe von Ranke und H. L., in: Historische Zeitschrift 132 (1925), S. 93-105; *H.-J. Schoeps:* Briefe H. L.s aus dem Vormärz, in: Zeitschrift für Religions- und Geistesgeschichte 4 (1952), S. 68-77, 172-79, 261-67, 366-71; *ders.:* Briefe des Historikers H. L., in: *ders.* (Hrsg.): Neue Quellen zur Geschichte Preußens im 19. Jhdt., Berlin 1968, S. 295-328; *J. M. Vincent:* H. L.s „geistige Metamorphose" in der Zeit des Rationalismusstreits – mit acht unbekannten L.-Briefen, in: Zeitschrift für Religions- und Geistesgeschichte 47 (1995), S. 254-84.

L.: *Wegele* in ADB XVIII, 288-94; *Maltzahn* in NDB XIV, 243-45; *P. Krägelin:* H. L., Teil I: Sein Leben und die Entwicklung seiner religiösen, politischen und historischen Anschauungen bis zur Höhe seines Mannesalters (1799-1844), Leipzig 1908; *G. v. Below:* Zur Beurteilung H. L.s, in: Archiv für Kulturgeschichte 9 (1911), S. 199-210; *ders.:* H. L., in: Deutsche Vierteljahrsschrift für Literaturwissenschaft und Geistesgeschichte 2 (1924), S. 533-55; *ders.:* H. L., in: Deutscher Aufstieg. Bilder aus der Vergangenheit und Gegenwart der rechtsstehenden Parteien, hrsg. von *H. v. Arnim / dems.*, Berlin – Leipzig – Wien – Bern 1925, S. 69-75; *K. Mautz:* L. und Ranke, in: Deutsche Vierteljahrsschrift für Literaturwissenschaft und Geistesgeschichte 27 (1953), S. 207-35; *H.-J. Schoeps:* Historische Werturteile bei H. L., in: *ders.:* Studien zur unbekannten Religions- und Geistesgeschichte, Göttingen 1963, S. 292-317; *C. R. Henderson:* H. L. – A Study in German Conservatism, phil. Diss. University of Wisconsin, Madison, Ann Arbor (Mich.) 1977; *C. v. Maltzahn:* H. L. (1799-1878). Ein politisches Gelehrtenleben zwischen romantischem Konservatismus und Realpolitik, Göttingen 1979; *H.-J. Schoeps:* Das andere Preußen, Berlin 5 1981.

– K

Libertarismus

Der Begriff L. (Libertarianism) wird in den USA seit Beginn der 1930er Jahre, als sozialistische und sozialdemokratische Kreise sich des Wortes „Liberalismus" bemächtigten, oft mit dem klassischen Liberalismus gleichgesetzt. So werden im weiteren Sinne Henry Hazlitt, Friedrich A. von →Hayek und Milton Friedman als Libertäre bezeichnet.

Der L. ist individualistisch orientiert. Vom Konzept des Menschen als autonomen Individuums, dessen Handlungen das Ergebnis von Wahl und Zweck sind, leitet sich die Philosophie der freien Gesellschaft ab. Der L. ist gegenüber dem →Staat skeptisch, ja teilweise sogar ablehnend eingestellt und befürwortet die Maximierung der individuellen →Freiheit sowie ein möglichst uneingeschränktes Wirken des freien Marktes. Von John Lockes Eigentumstheorie leitet sich das libertäre Axiom der Eigenherrschaft ab, d.h. das Individuum ist Eigentümer seiner Person, seiner körperlichen und intellektuellen Fähigkeiten und der daraus resultierenden Sachvermögen. Diese Rechte dürfen nicht irgendwelchen Verletzungen oder Interventionen seitens anderer Menschen unterworfen werden (libertäres Axiom der Nichtanwendung von Gewalt). Für den L. macht das Konzept von

→Rechten nur dann Sinn, wenn die Eigentumsrechte mit den Menschenrechten identisch sind: „Zum einen, da Eigentum nur Menschen zufallen kann, so daß ihre Eigentumsrechte Rechte sind, die menschlichen Wesen gehören, und zum anderen, da das Recht der Person auf ihren eigenen Körper, ihre persönliche Freiheit, ein Eigentumsrecht auf ihre eigene Person ebenso wie ein ‚Menschenrecht' ist" (Murray N. Rothbard). Viele Libertäre betrachten die Erhebung von Steuern durch den Staat als Raub, da diese auf Zwang beruht. Der L. tritt ganzheitlich für wirtschaftliche und gesellschaftliche Freiheit ein und lehnt den Erlaß sogenannter opferloser Verbrechen (Verbot von Drogen und sexuellen Handlungen von Individuen, die auf Konsens beruhen, sowie die Zensur von Wort und Bild) ab. Der L. gliedert sich in den Minarchismus, d.h. die Postulierung des liberalen Minimalstaats, und in den Anarchokapitalismus, d.h. die Postulierung der Übernahme aller, selbst der klassischen Staatsfunktionen (Polizei, Militär, Gerichtshöfe, Geldwesen) durch konkurrierende private Anbieter auf dem freien Markt. Der amerikanische L. greift auf Ideen Ralph Waldo Emersons, Henry David Thoreaus, des jungen Herbert Spencer, Auberon Herberts, John Lockes etc. zurück, wobei die Ideen Ayn Rands („Objektivismus") eine Katalysatorwirkung hatten. Der bedeutendste Repräsentant des Anarchokapitalismus, Murray N. Rothbard, ein Schüler von Ludwig von →Mises, verknüpft die Erkenntnisse der Österreichischen Schule der Nationalökonomie mit dem naturrechtlichen individualistischen Anarchismus Lysander Spooners und Benjamin R. Tuckers; ähnliche Ideen hatte allerdings bereits im 19. Jhdt. der französische Nationalökonom Gustave de Molinari entwickelt.

Eine andere Variante des Anarchokapitalismus, deren Hauptrepräsentant David Friedman ist, gründet auf der utilitaristischen Property Rights Theory der Chicago Schule (Nationalökonomie). Die bedeutendsten Minarchisten sind Ludwig von Mises, Bruno Leoni, der junge Robert Nozick, John Hospers, Tibor R. Machan, Eric Mack, Loren E. Lomasky, Jan Narveson, Richard A. Epstein, Gerard Radnitzky und, unter Vorbehalten, auch Anthony de Jasay, ein Grenzgänger zwischen klassischem Liberalismus und L.

Durch renommierte Think tanks wie das Cato Institute (Washington), die Reason Foundation (Los Angeles) und das Ludwig von Mises Institute (Auburn/Alabama) werden libertäre Zielsetzungen in Politik und Wissenschaft verfolgt. Das Engagement der USA in Vietnam, das die – vorübergehende – Einführung der obligatorischen Militärdienstpflicht nach sich zog, führte 1969 zum Austritt der radikalen Libertären aus der konservativen und republikanischen Organisation Young Americans for Freedom (YAF) und zur Gründung der Society for Individual Liberty, die mittlerweile zur libertären Internationalen avanciert ist. Die Einführung von Lohn- und Preiskontrollen durch den republikanischen Präsidenten Richard Nixon (1971) führte zum zweiten Exodus Libertärer aus der YAF und der konservativen Bewegung der USA sowie zur Gründung (1972) der nach wie vor bestehenden Libertarian Party, die bis 1989 drittstärkste Partei der USA war. Mittlerweile ist wieder eine Annäherung weiter Teile der Libertären an die Republikaner und die Konservativen festzustellen.

S.: *H. Spencer:* The Man versus the State with Six Essays on Government, Society, and Freedom, Indianapolis 1981 (1843-91); *ders.:* The Right to Ignore the State, Mountain View (Ca.) 1977 (1844); *R. W. Emerson:* Essays, London 1978 (1844); *H. D. Thoreau:* Über die Pflicht zum Ungehorsam gegen den Staat, Zürich 1967 (1849); *G. de Molinari:* The Production of Security, New York 1977 (1849); *H. Spencer:* Social Statics or the Conditions essential to Human Happiness, New York 1969 (1851); *L. Spooner:* Let's abolish Government. Essays, New York 1972 (1852-82); *W. Donisthorpe:* Law in a Free State, Meriden (Ct.) 1984 (1895); *C. S. Sprading:* Liberty and the Great Libertarians. An Anthology on Liberty. A Handbook of Freedom, New York 1972 (1913); *B. R. Tucker:* Individual Liberty. Selections from the Writings, Willwood (N. Y.) 1973 (1926); *A. Rand:* The Fountainhead, New York 1977 (1943); *ders.:* Atlas shrugged, New York 1957; *ders.:* For the New Intellectual, New York 1960; *B. Leoni:* Freedom and the Law, Los Angeles 1972 (1961); *A. Rand:* The Virtue of Selfishness, New York 1964; *R. LeFevre:* The Philosophy of Ownership, Orange (Ca.) 1980 (1966); *A. Rand:* Capitalism, the unknown Ideal, New York 1966; *ders.:* Introduction to Objectivist Epistemology, New York 1966; *K. Hess:* The Death of Politics, New York 1969; *M. N. Rothbard:* Power and Market. Government and the Economy, Kansas City 1977 (1970); *J. Tuccille:* Radical Libertarianism, San Francisco 1985 (1970); *ders.:* It usually begins with Ayn Rand, San Francisco 1984 (1971); *J. Hospers:* Libertarianism. A Political Philosophy for Tomorrow, Los Angeles 1971; *M.* u. *L. Tannehill:* The Market for Liberty, New York 1972; *M. N. Rothbard:* For a New Liberty. The Libertarian Manifesto, New York 1978 (1973); *D. Friedman:* The Machinery of Freedom. Guide to a Radical Capitalism, La Salle (Ill.) 1989 (1973); *T. R. Machan* (Hrsg.): The Libertarian Alternative. Essays in social and political philosophy, Chicago 1974; *R. Nozick:* Anarchie, Staat, Utopia, München 1976 (1974); *R. A. Epstein:* A Theory of Strict Liability. Toward a Reformulation of Tort Law, San Francisco 1980 (1974); *T. R. Machan:* Human Rights and Human Liberties, Chicago 1975; *W. Block:* Defending the Undefendable, New York 1976; *A. Herbert:* The Right and Wrong of Compulsion by the State and other Essays, Indianapolis 1978; *L. Spooner:* Natural Law or the Science of Justice, Washington 1982; *T. R. Machan* (Hrsg.): The Libertarian Reader, Totowa (N. J.) 1982; *M. N. Rothbard:* The Ethics of Liberty, Atlantic Highlands (N. J.) 1983; *D. Osterfeld:* Freedom, Society and the State. An Investigation into the Possibility of Society without Government, New York 1983; *L. K. Samuels:* Facets of Liberty: A Libertarian Primer, Santa Ana (Ca.) 1985; *R. A. Epstein:* Private Property and the Power of Eminent Domain, Harvard 1985; *A. de Jasay:* The State, Oxford 1985; *L. E. Lomasky:* Persons, Rights, and the Moral Community, Oxford 1987; *H.-H. Hoppe:* Eigentum, Anarchie und Staat. Studien zur Theorie des Kapitalismus, Opladen 1987; *J. Narveson:* The Libertarian Idea, Philadelphia 1988; *H.-H. Hoppe:* A Theory of Socialism and Capitalism, Boston 1989; *A. de Jasay:* Social Contract, Free Ride. A Study of the Public Goods Problem, Oxford 1989; *B. L. Benson:* The Enterprise of Law: Justice without Government, San Francisco 1990; *A. de Jasay:* Liberalismus neu gefaßt. Für eine entpolitisierte Gesellschaft, Berlin 1995 (1991).

L.: *J. J. Martin:* Männer gegen den Staat. Die Vertreter des individualistischen Anarchismus in Amerika 1827-1908, Hamburg 1980 (1953); *D. DeLeon:* The American as Anarchist. Reflections on Indigenous Radicalism, Baltimore 1978; *S. L. Newman:* Liberalism at Wits' End. The Libertarian Revolt against the Modern State, Ithaca 1984; *N. P. Barry:* On Classical Liberalism and Libertarianism, London 1986; *A. K. Winterberger:* Strömungen liberalen Denkens in den USA, Reflexion Nr. 5, Liberales Institut, Zürich 1988.

– Wi

Lübbe, Hermann

* 31. 12. 1926 Aurich. Neokonservativer politischer Philosoph. Promotion 1951, Habilitation 1956. Nach Lehrtätigkeit an den Universitäten Erlangen, Hamburg, Münster und Köln 1963-69 Professor für Philosophie in Bochum; 1969-73 Professor für Sozialphilosophie in Bielefeld. Seit 1971 Professor für Philosophie und politische Theorie in Zürich;

von 1966-69 Staatssekretär in Nordrhein-Westfalen für Hochschulangelegenheiten und von 1969-70 Staatsekretär beim Ministerpräsidenten.

L., der unter Philosophie die „intellektuelle Kunst der Reflexion mit dem Ziel der Lösung von Orientierungskrisen" versteht, verteidigt die →Aufklärung gegen die kulturrevolutionäre Gegenaufklärung in Gestalt der Inanspruchnahme der Aufklärerrolle durch einzelne Gruppen und die daraus erwachsende moralistische Selbstermächtigung zur Gewalt. Gegenüber Bestrebungen, öffentliche Verbindlichkeiten auf die Wahrheit von in diskursiven Prozessen vorgebrachten „zwingenden Argumenten" zu gründen, rehabilitiert L. den Dezisionismus: Entscheidend für den liberalen Charakter eines politischen Systems sei, daß „die Geltung herrschender Normen nicht auf der Wahrheit der kognitiven Elemente in der Begründung dieser Normen, sondern auf der Legalität der institutionellen Verfahren, über die sie in Kraft gesetzt werden", beruhe.

Im Rahmen seiner Bemühungen um die Erneuerung des Historismus kritisiert L. die den totalitären Großideologien zugrunde liegenden, von der vermeintlichen Einsicht in die Gesetzmäßigkeit historischer Abläufe ausgehenden historizistischen Geschichtsphilosophien und verweist demgegenüber auf die „Identitätspräsentationsfunktion" der Historie. Er analysiert in Weiterentwicklung der von seinem Lehrer Joachim Ritter aufgestellten These der →Kompensation die der Geschichte ebenso wie anderen historischen Kulturwissenschaften zukommende Aufgabe, unter den Bedingungen rapiden gesellschaftlichen Wandels →Traditionen und Herkunftskulturen gegenwärtig zu halten.

L., der die Krise der modernen Zivilisation nicht als Ziel-, sondern als Steuerungskrise versteht, verlangt zur Bewahrung der Moderne, in Gesellschaft, Kultur und Politik „zukunftsfähige Herkunftsbestände neu zur Geltung zu bringen", zu denen er u.a. die zur Chancennutzung erforderlichen Sekundärtugenden und nationale Bestände zählt. Darüber hinaus bemüht er sich um die Aufwertung des Common sense, dessen Stellenwert gegenüber Expertenwissen und dem von ihm vehement kritisierten politischen Moralismus er untersucht.

In seinen religionsphilosophischen Arbeiten bestimmt L. die Rolle der Religion nach ihrem soziologischen und wissenschaftlichen Geltungsschwund im Gefolge des Säkularisationsprozesses funktional als Praxis der „Kontingenzbewältigung". Darüber hinaus sieht er in ihr eine Bestandsvoraussetzung moderner Zivilisation, da wesentliche Elemente derselben, wie etwa die Geltung der Menschenrechte, der Sozialstaat oder die Wahrheitsgeltung, ohne religiöse Fundierung nicht dauerhaft institutionalisierbar seien. L. zufolge scheint daher „nach der Aufklärung... die Religion selbst zu den kulturellen Bedingungen der politischen Erhaltungsfähigkeit ihrer Errungenschaften zu gehören".

B.: *G. Kohler / H. Kleger* (Hrsg.): Diskurs und Dezision. Politische Vernunft in der wissenschaftlich-technischen Zivilisation. H. L. in der Diskussion, Wien 1990, S. 373-88.

S.: (Hrsg.): Die Hegelsche Rechte, Stuttgart 1962; Politische Philosophie in Deutschland, Basel 1963, München ²1974; Säkularisierung, Freiburg u.a. 1965, ²1975; Der Streit um Worte, Bochum 1967; Theorie und Entscheidung, Freiburg 1971; Bewußtsein in Geschichten, Freiburg i. Br. 1972; Hochschulreform und Gegenaufklärung, Freiburg i. Br. 1972; Fortschritt als Orientierungsproblem, Freiburg i. Br. 1975; Unsere stille Kulturrevolution, Zürich u.a. 1976; Geschichtsbegriff und Geschichtsinteresse, Basel u.a. 1977; Wissenschaftspolitik: Planung, Politisierung, Relevanz, Zürich u.a. 1977; Endstation Terror, Stuttgart 1978; Praxis der Philosophie – Praktische Philosophie – Geschichtstheorie, Stuttgart 1978; (Hrsg.): Wozu Philosophie?, Berlin u.a. 1978; Philosophie nach der Aufklärung, Düsseldorf u.a. 1980; Aufklärung und Gegenaufklä-

rung, in: Aufklärung heute, hrsg. v. *M. Zöller*, Zürich u.a. 1980, S. 11-27; Zwischen Trend und Tradition, Zürich u.a. 1981; Zeit-Verhältnisse, Graz u.a. 1983; Der Wertewandel und die Arbeitsmoral, Köln 1984; Religion nach der Aufklärung, Graz u.a. 1986; Politischer Moralismus, Berlin 1987; Die Wissenschaften und ihre kulturellen Folgen, Opladen 1987; Fortschrittsreaktionen, Graz. u.a. 1987; Die Aufdringlichkeit der Geschichte, Graz u.a. 1989; Der Lebenssinn der Industriegesellschaft, Berlin u.a. 1990; Freiheit statt Emanzipationszwang, Zürich u.a. 1991; Im Zug der Zeit, Berlin u.a. 1992; Geschichtsphilosophie, Erlangen u.a. 1993; Oswald Spenglers „Preußentum und Sozialismus" und Ernst Jüngers „Arbeiter", in: Zeitschrift für Politik 40 (1993), S. 138-57; Abschied vom Superstaat, Berlin 1994; Moralismus. Über eine Zivilisation ohne Subjekt, in: Universitas 49 (1994), S. 332-42.

L.: *J. Rüsen:* Zur Kritik des Neohistorismus, in: Zeitschrift für philosophische Forschung 33 (1979), S. 243-63; *E. Angehrn:* Religion als Kontingenzbewältigung?, in: Philosophische Rundschau 34 (1987), S. 282-90; *G. Kohler / H. Kleger* (Hrsg.): Diskurs und Dezision. Politische Vernunft in der wissenschaftlich-technischen Zivilisation. H. L. in der Diskussion, Wien 1990; *V. Steenblock:* Transformationen des Historismus, München 1991; *ders.:* H. L., in: Philosophie der Gegenwart, hrsg. v. *J. Nida-Rümelin*, Stuttgart 1991, S. 354-56; *G. Lohmann:* Neokonservative Antworten auf moderne Sinnverlusterfahrungen, in: Konservatismus in Geschichte und Gegenwart, hrsg. v. *R. Faber*, Würzburg 1991, S. 183-201; *U. Dierse:* Joachim Ritter und seine Schüler, in: *A. Hügli / P. Lübcke* (Hrsg.): Philosophie im 20. Jhdt., Bd. I, Hamburg 1992, S. 237-78; *A. Engstler:* Die manifeste Funktion der Religion und ihre Relativierung, in: Philosophisches Jahrbuch 100 (1993), S. 145-55.

– Z

M

Maistre, Joseph Marie Comte de

* 1. 4. 1753 Chambéry/Savoyen; † 26. 2. 1821 Turin. Der führende französischsprachige Theoretiker der Gegenrevolution nach 1789 entstammte einer alten Adelsfamilie, die im 17. Jhdt. in Savoyen (Nizza) ansässig geworden war. Sein Vater stand als Jurist in den Diensten des Königs von Sardinien, durch den er 1780 in den Grafenstand erhoben wurde. Der junge M. studierte 1769-72 die Rechte in Turin und praktizierte, nachdem er sein Studium mit der Promotion abgeschlossen hatte, 1772-74 als Advokat in Chambéry, anschließend trat er in den Staatsdienst ein; 1788 erreichte er die Stellung eines Senators seiner Heimatstadt.

Erst der Ausbruch der Französischen Revolution machte M. zum politischen Autor und Kämpfer; zuvor hatte er ein beschauliches Leben als mittlerer Staatsbeamter geführt, auch hatte er einer aufklärerisch gesinnten Freimaurerloge angehört. 1792 floh er vor den französischen Truppen, die Savoyen besetzten, in die Schweiz (nach Genf und Lausanne), wo er, immer noch in Diensten seines Königs stehend, seine ersten politischen Schriften konzipierte, darunter die berühmten „Considérations sur la France" (1796), die nach ihrem Erscheinen zum wichtigsten Manifest der Gegenrevolution avancierten und ihren Verfasser sofort zu einem der bekanntesten konservativen Publizisten seiner Zeit machten. Seit 1797 hielt sich M. (nach der erzwungenen Abtretung Nizzas und Savoyens an Frankreich) in Turin auf, 1799 flüchtete er vor den Truppen Frankreichs nach Venedig.

1803 wurde er von seinem König, dessen Staatsgebiet nur mehr auf die Insel Sardinien beschränkt war, als Gesandter nach St. Petersburg geschickt, um die Interessen des kleinen Landes bei dem einzigen ihm noch verbliebenen Verbündeten wahrzunehmen. M. blieb hier bis 1817; es gelang ihm unter den schwierigsten, teilweise erniedrigenden Bedingungen, sich am Hofe des Zaren zu behaupten und die Interessen seines kaum noch existierenden Landes immer wieder ins Spiel zu bringen. Dabei halfen ihm seine gesellschaftlichen Fähigkeiten und sein gutes Verhältnis zu Zar Alexander I.; mit der Zeit erlangte er in der Hauptstadt Rußlands hohes Ansehen, das ihn auch kritische Situationen überstehen ließ. Seit etwa 1810 fungierte M. ebenfalls als innenpolitischer Ratgeber der russischen Regierung; seine Berufung zum Leiter der russischen Kriegspropaganda scheiterte 1812 nur an der fehlenden Einwilligung des Königs von Sardinien.

Erst 1817 konnte M. nach Westeuropa zurückkehren. Obwohl er in Paris von den früheren Emigranten gefeiert wurde, gelang es ihm nicht mehr, eine politisch einflußreiche Stellung zu erlangen, da er die „Charte" Ludwigs XVIII. als Verletzung der traditionalistischen Prinzipien strikt ablehnte. Seine letzten Lebensjahre verbrachte M. in Turin in der Stellung eines „régent de la chancellerie royale"; er war jedoch nur noch mit literarischen Arbeiten bzw. mit der Publikation seiner noch in Rußland ausgearbeiteten letzten umfangreichen Schriften befaßt. Einen nennenswerten politischen oder publizistischen Einfluß übte er nicht mehr aus.

Ansatzpunkt seines frühen publizistischen Wirkens als Gegenrevolutionär ist eine scharfe und unerbittliche Kritik der geistigen und politischen Ideen der →Aufklärung. Die Übertragung der Prinzipien des neuzeitlichen Verständnisses von Wissenschaft (das er anhand der Schriften von Francis Bacon eingehend kritisierte) sah M. als eine der Hauptursachen für die Revolution und ihr zerstörerisches Wirken an. Der Kampf gegen die Anmaßung des abstrakten Denkens, politische Ordnungen, auch →Verfassungen, nach Prinzipien neu „konstruieren" zu können, stand im Mittelpunkt seiner Schriften „Considérations sur la France" und „Essai sur le principe générateur des constitutions politiques et des autres institutions humaines" (1809): Jede Verfassung, die diesen Namen verdiene, legitimiere sich ausschließlich durch ihre Dauer. Den Kern seines Staats- und Verfassungsverständnisses formulierte er in den Sentenzen: „1. Die Wurzeln der Staatsverfassungen sind schon vor dem Entstehen geschriebener Gesetze vorhanden. – 2. Ein Staatsgrundgesetz ist nichts und kann nichts weiter sein, als die Entwicklung oder Bestätigung eines schon bestehenden, ungeschriebenen Rechtes. – 3. Die eigentlichen und wahren Grundlagen einer Verfassung sind stets ungeschrieben und können nie geschrieben werden, ohne den Staat zu gefährden."

Von Anfang an ging M. davon aus, daß die Revolution – von ihm als „Strafgericht Gottes" über die sündhaften Menschen interpretiert – nicht von Dauer sein werde; bereits in den „Considérations" wagte er eine detaillierte Voraussage des Ablaufs einer kommenden Gegenrevolution. Dabei beharrte er darauf, nicht eigentlich eine „Gegen-Revolution" (d.h. eine neue, gegen die Revolution gerichtete Revolution) anzustreben, vielmehr war sein Ziel „das Gegenteil der Revolution", und seine berühmte Formulierung wurde zum Motto auch des späteren Konservatismus nach 1830: „Le rétablissement de la monarchie, qu'on appelle contre-révolution, ne sera point une révolution contraire, mais le contraire de la révolution."

Der massiven Apologie von →Tradition, Kontinuität und Überlieferung korrespondierte in M.s Spätwerk – der 1819 publizierten Schrift „Du Pape" sowie dem erst aus dem Nachlaß herausgegebenen „Soirées de Saint-Petersbourg" – eine verstärkte Hinwendung zum Katholizismus und zu den christlichen Glaubenswahrheiten, deren unbedingte Geltung M. auch im Bereich des Politischen kompromißlos verfocht. Ausgangspunkt war seine Überzeugung von der absoluten Schlechtigkeit und Verworfenheit der Menschen, die ohne eine absolute Macht, der sie sich unterwerfen müssen, nicht sinnvoll existieren können. Diese absolute Macht sah M. neben der Monarchie vor allem in der →Kirche, insbesondere in ihrem obersten Repräsentanten, dem Papst, der letztlich über allen weltlichen Herrschern stehe und die →Legitimität jeder einzelnen Monarchie erst verbürgen könne. Diese Ideen stießen schon in ihrer Epoche auf allgemeines Unverständnis; in Deutschland fanden sie, auch bei katholischen Konservativen wie →Görres, nur geringe Beachtung, in Frankreich dagegen gehörten (und gehören) M.s Gedanken zum Grundbestand des politischen Traditionalismus, der bis heute eine der zentralen Strömungen des europäischen Konservatismus repräsentiert. Spätere Deutungen, die in M. einen radikalen Dezisionisten sehen (C. →Schmitt) oder ihn gar als Vorläufer des Faschismus verorten zu können meinen (I. Berlin), haben sich bisher nicht durchzusetzen vermocht.

B.: Revue des études maistriennes 1ff. (1974ff.).

S.: Œuvres, Montrogue 1841; Œuvres complètes, Bde. I-XIV, Lyon 1884-86.

E.: Lettres et opuscules inédites de comte J. d. M., Bde. I-II, Paris 1851; Mémoires politiques et correspondance diplomatique, hrsg. v. *A. Blanc*, Paris 1858; Correspondance diplomatique, hrsg. v. *dems.*, Bde. I-II, Paris 1860; J. d. M. et Blacas. Leur correspondance inédite et l'histoire de leur amitié, 1804-20, hrsg. v. *E. Daudet*, Paris 1908; Les Carnets du Comte J. d. M.: Livre Journal 1790-1817, hrsg. v. *X. de Maistre*, Lyon 1923; La Franc-Maçonnerie: mémoire au duc de Brunswick, hrsg. v. *E. Dermenghem*, Paris 1925.

Ü.: Vom Papste, dt. v. *M. Lieber*, Bde. I-II, Frankfurt a. M. 1822, neu hrsg. v. *J. Bernhart*, München 1923; Versuch über Ursprung und Wachsthum der politischen Konstitutionen und anderen menschlichen Einrichtungen, dt. v. *A. v. Haza*, Naumburg 1823; Abendstunden zu St. Petersburg oder Gespräche über das Walten der göttlichen Vorsicht in zeitlichen Dingen, dt. v. *M. Lieber*, Bde. I-II, Frankfurt a. M. 1823; Von der gallikanischen Kirche, dt. v. *dems.*, Frankfurt a. M. 1824; Betrachtungen über Frankreich – Über den schöpferischen Urgrund der Staatsverfassungen, dt. v. *F. v. Oppeln-Bronikowski*, hrsg. v. *P. R. Rohden*, Berlin 1924; Die Freimaurerei, dt. v. *C. Langendorf*, Wien 1988.

L.: *J. C: Glaser:* Graf J. d. M., Berlin 1865; *L. Moreau:* J. d. M., Paris 1879; *H. v. Sybel:* J. d. M., in: *ders.:* Kleine historische Schriften, Bd. I., München 1880; *A. de Margerie:* Le comte de M., sa vie, ses écrits, ses doctrines, Paris 1883; *F. Descostes:* J. d. M. avant la révolution, Bde. I-II, Tours 1893; *G. Cogrodan:* J. d. M., Paris 1894; *E. Grasset:* J. d. M., sa vie et son œuvre, Paris 1901; *A. Röck:* Die philosophischen Ideen des Grafen J. d. M., phil. Diss. München 1912; *H. v. Grauert:* Graf J. d. M. und Joseph Görres vor hundert Jahren, in: Vereinsgaben der Görres-Gesellschaft. Erste Vereinsschrift 1922, Köln 1922, S. 3-44; *C. Schmitt:* Politische Theologie. Vier Kapitel zur Lehre von der Souveränität, München 1985, [4]1985; *E. Dermenghem:* J. d. M. mystique, Paris 1923; *P. R. Rohden:* J. d. M. als politischer Theoretiker, München 1929; *F. Holdsworth:* J. d. M. et Angleterre, Paris 1935; *M. Huber:* Die Staatsphilosophie von J. d. M. im Lichte des Thomismus, Basel 1958; *R. A. Lebrun:* Throne and Altar: The Political and Religious Thought of J. d. M., Ottawa 1965; *R. Triomphe:* J. d. M.; Etude sur la vie et sur la doctrine d'un matérialiste mystique, Genf 1968; *J. Rebotton:* Etudes maistriennes, Aosta 1974; *C. M. Lombard:* J. d. M., New York 1976; *E. D. Watt:* The English Image of J. d. M., in: European Studies Review 4 (1979), S. 239-59; *E. M. Cioran:* Über das reaktionäre Denken, Frankfurt a. M. 1980; *R. A. Lebrun:* J. d. M. An Intellectual Militant, Kingston – Montreal 1988; *I. Berlin:* J. d. M. und die Ursprünge des Faschismus, in: *ders.:* Das krumme Holz der Humanität. Kapitel der Ideengeschichte, hrsg. v. *H. Hardy*, Frankfurt a. M. 1992, S. 123-221.

– K

Manteuffel, Otto Theodor Freiherr von

* 3. 2. 1805 Lübben (Niederlausitz); † 26. 11. 1882 Krossen (Niederlausitz). Preußischer Politiker. Sohn eines frühverstorbenen Verwaltungsbeamten, wuchs M. in der Obhut eines Onkels in Frankfurt a. d. Oder auf und absolvierte 1819-24 die berühmte Landesschule zu Schulpforta, die er als Jahrgangsbester verließ. Anschließend studierte er bis 1827 Rechts- und Kameralwissenschaften in Halle. Auch seine beiden in Berlin abgelegten Staatsprüfungen 1827 und 1829 absolvierte er mit Auszeichnung. Eine im Sommer 1830 nach Paris unternommene Bildungsreise, die M. durch Zufall zum Augenzeugen der Julirevolution werden ließ, geriet zum politischen Lehrstück, das der junge preußische Beamte sein Leben lang nicht vergessen sollte. In seiner Heimat machte M. als ausgesprochen fleißiger und fähiger Beamter auffallend rasch Karriere: 1833 wurde er Landrat in Luckau, 1841 erreichte er die Stellung eines Oberregierungsrats in Königsberg, und 1843 folgte bereits die Ernennung zum Regierungsvizepräsidenten in Stettin. Ein Jahr später wurde M. Vortragender Rat bei Prinz Wilhelm von Preußen, dem designierten Thronfolger. Daneben nahm M schon seit 1833 ein Mandat im Provinziallandtag der Mark Brandenburg wahr und gelangte auf diese Weise auch in den 1847 berufenen Ersten Vereinigten Landtag, wo er sich als Angehöriger der konservativen Rechten profilierte.

Als fähiger und unbedingt königstreuer Beamter wurde M. im Herbst 1848 Innenminister der ersten antirevolutionären Kampfregierung des Grafen Brandenburg, an deren entscheidenden Maßnahmen, nämlich der Verlegung und Auflösung der Nationalversammlung, dem Oktroi der ersten preußischen Verfassung (November/Dezember 1848) sowie der ebenfalls oktroyierten Einführung des Dreiklassenwahlrechts (Mai 1849), er wesentlichen Anteil hatte. Die von König Friedrich Wilhelm IV. unter dem Einfluß seines Freundes und 1850 zeitweiligen Außenministers →Radowitz betriebene Unionspolitik lehnte M. dagegen ab; zusammen mit den Brüdern →Gerlach versuchte er vergeblich, den König zu einer außenpolitischen

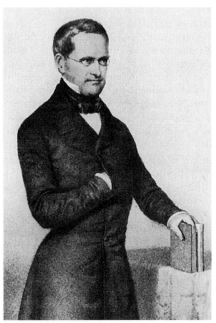

Otto von Manteuffel
1805-1882

Kehrtwendung zu bewegen. Erst Ende 1850, als das offenkundige Scheitern der Unionspolitik mit dem überraschenden Tod Brandenburgs zusammenfiel, erwies sich M. als „starker Mann" der preußischen Regierung: Am 9. 12. 1850 ernannte ihn der König zum Ministerpräsidenten und gleichzeitig auch zum Außenminister, nachdem er bereits als preußischer Verhandlungsführer mit der am 29. 11. 1850 mit Österreich abgeschlossenen „Punktation von Olmütz" den beinahe katastrophalen Fehlschlag der preußischen Außenpolitik zu einem einigermaßen glimpflichen Ende gebracht hatte.

Als Ministerpräsident und Außenminister amtierte M. bis 1858 und blieb dabei auf dem Gebiet der äußeren und auch der deutschen Politik nicht ohne Erfolg. So gelang ihm 1853 nicht nur die Verlängerung des Vertrages über den Deutschen Zollverein, sondern auch der Abschluß des deutsch-österreichischen Handelsvertrages. Zwar neigte M. nach Ausbruch des Krimkrieges (1853-56) zuerst einem Bündnis Preußens mit den Westmächten zu, entschied sich aber sehr bald für die vom König mit Unterstützung der Gerlachs betriebene Neutralitätspolitik, die Preußen aus diesem schweren Konflikt heraushielt und vor allem das lebenswichtige gute Verhältnis zu Rußland nicht in Frage stellte.

Innenpolitisch agierte M. nicht immer glücklich. Als Repräsentant eines „sich als staatskonservativ verstehenden, überparteilich-neutralen Gouvernementalismus" (G. Grünthal) neigte er dazu, sich über die Parteien zu stellen, was ihn immer wieder in Konflikte mit den Altkonservativen um die Gerlachs und mit der konservativen Partei brachte. Zeitweilig verstrickte er sich in heftige Auseinandersetzungen mit der Konservativen Partei und ihrem publizistischen Organ, der →„Kreuzzeitung"; der Konflikt endete allerdings – zumal der König sich weder für die eine noch für die andere Seite zu entscheiden vermochte – unentschieden. Die Rücktrittsgesuche M.s wurden vom Monarchen abgelehnt.

Die gesellschaftspolitischen Vorstellungen M.s orientierten sich eng an den politischen Ideen Wilhelm Heinrich →Riehls, insbesondere an dessen „Bürgerliche(r) Gesellschaft" (1851). Riehls Idee einer korporativ-berufsständisch gegliederten Gesellschaftsordnung nahm nach M.s Auffassung die richtige Mitte ein zwischen einer nicht mehr zeitgemäßen altständischen Konzeption und der von den Liberalen der Epoche verfochtenen Idee eines modernen, parlamentarisch-konstitutionellen Staatswesens. An der preußischen Verfassung hat M. jedoch – hierin war er sich auch mit den Gerlachs einig – stets festgehalten; jedem Versuch einer Abschaffung der revidierten Konstitutionsurkunde von 1850 setzte er entschiedenen Widerstand entgegen (wenn es sein mußte, auch gegenüber dem König selbst). Vorübergehend vom „Bonapartismus" des napoleonischen Prätendenten und späteren Kaisers Napoleon III. beeindruckt, den ihm insbesondere sein zeitweiliger Mitarbeiter Constantin →Frantz als Vorbild empfahl, erwies sich M. doch letztendlich nur als zäher Verteidiger des Status quo, der an Verfassung und Parlament festhielt, wenngleich er das letztere vermutlich nur als notwendiges Übel ansah.

Als Prinz Wilhelm, der stets ein Gegner der Politik M.s gewesen war, im Oktober 1858 die Regentschaft antrat, wurde M. sofort entlassen. Damit war seine politische Karriere unwiderruflich beendet, obwohl er 1858 noch einmal in das preußische Abgeordnetenhaus gewählt und 1866 in das Herrenhaus berufen wurde. M., der einer ganzen Epoche der preußischen Geschichte ihren Namen gegeben hat, kann als der typische Vertreter eines gouvernementalen, staatstreu-antirevolutionären Status-quo-Konservatismus angesehen werden.

E.: Unter Friedrich Wilhelm IV. Denkwürdigkeiten des Ministers O. Frh. v. M., Bde. I-III, hrsg. v. *H. v. Poschinger*, Berlin 1901.

L.: *Wippermann* in ADB XX, 260-72; *Grünthal* in NDB XVI, 88-90; *G. Hesekiel:* O. Th. v. M., Berlin 1851; *K. Enax:* O. v. M. und die Reaktion in Preußen, phil. Diss. Leipzig 1907; *H. Walter:* Die innere Politik des Ministers v. M. und der Ursprung der Reaktion in Preußen, phil. Diss. Berlin 1910; *H. Heffter:* Die deutsche Selbstverwaltung im 19. Jhdt. Geschichte der Ideen und Institutionen, Stuttgart ²1969; *G. Grünthal:* Konstitutionalismus und konservative Politik. Ein verfassungspolitischer Beitrag zur Ära M., in: Gesellschaft, Parlament und Regierung. Zur Geschichte des Parlamentarismus in Deutschland, hrsg. von *Gerhard A. Ritter*, Düsseldorf 1974, S. 145-64; *G. Grünthal:* Parlamentarismus in Preußen 1848/49 – 1857/58. Preußischer Konstitutionalismus, Parlament und Regierung in der Reaktionsära, Düsseldorf 1982; *ders.:* Das Ende der Ära M., in: Jahrbuch für die Geschichte Mittel- und Ostdeutschlands 39 (1990), S. 179-219; *ders.:* Im Schatten Bismarcks – Der preußische Ministerpräsident O. Frh. v. M. (1805-82), in: Konservative Politiker in Deutschland, hrsg. v. *H.-C. Kraus*, Berlin 1995, S. 111-33.

– K

Marwitz, Friedrich August Ludwig von der

* 29. 5. 1777 Berlin; † 6. 12. 1837 Friedersdorf bei Küstrin. Preußischer General und Politiker. M. entstammte einer der ältesten und angesehensten, bereits seit dem 13. Jhdt. in der Mark Brandenburg ansässigen Adelsfamilien, deren Mitglieder sich vor allem als Offiziere ausgezeichnet hatten. 1791 trat M. in die preußische Armee ein und diente bis 1802 als Offizier in dem berühmten Garde-Kavallerieregiment „Gensdarmes". Anschließend betätigte er sich als Landwirt und baute sein Gut Friedersdorf unter dem Einfluß der Schriften Albrecht Thaers zu einem Musterbetrieb moderner landwirtschaftlicher Produktion aus. 1806/07 kämpfte M. als Rittmeister im Stab des Fürsten Hohenlohe und

Friedrich August Ludwig von der Marwitz
1777-1837

stellte noch im Frühjahr 1807 ein Freikorps auf, das allerdings nicht mehr zum Einsatz kam. Nach dem Friedensschluß mit Frankreich zog er sich wieder ins Privatleben zurück.

Als glühender preußischer Patriot beteiligte sich M. an verschiedenen Plänen und Projekten zur Befreiung Preußens von der französischen Fremdherrschaft und trat 1813 sofort wieder in die Armee ein, um eine von ihm formierte Landwehrbrigade zu befehligen. Der Sieg der kurmärkischen Landwehr im Gefecht bei Hagelsberg im August 1813, dem er später eine eigene Schrift gewidmet hat, war hauptsächlich sein Verdienst. Nach höchst erfolgreicher Kriegsteilnahme – er wurde u.a. mit dem „Pour le mérite" ausgezeichnet – blieb M. Berufssoldat und wurde 1817 zum General ernannt. Seit 1824 gehörte er dem märkischen Provinziallandtag an, und als er 1827 aus dem aktiven Offiziersdienst ausschied, wurde M. Mitglied des Preußischen Staatsrats und Marschall des Kurmärkischen Landtags. Einen ihm mehrfach angebotenen Übertritt in den zivilen Staats- und

Verwaltungsdienst lehnte er stets ab. 1831 zog sich M. nach Friedersdorf zurück, wo er Ende 1837 starb. Willibald Alexis und Theodor →Fontane haben seine populäre Gestalt in ihren Romanen über den Befreiungskrieg („Ruhe ist die erste Bürgerpflicht", 1852; „Vor dem Sturm", 1878) auch literarisch unsterblich gemacht.

Als entschieden konservativer Politiker orientierte sich M. an der traditionellen altständisch-christlichen Ideenwelt, die bei ihm außerdem noch einen ausgesprochen patriarchalischen Akzent erhielt. Zwar verehrte er Friedrich den Großen als herausragenden Heerführer und rühmte dessen Herrschaft als Preußens „Heldenzeit", er lehnte aber die Innenpolitik Friedrichs und dessen Staatsordnung strikt ab. Ganz in der Tradition konservativer Absolutismuskritik forderte M. die Wiederherstellung der ständischen Rechte und Institutionen. Die absolute, von keinen ständischen Befugnissen eingeschränkte Befehlsgewalt des Königs empfand er dagegen als einen – in letzter Konsequenz den Bestand eines gesunden Gemeinwesens gefährdenden – Despotismus.

Inspiriert und unterstützt durch Adam →Müller, der zu jener Zeit Sekretär der märkischen Ritterschaft in Berlin war, betätigte sich M. als Wortführer der ständischen Opposition gegen Hardenberg und die von diesem inaugurierten und geleiteten Reformen des preußischen Staates. Nachdem M. in einer 1811 beschlossenen „Letzten Vorstellung" der märkischen Stände öffentlich die Wiederherstellung der alten ständischen Verfassung gefordert hatte, wurden er und sein Mitkämpfer Graf Finckenstein inhaftiert, nach fünf Wochen jedoch begnadigt. Trotzdem blieb M. auch weiterhin ein unnachgiebiger Gegner der Reformen; er charakterisierte sie später als „den Krieg der Besitzlosen gegen das Eigentum, der Industrie gegen den Akkerbau, des Beweglichen gegen das Stabile, des krassen Materialismus gegen die von Gott eingeführte Ordnung, des (eingebildeten) Nutzens gegen das Recht, des Augenblicks gegen die Vergangenheit und Zukunft, des Individuums gegen die Familie, der Spekulanten und Comtoire gegen die Felder und Gewerbe, der Bureaus gegen aus der Geschichte des Landes hervorgegangene Verhältnisse, des Wissens und eingebildeten Talents gegen Tugend und ehrenwerten Charakter".

Während der siegreichen Phase am Ende der Befreiungskriege hatte M. zeitweise auf eine Verfassung gehofft und sogar von einem „preußischen Kaiser in Teutschland" geträumt, doch nach 1815 betrat er auch geistig die Bahnen der Restauration und versuchte, u.a. als Mitglied des Staatsrats, die Reformen nach deren Beendigung soweit als möglich rückgängig zu machen. Als Gutsherr auf Friedersdorf legte er ein ausgesprochen patriarchalisches Selbstverständnis an den Tag, das er mit einem untrüglichen Gespür für die Symbolik im politischen und sozialen Leben auch nach außen hin zum Ausdruck brachte. Auch von seinen Gegnern wurde M. wegen seines Gemeinsinns, seiner Grundsatztreue und persönlichen Ehrenhaftigkeit „als nobler Repräsentant des alten Preußen" (K.-E. Born) hoch geachtet.

S.: Beschreibung des Treffens von Hagelsberg unweit Beltzig geliefert am 27. August 1813, Berlin 1817.

E.: Die Zäumung mit der Kandare. Aus dem Nachlasse, Berlin 1852; F. A. L. v. d. M. – Aus dem Nachlasse, Bde. I-II (hrsg. v. *M. v. Niebuhr*), Berlin 1852; F. A. L. v. d. M. – Ein märkischer Edelmann im Zeitalter der Befreiungskriege, hrsg. v. *F. Meusel*, Bde. I-II/2, Berlin 1908-13; Preußischer Adel. Aus den nachgelassen Schriften von F. A. L. v. d. M., hrsg. v. *F. Schinkel*, Breslau 1932; Jena 1806, hrsg. v. *W. Kayser*, Berlin 1937; Nachrichten aus meinem Leben, 1777-1808, hrsg. v. *G. de Bruyn*, Berlin (-Ost) 1989.

L.: *Poten* in ADB XX, 530f.; *Born* in NDB XVI, 318-20; *T. Fontane:* Wanderungen durch die Mark Brandenburg, Bd. II: Das Oderland, Barnim, Lebus, Berlin 1863 u.ö.; *W. Steffens:* Hardenberg und die ständische Opposition 1810/11, Leipzig 1907; *W. Kayser:* L. v. d. M., in: Deutscher Aufstieg – Bilder aus der Vergangenheit und Gegenwart der rechtsstehenden Parteien, hrsg. v. *H. v. Arnim / G. v. Below*, Berlin – Leipzig – Wien – Bern 1925, S. 292-38; *W. v. Diest:* Geschichte der Familie v. d. M., Kolberg 1929; *G. Ramlow:* L. v. d. M. und die Anfänge konservativer Politik und Staatsanschauung in Preußen, Berlin 1930; *W. Kayser:* M. – Ein Schicksalsbericht aus dem Zeitalter der unvollendeten preußisch-deutschen Erhebung, Hamburg 1936; *H. v. Koenigswald:* Pflicht und Glaube. Bildnis eines preußischen Lebens, Leipzig 1936; *W. Andreas:* M. und der Staat Friedrichs des Großen, in: *ders.:* Geist und Staat. Historische Porträts, Göttingen ⁵1960, S. 133-58; *B. v. der Marwitz* (Hrsg.): F. A. L. v. d. M. Herr auf Friedersdorf 1777-1837. Seine Vorfahren und seine Gesamtnachkommen bis 1966, bearb. v. *H.-G. v. Nerée*, Neustadt a. d. Aisch 1967; *K. Vetter:* Kurmärkischer Adel und preußische Reformen, Weimar 1979; *M. v. Buttlar:*

Die politischen Vorstellungen des F. A. L. v. d. M. – Ein Beitrag zur Genesis und Gestalt konservativen Denkens in Preußen, Frankfurt a. M. 1980; *R. Berdahl:* The Politics of the Prussian Nobility. The Development of a Conservative Ideology 1770-1848, Princeton 1988; *G. de Bruyn:* Opposition und Gehorsam, in: F. A. L. v. v. d. M.: Nachrichten aus meinem Leben (siehe unter E.), S. 315-54.

– K

Maurras, Charles

* 20. 4. 1868 Martigues (Bouches-du-Rhône); † 13. 11. 1952 Saint-Symphorien (Indre-et-Loire). Französischer Journalist und politischer Theoretiker. M.' Herkunft aus der Provence sollte sein Leben lang einen bestimmenden Einfluß auf ihn ausüben. Er war immer fasziniert von der mediterranen Welt und vom antiken Erbe, das sie bewahrt hatte. M. wuchs in bürgerlichen Verhältnissen auf, seine Umgebung war im traditionellen Sinne katholisch geprägt. Zu den einschneidenden Erlebnissen seiner Jugend zählte, daß er mit 14 Jahren das Gehör verlor und dadurch in eine Isolation geriet. Diese verstärkte er aus eigenem Antrieb, so daß er sich bald nur noch mit seinen Studien – den Klassikern der Philosophie und der Literatur, anfangs vor allem mit F. Mistral – beschäftigte.

Wahrscheinlich standen die Taubheit und der Verlust des christlichen Glaubens für M. in einem Zusammenhang. Jedenfalls schloß er sich nach seiner Übersiedlung nach Paris für eine Übergangszeit den Literaten der Décadence an. Seine politische Orientierung führte ihn kurz auf die Seite der Linken. Dieses Intermezzo war allerdings 1895 beendet, als M. sein erstes Buch unter dem Titel „Le Chemin de Paradis" veröffentlichte. Der Roman enthielt schon alle zentralen weltanschaulichen Vorstellungen, die M. zukünftig vertreten würde, vor allem die Bejahung „der Ordnung" angesichts des Nihilismus, die Polemik gegen die Romantik, den geistigen Einfluß des „dunklen Nordens" und das Plädoyer für „den schönen Begriff der Endlichkeit".

Die eigentliche politische Kehre kam 1896, als M. für die konservative „Gazette de France" als Korrespondent zur ersten Olympiade nach Athen reiste. Ihn fesselten nicht die sportlichen Ereignisse, sondern die immer noch andauernde Ausstrahlung der antiken

Stätten. Er entwarf eine Traditionslinie, die Athen, Rom und Versailles verband. Die Ästhetik des griechisch-römischen Altertums und des französischen Ancien régime verschmolzen für ihn zur Einheit, und das republikanische Regime erschien ihm gerade aus der Distanz ebenso häßlich wie schwach. Unter dem Einfluß von M. →Barrès wandte er sich ganz dem Nationalismus zu, weil er glaubte, „daß der Nationalismus eine Art von Klassizismus" sei.

Eine politisch aktive Rolle spielte M. allerdings erst, als die Dreyfus-Affäre ihren Höhepunkt erreichte. Er begann mit der Sammlung und dem Ausbau seiner Ideen und stellte sich seit 1898 bedingungslos auf die Seite der „Anti-Dreyfusards". Er schloß sich verschiedenen nationalistischen Organisationen an, bevor er seine politische Heimat 1899 in der von H. Vaugeois geführten Action Française (AF) fand. Die AF war zu diesem Zeitpunkt noch nationalistisch und republikanisch gesonnen, befürwortete aber – darin von M. unterstützt – einen militärischen Staatsstreich. In seinem 1900 geschriebenen (aber erst später veröffentlichten) Buch „Dictateur et Roi" polemisiert M. gegen Juden, Protestanten, Freimaurer und „Metöken" (= Zuwanderer), von denen er die Republik beherrscht sah, und forderte den gewaltsamen Umsturz. Diese unter den „Anti-Dreyfusards" eher konventionellen Programmpunkte ergänzte M. allerdings um einen wesentlichen Aspekt: den Monarchismus.

Noch im selben Jahr erschien seine „Enquête sur la Monarchie", mit der er versuchte, die Nationalisten um die Ideen des Neo-Royalismus zu sammeln. Der Erfolg blieb begrenzt; Barrès wahrte Distanz, aber die Mitglieder der AF schlossen sich M. an. Die Action bildete von nun an die organisatorische Basis für alle seine Aktivitäten. Seit dem 21. März 1908 erschien unter dem Titel „Action Française" auch eine Tageszeitung, die sich in kurzer Zeit zu einem der mächtigsten Presseorgane der Republik entwickelte. Gleichzeitig wurden die „Camelots du Roi" gegründet, eine Truppe von Aktivisten, die nicht nur die AF verkaufen sollten, sondern einen „weißen Jakobinismus" praktizierten, der in seiner Radikalität nicht wenige konservative Parteigänger der AF erschreckte. Ganz im Zentrum seiner Bemühungen

stand für M. aber nicht die politische Praxis, sondern der Ausbau seiner „Doktrin". In Anlehnung an den Soziologen A. Comte hielt er seine politische Theorie für Wissenschaft: Die „Religion der Wissenschaft" betrachtete er als die „Religion Frankreichs", und auf diesem Wege kam er auch zu seiner „wissenschaftlichen Monarchie". M. begründete die Notwendigkeit der Restauration nicht aus der Sentimentalität oder aus einem naiven Legitimismus – für die royalistischen Konservativen hatte er nur Verachtung übrig –, sondern aus dem empirischen Befund: „Was die Staatsform anbelangt, so ist es die Monarchie, zu der man zurückstreben muß. Die Erbmonarchie ist in Frankreich die natürliche Verfassung, die von der Natur geforderte, die einzige Verfassung, die für ein centre ohne Gewalt möglich ist. Es gibt keine Nation, die ohne traditionelle Treue und ohne Unterordnung von allen unter das nationale Interesse errichtet ist. Keine nationale Einheit ohne einen Führer, der sie auferlegt und repräsentiert."

Aus diesem Grund lehnte M. den Parlamentarismus ebenso wie den Bonapartismus ab, denn der eine konnte die Einheit der Nation nicht verbürgen, der andere blieb auf den Konsens der Massen angewiesen und konnte seine Souveränität nicht aus sich selbst heraus begründen. Die Skepsis gegenüber den Massen blieb für M. bestimmend und zeigt die Differenz, die auch zwischen seiner Vorstellung von einem „integralen Nationalismus" und dem (Prä-)Faschismus bestand. In seinem Buch „L'Avenir de l'Intelligence" machte er deutlich, daß er ganz darauf vertraute, die „denkende Elite" für sich zu gewinnen. Sie sollte sich gegen den Pöbel einerseits, gegen die Macht des „Geldes" andererseits durchsetzen.

M. fand trotz seines Atheismus mächtige Protektoren in der katholischen Kirche, die er als letzte Bastion des „ordre" feierte. Wenn er in dem 1906 erschienenen Buch „Le Dilemme de Marc Sangenier" bekannte: „Je suis Romain", dann bedeutete dies, daß er sich zu den imperialen Traditionen bekannte und seine eigenwillige Umdeutung des Katholizismus fortsetzte, dem er das „Gift des Magnifikat" – den urchristlichen Universalismus der Liebe – entziehen wollte. M.' „katholischer Atheismus" blieb allerdings in der „Action Française" eine Randerscheinung; die Organisation sammelte im übrigen vor allem die katholischen Traditionalisten. 1912 veröffentlichte M. die Schrift „L'Action Française et la Réligion Catholique", wobei er noch einmal seine absolute Loyalität gegenüber der Kirche bekräftigte. Er hatte deshalb nicht nur den französischen Episkopat auf seiner Seite; für das Jahr 1914 war sogar eine Audienz beim Papst geplant, die nur durch den Kriegsausbruch verhindert wurde. Erst nach dem Ende des Ersten Weltkriegs kam es 1926/27 wegen der „heidnischen" Tendenzen in der Ideologie von M. zur Verdammung der AF durch den Vatikan. Ihre Anhänger wurden mit dem Interdikt belegt. Allerdings fand in den dreißiger Jahren, unter dem Pontifikat Pius' XI., eine wechselseitige Annäherung statt, nachdem sich M. bereit erklärt hatte, seine Irrtümer zu widerrufen.

Zu diesem Zeitpunkt hatte die AF ihre Blütezeit bereits hinter sich. Wenn M. 1908 in dem Buch „Si le Coup de Force est possible" noch einmal deutlich gemacht hatte, daß er ganz auf einen Putsch setzte und daß er es 1910 sogar auf ein Zerwürfnis mit dem orléanistischen Prätendenten ankommen ließ, der eine weichere Linie gegenüber der Republik vertrat, so führte der Krieg zu einer völligen Verschiebung der Lage für M. und die Action. Unter dem Eindruck der bedrohlichen Situation stellte M. die innenpolitische Auseinandersetzung hintan, schloß sich mit der AF der „union sacrée" an und unterstützte die politische Linie von Clemenceau. Nach dem Ende des Krieges forderte er eine scharfe Politik gegenüber Deutschland, das in mehrere Staaten aufgeteilt werden sollte. Doch der Einfluß der AF sank bereits. Letztlich ging die Dritte Republik gestärkt aus dem Krieg hervor, und es entstand eine revolutionäre Rechte, mit der verglichen die konservativen Züge im Denken von M. ganz deutlich hervortraten.

Bereits vor dem Krieg hatten einige von M.' Schülern – vor allem G. Valois – im „Cercle Proudhon" Kontakt zu Syndikalisten aufgenommen, die vielfach aus dem Umkreis von G. →Sorel kamen. Beiden Gruppen gemeinsam war die Ablehnung der bürgerlichen und kapitalistischen Republik, und sie bereitete etwas vor, was in der Nachkriegszeit als „Faschismus" bezeichnet wurde. Valois trennte

sich wie andere Aktivisten nach dem Krieg von M., der die neuen Bewegungen mit einer Mischung aus wohlwollendem Unverständnis und Mißtrauen beobachtete. Sah er im Regime Mussolinis immerhin noch Ansätze für eine Wiederherstellung der traditionellen Ordnung, so konnte er im Nationalsozialismus nur den Aufstand des „ewigen Germanismus" erblicken. In den dreißiger Jahren wurde M. nicht müde, vor der von Deutschland ausgehenden Gefahr zu warnen. Nach dem Zusammenbruch Frankreichs im Juni 1940 stellte er sich dem Regime Marschall Pétains zur Verfügung und unterstützte es ideologisch; seine „Kollaboration" war allerdings nicht aus der Sympathie für Hitler gespeist, sondern in der Hoffnung begründet, die „divine surprise" nutzen zu können, um Frankreich aus dem „Tunnel von 1789" herauszuführen und um eine Restauration zu verwirklichen, die das Land auch außenpolitisch wieder handlungsfähig machen sollte.

Nach der Invasion der alliierten Armeen in Frankreich wurde M. verhaftet und am 24. September 1945 vor ein provisorisches Gericht gestellt. Es verurteilte ihn zu lebenslänglicher „Einschließung". Während der Inhaftierung verlangte M. immer wieder die Neuaufnahme seines Prozesses, er schrieb aber auch mehrere philosophische und politische Werke, dazu eine Anzahl von Gedichten. Im April 1952 aus Krankheitsgründen begnadigt, starb er am 13. November dieses Jahres, versehen mit den Sterbesakramenten der katholischen Kirche.

B.: *J. Roger* und *J. Forges:* Nouvelle bibliographie de Ch. M., Aix-en-Provence o. J.

W.: Décentralisation, Paris 1898; L'Avenir de l'Intelligence, Paris 1905; Le Dilemme de Marc Sangenier, Paris 1906; Enquête sur la Monarchie, Paris 1909; Si le Coup de Force est possible, Paris 1910; Kiel et Tanger, Paris 1910; La Politique Religieuse, Paris 1912; La Démocratie Religieuse, Paris 1921; Lettre de C. M. à S. S. Le Pape Pie XI., Versailles 1927; Le Voyage d'Athènes, Paris 1927; Mes Idées Politiques, Paris 1937; La Seule France, Lyon 1941; La Contre-Révolution Spontane, Lyon 1943; Au Grand Juge de France, Paris 1949; Œuvres Capitales, 4 Bde., Paris 1952.

L.: *M. de Roux:* Ch. M. et le nationalisme de l'Action Française, Paris 1928; *W. Gurian:* Der integrale Nationalismus in Frankreich, Frankfurt a. M. 1931; *H. Massis:* M. et notre temps, Paris 1951; *E. Weber:* Action Française. Royalism and Reaction in twentieth century France, Stanford 1962; *C. C. Peter:* Ch. M. et l'idéologie d'Action Française, Paris 1972; *Jahrb. Études maurassi-*

ennes, Aix-en-Provence 1972ff.; *J. McCearney,* M. et son temps, Paris 1977; *O. Vigne:* Mes souvenirs sur Ch. M. (1868-1952), Uzès 1978; *E. Nolte:* Der Faschismus in seiner Epoche. Action Française – Italienischer Faschismus – Nationalsozialismus, München – Zürich ⁵1979, S. 90-127; *P. Boutang:* M.: la destinée de l'œuvre, Paris 1984; *Victor Nguyen,* Aux origines de l'Action Française, Paris 1991.

– W

Mencken, Henry Louis

* 12. 9. 1880 Baltimore; † 29. 1. 1956 ebd. Amerikas wohl bedeutendster Journalist des 20. Jhdt.s, Verfasser von politischen, sozial- und literaturkritischen, theologischen sowie philologischen Werken, ein Hauptverfechter der „Old Right" der Zwischenkriegsjahre sowie Inspirator der konservativen wie libertären Publizistik bis heute. Walter Lippmann erkannte M. „den mächtigsten persönlichen Einfluß auf eine ganze Generation kultivierter Menschen" zu, was durchaus keine Übertreibung war. Wie kein anderer seines Metiers beherrschte M. die amerikanische Sprache, über die er ein Werk schrieb („The American Language"), das zum Klassiker wurde und seine Bedeutung bis heute bewahrt hat. Dabei war M., dessen lebhafter, farbiger und wortreicher Stil einzigartig ist, Autodidakt.

M. wuchs als Sohn eines Zigarrenfabrikanten deutscher Herkunft (Leipzig) in Baltimore auf, arbeitete anfänglich im väterlichen Betrieb, bevor er 1899 seine vollberufliche Tätigkeit als Journalist aufnahm und schließlich Editor bei der „Baltimore Sun" wurde, der er in wechselnden Funktionen – zuletzt als politischer Kolumnist und Berater der Chefredaktion – eng verbunden war. Daneben war er Mitarbeiter und Mitherausgeber der führenden Zeitschrift „The Smart Set" (1908-23) und gründete 1923 „The American Mercury", der rasch zum bedeutendsten amerikanischen Magazin avancierte und sich politischen, literarischen und naturwissenschaftlichen Fragen widmete. Bis zu den dreißiger Jahren publizierte M. Bücher zu Themen wie Literaturkritik („A Book of Prefaces", 1917), die Frauenfrage („In Defense of Women", 1918), Moral und Theologie („Treatise on the Gods", 1930; „Treatise on Right and Wrong", 1934), Politik („Notes on Democracy", 1926) sowie eine sechsbändige

Essaysammlung zu verschiedensten Themen („Prejudices", 1919-27). Anthologien von M.s Arbeiten über den Journalismus („A Gang of Pecksniffs"), seiner bedeutendsten Zeitungsartikel („The Impossible H. L. M.", 1991), sein Tagebuch („Diary", 1989) sowie Erinnerungen erschienen teilweise erst posthum.

M. lernte schon frühzeitig die Werke von Charles Darwin, Herbert Spencer und William Graham Sumners kennen: Sumners „vergessener Mensch", der einen nützlichen Beruf in kompetenter Weise ausübt, anständig lebt und auf eigene Fasson glücklich werden oder sein will und nur fordert, allein gelassen zu werden, taucht bei M. immer wieder auf und ist für sein Denken von zentraler Bedeutung. Murray N. Rothbard, ein Bewunderer M.s, meinte treffend: „Es fällt den Amerikanern schwer, einen Fusionisten von hochgeistigem Witz und voller Hingabe zu Prinzipien zu verstehen; man ist danach entweder ein Humorist, der freundlich oder böse die Schwächen des Zeitalters aufs Korn nimmt, oder man ist ein ernsthafter und feierlicher Denker. Daß ein Mann von überschäumendem Witz sich auf diese Weise um so mehr positiven Ideen und Prinzipien hingeben kann, ist von wenigen verstanden worden; fast immer wurde er als purer Zyniker und Nihilist dargestellt." Es war bezeichnend für M., daß ihn dies wenig kümmerte; es bestärkte ihn vielmehr in seiner nicht allzu großen Hochachtung für viele seiner Landsleute. Als Individualist, Skeptiker und klassischer Liberaler, der er war, wählte er jenen Weg, der seinem Wesen und Temperament am ehesten entsprach: Als distanzierter Beobachter genoß er das absurde Theater, die „Verrücktheiten" der Zeit und Welt, in der er lebte.

M. hat sein Credo wie folgt umschrieben: „Ich glaube nur an die menschliche →Freiheit. Wenn ein Mensch je etwas wie Würde erreichen kann, so ist dies nur möglich, wenn herausragenden Menschen die absolute Freiheit gegeben wird, zu denken, was sie denken wollen, und zu sagen, was sie sagen wollen. Ich wende mich gegen jeden Menschen oder gegen jede Organisation, die darauf aus ist, diese Freiheit zu beschränken oder gar zu verbieten. Im übrigen kann dieser Mensch nur dann seiner Freiheit sicher sein, wenn diese allen Menschen gewährt wird." Er betrachtete sich als „extremen Liberalen" und unterstrich: „Ich glaube unbedingt an die freie Rede. Ich lehne es ab, daß Menschen wegen ihren Überzeugungen oder Meinungen gefangengenommen werden." Zudem betonte er: „Ich habe nichts mit einem Reformer gemeinsam, wie sehr ich mich auch gegen dieses oder jenes Malaise wenden mag. Denn darin steckt gewöhnlich weit mehr Entzükken als Indignation." In diesem Kontext muß auch der Kampf M.s gegen die Prohibition und gegen die Zensur gesehen werden: Er entlarvte die verlogene Doppelmoral gewisser spießbürgerlicher Puritaner, hinter der sich „der blanke Neid verbirgt über jene Menschen, die es verstehen, alle Möglichkeiten für ein glückliches und zufriedenes Leben auszuschöpfen". Zielscheiben seines zuweilen ätzenden Spotts waren die spießige „Booboisie", Politiker, der Puritanismus protestantisch-fundamentalistischer Prägung sowie die ultraamerikanischen „Hurra-Patrioten". M. förderte in seiner ersten Lebenshälfte Schriftsteller wie Theodore Dreiser oder Sinclair Lewis, die dem Realismus verpflichtet waren und eine amerikanische Literatur schufen, die möglichst eigenständig sein und sich von europäischen sowie insbesondere britischen Vorbildern abheben sollte.

In „Notes on Democracy" übte er ätzende Kritik an der amerikanischen Demokratie im allgemeinen, der unbeschränkten Demokratie im besonderen. Er war der Überzeugung, daß die Massendemokratie wie der Puritanismus mit dem Neid untrennbar verbunden seien. Beide Phänomene basierten auf dem Haß des inferioren Menschen auf jene Individuen, die ein besseres, reich erfülltes Leben genössen. Mit den Mitteln der Demokratie (Erlaß sogenannter Gesetze), unter krasser Verletzung der Rechtsstaatlichkeit und der Bill of Rights werde der Versuch unternommen, Minderoder Mehrheiten Verhaltensweisen oder Verbote aufzuzwingen, die den subjektiven Wertvorstellungen oder Vorurteilen einer Mehr- oder Minderheit entsprächen (Prohibition etc.). Dem Massenmenschen fehle jedes echte Verständnis für Freiheit. M.s Plädoyer für den Minimalstaat war schon früh mit einem entschiedenen Engagement für die freie Marktwirtschaft verbunden, da nur diese Wirtschaftsordnung materiellen Wohlstand und Freiräume für das Individuum ermögli-

che. Es war deshalb nur folgerichtig – und keinesfalls ein Frontenwechsel, wie von vielen Zeitgenossen irrtümlicherweise angenommen –, als M. die Konservativen und echten Liberalen in ihrem Kampf gegen Präsident F. D. Roosevelts *New Deal* entschieden unterstützte, ja gar zu einem ihrer wichtigsten Sprecher wurde.

In den letzten Jahren sind zahlreiche Werke aus M.s Nachlaß erschienen, die ein differenzierteres Bild des legendären Publizisten ermöglichen: Der Briefwechsel mit seiner Frau Sara Haardt enthüllte zur allgemeinen Überraschung eine romantische, zärtliche Seite des gelegentlich auch etwas rauhbeinigen Mannes. In dem nach seinem Willen erst 1989 publizierten Tagebuch erinnert er sich regelmäßig des Todestages seiner Frau und beschreibt die Besuche an ihrem Grab. Wenn seinen schwarzen Bediensteten ein Unglück widerfuhr, sorgte er sich auf rührende Weise um sie. M., der Befürworter des liberalen Minimalstaats, zeigte zugleich ein hohes Maß an sozialer Verantwortung. In den letzten acht Jahren seines Arbeitslebens, das am 23. November 1948 brüsk endete, als er einen Herzinfarkt erlitt, von dem er sich zwar körperlich, nicht aber geistig erholte, erschienen sechs seiner wichtigsten Bücher: die drei liebevoll, amüsant und heiter verfaßten Erinnerungsbücher „Happy Days 1880-92" (1940), „Newspaper Days 1899-1906" (1941) sowie „Heathen Days 1890-1936" (1943), die beiden Ergänzungen („Supplements") zu „The American Language" sowie die beeindruckende „New Dictionary of Quotations" (1942), in dem sich kluge Zitate selbst von etwas in Vergessenheit geratenen liberalen und libertären Denkern zu Themen wie individuelle Freiheit und Staat, Mann und Frau usw. finden. Selten einmal erlaubte sich M. den Spaß, ein von ihm selbst geschaffenes Bonmot unter einem Pseudonym in die Sammlung einzuschmuggeln. In diesen letzten produktiven Jahren arbeitete er zudem an den beiden Memoirenbänden „My Life as Author and Editor" (1991) sowie „Thirty-Five Years of Newspaper Work, 1906-41" (Veröffentlichung bei der John Hopkins University Press geplant), die nach seinem Willen „bis zum 1. Januar 1980 oder 35 Jahre nach dem Tod des Autors, welches auch immer das spätere Datum sein mag,… von niemandem geöffnet werden dürfen". Am 29. Januar 1956 starb der große alte Mann in Baltimore.

Das Interesse an seinem vielseitigen Œuvre hat seither – nicht zuletzt angeregt durch die zahlreichen posthumen Neuveröffentlichungen – nicht nachgelassen.

S.: George Bernard Shaw, New York 1905; Friedrich Nietzsche, New York 1907; *H. L. M. / R. R. La Monte:* Men Versus The Man: A Correspondence, New York 1972 (1910); *H. L. M. / G. J. Nathan:* A Book of Prefaces, New York 1917; In Defense of Women, New York 1985 (1918); *dies.:* Heliogabalus. A Buffoonery, New York 1920; The American Credo, New York 1921; Prejudices in Six Series, New York 1985 (1919-27); Notes on Democracy, New York 1980 (1926); Menckeniana. A Schimpflexikon, New York 1980 (1928); Treatise on the Gods, New York 1980 (1930); *H. L. M. / G. J. Nathan:* The Smart Set Anthology, New York 1934; Treatise on Right & Wrong, New York 1980 (1934); Happy Days 1880-92, New York 1940; Newspaper Days, New York 1941; Heathen Days, New York 1943; A New Dictionary of Quotations on Historical Principles from Ancient & Modern Sources, New York 1985 (1942); Christmas Story, New York 1946.

E.: A M. Chrestomathy. His own Selection of his choicest Writings, New York 1982 (1949); Minority Report. H. L. M.'s Notebook, New York 1956; A Carnival of Buncombe, hrsg. v. *M. Moos*, Baltimore 1956; *R. McHugh:* The Bathtub Hoax and other Blasts and Bravos, New York 1981 (1958); Letters of H. L. M., hrsg. v. *G. J. Forgue*, Boston 1981 (1961); The American Language, hrsg. v. *R. I. McDavid / D. W. Maurer*, New York 1982 (1919-45); M. & Sara. A Life in Letters, hrsg. v. *M. E. Rodgers*, New York 1987; The Editor, the Bluenose and the Prostitute. H. L. M.'s History of the „Hatrack" Case, hrsg. v. *C. Bode*, Boulder 1988 (1924-26); The Diary of H. L. M., hrsg. v. *C. A. Fechner*, New York 1989; The Impossible H. L. M. – A Selection of his best Newspaper Stories, hrsg. v. *M. E. Rodgers*, New York 1991; My Life as Author and Editor, hrsg. v. *J. Yardley*, New York 1993.

L.: *C. Angoff:* H. L. M. A Portrait from Memory, New York 1956; *M. N. Rothbard:* H. L. M.: The Joyous Libertarian, in: New Libertarian Review, Indianapolis 1981 (1962); *P. Wagner:* H. L. M., Minneapolis 1966; *C. Bode:* M., Carbonville – Edwardsville 1973 (1969); *F. C. Hobson, Jr.:* Serpent in Eden. H. L. M. and the South, Baton Rouge 1974; *C. A. Fecher:* M. – A Study of His Thought, New York 1978; *C. Scruggs:* H. L. M. and the Black Writers of the 1920s, Baltimore 1984; *A. K. Winterberger:* Henry Louis M. – Kämpfer für die Freiheit des Individuums. Zum 30. Todestag des großen amerikanischen Journalisten und Essayisten, in: Zürichsee-Zeitung, 29. Januar 1986; *V. Fitzpatrick:* H. L. M., New York 1989.

– Wi

Merkatz, Hans-Joachim von

* 7. 7. 1905 Stargard/Pommern; † 25. 2. 1982 Bonn. Konservativer Politiker. Aus altem Landadel stammend, absolvierte M. zunächst eine landwirtschaftliche Fachausbildung. 1928-34 Studium der Rechtswissenschaften in München und Jena. Von 1935-38 war M. Referent am Kaiser-Wilhelm-Institut für ausländisches Recht und Völkerrecht, von 1938-45 Generalsekretär des Iberoamerikanischen Instituts in Berlin.

1946 Eintritt in die Niedersächsische Landespartei; nach der Landtagswahl 1947 wurde er Sekretär der NLP, die sich später in →Deutsche Partei (DP) umbenannte. Im Parlamentarischen Rat wirkte M. als wissenschaftlicher Mitarbeiter der DP-Delegation. 1949 Einzug in den ersten Deutschen Bundestag als DP-Abgeordneter. Seitdem hatte M. in wechselnden Funktionen hohe Parteiämter der DP inne; von 1955-60 amtierte er als stellvertretender DP-Bundesvorsitzender. Dem Bundeskabinett gehörte M. seit Juni 1955 als Minister für Angelegenheiten des Bundesrates, seit dem 16. 10. auch als Bundesjustizminister an. 1957-62 war er Bundesratsminister, 1960-61 zugleich auch Minister für Vertriebene, Flüchtlinge und Kriegsgeschädigte. 1960 trat M. mit einem Teil der DP-Bundestagsfraktion zur CDU über. Von 1964-68 wirkte er als deutscher Vertreter im Exekutivrat der UNESCO. Neben der Parteipolitik engagierte sich M. frühzeitig in der Paneuropabewegung, 1958 als deren Vizepräsident, von 1967-79 als Bundesvorsitzender. In den siebziger Jahren war er auch als Präsident des Ostdeutschen Kulturrates tätig.

Mehr noch als in seiner ministeriellen Arbeit in Bonn hat M. als programmatischer Vordenker der DP eine entscheidende Rolle für den Konservatismus der Nachkriegszeit gespielt. Innerhalb der DP war M. Repräsentant einer nationalkonservativen Strömung, die ein Abdriften der Partei in das rechtsnationale und neutralistische Spektrum ebenso wie eine Rückkehr zu den welfisch-föderalistischen Wurzeln verhinderte. Deutlichen Niederschlag fanden M.s Vorstellungen – darunter auch monarchistische Positionen – in dem 1952 verabschiedeten Programm „Goslarer Grundsätze" der DP.

Grundansatz der Definition konservativen

Denkens ist bei M. die Feststellung, daß „ganz bestimmte Grundlinien des politischen Denkens sich… auf zwei prinzipielle Fronten der Teilnahme am großen Spiel der Politik beziehen. Die eine Front bildet seit der Französischen Revolution bis heute die konservative Politik, und die andere Front umfaßt die ganze Fülle sonstiger Möglichkeiten des politischen Verhaltens." In seiner Konservatismus-Definition stützt sich M. insbesondere auf →Möser, dessen Kritik an „übermäßiger Reglementierung" ausdrücklich gewürdigt wird. Konservativ sei, den →Staat „als lebendigen Verband von Generationen, die in bunter Vielfalt von Körperschaften, Gebieten, Innungen… ein höchst kompliziertes Ganzes bilden", zu begreifen.

M. warnte vor „etatistischem Föderalismus" ebenso wie vor dem „Nationalismus… einer sterbenden Staatenwelt" und beschwor statt dessen die Erhebung des „Heimatrechts" zum Menschenrecht und Subjekt der internationalen Rechtsordnung. Dabei verfocht er einen strikt antikommunistischen Kurs und bejahte das westliche Bündnis. Ein vereintes Europa müsse als „dritte Kraft" eine eigene weltpolitische Rolle spielen, wobei das Heilige Römische Reich Deutscher Nation Vorbildcharakter habe.

S.: Die aktuelle Bedeutung konservativer Politik, in: Deutschlands Aufgabe. Stimmen evangelischer Politiker, Stuttgart 1953; Vier Jahre DP-Politik im Bundestag, hrsg. v. d. Bundesgeschäftsstelle der Deutschen Partei, Bonn 1953; Aufgaben und Möglichkeiten einer konservativen Politik, in: Konservative Haltung in der politischen Existenz. Vorträge und Gespräche der 5. Jahrestagung der Abendländischen Akademie in Eichstätt 1956, München 1956, S. 40-9; Die konservative Funktion. Ein Beitrag zur Geschichte des politischen Denkens, München 1957; Politik im Widerstreit, München 1957; Unser Weg in die Union, in: Politische Schriftenreihe der CDU Niedersachsen, Heft 5, Bonn 1961; In der Mitte des Jhdt.s. Politische Lebensfragen unserer Zeit, München – Wien 1963.

L.: Kroll in: NDB XVII, 142f.; R. Holzgräber: Die DP – Partei eines neuen Konservativismus?, in: Parteien in der Bundesrepublik, Stuttgart – Düsseldorf 1953; H. Meyn: Die Deutsche Partei. Entwicklung und Programmatik einer nationalkonservativen Rechtspartei, Düsseldorf 1965; J. Gabbe: Parteien und Nation. Zur Rolle des Nationalbewußtseins für die politischen Orientierungen der Parteien in den Anfangsjahren der Bundesrepublik, Meisenheim am Glan 1976; H. W. Schmollinger: Die Deutsche Partei, in: R. Stöss (Hrsg.): Parteienhandbuch. Die Parteien der Bundesrepublik

Deutschland 1945-80, Opladen 1983, S. 1025-111; C. Schmidt: Heinrich Hellwege. Der vergessene Gründervater, Stade 1991; H.-S. Strelow: Konservative Politik in der frühen Bundesrepublik – H-. J. v. M., in: H.-C. Kraus (Hrsg.): Konservative Politiker in Deutschland, Berlin 1995, S. 315 – 34.

– St

Metternich-Winneburg, Klemens Wenzel Lothar Fürst von

* 15. 5. 1773 Koblenz; † 11. 6. 1859 Wien. Österreichischer Staatsmann. Deszendent eines bedeutenden rheinischen Grafengeschlechts und Sohn des Berufsdiplomaten Franz Georg Karl M. und dessen Gemahlin Maria Beatrix Aloysia, geb. Kagenegg, wurde M. zunächst im Geist des aufgeklärten →Absolutismus erzogen und hörte 1788-90 an der Universität Straßburg, wo Christoph Wilhelm Koch sein wichtigster Lehrer wurde, verschiedene Lehrfächer, wie Kameralistik, Jura, Geschichte und Philosophie. 1790-92 studierte er an der Universität Mainz. Hier wurde er besonders von dem Historiker Nikolaus Vogt geprägt, dessen geschichtsphilosophische empirisch-konservative Einstellung in einem gewissen Gegensatz zu aufgeklärt-rationalistischen bzw. idealistischen Zeitströmungen stand. 1792-94 stand M. auch seinem Vater, damals bevollmächtigter Minister bei der Generalregierung der österreichischen Niederlande, zur Seite. Als die Niederlande an das revolutionäre Frankreich verlorengingen, begab sich M. in Begleitung einer Regierungsdelegation an den englischen Hof, wo er u.a. mit →Burke in persönliche Beziehung trat. Nachdem auch der Familiensitz der Revolution zum Opfer gefallen war, flüchtete M. im Herbst 1794 nach Wien. Seine 1795 mit der Enkelin des Staatskanzlers Kaunitz, Eleonore Gräfin Kaunitz-Rietberg (1775-1825), geschlossene Ehe erleichterte es ihm, in den Kreisen der Wiener Diplomatie und Gesellschaft Fuß zu fassen. 1798/99 nahm M. zunächst als Privatsekretär seines Vaters, dann als Bevollmächtigter des katholischen Teiles des westfälischen Grafenkollegs am Rastatter Kongreß teil. Die erste wichtige selbständige diplomatische Stellung erhielt M. 1801, als er als Gesandter nach Dresden geschickt wurde. Seit 1802 verband ihn eine lebenslange Freundschaft mit Fried-

Klemens Fürst Metternich
1773-1859

rich →Gentz, mit dem er in einen für beide befruchtenden Gedankenaustausch trat. 1803 übersiedelte M. als Gesandter nach Berlin, 1806 wurde er Botschafter in Paris und hatte die schwierige Mission, nach den schweren österreichischen Niederlagen gegen Napoleon I. und dem erdrückenden Preßburger Frieden einen versöhnlichen, jedoch selbstbewußten Kurs der österreichischen Außenpolitik einzuleiten. In Überschätzung des spanischen Widerstandes gegen die Franzosen und einer innerfranzösischen konservativen Opposition wurde M. ab 1807/08 aber dennoch einer der Proponenten der Wiener Kriegspartei. Die Ernennung M.s zum Staatsminister nach dem katastrophalen Kriegsausgang von 1809 ist vor allem dem Umstand zu verdanken, daß M., federführend in den Friedensverhandlungen, den totalen Zusammenbruch verhindern konnte.

M. änderte nun seine politische Ausrichtung, betrieb eine Schaukelpolitik zwischen Frankreich und Rußland und stand in der Folge jeder „Levée en masse" mißtrauisch gegenüber. Im März 1812, beim Beginn des französischen Rußlandfeldzuges, sah M. sich zum Abschluß eines Allianzvertrages mit Frankreich genötigt, und er war auch nach der französischen Niederlage nur zu einfacher Neutralität und nicht zu einer Unterstützung Rußlands bereit, da er einerseits ein Ausgreifen Rußlands nach Mitteleuropa be-

fürchtete, andererseits aber eine Stärkung des österreichischen Ansehens durch Übernahme einer Vermittlerrolle erwartete. In einem persönlichen Gespräch, das am 26. Juni 1813 in Dresden stattfand, wollte M. den Kaiser der Franzosen zur Annahme eines Friedensplanes bewegen, doch lehnte Napoleon ab und trieb Österreich somit endgültig in die antifranzösische Koalition. Bereits vor dem Wiener Kongreß stand M. einem eventuellen Wiederaufleben des Heiligen Römischen Reiches ablehnend gegenüber, da er damit das auf der Zusammenarbeit der fünf stärksten europäischen Staaten beruhende Gleichgewicht (Pentarchie) gefährdet sah. Mit der endgültigen Niederringung Napoleons 1814/15 standen M. (seit 1813 Fürst) und Österreich auf dem Höhepunkt der Macht. Der „Kutscher Europas" konnte sich mit seinem Konzept eines „Konzerts der Mächte" (Österreich, Preußen, Rußland, Frankreich, England), das in ähnlicher Form bereits im 18. Jhdt. als Idealbild von Frieden und Stabilität angesehen worden war, durchsetzen. Ebenso unterband er alle Revanchegelüste gegenüber Frankreich, das in den Grenzen von 1790 wiederhergestellt wurde, da er es als Pendant zu den erstarkenden Staaten Preußen und Rußland ansah. Der auf russische Initiative zustande gekommene, doch inhaltlich stark von M. beeinflußte Vertrag der Heiligen Allianz vom Dezember 1815, als christliches Herrscherbündnis von den Monarchen Österreichs, Preußens und Rußlands geschlossen – die anderen Staaten traten in der Folge bei –, sollte den politischen Status quo auch hinsichtlich der inneren Verhältnisse der europäischen Staaten garantieren.

Auf dem Kongreß von Aachen 1818 schuf M. gemeinsam mit seinen Amtskollegen Castlereagh und Talleyrand ein diese Intentionen perfektionierendes System regelmäßiger gegenseitiger Konsultationen. Ihre erste praktische Anwendung fand diese neue Friedensordnung auf den ebenfalls von M. initiierten Konferenzen von Troppau und Laibach 1820/21, als Österreich gegen die Stimmen von England und Frankreich das erwünschte Mandat erhielt, den aufgeflammten Revolten in Neapel-Sizilien entgegenzutreten. Zwar avancierte M. 1821 nochmals durch Ernennung zum Haus-, Hof- und Staatskanzler, doch brachte der Kongreß von Verona 1822 das Ende der Fünfersolidarität: Frankreich erhielt noch einmal den Auftrag, die spanische Revolution zu beenden, doch gingen in der Folge Rußland und England ihre eigenen, an nationaler Machtpolitik orientierten Wege. Nachdem die europäische Friedensordnung durch die Revolutionen von 1830 schwer erschüttert worden war und im Novembervertrag 1831 die Gesandtenkonferenz die dauernde Trennung Belgiens von Holland beschlossen hatte – dies bezeichnete M. als Schandfleck seines Lebens –, erzielte der Kanzler mit den im wesentlichen gegen die Manipulationen des westlichen Liberalismus gerichteten Vereinbarungen von Münchengrätz 1833 und Teplitz 1835, in denen sich die Monarchen Österreichs und Rußlands wiederum auf das Prinzip der Intervention verpflichteten, beachtliche Teilerfolge. Mit dem Tod Kaiser Franz' I. 1835 erfuhr M.s Stellung eine entscheidende Schwächung, von der er sich nicht mehr erholen sollte: Ab 1836 wurden die obersten Regierungsgeschäfte von der „Staatskonferenz" durchgeführt, in der neben M. auch sein Rivale Graf Kolowrat-Liebsteinsky vertreten war. Die Revolution 1848 und die Nachgiebigkeit des Kaisers, der ein Blutvergießen verhindern wollte, erzwangen am 14. März 1848 die Flucht des greisen Politikers nach London, von dort im Oktober 1849 nach Belgien und dann auf sein Schloß Johannisberg, wo ihn der junge →Bismarck und der preußische König Friedrich Wilhelm IV. (ein glühender Verehrer M.s) besuchten. Durch die geänderten politischen Umstände konnte M. im September 1851 nach Wien zurückkehren. In den folgenden Jahren des Neoabsolutismus wirkte M. zwar z. T. noch beratend, ein größerer Einfluß auf die österreichische Politik ist jedoch nicht nachweisbar. Die Erregung über die seiner Meinung nach verfehlte österreichische Außenpolitik, die zum Krieg von 1859 führte, dürfte in eben diesem Jahr seinen Tod herbeigeführt haben.

M.s geniales Eintreten für Frieden und Sicherheit in Europa sowie seine Furcht vor Revolutionen und nationalen Radikalismen attestieren ihm einen weit über sein Jhdt. hinausgehenden Weitblick, der gerade in der jüngsten Geschichte seine Bestätigung findet.

E.: Aus M.s nachgelassenen Papieren, hrsg. v. *R. M.-Winneburg*, Bde. I-IV, Wien 1880/81; M. und Kübeck.

Ein Briefwechsel, hrsg. v. *M. v. Kübeck*, Wien 1910; M. – Hartig. Ein Briefwechsel des Staatskanzlers aus dem Exil 1848-51, hrsg. v. *F. Hartig*, Wien – Leipzig 1923; Briefe des Staatskanzlers Fürsten M.-Winneburg an den Grafen Buol-Schauenstein aus den Jahren 1852-59, hrsg. v. *C. J. Burckhardt*, München – Berlin 1934; Geist und Herz verbündet. Briefe an die Gräfin Lieven, Wien 1942; France and European alliance 1816-21. The private correspondence between M. and Richelieu, hrsg. v. *G. de Bertier de Sauvigny*, Notre Dame 1958; Aus Diplomatie und Leben. Maximen des Fürsten M. Aphorismen, hrsg. v. *A. Breycha-Vauthier*, Graz – Wien – Köln 1962; C. M. – Wilhelmine von Sagan. Ein Briefwechsel, hrsg. v. *M. Ulrichová*, Graz 1966.

L.: *W. Goldinger*, in: Österreichisches Biographisches Lexikon 1815-1950, Bd. VI, Wien 1975, S. 249f.; *H. v. Srbik:* M. – Der Staatsmann und der Mensch, Bde. I-III, München 1925-52; *V. Bibl:* M. in neuer Beleuchtung. Sein geheimer Briefwechsel mit dem bayerischen Staatsminister Wrede, Wien 1928; *ders.:* M. Der Dämon Österreichs, Leipzig – Wien 1936; *A. Palmer:* M., London 1972; *P. Berglar:* M., Göttingen u.a. 1973; *T. Sapper:* M. und das System aus anglo-amerikanischer Sicht, phil. Diss. Wien 1974; *H. Kissinger:* Großmacht Diplomatie. Von der Staatskunst Castlereaghs und M.s, Wien 1980; *F. Herre:* M. Staatsmann des Friedens, Köln 1983; *H. Fink:* M., München 1989; *B. Schremmer:* M., Halle 1990; *D. Seward:* M., der erste Europäer, Zürich 1993.

– Ri

Meyer, Rudolf Hermann

* 10. 12. 1839 Friedeberg/Uckermark; † 16. 1. 1899 Dessau. Sozialkonservativer Publizist. Nach Schulbesuch in Kolberg und Stettin studierte M. 1860-64 in Berlin zunächst Naturwissenschaften, später Geschichte, Philosophie und Nationalökonomie. 1864/65 war M. Hauslehrer in Ungarn, anschließend Journalist in Berlin. Daneben betrieb er weitere Studien, u.a. bei A. Wagner und E. Dühring; 1874 Promotion in Jena mit einer Arbeit über den „Sozialismus in Dänemark". Seit 1867 war M. enger Mitarbeiter von H. →Wagener, in dessen →„Berliner Revue" er publizierte. 1872 unternahmen M. und Wagener den vergeblichen Versuch zur Gründung einer „Monarchisch-nationalen Partei" mit starkem sozialkonservativem Akzent. Seit 1875 Entfremdung von →Bismarck aus Enttäuschung über dessen liberale Wirtschaftspolitik; 1876 Ausschluß aus der Konservativen Partei wegen „sozialistischer Tendenzen".

Infolge seines (sofort verbotenen) Buches „Politische Gründer und Corruption in Deutschland" (1877) zu eineinhalb Jahren

Zuchthaus verurteilt, floh M. nach Österreich, wo er 1877-81 als Wirtschaftsredakteur der Zeitung „Vaterland" tätig war. 1881-89 emigrierte M. nach Amerika; zuerst lebte er in den USA, dann mehrere Jahre in Kanada, wo er erfolgreich einen landwirtschaftlichen Betrieb aufbaute. 1889 kehrte er nach Österreich zurück, war für einige Jahre als landwirtschaftlicher Berater mährischer und böhmischer Großagrarier tätig und schrieb 1893/94 wieder für das „Vaterland", später für die marxistische „Neue Zeit" (bereits früher hatte er persönliche Kontakte zu Marx, Engels und Kautsky unterhalten). Seit 1897 lebte er wieder in Deutschland.

In seiner politischen Konzeption ging M. von einem streng religiös fundierten sozialen Konservatismus und christlichen Antikapitalismus aus; neben Wagener übten L. von →Stein und K. von Rodbertus-Jagetzow großen Einfluß auf ihn aus. In seinem Hauptwerk „Der Emancipationskampf des Vierten Standes" (1874/75) postulierte er als sein Hauptziel den Kampf gegen einen schrankenlosen Wirtschaftsliberalismus, den er als „immerwährende Revolution" bezeichnete, „die sich… als die Aufsaugung, Vernichtung, Expropriierung der kleinen selbständigen wirtschaftlichen Existenzen durch die großen und größesten bezeichnen läßt".

Gegen die verderblichen Folgen einer Akkumulation des Kapitals empfahl M. ein Bündel staatswirtschaftlicher Maßnahmen: Neben einer umfassenden Sozialgesetzgebung sollten eine Bodenreform durchgeführt, ein strenges Wucherverbot (Zinsen nicht über 5%) erlassen und Staatsbetriebe errichtet werden. Außerdem empfahl er eine Stärkung der Gewerkschaften durch Gewährung des Streikrechts sowie eine gesetzliche Arbeitszeitbeschränkung. Seine Hoffnungen setzte M. nicht nur auf eine Interessenkoalition aus Grundbesitzern, Kleingewerbetreibenden und Arbeitern, sondern auch auf die Monarchie, auf ein „soziales Königtum" im Sinne L. von Steins. Die von M. erhoffte Sozialreform sollte nach seinem Willen „aus der Initiative der jetzt herrschenden Autoritäten: Staat, Kirche, besitzende Klassen hervorgehen und die Mithilfe des vierten Standes benutzen". Diese Mächte sollten „konservieren, was bei Befriedigung der berechtigten… Forderungen des vierten Standes sich konservieren

läßt, sie (sollen) dabei alle wahrhaft guten Errungenschaften der Kultur bewahren und friedlich eine neue Wirtschaftsordnung inaugurieren".

S.: Die Central-Landschaft für die preußischen Staaten und ihre Kritiker, Berlin 1872; Was heißt conservativ sein? Reform oder Restauration?, Berlin 1873; Die ländliche Arbeiterfrage in Deutschland, Berlin 1873; Die bedrohliche Entwickelung des Socialismus und die Lehre Lassalle's, Berlin 1873; Die neueste Literatur zur socialen Frage, Bde. I-II, Berlin 1873; Der Socialismus in Dänemark, Berlin 1874; Der Emancipationskampf des Vierten Standes, Bde. I-II, Berlin 1874/75; Die Wirkungen der Maassregelungen der Socialdemokratie, Berlin 1875; Politische Gründer und Corruption in Deutschland, Leipzig 1877; Heimstätten und andere Wirtschaftsgesetze, Berlin 1883; La crise internationale de l'industrie et de l'agriculture, Berlin 1885; Der Capitalismus fin de siècle, Wien 1893; Das Sinken der Grundrente und dessen mögliche sociale und politische Folgen, Wien 1894; Zur Valuta-Frage, Wien 1894; Hundert Jahre conservativer Politik und Literatur, Bd. I, Wien 1895 (mehr nicht erschienen).

L.: K. Feibelmann: R. H. M. – Ein Beitrag zur politischen Ideengeschichte des 19. Jhdt.s, phil. Diss. Leipzig 1933; A. Hahn: Die Berliner Revue, Berlin 1934; W. Vogel: Bismarcks Arbeiterversicherung, Braunschweig 1951; J. C. Allmayer-Beck: Vogelsang – Vom Feudalismus zur Volksbewegung, Wien 1952; W. Saile: Hermann Wagener und sein Verhältnis zu Bismarck, Tübingen 1958; H.-J. Schoeps: R. M. und der Ausgang der Sozialkonservativen, in: ders.: Studien zur unbekannten Religions- und Geistesgeschichte, Göttingen u.a. 1963, S. 335-44; ders.: Das andere Preußen, Berlin ⁵1981; J. B. Müller: Der deutsche Sozialkonservatismus, in: Grebing / Greiffenhagen / v. Krockow / Müller: Konservatismus – Eine deutsche Bilanz, München 1971, S. 67-97.

– K

Michels, Robert

* 9. 1. 1876 Köln; † 3. 5. 1936 Rom. Deutsch-italienischer Soziologe. Studierte nach dem Schulbesuch in Paris, München, Leipzig und Halle vor allem Nationalökonomie und Geschichte; 1900 Promotion zum Dr. phil. und Wechsel zur Fortsetzung der akademischen Ausbildung nach Turin, wo er sich 1907 habilitierte. Da M. zu diesem Zeitpunkt Sozialist war und dem äußersten linken Flügel der SPD bzw. der syndikalistischen Bewegung zuzurechnen war (in Paris hatte er Kontakt zu G. →Sorel aufgenommen), konnte er in Deutschland keine Hochschullaufbahn einschlagen und übernahm – nach kurzen Unterbrechungen in Brüssel und Pa-

Robert Michels
1876-1936

ris – 1907 eine Professur für Politikwissenschaften in Turin. M. ging zwar 1914 nach Basel, kehrte aber 1928 endgültig in seine Wahlheimat Italien zurück, deren Staatsbürgerschaft er schon 1913 angenommen hatte. Er lehrte bis zu seinem Tode Allgemeine und korporative Ökonomie an der juristischen Fakultät von Perugia.

M. zählt zu den Gründervätern der modernen Politikwissenschaft. Wie G. Mosca und V. Pareto – mit letzterem verband ihn eine langjährige Freundschaft – betrachtete er die historische und gesellschaftliche Entwicklung vor allem unter dem Gesichtspunkt der Elitenzirkulation. In seinem berühmtesten Werk, der 1911 erschienenen „Soziologie des Parteiwesens in der modernen Demokratie", hatte M. den Nachweis geführt, daß egalitäre Systeme unter keinen Umständen funktionieren können; selbst eine Partei wie die SPD, die die „Gleichheit" als oberstes gesellschaftliches Ziel zu verwirklichen suche, unterliege dem „ehernen Gesetz der Oligarchisierung".

Die in der „Soziologie" behandelte Fragestellung entsprang unübersehbar der syndikalistischen Position M.s. Ganz ähnlich wie sein „kritischer Mentor" (W. Röhrich) M. Weber glaubte er, daß die modernen Weltanschauungsparteien allmählich bürokratisiert würden und der idealistische Schwung der Anfänge durch den Organisationszwang verlorengehe. Seine Vorstellung, daß durch die Bewahrung des charismatischen Führertums der revolutionäre Grundimpuls trotzdem erhalten oder wieder geweckt werden könne, erwies sich allerdings rasch als Täuschung. Die Einsicht in die „mechanische und tatsächliche Unmöglichkeit der direkten Herrschaft der Massen" führte M. schon vor dem Ersten Weltkrieg dazu, daß er sich von seinen früheren Idealvorstellungen abkehrte und dagegen die Anschauung entwickelte, daß nur „aktive Minoritäten" über den Ausgang des geschichtlichen Prozesses entschieden und daß neben dem Sozialismus dem Nationalismus eine entscheidende Bedeutung zukomme. Die seit dieser Zeit angestellten Untersuchungen über den „Patriotismus" gediehen aber niemals zu einer systematischen Zusammensicht, obwohl selbst die 1929 erschienenen – stark an G. Vico und G. Sorel orientierten – „Prolegomena" einige außerordentlich fruchtbare Einsichten in die Bedeutung des „Mythos des woher" und des „Mythos des wohin" enthielten.

Die politische Entwicklung in der Zeit nach dem Ersten Weltkrieg schien die Analysen M.s in vieler Hinsicht zu bestätigen. Er diagnostizierte sowohl im Bolschewismus als auch im italienischen Faschismus Bestätigungen seiner elitistischen Annahmen und der Auffassung, daß sich die bürgerliche Ordnung überlebt habe. Vor allem Mussolini traute er die Erneuerung der modernen Gesellschaft durch den besonderen „Nimbus" des Führers zu. Den Ansatz Webers in bezug auf die „charismatische Herrschaft" erweiterte M. im Sinne einer „teoria consensuale": Der moderne Cäsar und das Volk seien durch eine „contrainte sociale" verbunden, die Massengesellschaft könne nicht mehr sachlich, sondern nur noch unmittelbar, durch den direkten Appell an die atomisierten Individuen integriert werden. Die Ideologien der neuen Systeme verstand M. dabei wie Sorel als mobilisierende „Mythen", die zu dieser Eingliederung wesentlich beitragen konnten. M.' eigenes Bekenntnis zum Faschismus war insofern eher ein Bekenntnis zum „Duce" und –

wie seine Frau in einem Nachruf zutreffend vermerkte – auch ein Versuch, „seine ersten Ideale eines revolutionären Syndikalisten" wiederzufinden. Abgesehen von der Verstrickung in die politischen Leidenschaften seiner Zeit, wird man M. zu jenem Kreis von „Machiavellisten" (J. Burnham) zählen müssen, deren schonungslose Betrachtung der Realität zur Erkenntnis der Rahmenbedingungen menschlicher Existenz wesentlich beigetragen hat.

B.: *D. Käsler* (Hrsg.): Klassiker des soziologischen Denkens, Bd. 2, München 1978, S. 465-74.

W.: Zur Soziologie des Parteiwesens in der modernen Demokratie, Leipzig 1911; Sozialismus und Fascismus in Italien, 2 Bde., München 1925; Soziologie als Gesellschaftswissenschaft, Berlin 1926; Bedeutende Männer, Leipzig 1927; Der Patriotismus, Leipzig 1929; Italien von heute, Zürich 1930; Das psychologische Moment im Welthandel, Leipzig 1931; Umschichtungen in den herrschenden Klassen nach dem Kriege, Stuttgart 1934.

E.: *J. Milles* (Hrsg.): R. M. Masse, Führer, Intellektuelle. Politisch-soziologische Aufsätze 1906-33, Frankfurt a. M. – New York 1987.

L.: *J. Burnham:* Die Machiavellisten. Verteidiger der Freiheit, Zürich 1949; *W. Conze:* Nachwort zur Neuausgabe von Zur Soziologie des Parteiwesens in der Demokratie, Stuttgart 1957, S. 379-406; *F. Pfetsch:* R. M. als Elitentheoretiker, in: Politische Vierteljahrschrift 7 (1966), S. 208-27; *W. Röhrich:* R. M. Vom sozialistisch-syndikalistischen zum faschistischen Credo, Berlin 1972; *ders.:* R. M., in: *D. Käsler* (Hrsg.): Klassiker des soziologischen Denkens, Bd. 2, München 1978, S. 226-253.

– W

Mises, Ludwig von

* 29. 9. 1881 Lemberg; † 10. 10. 1973 New York. Nationalökonom, Philosoph, Soziologe und Ideenhistoriker, Hauptrepräsentant der dritten Generation der Österreichischen Schule der Nationalökonomie und zugleich einer der bedeutendsten Vertreter des klassischen Liberalismus im 20. Jhdt. Gewichtiger Inspirator des Nachkriegs-Konservatismus in den USA und in Großbritannien sowie der klassisch-liberalen Renaissance. Mitbegründer der liberalen, libertären und USA-konservativen Mont Pelerin Society.

M. wuchs in Wien als Sohn eines k. u. k. Eisenbahningenieurs auf, besuchte das Akademische Gymnasium und studierte anschließend Rechtswissenschaften an der Universität Wien (Dr. iur.). Ursprünglich Etatist, entwickelte sich M. unter dem Eindruck der Lektüre von Carl Mengers „Grundsätzen der Volkswirtschaftslehre" in Richtung eines konsequenten Wirtschaftsliberalismus. M.' eigentliche Ausbildung als Ökonom erfolgte am Universitätsseminar von Eugen von Böhm-Bawerk. Mit der Veröffentlichung seines Erstlings „Theorie des Geldes und der Umlaufsmittel" (1912) wurde er Privatdozent an der Wiener Universität. Zeitweise wurde seine wissenschaftliche Tätigkeit durch den Frontdienst als Artillerieoffizier der k.u.k. Armee unterbrochen. 1918 übernahm M. die Stelle eines Leitenden Sekretärs der Wiener Handelskammer. Dennoch wandte er sich erneut der Geld- und Konjunkturpolitik zu. 1922 veröffentlichte er „Die Gemeinwirtschaft", eine ökonomisch-philosophisch-soziologische Analyse der verschiedenen Formen des Sozialismus und Kommunismus. 1927 publizierte er mit „Liberalismus" das Gegenstück zur „Gemeinwirtschaft". Obwohl M. durch seine berufliche und wissenschaftliche Tätigkeit zum „Nationalökonomen des Landes" avancierte, dessen Rat in Politik und Wirtschaft gleichermaßen gefragt war, bekleidete er in Wien keine ordentliche Professur (seit 1912 Titularprofessor); er mußte bis spät in seine Fünfzigerjahre den größeren Teil seiner Arbeitskapazität anderen als wissenschaftlichen Tätigkeiten widmen und blieb somit im akademischen Leben ein Außenseiter.

Von 1923 an bis zu seiner Berufung nach Genf 1934 wirkte M. weniger durch seine Vorlesungen als durch sein Privatseminar, in dem die vierte Generation der Österreichischen Schule herangebildet wurde, darunter nicht nur weltbekannte Ökonomen wie →Hayek, Gottfried Haberler und Fritz Machlup, sondern auch bedeutende Philosophen und Soziologen wie Eric →Voegelin, Alfred Schütz und Felix Kaufmann. Aber erst die Berufung an das Genfer Institut Universitaire des Hautes Études Internationales gab M. die Gelegenheit, sich uneingeschränkt einer großen Zusammenfassung seiner gesellschafts- und wirtschaftstheoretischen Ideen zu widmen. Ergebnis ist das voluminöse Magnum opus „Nationalökonomie", das durch das ursprüngliche Erscheinungsdatum 1940 im deutschsprachigen Raum praktisch unbekannt geblieben ist.

Im Frühjahr 1940 flüchteten M. und seine Frau Margit über Frankreich, Spanien und Portugal nach New York, wo sie bis zu M.' Tod lebten. Zunächst arbeitete er am *National Bureau of Economic Research* und 1945-70 als Visiting Professor an der New Yorker Universität. Unter dem Titel „Omnipotent Government – the Rise of the Total State and Total War" (1944) begründete er die historische Fehlentwicklung Deutschlands zum „Führerstaat" mit dem Niedergang des Liberalismus. Das im gleichen Jahr veröffentlichte Buch „Bureaucracy" stellt eine der besten Kritiken an diesem Phänomen dar; das gewinnorientierte Management wird dem bürokratischen (Miß-)Management gegenübergestellt. Das 1949 veröffentlichte Werk „Human Action" wird heute von Fachleuten in Amerika als ökonomischer Klassiker betrachtet; es handelt sich hier um eine veränderte und ergänzte Fassung der „Nationalökonomie". M.' letztes Buch, „The Ultimate Foundation of Economic Science" (1962), stellt eine essayistische Ergänzung von „Human Action" dar.

Durch seine Bücher, seine zahlreichen Aufsätze und sein New Yorker Universitätsseminar – aus dem die fünfte Generation der Österreichischen Schule mit herausragenden Vertretern wie Murray N. Rothbard und Izrael Kirzner herauswuchs – wurden die geistigen Grundlagen gelegt, die eine Erneuerung des seit Roosevelts New Deal sich hoffnungslos im defensiven Rückzug befindenden Konservatismus ermöglichte. Ohne M. und den zeitweise in Chicago lehrenden Hayek wäre der Siegeszug des „neuen Konservatismus" zu Lasten des bisher dominierenden amerikanischen „Liberalism" undenkbar gewesen.

M.' Liberalismus-Verständnis entstand aus der Überzeugung, „daß die Grundlage der westlichen Zivilisation auf der Sphäre spontaner Handlung und Verhaltens beruht, die dem Individuum gewährt wird". Sein Individualismus steht nicht im Widerspruch zur Gesellschaft, die er als Summe von Einzelmenschen mit verschiedenen Neigungen, Fähigkeiten und Interessen auffaßt: „Durch Kooperation mit ihren Mitmenschen verzichten die Individuen nicht auf ihre Individualität", weshalb es auch langfristig keinen Widerspruch zwischen den Gesellschaftsinteressen und den persönlichen Interessen gäbe. Der liberale Individualismus führe nicht zur Isolation, Autarkie, nicht zum „Krieg aller gegen alle" (Thomas Hobbes), sondern zu Arbeitsteilung, gesellschaftlicher Zusammenarbeit, zu einer „Harmonie der Interessen", zu einer hohen Produktivität und endlich zur Erhöhung des allgemeinen Wohlstands und einer höheren Zivilisation. Wirtschaftliche, individuelle und politische Freiheiten ergänzten sich gegenseitig, sie seien untrennbar miteinander verbunden. Friede sei für die Aufrechterhaltung freiwilliger gesellschaftlicher Zusammenarbeit notwendig. Als Liberaler befürwortet M. politische und rechtliche Gleichheit; Gleichheit im materiellen Bereich (Egalitarismus) wird wegen der Ungleichheit der Menschen abgelehnt. Eine Regierung, die den inneren und äußeren Frieden sichert und sich darauf beschränkt, legitime Gewalt nur zur Sicherung des Friedens anzuwenden, erlaube dem Individuum ein Optimum an Freiheit zur Verfolgung seiner Interessen.

In „Nationalökonomie" entwickelt er die für sein sozialwissenschaftliches Schaffen charakteristische Lehre der Praxeologie. Diese „Theorie des menschlichen Handelns und Wirtschaftens" begründet, warum die Wirtschaftswissenschaften nichts darüber zu sagen haben, welche Ziele wir uns setzen und wie wir sie werten sollen. Die Praxeologie ist die Theorie von den Mitteln zur Erreichung von Zielen, nicht aber eine Theorie der richtigen Zielwahl. Wertungen und Zielvorgaben liegen jenseits aller Wissenschaftlichkeit. Die Wahl und das Handeln jeder einzelnen Person hängen gänzlich von subjektiven Werten und den entsprechenden Umständen ab, die so verschieden sind, daß sie nicht sinnvoll quantifiziert werden können. Theoreme, die von Gleichgewichten ausgehen (ideales Gleichgewicht von Angebot und Nachfrage etc.) und diese mathematisch zu fixieren suchen, sind deshalb wertlos. Beim gegenwärtigen Stand des Wissens über gesellschaftstheoretische Probleme genügt es laut M. nicht, die Wirtschaftstheorie gesondert darzustellen; man muß bedeutend weiter ausgreifen, weil die Ökonomie nur ein Teil der allgemeinen Wissenschaft vom menschlichen Handeln ist.

Für M. ist der Markt sehr demokratisch, da er auf der „Souveränität der Konsumenten" beruhe: „In einer unbeschränkten Marktwirtschaft gibt es keine Privilegien, keinen Schutz von einseitigen Interessen." Der Kern der liberalen Wirtschafts- und Gesellschaftsordnung beruhe auf der Arbeitsteilung, welche ihrerseits auf den unterschiedlichen Fähigkeiten, Neigungen und Interessen der Individuen sowie auf unkonsistenten Bedingungen für die Produktion basiere. Arbeitsteilung ist die Antithese zur Autarkie, „basiert sie doch auf Zusammenarbeit, Abhängigkeit, Friede und nicht zuletzt auf einer dynamischen Gesellschaft mit hoher Produktivität". – „Die Marktwirtschaft anerkennt nicht Grenzen, ihr Bereich ist die Welt", deshalb M.' Plädoyer für eine von Restriktionen wirtschaftlicher, finanzieller und politischer Art gänzlich freie internationale Marktwirtschaft, basierend auf dem Freihandel. Den sicheren Schutz gegen eine inflationäre Geldpolitik der Regierung, die nur zu oft ihr Budgetdefizit durch ein unproportionales Geldmengenwachstum auszugleichen sucht, sah M. im Goldstandard.

1922 bewies M. in „Die Gemeinwirtschaft" die Unmöglichkeit wirtschaftlicher Kalkulation in einer tauschlosen sozialistischen Wirtschaft. Das Ergebnis der dadurch provozierten Diskussion, die bis heute andauert, ist wohl eine sehr weitreichende Modifikation der sozialistischen Lehren durch sozialistische Theoretiker, die nun oft das interessante, aber irrelevante, da funktionsunfähige Modell des Konkurrenzsozialismus oder gar des Marktsozialismus („dritter Weg") postulieren. In „Kritik des Interventionismus" (1929) und zahlreichen Aufsätzen („Planned Chaos", 1944; „Planning for Freedom", 1952) befaßt sich M. mit dem als „dritten Weg zwischen Kapitalismus und Sozialismus" bezeichneten System des Interventionismus, dessen Illusionen er scharfsinnig entlarvte.

S.: Theorie des Geldes und der Umlaufsmittel, München 1983 (1912); Die Gemeinwirtschaft, München 1982 (1922); Liberalismus, Sankt Augustin 1993 (1927); Kritik des Interventionismus, Stuttgart 1978 (1929); Die Ursachen der Wirtschaftskrise, Tübingen 1931; Nationalökonomie: Theorie des Handelns und Wirtschaftens, München 1980 (1940); Bureaucracy, New Rochelle (N. Y.) 1969 (1944); Omnipotent Government, New Rochelle (N. Y.) 1969 (1944); Planned Chaos, Irvington-on Hudson (N. Y.) 1947; Human Action. A Treatise on Economics, Chicago 1966 (1949); Planning for Freedom, South Holland (Ill.) 1980 (1952); The Anti Capitalistic Mentality, South Holland (Ill.) 1972 (1956); Theory and History: An Interpretation of

Social and Economic Evolution, Westport 1981 (1957); The Ultimate Foundation of Economic Science, Kansas City 1978 (1962); The Historical Setting of the Austrian School of Economics, Auburn 1984 (1969); The Clash of Group Interests and Other Essays, New York 1978; Erinnerungen, Stuttgart 1978; „Im Namen des Staates" oder Die Gefahren des Kollektivismus, Stuttgart 1978; Economic Policy. Thoughts for Today and Tomorrow, South Bend (Ind.).

L.: *Mont Pelerin Society:* Tribute to M., London 1971; *L. S. Moss* (Hrsg.): The Economics of L. v. M., Kansas City 1976; *M. v. Mises:* My Years with L. v. M., New Rochelle (N. Y.) 1976; *T. C. Taylor:* The Fundamentals of Austrian Economics, London 1980; *A. K. Winterberger:* L. v. M. oder Der Sieg des Laissez-faire-Liberalismus, Reflexion Nr. 31, Liberales Institut Zürich, November 1993 (1981); *I. M. Kirzner* (Hrsg.): Method, Process, and Austrian Economics: Essays in Honor of L. v. M., Lexington 1983; *G. Winterberger:* Generationen der österreichischen Schule der Nationalökonomie, Schweizer Monatshefte Nr. 5, Zürich, Mai 1984; *J. R. Edwards:* The Economist of the Country: L. v. M. in the History of Monetary Thought, New York 1985; *M. N. Rothbard:* L. v. M.: Scholar, Creator, Hero, Auburn 1988; *A. K. Winterberger:* Die Unmöglichkeit der Kalkulation im Sozialismus, Neue Zürcher Zeitung vom 26. April 1989; *A. H. Zlabinger:* L. v. M., Sankt Augustin 1994.

– Wi

Moellendorff, Wichard von

* 3. 1. 1881 Hongkong; † 4. 5. 1937 Berlin. Ingenieur und Wirtschaftstheoretiker. M. wurde als Sohn eines deutschen Diplomaten in Hongkong geboren, er verbrachte Kindheit und Jugend in China und auf den Philippinen. Nach Deutschland zurückgekehrt, studierte er in Charlottenburg Maschinenbau und trat 1906 als Konstrukteur in den Elektrokonzern AEG ein. M. stieg in der Firmenhierarchie rasch auf und kam dadurch auch in direkten Kontakt mit E. und W. →Rathenau. Infolgedessen erhielt er unmittelbar nach Kriegsausbruch wichtige wehrwirtschaftliche Aufgaben übertragen, und er hat „durch seine grundsätzlichen und praktischen Ideen langfristiger Planung die Arbeit Rathenaus in der Kriegswirtschaft wesentlich beeinflußt" (A. Barkai): Am 13. August 1914 wurde M. Referent der Rohstoffabteilung im Kriegsministerium, dann Direktor der Kriegschemikaliengesellschaft. Bereits zu diesem frühen Zeitpunkt dachte M. nicht nur über die Möglichkeiten für eine effizientere wirtschaftliche Mobilmachung nach, sondern stellte grundsätzliche Erwägungen für eine zukünftige nichtkapitalistische „Deutsche Gemeinwirtschaft" an, die er 1916 in einer Schrift mit eben diesem Titel veröffentlichte. Die staatssozialistische Konzeption M.s fand allerdings keine positive Aufnahme bei den staatlichen Stellen, weshalb M. von allen Plänen für die „Übergangswirtschaft", die den ökonomischen Friedenszustand vorbereiten sollten, ausgeschlossen wurde.

1918 erhielt M. eine Professur für Nationalökonomie und Finanzwissenschaften an der TH Hannover; Ende des Jahres schien sich mit der Revolution überraschend doch die Chance einer Realisierung für seine gemeinwirtschaftlichen Vorstellungen zu eröffnen. Am 20. November wurde M. von dem Sozialdemokraten A. Müller, der unter der neuen Regierung das Reichswirtschaftsamt leitete, die Funktion eines Unterstaatssekretärs übertragen. Seine Vorschläge für einen gemeinwirtschaftlichen „Notbau", die er dann mit Rückendeckung des neuen Wirtschaftsministers R. Wissell ausführte, und seine zahlreichen Anregungen für die Sozialisierung großer Unternehmen stießen allerdings (wenn auch aus jeweils verschiedenen Gründen) in der Sozialdemokratie ebenso wie bei den Koalitionspartnern Zentrum und DDP sowie in Kreisen der Industrie auf Ablehnung. Zusammen mit Wissell trat M. im Juni 1919 von seinem Amt zurück.

Später übernahm er noch die Funktion eines Präsidenten des Preußischen Materialprüfungsamtes und leitete das Kaiser-Wilhelm-Institut für Metallforschung in Dahlem. Als mit Beginn der Weltwirtschaftskrise erneut Zweifel an der Funktionstüchtigkeit des Privatkapitalismus auch auf der Rechten entstanden, konnte M. mit seiner Idee eines „konservativen Sozialismus" im →„Tat-Kreis" einigen Einfluß gewinnen, blieb aber zuletzt doch isoliert. Durch persönliche Schicksalsschläge zermürbt, nahm er sich 1937 das Leben.

B.: *K. Braun* (siehe unter **L.**), S. 243-55.

S.: Deutsche Gemeinwirtschaft, Berlin 1916; Konservativer Sozialismus (Aufsätze aus der Zeit von 1912-22, hrsg. und eingeleitet von *H. Curth*), Hamburg 1932.

L.: *Barclay*, in: NDB XVII, 632f.; *R. H. Bowen:* German Theories of the Corporative State. With Special References to the Period 1870-1919, New York – London 1947; *D. Schmid:* W. v. M. Ein Beitrag zur Idee der wirtschaftlichen Selbstverwaltung, Diss. Berlin 1970; *K.*

Braun: Konservatismus und Gemeinwirtschaft. Eine Studie über W. v. M., Duisburg 1978; *D. E. Barclay:* A Prussian Socialism? W. v. M. and the Dilemmas of Economic Planning in Germany 1918-1919, in: Central European History 11 (1978), S. 50-82.

– W

Moeller van den Bruck, Arthur

* 23. 4. 1876 Solingen; † 27. 5. 1925 Berlin (Freitod). Literatur- und Kulturhistoriker, Essayist, politischer Schriftsteller. M.s Familie stammte aus Erfurt (Thüringen) und hat mehrere preußische Offiziere und lutherische Pastoren hervorgebracht. Der Vater war kgl.-preuß. Baurat, die Mutter entstammte einer aus Spanien nach Holland emigrierten Familie. Bis 1902 führte M. den Namen Moeller-Bruck.

M. verließ vorzeitig das Gymnasium in Düsseldorf und siedelte 1895 zunächst nach Erfurt, von dort nach Leipzig über, wo er an der Universität kunsthistorische Vorlesungen hörte. 1896 Wechsel nach Berlin und Hochzeit mit Hedda Maase. Eintritt in die Literatenszene Berlins (M. Dauthendey, R. Dehmel, Fidus, D. v. Liliencron, R. Steiner, F. Wedekind u.a.). 1902 verließ M. seine Frau und ging nach Paris, um sich dem preußischen Militärdienst zu entziehen. In Frankreich erfolgte M.s Hinwendung zur Politik. Bekanntschaft mit Lucie Kaerrick, der späteren zweiten Frau M.s. 1906 Wechsel nach Italien, wo M. fast ein Jahr lang mit E. Barlach und T. Däubler zusammenlebte. Im Herbst 1907 kehrte M. nach Deutschland zurück und trat nachträglich seinen Militärdienst an, wurde aber vorzeitig entlassen. Anschließend ausgedehnte Reisen durch Nord- und Osteuropa. Am Ersten Weltkrieg nahm M. zunächst als Landsturmmann teil, bis er im Herbst 1916 in die Propagandastelle der Obersten Heeresleitung beordert wurde. Nach Kriegsende maßgebliche Tätigkeit in den politischen Zirkeln der Jungkonservativen, deren Leitfigur M. wurde. In zahlreichen Veröffentlichungen – ab 1919 vor allem in der Zeitschrift „Gewissen" – widmete sich M. politischen und weltanschaulichen Fragestellungen. Am 27. Mai 1925 setzte er nach einem Nervenzusammenbruch seinem Leben ein Ende.

M. war der Dialektiker der →Konservativen Revolution. Kennzeichnend für sein gesamtes schriftstellerisches Werk ist ein typologischer Ansatz, mit dem er Personen, Begriffe oder Themen zunächst gesondert verhandelt, um sie dann im Rahmen einer „konstellativen Interpretation" (N. Bolz) in den Zusammenhang zu setzen oder zu einer höheren Einheit zu führen. Anstoß für dieses – durchaus zeittypische – hermeneutische Prinzip empfing M. durch seine Auseinandersetzung mit der Ideen- und Wertedialektik F. M. Dostojewskijs, dessen Gesamtwerk er erstmals in deutscher Sprache edierte. Der Grundgedanke einer „Einheit der Gegensätze" sollte in der Folge M.s gesamtes Denken bestimmen. Er findet seine dichteste Form in M.s politischem Hauptwerk „Das dritte Reich", in dem die großen ideologischen Entwürfe des 19. Jhdt.s gegenübergestellt, auf ihre völkisch-nationalen Konsequenzen hin befragt und – soweit möglich – anti-universalistisch ausgelegt werden. Im Gegenüber und Miteinander dieser ideologischen Interpretamente („Wir müssen die Kraft haben, in Gegensätzen zu leben") sieht M. die Möglichkeit, den einheitsstiftenden Reichsgedanken zu aktualisieren. Dieser ist für M. wesentlich prozeßhaft, „im Werden, den, im um uns Entstehenden".

Einen ersten politischen Ausdruck fand dieser Gedanke im „Juniklub", einem Intellektuellenzirkel, der im Juni 1919 von M. sowie von M. H. →Boehm und H. v. →Gleichen gegründet wurde. Indem er Vertretern unterschiedlicher politischer, sozialer und konfessioneller Herkunft ein Forum bot, stellte er zugleich ein maßgebliches Medium der Konservativen Revolution dar: Konservativ im Sinne einer Tradierung des abendländischen Reichsgedankens, revolutionär in der Überwindung überkommener politischer Ideologien als dessen Aktualisierung.

Zu der populären Verknüpfung der Konservativen Revolution – insbesondere des Jungkonservatismus – mit dem Namen M.s steht dessen mangelnde wissenschaftliche Rezeption bis heute in einem merkwürdigen Widerspruch. Die dem zugrunde liegende Einschätzung verkennt nicht nur, daß M. im Zentrum der politischen Diskussion seiner Zeit stand, wie etwa die berühmte Debatte mit dem Kommunisten K. Radek von 1923 zeigt; auch M.s bereits 1906 getroffene Unterscheidung von alten, jungen und jüngsten

Völkern – also solchen, die bedeutende Kulturträger waren, sind oder werden – hat spätestens mit der Debatte um eine „westliche Kulturhegemonie" ein Recht erlangt, neu gehört zu werden. Völlig unberücksichtigt blieb bislang M.s Einfluß auf die theologischen Autoren seiner Zeit, die sich teils ausdrücklich (O. →Dibelius) auf ihn beriefen, oder M.s Argumentation unzitiert bis in den Wortlaut hinein übernahmen (P. →Althaus).

Erst in jüngster Zeit wurde – wenn auch mit deutlich kritischer Intention – M.s Einfluß auf C. →Schmitt in den Blick genommen, der M. bereits 1915 zu einer Unterredung aufsuchte. Die hier vertretene These, Schmitts berühmte Freund-Feind-Unterscheidung sei auf M. zurückzuführen (Kriener, 1994), verdiente es, weiterverfolgt zu werden.

B.: *H.-J. Schwierskott:* A. M. und der revolutionäre Nationalismus in der Weimarer Republik, Göttingen 1962, S 181-89; *K. Piper* (Hrsg.): 75 Jahre Piper, München 1979, S. 271-73 (für die Dostojewskij-Gesamtausgabe).

S. (Monographien): Die moderne Literatur in Gruppen- und Einzeldarstellungen, 12 Bde., Berlin – Leipzig 1899-1902; Das Varieté, Berlin 1902; Die Deutschen. Unsere Menschengeschichte, 8 Bde., Minden/Westf. 1904-10 (gek. u. neubearb. Aufl. hrsg. v. *H. Schwarz* u. d. Titel: Das ewige Reich, 3 Bde., Breslau 1933-35); Das Théâtre Français, Berlin – Leipzig o. J. (1905); Die Zeitgenossen. Die Geister, die Menschen, Minden/Westf. 1906; Die italienische Schönheit, München [1,2]1913 (neubearb. Aufl. hrsg. v. dems., Stuttgart – Berlin 1930); Der Preußische Stil, München 1916, [2]1922 (neubearb. Aufl. hrsg. v. dems., München 1931); Das Recht der jungen Völker, München 1919; Art. Propaganda, in: Politisches Handwörterbuch, hrsg. v. *P. Herre / K. Jagow*, Bd. 2, Leipzig 1923, S. 386-88; Das dritte Reich, Berlin 1923 (hrsg. v. *Lucie M.*), Berlin [2]1926; hrsg. v. *H. Schwarz* Hamburg [3]1931, [4]1933).

Editionen: *B. d'Aurevilly:* Die Besessenen. Novellen, übert. u. hrsg. m. *Hedda M.*, 3 Bde., Minden/Westf. 1900; *E. A. Poe:* Werke, übert. u. hrsg. m. *ders.*, 10 Bde., Minden/Westf. 1901-04; *T. de Quincey:* Bekenntnisse eines Opium-Essers, übert. u. hrsg. m. *ders.*, Berlin – Leipzig 1902; *B. d'Aurevilly:* Finsternis, übert. u. hrsg. m. *ders.*, Berlin 1902; *D. Defoe:* Glück und Unglück der berühmten Moll Flanders, übert. u. hrsg. m. *ders.*, o.O. 1903; *F. M. Dostojewski:* Sämtliche Werke, übert. v. *E. K. Rahsin* (=Less Kaerrick), hrsg. u. Mitarb. v. *D. Mereschkowski / D. Philosophoff* u.a. v. *M.* (ab 1917 auch, ab 1921 nur: u. Mitarb. v. *D. Mereschkowski,* hrsg. v. *M.*), München 1906-20; *H. J. C. v. Grimmelshausen:* Der abenteuerliche Simplicius Simplicissimus, Minden/Westf. o.J. (1915); *Guy de Mau-*

passant: Ausgewählte Novellen, übertr. u. hrsg. m. *Hedda M.*, 6 Bde., Leipzig 1919; Die Neue Front, hrsg. m. *H. v. Gleichen / M. H. Boehm,* Berlin 1922.

E.: (alle hrsg. v. *H. Schwarz*): Das Recht der jungen Völker. Sammlung politischer Aufsätze, Berlin 1932; Der politische Mensch, Breslau 1933; Rechenschaft über Rußland, Berlin 1933; Sozialismus und Außenpolitik, Breslau 1933.

L.: *M. Schroeter:* Der Streit um Spengler. Kritik seiner Kritiker, München 1922; *P. Althaus:* Staatsgedanke und Reich Gottes, in: Schriften zur politischen Bildung, hrsg. v. d. *Gesellschaft „Deutscher Staat",* H. 4 (1923); Deutsches Volkstum. M.-Heft, H. 14 (1932); *M. H. Boehm:* Ruf der Jungen. Eine Stimme aus dem Kreise um M., Freiburg/Br. 1933; *P. Fechter:* M. Ein politisches Schicksal, Berlin 1934; *O. Dibelius:* Die Kraft der Deutschen in Gegensätzen zu leben, Berlin 1936; *H. Rödel:* M. Standort und Wertung, Berlin 1939; *K. v. Klemperer:* Konservative Bewegungen zwischen Kaiserreich und Nationalsozialismus, München – Wien 1957; *J. F. Neurohr:* Der Mythos vom Dritten Reich. Zur Geistesgeschichte des Nationalsozialismus, Stuttgart 1957; *F. Stern:* Kulturpessimismus als politische Gefahr. Eine Analyse nationaler Ideologie in Deutschland, Bern usw. 1969; *H.-J. Schwierskott:* A. M. und der revolutionäre Nationalismus in der Weimarer Republik, Göttingen 1962; *H. Gerstenberger:* Der revolutionäre Konservatismus. Ein Beitrag zur Analyse des Liberalismus, Sozialwissenschaftliche Abhandlungen, H. 14 (1969); *G.-K. Kaltenbrunner:* Von Dostojewski zum „Dritten Reich". A. M. und die „Konservative Revolution", in: Politische Studien, H. 184 (1969), S. 184 ff.; *D. Goeldel:* M. (1876-1925), un nationaliste contre la révolution, Frankfurt a. M. usw. 1984; *ders.:* „Revolution", „Sozialismus" und „Demokratie": Bedeutungswandel dreier Grundbegriffe am Beispiel von M., in: *M. Gangl / G. Raulet* (Hrsg.): Intellektuellendiskurse in der Weimarer Republik, Frankfurt a. M. – New York 1994, S. 37-51; *K. Kriener:* Plettenberg – Freiburg – Potsdam, in: *H. Kellershohn* (Hrsg.): Das Plagiat, Duisburg 1994, S. 181-212 (192-98).

– Fe

Möser, Justus

* 14. 12. 1720 Osnabrück; † 8. 1. 1794 ebd. Konservativer Historiker, Schriftsteller und Staatsmann. Aus alter Osnabrücker Patrizierfamilie stammend. Nach dem Besuch des Ratsgymnasiums Osnabrück 1740-44 begann M. ein Studium der Rechtswissenschaften und Philologie in Jena und Göttingen, das er jedoch nicht abschloß, da er bereits 1744 in das Amt des Sekretärs der osnabrückischen Ritterschaft berufen wurde. Zu deren Syndikus wurde M. 1756 ernannt. Seit 1747 oblag ihm als „Advocatus patriae" die außenpoliti-

Justus Möser
1720-1794

sche Vertretung der Regierung. Sein Geschick in diesem Bereich bewies er u.a. während des Siebenjährigen Krieges als Vertrauensmann der Osnabrücker Stände in den Verhandlungen zwischen den Kriegsparteien sowie 1763, als er zur Klärung der Regentschaftsfrage nach London reiste. Von 1768-1783 führte M. aufgrund der Minderjährigkeit Bischof Friedrichs v. Yorck als Konsulent die Regierungsgeschäfte des Kleinstaates. M. repräsentierte und vereinigte in dieser Funktion die verschiedenen Interessen des Fürstbistums in seiner Person, da er sowohl die Stände gegenüber der Regierung als auch diese dem Domkapitel gegenüber vertrat. Letzteres wiederum hatte M. bereits 1762 zu seinem Kriminaljustitiar ernannt.

Hatte M. somit einen bedeutenden Einfluß auf die Geschicke des Landes, so bemühte er sich in seinen Schriften gleichzeitig, die Bevölkerung durch Anreize zu eigenverantwortlichem wirtschaftlichem Engagement für die Identifikation mit dem Wohl des Landes zu gewinnen. Dies, die Pflege ländlicher Bräuche und die Entwicklung eines geschichtlichen Bewußtseins bei der Landbevölkerung stellte M. in seinen Schriften immer wieder der „Adelsmoral" entgegen. Nicht die „gedungenen Gelehrten" und „schmiegenden Beamten" am Hofe oder die

„abgerichteten Maschinen" der Armee eigneten sich nach seiner Auffassung als Träger des Patriotismus, sondern die alteingesessene Landbevölkerung. Vor allem der freie Bauer, dessen Landbesitz die „wahre Quelle der gemeinen Glückseligkeit" sei, verkörperte für M. das Idealbild des Patrioten; die altsächsische Gemeinordnung bis zur Eroberung durch die Karolinger galt ihm als vorbildhafte Staatsform. Die Leibeigenschaft der Bauern wollte M. durch behutsame Reformen überwunden sehen. Dem Ziel der Stärkung des Selbstbewußtseins eines starken Bauernstandes diente auch seine überaus fundierte, auf gründlichem Quellenstudium basierende „Osnabrückische Geschichte" (1768-80): „Nach meinem Wunsche sollte auch der Bauer die Geschichte nutzen, und daraus sehen können, ob und wo ihm die politischen Einrichtungen Recht oder Unrecht tun."

Das wichtigste Prosawerk M.s, die „Patriotischen Phantasien", umfaßt eine Vielzahl von Zeitungsbeiträgen, Geschichten und Gedanken, die seit 1766 zur staatsbürgerlichen Erziehung als Beilage in den von M. geleiteten „Wöchentlichen Osnabrückischen Anzeigen" erschienen. 1774-86 wurden diese Beiträge von M.s Tochter in vier Bänden herausgegeben. Auf den ersten Blick eine tagespolitische Sammlung über Rechts-, Wirtschafts- und Kulturfragen in einem Kleinstaat des 18. Jhdt.s, entwerfen die „Patriotischen Phantasien" jedoch das über diese Grenzen hinwegreichende allgemeingültige Konzept einer konservativen Gesellschaftsordnung, was insbesondere von Goethe gewürdigt wurde. M. selbst schrieb über den Zweck seines Hauptwerkes in der Vorrede zum zweiten Band: „Jeder Landmann sollte sich hierin fühlen, sich heben und mit dem Gefühl seiner eigenen Würde auch einen hohen Grad von Patriotismus bekommen." Als leidenschaftlicher Verfechter eines erstarkenden deutschen Nationalgedankens lehnte M. gleichwohl den Nationalstaat der Französischen Revolution von 1789 ab.

In seinem lyrischen Werk anfangs von Gottsched beeinflußt („Moralische Wochenschriften", 1746/47), wandte sich M. mit einer ästhetisch begründeten Kritik später gegen dessen rationalistische Bühnenreform. Mit „Harlekin oder Vertheidigung des Grotesk-Komischen" (1761) vollzog M. schließlich auch den Bruch mit seiner barocken Jugenddichtung. Seine unter dem Eindruck des „Sturm und Drang" 1781 veröffentlichte Abhandlung „Über die deutsche Sprache und Literatur" stellte eine patriotische Erwiderung auf die Verurteilung der deutschsprachigen Literatur durch Friedrich den Großen dar.

M. verband in seinem umfangreichen literarischen Werk die Fähigkeit zu ironischer Kritik an Überkommenem mit einer grundsätzlichen Bejahung des Gewachsenen und einem feinen Verständnis für das individuell Besondere. Zergliederung historisch bewährter Strukturen stieß ebenso auf seine Ablehnung wie die aufgeklärte Vorstellung eines „Contrat social" unter den Menschen. M.s politisches Ideal war ein bodenständiger, in seinem Eigentum freier und durch Selbstverwaltung am Staatsleben beteiligter Untertan. Als konservativer Historiker und Vorläufer der wissenschaftlichen Volkskunde hat M. eine bis in die Gegenwart ausstrahlende Bedeutung.

S.: J. M.s sämmtliche Werke, hrsg. v. *F. Nicolai*, Bde. I-IX, Berlin – Stettin 1797-1824; Vermischte Schriften von J. M., nebst dessen Leben. Bde. I-II, Berlin – Stettin 1797-98; Reliquien von J. M. und in Bezug auf ihn, hrsg. v. *B. R. Abeken*, Berlin 1837; J. M.s Sämtliche Werke Bde. I – X, hrsg. v. *dems.*, Berlin 1842-43; Sämtliche Werke. Historisch-kritische Ausgabe, Bde. I – XIV, hrsg. v. *E. Crusius / P. Göttsching / W. Kohlschmidt / O. May / L. Schirmeyer u. G. Wagner*, Berlin – Oldenburg i. O. 1943 ff.;

E.: Briefe, hrsg. v. *E. Beins / W. Pleister*, Hannover 1939; Briefwechsel, hrsg. v. *W. F. Sheldon* u.a., Hannover 1992.

L.: *W. Stüble*: Über M. und dessen Verdienste ums Vaterland, nebst verschiedenen Bemerkungen über Staatsverfassung, Osnabrück 1798; *J. F. Lodtmann*: Genealogie der Möserschen Familie, Osnabrück 1866; *J. Moes*: La place de Montesquieu dans la production journalistique de J. M. in: *J. Moes / J. M. Valentin* (Hrsg.): De Lessing à Heine. Un siècle des relations littéraires et intellectuelles entre la France et l'Allemagne, Metz 1895; *H. Schierbaum*: J. M.s Stellung in den deutschen Literaturströmungen während der ersten Hälfte des 18. Jhdt.s. in: Osnabrücker Mitteilungen 33 (1908), S. 167-216; *B. Krusch*: J. M. und die Osnabrücker Gesellschaft, in: Osnabrücker Mitteilungen 34 (1909), S. 244-373; *H. Schierbaum*: J. M. und G. E Lessing, in: Hannoverland, 18 (1914), S. 31-5; *A. Frankenfeld*: J. M. als Staatsmann im Siebenjährigen Kriege und am englischen Hofe, phil. Diss. Göttingen 1922; *R. Lenzing*: Von M. bis Stüve. Ein Jhdt. Osnabrücker Pressegeschichte als Spiegel des Bürgertums, Osnabrück 1924; *K. W. Ouvrier*: Der ökonomische Gehalt der Schriften von J. M., Gießen 1928; *W. Pleister*: Die geistige Entwicklung J. M.s, in: Osnabrücker, Mitteilungen 50 (1929), S. 1-89; *P. Klassen*: J. M., Frankfurt a. M. 1936; *W. Hollmann*: J. M.s Zeitungsidee und ihre Verwirklichung, phil. Diss. Heidelberg, München 1937; *W. Kohlschmidt*: J. M.-Almanach. Gedichte, Göttingen 1938; *K. Brandi*: M. und wir. Rede bei der Feier des 150. Todestages in Osnabrück, Osnabrück 1944; *W. Suchier*: Über einige bisher unbekannte Arbeiten J. M.s, Osnabrück 1954; *L. Bäte*: J. M. Advocatus patriae, Frankfurt a. M. 1961; *J. Runge*: J. M.s Gewerbetheorie und Gewerbepolitik im Fürstbistum Osnabrück in der zweiten Hälfte des 18. Jhdt.s, Berlin 1966; *U. Lochter*: J. M. und das Theater. Ein Beitrag zur Theorie und Praxis im deutschen Theater des 18. Jhdt.s, Osnabrück 1967; *W. F. Sheldon* (Hrsg.): The Intellectual Development of J. M. The Growth of a German Patriot, Osnabrück 1970; *H. Kranz*: Der humane Realismus J. M.s. Bildungsanalyse in der ersten europäischen Aufklärung, Wuppertal 1971; *P. Schmidt*: Studien über J. M. als Historiker. Zur Genesis und Struktur der historischen Methode J. M.s, Göppingen 1975; *J. Schröder*: J. M. als Jurist, o. O. 1983; *P. Göttsching*: J. M.s Staats- und Geschichtsdenken, in: Der Staat 22 (1983), S. 33-61; *W. Woesler* (Hrsg.): M.-Forum I, Münster 1989.

– St

Mohler, Armin

* 12. 4. 1920 Basel. Publizist und Politikwissenschaftler. M. ist eine der Leitfiguren des zeitgenössischen deutschen Konservatismus. Obwohl er nur den kleineren Teil seines Lebens in seiner Heimat verbracht hat, hält er bis heute an der schweizerischen Staatsbürgerschaft fest. In eine erste unmittelbare Berührung mit Deutschland kam M., als er Ende 1941 illegal die Grenze überschritt, um als Soldat der Waffen-SS am Rußlandfeldzug teilzunehmen. Von dem anfänglichen naiven Optimismus in bezug auf das NS-Regime durch die zahlreichen Vernehmungen der Gestapo geheilt, ging M. dann zu einem kurzen Studium an die Berliner Universität, kehrte aber schon 1943 in die Schweiz zurück. Wegen „illegalen Grenzübertritts, Dienstversäumnis, versuchter Schwächung der Wehrkraft" verurteilte ihn ein Militärgericht zu einem Jahr Festungshaft. Danach nahm M. das Studium in Basel wieder auf und wurde 1949 bei K. Jaspers und H. Schmalenbach mit einer Arbeit über die „Konservative Revolution in Deutschland 1918-32" zum Dr. phil. promoviert. Der von M. eingeführte Begriff der →„Konservativen Revolution" ist „eine der erfolgreichsten Schöpfungen der

neueren Ideengeschichtsschreibung" (S. Breuer). M. benutzte ihn als Sammelbezeichnung für die gesamte nicht-nationalsozialistische Rechte der Weimarer Republik: Jungkonservative, Völkische, Nationalrevolutionäre, Bündische und Landvolk-Bewegung. Er glaubte, daß diese in sich sehr heterogene Gruppe geeint werde durch eine gemeinsame Mentalität: den Kampf gegen die Dekadenz des liberalen Systems und die universalisierenden Tendenzen der Moderne, zu deren Ursachen er auch das Christentum zählte. M. hat später gewisse Modifikationen dieses Schemas vorgenommen und zugestanden, daß die Bündische Jugend sowie die bäuerliche Protestbewegung der späteren zwanziger Jahre keine eigenständigen Formationen bildeten; weiter ging es ihm in seinen nachfolgenden Arbeiten um Nähe und Distanz der Konservativen Revolution zum europäischen Faschismus, wobei er unter Bezugnahme auf die Forschungen von Z. Sternhell dazu tendierte, „Konservative Revolution" als Oberbegriff festzuhalten und den Faschismus wie den Nationalsozialismus als häretische Realisierungsversuche zu interpretieren.

Die Arbeit über die Konservative Revolution diente M. nicht nur zur wissenschaftlichen Qualifikation, er verstand sie auch als „Hilfe für die rechte Intelligenz in Deutschland". Er selbst war früh von den Ideen E. →Jüngers, O. →Spenglers und E. Niekischs fasziniert, später beeinflußten ihn C. →Schmitt und A. →Gehlen, und M. hat nach 1945 konsequent versucht, die Ideen der Konservativen Revolution zu rehabilitieren und den neuen Verhältnissen anzupassen. Sein beruflicher Werdegang – Sekretär E. Jüngers 1949-53, dann bis 1961 Korrespondent verschiedener deutscher (u.a. „Die Zeit", „Christ und Welt") und schweizerischer („Die Tat") Zeitungen in Paris, 1961-85 Leiter der Carl Friedrich von Siemens-Stiftung, München – hinderte ihn nicht, eine breite publizistische Tätigkeit zu entfalten. Deren inhaltliche Gemeinsamkeit ist in dem Bemühen zu finden, den geschlagenen Deutschen ihren Selbstbehauptungswillen zurückzugeben. Um diesem Ziel näherzukommen, beschritt M. drei Wege: Er stellte den Deutschen die Franzosen als Vorbild für ein unverkrampftes Nationalgefühl dar und versuchte, den auf Antikommunismus fixierten Nachkriegskonservatismus der Bundesrepublik „gaullistisch" zu unterwandern; ferner ortete er die neue Linke zwar als „Feind", kritisierte sie aber nicht wegen des modischen Neo-Marxismus, sondern wegen ihrer Sterilität (Fortsetzung der „Vergangenheitsbewältigung") und des Hedonismus, der jede kulturschöpferische Askese zerstöre; schließlich begann M. nach Konzepten für eine moderne rechte Intelligenz jenseits der tolerierten Formen des Kulturkonservatismus zu suchen. Nachdem sein Liebäugeln mit der von F. J. Strauß geführten CSU ohne Erfolg geblieben war, wandte er sich zuerst dem „technokratischen Konservatismus", später den Denkmodellen der französischen „Nouvelle Droite" zu. Affinitäten zu deren Ideengängen fanden sich schon in M.s Ablehnung der →„Werte" und seinem Voluntarismus („es gibt keine Geschichtsphilosophie") sowie dem Entwurf einer „nominalistischen Wende", mit der er das „Konkrete" (als rechte Option) gegen das „Abstrakte" (als linke Option) zu verteidigen suchte.

Nach dem Mitte der sechziger Jahre aus politischen Gründen gescheiterten Versuch, an der Universität Innsbruck eine Professur für Politikwissenschaften zu erhalten, und nach der Auseinandersetzung um die Verleihung des Adenauer-Preises an seine Person (1967) war M. Gegenstand verschiedener „Hexenjagden". Auch dies hat zu einem Radikalisierungsprozeß beigetragen, mit dem sein immer schärfer werdender „Anti-Liberalismus" und seine Hinwendung zur „revisionistischen" Geschichtsschreibung zusammenhängen. Trotzdem oder gerade deshalb wurde M. zum wichtigen Vordenker der jungen Rechten in den siebziger und achtziger Jahren.

B.: bis 1985: in *K. Weißmann:* A. M., in: Criticón, 15 (1985) 88, S. 62; danach und unter Einbeziehung zahlreicher Aufsätze: *P. Müller* (siehe unter **L.**).

S.: Die Konservative Revolution in Deutschland 1918-32, Stuttgart 1950 (zum Handbuch erw. in der 2. Fassg. Darmstadt 1972; definitive Ausg. in zwei Bänden, Darmstadt 1989); Die französische Rechte, München 1958; Die Fünfte Republik. Was steht hinter der Gaulle?, München 1963; Was die Deutschen fürchten. Angst vor der Politik – Angst vor der Geschichte – Angst vor der Macht, Stuttgart 1965; Vergangenheitsbewältigung. Von der Läuterung zur Manipulation, Stuttgart 1968 (2., erw. Fassg. Krefeld 1980, endg. Fassg. Krefeld 1981); Sex und Politik, Freiburg i. Br. 1972; Von

rechts gesehen, Stuttgart 1974; Tendenzwende für Fortgeschrittene. Von rechts gesehen – Zweite Folge, Criticón-Bücherei, Bd. 1, München 1978; Wider die Allgemeinheiten. Oder: das Besondere ist das Wirkliche, Krefeld 1981; Der Nasenring. Im Dickicht der Vergangenheitsbewältigung, Essen 1989 (2., wesentl. erw. Fassg. München 1991); Liberalenbeschimpfung. Drei politische Traktate, Essen 1990. M. war zwischen 1961 und 1985 Herausgeber der Privatdruckreihe „Themen" (40 Hefte) und der „Schriftenreihe" der Carl Friedrich von Siemens-Stiftung (8 Bde.).

L.: *K. Weißmann:* A. M., in: Criticón, 15 (1985) 88, S. 58-62; *P. Müller:* Der neue alte Konservatismus des A. M., Diplom-Arbeit (Ms. ungedruckt), Duisburg 1987; *H.-C. Kraus:* Denker des Konkreten. A. M. zum siebzigsten Geburtstag, in: Fragmente 2 (1990) 5, S. 4-14; *N. Hilger:* A. M. und der Neokonservatismus, in: Neue Gesellschaft/Frankfurter Hefte 37 (1991) 8, S. 718-24; *D. van Laak:* A. M., in: Gespräche in der Sicherheit des Schweigens. Carl Schmitt in der politischen Geistesgeschichte der frühen Bundesrepublik, Berlin 1993, S. 256-62; *K. Lenk:* A. M. oder die „Sinngebung der Bundesrepublik", in: *ders.:* Rechts, wo die Mitte ist, Baden-Baden 1994, S. 257-65; *A. de Benoist:* A. M. et la révolution conservatrice, in: Éléments (1994) 80, S. 7-12.

– W

Montesquieu, Charles-Louis de Secondat, Baron de la Brède et de M.

* 18. 1. 1689 Bordeaux; † 10. 2. 1755 Paris. Schriftsteller und politischer Philosoph. Einer angesehenen Familie des Beamtenadels (noblesse de robe) entstammend, wuchs M. auf deren Landsitz La Brède und in Bordeaux auf. Von 1700-05 besuchte er das Kolleg von Juilly, und 1705-08 studierte er an der juristischen Fakultät der Universität Bordeaux; seit August 1708 arbeitete er als Rechtsanwalt am Parlament (also am Gerichtshof) seiner Vaterstadt; in den Jahren zwischen 1709 und 1713 hielt er sich zu Studienzwecken in Paris auf. Nach dem Tod seines Vaters kehrte M. nach Bordeaux zurück, wo er – seit 1714 als Gerichtsrat – am Parlament wirkte. 1716 trat M. die Nachfolge seines Onkels als *Président à mortier* am Parlament von Bordeaux an; das Amt übte er bis 1726 aus. Daneben war M. bereits seit 1709 schriftstellerisch tätig; schon früh wurde er zur führenden Persönlichkeit der Akademie von Bordeaux, zu deren Direktor er 1718 gewählt wurde; seit 1728 war er zudem – nach dem großen Erfolg der 1721 publizierten „Persischen Briefe" („Lettres Persanes") – Mitglied der Académie française.

1729-31 unternahm M. eine große Europareise, die ihn nach Italien, Deutschland, in die Niederlande und vor allem nach England führte (wo er sich eineinhalb Jahre aufhielt).

Die hier empfangenen Eindrücke wurden bestimmend für seine spätere schriftstellerische und wissenschaftliche Arbeit. Seit seiner Rückkehr nach Frankreich (1731) führte er das Dasein eines Gelehrten – abwechselnd in Paris, Bordeaux und auf seinem Gut La Brède. Hier entstanden die beiden großen Werke, die M. zu einer europäischen Berühmtheit werden ließen: die 1734 veröffentlichten „Betrachtungen über die Ursache von Größe und Untergang der Römer" („Considérations sur les causes de la grandeur des Romains et de leur décadence") und vor allem „Vom Geist der Gesetze" („De l'esprit des lois"), das Hauptwerk, publiziert 1748. Daneben entstanden zahlreiche kleinere Schriften – von Gelegenheitsdichtungen bis hin zu naturwissenschaftlichen Abhandlungen. Zeitlebens hatte M. mit der französischen Zensur zu kämpfen; keines seiner großen Werke konnte zuerst in seiner Heimat veröffentlicht werden. Die Auseinandersetzungen um den „Geist der Gesetze", der in Frankreich nur in einer gekürzten Ausgabe erscheinen konnte und schließlich auf den Index der katholischen Kirche gesetzt wurde, überschatteten – neben dem Verlust des Augenlichtes – seine letzten Lebensjahre.

Als politischer Autor ist M. nur schwer einzuordnen; er gehört zu den Gestalten, die am Beginn der Zwischenepoche des Übergangs von Alteuropa zur modernen Welt stehen. So ist er weder ein genuin konservativer noch ein voraussetzungslos moderner und aufgeklärter Autor, wenngleich sein Werk sowohl stark traditionalistische als auch unverkennbar aufklärerische Züge trägt. Sein Adelsstolz und seine Orientierung an den großen Denkern der Antike – mit deren Werk M. wie nur wenige seiner Zeitgenossen vertraut war – hinderten ihn indes nicht daran, in der französischen „Querelle des anciens et des modernes" für die „Modernen" Partei zu ergreifen und auch sein eigenes Lebenswerk als einen Beitrag zur umfassenden geistigen und politischen Aufklärung der Menschheit zu verstehen.

Als Gelehrter und Wissenschaftler war M. in außerordentlich starkem Maße empirisch

geprägt; für ihn besaß eine Theorie nur dann einen Wert, wenn sie durch Daten der Erfahrung abgestützt werden konnte. Wie seine überlieferten Notizen und Exzerpthefte zeigen, war M. zeitlebens ein eifriger Sammler von Informationsmaterial aller Art (bis hin zur Archivierung von Zeitungsausschnitten), und noch sein Hauptwerk „Vom Geist der Gesetze" ist über weite Strecken von der Tendenz geprägt, die vorangestellten Thesen umfassend empirisch zu belegen. Als Historiker der Geschichte Roms ging es M. nicht um möglichst exakte Rekonstruktion vergangenen Geschehens, sondern um die Ermittlung historisch-politischer Gesetze in praktischer Absicht; Geschichte als *historia* blieb für ihn in einem ganz traditionellen Sinne die *magistra vitae*, und die Geschichte Roms sah er als das große und bleibende Paradigma für jede mögliche Form bedeutender politischer Existenz. Seine im „Geist der Gesetze" entwikkelte Lehre, daß die inneren Formen jedes Gemeinwesens nicht nur durch Geschichte und eigene →Traditionen, sondern auch durch das Klima und die natürlich-geographische Beschaffenheit maßgeblich bestimmt würden, ist nicht im Sinne eines strengen naturwissenschaftlichen Determinismus zu verstehen, sondern als eine (bestimmte Aspekte des Historismus vorwegnehmende) klare Erkenntnis der besonderen Eigentümlichkeit des historisch Gewachsenen und Konkreten im Bereich der geschichtlich-politischen Welt. Zu den grundlegenden Resultaten M.s gehört die Einsicht, daß es keinen für alle Völker und Zeiten gültigen „Idealstaat" geben kann, sondern nur in besonderem Maße geglückte politische →Verfassungen, deren Wert darin liegt, daß sie sowohl den Gesetzen der Vernunft wie auch den jeweiligen historischen Traditionen und den natürlichen Existenzbedingungen eines Volkes in besonderem Maße entsprechen.

Der zeitgenössische Erfahrungshintergrund M.s bestand im Niedergang und Verfall Frankreichs seit den letzten Regierungsjahrzehnten Ludwigs XIV. M. hat den französischen Absolutismus – in der Form nur verhüllt, in der Sache jedoch recht deutlich – als Despotie angesehen und kritisiert. In seiner Staatsformenlehre (Republik, Monarchie, Despotie) und in den weiteren zentralen Aspekten seiner politischen Theorie, vor allem in der von ihm weiterentwickelten (an englische Vorbilder wie Locke und →Bolingbroke anknüpfenden) Lehre von der Gewaltenteilung hat er versucht, ein umfassendes Gegenkonzept zur Despotie zu entwickeln. In der Verfassung Englands, die er als einen – die persönliche und politische Freiheit umfassend sichernden – Gesetzesstaat durch Machtbeschränkung interpretierte, hat er das positive Gegenmodell zum Frankreich seiner Epoche gesehen. Vor Umsturz und radikalem Wandel warnte M. nachdrücklich bereits in den „Considérations" (Kap. XVII): „Hat eine Verfassung eine seit langem bestehende Form, und haben die Dinge sich in einem bestimmten Zustand eingespielt, so ist es fast immer klug, sie zu belassen, weil die oftmals verwickelten und verdeckten Ursachen, die einen Staat erhalten haben, auch bewirken, daß er noch in Zukunft fortdauern wird. Ändert man jedoch das ganze System, so kann man nur den Unzulänglichkeiten abhelfen, die sich in der Theorie zeigen, und läßt andere bestehen, die allein die Praxis entdecken kann."

B.: *D. C. Cabeen:* M.: A Bibliography, New York 1947; *L. Desgraves:* Catalogue de la bibliothèque de M., Genf 1954.

S.: Œuvres complètes, hrsg. v. *E. Laboulaye,* Bde. I-VII, Paris 1875-79; Œuvres complètes, hrsg. v. *R. Caillois,* Bde. I-II, Paris 1949-51; Œuvres complètes de M., hrsg. v. *A. Masson,* Bde. I-III, Paris 1950-55.

Ü.: Vom Geist der Gesetze, dt. v. *E. Forsthoff,* Bde. I-II, Tübingen 1951, ²1992; Größe und Niedergang Roms. Mit den Randbemerkungen Friedrichs des Großen, dt. v. *L. Schuckert,* Frankfurt a. M. 1980; Perserbriefe, dt. v. *J. v. Stackelberg,* Frankfurt a. M. 1988; Vom glücklichen und weisen Leben, dt. v. *E. v. Aretin,* Zürich 1990; Persische Briefe, dt. v. *P. Schunck,* Stuttgart 1991.

L.: *A. Sorel:* M., Paris 1887 (dt. Berlin 1896); *J. Dedieu:* M. et la tradition politique anglaise en France. Les sources anglaises de l' „Esprit des lois", Paris 1909; *ders.:* M., Paris 1913, Ndr. 1966; *V. Klemperer:* M., Bde. I-II, Heidelberg 1914-15; *E. Carcassonne:* M. et le problème de la constitution française au XVIIIe siècle, Paris 1927, Ndr. Genf 1970; *G. Bonno:* La constitution britannique devant l'opinion française de M. à Bonaparte, Paris 1931, Ndr. Genf 1970; *F. T. H. Fletcher:* M. and English Politics (1750-1800), London 1939, Ndr. Philadelphia 1980; *P. Barrière:* Un grand provincial, C. L. de S. de M., Bordeaux 1946; *M. Göhring:* Weg und Sieg der modernen Staatsidee in Frankreich, Tübingen 1946; *J. Starobinski:* M., Paris 1953 (dt. München 1991); *I. Berlin:* M., in: Proceedings of the British Academy 41 (1955), S. 267-96; *M. Göhring:* M. – Historismus und

moderner Verfassungsstaat, Wiesbaden 1956; Actes du Congrès M. réuni à Bordeaux du 23 au 28 mai 1955, Bordeaux 1956; *R. Shackleton:* M., A Critical Biography, Oxford 1961; *F. Meinecke:* Die Entstehung des Historismus (Werke, Bd. III), München 1965; *S. M. Mason:* M.'s Idea of Justice, Den Haag 1975; *M. Hulliung:* M. and the Old Regime, Berkeley – Los Angeles – London 1976; *F. Schalk:* M. und die europäische Tradition, in: *ders.:* Studien zur französischen Aufklärung, Frankfurt a. M. 1977, S. 230-52; *R. Aron:* Hauptströmungen des klassischen soziologischen Denkens. M. – Comte – Marx – Tocqueville, Hamburg 1979; *T. Chaimowitz:* Versuch einer Neubewertung der römischen Quellen M.s, in: Aspekte der Kultursoziologie. Festschrift Mohammed Rassem, hrsg. v. *J. Stagl,* Berlin 1982, S. 327-40; *ders.:* Die Institution Staat bei M., in: Recht als Sinn und Institution, hrsg. v. *D. Mayer-Maly / O. Weinberger / M. Strasser,* Berlin 1984, S. 81-98; *ders.:* Freiheit und Gleichgewicht im Denken M.s und Burkes, Wien – New York 1985; *L. Desgraves:* M., Paris 1986 (dt. Frankfurt a. M. 1992); *R. Vierhaus:* M. in Deutschland. Zur Geschichte seiner Wirkung als politischer Schriftsteller im 18. Jhdt., in: *ders.:* Deutschland im 18. Jhdt., Göttingen 1987, S. 9-32; *B. Falk:* M. (1689-1755), in: Klassiker des politischen Denkens, hrsg. v. *H. Maier / H. Rausch / H. Denzer,* Bd. II, München ⁵1987, S. 45-57, 323-27; *D. Lowenthal:* M. 1689-1755, in: History of Political Philosophy, hrsg. v. *L. Strauss / J. Cropsey,* Chicago – London ³1987, S. 513-34; *H. Schlosser:* M.: der aristokratische Geist der Aufklärung, Berlin – New York 1990; *F. Herdmann:* M.-Rezeption in Deutschland im 18. und beginnenden 19. Jhdt., Hildesheim – Zürich – New York 1990; *M. Hereth:* M. zur Einführung, Hamburg 1995; *P. Kondylis:* M. und der Geist der Gesetze, Berlin 1996.

– K

Müller, Adam Heinrich, Ritter von Nittersdorff

* 30. 6. 1779 Berlin; † 17. 1. 1829 Wien. Österreichischer Hofrat, Publizist, wichtigster Staatsdenker der deutschen Romantik. Sohn eines „Calculators und Rechnungsdurchlegers" in Berlin. Nach dem frühen Tod der Mutter wurde M. vom Stiefgroßvater Johann David Cube, Pastor der Jerusalemer und Neuen Kirche, aufgezogen. Gymnasium am Grauen Kloster in Berlin; Studium der Diplomatik in Göttingen. Schon als Gymnasiast Beginn einer lebenslangen engen Freundschaft mit F. →Gentz. Preußischer Referendar. Erstlingswerk (1804) eine wenig erfolgreiche philosophische Schrift, „Die Lehre vom Gegensatz. 1. Buch: der Gegensatz", die M. zwar nicht fortsetzte, deren Gedanken jedoch zur Grundlage seiner späteren Arbeiten wurden. Tätigkeit als Hauslehrer in Südpreußen bei der Familie des Landrats von Haza, mit der er Ende 1805 nach Dresden übersiedelte. Im gleichen Jahr Konversion zum katholischen Glauben. In Dresden Beginn der öffentlichen Vorlesungen, aus denen die meisten seiner späteren Schriften hervorgingen. Glänzender Redner. In der Dresdner Zeit Höhepunkt des ästhetischen Schaffens M.s, aber auch Ausbildung seiner politischen Theorie („Die Elemente der Staatskunst"), wobei M. die Politik als „bildende Kunst" im wörtlichen Sinne ansah. 1808 zusammen mit H. von Kleist Herausgabe der Zeitschrift „Phöbus. Ein Journal für die Kunst". Die Ehekrise der Familie von Haza endet mit M.s Heirat mit Sophie von Haza, Tochter eines schottischen Generals in polnischen Diensten.

1809 Flucht nach Berlin, da M. während der kurzzeitigen Besetzung Dresdens durch die Österreicher diese unterstützt hatte. In Berlin Scheitern des Versuchs, durch ein zweifelhaftes Zeitungsprojekt (je eine regierungsfreundliche und eine oppositionelle Zeitung unter gleicher Leitung) die noch unausgebildete öffentliche Meinung zu entwickeln. Anschluß an die altständische und literarische Opposition gegen die Reformen Hardenbergs. Mitarbeit an Kleists „Berliner Abendblättern"; mit Achim von Arnim Gründung der Christlich-deutschen Tischgesellschaft; Sekretär der Kurmärkischen Ritterschaft. Während der Zerschlagung der ständischen Fronde (1811) mit einem Auftrag Hardenbergs in Wien. An der Bürokratie scheiterte der Versuch der Gründung einer katholisch-romantischen Eliteschule. 1813 beim Feldzug zur Wiedergewinnung Tirols engster Mitarbeiter des Kommandeurs Roschmann; militärischer und administrativer Einsatz. In Brixen Gründung des „Boten von Tirol", der zum „Boten von Südtirol" umbenannt werden mußte, da Bayern nach dem Vertrag von Ried zunächst nur Südtirol abtrat. 1814 Kriegsberichterstatter in Frankreich. 1815 in der Bücherstadt Leipzig österreichischer Generalkonsul, der ein wachsames Auge auf die deutsche öffentliche Meinung zu werfen hatte, sowie Gesandter an den herzöglich-anhaltschen und fürstlich-schwarzenbergschen Höfen. 1816-18 Herausgeber der Zweimonatsschrift „Deutsche Staatsanzeigen"; 1819 Teilnahme an der Karlsbader Konferenz, die nach dem Mordanschlag Sands auf Kotzebue vier Bundesgesetze zur „Wahrung der inneren Sicherheit Deutschlands" ausarbeitete. 1825 wurde M. wegen der heftigen Religionsstreitigkeiten nach der Konversion des Herzogspaares von Anhalt-Köthen zum katholischen Glauben und des preußisch-anhaltschen Zollstreites aus Leipzig abberufen. In Wien wurde M. zum Hofrat in der Haus-, Hof- und Staatskanzlei ernannt und als Ritter von Nittersdorff geadelt.

M.s Hauptwerk ist „Elemente der Staatskunst", in dem sich der idealistische Schwung der Romantik mit treffenden Beobachtungen aus der politisch-gesellschaftlichen Realität verbindet. M. hält es für einen der folgenreichsten Irrtümer der Französischen Revolution, daß der einzelne aus der gesellschaftlichen Verbindung, dem →Staat, heraustreten und von einer Stelle außerhalb des Staates diesem die Bahn vorschreiben könne. Der einzelne sei ebenso in den Staat verflochten wie in die Natur und in die Zeit. „Der Mensch ist nicht zu denken außerhalb des Staates." M.s Wendung gegen die rational konstruierte Gesellschaftsordnung, den Individualismus und die dominierende Rolle der Marktgesetze setzte ihn ebenso in Gegensatz zum Napoleonischen System wie zum englischen Freihandel. In seinem Spätwerk verband M. Nationalökonomie und Theologie. M.s ökonomische Schriften, die sich entschieden gegen die „Geldsklaverei" wenden, brachten ihn in den Geruch eines „Frühsozialisten". Im 19. Jhdt. fast vergessen, haben die Schriften M.s im Gefolge der Forschungen zum Entstehen des Historismus (Meinecke), der →Katholischen Soziallehre und des →Spannschen Universalismus (Baxa) neues Interesse gefunden. Aufgrund seiner Verwicklungen in die tagespolitischen Richtungskämpfe wurde M. vielfach angefeindet, eine Tendenz, die sich von den Linkshegelianern bis zu C. →Schmitt hinzieht.

S. (Neuausgaben in Klammern): Die Lehre vom Gegensatze, Berlin 1804; Vorlesungen über deutsche Wissenschaft und Literatur, Dresden 1806 (1920); Vorlesungen über die Idee der Schönheit, Berlin 1908; Die Elemente der Staatskunst, Berlin 1809 (1922, 1936, 1968); Vorlesungen über Friedrich II. und die Natur,

Würde und Bestimmung der Preußischen Monarchie, Berlin 1810; Vermischte Schriften, Wien 1812; Versuch einer neuen Theorie des Geldes, Leipzig 1816 (1922); Vorlesungen über die Beredsamkeit und ihr Verhältnis zur Poesie, Leipzig 1817 (unter dem Titel: Zwölf Reden über die Beredsamkeit und deren Verfall in Deutschland 1920, 1967, 1983); Die Fortschritte der nationalökonomischen Wissenschaft in England, Leipzig 1817; Von der Notwendigkeit einer theologischen Grundlage der Staatswissenschaften und der Staatswirtschaft insbesondere, Leipzig 1819.

E.: Gesammelte Schriften, Bd. I, München 1839; Briefwechsel zwischen Friedrich Gentz und A. M. 1800-29, Stuttgart 1857; Ausgewählte Abhandlungen, hrsg. v. *J. Baxa*, Jena 1921; Schriften zur Staatsphilosophie, hrsg. v. *R. Kohler*, München 1925; A. M.s handschriftliche Zusätze zu den Elementen der Staatskunst, hrsg. v. *J. Baxa*, Jena 1926; Vom Geiste der Gemeinschaft, hrsg. v. *F. Bülow*, Leipzig 1931; Lebenszeugnisse, hrsg. v. *J. Baxa*, Bde. I-II, München 1966; Kritische, ästhetische und philosophische Schriften, hrsg. v. *W. Schroeder / W. Siebert*, Bde. I-II, Neuwied 1967; Vermittelnde Kritik, hrsg. v. *A. Krättli*, Zürich 1968.

L.: *Mischler* in ADB XXII, 501-11; *L. Stephinger:* Die Geldlehre A. M.s, Stuttgart 1909; *A. Dombrowsky:* Aus einer Biographie A. M.s, Göttingen 1911; *J. v. Tokary-Tokarzewski-Karascewicz:* A. H. M., Ritter v. N. als Ökonom, Literat, Philosoph und Kunstkritiker, Wien 1913; *H. Marquart:* A. M.s Stellung in der ideengeschichtlichen Entwicklung der Sozialökonomie, Freiburg 1915; *C. Schmitt-Dorotic:* Politische Romantik, München 1919; *G. Strauß:* Die Methode A. M.s in der Kritik des 19. und 20. Jhdt.s, Berlin 1922; *P. Kluckhohn:* Persönlichkeit und Gemeinschaft. Studien zur Staatsauffassung der deutschen Romantik, Halle 1922; *J. Baxa:* Einführung in die romantische Staatswissenschaft, Jena 1923; *F. Reinkemeyer:* A. M.s ethische und philosophische Anschauungen im Lichte der Romantik, phil. Diss. Köln 1926; *H. Hellenbroich:* A. M.s Wirtschaftsphilosophie, Eupen 1926; *G. v. Busse:* Die Lehre vom Staat als Organismus, Berlin 1928; *R. Aris:* Die Staatslehre A. M.s in ihrem Verhältnis zur deutschen Romantik, Tübingen 1929; *J. Baxa:* A. M.s Philosophie, Ästhetik und Staatswissenschaft, Berlin 1929; *ders.:* A. M. – Ein Lebensbild, Jena 1930; *A. Matz:* Herkunft und Gestalt der A. M.schen Lehre von Staat und Kunst, Philadelphia 1937; *L. Sauzin:* A. H. M. – Sa vie et son œuvre, Paris 1937; *E. Haffner:* Kritische Darlegung der wirtschaftstheoretischen Verbindungslinien zwischen der romantischen Schule (A. M.) und der Neuromatik (O. Spann), Bern 1938; *H. Wiedtemann:* A. M. und sein Beitrag zur romantischen Ästhetik und Literaturkritik, Freiburg 1951; *H. Reiss:* Politisches Denken in der deutschen Romantik, Bern 1966; *R. Künzli:* A. M.: Ästhetik und Kritik, Winterthur 1972; *R.-R. Wuthenow:* Romantik als Restauration bei A. H. M., in: *A. Langner* (Hrsg.): Katholizismus, konservative Katholizismuskritik und Frühsozialismus bis 1850, München – Paderborn – Wien 1975, S. 75-99; *B. Koehler:* Ästhetik der Politik, Stuttgart 1980; *T. Harada:* Politische Ökonomie des Idealismus und der Romantik, Berlin 1989; *P. Foley:* Heinrich von Kleist und A. M., Frankfurt 1990.

– S-N

Münchhausen, Börries Freiherr von

* 20. 3. 1874 Hildesheim; † 16. 3. 1945 Windischleuba (Thüringen). Konservativer Balladendichter und Essayist aus altem niedersächsischem Adel. Sein Vater war Kammerherr in königlich-hannoverschen Diensten, seine Mutter entstammte dem sächsisch-altenburgischen Adelsgeschlecht von der Gablentz.

Börries Freiherr von Münchhausen
1874–1945

B. v. M. verbrachte seine Jugend in Südniedersachsen (Moringen) und in Thüringen. 1888 wechselte er vom Altenburger Gymnasium auf ein hannoversches Lyzeum. 1895 begann er ein Studium der Rechts- und Literaturwissenschaften, Philosophie und Naturwissenschaften in Heidelberg, München, Berlin und Göttingen. Dort gab B. v. M. seit 1897 den „Göttinger Musenalmanach" heraus, der (mit Unterbrechungen) bis 1922 erschien. In dieser Zeit begann auch sein reiches literarisches Schaffen auf dem Gebiet der Balladendichtung. Im Ersten Weltkrieg war M. zunächst Rittmeister im sächsischen Garde-Reiter-Regiment, seit 1916 tat er Dienst im Auswärtigen Amt. 1920 erfolgte die Übersiedlung von Gut Kohren-Salis nach Schloß Windischleuba bei Altenburg, wo B. v. M. als Kammer- und Domherr bis zu seinem Tode lebte.

B. v. M.s Bedeutung liegt vor allem in seinem Bemühen um eine Erneuerung der Balladendichtung. Seine Werke atmen eine konservative Gesinnung, die „ritterliche", für zeitlos gültig angesehene →Werte und Standesordnungen gegenüber einem kurzlebigen Zeitgeist zu verteidigen sucht. Seine Gedichte, oft als Lieder vertont, fanden v.a. in der →Jugendbewegung im ersten Drittel des 20. Jhdt.s weite Verbreitung. Die Politik und Kultur der Weimarer Republik lehnte der mit den welfischen Monarchisten sympathisierende, aristokratische Dichter ab.

Im Dritten Reich zeigte B. v. M. sich unkritisch gegenüber den neuen Machthabern und wurde 1933 zum Senator der „Deutschen Akademie der Dichtung" ernannt. Nicht zuletzt in Abgrenzung zu seinen frühen prozionistischen Hymnen in „Juda" ließ er sich zu antisemitischen Positionen hinreißen. Die totalitäre Entwicklung des Dritten Reiches führte spätestens bei Ausbruch des Zweiten Weltkrieges zu einer zunehmenden Entfremdung M.s vom Regime, die sich in Dichtungen wie „Die Unersetzlichen" niederschlug. Den Untergang seiner Ideale vor Augen, nahm B. v. M. beim Heranrücken der russischen Truppen im März 1945 auf seinem Gutshof sich selbst das Leben.

S.: Gedichte, Göttingen 1897; Juda, Goslar 1900; Balladen, Berlin 1901; Balladen und ritterliche Lieder, Berlin 1908; Das Herz im Harnisch, Berlin 1911; Die Standarte, Berlin 1916; Autobiographische Skizze, in: Das literarische Echo, 20 (1917/18); Münchhausen-Beeren-Auslese, Berlin 1920; Schloß in Wiesen, Berlin 1921; Fröhliche Woche mit Freunden, Stuttgart 1922; Das Balladenbuch, Stuttgart 1924; Lebensbilder aus deutscher Vergangenheit Bde. I-X, Berlin 1922-24; Dichtervorträge, Erfahrungen und Vorschläge, 1925; Idyllen und Lieder, 1928; Lieder um Windischleuba, Berlin 1929; Geschichten aus der Geschichte, Berlin 1934; Arbeiten zur Familiengeschichte der Freiherren v. M., Berlin 1937; Das dichterische Werk des Freiherrn B. v. M., Bde. I-II, Stuttgart 1968-69.

B.: E. Metelmann: B. v. M. in: Die schöne Literatur 31 (1930), S. 12-7.

L.: C. Ender: B. v. M. und die deutsche Ballade, in: Schriften der literarhistorischen Gesellschaft Bonn 8 (1913); M. Ritscher: B. v. M., in: Die Schöne Literatur 31 (1930), S. 6-11; H. Knust: Weltanschauliches bei B. v. M., in: Die deutsche höhere Schule 6 (1939); P. Fechter: B. v. M. in: ders.: Menschen und Zeiten, Gütersloh 1948; R. Alter: Gottfried Benn und B. v. M. Ein Briefwechsel aus den Jahren 1933-34, in: Jahrbuch der Deutschen Schillergesellschaft, 25 (1981), S. 139-70; B. Poschmann: Agnes Miegel und die Familie v. Münchhausen, Bad Nenndorf 1992; H.-S. Strelow: Genius loci in Windischleuba. Wo der Balladendichter B.v. M. lebte und starb, in: Criticón 142 (1994), S. 116-17; L. Greife: B. v. M. – Lyrik und Prosa, Schaalby 1995.

– St

N

Nathusius, Martin von

* 24. 9. 1843 Althaldensleben b. Magdeburg; † 9. 3. 1906 Greifswald. Konservativer Publizist und Theologe. Der zweite Sohn von Philipp Engelhard v. →N. studierte 1862-67 Theologie in Heidelberg, Halle, Tübingen und Berlin; einen prägenden Einfluß übte vor allem der in Halle lehrende pietistische Theologe August Tholuck auf ihn aus. 1869 trat N. eine Stelle als Hilfsprediger in Wernigerode an, 1873 wurde er Pastor in Quedlinburg, 1885 in Barmen. Im Jahr 1888 folgte er einem Ruf auf den Lehrstuhl für praktische Theologie an der Universität Greifswald, der er bis zu seinem Tod treu bleiben sollte.

Bereits 1871 hatte er von seinem Vater die Schriftleitung des wöchentlich erscheinenden →„Volksblattes für Stadt und Land" übernommen, das sich in den Jahren des Kulturkampfs von der Politik →Bismarcks deutlich distanzierte, ohne jedoch – wie die →„Kreuzzeitung" unter der Redaktion des Bruders Philipp von →N.-Ludom – zum eigentlichen Oppositionsblatt zu werden. Als die Zeitung einzugehen drohte, änderte N. ihren Namen in „Allgemeine conservative Monatsschrift für das christliche Deutschland" und stellte auf monatliches Erscheinen um. N. publizierte hier regelmäßig seine „Kirchlichen Monatsberichte". 1882 wurde der langjährige Mitarbeiter Dietrich von →Oertzen Mitherausgeber. Das Blatt blieb auch weiterhin parteiungebunden; die bismarckfreundliche Haltung des konservativen Parteivorsitzenden Otto von →Helldorff-Bedra wurde nicht mitgetragen. Seit den späten 1880er Jahren gehörte N. zur „Kreuzzeitungsgruppe" innerhalb der Konservativen Partei um den Hofprediger Adolf →Stoecker und den Chefredakteur der „Kreuzzeitung", Wilhelm von Hammerstein. In den 1890er Jahren entwickelte sich N. – in enger Gemeinschaft mit Stoecker – zu einem der entschiedensten Verfechter des christlichen →Sozialkonservatismus; er beteiligte sich an der Gründung des Evangelisch-sozialen Kongresses und später an der Kirchlich-Sozialen Konferenz. Von Stoecker scheint er sich allerdings kurz vor der Jahrhundertwende getrennt zu haben.

Auch in seinen theoretischen Schriften ver-

Martin von Nathusius
1843-1906

focht N., kaum beirrt von den Zeitläufen, seinen konsequent altkonservativen Standpunkt. Den Kern seiner Weltanschauung formulierte er in zwei Sätzen: *„erstlich*, daß es eine von Gott… für die Welt bestimmte Ordnung giebt, eine göttliche Weltordnung, die in wesentlichen Punkten gestört ist – und *zweitens*, daß es eine göttliche That giebt, die Erlösung durch Jesum Christum, welche die göttliche Weltordnung wiederherzustellen bestimmt ist. Alles Unheil liegt in der Störung der göttlichen Ordnung und der Loslösung von seinem Willen. Alles Heil besteht in der Zurückführung zu demselben." Neben der Erneuerung einer „gottgewollten" ständischen Ordnung in Staat und Gesellschaft trat N. auch für umfassende Sozialreformen auf christlicher Grundlage ein. Die Abwanderung des verarmten Proletariats zur atheistischen Sozialdemokratie stellte in seiner Sicht eine politische Katastrophe dar, der er entgegenzusteuern versuchte. Sein wissenschaftliches Hauptwerk, die in zwei Auflagen erschienene, umfassende Darstellung „Die Mitarbeit der Kirche an der Lösung der sozialen Frage" (1893/94), ist diesem Problem gewidmet. – In seinen letzten Lebensjahren zog sich N. zunehmend aus der Politik zurück, um sich ganz seiner wissenschaftlichen Arbeit widmen zu können.

S.: Timotheus. Ein Rathgeber für junge Theologen in Bildern aus dem Leben, Leipzig 1881; Unser Wandel ist im Himmel. Fünf Predigten aus der Pfingstzeit 1881, Leipzig 1881; Naturwissenschaft und Philosophie. Zur Beleuchtung der neuesten materialistischen Kundgebungen du Bois-Reymonds u.a., Heilbronn 1883; Katechismus-Predigten, Bde. I-II, Leipzig 1883-84; Das Wesen der Wissenschaft und ihre Anwendung auf die Religion, Leipzig 1885; Wissenschaft und Kirche im Streit um die theologischen Fakultäten, Heilbronn 1886; Die Verfassung der evangelischen Kirche und die neuesten Versuche zu ihrer Verbesserung in Preußen, Heilbronn 1888; Die Kernfrage im Kampf um das Apostolikum gegen die Schule Ritschls, Stuttgart 1893; Die Mitarbeit der Kirche an der Lösung der sozialen Frage, Bde. I-II, Leipzig 1893/94, ²1897; Die Inspiration der Hl. Schrift und die historische Kritik, Stuttgart 1895; Was ist christlicher Sozialismus? Leitende Gesichtspunkte für evangelische Pfarrer und solche, die es werden wollen, Berlin 1896; Der Ausbau der praktischen Theologie zur systematischen Wissenschaft, Leipzig 1899; Bibel und Frauenbewegung, Berlin 1899; Die Unsittlichkeit von Ludwig XIV. bis zur Gegenwart, Stuttgart 1899; Zur Charakteristik der Cirkumzellionen des 4. und 5. Jhdt.s in Afrika, Greifswald 1900; Christliche Liebe und soziale Hilfe, Berlin 1902; Über wissenschaftliche und religiöse Gewißheit, Stuttgart 1902; Handbuch des kirchlichen Unterrichts nach Ziel, Inhalt und Form, Bde. I-III, Leipzig 1903-04; Die christliche Lehre nach Luthers kleinem Katechismus, Leipzig 1904; Die Christlich-socialen Ideen der Reformationszeit und ihre Herkunft, Gütersloh 1907. – Zahlreiche Beiträge im „Volksblatt für Stadt und Land" bzw. der „Allgemeinen Conservativen Monatsschrift".

L.: A. Uckeley: M. v. N., in: Biographisches Jahrbuch und Deutscher Nekrolog, hrsg. v. A. Bettelheim, Bd. XI (1906), S. 55-7; D. v. Oertzen: Erinnerungen aus meinem Leben, Berlin o. J. (1914); U. v. Hassell: M. v. N., in: Konservative Monatsschrift 63 (1906), S. 665-68; ders.: Erinnerungen aus meinem Leben 1848-1918, Stuttgart 1919; K. E. Pollmann: Landesherrliches Kirchenregiment und soziale Frage – Der evangelische Oberkirchenrat der altpreußischen Landeskirche und die sozialpolitische Bewegung der Geistlichen nach 1890, Berlin – New York 1973; H.-C. Kraus: Bürgerlicher Aufstieg und adeliger Konservatismus. Zur Sozial- und Mentalitätsgeschichte einer preußischen Familie im 19. Jhdt., in: Archiv für Kulturgeschichte 74 (1992), S. 191-225.

– K

Nathusius, Philipp Engelhard von

* 5. 11. 1815 Althaldensleben b. Magdeburg; † 16. 8. 1872 Luzern. Schriftsteller und Publizist. N. entstammte ausgesprochen

Philipp Engelhard von Nathusius
1815-1872

wohlhabenden Verhältnissen; sein Vater Johann Gottlob N. (1760-1835) war einer der bedeutendsten Industriepioniere seiner Zeit und einer der ersten Millionäre in Deutschland. Nach dem Schulbesuch mußte N. bereits mit 16 Jahren in die Leitung der Betriebe seines Vaters eintreten, die neben Tabak-, Zucker-, Steingut- und Porzellanfabriken sowie einer Brauerei auch umfassende landwirtschaftliche Produktionsstätten, wie Obstplantagen, Gärtnereien und Baumschulen, umfaßten. Obwohl sich der junge N. als Kaufmann und Gutsherr bewährte, erschien ihm die Fortführung der Geschäfte seines Vaters – deren Leitung N. nach dessen Tod 1835 übernahm – nicht als letztes Lebensziel. Schon früh hatte er sich für die Dichtung, insbesondere die der Romantik, begeistert, und während eines Aufenthaltes in Berlin (1836/37) trat er in Verbindung mit Bettina von Arnim, mit der er einen schwärmerischen Briefwechsel unterhielt, den die Dichterin wiederum in ihrem 1847 erschienenen Briefroman „Ilius Pamphilius und die Ambrosia" verwertete.

Nach einer größeren Bildungsreise, die ihn bis nach Griechenland und in die Türkei führte, verheiratete sich N. mit Marie Scheele (1817-57), die – einer streng pietistisch gesinnten Pastorenfamilie entstammend – sich bald als bekannte und bis ins 20. Jhdt. hinein vielgelesene christliche Volksschriftstellerin einen Namen machen sollte. Auf die spätere Gesinnung und Tätigkeit ihres Ehemannes übte sie einen kaum zu überschätzenden Einfluß aus. In den 1830er und frühen 1840er Jahren vertrat N. unter dem Eindruck seiner Begegnungen mit Heinrich Hoffmann von Fallersleben, Heinrich Laube und Julius Fröbel noch einen romantisch verbrämten, schwärmerischen Liberalismus („Liberal ist die Gesinnung für freie Entwicklung des einzelnen Menschen und der ganzen Menschheit"). Öffentlich stellte er sich auf die Seite der „Göttinger Sieben". – Doch noch vor 1848 begann sich N. in zunehmendem Maße dem konservativen Lager zu nähern, immer stärker geprägt durch seine Lektüre der Schriften von Matthias Claudius, Justus →Möser und Joseph Maria von →Radowitz. Als 1847 der Erste Vereinigte Landtag in Berlin zusammentrat, publizierte N. seine erste politische Schrift, in der sich bereits ein unzweideutiges Bekenntnis zum „christlichen Staat" findet.

Eigentlicher politischer Wendepunkt aber wurde für N. die Revolution von 1848, die er als „Strafgericht Gottes" empfand. Er wandte sich der konservativen Publizistik zu und übernahm im April 1849 die Redaktion des seit 1844 in Halle erscheinenden →„Volksblatts für Stadt und Land", das er von nun an bis zu seinem Tode im Jahr 1872 redigierte. Ebenfalls 1849 verkaufte N. das Hauptgut seiner Familie, Althaldensleben, an einen seiner Brüder und siedelte nach Neinstedt am Harz über, wo er gemeinsam mit seiner Frau – dem Vorbild der Inneren Mission →Wicherns folgend – aus eigenen Mitteln den „Lindenhof" gründete, ein „Rettungshaus für sittlich verwahrloste Knaben", das noch lange über den Tod des Ehepaars N. hinaus bestanden hat. Auch im „Volksblatt" widmete sich N. immer wieder sozialen Themen, und man wird in ihm wohl einen der ersten Vertreter des deutschen →Sozialkonservatismus zu sehen haben.

Zusammen mit dem Historiker Heinrich →Leo, der die politischen „Monatsberichte" des Volksblatts schrieb, machte N. seine Zeit-

schrift zu einem der bekanntesten christlich-konservativen Blätter Deutschlands, wenngleich die Auflage stets begrenzt blieb. Weitere Förderer und Autoren der Zeitung waren Ernst Ludwig von →Gerlach und Victor Aimé →Huber. 1861 wurde N. zusammen mit dreien seiner Brüder von Wilhelm I. in den erblichen Adelsstand erhoben. Als →Bismarcks Politik des Jahres 1866 – der preußische Krieg gegen Österreich und das Zerbrechen des Deutschen Bundes – zu einem schweren Konflikt innerhalb der konservativen Partei Preußens führte, stellte sich N. mit seiner Zeitschrift ostentativ an die Seite Bismarcks; auch den Krieg gegen Frankreich und die Reichsgründung 1870/71 hat er nachhaltig publizistisch unterstützt und verteidigt. Doch den hierdurch verursachten Bruch mit vielen seiner altkonservativen Gesinnungsgenossen und Freunde, darunter E. L. von Gerlach, konnte N. nur schwer verwinden, auch vermochte er Bismarcks Annäherung an die Liberalen nicht leicht zu akzeptieren. Nach seinem Tod traten seine Söhne Philipp von →N.-Ludom und Martin von →N. in seine Fußstapfen.

S.: Fünfzig Gedichte, Braunschweig 1839; Noch fünfzig Gedichte, Magdeburg 1841; Statistische Uebersichten über die Verhältnisse und wichtigsten Abstimmungen beider Kurien und über die künftigen ständischen Ausschüsse. Als Ergänzung zu allen Ausgaben der Verhandlungen und als Vorläufer zu einer Geschichte des Ersten Reichstags in Preußen zusammengestellt, Berlin 1847; Preußens Reichstag. Ein Gedicht den Mitgliedern der Hohen Versammlung dargebracht o. O. o. J. (Berlin 1847); (anonym): Lebensbild der heimgegangenen Marie Nathusius, geb. Scheele – Für ihre Freunde nah und fern. Samt Mittheilungen aus ihren noch übrigen Schriften, Bde. I-II (= Gesammelte Schriften von Marie N., Bd. XIII: Nachträge, Bd. 4), Halle 1867-68. – Daneben zahlreiche, zumeist ungezeichnete Beiträge im „Volksblatt für Stadt und Land" 1849-72.

L.: Brümmer in ADB XXIII, 283-85; E. Fürstin Reuß: P. N.' Jugendjahre, Berlin 1896; dies.: P. v. N. – Das Leben und Wirken des Volksblattschreibers, Neinstedt a. H. – Greifswald 1900; H. Andres: P. v. N. – Seine Persönlichkeit und die Entwicklung seiner politischen Gedanken bis zum Ausgang der deutschen Revolution, Düsseldorf 1934; C. v. Maltzahn: Volksblatt für Stadt und Land, in: Criticón Nr. 21 (1974), S. 21-2; H.-C. Kraus: Bürgerlicher Aufstieg und adeliger Konservatismus. Zur Sozial- und Mentalitätsgeschichte einer preußischen Familie im 19. Jhdt., in: Archiv für Kulturgeschichte 74 (1992), S. 191-225; ders.: Ernst Ludwig von

Gerlach – Politisches Denken und Handeln eines preußischen Altkonservativen, Bde. I-II, Göttingen 1994.
– K

Nathusius-Ludom, Philipp von

* 4. 5. 1842 Althaldensleben b. Magdeburg;
† 8. 7. 1900 Berlin-Grunewald.Konservativer Publizist und Politiker. Der älteste Sohn von Philipp Engelhard von →N. absolvierte – nach kurzem Studium der Geschichte und der Jurisprudenz – eine landwirtschaftliche Ausbildung und übernahm bereits 1865 die Bewirtschaftung des Rittergutes Ludom im Kreis Obornik/Posen. Wie seinen Vater und seinen jüngeren Bruder Martin von →N. zog es ihn jedoch bald in die Politik, wo er sich unter dem Eindruck der Schriften Ernst Ludwig von →Gerlachs, der ein alter Freund seines Vaters gewesen war, den Altkonservativen anschloß, die in den Jahren nach der Reichsgründung zu den entschiedensten Kritikern der Politik →Bismarcks gehörten.

Anfang 1872 publizierte N.-L. in der →„Kreuzzeitung" eine (bald auch separat als Broschüre veröffentlichte) Artikelserie, in der er die von der preußischen Regierung geplante Reform der Kreisordnung sowie die Liberalen, die diese Reform mittrugen, heftig attackierte. In der bald darauf publizierten Broschüre „Conservative Partei und Ministerium" verschärfte er seinen regierungskritischen Ton und entwarf das Programm einer konsequent christlich-konservativen Opposition gegen die Politik Bismarcks, dessen Regierung sich „in den Dienst des liberalen… Programmes von Staat und Kirche gestellt" habe. Nachdrücklich kritisierte N.-L. auch den beginnenden Kulturkampf in Preußen, den er als „Feldzug… gegen die christliche Kirche überhaupt" und damit auch gegen den christlichen Altkonservatismus ansah. Als Ziel proklamierte er „die Anbahnung einer Vereinigung aller conservativen Elemente Deutschlands zu gemeinsamem kräftigem Vorgehen": Hauptgegner war und blieb für ihn der Nationalliberalismus.

Im Herbst 1872 wurde N.-L. auf Betreiben Hans von →Kleist-Retzows zum neuen Chefredakteur der „Kreuzzeitung" ernannt, die nun einen deutlich regierungskritischen Kurs einschlug. In seiner 1876 publizierten Schrift „Conservative Position" entwarf N.-L. das Programm einer neuen altkonservativen Partei, auf deren Bildung er hoffte: Beendigung des Kulturkampfs, Stärkung der Stellung der beiden Kirchen, Abschaffung der Zivilehe, Sicherung der Stellung des preußischen Herrenhauses, schließlich Ersetzung des preußischen Dreiklassenwahlrechts durch eine neue, ständisch orientierte und den Unterschied von Stadt und Land ausreichend berücksichtigende korporative Wahlordnung. Nachdrücklich grenzte er die konservative Position gegen liberales „Manchesterthum" und „socialistische Träumereien", aber auch gegen veralteten „Absolutismus" ab.

Im Sommer 1875 publizierte er in der „Kreuzzeitung" eine Serie von fünf Artikeln des Wirtschaftsjournalisten Franz Perrot, der unter dem Titel „Die Ära Bleichröder-Delbrück-Camphausen" die liberale Wirtschaftspolitik der Regierung Bismarck seit der Reichsgründung scharf angriff. In Andeutungen unterstellten die Artikel sogar, der Reichskanzler habe sich persönlich am „Gründungsschwindel" beteiligt. Diese Artikelserie löste einen – von N.-L. wohl nicht vorausgesehenen – ungeheuren Skandal aus, der seine politische und publizistische Karriere vorzeitig beendete. Im Mai 1876 mußte N.-L. als Chefredakteur der „Kreuzzeitung" zurücktreten. Er konnte sich zwar noch an der Gründung der →Deutschkonservativen Partei beteiligen und gelangte auch 1877 in den Reichstag, mußte sein Mandat jedoch – nach einem Rechtsstreit mit Bismarck – bereits ein Jahr später niederlegen. Bis zu seinem Tod hat sich N.-L. weiterhin publizistisch betätigt – ohne jedoch an seine früheren Erfolge anknüpfen zu können.

S.: Ständische Gliederung und Kreisordnung, Berlin 1872; Die Civilehe, Berlin 1872; Conservative Partei und Ministerium, Berlin 1872; Conservative Position, Berlin 1876; Die Konservativen und Bismarcks „Gedanken und Erinnerungen", in: Allgemeine Konservative Monatsschrift für das christliche Deutschland 56 (1899), S. 76-8; Nochmals die Konservativen und „Fürst Bismarcks Gedanken und Erinnerungen", in: Allgemeine Conservative Monatsschrift für das christliche Deutschland 56 (1899), S. 743-46. – Daneben zahlreiche Zeitungs- und Zeitschriftenartikel.

L.: *H. v. Petersdorff:* Kleist-Retzow. Ein Lebensbild, Stuttgart – Berlin 1907; *P. A. Merbach:* Die Kreuzzeitung 1848-1923. Ein geschichtlicher Rückblick, in: Neue Preußische (Kreuz-)Zeitung, 16. 6. 1923 (Festnummer zum 75jährigen Jubiläum), S. 1-17; *E. Schulte:*

Die Stellung der Konservativen zum Kulturkampf 1870-78, phil. Diss. Köln 1959; *M. Rohleder / B. Treude:* Neue Preußische (Kreuz-)Zeitung (1848-1939), in: Deutsche Zeitungen des 17. bis 20. Jhdt.s, hrsg. von *H.-D. Fischer,* München-Pullach 1972, S. 209-24; *J. N. Retallack:* Notables of the Right. The Conservative Party and Political Mobilization in Germany, 1876-1918, Boston 1988; *H.-C. Kraus:* Bürgerlicher Aufstieg und adeliger Konservatismus. Zur Sozial- und Mentalitätsgeschichte einer preußischen Familie im 19. Jhdt., in: Archiv für Kulturgeschichte 74 (1992), S. 191-225; *ders.:* Ernst Ludwig von Gerlach – Politisches Denken und Handeln eines preußischen Altkonservativen, Bde. I-II, Göttingen 1994.

– K

Nation

Das Wort N. stammt aus dem Lateinischen („natio" bzw. „nasci": geboren werden), wo es gleichermaßen Geburt, Herkunft, verwandtschaftliche Beziehung, Bevölkerung einer Stadt, einer Provinz, eines Staates oder des zugehörigen Territoriums, im allgemeinen aber die Sippe bedeutete. Daran änderte sich im Mittelalter wenig; selbst die Gesamtheit der Christen konnte als *natio* verstanden werden, wenn auch einzelne, wie etwa Regino von Prüm, mit der Abgrenzung der *nationes populorum* durch gemeinsame Vorfahren, Sprache und politische Verfassung dem modernen Verständnis der N. nahe kamen. Eine praktische Bedeutung besaß der Begriff N. in dieser Zeit vor allem an den Universitäten, wo er der Einteilung der Studenten diente, dann auch bei den Tagungen der spätmittelalterlichen Konzilien von Konstanz (1414-18) und Basel (1431-37).

Trotz des Fehlens einer entsprechenden Begrifflichkeit weisen neuere Forschungen darauf hin, daß auch im Mittelalter schon ethnisch-politische Gemeinschaften bestanden, die ein Selbstverständnis entwickelten, das sich vom modernen Nationalbewußtsein kaum unterscheiden läßt. Dieses Bewußtsein wurde ursprünglich nur von relativ kleinen Gruppen getragen (im mittelalterlichen Deutschland etwa vom Reichsadel und dem hohen Klerus, den Fernhändlern und Gebildeten). Die „Nationalisierung der Massen" (G. L. Mosse) war ein Ergebnis der politischen Entwicklung in der Moderne, gleichermaßen bestimmt von kollektiven Erfahrungen wie „nationalpädagogischen" Anstrengungen. Infolge der bürgerlichen Revolutionen, die seit dem 17. Jhdt. zur grundlegenden Veränderung der europäischen Gesellschaften beitrugen, berührte sich die Idee der „N." sehr eng mit der der Volkssouveränität, und erst unter diesen Bedingungen konnte der Nationalismus zu einer „Weltanschauung" werden.

Trotz oder gerade wegen des wachsenden Einflusses war zu keinem Zeitpunkt letzte Klarheit über die Bedeutung des Begriffs „N." herbeizuführen. Keine Definition war frei von dem Verdacht, einem speziellen politischen Interesse zu folgen, durch die Bestimmung des Wortsinns Ansprüche untermauern zu wollen, Vereinnahmungen oder Abgrenzungen vorzubereiten oder zu rechtfertigen. Immerhin lassen sich in diesem Streit zwei große Tendenzen feststellen: die Vorstellung von der N. einerseits als natürlicher Gemeinschaft, andererseits als Willensgemeinschaft. Ein klassischer Vertreter der ersten Auffassung war Herder, der die N. als etwas Gegebenes, Natürliches („Pflanze"), gleichzeitig aber als Produkt einer langen gemeinsamen Geschichte betrachtete, in der sich gemeinsame Kultur und – vor allem – gemeinsame Sprache eines Volkes ausbildeten. Als Gegenposition zur Lehre Herders und zu denjenigen, die ihm – wie die Romantiker und die „Historische Schule" – hierin folgten, bezeichnet man gewöhnlich die Vorstellung, die E. Renan vom Wesen einer N. entwickelte, als er die N. „ein tägliches Plebiszit" nannte. Die persönliche Entscheidung war für Renan das die N. konstituierende Element.

Die Vorstellungen Herders und Renans von dem, was eine N. ausmacht, können nicht unabhängig von ihrer eigenen nationalen Zugehörigkeit betrachtet werden. Herder hatte die deutsche Situation am Ende des 18. Jhdt.s vor Augen – eine identifizierbare, große historische und kulturelle Gemeinschaft ohne staatliche Organisation –, der Franzose Renan trug seine Argumentation nach dem verlorenen Krieg von 1870/71 vor, den Hintergrund bildete die Abtrennung Elsaß-Lothringens von Frankreich. Herder und Renan waren aber auch Exponenten einer grundsätzlichen Kontroverse zwischen der „westlichen" und der „deutschen" Auffassung der N. Trotzdem handelte es sich eher um Akzentunterschiede als um unüberbrückbare Gegensätze. Die Differenzen bestanden weniger zwischen Herder und Renan als vielmehr zwischen ihren Epigonen, die einzelne Aspekte überbetont haben. Die Vorstellung von der N. als einer „natürlichen" Gemeinschaft hat vor allem unter dem Eindruck der im 19. Jhdt. ausgebildeten Rassentheorien an Bedeutung gewonnen. Sie stand aber auch Pate für den im deutschen Sprachgebrauch häufig auftauchenden Begriff „Kulturnation". F. Meinecke verwendete dieses Wort vor allem, um die besondere deutsche Situation der ohne territorialen und staatlichen Zusammenhang existierenden ethnischen und kulturellen Gemeinschaft zu erfassen. Allerdings ist die Vorstellung, daß neben einer politischen eine unpolitische N. existieren könnte, problematisch, denn im allgemeinen setzt die „N. ... den Begriff des →Staates voraus und wird von diesem definiert" (B. Willms). Historisch gesehen, sind alle N.en „Staatsnationen", d.h. solche Gebilde, in denen die politische Führung die N. in ihre jeweilige Form brachte (Frankreich, England, Spanien), oder aber „Nationalstaaten", d.h. solche Gebilde, in denen sich die latent existierende N. einen Staat eroberte (die USA, Polen). Die wesentlich vorpolitische territoriale, kulturelle und soziale Gemeinschaft sei gegebenenfalls nicht als „Kulturnation", sondern besser als „eigenständiges Volk" (M. H. →Boehm) zu bezeichnen. Bei Vorbehalten gegenüber dem „concept allemand" wird man aber auch gegenüber dem „concept français" gewisse Bedenken anmelden müssen. Die frühe Ausbildung von Nationalstaaten in Westeuropa scheint hier den Gedanken nahegelegt zu haben, daß die Zugehörigkeit zu einer N. und die Staatsangehörigkeit identisch seien. Renans Behauptung, die N. sei das Ergebnis eines „plébiscite de toujours", bleibt aber ein Zirkelschluß. Er verkannte, daß der „Wille" auf irgendeine einigermaßen erkennbare, schon vor dem Willensakt vorhandene Größe bezogen sein muß.

Die N. ist heute die Normalform politischer Vergemeinschaftung, keine Form supranationaler Organisation hat sie bisher überflüssig gemacht, kein regionales oder imperiales Gebilde ist wirklich an ihre Stelle getreten. Als „Ergebnis der Geschichte" (W. Conze) sind N.en allerdings außerordentlich komplexe Gebilde, zumal die historische Entwicklung – vor allem im Zuge der Entko-

lonialisierung – zu immer neuen, von den europäischen Ursprüngen weit entfernten Formen geführt hat. Mehr als eine Minimaldefinition läßt sich deshalb kaum entwickeln. Diese sollte sich gleichermaßen an den „objektiven" Faktoren (gemeinsame Herkunft, gemeinsame Geschichte, gemeinsame Kultur, gemeinsames Territorium) und dem „subjektiven" Faktor (der gemeinsamen Willensentscheidung) orientieren. N.en können nicht „erfunden" (B. Anderson) werden, aber sie existieren dennoch nur, insofern sie ein Bewußtsein der gemeinsamen Geschichte haben. Eine nationale Intelligenz und ein entwickeltes Erziehungswesen gehören deshalb zu den wichtigsten Voraussetzungen für die „Konstruktion" der „nationalen Identität" (R. Grew). In seiner Definition des „Nationalen" sprach M. Weber daher von der Bedeutung einer „spezifischen Art von Pathos", das die N. begründe, und insofern gilt beides: daß eine „N. ist, was eine N. sein will" (O. Vossler) und daß eine N. ist, was eine N. sein kann.

S.: *H. O. Ziegler:* Die moderne N., Tübingen 1931; *O. Vossler:* Der Nationalgedanke von Rousseau bis Ranke, München – Berlin 1937; *R. Wittram:* Das Nationale als europäisches Problem, Göttingen 1954; *H. Kohn:* Die Geschichte des Nationalismus, Frankfurt a. M. 1962; *F. Meinecke:* Weltbürgertum und Nationalstaat, Werke, Bd. 5, München 1962; *E. Lemberg:* Nationalismus, 2 Bde., Reinbek 1964; *H. Beumann / W. Schröder* (Hrsg.): Aspekte der Nationenbildung im Mittelalter, Nationes, Bd. 1, Sigmaringen 1978; *H. A. Winkler* (Hrsg.): Nationalismus, Königstein/Taunus 1978; *B. Willms:* Die deutsche N. Theorie – Lage – Zukunft, Köln – Lövenich 1982; *T. Mayer:* Prinzip N., Opladen 1987; *J. Ehlers:* Ansätze und Diskontinuität deutscher Nationsbildung im Mittelalter, Nationes, Bd. 8, Sigmaringen 1989; *K. Hübner:* Das Nationale, Graz 1991; *P. Kondylis:* Planetarische Politik nach dem Kalten Krieg, Berlin 1992; *M. Jeismann / H. Ritter* (Hrsg.): Grenzfälle. Über neuen und alten Nationalismus, Leipzig 1993; *K. Weißmann:* Wiederkehr eines Totgesagten: Der Nationalstaat am Ende des 20. Jhdt.s, in: Aus Politik und Zeitgeschichte B. 14/93 vom 2. April 1993, S. 3-10.

– W

Neues Abendland

Von J. W. Naumann in Augsburg gegründete Zeitschrift, die zwischen 1946 und 1958 nicht nur als „Sprachrohr der Katholisch-Konservativen" (A. Mohler) diente, sondern für den gesamten christlich orientierten Konservatismus der Nachkriegszeit eine Plattform bot. Das N. A. stand in enger Verbindung mit der „Abendländischen Aktion" und der „Abendländischen Akademie", die zwischen 1953 und 1956 Jahrestagungen abhielt und eine entsprechende Schriftenreihe herausgab („Der Mensch und die Freiheit", München 1953; „Staat, Volk, übenationale Ordnung", München 1954; „Das Abendland im Spiegel seiner Nationen", München 1955; „Konservative Haltung in der politischen Existenz", München 1956). Als „Zeitschrift für Politik, Kultur und Geschichte", später als „Jahrbuch für Politik und Geschichte", erschien das N. A. anfangs monatlich, seit 1957 nur noch vierteljährlich. Die Hefte waren thematisch gegliedert und wiesen einen recht umfänglichen Mitarbeiterkreis auf, darunter H. →Asmussen, B. Brehm, K. Buchheim, L. Dehio, O. von Habsburg, F. Herre, F. R. Ingrim, P. Jordan, E. von →Kuehnelt-Leddihn, K. O. Paetel, H.-J. →Schoeps und H. →Sedlmayr.

Das verbindende Element war neben der Berufung auf die christliche Überlieferung und die europäische →Tradition ein scharfer Antikommunismus und ein gleichfalls ausgeprägter Antinationalismus (bei gleichzeitigem Festhalten an der deutschen Einheit). Die prinzipielle Bejahung der politischen Ordnung in der Bundesrepublik wurde nur sporadisch durch die Sorge in Frage gestellt, ob das Grundgesetz ausreiche, um im Ernstfall einem sowjetischen Vorstoß standzuhalten; in diesem Zusammenhang konnte E. Franzel auch vom autoritären Portugal Salazars als dem „bestregierten Staat Europas" sprechen. Selektiv wurden Bestände der →Konservativen Revolution aufgenommen, allerdings nur, insoweit diese am „Reich" orientiert waren. Trotz der Bemühungen E. Franzels, des Chefredakteurs seit 1957, gelang es nicht, den Leserkreis des N. A.s so zu erweitern, wie es notwendig gewesen wäre, um die Zeitschrift nach dem Abschmelzen der traditionellen konservativen Milieus zu erhalten.

– W

Newman, John Henry

* 21. 2. 1801 London; † 11. 8. 1890 Birmingham. Ursprünglich anglikanischer, spä-
ter katholischer Theologe. N. studierte am Trinity College in Oxford; 1822 wurde er Mitglied des Oriel College. Ab 1828 wirkte er als Vikar an der Universitätskirche St. Mary's in Oxford. N. stieg rasch zum geistigen Führer der 1833 einsetzenden Oxfordbewegung auf, die unter Betonung der Integrität des christlichen Glaubens gegenüber protestantischen Einflüssen einerseits die Wiederbelebung der katholischen Tradition der Kirche von England und andererseits die Zurückdrängung des in dieser Zeit stark zunehmenden Staatseinflusses auf die Kirche zum Ziel hatte. Ihre Ideen verbreitete die Bewegung über die Herausgabe der „Tracts for the Times". Im 1841 verfaßten „Tract 90" führte N. den Nachweis der Vereinbarkeit der 39 Artikel des Anglikanismus mit der Lehre der Urkirche. Dies brachte ihm ablehnende Reaktionen von offizieller Seite ein. 1845 trat N. zum Katholizismus über; zwei Jahre später erhielt er die Priesterweihe. 1848 gründete er bei Birmingham das erste Oratorium des hl. Philipp Neri in England. Von 1851-58 wirkte er als Rektor der neugegründeten katholischen Universität in Dublin. Als Antwort auf einen gegen ihn gerichteten publizistischen Angriff verfaßte N. 1864 seine „Apologia pro vita sua", in der er seine Entwicklung und die Aufrichtigkeit seiner Konversion verteidigte. 1879 wurde er von Papst →Leo XIII. zum Kardinal ernannt.

Wenngleich N. nicht primär ein politischer Denker war, so lassen die über sein ganzes Werk verstreuten einschlägigen Aussagen doch seine konservative politische Weltsicht klar erkennen. Sie gründet im Glauben an die für die Imperfektibilität des Menschen ursächliche Erbschuld und in der Überzeugung von der Existenz einer alle Formen des Lebens umfassenden harmonischen Ordnung des Universums. Für N., der in einer frühen Predigt die Abneigung gegenüber Wandel als Charakteristikum eines tugendhaften Geistes bezeichnet hat, ist eine →Verfassung Ausdruck kollektiver Weisheit. Er sieht in ihr die Verkörperung der einer →Nation eigenen Ideen, die seit jeher in Gebrauch stehen und denen praktisch die Kraft ewiger Wahrheiten zukommt. N. versteht die Ausbildung von Ideen als wesenhaft sozialen Prozeß. Darin →Burke gleichend, hebt er die Bedeutung des Vorurteils (prejudice) als Orientierungshilfe für den einzelnen hervor und lobt „a wisdom, safe from the excess and vagaries of individuals, embodied in institutions which have stood the trial and received the sanction of ages".

Kennzeichnend für die Haltung N.s ist seine unerbittliche Opposition gegenüber dem, was er – in politischer wie in religiöser Hinsicht – als Liberalismus bezeichnet, nämlich „false liberty of thought, or the exercise of thought upon matters, in which from the constitution of the human mind, thought cannot be brought to any successful issue, and therefore is out of place". Im Rahmen seiner Liberalismuskritik wendet sich N. primär gegen den in seiner Zeit vorherrschenden optimistischen Glauben an die menschliche Natur und einen praktisch unvermeidlichen moralischen Fortschritt. In seinem Denken finden sich indessen auch liberale Positionen, wie etwa die Befürwortung geringer Staatstätigkeit und ein – allerdings auf der Individualität der menschlichen Seele gründender – Individualismus.

Wahres, auf ersten Prinzipien gründendes Handeln und damit eigentliches Leben ist nach N. auf der Basis von Faktenwissen und darauf gestützten Schlußfolgerungen allein nicht möglich: Im Leben gehe es darum, zu handeln. Um jedoch handeln zu können, dürfe man nicht auf Beweisen für alles bestehen, sondern müsse Annahmen treffen. Dabei aber handle es sich um Glauben. Gegen die Auffassung, man könne nicht glauben, was man nicht verstehe, entwickelt N. in seinem „Essay in Aid of a Grammar of Assent" (1870) die Lehre von der „realen Zustimmung": Die für sich genommen bloß wahrscheinlichen Elemente der Erfahrung werden in der Anhäufung, im Zusammenhang des Ganzen, zur Gewißheit. Diesem Prozeß, in dem der menschliche Geist zu einer das empirische Wissen übersteigenden Gewißheit gelangt, liegt N. zufolge eine menschliche Fähigkeit zugrunde, die er „illative sense" nennt.

Gegenüber dem Utilitarismus seiner Zeit, der den Erwerb von Wissen als Mittel zum Zweck der Erreichung säkularer Ziele ansah, setzte N. seine Konzeption der „liberal education". Über ihre Institutionalisierung im Rahmen der Universität soll die Kultivierung des Geistes, die Perfektionierung des einzel-nen Intellekts erreicht werden. Nicht Indoktrinierung, sondern Bildung ist das Ziel. Indem die Universität solcherart der Hervorbringung von Gentlemen dient, soll sie über die Anhebung der geistigen Gestimmtheit der Gesellschaft und die Verfeinerung des Umgangs der Menschen miteinander noch weitere positive soziale Wirkungen entfalten.

B.: *W. S. Lilly:* N., J. H., in: Dictionary of National Biography XL, London 1894, S. 340-51 (349f.); *V. F. Blehl:* J. H. N. A Bibliographical Catalogue of His Writings, Charlottesville 1978.

S.: Collected Works, Bde. I-XXXVI, London 1868-81; Collected Works, Bde. I-XL, London 1874-1921; unzählige moderne Einzelausgaben, darunter: Two Essays on Biblical and on Ecclesiastical Miracles, New York 1924; An Essay in Aid of a Grammar of Assent, hrsg. v. *C. F. Harrold*, New York 1949; Essays and Sketches, Bde. I-III, hrsg. v. *dems.*, New York 1947; Apologia Pro Sua Vita, hrsg. v. *dems.*, New York 1949; An Essay on the Development of Christian Doctrine, hrsg. v. *dems.*, New York 1949; Sermons and Discourses, Bde. I-II, hrsg. v. *dems.*, New York 1949; The Idea of a University, hrsg. v. *M. J. Svaglic*, Notre Dame 1982.

E.: Letters and Diaries of J. H. N., hrsg. v. *C. S. Dessain*, Bde. I-VI, London 1978-84; Bde. XI-XXII, London 1961-72, Bde. XXIII-XXXI, Oxford 1973-77.

Ü.: Ausgewählte Werke in 9 Bänden, hrsg. v. *M. Laros / W. Becker*, Bd. I: Apologia pro vita sua, Mainz 1951; Bde. II/III: Briefe und Tagebuchaufzeichnungen, Mainz ²1957; Bd. IV: Polemische Schriften. Abhandlungen zu Fragen der Zeit und der Glaubenslehre, Mainz 1959; Bd. V: Vom Wesen der Universität, Mainz 1960; Bd. VI: Zur Philosophie und Theologie des Glaubens. Oxforder Universitätspredigten, Mainz 1964; Bd. VII: Entwurf einer Zustimmungslehre, Mainz 1962; Bd. VIII: Über die Entwicklung der Glaubenslehre, Mainz 1969; Bd. IX: *J. Artz:* N.-Lexikon. Registerband, Mainz 1975; des weiteren zahlreiche Einzelausgaben.

L.: *W. Ward:* The Life of J. H. Cardinal N., Bde. I-II, London 1912; *E. D. Benard:* A Preface to N.'s Theology, St. Louis 1945; *C. F. Harrold:* J. H. N.: An Expository and Critical Study of His Mind, Thought, and Art, New York 1945; *F. McGrath:* N.'s University: Idea and Reality, London – New York 1951; *A. D. Culler:* The Imperial Intellect. A Study of N.'s Educational Ideal, New Haven 1955; *A. J. Boekraad:* The Personal Conquest of Truth according to J. H. N., Löwen 1955; *O. Chadwick:* From Bossuet to N., London 1957; *T. Kenny:* The Political Thought of J. H. N., London 1957; *L. Bouyer:* N. His Life and Spirituality, New York 1958; *J.-H. Waldegrave:* N. the Theologian, New York 1960; *J. Collins:* Philosophical Readings in Cardinal N., Chicago 1961; *A. J. Boekraad:* The Argument from Conscience to the Existence of God according to J. H. N., Löwen 1961; *C. S. Dessain:* J. H. N., London 1966, dt. Freiburg – Basel – Wien 1981; *N. Theis:* J. H. N. in unserer Zeit, Nürnberg 1972; *M. J. Ferreira:*

Doubt and Religious Commitment. The Role of the Will in N.'s Thought, Oxford 1980; *T. Wright:* J. H. N., Newcastle 1983; *O. Chadwick:* N., Oxford u.a. 1983, ⁵1990; *J. Newman:* The mental Philosophy of J. H. N., Waterloo (Ont.) 1986; *A. Ellis-Jones:* Cardinal N., in: Conservative Thinkers: Essays from the Salisbury Review, hrsg. v. *R. Scruton,* London 1988, S. 187-99; *I. T. Ker:* J. H. N., Oxford 1988; *G. Biemer:* J. H. N. 1801-90. Leben und Werk, Mainz 1989; *R. Pattison:* The Great Dissent. J. H. N. and the Liberal Heresy, New York 1991.

– Z

Niebuhr, Reinhold

* 21. 6. 1892 Wright City (Mo.); † 1. 6. 1971 Stockbridge (Mass.). N., Sohn deutscher Einwanderer, gehört zu den bedeutendsten und einflußreichsten protestantischen Theologen der Gegenwart. Auch als Sozialreformer und politischer Theoretiker machte er sich einen Namen. Seine ideologische Entwicklung ist durch eine betont sozialistische Anfangsphase geprägt. Im Jahr 1931 gründete er die „Fellowship of Socialist Christians". Seit 1935 gab er die Zeitschrift „Radical Religion" heraus, die später unter dem Titel „Christianity and Society" erschien. Als Mitglied der Sozialistischen Partei Amerikas bewarb er sich 1930 um ein Kongreßmandat. Als Arbeiterpfarrer in Detroit kritisierte N. nachdrücklich die Arbeitsverhältnisse in der Automobilindustrie. Der als „Amos von Detroit" bezeichnete N. gab sich lebenslang als warmer Fürsprecher der sozial Schwachen zu erkennen. Theologie studierte er u.a. an der bedeutenden Yale Divinity School. Seit 1928 wirkte er als Professor des Union Theological Seminary in New York.

Seine Theologie grenzt sich dezidiert vom Optimismus der liberalen Theologie ab. N. distanziert sich allerdings in gleicher Weise vom Quietismus der orthodoxen Theologie, deren radikaler Rekurs auf transzendente Positionen die sozialen und politischen Probleme der Zeit aus dem Blick verlor. Wiewohl er die durch die Neuzeit bewirkte Freiheitsausweitung des Menschen grundsätzlich begrüßte, weigerte er sich beharrlich, die progressive Geschichtsphilosophie des Liberalismus zu akzeptieren. Er warf ihr vor, die Schattenseiten der menschlichen Existenz zu negieren. Das liberale Fortschrittsdenken bestimmte er als eine Form der menschlichen

Hybris; für den überzeugten Christen sei diese eine sündhafte Einstellung. Der Liberalismus erweise sich nicht zuletzt als unfähig, einen christlich verstandenen Tugendbegriff zu akzeptieren. Das habe seinen Grund vor allem in der optimistischen Anthropologie des Liberalismus, in der dem Bösen keinerlei Raum gewährt werde. Ethnozentrische Vorurteile dürften keineswegs als das Relikt einer überwundenen, vorliberalen Zeit interpretiert werden. Der Liberalismus habe nicht zuletzt in seiner geschichtsoptimistischen Naivität auch die Gefahren überschätzt, die dem Christentum von den totalitären Regimen linker und rechter Provenienz drohten.

N.s vom Pessimismus M. Luthers bestimmte Anthropologie läßt ihn allerdings nicht zu einem Gegner der liberal-demokratischen Politikordnung werden. Deren Notwendigkeit erwachse aus der Sündhaftigkeit des Menschen. „Des Menschen Sinn für Gerechtigkeit macht Demokratie möglich, seine Neigung zu Ungerechtigkeit aber macht Demokratie notwendig." Mit diesem Bekenntnis lehnt N. die ebenfalls aus einer pessimistischen Anthropologie resultierenden politischen Schlußfolgerungen eines T. Hobbes ab.

Auch N.s außenpolitisches Denken ist von einer zutiefst skeptischen Sicht des Menschen bestimmt. Während er in seiner Frühphase ausgesprochen pazifistisch dachte, war er später der Auffassung, daß gegenüber einer unverhüllten militärischen Aggression Widerstand geboten sei. Dabei wirft er vor allem den liberalen, am Kantischen Ideal des „Ewigen Friedens" orientierten Denkweise vor, die brutalen Fakten des internationalen Geschehens erfolgreich zu verdrängen. Seiner Auffassung nach werden auch in Zukunft die kriegerischen Auseinandersetzungen zwischen den Staaten kaum verhindert werden können. Nachhaltig setzte sich N. für den Krieg der USA gegen den Hitlerstaat ein. Nach dem Ende des Zweiten Weltkrieges wandte sich N. vehement gegen den Expansionismus der Sowjetunion. Dabei warf er vor allem der Republikanischen Partei der USA vor, die außenpolitische Gefährlichkeit der totalitären Regime zu unterschätzen. N. vertrat sogar die Ansicht, daß die Demokratische Partei eine weitaus realistischere Außenpolitik betrieben habe. Insbesondere F. D. Roosevelt sei es gelungen, die pazifistischen

Illusionen des liberalen W. Wilson erfolgreich zu konterkarieren. Scharf lehnte N. auch alle Vorschläge ab, eine Weltregierung zu installieren. Die Weltpolitik werde niemals in der Lage sein, „das ‚Balance of Power'-Prinzip" zu überwinden.

S.: Does Civilization need Religion?, New York 1927; Moral Man and Immoral Society, New York 1932; Reflections on the End of an Era, New York 1934; An Interpretation of Christian Ethics, New York 1935; Beyond Tragedy, New York 1937; The Nature and Destiny of Man, Bde. I-II, New York 1941/43; The Children of Light and the Children of Darkness, New York 1944; Faith and History, New York 1949; The Illusion of World Government, New York 1949; Christian Realism and Political Problems, New York 1953; The Irony of American History, New York 1955; The Self and the Dramas of History, New York 1955; The Structure of Nations and Empires, New York 1959.

Ü.: Jenseits der Tragödie, München 1947; Die Kinder des Lichts und die Kinder der Finsternis, München 1947; Die Zeichen der Zeit, München 1948; Glaube und Geschichte, München 1951; Christlicher Realismus und politische Probleme, Stuttgart 1956; Staaten und Großmächte, Gütersloh 1960.

L.: *G. Hammar:* Christian Realism in Contemporary American Theology. A Study of R. N., Uppsala 1940; *E. L. Allen:* Christianity and Society. A Guide to the Thought of R. N., London 1950; *C. W. Kegley / R. W. Bretall:* R. N. His religious, political and social thought, New York 1956; *H. P. Odegard:* Sin and Science. R. N. as political Theologian, Yellow Springs (Ohio) 1956; *T. Minnema:* The Social Ethics of R. N., Grand Rapids 1958; *G. Harland:* The Thought of R. N., New York 1960; *J. R. Bingham:* Courage to Change. An Introduction to the Life and Thought of R. N., New York 1961; *D. Lange:* Christlicher Glaube und soziale Probleme. Eine Darstellung der Theologie R. N.s, Gütersloh 1964; *R. H. Stone:* R. N. Prophet to Politicians, Nashville 1971; *N. A. Scott* (Hrsg.): The Legacy of R. N., Chicago 1973; *J. B. Müller:* R. N.s Demokratielehre, in: Politisches Denken. Jahrbuch 1994, S. 137ff.

– JBM

Nisbet, Robert Alexander

* 30. 9. 1913 Los Angeles. Konservativer Soziologe. N. studierte und lehrte zunächst an der University of California-Berkeley. Von 1953-72 war er Professor für Soziologie an der University of California-Riverside. Ab 1972 wirkte er an der University of Arizona und von 1974 bis zu seiner Emeritierung 1978 an der Columbia University. Von 1978-80 war er Resident Scholar am American Enterprise Institute.

N.s 1953 erschienenes Buch „The Quest

for Community" zählt neben R. →Kirks „The Conservative Mind" und R. →Weavers „Ideas Have Consequences" zu den Büchern, die den Beginn des Aufstiegs der konservativen Bewegung in den USA nach dem Zweiten Weltkrieg markieren. Im Zentrum des Buches steht das Thema, das N. seither immer wieder beschäftigt hat: das der Bedrohung individueller Freiheit durch das Wachstum des die natürliche Autorität der gesellschaftlichen →Institutionen usurpierenden modernen →Staates auf Kosten vorhandener intermediärer Strukturen. N. schildert die Geschichte der westlichen Welt seit dem Ende des Mittelalters als Geschichte des Niedergangs der zwischen den einzelnen und dem Staat bestehenden Assoziationsformen. Er zeigt auf, daß deren Schwächung und Auflösung nicht die von vielen erhoffte Befreiung des Menschen gefördert, sondern Entfremdung und Isolierung erzeugt hat. N., der in der von ihm kritisierten stetigen Ausweitung der Staatstätigkeit eine Entwicklung sieht, die geeignet ist, zu einem demokratischen →Totalitarismus zu führen, plädiert im Gegenzug für eine neue Form des *Laissez faire* mit dem Ziel der Schaffung der Bedingungen, unter welchen autonome Gruppen, wie etwa Familie, Kirche, Nachbarschaft, Gemeinde und Provinz, gedeihen können. Deren Bedeutung hebt N., der nicht nur in diesem Punkt stark vom Denken Émile Durkheims beeinflußt wurde, hervor, weil ihm zufolge bedeutungsvolle individuelle →Freiheit nur möglich ist, wenn der einzelne in einem von vielfältigen *corps intermédiaires* konstituierten pluralistischen System sozialer und moralischer Autoritäten verwurzelt ist.

N., dessen Zugang zur Soziologie stark ideengeschichtlich geprägt ist, hat insbesondere in seinem Buch „The Sociological Tradition" herausgearbeitet, daß zentrale Themen der Soziologie des 19. Jhdt.s wie „Gemeinschaft", „→Autorität", „Status", „das Heilige" und „Entfremdung", als Erbschaften der konservativen →Tradition anzusehen sind. Damit im Zusammenhang steht sein Verständnis der Soziologie als einer „Kunstform" (art form): Ihm zufolge sind die Ideen, die wie „Massengesellschaft", „Anomie", „Rationalisierung" und „Desorganisation" zum charakteristischen Beitrag der Soziologie zum modernen Denken gehören, keine

Resultate der Anwendung wissenschaftlicher Methoden. Vielmehr seien diese Ideen, die sich in den Schriften von →Tocqueville, Weber, Simmel, Tönnies und Durkheim finden, der Intuition der genannten Denker entsprungen; diese hätten sich der sie umgebenden Welt nicht mittels rationalistischer wissenschaftlicher Methoden zugewandt, sondern unter Anwendung des kreativen Vorstellungsvermögens, das für Äußerungen im Bereich der Kunst ursächlich sei.

In seiner „History of the Idea of Progress" legt N. dar, daß es sich beim Konzept des Fortschritts nicht um eine ausschließlich moderne, der →Aufklärung entstammende Idee handelt, sondern um eine solche, deren Wurzeln in der griechischen und römischen Antike und vor allem im Denken des hl. Augustinus liegen. Zur Überwindung der gegenwärtigen Krise der westlichen Kultur, deren Ursache N. in der Erschütterung der Fortschrittsidee sieht, redet er der Rehabilitierung dieser Idee in ihrer ursprünglichen, auch den →Wert der Vergangenheit und des Lebens auf dieser Welt betonenden Form das Wort. Der geringen Erfolgsaussichten dieses auf die Wiederbelebung des Glaubens des Westens an sich selbst gerichteten Unterfangens bleibt sich N. jedoch bewußt. Denn nur „in the context of a true culture in which the core is a deep and wide sense of the *sacred* are we likely to regain the vital conditions of progress itself and of faith in progress – past, present and future".

S.: The Quest for Community, New York 1953, ²1962 (unter dem Titel: Community and Power), San Francisco ⁴1990; zus. m. *R. K. Merton* (Hrsg.): Contemporary Social Problems, New York 1961; Émile Durkheim, Greenport 1965; The Sociological Tradition, New York 1966, New Brunswick ²1993; Tradition and Revolt, New York 1968; Social Change and History, New York 1969; The Social Bond, New York 1970, zus. m. *R. G. Perrin* ²1977; The Degradation of the Academic Dogma, London 1971; The Social Philosophers, London 1973, New York ²1983; The Sociology of Émile Durkheim, New York 1974; Public Opinion Versus Popular Opinion, in: Public Interest 41, Herbst 1975, S. 166-92; Twilight of Authority, London 1976; Sociology as an Art Form, London 1976; zus. m. *T. B. Bottomore* (Hrsg): A History of Sociological Analysis, New York 1978; The French Group in Social Thought, Salem (N. H.) 1980 (Diss. University of California-Berkeley 1940); History of the Idea of Progress, New York 1980, New Brunswick ²1994; Conservatives and Libertarians: Uneasy Cousins, in: Modern Age 24, Winter 1980, S. 2-

8, auch in: Modern Age. The First Twenty-Five Years. A Selection, hrsg. v. *G. Panichas*, Indianapolis 1988, S. 124-32; Prejudices. A Philosophical Dictionary, Cambridge (Mass.) 1982; Conservatism, Milton Keynes 1986; The Making of Modern Society, London 1986; The Present Age. Progress and Anarchy in Modern America, New York 1988; Roosevelt and Stalin, Washington (D. C.) 1988; Teachers and Scholars. A Memoir of Berkeley in Depression and War, New Brunswick 1992.

Ü.: Roosevelt und Stalin, Esslingen – München 1991.

L.: *J. R. Lilly:* N.'s Approach to Social Change, in: Sociological Symposium 16, Sommer 1976, S. 113-27; *G. Himmelfarb:* History and the Idea of Progress, in: *dies.:* The New History and the Old, Cambridge, (Mass.) – London 1987, S. 155-70, 202-03; *J. D. Hoeveler jr.:* R. N.: Resisting Leviathan, in: *ders.:* Watch on the Right, Madison 1991, S. 177-205, 308-10.

– Z

Nock, Albert J.

* 13. 10. 1870 Scranton/Pennsylvania; † 9. 8. 1945. Amerikanischer Essayist und Sozialkritiker, führender Repräsentant der Old Right. N. inspirierte die Renaissance des libertären wie des konservativen Denkens im Amerika der Nachkriegszeit auf entscheidende Weise.

N. wuchs als einziges Kind eines Pfarrers der Episcopal Church in Brooklyn, New York, sowie der Kleinstadt Alpena (Michigan) in materiell bescheidenen Verhältnissen auf. Die Tugenden der Bewohner amerikanischer Kleinstädte, wie Selbstrespekt, Selbstbescheidung, Fleiß, Gerechtigkeitssinn und Individualismus, schätzte er zeit seines Lebens. Im St. Stephen's College erhielt er nach eigenem Bekunden eine „gute Vorbereitung aufs Leben" im Sinne des klassischen Humanismus. 1897 wurde N. Pfarrer der Episcopal Church und übte sein Amt an verschiedenen Orten aus. Später sprach er von „Sinekuren", die es ihm erlaubt hätten, Zeit für „fortgeschrittene philosophische und historische Studien" zu finden.

Das Jahr 1909 wurde zum Wendepunkt in seinem Leben: N. trat vom Pfarramt zurück, verließ seine Frau und die beiden Kinder und ließ sich in New York nieder, wo er als Redakteur beim „American Magazine" wirkte. Von Mitte 1918 bis Ende 1919 war er Associate editor bei der linksgerichteten Zeitschrift „The Nation", was ihn nicht davon abhielt, Kritik an „uplifting liberals" wie Präsident Woodrow Wilson und deren Pseudo-moralismus zu üben. Von 1920 bis 1924 war er Herausgeber an dem von ihm gegründeten „Freeman", der damals als intellektuell anspruchsvollste politisch-kulturelle Zeitschrift der USA galt. Fortan war er als Publizist tätig und schrieb regelmäßig im „Atlantic", in „Harper's Magazine" und in H. L. →Menckens „American Mercury". N. verbrachte lange Jahre in England, Holland und Belgien. Er gab die Werke des François Rabelais in Amerika neu heraus und schrieb das Buch „Journey into Rabelais' France". Thomas Jefferson, Henry George, Franz Oppenheimer und vor allem der frühe Herbert Spencer sowie antike Klassiker (Marc Aurel, Thukydides, Aristoteles) prägten sein Denken in entscheidender Weise. Seine Biographie „Mr. Jefferson" (1926) zählt noch heute zu den brillantesten Darstellungen vom Leben und Denken des Gründervaters der Vereinigten Staaten.

„Our Enemy, the State", im Jahre 1935 und damit in der turbulenten Zeit von Präsident Franklin D. Roosevelts New Deal entstanden, gilt als moderner Klassiker. Das Buch stellt „die fortschreitende Umwandlung der gesellschaftlichen Gewalt in Staatsgewalt" dar oder auch die schleichende Transformation des Modellfalls eines freiheitlichen Landes par excellence in ein zunehmend überreguliertes. N. unterscheidet zwei fundamental verschiedene Arten der politischen Organisation: den „Staat" und die „Regierung". Teleologisch implementiere die Regierung den gemeinsamen Wunsch der Gesellschaft nach Freiheit und nach Sicherheit. Die Regierung erwäge keine positive Intervention gegen das Individuum, sondern nur eine negative. Der →Staat sei demgegenüber verschieden nach Ursprung und Absicht, in seiner primären Funktion, nach der Gewichtigkeit der Interessen, die er verkörpere: „Er erstrebt primär die ständige wirtschaftliche Ausbeutung der einen Klasse durch die andere und beschäftigte sich nur mit soviel Freiheit und Sicherheit, als mit seiner primären Absicht konsistent war – und diese war tatsächlich recht gering. Seine primäre Aufgabe der Ausübung geschah nicht im Sinne von Thomas Paines rein negativen Interventionen gegenüber dem Individuum, sondern durch zahllose und äußerst schädliche positive Interventionen, die

alle getätigt wurden, um die Schichtung der Gesellschaft in eine besitzende und ausbeutende Klasse sowie eine eigentumslose und abhängige Klasse aufrechtzuerhalten."

In seinem Werk „Memoirs of a Superfluous Man" (1943), das eine einzigartige ideelle Autobiographie darstellt, kritisiert N. den Hang seiner Landsleute zum kruden Nützlichkeitsdenken, was sich in Kommerzialisierung, demokratischer Nivellierung in allen Bereichen, insbesondere im staatlichen Bildungswesen, niederschlage, wo nur noch Praxisbezogenheit gefragt sei. Der Großteil der Menschen sei nur zur Aufnahme von instrumentaler, nicht aber formativer Bildung befähigt. Im Essay „Isaiah's Job", der in „The State of the Union. Essays in Social Criticism" (1991) enthalten ist, dient N. die Geschichte vom Propheten Jesaja als Vorbild für die Aufgabe, die er für sich und Gleichgesinnte sieht: Nach biblischer Überlieferung wurde Jesaja von Gott beauftragt, dem Volk Israel eine katastrophale Botschaft zu übermitteln, die weder bei der breiten Masse noch bei der politischen oder etablierten intellektuellen Elite auf Gehör stößt. Der Sinn von Jesajas Aufgabe besteht darin, den „Remnant", d.h. die verschwindend kleine Anzahl von Menschen, anzusprechen, die auf die Botschaft tatsächlich hören.

Die Frage, was die Angehörigen des „Remnant" charakterisiere, ergibt sich aus ihrer Gegenüberstellung zum Massenmenschen: Dieser habe weder die intellektuelle Kraft, die Prinzipien wahrzunehmen, aus denen das, was wir als das humane Leben kennen, hervorgeht, noch die charakterliche Kraft, sich nach jenen Prinzipien des Verhaltens stetig zu richten. Zu ihnen zählt N. die überwältigende Mehrheit der Menschheit. Über den „Remnant" weiß N. zu berichten, daß er und damit die ihm Zugehörigen existierten, und, zweitens, daß letztere einander finden würden, und zwar ohne daß sie sich darum besonders bemühten. Für den „Remnant" zu wirken, sei eine hochinteressante, aber im allgemeinen schlecht bezahlte Tätigkeit, von der jedoch das Überleben der freiheitlichen Zivilisation abhänge.

S.: The Myth of a Guilty Nation, New York 1922; The Freeman Book, New York 1924; Mr. Jefferson, Delavan (Wisc.) 1983 (1926); On Doing the Right Thing and Other Essays, New York 1928; François

Rabelais: The Man and his Work, New York 1929; The Book of Journeyman: Essays from the new Freeman, New York 1930; The Theory of Education in the United States, New York 1932; A Journey into Rabelais' France, New York 1934; A Journal of these Days: June 1932 – December 1933, New York 1933; Our Enemy, the State, New York 1973 (1935); Free Speech and Plain Language, New York 1937; Henry George: An Essay, New York 1939; Memoirs of a Superfluous Man, New York 1943; Journal of Forgotten Days: May 1934 – October 1935, Hinsdale (Ill.) 1948; Letters from Albert Jay N., 1924-45, to Edmund C. Evans, Mrs. Edmund C. Evans and Ellen Winsor, Caldwell 1949; Snoring as a Fine Art and Twelve Other Essays, Rindge (N. H.) 1958; Selected Letters of A. J. N., Caldwell 1962; Cogitations from A. J. N., Irvington-on-Hudson (N. Y.) 1970; The State of the Union. Essays in Social Criticism, Indianapolis 1991.

L.: *R. M. Crunden:* The Mind and Art of A. J. N., Chicago 1964; *J. S. Cziraky:* The Evolution of the Social Philosophy of A. J. N., Philadelphia 1959; *A. K. Winterberger:* Die USA als Modellfall für Europas Einigung. Gedanken zu A. J. N.s Werk „Our Enemy, the State", Reflexion Nr. 27, Liberales Institut Zürich, September 1992.

– Wi

Noelle-Neumann-Maier-Leibnitz, Elisabeth

* 19. 12. 1916 Berlin. Meinungsforscherin. Tochter des Fabrikbesitzers Dr. jur. Ernst Noelle. Nachdem sie Schulen in Berlin und Schloß Salem besucht und das Abitur in Göttingen abgeschlossen hatte, studierte sie ab 1935 Geschichte, Philosophie, Zeitungswissenschaften und Amerikakunde an den Universitäten Berlin, Königsberg und München. Von 1937 bis 1938 war sie DAAD-Austauschstudentin an der Journalistenschule der Universität von Missouri in Columbia (USA). „Es war noch kein Jahr her", so N., „daß der Stern der neuentdeckten Gallup-Methode aufgegangen war. Bei der amerikanischen Präsidentschaftswahl 1936 hatte Gallup den Nachweis geführt, daß man mit einer Umfrage bei einem repräsentativen Querschnitt mit nur 6000 Interviews die Meinungen der ganzen Bevölkerung erfahren kann. Wenn es irgend etwas gibt, das dem Erlebnis ähnelt, den Stein der Weisen zu finden, diese Methode war für mich ein solches Wunder." Über Japan, China und den Vorderen Orient kehrte sie nach Berlin zurück und wurde bei Emil Dovifat mit der Arbeit „Meinungs- und

Massenforschung in USA" zum Dr. phil. promoviert; nach Aussage von George Gallup die erste Buchpublikation über die neue Methode und ihre Anwendung in der politischen Meinungs- und der Leserschaftsforschung für die Presse.

N. volontierte nach der Promotion bei der „Deutschen Allgemeinen Zeitung". 1940-42 war sie als Redakteurin bei der Wochenzeitung „Das Reich" und, nach fristloser Kündigung, bei der „Frankfurter Zeitung" tätig. Nach anonymer journalistischer Tätigkeit ab 1943 wohnte sie bei Kriegsende zunächst in Tübingen. 1946 heiratete sie den späteren CDU-Bundestagsabgeordneten und 1973 verstorbenen Erich Peter Neumann, mit dem sie 1947 in Allensbach am Bodensee das „Institut für Demoskopie Allensbach" als erstes deutsches Meinungsforschungsinstitut gründete. Vom Allensbacher Institut stammen die ersten statistisch-repräsentativen Jugendumfragen in der Bundesrepublik Deutschland (1947/48), die ersten Umfragen zur Erforschung der politischen Meinung, Umfragen nach der Währungsreform 1948 (im Auftrag von Ludwig Erhard). Erich Peter Neumann gelang es nicht nur, Ludwig Erhard 1948 vom Wert der Demoskopie zu überzeugen, sondern auch Bundeskanzler Konrad →Adenauer. 1950 schloß die Bundesregierung mit dem Allensbacher Institut einen Vertrag, regelmäßig monatlich über die Stimmung der Bevölkerung zu berichten; er wurde bis heute von allen weiteren Bundesregierungen aufrechterhalten. Mit etwa 90 Angestellten und ungefähr 1800 nebenberuflichen Interviewern führt Allensbach im Jahr mehr als 80.000 Interviews und etwa 3000 Umfragen in den Bereichen Wirtschaft, Politik, Medien und Kultur durch.

N. hat darüber hinaus wichtige Erkenntnisse für eine Theorie der →öffentlichen Meinung geliefert. Anfang der siebziger Jahre stellte sie das wichtigste Fundament für diese Theorie der Fachwelt vor: Die Existenz einer „Schweigespirale". Die grundlegenden Annahmen der Schweigespirale lassen sich in sechs Thesen zusammenfassen: 1. Menschen fürchten sich vor Isolation. 2. Sie orientieren sich über das Meinungsklima zu moralisch aufgeladenen Themen. 3. Sie stützen sich dabei auf Primärerfahrungen (Beobachtung der sozialen Umwelt) und Sekundärerfahrungen

(Beobachtung der Darstellung der Situation in den Massenmedien). 4. Menschen, die sich bei der Diskussion moralisch aufgeladener Themen in der Minderheit glauben, verschweigen in der Öffentlichkeit ihre Meinung. 5. Durch ihr Schweigen verstärken sie den Eindruck, daß sie eine Minderheit darstellen. 6. Das negativere Meinungsklima übt einen massiven Druck auf die noch exponierbereiten Anhänger der (tatsächlichen oder vermeintlichen) Minderheitenmeinung aus und bringt auch sie sukzessive zum Schweigen (Schweigespirale).

Die Massenmedien besitzen nach Auffassung von N. einen eigenständigen Einfluß auf die Entwicklung der öffentlichen Meinung, wenn sie Meinungsverteilungen in der Gesellschaft anders darstellen als sie tatsächlich sind (doppeltes Meinungsklima). Allensbach konnte in Umfragen nachweisen, daß die Umweltgefahren im allgemeinen gravierender eingeschätzt als persönlich erlebt werden. Fragt man nach der Umwelt in Deutschland, wird diese überwiegend als ziemlich zerstört beschrieben; wird hingegen ganz konkret nach dem Umweltzustand im Ort, der Gegend, wo man lebt, gefragt, fallen die Urteile erheblich günstiger aus. Was von der Demoskopie als öffentliche Meinung ermittelt wird, ist oft nicht die Meinung des Volkes, sondern die Meinung der Medien. Die Demoskopie ist hier nur eine Vermittlungsinstanz, die anzeigt, wieviel Medieninhalte von der Bevölkerung übernommen worden sind. Massenmedien berichten in vielen Fällen nicht die Wirklichkeit, sondern rufen, umgekehrt, durch ihre Aussage, Darstellung und Betonung Wirklichkeit erst hervor („Medienrealität"). Mit der Demoskopie, so die Meinung von N., verfügt man über ein Instrument, die Medienrealität zu korrigieren.

So konnte Allensbach die Folgen einer einseitigen Medienberichterstattung über die zwanziger und dreißiger Jahre auf das Meinungsbild und den Kenntnisstand der Bevölkerung nachweisen. Die Folgen einer gebrochenen nationalen Identität auf die politische Stabilität eines Staates hat N. in ihrer Studie „Die verletzte Nation" 1987 aufgezeigt. „Der enge Zusammenhang zwischen nationalem Stolz und Verteidigungsbereitschaft, Vertrauen in die Institutionen, der generellen Bereitschaft zur Einordnung in personenübergreifende Zusammenhänge legt für einen Staat geradezu zwingend die Förderung der nationalen Idee nahe. Personen mit ausgeprägtem Nationalstolz sind zufriedener, froher als Personen ohne entwickelten Nationalstolz, die sich seltener vorbehaltlos als glücklich bezeichnen, häufiger an dem Sinn des Lebens zweifeln und ihre häusliche Situation ungünstiger beschreiben. Sinkender Nationalstolz ist nicht Ausdruck eines Rückzugs auf ein privates Glück; individuelle Lebenszufriedenheit ist ein Korrelat der Identifikation mit dem eigenen Land."

Im Frühjahr 1996 wurde das Institutskapital (alleiniger Besitzer N.) auf die Stiftung Demoskopie Allensbach übertragen. Zielsetzung der Stiftung ist, die Voraussetzung dafür zu schaffen, daß unabhängig und auftragsungebunden Forschungsarbeiten auf dem Gebiet der Demoskopie durchgeführt, Wissenschaft und Forschung sowie wissenschaftlicher Nachwuchs gefördert und Forschungsergebnisse publiziert werden können; ferner daß in Verbindung damit das demokratische Staatswesen gestärkt wird. Sitz der Stiftung ist Konstanz.

S. (Auswahl): Über den methodischen Fortschritt in der Umfrageforschung, Allensbach – Bonn 1962; Öffentlichkeit als Bedrohung. Beiträge zur empirischen Kommunikationsforschung, Freiburg – München 1977; Wahlentscheidung in der Fernsehdemokratie, Würzburg 1980; Eine Generation später. Bundesrepublik Deutschland 1953-79 (mit *E. Piel*), München 1983; Macht Arbeit krank? Macht Arbeit glücklich? Eine aktuelle Kontroverse (mit *B. Strümpel*), München – Zürich 1984; Die verletzte Nation, Stuttgart 1987; Öffentliche Meinung. Die Entdeckung der Schweigespirale, Frankfurt a. M. – Berlin [3]1991; Alle, nicht jeder. Einführung in die Methoden der Demoskopie (mit *T. Petersen*), München 1996.

– So

Novalis (Hardenberg, Georg Philipp Friedrich von)

* 2. 5. 1772 Oberwiederstedt (Grafschaft Mansfeld); † 25. 3. 1801 Weißenfels (Sachsen). Romantischer Dichter und philosophischer Schriftsteller. Der junge Hardenberg, der sich als Dichter N. nannte, entstammte einer ursprünglich im Süden Niedersachsens ansässigen alten Adelsfamilie. Seit 1785 in Weißenfels lebend, wo er auch die Schule besuchte, verfaßte er schon als Schüler (etwa seit 1788)

Novalis
1772–1801

erste Gedichte. 1790-94 studierte N. Rechtswissenschaften an den Universitäten Jena, Leipzig und Wittenberg; in Leipzig lernte er 1792 Friedrich→Schlegel kennen – eine für sein weiteres Leben entscheidende Bekanntschaft. Nach dem in Wittenberg abgelegten juristischen Examen arbeitete N. seit 1794 als „Aktuarius" in Tennstedt, seit 1796 in Weißenfels.

1795 und in den folgenden Jahren hielt er sich immer wieder in Jena auf, das in dieser Zeit zum Zentrum der deutschen Frühromantik avancierte. Hier begegnete er u.a. Fichte, Schelling, Hölderlin, Tieck und den Brüdern Schlegel; 1798 lernte er auch Goethe, Schiller und Jean Paul persönlich kennen. 1797-99 absolvierte N. ein zweites Studium an der Bergakademie in Freiberg und kehrte 1799 als „Salinen-Assessor" nach Weißenfels zurück. Während all dieser Jahre entwickelte er eine intensive literarisch-dichterische Tätigkeit, die sich vom geschichtsphilosophischen Essay über den Aphorismus bis hin zu anspruchsvollster Lyrik („Hymnen an die Nacht") und zum Roman („Heinrich von Ofterdingen") erstreckte. Nachdem er noch Ende 1800 zum Amtshauptmann ernannt worden war, starb er im März des nächsten Jahres an den Folgen einer schweren Tuberkulose.

N. gilt als bedeutendster Vertreter der deutschen Frühromantik, deren Weltbild er entscheidend geprägt hat. Zu fast allen Aspekten dieser geistigen Bewegung, zu ihrer Religiosität, Philosophie, Ästhetik, Geschichtsdeutung, Naturauffassung und ihrer politischen Ideenwelt hat er – trotz seines kurzen Lebens – Entscheidendes beigetragen. Grundgedanke seiner Philosophie ist die Identität von Innen und Außen, Großem und Kleinem, Makrokosmos und Mikrokosmos: „Wir träumen von Reisen durch das Weltall: ist denn das Weltall nicht in uns?" Alle Dinge stehen für N. in einem geheimnisvollen, oft nur zu ahnenden Zusammenhang, der zugleich eine höhere Ordnung – die Weltordnung Gottes – darstellt. Seine poetisch-religiöse Naturfrömmigkeit betonte den engen Zusammenhang von Mensch und Natur; die Entfremdung beider im Zeichen der sich langsam entwickelnden modernen Technik sah er als Verhängnis an, ebenso wie auch Säkularisierung und Entchristlichung.

Sein Vortrag „Die Christenheit oder Europa" (1799) stellt das zentrale Dokument der geistigen Welt deutscher Frühromantik dar und enthält darüber hinaus den ideellen Kern des gesamten romantischen Denkens. Es handelt sich hierbei nicht (wie oft behauptet wurde) um eine ausschließlich rückwärtsgewandte Apologie oder Verklärung des Mittelalters, auch nicht um eine politische Utopie, sondern um eine geschichtsphilosophische Spekulation von höchstem Rang. Der Kerngedanke des N. ist, daß die „alten Zeiten", in denen „Europa ein christliches Land war, wo *eine* Christenheit diesen... Weltteil bewohnte, *ein* großes gemeinschaftliches Interesse... die entlegensten Provinzen dieses weiten geistlichen Reichs" verband, den Höhepunkt der Geschichte dieses Kontinents darstellten; diesem Gipfel sei mit der Reformation, der Aufspaltung des Christentums, und mit der Entwicklung der modernen Wissenschaften und deren Trennung von Glauben und Wissen ein Zeitalter des Verfalls und Niedergangs gefolgt. Eine bloße Rückkehr zum Mittelalter hielt N. für unmöglich, aber er postulierte doch eine „neue Versöhnungszeit" im Zeichen einer Erneuerung der alten Eintracht des Abendlandes: „Die Christenheit muß wieder lebendig und wirksam werden und (es muß) sich wieder ein(e) sichtbare Kirche ohne Rücksicht auf Landesgrenzen bilden... Sie muß das alte Füllhorn des Segens wieder über die Völker ausgießen." Diese neue Zeit sollte keineswegs die bloße Wiederkehr der alten sein, sondern etwas qualitativ Neues darstellen – eine neue „goldne Zeit", die zugleich die positiven und zukunftsträchtigen Elemente der Vergangenheit in sich aufnehmen, wiederbeleben und zu neuer Wirksamkeit führen sollte.

Seine politischen Auffassungen hat N. am präzisesten in seiner Schrift „Glauben und Liebe oder Der König und die Königin" (1798) formuliert. Indem er das junge preußische Königspaar Friedrich Wilhelm III. und Luise als Inbegriff und reale Verkörperung einer politisch-geistigen Neubegründung der Monarchie feierte, kritisierte er zugleich den modernen „Fabrik- und Maschinenstaat", der als kalter und toter Anstaltsstaat die alte, ursprüngliche politische Gemeinschaft, die in der Familie ihren Ursprung besitze, zerstört habe. Mit großer Leidenschaft plädierte N. für eine Erneuerung der Monarchie aus dem Prinzip der „Liebe" (verstanden von ihm zugleich als Zusammengehörigkeitsgefühl wie als Zuneigung zu einem „höheren" Menschen) heraus: „Der König ist das gediegene Lebensprinzip des Staates; ganz dasselbe, was die Sonne im Planetensystem ist." Er sah keinen entscheidenden Gegensatz zwischen Monarchie und Republik, denn für ihn stellte die „allgemeine Teilnahme am ganzen Staat, innige Berührung und Harmonie aller Staatsglieder" unter der Leitung ihres „Vaters", des Königs, das Kennzeichen eines „echten Republikanismus" dar.

Eine zusammenfassende Beurteilung der politischen Gedankenwelt des N. hat zu beachten, daß es dem jungen Dichter nicht um politische Handlungsanweisungen oder um die Entwicklung einer in sich abgeschlossenen politischen Lehre ging, sondern um spekulative Lebens- und Weltdeutung, um die Formulierung zukunftsweisender Ideen und damit zugleich auch um unnachsichtige und tiefgreifende Gegenwartskritik.

B.: in *G. Schulz:* N. (siehe unter **L.**), S. 177-87.

S.: Schriften, hrsg. v. *F. Schlegel / L. Tieck,* Bde. I-II, Berlin 1802; Schriften. Krit. Neuausg., hrsg. v. *E. Heil-* *born,* Berlin 1901; Schriften, hrsg. v. *J. Minor,* Bde. I-IV, Jena 1907; Sämtliche Werke, hrsg. v. *E. Kamnitzer,* Bde. I-IV, München 1924; Werke, Briefe und Dokumente, hrsg. v. *E. Wasmuth,* Bde. I-IV, Heidelberg 1953-57; Schriften, hrsg. v. *P. Kluckhohn / R. Samuel,* Bde. I-IV, Stuttgart 1960-75; Werke, Tagebücher und Briefe, hrsg. v. *R. Samuel / H.-J. Mähl,* Bde. I-III, München 1978-87.

E.: *F. v. H.* (genannt N.). Eine Nachlese aus den Quellen des Familienarchivs, hrsg. v. einem Mitglied der Familie (*S. v. Hardenberg*), Gotha 1873; *M. Preitz:* Friedrich Schlegel und N. – Biographie einer Romantikerfreundschaft in ihren Briefen, Darmstadt 1957.

L.: *Bauer* in: ADB X, 562-70; *A. C. Just:* F. v. H., in: Nekrolog der Teutschen für das neunzehnte Jhdt., hrsg. v. *F. Schlichtegroll,* Bd. IV, Gotha 1805, S. 187-261; *R. Haym:* Die romantische Schule, Berlin 1870 u.ö.; *R. Huch:* Die Romantik, Bde. I-II, Leipzig 1899-1902 u.ö.; *W. Dilthey:* N., in: *ders.:* Das Erlebnis und die Dichtung, Leipzig 1905 u.ö.; *A. Poetzsch:* Studien zur frühromantischen Politik und Geschichtsauffassung, Leipzig 1907; *H. Lichtenberger:* N., Paris 1912; *A. v. Martin:* Das Wesen der romantischen Religiosität, in: Deutsche Vierteljahrsschrift für Literaturwissenschaft und Geistesgeschichte 2 (1924), S. 364-417; *R. Samuel:* Die poetische Staats- und Geschichtsauffassung F. v. H.s (N.), Frankfurt a. M. 1925; *P. Kluckhohn:* Persönlichkeit und Gemeinschaft. Studien zur Staatsauffassung der deutschen Romantik, Halle 1925; *B. v. Wiese:* N. und die romantischen Konvertiten, in: Romantikforschungen, Halle 1929, S. 205-42; *A. Müller:* Die Auseinandersetzung der Romantik mit den Ideen der Revolution, in: ebd., S. 243-333; *J. Baxa:* Einführung in die romantische Staatswissenschaft, Jena ²1931; *H. A. Korff:* Geist der Goethezeit, Bd. III: Frühromantik, Leipzig 1940; *E. Hederer:* N., Wien 1949; *F. Hiebel:* N. Der Dichter der blauen Blume, München 1951; *T. Haering:* N. als Philosoph, Stuttgart 1954; *H. W. Kuhn:* Der Apokalyptiker und die Politik. Studien zur Staatsphilosophie des N., Freiburg i. Br. 1961; *P. Kluckhohn:* Das Ideengut der deutschen Romantik, Tübingen ⁴1961; *H.-J. Mähl:* Die Idee des goldenen Zeitalters im Werk des N., Heidelberg 1965; *H. Ritter:* Der unbekannte N., Göttingen 1967; *G. Schulz:* N. in Selbstzeugnissen und Bilddokumenten, Reinbek 1969 u. ö.; *E. Heftrich:* N. – Vom Logos der Poesie, Frankfurt a. M. 1969; *H.-J. Mähl:* F. v. H. (N.), in: Deutsche Dichter der Romantik, hrsg. v. *B. v. Wiese,* Berlin 1971, S. 190-224; *P. Berglar:* Geschichte und Staat bei N., in: Jahrbuch des Freien Deutschen Hochstifts 1974, S. 143-208; *H. Brunschwig:* Gesellschaft und Romantik in Preußen im 18. Jhdt. Die Krise des preußischen Staates und die Entstehung der romantischen Mentalität (1947), Frankfurt a. M. – Berlin – Wien 1975; *U. Scheuner:* Der Beitrag der deutschen Romantik zur politischen Theorie, Opladen 1980; *F. Strack:* Im Schatten der Neugier: Christliche Tradition und kritische Philosophie im Werk F. v. H.s, Tübingen 1982; *H. Kurzke:* Romantik und Konservatismus. Das „politische" Werk F. v. H.s (N.), München 1983; *G. Schulz* (Hrsg.): N. – Beiträge zu Werk und

Persönlichkeit F. v. H.s, Darmstadt ²1986; *K. Hartmann:* Die freiheitliche Sprachauffassung des N., Bonn 1987; *H. Kurzke:* N., München 1988; *H. Uerlings:* F. v. H., genannt N. – Werk und Forschung, Stuttgart 1991; *W. Hartmann:* Der Gedanke der Menschwerdung bei N., Freiburg i. Br. 1992; *F. Roder:* N. – Die Verwandlung des Menschen. F. v. H. – Leben und Werk, Stuttgart 1992.

– K

O

Oakeshott, Michael Joseph

* 11. 12. 1901 Chetsfield; † 19. 12. 1990 Acton. Liberal-konservativer politischer Philosoph. – O. schloß 1923 seine Studien am Gonville und Caius College in Cambridge ab und wurde dort zwei Jahre später Fellow. 1942-45 nahm er am Zweiten Weltkrieg teil. 1947 gründete er das „Cambridge Journal", und 1950/51 war er Fellow des Nuffield College in Oxford. 1951 folgte er Harold Laski auf dessen Lehrstuhl an der London School of Economics nach, den O. bis zu seiner Emeritierung im Jahre 1968 innehatte.

1933 veröffentlichte O. sein erstes, stark vom →Idealismus beeinflußtes Buch „Experience and its Modes". Ausgehend von der Auffassung, daß der Akt des Erfahrens und das Erfahrene nicht voneinander getrennt werden können, untersuchte O. in diesem Buch drei Arten (Modi) der Erfahrung: nämlich die *historische*, die *(natur)wissenschaftliche* und die *praktische* Erfahrung. Später hob er auch die – ursprünglich der praktischen Erfahrung zugeordnete – ästhetische Erfahrung besonders hervor. Jede Erfahrungsart ist nach O. einerseits eine bestimmte Weise, die Welt zu sehen, und andererseits eine homogene, aber abstrakte Ideenwelt, der, soweit sie kohärent ist, Wahrheit zukommt. Da jede Erfahrungsart nur einen Teil der Welt und diesen nur mittels der ihr eigenen Kategorien erfassen könne, seien modale Wahrheiten relativ; außerhalb der jeweiligen Erfahrungsweise komme ihnen keine Gültigkeit zu. Und deshalb führe die Übertragung der Kategorien einer Erfahrungsweise auf das Gebiet einer anderen zu ihrer Irrelevanz, zur *ignoratio elenchi*, wie O. solche Fehler nennt. Aufgabe der Philosophie sei es, die Voraussetzungen der einzelnen Weisen menschlicher Erfahrung kritisch zu untersuchen und unter Überwindung von Abstraktionen, und d.h. von partiellen Standpunkten, nach Kohärenz in der Erfassung der ganzen Erfahrung zu streben.

Politik versteht O. als praktische Kunst, als autonome Tätigkeit im Rahmen und auf der Grundlage je vorhandener →Traditionen. Dem politischen Handeln gehe es nicht um die Verwirklichung von Projekten und ihm

Michael Oakeshott
1901-1990

von außerhalb zukommenden Zielen, sondern um die Förderung des eigenständigen Charakters von Gemeinwesen, um die Fortentwicklung bestehender, als wandelbar begriffener Traditionen: „In political activity, then, men sail a boundless and bottomless sea; there is neither harbour for shelter nor floor for anchorage, neither starting-place nor appointed destination. The enterprise is to keep afloat on an even keel; the sea is both friend and enemy; and the seamanship consists in using resources of a traditional manner of behaviour to make a friend of every hostile occasion."

Dieses Politikverständnis setzte O. in seinem wohl bekanntesten Buch „Rationalism in Politics and other Essays" der von ihm als „rationalistisch" bezeichneten Sicht der Politik entgegen. Der Rationalist ist für O. ein Mensch, der verkennt, daß alles Wissen ein primär praktisches ist, und der statt dessen annimmt, daß wirkliches Wissen in theoretischen Begriffen, in einem System von Lehrsätzen oder von Regeln angebbar ist. Ein solches technisches Wissen sei nichts anderes als eine Summe von aus einer bestimmten Praxis gezogenen Schlußfolgerungen. Die Übertragung auf andere Gebiete kann nach O. nur unter Begehung einer *ignoratio elenchi* erfolgen. Ihm zufolge wirkt technisches Wissen auf dem Gebiet der Politik destruktiv, da es nicht nur die Unterwerfung aller politischen Aktivität unter eine übergeordnete Formel, sondern auch das Streben nach der Konstruktion einer neuen und idealen Ordnung nach sich ziehe.

O.s philosophischer Skeptizismus, demzufolge die Philosophie nicht mehr kann, als die Bedingtheit der menschlichen Erfahrung bewußt zu machen, führt ihn nicht nur zur entschiedenen Zurückweisung aller rationalistischen Bestrebungen, das Unvollkommene aus der Welt zu schaffen und die Wirklichkeit in Übereinstimmung mit ideologischen Idealbildern zu bringen, sondern auch dazu, eine metaphysische Fundierung der konservativen Position abzulehnen: „What makes a conservative disposition in politics intelligible is nothing to do with a natural law or a providential order, nothing to do with morals or religion; it is the observation of our current manner of living combined with the belief (which from our point of view need be regarded as no more than a hypothesis) that governing is a specific and limited activity, namely the provision and custody of general rules of conduct, which are understood, not as plans for imposing substantive activities, but as instruments enabling people to pursue the activities of their own choice with the minimum frustration, and therefore something which it is appropriate to be conservative about.“

In seinem Buch „On Human Conduct", in dem er sich im Wege der Auseinandersetzung mit dem Phänomen des menschlichen Verhaltens um eine anthropologische Fundierung seiner Konzeption politischen Handelns bemüht, begreift O. den modernen →Staat als – in der sozialen Wirklichkeit in den unterschiedlichsten Gewichtungen realisierte – Kombination zweier unterschiedlicher menschlicher Assoziationsformen, die über eine jeweils unterschiedliche Art von →Recht und Regierung verfügen. O. nennt diese Gesellungsformen den zivilen Verband („civil association") und den Zweckverband („enterprise association"). Die letztere Form der Vergemeinschaftung vermag ihm zufolge nicht notwendigerweise menschliche Freiheit

zu garantieren, da sie die Verwirklichung bestimmter Zwecke zum Ziel habe, die den Bürgern von seiten der Regierung auferlegt werden. Die wahrhaft politische Ordnung hingegen, die „civil association", diene keinem bestimmten Zweck. Sie ermögliche daher die Realisierung der Freiheit der Bürger, da ihr Recht den individuellen Interessen und Absichten gegenüber neutral sei und nur die nichtinstrumentellen Umstände festlege, welche von den einzelnen bei der Verfolgung ihrer selbstgewählten Ziele zu beachten seien.

B.: Politics and Experience, hrsg. v. *P. King / B. C. Parekh* (siehe unter **L.**), S. 409-17; *J. Liddington*: Bibliography, in: The Achievement of M. O., hrsg. v. *J. Norman*, London 1993, S. 107-43.

S.: Experience and its Modes, Cambridge 1933, [4]1985; (zus. mit *G. T. Griffith*): A Guide to the Classics, or, How to Pick the Derby Winner, London 1936; The Social and Political Doctrines of Contemporary Europe, Cambridge 1939, [3]1942; Introduction, in: T. Hobbes: Leviathan, hrsg. v. *M. O.*, Oxford 1946, S. VII-LXVI; (zus. mit *G. T. Griffith*): A New Guide to the Derby: How to Pick the Winner, London 1947; Political Education, Cambridge 1951; La Idea de Gobierno en la Europa Moderna, Madrid 1955; The Voice of Poetry in the Conversation of Mankind, London 1959; Rationalism in Politics and Other Essays, London 1962 (erw. Ausg. hrsg. v. *T. Fuller*, Indianapolis 1991); Hobbes on Civil Association, Oxford 1975; On Human Conduct, Oxford 1975; The Vocabulary of a Modern European State, in: Political Studies 23 (1975), S. 319-41, 409-14; On Misunderstanding Human Conduct: A Reply to My Critics, in: Political Theory 4 (1976), S. 353-67; On History and Other Essays, Oxford 1983; The Voice of Liberal Learning: M. O. on Education, hrsg. v. *T. Fuller*, New Haven u.a. 1989; Religion, Politics and the Moral Life, hrsg. v. *dems.*, New Haven u.a. 1993; Morality and Politics in Modern Europe. The Harvard Lectures, hrsg. v. *S. R. Letwin*, New Haven u.a. 1993.

Ü.: Die Massen in der repräsentativen Demokratie, in: *A. Hunold* (Hrsg.): Masse und Demokratie, Erlenbach – Zürich u.a. 1957, S. 189-214; Rationalismus in der Politik, Neuwied – Berlin 1966.

L.: *H. S. Reiss:* Konservatives Denken in England. Zur politischen Theorie von M. O., in: Studium Generale 10 (1957), S. 161-67; *W. H. Greenleaf:* O.'s Philosophical Politics, London 1966; *K. Streithau:* Zur politischen Theorie M. O.s, in: *M. O.:* Rationalismus in der Politik (siehe unter **Ü.**), 341-53; Politics and Experience. Essays Presented to M. O., hrsg. v. *P. King / B. C. Parekh*, Cambridge 1968; *W. C. Havard:* M. O., in: Der gebändigte Kapitalismus: Sozialisten und Konservative im Wohlfahrtsstaat, hrsg. v. *M. Weber*, München 1974, S. 71-98; *J. L. Auspitz* u.a.: A Symposium on M. O., in: Political Theory 4 (1976), S. 261-367; *J. Liddington:* O.:

Freedom in a Modern European State, in: Conceptions of Liberty in Political Philosophy, hrsg. v. *Z. Pelczynski / J. Gray*, New York 1984, S. 289-320; *N. Johnson:* Die politische Philosophie M. O.s, in: Zeitschrift für Politik 32 (1985), S. 347-74; *K. F. Koerner:* Liberalism and its Critics, New York 1985, S. 270-308; *C. Covell:* The Redefinition of Conservatism, Basingstoke – London 1986, S. 93-143, 246-48; *R. A. D. Grant:* O., in: Conservative Thinkers, hrsg. v. *R. Scruton*, London 1988, S. 275-94; *B. Barber:* Conserving Politics: M. O. and the Conversation of Political Theory, in: *ders.:* The Conquest of Politics, Princeton 1988, S. 152-76; *W. J. Coats, jr.:* The Activity of Politics and Related Essays, Selinsgrove – London – Toronto 1989; *J. Gray:* O. on law, liberty and civil association, in: *ders.:* Liberalisms, London – New York 1989, S. 199-216; *R. B. Friedman:* O. on the Authority of Law, in: Ratio Juris 2 (1989), S. 27-40; *G. Himmelfarb:* M. O.: The Conservative Disposition, in: *dies.:* Marriage and Morals Among the Victorians and Other Essays, London 1989, S. 210-28, 247f.; *R. Grant:* O., London 1990; *P. Franco:* The Political Philosophy of M. O., New Haven 1990; *M. P. Thompson:* M. O.: Notes on „Political Thought" and „Political Theory" in the history of political thought 1966-69, in: Politisches Denken. Jahrbuch 1991, hrsg. v. *J. Gebhardt / H. Ottmann / M. P. Thompson*, Stuttgart 1992, S. 103-19; *J. Gray:* O. as a liberal, in: *ders.:* Post-Liberalism, London – New York 1993, S. 40-6; The Achievement of M. O., hrsg. v. *J. Norman*, London 1993; *R. Devigne:* Recasting Conservatism. O., Strauss, and the Response to Postmodernism, New Haven 1994.

– Z

Öffentlichkeit, öffentliche Meinung

Unter Ö. wird dem Gemeingebrauch dieses Wortes zufolge einmal der die Privat- und Intimsphäre übersteigende Bereich verstanden, in dem Handlungen der einzelnen von anderen wahrgenommen werden können. Darüber hinaus hat Ö. die Bedeutung des Publikums, das mit Angelegenheiten von allgemeinem Interesse konfrontiert wird. Dieses Publikum ist zugleich der Ort, wo die Bürger ihre Auffassungen das soziale Ganze betreffend äußern können und wo sich als Folge ihrer Kommunikation die ö. M. bilden kann. Wenngleich Ö. und ö. M. moderne Begriffe sind, so haben sie doch eine lange Vorgeschichte. Bereits die griechische Antike kannte – ohne dafür allerdings einen eigenen Begriff zu prägen – eine vom Bereich des Hauses (Oikos) unterschiedene Sphäre des Öffentlichen, in der sich das von den Hausvätern getragene, auf die Polis in ihrer Gesamtheit bezogene und mithin politische Leben

abspielte. Die Römer unterschieden zwischen gemeinschaftsbezogenem *ius publicum* und individuelle Interessen regelndem *ius privatum;* das Adjektiv „publicus" stand zunächst für alles, was sich außerhalb des Hauses zutrug, darüber hinaus aber auch für die politische Ordnung selbst. Da deren zentrale Elemente, nämlich Volk und Obrigkeit, anders als in der Neuzeit nicht als voneinander unterschiedene Wesenheiten aufgefaßt wurden, konnte hinsichtlich dieser Verhältnisse festgestellt werden: „Ö. meint füglich im vollen Sinn →Staat, der *Obrigkeit* (magistratus) und *Volk* (populus) in einen rechtsgenossenschaftlichen Verband bringt" (Marcic).

Als eigene soziale Sphäre existierte Ö. im Mittelalter nicht, wohl aber in Gestalt des heute als repräsentative Ö. bezeichneten Phänomens: Ö. war ein Charakteristikum von Herrschaft. Macht und Status stellten sich öffentlich dar. Darüber hinaus hatte sich – den Gegenbegriff zu „öffentlich" bildete in jener Zeit nicht „privat", sondern „geheim" – dem mittelalterlichen Rechtsempfinden zufolge rechtschaffenes Handeln öffentlich auszuweisen, wobei in der Ö. des Gerichtsverfahrens die Garantie für dessen korrekten Ablauf gesehen wurde.

In ihrer modernen Bedeutung bildeten sich Ö. und ö. M. in faktischer wie in begrifflicher Hinsicht erst im 18. Jhdt. heraus. Ihnen ging die Auflösung der mittelalterlichen Sozialordnung, der *societas civilis sive res publica*, voraus. Dabei wurde im Gefolge der Sammlung der feudalisierten Herrschaftsrechte in der Hand des Souveräns und der Verselbständigung der obrigkeitlichen Gewalt vom Hausgut des Fürsten „öffentlich" mit „publicus" synonym, während das auf den modernen Anstaltsstaat Bezogene das Attribut „öffentlich" erhielt. Parallel dazu bildete sich die bürgerliche Gesellschaft aus denjenigen Individuen, die sich aus den feudalen Bindungen herausgelöst hatten. Diese wiederum brachten durch ihr Heraustreten zum Zwecke beruflichen und politischen Handelns aus dem ihnen nunmehr zukommenden, die Stelle der sozialen Ordnung des Hauses einnehmenden Raum der Privatheit einen säkularen und außerpolitischen Raum der Kommunikation hervor. Ö. entstand so als „Sphäre der zum Publikum versammelten Privatleute" (Habermas).

Der Begriff „Ö." erfuhr im Zeitalter der →Aufklärung eine normative, gegen die Arkanpolitik der Fürsten gerichtete Aufladung: Ö. wurde synonym mit der Forderung nach Ö. der Politik, nach Transparenz. Sie sollte die Vernünftigkeit des Regierungshandelns garantieren. Die als Resultat eines rationalen Diskurses der Bürger angesehene, Partikularmeinungen übersteigende ö. M. wurde im liberalen Denken als Maßstab des Handelns der politischen Führung vorgestellt. Tatsächlich aber war Ö. vom Anfang an „der der Pressepropaganda schlechthin erreichbare Raum" und die ö. M. „die Meinung derjenigen, die mit Hilfe ihrer Propagandamaschine in der Lage sind, eben ihrer höchst persönlichen Meinung den nötigen Widerhall zu verschaffen" (Kesting).

Unter Berücksichtigung der den Raum der Ö. durchherrschenden Machtstrukturen konnte das Phänomen der ö. M. noch enger gefaßt werden: „Im verfestigten Bereich der Traditionen, Sitten, vor allem aber der Normen sind", wie E. →Noelle-Neumann festgehalten hat, „jene Meinungen und Verhaltensweisen ö. M., die man öffentlich äußern oder einnehmen *muß*, wenn man sich nicht isolieren will", wohingegen es im kontroversen Bereich jene Meinungen sind, „die man öffentlich äußern *kann*, ohne sich zu isolieren".

Insofern, als das konservative Denken die Strukturen der *societas civilis* gegen die neuzeitliche Ausdifferenzierung von Staat und Gesellschaft zu verteidigen suchte, richtete es sich auch gegen die damit einhergehende Scheidung von öffentlichem und privatem Raum. Aus diesem Grund erklärte C. L. von →Haller Herrschaftsrechte zu privaten, deshalb führte A. →Müller öffentliches und privates →Recht auf eine gemeinsame göttliche Wurzel zurück, und eben deshalb band F. J. →Stahl, der die Bedeutung der ö. M. im Zusammenhang mit ihrer Funktion als Mittel zur Kontrolle der Regierung würdigte, das Prinzip der Ö. an eine über Fürst und Volk stehende Ordnung zurück: „Das Öffentliche ist nicht bloß das", sagte er, „was dem Nutzen aller, sondern was einer höheren Ordnung über allem Nutzen dient."

Gegenüber dem neuen Phänomen der ö. M. waren die konservativen Theoretiker und Politiker unter Anerkennung seiner Bedeutung zunächst relativ aufgeschlossen. „It is... on opinion only, that government is founded", stellte D. →Hume fest. Ebenso erkannte E. →Burke an, „that general opinion is the vehicle and organ of legislative omnipotence". Aber er, der als Merkmale der Mitglieder der „natural aristocracy" nannte, „to be habituated to the censorial inspection of the public eye; to look early to public opinion", wußte auch um die Grenzen der ö. M. und lehnte es ab, als Parlamentarier der Meinung der Wähler in jeder Hinsicht zu folgen. In diesem Sinne äußerte auch K. W. von →Lancizolle die Ansicht, daß die Regierung zwar auf die Meinung der anderen hören solle, daß aber der, der dieser die leitenden Grundsätze entnehmen wolle, nicht den Kompaß, sondern den Wetterhahn zur Richtschnur nehme. Daneben standen Konservative, die die Möglichkeit der Instrumentalisierung der neuen Gegebenheiten für eigene Zwecke erkannten. So konzipierte etwa →Bolingbroke in seinem Kampf gegen Walpole eine Theorie der ö. M., auf deren Basis er den „spirit of patriotism" über dessen Identifizierung mit der „public opinion" der Regierung entgegensetzte. Und J. →Görres wußte die ö. M. für den Kampf gegen die französische Besatzung zu nutzen und sprach von der Notwendigkeit, „daß in der Mitte der →Nation eine feste, bestimmte ö. M. sich bilde, die entschieden und unverkennbar den eigentümlichen Charakter des Stammes ausdrücke".

Die Gefährdung individueller Freiheit durch Ö. und ö. M. unter demokratischen Bedingungen wurde von A. de →Tocqueville aufgezeigt. Ihm zufolge „ist die ö. M. in den demokratischen Völkern die einzige Führung, die der Vernunft des einzelnen bleibt". Die Ö., so führte er aus, „bekehrt zu ihrem Glauben nicht durch Überzeugung, sie zwingt ihn auf und läßt ihn durch eine Art von gewaltigem geistigen Druck auf den Verstand jedes einzelnen in die Gemüter eindringen".

Unter den massendemokratischen Bedingungen des 20. Jhdts. schließlich ist die Diskrepanz zwischen den realen Ausprägungen von Ö. und ö. M. und ihrer liberalen Konzeption unübersehbar geworden. Für den parlamentarischen Prozeß wurde dies von C. →Schmitt schon zur Zeit der Weimarer Republik aufgezeigt. Der „Strukturwandel der Ö." (Habermas) hat zum Verlust ihrer kritischen Funktion geführt: Unter dem Druck organisierter Interessen zustande gekommene Gesetze lassen sich ebensowenig als Resultate rationaler, öffentlich geführter Diskurse verstehen wie unter Ausschluß der Ö. ausgehandelte Kompromisse der politischen Kräfte. Ö. ist heute nicht kraft Gesellschaftsstruktur vorhanden, sondern wird – die Begriffe „Öffentlichkeitsarbeit" und „Public relations" deuten es an – bewußt und gezielt zur Propagierung bestimmter Ideen und Vorstellungen hergestellt.

Aber auch an anderen Aspekten der gewandelten Ö. ist Kritik geübt worden: So hat R. Sennett den Niedergang des öffentlichen Lebens beklagt und darauf zurückgeführt, daß an die Stelle von nichtpersonalem, d.h. distanziertem und objektiviertem Handeln in der Politik ein Agieren mit dem Selbst als Maßstab der Gesellschaft, näherhin die „Tyrannei der Intimität" getreten sei. Andere Autoren haben sich vor allem mit der Rolle der Massenmedien und ihrer Macht auseinandergesetzt: Durch die von ihnen vermittelte Strukturierung der öffentlichen Diskurse in den Begriffen der die westlichen Massendemokratien tragenden Ideen werde „repressive Toleranz" (Marcuse) geübt. Verwandte Erscheinungen sind die von H. →Schelsky kritisierte „Priesterherrschaft der Intellektuellen", ferner die in Gestalt der „Herrschaft der Lüge" (Revel) verbreitete bewußte Manipulation bei der Präsentation von Informationen sowie das Phänomen der „Political Correctness".

Diese Entwicklungen, zusammen mit dem zur Meinungsverbreitung erforderlichen Einsatz von Ressourcen, erschweren die Artikulation von Überzeugungen, die nicht zu den jeweils herrschenden gehören. Das führt vor dem Hintergrund der pluralistischen Gesellschaften eigenen Heterogenität von Auffassungen zu einer Diskrepanz zwischen veröffentlichter Meinung und den tatsächlichen Meinungen der Bürger. Dem – auch mit dem Problem des Aufspürens wichtiger Informationen in der von der Mediengesellschaft erzeugten Informationsflut konfrontierten – einzelnen ist aufgrund der Ausgestaltung der vorhandenen Kommunikationsstrukturen weitgehend die Möglichkeit genommen, Angelegenheiten von allgemeinem Interesse öffentlich zu diskutieren und seine Vorstellun-

gen einem breiteren, über sein unmittelbares Lebensumfeld hinausgehenden Personenkreis nahezubringen. Dieser Sachverhalt hat zur Forderung nach der Errichtung eines „machtfreien Verständigungsraumes" (Schrotta/Visotschnig) geführt. Damit ist der entscheidende Punkt angesprochen: Es geht darum, eine Verfassung der Ö. zu finden, die das rasche Auffinden von relevanten Informationen ebenso wie den Zugriff auf diese ermöglicht und die Bedingungen gewährleistet, unter welchen die sachliche Erörterung und Entscheidung gemeinsam interessierender Fragen erfolgen kann.

L.: *F. J. Stahl:* Die Philosophie des Rechts, Bde. II/1-II/2, Heidelberg [3]1854/56; *F. Tönnies:* Kritik der ö. M., Berlin 1922; Ndr. Aalen 1981; *C. Schmitt:* Die geistesgeschichtliche Lage des heutigen Parlamentarismus, München u.a. 1923, erw. [2]1926; *R. Altmann:* Das Problem der Ö. und seine Bedeutung für die moderne Demokratie, Diss. Marburg 1954; *W. Hennis:* Meinungsforschung und repräsentative Demokratie, Tübingen 1957, auch in: *ders.:* Politik als praktische Wissenschaft, München 1968, S. 125-61, 254-68; *J. Habermas:* Strukturwandel der Ö., Darmstadt u.a. 1962; *R. Marcic:* Ö. als staatsrechtlicher Begriff, in: *G. Nenning* (Hrsg.): Richter und Journalisten, Wien 1965, S. 153-228; *H. Marcuse:* Repressive Toleranz, in: *R. P. Wolff / B. Moore / H. Marcuse:* Kritik der reinen Toleranz, Frankfurt a. M. 1966, S. 91-128; *H. Kesting:* Ö. und Propaganda (Habil.-Schr. Aachen 1966), Bruchsal 1995; *R. Smend:* Zum Problem des Öffentlichen und der Ö., in: *ders.:* Staatsrechtliche Abhandlungen, Berlin [2]1968, S. 462-74; *E. Burke:* Selected Writings and Speeches, hrsg. v. *P. J. Stanlis,* Gloucester 1968; *U. K. Preuß:* Zum staatsrechtlichen Begriff des Öffentlichen, Stuttgart 1969; *N. Luhmann:* Ö. M., in: *ders.:* Politische Planung, Opladen [2]1975, S. 9-34; *R. Sennett:* The Fall of Public Man, New York 1974; dt. Verfall und Ende des öffentlichen Lebens. Die Tyrannei der Intimität, Frankfurt a. M. 1983; *R. Nisbet:* Public Opinion versus Popular Opinion, in: Public Interest 41, Herbst 1975, S. 166-92; *H. Schelsky:* Die Arbeit tun die anderen. Klassenkampf und Priesterherrschaft der Intellektuellen, Opladen [2]1975; *E. Noelle-Neumann:* Ö. als Bedrohung, Freiburg u.a. 1977; *L. Hölscher:* Ö., in: Geschichtliche Grundbegriffe, hrsg. von *O. Brunner / W. Conze / R. Koselleck,* Bd. IV, Stuttgart 1978, S. 413-67; *ders.:* Ö. und Geheimnis, Stuttgart 1979; *O. B. Roegele:* Massenmedien und Regierbarkeit, in: Regierbarkeit, Bd. II, hrsg. v. *W. Hennis / P. Graf Kielmannsegg / U. Matz,* Stuttgart 1979, S. 177-210; *L. Hölscher:* M., in: Historisches Wörterbuch der Philosophie, hrsg. v. *J. Ritter / K. Gründer,* Bd. V, Basel u.a. 1980, Sp. 1023-33; *H. Oberreuter:* Übermacht der Medien, Zürich – Osnabrück 1982; *S. Schrotta / E. Visotschnig:* Neue Wege zur Verständigung, Wien u.a. 1982; *L. Hölscher:* Ö, in: Historisches

Wörterbuch der Philosophie, hrsg. v. *J. Ritter / K. Gründer*, Bd. VI, Basel u.a. 1984, Sp. 1134-40; Die Medien – Das letzte Tabu der offenen Gesellschaft, hrsg. v. *Studienzentrum Weikersheim*, Mainz 1986; *A. de Tocqueville:* Über die Demokratie in Amerika, Teil 2, Zürich 1987; *O. B. Roegele:* Ö. M., in: Staatslexikon, hrsg. v. der *Görres-Gesellschaft*, Bd. IV, Freiburg u.a. [4]1988, Sp. 98-102; *A. Rinken:* Ö, in: ebd., Sp. 138-42; *J.-F. Revel:* La Connaissance inutile, Paris 1988; dt. Die Herrschaft der Lüge, Wien u.a. 1990; *E. Noelle-Neumann:* Ö. M., Frankfurt a. M. u.a. 1989; *S. Smid:* Ö., ö. M., in: Europäische Enzyklopädie zu Philosophie und Wissenschaften, hrsg. v. *H. J. Sandkühler*, Bd. III, Hamburg 1990, S. 594-600; *M. Warner:* The Letters of the Republic. Publication and the Public Sphere in Eighteenth-Century America, Cambridge (Mass.) u.a. 1990; *P. Ptassek / B. Sandkaulen-Bock / J. Wagner / G. Zenkert:* Macht und Meinung, Göttingen 1992; *D. Gobetti:* Private and Public, London u.a. 1992; *J. Keane:* The Media and Democracy, Cambridge [2]1993; *Ch. Taylor:* Liberale Politik und Ö., in: Die liberale Gesellschaft, hrsg. v. *K. Michalski*, Stuttgart 1993, S. 21-67; Are You Politically Correct?, hrsg. v. *F. J. Beckwith / M. E. Baumann*, Buffalo 1993; *M. Behrens / R. v. Rimscha:* „Politische Korrektheit" in Deutschland, Bonn 1995.

– Z

Ökologie, politische

Eine politische Weltanschauung, deren Ziel die Bewahrung der Natur ist, sei es um ihrer selbst willen, sei es als Lebensgrundlage des Menschen. Ausgehend von einem 1866 durch den Zoologen E. Haeckel für eine biologische Teildisziplin geprägten Begriff, entwickelte sich die Ö. zusehends zur „Leitwissenschaft", die sich mit Fragen des Gesamthaushaltes der Natur (des *oikos*) beschäftigt. Ö. bezeichnet heute die Lehre von den vielfältigen Wechselbeziehungen zwischen den Lebewesen untereinander und zwischen ihnen und ihrer Umwelt und dem darauf beruhenden ökologischen Gleichgewicht (dynamisches Fließgleichgewicht). Auf dieser wissenschaftlichen Ö. basiert auch die p. Ö., die sich der Frage widmet, wie durch politisches Tun oder Unterlassen die natürliche Vielfalt erhalten werden kann und wie der Mensch seine Umwelt zu gestalten hat, ohne damit die Lebensgrundlagen für künftige Generationen, Pflanzen- und Tierarten zu gefährden. Der p.n Ö. liegen ein skeptisches Menschenbild und eine deutliche Kritik an der Fortschrittsideologie zugrunde. Häufig wird dabei auf die Diskrepanz hingewiesen, die sich aufgetan hat zwischen der Unveränderlichkeit der Natur (einschließlich der Natur des Menschen) und den – durch dessen Tun heraufbeschworenen – Eingriffen in das ökologische Gleichgewicht. Da sich der Mensch diesem – von ihm verursachten – rasanten Wandel nicht anpassen kann, weitet sich die Kluft zwischen ihm und der Natur immer mehr aus.

Die p. Ö. geht davon aus, daß die technisch-industrielle Zivilisation seit dem 18. Jhdt. in bisher einmaliger Form zum Bruch des Menschen mit der Natur geführt hat. Basierend auf den Erkenntnissen der Naturwissenschaften und einem aus der →Aufklärung gespeisten Rationalismus setzte sich in jener Zeit die Auffassung durch, die Natur beherrschen und sich vollständig dienstbar machen zu können. Äußere Auswirkung dieser Emanzipation von der Natur sind der technische und medizinische Fortschritt, die Industrialisierung, das Bevölkerungswachstum und die Zerstörung gewachsener Landschaften und Landnutzungsformen.

So ist die heutige Lage gekennzeichnet durch: a) eine exponentiell wachsende Zahl der Menschen auf nicht zunehmender Erdoberfläche, b) exponentiell steigende Verbrauchsraten einmaliger und nicht erneuerbarer Ressourcen der Erde, c) die damit verbundene Zerstörung der natürlichen Umwelt in bislang ungekannten Größenordnungen und damit auch den Verlust der Lebensbasis des Menschen selbst.

Die p. Ö. geht über die auf Schäden reagierende oder diesen vorbeugende „konventionelle" Umweltpolitik insofern hinaus, als sie eine grundsätzliche Kritik am vorherrschenden Mensch-Natur-Verhältnis übt. Dabei wendet sie sich insbesondere gegen die anthropozentrische Weltsicht, die als geistige Ursache der Naturaneignung und -zerstörung erkannt wird. Deren Überwindung durch eine „biozentrische" Beziehung zur Natur und, allgemeiner, die Notwendigkeit des Denkens in Systemzusammenhängen sind zentrales Anliegen der p. Ö. Vor diesem Hintergrund ist auch die fundamentale Kritik der p. Ö. an den modernen Industriegesellschaften zu verstehen, wobei liberal-kapitalistische und sozialistische Wirtschaftsmodelle gleichermaßen angegriffen werden: denn sie unterscheiden sich nicht in der Ausplünderung der Natur, sondern lediglich in der Frage, wie die Güter verteilt werden sollen.

Mit einigen Abstrichen läßt sich die Naturschutzbewegung, die um 1900 als Ausformung des →Heimatschutzes entstand, als ein Vorläufer der p. Ö. bezeichnen. Politisch organisierte sich die Ö.-Bewegung in Mittel- und Westeuropa Anfang der siebziger Jahre zunächst in Umweltverbänden, Bürgerinitiativen und „grünen" Parteien. Letztere entwickelten sich rasch zur Repräsentanz der Alternativbewegung, die ökologische, „basisdemokratische" und traditionell linke Politik („Öko-Sozialismus") miteinander verband. Neben den grünen Parteien bildeten sich in den meisten Staaten auch dezidiert ökologische Parteien, die aber nur geringe Erfolge verbuchten. In Deutschland wird diese sich als wertkonservativ verstehende Richtung v.a. durch H. →Gruhl vertreten. In jüngster Zeit formen sich innerhalb der p. Ö. neue Richtungen aus, die den bisherigen Ansatz um ethisch-spirituelle Komponenten („Tiefenökologie") oder regionalistische Ansätze („Bioregionalismus") erweitern wollen.

Ein konservativer Aspekt der p. Ö. ist die Überzeugung, daß es keine paradiesische Welt in der Vergangenheit gegeben hat oder in der Zukunft geben kann. Ökologische Geisteshaltung schließt somit das Wissen um die Begrenztheit, Unvollkommenheit und Ungewißheit der Lebensvorgänge ein. Sie stellt anstatt utopischer Entwürfe die Bewahrung der natürlich gewachsenen Vielfalt und die „Ehrfurcht vor allem Leben" in den Mittelpunkt ihrer Politik. Verbunden damit ist die Erkenntnis, daß steigende Befriedigung materieller Ansprüche nicht zur Kompensation immaterieller Bedürfnisse des Menschen führen kann. Unzweideutig konservativen Ursprungs sind ferner der Rekurs auf einen Eigenwert der Natur, wie ihn bereits im 19. Jhdt. W. H. →Riehl als „Recht der Wildnis" proklamiert hatte, sowie die Nähe zur Zivilisationskritik, wie sie v.a. von L. →Klages formuliert wurde.

L.: C. F. v. Weizsäcker: Die Einheit der Natur. Studien, München 1971; H. Liebmann: Ein Planet wird unbewohnbar. Ein Sündenregister der Menschheit von der Antike bis zur Gegenwart, München 1971; D. Meadows: Die Grenzen des Wachstums. Bericht des Club of Rome zur Lage der Menschheit, Stuttgart 1972; E. Goldsmith / R. Allen: Planspiel zum Überleben – Ein Aktionsprogramm, Stuttgart 1972; K. Lorenz: Die acht Todsünden der zivilisierten Menschheit, München 1973; T. Löbsack: Versuch und Irrtum. Der Mensch: ein Fehlschlag der Natur, Gütersloh 1974; M. Mesarovic / E. Pestel: Menschheit am Wendepunkt. 2. Bericht an den Club of Rome zur Weltlage, Stuttgart 1974; H. Gruhl: Ein Planet wird geplündert. Die Schreckensbilanz unserer Politik, Hamburg 1975; C. Amery: Natur als Politik, Reinbek 1976; H. Stumpf: Leben und Überleben. Einführung in die Zivilisationsökologie, Stuttgart 1976; W. Tischler: Einführung in die Ö., Stuttgart 1976; A. King: Der Zustand unseres Planeten, Stuttgart 1977; K. Buchwald / W. Engelhardt (Hrsg.): Handbuch für Planung, Gestaltung und Schutz der Umwelt, Bde. I-IV, München – Bern – Wien 1978-80; H. Jonas: Das Prinzip Verantwortung. Versuch einer Ethik für die technologische Zivilisation, Frankfurt a. M. 1979; F. Klötzli: Unsere Umwelt und wir. Eine Einführung in die Ö., Bern – Stuttgart 1980; E. P. Odum / J. Reichholf: Ö., München – Wien – Zürich 1980; E. Chargaff: Unbegreifliches Geheimnis – Wissenschaft als Kampf für und gegen die Natur, Stuttgart 1980; E. Drewermann: Der tödliche Fortschritt. Regensburg 1981; H. Strohm: P. Ö., 1981; H. Friedrich: Kulturverfall und Umweltkrise. Plädoyers für eine Denkwende, München 1982; K.-G. Wey: Umweltpolitik in Deutschland. Kurze Geschichte des Umweltschutzes in Deutschland seit 1900, Opladen 1982; T. Löbsack: Die letzten Jahre der Menschheit. Vom Anfang und Ende des homo sapiens, München 1982; H. Gruhl: Das irdische Gleichgewicht. Ö. unseres Daseins, München 1982; M. Neuffer: Die Erde wächst nicht mit. Neue Politik in einer überbevölkerten Welt, München 1982; H. Markl (Hrsg): Natur und Geschichte, München – Wien 1983; ders.: Dasein in Grenzen. Die Herausforderung der Ressourcenknappheit für die Evolution des Lebens, Konstanz 1984; E. Schramm (Hrsg.): Ö.-Lesebuch. Ausgewählte Texte zur Entwicklung ökologischen Denkens von Beginn der Neuzeit bis zum Club of Rome (1971), Frankfurt a. M. 1984; E. Guhde: Natur und Gesellschaft, Essen 1984; P.-C. Mayer-Tasch: Aus dem Wörterbuch der p. Ö., München 1985; H. Markl: Natur als Kulturaufgabe. Über die Beziehung des Menschen zur lebendigen Natur, Stuttgart 1986; R. P. Sieferle (Hrsg.): Fortschritte der Naturzerstörung, Frankfurt a. M. 1988; P.-C. Mayer-Tasch: Natur denken, Bde. I-II, Frankfurt a. M. 1991; R. P. Sieferle: Natur. Ein Lesebuch, München 1991; ders.: Umweltpolitik nach dem Ende der Geschichte, in: D. Hassenpflug (Hrsg): Industrialismus und Ökoromantik. Geschichte und Perspektiven der Ökologisierung, Wiesbaden 1991, S. 273-96; A. Gore: Wege zum Gleichgewicht. Ein Marshallplan für die Erde, Frankfurt a. M. 1992; H. Gruhl: Himmelfahrt ins Nichts. Der geplünderte Planet vor dem Ende, München 1992; C. F. v. Weizsäcker: Erdpolitik. Ökologische Realpolitik an der Schwelle zum Jhdt. der Umwelt, Darmstadt 1992; K. Bosselmann: Im Namen der Natur. Der Weg zum ökologischen Rechtsstaat, Bern – München – Wien 1992; G. Pretzmann: Grundzüge eines ökologischen Humanismus, Wien 1992; M. Schlitt: Umweltethik. Philosophisch-ethische Reflexionen –

Theologische Grundlagen – Kriterien, Paderborn 1992; *A. Knaut:* Zurück zur Natur! Die Wurzeln der Ö.-Bewegung, München 1993; *R. Klüver* (Hrsg): Zeitbombe Mensch. Überbevölkerung und Überlebenschance, München 1994; *R. P. Sieferle:* Epochenwechsel. Die Deutschen an der Schwelle zum 21. Jhdt., München 1994; *W. Kösters:* Ökologische Zivilisierung. Verhalten in der Umweltkrise, Darmstadt 1994; *H. Walletschek / J. Graw* (Hrsg): Öko-Lexikon. Stichworte und Zusammenhänge, München 1994; *M. Großheim:* Ö. oder Technokratie? Der Konservatismus in der Moderne, Berlin 1995; *E. O. Wilson:* Der Wert der Vielfalt. Die Bedrohung des Artenreichtums und das Überleben des Menschen, München 1995; *J. Nida Rümelin / D. v. D. Pforten:* Ökologische Ethik und Rechtstheorie, Baden – Baden 1995; *E. Goldsmith:* Der Weg. Ein ökologisches Manifest, München 1996; *H. Kessler* (Hrsg.): Ökologisches Weltethos. Im Dialog der Kulturen und Religionen, Darmstadt 1996.

– St

Oertzen, Dietrich von

* 25. 7. 1849 Leppin/Mecklenburg; † 14. 10. 1934 Bad Doberan. Konservativer Publizist und Politiker. O. war der zwölfte Sohn Jasper v. O.s (1801–74), eines der am meisten befehdeten konservativen Politiker im Deutschland des 19. Jhdt.s: 1850–58 diente er seinem Land als Bundestagsgesandter in Frankfurt a. M., von 1858–69 amtierte er als Staatsminister in Schwerin – bis zuletzt Verehrer C. L. von →Hallers und entschiedener Gegner von Verfassungsstaat und Parlamentarismus.

Der Sohn schlug nach dem Besuch des Gymnasiums in Lüneburg und Wernigerode (1863–68) die militärische Laufbahn ein, absolvierte 1869 die Kriegsschule zu Erfurt und nahm am Krieg von 1870 als Offizier teil. Schon ein Jahr später quittierte er den militärischen Dienst, begann eine landwirtschaftliche Ausbildung in Mecklenburg und bewirtschaftete von 1874–77 ein Gut in der Lüneburger Heide. Da der Erfolg als Landwirt zu wünschen übrigließ, folgte O. bald seiner eigentlichen Neigung und begab sich 1877/78 nach Dresden, um als freier Mitarbeiter der dortigen konservativen „Neuen Reichszeitung" das Journalistenhandwerk zu erlernen. 1878–81 leitete er die in Altona erscheinende, hauptsächlich für den Raum Schleswig-Holstein bestimmte „Norddeutsche Reichspost", und 1882 wurde er, nach Berlin zurückgekehrt, bis 1896 Mitherausgeber der von Martin von →Nathusius geleiteten „Allgemeinen

Dietrich von Oertzen
1849-1934

Conservativen Monatsschrift für das christliche Deutschland".

Bereits früh war O. auch in der →Deutschkonservativen Partei tätig; hier zählte er sich zum rechten „Kreuzzeitungsflügel" um Wilhelm von Hammerstein und vor allem um den Hofprediger Adolf →Stoecker, zu dessen treuesten Anhängern und Mitarbeitern O. fortan fast zwei Jahrzehnte gehören sollte. 1887-96 leitete er die Redaktion der konservativen „Mecklenburger Nachrichten" in Schwerin, anschließend übernahm er in Berlin die Herausgabe und redaktionelle Betreuung der Zeitung „Das Volk", des Organs der von Stoecker gegründeten Christlichsozialen Arbeiterpartei. O., der auch mehrmals vergeblich für diese Partei zum Reichstag kandidierte, versuchte immer wieder, den Kontakt zu den Deutschkonservativen nicht abreißen zu lassen; es war als Redakteur des „Volk" sein Anliegen, „durch scharfe Betonung der konservativen Grundlagen die von rechts her gekommenen Leser festzuhalten, und andererseits durch ebenso klares Bekenntnis zu jeder vernünftigen Sozialreform die stürmischen, nach links neigenden Elemente davon zu überzeugen, daß es keineswegs meine Absicht sei, die Zeitung und ihren Leserkreis auf Gnade und Ungnade den Konservativen auszuliefern".

Mit nur geringem Erfolg blieb O. bis 1911 in Berlin als sozialkonservativer Publizist tätig; er verfaßte eine Reihe von Broschüren zu politischen, sozialen und religiösen Zeitfragen sowie die offizielle Biographie des 1909 verstorbenen Stoecker. Sein Credo einer unabdingbaren Einheit sozialreformerischer und konservativer Bestrebungen formulierte O. 1912 folgendermaßen: „Da die Arbeiter nicht ‚agrarisch' und die Konservativen nicht ‚proletarisch' werden können, so sind meines Erachtens zwei Parteien nötig. Die Christlich-Sozialen sollen aber den Konservativen nicht feindlich entgegen, sondern ergänzend an die Seite treten. In Interessenfragen werden sie gelegentlich auseinandergehen; in den großen religiösen, sittlichen, politischen und nationalen Fragen werden sie oft übereinstimmen." Daß dieser Spagat zu groß war, hat O. offenbar erst später erkannt. 1911 zog er sich auf seinen Alterssitz nach Bad Doberan zurück; er wurde nach dem Ersten Weltkrieg nicht mehr publizistisch oder politisch tätig.

S.: Die Jünglingsvereine in Deutschland, Heilbronn 1886; Was treiben die Freimaurer? Kurzer Wegweiser für Laien, Gütersloh 1892, ⁴1898; Landeskirchentum und soziale Frage, Berlin 1897; Konservativ oder Christlich-sozial? Oder beides?, Siegen 1900; Der Deutsche im Ausland mit besonderer Berücksichtigung der Schweiz, Stuttgart 1904; Jasper v. Oertzen, ein Arbeiter im Weinberg Gottes. Ein Lebensbild, Hagen i. W. 1904; Die deutsche Schaubühne als „moralische Anstalt", Stuttgart 1905; (zus. mit *F. Behrens*): Patriarchalische Verhältnisse und modernes Arbeiterrecht, Berlin 1905; Von Wichern bis Posadowsky. Zur Geschichte der Sozialreform und der christlichen Arbeiterbewegung, Hamburg 1908; Blockgedanken und Wahlrechtsfragen, Stuttgart 1908; Staat und Prostitution, Berlin 1909; Adolf Stoecker. Lebensbild und Zeitgeschichte, Bde. I-II, Berlin 1910; Zukunftsstaat oder Arbeitsrecht?, Bde. I-II, Berlin 1912-13; Erinnerungen aus meinem Leben, Berlin o. J. (1914).

L.: *U. v. Hassell:* Erinnerungen aus meinem Leben 1848-1918, Stuttgart 1919; *J. N. Retallack:* Notables of the Right. The Conservative Party and Political Mobilization in Germany, 1876-1918, Boston 1988.

– K

Österreichischer Konservatismus

Der ö. K. entstand aus einer doppelten Frontstellung: Gegen den aufgeklärten →Absolutismus Josephs II. bildete sich eine ständisch-katholische Opposition, die sich gegen die Französische Revolution aber wiederum mit dem bürokratisch-absolutistischen System verband. Beide Richtungen enthielten aufklärerische und antiaufklärerische Elemente: Klemens Fürst →Metternich, ursprünglich von der reichisch-altständischen Richtung, entwickelte sich zum Exponenten des immobilen Bürokratismus; er mußte die Macht im Inneren aber stets mit Rivalen teilen, wie z.b. mit Graf Kolowrat, dem Verbindungsmann zu den böhmischen Ständen. Dieses Spannungsverhältnis blieb auch nach der Revolution von 1848 aufrecht; die ständisch-feudalen „Altkonservativen" kamen auch nach dem Kollaps des bürokratisch-absolutistischen Systems nicht ans Ruder, das unter →Schwarzenberg und seinem (ex-liberalen) Innenminister Bach ab 1851 als Modernisierungsdiktatur („Neoabsolutismus") seine Auferstehung feierte, sich aber die Brücke zu den antiklerikalen Liberalen durch den Abschluß des Konkordats verbaute.

Die Spaltung durch den Kulturkampf prägt die österreichische Parteienlandschaft bis heute: Die Entstehung der politischen Lager und der Verlauf ihrer Bruchlinien („cleavages") war anders als im protestantischen Bereich. Sie verhinderten die Entstehung einer einheitlichen konservativen Kraft und förderten die Bildung von „auch-konservativen" Parteien. So umfaßte das nationalliberale Lager einen starken Bereich von „Freikonservativen" (z.B. den verfassungstreuen Großgrundbesitz), das Lager des politischen Katholizismus hingegen auch einen gewissen „linkskatholischen" Bereich. Prägend für die politische Struktur der Habsburgermonarchie blieb allerdings die enge Bindung der Katholisch-Konservativen an die Exponenten des böhmischen Staatsrechts (→Thun-Hohenstein, Clam-Martinic). Das Rückgrat der konservativen Parteien z.B. in England oder Preußen, eine breite Schicht des kleinen Landadels (Junker, gentry), fehlte hingegen im Magnatenland Österreich. Während die Energien der Liberal-Konservativen zunehmend vom Nationalitätenkampf des Vielvölkerstaats aufgesogen wurden, war die Rezeption konservativen Gedankenguts bei den Katholisch-Konservativen ausgeprägter. Die Entstehung der christlichen Soziallehre verdankte viel dem Wirken norddeutscher Konvertiten (Blome, →Vogelsang). Die politische Dynamik ging zunehmend auf nahestehende populistisch-mittelständische Bewegungen (Deutschnationale, Christlichsoziale) über.

Liberal-Konservative dominierten die staatliche Verwaltung, nicht das politische Leben. Die Regierung wurde meist von Bürokraten aus dem Umkreis der Verfassungstreuen geleitet; auch die Führer katholischer Parteienkoalitionen („Eiserner Ring", 1879-91), wie Graf →Hohenwart oder Eduard Graf →Taaffe, begannen ihre Laufbahn als unideologische Pragmatiker gegen liberale Herrschaftsansprüche. Der gesellschaftspolitische Diskurs wurde durch die Dominanz national-staatsrechtlicher Fragen überlagert; die katholischen Parteien der Monarchie waren „schwarz-gelb" (= kaisertreu), doch infolge des josephinisch geprägten Establishments latent oppositionell.

Das Fehlen einer primär konservativen Partei machte sich auch in der Ersten Republik bemerkbar. Unter den Sudetendeutschen bewahrte die Nationalpartei ihren Vorsprung vor den Christlichsozialen; in (Deutsch-) Österreich bewahrten dagegen die Christlichsozialen ihre Hegemonie vor Großdeutschen und dem (z.T. protestantischen) agrarischen und nationalkonservativen Element (Landbund). Vernunftrepublikaner dominierten auf beiden Seiten, eine aktive monarchistische Bewegung bildete sich nicht heraus. Dominante Figur war Prälat Ignaz →Seipel, der unter Zuhilfenahme ausländischer Kontrollinstanzen ab 1922 eine Restauration der liberalen Wirtschaftsordnung als ersten Schritt zur Regeneration von Staat und Gesellschaft („Sanierung der Seelen") einleitete. Die Heimwehr als lagerübergreifende konservative Sammelbewegung mit antiparlamentarischem (und paramilitärischem) Charakter zerfiel spätestens ab 1932 in rivalisierende Flügel; starker ideologischer Einfluß bis hin zur Sudetendeutschen Partei Henleins und sogar zu Teilen des Nationalsozialistischen Deutschen Studentenbundes (NSDStB) ging von Othmar →Spann und seiner Ganzheitslehre aus. Engelbert →Dollfuß, ursprünglich pragmatischer christlichsozialer Bauernpolitiker, trat 1933 nach der sog. „Selbstausschaltung" des Parlaments die Flucht nach vorne an und errichtete einen autoritären „christlichen Ständestaat", der sich auf die →Katholische Soziallehre berief und außenpolitisch an Italien anlehnte. Die nationalkonservativen Gruppierungen wurden zwischen der von den Nationalsozialisten beherrschten „nationalen Opposition" und der von Dollfuß gegründeten „Vaterländischen Front" zerrieben.

Die Spaltung in weltanschauliche Lager wurde auch nach 1945 nur z.T. aufgehoben und der ideologische Gehalt der Lagerparteien durch „machine politics" verwässert, eine Umstrukturierung wurde jedoch nicht ernstlich in Angriff genommen: Während ÖVP die Traditionen der Christlichsozialen fortsetzte, trat 1949 mit dem Verband der Unabhängigen (VdU, ab 1956: FPÖ) auch ein Sammelbecken für das national-(liberale) Lager auf. Die „Aktion für politische Erneuerung" unter Ernst Graf Strachwitz (ab 1951) als Bindeglied blieb Episode.

Die Traditionspflege beider Parteien betont zumeist die „linken" Züge ihrer Gründungsgeschichte (das Jahr 1848 bzw. die christliche Soziallehre). Die ÖVP war lange Zeit geprägt von der latenten Spannung zwischen ihrer katholisch-traditionalistischen, dabei aber korporatistisch-großkoalitionären Strömung und ihrem technokratisch-liberalen, eine bürgerliche Sammelpartei anpeilenden Flügel (vgl. z.B. die Obmannswahl 1963: Drimmel vs. Klaus). Ihre politische Effizienz leidet überdies unter ihrer ständisch-bündischen und föderalistischen Struktur. Die FPÖ, die als einzige weiterhin an der Einbindung in die deutsche Nation festhält, schwankt(e) in ihrer Programmatik ebenfalls zwischen marktwirtschaftlichen Entwürfen à la M. Thatcher und korporatistisch-gaullistischen Ansätzen. Sie hat seit 1986 unter der Führung von Jörg Haider einen unübersehbaren Aufschwung erfahren (1994: 23 % der Wählerstimmen), dabei z.T. Züge einer breitgefächerten Protestpartei angenommen, aber auch konservative Elemente von ÖVP und Parteifreien an sich gezogen.

L.: *H. v. Srbik*: Metternich, Bde. I-II, Wien 1925; *J. C. Allmayer-Beck*: Vogelsang. Vom Feudalismus zur Volksbewegung, Wien 1952; *ders.*: Der Konservatismus in Österreich, München 1959; *C. v. Thienen-Adler-flycht:* Graf Leo Thun im Vormärz. Grundlagen des böhmischen Konservativismus im Kaisertum Österreich, Graz¨– Wien – Köln 1967; *W. Böhm:* Die Konservativen in Österreich, in: Rekonstruktion des Konservatismus, hrsg. v. *G.-K. Kaltenbrunner,* Freiburg i. Br. 1972, S. 189-218; *J. Boyer:* Political Radicalism in late Imperial Vienna. Origins of the Christian Social Movement 1848-97, Chikago 1981; *W. Wiltschegg:* Die Heimwehr, Wien 1985; *J.-P. Bled:* Les Fondements du Conservatisme Autrichien 1859-79, Paris 1988; *L. Höbelt:* Kornblume und Kaiseradler. Die deutschfreiheitlichen Parteien Altösterreichs 1882-1918, Wien 1993; *G. Kronenbitter:* Wort und Macht. Friedrich Gentz als politischer Schriftsteller, Berlin 1994.

– Hö

Ortega y Gasset, José

* 9. 5. 1883 Madrid; † 18. 10. 1955 ebd. O. ist der wohl bekannteste spanische Kulturphilosoph des 20. Jhdt.s Einer Verleger- und Journalistenfamilie entstammend, erhält sein lebhafter Geist von frühester Kindheit an die vielfältigsten und zugleich widersprüchlichsten Eindrücke und Anregungen, die das kulturelle und politische Leben Spaniens um die Jahrhundertwende zu bieten hatte. Die Absolvierung eines Jesuitengymnasiums in Madrid legte den Grund für seine stupende Bildung und schärfte seinen Blick für die geistigen Vorgänge und Mächte, die den Lauf der Geschichte bestimmen. Er entschließt sich zum Studium in Deutschland, das er auch nach seiner Promotion (1904 in Madrid) dort fortsetzt, so tief hatte ihn die Philosophie Hegels, Diltheys und vor allem Nietzsches beeindruckt. 1911 erhält er einen Lehrstuhl für Literatur und Philosophie in Madrid. Die Selbstzerrüttung Europas im Ersten Weltkrieg und das Aufkommen von Massenbewegungen wie Bolschwismus und Faschismus, die O. zutiefst verabscheute, verstärkten sein politisches Engagement. Obwohl selbst überzeugter Republikaner, Demokrat und Liberaler, wird O.s durch und durch elitäre Gesellschaftsauffassung über seinen Schüler Primo de Rivera, den Gründer der Falange, zu einem wesentlichen Element des spanischen Faschismus. Ab 1923 hat O. die von ihm gegründete literarisch-kulturelle Zeitschrift „Revista de Occidente" herausgegeben und zugleich einen Freundeskreis von Intellektuellen um sich geschart, den er in der „Vereinigung im Dienste der Republik" politisch or-

ganisierte. 1931 zog er als Kandidat dieser Vereinigung in die Nationalversammlung ein. Seiner Überzeugung entsprechend, ging er unmittelbar nach dem Ausbruch des Spanischen Bürgerkriegs (1936) ins Exil (Frankreich, Argentinien, Portugal, Deutschland), aus dem er erst nach Beendigung des Zweiten Weltkriegs zurückkehrte. 1949 konnte er seinen Madrider Lehrstuhl wieder einnehmen. Das zusammen mit seinem Freund und Biographen J. Marias 1948 gegründete „Instituto de Humanides" leistete geistige Vorarbeit für die friedliche Ablösung des Franco-Regimes durch die spätere, mit starken demokratischen Elementen ausgestattete konstitutionelle Monarchie.

Berühmt wurde O. durch seinen, seit 1930 bis heute in zahllosen Auflagen und Übersetzungen erschienenen Essay „La rebelión de las masas" (dt. 1931: „Der Aufstand der Massen"). Nach O. ist für die Gesellschaft nicht die Teilung nach (Besitz- oder Einkommens-) Klassen entscheidend, sondern nach Masse und →Elite. Zur Masse kann auch ein Vermögender, der reiche Erbe oder ein hochverdienter Spezialwissenschaftler gehören, denn Masse ist ein geistiger Zustand, der des „Durchschnittsmenschen". Die Masse stellt keine geistigen Ansprüche, sie genießt die Annehmlichkeiten des Lebens, vernachlässigt jedoch die produktiven Bedingungen, die sie hervorbringen. Sie gleicht dem verwöhnten Kind, ist selbstzufrieden und verlangt vom →Staat, alle Schwierigkeiten aus dem Wege zu räumen und Sicherheit vor jedweder Störung zu gewährleisten. Die Folge ist eine ungeheure Aufblähung des Staates. Die Masse ist primitiv, unbelehrbar, träge, passiv und führungslos, sie lehnt jede →Autorität ab, fühlt sich in ihrem Massendasein wohl, liebt die Gewöhnlichkeit, kennt keine historische Aufgabe, läßt sich treiben vom windigen Zeitgeist und unterstellt sich auch keiner sittlichen Norm. Sie läßt sich von keiner Elite mehr führen, sondern nur noch von vulgären Demagogen verführen, die ihr ein Leben ohne Gefahr und das Paradies auf Erden versprechen. Die Masse ist das Produkt von Demokratie und Technik. Die Technik wiederum entspringt der Verbindung von Naturwissenschaft und (Industrie-)→Kapitalismus, die jene Güterfülle hervorgebracht hat, die das Wohlbefinden der Masse ermöglicht. Die

Masse neigt zur Gewalt, zur Unterdrückung der Opposition, zur „action directe", die keine Norm anerkennt. Die Masse haßt, was nicht zu ihr gehört, und liquidiert es. Die Masse selbst ist das →Recht, das Recht zu lynchen. Der im Syndikalismus verherrlichte „Mythos des Generalstreiks" (→Sorel), der Faschismus und Bolschewismus sind für O. typische Massenbewegungen und Ausdruck des Rückfalls in die Barbarei. Durch den Aufstand der Massen geht Europa seiner – auf kulturellen Leistungen beruhenden – Vormachtstellung in der Welt verloren. Mit der Erhebung der Massen beginnt das Zeitalter der Verneinung der Kultur. Kultur beruht, nach O., wesentlich auf sittlichen Bindungen, der Massenmensch aber will ohne sittliche Bindungen leben. Er lehnt mit Entschiedenheit jede Verpflichtung ab und beansprucht, Träger unbeschränkter Rechte zu sein. Die Demoralisierung hat alle Lebensbereiche erfaßt: Religion, Wissenschaft, Kunst, Rechtsprechung, die gesamte politische Kultur und selbst die Geschäftsbeziehungen. Sie ist die größte Gefahr für Europa, denn in ihr drückt sich der Wille zur Auflösung der Gemeinschaft aus, sie verliert ihre Form. Formend können nur die Elite wirken und die Idee, die Vorstellung, die Aufgabe, deren Träger sie ist. Aufgabe der Elite ist es, die Idee in die Masse „hineinzupressen" und sie zu gliedern, ihr Dienste zuzuweisen, Pflichten zu übertragen, ihr ihre historische Sendung bewußt zu machen und sie zu einem Leben zu zwingen, welches das Leben transzendiert. Leben ohne Einsatz für eine Idee fällt haltlos zusammen, nur die Hingabe erhält es. Leben heißt, etwas Aufgegebenes zu erfüllen. Die Herrschaft der Elite ist nichts anderes als geistige Macht. Sie beruht nicht auf Gewalt, sondern auf freiwilliger Anerkennung der geistigen Überlegenheit der Autorität. Autorität überzeugt, sie verlangt Zustimmung der →„öffentlichen Meinung". „Man kann nicht gegen die öffentliche Meinung herrschen." Gewalt ist nicht das Fundament der Herrschaft, sondern sie fällt der Autorität quasi zu, als Beigabe. Herrschen kann nur, wer gelitten hat, denn herrschen bedeutet Selbstaufgabe, Dienst an der Idee, der jede Faser der Person ergreift. Schon bei primitiven Völkern hat Herrschaft sakralen Charakter. Er ist eine Vorstufe zu der geistigen Macht, die in Europa zuerst die Kirche ausgeübt hat. Sie formte den ersten Staat. Auch der Staat muß geistige Macht, eine große historische Idee, verkörpern, die er zu verwirklichen trachtet, z.B. die Idee des Heiligen Römischen Reiches. Aus dem Zusammenspiel von Kirche und Staat, der führenden geistigen Mächte, ist Europa entstanden und hat sich jene fruchtbare Arbeits- und Gewaltenteilung zwischen geistlicher und weltlicher Macht herausgebildet, die den Kontinent zu jenen kulturellen Höchstleistungen anspornte, die ihm die Vorherrschaft in der Welt eintrugen. Es ist nicht „die Zirkulation der Eliten", die Europas Schicksal heute bestimmt, sondern das zum erstenmal auftretende Phänomen, daß die Masse den Platz der Elite einnimmt und sich damit ihrer Lebenskraft begibt.

Bereits 1930 forderte O. die Bildung der „Vereinigten Staaten von Europa", die Überwindung der Nationalismen und der engstirnigen Kleinstaaterei, die nicht einmal mehr den ökonomischen Bedingungen von Produktion und Absatz entspreche. Auch der als Permissivität mißverstandene Liberalismus des 19. Jhdt.s müsse überwunden werden, ohne jedoch das, was echte Liberalität bedeutet, aufzugeben: die →Freiheit, die sich an unbezweifelbare Normen bindet, welche der geistigen Auseinandersetzung und des Umgangs miteinander zugrunde liegen. Selbst das einfache Zwiegespräch kann ja nicht fruchtbar sein, wenn nicht beide Teilnehmer die Bereitschaft haben, sich von der Wahrheit als Norm der Argumente überzeugen zu lassen. Je höher die Zivilisation, desto feiner und fester das Netzwerk an Regeln, das aus Vernunft, Wahrheitskriterien, Gerechtigkeitssinn, Verantwortungsbereitschaft, Generosität, Höflichkeit und Rücksichtnahme gewoben ist. Solche Regeln bekunden den ursprünglichen und fortwirkenden Wunsch jedes Individuums, mit allen übrigen rechnen und zusammenleben zu können: „Zivilisation ist in erster Linie Wille zur Gemeinschaft. Man ist so unzivilisiert und barbarisch, wie man rücksichtslos gegen seinen Nächsten ist. Die Barbarei ist die Neigung zur Auflösung der Gesellschaft", der Bruch mit den „Bräuchen" und der →Tradition.

Es sind dies Gedanken, die sich auch in O.s „Betrachtungen über die Technik" (1939), über „La deshumanización del arte" (1925), über die „Geschichte als System" (1936) und selbst noch in den „Estudios sobre el amor" (1939) niederschlagen. O. wirkt außerordentlich anregend. Er ist weit mehr Literat als Wissenschaftler, mehr Essayist denn Systematiker. Er hat viele Verehrer hinterlassen, jedoch keine „Schule" gestiftet. Seine Einsichten in die Notwendigkeit der Elite für die Lebenskraft einer Gesellschaft werden gleichwohl die Zeiten überdauern.

B.: *U. Rusker:* Bibliografia de O., Madrid 1971; *W. Totok:* J. O., in: *ders.:* Handbuch der Geschichte der Philosophie, Bd. VI, Frankfurt a. M. 1990.

S.: **Gesamtausgaben:** O.: Obras completas, 6 Bde., Madrid 1957-58.

Ü.: *O.:* Politische Schriften, Stuttgart 1971; *ders.:* Gesammelte Werke, 6. Bde., Stuttgart 1978.

E.: *O.* Obras inéditas, 8 Bde., Madrid 1957-62; *ders.:* Escritos politicos, Madrid 1969.

L.: *J. Marias:* Die Philosophie O.s. Die Bedeutung O.s für unsere Zeit. Eine Einführung, Stuttgart 1951; *ders.:* O. und die Idee der lebendigen Vernunft, Stuttgart 1952; *B. Gräfin v. Galen:* Die Kultur- und Gesellschaftsethik O.s, Heidelberg 1959; *F. Niedermayer:* J. O., Berlin 1959; *J. Ferrater Mora:* O., An Outline of his Philosophy, New Haven (Conn.) [2]1963; *I. P. Morel:* Introducción a O., Madrid 1969; *J. F. Casanovas:* Ontologia y sociologia en O., Granada 1993.

– Ro

Ostrogorski, Moisei Jakovlevich

* 3. 3. 1854 Sermatiez Litauen (Rußland); † 1919 Petrograd. Jüdisch-russischer Jurist und Verwaltungsbeamter, in Paris ausgebildeter Politologe, politischer Publizist, vorübergehend russischer Duma-Abgeordneter. Begründer der sozialwissenschaftlich ausgerichteten, demokratisch-pluralistischen Parteienkritik mit individualistischen, radikaldemokratischen und konservativen Akzenten, Anreger für R. →Michels und Max Weber.

Über O.s Biographie ist wenig bekannt: Er studierte Jura in Sankt Petersburg und erreichte eine leitende Stellung im Justizministerium. Als es nach der Ermordung Alexanders II. zu antisemitischen Ausschreitungen und Pogromen kam, emigrierte O. nach Frankreich und schrieb sich 1883 in Paris an der kurz zuvor gegründeten „École libre des sciences politiques" ein. 1885 erwarb er dort ein Diplom. Seit 1888 beschäftigte er sich historisch und soziologisch mit den Parteien der Vereinigten Staaten und Großbritanniens – mit nur zwei uns bekannten Unterbrechun-

gen: Er forschte über die Frauenbewegung (1892 erschien – preisgekrönt von der Pariser Juristischen Fakultät – sein dann in mehrere Sprachen übersetztes Buch über die Stellung der Frau im öffentlichen Recht verschiedener Länder), und um 1905 kehrte er nach Rußland zurück, um nach der dortigen „Revolution" eine aktive Rolle in der Konstitutionell-Demokratischen Partei (den „Kadetten") und in der Staatsduma zu spielen, der ersten parlamentarischen Versammlung Rußlands. Mittlerweile war 1903 sein auf Französisch verfaßtes Werk über die Demokratie und die politischen Parteien erschienen (die englische Übersetzung war bereits 1902 auf dem Markt). Das Werk fand interessierte Aufnahme vor allem im angelsächsischen Raum, auch deshalb, weil einer der einflußreichsten Kenner des politischen Systems der Vereinigten Staaten, der englische Jurist und konservative Politiker James Bryce, ebenfalls ein Parteienkritiker, das Vorwort geschrieben hatte. Es wurde in zahlreichen Fachzeitschriften besprochen, in Frankreich nicht zuletzt von Vertretern der Rechten, die ihre Skepsis gegenüber dem allgemeinen Wahlrecht bestätigt sahen (Charles Besnoit, Charles Peguy).

1910 begab sich O. in die USA, wo im selben Jahr sein Buch über das US-Parteiensystem erschien, das auf dem zweiten Band seines Hauptwerkes beruhte. Der Untertitel – „Eine Untersuchung über extrakonstitutionelle Herrschaft" – sollte darauf hinweisen, daß im beginnenden Parteienstaat die tatsächlichen Machtinhaber in der nicht selten mühsam den Monarchen abgerungenen →Verfassung nun gar nicht vorkamen: die Parteien, die juristisch nichts anderes waren als private Vereine. O. erhielt einen Lehrstuhl an der Universität Cleveland angeboten, schlug ihn aber aus und kehrte 1912 nach Rußland zurück. Im gleichen Jahr erschien sein Hauptwerk in zweiter Auflage, grundlegend umgearbeitet, um fast die Hälfte schlanker geworden, aber unverändert in den bereits 1902/03 vorgelegten Schlußfolgerungen und mit einigen Bemerkungen zu den mittlerweile dagegen vorgebrachten Einwänden versehen. 1916 veröffentlichte O. in russischer Sprache noch ein Buch über die Verfassungsgeschichte Englands im 19. Jhdt. 1919 starb er im Alter von 65 Jahren.

O., der sich in der Tradition →Montesquieus und →Tocquevilles sah, hat die erste umfassende, in den Grundzügen noch immer gültige Kritik des Parteiwesens verfaßt. Es ging ihm nicht um eine „Abschaffung" der Parteien, sondern um die Überwindung der „permanenten" Parteien durch „Ad-hoc-Parteien" (die sich um bestimmte Ziele herum gruppieren und nach deren Erreichung wieder auflösen sollten). Zunächst aber ging es ihm um den Nachweis, daß die Lehre von der „Parteien-Demokratie" eine Ideologie sei, konstruiert, um die Herrschaft der Polit-Unternehmer („Bosse"), der Partei-„Maschinen" und der informellen Kreise und Zirkel („inner circles") zu bemänteln.

O. trauerte einer anfänglichen, wohl in einer Phase des britischen Parlamentarismus von ihm für vorübergehend verwirklicht gehaltenen (historisch freilich kaum nachweisbaren) Demokratie, jedenfalls aber einer nach dem Wechsel der Souveränitätsvermutung von Gott zum Volk nunmehr potentiellen Demokratie nach. Es ist wohl diese potentielle Demokratie als transzendentes Prinzip, von dem im Titel seines Hauptwerkes und meist auch innerhalb des Werkes die Rede ist: Die Parteien seien zur Gestaltung dieser Demokratie weder bereit noch in der Lage. Doch verwendet O. „Demokratie" auch als Bezeichnung für die politischen Systeme in England und Amerika – ungeachtet der von ihm konstatierten Demokratiedefizite. Diese müßten durch eine Rückbesinnung auf den (fiktiven) Ausgangspunkt und einen dort ansetzenden Neubeginn des Bemühens, die Demokratie zu organisieren, überwunden werden. O. lief damit Gefahr, die später von →Ortega y Gasset so genannte „unerbittliche Chronologie des Lebens" zu mißachten, und er hat auch eingeräumt, daß den permanenten Parteien nicht „par ordre du mufti" ein Ende bereitet werden könne.

O.s Konservatismus war – auf der Linie Gustave →Le Bons liegend – skeptisch gegenüber den Möglichkeiten von Demokratie im Zeitalter der massenhaft anwachsenden Bevölkerung. Eine solche könne ohnehin nie viel mehr als eine Einschüchterung („intimidation") der Herrschenden erreichen, aber der „esprit public" und die Einschüchterungskraft der nivellierten, von der Ideologie der Volkssouveränität trunkenen Bevölkerung seien im Vergleich zu den Zeiten, in de-

nen politisches Engagement mit dem Risiko der Verfolgung behaftet war, nicht signifikant gestiegen. O.s Konservatismus war durchaus auch „aufklärerisch" gegen den Zweckoptimismus der Parteien gerichtet, die zum Großteil nur angeblich Freiheit und Demokratie verwirklichten und Fortschritt verkörperten gegenüber einer aristokratisch teils gestützten, teils aber auch kontrollierten frühparlamentarischen Monarchie, an deren Stelle sie getreten waren.

O. lieferte erstmals eine detaillierte Schilderung der politischen Methoden der Partei-„Maschinen", die seiner Ansicht nach den entmündigten Wählern Programme, Köpfe, Symbole und Slogans fix und fertig („cut and dried") präsentierten, die Wahlverfahren bestimmten, die Wahlergebnisse deuteten und vor allem Jagd auf Staatsposten betrieben. Max Weber hat in seinem Vortrag „Politik als Beruf" (1919) hier ausdrücklich auf O. zurückgegriffen. Zuvor bereits hatte Webers Freund und Schüler R. Michels O.s Hauptwerk zu einer Grundlage seiner „Soziologie des Parteiwesens" (1911) gemacht und insbesondere O.s „Gravitationsgesetz der sozialen Ordnung", demzufolge es in jeder Gesellschaft stets nur Oligarchie gäbe – „in der Demokratie ebenso wie unter einem Autokraten" – in sein auf das Innere von (Partei-)Organisationen bezogenes „ehernes Gesetz der Oligarchie" umformuliert. Ebenso wie O. hat dann auch Michels zu einer „sozialpädagogischen" Sisyphusarbeit ermuntert, immer wieder der jeder Gesellschaft vielfach innewohnenden Tendenz zur – wie O. formulierte – „Tyrannei" entgegenzutreten.

O.s Parteienbuch ist bis heute nicht ins Deutsche übersetzt worden, und vielleicht liegt es auch hieran, daß sein Ansatz in der soziologischen und vor allem auch in der historischen Parteienforschung weitgehend unberücksichtigt geblieben ist: O. hat die Parteien als Gesamtphänomen betrachtet und nicht parallele „Tunnelgeschichten" über einzelne davon angeboten; er hat den Blick auf das konfliktgeladene Binnenleben der sich als private Clubs gerierenden Parteien gelenkt und darauf aufmerksam gemacht, daß sich die Wähler für die innerhalb der Parteien aufgrund schwer durchschaubarer Mechanismen ablaufenden Vor-Wahlen (Kandidatenaufstellungen) mindestens ebenso interessieren müßten wie für die Parlamentswahlen; er hat die eigentlichen Ziele der Parteien beleuchtet (Stimmenmaximierung, Macht-, Geld- und Prestigeerwerb, Legitimationsbeschaffung, Staatsbesetzung): Parteien seien politische Unternehmen. Hinter den Formen der Politik, die allzuoft nur als Kulisse dienten, wollte O. die tatsächlich wirkenden politischen Kräfte analysieren: empirisch, sozialwissenschaftlich, kritisch. Er ist *der* „Klassiker" konstruktiver Parteienkritik und alternativer Parteienhistorie. In Frankreich ist sein Hauptwerk 1979 (in Auszügen) und 1993 (vollständig) erneut herausgegeben worden.

S.: De l'organisation des partis politiques des Etats Unis, Paris 1889; La femme au point de vue du droit public. Etude d'histoire et de législation comparée. Ouvrage couronné par la Faculté de droit de Paris, Paris 1892; La démocratie et l'organisation des partis politiques, Bde. I-II, Paris 1903; Democracy and the Party system in the United States. A study in extra-constitutional government, New York 1910; La démocratie et les partis politiques, nouvelle édition refondue, Paris 1912.

E.: La démocratie et les partis politiques, hrsg. v. *P. Avril*, Paris 1933; La démocratie et les partis politiques, hrsg. v. *P. Rosanvallon*, Paris 1979.

Ü.: Die Frau im öffentlichen Recht. Eine vergleichende Untersuchung der Geschichte und Gesetzgebung der civilisierten Länder, übers. v. *F. Steinitz*, Leipzig 1897.

L.: *S. M. Lipset:* O., in: International Encyclopedia of the Social Sciences, New York 1968; *R. Ebbinghausen:* Die Krise der Parteiendemokratie und die Parteiensoziologie. Eine Studie über M. O., Robert Michels und die neuere Entwicklung der Parteienforschung, Berlin 1969; *G. Ionescu:* O. et sa théorie des partis politiques (aus d. Engl.), in: Commentaire (1986); *D.-L. Seiler:* De la comparaison des partis politiques, Paris 1986; *H. Stubbe-da Luz:* Parteien als politische Unternehmen. Der Parteienforscher M. O. (1854-1919) und die heutige Parteienhistorie in Deutschland und Frankreich, in: Francia (1996).

– SdL

P

Peel, Sir Robert

* 5. 2. 1788 Chamber Hall (Lancashire);
† 2. 7. 1850 London. Konservativer Politiker.
Sohn eines geadelten Baumwollspinnereiunternehmers und daher zeitlebens insgeheim als Parvenu betrachtet, durchlief P. die traditionelle Schullaufbahn der englischen Oberschicht (Harrow, Oxford) und ließ sich mit 21 Jahren ins Parlament wählen, wo er lange Zeit eher dem rechten Flügel der Tories zugezählt wurde (nicht zuletzt wegen seiner Tätigkeit als Unterstaatssekretär für irische Angelegenheiten) und sich insbesondere als Gegner Cannings profilierte. Nach dem Tode Cannings unter Wellington als Sprecher der Tories im Unterhaus beging P. den ersten – von Verratsvorwürfen begleiteten – noch widerwilligen Bruch mit bisher gehegten Überzeugungen in der Frage der Katholikenemanzipation.

Es gelang P. jedoch nach den Niederlagen der 1830er Jahre, die Tory-Partei zu konsolidieren und – nach zwei kurzlebigen Anläufen 1834 und 1839 – ab 1841 eine konservative Mehrheitsregierung zu bilden. Fiskalische Reformen brachten eine Erhöhung der direkten und eine Verminderung der indirekten Steuern (Zölle) im Rahmen einer pragmatischen Freihandelspolitik. Entscheidend für seine Karriere und seinen Ruf erwies sich die Aufhebung der Kornzölle 1846, veranlaßt durch heraufziehende Hungersnöte in Irland, welche die Abkehr vom „landed interest" und das Aufgehen Englands in der Rolle der industriellen Exportnation symbolisieren: Zwei Drittel der Partei – unter maßgeblicher Beteiligung →Disraelis – kehrten P. den Rücken und stürzten die Regierung. Eine Schar von P.s Anhängern versuchte sich noch einige Jahre als Mittelpartei über Wasser zu halten. Die Tories aber blieben auf mehr als ein Vierteljahrhundert von der Regierungsverantwortung nahezu ausgeschlossen.

Während Disraeli zumindest in seinem literarischen Programm „One Nation" eine konservative Mehrheit jenseits der politisch berechtigten oberen Mittelschicht anpeilte, setzte P. als Premier auf zentristischen Kurs und Elitenkonsens. P. erwarb sich dadurch einen Ruf als klassischer Vertreter des aufgeklärten Konservativen, der die Zeichen der Zeit erkennt und „aggiornamento" betreibt; vielleicht weniger aus irenischen Impulsen, im konkreten Fall auch nicht einmal – wie man wegen des Familienhintergrunds vielleicht annehmen könnte – als industrieller Interessenvertreter, sondern weil er aus technokratischen Beweggründen von der Unhaltbarkeit bestehender Ordnungen überzeugt war. Ein Nebenaspekt dieser Entwicklung ist auch der Ausbau der Partei, in diesem Falle der Tories, zu einem Organismus, der seine eigene Dynamik entwickelt und mit den Interessen, denen er sein Entstehen verdankt, in Widerspruch gerät.

S.: The Speechs of the late Sir R. P., delivered in the House of Commons, Bde. I-IV, London 1853; Memoirs of Sir R. P., hrsg. v. *Lord Mahon / E. Cardwell*, Bde. I-III, London 1856-57.

E.: Sir R. P. – From his Private Papers, Bde. I-III, hrsg. v. *C. S. Parker*, London 1891-99, Neudr. New York 1970; The Private Letters of Sir R. P., hrsg. v. *G. Peel*, London 1920.

L.: *H. Künzel:* Leben und Reden Sir R. P.s, Bde. I-II, Braunschweig 1851; *L. Peel:* A sketch of the life and character of Sir R. P., London 1860; *H. Lytton Bulwer:* Historical characters, London 1900; *A. A. W. Ramsay:* Sir R. P., London 1928; *H. W. Carless Davis:* The Age of Grey and P., Oxford 1929; *N. Gash:* Politics in the Age of Peel, 1830-50, London 1952; *R. B. McDowell:* British Conservatism 1832-1914, London 1959; *T. L. Fernandez:* The speeches of Sir R. P. on the repeal of corn laws, Columbia (Mo.) 1960; *R. Blake:* Disraeli, London 1966 (dt. Frankfurt a. M. 1980); *H. van Thal* (Hrsg.): The Prime Ministers, Bd. I, London 1974; *R. Blake:* The Conservative Party from Peel to Thatcher, London 1985; *D. Reed:* P. and the Victorians, Oxford 1987; *R. C. Shipkey:* R. P.'s Irish policy, 1812-46, New York 1987; *P. Adelman:* P. and the Conservative Party 1830-50, London 1989; *E. J. Evans:* Sir R. P., London 1991.

– Hö

Pfeilschifter, Johann Baptist von (seit 1829)

* 27. 9. 1793 Höfen bei Cham/Oberpfalz; † 16. 11. 1874 Regensburg. Konservativ-katholischer Publizist. P. entstammte kleinsten Verhältnissen; der Sohn eines einfachen Bauern besuchte 1807-10 die Königlich-Bayerische Studienanstalt in Straubing, und 1810-14 studierte er Rechtswissenschaften, Philosophie und Geschichte an der Universität Landshut, wo er Anfang 1815 promoviert wurde. Nachdem er im gleichen Jahr (offenbar mit geringem Erfolg) in München öffentliche „Vorlesungen über dramatische Dichtkunst und die Darstellung auf der Bühne" gehalten hatte, ging P., der in dieser Zeit noch ausgesprochen liberale politische Ansichten vertrat, 1816 als Journalist nach Aarau in der Schweiz, außerdem betätigte er sich als Mitarbeiter des Brockhausschen Lexikons. Seit 1817 lebte P. in Weimar, wo er u.a. mit Goethe und August von Kotzebue in Verbindung trat und in den Jahren 1818/19 seine erste Zeitschrift, „Zeitschwingen", herausgab. 1819/20 war P. Redakteur der „Zeitung der freien Stadt Frankfurt", anschließend ging er als Korrespondent der Augsburger „Allgemeinen Zeitung" für etwa ein Jahr nach Holland, Frankreich und Spanien.

In dieser Zeit wandelte sich P. – unter dem prägenden Einfluß der französischen Legitimisten de →Bonald und →Lamennais – zu einem entschieden konservativ-antirevolutionären Publizisten; infolge dieses Gesinnungswandels, der in seinen Auslandsberichten immer deutlicher zum Ausdruck kam, verlor er seinen Korrespondentenposten und mußte 1822 nach Deutschland zurückkehren. Doch hier bot ihm →Metternich, der auf ihn aufmerksam geworden war, ein neues Betätigungsfeld als Publizist in Diensten der Wiener Regierung. 1823-31 gab P. in Offenbach die von Österreich finanzierte Zeitschrift „Der Staatsmann", eine „Zeitschrift für Politik und Tagesgeschichte", heraus, die am Tagungsort des Deutschen Bundes, Frankfurt am Main, dem Standpunkt der österreichischen Regierung Ausdruck verleihen sollte. In dieser Zeitung vertrat P. (der seit 1827 auch die „Frankfurter Oberpostamtszeitung" herausgab) einen entschieden katholisch-traditionalistischen und strikt antirevolutionär-legitimistischen Standpunkt; zu seinen Mitarbeitern zählte eine Reihe der führenden konservativen Theoretiker und Publizisten der Zeit, u.a. Adam →Müller, Friedrich →Gentz, Carl Ludwig von →Haller und Franz von →Baader. Gleichwohl blieben Reichweite und Bedeutung des Blattes, das nur über etwa 250 Abonnenten verfügte, gering.

1825 wurde P. von dem (im gleichen Jahr zum Katholizismus konvertierten) Herzog Ferdinand von Anhalt-Köthen zum Legationsrat ernannt; 1829 erhob ihn dieser Fürst auch in den erblichen Adelsstand. Eine Berufung P.s zum diplomatischen Vertreter des Herzogs in Paris erledigte sich 1830 nach dem Ausbruch der Julirevolution; auch P.s Plan, in Paris ein Zentralorgan aller legitimistischen Kräfte Europas, einen „Conservateur oder Restaurateur européen", zu begründen, war hiermit gescheitert.

Von nun an war und blieb P. vom Pech verfolgt. Der „Staatsmann" mußte 1831 sein Erscheinen einstellen. Auch seine nächsten Zeitschriften, der in Aschaffenburg herausgegebene „Zuschauer am Main" (1831-38) und die Aschaffenburger „Katholische Kirchenzeitung" (1829-37) gingen bald mangels Interesses ein, was nicht etwa an den Mitarbeitern – darunter immerhin →Görres, Baader, Wilhelm von Schütz und Karl Ernst von Moy – lag, sondern an P.s „polternder Art" (E. Reinhard) seiner Kritik an Liberalismus und Protestantismus, seiner allzu aufdringlichen und undiplomatisch-einseitigen Schreib- und Darstellungsweise, mit der er insbesondere die „Kirchenzeitung" zu einem politisch-geistlichen Kampforgan gemacht hatte.

Nach dem Scheitern seiner Zeitschriften gab P. ein „religiöses Taschenbuch" mit dem Titel „Cölestine" (seit 1837) heraus und betätigte sich weiterhin als Journalist der katholischen und konservativen Presse. Nachdem die Wiener Staatskanzlei 1849 ihre Zahlungen an P. eingestellt hatte, verarmte er zusehends; er mußte sich seinen Lebensunterhalt nun als Lohn- und Vielschreiber verdienen. Seine – z.T. unter einem Pseudonym publizierten – Bücher, darunter eine kuriose Sammlung von Lebensbeschreibungen, der „Bayerische Plutarch" (1861), waren ebenso unbedeutend wie erfolglos. Nachdem er 1861-65 noch einmal Redakteur der „Westfälischen Merkurs" in Münster gewesen war, ging er nach Bayern zurück, wo er 1874 völlig verarmt in Regensburg starb. – Die Bedeutung P.s liegt in seinen frühen publizistischen Aktivitäten; hier hat er Wichtiges geleistet, wenngleich man in ihm wohl nicht den „Bahnbrecher konservativer Publizistik" sehen kann, als den ihn sein Biograph E. Reinhard bezeichnet hat.

S.: Der Rücktritt des Fräuleins Emilie Loveday zur römisch-katholischen Kirche. Ein denkwürdiger Beitrag zur Geschichte der religiösen Duldung im 19. Jhdt., Mainz 1822; Zurechtweisungen für Freunde und Feinde des Katholicismus, Offenbach a. M. 1831;

Denkwürdigkeiten aus der Geschichte der Revolution in Spanien, Aschaffenburg 1836; Mittheilungen aus Spanien über Land und Volk, Wissenschaft und Kunst, die jetzige politische Umwälzung und den Krieg, Bde. I-II, Aschaffenburg 1837; (unter dem Pseudonym *Bernhard Wagner*): Biographien denkwürdiger Priester und Prälaten der römisch-katholisch-apostolischen Kirche, welche in unserm Jhdt. gestorben sind, Aschaffenburg 1846; (unter dem Pseudonym *Bernhard Wagner*): Papst Gregor XVI., sein Leben und sein Pontifikat, Sulzbach 1846; Bayerischer Plutarch oder Lebensbeschreibungen denkwürdiger und verdienter Bayern, Aschaffenburg 1861.

L.: *Reusch* in ADB XXV, 657f.; *L. Bergsträsser:* Studien zur Vorgeschichte der Zentrumspartei, Tübingen 1910; *A. Döberl:* Aus den Papieren des ersten katholischen Journalisten. Zugleich ein Beitrag zur Geschichte des Eoskreises, in: Historisch-politische Blätter für das katholische Deutschland 152 (1913), S. 605-13; *E. Reinhard:* J. B. v. P. Ein Redakteur aus dem Vormärz, in: Historisch-politische Blätter für das katholische Deutschland 168 (1921/22), S. 17-33; *K. Bachem:* Vorgeschichte, Geschichte und Politik der deutschen Zentrumspartei, Bd. I, Köln 1927; *P. Paulin:* Bischof Andreas Räss und J. B. v. P., in: Archiv für Elsässische Kirchengeschichte 4 (1929), S. 367-86; *H. Rumpel:* J. B. v. P. und die österreichische Staatskanzlei, in: Jahrbuch für fränkische Landesforschung 14 (1954), S. 235-62; *E. Reinhard:* J. B. v. P. der bayerische Plutarch, München o. J. (1955).

– K

Phillips, George P.

* 6. 1. 1804 Königsberg; † 6. 9. 1872 Aigen bei Salzburg. Jurist, Historiker und Politiker. Als Sohn eines in Königsberg ansässigen Engländers, des Kaufmanns James P., und einer Schottin geboren, verstand sich P. gleichwohl zeitlebens als Deutscher. Nach dem Besuch des Gymnasiums in seiner Vaterstadt und in Elbing studierte er 1822-23 Rechtswissenschaften in Berlin, wo ihn F. C. von →Savigny beeinflußte, und 1823-24 in Göttingen, wo er 1824 als Schüler K. F. →Eichhorns mit einer rechtsgeschichtlichen Studie promoviert wurde. Nach einer längeren Englandreise habilitierte sich P. 1826 an der Universität Berlin und wurde dort im darauffolgenden Jahr zum a.o. Professor ernannt. Hier geriet er bald unter den prägenden Einfluß seines Kollegen C. E. →Jarcke, dem es wohl zuzuschreiben ist, daß P. (im Mai 1828) zum Katholizismus konvertierte.

1833 ging P. nach München, um eine Stelle als Rat im bayerischen Innenministerium anzunehmen; bereits ein Jahr später folgte er ei-

nem Ruf an die Münchener Universität auf einen Lehrstuhl für Geschichte, den er schon kurz darauf gegen eine Professur der Jurisprudenz tauschen konnte. Hier entfaltete P. nicht nur eine ungemein erfolgreiche Lehr- und Publikationstätigkeit, sondern wirkte – als Mitgründer der →„Historisch-politischen Blätter für das katholische Deutschland" – bald auch als einflußreicher katholisch-konservativer politischer Publizist. Zudem wurde er rasch ein enger Vertrauter des Ministerpräsidenten Karl von Abel, der ihn als wichtigen Berater vor allem in hochschulpolitischen Angelegenheiten schätzte. Als Abel 1847 nach harter Auseinandersetzung mit König Ludwig I. in der Folge der Lola-Montez-Affäre zurücktrat, gehörte P. mit sechs anderen Professoren zu den Unterzeichnern einer Solidaritätsadresse für Abel und wurde daraufhin, wie seine Kollegen, von seinem Lehrstuhl entfernt.

Nach dem Ausbruch der Revolution von 1848 wurde P. in die Frankfurter Nationalversammlung gewählt. Hier gehörte er zum äußersten rechten Flügel, zur Gruppe der großdeutsch, konservativ und katholisch orientierten Abgeordneten um →Radowitz, Döllinger, E. von →Lasaulx und andere. Neben der Kirchenpolitik beschäftigten ihn hier vor allem zwei Dinge: der Kampf für den Erhalt der Monarchie in einem künftigen neuen Gesamtdeutschland und die Abwehr aller kleindeutschen Bestrebungen. Außerdem lehnte er als überzeugter Anhänger des deutschen Föderalismus die „Mediatisierung", also de facto die politische Beseitigung der deutschen Einzelstaaten, strikt ab. Nach dem Ende der Revolution nahm P. 1850 einen Ruf nach Innsbruck und im folgenden Jahr einen Ruf an die Universität Wien an, wo er bis 1872 lehrte. Hier spielte er – offenbar durch seinen alten Freund Jarcke empfohlen und vermittelt – in den Jahren 1852-55 eine nicht unbedeutende Rolle als hochschulpolitischer Berater des damals als Kultusminister amtierenden Graf Leo →Thun-Hohenstein.

P. hinterließ ein umfassendes und eindrucksvolles wissenschaftliches Lebenswerk mit den Schwerpunkten germanisch-deutsche Rechtsgeschichte und Kirchenrecht. Beeinflußt vom Gedankengut der Romantik, vor allem aber von der Historischen Rechtsschule seines Lehrers Savigny, hielt P. zeitlebens an der Überzeugung fest, daß sich Formen und

Inhalte politischen Daseins stets an den Maßstäben von Herkommen, →Tradition und Überlieferung zu bewähren hätten. Im „modern-französischen Absolutismus" und im radikalen Liberalismus sah er die Hauptgegner jener traditionellen, organisch gewachsenen, „christlich-germanischen" Rechtsordnung, die er als die beste, weil historisch bewährte Tradition Europas ansah und die er in zeitgemäßer Form weiterentwickelt wissen wollte. So stellte er 1847 fest: „Die christlich-germanische Verfassung... hat mehr als irgend einer der Staaten des Alterthums oder der neueren Zeit dazu gedient, eine wahre Freiheit, d.h. die ungehinderte Bewegung eines Jeden in seiner ihm zustehenden Rechtssphäre zu vermitteln." Wie stark P.' wissenschaftliche Überzeugungen noch von der Romantik geprägt waren, zeigt seine 1846 gehaltene Rektoratsrede, in der er die untrennbare Einheit von Philosophie, Poesie und Geschichte beschwor und ausdrücklich auch die Bedeutung der Mythen für die Erforschung historischer Tatsachen hervorhob.

In seinen späteren Lebensjahren mußte der stets unbeirrbar großdeutsch orientierte P. noch das Scheitern seiner politischen Hoffnungen und Bestrebungen erleben; nun wurde er einer der schroffsten Gegner →Bismarcks und Preußens. Die politische Entwicklung in Deutschland seit 1866, insbesondere die Reichsgründung von 1871, hat P. nur als schweres politisches Verhängnis ansehen können.

S.: De Anglo-Saxonum re judiciaria, jur. Diss. Göttingen 1825; Versuch einer Geschichte der Darstellung des Angelsächsischen Rechtes, Göttingen 1825; Englische Reichs- und Rechtsgeschichte seit der Ankunft der Normannen im Jahre 1066 nach Christi Geburt, Bde. I-II, Berlin 1827-28; Grundsätze des gemeinen deutschen Privatrechts, mit Einschluß des Lehnrechts, Bde. I-II, Berlin 1829; Die Lehre der ehelichen Gütergemeinschaft, mit besonderer Rücksicht auf Preußisches provinzielles und allgemeines Recht dargestellt, Berlin 1830; Deutsche Geschichte, mit besonderer Rücksicht auf Religion, Recht und Staatsverfassung, Bde. I-II, Berlin 1832-34; Deutsche Reichs- und Rechtsgeschichte vom Gebrauche bei akademischen Vorlesungen dargestellt, München 1845 u.ö.; Beiträge zur Geschichte der Universität Ingolstadt, Bde. I-II, München 1846-47; Die Diözesansynode, Freiburg i. Br. 1849; Kirchenrecht, Bde. I-VII, Regensburg 1845-72; Vermischte Schriften, Bde. I-III, Wien 1855-60; Lehrbuch des Kirchenrechts, Bde. I-II, Regensburg 1859-62; Die große Synode von Tribur, Wien 1865.

L.: *J. F. v. Schulte* in ADB XXVI, 80-8; *ders.*: Geschichte der Quellen und Literatur des kanonischen Rechts, Bd. III, Stuttgart 1880; *E. Landsberg*: Geschichte der deutschen Rechtswissenschaft, Bd. III/2, , München – Berlin 1910; *G. v. Pölnitz*: G. P. P. Ein großdeutscher Konservativer in der Paulskirche, in: Historische Zeitschrift 155 (1937), S. 51-97; *H. Lentze*: Die romantisch-konservative Richtung der deutschen Rechtsgeschichte, in: Der Geschichtsfreund 106 (1953), S. 5-37; *ders.*: Graf Thun und die deutsche Rechtsgeschichte, in: Mitteilungen des Instituts für österreichische Geschichtsforschung 63 (1955), S. 500-21; *W. Goetz*: Die bayrische Geschichtsforschung im 19. Jhdt. (1928), in: *ders.*: Historiker in meiner Zeit. Gesammelte Aufsätze, Köln – Graz 1957, S. 112-74; *H. Lentze*: Die Universitätsreform des Ministers Graf Leo Thun-Hohenstein (Österreichische Akademie der Wissenschaften, Philos.-histor. Klasse, Sitzungsberichte, Bd. 239), Wien 1962; *W. Siemann*: Die Frankfurter Nationalversammlung 1848/49 zwischen demokratischem Liberalismus und konservativer Reform. Die Bedeutung der Juristendominanz in den Verfassungsverhandlungen des Paulskirchenparlaments, Bern – Frankfurt a. M. 1976; *H. Raab*: Konservative Publizistik und katholische Geschichtsschreibung. Mit unbekannten Briefen von Franz Binder, Edmund Jörg, G. P. und Johann Nepomuk Sepp, in: Zeitschrift für bayerische Landesgeschichte 50 (1987), S. 591-637; *H. Gollwitzer*: Ein Staatsmann des Vormärz: Karl von Abel 1788-1859. Beamtenaristokratie – Monarchisches Prinzip – Politischer Katholizismus, Göttingen 1993.

– K

Pius X. (Giuseppe Sarto)

* 2. 6. 1835 Riese (heute: Riese-Pio X, Venetien); † 20. 8. 1914 Rom. Papst. Seine Eltern – der Vater war Gemeindediener, die Mutter arbeitete als Schneiderin – hatten zehn Kinder und betrieben auch eine karge Landwirtschaft. Bis zu seinem 15. Lebensjahr besuchte S. das Gymnasium in Castelfranco, dann das Piesterseminar in Padua, wo er durch brillante Lernerfolge hervortrat. Am 18. 9. 1858 zum Priester geweiht, wurde er anschließend Kaplan in Tombolo, 1867 Pfarrer von Salzano. In dieser Eigenschaft zeichnete er sich durch seinen seelsorgerischen Einsatz bei der Choleraepidemie von 1873 aus. 1875 wurde S. als Regens des Priesterseminars und Generalvikar seiner Heimatdiözese nach Treviso berufen; 1884 Bischof von Mantua, wo er sich insbesondere durch sozialpolitische Aktivitäten einen Namen machte. Im Juni 1893 wurde S. Kardinal und im November 1894 Patriarch von Venedig.

Pius X.
1835-1914

In den nun folgenden, stark vom italienischen Kulturkampf geprägten Jahren galten S.s Hauptsorgen der Klerikerausbildung, der Verfassung eines Katechismus für die Region Venetien (erschienen 1897), aber auch der Förderung des katholischen Pressewesens und der „Opera dei Congressi Cattolici". In seiner Diözese kam es auch zu einer gewissen politischen Annäherung zwischen Katholiken und National-Konservativen im Gegensatz zur offiziellen vatikanischen Politik seit 1870.

Am 4. 8. 1903 wurde S. überraschend zum Nachfolger Papst →Leos XIII. gewählt – in der Folge einer politischen Konstellation, in der sich die Anhänger einer engen Bindung Italiens an die Mittelmächte gegen den frankreichfreundlichen Flügel innerhalb der katholischen Kirche durchsetzen konnten –, nicht zuletzt dank einer Intervention Kaiser Franz Josephs von Österreich. S., der sich heftig gegen seine Wahl gewehrt haben soll, akzeptierte sie schließlich und führte als Wahlspruch seines Pontifikats: *„Omnia instaurare in Christo"*. War mit dem Tod Leos XIII. der Kampf um die Wiederherstellung des *Dominium temporale* endgültig verlorengegangen, so blieb P. mit seiner Verteidigung

des *Dominium spirituale* erfolgreicher. Seine erste Maßnahme war eine strenge Visitation der römischen Diözese. Doch schon bald vollzog sich eine Wende auch in der Außenpolitik: Der Abbruch der diplomatischen Beziehungen Frankreichs zum Vatikan und die 1905 in Paris dekretierte Trennung von →Kirche und →Staat wurden von P. mit der Enzyklika *„Vehementer nos"* (Februar 1906) scharf verurteilt.

Dafür verbesserten sich die Beziehungen zum italienischen Staat: In seinem Rundschreiben vom 11. 6. 1905 lockerte er das „Non expedit" seiner beiden Vorgänger und gestattete den italienischen Katholiken in Ausnahmesituationen die Teilnahme an Parlamentswahlen. Allerdings löste er im Juli 1905 die „Opera dei Congressi Cattolici" (außer der „Azione popolare cristiana") auf, da sich hier antihierarchische Strömungen breitgemacht hatten. – Der Papst trennte zwischen Politik gegenüber dem Gegner, Diplomatie (die ihn eingestandenermaßen nicht interessierte) und innerer Führung; die Gründung einer katholischen Konfessionspartei in Italien verhinderte er durch Exkommunikation ihres Betreibers. 1910 wiederum schockierte P. Deutschland durch die eindeutige Verurteilung des Protestantismus in seiner Enzyklika *„Editae saepe"*, deren Publikation im Reich zunächst verboten war.

Das Schwergewicht seines Pontifikats legte P. in die durch den national-liberalen Zeitgeist dringend nötig gewordene innerkirchliche und spirituelle Reform, insbesondere auch der Klerikerausbildung. Des weiteren begann er mit der Überarbeitung des „Corpus Iuris Canonici" und mit der Reform der Kurie durch die Konstitution „Sapienti Consilio" von 1908, in der er die Zahl der Kongregationen reduzierte und ihre Aufgaben neu definierte. P. initiierte ab Januar 1909 die Herausgabe der offiziellen „Acta Apostolicae Sedis". Bereits zwei Jahre zuvor hatte er den Benediktinern die Revision der Vulgata anvertraut und das „Istituto Biblico" in Rom gegründet.

Gegen die innerkirchliche Opposition, insbesondere gegen die Anhänger evolutionistischer Thesen des 19. Jhdt.s, ging P. mit einer Schärfe vor, die ihm den Ruf eines Papstes des Antimodernismus einbrachte. Mit dem Dekret *„Lamentabili sane exitu"* (Juli 1907) verurteilte P. 65 modernistische Lehrsätze, mit der Enzyklika „*Pascendi dominici gregis*" (September 1907) den gesamten Modernismus. Im September 1910 verlangte er von allen Priesteramtskandidaten entsprechende Erklärungen („Antimodernisteneid"). In den elf Jahren seines Pontifikats verfaßte P. fünfzehn Enzykliken, drei Motuproprien, fünf Konstitutionen und fünf Dekrete. Von seinen vier Heiligsprechungen sei die des Clemens Maria →Hofbauer erwähnt. 1905 erschien P.' Katechismus, der 1907 für ganz Italien als verbindlich erklärt und in viele Sprachen übersetzt wurde. Schon 1923 wurde der Prozeß zur Seligsprechung P.' eingeleitet, die 1951 erfolgte; drei Jahre später fand die Heiligsprechung statt.

P. erwies sich als der große Stratege und Staatsmann, der nach Art des Tridentinischen Konzils die alten Fundamente der Kirche wiederherstellte und der sichtbaren Kirche des 20. Jhdt.s ihre äußere Gestalt gegeben hat. So legte er den Grund für das Aufblühen der katholischen Kirche in der ersten Hälfte unseres Jhdt.s.

S.: Pii X acta, Bde. I-V, Rom 1905-14.

Ü.: Pius X. Papa. Briefe des heiligen Pius X., hrsg. v. *N. Vian*, Freiburg 1960.

L.: *A. de Waal:* Papst Pius X., München 1903; *A. Marchesan:* Papst Pius X. in Leben und Wort, Einsiedeln 1905; *P. Keib:* Wesen und Bedeutung der Enzyklika gegen den Modernismus, Mainz 1908; *B. Sentzer:* Pius X., Graz 1908; *L. Daelli:* Pius X. Ein Lebensbild, Regensburg 1908; *M. Pernot:* La politique de Pie X. 1906-10, Paris 1910; *W. Bong:* Papst Pius X. und die moderne Jugend, Wien 1911; *F. X. Mutz:* Papst Pius X. 1835-1914, Freiburg 1914; *F. A. Forbes:* Papst Pius X., Freiburg 1923; *R. Bazin:* Pie X., Paris 1928; *J. Stang:* Wunder des heiligmäßigen Pius X., Innsbruck – Wien – München (1932); *J. Schmidlin:* Papstgeschichte der neuesten Zeit, Bd. III, München 1936; *P. G. Dal-Gal:* Beato Pio X Papa, Padua 1951; *R. Merry Del Val:* Pius X. Erinnerungen und Eindrücke, Basel (1951); *W. Hünermann:* Brennendes Feuer. Papst Pius X., Innsbruck – Wien – München (1953); *L. v. Matt / N. Vian:* Pius X., Zürich 1954; *J. Albrecht:* Der heilige Pius X. Eines großen Papstes unserer Tage Leben und Werk, Klosterneuburg 1954; *M. Kreitner:* Heilige um uns, Wien – München 1956; *P. Frei:* Die Papstwahl des Jahres 1903 unter besonderer Berücksichtigung des österreichisch-ungarischen Vetos, Berlin – Frankfurt a. M. (1977); *F. Steinhart:* Der hl. Papst Pius X., in: Kompendium der christlichen Lehre von Seiner Heiligkeit Papst Pius X. angeordnet für die Diözesen der Provinz Rom, hrsg. v. d. Priesterbruderschaft St. Pius X., Wien 1981, S. XI-XXIX; *J. Gelmi:* I Papi, Mailand 1986, S. 242-49; *A.*

Schrammel: Das Papsttum am Beginn des 20. Jhdt.s: Die Pontifikate Pius' X. (1903-14) und Benedikts XV: (1914-22), Diplomarbeit a. d. Universität Wien 1994.

– Ri

Platon

* 27. 5. 427 v. Chr. in Athen; † 347 ebd. P. gilt heute als der bedeutendste konservative Philosoph, weshalb er von den Gegnern des Konservatismus oft mit Haß verfolgt wird (so z.B. von K. R. Popper, der P. als Urfeind der „offenen" Gesellschaft brandmarkt; vgl. „The Open Society and its Enemies", Bd. I: „The Spell of Plato").

Bei seinen Anhängern genoß P. schon im Altertum göttliche Verehrung. Als typisch für die Wertschätzung in der Gegenwart gilt ein immer wieder zitiertes Wort von A. N. Whitehead, wonach die ganze Philosophie, von der Antike bis zur Gegenwart, nichts hervorgebracht habe als ein „paar Fußnoten zu P.". Tatsächlich besteht die neuere Philosophie im wesentlichen in der – häufig allerdings kritischen – Auseinandersetzung mit P. Seine Lehre wurde durch die von ihm gegründete, rund eintausend Jahre ihre Lehrtätigkeit ausübende „Akademie" (aufgelöst unter Kaiser Justinian 529 n. Chr.) tradiert, aber auch durch Aristoteles, seinen berühmtesten Schüler, durch die römischen Staatsdenker wie Cicero, ferner durch Plotin und dessen Neuplatonismus, der die Kirchenväter (Augustinus, Pseudo-Dionysios, Nemesios, Gregor von Nyssa, Boethius) stark beeinflußt hat. Nach der Rezeption des Aristoteles, vor allem durch →Thomas v. Aquin, gewinnt auch P. neue Bedeutung, besonders bei deutschen Theologen und Kirchenlehrern (Albertus Magnus, Ulrich von Straßburg, Dietrich von Freiberg, Berthold von Mosburg) sowie für die deutsche Mystik (Meister Eckehart). In der Renaissance kommt es in Florenz durch Marsilius Ficinus und die Unterstützung der Medici zu einer Neugründung der platonischen Akademie (1459). Zu ihr stoßen nach dem Fall von Konstantinopel (1453) auf der Flucht befindliche griechische Gelehrte mit zahlreichen, in Westeuropa noch unbekannten Texten, die von Ficinus übersetzt und in seine P.-Ausgabe aufgenommen werden (1483-92. Nachdruck 1959/61). In diesem Traditionsstrang steht auch der deutsche

→Idealismus, und im 20. Jhdt. sind Phänomenologie, →Universalismus und Existentialismus ohne die Bezugnahme auf und die Auseinandersetzung mit P. nicht zu denken.

P. war aristokratischer Herkunft. Von Jugend an galt er als genial und zur politischen Laufbahn bestimmt. In seinem zwanzigsten Lebensjahr kreuzt Sokrates seinen Weg, und P. wird sein getreuester Schüler. Acht Jahre verbringt P. mit dem Meister, dessen spätere Hinrichtung durch die attische Demokratie ihn zutiefst erschüttert. Mit der wohl weitgehend wortgetreuen Aufzeichnung der Verteidigungsrede (Apologie) sowie den Gesprächen über die Notwendigkeit der Gesetzestreue (Kriton) und die Unsterblichkeit der Seele (Phaidon) setzt P. seinem Meister Denkmäler der Weltliteratur, die zum unverlierbaren Bildungsbestand der Menschheit gehören. Auch in allen übrigen Dialogen ist Sokrates die im Mittelpunkt stehende überragende geistige Gestalt. Er ist es, der mit seiner Weisheit die Begriffe klärt, die Gespräche lenkt und ausklingen läßt. Verurteilung und Tod des Sokrates sind für P. der Beweis für die tiefgehende Zerrüttung des Staates, der nicht mehr durch Reformpolitik beizukommen war, sondern nur durch die Wiederbesinnung auf die geistigen Grundlagen des Gemeinwesens im Wege der Philosophie.

P. nimmt kurz nach dem Tode des Meisters (399) im engen Kreis seiner Freunde seine Lehrtätigkeit auf. Nach Teilnahme am Korinthischen Feldzug (395/4) begibt er sich nach Ägypten und läßt sich dort in die ägyptischen Mysterienkulte einweihen. In Kyrene (dem heutigen Schahhat in Libyen) läßt sich P. durch Theodoros mit der Mathematik vertraut machen, jener ersten Form der Wissenschaft, die nicht auf Sinneswahrnehmung zurückgeführt werden kann und die damit den Boden für die philosophische oder apriorische Erkenntnis bereitet. Vertieft wird diese Ausbildung bei den Pythagoreern von Tarent (Sizilien), die ihm den geheimnisvollen, staunenswerten Zusammenhang von Zahlen-, Klang- und Gestaltgesetzen nahebringen (388/7). Die dort geschlossene Freundschaft mit Dion führt P. an den Hof des Tyrannen Dionysos I. von Syrakus. Wegen des Verdachts der Teilnahme an einer Verschwörung wird er jedoch gefangengenommen, abgeschoben und (angeblich) auf dem Sklavenmarkt von Ägina verkauft. Von einem Freund ausgelöst, kommt P. frei. Weil der Freund sich das Lösegeld jedoch nicht zurückerstatten läßt, trägt P. seine Dankesschuld auf eine für das spätere Schicksal der Menschheit höchst bedeutungsvoll werdende Weise ab: Er kauft von der ersparten Summe einen Garten nahe dem Heiligtum des Heros Akademos und gründet dort nach phytagoreischem Vorbild eine Akademie (387), an der er fortan Freunde und Schüler unterrichtet.

Der Schwerpunkt seiner Lehrtätigkeit lag im mündlichen Verkehr mit seinen Schülern. Diese bildeten, zusammen mit ihrem Lehrer, eine religiöse Gemeinschaft, die den Musen geweiht war. Zwei weitere Reisen (366 und 361) führten P. nochmals nach Syrakus; doch auch diese Versuche, sein Staatsideal zu verwirklichen, scheiterten an politischen Intrigen und persönlichen Zerwürfnissen. Nach diesen Enttäuschungen widmete sich P. ganz der Lehrtätigkeit an seiner Akademie. Mitten in der Arbeit und ohne vorhergehende Krankheit verschied er im Kreis seiner Freunde und Schüler.

Allgemeines zur Lehre: Über den esoterischen Kern der Lehre P.s gibt es keine von ihm selbst verfaßte Schrift. Der Zugang erschloß sich in häufigen Unterredungen im Freundeskreis von Lehrer und Schülern – und dann auch nur dem, in den der Ideenfunke einfiel und das innere Licht der Wesensschau entzündete. Ideenschau setzt neben der Begabung die Versenkung und eine ihr entsprechende konzentrierte, von Ablenkung freie Lebensweise (Askese) voraus. Weisheit ist für P. nicht erlangbar ohne tugendgerechtes Leben. Zur Tugend muß die Begabung treten: Nur wer göttlicher Natur ist, „Gold in seiner Seele besitzt", kann den Zugang zu den göttlichen Ideen, den Gedanken Gottes, finden. Nicht jeder ist zum Philosophen geboren, man muß schon ein „göttlicher Mann" sein, um zur Weisheit zu gelangen (vgl. 7. Brief, 340c).

Wie alle hohe Philosophie, trägt auch jene P.s aristokratische und elitäre, aber auch esoterische Züge. Neuere Forschungen versuchen den esoterischen Kern der Lehre P.s aus dem Werk, den Möglichkeiten der Philologie, mit den Berichten der Schüler und vor allem aus der Kenntnis ägyptischer und pythagoreischer Mysterienkulte mehr und mehr aufzuhellen (K. Gaiser, H.-J. Kraemer, J. Stenzel, L. Robins, W. Jaeger, P. Wilpert u.a.). Doch auch die veröffentlichten Dialoge und Briefe bieten genug Stoff, um den Grundfragen des Seins, der Bestimmung des Menschen und der Gemeinschaft in aller Breite und Tiefe nachzugehen und sich damit in den geistigen Strom zu stellen, der inzwischen durch mehr als zwei Jahrtausende reicht.

Seinslehre: Das Sein ist vierfach geschichtet. An der Spitze des Seins steht Gott, Sein aus sich selbst, ungeschaffener Schöpfer, Weltbaumeister, die gesamte und allseitige Weisheit, Idee der Ideen, der Inbegriff des Guten und der Vernunft. Die zweite Schicht ist das Reich der Ideen, der ewig gleichen Gedanken Gottes, der Wesenheiten, Substanzen und Gattungsbegriffe, durch die sich Gott der Welt vermittelt. Die Ideen formen die Welt der sinnenhaften „Dinge" (dritte Schicht). Die physischen Dinge sind das aus Materie (das „Bestimmungslose, zu Bestimmende"), der vierten Schicht, und den Ideen (zweite Schicht) „Gemischte". Die Ideen sind das Wesentliche und im eigentlichen Sinne Wirkliche der Dinge, das „seiende Sein", weder entstehend noch vergehend, unwandelbar, unkörperlich, nicht durch die Sinne wahrnehmbar, allein durch den Geist erkennbar, wirkend, doch im Wirken bei sich selbst bleibend. Mit seiner Seinsschichtenlehre löst P. das Problem der Immanenz und Transzendenz sowie den heraklitsch-eleatischen Gegensatz von Fließendem und Beharrendem, Veränderung und Bleibendem, Wandelbarem und Unwandelbarem, Zeitlichem und Ewigem.

Seelenlehre und **Tugendlehre:** Die Struktur der menschlichen Seele spiegelt die hierarchische Ordnung des Seins, die Seinsschichtenlehre. Die blinden Triebe entsprechen der Materie, die sinnliche Wahrnehmung den körperlichen Dingen, die Willenskraft den sich verwirklichenden Ideen, die Denkkraft samt ihrem Eros dem Schöpfergeist (Weltvernunft, Weltgeist) und der Güte des Weltbaumeisters oder „Demiurgen". Den Seelenkräften entsprechen wiederum die Stufen der Erkenntnis: Die Triebe bestimmen den Instinkt; die sinnliche Wahrnehmung (Empirie) bringt es nur zur subjektiven Meinung, niemals zu sicherem Wissen; der Wille (die Anstrengung) will verstehen und vom logischen Verstand

sicher geleitet werden; die Denkkraft wünscht sich mit dem Geist Gottes, der Weisheit, zu erfüllen. Dementsprechend werden auch die Tugenden zugeordnet: Die blinden Triebe sind zu zügeln. Beim Umgang mit den sinnlichen Dingen dieser Welt ist Maß zu halten. Das Festhalten und die Durchsetzung der Ideen oder Überzeugungen erfordern Tapferkeit. Die Weisheit ist die Frucht, die der Mensch durch Erfüllung seiner Bestimmung, „sich mit Gott soweit als möglich zu verähnlichen" (*Theaititos* 176 A), erlangt. Wer sein Leben entsprechend dieser Tugenden ordnet, ist gerecht.

Staatslehre: Aufgabe des →Staates ist die Verwirklichung der →Gerechtigkeit in der Gemeinschaft (*polis*). Dazu ist es notwendig, daß die Gerechten herrschen. Es gibt daher „keine Erlösung vom Übel in den Staaten, bevor nicht die Philosophen Könige werden oder die Könige Philosophen" (Staat 473 D). Den Herrschern zur Seite stehen die „Wächter": Soldaten und Beamte, die äußere und innere Feinde des Staates abwehren und seine Ordnung wahren. Der „Nährstand" sorgt für die äußeren Dinge, die zum guten Leben notwendig sind, und läßt sich dabei von den Sklaven unterstützen. Die Verfassung des platonischen Staates darf als „gemischte" angesehen werden: Sie enthält monarchische (nicht jedoch dynastische), aristokratische und demokratische Elemente. Fehlt die rechte Ausgewogenheit und Ordnung dieser Elemente, tritt ein Element überstark hervor, so deroutiert dies den Staat. Die Monarchie entwickelt sich dann über die Oligarchie und die Ochlokratie (Pöbelherrschaft) zur Tyrannis.

Schriften: Die Echtheit der wichtigsten, weil grundlegenden Dialoge gilt heute als gesichert. Von ihnen seien hier angeführt: „Theaititos", „Sophistes", „Protagoras" enthalten die Zurückweisung des Relativismus und des empirischen, sensualistischen Scheinwissens. Im „Philebos" wird die vierschichtige Seinslehre dargelegt. „Timaios", der auch den Scholastikern gut bekannte Dialog, erläutert die Kosmologie P.s. Indem der menschliche Geist die Ordnung des Kosmos nach ewigem Gesetz erkennt, wird das Verlangen nach Teilhabe am Ewigen, an Weisheit, Wahrheit, Schönheit und Vernunft des Schöpfers als des Menschen eigentliche Bestimmung begriffen. Zugleich wird ihm die Pflicht bewußt, die irdische Ordnung an der himmlischen und ewigen auszurichten, damit auch die Gemeinschaft mit dem göttlich Guten und Gerechten sich erfülle und Gott verherrliche. „Phaidros" und „Symposion" feiern den Eros als jene Liebeskraft, die in der Seele den Wunsch erweckt, „das Gute, Wahre und Schöne für immer zu besitzen". „Phaidon" führt den Beweis für die Unsterblichkeit der Seele in Verbindung mit der Ideenlehre. Die Seele ist Einheit, unteilbar, unveränderlich, ewig, sie kann sich daher nicht verändern, von einem Zustand in den anderen übergehen oder sich auflösen. Sie kann sich verleiblichen, physisch zur Darstellung bringen, im Tod aber auch wieder vom Körper abscheiden. Jede menschliche Seele ist Idee und als solche bei Gott, der sie nach ihrem irdischen Wandel auch richtet. „Menon" erörtert die Aufgabe der Erziehung als Hinführung zur objektiven Wahrheit der Ideen, die die Seele immer schon in sich trägt und die auf ihre „Entbindung" (d.h. Bewußtwerdung) wartet. „Parmenides" behandelt die dialektische Methode der Erkenntnis des Gemeinsamen im Unterschiedenen; „Kritias" (Gesetzestreue), „Laches" (Tapferkeit), „Charmides" (Besonnenheit), „Eutyphron" (Frömmigkeit) versuchen das Wesen einzelner Tugenden zu erfassen. In „Gorgias", dem großen Dialog über die Ethik, erfolgt die Abrechnung mit dem Hedonismus und dem Recht des Stärkeren. In „Politeia" zeigt P. die innere Verwandtschaft oder Einheit von Sein, Mensch und Staat (*polis*), auf die alle Gerechtigkeit oder rechte Ordnung beruht. In den „Nomoi" werden die Forderungen des Idealstaates in praxisnähere Form gekleidet. „Politikos" beschreibt Aufgaben und Voraussetzungen des Staatsmannes. Als unechte bzw. hinsichtlich der Urheberschaft anzuzweifelnde Schriften gelten die meisten Briefe (ausgenommen der 6. und 7. Brief) sowie Alkibiades I und II, Hippias I und II, Hipparchos, Kleitophon, Minos, Theages, Demodokos, Sisyphos, Eryxias, Axiochos, Epinomos, Anterastai sowie ein Buch über „Definitionen" und die kurzen Dialoge über die politischen Tugenden und über die Gerechtigkeit. Zumeist von Schülern oder Anhängern im Geiste P.s verfaßt, sind sie durchaus lesenswert.

S.: Gesamtausgaben: *H. Stephanus:* Platonis opera quae extant omnia, Paris 1578;

Ü.: P.: Werke, übers. v. *F. Schleiermacher,* 3 Bde., Berlin 1804-10; P.: Sämtliche Werke. Dt. Übers. v. *dems.,* 3 Bde., 5. Aufl. Köln-Olten 1967.

Lexika und Kommentare: *F. Ast:* Lexicon Platonicum, sive vocum Platonicorum index, Leipzig 1835-38 (Neudruck Bonn 1956); *M. Stockhammer* (Hrsg): P. Dictionary, Totowa (N.J.) 1965; *H. Gauss:* Handkommentar zu den Dialogen P.s, 7 Bde. [2]1972; *H. Perls:* Lexikon der platonischen Begriffe, Bern 1973; *O. Apelt:* P.-Index. Leipzig o. J.; *O. Gigon / L. Zimmermann:* P. Lexikon der Namen und Begriffe, Zürich 1975; *U. Zimbrich:* Bibliographie zu P.s Staat. Die Rezeption der Politeia im deutschen Sprachraum 1800-1970, Frankfurt Main 1994.

L.: *M. Wundt:* P.s Leben und Werk, Berlin 1924; *R. M. Hare:* P. Eine Einführung, Stuttgart 1990; *J. Pieper:* Philosophie, Kontemplation, Weisheit, Einsiedeln 1991; *M. Ficinus:* Traktate zur platonischen Philosophie. Berlin 1993; *P. Natorp:* P.s Ideenlehre. Eine Einführung in den Idealismus, Hamburg 1994.

Literatur zur „ungeschriebenen Lehre" P.s: *E. Dönt:* P.s Spätphilosophie und die Akademie. Untersuchungen zu den platonischen Briefen und zur Epinomis des Philipp von Opus, Wien 1967; *K. Gaiser:* P.s ungeschriebene Lehre. Studien zur systematischen und geschichtlichen Begründung der Wissenschaften in der Platonischen Schule, [2]1968; *J. Wippern:* Das Problem der ungeschriebenen Lehre P.s. Beiträge zum Verständnis der platonischen Prinzipienphilosophie, Darmstadt 1972; *G. Reale:* Zu einer neuen Interpretation P.s: Eine Auslegung der Metaphysik der großen Dialoge im Lichte der „ungeschriebenen Lehre", Paderborn 1993.

Sonstige Literatur: *E. A. Wyller:* Parmenides in seinem Zusammenhang mit Symposion und Politeia, Hamburg 1960; *M. Heidegger:* P.s Lehre von der Wahrheit, 1964; *H.G. Gadamer:* P.s dialektische Ethik und andere Studien zur platonischen Philosophie, Hamburg 1968; *E. Frank:* P. und die sogenannten Pythagoräer, 1969; *E. A. Wyller:* Der späte P., Hamburg 1970; *A. Graeser:* P.s Ideenlehre, 1975; *P. O. Kristeller:* Die Ideen als Gedanken der menschlichen und göttlichen Vernunft, Heidelberg 1989; *R. Ferber:* P.s Idee des Guten, Richarz 1989; *J. Halfwassen:* Der Aufstieg zum Einen. Untersuchungen zu P. und Plotin, Stuttgart 1992; *P. M. Steiner:* Psyche bei P., Göttingen 1992; *Th. K. Heckel:* Der innere Mensch: die paulinische Verarbeitung eines platonischen Motivs, Tübingen 1993; *H. Pettereins:* Sprache und Sein bei P., München 1994.

– Ro

Politisches Kolleg

Im Januar 1920 veröffentlichte M. Spahn in der Zeitschrift „Die Grenzboten" einen Aufsatz unter dem Titel „Die Pariser Hochschule und Frankreichs Wiederaufstieg nach 1871". In dem Text behandelte Spahn die „École Libre des Sciences Politiques", die 1872 nach der Niederlage Frankreichs im Kampf gegen Preußen-Deutschland gegründet worden war, um die geistigen Voraussetzungen für den Wiederaufstieg des Landes zu schaffen. Spahn gehörte der Zentrums-Partei an, war aber ein geschworener Gegner jeder „Erfüllungspolitik" und hoffte für Deutschland auf eine ähnliche Regeneration mit Hilfe der Nationalpädagogik, wie sie in Frankreich stattgefunden hatte. Früh nahm er über seinen Schüler E. →Stadtler Kontakt zu dem Kreis um →Moeller van den Bruck und →Gleichen auf und zählte bald zu den prominentesten Köpfen des Juni-Klubs, dessen vorwiegend protestantische Prägung er um eine katholisch-konservative Komponente ergänzte.

Zwar kamen den Plänen der Jungkonservativen für eine private politische Akademie E. Jäckh und Th. Heuß im August 1920 mit der Gründung der „Hochschule für Politik" zuvor, doch einigte man sich auf ein friedliches Nebeneinander, als am 1. November desselben Jahres das „P. K. für nationalpolitische Schulungs- und Bildungsarbeit" unter der Leitung Spahns seine Arbeit aufnahm. Das P. K. war anfangs, wie der „Juni-Klub", in der Motzstraße 22 untergebracht, wurde aber 1921 in das Bugenhagenhaus des Spandauer Johannesstiftes überführt. Es bildete in vieler Hinsicht „den geistigen Mittelpunkt der Ring-Bewegung" (H.-J. Schwierskott).

Die Lehrveranstaltungen des P. K. befaßten sich in erster Linie mit der Außenpolitik, wobei naturgemäß die Kriegsschuld und der Versailler Vertrag einen breiten Raum einnahmen, weiter mit der Nationalitätenfrage und der Mitteleuropaproblematik, der Innen- und Kulturpolitik sowie mit Fragen der ständischen Neuordnung. Zu den Dozenten gehörten fast alle führenden Köpfe der jungkonservativen Bewegung: angefangen bei Gleichen und Stadtler, über M. H. →Boehm, K. C. von Loesch, H. →Ullmann, F. Lange, W. Schotte, R. Pechel bis zu H. Brauweiler, K. B. →Ritter, F. Brunstädt und K. A. von Müller. Ab 1921 fanden im Rahmen des P. K. „National-politische Lehrkurse" statt, deren Teilnehmer aus verschiedenen Berufsgruppen kamen. Die Kurse dauerten zwischen acht und vierzehn Tage, während die Veranstaltungen waren die dreißig bis fünfzig Teilnehmer geschlossen im Johannesstift unterge-

bracht. Hier erworbene Abschlüsse erhielten die staatliche Anerkennung.

Nachdem Spahn – der mittlerweile zur →DNVP übergewechselt war – 1924 in den Reichstag zurückkehrte, verfiel das P. K. rasch. Der Versuch, den Grundgedanken durch die Herausgabe von „Unterrichtsbriefen" (H. Brauweiler: Schule der Politik, Berlin 1927, ²1928) am Leben zu erhalten, scheiterte, zumal die „Ring-Bewegung" unter dem Einfluß Gleichens von jeder Form der Massenbeeinflussung Abstand genommen hatte.

L.: H.-J. Schwierskott: Arthur Moeller van den Bruck und der revolutionäre Nationalismus in der Weimarer Republik, Göttingen – Berlin – Frankfurt a. M. 1962, bes. S. 61-5; W. Fenske: P. K., in: Jahrbuch zur Konservativen Revolution 1/1994, S. 305f.

– W

Public-Choice-Theorie

Die von James McGill Buchanan (George Mason University, Fairfax, Va.) und Gordon Tullock (A & M University, Houston) begründete P.-C.-T. bzw. Theorie der Neuen Politischen Ökonomie sucht die Politik ökonomisch zu analysieren. Der 1919 in Tennessee als Sohn eines Farmers geborene James McGill Buchanan stieß zwischen dem Abschluß seiner Promotion an der Universität Chicago, wo er von Frank H. Knight entscheidend und nachhaltig geprägt worden war, und dem Antritt seiner ersten Professur (University of Tennessee) im Sommer 1948 zufällig in der Bibliothek der Universität Chicago auf die 1896 in deutscher Sprache erschienenen „Finanztheoretischen Untersuchungen" des schwedischen Ökonomen Knut Wicksell. Darin fanden sich Ideen zu Fragen finanzpolitischer Entscheidungen, die mit Buchanans eigenen Vorstellungen teilweise übereinstimmten: Für den Volkswirtschafter könne das letztendliche Kriterium für die Effizienz staatlicher Eingriffe nur im prozeduralen Kriterium der Einstimmigkeit bei kollektiven Entscheidungen liegen, wenn er konsistent bleiben wolle; eine Reform in der Wirtschaftspolitik müsse bei den Regeln, unter denen politische Entscheidungsträger handelten, ansetzen, und nicht bei den einzelnen Entscheidungen selbst; Ökonomen müßten endgültig darauf verzichten, so zu argumentieren, als hätten sie nichtexistierenden wohlwollenden Diktatoren Ratschläge zu geben. Später brachte die Lektüre der englischen Übersetzung von Antonio De Viti De Marcos' Werk „First Principles of Public Finance" Buchanan auf den Gedanken, daß sich die italienische Finanzwissenschaft mit ihrer realistischen Staatstheorie, die frei von Hegels Idealismus bzw. von Jeremy Benthams Utilitarismus war, sich mit Wicksells Ideen verbinden lasse.

1955/56 verbrachte er als Fulbright-Stipendiat in Italien, wo er sich mit weiteren italienischen Ökonomen, wie Amilcare Puviani, Mauro Fasiani etc., gründlich auseinandersetzte. 1957 gründete er, nachdem er im Jahr zuvor eine Professur an der University of Virginia in Charlottesville übernommen hatte, zusammen mit dem Ökonomen Warren Nutter das Thomas Jefferson Center for Studies in Political Economy and Social Philosophy, die organisatorische Geburtsstätte der P.-C.-T. Mit dem Juristen und späteren Ökonomieprofessor Gordon Tullock, der sich dem Center frühzeitig anschloß, verfaßte Buchanan das Buch „The Calculus of Consent", das 1962 publiziert wurde. Tullock und Buchanan organisierten 1963 in Charlottesville ein erstes Treffen mit Fachkollegen, aus dem die Public-Choice-Society entstehen sollte. Wenig später wurden sie Herausgeber der von ihnen gegründeten Zeitschrift „Papers in Non-Market-Decisionmaking", Vorläuferin der seit 1969 als Organ der heute weltweit verzweigten gleichnamigen Gesellschaft erscheinenden Zeitschrift „Public Choice". 1969 kehrte Buchanan nach einer auf das Jahr 1968/69 beschränkten Professur an der University of California nach Virginia zurück, allerdings nach Blacksburg (Virginia Polytechnic Institute & State University), wo er zusammen mit Tullock das Center for Study of Public Choice gründete. 1983 entschloß sich der Kreis von Wissenschaftern um Buchanan, das gesamte Center an die George Mason University in Fairfax bei Washington (D. C.) zu übersiedeln. 1986 wurde James M. Buchanan mit dem Nobelpreis für Wirtschaftswissenschaften ausgezeichnet und gibt seit Anfang 1990 die neue Zeitschrift „Constitutional Political Economy" heraus.

Buchanan und sein Kollege Tullock gingen bei der Entwicklung der Neuen Politischen Ökonomie bzw. der P.-C.-T. von der Grunderkenntnis aus, daß die öffentliche Finanztheorie nicht völlig von der Theorie der Politik geschieden werden könne: „Diese Theorie ist ökonomisch in dem Sinne, daß – wie in der traditionellen Wirtschaftstheorie – ‚bildenden Blöcke' Individuen, nicht korporative Einheiten, nicht Gesellschaften, nicht Gemeinschaften, nicht Staaten sind. Diese ‚bildenden Blöcke' sind lebende, wählende, wirtschaftende Personen. Wenn es jenen Personen erlaubt ist, differierende Präferenzen zu haben, und wenn wir gleichzeitig anerkennen, daß gewisse Aspekte des Lebens inhärent mehr kollektiv oder sozial denn rein privat sind, springt einem das Problem der ‚öffentlichen Entscheidung' (public choice) förmlich ins Auge", schreibt Buchanan. Er denkt hier an geschriebene und ungeschriebene Regeln, die das Verhalten der Menschen zueinander ordnen sowie den wirtschaftlichen Tauschhandel und die menschliche Kommunikation trotz unterschiedlicher subjektiver Wertsetzungen überhaupt ermöglichen. Damit wird die Freiheit des Individuums, die ihre Grenzen an jener seines Mitmenschen findet, erst möglich.

„Wie können differierende individuelle Präferenzen in Einklang gebracht werden mit zu erreichenden Ergebnissen, die per Definition von allen Mitgliedern der Gemeinschaft geteilt werden? Die positive Frage lautet: ‚Wie werden die Differenzen in Einklang gebracht unter jenen politischen Institutionen, die wir beobachten?' Diese Frage wird von einer normativen begleitet: ‚Wie sollten die Differenzen unter Individuen über gewünschte Ergebnisse miteinander in Einklang gebracht werden?'"

Buchanan und Tullock ging es bereits 1962 in ihrem Werk „The Calculus of Consent. Logical Foundations of Constitutional Democracy" darum, Alternativen zum unbeschränkten Mehrheitsprinzip zu analysieren, aus der Erkenntnis heraus, daß Bürokraten, Politiker, Interessenvertreter und Wähler den politischen Prozeß als Mittel gebrauchen, um einander aufgrund einer mehrheitsfähigen Interessenkoalition gegenseitige Vorteile („political rent-seeking") zu Lasten der unterlegenen Minderheit zuzuschanzen. Der Politiker mißbraucht damit sein Amt bei Wahlen zum Stimmenkauf; Buchanan und Tullock haben gegen diese Dekadenz der liberalen Demokratie neue, alternative Entscheidungsregeln, die auf eine Stärkung der amerikanischen Institutionen im Rahmen der Gewaltentrennung hinzielen, vorgeschlagen. Hierzu gehören Ideen wie der Vorschlag eines Verfassungszusatzes, der zwingend die Rückkehr zum Budgetausgleich vorschreibt (Buchanan/Wagner: „Democracy in Deficit"), oder die Entwicklung einer „Steuer-Verfassung" (Verankerung der Höchstbesteuerung in der Verfassung etc.), die von den amerikanischen Republikanern frühzeitig und nunmehr auch von der deutschen FDP übernommen worden sind.

Das Nobelpreis-Komitee hat in seiner Laudatio zu Recht festgestellt, daß die P.-C.-T. zur (Wieder-)Entdeckung jener Wahrheit geführt habe, „daß Personen als rationale ‚Nützlichkeitsmaximierer‘ in allen ihren Verhaltensweisen betrachtet werden müssen". Die zentrale Folgerung ist – so Buchanan – nicht, daß „jegliche kollektive Handlung der Regierung notwendigerweise nicht wünschbar sei. Im Gegenteil: Eben gerade weil die Menschen dazu tendieren, das, was ihnen persönlich nützt, zu maximieren, müssen Institutionen geschaffen werden, damit durch das individuelle Verhalten die Interessen der Gruppe, ob klein, ob groß, ob lokal, ob national, gefördert werden." In „Die Grenzen der Freiheit" (1975) schlägt Buchanan einen Weg vor, der ein Gleichgewicht zwischen Anarchie und Leviathan schafft, ähnlich wie Friedrich August von →Hayek oder Adam Smith. Hierzu weist Buchanan als Repräsentant der liberalen „contractarians" dem Vertragsgedanken eine Schlüsselrolle zu.

Als bedeutende Repräsentanten der P.-C.-T. sind ferner William Niskanen, Geoffrey Brennan, Mancur Olson, Peter Bernholz, Charles B. Blankart, Bruno S. Frey, Werner W. Pommerehne, Victor Vanberg und Roland Vaubel zu erwähnen. Nicht alle von ihnen sind dem klassischen Liberalismus oder gar dem amerikanischen liberalen Konservatismus (Gordon Tullock) verpflichtet; selbst Sozialdemokraten wie Francesco Forte finden sich in ihren Reihen.

L.: *A. Downs:* An Economic Theory of Democracy, New York 1957; *J. M. Buchanan:* Public Principles of Public Debt, New York 1958; *ders.:* Fiscal Theory and Political Economy, Chapel Hill 1960; *ders. / G. Tullock:* The Calculus of Consent. Logical Foundations of Constitutional Democracy, Ann Arbor 1987 (1962); *K. J. Arrow:* Social Choice and Individual Values, New Haven 1963; *J. M. Buchanan:* What Should Economists

Do? Indianapolis 1979 (1963 etc.); *G. Tullock:* The Politics of Bureaucracy, Washington (D. C.) 1965; *M. Olson:* The Logic of Collective Action, Cambridge (Mass.) 1965; *J. M. Buchanan:* Public Finance in Democratic Process. Fiscal Institutions and Individual Choice, Chapel Hill 1967; *ders.:* Demand and Supply of Public Goods, Chicago 1968; *ders.:* Coast and Choice. An Inquiry in Economic Theory, Chicago 1978 (1969); *W. A. Niskanen:* Bureaucracy and Representative Government, Chicago 1971; *ders.:* Bureaucracy: Servant or Master? London 1973; *J. M. Buchanan:* The Limits of Liberty. Between Anarchy and Leviathan, Chicago 1985 (1975), dt.: Die Grenzen der Freiheit. Zwischen Anarchie und Leviathan, Tübingen 1984 ; *G. Tullock:* The Vote Motive, London 1978 (1976); *B. S. Frey:* Moderne Politische Ökonomie, München 1977; *J. M. Buchanan / C. R. Rowley / A. Breton, J. Wiseman / B. S. Frey / A. T. Peacock:* The Economics of Politics, London 1978; *J. M. Buchanan:* Freedom in Constitutional Contract: Perspective of a Political Economist, College Station 1978; *ders. / R.D. Tollison / G. Tullock* (Hrsg.): Toward a Theory of the Rent-Seeking Society, College Station 1980; *J. M. Buchanan / Geoffrey Brennan:* The Power to Tax: Analytical Foundations of a Fiscal Constitution, Cambridge 1980, dt. Übers.: Besteuerung und Staatsgewalt: Analytische Grundlagen der Finanzverfassung, Hamburg 1988; *C. B. Blankart:* Ökonomie der öffentlichen Unternehmen, München 1980; *G. Tullock:* Trials on Trial: The Pure Theory of Legal Procedures, 1982; *ders.:* Economics of Income Redistribution, Boston 1983; *ders.:* Welfare for the Well-to-Do, Dallas 1983; *V. Vanberg:* Der individualistische Ansatz zu einer Theorie der Entstehung und Entwicklung von Institutionen, Tübingen 1983; *J. M. Buchanan:* Liberty, Market and State: Political Economy in the 1980s, New York 1985; *P. Bernholz:* The International Game of Power, Berlin 1985; *F. Forte / A. Peacock* (Hrsg.): Public Expenditure and Government Grow, Oxford 1985; *J. M. Buchanan / G. Brennan:* The Reason of Rules, Cambridge 1985; dt. Tübingen 1991; *M. Olson:* Aufstieg und Niedergang der Nationen, Tübingen 1987; *W. W. Pommerehne:* Präferenzen für Öffentliche Güter, Tübingen 1987; *J. M. Buchanan:* Economics: Between Predective Science and Moral Philosophy, College Station 1987; *ders.:* Explorations into Constitutional Economics, College Station 1989; *ders.:* Essays on the Political Economy, Honolulu 1989; *D. C. Mueller:* Public Choice II, Cambridge 1989; *Anthony de Jasay:* Social contract, Free Ride. A Study of the Public Goods Problem, Oxford 1989; *J. M. Buchanan:* Politische Ökonomie als Verfassungstheorie, m. e. Einführung in Person u. Werk v. *V. Vanberg,* Zürich 1990; *ders.:* Analysis, Ideology and The Events of 1989, Zürich 1990; *B. Gygi:* Internationale Organisationen aus der Sicht der Neuen Politischen Ökonomie, Heidelberg 1991; *R. Vaubel:* The Centralisation of Western Europe, London 1995.

– Wi

Q

Quabbe, Georg

* 20. 3. 1887 Breslau; † 17. 7. 1950 Frankfurt a. M. Rechtsanwalt und Publizist. Q. hat nach einem juristischen Studium und anschließender Promotion während des Ersten Weltkrieges und unmittelbar danach eine Reihe von nicht veröffentlichten Denkschriften („Die seekriegsrechtliche Bedeutung der Flottenstützpunkte", 1917; „Zur Abrüstungskonferenz", 1919) zu völkerrechtlichen Themen abgefaßt. Bekannt wurde er durch sein 1927 erschienenes Buch „Tar a Ri. Variationen über ein konservatives Thema", das so etwas wie das Programm der „liberalen Deuschnationalen" formulieren wollte. Der seltsame Titel leitet sich von der angeblichen Etymologie des Begriffs „tory" ab, der vom Irischen „tar a ri!" = „komm, o König!" stammen soll, dem Schlachtruf der Stuart-Kavaliere. Q. betrachtete den Konservatismus nicht als Weltanschauung einer bestimmten sozialen Schicht, sondern als eine allgemeinmenschliche „Anlage"; zwar theorieskeptisch, aber durchaus theoriefähig, im besten Fall als eine „Aufklärung gegen die Aufklärung". Konservatismus erschien Q. zwar nicht mehrheitsfähig, aber durch die „Pendelgesetze der Weltgeschichte" mochte es immer wieder Zeitalter geben, die seinem Anliegen näher standen als andere. Trotz seines prinzipiellen Monarchismus setzte Q. auf den Ausgleich mit der Weimarer Republik; er kritisierte den taktischen Antisemitismus in Teilen der →DNVP ebenso wie ihr Liebäugeln mit den Völkischen. Seine Position in der Partei blieb allerdings ohne Aussicht auf Erfolg: Nach der Niederlage bei den Reichstagswahlen von 1928 setzte sich der Kurs Hugenbergs durch und machte die „fortschrittlichen Konservativen" wie Q. politisch heimatlos.

Q. veröffentlichte noch 1933 ein weiteres Buch, das sich unter dem Titel „Das letzte Reich" mit dem Wesen politischer Utopien befaßte. Für einen Konservativen überraschend, lehnte er Utopien nicht prinzipiell ab, trennte allerdings zwischen „guten" (→Platon, T. Morus, O. →Spann) und „schlechten" (v.a. Marx). Im übrigen blieb die Arbeit weit hinter der Originalität von „Tar a Ri" zurück, enthielt allerdings mit dem Vorwort, in dem sich Q. scharf gegen die „Haßgesänge der auf der Straße marschierenden Kolonnen" aller Richtungen äußerte, auch schon die deutliche Absage Q.s an das NS-Regime. Q. konnte bis zum Kriegsende seine Tätigkeit als Rechtsanwalt in Breslau fortsetzen; nach dem Einmarsch der Roten Armee floh er mit seiner Ehefrau nach Westen. Im Sommer 1946 wurde ihm an der Universität Heidelberg ein Lehrauftrag für Staatsrecht übertragen; im Oktober desselben Jahres erhielt er die Ernennung zum Generalstaatsanwalt für Hessen, mußte aber 1949 wegen einer schweren Erkrankung in den Ruhestand versetzt werden. Er erlag der Krankheit im Juli 1950.

S.: Die völkerrechtliche Garantie. Eine von der Juristischen Fakultät der Universität Breslau am 27. Januar 1909 mit dem Preise ausgezeichnete Arbeit in erweiterter Gestalt, Breslau 1911; Tar a Ri. Variationen über ein konservatives Thema, Berlin 1927; Das letzte Reich. Wandel und Wesen der Utopie, Leipzig 1933; Goethes Freunde. Drei Essays, Stuttgart 1949.

– W

R

Radowitz, Joseph Maria von

* 6. 2. 1797 Blankenburg/Harz; † 25. 12. 1853 Berlin. Preußischer Offizier, Politiker und politischer Schriftsteller. Als Sohn eines katholischen Offiziers ungarischer Herkunft und einer deutschen Mutter aus coburgisch-sächsischer Offiziersfamilie, wuchs R. in Altenburg auf und erhielt bereits seit 1808 eine militärische Ausbildung, zuerst in Mainz und Paris, anschließend (1812) an der Artillerie- und Ingenieursschule des Königreichs Westfalen in Kassel. Von Ende 1812 nahm er auf französischer Seite am Krieg teil; nach der Völkerschlacht bei Leipzig geriet er in Gefangenschaft. Von 1814-20 wirkte R. als Mathematiklehrer an der Kadettenschule in Kassel; daneben betrieb er intensive autodidaktische Studien. Von 1820-23 Erzieher des späteren hessischen Kurprinzen, mußte er nach einem schweren Konflikt mit dem Kurfürsten das Land 1823 verlassen. R. ging nach Preußen, wo er dank seiner herausragenden geistigen Fähigkeiten rasch Karriere machte: 1823 wurde er Hauptmann beim Großen Generalstab, 1826 Mitglied des Direktoriums der Allgemeinen Kriegsschule, 1828 Major, 1836 preußischer Militärbevollmächtigter beim Deutschen Bund in Frankfurt a. M., 1839 Oberstleutnant und 1842 preußischer Gesandter in Baden, Hessen-Darmstadt und Nassau. 1845 erreichte er den Rang eines Generalmajors.

Bereits seit Mitte der 1820er Jahre hatte R. engen Kontakt zu den konservativen Kreisen Berlins geknüpft, u.a. zu →Jarcke, Canitz und den Brüdern →Gerlach. Von größter Bedeutung für seinen weiteren Lebensweg sollte die Bekanntschaft mit dem preußischen Kronprinzen, dem späteren König Friedrich Wilhelm IV., werden, den er ebenfalls in diesen Jahren kennenlernte und mit dem ihn bald eine enge Freundschaft und ein äußerst reger Gedankenaustausch verbanden. R. war einer der wenigen Freunde und Berater des späteren Königs, der dem „monarchischen Projekt" dieses Herrschers, das auf eine zeitgemäße Erneuerung der christlich-ständischen Monarchie abzielte, Sympathie und Verständnis entgegenbrachte.

Unter dem Eindruck der Julirevolution von 1830 hatte sich R. der politischen Schriftstellerei zugewandt; zusammen mit Jarcke und den Brüdern Gerlach gehörte er zu den Mitgründern und Mitarbeitern des →„Berliner politischen Wochenblatts". Beeinflußt von →Haller, →Burke und den französischen Traditionalisten, war der frühe R. einer jener typischen Vertreter der schroff antiliberalen und gegenrevolutionären „christlich-germanischen Idee", die auf eine zeitgemäße Erneuerung altständischer →Institutionen und politischer Ordnungen abzielte und im Gedanken eines erneuerten christlichen Königtums das konsequenteste Gegenmodell zum modern-revolutionären, säkularisierten →Staat sahen. Mit der Zeit allerdings (etwa in den Jahren 1836-46) begannen sich seine Anschauungen langsam zu wandeln. Er begriff, daß die soziale und die nationale Frage die entscheidenden Probleme der Gegenwart waren und daß ein zeitgemäßer Konservatismus sich darum bemühen mußte, Antworten hierauf zu finden. R. entwickelte bereits im Vormärz die Idee eines „sozialen Königtums", d.h. einer von oben zu organisierenden, umfassenden Sozialpolitik, um durch Linderung der Probleme des „Pauperismus" die Monarchie neu legitimieren zu können. Diese Gedanken formulierte R. in seiner wohl bekanntesten Schrift aus dieser Zeit, den „Gesprächen über die Gegenwart über Staat und Kirche" (1846), die bis 1851 vier Auflagen erlebten und in ganz Deutschland starke Beachtung fanden.

Zweitens trat er (seit 1843 in mehreren Denkschriften an Friedrich Wilhelm IV.) für eine gesamtdeutsche Politik Preußens ein, die den liberalen Forderungen nach deutscher Einheit unter preußischer Führung – etwa mittels einer entschiedenen Reform des Deutschen Bundes – entgegenkommen sollte. Die „Nationalität" sei, heißt es in seiner berühmten Denkschrift an den preußischen König vom November 1847, als die „gewaltigste Kraft der Gegenwart" bisher nichts anderes als „die gefährlichste Waffe in den Händen der Feinde der rechtlichen Ordnung" gewesen. Dagegen komme es darauf an, die positiven Aspekte dieses Nationalgefühls aufzunehmen und der eigenen Sache nutzbar zu machen: „Durch alle Gemüter zieht die Sehnsucht nach einem, an innerer Gemeinschaft wachsenden Deutschland, das nach außen mächtig und geehrt, nach innen erhaben und einträchtig sei; es ist dieses noch immer der populärste und gewaltigste Gedanke, der in unserm Volke lebt. ... Es ist daher auch der einzige, auf welchem noch eine feste Staats- und Lebensordnung zu errichten ist, das einzige Bett, in welches die verheerenden Strömungen der Parteienkämpfe abgeleitet werden können." Nicht zuletzt sei eine deutsche Einigung „die Lebensfrage für Preußen, die oberste Bedingung seiner eigenen Existenz".

Der Ausbruch der Revolution von 1848 schien diesen Gedanken zu bestätigen. Zu seiner eigenen Überraschung wurde R. im Mai des Jahres vom Kreis Arnsberg in Westfalen zum Abgeordneten in die Frankfurter Nationalversammlung gewählt, wo er sich der äußersten Rechten (der Fraktion „Steinernes Haus" bzw. „Café Milani") anschloß. Bis zum Ende des Jahres näherte er sich dem von H. von Gagern vertretenen Konzept eines kleindeutsch-preußischen Erbkaisertums und eines engeren und weiteren Bundes (ohne bzw. mit Österreich) an, wenngleich er seine schweren Bedenken gegen eine vom Parlament ausgehende Kaiserkrone niemals aufgab. Nach dem Scheitern der Nationalversammlung wurde R. seit Mitte 1849 zum Zentrum einer von Friedrich Wilhelm IV. betriebenen kleindeutschen Unionspolitik, die – an das alte Frankfurter Modell anknüpfend – eine kleindeutsche Union unter preußischer Führung anstrebte, allerdings nicht als ein von einem Parlament getragenes Staatswesen, sondern als einen Fürstenbund. Diese Politik, von R. für kurze Zeit auch als preußischer Außenminister (26. 9. 1850 bis 2. 11. 1850) vertreten, scheiterte auf der ganzen Linie, da R. und sein König die Widerstände vor allem Rußlands und Österreichs gegen das Unionsprojekt unterschätzt hatten. Unter demütigenden Umständen mußte sich Preußen Ende 1850 zu einer Rückkehr zum Deutschen Bund des Vormärz entschließen. R. zog sich danach ins Privatleben zurück, wurde 1852 noch einmal als Generalinspekteur des militärischen Bildungswesens in Preußen reaktiviert, doch starb er kurz darauf an den Folgen einer längeren Krankheit.

Man hat R. später wegen seines Scheiterns ungerecht kritisiert; bekannt ist →Bismarcks Bemerkung, R. sei nichts anderes als der geschickte „Garderobier der mittelalterlichen

Phantasie des Königs" gewesen. Das ist in dieser Form nicht zutreffend, denn R. war ein intelligenter und weit vorausschauender konservativer Denker, der die zentralen Probleme seiner Gegenwart genauer wahrzunehmen imstande war als viele seiner konservativen Zeitgenossen. Als Politiker allerdings versagte er gründlich, und „obwohl es ungerecht und unhistorisch wäre, R. mit Bismarck zu vergleichen, hatten viele ältere Historiker durchaus recht, als sie R. wegen seines fehlenden Machtinstinkts und seiner Unfähigkeit zum taktischen und politisch wirkungsvollen Kalkül tadelten" (Barclay).

S.: Ikonographie der Heiligen, Berlin 1834; Gespräche aus der Gegenwart über Staat und Kirche, Stuttgart 1846; Die Devisen und Mottos des späten Mittelalters, Stuttgart 1850; Neue Gespräche aus der Gegenwart, Bde. I-II, Erfurt 1851; Gesammelte Schriften, Bde. I-V, Berlin 1852-53; Ausgewählte Schriften, hrsg. v. *W. Corvinus*, Bde. I-III, Regensburg 1911; Ausgewählte Schriften und Reden, hrsg. von *F. Meinecke*, München 1921.

E.: Zur Geschichte meines Lebens, in: *P. Hassel:* J. M. v. R. (siehe unter L.), S. 1-139; Nachgelassene Briefe und Aufzeichnungen zur Geschichte der Jahre 1848-53, hrsg. von *W. Möring*, Stuttgart – Berlin 1922.

L: *Liliencron* in ADB XXVI, 141-52; *P. Hassel:* J. M. v. R., Bd. I: 1797-1848, Berlin 1905 (mehr nicht erschienen); *F. Meinecke:* R. und die deutsche Revolution, Berlin 1913; ders.: Zur Kritik der R.schen Fragmente, in: ders.: Preußen und Deutschland im 19. und 20. Jhdt. Historische und politische Aufsätze, München – Berlin 1918, S. 195-205; *H. Goetting:* Die sozialpolitische Idee in den konservativen Kreisen der vormärzlichen Zeit, phil. Diss. Berlin 1920; ders.: J. M. v. R., in: Deutscher Aufstieg – Bilder aus der Vergangenheit und Gegenwart der rechtsstehenden Parteien, hrsg. v. *H. v. Arnim / G. v. Below*, Berlin – Leipzig – Wien – Bern 1925, S. 105-09; *W. Früh:* R. als Sozialpolitiker. Seine Gesellschafts- und Wirtschaftsauffassung unter besonderer Berücksichtigung der sozialen Frage, phil. Diss. Berlin 1937; *K. v. Priesdorff:* Soldatisches Führertum, Bd. VI, Teil 9: Die preußischen Generale vom Regierungsantritt König Friedrich Wilhelms IV. bis zum Jahre 1858, Hamburg 1938, S. 222-25; *E. Ritter:* R. – Ein katholischer Staatsmann in Preußen. Verfassungs- und konfessionsgeschichtliche Studie, Köln 1948; *W. B. Morris, Jr.:* The Road to Olmütz: The Career of J. M. v. R., New York 1976; *F. Meinecke:* J. M. v. R. (1921) in: ders.: Werke, Bd. IX: Brandenburg – Preußen – Deutschland. Kleine Schriften zur Geschichte und Politik, hrsg. v. *E. Kessel*, Stuttgart 1979, S. 364-76; *K. Canis:* J. M. v. R. – Konterrevolution und preußische Unionspolitik, in: Männer der Revolution von 1848, Bd. II, hrsg. v. *H. Bleiber / W. Schmidt / R. Weber*, Berlin (Ost) 1987, S. 449-86; *H. Beck:* Conservatives and the Social Question in Nineteenth-Century Prussia, in: Between Reform, Reaction, and Resistance. Studies in the History of German Conservatism from 1789 to 1945, hrsg. v. *L. E. Jones* / *J. Retallack*, Providence – Oxford 1993, S. 61-94; *D. E. Barclay:* Ein deutscher „Tory democrat"? J. M. v. R. (1797-1853), in: Konservative Politiker in Deutschland, hrsg. v. *H.-C. Kraus*, Berlin 1995, S. 37-67; *ders.:* Anarchie und guter Wille. Friedrich Wilhelm IV. und die preußische Monarchie, Berlin 1995; *H. Beck:* J. M. v. R. and the Implications of Nineteenth-Century German Social Thought, in: German History 13 (1995), S. 163-81.

– K

Ranke, Leopold von (seit 1865)

* 21. 12. 1795 Wiehe/Sachsen; † 23. 5. 1886 Berlin. Historiker. R. entstammte einer alten Pastorenfamilie; sein Vater war jedoch Jurist. R. absolvierte 1809-14 das Gymnasium Schulpforta bei Naumburg und studierte 1814-18 Theologie und (klassische) Philologie an der Universität Leipzig. Hier wurde er 1817 im Fach Philologie mit einer Arbeit zum politischen Denken der Griechen promoviert. Nachdem er 1818 in Berlin das Staatsexamen abgelegt hatte, unterrichtete R. von 1818-25 als Oberlehrer am Gymnasium in Frankfurt a. d. Oder. Erst in dieser Zeit begann er sich verstärkt mit der Geschichte zu beschäftigen; unter dem Eindruck der quellenkritischen Untersuchungen, die B. G. Niebuhr in seiner berühmten „Römischen Geschichte" angestellt hatte, wandte sich der junge R. der neueren Geschichte zu. 1824 publizierte er sein erstes Werk, die „Geschichten der romanischen und germanischen Völker von 1494 bis 1535", mit dem wichtigen Anhang „Zur Kritik neuerer Geschichtschreiber", in dem R. zum erstenmal die von Niebuhr entwickelte quellenkritische Methode auf die Neuzeit anwandte.

Leopold von Ranke
1795-1886

Dieses Werk brachte ihm 1825 eine Professur an der Berliner Universität ein; der Stadt Berlin und ihrer Alma mater ist R. bis zu seinem Tode – trotz vieler ehrenvoller Rufe, u.a. nach Göttingen und München – treu geblieben. 1827-31 unternahm er eine große Archivreise, die ihn u.a. nach Wien, Venedig, Rom und Florenz führte. In Wien konnte er dank der Vermittlung F. von →Gentz' erstmals die reichhaltigen Bestände des Haus-, Hof- und Staatsarchivs nutzen, und in Venedig gelang ihm die umfassende)Erschließung der venezianischen Relationen, der bedeuten-

den und, wie sich zeigen sollte, wissenschaftlich überaus ertragreichen Gesandtenberichte der Diplomaten der Republik Venedig. Wieder in Berlin, legte R. in den folgenden Jahren, nur unterbrochen durch weitere Archivreisen, die ihn auch nach London und Paris führten, nacheinander seine großen Werke vor: „Die römischen Päpste, ihre Kirche und ihr Staat im 16. und 17. Jhdt." (3 Bde., 1834-36), „Deutsche Geschichte im Zeitalter der Reformation" (6 Bde., 1839-47), „Französische Geschichte, vornehmlich im 16. und 17. Jhdt." (5 Bde., 1852-61), „Englische Geschichte, vornehmlich im 17. Jhdt." (7 Bde., 1859-68). 1841 zum Historiographen des Preußischen Staates ernannt, verfaßte er u.a. die „Neun Bücher preußischer Geschichte" (2 Bde., 1847-48, später erweitert) und die „Denkwürdigkeiten des Staatskanzlers Fürsten von Hardenberg" (5 Bde., 1877), außerdem Studien zu Friedrich dem Großen und Friedrich Wilhelm IV. Noch im hohen Alter diktierte R. seine – unvollendet gebliebene – „Weltgeschichte" (9 Bde., 1881-88).

Als Historiker war R. von den philosophischen Reflexionen seiner Zeit nicht unbeeinflußt geblieben; mit Fichte und Schelling, aber gegen das Hegelsche Fortschrittsdenken gerichtet – und deshalb auch von dem damaligen Hegelianer H. →Leo kritisiert –, nahm bereits der junge R. 1824 entschieden gegen die Auffassung Stellung, die Historie habe „das Amt, die Vergangenheit zu richten"; er selbst habe als Historiker nur den Ehrgeiz zu „sagen, wie es eigentlich gewesen". Damit verbunden war *erstens* die Absage an jede Art des Fortschrittsdenkens und an die, so R., „trostlose" Annahme eines gesetzlichen Ablaufs der Geschichte. Und *zweitens* hielt er an der Pflicht des Historikers zur möglichst vollständigen Unparteilichkeit und Objektivität (wenngleich er ahnte, daß diese niemals *vollständig* erreicht werden könne) fest. Im Vorwort zur „Englischen Geschichte" bemerkte er hierzu: „Ich wünschte mein Selbst gleichsam auszulöschen, und nur die Dinge reden, die mächtigen Kräfte erscheinen zu lassen." Als die wichtigsten und geschichtlich bedeutendsten dieser „mächtigen Kräfte" erschienen ihm die Ideen, die geistigen Kräfte: „Unendlich falsch wäre es, in den Kämpfen historischer Mächte nur das Wirken brutaler Mächte zu sichten...: kein Staat hat jemals bestanden ohne eine geistige Grundlage und einen geistigen Gehalt." In seinem 1836 niedergeschriebenen „Politischen Gespräch" hat R. diesem Gedanken in formvollendeter Weise Ausdruck verliehen.

War der junge R. um 1819/20 noch ein Liberaler mit unverkennbar nationalen Neigungen, ein Anhänger des „Turnvaters" Jahn gewesen, entwickelte er sich bald darauf – auch auf der Grundlage einer bei ihm immer vorhandenen tiefen Religiosität und strengen lutherischen Gläubigkeit – zum Konservativen, wozu vermutlich auch die Bekanntschaft und Freundschaft mit Männern wie →Ancillon, →Savigny, →Bunsen und Leopold von →Gerlach beigetragen haben mag. 1832–36 gab R. im Auftrag des preußischen Staates die „Historisch-politische Zeitschrift" heraus, die als gemäßigt-konservatives Gegenorgan zum →„Berliner politischen Wochenblatt" geplant worden war. Obwohl er bedeutende Mitarbeiter, darunter Savigny und →Bluntschli, gewinnen konnte, ging die Zeitschrift bereits nach vier Jahren ein. R., der sich immer an dem Grundsatz „Evolution statt Revolution" orientiert hatte, zeigte sich 1837 als scharfer Gegner der „Göttinger Sieben" und versuchte 1848 mittels verschiedener politischer Denkschriften für den preußischen König, in den Gang der Dinge einzugreifen und die Gegenrevolution zu fördern, was ihm indes nicht gelang. Seine politische Haltung erwies sich als gemäßigt konstitutionell; die spätere preußische Politik, so etwa den Krieg gegen Österreich 1866 und die Reichsgründung von 1871, hat er zurückhaltend-positiv bewertet. Den konservativen Glauben an eine göttliche Weltordnung hat R. als Gelehrter und politisch denkender Autor niemals preisgegeben; so heißt es in einem Brief an seinen Sohn Otto vom 25. 5. 1873: „Über allem schwebt die göttliche Ordnung der Dinge, welche zwar nicht geradezu nachzuweisen, aber doch zu ahnen ist."

R., der seine Vorlesungen an der Berliner Universität 1871 beendete, war ein einflußreicher und gesuchter historischer Lehrer, der u.a. die Kronprinzen Georg von Hannover und Maximilian von Bayern unterrichtete. Darüber hinaus wurde er mit Ehren überhäuft: 1854 wurde er Mitglied des Preußischen Staatsrates, 1855 des Ordens „Pour le mérite", 1859 Gründer und erster Präsident der Historischen Kommission bei der Bayerischen Akademie der Wissenschaften. 1865 wurde er vom preußischen König geadelt, und die Maxime seines Wappens kann als Motto seines Lebens angesehen werden: „Labor ipse voluptas".

B.: *H. F. Helmolt:* R.-Bibliographie, Leipzig 1910.

S.: Sämtliche Werke, Bde. I-LIV, Leipzig 1867-90; Weltgeschichte, Bde. I-IX, Leipzig 1881-88. – Danach zahlreiche Einzelausgaben; von der geplanten R.-Gesamtausgabe der Deutschen Akademie in München, hrsg. v. *P. Joachimsen* u.a., wurden nur veröffentlicht: Deutsche Geschichte im Zeitalter der Reformation, hrsg. v. *dems.*, Bde. I-VI, München 1925-26; Zwölf Bücher Preußischer Geschichte, hrsg. v. *G. Küntzel*, I-III, München 1930; wichtige Neuausgabe: Englische Geschichte, vornehmlich im 17. Jhdt., Bde. I-IV, Meersburg 1937.

E.: Das Briefwerk, hrsg. v. *W. P. Fuchs*, Hamburg 1949; Neue Briefe, ges. v. *B. Hoeft*, hrsg. v. *H. Herzfeld*, Hamburg 1949; Aus Werk und Nachlaß, Bd. I: Tagebücher, hrsg. v. *W. P. Fuchs*, München – Wien 1964; Bd. II: Über die Epochen der Neueren Geschichte, hrsg. v. *T. Schieder / H. Berding*, München – Wien 1971; Bd. III: Frühe Schriften, hrsg. v. *W. P. Fuchs*, München – Wien 1973; Bd. IV: Vorlesungseinleitungen, hrsg. v. *V. Dotterweich / W. P. Fuchs*, München – Wien 1975.

L.: *Dove* in ADB XXVII, 242-69; *E. Guglia:* L. v. R.s Leben und Werke, Leipzig 1893; *O. Diether:* L. v. R. Politiker, Leipzig 1911; *M. Ritter:* Die Entwicklung der

Geschichtswissenschaft an den führenden Werken betrachtet, München – Berlin 1919; *H. F. Helmolt:* L. R.s Leben und Wirken, Leipzig 1921; *H. Oncken:* Aus R.s Frühzeit, Gotha 1922; *W. Michael:* R. und Treitschke und die deutsche Einheit, Berlin – Leipzig 1922; *G. Masur:* R.s Begriff der Weltgeschichte, München – Berlin 1926; *E. Simon:* R. und Hegel, München – Berlin 1928; *A. Meyer:* R.s Stellung im modernen historischen Denken, Hamburg 1931; *O. Voßler:* Der Nationalgedanke von Rousseau bis R., München – Berlin 1937; *B. Hoeft:* Das Schicksal der R.-Bibliothek, Berlin 1937; *W. Kaegi:* Geschichtswissenschaft und Staat in der Zeit R.s, in: *ders.:* Historische Meditationen, Bd. II, Zürich 1946, S. 121-71; *F. Meinecke:* R. und Burckhardt, Berlin 1948; *H. v. Srbik:* Geist und Geschichte vom deutschen Humanismus bis zur Gegenwart, Bd. I, München – Salzburg 1950; *H. Hauser:* L. v. R.s protestantisches Geschichtsbild, phil. Diss. Zürich 1950; *T. H. v. Laue:* L. R. The formative years, Princeton 1950; *H. Helbling:* L. v. R. und der historische Stil, phil. Diss. Zürich 1953; *C. Hinrichs:* R. und die Geschichtstheologie der Goethezeit, Göttingen – Frankfurt a. M. – Berlin 1954; *W. Mommsen:* Stein – R. – Bismarck, München 1954; *R. Vierhaus:* R. und die soziale Welt, Münster 1957; *E. Schulin:* Die weltgeschichtliche Erfassung des Orients bei Hegel und R., Göttingen 1958; *W. P. Fuchs:* Der Nachlaß L. v. R.s, in: Historische Zeitschrift 195 (1962), S. 63-89; *K. Kupisch:* Die Hieroglyphe Gottes. Große Historiker der bürgerlichen Epoche von R. bis Meinecke, München 1967; *G. Berg:* L. v. R. als akademischer Lehrer, Göttingen 1968; *G. Henz:* L. R. – Leben, Denken, Wort 1795-1814, phil. Diss. Köln 1968; *R. Vierhaus:* R. und die Anfänge der deutschen Geschichtswissenschaft, in: *B. Faulenbach* (Hrsg.): Geschichtswissenschaft in Deutschland, München 1974, S. 17-34; *L. Krieger:* R. – The meaning of history, Chikago 1977; *K. H. Metz:* Grundformen historiographischen Denkens: Wissenschaftsgeschichte als Methodologie, dargestellt an R., Treitschke und Lamprecht, München 1979; *M.-J. Zemlin:* Geschichtswissenschaft zwischen Theorie und Theoria. Untersuchungen zur Geschichtsphilosophie R.s, phil. Diss. Köln 1985; *R. Vierhaus:* L. v. R. – Geschichtsschreibung zwischen Wissenschaft und Kunst, in: Historische Zeitschrift 244 (1987), S. 285-98; *U. Muhlack:* L. v. R., in: *N. Hammerstein* (Hrsg.): Deutsche Geschichtswissenschaft um 1900, Stuttgart – Wiesbaden 1988, S. 11-36; *W. J. Mommsen* (Hrsg.): L. v. R. und die moderne Geschichtswissenschaft, Stuttgart 1988; *G. G. Iggers / J. M. Powell* (Hrsg.): L. v. R. and the shaping of the historical discipline, Syracuse (N. Y.) 1990; *F. Gilbert:* History: politics or culture? Reflections on R. and Burckhardt, Princeton 1990.

– K

Rathenau, Walter

* 21. 11. 1867 Berlin; † (ermordet) 24. 6. 1922 ebd. Sein Vater, Emil R., stammte aus einer Maschinenfabrikantenfamilie. Er leitete in Deutschland das „elektrische Zeitalter" ein, indem er auf der Basis der Edison-Patente als genialer Organisator den Weltkonzern AEG schuf. R. wuchs neben der Fabrik in einem Arbeiterviertel im Norden Berlins auf. Er legte 1884 im Wilhelmsgymnasium das Abitur ab und studierte Physik in Straßburg und in Berlin, wo er 1889 bei H. v. Helmholtz über „Die Absorption des Lichts in Metallen" promoviert wurde. Anschließend studierte er Maschinenbau und Chemie an der TH in München. Dann leistete er bei den Gardekürassieren seinen Militärdienst ab, konnte aber in dem feudalen Regiment, obwohl sein Vater mit dem Kaiser verkehrte, als Bürgerlicher und Jude kein Reserveoffizier werden.

R., der als Student schöngeistige Neigungen hatte und eine schwere Lebenskrise durchlitt, bewährte sich später in den Augen des übermächtigen Vaters als Angestellter und Direktor von Konzerntöchtern und trat 1899 in das Direktorium der AEG ein. Der vielseitig begabte R. führte eine Art Doppelleben, indem er einerseits als Mann der Wirtschaft tätig war – 1902 trat er in das Direktorium der Berliner Handelsbank ein – und sich andererseits, zunächst anonym in der Zeitschrift „Zukunft" des ihm nahestehenden Maximilian Harden, als kulturkritischer Schriftsteller betätigte. Als solcher freundete er sich u.a. mit Gerhart Hauptmann an. Vielleicht war es die existenzielle Einsamkeit R.s, die ihn zum Schriftsteller werden ließ und ihn gleichzeitig veranlaßte, ungewöhnlich intensiv über sein – assimiliertes – Judentum zu reflektieren und Freundschaften mit Menschen aus unterschiedlichen Kreisen, wie etwa 1914 mit einem von ihm auch finanziell unterstützten „Völkischen" und nach 1918 einer „Vorwärts"-Redakteurin, einzugehen.

Sein Ehrgeiz trieb ihn als einen liberalen Imperialisten, welcher der junkerlichen Führungsschicht von Preußen-Deutschland zunehmend kritisch gegenüberstand, zu einer öffentlichen Wirksamkeit. Seine Teilnahme an der Ostafrika-Reise von Staatssekretär Dernburg (1907) führte jedoch nicht zum Ziel, und auch eine Reichstagskandidatur für die Nationalliberalen zerschlug sich.

Nach dem Kriegsausbruch von 1914 stellte er sich als Leiter der von seinem Mitarbeiter Wichard von →Moellendorff angeregten

Kriegsrohstoffabteilung zur Verfügung. Diese verhinderte einen frühen militärischen Zusammenbruch Deutschlands und führte eine in der Wirtschaft als „Staatssozialismus" beargwöhnte Zentralverwaltungswirtschaft ein. Sie spiegelt wider, daß R. für den Übergang der kapitalistischen Wettbewerbswirtschaft zum „organisierten Kapitalismus" steht, in welchem Manager den klassischen Eigentümer-Unternehmer ablösen. Nach dem Tod seines Vaters im Juni 1915 übernahm er dessen Stellung in der Leitung der AEG und legte die Leitung der Rohstoffabteilung nieder. Er hielt den Kontakt zu General Ludendorff aufrecht, mit dem er sich jedoch 1917 wegen des U-Boot-Krieges überwarf.

Der vielschichtige R., der besonders in seinen Schriften „Zur Kritik der Zeit" (1912), „Zur Mechanik des Geistes" (1913) und 1916 in seinem prophetisch gehaltenen und vieldiskutierten Buch „Von kommenden Dingen" auf eine vage und idealistische Weise – ein Zentralbegriff ist die „Seele" – das Bedürfnis nach geistiger Orientierung zu erfüllen suchte, stand als „Proteus-Natur" (Kurt Blumenfeld) zwischen den Fronten. So bekannte er sich 1916 zwar für den „Volksstaat" und für eine gerechte Verteilung der materiellen Güter, war aber gleichzeitig ein Gegner des marxistischen Sozialismus, in welchem Parteifunktionäre die Macht übernehmen.

Ende 1918 setzte sich R. dafür ein, nicht durch eine panikartige Bitte um Waffenstillstand ungünstige Friedensbedingungen herbeizuführen. Zu diesem Zweck forderte er am 7. Oktober 1918 eine durch ein Verteidigungsamt zu organisierende „Erhebung des Volkes". Nach dem Zusammenbruch wurde er Gründungsmitglied der DDP, Mitglied der Sozialisierungskommission und stellte sich Friedrich Ebert zur Verfügung.

Als der Versailler Friedensvertrag in Kraft getreten war, gehörte R. zu denjenigen, die realistischerweise glaubten, Deutschland könne nur durch eine die Verständigungsbereitschaft dokumentierende „Erfüllungspolitik" seine Position verbessern. Nachdem R. im Mai 1921 zunächst zum Wiederaufbauminister in Kabinett Wirth ernannt worden war, wurde er am 1. Februar Reichsaußenminister. Er erreichte, daß Deutschland gleichberechtigt zur Weltwirtschaftskonferenz in Genua

eingeladen wurde. Am Rande dieser Konferenz haben dann Sowjetrußland und Deutschland, vertreten durch R., in Rapallo einen Aufsehen erregenden Frieden ohne Anklage und Reparationen geschlossen. Damit hatte R., der in Genua ein alle Konferenzteilnehmer beeindruckendes Bekenntnis zum friedlichen Ausgleich abgelegt hatte, die deutsche Isolation durchbrochen und Deutschland auf dem Weg des Wiedereintritts in die Völkergemeinschaft weitergebracht.

Die staatsmännische Leistung von R. ist zu Recht mit derjenigen des Freiherrn vom →Stein nach der Niederlage Preußens von 1806 verglichen worden. Blindlings auf Revanche sinnende antisemitische Nationalisten haben den Patrioten R., der sich als Deutscher „jüdischen Stammes" verstand, zu einer negativen Symbolfigur gemacht. Dabei spielte neben seiner „Erfüllungspolitik" sein angedeuteter „Sozialismus" eine Rolle, wie auch die Tatsache, daß er als Gesprächspartner des Komintern-Abgesandten Karl Radek mißverständliche Bemerkungen über den Bolschewismus machte. R. hat ihm zugegangene ernsthafte Warnungen ignoriert, so daß ohne jeden Personenschutz in seinem offenen Auto von Ex-Offizieren ermordet werden konnte, die der konspirativen „Organisation Consul" angehörten. Die Trauerfeier im Reichstag und die Überführung des Sarges in Berlin, bei der eine Million Menschen die Straßen säumten, wurden zu einem überwältigenden Bekenntnis für die Republik.

B.: *E. Gottlieb:* W.-R.-Bibliographie. Berlin 1929; W. R.: Bibliographie zu seinem 100. Geburtstag, Bonn (Auswärtiges Amt) 1968; *P. Letorneau* 1987 (siehe unter L.), S. 327-56.

S.: Gesammelte Schriften, Bde. I-V, Berlin 1925 (Neuaufl. in 6 Bdn., Berlin 1929); Schriften und Reden (Teils.), hrsg. v. *H. W. Richter,* Frankfurt a. M. 1964 (Neuaufl. 1986); Schriften (Teils.), hrsg. v. *A. Harttung,* Berlin 1965, ²1981; Werke und Briefe, hrsg. v. *E. Schulin / H. D. Hellige / R. Hellige,* Heidelberg 1977ff., Bd. I: Schriften der Wilhelminischen Zeit, i. Vorb.; Bd. II: Hauptwerke u. Gespräche, 1977; Bd. III: Schriften der Kriegs- u. Revolutionszeit, hrsg. v. *W. Michalka,* i. Vorb.; Bd. IV: Schriften der Weimarer Republik, hrsg. v. *S. Meineke,* i. Vorb.; Bd. V: Briefe, hrsg. v. *W. Picht,* i. Vorb.; Bd. VI: W. R. – Maximilian Harden. Briefwechsel 1897-1920, hrsg. v. *H. D. Hellige,* 1983.

E.: Briefe, Bde. I-II, Dresden 1926; Neue Briefe, Dresden 1927; Tagbuch 1907-22, hrsg. v. *H. Pogge v. Strandmann,* Düsseldorf 1967 (engl. Ausg. Oxford 1985).

L: *H. Graf Kessler:* W. R. Sein Leben und Werk, Berlin 1928 (Neuaufl. 1962, 1988); *A. Kerr:* W. R., Amsterdam 1935; *M. v. Eynern* (Hrsg): W. R. Ein preußischer Europäer, Berlin 1955; *W. Orth:* W. R. und der Geist von Rapallo, Berlin 1962; *H. Lamm:* W. R., Hannover 1968; *P. Berglar:* W.R., Bremen 1970; *D. Felix:* W. R. and the Weimar Republic, Baltimore 1971; *H. Wilde:* W. R. in Selbstzeugnissen und Bilddokumenten, Reinbek 1971; *H. J. Meinik:* W. R. und die Sozialistenfrage, Diss. Berlin 1974; *R. Kallner:* Herzl und Rathenau, Stuttgart 1976; *G. Hecker:* W. R. und sein Verhältnis zu Militär und Krieg, Boppard 1983; *P. Letourneau:* W. R. ou le rêve prométhéen, Sherbrooke 1987; *T. Hughes u.a.:* Ein Mann vieler Eigenschaften, Berlin 1990; *E. Schulin:* W. R. Göttingen ²1992; *J. Kleinsorg:* W. R. Seine Rolle in der industriellen Gesellschaft, Diss. Würzburg 1992; W. R. 1867-1922. Eine Ausstellung des Deutschen Historischen Museums, hrsg. v. *H. Wilderotter*, Berlin 1993; *M. Sabrow:* Der Rathenaumord. Rekonstruktion einer Verschwörung gegen die Republik von Weimar, München 1994.

– RvB

Recht

1. Unter R. wird gemeinhin ein System von Vorschriften (Normen) verstanden, die menschliches Verhalten verbindlich regeln. Diese Verbindlichkeit kommt dem R. nicht nur aufgrund ihm nicht immer innewohnenden – Eigenschaften der →Autorität und →Legitimität zu, sondern vor allem aufgrund seines im Regelfall gegebenen Charakters der Durchsetzbarkeit. Durch diesen unterscheidet es sich von anderen sozialen Normensystemen wie Moral oder Sitte, mit denen es aber auch zusammenfallen kann. Ausschlaggebend für die Durchsetzbarkeit des R.s ist die Existenz von mit organisiertem Zwang ausgestatteten →Institutionen zur Entscheidung von Rechtsstreitigkeiten, zum Vollzug dieser Entscheidungen und dazu, die Befolgung der allgemeinen Rechtsregeln zu erzwingen. Allerdings können diese Einrichtungen des organisierten Zwanges in Abhängigkeit von der Entwicklungsstufe einer Gesellschaft auch nur rudimentär ausgebildet sein oder – wie etwa im Bereich des Völkerrechts – weitgehend fehlen.

Die in einer Gesellschaft geltenden Rechtsregeln machen in ihrer Gesamtheit die Rechtsordnung, das R. im objektiven Sinn, aus. Die aus diesem ableitbaren individuellen Ansprüche (Berechtigungen) werden als R.

im subjektiven Sinn bezeichnet. Aufgrund der in der Vergangenheit vielfach erfolgten und heute weitgehend üblichen Kodifikation von Rechtsvorschriften in Gesetzen, d.h. ihrer schriftlichen Aufzeichnung in Form von allgemein verbindlichen generellen Regeln, wird R. oft auch als Gesamtheit der Gesetze definiert.

Während langer Zeiträume der menschlichen Geschichte war für die Qualifikation einer Regel als R. die Art ihres Inhalts entscheidend. Lehren, die solcherart R. nicht über die Anknüpfung an formellen, sondern an materiellen Kriterien bestimmen, werden als Naturrechtslehren bezeichnet. Ihnen zufolge kommt den in einer Gesellschaft vorhandenen Vorschriften nur dann Rechtscharakter zu, wenn sie bestimmten inhaltlichen Kriterien, d.h. solchen der →Gerechtigkeit, genügen, zumindest aber diesen nicht widersprechen. Das Naturrechtsdenken versteht nämlich unter natürlichem R. eine Menge von – etwa aus der allgemeinen Natur der Dinge oder der Vernunft des Menschen abgeleiteten – Normen und Prinzipien, die, unabhängig von Raum und Zeit, allgemein verbindlich, unverfügbar und dem jeweiligen positiven R. vorgelagert sind. Aus dieser Prämisse wird die Verpflichtung aller normsetzenden Autoritäten abgeleitet, bei der Erlassung von Rechtsvorschriften den Normen des natürlichen R.s zu entsprechen.

Im 19. Jhdt. ist das bis dahin in Westeuropa dominierende Naturrechtsdenken durch eine Vielfalt von eine streng wissenschaftliche Betrachtung des je in einer Gesellschaft vorhandenen R.s anstrebenden positivistischen Rechtslehren zurückgedrängt worden. Für die positivistische Sichtweise in ihrer extremsten Form „kann jeder beliebige Inhalt Recht sein" (Kelsen). Daß eine Vorschrift auch von einem moralischen Standpunkt aus als zustimmungsfähig angesehen werden kann, ist für ihre Qualifikation als Rechtsregel nicht von Bedeutung. Entscheidend dafür ist vielmehr ihre tatsächliche Existenz aufgrund ihrer Setzung (Positivierung) von der dafür zuständigen Autorität oder ihre Geltung kraft Gewohnheit. Am Ausgang des 20. Jhdts. gewinnt aber auch im positivistischen Rechtsdenken die Frage nach der Legitimität von Rechtsvorschriften an Bedeutung. R. erscheint dann als „eine Gesamtheit sozialer

439

Normen, (1) deren Wirksamkeit im großen und ganzen durch organisierten Zwang garantiert wird, (2) deren Anwendung und Erzeugung einer entsprechenden Ermächtigung bedarf und (3) deren Verbindlichkeitsanspruch die Überzeugung ihrer Legitimität voraussetzt" (Koller). **2.** Insbesondere für das prärevolutionäre, auf dem Boden der Rechtsauffassung der *societas civilis* stehende konservative Denken ist das R. etwas der menschlichen Verfügungsmacht prinzipiell Entzogenes. Es wird nicht von Menschen gemacht, sondern gründet in Gott. Als Teil der religiös fundierten Weltordnung ist es von gleichem Alter wie diese. Es findet Ausdruck in den Sitten der Gemeinschaft, die als mit dem Willen Gottes zusammenfallend angesehen werden. R. und Gerechtigkeit sind daher ein und dasselbe; ein Unterschied zwischen positivem und idealem R. besteht nicht. Da Herrscher und Richter nicht zur Schaffung von neuem, sondern nur zur Wahrung des (schon vorhandenen) R.s berufen sind, werden individuelle Rechtsansprüche, Entscheidungen konkreter Fälle und tatsächliche Neuerungen als Rückgriff auf das alte R., als Wiederherstellung seines eigentlichen Sinnes legitimiert.

Mit dem Aufkommen und der Durchsetzung der neuzeitlichen Souveränitätsidee gerät dieses Rechtsdenken in die Defensive. Vorherrschend wird im Gefolge von →Absolutismus und Französischer Revolution die Auffassung vom R. als eines vom Souverän zur Erreichung bestimmter Ziele bewußt gesetzten Befehls. Das Hobbessche Diktum *„auctoritas, non veritas facit legem"* bringt diesen Wandel auf den Punkt: Konstitutiv für das R. ist nicht mehr seine Übereinstimmung mit Gerechtigkeit und göttlicher Wahrheit, sondern seine Setzung in Gestalt des Gesetzes durch den Souverän. Damit wird der Inhalt des R.s verfügbar; er wird zum Ausdruck zunächst des Willens des Landesherrn und schließlich der volonté générale der →Nation. Als Folge dieses Wandels verliert das R. seinen Charakter einer überpersönlichen, aufgrund seines göttlichen Ursprungs mit einer besonderen Autorität und Würde ausgestatteten Ordnungsmacht und wandelt sich zum Instrument planmäßig betriebener Sozialgestaltung.

Diesen Entwicklungen gegenüber bekräftigen die – zur Sicherung ihrer sozialen und politischen Stellung gegenüber königlicher Willkür und Abkehr vom (richtigen) R. sich auf ihr →Widerstandsrecht berufenden – (ständischen) Konservativen die Rechtsauffassung der *societas civilis*: „Der menschliche Einfluß erstreckt sich nicht über die Fortentwicklung bestehender Rechte hinaus, die jedoch verkannt oder strittig waren" (→Maistre). Unter Anerkennung der – auch von Theoretikern der Rechtsauffassung der *societas civilis* wie etwa →Thomas von Aquin im Detail erörterten – Möglichkeit des Auseinanderfallens von göttlichem und positivem R. werden zwei Argumentationslinien verfolgt. Zum einen wird auf den göttlichen Ursprung des R.s und die dadurch gegebene inhaltliche Bestimmtheit desselben verwiesen: „All human laws are… only declaratory; they may alter the mode and application, but have no power over the substance of original justice", sagt →Burke. Und nach →Stahl hat das R. „seine Prinzipien und Ideen in Gottes Weltordnung, aber seine bestimmten Gesetze sind menschlich verfaßt, positiv".

Zum anderen wird – in Weiterführung von Gedanken →Montesquieus – die Orientierung des menschlichen Gesetzgebers an den spezifischen Eigenheiten der einzelnen Länder und der Kultur ihrer Bewohner eingemahnt. „Da die Bevölkerung, die Sitten, die geographische Lage, die politischen Beziehungen, der Wohlstand, die guten und schlechten Eigenschaften eines bestimmten Volkes gegeben sind, gilt es, die ihnen angemessenen Gesetze zu finden" (de Maistre). In diesem Traditionsstrom stehend, faßt →Savigny das R. als eine Sprache und Kultur vergleichbare, historisch gewachsene organische Lebensäußerung des Volkes auf. Ihm zufolge ist es „der in allen Einzelnen gemeinschaftlich lebende und wirkende Volksgeist, der das positive R. erzeugt", wobei dieser Art der Rechtserzeugung Gesetzgebung und Wissenschaft unterstützend zur Seite treten. Varianten dieses institutionellen, weil R. als Bestand und Zusammenhang von Teilordnungen des menschlichen Zusammenlebens auffassenden Rechtsverständnisses werden im 20. Jhdt. von M. Hauriou und C. →Schmitt vertreten. Nach letzterem ziehen vorhandene Ordnungen der gesetzgeberischen Tätigkeit nicht nur Grenzen, sondern bestimmen diese auch inhaltlich: „Die konkrete innere Ordnung, Disziplin und Ehre jeder Institution widersteht, solange die Institution andauert, jedem Versuch restloser Normierung und Regelung; sie stellt jeden Gesetzgeber und jeden, der das Gesetz anwendet, vor das Dilemma, entweder die mit der Institution gegebenen, konkreten Rechtsbegriffe zu übernehmen und zu verwenden, oder aber die Institution zu zerstören."

Die heutige Bedeutung der beiden zentralen Stoßrichtungen des konservativen Rechtsdenkens ist gering. Sie erweisen sich nämlich unter den Bedingungen der wissenschaftlich-technischen Zivilisation den auftretenden Problemlagen gegenüber als zunehmend inadäquat. So erscheint die Berufung auf geschichtlich gewachsene Institutionen und das mit diesen verbundene R. nicht nur aufgrund des Mißbrauchs solcher Vorstellungen durch den Nationalsozialismus diskreditiert, sondern auch deshalb, weil solche Institutionen – wie etwa die Familie – infolge des dramatischen sozialen Wandels der letzten Jahrzehnte grundlegenden strukturellen Veränderungen unterworfen sind. Auf der anderen Seite vermögen Vertreter des Naturrechts nicht viel mehr, als auf die Existenz eines „von Natur Rechten" hinzuweisen, das der Gesetzgeber bei seiner Tätigkeit zu berücksichtigen habe. Sie bleiben bei ihren Bemühungen aber ohne nennenswerten Einfluß, weil in den postmodernen Massendemokratien in den für sie entscheidenden Fragen, wie Abtreibung, Euthanasie oder Gentechnik, Mehrheiten im Sinne naturrechtlicher Auffassungen praktisch nicht erzielbar sind.

Zu einem gravierenden Problem in der westlichen Welt der Gegenwart ist die von den Rechtsetzungsorganen erzeugte ungeheure Flut von Normen mit ihren Begleiterscheinungen geworden. Die Folge ist nicht nur ein Schwund an Rechtssicherheit für die Normunterworfenen, sondern auch ein Verlust an Autorität und Legitimität des R.s. C. Schmitts „Aufruf zur Rechtswissenschaft als der letzten Hüterin der absichtslosen Entstehung und Entwicklung des R.s", ins Spiel gebracht gegen den „motorisierten Gesetzgeber", gegen den „entfesselten Technizismus, der sich des staatlichen Gesetzes als seines Werkzeuges bedient", weist allerdings keinen

praktikablen Ausweg aus dieser Situation. Ein solcher könnte aber in den im anglo-amerikanischen Raum erfolgenden Bemühungen Konservativer um die Rehabilitierung der Konzeptionen der *rule of law* und der Allgemeinheit des Gesetzes liegen. In diesem Zusammenhang hat M. →Oakeshott betont, daß die richtig verstandene *rule of law* auf einem nichtinstrumentellen Charakter der Gesetze beruhe. Und F. A. →Hayek hat gegenüber den in Gesetzesform ergehenden punktuellen Maßnahmen des modernen Gesetzgebers darauf hingewiesen, daß Gesetze dem Kriterium der Universalisierbarkeit genügen müssen, weil anders die Gewährleistung jener Bedingungen unmöglich sei, unter welchen sich individuelle →Freiheit ermöglichende spontane Ordnungen bilden können. Was aber die Legitimität des R.s betrifft, so ist die Einsicht entscheidend, „that there could not be a conservative outlook that did not require that the law be so closely connected with the civil bond as to exercise all the authority contained in it" (Scruton).

L.: Zu 1.: *H. Kelsen:* Reine Rechtslehre, Wien ²1960; *W. Maihofer* (Hrsg.): Begriff und Wesen des R.s, Darmstadt 1973; *J. Raz:* The Authority of Law, Oxford u.a. 1979; *R. Zippelius:* Rechtsphilosophie, München 1982; *F. Bydlinski:* Methodenlehre und Rechtsbegriff, Wien u.a. 1982; *D. Grimm* (Hrsg.): Einführung in das R., Heidelberg 1985; *O. Weinberger:* Norm und Institution, Wien 1988; *N. Brieskorn:* Rechtsphilosophie, Stuttgart u.a. 1990; *R. Alexy:* Begriff und Geltung des R.s, Freiburg u.a. 1992; *P. Koller:* Theorie des R.s, Wien u.a. 1992.

Zu 2.: *F. J. Stahl:* Die Philosophie des R.s II/1, Heidelberg ³1854; *C. Schmitt:* Über die drei Arten des rechtswissenschaftlichen Denkens, Hamburg 1934, Berlin ²1993; *ders.:* Die Lage der europäischen Rechtswissenschaft, in: *ders.:* Verfassungsrechtliche Aufsätze, Berlin 1958, S. 386-429; *P. J. Stanlis:* Edmund Burke and the Natural Law, Ann Arbor 1958, Lafayette ²1986; *E.-W. Böckenförde:* Der Rechtsbegriff in seiner geschichtlichen Entwicklung, in: Archiv für Begriffsgeschichte 12 (1968), S. 145-65; *F. A. Hayek:* Die Verfassung der Freiheit, Tübingen 1971; *ders.:* Law, Legislation and Liberty, Bd. I: Rules and Order, London 1973; *Thomas v. Aquin:* Summa Theologica I-II, qu. 90-105 (= Das Gesetz. Summa Theologica Bd. 13, hrsg. v. d. *Philosophisch-theologischen Hochschule Walberberg* bei Köln, Heidelberg u.a. 1977); *R. Scruton:* The Meaning of Conservatism, London u.a. 1980; *M. Oakeshott:* The Rule of Law, in: *ders.:* On History and Other Essays, Oxford 1983, S. 119-64; *O. Brunner:* Land und Herrschaft, Darmstadt ⁶1984; *P. Kondylis:* Konservativismus, Stuttgart 1986; *J. de Maistre:* Betrachtungen über Frankreich, hrsg. v. *G. Maschke*, Wien 1991; *F. Kern:* R. und Verfassung im Mittelalter, Darmstadt ²1992; *R. Kirk:* The Supremacy of Law, in: *ders.:* America's British Culture, New Brunswick 1993, S. 29-46.

– Z

Rechtsparteien

Sammelbezeichnung für föderalistische und legitimistische Parteien, die nach 1866 in mehreren deutschen Klein- und Mittelstaaten entstanden. Insbesondere in den von Preußen annektierten Staaten Hannover und Kurhessen bildeten sich R., die sich der Wiederherstellung des alten Rechtszustandes, d.h. die Unabhängigkeit ihres Landes und Inthronisation der vertriebenen Herrscherhäuser, verschrieben hatten. Die R. waren erklärte Gegner der „Machtpolitik" →Bismarcks und des „starken Staates" und verfochten statt dessen eine großdeutsch-föderative Reichsordnung und die Verankerung des „göttlichen Rechtes" als Grundlage der Politik. Der politische Kampf gegen das von Preußen dominierte Reich war dabei oft verbunden mit dem altlutherischen Widerstand gegen die Evangelische Union.

Die 1867 gegründete Rechtspartei in Hannover, die Deutsch-Hannoversche Partei (→Deutsche Partei), bemühte sich seit 1868 um die Bildung einer großdeutsch-konservativen Vereinigung mit R. aus Hamburg, Frankfurt, Braunschweig, Nassau und dem ehemaligen Kurhessen. Nach ersten vorbereitenden Kongressen in Hamburg und Aschaffenburg kam es 1869 in Dresden zur Gründung eines vor allem von Adligen aus Hannover, Mecklenburg und Sachsen getragenen „Rechtsvereins" mit dem Ziel der „Vereinigung des ganzen Deutschlands durch ein föderatives Band" unter „Bewahrung der Selbständigkeit der einzelnen Deutschen Staaten". Organ des Rechtsvereins wurde die 1866 von Bodo v. Hodenberg gegründete „Deutsche Volkszeitung" (DVZ), das wichtigste Medium der „Welfen".

Der Rechtsverein stand in engem Kontakt mit C. →Frantz, auf dessen Initiative („Aufruf zur Begründung einer föderativen Partei") am 14./15. 11. 1875 in Prag ein Kongreß „föderativ gesinnter Reichsdeutscher" veranstaltet wurde. Zur eigentlichen Gründung einer „Deutschen Rechtspartei" (DRP) kam es 1891, als unter diesem Namen ein Dachverband für Deutsch-Hannoversche Partei, Deutsch-Mecklenburgische Rechtspartei und die 1890 durch Wilhelm Hopf gegründete Hessische Rechtspartei gebildet wurde. Ziel war die „Rückkehr zum alten Rechtszustande", d.h. die Wiederherstellung der von Preußen annektierten Staaten und die Einbeziehung Österreichs in den deutschen Staatsverband, ferner die Absage an jegliche Zentralisation, das Bekenntnis zur christlichen Rechtsordnung und zur freien Entfaltung der einzelnen korporativen Gesellschaftsglieder. Die DRP blieb ohne feste Strukturen und diente v.a. als Scharnier für die verschiedenen R. im Reich, die ihre Delegationen zu den bis 1914 regelmäßig stattfindenden DRP-Kongressen entsandten. 1892-1904 erschien das monatliche Korrespondenzblatt „Die Deutsche Rechtspartei"; wichtigstes Presseorgan blieb die DVZ. In der Weimarer Republik schlossen sich einige regionale R. im 1920 gegründeten „Deutschen Föderalistenbund" zusammen, der 1927 im „Reichsbund deutscher Föderalisten" aufging.

In der wilhelminischen „Gründerzeit" vermochten die R. mit ihren legitimistischen und partikularistischen Positionen keine Massenbasis zu erreichen. Ihre Bedeutung liegt vielmehr in der Artikulation der Interessen des „Dritten Deutschlands" und der Bewahrung spezifischer föderalistischer Kontinuitäten.

S.: *H. Langwerth v. Simmern:* Der „Hannöversche Particularismus", Mannheim 1867; *H. V. A. Pernice:* Denkschrift Sr. Königlichen Hoheit des Kurfürsten Friedrich Wilhelm I. von Hessen, betreffend die Auflösung des Deutschen Bundes und die Usurpation des Kurfürstenthums durch die Krone Preußen im Jahre 1866, Prag 1869; *Heinrich Prinz v. Hanau:* Absolutismus und Föderalismus oder Die Quelle alles Uebels und dessen Heilung, Prag 1876; *C. Frantz:* Wahlaufruf an die Föderalisten, Leipzig 1877; *H. Langwerth v. Simmern:* Die deutsch-hannoversche Partei und das Rechtsprinzip, Hannover 1882; *W. Hopf:* Ziele und Mittel der Deutschen R., o.O. 1890; *J. Martin:* Zur Stellung der Hessischen R., Melsungen 1892; *B. v. Hodenberg:* Die Stellung der Deutschen R. zum Antisemitismus. Vortrag, gehalten am 3. Okt. 1894 zu Frankfurt a. M. auf dem II. Congreß der Deutschen R., Leipzig 1894; *W. Hopf:* Unsere politische Lage. Vortrag auf dem II. Kongreß der Deutschen R. zu Frankfurt a. M., Leipzig 1894; *J. Martin:* Lebt Alt-Frankfurt noch? Vortrag über die Politik des Umsturzes vom Standpunkt der Deutschen R. aus gehalten, Melsungen 1895; *H. Langwerth v. Simmern:* Aus meinem Leben. Erlebtes und Gedachtes, Bde. I-II, Berlin 1898.

L.: *A. Rapp:* Die Württemberger und die nationale Frage 1863-71, Stuttgart 1910; *J. Bruno:* „Ein freies Hessen! Im Einigen Deutschland!", Marburg/L. 1919; *P. Lösch:* Wilhelm Hopf und die Hessischen Blätter, in: Hessenland, 35 (1921), S. 131-33, 151-54; *A. v. Martin:* Weltanschauliche Motive im altkonservativen Denken, in: Deutscher Staat und deutsche Parteien. Festschrift zum 60. Geburtstag Friedrich Meinckes, München – Berlin 1922, S. 342-84; *W. Leffler:* Ursachen und Anfänge der Deutschhannoverschen (welfischen) Bewegung 1866-70, Wismar 1932; *J. Bruno:* Der hessische Föderalist Wilhelm Hopf (1842-1921), in: Föderalistische Hefte 1 (1948), S. 98-105; *H. Prilop:* Die Vorabstimmung in Hannover. Untersuchungen zur Vorgeschichte und Geschichte der Deutsch-Hannoverschen Partei im preußisch-deutschen Kaiserreich und in der Weimarer Republik, phil. Diss. Hamburg 1954; *H. Gollwitzer:* Die politische Landschaft in der deutschen Geschichte des 19./20. Jhdt.s. Eine Skizze zum deutschen Regionalismus, in: Zeitschrift für bayerische Landesgeschichte, 27 (1964), S. 523-52; *D. Brosius:* Bodo v. Hodenberg – ein hannoverscher Konservativer, in: Niedersächsisches Jahrbuch für Landesgeschichte 38 (1966), S. 159-84; *F. Lerner:* Die Folgen der Annexion für Hannover, Kurhessen, Nassau und Frankfurt am Main, in: Grenzbildende Faktoren in der Geschichte. Historische Raumforschung 7 (1969), S. 123-76; *G. Knake:* Preußen und Schaumburg-Lippe 1866-1933, Hildesheim 1970; *G. Runge:* Die Volkspartei in Württemberg von 1864-71. Die Erben der 48er Revolution im Kampf gegen die preußisch-kleindeutsche Lösung der nationalen Frage, Stuttgart 1970; *W.-A. Kropat:* Frankfurt zwischen Provinzialismus und Nationalismus. Die Eingliederung der „Freien Stadt" in den preußischen Staat (1866-71), Frankfurt a. M. 1971; *N. M. Hope:* The Alternative to German Unification. The anti-prussian Party. Frankfurt, Nassau and the two Hessen 1859-67, Wiesbaden 1973; *E. Kalthoff:* Heinrich Langwerth v. Simmern, in: Niedersächsische Lebensbilder, 8 (1973), S. 147-58; *S. A. Stehlin:* Bismarck and the Guelph Problem 1866-90. A Study in Particularist Opposition to National Unity, Den Haag 1973; *E. Knobel:* Die Hessische Rechtspartei, Marburg 1975; *H. Patzke* (Hrsg.): Staatsgedanke und Landesbewußtsein in den neupreußischen Gebieten (1866), Marburg – Ulm 1985; *H.-G. Aschoff:* Welfische Bewegung und politischer Katholizismus, Düsseldorf 1987.

– St

Regionalismus

Vielseitig und oft diffus verwendeter Sammelbegriff für alle Bestrebungen, einer bestimmten Region ihre politische, kulturelle oder andere Eigentümlichkeit oder Sonderstellung vor zentralistischer Vereinnahmung, insbesondere durch den modernen National-

staat, zu bewahren. Als R. bezeichnet man außerdem die Tendenz zu grenzüberschreitender Kooperation meist nicht-souveräner Gebietskörperschaften.

R. wird neben dem „ethno-nationalistischen" Kampf von nationalen Minderheiten aber auch als „Ausdruck von Integrationsdefiziten in den Nationalstaat, die sich in Form regionaler Protestbewegungen äußern" (Schultze/Sturm) und als Reaktion auf „internen Kolonialismus" infolge ungleicher Entwicklung von Regionen eines →Staates gedeutet. Dabei können sowohl „Überentwicklung" (z.B. Flandern, Lombardei, Schottland) als auch „Unterentwicklung" (Wales, Bretagne, Galizien) Auslöser regionalistischer Bestrebungen sein. Allerdings reichen ökonomische Theorien allein nicht zur Erklärung dieses R. aus. Vielmehr ist er mit einem „tief in der Geschichte begründeten Gruppenbewußtsein" (F. Prinz) verbunden und als Bündelung des Unbehagens einer Vielfalt von Erscheinungen der modernen Zivilisation zu werten, insbesondere deren Tendenz zu kultureller Nivellierung und staatlich-bürokratischer Zentralisation.

Im Unterschied zum →Föderalismus muß der R. nicht unbedingt auf eine bündische Staats- und Gesellschaftsgliederung angelegt sein; auch steht in der Regel der Wunsch nach Autonomie im Vordergrund – vor der Forderung nach Eigenstaatlichkeit in einem föderativen Gesamtverband. Kennzeichnend für alle regionalistischen Bewegungen ist die Hochschätzung der eigenen →Tradition, Kultur und Geschichte in bewußter Absetzung von der Nationalkultur. Im Unterschied zu diesem von ethnischen, sprachlichen oder sozialen Gruppen getragenen R. beruht der in zunehmendem Maße im Zuge der europäischen Einigung gebräuchliche verwaltungstechnische R.-Begriff oft auf rein administrativen, historisch nicht „gewachsenen" Grundlagen.

Seine geistesgeschichtliche Wurzel hat der R. im deutschsprachigen Raum im Föderalismus; in (v.a. westeuropäischen) Ländern mit multi-ethnischem Charakter ist R. hingegen oft Ausdruck des Kampfes eines um seine Autonomie oder Unabhängigkeit ringenden Volkes bzw. einer Volksgruppe. Die Verweigerung des Entfaltungsrechtes solcher sprachlich und kulturell von der Staatsnation verschiedenen Minoritäten kann zum Autonomiestreben führen. Im Gegensatz zum Nationalismus ist der R. durch seinen Bezug auf ein festumrissenes Territorium und den Verzicht auf expansive Bestrebungen über dieses hinaus gekennzeichnet; nicht das „Erwachen", sondern die Krise des Nationalbewußtseins bildet oft seinen Nährboden. Vom R. deutlich zu unterscheiden ist auch der Separatismus, der den Verbleib im Staatsverband grundsätzlich in Frage stellt und die Rechte oder Interessen einer bestimmten Gemeinschaft ohne Rücksicht auf das Gesamtgefüge mit zum Teil auch militanten Mitteln verwirklichen will. Regionalistische Parteien sind überwiegend antizentralistisch geprägt, dabei teilweise supranationalen Einigungsbestrebungen (z.B. in einem „Europa der Regionen") aufgeschlossen, weil sie als einzige Chance gesehen werden, das Ziel der Autonomie zu verwirklichen. Konservativ ist an regionalistischen Bewegungen v.a. der stark antimodernistische Zug, der sich insbesondere in der Furcht vor Assimilation und Überfremdung äußert. Typisch für den R. ist weiterhin die Kritik an der Industriegesellschaft mit ihrer Tendenz zum linearen Fortschritt, zum Abbau traditioneller Loyalitäten und zur Nivellierung sozialer und historischer Unterschiede.

Regionalistische Bewegungen verbanden und verbinden sich häufig mit Gruppierungen der →Politischen Ökologie, mit denen sie sich in der Forderung nach staatlicher und ökonomischer Dezentralisation in der Regel einig sind. Fließende Übergänge existieren schließlich vom dezidiert politischen R. zum vorpolitischen Bereich des Folklorismus (Dialektdichtung, Volksmusik, regionale Lebensformen usw.). Letzterer bildet, umgekehrt, mit seiner Kultivierung der Sehnsucht nach überschaubaren Strukturen und heimatlicher Geborgenheit den Nährboden für den politischen R., der somit auch als ein Indikator für den Funktionsverlust und die mangelnde Integrationskraft des Nationalstaates oder supranationaler Strukturen anzusehen ist.

L.: *M. H. Boehm:* Das eigenständige Volk, Göttingen 1932; *K. Rabl:* Das Recht auf Heimat, Bde. I-V, München 1958-65; *A. Benjamin:* State and Nation, London 1964; *F. Ermacora:* Der Minderheitenschutz in der Arbeit der Vereinten Nationen, Wien 1964; *ders.:* Nationalitätenkonflikte und Volksgruppenrecht, Wien 1964; *R. J. Yalem:* Regionalism and World Order, Washington (D. C.) 1965; *E. K. Francis:* Ethnos und Demos, Berlin 1965; *R. Maurach / W. Rosenthal* (Hrsg.): Fragen des mitteleuropäischen Minderheitenrechts, München 1967; *H. Kloss:* Grundfragen der Ethnopolitik im 20. Jhdt., Wien – Bad Godesberg 1969; *M. Straka:* Handbuch der europäischen Volksgruppen, Wien – Stuttgart 1970; *T. Veiter:* System eines internationalen Volksgruppenrechts, Bde. I-III, Wien 1970-78; *T. Zülch* (Hrsg.): Von denen keiner spricht, Hamburg 1975; *C. Schöndube* (Hrsg.): Nationale Minderheiten in Westeuropa, Bonn 1975; *R. Grulich / P. Pulte* (Hrsg): Nationale Minderheiten in Europa. Opladen 1975; *T. Veiter:* Nationalitätenkonflikte und Volksgruppenrecht im 20. Jhdt., München 1977; *H. Eichberg:* Nationale Identität. Entfremdung und nationale Frage in der Industriegesellschaft, München – Wien 1978; *D. Gerdes* (Hrsg.): Aufstand der Provinz. R. in West-Europa, Frankfurt a. M. 1979; *M. Stephens:* Minderheiten in Westeuropa, Husum 1979; *G.-K. Kaltenbrunner* (Hrsg.): Lob des Kleinstaates. Vom Sinn überschaubarer Lebensräume, München 1979; *F. Esterbauer:* R. Phänomen – Planungsmittel – Herausforderung für Europa, Wien 1979; *O. Marquardt / K. Stierle* (Hrsg.): Identität, München 1979; *J. Blaschke:* Handbuch der westeuropäischen Regionalbewegungen, Frankfurt a. M. 1980; *R. Elkar* (Hrsg.): Europas unruhige Regionen. Geschichtsbewußtsein und europäischer R., Stuttgart 1980; *F. Wittmann / S. Graf Bethlen:* Volksgruppenrecht. Ein Beitrag zur Friedenssicherung, München – Wien 1980; *J. Blaschke* (Hrsg.): Handbuch der europäischen Regionalbewegungen, Frankfurt a. M. 1980; *R. Breton:* Les Ethnies, Paris 1981; *F. H. Riedl:* Menschenrechte, Volksgruppen, R. Festschrift f. T. Veiter, Wien 1982; *D.-L. Seiler:* Les partis autonomistes, Paris 1982; *R. O. Schultze / R. Sturm:* R., in: Pipers Wörterbuch zur Politik Bd. II (1983), S. 380-90; *W. Schäfer* (Hrsg.): Neue soziale Bewegungen – Konservativer Aufbruch im bunten Gewand? Frankfurt a. M. 1983; *R. Breton:* Lob der Verschiedenheit. Die Ethnie: Volk und Volksgruppe in der Gesellschaft der Gegenwart, Ethnos 25, Wien 1983; *T. Veiter:* Aufgaben und Rechtsstellung der ethnischen Minderheiten in Europa, Wien 1984; *ders. / F. Ermacora* (Hrsg.): Nationalitätenkonflikt und Volksgruppenrecht im ausgehenden 20. Jhdt., Bde. I-III, München 1984; *D. Gerdes:* R. als soziale Bewegung, Frankfurt a. M. – New York 1985; *J. Blaschke:* Volk, Nation, interner Kolonialismus, Ethnizität. Konzepte zur politischen Soziologie regionalistischer Bewegungen in Westeuropa, Berlin 1985; *J. Vollmer / T. Zülch* (Hrsg.): Aufstand der Opfer. Verratene Völker zwischen Hitler und Stalin, Göttingen – Wien – Berlin 1989; *F. Kraas-Schneider:* Bevölkerungsgruppen und Minoritäten. Handbuch der ethnischen, sprachlichen und religiösen Bevölkerungsgruppen der Welt, Wiesbaden – Stuttgart 1989; *F. Ossenbühl* (Hrsg.): Föderalismus und R. in Europa. Verfassungskongreß in Bonn vom 14.-16. 9. 1989, Baden-Baden 1990; *C. Weimer:* Mitteleuropa als politisches Ordnungskonzept, Diss. Regensburg 1992; *D. Blumenwitz*: Minderheiten- und Volksgruppenrecht, Bonn 1993; *J. Hatzenbichler* (Hrsg.): Europa der Regionen, Graz – Stuttgart 1993; *K. Ludwig*: Europa zerfällt. Völker ohne Staaten und der neue Nationalismus, Reinbek 1993; *H. Haarmann*: Die Sprachenwelt Europas. Geschichte und Zukunft der Sprachnationen zwischen Atlantik und Ural, Frankfurt a. M. 1993.

– St

Rehberg, August Wilhelm

* 13. 1. 1757 Hannover; † 10. 8. 1836 Göttingen. Konservativer Politiker und Schriftsteller. 1774-79 Studium der Medizin in Göttingen, wo er sich mit seinen Kommilitonen E. →Brandes und dem jungen Freiherrn vom →Stein anfreundete. Daneben umfangreiche Studien zu philosophischen und historisch-politischen Themen. 1779-83 versuchte sich R. als freier Schriftsteller und Publizist; seine frühen Schriften standen unter dem Einfluß Kants und waren fast ausschließlich philosophischen Problemen gewidmet. Seit 1783 im hannoverschen Staatsdienst tätig, rückte R., der sich durch Fleiß, unbedingte Loyalität und Kompetenz ausgezeichnet hatte, 1794 zum Sekretär der Geheimen Kanzlei und damit zu einem der höchsten Beamten des Landes auf. Während der Jahre der Fremdherrschaft (1803-13) bekleidete er untergeordnete Stellungen, so seit 1807 die eines Direktors der Steuerbehörde des Allerdepartements. 1813-20 war er – seit 1814 als Geheimer Kabinettsrat – einer der einflußreichsten Politiker des wiedererrichteten Königreichs Hannover. Auf ihn gehen im wesentlichen die Reform der alten ständischen Verfassung sowie die Etablierung einer zentralen Hannoverschen Ständeversammlung zurück. Nach mehreren Konflikten mit der Adelspartei im Lande mußte R. 1820 zurücktreten und lebte bis zu seinem Tode – zuerst in Dresden, später, nach längerem Italienaufenthalt (1828/29), in Göttingen ansässig – nur mehr seiner publizistischen Tätigkeit.

Bekannt wurde R. mit seinen 1793 erschienenen „Betrachtungen über die Französische Revolution", die ihn als scharfen Kritiker der Ereignisse in Frankreich auswiesen (und sogleich die erbitterte Kritik des jungen Fichte provozierten). Anknüpfend an →Burke, stellte er hier den Gedanken historisch-organischer Kontinuität dem abstrakten Denken der Revolution gegenüber. Wie Brandes sah auch R. in der englischen Verfassung die Verwirklichung eines auf den Prinzipien der „alten germanischen Freiheit" aufbauenden Gemeinwesens, wenngleich er eine direkte Übertragung der englischen Institutionen auf deutsche Verhältnisse ablehnte.

Im Anschluß an →Montesquieu und →Möser verurteilte R. jede Art von (absolutistischem oder revolutionärem) Despotismus, und er war bestrebt, auf die revolutionäre Lehre mit einem konkreten Gegenprogramm zu antworten: „Dem allgemeinen Willen setzte er die historische Staatstheorie entgegen, der Volkssouveränität das Zusammenwirken von Fürst und Ständen, der Gleichheit eine hierarchische, den modernen Bedürfnissen angepaßte Gesellschaftsordnung und den Rechten der Menschen ihre Pflichten" (Epstein). Zu seinem Reformprogramm gehörte auch eine umfassende Erneuerung des →Adels, den er als Führungsschicht erhalten wissen wollte, dessen anachronistische Privilegien er allerdings zu beschneiden empfahl; insbesondere trat er für eine Öffnung des Adels gegenüber sozialen Aufsteigern aus dem Bürgertum ein. Mit seiner strikten Ablehnung des *Code Napoléon* sowie einer umfassenden Rechtskodifikation wurde R. zu einem der wichtigsten Anreger →Savignys und der Historischen Rechtsschule. Der Romantik stand R. ablehnend gegenüber; seine ausschließlich utilitaristische Verteidigung des Christentums wurde von streng christlich-konservativen Kreisen als unzureichend empfunden.

S.: Cato, Basel 1780; Philosophische Gespräche über das Vergnügen, Nürnberg 1785; Über das Verhältnis der Metaphysik zur Religion, Berlin 1787; Prüfung der Erziehungskunst, Leipzig 1792; Untersuchungen über die Französische Revolution, Bde. I-II, Hannover – Osnabrück 1793; Actenmäßige Darstellung der Sache des Herrn von Berlepsch, Hannover 1797; Über den deutschen Adel, Göttingen 1803; Über die Staatsverwaltung deutscher Länder und die Dienerschaft des Regenten, Hannover 1807; Das Buch vom Fürsten Machiavellis, aus dem Italienischen übersetzt und mit Einleitung und Anmerkungen versehen, Hannover 1810; Über den Code Napoléon und dessen Einführung in Deutschland, Hannover 1814; Zur Geschichte des Königreichs Hannover in den ersten Jahren nach der Befreiung von der westphälischen und französischen Herrschaft, Göttingen 1826; Sämmtliche Schriften, Bde. I, II, IV, Hannover 1828, 1831, 1829 (Bd. III nicht erschienen); Constitutionelle Phantasien eines alten

Steuermannes im Sturme des Jahres 1832, Hamburg
1832; Lord Porchester's Aufenthalt in Spanien während
der Revolution des Jahres 1820, Braunschweig 1834;
Die Erwartungen der Deutschen von dem Bunde ihrer
Fürsten, Jena 1835.

L.: *Frensdorff* in ADB XXVII, 571-83; *K. Mollen-
hauer:* A. W. R., ein hannöverscher Staatsmann im Zeitalter der Restauration, Tle. I-II, Blankenburg a. H.
1904/05; *K. Lessing:* R. und die Französische Revolution, Freiburg i. Br. 1910; *G. Rexius:* Studien zur Staatslehre der historischen Schule, in: Historische Zeitschrift
107 (1911), S. 496-539; *W. Rothert:* Im alten Königreich
Hannover 1814-66, Allgemeine hannoversche Biographie II, Hannover 1914, S. 398-411; *F. Braune:* Edmund
Burke in Deutschland, Heidelberg 1917; *E. Weniger:* R.
und Stein, in: Niedersächsisches Jahrbuch für Landesgeschichte 2 (1925), S. 1-123; *E. Botzenhart:* Die Staats-
und Reformideen des Freiherrn vom Stein, Tübingen
1927; *U. Vogel:* Konservative Kritik an der bürgerlichen
Revolution – A. W. R., Darmstadt – Neuwied 1972; *K.
Epstein:* Die Ursprünge des Konservativismus in
Deutschland, Frankfurt a. M. usw. 1973; *C. Haase:*
Ernst Brandes 1758-1810, Bde. I-II, Hildesheim 1973/
74; *F. Valjavec:* Die Entstehung der politischen Strömungen in Deutschland 1770-1815, Kronberg/Ts.
[2]1978; *G. Ritter:* Freiherr vom Stein, Stuttgart [3]1981; *J.
H. Lampe:* Georg Heinrich Pertz, die „Hannoversche
Zeitung" und die Reformpolitik im Königreich Hannover 1831-37, in: Denkhorizonte und Handlungsspiel-
räume – Historische Studien für Rudolf Vierhaus zum
70. Geburtstag, Göttingen 1992, S. 99-136.

– K

Reich

Das Wort R., an dem die Deutschen über
tausend Jahre lang zur Bezeichnung ihrer
überstaatlichen politischen Gemeinschaft
festhielten, ist vorstaatlichen und auch vorna-
tionalen Ursprungs. Das Wort entstammt
dem Urgestein des indoeuropäischen Sprach-
guts und bezeichnet seit der Völkerwanderung den Reichtum, die Machtfülle, die Herrlichkeit der königlichen Gewalt, schließlich –
nach dem Seßhaftwerden der germanischen
Stämme – das einem König oder einem mächtigen Fürsten unterworfene Herrschaftsge-
biet. Dem Wort liegt eine Entlehnung aus
dem keltischen *rîg*, gallisch *rigs*, zugrunde,
dem auch das lateinische *rex, regnum* verwandt ist. Seit Urzeiten gemeineuropäisch,
lautete der Begriff im Gotischen *reiki*, im Alt-
sächsischen *rîki*, im Althochdeutschen *rîhhi*,
im Mittelhochdeutschen *riche*. Während die
Deutschen am Reichsbegriff festhielten und
ihn gleichlautend sowohl für das Regnum wie

Totenkopf mit Reichskrone am Sarkophag
Kaiser Karls VI.

für das Imperium, nicht nur für ihr eigenes R.,
sondern auch für die anderen König- und
Kaiserreiche verwendeten, verkümmerte das
Wort im Englischen wie im Französischen
(*rich, riche*) zum bloßen Eigenschaftswort
„reich" im Sinne materiellen Reichtums. Für
ihre eigenen Reiche übernahmen sie schließlich den lateinischen Imperiumsbegriff (*empire, empire*), den sie auch für die R. der
Deutschen verwendeten.

Der mehr an der Seinsfülle der herrscherli-
chen Gewalt als an der Befehlsgewalt des Imperiums orientierte Reichsbegriff ist dem
Wort *Basileia* des byzantinisch-griechischen
Reichsbegriffs verwandt, der sich seit dem
sechsten Jhdt. am Urbild des erneuerten Da-
vidkönigtums Jesu Christi orientierte. Beim
germanischen Sakralkönigtum der vorchrist-
lichen Zeit wurde der König aufgrund seiner
göttlichen Herkunft als Träger des Heils angesehen, ein Glaube, der durch die Christiani-
sierung nicht aufgehoben, sondern auf die
Himmelsherrschaft Jesu Christi hin überhöht
wurde. In diesem Sinne blieb auch nach der
Kaiserkrönung Karls des Großen (800) der
Vorrang der Königsherrschaft Christi ge-

wahrt, an dem sich das römische Kaisertum von Byzanz her orientierte. Hinzu kam, daß das durch Papst Leo III. erneuerte weströmische Kaisertum nicht wie das antike aus einer Republik hervorgegangen war, die ihre Könige vertrieben hatte, sondern aus der ungebrochenen Kraft des eigenständig gewachsenen fränkischen Königtums. Schon seit Karl Martells Zeiten (689-741) bestand die Hauptaufgabe des fränkischen Großkönigtums im Schutz des von innen und außen her ständig bedrängten Papsttums wie der von allen Seiten bedrohten Christenheit.

Mit der *translatio imperii* von den Franken auf die Deutschen in der Folge der Kaiserkrönung Ottos des Großen (962) ging diese Schutzfunktion auf das ostfränkische R. über. Dessen Macht beruhte auf der Vereinigung mit dem Herzogtum Lothringen, dem langobardischen Königreich in Italien sowie mit der Senioratsherrschaft über das Königreich Burgund, das seit 1033 in Personalunion mit den anderen beiden Königreichen verbunden war. Durch diese „Trias" Deutschlands, Reichsitaliens und Burgunds, auf der fortan die Größe des Reiches beruhte, bestand seit dem 10. Jhdt. die Verbindung zu den spirituellen Zentren der Reformbewegungen von Gorze, Cluny und schließlich Citeaux, die von den Ottonen und Saliern bis in die Mitte des 11. Jhdt.s durch die Erhebung bedeutender Reformpäpste zum Tragen gebracht wurde. Nur im Einklang mit diesen Päpsten konnten die Missionierung und Kolonisierung der slawischen Stämme zwischen Elbe und Oder sowie auch später noch in Preußen erfolgen. Die von einer späteren Nationalgeschichtsschreibung kritisierte Italienpolitik der Kaiser war „keine Alternative zur Ostpolitik, sondern eine ihrer Voraussetzungen" (Beumann).

Wie alle christlichen R.e des Mittelalters war auch das Ostfrankenreich ekklesiastisch verfaßt und beruhte, nach der seit dem Ende des 5. Jhdt.s geltenden Zweischwerterlehre des Papstes Gelasius, auf der Doppelherrschaft von Papsttum und Kaisertum. Nach dieser Lehre, die den Mittelweg zwischen dem kaiserlich-byzantinischen Cäsaropapismus und dem römisch-päpstlichen Hierokratismus suchte, war dem Papsttum das geistliche Schwert und damit auch der geistliche Vorrang, dem Kaisertum das weltliche

Schwert und dementsprechend der weltliche Vorrang eingeräumt. Dieser Dualismus, der auf Eintracht der beiden Gewalten angelegt war, enthielt naturgemäß den Keim der Zwietracht in sich, sobald eine der beiden Gewalten sich beider Schwerter bemächtigen wollte. Die Auseinandersetzung, die sich seit dem Investiturstreit des ausgehenden 11. Jhdt.s bis zum Ende der Stauferzeit zum Kampf um die europäische Vorherrschaft steigerte, war von beiden Seiten her noch ein Kampf *um* das R. Der Sieg des Papsttums über das Kaisertum, der 1256 mit dem Untergang der Staufer erreicht war, erwies sich in Wahrheit als ein Pyrrhussieg, da er in der „Babylonischen Gefangenschaft" (1309-76) des Papsttums im französischen Nationalkirchentum endete. Dieses Beispiel hat in der Zeit des nachfolgenden Schismas (1378-1414) und der konziliaren Bewegungen in der europäischen Staatenwelt weiterhin Schule gemacht, wobei es dem Kaiser Sigismund von Luxemburg als dem „neuen Constantin" noch einmal gelang, als Herr des Konzils von Konstanz die Einheit der Kirche wiederherzustellen.

Grundlegend für die ekklesiologisch begründete Reichstheologie des Mittelalters war die seit der Krönung Pipins des Kleinen (751) vollzogene Salbung des Königs zum Priesterkönig in sakramentaler Bindung an das erneuerte Davidkönigtum Christi. Das religiöse Programm der Verbindung von *rex et sacerdos* ist in der Reichskrone dargestellt, in welcher der König unter das Gottkönigtum Christi – „per me reges regnant" – in die Nachfolge der Könige David und Salomon gestellt wird. Ursprünglich als Ersatz für das mangelnde Geblütsrecht des Karolingers nach dem Sturz des letzten Merowingers eingeführt, wurde im Abendland – abweichend von Byzanz – die Königssalbung zum allgemeingültigen Ritus erhoben. Sie galt, trotz mancher Abstriche nach dem Investiturstreit, noch bis zum zweiten Konzil von Lyon (1274) als Sakrament, später als Sakramentale.

Wesentlich für das Verständnis der *translatio imperii*-Theorie, der Lehre der Übertragung des Römischen Reiches auf die Franken und von den Franken auf die Deutschen, ist die geschichtstheologische Begründung der *Roma aeterna*-Idee aus der Zeit Constantins und Theodosius des Großen. Nach der Deutung des Propheten Daniel durch Eusebius und Hieronymus galt das Römische R. als das letzte der vier Weltreiche, dem nach dem Heilsplan Gottes die Bestimmung auferlegt war, den Einbruch des Antichrist bis zum Jüngsten Gericht aufzuhalten („*eschaton*"). Daraus ergaben sich die Rechtfertigung und die Weihe des Schwertes. Im 12. Jhdt. wurde diese Konzeption von Otto von Freising vertieft und weiterentwickelt. Während die Vierreichelehre und die *Roma aeterna*-Idee von →Thomas von Aquin im 13. Jhdt. nicht mehr fortgesetzt wurde, hielten Martin Luther wie auch →Bossuet an ihr fest. Im Mittelalter wurde auch noch die Übernahme der Augustuswürde in den kaiserlichen Reichstitel heilsgeschichtlich begründet. Das Zusammentreffen der *Pax Augusti* mit Christi Geburt galt als die gottgewollte Voraussetzung für die Ausbreitung des Christentums zur Weltreligion. Die Umdeutung des Augustus-Titels vom „immer Erhabenen" zum „Mehrer des Reiches" (aus: augere = vermehren) erfolgte erst im 14. Jhdt. unter Ludwig dem Bayern.

Mit Rücksicht auf Byzanz wollte Karl der Große den vollen römischen Reichstitel nicht annehmen. Er begnügte sich mit dem Titel eines Unterkaisers: *Imperium Romanum gubernans*. Der volle Reichstitel, *Imperium Romanum*, wurde erst 982 unter Kaiser Otto II. – in ständiger Auseinandersetzung mit Byzanz – zum offiziellen Reichstitel erklärt, während der Königstitel für das *regnum* der Deutschen bis in die Mitte des 11. Jhdt.s *rex Francorum et Langobardorum* lautete. Erst durch die Notwendigkeit, die Anwartschaft auf das römische Kaisertum wie auf das Nachfolgerecht sicherzustellen, gelangte seit der Wahl Heinrichs III. (1026) für das ostfränkische Königtum der römische Titel *rex Romanorum* zur Anwendung. Nichtsdestoweniger hielten die deutschen Kaiser von den Ottonen bis zu den Staufern für das *regnum* an der fränkischen Reichstradition fest. Bei seiner Krönung in Aachen trug der Sachse Otto der Große die fränkische Tracht und bevorzugte, wie Karl der Große, den Titel *rex Francorum et Langobardorum*.

Nach der Übersteigerung des römisch-imperialen Prinzips durch Otto III. (996-1002) verschrieb sich dessen Nachfolger Heinrich II. für sein Wirken in Deutschland dem Programm der *renovatio regni Francorum*, und

noch Friedrich II., der Staufer, bezeichnete die Deutschen als Franken. In diesem Sinne galten die durch das fränkische R. vereinten Stämme der Franken, Alemannen, Baiern, Thüringer und Sachsen wie auch die Lothringer als das fränkische Reichsvolk. Jedoch trat der altfränkische, dem Erbe Karls des Großen verpflichtete Reichstitel – seit der *renovatio imperii Romanorum* Konzeption der Ottonen, Salier und Staufer – in den Hintergrund und wurde schließlich durch den römischen Titel vollends verdrängt. Aus ähnlichen reichspolitischen Rücksichten wurde auch der deutsche Titel *rex Teutonicorum*, der seit dem 10. Jhdt. gelegentlich in bischöflichen Urkunden aufscheint, nicht offizieller Reichstitel. Wohl aber wurde er politisch, von Papst Gregor VII., zur Herabsetzung des kaiserlichen Anspruchs Heinrichs IV. während des Investiturstreits eingesetzt. Schließlich wurde er nach dessen Beendigung durch Heinrich V. im Text des Wormser Konkordats (1122) verwendet, als es galt, die kaiserlichen Investiturrechte für das deutsche *regnum* gegenüber den Investiturrechten Burgunds und Reichsitaliens abzuheben. Die Bezeichnung *Imperium Germanum* gelangte erst in der Zeit des Humanismus bei den Reichspublizisten des Kaisers Maximilian, jedoch nicht als offizieller Reichstitel in Anwendung.

Der dreiteilige Reichstitel *Sacrum Romanum Imperium*, der sich schließlich auch im Deutschen als das „Heilige Römische R." bis zu dessen Ende erhielt, geht auf das Programm Friedrich Barbarossas zurück, den hierokratischen Ansprüchen des Papsttums den gottunmittelbaren Anspruch des Kaisertums entgegenzusetzen. Das Wort „heilig", das von kaisertreuen römischen Notaren unter Berufung auf den Anspruch des *a deo coronatus* sowie auf antike Traditionen hinzugefügt wurde, gelangte erst seit dem Untergang der Hohenstaufen zur endgültigen offiziellen Anwendung. Unter dem Titel des Heiligen Römischen Reiches wurde seit dem 14. Jhdt. jener Prozeß der *libertas imperii*, der Befreiung des römischen R.s von Rom, konsequent fortgesetzt, der über die reichspolitische Aktion des Kurvereins von Rense (1338) schließlich zur Goldenen Bulle (1356) des Luxemburgers Karl IV. führte. Darin wurde die Regelung der Kaiserwahl durch die sieben

Kurfürsten reichsrechtlich verankert und somit das R. von Rom unabhängig, soweit es die weltliche Sphäre betraf. Damit blieb die Kaiserkrönung durch den Papst freilich nicht ausgeschlossen. Als letzter deutscher König wurde Friedrich III. 1452 in Rom gekrönt, und erst dessen Sohn Maximilian machte – als der erste erwählte römische Kaiser im vollen Sinne – 1486 von der Rechtsordnung der Goldenen Bulle Gebrauch. Seit dieser Zeit bürgerte sich auch der Zusatztitel „Heiliges Römisches R. Deutscher Nation" ein, mit dem keine Einschränkung des R.s auf die deutschen Länder gemeint war, sondern aufs neue der Anspruch der Deutschen auf die Reichsherrschaft und das Kaisertum betont wurde. Allerdings gehörte dieser Zusatz nicht zum offiziellen Reichstitel. Die für die Eigenständigkeit des weltlichen Schwertes entscheidende Weichenstellung entsprach der allgemeinen europäischen Tendenz zur Umwandlung der Kirchenreiche des ekklesiastischen Zeitalters in nationale Reichskirchen. Ein entsprechender Etatisierungsprozeß konnte auf der höheren Reichsebene bis zum Ende des R.s nicht stattfinden, sondern nur auf der Ebene der Territorialstaaten. Diese waren schon durch den Stauferkaiser Friedrich II. 1220 und 1232 mit der Übertragung der entscheidenden Herrschaftsrechte auf die geistlichen und weltlichen Fürsten auf Kosten des R.s gestärkt worden. Nachdem das Papsttum nicht mehr auf den Schutz des Kaisertums angewiesen war, verlagerten sich nach den gescheiterten Italienzügen Heinrichs VII. von Luxemburg und Ludwigs des Bayern die Aufgaben des Kaisertums auf den Schutz der vom Osten wie vom Westen her ständig bedrohten Reichsgrenzen. Dies führte unter den Luxemburgern und den Habsburgern zu grenzüberschreitenden Reichsbildungen, die – wie etwa die Königreiche Böhmen, Ungarn und Burgund oder gar das durch die Heiratspolitik Maximilians hinzugewonnene spanische Weltreich Karls V. – den binnendeutschen Reichsbürgern fremd wurden. Deshalb konnte die höhere Einheit von Kaiser und R. nicht anders als dualistisch, durch die Aufteilung der Macht zwischen dem Kaiser und dem Fürstenkollegium, gestaltet werden, an dessen Spitze die sieben Kurfürsten standen. Nach dem antiken Verfassungsmuster war demnach das R. keine Monarchie, in welcher die gesamte Staatsgewalt im Oberhaupt des →Staates vereinigt war, sondern im Gegensatz dazu eine Dyarchie, eine Staatsform, bei der die Macht in den Händen von zwei verschiedenen, weitgehend voneinander unabhängigen Gewalten lag. Da dieses System nicht in das Schema der aristotelischen Staatsformenlehre und in die Vorstellungswelt der modernen Staatsräson paßte, wurde das R. von Samuel Pufendorf im 17. Jhdt. als ein „einem Monstrum ähnlicher Körper" bezeichnet. Jedoch wie Leibniz und die meisten Staatsdenker dieser Endphase, hielt Pufendorf das R. nicht nur für erhaltenswürdig, sondern auch für reformierbar, wenn es nur gelang, den in Erstarrung begriffenen Rechtskörper in einen politischen Organismus unter einer verstärkten kaiserlichen Spitze umzugestalten.

Von ähnlichen Impulsen wie die der Reichspatrioten des 17. und 18. Jhdt.s waren schon die Reichsreformen des Kaisers Maximilian getragen, die nach Überwindung des Fehderechts durch die „ewige Landfriedensordnung" (1495) notwendig wurden. Durch die Umbildung des Reichstages von einer beratenden Fürstenversammlung in eine beschlußfähige Gesetzgebungskammer und durch die Errichtung höchster Gerichtsorgane (Reichskammergericht und Reichshofrat) erhielt das R. eine die einzelnen Staaten umfassende Rechtsordnung. Durch die Einbindung der Staatenvielfalt in die überstaatliche Rechtsordnung, die in den Einzelstaaten und in den neu geschaffenen Reichskreisen exekutiert wurde, war es immerhin gelungen, die Reichseinheit über die Glaubensspaltung und den Dreißigjährigen Krieg hinweg durch entsprechende Friedensschlüsse zu erhalten (Augsburger Religionsfriede von 1555, Westfälischer Friede von 1648).

Die eigentliche Dynamik des nachfolgenden Zeitalters des konfessionellen wie des aufgeklärten →Absolutismus lag freilich in den Einzelstaaten, an deren Spitze sich Österreich und Preußen zu europäischen Großmächten erhoben hatten. Hatte der Reichspatriotismus im Zeitalter Prinz Eugens ein letztes Mal Kaiser und R. unter Beteiligung Preußens gegen das Zangenbündnis Ludwigs XIV. und des Osmanischen Reiches geeint, so brach diese Einheit 1740 mit dem Tode des letzten Habsburgers, Karls VI., auseinander. Durch den Raub Schlesiens und die darauf folgenden schlesischen Kriege zwischen Friedrich dem Großen und Maria Theresia (1740-1762) sowie durch die Weigerung des deutschen Fürstenbundes, dem Tausch Bayerns gegen Belgien zuzustimmen, wurde das Kaisertum vollends aus dem R. gedrängt. Jedoch erst durch die Niederlagen Österreichs in den Koalitionskriegen gegen das revolutionäre Frankreich und durch den Anschluß der Rheinbundstaaten an das Universalreich Napoleons im Jahre 1806 war das Schicksal des Heiligen Römischen R.s besiegelt. Am 6. August 1806 legte Kaiser Franz II. als der letzte erwählte Römische Kaiser die Reichskrone nieder und machte dem Heiligen Römischen R. auch dem Namen nach ein Ende. Als Antwort auf das Kaisertum Napoleons hatte er sich vorsorglich schon 1804 zum Kaiser von Österreich proklamiert.

Das System der nachfolgenden Restauration war nicht auf die Wiederherstellung des R.s, sondern auf die Wiederherstellung des europäischen Staatenkonzertes abgestellt, dem Österreich und Preußen seit dem 18. Jhdt. als Großmächte angehörten. Unter allen Umständen sollte vermieden werden, daß die durch die Allianz der Großmächte niedergeworfene Universalmonarchie Napoleons durch ein anderes Universalreich (etwa durch ein russisches) ersetzt werden könnte. Deshalb beschränkte man sich bei der Wiederherstellung des deutschen Staatensystems darauf, die mittels Säkularisation und Mediatisierung vergrößerten Rheinbundstaaten in den Deutschen Bund aufzunehmen und sie der österreichisch-preußischen Vorherrschaft unter dem Präsidium des Kaisers von Österreich zu unterstellen.

Gegen den Rat →Metternichs überließ Kaiser Franz dem Königreich Preußen die „Wacht am Rhein" und damit die ganze von Napoleon zum „Königreich Westfalen" vereinte Rheinprovinz mit Aachen, Mainz, Köln, Trier und Bonn – mit einem Wort den Kern der Territorien der drei ersten geistlichen Kurfürstentümer des versunkenen Heiligen Römischen Reiches. Indem der Kaiser überdies die österreichischen Vorlande am Oberrhein unter Baden, Württemberg und Bayern aufteilte, zog er sich zur Gänze aus dem inneren Deutschland zurück, so daß die zukünftige Vormachtstellung Preußens vorprogrammiert war.

Nach dem Tode des Kaisers Franz lief die in den Untergrund abgedrängte deutsche Nationalbewegung gegen das erstarrte System Metternichs Sturm, die sich während der Befreiungskriege am Traum der Wiederherstellung von Kaiser und R. entzündet hatte. Diese Bewegungskräfte, die von romantisch-konservativen, von liberal-konstitutionellen, von national-ökonomischen wie von national-demokratischen Einheitsideen getragen waren, gelangten in der Revolution des Jahres 1848 zum Durchbruch. Da selbst die Mehrheit der Vertreter der Volkssouveränität „erbkaiserlich" fühlte, sahen sich die Verteidiger des monarchischen Prinzips mit einer „konservativen Revolution" konfrontiert. Im Mittelpunkt der Auseinandersetzung stand nun die Frage, ob die Erneuerung des R.s auf großdeutscher Grundlage unter Einschluß Österreichs oder auf kleindeutscher Grundlage unter Ausschluß Österreichs vollzogen werden sollte. Nach dem Dogma der kleindeutschen Reichsidee durfte dem deutschen Zukunftsreich kein nichtdeutscher Staat angehören. So sah sich das deutsche Volk erstmals seit der Reformation vor die Alternative gestellt, ob es sich für die Beibehaltung des katholischen Universalkaisertums oder für ein protestantisches Nationalkaisertum entscheiden sollte, dem überdies durch die Rheinprovinz weitere acht Millionen Katholiken angehörten. Diese Frage konnte schließlich nicht anders als durch den Kampf um die Vorherrschaft in Deutschland entschieden werden, der 1866 durch den Sieg Preußens über Österreich im Sinne der kleindeutschen Lösung beendet wurde.

Das Deutsche Kaisereich, das aus dieser Entscheidung nach dem Sieg über das bonapartistische Frankreich 1871 hervorging, mußte dem widerstrebenden Wilhelm I. von Preußen aufgenötigt werden, dessen Bruder Friedrich Wilhelm IV. schon 1848 das neue Erbkaisertum abgelehnt hatte. Dies konnte Otto v. →Bismarck nur deshalb gelingen, weil sich König Ludwig II. von Bayern auf Veranlassung des Kanzlers dazu bereit fand, die Annahme der Kaiserwürde in Versailles feierlich namens aller deutscher Fürsten zu beantragen. Das Hauptargument für die Zustimmung zur Rangerhöhung des preußischen Königs bestand darin, daß den Königen von Bayern, Württemberg und Sachsen die Unterstellung unter den ranggleichen König von Preußen nicht zugemutet werden dürfe.

Bismarcks Reichsidee unterschied sich von der deutschnationalen Einheitsidee jedoch dadurch, daß er – abgesehen von seinen norddeutschen Annexionen Schleswig-Holsteins, Hannovers, Nassaus, Kurhessens und Frankfurts – die übrigen zwanzig Fürstenstaaten sowie die drei Hansestädte Hamburg, Bremen und Lübeck als eigenständige Bundesgenossen in das R. einfügte und sie zu Mitträgern der Souveränität machte. In diesem Sinne war das Bismarckreich kein zentralisierter preußischer Einheitsstaat, kein „nach Osten verschobenes Frankreich", sondern ein föderativer Fürstenbund unter dem Präsidium des deutschen Kaisers. Wie Metternich, wollte Bismarck dieses R. in das europäische Staatenkonzert einbinden und zwar im Bündnis mit dem österreichisch-ungarischen Kaiserreich, das er unter allen Umständen erhalten und stärken wollte. Nachdem Kaiser Franz Joseph sich davon überzeugt hatte, daß Bismarcks Weltbild nicht von der deutschnationalen Reichsidee eines Treitschke oder Sybel oder gar von den österreichischen Deutschnationalen, sondern vom dynastischen Patriotismus und der Einsicht in die Notwendigkeit der Erhaltung des Habsburgerreichs geprägt war, fand er sich zum Abschluß des „Zweibunds" der Mittelmächte bereit. Darin sah er unter den gegebenen Umständen den einzigen Ausweg, Österreich vor dem Untergang zu bewahren, nachdem er nach der Niederlage von Königgrätz kaum einen anderen Weg mehr vor sich gesehen hatte, als „in Ehren unterzugehen". So hielt der Kaiser seit 1879 unbeirrbar bis zu seinem Tode (1916) am Bündnis mit dem Deutschen R. fest.

Bismarcks Konzeption der Trennung und Wiederverschränkung der beiden Kaiserreiche entsprach bis zu einem gewissen Grade der alten Vorstellung des inneren und äußeren Staatenbundes, der schon dem Reichsfreiherrn vom →Stein und im Grunde auch Metternich vorgeschwebt hatte, wenn auch in Wahrung der alten Rangordnung. Immerhin gab es für die Eintracht zwischen den Habsburgern und den Hohenzollern auch Beispiele, die sich von der Heiligen Allianz bis auf die Zeit der Königswahl Rudolf von Habsburgs (1273) zurückführen ließen. Was nun darüber hinaus beide verband, war das monarchische Prinzip, das sie gegen die Volkssouveränität mit bonapartistischen Mitteln durchgekämpft hatten, letzteres in Österreich mehr als in Preußen, wo das konstitutionelle Prinzip nicht preisgegeben wurde. Hinzu kam seit 1879 in beiden Reichen die historisch bedeutsame Wendung zur staatlichen Sozialpolitik, durch welche der Phase des entfesselten Wirtschaftsliberalismus und des „Kulturkampfes" – welcher der Tradition der altpreußischen wie der josephinischen Toleranz widersprochen hatte – ein Ende gesetzt wurde. Historisch standen die beiden ihrer Herkunft nach alemannischen Herrscherhäuser in der ghibellinischen Reichstradition, im Sinne der Gottunmittelbarkeit des „Sacrum Imperium". Deren übernationaler und universeller Charakter ist allerdings von den deutschnationalen Historikern dadurch gründlich verzerrt worden, daß sie den neuerweckten Barbarossa- und Kyffhäuserkult in den mythenbildenden Dienst ihrer nationalstaatlichen Ideologie zwängten. Fortsetzer der übernationalen Reichsidee blieb nach wie vor das Habsburgerreich, das allerdings durch den Verlust seiner Stellung in Deutschland und Italien 1867 im „Ausgleich mit Ungarn" seinen Schwerpunkt nach „Ofen", d.h. auf Anraten Bismarcks auf den Balkan verlegen mußte. So trat an die Stelle des „Kaiserreichs Österreich" die Doppelmonarchie „Österreich-Ungarn", die unter dem Druck nationalliberaler Bewegungskräfte zur Vorherrschaft der Deutschen und Ungarn über die slawischen Mehrheiten beider Reichshälften führte. Deren Anführer, wie etwa der alttschechische Vorkämpfer der austroslawischen Reichsidee, Palacky, sahen sich in ihrer Hoffnung auf eine föderative Reichsverfassung bitter enttäuscht. Sie begannen nunmehr – im Bund mit den Südslawen – ihr Heil im russischen Panslawismus zu suchen, wodurch schließlich noch vor der Jahrhundertwende das Dreikaiserbündnis zwischen Deutschland, Rußland und Österreich mit Hilfe Frankreichs auseinandergesprengt wurde.

Nach der Zerstörung Österreichs im Jahre 1918, die unter Berufung auf das Selbstbestimmungsrecht der Völker im Vertrag von Saint Germain 1919 durchgesetzt wurde, lebte naturgemäß in Deutschland wie vor allem in der Restrepublik „Deutsch-Österreich" die von Bismarck überwundene großdeutsche Reichsidee wieder auf. Der Rechtsanspruch auf die Wiedervereinigung der beiden Republiken wurde in den ersten Verfassungsurkunden der beiden Nationalversammlungen ausdrücklich vermerkt. Überdies hielt die Weimarer Republik nach der erzwungenen Abdankung des Kaisers und der übrigen deutschen Reichsfürsten, gegen den Widerstand der radikalen Linken, mit großer Mehrheit an dem Namen R. fest und erklärte sich zum „R. der Republik".

Das Deutsche R. der Weimarer Verfassung hatte den Charakter einer Präsidialrepublik, in welcher dem Staatsoberhaupt die Rolle eines „Ersatzkaisers" eingeräumt war. Der Reichspräsident war auf sieben Jahre mit unbeschränkter Wiederwahl vom Volke gewählt und hatte mit weitgehenden Kompetenzen auch den Oberbefehl über die Reichswehr. Vor allem war ihm durch das Notverordnungsrecht die Verfügungsgewalt über den Ausnahmezustand eingeräumt worden, und somit konnte er über die Parteien des Parlaments hinweg Notstandskabinette einsetzen, was in der Folge des latenten Bürgerkrieges schon zu Zeiten Friedrich Eberts nicht zu vermeiden war. Im übrigen blieb in dieser ersten deutschen Republik der föderative Charakter des R.s durch weitgehende Länderrechte gewahrt, denen auch noch im „Reichsrat" ein (allerdings nur aufschiebendes) Vetorecht eingeräumt war. Die Rechte der Parteien waren, wie in der konstitutionellen Monarchie, nicht klar definiert. Um so stärker waren plebiszitäre Elemente eingebaut, von denen Hindenburgs Nachfolger Hitler bis zur Begründung des „Großdeutschen R.s" (1938) virtuos Gebrauch machte.

Im 19. Jhdt. war unter der Schubkraft der Industriellen Revolution und des modernen Nationalismus die Reichstradition weitgehend weltimmanenten Zwecken unterworfen worden. Aber dennoch waren in der postfeudalen Rechtsordnung vorstaatliche Grundrechte verankert, die an überzeitlichen Maßstäben orientiert blieben. Diese überzeitlichen Maßstäbe widersprachen dem Gebot der „Arterhaltung", dem Hitler die Rechtsordnung seines „Dritten R.s" unterwarf. Diesem Gebot und der Idee der natürlichen Zuchtwahl der Arten und Rassen im Kampf ums Dasein wurde auch das „positive Christentum" unterstellt, das nur unter der Voraussetzung als positiv galt, daß es sich diesen obersten Grundsätzen beugte.

Sosehr sich Hitler auch auf die Reichstradition berief und Kräfte zu mobilisieren verstand, die nach wie vor vom Traum des R.s erfüllt waren, so bedeutete dies allein schon den absoluten Bruch mit der Reichstradition. Sein politisches Programm bestand in der Osterweiterung des R.s, der Vernichtung der Juden und der Versklavung der Slawen, die nun erst recht in die Arme Stalins getrieben wurden. Damit – und mit der faktischen Massenvernichtung eines Großteils der europäischen Juden – wurde der endgültige Bruch mit der christlichen Reichstradition der vergangenen Jahrtausends vollzogen, und Hitler wurde zum Zerstörer nicht nur des großdeutschen, sondern auch des kleindeutschen R.s. Er hatte – nach einem atemberaubenden Aufstieg – das Schicksal des R.s und Europas aufs Spiel gesetzt – und am Ende standen Niederlage und Verderben.

In der Folge der Diskreditierung des Reichsbegriffs verzichteten die Gründungsväter der Bundesrepublik Deutschland nach dem Jahre 1945 darauf, den Namen R. ein zweites Mal zur Bezeichnung ihres Staatswesens anzunehmen. In der nach 1945 wiederhergestellten Bundesrepublik Österreich blieb das Wort R. im Staatsnamen erhalten.

L.: *L. v. Ranke:* Die großen Mächte (1833), hrsg. v. *F. Meinecke,* Leipzig 1916 u. ö.; *ders.:* Über die Epochen der neueren Geschichte (1854), Stuttgart 1954 u. ö.; *O. v. Gierke:* in: Deutsche Zeit- und Streitfragen 3 (1874); *J. u. W. Grimm:* Deutsches Wörterbuch, Bd. VIII, Leipzig 1893; *K. Zeumer:* Heiliges Römisches R. Deutscher Nation, Weimar 1910; *R. Smend:* Zur Geschichte der Formel „Kaiser und R." in den letzten Jahren des alten Reiches (1910), in: *ders.:* Staatsrechtliche Abhandlungen und andere Aufsätze, Berlin ³1994, S. 9-18; *P. Joachimsen:* Der deutsche Staatsgedanke von seinen Anfängen bis auf Leibniz und Friedrich den Großen, München 1921, Ndr. Darmstadt 1976; *F. Schnabel:* Deutsche Geschichte im 19. Jhdt., Bde. I-IV, Freiburg i. Br. 1929-37; *A. Dempf:* Sacrum Imperium. Geschichts- und Staatsphilosophie des Mittelalters und der politischen Renaissance, München – Berlin 1929, Darmstadt ⁴1973; *P. Rassow:* Die Kaiseridee Karls V., Berlin 1932; *L. Knabe:* Die gelasianische Zweigewaltenlehre bis zum Ende des Investiturstreites, Berlin 1936; *H. Ritter v. Srbik:* Deutsche Einheit. Idee und Wirklichkeit vom Heiligen R. bis Königgrätz, Bde. I-IV, München 1935-42; *P. E. Schramm:* Herrschaftszeichen und Staatssymbolik, Bde. I-III, Stuttgart 1952-54; *ders.:* Kaiser, Rom und Renovatio, Darmstadt ²1957; *E. Klebel:* R. und Reichsidee, Frankfurt a. M. 1954; *W. Goetz:* Translatio Imperii. Ein Beitrag zur Geschichte des Geschichtsdenkens und der politischen Theorie im Mittelalter und in der frühen Neuzeit, Tübingen 1958; *W. Lammers* (Hrsg.): Otto von Freising: Chronik oder die Geschichte der zwei Staaten, Darmstadt 1961; *A. Mirgeler:* Geschichte Europas, Freiburg i. Br. ⁴1964; *G. Franz:* Kulturkampf. Staat und katholische Kirche in Mitteleuropa von der Säkularisation bis zum Abschluß des preußischen Kulturkampfes, München 1965; *F. Hartung:* Deutsche Verfassungsgeschichte. Vom 15. Jhdt. bis zur Gegenwart, Stuttgart ⁸1964; *H. Appelt:* Die Kaiseridee Friedrich Barbarossas, in: Festschrift für K. Pivec, Innsbruck 1966; *K. O. v. Aretin:* Heiliges Römisches R. Reichsverfassung und Staatssouveränität, Bde. I-II, Wiesbaden 1967; *T. Schieder / E. Deuerlein* (Hrsg.): Reichsgründung 1870/71 – Tatsachen, Kontroversen, Interpretationen, Stuttgart 1970; *H. Wiesflecker:* Kaiser Maximilian I., das R., Österreich und Europa, Bde. I-V, Wien 1971-86; *G. Podalsky:* Byzantinische Reichseschatologie. Die Periodisierung der Geschichte in den vier Großreichen (Daniel 2 u. 7) und dem tausendjährigen Friedensreich, München 1972; *H. Lübbe:* Säkularisierung. Geschichte eines ideenpolitischen Begriffs, Freiburg i. Br. ²1975; *H. G. Walther:* Imperiales Königtum, Konziliarismus und Volkssouveränität, München 1976; *K. Hildebrand:* Das Dritte R., München 1979; *O. Brunner:* Abendländisches Geschichtsdenken, in: *ders.:* Neue Wege der Verfassungs- und Sozialgeschichte, Göttingen ³1980, S. 26-44; *U. Duchrow:* Christenheit und Weltverantwortung. Traditionsgeschichte und systematische Struktur der Zweireichelehre, Stuttgart ²1983; *P. Moraw:* Entstehung des Reichstages, in: Deutsche Verwaltungsgeschichte, Bd. I, Stuttgart 1983; *H. Boldt:* Deutsche Verfassungsgeschichte, Bde. I-II, München 1984-90; *B. Roeck:* Reichsherkommen und Reichssystem. Die Diskussion über die Staatlichkeit des R.s in der politischen Publizistik des 17. und 18. Jhdt.s, Wiesbaden 1984; *M. Rassem:* Im Schatten der Apokalypse. Zur deutschen Lage, Graz – Wien – Köln 1984; *P. Moraw / N. Hammerstein / E. Fehrenbach:* Art. „R.", in: Geschichtliche Grundbegriffe. Historisches Lexikon zur politisch-sozialen Sprache in Deutschland, hrsg. v. *O. Brunner / W. Conze / R. Koselleck,* Bd. V, Stuttgart 1984, S. 423-508; *W. Strätz / H. Zabel:* Art. „Säkularisation, Säkularisierung", in: ebd., S. 789-829; *O. v. Habsburg:* Die Reichsidee, Wien – München 1986; *H. Koller:* Das R. von den Staufischen Kaisern bis Friedrich III. 1250-450, in: Handbuch der europäischen Geschichte, hrsg. v. *T. Schieder,* Stuttgart 1987; *K. Weißmann:* Die Zeichen des R.s. Symbole der Deutschen, Asendorf 1989; *H. Thieme:* Art. „R., R.sverfassung", in: Handwörterbuch zur deutschen Rechtsgeschichte, Bd. IV, Berlin 1990, Sp. 506-18; *R. A. Müller:* Heiliges Römisches R. Deutscher Nation. Anspruch und Bedeutung des Reichstitels in der frühen Neuzeit, Regensburg 1990; *H. Duch-*

hardt: Deutsche Verfassungsgeschichte 1495-1806, Stuttgart – Berlin – Köln 1991; *K. O. v. Aretin:* Das Alte R. 1648-1806, Bd. I: Föderalistische oder hierarchische Ordnung (1648-84), Stuttgart 1993; *J. Petersohn:* Rom und der Reichstitel „Sacrum Romanum Imperium", Sitzungsberichte der Wissenschaftlichen Gesellschaft an der Johann-Wolfgang-Goethe-Universität Frankfurt a. Main, Bd. XXXIV, Nr. 4, Stuttgart 1994.

– Th

Reynold, Gonzague de

* 15. 7. 1880 Cressier (Kt. Freiburg); † 9. 4. 1970 Freiburg i. Ü. Schweizer Kulturhistoriker, Literaturwissenschaftler und politischer Schriftsteller. R. entstammte einer streng katholischen Familie, die 1647 in Frankreich geadelt und von Ludwig XIV. in den Grafenstand erhoben worden war. Nach dem 1899 in seiner Heimatstadt abgelegten Abitur studierte R. in Paris und Freiburg i. Br. Literaturwissenschaft und Jura; nach langjähriger Arbeit promovierte R. 1909 als Schüler des Pariser Literaturhistorikers Gustave Lanson mit einer monumentalen These zur schweizerisch-französischen Literaturgeschichte des 18. Jhdt.s. Noch im gleichen Jahr wurde er als Privatdozent der französischen Literaturgeschichte an die Universität Genf berufen. Unter dem prägenden Einfluß von →Barrès und →Maurras vollzog R. in den folgenden Jahren eine umfassende Rückwendung zur Heimat; er begann nun eine Reihe von historisch-kulturellen Beschreibungen einzelner Schweizer Städte und Landschaften, die unter dem Obertitel „Cités et Pays suisses" erschienen. Seine hier erstmals formulierten kulturkritischen Gedanken, seine scharfe Kritik am bürgerlichen „Materialismus" und am „Industrialismus", verbunden mit einer tiefempfundenen Heimatliebe, gehören zu den Konstanten seines Denkens. Darüber hinaus war R. auch dichterich tätig, und er gehörte um 1910 zu den führenden Mitarbeitern der Genfer Kulturzeitschrift „La Voile latine", die sich eine umfassende Erneuerung der französisch-schweizerischen Kultur zum Ziel gesetzt hatte. Außerdem entwickelte R. seinen eigenen spezifisch helvetischen Nationalismus, dem er seit 1909 auch in zunehmendem Maße publizistischen Ausdruck verlieh.

Nach 1918 entwickelte sich R. zu einem streng katholischen Doktrinär, geprägt nicht nur von Maurras, sondern auch von →Tho-

Gonzague de Reynold
1880-1970

mas von Aquin, de →Maistre und →Donoso Cortés. Veranlaßt durch die russische Revolution von 1917 und das einschneidende Erlebnis des Schweizer Generalstreiks vom November 1918, sah R. nun auch im unermüdlichen Kampf gegen Bolschewismus und Kommunismus eine seiner Hauptaufgaben. Diesem Kampf diente er nicht nur durch seine immer weiter ausgreifende politische Publizistik, sondern auch durch die großangelegten patriotischen Schauspiele „La gloire qui chante" (1919) und „La cité sur la montagne" (1920/21).

Bereits 1915 war R. einem Ruf als Ordinarius für romanische Literaturgeschichte an die Universität Bern gefolgt. Doch in den Jahren 1929/30 inszenierten linke Kreise des Kantons Bern eine öffentliche Diffamierungskampagne gegen ihn, die in der Forderung nach Entfernung R.s von seinem Lehrstuhl gipfelte. Obwohl sich die Berner Regierung diesem Ansinnen widersetzte, verließ R. im Januar 1931 die Stadt, um an der Universität Freiburg einen eigens für ihn geschaffenen Lehrstuhl für allgemeine Kulturgeschichte zu übernehmen, den er bis zu seiner Emeritie-

rung innehaben sollte. In dieser Zeit verstärkte R. seine politischen Aktivitäten. Hatte er sich bereits nach 1918 vergeblich für die Gründung einer starken christlich-sozialen und zugleich nationalen Sammlungspartei eingesetzt, so wurde er seit den zwanziger Jahren zu einer weit über die engen Grenzen der Schweiz hinaus bekannten Persönlichkeit. Intensiv arbeitete er in der Genfer „Völkerbundkommission für intellektuelle Zusammenarbeit" mit; enge Kontakte hielt er auch zu den katholisch-konservativen Kreisen in Österreich. Mussolinis Regime in Italien hatte er anfangs mit deutlicher Sympathie betrachtet; in den dreißiger Jahren ging er jedoch auf Distanz. Den Nationalsozialismus, in dem er zuerst (1933/34) noch eine notwendige „Gegenrevolution" gegen die Gefahr des Bolschewismus gesehen hatte, kritisierte er seit 1935 mit großer Deutlichkeit; insbesondere verurteilte er den Rassismus und den Antisemitismus des Regimes, was ihm ein Verbot seines Buches „Die Tragik Europas" (1935) in Deutschland einbrachte.

Dagegen sah R. im autoritären Regime Salazars in Portugal das eigentliche Vorbild des von ihm erstrebten „état chrétien", des auf christlicher Grundlage ruhenden, neuen korporativen →Staates. Nach einer auf Einladung der portugiesischen Regierung 1935 unternommenen Rundreise durch das Land verfaßte R. ein Buch, in dem er das „neue Portugal" in den höchsten Tönen lobte. Der Grundgedanke des Buches „Portugal" (1938) ist, daß Salazar einen wirklichen und auch gangbaren „dritten Weg" zwischen der (nach R.s Auffassung) im Niedergang befindlichen liberal-demokratischen Welt einerseits und den ausdrücklich als „totalitär" bezeichneten Diktaturen des Faschismus, des Nationalsozialismus sowie des Bolschewismus andererseits gefunden und in seinem Land auch verwirklicht habe. Die „Regierung Salazars" sei keine Diktatur im eigentlichen Sinne: „Ich meinerseits sehe nur ein autoritäres Regime... Es ist verfassungsmäßig, denn man soll nicht glauben, daß eine Verfassung notwendig liberal und parlamentarisch sein muß. Salazar kann nicht alles tun, wenn er auch alles verhindern kann... Es ist ein Irrtum unserer Zeit, um jeden Preis die These der Antithese gegenüberstellen zu wollen, man vergißt, daß es immer ein Drittes gibt, und dieses Dritte ist hier die Autorität. Aber Autorität, korporative Organisation und Verfassung, die auf der Moral und dem Recht beruhen. Diese Grundlagen des von Salazar errichteten Regimes sind Grundlagen des christlichen Staates." Doch R.s Versuche, das „portugiesische Modell" seinen Schweizer Landsleuten als Vorbild zu empfehlen, stieß auf keinerlei Gegenliebe; seit 1941 versuchte er, nur noch als „guter Patriot" und – so gut es ihm möglich war – als „Nonkonformist in einem demokratischen Staat" (Mattioli) zu leben.größere Bedeutung kommt hingegen seinem Versuch einer Erneuerung der Europaidee in Anknüpfung an den alten Reichsgedanken zu: Im Zeichen des Aufstiegs der USA im Westen, der Sowjetunion im Osten und Japans in Asien setzte sich R. bereits Mitte der dreißiger Jahre für einen engen Zusammenschluß Europas ein; er sah voraus, daß Europa seine Bedeutung als universaler Kulturträger nur dann würde behalten können, wenn es in politischer, ökonomischer und militärischer Hinsicht einig sei. Allerdings schwebte ihm keineswegs ein zentralistischer „Überstaat" vor, sondern ein Bund freier Nationalstaaten, ein „Europa der Vaterländer" im Zeichen des Kreuzes.

Auch sein großes schriftstellerisches und wissenschaftliches Alterswerk „La Formation de l'Europe" (1944-57) stand ganz im Zeichen einer erneuten Vergegenwärtigung Europas als Trägerin der christlich-abendländischen Kultur. Dieses Monumentalwerk entwickelte die „Idee Europa" von ihren geographischen Grundbedingungen und mythologischen Anfängen über die Selbstentdeckung Europas durch die Europäer bis hin zu den Voraussetzungen unserer Kultur: der griechischen Philosophie, der römischen Staatskunst und nicht zuletzt dem Geist des Christentums.

In seinen letzten Lebensjahren entwickelte sich R., der in der Industrialisierung schon immer eine Katastrophe gesehen hatte, zu einem vehementen Natur- und Heimatschützer; sein Lebensabend war außerdem bestimmt vom ebenso unermüdlichen wie vergeblichen publizistischen Kampf gegen das Zweite Vatikanische Konzil. Immerhin wurde ihm sein letzter Wunsch: die Bestattung nach altem Ritus, von seiner Kirche nicht versagt.

S.: L'Age d'or. Poésies d'enfance, Genf 1899; Au Pays des Aieux. Poème descriptif et romanesque, Genf 1902; Les lauriers de l'armure. Études de poésie classique, Genf 1905; Histoire littéraire de la Suisse au XVIe siècle, Bde. I-II, Lausanne 1909-12; Contes et légendes de la Suisse héroïque, Lausanne 1913: Cités et Pays suisses, Bde. I-III, Lausanne 1914-20; Les bannières flammées. Poèmes 1904-15, Lausanne 1915; Les lacs. Poèmes en prose, Genf 1917; Notre histoire, Genf 1919; La gloire qui chante. Poème dramatique, Lausanne 1919; Charles Baudelaire, Genf – Paris 1920; La Cité sur la montagne, Lausanne 1922; Fribourg, Genf 1922; La Suisse une et diverse, Freiburg 1923; L'Age de fer. Poèmes, Paris 1924; Morat. Jeu commémoratif, Freiburg 1926; La démocratie et la Suisse. Essay d'une philosophie de notre histoire nationale, Biel 1929; Le génie de Berne, Lausanne 1929; Fribourg, Freiburg 1931; Conquête du Nord. Poèmes, Paris 1931; L'Europe tragique, Paris 1934; Portugal, Paris 1936; Conscience de la Suisse, Neuenburg 1938; Défense et illustration de l'esprit suisse, Neuenburg 1939; D'où vient l'Allemagne, Paris 1939; Grandeur de la Suisse, Neuenburg 1940; La Suisse est devant son destin, Genf 1941; Qu'est-ce que l'Europe, Freiburg 1941; Prières, Freiburg 1942; Cercles concentriques. Études et morceaux sur la Suisse, Biel 1943; Le XVIIe siècle: le classique et le baroque, Montreal 1944; La Formation de l'Europe, Bde. I-VII, Freiburg 1944 – Paris 1957; Impressions d'Amérique, Lausanne 1950; Fribourg le monde, Neuenburg 1957; Le chant d'une vie. Poèmes choisies 1897-1941, Freiburg 1957; Mes mémoires, Bde. I-III, Genf 1960-63; Synthèse du XVIIe siècle. La France classique et l'Europe baroque, Paris 1962; G. de R. raconte la Suisse et son histoire, Lausanne 1965; Destin du Jura, Lausanne 1968; Expérience de la Suisse, Belfaux 1970.

Ü.: Werdegang der Schweizerischen Eidgenossenschaft, Lausanne 1916; Wie sie denken. Der Standpunkt der welschen Schweiz und das Interesse der Gesamtschweiz, St. Gallen 1917; Das Fortleben des Heiligen Römischen Reiches Deutscher Nation, o. O. 1929; Vom Geist und Wesen Berns, Bern 1931; Schweizer Städte und Landschaften, Zürich – Leipzig – Stuttgart 1932; Die Schweiz im Kampf um ihre Existenz, Luzern 1934; Die Tragik Europas, Luzern 1935; Portugal – gestern und heute, Salzburg – Leipzig 1938; Sagen und Erzählungen aus der alten Schweiz, Einsiedeln 1939; Selbstbesinnung der Schweiz, Zürich 1939; Die Lebensfrage der Eidgenossenschaft, Olten 1942; Europas Einheit. Jerusalem – Griechenland – Rom, München 1961.

L.: Hommage à G. de R., Freiburg 1941; *H. Grossrieder:* Bewußtsein und Gewissen der Schweiz. Zum Werk G. de R.s, in: Schweizer Rundschau 39 (1939/40), S. 614-24; G. de R. et son œuvre. Études et témoignages publiés à l'occasion de son 75e anniversaire, Freiburg 1955; *P. König:* Der europäische Gedanke G. de R.s in seinen föderalistischen Grundlagen, Winterthur 1960; *ders.:* G. de R. und seine Bedeutung für die Schweiz, in: Schweizer Monatshefte, August 1960, S. 491-506; *H.*

Grossrieder: G. de R. – Werk und Persönlichkeit, in: Schweizer Rundschau 60 (1960/61), S. 500-4; *E. Bonjour:* G. de R., in: *ders.:* Die Schweiz und Europa, Bd. III, Basel 1973, S. 231-37; *M. Zermatten:* G. de R., Genf 1980; *A. Berchtold:* G. de R., in: *ders.:* La Suisse romande au cap du XXe siècle, Lausanne 1980, S. 689-709; *M. Stettler:* G. de R., in: *ders.:* Rat der Alten. Begegnungen und Besuche, Bern 1980, S. 65-75; *A. Mattioli:* Die autoritäre Versuchung: G. de R. und die rechtsgerichteten Diktaturen in Europa (1925-42), in: Geschichte und Gegenwart 9 (1990), S. 117-35; *ders.:* Zwischen Kulturkritik und Reichssehnsucht: die Europa-Vision G. de R.s (1932-35), in: L'idée d'Europe dans la culture des pays de langue allemande du XIXe au XXe siècle. Actes du XXVIIIe Congrès de l'Association des Germanistes de l'Enseignement supérieur, Straßburg 1991, S. 21-32; *ders.:* „Au Pays des Aïeux". G. de R. und die Erfindung des neohelvetischen Nationalismus (1899-1912), in: Erfundene Schweiz. Konstruktionen nationaler Identität, hrsg. v. *G. P. Marchal / A. Mattioli,* Zürich 1992, S. 275-89; *C. Reichler:* Fabrication symbolique et histoire littéraire nationale. G. de R. et „L'esprit suisse", in: Les Temps modernes, Mai 1992, S. 171-85; *A. Mattioli:* G. de R. und die Entzauberung der Welt, in: Schweizer Katholizismus zwischen den Weltkriegen 1920-40, hrsg. v. *U. Altermatt,* Freiburg 1994, S. 81-101; *ders.:* Zwischen Demokratie und totalitärer Diktatur. G. de R. und die Tradition der autoritären Rechten in der Schweiz, Zürich 1994.

– K

Wilhelm Heinrich von Riehl
1823-1897

Riehl, Wilhelm Heinrich von

* 6. 5. 1823 Biebrich; † 16. 11. 1897 München. Konservativer Sozialpolitiker, Journalist und Kulturwissenschaftler. Begründer der wissenschaftlichen Volkskunde. Seit 1841 Studium der Theologie, später auch Musik, Geschichte, Philosophie und Staatswissenschaften, zuerst in Marburg, dann in Tübingen, Gießen und Bonn. Empfing als Student starke Anregungen durch den Kirchenhistoriker Karl Hase und die Naturphilosophie Friedrich Theodor Vischers. Eine in der Studienzeit begründete Freundschaft mit Moritz Carriere förderte R.s stark ausgeprägte Affinität zur Romantik.

1845-53 arbeitete R. als Journalist für verschiedene Zeitungen in Gießen, Frankfurt a. M., Wiesbaden, Karlsruhe und Augsburg. Seit 1853 gehörte er dem Künstlerkreis „Symposion" um den bayerischen König Maximilian II. an; im selben Jahr erfolgte auch die Berufung zum Beauftragten für die Presseangelegenheiten im Ministerium des königlichen Hauses und des bayerischen Außenministe-

riums. 1854 wurde R. Professor für Staats- und Gesellschaftswissenschaften in München. Zusammen mit Felix Dahn seit 1857 Herausgeber der landeskundlichen Sammlung „Bavaria". 1883 Verleihung des Adelstitels. Seit 1885 Direktor des bayerischen Nationalmuseums und Generalkonservator der Kunstdenkmale und Altertümer des Königreichs Bayern.

Politisch bezeichnete R. sich selbst als „konservativ angelegte Natur, die... durch das Jahr 48 erst bewußt konservativ geworden" sei. Bereits 1843 hatte er sich in den „Schwäbischen Skizzen" mit einer föderalistischen Lösung der deutschen Frage auseinandergesetzt. Unter dem Eindruck der revolutionären Ereignisse des Jahres 1848 verfaßte er am 5. 4. 1848 in der „Nassauischen Zeitung" den Aufruf zur Gründung einer „Demokratisch-Monarchischen Partei".

R.s Konservatismus ist maßgeblich geprägt von →Möser, L. von →Stein und der romantischen Geschichtsphilosophie. Kernaussage seiner „socialen Politik" sind ein organisches Kulturverständnis und die Überzeugung, „daß der Staat das organisierte Volk, daß er um des Volkes willen da sei". Völker sind ein Produkt landschaftlicher Besonderheiten in ihren natürlich und historisch gewachsenen Eigentümlichkeiten, „ein geschichtliches Wesen, aus Werden geworden und aus Gewordenem werdend, vor allem ein Gebilde, das unter naturgeschichtlichen Gesetzen und

Ordnungen" stehe. Grundlagen des Volkes wiederum sind die Familie „als Urgrund aller organische Gebilde in der Volkspersönlichkeit" sowie der Stammesverband. Die Einheit Deutschlands, so R., könne sich nicht „in verwaschener Allgemeinheit und Nivellierung aller deutschen Stämme finden, sondern gerade in jenen Sonderinteressen der Landstriche, die in ihrer Individualität hohe Berechtigung haben".

Soziale Politik habe daher die Aufgabe, dieses tradierte Sozialgefüge und die kulturelle Vielfalt zu bewahren. R. unterteilte von diesem Ausgangspunkt her die Gesellschaft in „Mächte des Beharrens" (Adel, Bauernstand) und „Mächte der Bewegung" (Bürgertum, Arbeiterschaft). Letztere standen für die von R. befehdete individualistische Emanzipation ebenso wie für staatliche Nivellierung und Zentralisation. Bemerkenswert ist ferner R.s frühzeitig geschärfter Blick für den Raubbau an der Natur; wachsender Landschaftszerstörung und Urbanisierung stellte er die Forderung nach einem „Recht der Wildnis" entgegen.

Mit dem 1858 gehaltenen Vortrag „Die Volkskunde als Wissenschaft" und der berühmt gewordenen „Rock- und Karmisolformel" schuf R. die Grundlagen einer in ihrer empirischen Methodik präzisierten Kulturwissenschaft, die ihre Einzelkenntnisse über „Land und Leute" der Verwaltung und Staatswisssenschaft dienstbar machen sollte. Auf der „Naturgeschichte des deutschen Volkes", der ersten großen Anthropogeographie, gründeten sich zahlreiche spätere volkskundliche Arbeiten. Neben seinen – wissenschaftlich nicht unumstrittenen – volkskundlichen Werken verfaßte R. zahlreiche Zeitungsaufsätze, Novellen und Romane.

B.: *B. J. C. Schmidt:* Katalog der R.schen Zeitungsaufsätze 1841-55, in: Nassauische Annalen 42 (1913).
S.: Die Geschichte von Eisele und Beisele. Ein sozialer Roman, Frankfurt a. M. 1848; Der deutsche Bauer und der moderne Staat, in: Cottas Deutsche Vierteljahresschrift, Stuttgart 1850, S. 67-130; Die Bürgerliche Gesellschaft, Stuttgart 1851; Land und Leute, Stuttgart – Augsburg 1852; Die Familie, Stuttgart 1855; Die Pfälzer. Ein rheinisches Volksbild, Stuttgart 1857; Die Volkskunde als Wissenschaft. Ein Vortrag, in: Kulturstudien aus drei Jhdt.en, Stuttgart 1859, S. 159-218; Bavaria. Landes- und Volkskunde des Königreichs Bayern, Bde. I-V, München 1860-68; Die deutsche Arbeit, Stuttgart 1861; Culturgeschichtliche Novellen, Stuttgart 1862; Die Naturgeschichte des Volkes als Grundlage einer deutschen Sozialpolitik, Bde. I-IV, Stuttgart 1869; Lebensrätsel. Fünf Novellen, Stuttgart 1888; Religiöse Studien eines Weltkindes, Stuttgart 1894.
L.: *R. A. Fritzsche:* Justus Möser und W. H. R. – Gedanken über Volkskunde, in: Hessische Blätter für Volkskunde 7 (1908); *B. J. C. Schmidt:* W. H. R. – Seine geistige Entwicklung bis zur Übernahme seiner Professur in München, Straßburg 1913; *F. Spemann:* Von W. H. R. bis Oswald Spengler, Berlin 1926; *H. Roscher:* Der Volksforscher R. und seine soziale Politik, Hamburg 1927; *H. Gaedeke:* W. H. R.s Gedanken über Volk und Staat, Diss. Heidelberg 1937; *G. Loose:* The Peasants in W. H. R.s Sociological and Novelistic Writings. A Contribution to the Problem of Primitivism, in: The Germanic Review 15 (1940), S. 263-72; *H. Belz:* W. H. R. in seinen Gedanken über den deutschen Journalismus und deutsches Volkstum, Diss. Heidelberg 1945; *V. v. Geramb:* W. H. R. Leben und Werk, Salzburg 1954; *K. Köstlin* (Hrsg.): Volkskunde im 19. Jhdt. Ansätze, Ausprägungen, Nachwirkungen, Kiel 1968; *H. Moser:* W. H. R. und die Volkskunde. Eine wissenschaftsgeschichtliche Korrektur, in: Jahrbuch für Volkskunde NF 1 (1978), S. 9-66; *G. Wiegelmann:* R.s Stellung in der Wissenschaftsgeschichte der Volkskunde, in: Jahrbuch für Volkskunde NF 2 (1979), S. 89-101; *J. v. Altenbockum:* W. H. R. 1823-97. Sozialwissenschaft zwischen Kulturgeschichte und Ethnographie, Köln 1994.

– St

Ritter, Gerhard

* 6. 4. 1888 Bad Sooden-Allendorf; † 1. 7. 1967 Freiburg i. Br., Historiker, politisch und kirchlich engagiert, Angehöriger des →Widerstands um C.-F. →Goerdeler. R. entstammte einer traditionsreichen Familie hessischer Pfarrer und Beamter. Sein Bruder Karl Bernhard →R. war Mitbegründer des „Berneuchener Kreises" und der „Evangelischen Michaelsbruderschaft". Nach dem Studium der Geschichte und Germanistik wurde R. in Heidelberg bei Hermann Oncken mit der Studie „Die preußischen Konservativen und Bismarcks deutsche Politik 1858-76" promoviert. Von 1911-15 war R. als Gymnasiallehrer in Kassel und Magdeburg tätig, anschließend leistete er Kriegsdienst; er wurde mehrfach verwundet, mit dem Eisernen Kreuz I. Klasse ausgezeichnet und zum Leutnant befördert. 1919 trat R. in Pommern als Wahlredner des konservativen Landadels auf.

Schon 1915 hatte Oncken R. den Auftrag vermittelt, die Geschichte der Universität Heidelberg zu schreiben. Der erste (und einzige) Band behandelt das Mittelalter bis 1508 und erschien 1936. Bereits 1921 konnte sich R. mit einer Arbeit über den Heidelberger Gründungsrektor habilitieren; seine Antrittsvorlesung hatte die Geschichte des monarchischen Staatsgedankens in Deutschland zum Inhalt. 1923 entstand sein wohl persönlichstes Werk, die Biographie Martin Luthers. Unter dem Eindruck des Versailler Vertrages und im Gegensatz zur Bevorzugung des Calvinismus durch die anglophile Vorkriegsgeneration (Max Weber, Ernst Troeltsch) wurde der Reformator hier als „Kämpfernatur", konservativer Revolutionär und religiöser Genius porträtiert, der sich auf tragische Weise in gesellschaftliche Konflikte verstrickte. Erst die späteren Ausgaben gingen ausgewogener auf Luthers politische Defizite ein.

1924 wurde R. nach Hamburg und 1925 nach Freiburg i. Br. berufen. In dieser Zeit nahm er intensiv an der Diskussion um die „Kriegsschuldfrage" teil und setzte sich u.a. kritisch mit der von F. Meinecke vertretenen These auseinander, um die Jahrhundertwende habe die Berliner Regierung die Möglichkeit der Bildung einer deutsch-britischen Entente verpaßt. Andererseits ging er zur „großdeutschen" Schule auf Distanz. R.s 1931 vorgelegte umfangreiche Biographie des Freiherrn vom →Stein suchte M. Lehmanns These vom Einfluß westeuropäischer Vorbilder, wie etwa jenen der Physiokraten auf die preußischen Reformer, zu widerlegen. 1932 gelang es R., zusammen mit R. Stadelmann, →Bismarcks Memoiren in ihrer letzten, dem Autor vorliegenden Fassung zu rekonstruieren.

1933/34 gehörte R. – neben dem Nationalökonomen W. Eucken – zu den wenigen Freiburger Professoren, die dem NS-Engagement des Rektors Heidegger skeptisch gegenüberstanden. R. war zudem Mitbegründer der „Bekennenden Kirche" in Baden, wurde gewähltes Mitglied des Landesbruderrates wie der Synoden in Barmen, Dahlem und Bad Oeynhausen. 1934-35 übernahm er eine Lehrstuhlvertretung an der Universität Basel. Seine Biographie Friedrichs des Großen, wie jene Luthers ein „Profil", d.h. ohne wissenschaftlichen Apparat verfaßt, widmete er in Anspielung auf die von den Nationalsozialisten verdrängten Kollegen Berney, Oncken und Rothfels „der unsichtbaren Gemeinschaft von Trägern des echten Frontgeistes im Reiche deutscher Wissenschaft". Für die Propyläen-Weltgeschichte schrieb er den Abschnitt über die Glaubenskämpfe des 16. Jhdt.s neu, und auf dem Internationalen Historikerkongreß 1938 in Zürich wies er seinen Kollegen O. Scheel wegen einer „völkischen" Aktualisierung Luthers öffentlich zurecht, worauf R. Vorträge im Ausland untersagt wurden. 1940 publizierte er seine schon von den Zeitgenossen als doppeldeutig empfundene Schrift über den klassischen Gegensatz „insularer" Wohlfahrts- und „kontinentaler" Machtpolitik, repräsentiert durch Morus und Machiavelli („Machtstaat und Utopie"). – Seit 1938 gehörte R. einem oppositionellen Kreis in Freiburg an, der in Diskussionen und Denkschriften Fragen des Widerstands und Neuaufbaus aus rechtlicher und religiöser Sicht erörterte. Als Mitwisser der konspirativen Pläne Becks und Goerdelers wurde R. im November 1944 verhaftet und erlebte das Kriegsende in einem Berliner Gefängnis.

Nach 1945 war R. neben seinen akademischen Funktionen (die zuerst insbesondere die „Selbstreinigung" der Freiburger Universität betrafen) in starkem Maße kirchenpolitisch engagiert und am Neuaufbau der evangelischen Kirche beteiligt. In mehreren Schriften (z.B. „Europa und die deutsche Frage", 1948) versuchte er, dem Vorwurf eines rein deutschen Ursprungs des Nationalsozialismus entgegenzutreten, wobei er vor allem auf die verhängnisvolle Politisierung der „Massen" seit der Französischen Revolution verwies. In seinen schon vor 1945 begonnenen Studien zur Entstehung des Militarismus in Deutschland stellte R. einem an Bismarck orientierten Ideal der ausgewogenen „Staatskunst" deren Degeneration im einseitigen, auf den kurzfristigen Erfolg zielenden „Kriegshandwerk" entgegen. Zwar übte er selbst scharfe Kritik an Politikern wie Ludendorff und an den strategischen Irrtümern der Schlieffen-Schule, doch geriet R. während der Kontroverse mit F. Fischer um die Vorgeschichte des Kriegsausbruchs von 1914 selbst immer wieder in die Rolle eines Verteidigers Bethmann Hollwegs.

Große Verdienste erwarb sich R., der 1948-53 erster Vorsitzender des deutschen Historikerverbandes war, auch beim organisatorischen Neuaufbau der deutschen Geschichtswissenschaft, darüber hinaus durch die Gründung des Instituts für Zeitgeschichte und in der Frage der Rückführung wichtiger Archivbestände. Während seine nur unzureichend kommentierte Edition der „Tischgespräche" Hitlers von 1941-42 keinen Beifall fand, bildete die mit großer innerer Anteilnahme verfaßte Biographie Goerdelers einen Höhepunkt im Werk R.s. Dieser Historiker vermochte als einer der letzten Vertreter des Fachs das gesamte Panorama vom Spätmittelalter bis zur Gegenwart kompetent zu bearbeiten; er engagierte sich politisch, kirchlich und innerhalb seiner Disziplin. Als Wissenschaftler unbedingter Quellenkritik verpflichtet, bevorzugte R. als traditionsbewußter Patriot autoritäre →Institutionen wie Militär und Kirche gegenüber partizipativen wie dem liberalen westlichen Parlamentarismus, oder emanzipatorischen wie der „öffentlichen Meinung". R. bewunderte die Leistungen großer Einzelpersönlichkeiten wie Bismarck, er mißtraute als lutherischer Christ aber dem menschlichen Vermögen, ihnen Dauer zu verschaffen.

B.: in *K. Schwabe* (Hrsg.): G. R. – Ein politischer Historiker (siehe unter E.) und in *M. Matthiesen:* G. R., Bd. II (siehe unter L.), S. 1292-310.

S.: Duell und Reichstag, Rothenburg o. T. 1912; Die preußischen Konservativen und Bismarcks deutsche Politik 1858-76, Heidelberg 1913; Das Reserve-Infanterieregiment 210 in den Kriegsjahren 1914-15, Stettin 1916; Worte Lassalles, Minden 1919; Marsilius von Inghen und die okkamistische Schule in Deutschland, Heidelberg 1921; Via antiqua und via moderna auf den deutschen Universitäten des 15. Jhdt.s, Heidelberg 1922; (Übersetzung): Thomas Morus: Utopia, Berlin 1922; Bismarcks Verhältnis zu England und die Politik des „Neuen Kurses", Berlin 1924; Luther. Gestalt und Symbol, München 1925 (zuerst als Essay 1923, zahlreiche Neuauflagen); Neue Quellenstücke zur Theologie des Johann von Wesel, Heidelberg 1927; Die Staatsanschauung des Freiherrn vom Stein. Ihr Wesen und ihre Wurzeln, Berlin 1927; Die Legende von der verschmähten englischen Freundschaft 1898/1901, Freiburg i. Br. 1929; Stein. Eine politische Biographie, Bde. I-II, Stuttgart 1931 (veränd. Neuaufl. ebd. 1958 u.ö.); Gneisenau und die deutsche Freiheitsidee, Tübingen 1932; (hrsg., zus. m. *R. Stadelmann*): Bismarck: Die gesammelten Werke, Bd. XV: Erinnerung und Gedanke, Berlin 1932; Die Heidelberger Universität. Ein Stück deutscher Geschichte, Bd. I: Das Mittelalter 1386-1508, Heidelberg 1936; Friedrich der Große, Leipzig 1936 (Neuausg. Heidelberg 1954); Machtstaat und Utopie. Vom Streit um die Dämonie der Macht seit Machiavelli und Morus, München 1940 (Neuauflage 1943, ab 1947 unter dem

Titel: Die Dämonie der Macht); Die Weltwirkung der Reformation, Leipzig 1941; Lebendige Vergangenheit. Beiträge zur historischen Selbstbesinnung, Leipzig 1944 (vom Verlag vernichtet, veränd. Neuausgabe München 1958); Geschichte als Bildungsmacht, Stuttgart 1946; Europa und die deutsche Frage. Betrachtungen über die geschichtliche Eigenart des deutschen Staatsdenkens, München 1948 (Neuausgabe 1962 unter dem Titel: Das deutsche Problem); Vom sittlichen Problem der Macht, Bern 1948; Die Neugestaltung Europas im 16. Jhdt.. Die kirchlichen und staatlichen Wandlungen im Zeitalter der Reformation und der Glaubenskämpfe, Berlin 1950; (zus. m. *F. Schnabel* u. *J. Dittrich*): Bürgerlicher Liberalismus und nationale Bewegung. Grundriß der Geschichte. Geschichtliches Unterrichtswerk, Offenburg 1951; (hrsg. zus. m. *R. Holtzmann*): Deutsche Geschichtswissenschaft im Zweiten Weltkrieg (Bibliographie), Marburg 1951; Staatskunst und Kriegshandwerk. Das Problem des „Militarismus" in Deutschland, Bde. I-IV, München 1954-68; Carl Goerdeler und die deutsche Widerstandsbewegung, Stuttgart 1954; Der Schlieffenplan. Kritik eines Mythos, München 1956; Lebendige Vergangenheit. Beiträge zur historisch-politischen Selbstbesinnung, München 1958; Die deutschen Militärattachés und das Auswärtige Amt, Heidelberg 1959.

E.: G. R. – Ein politischer Historiker in seinen Briefen, hrsg. v. *K. Schwabe*, Boppard 1984 (mit dem Text der Denkschriften von 1938 und 1942).

L.: *J. A. v. Rantzau:* Individualitätsprinzip, Staatsverherrlichung und deutsche Geschichtsschreibung, in: Die Sammlung 5 (1950), S. 284-99; *W. Berthold:* „Großhungern und gehorchen". Zur Entstehung und politischen Funktion der Geschichtsideologie des westdeutschen Imperialismus. Untersucht am Beispiel von G. R. und Friedrich Meinecke, Berlin (-Ost) 1960; *N. Levine:* G. R. His Life and Work, phil. Diss. New York University 1965; Filmdokumente zur Zeitgeschichte: G. R. Institut für den wissenschaftlichen Film Nr. G 106, Göttingen 1967; *W. H. Maehl:* G. R., in: *H. A. Schmitt* (Hrsg.): Historians of Modern Europe, Baton Rouge (La.) 1971, S. 151-205; *K. Schwabe:* Zur Einführung, in: G. R. – Ein politischer Historiker in seinen Briefen (siehe unter E.), S. 1-170; *P. Schumann:* G. R. und die deutsche Geschichtswissenschaft nach dem 2. Weltkrieg, in: Mentalitäten und Lebensverhältnisse. Festschrift für R. Vierhaus zum 60. Geburtstag, Göttingen 1982, S. 399-415; *J.-C. Kaiser:* Geschichtswissenschaft und Politik. G. R. und die deutsche Frage 1945-49, in: Pietismus und Neuzeit 13 (1987), S. 89-102; *K. Nowack:* G. R. als politischer Berater der EKD 1945-49, in: *V. Conzemius* u.a. (Hrsg.): Die Zeit nach 1945 als Thema kirchlicher Zeitgeschichte, Göttingen 1988, S. 235-56; *A. Blänsdorf:* G. R. 1942-50. Seine Überlegungen zum kirchlichen und politischen Neubeginn in Deutschland, in: Geschichte in Wissenschaft und Unterricht 42 (1991), S. 1-21, 67-91; *K. Schwabe:* Der Weg in die Opposition: Der Historiker G. R. und der Freiburger Kreis, in: *E. John* (Hrsg.): Die Freiburger Universität in der Zeit des Nationalsozialismus, Freiburg i. Br. 1991, S. 191-205; *M. Matthiesen:* G. R. – Studien zu Leben und Werk bis 1933, Bde. I-II, Egelsbach – Köln – New York 1993; *K. Schwabe:* Change and Continuity in German Historiography from 1933 into the Early 1950s: G. R. (1888-1967), in: *H. Lehmann* (Hrsg.): Paths of Continuity, Cambridge 1994, S. 83-108.

– Ma

Ritter, Karl Bernhard

* 17. 3. 1890 Hessisch Lichtenau; † 15. 8. 1968 Königstein (Taunus). Evangelischer Theologe, Liturgiewissenschaftler, Politiker. Studium der Theologie und Philosophie in Heidelberg, Halle und Erlangen, 1912 Promotion zum Dr. phil., 1913/14 Zivilerzieher an der Hauptkadettenanstalt Berlin-Lichterfelde. Kriegsteilnahme als Freiwilliger vom September 1914 bis Juli 1918, zuletzt als Leutnant. Anschließend Pfarrer in Kassel, 1920 Mitglied der verfassungsgebenden Preußischen Landesversammlung für Hessen-Nassau. 1921-25 Abgeordneter der →DNVP im Preußischen Landtag und Pfarrer in Berlin. 1925 Wechsel nach Marburg, dort bis 1945 Studentenpfarrer und Dozent für Praktische Theologie und Religionsphilosophie. 1946 Kirchenrat, 1952-60 Dekan des Kirchenkreises für Marburg-Stadt.

Leben und Werk R.s sind gekennzeichnet von einer vielfältigen Auseinandersetzung mit dem deutschen →Idealismus und dem politischen Liberalismus. Hatte seine Dissertation bereits die Religionsphilosophie Kants zum Gegenstand, drang R. nach dem Ersten Weltkrieg zu einer deutlichen Kritik des Idealismus durch, der grundlegend für die Vertreter der liberalen Theologie des 19. Jhdt.s (A. v. Harnack, A. Ritschl u.a.) geworden war: „Der Idealismus ist die Fälschung der Religion, ist ‚Religionsersatz'. Wo der Idealismus aufhört, fängt die Religion an."

Nach dem Ersten Weltkrieg schloß sich R. dem Juniklub um A. →Moeller van den Bruck an (Mauersberger, 329) und wurde in die Arbeitsstelle Kulturpolitik des →Politischen Kollegs berufen. In verschiedenen Publikationen der Jungkonservativen, wie W. →Stapels „Deutsches Volkstum" und H. →Zehrers „Die Tat", nahm R. in der Folgezeit zu theologischen und philosophischen Fragen Stellung. Dabei argumentierte er zwar im Sinne der Volksnomostheologie, wie sie

von Stapel und Angehörigen der Schule um K. Holl vertreten wurde, verweigerte sich aber politischen Forderungen gegenüber der Theologie. Anders als praktisch sämtliche Theologen der →Konservativen Revolution, ist R. niemals wirklich in die Versuchung des Nationalsozialismus geraten. Am 9. Mai 1933 unterzeichnete er zusammen mit F. →Gogarten, K. Heim, W. →Künneth, W. →Stählin u.a. den „Aufruf der jungreformatorischen Bewegung zum Neubau der Kirche". Zwar wurde hier von der evangelischen Kirche noch ein „freudiges Ja zum neuen deutschen Staat" gefordert, der Ausschluß von „Nicht-ariern" aus der Kirche aber abgelehnt. Kirchliche Entscheidungen sollten „allein *aus dem Wesen der Kirche heraus*" getroffen werden. Im Mai 1934 nahm R. an der Bekenntnissynode von Barmen teil.

Den nachhaltigsten Einfluß übte R. als Liturgiewissenschaftler aus. 1931 war er maßgeblich an der Gründung der Evangelischen Michaelsbruderschaft beteiligt, die aus dem Kreis der Berneuchener Konferenz entstanden und deutlich vom Geist der →Jugendbewegung geprägt war. Im liturgischen Vollzug (Evangelische Messe, Gebetsordnung) sollte die Einheit der Konfessionen praktisch gelebt werden: „Wir können an der Kirche nur bauen, wenn wir selber Kirche sind" (Gründungsurkunde). Diese theologische Konzeption fand ihre philosophische Vorlage im prozeßmetaphysischen Reichsdenken des Jungkonservatismus, das als „Einheit der Gegensätze" u.a. von A. Moeller van den Bruck und E. →Jung formuliert wurde. Schnittstelle zwischen liturgischer Erneuerungsbewegung und Jungkonservatismus war der bereits 1929 von dem Berneuchener und vormaligen DNVP-Reichstagsabgeordneten R. Mumm gegründete Christlich-Soziale Volksdienst, in dem der Reichsgedanke A. Moeller van den Brucks programmatisch diskutiert wurde.

Mit der Ablehnung des deutschen Idealismus, der konsequenten Unterscheidung von geistlichem und weltlichem Regiment im Sinne Luthers sowie der unzweideutigen Zuordnung zur Bekennenden Kirche nahm R. als Theologe innerhalb der Konservativen Revolution eine Sonderstellung ein. Gleichwohl ist R.s philosophisches, theologisches und politisches Denken bislang nicht im Zusammenhang rezipiert worden.

S.: Über den Ursprung einer kritischen Religionsphilosophie in Kants „Kritik der reinen Vernunft", Diss. phil. 1912, Gütersloh 1913; Idealismus und Religion, in: Deutsches Volkstum 1921, S. 219-25; Religiöse Grundeinstellung der Jugend, in: *A. Moeller van den Bruck / H. v. Gleichen / M. H. Boehm* (Hrsg.): Die Neue Front, Berlin 1922, S. 90-6; Der Gegenwärtige, Berlin 1923; Die Gemeinschaft der Heiligen. Eine Auslegung des 1. Briefes St. Johannis, Hamburg 1924; Protestantismus und Aufklärung, in: „Die Tat" 1924; S. 243-49; Das Vaterunser, Hamburg 1925; Von dem, der da kommt. Predigten, Schwerin 1926; Der Altar, Schwerin 1930; Freizeitgestaltung und Kirche, Schwerin 1930; Das Gebet, Schwerin 1930; Gottesdienst und Predigt, Schwerin 1930; Sakrament und Gottesdienst, Schwerin 1930; Die betende Kirche, in „Das Gottesjahr", 13. Jg. (1933), Kassel 1932, S 34-7; Apokalypsis, ebd., S 118-22; Gebete für das Jahr der Kirche, Kassel 1933, ²1948; Litanei und Lobgesang (zus. m. *L. Selle*), Kassel 1934; Die Regel der evangelischen Michaelsbruderschaft, o. O. u. J. (Marburg 1937); Kirchengebete in Kriegszeiten, Kassel 1939; Fahrt zum Bosporus. Ein Reisetagebuch, Leipzig 1941; Die Liturgie als Lebensform der Kirche, Kassel 1946; ²1949, Über die Meditation als Mittel der Menschenbildung, Kassel 1947; Kirche und Menschenbildung, Kassel 1950; Das tägliche Gebet, Kassel 1952, ³1964; Die Vorhalle. Geistliche Betrachtungen und Gebet zur eucharistischen Feier, Kassel 1959; Die eucharistische Feier, Kassel 1961; Die Konfirmandenstunde, Kassel 1961; Kirche und Wirklichkeit, hrsg. v. *W. Zippert*, Kassel 1971.

L.: *W. Stählin* (Hrsg.): Festgabe für K. B. R. zu seinem 70. Geburtstag am 17. 3. 1960, Kassel 1960; Die Evangelische Michaelsbruderschaft. Fünfzig Jahre im Dienst an der Kirche, Kassel 1961; *H.-J. Schwierskott:* Arthur Moeller van den Bruck und der revolutionäre Nationalismus in der Weimarer Republik, Göttingen 1962; *W. Tilgner:* Volksnomostheologie und Schöpfungsglaube. Ein Beitrag zur Geschichte des Kirchenkampfes, Göttingen 1966; *V. Mauersberger:* Rudolf Prechel und die „Deutsche Rundschau" 1919-33, Bremen 1971; *S. Neumann:* Die politischen Parteien in Deutschland, Berlin 1932 (neu ersch. u. d. Titel: Die Parteien der Weimarer Republik, Stuttgart u.a. 1965, ⁴1977); *K. Scholder:* Die Kirchen und das Dritte Reich, Bd. 1, Frankfurt a. M. u.a. 1977, ²1986.

– Fe

Rivarol, Antoine de

* 26. 6. 1753 Bagnols-sur-Cèze (Gard); † 13. 4. 1801 Berlin. Französischer Schriftsteller und Revolutionsgegner. R. stammte aus einer italienischen, in die Provence übersiedelten Familie. Als ältester unter sechzehn Geschwistern besuchte er das Priesterseminar Sainte-Garde in Avignon. Seit 1777 in Paris, lebte R.

im literarischen Milieu und verkehrte mit den Größen der →Aufklärung. Bekannt wurde er durch seinen Essay „De l'universalité de la langue française", einer Antwort auf eine Preisfrage der Berliner Akademie der Wissenschaften, deren Mitglied er später werden sollte. In einem „Petit Almanach de nos grands hommes" legte R. sich mit den kleineren Lichtern des Literaturbetriebes an. Zwei Tage vor dem Sturm auf die Bastille gründete er ein fast vollständig von ihm selbst geschriebenes „Journal politique-national", eine in 70 Nummern bis zum Oktober 1790 erscheinende Chronik der laufenden Ereignisse. Durch diese Zeitschrift wurde R. laut →Burke zum „Tacitus der Französischen Revolution".

Unter den Revolutionsgegnern zählte R. weder zur katholisch-traditionalistischen noch zur liberal-konservativen Richtung. Politik läßt sich nach R. nicht aus philosophischen Grundsätzen ableiten, sondern erfordert Lebensklugheit. „Ein jeder Denker, der über Verfassungsfragen grübelt, geht schwanger mit einem Jakobiner." Aufgrund genauer Beobachtung erfaßt R. „la nature des choses", den springenden Punkt in einem Sachverhalt. R.s Denken hat mehr in Gestalt einzelner Aphorismen überlebt als in einem geschlossenen Werk. Obwohl er meinte: „Wir leben in einem Jhdt., in dem die Verborgenheit besser schützt als das Gesetz und mehr als die Unschuld beruhigt", exponierte er sich als Mitarbeiter der „Actes des Apôtres", der „Apostelgeschichte", die die Revolutionsmänner als Religionsgründer beschrieb, sowie des „Petit Dictionnaire des grands hommes de la Révolution", in dem die Hintertreppenliteraten von gestern als die Revolutionsmänner von heute aufgelistet wurden.

R. versuchte, durch Denkschriften auf Ludwig XVI. einzuwirken, deren letzte am 7. Juni 1792 „am Rande eines Vulkans" datiert ist. Am 10. Juni emigrierte R., eine Woche später klopften „Volksmänner" an sein Haus und fragten nach dem „großen Mann", den sie ein wenig „verkürzen" wollten. Die Emigration verschlug R. nach Brüssel, London, Holland, Hamburg und Berlin. Seine Arbeit an einem neuen Wörterbuch der französischen Sprache, seine staatswissenschaftlichen Untersuchungen und die Geschichte der Französischen Revolution blieben Fragmente. Im Sommer 1800 ging er als Vertreter Ludwigs XVIII. nach Berlin, dessen Klima dem Provençalen unerträglich erschien. Im April 1801 starb er im Alter von 47 Jahren.

S.: Lettre de M. le Président de... à M. le Comte de... sur le poème des jardins, 1782; Lettre à M. le Président de... sur le globe aérostatique sur les têtes parlantes et sur l'état présent de l'opinion publique à Paris, 1783; Petit Dictionnaire des grands hommes de la Révolution par un citoyen actif, ci-devant rien, 1790 (Ndr. Paris 1988); Discours préliminaire du Nouveau Dictionnaire de la langue française, Hamburg 1797 (Ndr. als: De l'homme, de ses facultés intellectuelles, et de ses idées premières et fondamentales, Paris 1800); Œuvres complètes, Paris 1808 (Ndr. Genf 1968);

E.: Conseils donnés à Sa Majesté Louis XVI, en 1791, par l'intermédiaire de M. de La Porte, etc., 1820; Mémoirs, avec des notes et éclaircissements historiques par *Berville*, Paris 1824 (Ndr. Paris 1962); Ecrits et Pamphlets, hrsg. v. *Poulet-Malassis*, Paris 1877; Notes, Maximes, Pensées, Paris 1941; Maximes et Pensées, Paris 1960; Notes de R., Paris 1974; Journal politique national et autres textes, Paris 1987.

Ü.: *E. Jünger:* R., Frankfurt a. M. 1956; *F. Schalk* (Hrsg.): Die französischen Moralisten, Bd. II, Bremen 1963 (Ndr. München 1974), S. 109-51; Politisches Journal eines Royalisten, hrsg. v. *J. Willms*, Frankfurt a. M. 1989.

L.: *Mme de Rivarol:* Notice sur la vie et la mort de M. de R., 1801; *Sulpice de La Platière:* Vie philosophique, politique et littéraire de R., 1802; *H. de La Porte:* Notice sur R., 1829; *A. Houssaye:* Galerie du XVIIIe siècle. Les hommes d'esprit, 1842; *L. Curnier:* R., sa vie, son œuvre, Nîmes 1858; *L. Alègre:* Notices biographiques du Gard, Bagnols 1880; *A. de Lescure:* R. et la société française pendant la Révolution et l'émigration, Paris 1883; *A. La Breton:* R., sa vie, ses idées, son talent, Paris 1895 (Ndr. Genf 1970); *R. de Gourmont:* R., in: Promenades littéraires, III, Paris 1909; *L. Treich:* L'Esprit de R., Paris 1926; *L. Latzarus:* La Vie paresseuse de R., Paris 1926; *R. Croos:* La Vraie Figure de R., Paris 1927; *K.-E. Gass:* A. de R. (1753-1801) und der Ausgang der französischen Aufklärung, Hagen 1938; *G. W. Harris:* R. Journalist of the French Revolution, Oxford 1940; *H. Barth:* Chamfort und R., in: *ders.:* Fluten und Dämme – Der philosophische Gedanke in der Politik, Zürich 1943, S. 25-36; *Y. Loiseau:* R., Paris 1961; *B. Fay:* R. et la Révolution, Paris 1978; *J. Lessay:* R., Paris 1989.

– S-N

Röpke, Wilhelm

* 10. 10. 1899 Schwarmstedt, Niedersachsen; † 12. 2. 1966 Genf. Der Nationalökonom, Soziologe und Kulturphilosoph R. bekleidete vor 1933 Professuren in Jena (1924), Graz (1928) und Marburg (1929). Nach seiner aus politischen Gründen erfolgten Beurlaubung emigrierte er in die Türkei und wirkte als Professor in Istanbul. Von 1937 bis 1966 lehrte er in Genf.

R. gehört zu den führenden Repräsentanten des Neoliberalismus. In Übereinstimmung mit dieser Schule plädiert er für einen dritten Weg zwischen dem von Konzentrationstendenzen bestimmten „Paläoliberalismus" und der sozialistischen Planwirtschaft. Der heutige →Kapitalismus stehe vor der Wahl, entweder vom sozialistischen Wirtschaftsstaat abgelöst zu werden oder sich wieder auf die segensreichen Wirkungen der Konkurrenzökonomie zu besinnen. Zwischen Markt- und Planwirtschaft könne man so sicher unterscheiden wie zwischen Äthyl- und Methylalkohol. Dabei habe der →Staat dafür Sorge zu tragen, daß die Wirtschaftsakteure auch ein wettbewerbsadäquates Verhalten an den Tag legen. In nahtloser Übereinstimmung mit den anderen Vertretern des Neoliberalismus hält R. dafür, daß die wirtschaftliche Ordnung in einem strengen Zuordnungsverhältnis zur politischen steht. Dem liberal-demokratischen System entspreche die Marktwirtschaft, während die illiberal-autokratische Staat sein ökonomisches Pendant in der Planwirtschaft habe. Nachhaltig lehnt R. die Globalsteuerung keynesianischer Provenienz ab. Neben K. Marx und J. J. Rousseau sei J. M. Keynes zu den „großen geistigen Ruinierern" zu zählen. Die vor allem von der Sozialdemokratie und dem Linksliberalismus propagierte Globalsteuerung führe aufgrund ihrer inflationsfördernden Tendenz zur Zerstörung des Mittelstandes. Auch der moderne Wohlfahrtsstaat fällt seiner Ablehnung anheim. Die heutige Massenfürsorge zeitige die Machtausweitung des Staates.

R. ist allerdings keineswegs bereit, die Marktwirtschaft als zureichende Grundlage einer humanen Gesellschaftsordnung anzusehen. Die Tauschgesellschaft sei außerstande, die einer menschlichen Sozietät angemessenen Wertüberzeugungen zu schaffen. Eine Wirtschaftshaltung, die allein auf die Befriedigung der sinnlichen Bedürfnisse zielte, bezeichnet R. als materialistisch. Dem herkömmlichen Kapitalismus lastet R. an, die alten Gemeinschaftsbindungen zerstört zu haben. Die „Zersetzung des Gemeinsinns" gehöre zu seinen Hauptsünden. Zwischen der Szylla des Anarchismus und der Charybdis des Kollektivismus gelte es, eine „organische Verbindung" zwischen den Menschen zu kreieren. Die heutige Welt leide sowohl an der totalen „Überintegration" als auch an der liberalen „Unterintegration". Fernab aller nominalistischen Gedankengänge forderte R. seine Zeitgenossen auf, sich dem Ziel des *Bonum commune* zu verpflichten. Sein genuin gemeinschaftsbetontes Denken schließt auch die Klage über den Zerfall der Familie mit ein. Diese natürliche Gemeinschaftszelle drohe zur bloßen Konsum- und Vergnügungsgesellschaft zu verkümmern. In seinem Rekurs auf das Gemeinschaftsideal zitiert er zustimmend die Summen des →Thomas von Aquin und die päpstliche Enzyklika *Quadragesimo anno*.

Scharf geht R. auch mit dem Geist des Rationalismus ins Gericht. In der heutigen, vom Machbarkeitswahn besessenen Welt sei es immer schwerer, die „Stimme Gottes" zu vernehmen. An die Stelle des Absoluten werde in zunehmendem Maße die totale Relativierung aller →Werte gesetzt. Schon Goethe habe die negativen Auswirkungen einer „szientistischen Industriezivilisation" kritisiert. Wie nach dem Greshamschen Gesetz das schlechte Geld das gute vertreibe, so habe in der heutigen Industriezivilisation das Höhere dem Niederen zu weichen. Genuin konservativen Geist atmet nicht zuletzt auch seine Ablehnung des liberalen Fortschrittsdenkens. Deutlich wendet er sich gegen dessen Geschichtsverachtung. Die „Gegenwärtigkeit des Vergangenen" sei eine der wichtigsten Voraussetzungen einer humanen Lebensweise. Die Emanzipation von der Vergangenheit bezeichnet R. als ein „Verbrechen am Menschen".

Auch R.s politische Vorstellungswelt ist zugleich liberal und konservativ bestimmt. Seinen tief eingewurzelten Liberalismus dokumentiert er durch seine Bejahung der ersten Phase der Französischen Revolution. Dabei lehnt er jede Form des Jakobinismus und des Bonapartismus strikt ab. Dem politischen Populismus könne am wirksamsten begegnet werden, wenn man sich dem Ideal des →Föderalismus verpflichte und eine einflußreiche Zweite Kammer installiere. Dabei plä-

diert R. sogar für eine Wiedereinführung des Pluralwahlrechts.

R.s vehemente Ablehnung der modernen Massendemokratie läßt ihn allerdings keineswegs zu einem Anhänger des theokratischen Konterrevolutionärs J. de →Maistre werden. Bei diesem handle es sich letzten Endes um einen Voltaire mit umgekehrten Vorzeichen. Diesen „Apostel des reinen Despotismus" zu unterstützen, lehnt R. ab. Dagegen wird in seinen Schriften auffallend oft E. →Burke zustimmend erwähnt. Die zwischen →Tradition und Fortschritt vermittelnde Denkweise dieses Engländers findet seine ungeteilte Zustimmung. R. erweist sich auch in diesem Punkt als rein liberal-konservativer Denker.

S.: Die Konjunktur. Ein systematischer Versuch als Beitrag zur Morphologie der Verkehrswirtschaft, Jena 1922; Die internationale Handelspolitik nach dem Kriege, Jena 1923; Geld und Außenhandel, Jena 1925; Finanzwissenschaft, Berlin 1929; Krise und Konjunktur, Leipzig 1932; Die deutsche Frage, Erlenbach-Zürich – Stuttgart 1945; Das Kulturideal des Liberalismus, Frankfurt a. M. 1947; Die Gesellschaftskrisis der Gegenwart, Erlenbach-Zürich [5]1948; Krise des Kollektivismus, Erlenbach-Zürich 1948; Maß und Mitte, Erlenbach-Zürich 1950; Internationale Ordnung – heute, Erlenbach – Stuttgart [2]1954; Gegen die Brandung, Erlenbach – Stuttgart [2]1959; Wirrnis und Wahrheit, Erlenbach-Zürich – Stuttgart 1962; Wort und Wirkung, hrsg. v. W. Hoch, Ludwigsburg 1964; Die Lehre von der Wirtschaft, Erlenbach-Zürich – Stuttgart [10]1965.

L.: H. Gerken: Die Sozial- und Wirtschaftslehre W. R.s in ihrer Bedeutung für die Pädagogik, Mülheim/Ruhr 1958; W. R. – Beiträge zu seinem Leben und Werk. Mit Beiträgen von G. Curzon, Stuttgart – New York 1980 (Symposion der Ludwig-Erhard-Stiftung); S. H. Skwiercz: Der dritte Weg im Denken von W. R., Würzburg 1988.

– JBM

Rohan, Karl Anton Prinz

* 9. 1. 1898 Albrechtsberg; † 17. 3. 1975 Salzburg. Politischer Schriftsteller und Propagandist des Europagedankens. Die schwarzgelben altösterreichischen Traditionen der hochadligen Familie der R.s mit französischer Herkunft und mütterlicherseits aus dem Hause Auersperg bestimmten den im nordostböhmischen Sichrow aufgewachsenen jungen Aristokraten. Durch den Krieg, die Erfahrungen mit der bolschewistischen Revolution im Osten und den Zusammenbruch der Vielvölkermonarchie geprägt, wandte sich R. der gegenseitigen Verständigung der nationalen geistigen Eliten Europas zu, die er in der gemeinsamen Front gegen Bolschewismus und Liberalismus einander annähern wollte. Nach der Gründung des „Kulturbundes" 1922 in Wien bemühte sich R., einem Rat J. Redlichs folgend, um den Kontakt zur Siegermacht Frankreich. Nach der Bildung eines französischen Komitees Anfang 1923 wurde im November 1924 in Paris die „Fédération des Unions intellectuelles" gegründet. Ihr Ziel war die Förderung des europäischen Zusammenschlusses einschließlich Großbritanniens und Rußlands auf kultureller Ebene. In jedem Land sollten Gesellschaft und Geist außerhalb der Gegensätze von →Nation, Klasse und Rasse, Politik und Konfession zusammengeführt werden. Auf den nationalen Autonomien als Säulen und den bestehenden Staaten als Kapitellen sollten die „Vereinigten Staaten von Europa" als neue große Kuppel entstehen. Den Katholizismus verstand R. als große geistige Ökumene Europas. Er trat für die „Abendland"-Idee im Gegensatz zur „Paneuropa"-Idee seines Landsmannes Coudenhove-Kalergi ein. Gruppen des bis 1934 intakten europäischen Kulturbundes entstanden in fast allen europäischen Hauptstädten.

An den von R. initiierten Jahrestagungen (Paris 1924, Mailand 1925, Wien 1926, Heidelberg und Frankfurt a. M. 1927, Prag 1928, Barcelona 1929, Krakau 1930, Zürich 1932 und Budapest 1934) nahmen jeweils zwischen 25 und 300 Personen teil. Die vielfältige Vortragstätigkeit der einzelnen Ländergruppen mit teilweise wöchentlichen Veranstaltungen wurde in Österreich bis 1938 fortgeführt. Besondere Unterstützung erfuhr der Kulturbund in Österreich durch P. Graf Thun-Hohenstein, H. von →Hofmannsthal, der den Wiener Kongreß 1926 eröffnete und ihm auch präsidierte, und I. →Seipel. Führende französische Vertreter waren Ch. Hayet, P. Valéry, P. Langevin und P. Painlevé; in Italien arbeiteten vor allem akademisch-intellektuelle Repräsentanten des Faschismus mit. Von deutscher Seite traten A. Weber, A. Bergsträsser, L. Curtius, Lilly von Schnitzler, H. Graf Keyserling, R. von Kühlmann und namhafte Industrielle wie G. von Schnitzler, R. Bosch, O. Wolff, R. Merton, E. Mayrisch, F. von Mendelssohn besonders hervor.

R. zählt zu den wichtigsten katholischen mitteleuropäischen Vertretern der Idee der →Konservativen Revolution, die er in der Broschüre „Europa" 1923/24 programmatisch begründete. Er initiierte die Zeitschrift →„Europäische Revue", die er 1925-36 herausgab. Seit 1923 war R. vom italienischen Faschismus fasziniert. Ab 1933 sympathisierte er mit dem deutschen Nationalsozialismus, ohne jedoch den von ihm vertretenen Anspruch auf die Selbständigkeit Österreichs und die österreichische Führungsrolle in Südosteuropa aufgeben zu wollen. Seit 1935 Mitglied der NSDAP und der SA, übernahm Anfang 1938 in der österreichischen NS-Landesleitung unter J. Leopold das Außenamt. 1937 propagierte er ein Bündnis von erneuertem Katholizismus und Nationalsozialismus gegen Bolschewismus und Liberalismus, mit dem ein Weltkrieg vermieden werden sollte. Als Schwiegersohn des ungarischen Politikers Graf A. Apponyi wirkte er ab 1934 intensiv für eine österreichisch-deutsch-ungarische Zusammenarbeit. – Nach der Flucht vor der Roten Armee 1945 wurde R. von den Amerikanern zwei Jahre inhaftiert. Danach blieb R. eine öffentliche Wirksamkeit – bis auf gelegentliche Betätigung in der Sudetendeutschen Landsmannschaft, deren Kulturpreis er 1974 erhielt – verwehrt.

R.s Bedeutung liegt im frühen, schon unmittelbar nach dem Ersten Weltkrieg begonnenen Einsatz für ein aus Nationalstaaten geeintes Europa. Er rückte bewußt die Einheit der geschichtlichen und kulturellen Erfahrungen in Ost-, West- und Mitteleuropa ins Zentrum seiner Europaidee, die in Traditionen des Reichsgedankens, der habsburgischen Vielvölkermonarchie und des katholischen →Universalismus der „Abendland"-Idee stand. Darin sollten über Wirtschaft und Politik hinausgehende kulturelle, geistig-religiöse und ethische Bedürfnisse gewahrt werden. Dabei war der aristokratische Einzelgänger R. zugleich elitär-exklusivem gesellschaftlichem Umgang verpflichtet und modernen Zeitströmungen gegenüber offen. R. vereinte in sich den Alt-Österreicher, den Deutschen und den Europäer französischer Herkunft.

S.: Europa, Leipzig 1923, ²1924; Die Aufgabe unserer Generation, Köln 1926; Moskau. Ein Skizzenbuch aus Sowjetrußland, Karlsruhe 1927; Umbruch der Zeit 1923-30. Gesammelte Aufsätze, Berlin 1930; Schicksalstunde Europas, Graz 1937; (daneben erschienen zahlreiche Aufsätze R.s in der von ihm hrsg. „Europäischen Revue", Bd. I, Leipzig 1925 – Bd. XII, Berlin 1936); Heimat Europa, Düsseldorf u.a. 1954; Besuch in Ronchamps, 1958; Mensch und Muße, Konstanz 1961; Die Deutschen und die Welt, 1962; Heiße Eisen – Deutschland, Europa, Der Westen, 1963; Die Deutschen und die Welt, Wien 1969; Österreichisch – Deutsch – Europäisch, Bodman 1973; Sowjetrußland und Europa, in: Sudetenland (1974), S. 85-92; Nation – Volkstum – Europa, in: Sudetenland (1974), S. 169-75.

L.: *L. Curtius:* Internationale kulturelle Zusammenarbeit, in: Münchener Neueste Nachrichten, Nr. 118, 29. 4. 1926; *R. v. Rheinbaben:* Einleitung, in: *K. A. R.:* Umbruch der Zeit (siehe unter **S.**), S. 5-15; *K. Sontheimer:* Antidemokratisches Denken in der Weimarer Republik, München 1962; *H. Gollwitzer:* Europabild und Europagedanke, München 1964; *K.-P. Hoepke:* Die deutsche Rechte und der italienische Faschismus, Düsseldorf 1968; *A. K. Simon:* K. A. R. zum 70. Geburtstag, in: Sudetenland (1968), S. 46-8; *K. Breuning:* Die Vision des Reiches, München 1969; *K. Gossweiler:* Die Balkanpolitik Nazideutschlands im Spiegel der Zeitschrift „Europäische Revue" 1938/39, in: Studia Balcanica 7, Sofia 1973, S. 329-37, auch in: *ders.:* Aufsätze zum Faschismus, Berlin 1986, S. 304-15; *K. Holl:* Europapolitik im Vorfeld der deutschen Regierungspolitik, in: Historische Zeitschrift 219 (1974), S. 33-94; *A. K. Simon:* K. A. R., in: Sudetenland (1974), S. 200-04; *H. G. v. Studnitz:* Seitensprünge, Stuttgart 1975; *ders.:* K. A. R, in: *ders.:* Menschen aus meiner Welt, Frankfurt a. M. 1985, S. 113-21; *A. Mohler:* Die Konservative Revolution in Deutschland 1918-32, Bde. I-II, Darmstadt ³1989; *P. Stirk:* Authoritarian Federalists in Central Europe, in: A Constitution for Europe, hrsg. v. *P. King / A. Bosco,* London 1991, S. 199-212; *J. Le Rider:* L'Europe Centrale – L'Idée germanique de Mitteleuropa, Paris 1994, dt.: Mitteleuropa, Wien 1994; *G. Müller:* Der Publizist Max Clauss, die Heidelberger Sozialwissenschaften und der „Europäische Kulturbund", in: *R. Blomert / H. U. Eßlinger* (Hrsg.): Heidelberger Sozial- und Staatswissenschaften – Das InSoSta zwischen 1918 und 1958, Marburg 1996.

– GM

Rohrmoser, Günter

* 29. 11. 1927 Bochum. Konservativer Philosoph und Zeitkritiker. R. studierte Philosophie, Theologie, Nationalökonomie, Geschichte und Germanistik in Münster, wurde über Shakespeare promoviert (1955) und habilitierte sich in Köln über Hegel (1961). Seit 1963 Professor in Köln, seit 1976 Ordinarius für Sozialphilosophie an der Universität Hohenheim-Stuttgart. R. hat sich seit der Zeit der Studentenrevolte in immer wieder erneuten Anläufen in großer Breite und philosophischer Tiefe mit dem Geist der Zeit und der alles durchdringenden Kulturrevolution befaßt – in voluminösen Werken („Zeitzeichen – Bilanz einer Ära", „Zäsur – Wandel des Bewußtseins", „Der Ernstfall – Die Krise unserer liberalen Republik") wie in größeren und kleineren Schriften („Krise der politischen Kultur", „Geistige Wende – warum?", „Religion und Politik in der Krise der Moderne", „Ideologiezerfall – Nachruf auf die geistige Wende", „Neues konservatives Denken als Überlebensimperativ", „Die Wiederkehr der Geschichte"). R. wurde der sichtbarste Sprecher der konservativen „schweigenden Mehrheit" gegenüber den aus parteitaktischen Gründen versprochenen, wohl nie ernst gemeinten und schnell fallengelassenen „geistigen und moralischen Wende" der 1982 gebildeten Koalition. R.s Analysen zur geistigen und politischen Situation, die er in zahllosen Vorträgen und Referaten, die nicht zuletzt auf Tonbandkassetten Verbreitung finden, aktualisiert, werden von der Gesellschaft für Kulturwissenschaft e.V. in Bietingheim/Baden (Zeitschrift „Mitteilungen") vertrieben.

S.: Die metaphysische Situation der Zeit, Stuttgart 1975; Zeitzeichen. Bilanz einer Ära, Stuttgart 1977; Zäsur. Wandel des Bewußtseins, Stuttgart 1980; Krise der politischen Kultur, Mainz 1983; Religion und Politik in der Krise der Moderne, Graz 1989; Ideologiezerfall. Nachruf auf die geistige Wende, Krefeld 1990; Neues konservatives Denken als Überlebensimperativ, Frankfurt 1994; Der Ernstfall – Die Krise der liberalen Politik, Berlin 1994; Die Wiederkehr der Geschichte, Bietigheim 1995.

– S-N

Romantik, politische

Die R. entstand gegen Ende des 18. Jhdt.s als eine geistige Bewegung, die sich intensiv und kritisch mit den Ideen sowohl der radikalen →Aufklärung wie mit dem philosophischen Rationalismus und Idealismus der Zeit auseinandersetzte und die zugleich auf die großen politischen, gesellschaftlichen und sozial-ökonomischen Umwälzungen der Epoche reagierte, d.h. insbesondere auf die Französische Revolution von 1789 und auf die beginnende industrielle Revolution in England. Ihr Kernanliegen bestand in einer radikalen und fundamentalen Kritik am Grundprinzip der europäischen Moderne: an der These also, daß die Autonomie des „vernünftigen menschlichen Subjekts" das Grundprinzip menschlichen Denkens und Handelns ausmacht, daß also das denkende Subjekt „autonom" ist (d.h. unabhängig sowohl von natürlichen, religiösen oder geschichtlichen Bedingtheiten) und daß es deshalb nicht nur möglich, sondern auch legitim ist, auf allen Gebieten – vornehmlich auf dem der Politik – allein nach den rationalen Prinzipien des reinen Denkens zu handeln und neue Wirklichkeit nach eben diesen Prinzipien zu „konstruieren".

Man kann vier Phasen der romantischen Bewegung (und damit auch der p. R.) unterscheiden: 1. die *Präromantik* seit Mitte des 18. Jhdt.s: aufklärungskritische Strömungen, die bereits früh den Anmaßungen eines reinen Vernunftprinzips entgegentraten und bestrebt waren, Tradition, Überlieferung, Religion, aber auch Empfindung und Gefühl zu rehabilitieren. In Deutschland zählten Johann Georg Hamann und Johann Gottfried Herder, später auch Friedrich Heinrich Jacobi sowie die Dichterschule des „Sturm und Drang" zu den wichtigsten Vertretern dieser Richtung. 2. die *Frühromantik* (ca. 1795-1800): Hiermit sind in erster Linie die Vertreter der „Jenaer Romantik" gemeint, also die Brüder Friedrich und August Wilhelm →Schlegel, Friedrich von Hardenberg, der sich →Novalis nannte, Ludwig Tieck und der junge Friedrich Wilhelm Joseph Schelling, die sich um die erste der großen Romantiker-Zeitschriften, das „Athenäum", sammelten und die Grundideen der romantischen Bewegung auf den Begriff brachten. 3. die *Hochromantik* (ca. 1800-13), die Hauptphase der romantischen Dichtung, Philosophie und Staatslehre, verbunden (neben einigen der bereits Genannten) mit Namen wie Clemens Brentano, Achim von Arnim, Adam →Müller, die alle in diesen Jahren ihre wichtigsten Werke vorlegten und größten Einfluß auf ihre Zeitgenossen, insbesondere auch auf die Jugend, ausübten. 4. schließlich die *Spätromantik* (ca. 1813-40), in der als Dichter E. T. A. Hoffmann und Joseph von →Eichendorff besonders hervortraten und als politische Autoren wiederum (neben F. Schlegel und A. Müller) vor allem Joseph →Görres und Franz von →Baader. In dieser Zeit aber begann auch der Abstieg der p. R., die immer heftiger angefeindet wurde, gleichwohl unterschwellig (bis zur Gründung der ersten konservativen Parteien im Zuge der Revolution von 1848) noch einen nicht unbeträchtlichen Einfluß auszuüben vermochte. Immerhin hat noch König Friedrich Wilhelm IV., der „Romatiker auf dem preußischen Thron", sich (wenn auch weitgehend vergeblich) an einer Umsetzung zentraler Grundideen der p. R. in die Wirklichkeit versucht. – Als die eigentlichen Hauptvertreter der p. R., d.h. als explizit politische Autoren, sind anzusehen: Novalis, F. Schlegel, A. Müller, J. Görres, J. von Eichendorff und F. von Baader. Ihre Gegner und Kritiker fanden sie – neben den Anhängern der Aufklärung und des deutschen Frühliberalismus – vor allem in Hegel, in Heinrich Heine, schließlich in der „jungdeutschen" Dichterschule und in den Junghegelianern um Arnold Ruge.

Das zentrale Anliegen der p. R. *in allen ihren Phasen* war eine *möglichst umfassende und tiefgreifende Kritik der Moderne*. Der modernen „Entzauberung der Welt" (Max Weber), die sich in Mechanisierung, Rationalisierung, Bürokratisierung, auch in einer unaufhaltsamen Fragmentierung der Lebenswelt äußert, versuchte die p. R. eine umfassende Rückbesinnung auf die alteuropäischen →Traditionen und →Werte, insbesondere auch auf die christliche Religion, entgegenzustellen. Die Kehrseiten der Moderne, so etwa die Entfremdung von Mensch und Natur sowie der Prozeß der Verarmung breiterer Bevölkerungsschichten im Zuge der industriellen Entwicklung, wurden rasch erkannt und vehement kritisiert. Es lassen sich zusammenfassend fünf Hauptaspekte der p. R. festhalten:

1. Die *Rehabilitierung von Kontinuität und Tradition gegen das Prinzip der Revolution*, damit des gewaltsamen Umsturzes und der mit diesem zusammenhängenden Anmaßung, alle menschlichen Lebensordnungen nach rationalen Prinzipien neu gestalten zu können. Politische Ordnungen, auch →Verfassungen, wurden als Teil einer umfassenden „Natur" (diese wieder aufgefaßt als „göttliche Ordnung") verstanden. Deshalb ging das Denken der p. R. davon aus, daß sich Institutionen und Verfassungsordnungen im Rahmen dieser Ordnung „organisch" wandeln, also quasi „naturwüchsig" entwickeln und entfalten. Jede abrupte Veränderung, also auch jeder

Umsturz, jede Revolution, wurde als etwas im Kern Verhängnisvolles angesehen. Die anfängliche Begeisterung mancher Romantiker für die Revolution von 1789 darf nicht darüber hinwegtäuschen, daß die p. R. Revolutionen ablehnte und für das Organische, gegen das Gewaltsame plädierte. Wenn man nach 1789 davon zuerst eine Ausnahme machte, dann deshalb, weil man den Hauptgegner der Revolution – den als rational, abstrakt und mechanistisch empfundenen „aufgeklärten" Absolutismus – als Gipfelpunkt der Moderne empfand und gerade aus diesem Grunde strikt ablehnte.

2. Die p. R. lehnte die strikte Entgegensetzung von Mensch und Natur ab. Man erhob den Anspruch, den *Menschen als Teil der Natur*, d.h. einer als ebenso *natürlich wie göttlich aufgefaßten Schöpfungsordnung*, zu verstehen. Der Mensch hatte sich nach dieser Auffassung in die vorgegebene Ordnung einzufügen und in ihr die Sinnerfüllung seiner Existenz zu finden. Wie die romantische Naturphilosophie davon ausging, daß eine Identität zwischen dem unendlich Großen und dem unendlich Kleinen (Mikrokosmos und Makrokosmos) bestehe, so deutete auch die p. R. das politische Gemeinwesen anthropomorph oder organologisch, d.h. als Abbild des menschlichen Körpers oder als „lebendiges Wesen" im Großen. Das wiederum brachte es mit sich, daß die modernen Gleichheitsideen (entsprechend der Lehre von der Ungleichwertigkeit der einzelnen Organe eines Körpers) abgelehnt wurden.

3. Die konkrete Ausgestaltung der Verfassungsordnung betreffend, plädierten die meisten Vertreter der p. R. für einen *erneuerten Ständestaat*, d.h. für ein Gemeinwesen, das sich (a) an den Traditionen des europäischen Mittelalters und der frühen Neuzeit orientierte und einen radikalen Bruch mit der Vergangenheit bewußt vermied, das (b) der menschlichen Ungleichheit dadurch Rechnung trug, daß es die Beteiligung an der politischen Entscheidungsfindung nach der persönlichen und beruflichen Stellung des einzelnen in der Gemeinschaft regelte und das (c) schließlich (bei einigen Autoren, z.B. Görres) die theoretische Legitimation einer langen Tradition des europäischen politischen Denkens für sich in Anspruch nehmen konnte: die drei „Urstände" („Nährstand",

„Wehrstand" und „Lehrstand") finden sich bereits bei →Platon.

4. Besonderen Wert legten alle Autoren der p. R. auf die *Rückbindung der Politik an die Religion* – hierin liegt der zentrale Gegensatz zum modernen politischen Denken, sowohl zur Lehre von der Staatsräson bzw. „Staatsklugheit" wie zur politischen Philosophie der Aufklärung. Die p. R. beabsichtigte eine Aufhebung der Trennung zwischen Moral und Politik und stand damit in der alteuropäischen Tradition, die noch – nach dem Ur- und Vorbild des Aristoteles – von einer Untrennbarkeit von Ethik und Politik, damit auch moralischem und politischem Handeln ausgegangen war. Die Politik war in dieser Sicht nicht autonom, konnte es auch gar nicht sein, sondern mußte als Teil einer umfassenden moralisch-religiösen Ordnung aufgefaßt werden. Das hatte Folgen auch für eine unterschiedliche Bewertung der einzelnen Verfassungsordnungen: Die meisten Romantiker bevorzugten die Monarchie, weil sie in ihr gewissermaßen das irdische Abbild des Urbildes der Herrschaft Gottes über die Welt erblicken zu können meinten.

5. Es verwundert nicht, daß die p. R. sich im frühen 19. Jhdt. besonders intensiv der sozialen Frage gewidmet hat. Insbesondere A. Müller und F. von Baader gehörten zu den schärfsten und konsequentesten Kritikern des Frühkapitalismus und des zeitgenössischen „Pauperismus". Die Lehre Adam Smiths von den ökonomisch heilsamen Ausgleichskräften des „Marktes" lehnten sie ab. Schon aus christlicher Verantwortung und der Verpflichtung zur Nächstenliebe traten sie frühzeitig für soziale Maßnahmen seitens des Staates ein; auch wurde der deutsche →Sozialkonservatismus maßgeblich von ihnen angeregt. Die gesellschaftliche Gliederung des – von den Romantikern allerdings aus mangelnder Detailkenntnis stark idealisierten – Mittelalters wurde als im ganzen vorbildlich, wenn auch noch als vervollkommnungsfähig angesehen. Insofern formulierte F. Schlegel wohl ein Grundaxiom der p. R., als er 1806 feststellte: „Die Aufgabe der Politik dürfte... wohl keine andere sein als die Verfassung des Mittelalters, wovon ja ohnehin noch so vieles übrig ist, was gar nicht zerstört werden kann, ohne die Bildung des Menschengeschlechts mitzuzerstören, einer-

seits wiederherzustellen und andererseits zu vollenden."

Wiewohl die Ideen der p. R. spätestens seit der Mitte des 19. Jhdt.s einem scharfen Verdikt verfielen und auch weitgehend dem allgemeinen Bewußtsein entschwanden, wirkten sie doch unterirdisch weiter – etwa in der organologischen Staatstheorie, im ständisch-korporativen Staatsdenken, das bis weit in den Liberalismus hineinreichte, auch in der historisch vorgehenden Analyse von Staat und Gesellschaft. Um und nach 1900 kam es zu einer umfassenden Neurezeption der romantischen Bewegung, damit auch der p. R., die in den 1920er Jahren ihren Höhepunkt erreichte. Die philosophische und nationalökonomische Schule Othmar →Spanns knüpfte am eindeutigsten an die Lehren der p. R. an; Spanns Schüler Jakob Baxa hat sich mit zahlreichen Neueditionen der Hauptschriften der p. R. und auch mit grundlegenden Darstellungen um die Erforschung der p. R. und ihres Hauptvertreters A. Müller hochverdient gemacht.

Allerdings fehlten auch in dieser Zeit die Kritiker nicht; von der Rechten (Carl →Schmitt, Charles →Maurras), über die liberale Mitte (Georg Brandes, Benedetto Croce) bis hin zur marxistischen Linken (Georg Lukács) wurde die p. R. abgeurteilt: als ästhetizistisch, „occasionalistisch", willkürlich, subjektivistisch, schwächlich, rückwärtsgewandt, reaktionär und deshalb gefährlich. – Das hat einzelne Vertreter des deutschen Konservatismus im 20. Jhdt. nicht daran gehindert, sich mit den Gedanken der p. R. erneut zu befassen und Nutzen aus ihnen zu ziehen. In mancher Hinsicht – etwa das Naturbild und einzelne frühe ökologische Tendenzen betreffend – dürfte die Aktualität der p. R. erst noch zu entdecken sein, während andere Elemente – z.B. die ständisch-monarchischen Verfassungsideen – infolge ihrer Zeitgebundenheit im allgemeinen als obsolet gelten. Immerhin vermag die p. R. als ein in sich konsequenter Gegenentwurf zur politischen Moderne immer noch zu beeindrukken; ob dereinst Veranlassung bestehen könnte, sich diesem Denken erneut verstärkt zuzuwenden, mag die Zukunft erweisen.

S. (Textsammlungen): Gesellschaft und Staat im Spiegel deutscher Romantik. Die staats- und gesellschaftswissenschaftlichen Schriften deutscher Roman-

tiker, hrsg. v. *J. Baxa*, Jena 1924; Deutsche Vergangenheit und deutscher Staat, hrsg. v. *P. Kluckhohn*, Leipzig 1935; The Political Thought of the German Romanticists (1793-1815), hrsg. u. übers. v. *H. Reiss*, Oxford 1955; Die p. R. in Deutschland. Eine Textsammlung, hrsg. v. *K. Peter*, Stuttgart 1985.

L.: *R. Haym:* Die romantische Schule, Berlin 1870; *E. Kircher:* Die Philosophie der Romantik, Jena 1906; *A. Poetzsch:* Studien zur romantischen Politik und Geschichtsauffassung, Leipzig 1907; *O. Walzel:* Deutsche Romantik, Bde. I-II, Leipzig [4]1918; *C. Schmitt:* P. R., München 1919, [2]1925 u.ö.; *R. Huch:* Die Romantik, Bde. I-II, Leipzig [9]1920; *J. Nadler:* Die Berliner Romantik 1800-14, Berlin 1921, *G. Salomon:* Das Mittelalter als Ideal der Romantik, München 1922; *P. Kluckhohn:* Die deutsche Romantik, Bielefeld 1924; *F. Strich:* Deutsche Klassik und Romantik oder Vollendung und Unendlichkeit, München [2]1924; *G. v. Below:* Die deutsche Geschichtsschreibung von den Befreiungskriegen bis zu unsern Tagen, München – Berlin [2]1924; *ders.:* Über historische Periodisierungen. Mit einer Beigabe: Wesen und Ausbreitung der Romantik, Berlin 1925; *P. Kluckhohn:* Persönlichkeit und Gemeinschaft. Studien zur Staatsauffassung der deutschen Romantik, Halle 1925; *J. Petersen:* Die Wesensbestimmung der deutschen Romantik, Leipzig 1926; *A. Müller:* Die Auseinandersetzung der Romantik mit den Ideen der Revolution, in: Romantikforschungen, Halle 1929, S. 243-333; *J. Baxa:* Einführung in die romantische Staatswissenschaft, Jena [2]1931; *R. Benz:* Die deutsche Romantik. Geschichte einer geistigen Bewegung, Leipzig 1937; *H. F. Hedderich:* Die Gedanken der Romantik über Kirche und Staat, Gütersloh 1941; *T. Goedewaagen:* Die Weltanschauung der Romantik, Bonn 1944; *K. Muhs:* Individualismus, Universalismus und Gemeinschaftsidee im Weltbild der Romantik, in: Zeitschrift für die gesamten Staatswissenschaften 104 (1944), S. 159-202; *T. Steinbüchel* (Hrsg.): Romantik – Ein Zyklus Tübinger Vorlesungen, Tübingen – Stuttgart 1948; *U. S. Allers:* The Concept of Empire in German Romanticism and its Influence on the National Assembly at Frankfort 1848-49, Washington (D. C.) 1948; *G. Lukács:* Skizze einer Geschichte der neueren deutschen Literatur, Berlin (-Ost) 1955; *P. Kluckhohn:* Das Ideengut der deutschen Romantik, Tübingen [4]1961; *H. Reiss:* Politisches Denken in der deutschen Romantik, Bern 1966; *J. Droz:* Le romantisme allemand et l'état, Paris 1966; *H. Steffen* (Hrsg.): Die deutsche Romantik, Göttingen [2]1970; *H. Prang* (Hrsg.): Begriffsbestimmung der Romantik, Darmstadt 1972; *J. Baxa:* Romantik und konservative Politik, in: Rekonstruktion des Konservatismus, hrsg. v. *G.-K. Kaltenbrunner*, Freiburg i. Br. 1972, S. 443-68; *H. Brunschwig:* Gesellschaft und Romantik in Preußen im 18. Jhdt., Frankfurt a. M. – Berlin – Wien 1975; *A. Langner* (Hrsg.): Katholizismus, konservative Kapitalismuskritik und Frühsozialismus bis 1850, München – Paderborn – Wien 1975; *M. Meyer:* Idealismus und p. R., Bonn 1978; *R. Brinkmann* (Hrsg.): Romantik in Deutschland, Stuttgart 1978; *V. Stanslowski:* Natur und

Staat. Zur politischen Theorie der deutschen Romantik, Opladen 1979; *H.-J. Schoeps:* Deutsche Geistesgeschichte der Neuzeit, Bd. IV, Mainz 1979; *B. Croce:* Geschichte Europas im 19. Jhdt. (1932), Frankfurt a. M. 1979; *E. Ribbat* (Hrsg.): Romantik, Königstein/Ts. 1979; *U. Scheuner:* Der Beitrag der deutschen Romantik zur politischen Theorie, Opladen 1980; *K. Peter* (Hrsg.): Romantikforschung seit 1945, Königstein/Ts. 1980; *K. Siblewski:* Ritterlicher Patriotismus und romantischer Nationalismus in der deutschen Literatur 1770-1830, München 1981; *R. P. Sieferle:* Fortschrittsfeinde? Opposition gegen Technik und Industrie von der Romantik bis zur Gegenwart, München 1984; *E. Behler:* Studien zur Romantik und zur idealistischen Philosophie, Paderborn – München – Wien – Zürich 1988; *ders.:* Unendliche Perfektibilität. Europäische Romantik und Französische Revolution, Paderborn – München – Wien – Zürich 1989; *F.-L. Kroll:* Friedrich Wilhelm IV. und das Staatsdenken der deutschen Romantik, Berlin 1990; *H.-C. Kraus:* Die Jenaer Frühromantik und ihre Kritik der Moderne, in: Zeitschrift für Religions- und Geistesgeschichte 47 (1995), S. 205-30.

– K

Rudorff, Ernst

* 18. 1. 1840 Berlin; † 31. 12. 1916 Lauenstein/Niedersachsen. Konservativer Schriftsteller. Sohn des Rechtslehrers Adolf Friedrich R. („Historische Schule"); stammte aus konservativem Elternhaus, das regen Kontakt mit bedeutenden Vertretern der Romantik pflegte. 1854 jugendliche Bekanntschaft mit Clara Schumann. 1859 Beginn des Studiums der Theologie und Geschichte, später auch der Musik in Leipzig, Bonn, Hamburg und Köln. 1870-1910 Leiter der Klavierabteilung der Königl. Hochschule für Musik in Berlin. Als Komponist hinterließ er ein Gesamtwerk von 60 Liedern und drei Sinfonien; starke Eindrücke empfing er vor allem von C. M. von Webers musikalischem Werk, dessen Briefwechsel mit H. Lichtenstein R. 1900 als Buch veröffentlichte.

R. ist der Schöpfer der Begriffe Naturschutz und →Heimatschutz (Tagebucheintrag von 1888). Erstmalig griff er das Thema Naturschutz 1880 in einem Aufsatz „Über das Verhältnis des modernen Lebens zur Natur" auf, kritisierte darin Industrialismus, Landschaftsverschandelung und Eindringen städtischer Lebensformen in die ländlich-bäuerliche Kultur. 1897 erschien seine Abhandlung „Heimatschutz": Eine Mahnschrift gegen die „Ausbeutung aller Schätze und

Ernst Rudorff
1840-1916

Kräfte der Natur durch industrielle Anlagen aller Art". R. definiert in diesem Aufsatz als „vaterländische Güter" „jede Eigenart der Heimat in ihrem landschaftlich und geschichtlich gewordenen Charakter, jede Volkstümlichkeit und Besonderheit in Wesen, Sitten und Erscheinung".

R. verfocht die Forderung, die Fabrikarbeit zurückzudrängen, um dem Handwerk wieder eine stärkere Stellung im Wirtschaftsgefüge zuteil werden zu lassen; ländliche Lebensform müsse vor Urbanisierung und Industrialisierung bewahrt werden. Außerdem engagierte er sich für den Denkmalschutz in heftigen Polemiken gegen den „Flickentepich der Stile" in der zeitgenössischen Baukunst. Zum Erhalt von ursprünglicher Landschaft, Fauna und Flora schlug er die Errichtung von Schutzgebieten vor. Insbesondere setzte sich R. für den Gedanken ein, den Natur- und Heimatschutz zu organisieren. Sein Wirken führte unmittelbar zur Gründung des „Bundes Heimatschutz" am 30. 3. 1904.

S.: Über das Verhältnis des modernen Lebens zur Natur, in: Preußische Jahrbücher 45 (1880), S. 261-76; Heimatschutz, in: Grenzboten, Nr. 2, 1897, S. 401-14 u.

Nr. 4, S. 455-68; Carl Maria von Weber. Briefe an Hinrich Lichtenstein, Berlin 1900; Heimatschutz (Broschüre), Leipzig – Berlin 1901, St. Goar 1994 (Neudruck der 7. Aufl. 1926).

E.: Aus den Tagen der Romantik. Bildnis einer deutschen Familie. Aus dem Nachlaß hrsg. v. *Elisabeth R.*, Leipzig 1935 (Autobiogr.).

L.: *P. Schultze-Naumburg:* Erinnerungen an E. R., in: Heimatleben 3 (1940) (Gedächtnisheft für E. R.); *E. Plümer:* E. R. Der Vater des deutschen Heimatschutzes, in: Althannoverscher Volkskalender 80 (1952), S. 43-5; *W. Schoenichen:* Naturschutz, Heimatschutz. Ihre Begründung durch E. R., Hugo Conwentz und andere, Stuttgart 1954; *S. Banke-Rohde:* E. R., in: Heimatland, 1954, S. 90-6; *E. Alpers:* E. R., in: Niedersächsische Lebensbilder, Bd. III, Hildesheim 1957, S. 238-54; *R. P. Sieferle:* Fortschrittsfeinde? Opposition gegen Technik und Industrie von der Romantik bis zur Gegenwart, München 1984; *A. Andersen / R. Falter:* Heimatschutz. Die bürgerliche Naturschutzbewegung, in: *F. Brüggemeier / T. Rommelspacher* (Hrsg.): Besiegte Natur, München 1987; *H.-J. v. Leesen:* Wer war E. R.?, in: Jahrbuch für Schleswig-Holstein, Rendsburg 1990; *A. Knaut:* E. R. – Verwachsen mit einer Gegend, in: Niedersachsen, Hannover, Februar/März 1991; *ders.:* E. R. und die Anfänge der deutschen Heimatbewegung, in: *E. Klueting* (Hrsg.): Antimodernismus und Reform, Darmstadt 1991, S. 20-49; *M. Jefferies:* Back to the Future? The „Heimatschutz" Movement in Wilhelmine Germany, in: History 77 (1992), S. 411-20; *H.-J. v. Leesen:* E. R., der geistige Vater der Heimatschutz-Bewegung (1840-1916), in: Criticón 129 (1992), S. 9-12; *A. Knaut:* Zurück zur Natur! Die Wurzeln der Ökologiebewegung, München 1993; *W. Rollins:* Bund Heimatschutz. Zur Integration von Ästhetik und Politik, in: *J. Hermand* (Hrsg.): Mit den Bäumen sterben die Menschen, Köln – Weimar – Wien 1993.

– St

Ruskin, John

* 8. 2. 1819 London; † 20. 1. 1900 Coniston (Lancashire). R. machte sich einen Namen als Kunsttheoretiker, Gesellschaftsphilosoph und Sozialreformer. Jede ernstzunehmende Kunst bedarf ihm zufolge einer moralisch-religiösen Basis. „Good architecture is essentially religious." Allein auf dieser Grundlage sei es möglich, überzeitlich gültige Kunstwerke hervorzubringen. Aus diesem Grunde verehrte R. auch die Baumeister gotischer Kathedralen, während er den Barockstil als überladen und prätentiös ablehnte. R. war der Auffassung, daß der Künstler alle Aspekte des Lebens zu berücksichtigen habe. Seine Naturliebe, die er dem romantischen Dichter William Wordsworth verdankte, ließ ihn

auch die überragende Bedeutung des Malers J. M. W. Turner erkennen. Er akzeptierte nicht zuletzt auch das Kunstschaffen der Präraffaeliten. Mit Dante Gabriel Rossetti und Edward Burne-Jones war er befreundet.

R.s soziale und politische Ordnungsvorstellungen wurden nicht zuletzt von T. →Carlyle beeinflußt. Im „Working Men's College" hörte er dessen kultur- und gesellschaftskritische Vorlesungen. R.s politische Grundeinstellung war zutiefst vom Geiste des Paternalismus geprägt. In Übereinstimmung mit Robert →Filmer und im Kontrapunkt zu John Locke plädierte er für das „paternal government" und betrachtete die →Nation als „one family". Sein Paternalismus schließt auch die Forderung an die Bürger ein, ihrer Regierung Ehrerbietung entgegenzubringen. Er beklagte, daß die „lower orders... the very capacity of reverence" verloren hätten. Jede Regierung habe die Gesetze Gottes zu beachten. Lehne man sie ab, arte Herrschaft in Tyrannei aus. Als überzeugter Tory lehnte R. auch jeglichen Radikaldemokratismus ab. „You can talk a mob into anything." Im Gegensatz zu vielen liberalen und konservativen Autoren schlug R. vor, das Wahlrecht nicht nach dem Vermögen, sondern nach dem Lebensalter zu staffeln.

R. verband seinen tief eingewurzelten Konservatismus auch mit der Forderung, die kapitalistische Ökonomie gemeinwirtschaftlich umzugestalten. Den Gegensatz zwischen Kapital und Arbeit wollte er durch eine korporativistische Gesellschaftsstruktur überwinden. Gegen sozialistische Ordnungsvorstellungen hatte er erstaunlich wenig einzuwenden. R. gab sich auch als engagierter Gegner der Wettbewerbswirtschaft zu erkennen. Für ihn waren, im Gegensatz zu Adam Smith und David Ricardo, „anarchy and competition the laws of death". Nachhaltig wies er das „Gesetz von Angebot und Nachfrage" zurück.

Das von ihm als „mammon service" bezeichnete Ideal der Reichtumsvermehrung widersprach in seiner Sicht christlichen Grundsätzen. Er warf den Reichen vor, die Gebote der Bibel zu mißachten. „The bible tells you to have pity on the poor – and you crash them under your carriage." Dem blinden Glauben an die segensreichen Wirkungen der exzessiven Bedürfnisentgrenzung setzte er sein Ideal einer frugalen Lebensführung entgegen. Er beharrte auf der Auffassung, es gehöre zu den Grundirrtümern der liberalen Sozialphilosophie, daß der materielle Fortschritt notwendigerweise den moralischen zur Folge haben müsse. „We have gained riches instead of human souls." Dem sozial denkenden Tory R. war auch die Volkserziehung ein Herzensanliegen. „The masses have a right to claim education from their government." Als seinen persönlichen Beitrag zur Gesellschaftsreform gründete er 1871 die „St. George's Guild". Jedes Mitglied mußte dieser Stiftung den zehnten Teil seines Einkommens zur Verfügung stellen. Dieses Sozialexperiment war allerdings nicht von Erfolg gekrönt; es scheiterte wie schon jenes von Robert Owen.

Zu den schärfsten Kritikern der sozialkonservativen Ordnungsvorstellungen R.s gehörte Ludwig von →Mises, der ihm vorwarf, er habe „fanatisch die Lehren der politischen Ökonomie" geschmäht. Dieser „romantische Lobredner der Zünfte und Gilden" sei überhaupt ein „erbärmlicher Charakter" gewesen. – Das Verständnis wirtschaftsliberaler Gelehrter für sozialkonservative Gedankengänge ist offenbar begrenzt.

B.: *T. J. Wise / J. P. Smart:* A Complete Bibliography of the Writings in Prose and Verse of J. R., Bde. I-II, London 1964.

S.: Modern Painters, London 1843; The Seven Lamps of Architecture, London 1849; Pre-Raphaelitism, London 1851; The Stones of Venice, Bde. I-III, London 1851-53; Lectures on Architecture and Painting, London 1854; The Political Economy of Art, London 1857; Praeterita, Bde. I-III, Orpington 1858-1900; Unto the Last, London 1862; Sesame and Lilies, London 1865; The Crown of Wild Olive. Three Lectures on Work, Traffic and War, London 1866; Fors Clavigera. Letters on the Workmen and Labourers of Great Britain, Bde. I-IX, Orpington 1871-87; Abstract of the Objects and Constitution of St. George's Guild, London 1877; The Art of England, Orpington 1883; The Works of J. R., Bde. I-XI, Orpington 1871-83; The Works, Bde. I-XXXIX hrsg. v. *E. T. Cook / A. Wedderburn,* London – New York 1903-12.

Ü.: Ausgewählte Werke, Bde. I-XV, Jena 1900-06.

L.: *P. Geddes:* J. R., Economist, Edinburgh 1884; *S. Fechheimer:* Über die Bedeutung R.s für das Leben und die Erziehung in England, Jena 1898; *B. Atkinson:* R.'s Social Experiment at Barmouth, London 1900; *C. Broicher:* J. R. und sein Werk, Bde. I-III, Leipzig 1902-07; *J. A. Hobson:* J. R., Social Reformer, London 1904; *F. Y. Powell:* J. R. and Thoughts on Democracy, London 1905; *R. G. Collingwood:* R.'s Philosophy, Kendal 1922; *F. W. Roe:* The Social Philosophy of Carlyle and R., London 1922; *W. Morland:* Die Beziehungen zwischen Kunst und Religion in den Werken J. R.s, Marburg 1934; *R. Dalhoff:* Studien über die Religiosität J. R.s, Würzburg 1935; *M. C. O'Brien:* The Personalist Element in the Sociological Ideas of J. R., Washington 1939; *F. Delattre:* R. et Bergson, Oxford 1947; *P. Quenell:* J. R.: The Portrait of a Prophet, London 1949; *D. Leon:* R., The Great Victorian, London 1949; *J. Autret:* L'influence de R. sur la vie, les idées et l'œuvre de M. Proust, Genf 1955; *M. E. Spence:* The Guild of St. George. R.'s Attempt to translate his Ideas into Practice, Manchester 1957; *L. v. Mises:* Die Wurzeln des Antikapitalismus, Frankfurt a. M. 1958; *J. D. Rosenberg:* The Darkening Glass: A Portrait of R.'s Genius, New York 1961; *Q. Bell:* R., London 1963; *K. Clark* (Hrsg.): R. Today, London 1964; *J. L. Bradley:* An Introduction to R., Boston 1971; *P. Jaudel:* La pensée sociale de J. R., Paris 1972; *E. Alexander:* J. R. and the Modern Temper, Columbus (Oh.) 1973; *J. Fellows:* The Failing Distance. The Autobiographical Impulse in J. R., Baltimore 1975; *R. Hewison:* J. R. The Argument of the Eye, New Haven (Conn.) 1976; *P. Krahé:* Th. Carlyle, J. R., M. Arnold, Bonn 1978; *W. Kemp:* J. R. 1819-1900, München – Wien 1983.

– JBM

S

Salisbury, Robert Arthur Talbot Gascoyne-Cecil, Marquess of

* 3. 2. 1830 Hatfield; † 22. 8. 1903 ebd.
Konservativer Politiker. S. entstammte einer
der ältesten und angesehensten Adelsfamilien
Englands, die ihre Bedeutung auf Lord
Burghley, einen Minister Elisabeths I., zurückführen konnte. S. durchlief das übliche
Erziehungssystem der britischen Aristokratie, besuchte die Schule von Eton und absolvierte ein Studium in Oxford (Christ Church
College), wobei sein Interesse – entgegen der
Familientradition – vor allem den Naturwissenschaften galt; dieses Interesse blieb lebenslang bestehen – noch als alter Mann widmete
er sich mit Leidenschaft chemischen Experi-
menten.

Doch seinen Lebensberuf sollte S. auf anderem Gebiet finden. Nach einer zweijähri-
gen Studienreise durch Südafrika, Australien
und Neuseeland erhielt er 1853 einen sicheren
konservativen Wahlkreis für das Unterhaus,
wo er zunächst keinen besonderen Ehrgeiz
zeigte. Schon bald aber machte er sich als politischer Publizist einen Namen, der in der
„Quarterly Review" durch seine intelligenten
und scharfsinnigen Essays auffiel und bald in
die erste Reihe der konservativen Publizisten
seiner Zeit aufstieg. In der konservativen Regierung der Jahre 1858/59 hatte S. noch keinen Posten inne, doch erhielt er 1866 im Kabinett Derby das Amt eines Ministers für Indien. Kurz darauf legte er allerdings aus Protest gegen die von Derby und →Disraeli initiierte zweite große Wahlrechtsreform sein
Amt nieder. Zwei Jahre später trat S. nach
dem Tod seines Vaters und seines ältesten
Bruders als 3. Marquess of S. ins Oberhaus
ein, das ihm, der kleinliches Parteigezänk und
politisches Intrigantentum verabscheute,
mehr zusagte als das Unterhaus. Trotz seiner
ausgesprochenen Abneigung gegen Disraeli,
den er bereits früher auch öffentlich kritisiert
hatte, trat S. 1874 in dessen großes Kabinett
ein, erst wiederum als Minister für Indien, anschließend bis 1880 als Außenminister. Zusammen mit Disraeli vertrat S. auf dem Berliner Kongreß (1878) erfolgreich die englischen
Interessen und erwarb sich dadurch hohes
Ansehen als Außenpolitiker.

Robert Marquess of Salisbury
1830-1903

Nach Disraelis Tod (1881) war S. der prä-
destinierte und weitgehend unumstrittene
Führer der Torys – und dies blieb er bis zu
seinem Tod. Insgesamt war er in den folgenden Jahren, die Länge seiner Amtszeiten betreffend, der bis dahin erfolgreichste konservative Premierminister: Er amtierte insgesamt
vierzehn Jahre, von 1885-86, 1886-92 und
1895-1902 als Regierungschef – und zumeist
auch gleichzeitig als Außenminister –, und er
konnte drei Wahlen (1886, 1895 und 1900)
mit jeweils großen Mehrheiten für seine Partei gewinnen. Als Politiker kam es ihm, innenpolitisch wie außenpolitisch, im wesentlichen auf eine Wahrung und Sicherung des
Status quo an. Innen- und parteipolitisch betrieb er erfolgreich die Spaltung der Liberalen, deren rechter Flügel unter J. Chamberlain
sich – aus Protest gegen Gladstones „Home
Rule"-Gesetz für Irland – den Konservativen
anschloß und damit für zehn Jahre konservative Regierungsmehrheiten im Unterhaus sicherte. Außenpolitisch fand in der Zeit von
S.s letztem Kabinett der Abschluß der kolonialen Aufteilung Afrikas statt: Hier konnten
er und Chamberlain mit der Eroberung des

Sudans (1898) und der siegreichen Beendigung des Burenkriegs (1899-1902) den Landgewinn Großbritanniens in Afrika erfolgreich abrunden. Allerdings waren für S. auch auf diesem Gebiet machtpolitische Erwägungen – die Vermeidung von strategischen Vorteilen für Frankreich oder Deutschland – ausschlaggebend. Den modernen aggressiven Nationalismus, der in England etwa von Chamberlain und Cecil Rhodes vertreten wurde, lehnte S. ebenso ab wie eine engere Bindung Großbritanniens an einen Staat des Kontinents; er blieb der letzte Vertreter der „Splendid isolation"-Politik seiner Heimat.

In seinen politischen Grundüberzeugungen, denen er vor allem in seinen für die „Quarterly Review" verfaßten Essays Ausdruck verliehen hat, verfocht S. – neben den Grundsätzen einer unangefochtenen, wenn auch pragmatisch begründeten und formulierten Religiosität – die Abkehr vom traditionellen, romantisch geprägten Konservatismus. Im Gegensatz zu →Coleridge, →Carlyle, Disraeli, auch zu seinem zeitweiligen Konkurrenten Randolph →Churchill, vertrat S. mit besonderem Nachdruck die Forderung einer Annäherung des gemäßigten bürgerlichen Liberalismus und des traditionell die Interessen des grundbesitzenden Adels vertretenden Konservatismus. In der Revolution von 1848 sah er die entscheidende Zäsur für eine politische Neuorientierung der Parteien: Während es vorher ein – nach Lage der Dinge – durchaus berechtigtes Bündnis von Bürgertum und Arbeiterschaft gegen Hof, Adel und Kirche gegeben habe, sei es nun hohe Zeit für einen politischen Zusammenschluß der traditionellen adeligen Führungsschicht Englands mit dem wohlhabenden Bürgertum zur Verteidigung der gemeinsamen sozialen Interessen. Nicht zuletzt unter dem Eindruck der Pariser Kommune von 1870 ließ sich S. auch später von seiner – bereits 1862 formulierten – Einsicht leiten: „The struggle for power on our days lies not between Crown and people, or between a caste of nobles and a bourgeoisie, but between the classes who have property and the classes who have none."

Maßvolle soziale Reformen zur Hebung des Lebensstandards der unteren Schichten lehnte S. keineswegs ab, doch er blieb zeitlebens zutiefst davon überzeugt, daß es in England nur unter der Führung einer erfahrenen,

über Augenmaß und pragmatischen Sinn verfügenden →Elite möglich sei, eine für die ganze Nation gedeihliche und erfolgreiche Politik zu betreiben. Gleichzeitig aber blieb er, was die Zukunft anging, Pessimist; seine eigene Funktion sah er in den letzten Jahren seiner Regierung nur noch darin, die Heraufkunft des demokratischen Massenzeitalters so lange und so erfolgreich wie möglich zu verzögern.

S.: Historical and Biographical Essays, Bde. I-II, London 1905; Lord S. on Politics: A Selection from his Articles in the Quarterly Review, 1860-83, hrsg. v. *P. Smith*, Cambridge 1972.

E.: Speeches of the Marquis of S., hrsg. v. *H. W. Lucy*, London 1885; Lord R. Cecil's Goldfields Diary, hrsg. v. *E. Scott*, Melbourne 1935.

L.: *F. S. Pulling:* Life and Speeches of the Marquis of S., Bde. I-II, London 1885; *H. D. Traill:* The Marquis of S., London 1892; *Lady G. Cecil:* Life of R., Marquis of S., Bde. I-IV, London 1921-32; *dies.:* Biographical Studies of the Life and Political Career of R., Third Marquis of S., London 1949; *A. L. Kennedy:* S., 1830-1903: Portrait of a Statesman, London 1953; *R. B. McDowell:* British Conservatism 1832-1914, London 1959; *L. M. Penson:* Foreign Affairs under the Third Marquess of S., London 1962; *J. A. S. Grenville:* Lord S. and Foreign Policy: The Close of the Nineteenth Century, London 1964, ²1970; *C. J. Lowe:* S. and the Mediterranean 1886-96, London 1965; *M. Pinto-Duchinsky:* The Political Thought of Lord S., 1854-68, London 1967; *C. H. D. Howard:* Splendid Isolation: A Study of Ideas Concerning Britain's International Position and Foreign Policy during the Later Years of the Third Marquess of S., London 1967; *D. Cecil:* The Cecils of Hatfield House, London 1973; *R. Taylor:* Lord S., London 1975; *Lord Butler* (Hrsg.): The Conservatives: A History from the Origins to 1965, London 1977; *P. T. Marsh:* The Discipline of Popular Government: Lord S.'s Domestic Statecraft, 1881-1902, Hassocks, Sussex 1978; *E. Kedourie:* Lord S. and Politics, in: *ders.:* The Crossman. Confessions and Other Essays in Politics, History and Religion, London 1984; *R. Blake:* The Conservative Party from Peel to Thatcher, London 1985; *R. Blake / H. Cecil* (Hrsg.): S. – The Man and his Policies, Basingstoke – London 1987.

– K

Salomon, Ernst von

* 25. 9. 1902 Kiel; † 9. 8. 1972 Stöckte. Schriftsteller. Nach kurzer Gymnasialzeit in Frankfurt a. M. trat S. am 9. 11. 1913 in die Kadettenanstalt Karlsruhe ein. Allerdings wurde die präformierte Offizierslaufbahn durch die Schließung der Hauptkadettenanstalt Berlin-Lichterfelde im August 1918 jäh

Ernst von Salomon
1902–1972

abgebrochen. Angesichts der revolutionären Wirren um die Jahreswende 1918/19 trat S. dem „Freiwilligen Landjägerkorps Maerker" bei, das den kommunistischen Januaraufstand durch Einmarsch in Berlin beendete. S. blieb auch in den folgenden Jahren den Freikorps treu: Baltikum, Kapp-Putsch, Ruhrkampf, Oberschlesien – stets war er dabei, erreichte den Offiziersrang, wurde vielfach verwundet und war hochdekoriert.

In Juni 1920 schlug S. in Frankfurt a. M. die Banklaufbahn ein, wo er zugleich, unter Führung von Friedrich Wilhelm Heinz, die lokale Gruppe des offiziell aufgelösten Freikorps „Ehrhardt" organisierte. Seine enge Zusammenarbeit mit Heinz verwickelte S. schließlich in die Vorgänge um die Ermordung Walther →Rathenaus am 24. 6. 1922. Obgleich S. „für den Anschlag auf Rathenau nur ein Nummernschild gemalt hatte" (E. →Jünger), wurde er – aufgrund einer nach der Tat erlassenen Notverordnung – zu einer mehrjährigen Zuchthausstrafe verurteilt. Auch nach S.s Begnadigung am 1. 12. 1927 bestimmte seine Verurteilung durch nun folgende fünf Jahre

„Ehrverlust" seinen weiteren Weg. Im bürgerlichen Leben nicht vermittelbar, wandte er sich den Nationalrevolutionären zu; hier erkannte man seine schriftstellerischen Fähigkeiten, die ihm Mitte 1928 in Berlin die Schriftleitung der Zeitschrift „Vormarsch" eintrugen.

Durch die für ihn entscheidende Begegnung mit Ernst Jünger fand S. zu seiner schriftstellerischen Bestimmung. Zwar trug ihm ein kurzes Intermezzo in der „Landvolkbewegung" Schleswig-Holsteins am 11. 9. 1929 erneut eine Haft ein, doch schon drei Monate später verließ er das Gefängnis mit dem fertigen Manuskript von „Die Geächteten" – ein im wesentlichen autobiographisches Buch, das auf S.s Erlebnissen in den Jahren 1918-27 beruht. 1931 entzog sich S. durch einen längeren Frankreich-Aufenthalt der drohenden Pflicht, gegen die Bombenleger der Landvolkbewegung aussagen zu müssen. In Frankreich entstand auch im September/ Oktober 1931 als zweites Buch „Die Stadt", sein wohl bedeutendstes Werk, in dem der Autor seine Teilnahme an der Landvolkbewegung sowie an der intellektuellen Berliner Szene der ausgehenden Weimarer Republik zum Thema machte. 1933 erschien „Die Kadetten"; mit dem chronologischen Beginn vollendete S. seine Trilogie, die man als Geschichte des Jahrgangs 1902 lesen kann.

Mit Beginn des Dritten Reichs fand sich S. im →Widerstand. Schon im April 1933 vorübergehend in Gestapo-Haft, engagierte sich bis 1936 intensiv im „Gegner"-Kreis Harro Schulze-Boysens. Sein engster Freund, Hartmut Plaas, stand dem →Kreisauer Kreis nahe und wurde 1944 hingerichtet. S. suchte die innere Emigration in den audiovisuellen Medien; er wurde 1936 Drehbuchautor der Ufa. Wesentliche Ursache für seinen Abstand zu direkten Aktionen im Dritten Reich (Attentatspläne u.ä. wurden mehrmals an ihn herangetragen) war die Sorge um seine jüdische Lebensgefährtin, die er die ganze NS-Zeit hindurch zu schützen vermochte. Vom Juni 1945 bis September 1946 wurden beide dennoch von den Amerikanern inhaftiert; diese Erfahrung führte zu seinem Großroman „Der Fragebogen" (1951), der zu einem der ersten Bestseller der jungen Bundesrepublik Deutschland wurde.

Die neue weltpolitische Lage, das geteilte

Deutschland zwischen den beiden Großblök-
ken, warfen für S. Probleme auf, die ihn seit
den fünfziger Jahren in ein unstetes Wander-
leben zwischen den verschiedensten neutrali-
stischen und pazifistischen Organisationen
trieben. Zwei zentrale Positionen betonte S.
dabei immer wieder: 1. den Unterschied
Preußens zum NS-Staat; 2. die Erkenntnis der
vernichtenden Bedeutung der Atombombe
für das traditionelle Bild des „Kriegers". 1960
beteiligte er sich zusammen mit der „Konkret"-Gruppe am Gründungsaufruf für die
„Deutsche Friedensunion". Diese tagespolitischen Aktivitäten beeinträchtigten den
schriftstellerischen Ertrag: Der Plan eines Romans über die preußische Staatsidee nahm S.
fast zwanzig Jahre gefangen, und dennoch
mußte „Der tote Preuße" 1973 posthum und
unvollendet aus dem Nachlaß veröffentlicht
werden.

B.: in *M. J. Klein:* E. v. S. (siehe unter L.), S. 324-69.

S.: Die Geächteten, Berlin 1930; Die Stadt, Berlin
1932; Die Kadetten, Berlin 1933; Nahe Geschichte, Berlin 1936; Das Buch vom deutschen Freikorpskämpfer,
Berlin 1938; Der Fragebogen, Hamburg 1951; Das
Schicksal des A. D., Reinbek 1960; Die schöne Wilhelmine, Reinbek 1965; Deutschland, deine Schleswig-Hol-
steiner, Hamburg 1971; Der tote Preuße, München 1973.

L.: *M. J. Klein:* E. v. S. Eine politische Biographie,
Limburg a. d. L. 1994.

– Hi

Santayana, George (eigentl. Jorge Augustín Nicolás Ruiz de Santayana y Borrás)

* 16. 12. 1863 Madrid; † 26. 9. 1952 Rom.
Philosoph und Dichter. S. kam 1872 in die
USA, wo er an der Harvard University studierte und 1889 eine Professur erhielt. 1912
gab er diesen Posten auf und ging nach Europa. Dort lebte er als Privatgelehrter zunächst in Frankreich und ließ sich schließlich
in Rom nieder, wo er die letzten Jahre seines
Lebens in einem Kloster verbrachte.

S.s Werk handelt zum weit überwiegenden
Teil von ästhetischen, erkenntnistheoreti-
schen und ontologischen Fragen. Es weist
aber starke kulturkritische Züge auf und enthält auch eine politische Philosophie, die insbesondere in den Büchern „Reason in Society" (1905) und „Dominations and Powers"
(1951) sowie in zahlreichen Aufsätzen niedergelegt ist.

S. vertritt die Auffassung, daß sich die hu-
manistische Tradition in endgültiger Auflösung befinde und daß sich die entstehende industrielle Zivilisation verstärkt von den klassischen und mittelalterlichen Wurzeln der
westlichen Kultur abschneide. An die Stelle
vernünftigen, und d.h. sich auf ein klares letztes Ziel hinordnenden Lebens sei das Verlangen nach leerer →Freiheit und unbestimm-
tem Fortschritt getreten. Notwendig sei es
daher, die Voraussetzungen für rationales Leben wiederherzustellen, wozu Selbsterkenntnis und das Wissen über die dem Menschen
von der Welt eröffneten Möglichkeiten zählen. Dieses Ziel mache es erforderlich, im An-
kämpfen gegen Realismus, Moralismus und
modernen Rationalismus dem menschlichen
Vorstellungsvermögen und der symbolischen
Erfahrung wieder den ihnen gebührenden
Platz einzuräumen.

Im Rahmen dieses Unterfangens bemüht
sich S. um den Aufweis der Grenzen des
menschlichen Daseins. Er faßt den Menschen
nicht als Herren, sondern als Gast der Welt,
wovon insbesondere sein Verständnis der
Ehrfurcht (*piety*) zeugt: „This consciousness
that the human spirit is derived and responsi-
ble, that all its functions are heritages and
trusts, involves a sentiment of gratitude and
duty which we may call piety."

S.s Werk ist durchzogen von einer Kritik
des Liberalismus, dessen industrieller Variante er die Tendenz vorwirft, „to level down
all civilizations to a single cheap and dreary
pattern". Der Liberalismus strebe nach Pro-
sperität. Diese aber beinhalte die Unterwerfung unter Sachen, unter materielle Besitztü-
mer, was im Gegensatz zu dem stehe, was die
Alten unter Freiheit verstanden haben. Wirkliche Freiheit könne die Seele, wenn überhaupt, nicht durch Politik, sondern nur durch
Philosophie erhalten. Darüber hinaus habe
der Liberalismus, was sich an der Lage der
Arbeiterschaft zeige, die Abwertung der Massen mit sich gebracht, so daß seine philantro-
pische Seite die Oberhand gewinne. Gerade
darin aber liegt für S. die zentrale Ironie des
modernen Liberalismus. Dieser ordne über
den – von S. als Aberglaube und verrückte
Vorstellung verstandenen – Glauben an den
Fortschritt letztlich die Freiheit der Beförde-
rung der allgemeinen Wohlfahrt unter, womit
der Liberalismus über die Unterstützung von

Projekten der Weltverbesserung zur Ausbildung einer neuen Tyrannei beitrage. Eine überzeugende Alternative zum Liberalismus hat S. allerdings nicht zu entwickeln vermocht. In seinen Schriften findet sich nur ein nostalgischer Rückblick in die Vergangenheit, gepaart mit einer Haltung der Opposition gegenüber menschlicher Hybris und der Einsicht in die Begrenztheit des Menschen und seiner Fähigkeiten. In S.s Augen sind die Menschen der Gegenwart abgelenkt und in eine Wolke von Theorien und Leidenschaften eingefangen, die vor ihnen die einfachen Wahrheiten der Alten versteckten: „The ancients were reverent. They knew their frailty and that of all their works. They feared not only the obvious powers bringing flood, pestilence or war, but also those subtler furies that trouble the mind and utter mysterious oracles. ... They would think on the human scale, loving the beauty of the individual."

B.: *P. A. Schilpp* (Hrsg.): The Philosophy of G. S., New York ²1951, S. 607-710; *J. Duron:* La Pensée de G. S.: S. en Amérique, Paris 1950, S. 529-42; *H. J. Saatkamp, Jr. / J. Jones:* G. S.: A Bibliographical Checklist, 1880-1980, Bowling Green 1982.

S.: The Sense of Beauty, New York 1896; Lucifer, Chicago – New York 1899; Interpretation of Poetry and Religion, New York 1900; The Life of Reason (Bd. 1, Reason in Common Sense; Bd. 2, Reason in Society; Bd. 3, Reason in Religion; Bd. 4, Reason in Art; Bd. 5, Reason in Science), New York 1905-06; Three Philosophical Poets, Cambridge (Mass.) 1910; Winds of Doctrine, New York 1913; Egotism in German Philosophy, New York 1916; Character and Opinion in the United States, New York 1920; Little Essays Drawn from the Writings of G. S., New York 1920; Soliloquies in England and Later Soliloquies, New York 1922; Poems, New York 1923; Scepticism and Animal Faith, New York 1923; Dialogues in Limbo, New York 1926; Platonism and the Spiritual Life, New York 1927; Realms of Being, New York 1927-40, einbändige Ausg. 1941; Some Turns of Thought in Modern Philosophy, New York 1933; The Last Puritan, New York 1935; Obiter Scripta, New York 1936; The Works of G. S. The Triton Edition, 15 Bde., New York 1936-40; Persons and Places, New York 1944; The Middle Span, New York 1945; The Idea of Christ in the Gospels, New York 1946; Apologia pro Mente Sua, in: The Philosophy of G. S., hrsg. von *P. A. Schilpp*, New York ²1951; Dominations and Powers, New York 1951; My Host the World, New York 1953.

E.: Letters of G. S., hrsg. von *D. Cory*, London 1955; The Genteel Tradition: Nine Essays by G. S., hrsg. von *D. L. Wilson*, Cambridge 1967; Selected Writings, Bde. I-II, hrsg. von *N. Henfrey*, Cambridge 1968; The Birth of Reason & Other Essays, hrsg. von *D. Cory*, New York 1968; *W. G. Holzberger* (Hrsg.): The Complete Poems of G. S., Lewisburg (Pa.) 1979; The Works of G. S. Critical Edition, hrsg. von *W. G. Holzberger / H. J. Saatkamp, Jr.*, Cambridge (Mass.) – London 1986 ff. (bisher erschienen: Bd. I, Persons and Places: Fragments of Autobiography, 1986; Bd. II, The Sense of Beauty: Being the Outlines of Aesthetic Theory, 1988; Bd. III, Interpretations of Poetry and Religion, 1990; Bd. IV, The Last Puritan: A Memoir in the Form of a Novel, 1994).

Ü.: Der Letzte Puritaner, München 1936, Zürich ²1990; Die Christusidee in den Evangelien, München 1951.

L.: *E. Voegelin:* Über die Form des amerikanischen Geistes, Tübingen 1928, S. 53-104; *G. W. Howgate:* G. S., Philadelphia 1938; *M. Munitz:* The Moral Philosophy of S., New York 1939; The Philosophy of G. S., hrsg. von *P. A. Schilpp*, New York ²1951; *J. Duron:* La Pensée de G. S.: S. en Amerique, Paris 1950; *I. Edman:* The Philosophy of S., London 1954; *I. Singer:* S.'s Aesthetics, Cambridge (Mass.) 1957; *R. Butler:* The Life and World of G. S., Chicago 1960; *B. Lind:* Vagabond Scholar, New York 1962; *D. Cory:* S.: The Later Years, New York 1963; *F. A. Olafson:* S.,G., in: The Encyclopedia of Philosophy, Bd. 7, New York 1967, S 282-87; *B. J. Singer:* Rational Society: A Critical Study of S.'s Social Thought, Cleveland – London 1970; *E. C. Wilson:* Shakespeare, S. and the Comic, Alabama 1973; *T. L. S. Sprigge:* S., London – Boston 1974, London – New York ²1995; *J. McCormick:* G. S.: A Biography, New York 1987; *M. Le Fanu:* G. S., in: Conservative Thinkers: Essays from The Salisbury Review, hrsg. von *R. Scruton*, London 1988, S. 233-48; *J. Lachs:* G. S., Boston 1988; *A. Woodward:* Living in the Eternal: A Study of G. S., Nashville 1988; *H. S. Levinson:* S., Pragmatism and the Spiritual Life, Chapel Hill (N. C.) 1992; *N. O' Sullivan:* S., St. Albans 1992; *J. Gray:* S. and the Critique of Liberalism, in: *ders.:* Post-Liberalism. Studies in Political Thought, London – New York 1993, S. 18-31; *J. P. Dougherty:* S. on the Role of Religion in Society, in: Modern Age 37 (Winter 1995), S. 116-23.

– Z

Savigny, Friedrich Carl von

* 21. 2. 1779 Frankfurt a. M.; † 25. 10. 1861 Berlin. Konservativer Rechtslehrer und Politiker. 1795-99 Studium der Rechte in Marburg und Göttingen, 1800 Promotion. Von 1800-04 Dozent der Jurisprudenz in Marburg; 1804-08 Studien- und Forschungsreisen; 1808-10 Professor für Römisches Recht in Landshut; seit 1810 Professor der Rechte in Berlin. Hier amtierte er 1812/13 als Rektor der Universität und war seit 1817 (Mitglied des preußischen Staatsrats) auch für die preu-

Friedrich Carl von Savigny
1779–1861

ßische Regierung tätig, u.a. als Gutachter, Mitglied des Rheinischen Revisions- und Kassationshofs sowie als Lehrer des Kronprinzen (des späteren Friedrich Wilhelm IV.). Unter seinen Berliner Schülern befand sich eine Reihe der später bekanntesten konservativen Politiker und Theoretiker (u.a. →Lancizolle, E. L. v. →Gerlach, →Bethmann Hollweg).

Nach dem Regierungsantritt seines ehemaligen Schülers gab S. sein Lehramt an der Universität auf und amtierte von 1842-48 als Minister für Gesetzgebung; als Politiker war er – obwohl noch 1847 zum Präsidenten des Staatsrats ernannt – insgesamt wenig erfolgreich. Die Revolution vertrieb S. von seinem Ministeramt; er zog sich ins Privatleben zurück und widmete sich nur noch seiner wissenschaftlichen Arbeit. Den ihm 1855 vom König verliehenen Sitz im preußischen Herrenhaus hat er nie eingenommen.

S., der als bedeutendster deutscher Jurist gilt, begann als historisch orientierter Rechtsdogmatiker; sein erstes Werk, „Das Recht des Besitzes" (1803), zeigte bereits – neben seinen theoretischen wie historiographischen Fähigkeiten – die für ihn charakteristische Hochschätzung des römischen Rechts, das er auch später als in jeder Hinsicht vorbildlich ansah. Als gläubiger Christ ging S. zudem davon aus, daß sich alles Recht in den größeren Zusammenhang einer durch das Christentum geprägten sittlichen Ordnung einzufügen habe; der „trostlose(n) Aufklärerei", die „mehr als ein halbes Jhdt... den politischen wie den religiösen Glauben wankend gemacht" habe, trat er ebenso entgegen wie den abstrakten Prinzipien des modernen Naturrechts, dem er ein an →Tradition und Geschichte orientiertes Rechtsdenken entgegenstellte. In seiner berühmtesten Veröffentlichung, der Streitschrift „Über den Beruf unsrer Zeit für Gesetzgebung und Rechtswissenschaft" (1814), lehnte er den Gedanken einer umfassenden Rechtskodifikation strikt ab und betonte dagegen, „daß alles Recht... erst durch Sitte und Volksglaube, dann durch Jurisprudenz erzeugt wird, überall also durch innere, stillwirkende Kräfte, nicht durch die Willkür eines Gesetzgebers". Unter dem Einfluß von Herder, →Burke und →Möser wurde S. mit dieser Schrift zum Begründer der Historischen Rechtsschule, der es, wie S. 1840 schrieb, darauf ankam, „daß der lebendige Zusammenhang erkannt werde, welcher die Gegenwart an die Vergangenheit knüpft".

In seiner Auffassung vom →Staat befand sich S. ganz im Banne der römischen und vormodern-alteuropäischen Tradition: „Staat" bedeutete für ihn „die leibliche Gestalt der geistigen Volksgemeinschaft", d.h. eine institutionelle und rechtliche Ordnung, die sich auf gemeinsame Geschichte und Tradition beruft und aus Familien (nicht Individuen) zusammensetzt. Die staatsphilosophische Vertragstheorie lehnte S., wie alle konservativen Denker seiner Zeit, strikt ab. Auch die Lehre von der Gleichheit staatsbürgerlicher Rechte hat er um 1815 noch kompromißlos bekämpft: →„Bürger" stellte für ihn bis in die 1830er Jahre hinein die abgehobene Qualität einer kleinen Schicht der Einwohner eines Gemeinwesens dar; erst in seinem Spätwerk, dem „System des heutigen Römischen Rechts" (1840ff.), hat er, dem Zuge der Rechtsentwicklung der Zeit folgend, von dieser Auffassung Abstand genommen.

Wenngleich er im Spätwerk die begrifflich-theoretischen Grundlagen für ein modern-individualistisches Privatrecht entwickelte, hielt er doch an seiner politisch konservativen Grundeinstellung fest, was sich daran zeigt, daß er ein Bürgerrecht auf Teilhabe an der Gesetzgebung – und auch das Prinzip der Gewaltenteilung – nicht akzeptierte: S. verfocht bis zuletzt den Gedanken einer grundsätzlichen Einheit von Legislative und Exekutive; nach seiner Auffassung kam nur der „höchsten Gewalt im Staate" das Recht auf Gesetzgebung zu.

B.: *K. Luig / B. Dölemeyer*, in: Quaderni fiorentini per la storia del pensiero giuridico moderno 8 (1979), S. 501-59; (siehe auch unter **L.:**) *Wolf*, S. 534-42; *Marini*, S. 201-21; *Rückert*, S. 446-74.

S.: Das Recht des Besitzes, Gießen 1803; Vom Beruf unsrer Zeit für Gesetzgebung und Rechtswissenschaft, Heidelberg 1814; Geschichte des Römischen Rechts im Mittelalter, Bde. I-VI, Heidelberg 1815-31; System des heutigen Römischen Rechts, Bde. I-VIII, Berlin 1840-49; Vermischte Schriften, Bde. I-V, Berlin 1850; Das Obligationenrecht als Teil des heutigen Römischen Rechts, Bde. I-II, Berlin 1851-53.

E.: *O. Pfülf:* F. K. v. S. als Ireniker, in: Stimmen aus Maria Laach 66 (1904), S. 33-46, 165-85, 307-22; *C. Varrentrapp:* Briefe von S. an Ranke und Perthes, in: Historische Zeitschrift 100 (1908), S. 330-51; *E. Salzer:* Zwei Briefe S.s an Stahl, in: KM 70 (1912/13), S. 346-49; *W. Oechsli:* Briefwechsel J. K. Bluntschlis mit S., Niebuhr, L. Ranke, J. Grimm und F. Meyer, Frauenfeld 1915; Juristische Methodenlehre, nach der Ausarbeitung des Jacob Grimm, hrsg. v. *G. Wesenberg*, Stuttgart 1951; *H. Liermann / H.-J. Schoeps* (Hrsg.): Materialien zur preußischen Eherechtsreform im Vormärz (Nachrichten der Akademie der Wissenschaften in Göttingen, phil.-hist. 14), Göttingen 1961; *D. Strauch* (Hrsg.): F. C. v. S. – Briefwechsel mit Friedrich Bluhme 1820-60, Bonn 1962 u.a.

L.: *Landsberg* in ADB XXX, 425-452; *L. Enneccerus:* F. C. v. S. und die Richtung der neueren Rechtswissenschaft, Marburg 1879; *E. Landsberg:* Geschichte der deutschen Rechtswissenschaft, Bd. III/2, München u.a. 1910; *A. Stoll:* F. K. v. S. Ein Bild seines Lebens mit einer Sammlung seiner Briefe, Bde. I-III, Berlin 1927-39; *F. Zwilgmeyer:* Die Rechtslehre S.s, Leipzig 1929; *S. Schultzenstein:* F. C. v. S., Berlin 1930; *F. Wieacker:* Gründer und Bewahrer, Göttingen 1959; *ders.:* Privatrechtsgeschichte der Neuzeit, Göttingen ²1967; *D. Strauch:* Recht, Gesetz und Staat bei F. C. v. S., Bonn 1960; *R. Gmür:* S. und die Entwicklung der deutschen Rechtswissenschaft, Münster 1962; *E. Wolf:* Große Rechtsdenker der deutschen Geistesgeschichte, Tübingen ⁴1963; *P. Koschaker:* Europa und das römische Recht, München u.a. ⁴1966; *E.-W. Böckenförde:* Die Historische Rechtsschule und das Problem der Geschichtlichkeit des Rechts, in: *ders.:* Staat, Gesellschaft, Freiheit, Frankfurt a. M. 1976, S. 9-41; *G. Marini:* F. C. v. S., Neapel 1978; *H. Coing:* F. C. v. S. (1776-1861), in:

Juristische Schulung 19 (1979), S. 86-9; *J. Rückert:* Idealismus, Jurisprudenz und Politik bei F. C. v. S., Ebelsbach 1983; *O. Behrends:* Geschichte, Politik und Jurisprudenz in F. C. v. S.s System des heutigen Römischen Rechts, in: Römisches Recht in der europäischen Tradition, Ebelsbach 1985, S. 257-321; *H. H. Jakobs:* Die Begründung der geschichtlichen Rechtswissenschaft, Paderborn u.a. 1992; *H.-C. Kraus:* Begriff und Verständnis des „Bürgers" bei S., in: Zeitschrift der Savigny-Stiftung für Rechtsgeschichte, Roman. Abt. 110 (1993), S. 552-601; *D. Nörr:* S.s philosophische Lehrjahre, Frankfurt a. M. 1994.

– K

Scheidewege

Jahresschrift für skeptisches Denken. 1971 als Vierteljahresschrift begründet von Friedrich Georg →Jünger und Max Himmelheber. Die zunächst im Verlag Vittorio Klostermann, von 1976 bis 1983 im Klett-Cotta Verlag und seither bei der Max-Himmelheber-Stiftung erschienenen S. stellten sich der alle Fachgrenzen überschreitenden drängenden Aufgabe, die Theorien und Praktiken des Raubbaues an Erde und Mensch, die sich mit dem Mantel des wissenschaftlichen und technischen Fortschritts umgeben, zu bekämpfen. Die S. suchten, durch Aufspüren, Feststellen und Prüfen des Selbstverständnisses der Gegenwart, deren an Naivität, Irrtümern und Verzerrungen bestehendes „laues und bequemes Selbstverständnis" zu zerstören, um die Erkenntnis des Selbst und seiner kritischen Lage möglich zu machen. Das skeptische Denken wurde somit als blicköffnendes Denken im Sinne Montaignes verstanden und gleichzeitig als „Angriff", um die etablierten Kulissen und deren Scheinwirklichkeit zu durchstoßen. Zu den Autoren, die nahezu ausnahmslos vor dem Ersten Weltkrieg geboren wurden, zählten, neben den Begründern, Ernst →Jünger, Hans →Sedlmayr, Hugo Friedrich, Julius Overhoff, Friedrich Wagner, Emil Staiger, Werner Müller, Gerhard Nebel, Erwin Chargaff, Erik Wolf, Otto Julius Hartmann, Bernhard Wyß, Siegfried Thalheimer, Eric →Voegelin, Franz Vonessen und Johannes Klein.

Ende der siebziger Jahre änderte sich die inhaltliche Ausrichtung der S. Die skeptische Denkrichtung konnte nach dem Tod namhafter Autoren nicht gehalten werden und wurde durch die Programmatik der wissenschaftlichen Ökologie- und Ethikbewegung (Jürgen Dahl, Klaus Michael Meyer-Abicht, Hans Jonas, Ernst Ulrich von Weizsäcker, Günter Altner, Till Bastian, Reinhard Löw, Robert →Spaemann) abgelöst. Im Vordergrund stehen seitdem spezifisch ökologische, ethische und gesellschaftskritische Beiträge, die Einsichten und Einwände im Umgang der Industrie und Politik mit der Umwelt erbringen, dem „skeptischen Denken am Scheideweg" der früheren Autoren aber fernstehen.

– Han

Schelsky, Helmut

* 14. 10. 1912 Chemnitz; † 24. 2. 1984 Münster. Philosoph und Soziologe. In Anhalt besuchte er das Gymnasium, machte 1931 das Abitur und widmete sich danach an den Universtäten Leipzig und Königsberg dem Studium der Philosophie. Viele berühmte Namen tauchen als Lehrer und Weggefährten des jungen S. auf: Heimsoeth, Nadler und Rothfels in Königsberg, →Gehlen, →Freyer, Gotthard Günther, Litt, Hugo Fischer, Schadewaldt und Joachim Wach in Leipzig. Für die Wissenschaftsgemeinschaft um Hans Freyer war die Formulierung einer konkreten politischen Ethik ein zentrales Thema in der Zeit nach 1935. Auf theoretischer Ebene bestand das Anliegen darin, eine neue Form der idealistischen Philosophie zu finden, in der das menschliche Handeln und der Wille Priorität über eine Metaphysik des Denkens oder der Idee gewinnen; von dieser Metaphysik der Idee wollten sich Freyer, Gehlen und S. lösen. Hier liegt eine auffallende geistige Gemeinsamkeit vor, die es berechtigt erscheinen läßt, von einer „Leipziger Schule" zu sprechen. Für sie prägend waren Arnolds Gehlens Arbeiten über Fichte und den Idealismus nach 1935 sowie S.s Habilitationsschrift über Thomas Hobbes, aber auch die von S. und Günther gemeinsam verfaßte Schrift „Christliche Metaphysik und das Schicksal des modernen Bewußtseins" (1937), ebenso S.s 1935 in Leipzig eingereichte Dissertation „Theorie der Gemeinschaft nach Fichtes Naturrecht von 1796" (1935), betreut von Arnold Gehlen und in intensiver Diskussion mit Hans Freyer entstanden. 1939 erfolgte die Habilitation an der Universität Königsberg für die Fächer Philosophie und Soziologie. Die Arbeit war vor allem durch Carl →Schmitts Hobbes-Interpretation angeregt worden. Sie lag 1942 im Umbruch vor, wurde aber wegen Papiermangels nicht gedruckt. 1981 wurde die Veröffentlichung nachgeholt. S. wurde 1940 für eineinhalb Jahre Freyers Assistent am deutschen Kulturinstitut der Universität Straßburg. Erst dann wurde es mit dem Kriegsdienst ernst; einen Ruf (1943) als Professor für Soziologie an die Universität Straßburg konnte er nicht mehr annehmen. S. wurde Kompanieführer an der Ostfront und mehrfach schwer verwundet. Am Ende wurde er wegen „Verächtlichmachung der Partei" zu Festungshaft verurteilt und zum „Verheizen" versetzt (was ihm das Leben rettete) – er, der 1933, wie er immer freimütig zugegeben hat, durchaus eine Zeitlang mit den Nationalsozialisten sympathisiert hatte. Von 1933 an gehörte S. für zwei Jahre dem NS-Studentenbund an, allerdings eher wegen Othmar →Spann und weniger wegen Adolf Hitler.

Vor die Entscheidung gestellt, nach dem Zweiten Weltkrieg Manager im Deutschen Roten Kreuz zu werden oder die wissenschaftliche Laufbahn wieder aufzunehmen, entschloß sich S., als Soziologe auf die „Suche nach Wirklichkeit" zu gehen und die Wandlungen der deutschen Gesellschaft der Nachkriegszeit empirisch zu analysieren. Bevor er den ersten Ruf im Sommer 1948 an die damals neu gegründete Akademie für Gemeinwirtschaft in Hamburg annahm, hatte S. ausreichend Zeit, sich auf sein akademisches Amt einzustellen – u.a. in intensiven Gesprächen mit Arnold Gehlen – und seine Theorie der →Institution und einer anthropologisch fundierten Lehre vom menschlichen Handeln vorzubereiten. Hierbei spielten die amerikanische pragmatische Philosophie (James, Peirce), die Anthropologie und Kulturanthropologie eine wichtige Rolle.

1953 wurde S. auf das erste Ordinariat für Soziologie an die Universität Hamburg berufen. Im gleichen Jahr erschien die empirische Studie „Wandlungen der deutschen Familie in der Gegenwart". Hier finden sich jene sehr bekannt gewordenen, das Selbstverständnis der frühen Bundesrepublik Deutschland stützenden Aussagen über die „nivellierte Mittelstandsgesellschaft", über die „neue Phase der industriell-bürokratischen Gesellschaft", deren „soziale Nivellements" vorwiegend aus

„kleinbürgerlich-mittelständischen Verhaltensmustern und Leitbildern" zu verstehen seien. Herausragend war S.s Buch „Die skeptische Generation" (1957). Es erzielte beachtliche Auflagen und fand nicht bloß in der Fachwelt große Resonanz. Skepsis stellte S. als durchgängiges Merkmal jener jungen Generation fest, nicht Zynismus, nicht Aufsässigkeit, anarchistisches oder revolutionäres Denken, auch nicht das Streben nach Lebensreform. Skepsis heißt vielmehr Akzeptanz des Gegebenen, mit Vorbehalt und mit Distanz. Weit verbreitet, so S., sei eine starke Abneigung gegen große Ideen oder gar Utopien. S. sieht auch die Kehrseite, den Erfahrungsmangel, infolge des totalen Bruchs in der Geschichte des eigenen Volkes. Daraus folgten Hilflosigkeit und große Unsicherheit. Auch machte sich schon die Tendenz bemerkbar, den Staat anzurufen und verantwortlich zu machen, wenn einem Unbill widerfuhr. Sonst aber wollte man vom Staat in Ruhe gelassen werden. Die nahezu unbedingte personale Freiheit stand über allem. Dies hatte Folgen für die deutsche Zukunft: Hohe Bereitschaft zum eigenen Engagement in sozialen Dingen, „ohne mich" im öffentlichen Bereich der möglichen Pflichten.

1960 wurde S. nach Münster berufen. Er hatte übervolle Hörsäle und einen großen Schülerkreis, ohne im eigentlichen Sinne eine Schule bilden zu wollen. Der Universität als Institution galt nun sein größtes Interesse; die Resonanz seiner entsprechenden Veröffentlichungen trug ihm den Auftrag ein, in Ost-Westfalen eine Reform-Universität zu gründen. 1970 ging er als Ordinarius nach Bielefeld. Aber seine Konzeption einer elitären Forschungsuniversität geriet in die Kritik der linken Kulturrevolution und unter die Last der sich ausbreitenden Massenuniversität. Zermürbt von den Konfrontationen mit den „Achtundsechzigern" erreichte S. 1973 – ein Novum in der deutschen Universitätsgeschichte –, daß sein Lehrstuhl an die Rechtswissenschaftliche Fakultät der Universität Münster verlegt wurde. Sein politisches Engagement gegen totalitäre Strömungen im universitären Bereich nahm an Intensität zu. Mit der Abhandlung „Die Strategie der Systemüberwindung" (1971), mit dem rasch berühmt gewordenen Buch „Die Arbeit tun die anderen" (1975), das von „Klassenkampf und

Priesterherrschaft der Intellektuellen" handelt, mit einer Fülle von Reden, Aufsätzen, Kommentaren rings um den zentralen Münchener Vortrag „Der selbständige und der betreute Mensch" vor dem CSU-Parteitag im September 1973 hat S. sich – wie in der unmittelbaren Nachkriegszeit – vehement in den Ring der politischen Publizistik gestellt. S. geht es dabei „positiv um die Behauptung der Selbständigkeit der Person in ihren verschiedenen sozialen Rängen gegenüber den entpersonalisierten Zwängen der modernen Gesellschaft und negativ-kritisch um den Nachweis, wie vielfältig die politischen, sozialen und kulturellen Tendenzen in der Bundesrepublik eben diese Personwerdung und -behauptung gefährden oder vernichten und welche neuen sozialen Formen diese Bevormundungen des einzelnen angenommen haben. Als den allgemeinsten Grundsatz aller dieser Schriften würde ich die Überzeugung formulieren, daß alle politische und soziale Ordnung freiheitlicher Art letzthin aus einer Beziehung jedes einzelnen Menschen zu sich selbst entsteht, die sich in sozialer Handlung äußert und zugleich darin jede Einvernahme durch überpersonale Kräfte, also die Gesellschaft abwehrt."

S.: Theorie der Gemeinschaft nach Fichtes Naturrecht von 1796, Berlin 1935; Thomas Hobbes. Eine politische Lehre (Leipzig 1942), veröffentlicht Berlin 1981 (mit einem „Vorwort 1980"); Arbeitslosigkeit und Berufsnot der Jugend, hrsg. vom *DGB*, Köln 1952; Wandlungen der deutschen Familie in der Gegenwart, Dortmund 1953; Soziologie der Sexualität. Über die Beziehungen zwischen Geschlecht, Moral und Gesellschaft, Hamburg 1955; Die skeptische Generation. Eine Soziologie der deutschen Jugend, Düsseldorf – Köln 1957; Schule und Erziehung in der industriellen Gesellschaft, Würzburg 1957; Anpassung oder Widerstand? Soziologische Bedenken zur Schulreform; Heidelberg 1961; Einsamkeit und Freiheit. Idee und Gestalt der deutschen Universität und ihrer Reformen, Hamburg 1963; Auf der Suche nach Wirklichkeit. Gesammelte Aufsätze, Düsseldorf – Köln 1965; Abschied von der Hochschulpolitik oder Die Universität im Fadenkreuz des Versagens, Bielefeld 1969; (als Hrsg.): Zur Theorie der Institutionen, Düsseldorf 1970; Systemüberwindung, Demokratisierung und Gewaltenteilung. Grundsatzkonflikte der Bundesrepublik, München 1973; Die Arbeit tun die anderen. Klassenkampf und Priesterherrschaft der Intellektuellen, Köln – Opladen 1975, 2., erw. Aufl. mit Antwort an die Kritiker, ebd. 1975; Der selbständige und der betreute Mensch. Politische Schriften und Kommentare, Stuttgart 1976; Die Hoff-

nung Blochs. Kritik der marxistischen Existenzphilosophie eines Jugendbewegten, Stuttgart 1979; Rückblicke eines „Anti-Soziologen", Opladen 1981; Funktionäre, Stuttgart 1982; Eine Stunde Null, 1983.
L.: Freiheit und Sachzwang. Beiträge zu Ehren H. S.s, hrsg. von *H. Baier*, Opladen 1977; Recht und Gesellschaft. Festschrift für H. S. zum 65. Geburtstag, hrsg. von *F. Kaulbach / W. Krawietz*, Berlin 1978; S. im Gespräch mit *L. Herrmann*, Frankfurt/M. 1981; H. S., ein Soziologe in der Bundesrepublik, hrsg. von *H. Baier*, Stuttgart 1985.
– So

Schlamm, William S. (Willi Schlamm)

* 10. 6. 1904 Przemyśl; † 1. 9. 1978 Salzburg. Publizist. S., Sohn eines wohlhabenden Kaufmanns, schloß sich als Wiener Gymnasiast der Kommunistischen Jugend Österreichs an; später studierte er Staatswissenschaften und war gleichzeitig Redakteur der kommunistischen Zeitung „Rote Fahne". Nachdem er 1920 zum erstenmal Moskau besucht hatte, fand dort 1929 (unter Bucharin) ein Parteigerichtsverfahren gegen ihn statt, worauf der 25jährige S. aus der KP austrat. Als Anhänger von Karl Kraus, der auch später sein publizistisches Vorbild blieb, betätigte sich S. als Journalist; 1932 war er Redakteur der „Weltbühne", der radikal-pazifistischen, links-intellektuellen Wochenschrift Ossietzkys und Tucholskys. Unter Hitler und →Dollfuß führte er die Berliner „Weltbühne" als „Neue Weltbühne" von Prag aus fort. Im März 1934 unterlag S. im Kampf um den Kurs der Zeitschrift der Moskauer Richtung unter Hermann Budislawski. 1934-37 leitete er die Redaktion der als Gegengründung gedachten „Europäischen Hefte" in Prag; 1937 publizierte er in Zürich sein Buch „Die Diktatur der Lüge", eine Abrechnung mit Stalin anläßlich des Prozesses gegen Trotzki.

1938 emigrierte S. in die USA, wo er sich langsam vom nicht-marxistischen Sozialisten zum Konservativen entwickelte: man kann hier von S.s „intellektueller Amerikanisierung" sprechen. 1941-51 war S. Redakteur von „Fortune" und Assistent des Verlegers Henry Luce („Time", „Life", „Fortune"); das Projekt einer Kulturzeitschrift namens „Measure" im Time-Verlag scheiterte jedoch. Kurze Zeit arbeitete S. bei der konservativen Wochenzeitung „The Freeman", bis zur wahlpolitisch (Taft vs. Eisenhower) verur-

sachten inneren Spaltung des bald darauf eingestellten Blattes (1953). Anschließend war S. zusammen mit James Burnham Haupthelfer des jungen William F. Buckley bei der Gründung der „National Review", dem zentralen Organ der entstehenden konservativen Bewegung in den USA, das in Opposition gegen den als zu pragmatisch angesehenen Kurs Eisenhowers stand. Nach Differenzen mit Buckley unternahm S. eine Studienreise nach Europa, deren Niederschlag, die Deutschland-Studie „Die Grenzen des Wunders" (1959), als erste „rechte" Fundamentalkritik der Bundesrepublik Aufsehen erregte.

Nach Übersiedlung ins Tessin war S. 1959-63 Kolumnist des „Stern", ab 1965 der „Welt am Sonntag". Trotz Freundschaft mit Axel Springer scheiterte S.s Projekt einer Wochenzeitschrift mit dem Titel „Die Republik" am Widerstand des Managements im Hause Springer; als Ersatz erhielt S. jedoch Starthilfe für seine ab 1972 erscheinende Zeitschrift „Die Zeitbühne". Während die Angriffe der Linken gegen den „kalten Krieger" S. (mit einer Titelgeschichte des „Spiegel" als Höhepunkt) diesen zuerst in weiten Kreisen populär gemacht hatten, wurde S. in späteren Jahren mehr und mehr isoliert und ignoriert, wozu auch die CDU-Führung beitrug, die ihn wegen seiner Fürsprache für eine bundesweite Ausdehnung der CSU als Ersatz für den fehlenden rechten Flügel im Parteienspektrum als gefährlichen Gegner ansah. 1976 kam es zwischen S. und seinem engsten Mitarbeiter und Mehrheitsgesellschafter im Zeitbühnen-Verlag, K. L. Bayer, zum Kampf um den Besitz der „Zeitbühne", der mit der Gründung einer zweiten Zeitschrift („Die Epoche", ab 1977) beendet wurde, während S. in die „Zeitbühne" Otto von Habsburg als Mitherausgeber aufnahm.

S.: Diktatur der Lüge. Eine Abrechnung, Zürich 1937; Die Grenzen des Wunders. Ein Bericht über Deutschland, Zürich 1959; Die jungen Herren der alten Erde, Stuttgart 1962; Wer ist ein Jude? Ein Selbstgespräch, Stuttgart 1964; Vom Elend der Literatur. Pornographie als Gesinnung, Stuttgart 1966; Am Rande des Bürgerkriegs, Berlin 1970 (Kommentare aus der „Welt am Sonntag"); Glanz und Elend eines Jhdt.s, Ravensburg 1971; Zorn und Gelächter, München 1977 (Beiträge aus der „Zeitbühne").
– S-N

Schlange-Schöningen, Hans

* 17. 11. 1886 Schöningen (Pommern); † 20. 7. 1960 London. Landwirt, Politiker und Diplomat. S.-S. wurde auf dem Familiengut Schöningen in der Nähe von Stettin geboren. Daß die Landwirtschaft zu seiner Leidenschaft werden sollte, zeigte sich bereits, als er 1909 seine Offizierslaufbahn aufgab und eine Ausbildung zum Landwirt begann. Unterbrochen vom Kriegsdienst – S.-S. schied als Rittmeister aus – widmete er sich seit 1918 wieder dem elterlichen Betrieb. Allerdings war das Datum der deutschen Niederlage für S.-S. auch ein „Schlüsselerlebnis", das sein schon vorhandenes Interesse an der Politik verstärkte. Trotz der Flucht des Kaisers war S.-S. Monarchist geblieben und fühlte sich einem stark alldeutsch und völkisch gefärbten Konservatismus verpflichtet. Als Vorsitzender des Pommerschen Landbundes stand er den Deutschnationalen nahe und zog 1920 als Kandidat der →DNVP in den Preußischen Landtag ein, 1924 übernahm er außerdem ein Reichstagsmandat. Er verstärkte den intransigenten Flügel der Deutschnationalen, der sich offen zur „Reaktion" und „nationalen Diktatur" bekannte, und sympathisierte mit Hugenberg, dessen Weg an die Spitze der Partei er unterstützte. Allerdings nötigte ihn die Regierungsbeteiligung der DNVP – die sich 1925 dem ersten Kabinett Luther zur Verfügung gestellt hatte – zum Überdenken seiner Position. Als es im Oktober 1928 zur Kraftprobe zwischen Hugenberg und dem bisherigen Parteivorsitzenden K. Graf Westarp kam, schwenkte er auf die Seite Westarps über.

Der innere Konflikt der Deutschnationalen, der mit der Auseinandersetzung um den Young-Plan eskalierte, führte am 4. 12. 1929 zu S.-S.s Austritt aus der deutschnationalen Fraktion, am 26. Januar verließ er auch die Partei. Er schloß sich sowohl der Christlich-Nationalen Bauern- und Landvolkpartei als auch der →Volkskonservativen Vereinigung an, mußte aber nach den Septemberwahlen von 1930 begreifen, daß diese Versuche, eine gemäßigte Rechte zur Unterstützung des Präsidialkabinetts Brüning zu organisieren, vergeblich blieben. Da an eine parlamentarische Deckung für die Regierung nicht zu denken war, ließ sich S.-S. am 7. November 1931 zum Reichskommissar für die Osthilfe und

Reichsminister ohne Geschäftsbereich ernennen. Sein Ruf als Landwirtschaftsexperte konnte allerdings nicht verhindern, daß ihn die Kamarilla um Hindenburg als „Agrarbolschewisten" verdächtigte, der mit seinen Aufsiedlungsplänen dem Großgrundbesitz einen entscheidenden Schlag versetzen wolle.

Daß es keine „Front der Vernünftigen" gab, die den konservativen Umbau der Republik getragen hätte, begriff S.-S. spätestens bei der Demission Brünings im Mai 1932. Er zog sich auf sein Gut zurück und verbrachte die Zeit nach der nationalsozialistischen Machtübernahme in politischer Abstinenz. Zwar gab es kurze Kontakte zu den Widerstandskreisen um Beck und →Goerdeler, die dazu führten, daß S.-S. in den Kabinettslisten der Opposition geführt wurde, aber im eigentlichen Sinne war er weder an der Aktion vom 20. Juli 1944 noch an ihrer Vorbereitung beteiligt. S.-S. erlebte den Untergang des Dritten Reiches in Pommern, bevor er mit dem Flüchtlingsstrom aus dem Osten nach Schleswig-Holstein kam.

S.-S. glaubte – wie er in seinem 1946 erschienenen Buch „Am Tage danach" darlegte –, daß der Zusammenbruch Deutschlands das Ergebnis einer längeren Fehlentwicklung gewesen sei. Die durch den Bismarckstaat geförderte Unfähigkeit zur Selbstregierung habe in der nationalsozialistischen Diktatur ihre fatale Konsequenz gezeigt. Es müsse jetzt darum gehen, Voraussetzungen für eine „organische" „deutsche Demokratie" zu schaffen, die wirklich im Volk verankert sei. Zusammen mit anderen Politikern der Weimarer Zeit gründete S.-S. deshalb schon am 30. 10. 1945 die „Christlich-Demokratische Aufbaupartei". Die CDAP sollte als „christlich-konservative" Sammlungsbewegung vor allem das Bürgertum ansprechen und neben Sozialdemokratie und Kommunisten die bestimmende Kraft in einem zukünftigen deutschen Staat sein. Damit traf S.-S. nicht nur auf den Widerstand →Adenauers, der ihn persönlich als Konkurrenten betrachtete, sondern auch auf die Abwehr jener Kreise in der entstehenden CDU, die einen „christlichen Sozialismus" propagierten. Enttäuscht zog er sich aus der Parteiarbeit zurück. Seine Stärke lag wohl auch eher darin, den von ihm geforderten „Pragmatismus der ersten Stunde" zu verwirklichen. Am 1. Februar 1946 übernahm

S.-S. die Leitung des Zentralamtes für Ernährung und Landwirtschaft in der britischen Zone, kurze Zeit später wurde er zum stellvertretenden Direktor des bizonalen Verwaltungsrates für Ernährung und Landwirtschaft ernannt, 1947-49 versah er dann die Aufgaben des Direktors der Verwaltung für Ernährung, Landwirtschaft und Forsten.

S.-S. sah seine Aufgabe als „Hungerdiktator" der westlichen Zonen vor allem darin, die unmittelbaren Versorgungsprobleme der Bevölkerung zu bewältigen. In enger Zusammenarbeit mit den Besatzungsmächten – bei entschiedener Wahrung des deutschen Standpunktes – versuchte er einen planwirtschaftlichen „Notzentralismus" zu organisieren, der tatsächlich einige Erfolge bei der Behebung der Ernährungskrise und dem Wiederaufbau der Landwirtschaft zeitigte. Allerdings verhinderte das Fehlen eigener Exekutivorgane für die Zentralverwaltung ein vollständiges Gelingen. Seit 1948 wurden seine Bemühungen von den Vorbereitungen der Weststaatsgründung überholt.

S.-S. fühlte sich seitdem – wie er nicht ohne Bitterkeit feststellte – politisch „abgehängt". Obwohl Adenauer ihm einen Kabinettsposten anbot, verzichtete er – angesichts der Opposition der Bauernverbände, die durch die CDU/CSU und die →DP vertreten wurden – freiwillig auf ein Regierungsamt. Auch von einer ursprünglich in Aussicht genommenen Kandidatur für die Bundespräsidentschaft trat er zurück und übernahm im Frühjahr 1950 resigniert das westdeutsche Konsulat in London.

S.: Völkisch und vaterländisch. Die DNVP an die deutsche Jugend, Berlin 1924; Acker und Arbeit, Schriften an die Nation, Bd. 9, Oldenburg i. O. 1932; Am Tage danach, Hamburg 1946.

L.: *H. Muth,* H. S.-S., in: *G. Franz / H. Haushofer:* Große Landwirte, Frankfurt a. M., S. 394-417; *G. J. Trittel:* Hans S.-S. Ein vergessener Politiker der „ersten Stunde", in: Vierteljahreshefte für Zeitgeschichte 35 (1985), S. 25-63.

– W

Schlegel, Friedrich von

* 10. 3. 1772 Hannover; † 12. 1. 1829 Dresden. Kritiker und Philosoph, Bahnbrecher der romantischen Bewegung. S. stammte aus einer namhaften Familie von Pastoren, Beamten, Juristen und Schriftstellern. Sein Urgroß-

vater Christoph S. wurde als Oberprediger von Leutschau unter dem Namen S. von Gottleben geadelt. S. studierte ab 1790 in Göttingen und Leipzig Rechtswissenschaft und lebte nach Studienabbruch als freier Schriftsteller mit ständigen Geldsorgen („Herr Friedrich mit der leeren Tasche"). Der als Graecomane bezeichnete junge S. sah in der griechischen Dichtung „Maximum und Kanon" einer Poesie, die in natürlicher Einheit mit dem gesellschaftlichen Leben stand („Die Griechen und Römer", 1797; „Geschichte der Poesie der Griechen und Römer", 1798), während Subjektivität und Streben nach Interessantem die Neueren in die Krise geführt hätten. Nicht die Rückkehr zur Vergangenheit, sondern die Erzeugung eines neuen „Objektiven" überwinde die Krise, wofür Goethe ein Beispiel sei.

Unter dem Einfluß von Caroline Böhmer, der späteren Frau seines Bruders August Wilhelm, sympathisierte der von Haus aus konservative S. in Reichardts Zeitschriften „Deutschland" und „Lyceum der schönen Künste" mit den revolutionären Umbrüchen der Zeit („Die französische Revolution wird erst durch die Deutschen allgemein werden"). S.s Abkehr von Reichardts „Aufklärungsberlinism" und Schillers Bruch mit dem „Horen"-Mitarbeiter August Wilhelm führten zur Gründung eines eigenen Organs der Brüder S., das den Namen „Athenäum" (1798-1800) erhielt und als „Synfonierung der Verbrüderung" – der S.s, Tiecks und Hardenbergs (→Novalis) – den Beginn der Romantischen Schule darstellte. Mit den „Fragmenten" und den literaturkritischen „Charakteristiken" fand das frühromantische Denken eigene Formen. Nach der Auflösung des Jenaer Kreises durch den Tod des Novalis und die Trennung August Wilhelms von Caroline zog S. nach Paris, wo er mit der Zeitschrift „Europa" für eine deutsch-französische Synthese wirkte, Persisch und Sanskrit studierte („Über Sprache und Weisheit der Indier", 1808) und die romantische Kunsttheorie entwickelte.

S. beschäftigte, seit er Zeuge der Kaiserkrönung Napoleons geworden war, die Idee des „wahren Kaisertums", das nicht im zentralistischen Frankreich, sondern im freien Bündnis der Völker, wo „jedes das bleibt, was es ist und sein soll", zu suchen sei. 1808 trat S. mit seiner Frau Dorothea, Tochter des Philosophen Moses Mendelssohn, zum katholischen Glauben über. Den Rest seines Lebens verbrachte S. in Österreich. 1809 wurde er als „Hofsekretär der Armeehofkommission" beim Stabe des Erzherzogs Karl verbeamtet. Nach dem Fall von Wien stellte er in einer Felddruckerei die „Österreichische Zeitung" als amtliches Organ her. 1812/13 gab S. in Wien seine nach Zahl und Rang der Mitarbeiter und Fülle des Stoffes bedeutendste Zeitschrift, „Das Deutsche Museum", heraus, ein Sprachrohr des kulturellen Widerstands gegen Napoleon. Nach Tätigkeit beim Wiener Kongreß (Entwurf der Bundesakte und – durch den päpstlichen Christusorden belohntes – Eintreten gegen eine Nationalkirche) ging S. als Legationsrat nach Frankfurt am Main, wurde jedoch 1818 als „meuble superflue" aus dem Dienst entfernt.

Seine letzten zehn Lebensjahre konnte S. ganz der Ausarbeitung seines umfangreichen philosophischen, historischen und literarischen Werkes widmen. Mit der Zeitschrift „Concordia" (1820-23) schuf S. zum Mißfallen →Metternichs ein in sich geschlossenes Organ der politischen Theologie, in dem er unter dem Titel „Signatur des Zeitalters" eine in die Tiefe dringende Kritik des Zeitgeistes entfaltete. Die Resultate seines philosophischen Denkens wollte er auf einer Rundreise der Öffentlichkeit vorstellen, als er nach den Vortragszyklen über die „Philosophie des Lebens" und die „Philosophie der Geschichte" in Dresden während der Vorträge über die „Philosophie der Sprache und des Wortes" vom Tod überrascht wurde.

Das Werk S.s, das gleichermaßen im Mittelpunkt der Frühromantik stand wie in dem der (Wiener) Spätromantik, stieß auf ein durch unterschiedliche Zeitumstände bedingtes geteiltes Echo. Vor dem Ersten Weltkrieg überwog das „liberale" Interesse am Frühromantiker, der sich spätestens mit seiner Konversion selbst aufgegeben hätte (Dilthey: „F. S., der Genosse der Verkünder der freien Individualität, der in ihrem Rechte bis zum Übermut geschwelgt hatte, in die Hand eines katholischen Priesters sein ererbtes Recht freien Denkens zurückgebend, unkräftig seitdem frei zu forschen und zu leben..."), während nach dem Ersten Weltkrieg im Zuge des „Renouveau Catholique" der „konservative"

Spätromantiker entdeckt und in Einzelausgaben publiziert wurde. Doch verbindet die beiden S.-Bilder das einheitsstiftende, gesellschaftsbezogene, universalistische Denken, das ebenso der Universalpoesie des „Athenäum" wie der Hinwendung zur österreichischen Monarchie und zur Römischen Kirche zugrunde liegt. Bis heute fehlt eine gültige S.-Biographie, während die noch nicht abgeschlossene 35bändige Kritische Gesamtausgabe all das, was vom Erbe S.s erhalten geblieben ist, vereinigt.

B.: *J. Körner:* Bibliographisches Handbuch des deutschen Schrifttums, Bern [3]1949; *E. Behler:* Der Stand der F. S.-Forschung, in: Jahrbuch der Deutschen Schillergesellschaft 1957; *V. Deubel:* Die F. S.-Forschung 1945-72, in: Deutsche Vierteljahrsschrift für Literaturwissenschaft und Geistesgeschichte 47 (1973); *K. Peter:* F. S., Stuttgart 1978.

S.: Sämtliche Werke, Bde. I-X, Wien 1822-25; Sämtliche Werke, Bde. I-XV, Wien 1846; Kritische F. S.-Ausgabe, hrsg. v. *E. Behler* unter Mitwirkung v. *J. J. Anstett* u. *H. Eichner*, Paderborn 1958ff., bisher erschienen: 26 von 35 Bden.

L.: *R. Haym:* Die romantische Schule, Berlin 1870 u.ö.; *J. Bleyer:* F. S. am Bundestag in Frankfurt, Leipzig 1913; *R. Volpers:* F. S. als politischer Denker und deutscher Patriot, Naumburg 1917; *C. Schmitt:* Politische Romantik, München 1919 u.ö.; *P. Kluckhohn:* Persönlichkeit und Gemeinschaft – Studien zur Staatsauffassung der deutschen Romantik, Halle 1925; *F. Imle:* F. v. S.s religiöse Entwicklung von Kant zum Katholizismus, Paderborn 1927; *B. v. Wiese:* F. S. – Ein Beitrag zur Geschichte der romantischen Konversionen, Berlin 1927; *A. Schlagdenhaufen:* F. S. et son groupe, Paris 1934; *L. Wirz:* F. S.s philosophische Entwicklung, Bonn 1939; *R. Lorenz:* Deutschland und Europa – F. S.s Wiener Vorlesungen über die neuere Geschichte, in: *ders.:* Drei Jhdt.e Volk, Staat und Reich, Wien 1942, S. 291-323; *J. J. Anstett:* La pensée religieuse de F. S., Paris 1942; *A. Dempf:* Der frühe und der späte F. S., in: Weltordnung und Heilsgeschehen, Einsiedeln 1958; *G. P. Hendrix:* Das politische Weltbild F. S.s, Bonn 1962; *E. Behler:* F. S., Reinbek 1966; *W. Weiland:* Der junge F. S. oder Die Revolution in der Frühromantik, Stuttgart 1968; *J. L. Jamison:* S. and Metternich, Diss. Seattle 1969; *H. Eichner:* F. S., New York 1970; *K. Peter:* Idealismus als Kritik – F. S.s Philosophie der unvollendeten Welt, Stuttgart 1973; *U. Scheuner:* Der Beitrag der deutschen Romantik zur politischen Theorie, Opladen 1980.

– S-N

Schmitt, Carl

* 11. 7. 1888 Plettenberg; † 7. 4. 1985 ebd. Staatsrechtslehrer und Politiktheoretiker.

Carl Schmitt
1888–1985

1907-10 Studium der Rechte in Berlin, München und Straßburg. Schrieb bereits in seiner Referendarzeit drei rechts- und staatstheoretisch ausgerichtete Bücher, dazu unter Pseudonym die „Schattenrisse" (1913), eine satirisch verkleidete Kulturkritik der Moderne. Nach dem Assessorexamen Februar 1915 Kriegsfreiwilliger und bis 1919 als Unteroffizier in der Zensurabteilung des Bayerischen Kriegsministeriums. 1916 Habilitation in Straßburg. In München verfaßte S. die ideen- und literaturgeschichtlich orientierte „Politische Romantik" (1919) und die rechtshistorische „Diktatur" (1921), Werke, die seine wissenschaftliche Reputation begründeten. 1921 o. Professor für Öffentliches Recht in Greifswald, 1922-28 in Bonn, wo er seine später bekanntesten Schüler promovierte (E. →Forsthoff, E. R. Huber, E. Friesenhahn, W. Weber, O. Kirchheimer). 1928 wechselte er nach Berlin (Handelshochschule). 1930-33 stützte er literarisch und gutachtlich die Präsidialregierungen gegen das zur Regierungsbildung unfähige Parlament und die extremistischen Parteien, vertrat die Reichsregierung v. Papen 1932 im Prozeß vor dem Staatsgerichtshof wegen des „Preußenschlages" und beriet die Regierung des Reichskanzlers v. Schleicher bis zu dessen Ablösung durch Hitler.

Im April 1933 folgte er der Aufforderung des befreundeten Staatssekretärs Popitz zur Mitarbeit am Reichsstatthaltergesetz und trat der NSDAP bei. Der Chef des NS-Rechtswahrerbundes Frank hofierte den prominenten Staatsrechtslehrer und übertrug ihm in dieser Organisation die Leitung der „Reichsfachgruppe Hochschullehrer des Bundes nationalsozialistischer Juristen". S. wurde Herausgeber der „Deutschen Juristen-Zeitung", und Göring ernannte ihn zum Preußischen Staatsrat. S. revanchierte sich durch viele Aufsätze zugunsten der „Nationalen Revolution". Die Rechtfertigung der Morde an den SA-Führern am 30. Juni 1934 („Der Führer schützt das Recht") und ein Referat auf der von ihm 1936 einberufenen „Judentagung" („Die deutsche Rechtswissenschaft im Kampf gegen den jüdischen Geist") sind die berüchtigtsten Texte dieser Ära. Als das NS-Regime 1936 stabilisiert und nicht mehr auf Weimarer Prominenz angewiesen war, wurde S. von der SS in der Zeitung „Das Schwarze Korps" öffentlich als Vertreter des politischen Katholizismus und Judenfreund denunziert und verlor alle politischen Ämter. Außerhalb der Universität durfte er keine Vorträge halten, innerhalb der Universität blieb er auf seinen Lehrstuhl beschränkt. S. wandte sich in seinen Veröffentlichungen vornehmlich dem Völkerrecht, staatstheoretischen Grundfragen sowie geschichtsphilosophischen Problemen zu.

Von September 1945 bis Oktober 1946 war S. von der amerikanischen Besatzungsmacht in Berlin interniert; seine Bibliothek wurde beschlagnahmt. Die Bemühungen seines ehemaligen Kollegen Karl Loewenstein, ihn als Kriegsverbrecher bestrafen zu lassen, blieben erfolglos. Im März 1947 wurde S. erneut verhaftet und nach Nürnberg verbracht, wo ihn Robert Kempner unter dem Vorwand des Verdachts der Beteiligung an Angriffskrieg, Kriegsverbrechen und Verbrechen gegen die Menschlichkeit verhörte. Im Mai 1947 wurde S. nach Plettenberg entlassen, wo er mit seiner Familie mittellos bei Verwandten lebte. Erst die 1952 zuerkannte Pension nach dem 131er-

Gesetz, festgesetzt aufgrund der Kölner Bezüge von 1932, sicherten seinen Lebensunterhalt. Die Rückkehr in die publizistische Öffentlichkeit scheiterte an heftigen Protesten („C. S. ante portas"). Fortan beschränkte er sich darauf, seine juristischen, politiktheoretischen und geschichtsphilosophischen Arbeiten kommentiert neu herauszugeben oder in wissenschaftlichen Texten fortzuführen. Durch seine Gastfreundschaft wie durch eine umfangreiche Korrespondenz hielt er Kontakt zu Kollegen und jüngeren Wissenschaftlern. Zwar gab es schon in den fünfziger und sechziger Jahren monographische Versuche, das vielfältige und in 13 Sprachen übersetzte Werk S.s kritisch aufzuarbeiten, die eigentliche S.-Diskussion setzte national und international indes erst nach seinem Tode ein.

S.s Konservatismus ist eine Grundhaltung, die von seiner Katholizität beeinflußt, aber nicht beherrscht wurde. Er distanzierte sich von dem seit 1900 herrschenden Fortschrittsbewußtsein, das der Ökonomie, der Technik und den Naturwissenschaften Dominanz einräumt und ihnen dadurch alle überkommenen geistigen Positionen ausliefert. Darwin und Nietzsche sind ihm ebenso Exponenten dieser Entwicklung wie der Marxismus, der Liberalismus der Bourgeoisie und der Wilhelminismus, aber auch der Naturalismus in der Kunst und der juristische Positivismus. S. betont gegenüber Natur, Tatsachen und Subjektivismus den Vorrang der geistigen Welt, ihrer Normen und Formen, ihrer autochthonen Kriterien und Begriffe. Die Entsprechungen dieses Denkens in der modernen Kunst (Kubismus, Expressionismus) und in der Philosophie (Heidegger) bewahren vor der neuerdings vertretenen Annahme, S.s Theorien seien im Kern Theologie. Seine einschlägigen Stellungnahmen lassen sich dem katholischen Renouveau zuordnen, sie sind jedoch vor allem Anwendungen seiner Denkweise auf Kirche und Glauben, weshalb sie von den katholischen Denkern abgelehnt wurden. Virtuos umgesetzt, erbrachte sein Begriffsdenken in der Rechtswissenschaft außerordentliche Leistungen. In der politischen Theorie sollten seine Fragestellungen und Kriterien („Freund – Feind") die Realien nicht verharmlosen, sondern in ihrem eigentlichen Wesen freilegen und die Zuspitzungen politischen Handelns erfassen.

Durch Schlüsselerlebnisse in der Niederlage 1918 und in der Münchener Revolution 1919 sah er sein realistisches Menschenbild und seine Überzeugung vom Vorrang objektiver Ordnungen bestätigt, garantiert durch einen starken →Staat, der sich auf die wichtigsten Aufgaben konzentriert. In Weimarer Zeit stand er dem „Solidarismus" des Sozialkatholizismus und den Jungkonservativen des „Ring"-Kreises nahe. Wie andere bürgerliche Konservative, erlag er 1933 der Illusion, mit Hitler die konservativen Positionen wieder zur Geltung bringen und Deutschland in die Reihe der europäischen Großmächte zurückführen zu können.

B.: *P. Tommissen* in: *H. Barion / E. Forsthoff / W. Weber* (Hrsg.): Festschrift für C. S., 1959, S. 273-330; *ders.:* in: *H. Barion / E.-W. Böckenförde / E. Forsthoff / W. Weber* (Hrsg.): Epirrhosis, Festgabe für C. S., 1968, S. 739-78; *ders.:* Revue européenne des sciences sociales XVI, 1978, Nr. 44, S. 187-238; *A. de Benoist / G. Maschke,* in: Nouvelle École 44 (1987), S. 67-86; *I. Staff:* Staatsdenken in Italien des 20. Jhdt.s. Ein Beitrag zur C. S.-Rezeption, 1991, S. 267-312; *Koenen* 1995 (siehe unter L.:); S. 850-946.

S.: Über Schuld und Schuldarten – Eine terminologische Untersuchung, Breslau 1910; Gesetz und Urteil – Eine Untersuchung zum Problem der Rechtspraxis, Berlin 1912; Johannes Negelinus (Pseud.): Schattenrisse, Berlin 1913; Der Wert des Staates und die Bedeutung des Einzelnen, Tübingen 1914; Theodor Däublers „Nordlicht" – Drei Studien über die Elemente, den Geist und die Aktualität des Werkes, München 1916; Politische Romantik, München 1919; Die Diktatur – Von den Anfängen des modernen Souveränitätsgedankens bis zum proletarischen Klassenkampf, München 1921; Politische Theologie – Vier Kapitel zur Lehre von der Souveränität, München 1922; Die geistesgeschichtliche Lage des heutigen Parlamentarismus, München 1923; Römischer Katholizismus und politische Form, Hellerau 1923; Die Rheinlande als Objekt internationaler Politik, Köln 1925; Die Kernfrage des Völkerbundes, Berlin 1926; Volksentscheid und Volksbegehren – Ein Beitrag zur Auslegung der Weimarer Verfassung und zur Lehre von der unmittelbaren Demokratie, Berlin 1927; Verfassungslehre, München 1928; Hugo Preuss – Sein Staatsbegriff und seine Stellung in der deutschen Staatslehre, Tübingen 1930; Der Hüter der Verfassung, Tübingen 1931; Freiheitsrechte und institutionelle Garantien der Reichsverfassung, Berlin 1931; Der Begriff des Politischen, München 1932; Legalität und Legitimität, München 1932; Das Reichsstatthaltergesetz, Berlin 1933; Staat, Bewegung, Volk – Die Dreigliederung der politischen Einheit, Hamburg 1933; Über die drei Arten des rechtswissenschaftlichen Denkens, Hamburg 1934; Staatsgefüge und Zusammenbruch des zweiten Reiches – Der Sieg des Bürgers über den Soldaten, Hamburg 1934; Der Leviathan in der Staatslehre des Thomas Hobbes – Sinn und Fehlschlag eines politischen Symbols, Hamburg 1938; Die Wendung zum diskriminierenden Kriegsbegriff, München 1938; Völkerrechtliche Großraumordnung mit Interventionsverbot für raumfremde Mächte – Ein Beitrag zum Reichsbegriff im Völkerrecht, Berlin 1939; Positionen und Begriffe im Kampf mit Weimar – Genf – Versailles, 1923-39, Hamburg 1940; Land und Meer – Eine weltgeschichtliche Betrachtung, Leipzig 1942; Die Lage der europäischen Rechtswissenschaft, Tübingen 1950; Ex captivitate salus – Erfahrungen der Zeit 1945/ 47, Köln 1950; Donoso Cortés in gesamteuropäischer Interpretation, Köln 1950; Der Nomos der Erde im Völkerrecht des ius publicum europaeum, Köln 1950; La Unidad del Mundo, Madrid 1951; Gespräch über die Macht und den Zugang zum Machthaber, Pfullingen 1954; Hamlet oder Hekuba – Der Einbruch der Zeit in das Spiel, Düsseldorf 1956; Verfassungsrechtliche Aufsätze aus den Jahren 1924-54 – Materialien zu einer Verfassungslehre, Berlin 1958; Die Tyrannei der Werte – Überlegungen eines Juristen zur Wert-Philosophie, Stuttgart 1960; El Orden del Mundo después de la segunda Guerra Mundial, Madrid 1962; Theorie des Partisanen – Zwischenbemerkung zum Begriff des Politischen, Berlin 1963; Politische Theologie II – Die Legende von der Erledigung jeder Politischen Theologie, Berlin 1970.

E.: „Telos" (New York), Nr. 72, Sommer 1987, Special Issue – C. S.: Enemy or Foe?; Schmittiana I-V, hrsg. v. *P. Tommissen*, Brüssel – Berlin 1991-96; Glossarium. Aufzeichnungen der Jahre 1947-51, hrsg. v. *E. v. Medem*, Berlin 1991; Das internationalrechtliche Verbrechen des Angriffskrieges und der Grundsatz „nullum crimen, nulla poena sine lege" (1945), hrsg. v. *H. Quaritsch*, Berlin 1994; Staat, Großraum, Nomos – Arbeiten aus den Jahren 1916-69, hrsg. v. *G. Maschke*, Berlin 1995.

L.: *H. Wohlgemuth:* Das Wesen des Politischen in der heutigen neoromantischen Staatslehre, Diss. jur. Erlangen 1932; *O. Koellreutter:* Volk und Staat in der Verfassungskrise – Zugleich eine Auseinandersetzung mit C. S., Berlin 1933; *V. Leemans:* C. S. – Bijdrage tot de sociologie van staat en politiek, Antwerpen 1933; *K. Schultes:* Der Niedergang des staatsrechtlichen Denkens im Faschismus – Die Lehren des Herrn Professor C. S., Kronjurist der Gegenrevolution, Weimar 1947; *José Caamaño Martínez:* El Pensamiento jurídicopolítico de C. S., Santiago de Compostela 1950; *A. d'Ors:* De la guerra y de la paz, Madrid 1954; *P. Schneider:* Ausnahmezustand und Norm – Eine Studie zur Rechtslehre von C. S., Stuttgart 1957; *C. v. Krockow:* Die Entscheidung – Eine Untersuchung über Ernst Jünger, C. S., Martin Heidegger, Stuttgart 1958; *J. Fijalkowski:* Die Wendung zum Führerstaat – Die ideologischen Komponenten in der politischen Philosophie C. S.s, Köln 1958; *H. Hofmann:* Legitimität gegen Legalität. Der Weg der politischen Philosophie C. S.s, Neuwied 1964, Berlin ³1995; *J. Freund:* L'essence du poli-

tique, Paris 1965; *M. Schmitz:* Die Freund-Feind-Theorie C. S.s, Köln 1965; *Arturo Enrique Sampay:* C. S. y la crisis de la ciencia jurídica, Buenos Aires 1965; *G. Schwab:* The Challenge of the Exception. – An Introduction to the Political Ideas of C. S. between 1921 and 1936, Berlin 1970; *L.-A. Bentin:* Johannes Popitz und C. S. Zur wirtschaftlichen Theorie des totalen Staates in Deutschland, München 1972; *H. Rumpf:* C. S. und Thomas Hobbes – Ideelle Beziehungen und aktuelle Bedeutung mit einer Abhandlung über: Die Frühschriften C. S.s, Berlin 1972; *K.-M. Kodalle:* Politik als Macht und Mythos, C. S.s „Politische Theologie", Stuttgart 1973; *P. Tommissen:* Over en in zake C. S., Brüssel 1975; *I. Maus:* Bürgerliche Rechtstheorie und Faschismus – Zur sozialen Funktion und aktuellen Wirkung der Theorie C. S.s, München 1976, ²1980; *V. Neumann:* Der Staat im Bürgerkrieg. Kontinuität und Wandlung des Staatsbegriffs in der politischen Theorie C. S.s, Frankfurt 1980; *P. P. Portinaro:* La crisi dello jus publicum europaeum – Saggio su C. S., Mailand 1982; *J. Bendersky:* C. S. Theorist for the Reich, Princeton 1983; *J. M. Beneyto:* Politische Theologie als politische Theorie, Berlin 1983; *J. Taubes* (Hrsg.): Der Fürst dieser Welt. C. S. und die Folgen, München 1983, ²1985; *E. Castrucci:* La forma e la decisione, Mailand 1984; *M. S. Giannini* u.a., C. S. giurista, Sonderheft der „Quaderni costituzionale" 1986, Bologna 1986; *J. Taubes:* Ad C. S.. Gegenstrebige Fügung, Berlin 1987; *G. Gómez Orfanel:* Excepción y normalidad en el pensamiento de C. S., Madrid 1986; *G. Maschke:* Der Tod des C. S. Apologie und Polemik, Wien 1987; *R. Racinaro* u.a., Tradizione e modernità nel pensiero politico di C. S., Neapel 1987; Complexio oppositorum – Über C. S., hrsg. v. *H. Quaritsch*, Berlin 1988; *M. Kaufmann:* Recht ohne Regel? Die philosophischen Prinzipien in C. S.s Staats- und Rechtslehre, Freiburg 1988; *H. Meier:* C. S., Leo Strauss und „Der Begriff des Politischen". Zu einem Dialog unter Abwesenden, Stuttgart 1988; *H. Quaritsch:* Positionen und Begriffe C. S.s, Berlin 1989, ³1995; *B. Rüthers,* C. S. im Dritten Reich, München 1989, ²1990; *T. v. Waldstein:* Die Pluralismuskritik in der Staatslehre von C. S., Diss. Bochum 1989; *R. Kramme:* Helmuth Plessner und C. S. Eine historische Fallstudie zum Verhältnis von Anthropologie und Politik in der deutschen Philosophie der zwanziger Jahre, Berlin 1989; *R. Mehring:* Pathetisches Denken. C. S.s Denkweg am Leitfaden Hegels, Berlin 1989; *C. Bonvecchio,* Il politico impossibile, Turin 1990; *P. E. Gottfried,* C. S. Politics and theory, New York 1990; *V. Holczhauser:* Konsens und Konflikt. Die Begriffe des Politischen bei C. S., Berlin 1990; *M. Nicoletti:* Trascendenza e potere. La teologia politica di C. S., Brescia 1990; *I. Villinger:* Verortung des Politischen. C. S. in Plettenberg, Hagen 1990; *G. L. Ulmen:* Politischer Mehrwert. Eine Studie über Max Weber und C. S., Weinheim 1991; *R. Mehring:* C. S. zur Einführung, Hamburg 1992; *A. Adam:* Rekonstruktion des Politischen. C. S. und die Krise der Staatlichkeit 1912-33, Weinheim 1992; *J.-F. Kervégan:* Hegel, C. S.. Le politique entre spéculation et positivité, Paris 1992;

T. W. A. de Wit: De onontkoombaarheid van de politiek. De soevereine vijand in de politieke filosofie van C. S., Ubbergen 1992; *D. v. Laak:* Gespräche in der Sicherheit des Schweigens. C. S. in der politischen Geistesgeschichte der frühen Bundesrepublik, Berlin 1993; *P. Noack*, C. S.. Eine Biographie, Berlin 1993; *J. Schikkel*, Gespräche mit C. S., Berlin 1993; *H. Meier:* Die Lehre C. S.s, Vier Kapitel zur Unterscheidung politischer Theologie und politischer Philosophie, Stuttgart 1994; *G. Meuter:* Der Katechon. Zu C. S.s fundamentalistischer Kritik der Zeit, Berlin 1994; *M. Pilch:* System des transcendentalen Etatismus. Staat und Verfassung bei C. S., Wien 1994; *B. Wacker* (Hrsg.): „Die eigentlich katholische Verschärfung...". Konfession, Theologie und Politik im Werk C. S.s, München 1994; *I. Villinger:* Schattenrisse. C. S.s Kulturkritik der Moderne, Berlin 1995; *A. Göbel / D. van Laak / I. Villinger* (Hrsg.): Metamorphosen des Politischen. Grundfragen politischer Einheitsbildung in den zwanziger Jahren, Berlin 1995; *A. Koenen:* Der Fall C. S. – Sein Aufstieg zum „Kronjuristen des Dritten Reiches", Darmstadt 1995.

– Qu

Schneider, Reinhold

* 13. 5. 1903 Baden-Baden; † 6.4. 1958 Freiburg/Breisgau. Konservativer Schriftsteller, zunächst v.a. von Nietzsche und Schopenhauer geprägt, dann unter katholischem Einfluß. Bedeutender Vertreter einer dezidiert christlich-personalistischen Philosophie. Aus badischer Hoteliersfamilie stammend, begann S. nach dem Abitur eine Landwirtschaftslehre, die nach wenigen Wochen abgebrochen wurde. Anschließend war er als kaufmännischer Angestellter im Druckereiwesen in Dresden tätig. 1922 unternahm S., der schon als Kind eine schwermütige Veranlagung aufwies, einen Selbstmordversuch. Die Bekanntschaft mit seiner späteren Lebensgefährtin Anna Maria Baumgarten gab S. neuen Halt. In den folgenden Jahren begann seine schriftstellerische Tätigkeit; er beschäftigte sich mit F. Nietzsche, A. Schopenhauer, I. Kant und insbesondere dem baskischen Philosophen und Dichter Miguel de Unamuno. 1928/29 reiste S. nach Portugal, Spanien, Tanger und Italien. Ausdruck fand die intensive Beschäftigung mit der iberischen Geschichte in S.s erstem großen Werk, „Das Leiden des Camoés oder Untergang und Vollendung der portugiesischen Macht" (1928). Im Jahr 1931 siedelte S. von Heidelberg nach Göttingen, kurze Zeit später nach Berlin über. Hier arbeitete er an verschiedenen

monarchistischen Periodika mit, darunter an →Guttenbergs Monatszeitschrift „Monarchie" (später →„Weiße Blätter"). Frucht seiner Englandreise (1936) wurde das Werk „Das Inselreich". In den Jahren seines Potsdamer Aufenthaltes (1932-38) fand seine Wandlung vom metaphysischen Atheisten zum strenggläubigen Katholiken statt; sein bisheriger „Leitstern Nietzsche" verblaßte. Im Dritten Reich geriet S. als konservativmonarchistischer Autor bald in Opposition zum Regime. In dem 1938 erschienenen Buch „Las Casas vor Karl V." prangerte S. im historischen Handlungsrahmen der frühen Kolonialzeit und Indianermission offen die Rassenideologie und Expansionspolitik des NS-Staates an. Seit 1940 erhielt S. deswegen keine Druckerlaubnis mehr. Wegen des illegal publizierten Sonettbandes „Das Gottesreich in der Zeit" kam es 1945 zur Internierung und Hochverratsanklage; das nahende Kriegsende verhinderte den Prozeß.

1947 gehörte S. zu den Gründungsmitgliedern des PEN-Clubs. 1952 wurde er mit dem Orden „Pour le mérite" ausgezeichnet. Aufgrund seines christlichen Gewissens zählte S. Anfang der fünfziger Jahre zu den engagierten Gegnern der deutschen Teilung und Wiederbewaffnung sowie der globalen atomaren Aufrüstung. Ebenso vehement kritisierte er blinden technologischen Fortschrittsglauben und die Zerstörung der natürlichen Lebensgrundlagen. 1956 erfolgte die Auszeichnung mit dem Friedenspreis des Deutschen Buchhandels. In den letzten Jahren von Krankheit gezeichnet, legte S. in „Winter in Wien" eine Bilanz seines Lebens vor.

Das Verhältnis von Religion und Macht ist das immer wiederkehrende Thema des historiographischen und poetischen Werkes S.s. Kern seiner Philosophie ist die Forderung, das Gesetz des sittlich-religiösen Lebens zur Richtschnur der Politik zu machen. Den kollektivistischen Lehren stellte er das Bild der ihrem christlichen Glauben verpflichteten, verantwortungsbewußten Persönlichkeit entgegen. „Maßstab christlichen Handelns in allen Bereichen des Lebens bildet nach S. die Verantwortung des einzelnen vor dem eigenen Gewissen, welches sich an der Person Christi prüft" (G. Müller). Personalität bedeutet damit, sich an einen geglaubten inneren Wert zu binden und diesen nach außen, in die Welt und in die Politik zu tragen. Theologie müsse somit immer auch politisch sein. Der Mensch ist in den Kampf zwischen Gut und Böse gestellt. Verbunden damit ist das Recht, sich Befehlen und Gesetzen zu verweigern, die mit dieser Gewissensentscheidung nicht zu vereinbaren sind, „mag die befehlende Macht noch so legitim sein".

Die heutige Machtgestalt, hervorgegangen aus der mechanistischen Philosophie eines Francis Bacon und der Proklamation des absoluten →Staates durch Thomas Hobbes, sah S. als den Zertrümmerer des transzendentalen Menschenbildes des christlichen Abendlandes. An die Stelle von Thron und Altar seien Wissen und Macht als Herrschaftsgestalten getreten; beide treiben, so S.s Auffassung, in einem Todeszirkel die Entsittlichung und materielle Verwertbarkeit der Welt voran und förderten damit die in diesem Aneignungsinteresse angelegte Tendenz zur Zerstörung der Erde. Scharf geißelte S. in diesem Zusammenhang die „Freiheit der Wissenschaft" als den „Hochgesang eines Standes auf sich selbst". Gerade die naturwissenschaftlichen Erkenntnisse sollten uns die Dissonanz in der „Spannweite des Geistes und der physiologischen Begrenztheit unserer Existenz" vor Augen führen und deshalb Anlaß zur Rückkehr in die „Sicherheit eines grenzenlosen Innern" sein.

S. verstand seinen Patriotismus stets eingebettet in die christlich-europäische Geschichte. Als vollendetes Symbol der europäischen Kultur galt ihm das universalistisch geprägte „Heilige Römische Reich Deutscher Nation" (→Reich), dessen Reichsinsignien ihm „die höchsten, die unabdingbaren Zeichen des Abendlandes" waren. Die Monarchie war für S. eine „ins Metaphysische weisende Ordnung", Abbild des einfachsten natürlichen Verbandes, der Familie; der König erfüllte den „Wunsch des Volkes nach Führertum". Die NS-Diktatur, die Weltkriege und das atomare Zeitalter hätten allerdings die geistigen Grundlagen sowohl für den Reichsgedanken als auch für ein solches metaphysisch-personalistisch begründetes Königtum vernichtet, weshalb S. bekannte, „in Deutschland als Monarchist Gegner der Restauration" zu sein.

S.s Historiographie und Philosophie hat als Appell zum Vollzug christlicher Werte auch heute ihre hohe Aktualität. Der katholisch-konservative Denker stellte die Einheit von Religion und Macht nicht im Sinne eines Klerikalismus wieder her, sondern als Auftrag an jedes Individuum, im Sozialen und Privaten dem Gewissen und der religiösen Ethik verpflichtet zu bleiben.

S.: Das Leiden des Camoés oder Untergang und Vollendung der portugiesischen Macht, Hellerau 1930; Philipp der Zweite oder Religion und Macht, Leipzig 1931; Das Erdbeben, Leipzig 1932; Fichte. Der Weg zur Nation, München 1932; Die Hohenzollern. Tragik und Königtum, Leipzig 1933; Das Inselreich. Gesetz und Größe der britischen Macht, Leipzig 1936; Die Stunde des Heiligen Franz v. Assisi, Heidelberg 1946; Im Anfang liegt das Ende, Baden-Baden 1946; Gedanken des Friedens, Berlin 1948; Ausgewählte Werke, Bde. I-IV, Köln – Olten 1953; Verhüllter Tag, Wien 1954; Das Vaterunser, Freiburg 1957; Winter in Wien. Aus meinen Notizbüchern 1957/58, Freiburg 1958; Schicksal und Landschaft, Freiburg 1960; Dämonie und Verklärung, hrsg. v. *C. Winterhalter*, Freiburg 1965; Macht und Gnade, Frankfurt a. M. 1977; Der Friede der Welt, hrsg. v. *E. M. Landau*, Frankfurt a. M. 1983; Kaiser Lothars Krone. Leben und Herrschaft Lothars von Supplinburg, Zürich 1986; Schwert und Friede, Frankfurt a. M. 1987; Gedichte, Frankfurt a. M. 1987; Gesammelte Werke, Bde. I-X, hrsg. v. *E. M. Landau*, Frankfurt a. M. 1984.

E.: Briefwechsel Leopold Ziegler – R. S., hrsg. v. d. *Leopold-Ziegler-Stiftung*, München 1960; Briefe an einen Freund. Mit Erinnerungen von *O. Heuschele*, Köln 1962; *A. Schmidt* (Hrsg.): R. S. Leben und Werk in Dokumenten, Olten 1969; Tagebuch 1930-35, Frankfurt a. M. 1983; R. S. – Bernt v. Heiseler – Briefwechsel, hrsg. v. *H. Fromm*, Stuttgart 1965; Briefwechsel Werner Bergengruen – R. S., hrsg. v. *N. L. Hackelsberger-Bergengruen*, Freiburg 1966.

L.: *H. U. v. Balthasar:* R. S. – Sein Leben und sein Werk. Köln 1953; *H. Naumann:* R. S., in: *H. Friedmann / O. Mann* (Hrsg): Christliche Denker der Gegenwart, Gerabronn 1955, S. 375-90; *L. Bossle:* Utopie und Wirklichkeit im politischen Denken von R. S., Mainz 1965; *B. Scherer:* Tragik vor dem Kreuz – Leben und Geisteswelt R. S., Wien 1966; *F. A. Schmitt / B. Scherer:* R. S. – Leben und Werk in Dokumenten, Karlsruhe 1973; *R. Meile:* Der Friede als Grundmotiv in R. S.s Werk, Bern 1977; *E. M. Landau / M. v. Look / L. Mahnert-Lueg / B. S. Scherer* (Hrsg): R. S. Leben und Werk im Bild, Frankfurt a. M. 1977; *K.-W. Reddemann:* Der Christ vor einer zertrümmerten Welt. R. S. – ein Dichter antwortet der Zeit, Wien 1978; *P. A. Meier:* Form und Dissonanz – R. S. als historiographischer Schriftsteller, New York 1978; *H. Kurzke:* Der ausgeträumte Traum vom Reich. R. S. und die Konservative Revolution, in: Neue Rundschau 90 (1979), S. 215-33; *C. P. Thiede:* Über R. S., Frankfurt a. M. 1980; *I. Zimmermann:* R. S. – Weg eines Schriftstellers, Berlin 1982; *H.*

Getzeny: R. S. – Seine geistige und künstlerische Entwicklung am Beispiel der erzählenden Prosa, Berlin 1984; *E. Blattmann* (Hrsg.): Trauer und Widerspruch. Über R. S., München 1984; *G. Krems:* R. S. – Friede – Geschichte – Glaube, Dortmund 1985; *F. Baumer:* R. S., Berlin 1987; *H. Getzeny:* R. S. – Seine geistige und künstlerische Entwicklung am Beispiel der erzählenden Prosa, phil. Diss. Frankfurt a. M. 1987; *ders.:* „Jetzt ist die Zeit, wo Nietzsche wiederkehren muß". R. S. literarische Nietzsche-Rezeption 1928-35, in: Nietzsche-Studien 17 (1988), S. 280-97; *E. Blattmann / K. Mönig* (Hrsg): Über den „Fall R. S.", München 1990; *H. U. v. Balthasar:* Nochmals R. S., Einsiedeln 1991; *E. Blattmann:* R. S. – Militarisierung oder Passion. Ein Beitrag zum „Fall R. S.", Frankfurt a. M. 1992; *R. Willaredt:* R. S. und Nietzsche – R. S.s Tagebuch 1930-45, Frankfurt a. M. – Berlin – Bern – New York 1992; *J. Steinle:* R. S. (1903-58). Konservatives Denken zwischen Kulturkrise, Gewaltherrschaft und Restauration, Aachen 1992, *C. Koepcke:* R. S. -Eine Biographie, Würzburg 1993; *T. Homann:* Vor dem „Gebrüll der Finsternis". R. S.s Frühwerk im Kontext der Konservativen Revolution, in: *ders. / G. Quast* (Hrsg): Jahrbuch zur Konservativen Revolution 1 (1994), S. 77-108; *G. Müller:* R. S. und die Politik, Ulm 1995.

– St

Schoeps, Hans-Joachim

* 30. 1. 1909 Berlin; † 8. 7. 1980 Erlangen. Deutsch-jüdischer Historiker und Publizist. S. kam als Sohn eines renommierten Berliner Arztes auf die Welt. Er studierte in Heidelberg, Marburg, Berlin und Leipzig Germanistik, Geschichte und vergleichende Religionswissenschaft (u.a. bei F. Heiler); 1932 wurde er zum Dr. phil. promoviert. Gleichzeitig hatte er ein Erstes Staatsexamen abgelegt, konnte aber im darauffolgenden Jahr wegen der veränderten politischen Umstände nicht mehr in das Referendariat eintreten; aus denselben Gründen scheiterte auch der Versuch, sich zu habilitieren.

S. war frühzeitig mit der →Jugendbewegung in Verbindung gekommen, allerdings nicht mit der Bündischen Jugend, die das Gesicht der Bewegung in den zwanziger Jahren bestimmte, sondern mit den Resten der „Freideutschen". S. versuchte das Ethos der „Meißner-Formel" mit dem neuen Stil zu vereinigen und war an der Gründung von „Freideutschen Jungenschaften" beteiligt. Über die Jugendbewegung kam S. außerdem in Verbindung mit verschiedenen Gruppen der →Konservativen Revolution. Das betraf einmal den Kreis um H. →Zehrer – in der

„Tat" erschien 1930 S.s erster im eigentlichen Sinn politischer Aufsatz –, vor allem aber das Umfeld H. v. →Gleichens. Seine Affinität zu den Jungkonservativen rührte insbesondere aus dem eigenwilligen Verständnis der Trias Judentum – Preußentum – Deutschtum her, das S. frühzeitig ausgebildet hatte. Obwohl er in der Praxis zu eher gemäßigten Positionen neigte (er unterstützte Brüning bzw. die →Volkskonservativen), vertrat er in weltanschaulichen Fragen den radikalen Standpunkt eines „theonomen Konservatismus". Wie sich an dem in Brieform geführten Streitgespräch mit H. →Blüher – das noch 1933 unter dem Titel „Streit um Israel" veröffentlicht wurde – zeigte, betonte S. einerseits sein Deutschtum im Sinne des preußischen Staatsethos, andererseits seine jüdische Identität. Diese verstand er allerdings nicht im zionistischen Sinn – das jüdische „Weltvolk" war seiner Meinung nach mit der Zerstörung Jerusalems 70 n. Chr. untergegangen –, sondern theologisch, wobei er neben dem Bundesschluß am Sinai auch die Möglichkeit anerkannte, daß Gott mit anderen Völkern ähnliche Bünde abgeschlossen habe.

Diese Position zwischen den Fronten führte dazu, daß S. nach der nationalsozialistischen Regierungsübernahme sich zwar darum bemühte, für die deutschen Juden eine Art selbständige Position als „Stand" zu erreichen, daß er dabei aber ebenso von den Regierungsstellen wie von den an „Dissimilation" interessierten Zionisten wie von der Emigration mit Feindseligkeit verfolgt wurde. Der zu Ostern 1933 von ihm gegründete „Vortrupp. Gefolgschaft deutscher Juden" sollte zusammen mit anderen konservativen Organisationen, vor allem dem „Nationalverband deutscher Juden", die patriotische Einsatzbereitschaft der verfemten Minderheit demonstrieren, hatte damit aber keinen Erfolg. Im Dezember 1938 mußte S. das Land verlassen und emigrierte nach Schweden; seine Eltern kamen in den Lagern ums Leben.

Die erzwungene Muße nutzte S., um seine Studien zur vergleichenden Religionsgeschichte fortzusetzen. Den überwiegend kommunistisch orientierten Organisationen des Exils stand er mit Ablehnung gegenüber, und er versuchte darauf hinzuweisen, daß Deutschland und das NS-Regime nicht identisch seien. Insofern war es nur konsequent, daß er unmittelbar nach Kriegsende nach Deutschland zurückkehrte. Er habilitierte sich 1946 in Marburg und wurde ein Jahr später auf den eigens für ihn geschaffenen Lehrstuhl für Religions- und Geistesgeschichte an der Universität Erlangen berufen, zeitgleich begann er die „Zeitschrift für Religions- und Geistesgeschichte" herauszugeben. S.' Vorstellung von „Geistesgeschichte" knüpfte zwar einerseits an Dilthey an, verstand sich aber darüber hinausgehend als „Zeitgeistforschung". In mehr als drei Jahrzehnten publizierte S. zahlreiche Arbeiten und Sammelwerke auf diesem Gebiet. Dabei zeichneten sich sehr deutlich zwei Schwerpunkte ab: die Geschichte des Urchristentums – insbesondere der „Judenchristen" – und die Geschichte des preußischen Staates, vor allem seiner konservativen Denker. Das Festhalten am konservativen Preußentum war es auch, das S. in der Bundesrepublik dazu veranlaßte, sich wieder stärker politisch zu äußern. Bereits mit seiner Rede zum 250. Jahrestag der ersten preußischen Königskrönung, dem 18. Januar 1951, über „Die Ehre Preußens" (so der Titel der gedruckten Fassung) sorgte er für Aufsehen; ähnliche Wirkung hatten auch seine späteren Forderungen nach Einführung des „Pluralwahlrechts" und Einrichtung eines „Oberhauses" aus ernannten Vertretern sowie sein Plädoyer für die Wiederherstellung der Monarchie. Je weiter sich die Linkstendenzen in der westdeutschen Gesellschaft in den sechziger Jahren verstärkten, desto schärfer wurde sein Ton und desto weniger schützte ihn seine jüdische Herkunft. Sein Aufruf zur „konservativen Sammlung" von 1971 verhallte denn auch ungehört und trug ihm nur immer wildere Angriffe ein. Als S. 1980 starb, war er politisch wie wissenschaftlich weitgehend isoliert, obwohl er im Laufe der Zeit eine große Anzahl von Schülern herangebildet hatte.

B.: in *Schoeps:* Ja – Nein – und trotzdem (siehe unter S.), S. 267-83 (bis 1973); *F.-L. Kroll:* H.-J. S., in: Fränkische Lebensbilder 16 (1996), S. 303-6.

S.: Jüdischer Glaube in dieser Zeit, Berlin 1932; (zus. mit *H. Blüher*) Streit um Israel, Hamburg 1933; Geschichte der jüdischen Religionsphilosophie der Neuzeit, Bd. 1, Berlin 1933; Gestalten an der Zeitenwende. Burckhardt – Nietzsche – Kafka, Berlin 1936; Jüdisch-christliches Religionsgespräch in 19 Jhdt.en, Berlin 1937 (3., revidierte Aufl. unter dem Titel „Israel und Christenheit", Erlangen 1961), Theologie und Ge-

schichte des Judenchristentums, Tübingen 1949; Die großen Religionsstifter und ihre Lehren, Stuttgart 1950; Die geistige Situation der Zeit, Bremen 1951; Die Ehre Preußens, Stuttgart 1951 (⁷1967); Philosemitismus im Barock. Religions- und geistesgeschichtliche Untersuchungen, Tübingen 1952; Das andere Preußen. Konservative Gestalten und Probleme im Zeitalter König Friedrich Wilhelms IV., Stuttgart 1952; Vorläufer Spenglers. Studien zum Geschichtspessimismus im 19. Jhdt., Leiden – Köln 1953; Kommt die Monarchie?, Ulm 1953; Die letzten dreißig Jahre, Stuttgart 1956 (2. Aufl. unter dem Titel „Rückblicke", Berlin 1963); Konservative Erneuerung, Stuttgart 1958; Paulus. Die Theologie des Apostels im Lichte der jüdischen Religionsgeschichte, Tübingen 1959; Was ist und was will die Geistesgeschichte?, Göttingen 1959; Was ist der Mensch? Philosophische Anthropologie als Geistesgeschichte, Göttingen 1960; Studien zur unbekannten Religions- und Geistesgeschichte, Göttingen 1963; Unbewältigte Geschichte, Berlin 1964; Preußen – Geschichte eines Staates, Berlin 1966; Der Weg ins Deutsche Kaiserreich, Berlin 1970; Bereit für Deutschland. Der Patriotismus deutscher Juden und der Nationalsozialismus, Berlin 1970; Bismarck über Zeitgenossen – Zeitgenossen über Bismarck, Berlin 1972; Deutschland droht die Anarchie, Mainz 1972; Abschied von Deutschland, Mainz 1973; Ja – Nein – und trotzdem. Erinnerungen – Begegnungen – Erfahrungen, Mainz 1974; Ein weites Feld – Gesammelte Aufsätze, Mainz 1975; Deutsche Geistesgeschichte der Neuzeit, 5 Bde., 1977-80.

E.: Im Streit um Kafka und das Judentum. Max Brod – H.-J. S. Briefwechsel, hrsg. v. *J. H. Schoeps*, Königstein/Ts. 1985; Auf der Suche nach einer jüdischen Theologie: der Briefwechsel zwischen Schalom Ben-Chorin und H.-J. S., hrsg. v. *dems.*, Frankfurt a. M. 1989.

L.: Wider die Ächtung der Geschichte. Festschrift zum 60. Geburtstag von H.-J. S., hrsg. v. *K. Töpner*, München – Esslingen 1969; *F.-L. Kroll:* H.-J. S., in: Fränkische Lebensbilder 16 (1996), S. 288-306.

– W

Schwarz, Hans

* 17. 3. 1890 Berlin; † 25. 6. 1967 Schöppenstedt bei Braunschweig. Dichter und Schriftsteller. S. wurde in Berlin-Steglitz als Sohn eines Beamten geboren. Seine Vorfahren stammten ausschließlich aus dem alten Ostelbien, und S. hat sich zeitlebens – insbesondere auch nach 1945 – als Preuße gefühlt. Geprägt durch den Besuch des Steglitzer Gymnasiums, das ein Zentrum der frühen →Jugendbewegung war, studierte S. an der Universität Berlin Geschichte, Philosophie und klassische Philologie; er war zeitlebens ein besonderer Kenner und Liebhaber der alten Spra-

chen und der antiken Welt, deren Themen und Motive er auch in seiner Dichtung vielfach variiert hat. 1914 meldete er sich freiwillig zum Kriegsdienst, wurde aber bereits im September 1914 schwer verwundet und schließlich als Kriegsinvalide aus der Armee entlassen.

Nach 1918 setzte S. seine Ausbildung weiter fort; in diesen Jahren erschienen auch seine ersten Dichtungen, darunter der Gedichtband „Götter und Deutsche" und das Drama „Pentheus". Anfang der 1920er Jahre lernte S. Arthur →Moeller van den Bruck kennen, mit dem er bald eng zusammenarbeitete; Moellers Bücher „Der preußische Stil" und „Das Recht der jungen Völker" hatten ihn tief beeindruckt. Durch Moellers Vermittlung erhielt S. eine Stellung beim →„Politischen Kolleg", einer Gründung des „Herrenklubs" unter dessen Präsidenten Heinrich von →Gleichen. Diesen Posten gab S. allerdings zwei Jahre später wieder auf, um sich ganz seinen eigenen Reformplänen für eine „neue Ostpolitik" zu widmen: Er plante eine Erneuerung der Sozialordnung Ostelbiens (unter Einbeziehung des Adels), um eine Übermacht des westdeutschen Einflusses im Osten zu verhindern. Dieses Projekt hoffte er mit Hilfe eines „Mitteldeutschen Ausschusses" sowie der 1928 gegründeten und von ihm geleiteten Zeitschrift „Der Nahe Osten" verwirklichen zu können. Nach 1933 vereitelten die Nationalsozialisten seine Tätigkeit, und die Zeitschrift mußte 1936 ihr Erscheinen einstellen.

S. zog sich nun völlig auf die schriftstellerische und dichterische Arbeit zurück. Nachdem er in den Jahren 1931-33 einige Schriften des 1925 verstorbenen Moeller van den Bruck – in z.T. nicht unproblematischer Bearbeitung – neu herausgegeben hatte, widmete er sich während der NS-Zeit nur mehr der Dichtung. Damals entstanden Gedichte wie „Potsdamer Elegie" und „Das Brandenburger Tor", die in ihrer verhaltenen Kürze die Stimmung einer Stadtlandschaft, eines historischen Bauwerks eindringlich wiedergeben. Der Geist der Gegenwart, ihre Unrast, sprach hingegen aus seinen damals verfaßten Dramen, die – namentlich unter der Regie von Gustaf Gründgens – zu bedeutenden Berliner Bühnenerfolgen führten, die sich nach 1937 in Leipzig, wo Hans Schüler sich seiner Stücke annahm, fortsetzten.

Bereits 1930 hatte sich S. in dem braunschweigischen Schöppenstedt im Haus eines Freundes niedergelassen; hier sollte er bis an sein Lebensende wohnen bleiben. Nachdem er während des Krieges mit seinen anspielungsreichen Dramen „Kassandra" und „Cäsar" noch einmal wichtige Erfolge als Theaterdichter feiern konnte, gelang es ihm nach 1945 nicht, sich wieder als Dramatiker, Lyriker oder Schriftsteller durchzusetzen. Zwar initiierte S. 1950 die erste Verleihung des „Friedenspreises des Deutschen Buchhandels" an den jüdischen Schriftsteller Max Tau, anschließend aber zog er sich ins Privatleben zurück. Doch er verbrachte die beiden letzten Jahrzehnte seines Lebens nicht als Einsiedler; mit vielen Freunden – darunter General Hans Speidel – hielt er engen Kontakt. In seinen letzten Lebensjahren näherte er, der bekennende Protestant, sich dem Katholizismus.

Über seine konservative und altpreußische Einstellung schrieb er im Januar 1950 an seine Schwester Lotte: „Ich bin ein alter Konservativer und werde als solcher in die Grube fahren. Daher ist mir der *Mensch*, nicht seine Weltanschauung wichtiger. Ich bin dabei weit genug geblieben, jeder anderen Richtung eine Chance zu geben, gerade, weil ich an mir selber sehe, wie man sogar von ganz entgegengesetzten Seiten mitunter lernen kann. Aber ich bin für eine Fairneß in diesem Spiel, die heute weithin verloren zu gehen droht. Das, woran ich atmosphärisch gehangen habe, ist fort, ist verbrannt, verwüstet, zerstört. Das, wo ich lebe, ist wiederum nicht meine Landschaft, und so lebe ich, wenn man die Pathetik von dem Wort abzieht, sozusagen im Exil... Ich könnte sagen, das Wort nicht total belastet und unmöglich wäre, daß ich einer der letzten Preußen bin, die aussterben...".

B.: in: Ein Preuße im Umbruch der Zeit (siehe unter E.), S. 432-34.

S.: Heroisches Vorspiel (Gedichte), Berlin 1924; Fackeln (Gedichte); Berlin 1926; Europa im Aufbruch, Berlin 1926; Pentheus, Drama, Breslau 1927; Die Wiedergeburt des heroischen Menschen, Eine Langemarckrede vor der Greifswalder Studentenschaft, Berlin 1930; Die preußische Frage, Berlin 1932; Götter und Deutsche (Gedichte), Breslau 1932; Du und Deutschland (Gedichte), Breslau 1933; Die sieben Sagen (Gedichte), Breslau 1934; Rebell in England, Drama, Breslau 1934; Prinz von Preußen, Drama, Breslau 1934; Ein Totentanz (Gedichte), Breslau 1938; Eros und Psyche. Ein altes Märchen in neuer Fassung, Berlin 1938; Geliebte

Erde (Gedichte), Berlin 1939; Die Flucht ins Geständnis, Komödie, Berlin 1939; Der Kaiser und die Hermannsschlacht, Berlin 1940; Potsdamer Elegie (Gedichte), Berlin 1940; Kassandra, Tragödie, Berlin 1941; Cäsar. Eine Tragödie, Berlin 1941; Die Puppe von Gandersheim, Komödie, Berlin 1942; Otto und Theophano, Drama, Berlin 1944; Iphigeneia in Aulis, Tragödie, Hamburg 1947; Neue Gedichte, Hamburg 1949; Das Weltkind in der Mitten. Ein Goethe-Brevier, Hamburg 1949; Soli Deo Gloria (Gedichte), Stuttgart 1951; Wenn Kroisos über den Halys geht... – Versuch einer Raumgeschichte, Hamburg 1954; Das Mysterium des Weines, Hamburg 1955; Freiheit und Würde. Aus Schillers Werken und Briefen, Hamburg 1959. – Außerdem *Herausgeber und Bearbeiter folgender Werke von Arthur Moeller van den Bruck:* Die italienische Schönheit, Stuttgart [3]1931; Der preußische Stil, Breslau [5]1931; Das dritte Reich, Hamburg [3]1931; Das Recht der jungen Völker, Berlin 1932; Der politische Mensch, Breslau 1933; Sozialismus und Außenpolitik, Breslau 1933; Das ewige Reich, Bde. I-III, Breslau 1933; Rechenschaft über Rußland, Berlin 1933.

E.: Ein Preuße im Umbruch der Zeit. H. S. 1890-1967. Auswahl der Werke und Biographie v. *O. v. Nostitz*, Hamburg 1980.

L.: *E. Weißer:* H. S., in: Die Neue Literatur 38 (1937), S. 113-22; Lob des Gesprächs. H. S. zum 70. Geburtstag (17. 3. 1960), Stuttgart 1960; *O. v. Nostitz:* Biographie H. S., in: Ein Preuße im Umbruch der Zeit (siehe unter E.), S. 253-420; *W. Fromm:* H. S., in: Literaturlexikon, hrsg. v. *W. Killy,* Bd. X, Gütersloh – München 1991, S. 449f.

– No

Schwarzenberg, Felix Fürst zu

* 2. 10. 1800 Krumau; † 5. 4. 1852 Wien. Konservativer Staatsmann. Jüngerer Bruder des Fürsten Johann S., älterer Bruder des Kardinal-Fürsterzbischofs von Prag, Friedrich S., Neffe des Siegers von Leipzig, Karl S. – Seine Mutter Pauline kam beim Brand der österreichischen Botschaft in Paris 1810 ums Leben; eine Schwester (Fürstin Windischgraetz) wurde im Sommer 1848 in Prag erschossen. S. durchlief im Vormärz rasch eine parallele militärische und diplomatische Karriere, die ihn an alle großen Höfe Europas führte, war 1828 bei der Installierung Dom Miguels in Lissabon beteiligt und erlebte die Julirevolution in Paris mit. Ab 1838 Gesandter in Turin, dann Neapel, kam er im Frühjahr 1848 auf einem Schiff mit meuternder Besatzung nach Triest zurück. Als Brigadekommandant in der Armee Radetzky mit dem Maria-Theresien-Orden ausgezeichnet, versuchte er im Sommer

Felix Fürst zu Schwarzenberg
1800-1852

1848 die Abtretung der Lombardei an Piemont zu verhindern, nahm an der Belagerung des revolutionären Wien in der Armee seines Schwagers Fürst Alfred Windischgraetz teil und wurde im November 1848, eine Woche vor der Abdankung Kaiser Ferdinands, zum österreichischen Ministerpräsidenten ernannt.

S. war nicht ohne romantische Ader, wich aber vom Kurs der feudalen Reaktion ab und geriet deshalb in Gegensatz zu seinem Schwager Windischgraetz als Haupt der „Alt-Konservativen"; angesichts der adelig-feudalen Vorstellungen Windischgraetz' (dessen Stern nach seinen Niederlagen gegen die Ungarn Anfang 1849 im Sinken war) und der „Selfgovernment"-Pläne seines ersten Innenministers Stadion (der 1849 dem Wahnsinn verfiel) optierte S. als großösterreichischer Zentralist für das reformistisch-autoritäre Regime seines neuen Innenministers Bach. Die oktroyierte Verfassung wurde Ende 1851 aufgehoben, das endlich niedergeworfene Ungarn von einem Besatzungsregime verwaltet.

In der deutschen Frage beharrte S. auf dem Gesamteintritt der Habsburgermonarchie in Deutschland („Reich der 70 Millionen"); bis

zu welchem Grad es sich dabei um Wunsch-
denken oder um ein bloßes Verhinderungs-
projekt handelte, ist in der Literatur umstritten. S. trat allen preußischen Bundesplänen
schroff entgegen und erzielte mit Rückendek-
kung Rußlands den diplomatischen Erfolg
von Olmütz (November 1850); die anschließenden Verhandlungen über eine Reform des
Deutschen Bundes versandeten ergebnislos.
Wegen seines frühen Todes verklärt, galt S.
als der einzige Minister, der Franz Joseph im-
ponierte. Zwiespältig war seine Rolle als konservativer Staatsmann, der eine Modernisierungsdiktatur in den Sattel hob und dessen
Abkehr von restaurativen Vorstellungen um
so wirkungsvoller war, als er selbst aus der
Crème de la Crème der Aristokratie kam, seinen „dummen Vettern" aber keine staatstra-
gende Funktion zutraute. Der konservative
Adel Böhmens und Österreichs hat sich von
dieser Weichenstellung nicht mehr erholt.

E.: Erzherzog Johann von Österreich als Reichsverweser. Der unveröffentlichte Briefwechsel mit F. Fürst
zu S., hrsg. v. *E. Hoor,* Wien 1981.

L.: *A. F. Berger:* F. Fürst zu S., Leipzig 1853; Das Tagebuch des Polizeiministers Kempen von 1848 bis 1859,
hrsg. v. *J. K. Mayr,* Wien 1931; *E. Heller:* Mitteleuropas
Vorkämpfer Fürst F. S., Wien 1933; *R. Kiszling:* Fürst F.
zu S., Graz – Köln 1952; *H.-H. Brandt:* Der österreichische Neoabsolutismus. Staatsfinanzen und Politik
1848-60, Bde. I-II, Göttingen 1978; *R. Melville:* Der
böhmische Adel und der Konstitutionalismus, in: Die
Chance der Verständigung, hrsg. v. *F. Seibt,* München
1987, S. 135-45; *G. Hildebrandt:* Österreich 1849. Studien zur Politik der Regierung S., Berlin 1990.

– Hö

Schweizer Konservatismus

„Auch im radikalsten Schweizer steckt
noch ein Konservativer", behauptete einst ein
deutscher Flüchtling, worin er, betrachtet
man die Geschichte des K. in diesem Lande,
vielleicht nicht so unrecht hat. Allerdings, die
historische Konstellation, in welcher der S. K.
entstanden ist, war jener in anderen europäischen Ländern so unähnlich auch wieder
nicht. Sowohl als Gegenströmung zu den
Auswirkungen und Folgen der Französischen Revolution begreiflich, kann der politische K. in der Schweiz aber vor allem auch als
Gegenströmung zum Liberalismus der
1830er und 1840er Jahre interpretiert werden.
Er wies hier jedoch, in einem konfessionell
paritätischen, betont föderalistischen Land

mit alter demokratischer Tradition, naturgemäß ganz andere Vorzeichen auf, als z.b. in
einem konfessionell einheitlichen, zentral
verwalteten und monarchischen Land wie
Frankreich. So etwa dürfte man hier den für
Frankreich lange Zeit typischen Graben, der
die Bürger in Gegner und Anhänger der katholischen Kirche und in Befürworter und
Widersacher der Demokratie trennte, vergebens suchen.

Schon früh spaltete sich der K. in eine protestantische und eine katholische Richtung,
wobei sich der protestantische K. in den Um-
strukturierungsprozessen am Ende des 19.
Jhdt.s weitgehend auflöste und Bestandteil
der bestehenden bürgerlichen Parteien,
hauptsächlich des Freisinns, wurde. Die reformierten oder liberalen Konservativen hul-
digten dabei alle mehr oder weniger der
Theorie der repräsentativen Demokratie, wie
sie der Waadtländer und Wahlfranzose Benjamin →Constant vertrat. Sie machten somit
die Beteiligung an der Politik von einer gewissen Bildung und einem minimalen Besitz
abhängig. Dabei unterscheiden sich die Denker dieser Richtung praktisch nur dort, wo
die Voraussetzung für die Mitwirkung des
Volkes, nämlich das Problem der politischen
Mündigkeit, diskutiert wird. Die einen wollten diese von vornherein auf den begrenzten
Kreis jener beschränken, die durch Bildung
und Vermögen zu politischer Tätigkeit geeignet schienen und dafür Zeit hatten. Die anderen sahen in der Mündigkeit erst das Ziel, das
durch die Volksbildung erreicht werden
konnte. Aufgrund der Auswirkungen des extremen, radikalen Mündigkeitsstrebens
glaubten sie sich aber genötigt, dieses Ziel zu-
rückzustecken. Zur ersten Gruppe sind u.a.
der Zürcher Johann Caspar →Bluntschli und
der Genfer Antoine Elisée →Cherbuliez zu
zählen, der zweiten gehörten u.a. der Berner
Jeremias →Gotthelf und der Waadtländer
Alexandre →Vinet an.

Bluntschli und Cherbuliez waren zwar so
liberal, daß sie das aristokratische Regime ablehnten, doch daneben so konservativ, daß sie
alles, was über die repräsentative Demokratie
hinausging, verurteilten. Bei Gotthelf und
Vinet war für das Umschlagen des Liberalismus in den K. die Begegnung mit der Eman-
zipationslehre des Radikalismus entscheidend. Durch die revolutionsähnlichen radika-

len Umschwünge in der Waadt (1845) und in Bern (1846) mit der Erfahrung konfrontiert, daß Freiheit in Staatsvergötzung und Meinungsterror umschlagen kann, rückten sie die Frage, wie persönliche →Freiheit vor dem Kollektivismus junger Massenbewegungen und vor egalitärem Staatsabsolutismus geschützt werden könnte, ins Zentrum ihres Denkens. Den Sündenfall orteten sie dort, wo der moderne →Staat die natürlich gewachsenen Gemeinschaften, die Familie, die Gemeinde, die Kirche zerstört und sich deren Stelle anmaßen will und wo die naturbedingten Unterschiede der Herkunft, der Bildung und des Besitzes durch den Staatssozialismus nivelliert werden.

Die falsch verstandene politische Emanzipation resultierte also letztlich aus einer Preisgabe der überlieferten Sozialordnung. Der K. reformierter Prägung weitete sich hier zu einer umfassenden Kritik des Industriezeitalters aus. Seine Vertreter wandelten dabei weitgehend in den Spuren →Sismondis. „Wie dieser führen sie Massenarmut und Proletarisierung auf die gemeinschaftszerstörenden Wirkungen des Kapitalismus zurück und sehen die Agrargesellschaft im verklärenden Licht sozialer Harmonie" (E. Gruner). Die Entwurzelung durch das Industriezeitalter erscheint in dieser Perspektive letztlich als Abwendung von der gottgewollten Ordnung, als Zerfall christlicher Sitte und Preisgabe christlicher Nächstenliebe. Bluntschli verstieg sich sogar zu der Behauptung, die Ausbeutung der Proletarier durch den →Kapitalismus sei schlimmer als die der Sklaven in der Antike.

Die katholischen Konservativen wiederum verharrten in der Schweiz im allgemeinen nicht in der sturen Negation ihres Meisters →Haller. Zum Schöpfer einer konservativen Staatsdoktrin, die sich wegen ihres betont demokratischen Gehalts von der liberalkonservativen scharf unterschied, wurde Theodor Scherer-Boccard. Er erkannte klar, daß der Vollausbau der Demokratie – mit allgemeinem und gleichem Wahlrecht, mit Volkswahl von Beamten und Richtern und mit dem Referendum – den Konservativen in katholischen Gegenden eine ausgezeichnete Gelegenheit bot, wieder an die Macht zu gelangen. In diesem Demokratie-Ideal, das sich nicht auf Rousseau, sondern auf das historische

Recht der altschweizerischen Demokratie beruft, liegen die Wurzeln der konservativen Doktrin Philipp Anton von →Segessers.

Auf diesem Gebiet der Diskussion standen einander die Konservativen aller Schattierungen und beider Konfessionen so nahe, daß sie eine gemeinsame Abwehrfront bildeten und daß Ansätze zu einer Unité de doctrine vorhanden waren. Während jedoch die reformierten Konservativen auf den engen Kreis einer geistig regsamen Elite beschränkt blieben, fand im katholischen Lager be-stand der feste Wille, die politischen Positionen, aus denen man 1848 verdrängt worden war, zurückzuerobern.

Es lassen sich hier drei Richtungen feststellen: eine pragmatische, die sich an die Gegebenheiten des Bundesstaates so gut als möglich anzupassen versuchte, eine konfessionell sich abschließende und eine im Sinne Segessers überkonfessionell-föderalistische. Die *Pragmatiker* rekrutierten sich aus den Kreisen des „Studentenvereins". In den 1880er Jahren versuchte diese Gruppe mit Erfolg, die überspitzt föderalistische Obstruktionspolitik durch die Integration der Katholiken im Bundesstaat abzulösen. Ihre ersten Früchte trug sie 1891 mit dem Eintritt des Luzerners Joseph Zemp in den Bundesrat. Die *konfessionelle* Richtung verfolgte die Absicht, das kirchentreue Volk in einer einheitlichen katholischen Organisation, dem 1857 gegründeten „Pius-Verein", zu sammeln. Ihre Hauptstützen besaß diese zeitweise betont anti-protestantische Richtung in den katholischen Hochburgen Freiburg und Wallis. Als Propagandist und Organisator dieser exklusiven Gruppe machte sich der Freiburger Kanonikus Schorderet durch die Gründung einer katholischen Druckerei und eines Korrespondenzbüros für die katholische Presse einen Namen. Denn sie bildete das bald allgemein nachgeahmte Muster für die Schaffung einer katholisch-konservativen Parteipresse.

Philipp Anton von Segesser, Zentralfigur der überkonfessionell-*föderalistischen* Richtung, hat sein konservatives Denken selbst höchst prägnant formuliert: „Ich sprach und stimmte überall in meinem öffentlichen Leben als Demokrat, Föderalist, als Katholik. Die drei Begriffe bestimmten mein Verhalten." In Segessers Denken fanden die sozialen und wirtschaftlichen Auswirkungen der Industrialisierung allerdings noch kaum Beachtung. Als erster schweizerischer Katholik erkannte der Graubündner Kapuziner Theodosius Florentini, daß die Industrie nicht Ursache der Armut ist, sondern Mittel zu ihrer Überwindung sein kann.

Die geschichtliche Ausformung des S. K. vollzog sich in drei Etappen. Im Gegensatz zu Gruner (1972) begann die erste Etappe des schweizerischen K. bei Altermatt (1979) jedoch schon 1798. Er bezeichnet sie als *restaurative Phase*, die bis 1830 resp. 1848 dauerte. Unter dem Ansturm Napoleonischer Truppen war die alte Eidgenossenschaft 1798 bekanntlich zusammengebrochen und durch die Helvetische Republik ersetzt worden. In der Periode der *Restauration* wurde nach 1803 bzw. 1815 eine Wiederherstellung vorrevolutionärer Zustände versucht, was jedoch nur teilweise gelang. Ideologisch gründeten die restaurativen Tendenzen auf dem Modell einer ständischen Gesellschaft, wie sie vor 1798 geherrscht hatte. Doch im Sog des ersten Industrialisierungsschubs waren in der Schweiz neue Städte und eine neue Mittelschicht entstanden; ferner begann sich die Agrarreform durchzusetzen. Das politische System kam über kurz oder lang somit nicht umhin, sich den neuen sozialen Verhältnissen anzupassen.

Die Zeit von 1830/48-1880 wird von Altermatt (1979) als Phase des *klassischen politischen K.* bezeichnet. In den 1830er Jahren setzte sich die nationalistisch-bürgerliche Revolution zunächst in einigen Kantonen und 1848 auch im Bundesstaat durch. Der K. dieser Periode war durch den antimodernistischen Widerstand gegen den radikalen Liberalismus gekennzeichnet. Die Hauptstreitpunkte zwischen den Radikal-Liberalen und den Konservativen drehten sich um die Stellung der Kantone und Kirchen in Staat und Gesellschaft. Der K. fand in dieser ersten Etappe seine *raison d'être* im Grunde „in der Abwehr einer Vereinheitlichung des buntscheckigen Gewimmels kleiner und kleinster souveräner Staaten in einen demokratischen, modern organisierten und wirtschaftlich lebensfähigen Bundesstaat. Es ging ihm somit um die Verteidigung der historisch gewordenen Föderalstruktur" (E. Gruner).

Die Konservativen opponierten also gegen die Zentralisierung und wollten in föderalistischer Tradition den Kantonen soviel Autonomie wie möglich einräumen. Dieses Anliegen hing eng mit der Umwandlung der vorwiegend aristokratisch regierten Kantonalstaaten in moderne Verfassungsstaaten nach den Theorien der repräsentativen oder direkten Demokratie zusammen. Die Unmöglichkeit, den Bundesvertrag von 1815 auf legalem Wege, d.h. über die hierzu notwendige Zustimmung sämtlicher Kantone, zu revidieren, trieb die nach Veränderung drängenden Kräfte auf das kirchliche Kampffeld ab und verlieh damit dem K. – drittens – eine konfessionelle Note, zumal die Konservativen der Säkularisierung in der Gesellschaft ohnehin skeptisch gegenüberstanden. So vollzog sich die Auseinandersetzung zwischen „alt und neu" in vorwiegend konfessionell motivierten, bürgerkriegsähnlichen, zunächst kantonal lokalisierten Wirren.

Der ursprünglich eher überkonfessionelle Konflikt nahm in den 1840er Jahren konfessionelles Gepräge an. Er gipfelte schließlich im Sonderbundskrieg von 1847, in dem sich die radikal-liberalen Kräfte gegen den katholisch-konservativen Sonderbund militärisch und politisch durchsetzten, und in der Gründung des freisinnig konzipierten Bundesstates von 1848. Daß die Konservativen dann in der Anfangsphase dieses neuen Bundesstaates klar in der Defensive verharrten, ist somit kaum erstaunlich. Von der Bundesregierung gänzlich ausgeschlossen, waren sie auch im Parlament zahlenmäßig nur schwach vertreten.

Ihre Neuorganisation unter dem Banner des antimodernistischen →Föderalismus vollzog sich erst in den 1860er und 1870er Jahren, als die Liberal-Radikalen eine Verfassungsrevision anstrebten. Diese gelang erst im zweiten Anlauf (1874), wobei jedoch die katholisch-konservative Opposition mit dem Volksrecht des Referendums ein wichtiges politisches Instrument erhielt. Zwischen 1875 und 1885 blockierten denn auch wechselnde konservative Allianzen die vordem so geölte liberal-radikale Gesetzgebungsmaschinerie. In dieser Zeit nahm der S. K. den Charakterzug einer populistischen Massenbewegung an. Dabei wurden auch moderne Mittel wie Vereine und Parteien eingesetzt.

Die dritte, sog. *bürgerlich-technokratische* Phase umfaßt den Zeitraum von 1880/90 bis Mitte der 1960er Jahre. In diesem Abschnitt, in dem immer mehr wirtschaftliche Themen die Politik zu dominieren begannen, integrierten sich die Konservativen allmählich in die liberal-kapitalistische und bürgerliche Gesellschaft. Die neuen Entwicklungen desintegrierten die konservativen Milieus. Um 1900 löste sich der protestantisch-konservative Eidgenössische Verein auf. Allerdings bildeten sich nach dem Ersten Weltkrieg in der Evangelischen Volkspartei und in der Bauern-, Gewerbe- und Bürgerpartei (heute SVP) neue, protestantisch-konservativ geprägte Parteien. Die Katholisch-Konservativen betonten angesichts der neuen Entwicklungen vermehrt ihre katholische Weltanschauung. Auf der verbindenden weltanschaulichen Grundlage gelang es ihnen, die auseinanderdriftenden Tendenzen zu bremsen und nach außen als Block aufzutreten. Die Katholisch-Konservativen begannen sich mit den Verhältnissen und Werten der bestehenden bürgerlichen Gesellschafts- und Staatsordnung zu identifizieren. In den 1930er und 1940er Jahren paßte sich der katholische K. endgültig der nationalen Gemeinschaft an. 1971 ließ sie dann sogar ihre „Konservativ-christlichsoziale Volkspartei" in „Christlichdemokratische Volkspartei" umtaufen und figuriert heute praktisch nur noch unter dem Kürzel CVP. 1995 entstand im Kanton Thurgau wieder eine „Katholische Volkspartei", der aber Breitenwirkung fehlt.

In der Gegenwart zeigen sich konservative Strömungen vor allem in der Europadiskussion, und zwar in der Weise, daß das Argument der Verteidigung direkt-demokratischer und föderalistischer Elemente zu einer ablehnenden Haltung gegenüber EWR und/oder EU-Beitritt führt(e).

Der S. K. trat hauptsächlich in jenen gesellschaftlichen Gruppen und Landesteilen auf, die mit der modernen Entwicklung nicht Schritt halten konnten und an den Rand gedrängt wurden: bei den Bewohnern ländlich-alpiner Regionen, bei den Französischsprachigen und v.a. bei den Katholiken. Was alle Konservativen verband, war die Unzufriedenheit über die moderne Entwicklung in Wirtschaft und Gesellschaft, in Staat, Politik und Kultur. Die Geschichte des S. K. war ein

dialektischer Prozeß, denn er war nicht nur Protest gegen die Moderne, sondern gab denjenigen eine politische Stimme, die durch die Modernisierungsprozesse übergangen wurden. Der Konservatismus brachte diese Bevölkerungsschichten zu politischer Artikulation und beschleunigte so ihre Emanzipation und Integration in der modernen Welt.

L.: *P. Philipona:* Le Chanoine Schorderet 1840-93, *M. Rosenberg* (Hrsg.): Die Schweizerische Konservative Volkspartei. Geschichte, Aufgabe, Programm, Bern 1943; Fribourg 1928; *P. V. Gadient:* Der Caritasapostel Theodosius Florentini, Luzern 1944; *P. Rinderknecht:* Der „Eidgenössische Verein" 1875-1913. Die Geschichte der protestantisch-konservativen Parteibildung im Bundesstaat, Affoltern a. A. 1949; *P. Letter:* Theodor Scherer 1816-85, Einsiedeln 1949; *B. Rimli:* Sozialpolitische Ideen der Liberal-Konservativen in der Schweiz (1815-1939), Zürich 1951; *A. Bünter:* Die industriellen Unternehmungen von P. Theodosius Florentini 1806-65, Freiburg 1962; *G. Bösch:* Philipp Anton von Segesser: Der Klassiker des schweizerischen Konservativismus, in: Civitas 18 (1962/63), S. 198ff.; *R. Ruffieux:* Le Mouvement chrétien-social en Suisse romande 1891-1949, Fribourg 1969; *E. Gruner:* Konservatives Denken und konservative Politik in der Schweiz, in: *G.-K. Kaltenbrunner* (Hrsg): Rekonstruktion des K., Freiburg 1972, S. 241-72; *W. Meyer:* Demokratie und Cäsarismus. Konservatives Denken in der Schweiz zur Zeit Napoleons III., phil. Diss. Bern 1975; *E. Gruner:* Die Parteien in der Schweiz, Bern [2]1977; *U. Altermatt:* Conservatism in Switzerland: A Study in Antimodernism, in: Journal of Contemporary History 14 (1979), S. 581-610; *J. Widmer:* Von der konservativen Parteinachwuchsorganisation zur katholischen Erneuerungsbewegung. Die Schweizer Jungkonservativen in den dreißiger Jahren, Lizentiatsarbeit Universität Freiburg, Freiburg 1983; *R. Feusi:* Die katholisch-konservative Oppositionsbewegung 1875-78. Von der geachteten zur beachteten Minderheit, Lizentiatsarbeit Universität Freiburg, Freiburg 1986; *M. Hodel:* Die Schweizerische Konservative Volkspartei 1918-23. Katholische Politik zwischen Aufbruch und Ghetto, Lizentiatsarbeit Universität Freiburg, Freiburg 1987; *M. Zenhäusern:* Die Schweizerische Konservative Volkspartei 1943-47, Lizentiatsarbeit Universität Freiburg, Freiburg 1987; *U. Altermatt:* Der Weg der Schweizer Katholiken ins Ghetto, Zürich 1991.

– Hä

Scott, Sir Walter

* 15. 8. 1771 Edinburgh; † 21. 9. 1832 Abbotsford. Schottischer Dichter, Kritiker und Schriftsteller, 1820 zum Baronet geadelt. S. gilt als Begründer der Gattung des historischen Romans. Nach dem Studium der

Rechte an der Universität seiner Heimatstadt arbeitete er zunächst in der Anwaltskanzlei seines Vaters. 1799 wurde er Sheriff-Depute der Grafschaft Selkirk. S. beschäftigte sich intensiv mit französischer, italienischer und deutscher Literatur und Dichtung. Er übersetzte Balladen G. A. Bürgers sowie Goethes „Götz von Berlichingen". In seiner Freizeit durchstreifte er die schottisch-englische Grenzlandschaft und sammelte mündlich überlieferte Volksballaden, die er 1802-03 in drei Bänden unter dem Titel „Minstrelsy of the Scottish Border" veröffentlichte. In den Folgejahren erlangte S. mit eigenständigen romantischen Verserzählungen, darunter „The Lay of the Last Minstrel" (1805), „Marmion" (1808) und „The Lady of the Lake" (1810), größere Bekanntheit.

Mit „Waverly" veröffentlichte er im Jahre 1814 anonym seinen ersten historischen Roman. In den Folgejahren erschien ein Roman nach dem anderen. Sie wurden enthusiastisch aufgenommen und fanden eine breite Leserschaft. Erst 1827 bekannte sich S. zur Autorschaft an diesen Büchern. Als beste Werke gelten einige der schottischen Waverly-Romane, darunter „The Antiquary" (1816), „Old Mortality" (1816) und „The Heart of Midlothian" (1818).

S. unterstützte die im Jahre 1809 erfolgte Gründung der „Quarterly Review", einer Zeitschrift der Tories, für die er auch eine Reihe von Beiträgen verfaßte. Im selben Jahr stieg er ins Verlagsgeschäft ein und wurde Partner John Ballantynes. Diese Verbindung führte 1826 zu einem ökonomischen Desaster: Die gemeinsame Gesellschaft wurde in den Bankrott eines anderen Unternehmens verwickelt, und S. sah sich mit einer Schuld in der Höhe von £ 114.000 konfrontiert. Mit ungeheurem Arbeitseinsatz, der zu Lasten seiner Gesundheit ging, bemühte er sich erfolgreich um ihre Tilgung: Nach seinem Tod konnten die Gläubiger durch den Verkauf der Urheberrechte voll befriedigt werden.

S. glaubte einerseits an die Existenz einer von den Zeitläuften und Entwicklungsstadien der Gesellschaft unabhängigen menschlichen Natur. Andererseits vertrat er die Überzeugung, daß die Menschen durch die Gesellschaft, der sie angehören, und durch die Kultur ihrer Zeit geprägt werden. In seinen Romanen, in deren Zentrum die Themen der

Loyalität gegenüber Monarchen, der Anpassung an →Institutionen und deren Regeln sowie die Anerkennung von →Hierarchien und die Einbindung der einzelnen in gegebene soziale Ordnungen stehen, zeigte er, wie die Menschen durch ihre eigene Geschichte und die ihres Landes geformt werden und wie sie im Umgang mit den jeweiligen Anforderungen ihrer eigenen Zeit darum ringen, ein sinnvolles und erfülltes Leben zu führen.

Insbesondere in seinen ersten Romanen ist S.s Verlangen deutlich erkennbar, schottische Institutionen und →Traditionen zu erhalten, deren Verschwinden in einer heraufziehenden uniformen liberalen Gesellschaft er befürchtete. Aber obwohl S. die Geschichte idealisierte, in der Verehrung vergangener Zeiten eine Quelle der sozialen Ordnung und in der Erhaltung nationaler Einrichtungen den Ursprung des Patriotismus sah, war er kein blinder Verteidiger alles Überkommenen. So hielt er die grundherrschaftliche Gerichtsbarkeit für obsolet und unterdrückend, kritisierte das System der Hochlandclans und hielt die Verfassung seines Landes für verbesserungsbedürftig. Wogegen er sich wandte, waren das Streben nach Neuerung und die großangelegte Änderung tief verwurzelter nationaler Bräuche und Einrichtungen.

Im Jahre 1826 veröffentlichte S. unter dem Pseudonym Malachi Malagrowther im „Edinburgh Weekly Journal" vier polemische Attacken gegen das Vorhaben, wegen der wirtschaftlichen Schwierigkeiten englischer Geldinstitute allen (und damit auch den schottischen) Banken das Recht zur Ausgabe von Geldscheinen zu entziehen. Er warnte davor, den schottischen Nationalstolz zu verletzen und den Schotten Elemente ihrer nationalen Identität zu nehmen. S. bezweifelte, daß das Britische Königreich eine Stärkung erfahren würde, wenn es möglich wäre, alle Unterscheidungsmerkmale und Besonderheiten auszulöschen und aufzulösen, die aufgrund besonderer Umstände, historischer Ereignisse sowie von Unterschieden in Brauchtum und Klima entstanden sind und aus den einzelnen Teilen des Reiches drei, wenngleich eng miteinander verbundene, so doch in gewisser Hinsicht verschiedene Nationen machen. Was er wollte, sprach er klar aus: „For God's sake let us remain, as nature made us, Englishmen, Irishmen and Scotsmen." In einem Brief aus dieser Zeit wurde er noch deutlicher: „If you un-scotch us you will find us damned mischievous Englishmen."

S. beklagte die Landflucht als Folge der Industrialisierung ebenso wie das damit einhergehende Wachstum der Städte, worin er die Ursache für Kriminalität und die Korrumpierung der Menschen erblickte. Er hielt Hierarchien für unvermeidlich, erachtete die Aristokratie als eine nützliche Funktionen erfüllende soziale Einrichtung und verteidigte die Bindung des Wahlrechts an ein bestimmtes Maß an Besitz. Sein sozio-politisches Ideal sah er in dem Landbesitzer verwirklicht, der die ihm aufgrund seiner sozialen Stellung zukommenden Verpflichtungen erfüllt, im „plain country gentleman, who, living on his own means, amongst his own people, becomes the natural protector of and referee between the farmer and the peasant, and in case of need the firmest asserter of their rights and his own against the aggression of the crown, or the independent and dauntless defender of the crown's rights against the innovations of political fanatism".

B.: *W. Ruff:* A Bibliography of the Poetical Works of S. W. S., 1796-1832, Edinburgh 1938; *J. C. Corson:* A Bibliography of S. W. S.: A Classified and Annotated List of Books and Articles Relating to His Life and Works, 1797-1940, Edinburgh 1943; *K. Gamerschlag:* S. W. S. und die Waverly Novels: Eine Übersicht über den Gang der S.-Forschung von den Anfängen bis heute, Darmstadt 1978; *I. Jack:* S. W. S., in: British Writers IV, hrsg. v. *I. Scott-Kilvert* (siehe unter L.), S. 27-40 (38ff.).

S: Poetical Works, Bde. I-XII, Edinburgh 1820; Waverly Novels, Bde. I-XLVIII, Edinburgh 1830-34; viele spätere Ausgaben, darunter: The Works, Bde. I-L, New York – Boston 1912-13; sowie unzählige Einzelausgaben.

E.: The Journal of S. W. S. 1825-32, Edinburgh 1890; Letters of S. W. S., Bde. I-XII, hrsg. v. *H. J. C. Grierson u.a.,* London 1932; The Journal of S. W. S., hrsg. v. *W. E. K. Anderson,* Oxford 1972.

Ü.: Poetische Werke, Bde. I-IV, hrsg. v. *A. Neidhardt,* Darmstadt 1854-55; Romane, Bde. I-XII, hrsg. v. *B. Tschischwitz,* Berlin 1876-77.

L.: *J. G. Lockhart:* Memoirs of the Life of S. W. S., Bde. I-X, Edinburgh 1839; *K. Bos:* Religious Creeds and Philosophies as represented in Characters in S. W. S.'s Works and Biography, Amsterdam 1932; *H. Pearson:* S. W. S. His Life and Personality, London 1954, ²1987; *D. Davie:* The Heyday of S. W. S., London 1961; *F. R. Hart:* S.'s Novels. The Plotting of Historical Survival, Charlottesville (Va.) 1966; W. S. – Modern Judgements, hrsg. v. *D. D. Devlin,* London 1968; *A. O. J. Cockshut:* The Achievement of W. S., London – New York 1969; *M. McLaren:* S. W. S.: The Man and the Patriot, London 1969; *A. M. Clark:* S. W. S. The Formative Years, New York 1970; *R. Mayhead:* W. S., Cambridge 1973; *C. Oman:* The Wizard of the North. The Life of S. W. S., London 1973; *D. Brown:* W. S. and Historical Imagination, London 1979; *J. Reed:* S. W. S.: Landscape and Locality, London 1980; *A. N. Wilson:* The Laird of Abbotsford, Oxford 1980; *J. Anderson:* S. W. S. and History, Edinburgh 1981; *G. McMaster:* S. and Society, Cambridge 1981; *P. H. Scott:* W. S. and Scotland, Edinburgh 1981; *I. Jack:* S. W. S., in: British Writers IV, hrsg. v. *I. Scott-Kilvert,* New York 1981, S. 27-40; *T. Crawford:* S., Edinburgh 1982; *R. Kirk:* The Conservative Mind, Washington (D. C.) ⁶1987, S. 114-24, 505, dt.: Lebendiges politisches Erbe, Erlenbach – Zürich 1959, S. 132-43, 477; *D. Spearman:* W. S., in: Conservative Thinkers: Essays from the Salisbury Review, hrsg. v. *R. Scruton,* London 1988, S. 155-68.

– Z

Sedlmayr, Hans

* 18. 1. 1896 Hornstein/Burgenland; † 9. 7. 1984 Salzburg. Kunsthistoriker und Kulturkritiker. Sohn eines Güterdirektors im ungarischen Slawonien und späteren Hochschulprofessors in Wien. Im Ersten Weltkrieg als junger Artillerieoffizier im Orient eingesetzt, lernte S. die byzantinische und muslimische Baukunst kennen. Studium in Wien 1918-23, Professur für Kunstgeschichte an der Universität Wien seit 1936. Er entwickelte die Lehren der Wiener Schule der Kunstgeschichte (A. Riegl, Max Dvorák) und der österreichisch-deutschen Gestaltpsychologie weiter zu einer eigenständigen „Strukturanalyse" des Kunstwerks ohne vorschnelle Verallgemeinerung auf Epochen-„Stile".

In der inneren Auseinandersetzung mit der Wiener „décadence" (und später mit dem NS-Regime) wurde S. immer mehr zum christlichen Konservativen. Politisch war er mehr nostalgisch groß-österreichisch als großdeutsch eingestellt, entschied sich aber 1938 für den „Anschluß". Der Widerwille gegen den Defätismus der letzten Kriegsjahre war offenbar ein Schlüsselerlebnis, das sich dann im Zweiten Weltkrieg wiederholte: S. hätte im „Historikerstreit" für die Richtigkeit der Fortführung des Widerstandes gegen die Sowjetarmeen plädiert; er war in keiner Hinsicht ein Mann für „unconditional surrender". – Im Zuge der politischen Säuberungen verlor S. 1945/46 seine Wiener Professur, obwohl sich in keiner seiner Arbeiten faschistische oder auch nur „völkische" Gesichtspunkte finden. Er war ganz geprägt von religions- und geistesgeschichtlichem, andererseits von kunstphänomenologischem („strukturalistischem") Denken, knüpfte an die Spätantike, nicht an die germanisch-deutsche Frühzeit an. Anfänglich vor allem an Architektur interessiert, habilitierte er sich mit einer Arbeit über den Maler Bruegel. Sein besonderes Interesse galt der französischen Gotik (Kathedralen), der italienischen Hochrenaissance und dem österreichischen Barock, dem „Reichsstil" des 17./18. Jhdt.s.

Von 1951 bis 1964 hatte S. den berühmten Münchener Lehrstuhl für Kunstgeschichte inne, mit gutem Erfolg in Forschung wie Lehre. S. war einer der großen selbständigen und publikumswirksamen Professoren der Nachkriegszeit, noch unberührt von der Universitätskrise um 1968. Durch sein Nebeninteresse für moderne Kunst, die im Rahmen des fachwissenschaftlichen Kunstgeschichtsunterrichts damals kaum behandelt wurde (auch von S. nicht), wurde er in dieser Epoche zu einer konservativen Symbolfigur. Seine erfolgreichen Bücher „Verlust der Mitte" und „Die Revolution der modernen Kunst" (Nr. 1 von „Rowohlts Deutscher Enzyklopädie") waren nicht nur eine Kritik der ironisch-anarchistischen „Jenaer" Romantik (die schon Goethe und Hegel angegriffen hatten) und der modischen avantgardistischen Kunst, sondern eine Kritik der Moderne als solcher, deren Tendenzen er 1948 so formulierte: „1. Aussonderung reiner Sphären (Purismus). 2. Auseinandertreiben der Gegensätze (Polarisation). 3. Neigung zum Anorganischen. 4. Loslösung vom Boden. 5. Zug zum Unteren. 6. Herabsetzung des Menschen. 7. Aufhebung des Unterschieds von Oben und Unten." Im Grunde optimistisch, verstand S. die Extrementwicklungen von Kunst und Technik als vorübergehend, als „Eingangsphase der modernen Welt", die überstanden werde, weil es „alte unzerstörbare Substanz gibt und deshalb auch die begründete Hoffnung auf eine menschlichere Modernität" (1955).

Konservatismus verstand S. keinesfalls als Festhalten am Alten, sondern als stete Erneuerung aus der Substanz. Philosophisch stützte er sich dabei auf Franz von →Baader, über dessen Zeitlehre er schrieb, ganz abgese-

hen von dem Plan zu einer Art Baader-Anthologie.

Nach seiner Emeritierung in München kehrte S. 1964 nach Österreich zurück und wirkte als Professor an der Wiedererrichtung der Universität Salzburg mit. Engagiert und nicht ohne Erfolge wandte er sich auch den praktischen Problemen des Salzburger Denkmal- und Landschaftsschutzes zu. Nicht mehr ausgeführt wurde sein Plan, eine Universalkunstgeschichte zu verfassen.

Seine kultur- und zivilisationskritische Linie der fünfziger Jahre erwies sich als prophetisch, traf sich partiell mit Bürgerinitiativen der achtziger Jahre. Die fachwissenschaftlichen, nicht selten affektierten Polemiken gegen S. haben keine profunde wissenschaftstheoretische Auseinandersetzung mit seinen Lehren erbracht – sie steht noch aus.

B.: Festschrift für H. S., München 1962, S. 349-55; H. S.: Verzeichnis seiner Schriften, Salzburg 1996.

S.: Österreichische Barockarchitektur 1690-1740, München 1930; Die Architektur Borrominis, Berlin 1930 (Ndr. Hildesheim 1973); Michelangelo – Versuch über die Ursprünge seiner Kunst, München 1940; Größe und Elend des Menschen: Michelangelo, Rembrandt, Daumier, Wien 1948; Verlust der Mitte – Die bildende Kunst des 19. und 20. Jhdt.s als Symbol der Zeit, Salzburg 1948, [10]1983 (Übersetzungen); Die Entstehung der Kathedrale, Zürich – Freiburg i. Br. 1950 (Ndr. mit Vorwort B. Rupprecht, Graz 1988 u. Freiburg 1993); Die Revolution der modernen Kunst, Hamburg 1955 (Neuausgabe mit Nachwort von F. Piel, Köln 1985; Übersetzungen); Johann Bernhard Fischer v. Erlach, Wien 1956 (Neubearbeitung ebd. 1976); Kunst und Wahrheit – Zur Theorie und Methode der Kunstgeschichte, Hamburg 1958 (erw. Neuausg. Mittenwald 1978); Epochen und Werke – Gesammelte Schriften zur Kunstgeschichte, Bde. I-II, Wien usw. 1959/60, Bd. III, Mittenwald 1982; Der Tod des Lichtes – Übergangene Perspektiven zur modernen Kunst, Salzburg 1964 (Übersetzungen); Die demolierte Schönheit – Ein Aufruf zur Rettung der Altstadt Salzburgs, Salzburg 1965; Stadt ohne Landschaft – Salzburgs Schicksal morgen?, Salzburg 1970; Gefahr und Hoffnung des technischen Zeitalters, Salzburg 1970; Erneuerung als konservatives Prinzip, in: *G.-K. Kaltenbrunner* (Hrsg.): Rekonstruktion des Konservatismus, Freiburg i. B. 1972, S. 73-94; Das goldene Zeitalter – Eine Kindheit, München 1986; (mit *Hermann Bauer*): Rokoko – Struktur und Wesen einer europäischen Epoche, Köln 1992 (als italienischer Artikel 1963).

L.: *M. Rassem:* Zum 70. Geburtstag H. S.s, Salzburger Universitätsreden, Nr. 24, Salzburg 1967; *G. Schmidt:* Nachruf auf H. S., in: Almanach der Österreichischen Akademie der Wissenschaften für 1986, S.

399-406; *N. Schneider,* in: Altmeister moderner Kunstgeschichte, Berlin 1990, S. 267-88 (marxistisch); *E.
Frodl-Kraft,* in: Wiener Jahrbuch für Kunstgeschichte
44 (1991), S. 7-46.

– Ra

Segesser, Philipp Anton von

* 5. 4. 1817 Luzern; † 30. 6. 1888 ebd.
Schweizerischer Politiker, Historiker und
Publizist. S. entstammte einer alten, einst im
Dienste der Habsburger stehenden katholischen Aristokratenfamilie (S. von Brunegg).
Sein Vater hatte seit 1814 das Amt des Staats-
archivars des Kantons Luzern inne. Nach
dem Besuch des Gymnasiums in Luzern
(1829-37) studierte der junge S. von 1838-41
Rechtswissenschaft und Geschichte in Heidelberg, Bonn, Berlin und München; zu seinen Lehrern zählten in Heidelberg der Jurist
Thibaut und der Historiker Schlosser, stärker
jedoch wurde S. in Bonn von →Bethmann
Hollweg und vor allem in Berlin durch →Sa-
vigny und →Ranke geprägt. Zeitlebens sollte
sich S. als Historiker und politischer Autor
den Grundsätzen der Historischen Rechtsschule und den von Ranke gesetzten historiographischen Maßstäben verpflichtet fühlen.
Nach dem Abschluß des Studiums führte eine
Studienreise S. nach Paris und Wien, wo er
u.a. →Jarcke kennenlernte, den er später als
den „genialsten Kopf" bezeichnen sollte, der
ihm je begegnet sei.

1841 kehrte S. nach Luzern zurück, wo er
das Anwaltsexamen ablegte und anschließend
sofort als Zweiter Ratsschreiber in den Staatsdienst eintrat. Früh schon machte er sich einen Namen als Vertreter und bald einer der
führenden Köpfe der katholisch-konservativen und entschieden föderalistischen Richtung, die sich der immer stärker werdenden
Tendenz zum bundesstaatlichen Unitarismus
in der Schweiz widersetzte. Doch 1847 erlebten die katholischen Kantone, die sich zum
„Sonderbund" zusammengeschlossen hatten,
im Bürgerkrieg eine vernichtende Niederlage
gegen den übermächtigen protestantisch-uni-
tarischen Gegner – und damit war auch S.s
politische Zukunft entschieden: Eine politische Laufbahn auf Bundesebene blieb ihm
fortan verschlossen.

Nach einem kurzen Rückzug ins Privatleben begann bereits 1848 S.s Laufbahn als Op-
positionspolitiker; er wurde als einziger Kon-

servativer des Kantons Luzern in den Nationalrat gewählt, wo er bis zu seinem Tode ununterbrochen wirken sollte, die meiste Zeit
als ein „Oppositionsführer wider Willen",
der weniger als integrative oder parteibilden-
de Kraft, sondern in erster Linie durch
den Eindruck seiner Persönlichkeit politische
Autorität gewann. Mit Nachdruck, wenn
auch in der Sache oft erfolglos, vertrat er die
Interessen der katholischen Kantone und des
katholischen Bevölkerungsteils der Schweiz,
ohne jedoch zum kompromißlosen Ultra-
montanen zu werden. Seit 1851 war S. daneben auch – mit Unterbrechungen – Mitglied
des Großen Rates von Luzern; seit 1871 gehörte er der kantonalen Regierung in verschiedenen Funktionen an, erst als Schult-
heiß, dann u.a. als Leiter der Polizeideparte-
ments und seit 1875 der kantonalen Justiz.

Bereits früh trat S. auch als Publizist, als
Mitarbeiter konservativer und katholischer
Zeitungen hervor und machte sich bald ebenfalls als Autor anspruchsvoller Essays zu historisch-politischen Themen einen Namen.
Darüber hinaus verfaßte er bedeutende historische Arbeiten, darunter die 1851-58 publizierte vierbändige „Rechtsgeschichte der
Stadt und Republik Luzern" und eine umfangreiche Biographie des schweizerischen
Söldnerführers Ludwig Pfyffer (1524-94), die
1880-82 in drei Bänden erschien. Als politischer Publizist war S. begeisterter (und zuweilen recht unkritischer) Verehrer Napoleons III., in dem er einen Vorfechter der katholischen Interessen in Europa sah und den er
deshalb auch nach 1870 noch verteidigte.
1870/71 trat S. auch als kritischer Begleiter
des Ersten Vatikanischen Konzils hervor;
hier nahm er im Sinne eines liberalen Katholizismus – erfolglos – gegen das Unfehlbar-
keitsdogma Stellung, außerdem forderte er
eine Dezentralisierung der Kirche, eine stärkere Einbindung der Laien sowie eine ver-
söhnlichere Haltung gegenüber der modernen Wissenschaft.

Als Politiker war und blieb S. stets ein entschiedener Widersacher jeder Art von Bürokratismus und Zentralismus; so lehnte er sogar die Gründung einer auf nationaler Ebene
agierenden konservativ-katholischen Volkspartei in der Schweiz ab, weil er darin eine
Schwächung des föderalen Elements sah. Außerdem profilierte er sich als scharfer Gegner

moderner Technik und Industrie, in denen er nur die Zerstörer traditioneller Lebensformen und -gewohnheiten zu erkennen vermochte; jedoch blieb er als Warner vor der Fortschrittseuphorie seiner Zeit weitgehend isoliert. Vor dem heraufziehenden Sozialismus und der allgemeinen Tendenz hin zum bürokratischen Anstaltsstaat mit Allkompetenz hat S., ähnlich wie →Tfocqueville, immer wieder nachhaltig gewarnt; so schrieb er 1875: „Indem der Staat, d.h. die im Lande regierende Gewalt, statt der einfachen Aufgabe, Recht und Eigentum eines jeden zu schützen, das gesamte wirtschaftliche und Kulturleben des Volkes in den Bereich seiner unbeschränkten gesetzgeberischen Machtbefugnis zieht, geht allgemach die individuelle Freiheit und Selbstberechtigung eines jeden, das Kriterium der Demokratie, in dem unbeschränkten Rechte der Gesamtheit, d.h. hier der Mehrheit, unter, und es entsteht der demokratische Absolutismus, der im Begriff der sozialen Republik liegt und der sich vom monarchischen Absolutismus nur durch das verschiedene Subjekt der Gewalt unterscheidet. Man kann daher sagen, daß der Anfang der sozialen Bewegung der Anfang einer rückläufigen Bewegung aus der Demokratie in den Absolutismus sei.“

S.: Rechtsgeschichte der Stadt und Republik Luzern, Bde. I-IV, Luzern 1851-58; Sammlung kleiner Schriften, Bde. I-IV, Bern 1877-85; Genealogie und Geschichtshistorie der Segesser von Brunegg im Staate der Schweiz und im deutschen Reiche, Bern 1885; Ludwig Pfyffer und seine Zeit. Ein Stück französischer und schweizerischer Geschichte im 16. Jhdt., Bde. I-III, Bern 1880-82; Erinnerungen, Luzern 1891.

E.: Briefwechsel zwischen Ph. A. v. S. und Andreas Heusler-Ryhiner, 1842-67, hrsg. v. *E. His*, Basel 1932; Briefwechsel Ph. A. v. S. (1817-88), hrsg. v. *V. Conzemius*, (bisher) Bde. I-V, Zürich – Köln 1983-92.

L.: *Meyer v. Knonau* in ADB XXXIII, 594-605; *A. Joneli:* Ph. A. v. S. als Historiker, in: Beiträge zur vaterländischen Geschichte, N. F. 3 (1893), S. 213-59; *K. Müller:* Ph. A. v. S., Bde. I-II, Luzern 1917-23; *A. Beck:* Kirche und Staat in den Schriften des Ph. A. v. S., Ingenbohl 1927; *E. F. J. Müller-Büchi:* Der schweizerische Föderalismus in der Idee Ph. A. v. S.s, Freiburg i. Üe. 1938; *O. Alig:* S., in: Große Schweizer, hrsg. v. *M. Hürlimann*, Zürich 1938, S. 573-80; *F. Fleiner:* Ph. A. v. S., in: *ders.:* Ausgewählte Schriften und Reden, Zürich 1941, S. 361-66; *R. Keel:* Die Demokratie im Denken Ph. A. v. S.s (1817-88), phil. Diss. Zürich 1950; *E. Kopp:* Die konservative Partei des Kantons Luzern von 1831 bis 1948, Luzern 1950; *W. Ganz:* Ph. A. v. S. als Politi-

ker, in: Schweizerische Zeitschrift für Geschichte 1 (1951), S. 245-74; *H. Lentze:* Die romantisch-konservative Richtung der deutschen Rechtsgeschichte. Der Standort Ph. A. v. S.s, in: Der Geschichtsfreund 106 (1953), S. 5-37; *E. Bonjour:* Ph. A. v. S.s nationale Leistung, in: *ders.:* Die Schweiz und Europa, Bd. II, Basel 1961, S. 377-87; *R. Feller / E. Bonjour:* Geschichtsschreibung in der Schweiz, Bd. II, Basel 1962; *G. Boesch:* Ph. A. v. S., der Klassiker des schweizerischen Konservativismus, in: Civitas 18 (1962/63), S. 198-212; *A. Wettstein:* Ph. A. v. S. als schweizerischer Kirchenpolitiker, Hochdorf 1969; *E. Gruner:* Konservatives Denken und konservative Politik in der Schweiz, in: Rekonstruktion des Konservatismus, hrsg. v. *G.-K. Kaltenbrunner*, Freiburg i. Br. 1972, S. 241-72; *W. Meyer:* Demokratie und Cäsarismus. Konservatives Denken in der Schweiz zur Zeit Napoleons III., Basel – Bern – Frankfurt a. M. 1975; *A. Wettstein:* Ph. A. v. S. zwischen Ultramontanismus und Liberalismus, Freiburg i. Üe. 1975; *E. F. J. Müller-Büchi:* Ph. A. v. S. – Das Konzil, die Revision der Bundesverfassung und der Kulturkampf, Freiburg i. Üe. 1976; *V. Conzemius:* Ph. A. v. S. 1817-88. Demokrat zwischen den Fronten, Zürich – Einsiedeln – Köln 1977.

– K

Seipel, Ignaz

* 19. 7. 1876 Wien; † 2. 8. 1932 Pernitz im Wienerwald. Priester, Universitätsprofessor und führender Staatsmann Österreichs im Übergang von der Monarchie zur Republik. Sohn eines Wiener Fiakers und einer Schifferstochter aus der Wachau. 1899 Priesterweihe; bis 1909 als Kooperator in Niederösterreich und Religionslehrer in Wien tätig. 1903 Promotion zum Doktor der Theologie, 1907 Habilitation bei F. M. Schindler (Mitbegründer und Mentor der Christlichsozialen Partei) mit einer Arbeit über „Die wirtschaftsethischen Lehren der Kirchenväter". Diese Schrift sollte die weitverbreitete These widerlegen, wonach die Christen des ausgehenden Römischen Reiches durch Lebensfeindlichkeit, Ablehnung des Eigentums und politische Abstinenz zum Untergang des Reiches beigetragen hätten. S. orientierte sich nicht am scholastischen Gedankensystem, sondern an Heiligengestalten wie den Reichsbischöfen Johannes Chrysostomos und Ambrosius, deren Wirken Zeugnis gibt für die Vereinbarkeit von Religion und Politik. Als Schüler Schindlers begreift er die Hinwendung zu den politischen Wissenschaften als „indirekte Seelsorge".

1909 an den Lehrstuhl für Moraltheologie

Ignaz Seipel
1876-1932

und Homiletik nach Salzburg berufen, trat S. in Verbindung mit Heinrich Lammasch, Hermann Bahr und Josef Redlich, die sich seit Beginn des Weltkrieges mit der europäischen Friedensfrage auseinandersetzten. In der Überzeugung, daß eine Friedensordnung mit der Umgestaltung Österreichs in eine föderative Union autonomer Nationen Hand in Hand gehen müsse, erkannte S. die drohende Gefahr einer Übertragung des westlichen Nationalstaatsbegriffs auf die nationale Vielschichtigkeit Mitteleuropas. In seinem 1916 erschienenen programmatischen Werk „Nation und Staat" unterwirft er die Begriffe →Nation, →Staat, Volk und →Reich einer grundlegenden Klärung. In anderen Schriften tritt S., in Auseinandersetzung mit katholischen Integralisten, im Sinne →Leos XIII. für die Öffnung der →Kirche zur Welt ein und gründet in Salzburg eine Zweigstelle der „Leo-Gesellschaft".

1917 erfolgte die Berufung S.s auf den Lehrstuhl S. M. Schindlers nach Wien. An dessen Stelle wurde S. auch mit der Beratung der Christlichsozialen Partei, vornehmlich in der Verfassungsfrage, betraut. Der Übertritt in die Politik erfolgte am 27. 10. 1918 durch kaiserliche Ernennung zum Minister für soziale Fürsorge in das sogenannte Friedenskabinett Lammasch. Nach Scheitern des letzten Friedensversuchs wurde S. Berater Kaiser Karls bei der Überleitung der Monarchie zur Republik. In der Entscheidung des Kaisers vom 11. November, den von K. Renner geforderten Thronverzicht abzulehnen, aber dennoch den Weg zur Republik freizugeben, wollte S. keinen Widerspruch sehen. Unter Republik verstand er nicht die der Monarchie entgegengesetzte Staatsform der Französischen Revolution, sondern die von den Staatsformen abgehobene *res publica*. Diese sollte weiterhin über den Staatsformen stehen, im Sinne der klassischen Staatslehre. Für jede Staatsform, auch für die moderne Demokratie, sei somit das Prinzip aufrecht zu halten, daß der Staat nicht zur *res privata* gemacht werden dürfe, weder durch die Diktatur der Parteien noch, wie es die Sozialisten forderten, durch die Diktatur einer einzigen Klasse.

Im so verstandenen Kampf um die Republik ließ sich S. im Februar 1919 als Abgeordneter in die konstituierende Nationalversammlung wählen. Die Christlichsoziale Partei, die von der Gefahr der Spaltung zwischen Monarchisten und Republikanern bedroht war, einigte er mit der Devise, daß zuallererst „das System beseitigt werden" müsse, „das sich hinter dem Kaiser verschanzt hatte". Dann erst könne man den Kaiser im Sinne der „tribunizischen Gewalt" als Cäsar zurückholen. Nachdem S. 1919 als Verfassungsreferent in der Koalitionsregierung mit den Sozialdemokraten im Kampf um die Bundesverfassung den Länderföderalismus verankert hatte, stieg er nach der siegreichen Oktoberwahl und dem Auseinanderbrechen der Koalition zum Führer seiner Partei auf. 1920 zum Klubobmann und 1921 zum Obmann der Partei gewählt, wurde er 1922 Bundeskanzler.

Als Schöpfer jener Mehrheitskoalition mit den Großdeutschen und später auch dem Landbund (die bis 1931 dem Druck der Sozialisten standhielt) gelang ihm die Abwendung des Staatsbankrotts und der akuten Gefahr einer Aufteilung Österreichs auf die Nachbarstaaten durch eine klare Entscheidung zugunsten der Staats- und Währungssanierung durch Völkerbundhilfe. Deshalb mußte S. den von Otto Bauer leidenschaftlich geforderten, jedoch damals nicht gangbaren Weg des Anschlusses an Deutschland zurückstellen, was als „Verrat am Deutschtum" und Verkauf Österreichs an das „Entente-Kapital" gebrandmarkt wurde. S.s Weg nach Genf wurde durch seine geschickt angelegten diplomatischen Reisen nach Prag, Berlin und Turin vorbereitet, indem er die Rivalitäten der Nachbarstaaten und die Furcht Frankreichs vor dem Anschluß an Deutschland ausspielte. Nach dieser Gratwanderung, die er als „Ritt über den Bodensee" bezeichnete, gelang es ihm, vor dem Völkerbund die mitteleuropäische Frage so eindrucksvoll aufzurollen, daß man dort erstmals von der Notwendigkeit der Erhaltung Österreichs überzeugt wurde. Durch die Genfer Protokolle vom 4. 10. 1922 erhielt Österreich nun die langfristige Anleihe, die zur Sanierung des Staates notwendig war. Nunmehr gelang S. das Sanierungswerk durch Gründung der Nationalbank, Einführung der Schillingwährung und rigorose Verwaltungsreformen. Trotz der Bedingungen des Völkerbundes – Verlängerung des Anschlußverbotes und Kontrolle durch den Völkerbund – proklamierte S. sein außenpolitisches Programm: keine Lösung ohne Deutschland, keine Lösung gegen Deutschland. Nicht Anschluß *oder* Donauföderation, sondern als Fernziel beides zugleich, was die Verständigung Deutschlands mit Frankreich voraussetze. Bis dahin gelte es, „Österreich so gesund und stark wie möglich zu machen". 1928 wurde S. zum Vizepräsidenten des Völkerbundes gewählt.

Nach schwerer Verletzung durch ein Attentat trat S. 1924 von seinem Amt zurück. Vom Oktober 1926 bis Mai 1929 amtierte er wieder als Bundeskanzler. Diese zweite Regierungsperiode stand im Zeichen des Kampfes um die österreichische Verfassung mit dem Ziel der Umwandlung Österreichs in eine Präsidentschaftsrepublik. Zudem erfolgte eine Einbindung der Heimwehren, die das Monopol des sozialistischen Schutzbundes auf der Straße beendeten, in das Verfassungsprogramm. S. ging es um die Stärkung der →Autorität des Staatsoberhauptes durch Volkswahl, die Befugnis zur Ernennung und Entlassung der Regierung sowie um die Schaffung einer Länder- und Ständekammer zur Einschränkung der Macht der Parteien, keinesfalls jedoch um Ersatz der parlamentarischen Demokratie durch eine Ständediktatur. Um die Verfassungsreform nicht an seiner Person scheitern zu lassen, trat S. im April 1929 überraschend zurück und überließ seinem Koalitionspartner Schober deren Durchführung. Infolge der Wirtschaftskrise von 1931 noch einmal kurzfristig Außenminister, wurde sein letztes Angebot zu einer Konzentrationsregierung von den Sozialdemokraten abgelehnt. Die Koalition mit den Großdeutschen brach nach seinem Tode 1932 endgültig auseinander.

In seiner Kirchenpolitik stellte S. sowohl in der ersten Koalition mit den Sozialdemokraten bis 1920 wie in der mit den Großdeutschen und Landbündlern bis 1930 die Konkordatsfrage zurück und beschränkte sich auf die konsequente Verteidigung des Status quo gegen radikal laizistische Forderungen der Sozialdemokraten. Er stand stets im Einklang mit der offiziellen Kirchenführung. Seit 1919 Prälat und Protonotar, war er auch mehrfach für ein Bischofsamt, zuletzt als Nachfolger des Wiener Kardinals Piffl, vorgesehen. Nach Niederwerfung der Justizpalast-Revolte 1927 wurde er von den Sozialisten wegen seiner festen Haltung als „Prälat ohne Milde" verfemt und eine massive Austrittswelle aus der „Seipel-Kirche" organisiert. S.s Glaube an die Vereinbarkeit von Priesteramt und Staatsamt geriet ins Wanken – neben seiner schweren Krankheit ein Hauptgrund seines Rücktritts.

S. lebte – auch während seiner ganzen Amtszeit – asketisch in einem Kloster der Herz-Jesu-Schwestern in Wien, als deren Superior er seelsorgerisch tätig war. Er verteilte Dreiviertel seiner Einkünfte an Bedürftige und unterstützte auch die Familie seines Attentäters. Die herausragende Rolle seiner Persönlichkeit und seiner staatsmännischen Leistung ist auch von seinen Gegnern niemals bestritten worden.

B.: *Klemperer* (siehe unter L.), S. 363–78; *Rennhofer* (siehe unter L.), S. 777–91.

S.: Die wirtschaftsethischen Lehren der Kirchenväter, Wien 1907; Nation und Staat, Wien 1916; Neue Ziele und Aufgaben der katholischen Moraltheologie,

Wien 1926; Der Kampf um die österreichische Verfassung, Wien 1930; Wesen und Aufgaben der Politik, Innsbruck 1930; Der christliche Staatsmann, Augsburg 1931; Die neue Gesellschaftsordnung nach der Enzyklika *Quadragesimo anno*, in: Die soziale Botschaft des Papstes, Vorträge über Quadragesimo anno, Wien 1931; „Politik", in: Staatslexikon, Freiburg ⁵1931, Bd. IV, Sp. 250-62; Der Friede. Ein sittliches und gesellschaftliches Problem (Universitätsvorlesungen), Innsbruck 1937.

E.: *J. Geßl:* S.s Reden in Österreich und anderwärts, Wien 1926; *R. Blüml:* Prälat Dr. I. S. Ein großes Leben in kleinen Bildern, Klagenfurt 1933; *ders.: I. S.. Mensch, Christ, Priester in seinem Tagebuch, Wien 1933; *ders.:* I. S. Im Dienste des Wortes, Wien 1955.

L.: *K. G. Ger:* Dr. I. S., Wien 1923; *R. Freund:* Die Genfer Protokolle, Berlin 1924; *B. Birk:* Dr. I. S., Innsbruck 1932; *W. Thormann:* Dr. I. S., der europäische Staatsmann, Frankfurt 1932; *F. Riedl:* Kanzler S., Saarbrücken 1934; *R. Poukar:* I. S., Wien 1935; *E. Ludwig:* Dr. I. S., Wien 1936; *R. Schmitz:* I. S., Wien 1946; *R. Charmatz:* Lebensbilder aus der Geschichte Österreichs, Wien 1947; *F. Funder:* Vom Gestern ins Heute, Wien 1952; *F. Fellner* (Hrsg.): Schicksalsjahre Österreichs 1908-19, das politische Tagebuch Josef Redlichs, Wien 1954; *K. A. Rohan:* Heimat Europa, Düsseldorf 1954; *A. M. Knoll:* I. S., in: Neue österreichische Biographie, Bd. IX, Wien 1956, S. 113-29; *E. Weinzierl-Fischer:* S. und die Konkordatsfrage, Wien 1959; *J. A. Tzöbl:* I. S. (1876-1932), in: *H. Hantsch* (Hrsg.): Gestalter der Geschicke Österreichs, Wien 1962, S. 579-609; *G. Ladner:* S. als Überwinder der Staatskrise vom Sommer 1922, Wien 1964; *E. K. Winter:* I. S. als dialektisches Problem, Wien 1966; *H. Rumpler:* Das Völkermanifest Kaiser Karls vom 16. Oktober 1918 (Österreich-Archiv), Wien 1966; *V. Reimann:* Zu groß für Österreich. S. und Bauer im Kampf um die erste Republik, Wien 1968; *S. Verosta:* I. S. und das Problem der Revolution, in: Festschrift für A. J. Merkl, München 1970, S. 439-52; *A. Novotny:* Die erste Krise der Republik Österreich 1927-33, Wien 1970, S. 39-51; *K. v. Klemperer:* I. S., Graz 1976; *F. Rennhofer:* I. S., Wien 1978; Sammelband I. S., christliche Demokratie, Wien 1985; *N. Leser:* Genius Austriacus, I. S. und Otto Bauer, Wien 1986, S. 141-75.

– Th

Sieburg, Friedrich

* 18. 5. 1893 Altena/Westfalen; † 19. 7. 1964 Gärtringen/Württemberg. Journalist und Schriftsteller. S. wurde als Sohn einer katholischen Kaufmannsfamilie in Westfalen geboren, er betrachtete sich jedoch als Rheinländer, da seine Vorfahren vom Niederrhein stammten und er selbst den größten Teil seiner Jugend in Düsseldorf verbrachte. Dort absolvierte er auch das Abitur an einem humanistischen Gymnasium. Anschließend studierte er an den Universitäten Heidelberg, München, Freiburg i. Br. und Münster Philosophie, Literaturgeschichte und Nationalökonomie. In Heidelberg wirkten zwei geistige Pole: Max Weber und Stefan →George. Die Persönlichkeit Georges übte einen entscheidenden Einfluß auf S.s späteres Werk aus. Durch ihn begriff er das Wunder des Wortes und den Sinn eines Lebens, das nur nach dem Werk trachtet. Sich an die Heidelberger Zeit erinnernd, versicherte S.: „Es war ein Paradies, und wer in ihm verweilt hat, dem kommt die Welt seitdem oft farblos und trocken vor."

Nach dem Ersten Weltkrieg, an dem S. von 1914 bis zum Ende – zuletzt als Fliegeroffizier der legendären Jagdstaffel Richthofen – teilnahm, wurde er 1919 in Münster mit dem Thema „Grade der lyrischen Formung. Beitrag zur Ästhetik des lyrischen Stils" zum Dr. phil. promoviert. Sein Wunsch, die Philosophie zu seinem Beruf zu machen, scheiterte an dem Vermögensverlust durch Krieg und Inflation. S. lebte zuerst als freier Schriftsteller in Berlin, ging aber 1923 als freier Mitarbeiter der „Frankfurter Zeitung" nach Kopenhagen. Seine dort verfaßten Feuilletons waren so überlegen und geistreich, daß der Verleger und Besitzer der Zeitung, Heinrich Simon, S. für den frei werdenden Korrespondentenposten in Paris vorschlug. Dort eröffnete sich für ihn die glänzende Laufbahn des Journalisten, Publizisten und Schriftstellers. Er schuf einen ganz neuen Stil der Berichterstattung, indem er die internationalen Ereignisse in die richtige Atmosphäre stellte und sie aus dem Wesen der handelnden Personen, der handelnden Völker und ihrer Geschichte heraus zu erklären versuchte.

Frankreich wurde für S. *das* Bildungserlebnis – und gleichzeitig zum Gegenbild Deutschlands. „Aber Frankreich war keine Ferne, es war so sehr Europa, daß ich oft davon träumte, es könne und müsse sich eines Tages mit Deutschland zu einem abendländischen Ganzen zusammenfügen." Die deutsch-französische Verständigung in einem vereinten Europa zu fördern, erkannte S. als seine Lebensaufgabe. Sein erster großer Erfolg, ja Welterfolg, wurde sein 1929 geschriebenes Buch „Gott in Frankreich?" Die Fülle seiner Beobachtungen des französischen Lebens und die neuartige Analyse des westlichen Nachbarn machten ihn zur vielbewunderten literarischen Figur, zu einem *homme de lettres*. Seine Tätigkeit für die „Frankfurter Zeitung" führte ihn außerdem nach Polen, an Bord des berühmten Eisbrechers „Malygin" in die „rote Arktis", nach Portugal, nach Nordafrika und, kurz vor Ausbruch des Zweiten Weltkrieges, nach China und Japan. 1939 kam S. gerade noch rechtzeitig, um durch die Tür, „die sich bereits mit drohendem Geräusch zu schließen begann, wieder ins Haus zu schlüpfen".

Da S. nicht mehr auf seinen Pariser Posten zurückkehren konnte, wurde er von der Informationsabteilung des Auswärtigen Amtes dienstverpflichtet und zunächst der deutschen Botschaft in Brüssel, dann der Pariser Botschaft zugeteilt. Ab 1942 kehrte er jedoch in die Redaktion der „Frankfurter Zeitung" zurück, wo er bis zum Verbot des Blattes im August 1943 tätig war. Das Ende des Krieges erlebte er in Württemberg, wo ihn die französische Militärregierung verhaftete und ihm Hausarrest und Schreibverbot auferlegte. Nach acht Monaten wurde er jedoch wieder auf freien Fuß gesetzt, und das Schreibverbot wurde 1947 aufgehoben.

Ein Jahr später nahm S. seine berufliche Laufbahn als Mitherausgeber der Zeitschrift „Die Gegenwart" wieder auf. 1956 kehrte er als Leiter des Literaturblatts in den Stab der „Frankfurter Allgemeinen Zeitung" zurück und wirkte dort als Kritiker und Berater.

Nach französischem Muster betrachtete er Zeit- und Kulturkritik als eine literarische Form mit moralischer Funktion. In dieser Gesinnung entstand 1954 „Die Lust am Untergang – Selbstgespräche auf Bundesebene". Hier behandelte er die seitdem so geläufigen Probleme der Massenzivilisation und der Einfügung des Menschen in einen durch Konsumzwang bestimmten Lebensstil – eine Warnung vor den Kehrseiten der wirtschaftlichen Erfolge im Nachkriegsdeutschland. Er fürchtete den drohenden Verlust der Individualität seiner Mitbürger und beklagte ihren Mangel an historischem Bewußtsein. Daher schrieb er drei historische Biographien, die Robespierre, Napoleon und →Chateaubriand gewidmet waren; in ihnen – wie in einem seiner letzten Werke: „Im Licht und Schatten der Freiheit" – faßte er die wichtigsten Phasen der Französischen Revolution zusammen.

Lebenslang beschäftigte sich S. mit einem Hauptproblem der Neuzeit, dem Verhältnis von Mensch und Gesellschaft. In Frankreich lernte er, daß jede radikale politische Doktrin der menschlichen Natur feindlich ist – und fürchtete seither alle totalitären Staatsformen. Hingegen glaubte er an die humanisierende Kraft der Literatur. Nach dem Motto „Schreiben ist Leben" bezeugt die Prosa seiner letzten Jahre – gesammelt in den Bänden „Nur für Leser" (1955) und „Lauter letzte Tage" (1961) – den Abstand, den der ehemalige Journalist von den Tagesereignissen gefunden hatte.

S.: Die Grade der lyrischen Formung, Stuttgart 1920; Die Erlösung der Straße – Gedichte, Potsdam 1920; Oktoberlegende – Erzählungen, Hellerau 1922; Gott in Frankreich?, Frankfurt a. M. 1929, [3]1940, erw. Neuausg. ebd. 1954; Frankreichs rote Kinder, Frankfurt a. M. 1931; Die rote Arktis, Frankfurt a. M. 1932; Es werde Deutschland, Frankfurt a. M. 1933; Polen – Legende und Wirklichkeit, Frankfurt a. M. 1934; Robespierre, Frankfurt a. M. 1935; Neues Portugal. Bildnis eines alten Landes, Frankfurt a. M. 1937; Afrikanischer Frühling, Frankfurt a. M. 1938; Blick durchs Fenster, Frankfurt a. M. 1939, erw. Neuausg. Hamburg 1956; Die stählerne Blume, Frankfurt a. M. 1939; Schwarzweiße Magie, Tübingen – Stuttgart 1949; Vendée, Tübingen – Stuttgart 1949; Unsere schönsten Jahre – Ein Leben mit Paris, Frankfurt a. M. 1950; Was nie verstummt, Tübingen – Stuttgart 1951; Geliebte Ferne, Tübingen – Stuttgart 1952; Kleine Geschichte Frankreichs, Frankfurt a. M. 1953; Hundertmal Gabriele, Tübingen – Stuttgart 1953; Die Lust am Untergang – Selbstgespräche auf Bundesebene, Hamburg 1954; Nur für Leser, Stuttgart 1955; Napoleon, Stuttgart 1956; Chateaubriand, Stuttgart 1959; Paris – Anblick und Rückblick, Stuttgart 1959; Helden und Opfer, Wiesbaden 1960; Im Licht und Schatten der Freiheit, Stuttgart 1961; Lauter letzte Tage, Stuttgart 1961; Eine Maiwoche in Paris, Frankfurt a. M. 1961; Gemischte Gefühle, Stuttgart 1964; Verloren ist kein Wort, o. O. 1966; Französische Medaillons, Frankfurt a. M. 1967; Zur Literatur, hrsg. v. *F. J. Raddatz*, Bde. I-II, Stuttgart 1981; Abmarsch in die Barbarei, hrsg. v. *K. Harpprecht*, Stuttgart 1983.

Ü.: Dieu est-il français?, Paris 1930; Sur un brise-glace soviétique, Paris 1932; Défense du nationalisme allemand, Paris 1933; Germany: My Country, London 1933; Robespierre, Paris 1936; Le Nouveau Portugal, Paris 1938; Visage de la France en Afrique, Paris 1939; De ma fenêtre, Paris 1942; La fleur d'acier, Paris 1942; Canada-Vendée, Paris 1943; Je passais au bord de la Seine, Paris 1950; La France de la Royauté à la Nation 1789-1848, Paris 1963.

L.: *K. A. Horst:* F. S., in: Schreiben ist Leben. Zum 70.

Geburtstag von F. S. am 18. Mai 1963, Stuttgart 1963, S. 4-27; *J. Fest:* F. S. – Ein Portrait ohne Anlaß, in: *ders.:* Aufgehobene Vergangenheit. Portraits und Betrachtungen, München 1983, S. 70-95; *M. Taureck:* F. S. in Frankreich: Seine literarisch-publizistischen Stellungnahmen zwischen den Weltkriegen im Vergleich mit Positionen Ernst Jüngers, Heidelberg 1987; *T. Krause:* Mit Frankreich gegen das deutsche Sonderbewußtsein. F. S.s Wege und Wandlungen in diesem Jhdt., Berlin 1993.

– Bu

Sismondi, Jean Charles Léonard
(Simonde, gen. de Sismondi)

* 9. 5. 1773 Genf; † 25. 6. 1842 ebd. Volkswirtschaftslehrer (Ökonom) und der wohl meistgelesene und bedeutendste Historiker französischer Sprache um 1815 – ein zeitkritischer Geist und Diagnostiker der industriellen Revolution und ihrer Folgen. Er stammte aus einer Refugiantenfamilie aus dem Dauphiné, die 1692 das Genfer Bürgerrecht erhielt. S.s Leben verlief ebenso stürmisch wie seine Auseinandersetzung mit der klassischen Nationalökonomie. Dreimal ging er ins Exil, dreimal war er eingesperrt, änderte seine Staatszugehörigkeit, konnte wegen familiärer Einwände seine Auserwählte nicht heiraten und kannte Zeiten großer finanzieller Engpässe. Er war Europäer und Kosmopolit.

Seine berufliche Laufbahn begann S. als Lehrling in der Bank Eynard in Lyon. Während der Französischen Revolution hielt er sich in England und in der Toskana auf, wo er sich mit Landwirtschaft beschäftigte. 1801 veröffentlichte er in Genf „Tableau de l'agriculture toscane" und 1803 „Traité de la richesse commerciale". 1806 wurde er Sekretär der Handelskammer in Genf und 1814 Sekretär des Repräsentierenden Rates. Er gehörte zum engeren Kreis um Mme. de Staël, die er auf ihren Reisen nach Deutschland (1804) und Italien (1808) begleitete. Ein Kurs über mitteleuropäische Literatur, den er 1812 abhielt, hatte großen Erfolg und erschien 1813, 1819 und 1829 in Paris in Buchform. S. wurde, ohne je an einer Universität studiert zu haben, Professor der Philosophie (1809) und 1820 Honorarprofessor der Geschichte an der Genfer Akademie. Die Sorbonne und das Collège de France suchten ihn als Professor zu gewinnen.

S. war für seine Zeitgenossen schwer einzu-

ordnen. Den Revolutionären erschien er zu aristokratisch, den Anhängern der Restauration zu liberal; außerden war er ganz allgemein zu individualistisch, um einer intellektuellen Schule zugeordnet werden zu können. Er wird als Mann hoher Prinzipien und umfassender Großzügigkeit geschildert, liebenswürdig, aber verbittert über die Vernachlässigung und Mißinterpretation seiner ökonomischen Theorien. Im Politischen war S. sowohl Praktiker als auch Theoretiker. Selbst ein Opfer der Leidenschaften der Französischen Revolution, widersetzte er sich allen Formen des Dogmatismus und den Appellen zu Massenaktionen, aber in der Philosophie und in der praktizierten Politik erkannte er viele Werte der intellektuellen Paten der Revolution an. „Ich bin", so pflegte er zu sagen, „ein Liberaler, besser noch ein Republikaner, aber niemals ein Demokrat." S. glaubte, daß sich die Demokratie dem wahren Fortschritt widersetze. Er war kein Genie im romantischen Sinn. In Diderots Terminologie war er eher ein Locke denn ein Shaftesbury. Die besondere Begabung S.s lag darin, Denkbereiche zu koordinieren, zu vereinfachen und zusammenzuführen, welche vordem nur fragmentiert waren oder kaum das Stadium der Klassifikation erreicht hatten. In diesem Sinn war er ein großer Innovator, einer der Gründerväter der modernen Historiographie in Frankreich und Italien wie auch der historischen Schule der Ökonomie und der Schöpfer der Literaturgeschichte und der Sozialpolitik.

S.s Hauptwerk, die „Histoire des républiques italiennes du Moyen Age", hatte in Johannes von Müllers „Schweizer Geschichte" ihr Vorbild. Das Werk schärfte das Interesse der gebildeten Leserwelt für eine Dimension der Vergangenheit, die mittelalterlich gefärbt und republikanisch gesinnt war. Ein wesentlicher Gesichtspunkt, der S. darin bestimmt hatte, war die Bejahung der staatlichen Vielfalt gegenüber der Einheit von oben – im Erscheinungsjahr der ersten beiden Bände (1807) eine kaum verhüllte Kritik am Napoleonischen Herrschaftssystem.

S.s Freiheitsbegriff zeichnete sich vor allem in seinem Werk „Recherches sur les Constitutions des Peuples Libres" (1796-99) ab, das aber infolge der Revolution erst wesentlich später veröffentlicht werden konnte. Das Werk, nach S.s eigenen Worten „rather philosophical", ist eine „enquiry into the nature of freedom and into that of government". Johann Caspar →Bluntschli wertete dieses Werk, das 1836 unter dem Titel „Études sur les Constitutions des peuples libres" erschien, als „die reifste Frucht seines Lebens". Dem Autor wies er eine eigentümliche Mittelstellung zwischen seinen beiden Landsleuten, dem Vertreter des modernen Radikalismus J. J. Rousseau und dem Repräsentanten des mittelalterlichen Patrimonialstaates C. L. von →Haller, zu. S. wies Rousseaus egalitäre Prinzipien im „Contrat Social" zurück, während er sich zustimmend auf die praktische Maxime desselben Autors in den „Lettres de la Montagne" bezog, wo dieser eine konstitutionelle Aristokratie empfohlen hatte. S.s Konzeption von →Freiheit kann am besten beschrieben werden als komplexes System individueller Freiheiten und entsprechender Beschränkungen.

S.s Wirkung als Sozialökonom hat länger angehalten denn diejenige als Historiker, was wohl mit der stärkeren Wandlungsfähigkeit und „Aktualität" S.s im volkswirtschaftlich-sozialkritischen Bereich zusammenhängt. S. begann als begeisterter Anhänger der Adam Smithschen Theorie, die er in dem 1803 erschienenen Werk „De la richesse commerciale" verfocht und für Frankreich fruchtbar machen wollte. Es ist dies aber zugleich ein Buch der Opposition gegen das sich abzeichnende Napoleonische Kontinentalsystem, eine Apologie des freien Handels. Dieser Glaube an die Heilskraft des liberalen Gewährenlassens ist S. nach 1815 zerronnen. Unter dem erschütternden Eindruck der Krisen- und Hungerjahre der ersten Nachkriegszeit sowie einer Englandreise, die dem Genfer erstmals die Massenarmut eines Industrieproletariats vor Augen führte, tritt ein moralistischer und pessimistischer Grundzug immer stärker hervor: er bestimmt das Spätwerk, von den „Nouveaux Principes d'Economie politique" (1819) bis zu den „Études sur les Sciences sociales" (1836-38). Als eigentlichen Übelstand erkennt S. die ungehemmte Produktionsleidenschaft, die – statt den Reichtum des Volkes zu erhöhen – nur zu einem verschärften Konkurrenzkampf der Unternehmer geführt habe. Von daher komme die Erzeugung eines Proletariats, das dem Namen nach zwar alt sei, der Sache nach jedoch

ein Novum darstelle. Bereits 1819 wagte S. die Prognose, daß ein Gleichgewicht sich erst wieder herstellen lasse, wenn ein Teil der Konkurrenten durch Bankrott aus dem Konkurrenzkampf ausgeschieden und ein Teil der Arbeiter Hungers gestorben sein würden.

Indem sie diesen Prozeß zu verhindern trachte, habe die Sozialökonomie, so S., nicht nur eine diagnostische, sondern auch eine therapeutische Funktion. Sie müsse dafür sorgen, daß möglichst viele Menschen an der Wohlfahrt teilhaben könnten. Der Idealzustand ist für S. der einer weitgehenden sozialen Ausgeglichenheit: er rühmt die Länder mit einem starken, grundbesitzenden Bauernstand und hebt die Schweiz hervor, die in seinem Werk sonst eher im Hintergrund bleibt.

B.: In: *J.-R. de Salis:* S., 1773-1842, la vie et l'œuvre d'un cosmopolite philosophe (siehe unter **L.**).; *ders.:* S., Lettres et documents inédits, suivis d'une liste des sources et d'une bibliographie, Paris 1932.

S.: Tableau de l'Agriculture de la Toscane, Genf 1801; De la richesse commerciale, ou principes d'économie politique, appliquées à la législation de commerce, Bde.-I-II, Genf 1803; Histoire des Républiques italiennes du moyen âge, Bde. I-XVI, Zürich – Paris 1807-18; De la littérature du Midi de l'Europe, Bde. I-IV, Paris 1813; Considérations sur Genève dans ses rapports avec l'Angleterre et les Etats protestants, London 1814; Sur les lois éventuelles, Genf 1814; De l'intérêt de la France à l'égard de la traite des nègres, Genf 1814; Examen de la constitution française, Paris 1815; Nouveaux Principes d'Economie politique, Bde. I-II, Paris 1819; Histoire des Français, Bde. I-XXXI, Paris 1821-44; Notice nécrologique sur M. Etienne Dumont, Paris 1829; De la condition dans laquelle il convient de placer les nègres en les affranchissant, o. O. 1833; Histoire de la chute de l'Empire romain et du déclin de la civilisation de l'an 250 à l'an 1000, Bde. I-II, Paris 1835; Études sur les Constitutions des Peuples libres, Brüssel 1836; De l'Irlande en 1834, Genf 1836; Les colonies des anciens comparées à celles des modernes, Genf 1837; Études sur l'Economie politique, Bde. I-II, Paris 1837-38; A l'Association du 3 mars, Genf 1841; Discours de M. de S. à l'Assemblée constituante. Le 30 mars 1842, Genf 1842; De l'Inde et de sa future émancipation, Paris 1844.

E.: Fragments du journal et de la correspondance de S. de S., Genf 1857; Lettres inédites de S., écrites pendant les cent-jours, hrsg. v. *Villari / G. Monod*, Paris 1877; Epistolario, a cura di *C. Pellegrini*, Bde. I-V, Florenz 1933-75.

Ü.: Gemälde der toskanischen Landwirthschaft, Tübingen 1805; Geschichte der italienischen Freystaaten im Mittelalter, Bde. I-XII, Zürich 1807-20; Die zwei Systeme der politischen Ökonomie, Wien 1811; Über die Literatur des südlichen Europas, dt. v. *L. Hain*, Bde. I-II, Leipzig 1816-19; S. de S. über die Freyheit der Italiäner während der Dauer ihrer Republiken, und über die Ursachen, welche den Charakter der Italiäner seit dem Untergange ihrer Freystaaten verändert haben. Ein Beytrag zur Geschichte der Menschheit (Aus dem sechzehnten Bande der Geschichte der italiänischen Freystaaten... besonders abgedruckt), Zürich 1824; Geschichte der Auflösung des römischen Reiches und des Verfalls der Civilisation der alten Welt, dt. v. *W. A. Lindau*, Bde. I-V, Leipzig 1836-38; Forschungen über die Verfassungen der freien Völker, übers. u. m. Anm. hrsg. v. *A. Schäfer*, Frankfurt a. M. 1837, [2]1848; Neue Grundsätze der Politischen Ökonomie, dt. v. *R. Prager*, Bde. I-II, Berlin 1901-02.

L.: *A. de Mongolfier:* Vie et travaux de C. de S., Genf – Paris 1857; *C. Spahn:* Der sozialpolitische Standpunkt des schweizerischen Nationalökonomen S. de S., Schaffhausen 1886; *A. Aftalion:* L'œuvre économique de S., Paris 1899; *P. Berliner:* S. de S.s sozialökonomische Grundlehren, Diss. Bern 1913; *R. Jeandeau:* S. précurseur de la législation sociale contemporaine, Bordeaux 1913; *C. Pellegrini:* Il S. e la storia della letteratura dell'Europa meridionale, Genf 1926; *A. Babel:* S. et les origines de la législation du travail, Genf 1927; *J.-R. de Salis:* S., 1773-1842, la vie et l'œuvre d'un cosmopolite philosophe, Bde. I-II, Paris 1932; *F. Ernst:* Die Schweiz als geistige Mittlerin von Muralt bis Jacob Burckhardt, Zürich 1932; *E. Halévy:* S., Paris 1933; *W. Kaegi:* S., ein Entdecker Italiens, in: Neue Schweizer Rundschau, N.F., 2. Jg. (1935), S. 674 ff.; *R. Ramat:* S. e il Mito di Ginevra, Florenz 1936; *R. Feller / J. R. de Salis:* Die schweizerische Geschichtsschreibung im 19. Jhdt., Zürich 1938; *W. E. Rappard:* Trois économistes genevois et leurs carrières parlementaires: S., Rossi, Cherbuliez, in: Journal de statistique et Revue économique suisse, 1940, S. 232-62, 440-73; 1941, S. 137-67; *ders.:* La carrière parlementaire de trois économistes genevois (S., Rossi, Cherbuliez), Genf 1942; *L. Ledermann:* Sur S., Basel 1942; *W. E. Rappard:* La conversion de S., in: Journal de statistique et Revue économique suisse, 1943, S. 181-210; *ders.:* S. et Genève, in: Publications de la Faculté des Sciences économiques et sociales, Bd. 5, 1943, S. 53-75; *ders.:* S. et l'Europe, in: Studi su G. C. L. S., Gubbio, Oderisi 1943, S. 31-71; *P. Chanson:* S. de S., 1773-1842, précurseur de l'économie sociale, Paris 1944; *G. Sotiroff:* Riccardo und S., Zürich 1945; *A. Ammon:* S. de S. als Nationalökonom, Bde. I-II, Bern 1945-50; *L. de Rosa:* G. C. S. e la sua opera, Mailand 1947; *W. I. Lenin:* A Characterization of Economic Romanticism: S. and Our Native S.'sts (1896), Moskau 1951; *H.-R. Felder:* S. de S. – Gedanken über Freiheit, phil. Diss. Zürich 1954; *E. Stoltzenberg:* S. und Necker, phil. Diss., Berlin 1956; *J. R. v. Salis:* S., in: *ders.:* Im Lauf der Jahre. Über Geschichte, Politik und Literatur, Zürich 1962, S. 62-92; *H. O. Pappé:* S.s Weggenossen, Genf 1963; *W. E. Rappard:* Economistes génevois du XIXe siècle, Genf 1966; *A. G. Ricci:* S. e il Marxismo, Bulzoni, Rom 1973; Atti del Colloquio internazionale sul S., 1970, Rom 1973 (enthält zahlreiche grundlegende Beiträge); S. Européen. Actes du Colloque internatio-

nal tenu à Genève les 14 et 15 Septembre 1973, Genf – Paris 1976; *G. Dupuigrenet-Desroussilles:* S. et le goût du bonheur (esquisse de psychoanalyse), in: Histoire, socialisme et critique de l'économie politique, Paris 1976, S. 1316-25; *ders.:* S. et le libéralisme héroïque, in: Histoire, socialisme et critique de l'économie politique, Paris 1976, S. 1327- 38; *F. Sofia:* Una biblioteca ginevrina del Settecento: i libri del giovane S., Rom 1983; *Th. Sowell:* S.: A Neglected Pioneer, in: History of Political Economy 4 (1972), S. 62-88; Neuabdruck in: *M. Blaug* (Hrsg.): Pioneers in Economics, 13. Henry Thornton (1760-1815), Jeremy Bentham (1748-1832), James Lauderdale (1759-1839), S. de S. (1773-1842), Cambridge 1991, S. 198-224; *H. O. Pappé:* S.'s System of Liberty, in: Journal of the History of Ideas 40 (1979), S. 251-66; Neuabdruck in: *M. Blaug* (Hrsg.): Pioneers in Economics, 13. Henry Thornton (1760-1815), Jeremy Bentham (1748-1832), James Lauderdale (1759-1839), S. de S. (1773-1842), Cambridge 1991, S. 284-99; *P. Waeber:* S., une biographie, Bd. I, Genf 1991.

– Hä

Solschenizyn, Alexander Issajewitsch

* 11. 12. 1918 Kislowodsk. S. entstammt einer Lehrerfamilie und folgte dem väterlichen Beispiel. Er studierte an der physikalisch-mathematischen Fakultät in Rostow und belegte, seinen früh sich zeigenden literarischen Neigungen entsprechend, Fernkurse des Moskauer Instituts für Philosophie und Literatur. Noch vor dem Krieg nahm er eine Anstellung als Physiklehrer in der Provinz Rostow an. 1941 wurde er eingezogen. Als Führer einer Flakbatterie zeichnete er sich bei der Verteidigung von St. Petersburg (damals Leningrad) aus. Er erhielt den Orden des Vaterländischen Kriegs und den des Roten Sterns. 1945 wurde S. wegen abfälliger Bemerkungen über Stalin in Ostpreußen verhaftet und ohne Anhörung zu acht Jahren Straflager verurteilt. Er verbrachte sie in einem Spezialgefängnis in Moskau und in einem Lager in Kasachstan. Dort erkrankte er an Krebs. 1953 entlassen, wurde er in einer Klinik in Taschkent (Vorbild der „Krebsstation") behandelt. Er konnte seine Arbeit als Physiklehrer von neuem aufnehmen und durfte sich ab 1956 auch wieder im europäischen Teil Rußlands aufhalten.

Gleich mit seiner ersten, im Manuskript 1958 fertiggestellten und 1962 gedruckten, seine Erfahrungen im Straflager schildernden Erzählung „Ein Tag im Leben des Iwan Denissowitsch" erzielte er nicht nur seinen literarischen Durchbruch, sondern zugleich politische Wirksamkeit. Chruschtschow, der die Drucklegung förderte, sah in der Schilderung die literarische Verarbeitung und Bekräftigung seiner von der Nomenklatura nur zögernd aufgenommenen Abrechnung mit dem Stalinterrorismus, die er 1956 auf dem XX. Parteitag der KPdSU vorgenommen hatte. Kaum war das Werk erschienen, distanzierte sich jedoch Chruschtschow wieder von S., weil die Wirkungen des Buches die Autorität der sowjetischen Führung und das System untergruben. S. verfiel neuerlich in Acht und Bann. 1967 forderte S. in einem offenen Brief an den IV. Kongreß der Sowjetischen Schriftsteller das Ende der offenen und versteckten Zensur, dem seine beiden großen Romane „Der erste Kreis der Hölle" und „Krebsstation" zum Opfer gefallen waren. Der Abdruck der ins westliche Ausland geschmuggelten Manuskripte bewirkte 1969 den Ausschluß S.s aus dem Schriftstellerverband und damit die Gefährdung seiner Existenz.

Für diese Romane erhielt S. 1970 den Nobelpreis für Literatur, konnte ihn jedoch nicht entgegennehmen. Am Tag der Feier trat S. der von Andrej Sacharow geleiteten Bürgerrechtsbewegung bei. Zahlreiche führende Persönlichkeiten des Westens, vor allem Franzosen, setzten sich für S. ein. Er arbeitete in diesen Jahren an einer großangelegten Schilderung der Straflager, die, in eine Erzählung eingebunden, genaueste historische Details, Orte, Personen, Urteile und Schicksale jener Millionen Sowjetbürger beispielhaft wiedergeben sollte, die zwischen 1918 und 1956 verfolgt und umgekommen waren. 1973 verschärfte sich das Klima gegen die Dissidenten und besonders gegen die Umgebung S.s. Seine Vertraute, Elisabeth Woronskaja, wurde 1973 verhaftet. Nach fünf Tagen Verhör durch den KGB verriet sie das Versteck des Geheimarchivs für den „Archipel Gulag" und beging anschließend Selbstmord. Das Manuskript konnte jedoch wiederum in den Westen gelangen und dort 1974 zu einer der größten Bucherfolge werden.

„Archipel Gulag" hatte entscheidende Auswirkungen auf die politische Linke, zuerst in Frankreich, dann in ganz Europa. In Frankreich sagten sich die einflußreichsten Linken unter dem Eindruck von „Archipel Gulag" vom Kommunismus los. Zugleich verlor auch der von zahlreichen Sozialdemokraten mit Sympathie betrachtete Kurs der „Eurokommunisten" seine ideologisch-intellektuelle Basis.

Nach Angriffen in der „Prawda" am 12. Februar 1974 wurde S. verhaftet, tags darauf ausgebürgert und in die Bundesrepublik Deutschland ausgewiesen. Anschließend ließ er sich für zwei Jahre in der Schweiz nieder. S. wurde in den ersten Jahren nach seiner Ausweisung zu einer vielumworbenen Persönlichkeit, und er erhielt die Gelegenheit, in zahlreichen Vorträgen und Interviews den Westen vor übertriebener Konzessionsbereitschaft gegenüber den Sowjets zu warnen sowie zur Aufrüstung und auch zur Stärkung der geistig-moralischen Widerstandskraft zu raten.

Im September 1976 übersiedelte S. mit seiner Familie nach Cavandish, Vermont (USA). Die dort auf einer angekauften Farm mögliche Abgeschiedenheit förderte das Entstehen des fünfbändigen Werkes „Das Rote Rad", das sich in weit ausgreifender Weise mit den geistigen Voraussetzungen und gesellschaftlich-politischen Vorgängen der russischen Revolution auseinandersetzt. Daneben griff S., in einzelnen – vielbeachteten und heftig umstrittenen – öffentlichen Vorträgen die westlichen Werte und Lebenseinstellungen, liberale Permissivität, Hedonismus und Egoismus sowie den Verlust von Gemeinsinn und Opferbereitschaft frontal an. Mit dem Zusammenbruch des Sowjetimperiums 1986/91 erlebte S. seinen größten Triumph. Bevor er sich seinen sehnlichsten Wunsch, die Rückkehr nach Rußland, erfüllte, nahm er nochmals in einem großen Manifest, das in 20 Millionen Exemplaren verbreitet wurde, zum Neuaufbau Rußlands von den Wurzeln her Stellung.

Die wichtigsten im „Manifest" und im „Roten Rad" enthaltenen Lehren S.s für die Wiedergesundung Rußlands, aber auch für den Westen, sind die folgenden: 1. Der materialistisch-atheistische Humanismus, der dem Marxismus und Liberalismus sowie dem ganzen westlichen Wertesystem zugrunde liegt, muß überwunden werden. 2. Keine Wiederholung der Februarrevolution von 1917 mit ihrer demokratischen Parteienanarchie, die den Weg zur Oktoberrevolution gebahnt hat.

3. Die politische Erneuerung muß sich auf die Selbstverwaltung gewachsener →Institutionen, wie Dorf, Gemeinde, Genossenschaft, Landschaft und Berufsstände, stützen. 4. Ohne selbständigen, aus Leibeigenschaft und Kolchose befreiten Bauernstand findet das russische Volk nicht mehr zu seinen Wurzeln und zu seiner Identität zurück. 5. Das russische Wertessystem ist, anders als das des Westens, tief durch Religion, Hochschätzung der Familie, soziale Solidarität und Gemeinsinn, Verzicht und Opfer, Vaterlandsliebe und Naturliebe geprägt. Ohne religiöse Erneuerung ist die politische nicht möglich. 6. Unmißverständlich ist S.s Verteidigung der Monarchie (in „November 16"). Der Monarch kann mittelmäßig sein, er ist jedoch nicht, wie die Parteien, korrumpierbar durch Macht, Reichtum, Ruhm. Er braucht keine Gemeinheiten zu begehen, um an die Spitze des Staates zu gelangen. Er hat volle Freiheit des Urteils, ist niemandem verpflichtet außer seinem eigenen Gewissen und dem Gericht Gottes. Daher bedeutet „Selbstherrschaft" keineswegs Willkür, sondern „heilige Macht". In ihrem Wesen liegt nicht Stillstand, sondern Sorgfalt im Umgang mit Neuerungen sowie die Durchführung von Reformen, wenn die Zeit für sie reif ist. Der Monarch ist das Symbol für Vertrauen, Einheit und Kontinuität, ohne die ein Staat auf Dauer nicht existieren kann.

S.s 1994 erfolgte Rückkehr nach Rußland gestaltete sich zu einem Triumphzug. In zahlreichen Orten, die er auf seiner 55 Tage langen Bahnfahrt von Wladiwostok nach Moskau besuchte, wurde er festlich empfangen, überall versuchte er mit dem russischen Volk wieder in eine geradezu physische Verbindung zu treten, dessen Nöte und Leiden in sich aufzunehmen und Hoffnung zu verbreiten. In Moskau eingetroffen, hielt er vor der Duma eine große Rede, in der er die Eindrücke seiner Heimkehr wiedergab und politische Leitlinien vorgab. Eindringlich war seine Warnung: „Nach der Befreiung von den Raubzügen des korrupten Beamtengesindels im Kommunismus darf der Liberalismus keine Chance erhalten, das neue Rußland zu einer Billigkolonie des westlichen Kapitals zu erniedrigen. Die massengesellschaftlichen Systeme des Kommunismus und →Kapitalismus sind identisch, verankert in den Dogmen der Aufklärung eines ideologischen Liberalismus, in der seelischen Entwurzelung der Völker. Ethnozid beginnt mit dem Mischmasch der Nationalkulturen. Die Wiedergeburt Rußlands resultiert aus dem blutigen Fehlschlag des Experiments einer multikulturell-multinationalen Sowjetgesellschaft."

S. darf heute als leibhafte Verkörperung der konservativen Tradition Rußlands angesehen werden. Er kann es an Tiefe mit Dostojewski, Tolstoi, Solowjew oder Berdjajew aufnehmen.

B.: *W. v. Martin* (Hrsg.): Alexander S. Eine Bibliographie seiner Werke, 1978.

S/Ü.: Ein Tag im Leben des Iwan Denissowitsch. München 1968 (russ. 1962); Matrjonas Hof und andere Erzählungen. Frankfurt a. M. 1974 (russ. 1963); Im ersten Kreis der Hölle, Frankfurt a. M. ³1990 (russ. 1968); Krebsstation, Hamburg 1971 (russ. 1968); Der Archipel Gulag I, Berlin 1974 (russ. 1973); Der Archipel Gulag II: Seele und Stacheldraht, Berlin 1974 (russ. 1974); Der Archipel Gulag III: Die Katorga kommt wieder. Die Verbannung. Nach Stalin, Berlin 1976 (russ. 1976); Die Eiche und das Kalb, Darmstadt 1975; Drei Reden an die Amerikaner, Darmstadt 1975; A World Split Apart (Harvard-Rede), New York 1978; Die tödliche Gefahr des Kommunismus. Berlin 1980; Das Rote Rad. Erster Knoten. August vierzehn, München 1987; Unsere Pluralisten, in: Nascha Strna, Buenos Aires 1983 (auszugsweise veröffentlicht in Criticón 81, München 1984); Das Rote Rad. Zweiter Knoten. November sechzehn. Müchen 1986; Das Rote Rad. Dritter Knoten. März siebzehn. Erster Teil, München 1989; Das Rote Rad. Dritter Knoten. März siebzehn. Zweiter Teil. München 1990; Rußlands Weg aus der Krise. Ein Manifest, München ²1990; Die russische Frage am Ende des 20. Jhdt.s München 1994.

L.: *H. v. Ssachno / M. Grunert* (Hrsg.): Literatur und Repression, 1970; *E. Guttenberger* (Hrsg.): Bestraft mit Weltruhm, 1970; *E. Markstein / F. P. Ingold:* Über S. Aufsätze, Berichte, Materialien, 1973; *S. Medwedjew:* Zehn Jahre im Leben des A. S., 1974; *M. Scammel:* S., New York 1985; *J. Seifert:* Dichtung als Wahrheit. Zu A. S.s Leben und Werk. Laudatio anläßlich der Verleihung des Doktorgrades honoris causa an A. S., Schnaan 1994 (dort auch abgedruckt die Dankrede von S.: Politik und Moral am Ende des 20. Jhdt.s); *A. v. Horotkowa* u.a. (Hrsg.): Akte S. 1965-77. Geheime Dokumente des Politbüros der KPdSU und des KGB, 1994; *P. Bachmaier:* Die Neue „Umerziehung". Bildungspolitik in Mittel- und Osteuropa 1989-94, in: Österreichische Zeitschrift für Politik, H. 4 (1994).

– Ro

Sorel, Georges

* 2. 11. 1847 Cherbourg; † 4. 9. 1922 Boulogne-sur-Seine. Französischer Theoretiker.

Georges Sorel
1847-1922

Der aus der Normandie stammende Ingenieur und Beamte der staatlichen Brücken- und Straßenverwaltung S. wandte sich erst in seinem zweiten Lebensabschnitt, nach seiner Pensionierung im Jahr 1892, der Politik zu. S. war kein systematischer Denker, aber er verstand es, beunruhigende Fragen aufzuwerfen. Ideologisch wandelte er sich vom Konservativen zum Marxisten, Dreyfusard und Revisionisten und änderte unter dem Eindruck der gewaltsamen Streiks, die Frankreich 1905 und 1906 erschütterten, noch einmal seine Position. Er bekehrte sich zum „Syndikalismus", einer damals einflußreichen Unterströmung in den Arbeiterbewegungen der lateinischen Länder. S.s Hauptwerk „Réflexions sur la violence" (1906/08) wurde zu einer Art Programmschrift dieser Richtung.

S. glaubte, daß nur durch den „Generalstreik" der gesellschaftliche Umsturz herbeigeführt werden könne, und anders als die orthodoxen Marxisten, die immer in Gefahr standen, fatalistisch dem Gesetz der Geschichte zu vertrauen, war er davon überzeugt, daß es auf den Willen zur entscheidenden Tat ankomme. Das führte bei ihm zu ei-

nem für die Linke sonst eher untypischen Elitismus, der sich den Sieg nur noch vom Einsatz entschlossener Minderheiten versprach. Revolutionäre Kader sollten mit ihrem überlegenen Bewußtsein die desorientierte Arbeiterschaft in den „sozialen Krieg" führen und die Kompromißbereitschaft der parlamentarischen Linken demaskieren: dem „lärmenden, geschwätzigen und lügnerischen Sozialismus gegenüber, der durch die Streber jeder Größenordnung ausgebeutet wird, richtet sich der revolutionäre Syndikalismus auf, der sich im Gegensatz hierzu bemüht, nichts in der Unentschiedenheit zu lassen".

Aber die Hoffnungen S.s und der Syndikalisten erfüllten sich nicht. Die Gewerkschaften, die *syndicats*, wurden zu Interessenvertretungen des Proletariats und waren sowenig für den Aufstand geeignet wie die sozialistischen Parteien. S. gab schließlich alle Erwartungen in die Arbeiterbewegung auf. Dabei mag eine Rolle gespielt haben, daß er Schlüsselvorstellungen der Linken niemals akzeptiert hatte. Er verachtete die „Illusionen des Fortschritts" („Les illusions du progrès", Paris 1908), weil die Geschichte für ihn ein dauernder Abstieg war, unterbrochen von seltenen Epochen des Aufschwungs, der großen Ordnung und des „Erhabenen". Selbst sein Marxismus blieb antiutopisch, eine kommunistische Zukunftsgesellschaft interessierte ihn nicht, nur die moralische Erneuerung der dekadenten Kultur durch das unverbrauchte Proletariat. Dessen Aufklärung hielt er für bedeutungslos, ja für schädlich, denn entscheidend für den politischen Kampf sei nicht Erkenntnis, sondern Begeisterung: „…die Menschen, die an den großen sozialen Bewegungen teilnehmen, stellen sich ihre bevorstehenden Handlungen in Gestalt von Schlachtbildern vor, die den Triumph ihrer Sache sichern". Nicht die Rationalität befähige die Menschen zu großen Taten, sondern der Glaube an einen „Mythos".

Das Versagen des Proletariats vor der revolutionären Aufgabe sollte schließlich zu einer letzten Konversion S.s führen, der seine Sympathie nunmehr den Radikalen des gegnerischen Lagers zuwandte. Seit 1910 beobachtete er die Nationalisten aus dem Umkreis der von →Maurras geführten „Action Française" (AF) mit wachsendem Interesse, gab seine Distanz allerdings nie ganz auf, denn der von der AF propagierte Royalismus erfüllte wohl die Bedingungen, die S. an eine antiliberale Ideologie stellte, aber das ganze Konzept war zu konservativ, als daß es massenwirksam werden konnte. Zwar trafen einander im „Cercle Proudhon" Mitglieder der „Action" und Anhänger S.s, aber die Idee einer „doppelten Revolte" (E. Berth), in der Nationalismus und Syndikalismus die bürgerliche Republik zerstören würden, drang kaum über diesen Diskussionskreis hinaus.

Während des Krieges beobachtete S. mit Aufmerksamkeit die sich vorbereitenden revolutionären Umwälzungen. Den Roten Oktober sah er mit ebenso großem Wohlwollen – er widmete Lenin eine Neuausgabe der „Réflexions" – wie die Veränderungen in Italien. Die zukünftige Entwicklung Mussolinis hatte er schon 1912 vorhergesehen, als er schrieb: „Unser Mussolini ist kein gewöhnlicher Sozialist, glauben Sie mir: Sie werden ihn eines Tages an der Spitze eines heiligen Bataillons mit dem Degen die Fahne Italiens grüßen sehen." Zwar starb S. kurz vor Mussolinis „Machtergreifung" am 28. Oktober 1922, aber ein Jahr zuvor hatte er über den „Duce" des Faschismus geäußert: „Das ist kein Sozialist in bürgerlicher Sauce... Er hat etwas gefunden, was es in meinen Büchern nicht gibt: die Verbindung des Nationalen und des Sozialen."

Bereits in der Zwischenkriegszeit gab es Versuche, S. auf die Rolle eines „Philosophen des Bombenlegens" (E. W. Eschmann) zu reduzieren. Dabei wurde – wie auch später oft – verkannt, daß die „Gewalt" für S. kein Selbstzweck war, sondern ein Mittel, um die „quiritischen Tugenden" wiederzuerwecken und jene „neue Kultur" heraufzuführen, der alle seine Anstrengungen galten. Das im einzelnen durchaus problematische Verhältnis S.s zum Prinzip der „direkten Aktion" kann dennoch nicht verdunkeln, daß er einer der wichtigsten Anreger, wenn nicht „einer der Väter der gesamteuropäischen →Konservativen Revolution" (A. →Mohler) war.

B.: *A. Mohler:* Bibliographie, im Anhang zu *J. Freund:* G. S., München 1975, S. 53-63.

W.: Contribution à l'Étude profane de la Bible, Paris 1889; Le procès de Socrate, Paris 1889; L'avenir socialiste des syndicats, Paris 1901; La ruine du monde antique, Paris 1902; La crise de la pensée catholique, Paris 1903; La décomposition du marxisme, Paris 1908;

Réflexions sur la violence, Paris 1908; La révolution dreyfusienne, Paris 1909; D'Aristote à Marx, Paris 1935; Propos de G. S. Recueillis par Jean Variot, Paris 1935.

Ü.: Über die Gewalt, Innsbruck 1928, Frankfurt a. M. 1969 u. ö.; Die Auflösung des Marxismus, Jena 1930, Hamburg 1978; *M. Freund* (Hrsg.): Der falsche Sieg. Worte aus Werken von G. S., Berlin 1944.

L.: *C. Schmitt:* Die geistesgeschichtliche Lage des heutigen Parlamentarismus, München 1926; *M. Freund:* G. S. Der revolutionäre Konservativismus, Frankfurt a. M. 1932 (Neuausgabe Frankfurt a. M. 1972); *J. Wanner:* G. S. et la décadence, Lausanne 1943; *P. Andreu:* Notre Maître S., Paris 1953; *H. Barth:* Masse und Mythos. Die ideologische Krise an der Wende zum 20. Jhdt. und die Theorie der Gewalt: G. S., Reinbek 1959; *A. Mohler:* G. S., in: Criticón 4 (1973) 20, S. 244-46; *J. Freund:* G. S., München 1975; *M. Charzat:* G. S. et la révolution au XX. siècle, Paris 1977; *J. R. Jennings:* G. S.: the character and development of his thought, London 1985.

– W

Southern Agrarians

Bei den S. A., die aufgrund des geographischen Zentrums ihres Wirkens auch als Nashville, Tennessee oder Vanderbilt (wegen der Verbundenheit der meisten von ihnen mit der gleichnamigen Universität in Nashville) Agrarians bezeichnet werden, handelt es sich um eine Gruppe von Dichtern, Schriftstellern, Literatur- und Sozialkritikern, die insbesondere in den zwanziger und dreißiger Jahren des 20. Jhdt.s unter Rückgriff auf die geistige und soziale →Tradition der amerikanischen Südstaaten als konservative Kritiker der modernen Zivilisation aufgetreten sind. Die treibenden Kräfte hinter diesem Unternehmen und dessen Wortführer waren *Donald Davidson* (* 18. 8. 1893 Campbellsville [Tenn.]; † 25. 4. 1968 Nashville [Tenn.]), *John Crowe Ransom* (* 30. 4. 1888 Pulaski [Tenn.]; † 3. 7. 1974 Gambier [Oh.]) und *Allen Tate* (* 19. 11. 1899 Winchester [Ky.]; † 9. 2. 1979 Nashville [Tenn.]), welche 1922-25 die der Publikation von Gedichten dienende Zeitschrift „The Fugitive" herausgaben. Zu den bedeutenderen S. A. gehören auch der Dichter und Sozialkritiker *Robert Penn Warren* (* 24. 4. 1905 Guthrie [Ky.]; † 15. 9. 1989 Stratton [Vt.]), der Historiker *Frank L. Owsley* (* 20. 1. 1890 Montgomery County [Ala.]; † 21. 10. 1956 Tuscaloosa [Ala.]) und der Schriftsteller Andrew N. Lytle (* 26. 12. 1902 Murfreesboro [Tenn.]).

Die umfassendste Darstellung der Positionen der S. A. enthält der 1930 erschienene Sammelband „I'll Take My Stand", mit welchem sie erstmals als Gruppe in Erscheinung traten. Mit diesem aus zwölf Essays und einem von allen Autoren unterschriebenen „Statement of Principles" bestehenden Buch wandten sich die S. A. nicht nur gegen Sozialismus und →Kapitalismus, sondern entwikkelten darüber hinaus eine positive Alternative zu diesen Strömungen in Gestalt einer konservativen Sozialordnung auf agrarischer Basis.

„I'll Take My Stand" war als Gegenposition zum „industrialism" konzipiert, worunter seine Autoren die Ideologie der Moderne in Gestalt von Fortschrittsglaube, Konsumdenken und Materialismus verstanden. Diesen Tendenzen, die sich in den 1920er und 1930er Jahren auch in den Südstaaten der USA auszubreiten begannen, wurde die Lebensweise und Kultur des Südens als Korrektiv entgegengesetzt, wobei man insbesondere die Bedeutung der Muße für die Entfaltung künstlerischer Kreativität und für ein gutes Leben betonte. Die S. A. sahen in den ererbten Institutionen des Südens und dessen Wertesystem eine Fortsetzung der Haupttradition der westeuropäischen Kultur, wohingegen sie die Zivilisation des amerikanischen Nordens als Abweichung davon auffaßten. Ab 1933 publizierten die Köpfe der Bewegung im „American Review". Sie bemühten sich in dieser Zeit insbesondere um Fragen der Landreform. Nach 1937 zerfiel die Bewegung.

Eine entscheidende politische Wirkung haben die S. A. nie zu entfalten vermocht. Ihre Bedeutung liegt jedoch darin, daß sie die konservative Tradition des amerikanischen Südens in einer Weise neu artikuliert haben, die es vielen anderen ermöglicht hat, an ihrem Werk anzuknüpfen bzw. darauf aufzubauen. Zu nennen sind in diesem Zusammenhang vor allem Richard →Weaver, der unter Ransom an der Vanderbilt University studierte, ferner jene Autoren, die Beiträge zu dem anläßlich des 50. Jubiläums von „I'll Take My Stand" von Fifteen Southerners 1981 herausgegebenen Sammelband „Why the South Will Survive" beisteuerten, und die Gruppe um die Zeitschrift „Chronicles".

S. (Auswahl): *A. Tate:* Stonewall Jackson. The Good Soldier, New York 1928; *ders.:* Jefferson Davies: His Rise and Fall, New York 1929; *Twelve Southerners:* I'll Take My Stand, New York 1930; Gloucester [4]1976; *J. C. Ransom:* God without Thunder: An Unorthodox Defense of Orthodoxy, New York 1930; *A. Lytle:* Bedford Forest and His Critter Company, New York 1931, [2]1960; *H. Agar / A. Tate* (Hrsg.): Who Owns America?, Boston 1936; *A. Tate:* Reactionary Essays on Poetry and Ideas, New York 1936; *D. Davidson:* Regionalism and Nationalism in the United States: The Attack on Leviathan, Chapel Hill 1938, New Brunswick [2]1990; *F. L. Owsley:* Plain Folk of the Old South, Baton Rouge 1949, [2]1982; *D. Davidson:* Still Rebels, Still Yankees, Baton Rouge 1954; *ders.:* Southern Writers in the Modern World, Athens 1958; *ders.:* Collected Poems: 1922-61, Minneapolis 1966; *A. Tate:* Essays of four Decades, Chicago 1968; *The South:* Old and New Frontiers. Selected Essays of *Frank Lawrence Owsley,* hrsg. v. *H. C. Owsley,* Athens 1969; The Literary Correspondence of *Donald Davidson* and *Allan Tate,* hrsg. v. *J. T. Fain / T. D. Young,* Athens 1974; *A. Tate:* Memoirs and Opinions 1926-74, Chicago 1975; *A. Lytle:* A Wake for the Living, New York 1975; Selected Essays of *John Crowe Ransom,* hrsg. v. *T. D. Young / J. Hindle,* Baton Rouge 1984; Selected Letters of *John Crowe Ransom,* hrsg. v. *T. D. Young / G. Core,* Baton Rouge 1985; *R. P. Warren:* New And Selected Poems, New York 1985; *A. Lytle:* Southeners an Europeans: Essays in a time of Disorder, Baton Rouge 1988; *R. P. Warren:* New and selected Essays, New York 1989; From Eden to Babylon. The Social and Political Essays of *Andrew Nelson Lytle,* hrsg. v. *M. E. Bradford,* Washington (D. C.) 1990.

L.: *V. J. Rock:* The Making and meaning of *I'll Take My Stand*: A Study in Utopian Conservatism, 1925-45, Diss. University of Minnesota 1961; *J. L. Stewart:* The Burden of Time: The Fugitives and Agrarians, Princeton 1965; *A. Karanikas:* Tillers of a Myth: Southern Agrarians as Social and Literary Critics, Madison 1966; *T. D. Young / M. T. Inge:* Donald Davidson, New York 1969; *R. Squires:* Allen Tate: A Literary Biography, New York 1971; *T. D. Young:* Gentleman in a Dustcoat: A Biography of John Crowe Ransom, Baton Rouge 1976; *M. O'Brien:* The Idea of the American South, 1920-41, Baltimore u.a. 1979; *J. Justus:* The Achievement of Robert Penn Warren, Baton Rouge 1981; A Band of Prophets: The Vanderbilt Agrarians after Fifty Years, hrsg. v. *W. G. Havard / W. Sullivan,* Baton Rouge 1982; *T. D. Young:* Waking Their Neighbours Up: The Nashville Agrarians Reconsidered, Athens 1982; *E. S. Shapiro:* Clio From the Right, Washington (D. C.) 1983, S. 155-224; *M. E. Bradford:* Remembering Who We Are, Athens 1985, S. 65-90, 163-70; The Southern Essays of *Richard M. Weaver,* hrsg. v. *G. M. Curtis, III / J. J. Thompson, Jr.,* Indianapolis 1987, S. 5-49; *P. K. Conkin:* The Southern Agrarians, Knoxville 1988; *K. Quinlan:* John Crowe Ransom's Secular Faith, Baton Rouge 1989; *M. Malvasi:* Risen from the Bloody Sod: Recovering the Southern Tradition, Diss. University of Rochester 1991; *E. D. Genovese:* The Southern

Tradition. The Achievement and Limitation of an American Conservatism, Cambridge (Mass.) – London 1994.

– Z

Sozialkonservatismus

Der Begriff bezeichnet, in erster Annäherung, diejenigen konservativen Persönlichkeiten, politischen Ideen und Gruppen, die früh die Bedeutung der „sozialen" oder Arbeiter-Frage im 19. Jhdt. erkannten und Vorschläge zu ihrer Lösung vorlegten in Abgrenzung von einem zunächst feudalen, später bürgerlichen Interessen- oder Struktur-Konservatismus.

Ihr Ursprung geht auf den Reform-Konservatismus zurück, wie er in der preußisch-deutschen Reformbewegung 1807-15 (Freiherr vom →Stein, Scharnhorst, Gneisenau, →Gentz u.a.), in Teilen der →politischen Romantik und – im europäischen Kontext – etwa in E. →Burkes „Reflections on the Revolution in France" (1790) Gestalt gewann mit seiner Einsicht in die historisch-politische Realdialektik der Bewahrung durch verbessernde Veränderung (Burke: „a disposition to preserve and an ability to improve, taken together"). Schon 1820, über zwei Jahrzehnte vor K. Marx, hat A. →Müller unter dem Eindruck der frühliberalen gesellschaftlichen Entwicklung vor dem Zerfall der Gesellschaft „in ein taxenzahlendes Arbeitervolk und in ein anderes müßiges Kapitalistenvolk" gewarnt. 1835 erschien F. von →Baaders Schrift „Über das Mißverhältnis der Vermögenslosen oder Proletairs zu den Vermögen besitzenden Klassen der Societät in Betreff ihres Auskommens, sowohl in materieller als intellektueller Hinsicht". Man hat sie „ein Mahnwort an seine Zeit vor Ausbruch des Klassenkampfes und ein Juwel politischer Romantik" genannt (J. Baxa). Im lutherisch-preußischen Norden forderte E. L. von →Gerlach von den Konservativen, „eine Partei für das Recht, aber nicht für den Geldbeutel" zu sein: „Gegen ein Eigentum ohne Pflichten hat der Kommunismus recht."

Bis an den Rand des Staatssozialismus ging J. M. von →Radowitz (1797-1853), 1850 kurze Zeit preußischer Außenminister. Er schlug die Errichtung staatlicher Fabriken, den Mitbesitz der Arbeiter an ihren Fabriken und eine staatliche Versicherung für alle vor, die aus einer progressiven Einkommensteuer finanziert werden sollte. Seine These „Wer wahrhaft restaurieren will, muß die Sümpfe des Proletariats, aus welchen die todbringenden Dünste aufsteigen, austrocknen und urbar machen. Der Staat wird dazu getrieben werden, der sozialen Aufgabe zu genügen – oder sie wird ihn über den Haufen werfen" könnte man als eine der frühen sozialkonservativen Leitformeln verstehen. Eine ähnliche Begründungsformel stammt von dem Schweizer Nationalökonomen Simonde de →Sismondi, einem Schüler A. Smiths, der vom Staat verlangte, Anwalt der Armen und Beschützer der Schwachen zu sein. Nahezu gleichzeitig hatte G. F. W. Hegel in seiner Rechtsphilosophie (1821) die entstehende bürgerlich-liberale Gesellschaft als das von „Widersprüchen", d.h. von Konflikten durchzogene „System der Bedürfnisse" beschrieben mit der dialektischen Tendenz dieses Systems zur Konzentration „unverhältnismäßiger Reichtümer in wenigen Händen" einerseits und der „Erzeugung des Pöbels" andererseits, woraus Hegel die Aufgabe des →Staates ableitete, die „Verworrenheit" dieses gesellschaftlichen Zustandes zu bewältigen, ihn als über beiden stehende politische Instanz zu „regulieren" (Grundlinien der Philosophie des Rechts §§ 182ff.).

Diese Position baute dann L. von →Stein (1815-90) weiter aus durch die Konkretisierung des Hegelschen Staatsbegriffs zu moderner Sozialethik und Sozialpolitik. Da der liberale Staat leicht als Werkzeug der herrschenden bürgerlichen Klasse mißbraucht werden könne, Stein aber auch die Verallgemeinerung der Lohnarbeit ablehnte, wurde es nach Stein die Aufgabe eines „Königtums der sozialen Reform", den Schutz und die Hebung der arbeitenden Klassen zu übernehmen.

In der sozialkonservativen Tradition standen in der Folgezeit auch die Zeitschrift →„Berliner Revue" (1855 von R. →Meyer gegründet), der „Verein für Sozialpolitik", in dem sich Nationalökonomen der Historischen Schule sammelten (G. Schmoller u.a.), populär oder abschätzig als „Kathedersozialisten" bezeichnet, sowie der 1877 von A. Wagner, R. Todt und R. Meyer gegründete „Zentralverein für Sozialreform auf religiöser und konstitutioneller Grundlage", der bis 1882

die Zeitschrift „Der Staatssozialist" herausgab.

Die sozialkonservative Bewegung stellte
sich in zwei Varianten dar: eine staatssozialistische Variante mit einem starken staatlichen
Unternehmenssektor, staatlich festzusetzen-
den Lohnregelungen etc. und eine eher genossenschaftliche Variante der Arbeiter-
selbsthilfe durch Genossenschaften für Konsum, Produktion, Wohnungsbau etc. und be-
triebliche Mitbestimmung („demokratische
Fabrikverfassung", „konstitutionelle Fabrik"). Die zweite vertrat insbesondere V. A.
→Huber (1800-69) mit Vorschlägen für
Selbstverwaltung in überschaubaren Kreisen
und dem Königtum als Haupt des „politischen Organismus". Hier waren Einflüsse
der christlichen Sozialbewegung in England
wirksam. Huber suchte einen Weg zwischen
„brutalem konservativen Empirismus" und
„totalem sozialistischen Dogmatismus", und
darin folgte ihm später H. →Wagener mit einem gemischten Programm aus Staatssozialismus (staatlich festgesetzte Minimallöhne,
Fabrikinspektion, Arbeitsschutz) und Ge-
nossenschaftlichkeit (Miteigentum bei langjähriger Betriebszugehörigkeit etc.). Die eta-
tistischen Argumente flossen später in die
Bismarckschen Sozialversicherungsgesetze
der 1880er Jahre ein (Krankheit, Unfall, Alter) mit ihrer Zwangsmitgliedschaft mit
Staatszuschuß, während →Bismarcks späterer sozialpolitischer Berater T. Lohmann be-
rufsgenossenschaftliche Versicherungsfor-
men vorzog.

Am Ende des Ersten Weltkrieges nahm W.
von →Moellendorff als Staatssekretär der sozialdemokratischen Reichswirtschaftsmini-
ster A. Müller und R. Wissell sozialkonservative Programmatik wieder auf. Sein „gemein-
wirtschaftliches" Konzept suchte einen „dritten Weg" zwischen sozialistischer Vollver-
staatlichung und einer kurzsichtigen Fortsetzung des wirtschaftsliberalen Kurses der Vorkriegszeit. Eine „gemeinwirtschaftliche
Selbstverwaltung unter Reichsaufsicht" sollte
die berufsständischen Interessen in rechtsfä-
higen Verbänden zusammenfassen mit dem
Abschluß eines Reichswirtschaftsrats als
zweiter Kammer neben dem Reichstag; die
Kohle- und Stahlwirtschaft sollte in Form
staatlicher Unternehmen organisiert werden.
Diese Reformpläne scheiterten am Wider-

stand der bürgerlichen Parteien der Weimarer
Koalition, Zentrum und Deutsche Demokratische Partei, denen sie zu „antikapitalistisch"
waren, während sie der SPD nicht soziali-
stisch genug erschienen, so daß Moellendorff
mit seiner sozialkonservativen Position zwischen den Stühlen saß.

Sozialkonservative Ideen wirkten in der
Weimarer Republik sowohl in der jüngeren
Generation der SPD (Hofgeismarer Kreis der
Jungsozialisten, Religiöse Sozialisten) fort
wie in der bürgerlichen →Jugendbewegung,
die ein auf das →Gemeinwohl ausgerichtetes
Eigentumsrecht, Bodenreform und genossenschaftliche Gestaltung des Wirtschaftslebens
forderte. Hier wie in sozial- und liberal-konservativen Abspaltungen von der →Deutsch-
nationalen Volkspartei wie den →„Volkskonservativen" waren auch die Einflüsse der
„Frontgeneration" des Ersten Weltkrieges
und ihres „Fronterlebnisses" wirksam. Sozialkonservative Denkbestände gingen schließlich auch in die antitotalitäre Opposition gegen den Nationalsozialismus, besonders auch
in den →Kreisauer Kreis ein.

Nach dem Zweiten Weltkrieg kam sozialkonservatives Erbe u.a. im Ahlener Wirt-
schaftsprogramm der CDU vom Februar
1947 zum Ausdruck: Im Interesse des Gemeinwohls sollte fortan auch in der Wirtschaft das „machtverteilende Prinzip" der politischen Demokratie gelten. Monopolunter-
nehmen sollten entflochten werden, auch
durch die Beteiligung öffentlicher Körperschaften (Staat, Land, Gemeinden, Gemeindeverbände) oder der im Betrieb tätigen Arbeitnehmer am unternehmerischen Eigentum. Für die Kohle-, Stahl- und Eisenindu-
strie wurde desgleichen Vergesellschaftung
vorgeschlagen, was nicht ausschließlich Ver-
staatlichung heißen mußte. Das Geld-, Ban-
ken- und Versicherungswesen sollte strenger
gesetzlicher Kontrolle unterliegen. Mitbestimmung der Arbeitnehmer in den Auf-
sichtsorganen der Unternehmen gehörte
ebenso zu den Ahlener Forderungen wie die
Errichtung von „Wirtschaftskammern" als
Selbstverwaltungs-Organen der Wirtschaft.

In der Gegenwart richtet sich sozialkonservative Kritik vor allem auf die Deformation
des Sozialstaats zum Versorgungs- und
„Wohltatenstaat" (G. Schmölders). Konservatives Sozialstaatsverständnis unterscheidet

sich damit deutlich von einem sozialistisch-emanzipatorischen Verständnis mit seinen bürokratischen Formen und Bevormundungen. Im „subsidiären Sozialstaat" (M. Spieker) sollen die öffentlichen Leistungen vor allem als Hilfe zur Selbsthilfe dienen, als *Subsidium*, nicht *Substitut* der Selbsttätigkeit und Verantwortlichkeit des einzelnen. Im Hinblick auf den zeitgenössischen Sozialstaat wendet sich sozialkonservatives Denken heute gegen individualistische, gruppenegoistische und hedonistische Exzesse unter Berufung auf den Sozialstaat und betont die ethischen und kulturellen „Vorpolster" des modernen Daseinsvorsorgestaates, die „geistigen Grundlagen der dauernden institutionellen Voraussetzungen menschlicher Existenz" (S. P. Huntington).

L.: *E. Burke:* Betrachtungen über die Französische Revolution (1790); mehrere dt. Ausgaben; *A. Müller:* Die Elemente der Staatskunst, Berlin 1809 (Neuausg. durch *J. Baxa,* Jena 1922); *G. W. F. Hegel:* Grundlinien der Philosophie des Rechts (1819), hrsg. v. *J. Hoffmeister,* Hamburg 1955 u. ö. (bes. §§ 182ff.); *F. v. Baader:* Gesellschaftslehre, hrsg. v. *H. Grassl,* München 1957; *V. A. Huber:* Über die corporativen Arbeiterassoziationen, Berlin 1852; *J. M. v. Radowitz:* Gesammelte Schriften, Bde. I-V, Berlin 1853; *W. v. Moellendorff:* Konservativer Sozialismus, hrsg. v. *H. Curth,* Hamburg 1932; *K. Löw:* Art. „Sozialstaat", in: *P. Gutjahr-Löser / K. Hornung* (Hrsg.): Politisch-Pädagogisches Handwörterbuch, Percha 1985 (S. 440ff.).

H. Rothfels: Theodor Lohmann und die Kampfjahre der staatlichen Sozialpolitik, Berlin 1927; *ders.:* Prinzipienfragen der Bismarckschen Sozialpolitik, Königsberg 1929; *H. Krüger:* Allgemeine Staatslehre, Stuttgart 1964; *E. Forsthoff:* Der Staat der Industriegesellschaft, München 1971; *H. J. Schoeps:* Die preußischen Konservativen, in: *G.-K. Kaltenbrunner* (Hrsg.): Rekonstruktion des Konservatismus, Freiburg i. Br. 1972, S. 181-88; *D. Blasius:* Konservative Sozialpolitik und Sozialreform im 19. Jhdt., in: ebd. S. 469-88; *J. B. Müller:* Der deutsche S., in: *H.-G. Schumann* (Hrsg.): Konservativismus, Königstein ²1984, S. 199-221; *G. Schmölders:* Der Wohlfahrtsstaat am Ende? Adam Smith schlägt zurück, München 1983; *M. Spieker:* Legitimitätsprobleme des Sozialstaats. Konkurrierende Sozialstaatsprobleme in der Bundesrepublik Deutschland, Bern – Stuttgart 1986; *K. Hornung:* Der S. im deutschen Staats- und Gesellschaftsdenken, in: Aus Politik und Zeitgeschichte B 9-10/1990.

Vgl. auch Literatur zu Kreisauer Kreis und H. Wagener.

– Ho

Spaemann, Robert

* 5. 5. 1927 Berlin. Modernitätskritischer katholischer Philosoph. Studium der Philosophie, Geschichte, Theologie und Romanistik in Münster, München, Fribourg und Paris. 1952 Promotion. Verlagslektor bis 1956. Habilitation 1962 für Philosophie und Pädagogik; für diese Fächer ab 1962 Professor an der TH Stuttgart. Ab 1969 Professor für Philosophie in Heidelberg, von 1973-92 in München. Größere Bekanntheit erlangte S. durch seine 1974 auf dem Tendenzwende-Kongreß und 1978 auf der Tagung „Mut zur Erziehung" vorgetragene Kritik emanzipatorischer Erziehung.

Als Ziel seiner philosophischen Tätigkeit nennt S., der dem Schülerkreis Joachim Ritters entstammt, die „Verteidigung der →Aufklärung gegen ihre Selbstdeutung". Es geht ihm um die „Erinnerung der nicht durch die Moderne selbst gesetzten natürlichen und geschichtlichen Inhalte, von denen sie lebt". Zu diesen zählt er Gottesidee und Christentum; sie stehen der S. zufolge vor allem durch die Merkmale der Objektivierung, Homogenisierung, Universalisierung und Hypothetisierung gekennzeichneten modernen Welt als etwas Fremdes gegenüber. Diese „braucht jedoch gerade dieses Fremde, von ihr nicht Assimilierbare, in ihre Kategorien nicht Übersetzbare, um die humanen Errungenschaften des modernen Bewußtseins, das heißt der Aufklärung zu bewahren".

An zentraler Stelle im Denken S.s steht die Kritik an dem für die Moderne kennzeichnenden Dogma der progressiven Naturbeherrschung. Da der Mensch selbst Teil der Natur ist, führe der Gedanke seiner Befreiung durch Naturbeherrschung nur zur Unterwerfung des Menschen unter menschliche Herrschaft unter Beseitigung seines Selbstseins und drohe, darüber hinaus, seine natürlichen Lebensgrundlagen zu zerstören. Die Ursache für diese Entwicklung ortet S. in der zu Beginn der Neuzeit erfolgten „Inversion der Teleologie", der Abkehr vom aristotelisch-thomistischen Verständnis der Natur, demzufolge diese von sich aus auf ihre Vollendung gerichtet ist, wobei das Ziel dieses Prozesses zugleich das ihn beschränkende Maß darstellt. Gegen das neuzeitliche Umfunktionieren dieser Bewegung in Bestandserhaltung und die damit verbundene Funktionalisierung aller Lebensvorgänge im Dienste dieser Erhaltung setzt S. ebenso wie gegen den Evolutionismus das Programm der Rehabilitierung des klassischen Teleologieverständnisses. Ihm zufolge ist es erforderlich, „den Gedanken der Teleologie auf anfänglichere, nicht ‚invertierte' Weise neu zu denken", da nicht ersichtlich sei, „wie ohne einen solchen Neuanfang die Dialektik der zwei Kulturen, die eskalierende Dialektik von Naturalismus und Spiritualismus zum Stehen gebracht werden kann, die die Humanität unserer Zivilisation in der Tiefe bedroht".

S. wendet sich vehement gegen funktionalistische Religionstheorien wie etwa die von H. →Lübbe vertretene und macht demgegenüber geltend, daß Denken in Funktionen ein Denken in Äquivalenten ist, wohingegen es für den Glauben an Gott konstitutiv sei, daß zu Gott kein mögliches Äquivalent gedacht werden könne.

In seinen ethischen Überlegungen, in deren Zentrum der Begriff des „Wohlwollens" steht, knüpft S. unter Ablehnung des Konsequentialismus am menschlichen Sein als Selbstsein an. Über diesen Ansatz führt er sowohl Metaphysik als auch Religion wieder in das Denken über Ethik ein, indem er darlegt, daß es keine Ethik ohne Metaphysik gäbe, da Regeln, Imperative und Glücksvorstellungen Wahrnehmungen, und dabei insbesondere die des Seins des Menschen, voraussetzen. Dazu komme, daß sich das Gefühl, sich selbst gegenüber Verantwortung zu besitzen, nur denken lasse, wenn der Mensch als Bild und Repräsentant eines Unbedingten, das nicht ihm selbst gehört, vorgestellt werde.

B.: ΟΙΚΕΙΩΣΙΣ. Festschrift für R. S., hrsg. v. *R. Löw,* Weinheim 1987, S. 321-39.

S.: Der Ursprung der Soziologie aus dem Geist der Restauration. Studien über L. G. A. de Bonald, München 1959; Reflexion und Spontaneität. Studien über Fénelon, Stuttgart 1963, [2]1990; Zur Kritik der politischen Utopie. Zehn Kapitel politischer Philosophie, Stuttgart 1977; Einsprüche. Christliche Reden, Einsiedeln 1977; Der Streit der Philosophen, in: *H. Lübbe* (Hrsg.): Wozu Philosophie? Berlin u.a. 1978, S. 91-106; Zur Ontologie der Begriffe „rechts" und „links", in: Was die Wirklichkeit lehrt. Golo Mann zum 70. Geburtstag, hrsg. v. *H. v. Hentig / A. Nitschke,* Frankfurt a. M. 1979, S. 141-52; Die christliche Religion und das Ende des modernen Bewußtseins, in: Internationale katholische Zeitschrift „Communio" 8 (1979), S. 251-70; Rousseau. Bürger ohne Vaterland, München 1980, [2]1992; zus. m. *R. Löw:* Die Frage Wozu? Geschichte und Wiederkehr des teleologischen Denkens, München 1981, [2]1985, erw. [3]1991; Über die Unmöglichkeit einer universalteleologischen Ethik, in: Philosophisches Jahrbuch 88 (1981), S. 70-89; Moralische Grundbegriffe, München 1982, [3]1986; Philosophische Essays, Stuttgart 1983, erw. [2]1994; Sein und Gewordensein. Was erklärt die Evolutionstheorie?, in: Evolutionstheorie und menschliches Selbstverständnis, hrsg. v. *R. S. / P. Koslowski / R. Löw,* Weinheim 1984, S. 73-91; Ende der Modernität?, in: Moderne oder Postmoderne?, hrsg. v. *P. Koslowski / R. S. / R. Löw,* Weinheim 1986, S. 19-40; Das Natürliche und das Vernünftige. Aufsätze zur Anthropologie, München 1987; (Hrsg.): Ethik-Lesebuch. Von Platon bis heute, München 1987; Universalismus oder Eurozentrismus, in: Europa und die Folgen, hrsg. v. *K. Michalski,* Stuttgart 1988, S. 313-22; Glück und Wohlwollen. Versuch über Ethik, Stuttgart 1989; Über einige Schwierigkeiten mit der Erbsündenlehre, in: *C. Schönborn / A. Görres / R. S.:* Zur kirchlichen Erbsündenlehre, Einsiedeln 1991, S. 37-66; Die Bedeutung des Natürlichen im Recht, in: Politik und Kultur nach der Aufklärung. Festschrift Hermann Lübbe zum 65. Geburtstag, hrsg. v. *W. Lübbe / H.-M. Sass / K. Röttgers,* Basel 1992, S. 26-35; Transformationen des Südenfallmythos, in: *W. Oelmüller* (Hrsg.): Worüber man nicht schweigen kann, München 1992, S. 15-24; Bemerkungen zum Begriff des Fundamentalismus, in: Die liberale Gesellschaft, hrsg. v. *K. Michalski,* Stuttgart 1993, S. 177-94; Zum Sinn des Ethikunterrichts, in: Sittliche Bildung, hrsg. v. *H. Huber,* Asendorf 1993, S. 349-62; zus. m. *W. Welsch / W. Ch. Zimmerli:* Zweckmäßigkeit und menschliches Glück, Bamberg 1994; Aufhalter und letztes Gefecht, in: Magie der Heiterkeit. Ernst Jünger zum Hundertsten, hrsg. v. *G. Figal / H. Schwilk,* Stuttgart 1995, S. 41-58; Religiöse Identität, in: Identität im Wandel, hrsg. v. *K. Michalski,* Stuttgart 1995, S. 61-78; Die Zweideutigkeit des „Aggiornamento", in: *G. Gräfin Plettenberg* (Hrsg.): Die Saat geht auf, Aachen 1995, S. 195-210; Personen, Stuttgart 1996.

L.: *K.-M. Kodalle:* Macht, Faktizität und die Frage nach dem Sinn, in: Zeitschrift für philosophische Forschung 29 (1975), S. 235-40; *E. Zwierlein:* Das höchste Paradigma des Seienden, in: Zeitschrift für philosophische Forschung 41 (1987), S. 117-29; *C. Leggewie:* Der Geist steht rechts, Berlin 1987, S. 153-72; *R. Schönberger:* R. S., in: Philosophie der Gegenwart, hrsg. v. *J. Nida-Rümelin,* Stuttgart 1991, S. 571-75; *G. Lohmann:* Neokonservative Antworten auf moderne Sinnverlusterfahrungen, in: Konservatismus in Geschichte und Gegenwart, hrsg. v. *R. Faber,* Würzburg 1991, S. 183-201; *U. Dierse:* Joachim Ritter und seine Schüler, in: *A. Hügli / P. Lübcke* (Hrsg.): Philosophie im 20. Jhdt., Bd. I, Hamburg 1992, S. 237-78; *A. Engstler:* Die manifeste Funktion der Religion und ihre Relativierung, in: Philosophisches Jahrbuch 100 (1993), S. 145-55.

– Z

Spann, Othmar

* 1. 10. 1878 Altmannsdorf bei Wien; † 8. 7. 1950 Bergwerk bei Neustift-Mariasdorf/Burgenland. Konservativer Nationalökonom und Philosoph. Nach dem Urteil von A. →Mohler haben „O. S. und seine Schule" der →Konservativen Revolution „das durchgearbeitetste Denksystem geliefert". Tatsächlich liegt hier ein alle wissenschaftlichen und gesellschaftlichen Bereiche umfassendes Gesamtwerk vor, das der Entfaltung eines einzigen systemtragenden Gedankens dient, jenem der →„Ganzheit", die in „Unterganzheiten" oder „Stufen" und Teilinhalten sich ausgliedert oder umgliedert und die Glieder an sich rückbindet. Er stellt sich bewußt in die Tradition des →Idealismus, die nach seiner Auffassung Platonismus, römisches Staatsdenken, Patristik und Scholastik mit den Vorläufern und Höhepunkten des Deutschen Idealismus bei Leibniz, Kant, Fichte, Schelling und Hegel verbindet. S.s Bestreben gilt „der Wiederherstellung des Idealismus auf allen Gebieten der Philosophie". In Verfolgung dieses Strebens schuf er „ein keinen Bereich der Welt vernachlässigendes System, eine geradezu kathedralische ‚summa‘, deren Geschlossenheit, Weite und spekulative Energie an Leibniz und die großen Entwürfe des Deutschen Idealismus gemahnen. Natur-, Religions-, Geschichts- und Sozialphilosophie, Kategorienlehre, Ästhetik, Psychologie, Logik, Volkswirtschaftslehre, Soziologie, Philosophiegeschichte, Philosophie der Mystik – nichts fehlt" (→Kaltenbrunner). Mit der Anknüpfung seines Systems an den Idealismus bezieht S. Front gegen →Aufklärung und Moderne. Für S. gibt es überhaupt nur zwei große Ströme der Philosophie, die durch die Jahrtausende hindurch die Geschichte des Denkens durchziehen und um die Vorherrschaft ringen: die Philosophie der Aufklärung und die Philosophie des Idealismus. In der Antike ist es der Sophismus, im Mittelalter der Nominalismus und in der Neuzeit sind es Positivismus und Rationalismus, die dem Idealismus entgegenstehen. Jeder der beiden Ströme hat seine je eigene Quelle in einer unterschiedlichen „Ur-Erfahrung" des Menschen, die zuletzt in Bejahung oder Verneinung der Existenz Gottes resultiert. Die Aufklärung ist ihrem Wesen nach atheistisch,

agnostisch, allenfalls deistisch; der Idealismus dagegen transzendentalistisch, metaphysisch und theistisch. Für die Aufklärung ist der Mensch das Maß aller Dinge, für den Idealismus dagegen Gott.

Die Seinslehre S.s betont das Schöpferische und Geschichtliche der „Ganzheiten": „Alles Sein ist Schaffen aus Geschaffenwerden". Kein Glied (d.i. Unterganzheit) schafft allein. Um ein Ganzes zur Erscheinung zu bringen (zu „vermitteln"), ist „Mit-Ausgliederung" notwendig. „Rückverbundenheit" („Aufhebung", „Reduktion", *reductio ad integrum*) der Glieder in der gemeinsamen „Mitte", zuletzt in Gott, der „Ur-Mitte", dem *ens a se*, gehört zum Wesen des Seins.

„Rückverbundenheit" bedeutet Hinwendung der Glieder zum Ganzen oder „Mittewendigkeit". Sie gibt dem S.schen System den Namen →„Universalismus", gebildet aus *unum* und *versum*. Die Selbstaufhebung oder Rückverbundenheit der Glieder in der gemeinsamen Mitte nennt S. „Gezweiung" oder „Gemeinschaft", ohne die es kein Leben gibt. S. gilt als der Gemeinschaftsdenker schlechthin, und so sind seine größten und wohl bleibenden Leistungen denn auch in der „Gesellschaftslehre" und ihren Derivaten, der Staatslehre, Sozialphilosophie und Volkswirtschaftslehre, zu finden.

Von der Antwort auf die Frage nach dem richtigen Gesellschaftsbegriff (Beziehungsgeflecht von Individuen oder eigene Substanz der gesellschaftlichen Gebilde von Familie, Stamm, Volk, →Staat) hängen nach S. die ethischen Auffassungen und politischen Folgerungen und Forderungen ab. Empirismus und Individualismus führen, so seine These, in logischer Konsequenz zu Subjektivismus, (Wert-)Relativismus, Rationalismus, ökonomischem Interessenkalkül, Hedonismus, Utilitarismus, Ökonomismus, →Kapitalismus, Liberalismus, Demokratismus (Volkssouveränität, Mehrheitswille), Anarchismus, aber auch zu →Totalitarismus, Kollektivismus, Kommunismus, Partei- und Pöbelherrschaft („Diktatur des Proletariats"). Ganzheitliches Verfahren und universalistischer Gesellschaftsbegriff führen nach S. hingegen zur Hochschätzung der Gemeinschaft; zur Pflege des Gemeinsinns (Liebe, Hingabe, Opferbereitschaft); Anerkennung des Vorrangs der Gemeinschaft vor dem einzelnen, des Höhe-

Erstausgabe von Othmar Spanns Hauptwerk
„Der wahre Staat" aus dem Jahre 1921

ren vor dem Niedrigeren; Prägung der Ge-
meinschaftskultur durch die „geistursprünglichen Teilinhalte" der Gesellschaft: Religion,
Philosophie, Wissenschaft, Kunst unter Anerkennung des Vorrangs der Religion (Kult,
Mythen, Doxa); ferner zur Herleitung der
sittlichen →Werte und des →Rechts aus dem
„Geistursprünglichen"; Ausübung gesellschaftlicher Führungsfunktionen und von
Macht kraft „geistiger Gültigkeit" (→„Autorität"); zum ständischen Aufbau der Gesellschaft (Stand ist „Leistungsgemeinschaft aufgrund von Lebensgemeinschaft"); zu hierar-
chischer Ordnung. Die staatliche Funktion
besteht dann in der Festigung der geistig-sitt-
lichen Gemeinschaft des Volkes, der Schaffung der Bedingungen für die freie Entfaltung
der geistursprünglichen Teilinhalte der Gesellschaft, ihrer Lebenskreise und Stände, der
Verteidigung gegen äußere und innere
Feinde, der Sorge für Recht und Ordnung.
Weitere Aufgaben des Staates sind u.a. Förderung der ständischen Selbstverwaltung, Dezentralisierung, Institutionalisierung der Zusammenarbeit von Arbeitnehmern und Arbeitgebern sowie eine Politik der inneren

Entfaltung der Wirtschaftszweige, der Selbst-
versorgung und Stabilisierung.

Obwohl S. kein Politiker war, ist seine
Lehre auf vielfachen Widerspruch von unter-
schiedlichster Seite gestoßen, und es war kein
Zufall, daß die Kommunisten nach 1945 das
vorher gegen S. von den Nationalsozialisten
(diese hatten ihn acht Monate inhaftiert) ausgesprochene Lehrverbot erneuerten. Heute
ist der „Kampf um O. S." weitgehend abge-
flaut. S. hat schulestiftend gewirkt. Bis heute
besteht ein Kreis treuer Anhänger; Schüler
und Enkelschüler haben akademische Lehrstühle besiedelt, durch die Emigration wurden seine Ideen in den USA verbreitet, wenn
auch die Berufung auf ihn aus Opportunitäts-
gründen vielfach unterlassen wird. S. stand
gegen alle ideologischen Parteifronten und
teilte das Schicksal der Konservativen Revolution. Erst mit der konservativen Wende beginnt das Interesse an ihm und seinem Werk
wieder zu erwachen.

S.: Gesamtausgabe, hrsg. v. *W. Heinrich / H. Riehl /
U. Schöndorfer / R. Spann / F. A. Westphalen*, Graz
1963-79, Bde. I: Frühe Schriften, II: Haupttheorien der
Volkswirtschaftslehre, III: Fundament der Volkswirtschaftslehre, IV: Gesellschaftslehre, V: Der wahre Staat,
VI: Tote und lebendige Wissenschaft, VII: Kämpfende
Wissenschaft, VIII: Kleine Schriften zur Wirtschafts-
und Gesellschaftslehre, IX: Kategorienlehre, X: Der
Schöpfungsgang des Geistes, XI: Gesellschaftsphilosophie, XII: Geschichtsphilosophie, XIII: Philosophenspiegel, XIV: Erkenne Dich selbst, XV: Naturphilosophie, XVI: Religionsphilosophie, XVII: Ganzheitliche
Logik, XVIII: Meister Eckeharts mystische Philosophie, XIX: Kunstphilosophie, XX: Gespräch über Unsterblichkeit. Betrachtungen zweier Krieger im Felde;
O. S. Leben und Werk. Ein Gedenkband.

O. S. war *Herausgeber* von: Die Herdflamme.
Sammlung der gesellschaftswissenschaftlichen Grund-
werke aller Zeiten und Völker, 20 Bde., Jena 1922ff.;
Deutsche Beiträge zur Wirtschafts- und Gesellschaftslehre (bis 1931 gemeinsam mit *G. v. Below*), 15 Bde.,
Jena 1926ff.; Gesellschaftswissenschaftliche Abhandlungen, 9 Bde., Leipzig 1934ff.; Zeitschrift „Ständisches
Leben. Blätter für organische Wirtschafts- und Gesellschaftslehre", Berlin – Wien 1931-36.

L.: *L. Dunkmann:* Der Kampf um O. S., Leipzig
1928; *H. Räber:* O. S.s Philosophie des Universalismus,
Jena 1937; *H. Härtle:* Vom Ständestaat zur Priesterherrschaft. Eine Abrechnung mit O. S., Berlin 1938 (H.
dürfte auch der Hauptbearbeiter der Geheimakte des
Reichssicherheitshauptamtes, Prüf.-Nr. 52: Der Spann-
kreis. Gefahren und Auswirkungen, Ende Mai 1936,
gewesen sein. Jetzt im Institut für Zeitgeschichte /
München); *W. Heinrich:* Art. O. S. in: Handwörter-

buch der Staatswissenschaften, Bd. IX, Stuttgart 1956; *A. Diamant:* Roman Catholics and the First Republic, Princeton 1960; *K. Sontheimer:* Antidemokratisches Denken in der Weimarer Republik, München 1962; *D. Vicor:* Economic Romanticism in the Twentieth Century. S.'s Attempt to Revolutionize Economic Theory, New Delhi 1964; *M. Schneller:* Zwischen Romantik und Faschismus. Der Beitrag O. S.s zum Konservativismus in der Weimarer Republik, Stuttgart 1970; *A. Rieber:* Vom Positivismus zum Universalismus. Untersuchungen zur Entwicklung und Kritik des Ganzheitsbegriffs bei O. S., Berlin 1971; *K.-J. Siegfried:* Universalismus und Faschismus. Das Gesellschaftsbild O. S.s, Wien 1974; *P. Kampits:* Zwischen Schein und Wirklichkeit. Eine kleine Geschichte der österreichischen Philosophie, Wien 1984; *G.-K. Kaltenbrunner:* Vom Geist Europas, Asendorf 1987; *W. Becher:* Der Blick aufs Ganze. Das Weltbild O. S.s, München 1988; *J. H. Pichler* (Hrsg.): O. S. oder Die Welt als Ganzes, Wien 1988 (mit ausgewählter Bibliographie aus der S.-Schule); *A. Mohler:* Die Konservative Revolution in Deutschland 1918-33, Bde. I-II, Darmstadt ³1989; *M. Rassem:* O. S., in: *K. Graf Ballestrem / H. Ottmann* (Hrsg.): Politische Philosophie des 20. Jhdt.s, München 1990; *E. Nolte:* Geschichtsdenken im 20. Jhdt., Berlin 1991.

– Ro

Spengler, Oswald

* 29. 5. 1880 Blankenburg; † 7. 5. 1936 München. Geschichtsphilosoph und politischer Schriftsteller. Der Sohn eines Postbeamten absolvierte nach dem Besuch des Gymnasiums in Soest und in Halle ein Studium der Mathematik, Naturwissenschaften und Philosophie an den Universitäten Halle, München und Berlin; daneben widmete er sich seinen stark entwickelten literarisch-künstlerischen Neigungen und seinem Interesse für Geschichte. 1904 promovierte S. in Halle als Schüler des Philosophen A. Riehl zum Dr. phil. mit einer Arbeit über Heraklit von Ephesos. Nach dem Referendariat unterrichtete er von 1907-11 an einem Hamburger Gymnasium; er gab aber nach dem Tod seiner Mutter, die ihm eine kleine Erbschaft hinterließ, das ungeliebte Lehramt auf und ließ sich in München nieder, um sich künftig ausschließlich der Schriftstellerei zu widmen.

In den Jahren 1912-16 beschäftigte sich (der aus gesundheitlichen Gründen von der Kriegsteilnahme befreite) S. hauptsächlich mit der Ausarbeitung seines großen geschichtsphilosophischen Hauptwerkes „Der Untergang des Abendlandes", das 1918 und 1922 in zwei Bänden erschien. Hier entwik-

kelte er – in bewußtem Gegensatz zur allgemein akzeptierten historiographischen Periodisierung der Weltgeschichte in Altertum, Mittelalter und Neuzeit – seine Lehre vom Leben und Sterben der (bisher) acht Hochkulturen, die, Pflanzen vergleichbar, unabhängig voneinander wachsen, aufblühen und wieder vergehen, um am Ende gänzlich abzusterben. S. verstand sich als Überwinder eines eurozentrischen Geschichtsbildes: „Ich nenne dies dem heutigen Westeuropäer geläufige Schema, in dem die hohen Kulturen ihre Bahnen *um uns* als den vermeintlichen Mittelpunkt alles Weltgeschehens ziehen, das *ptolemäische System* der Geschichte, und ich betrachte es als die *kopernikanische Entdeckung* im Bereich der Historie, daß in diesem Buche ein System an seine Stelle tritt, in dem Antike und Abendland neben Indien, Babylon, China, Ägypten, der arabischen und mexikanischen Kultur... eine in keiner Weise bevorzugte Stellung einnehmen." Seine (von teilweise überaus gewagten Analogieschlüssen gekennzeichnete) neue Sicht der Geschichte hat sich allgemein nicht durchsetzen können, dennoch haben S.s Thesen in vielfältiger Weise anregend gewirkt und Perspektiven eröffnet, die ohne seine geniale Fähigkeit zur Aufdeckung von Zusammenhängen und Formulierung von Problemstellungen nicht denkbar gewesen wären. Immerhin versagten auch einige bedeutende Wissenschaftler der Epoche S. ihren Respekt nicht, so etwa der Althistoriker Eduard Meyer.

S. postulierte, der Logik seines Ansatzes folgend, den Untergang der eigenen abendländischen Kultur des gegenwärtigen Europa, die im 18. Jhdt. ihren kulturellen Höhepunkt erreicht habe und nun, als bloße „Zivilisation", der Ära des Cäsarismus, damit dem Endstadium der großen, autoritär geführten Massenstaaten entgegengehe. Als neue Hochkultur sah er im osteuropäisch-asiatischen Grenzraum die „russische Kultur" entstehen, deren erste Anzeichen er in der russischen Religiosität und Dichtung (vor allem Dostojewskijs) erkennen zu können glaubte. Von dieser Diagnose hat er sich auch durch die russische Revolution und die Entstehung der bolschewistischen Diktatur nicht abbringen lassen.

In den ersten Nachkriegsjahren entwickelte sich S. – durch den überwältigenden Er-

folg des „Untergangs" berühmt geworden –
zu einem der einflußreichsten konservativen
Publizisten Deutschlands und zu einem führenden Protagonisten der →Konservativen
Revolution. Bereits 1919 erschien seine Streitschrift „Preußentum und Sozialismus", eine
scharfe Abrechnung mit dem Marxismus und
eine Rückbesinnung auf die „staatssozialisti-
schen" Traditionen Preußens seit Friedrich
Wilhelm I. – freilich auch eine unzweideutige
Kampfschrift gegen den „westlichen" Parlamentarismus und Liberalismus und damit
auch gegen die Weimarer Republik. Bis 1924
versuchte S. noch in weiteren politischen
Schriften, so etwa „Politische Pflichten der
deutschen Jugend" und „Neubau des Deutschen Reiches", Einfluß auf die geistig-politische Entwicklung in Deutschland zu nehmen, dann zog er sich wieder auf seine philosophischen und historischen Studien zurück.
Erst 1931 erschien sein nächstes Buch, „Der
Mensch und die Technik", eine kulturkritische, nicht zuletzt ökologisch orientierte
Warnung vor den Folgen einer zu weit gehenden „Mechanisierung der Welt".

Ein letztes Mal trat S. im Sommer 1933 als
politischer Autor hervor. In seiner Schrift
„Jahre der Entscheidung" skizzierte er künftige Krisen der Weltpolitik, postulierte eine
kommende globale Auseinandersetzung zwischen der „weißen" und der „farbigen" Welt,
übte aber auch – in der Form vorsichtig, in
der Sache jedoch unverkennbar deutlich –
Kritik am nationalsozialistischen Regime,
insbesondere an dessen Rassenlehre. Nach offenen Angriffen von seiten der NS-Machtha-
ber und nach der Ermordung einiger Freunde
und Bekannter im Zuge des sog. Röhm-Put-
sches vom 30. Juni 1934 zog sich S. völlig aus
der Öffentlichkeit zurück. Einen Ruf an die
Universität Leipzig lehnte er ab, um sich nur
noch der Ausarbeitung eines zweiten geschichtsphilosophischen Hauptwerkes zu
widmen, für das er umfängliche historische
und archäologische Studien betrieb, das er jedoch nicht mehr vollenden konnte; erst aus
seinem Nachlaß sind Skizzen und Vorarbeiten publiziert worden.

Aus ihnen geht hervor, daß S. offenbar eine
umfassende Revision seiner im „Untergang
des Abendlandes" entwickelten Kulturmorphologie beabsichtigte: Er unterschied nun
vier aufeinander folgende Kulturstufen, be-

ginnend mit dem Altpaläolithikum bis hin
zur Epoche der „Weltgeschichte", also der
Hochkulturen, die für ihn jetzt nur noch die
vorläufige Endstufe einer nach Jahrzehntau-
senden zählenden Entwicklung darstellten.
Bevor er allerdings erste Resultate seiner
neuen Überlegungen druckfertig machen
konnte, verstarb S. vorzeitig im Alter von nur
sechsundfünfzig Jahren an den Folgen einer
Herzkrankheit.

S.: Der metaphysische Grundgedanke der Heraklit-
schen Philosophie, phil. Diss. Halle 1904; Der Untergang des Abendlandes. Umrisse einer Morphologie der
Weltgeschichte, Bd. I, Wien 1918, München [3]1919, völlig umgearb. Aufl. 1923, Bd. II, München 1922 (zahlreiche Neuauflagen, auch einbändig); Preußentum und
Sozialismus, München 1919; Neubau des Deutschen
Reiches, München 1924; Politische Pflichten der deutschen Jugend, München 1924; Der Mensch und die
Technik, München 1931; Politische Schriften, München
1932; Jahre der Entscheidung. Erster Teil: Deutschland
und die weltgeschichtliche Entwicklung, München
1933 (mehr nicht erschienen).

E.: Reden und Aufsätze, hrsg. v. *H. Kornhardt*, München 1937, [3]1951; Gedanken, ausgew. u. hrsg. v. *dems.*,
München 1941; Briefe 1913-36, hrsg. v. *A. M. Koktanek*,
München 1965; Urfragen. Fragmente aus dem Nachlaß,
hrsg. v. *dems.*, München 1965; Frühzeit der Weltgeschichte. Fragmente aus dem Nachlaß, hrsg. v. *dems.*,
München 1966; Der Briefwechsel zwischen O. S. und
Wolfgang E. Groeger über russische Literatur, Zeitgeschichte und soziale Fragen, hrsg. v. *X. Werner*, Hamburg 1987.

L.: *A. Albers*: Der „Untergang des Abendlandes"
und der Christ, München 1920; *K. Heim / R. H. Grütz-
macher*: O. S. und das Christentum, München 1921; *A.
Messer*: S. als Philosoph, Stuttgart 1922; *M. Schröter*:
Der Streit um S. – Kritik seiner Kritiker, München 1922;
O. Koellreutter: Die Staatslehre S.s, Jena 1924; *E.
Meyer*: S.s Untergang des Abendlandes, Berlin 1925; *H.
Rudloff*: O. S.s ethische Anschauungen, Leipzig 1926;
W. Goetze: Die Gegensätzlichkeit der Geschichtsphilosophie O. S.s und Theodor Lessings, phil. Diss. Leipzig
1930; *L. Giusso*: S. e la dottrina degli universi formali,
Neapel 1935; *E. Gauhe*: S. und die Romantik, Berlin
1936; *P. Reusch* (Hrsg.): O. S. zum Gedenken (als Manuskript gedruckt), o. O. o. J. (München 1937); *A. v.
Martin*: Geistige Wegbereiter des deutschen Zusammenbruchs (Hegel – Nietzsche – S.), Recklinghausen
1948; *M. Schröter*: Metaphysik des Untergangs. Eine
kulturkritische Studie über O. S., München 1949; *H. S.
Hughes*: O. S. – A Critical Estimate, New York – London 1952; *H. Willms*: Die Grundanschauungen und
Grundlagen der Philosophie O. S.s, phil. Diss. Bonn
1955; *A. Baltzer*: Untergang oder Vollendung. O. S.s
bleibende Bedeutung, Göttingen 1956; *E. Stutz*: O. S.
als politischer Denker, Bern 1958; *A. Baltzer*: O. S.s Be-

deutung für die Gegenwart, Neheim-Hüsten 1959; *ders.:* Philosoph oder Prophet? O. S.s Vermächtnis und Voraussagen, Neheim-Hüsten 1962; *A. M. Koktanek* (Hrsg.): S.-Studien. Festgabe für Manfred Schröter zum 85. Geburtstag, München 1965; *ders.:* O. S. in seiner Zeit, München 1968; *G. Murjahn:* Romantik und Realismus in der Lehre O. S.s, Berlin 1968; *P. C. Ludz* (Hrsg.): S. heute, München 1980; *K. E. Eckermann:* O. S. und die moderne Kulturkritik, Bonn 1980; *G. Merlio:* O. S. – Témoin de son temps, Stuttgart 1982; *J. Naeher:* O. S., Reinbek 1984; *D. Felken:* O. S. – Konservativer Denker zwischen Kaiserreich und Diktatur, München 1988; *A. Demandt / J. Farrenkopf* (Hrsg.): Der Fall S. – Eine kritische Bilanz, Köln – Weimar – Wien 1994.

– K

Srbik, Heinrich Ritter von

* 10. 11. 1878 Wien; † 16. 2. 1951 Ehrwald/ Tirol. Österreichischer Historiker. S. entstammte einer angesehenen österreichischen Beamtenfamilie; sein Vater war Hofrat, zuletzt tätig im k. u. k. Finanzministerium. Nach dem Besuch des berühmten Elitegymnasiums „Theresianum" in Wien studierte S. seit 1897 an der Universität seiner Vaterstadt Geschichte, Geographie und Germanistik, u.a. als Schüler von O. Redlich, A. Dopsch und A. F. Pribram. Von 1899-1901 absolvierte er den XXIII. Kurs des angesehenen Instituts für österreichische Geschichtsforschung; 1902 promovierte er bei Redlich mit einer Dissertation über „Burggraf Friedrich von Nürnberg". Seit 1902 Mitarbeiter der Kommission für neuere Geschichte Österreichs, habilitierte sich S. 1907 an der Universität Wien mit einer wirtschaftsgeschichtlichen Arbeit. 1912 wurde er als a.o. Professor für Geschichte nach Graz berufen, seit 1917 lehrte er hier als Ordinarius.

Bereits 1922 erreichte S. mit seiner Berufung an die Universität Wien den Höhepunkt seiner Laufbahn als akademischer Lehrer und Wissenschaftler. Das Ordinariat bekleidete er bis 1945, nur unterbrochen durch eine kurze Amtszeit als österreichischer Unterrichtsminister in den Jahren 1929/30. Ehrenvollen Rufen nach Bonn, Köln, München und Berlin folgte er nicht. Sein erstes Hauptwerk, eine umfassende, sorgfältig erarbeitete und glänzend geschriebene Biographie →Metternichs, legte S. bereits 1925 vor. Es ging ihm hierbei nicht um eine Rehabilitierung des umstrittenen österreichischen Staatskanzlers, sondern um ein objektiveres und gerechteres Bild die-

Heinrich Ritter von Srbik
1878-1951

ses Politikers, das die Verzerrungen der kleindeutschen Historikerschule (insbesondere Treitschkes) korrigieren sollte und darüber hinaus bestrebt war, die gedanklichen Grundlagen und geistesgeschichtlichen Voraussetzungen von Metternichs „System" zu rekonstruieren. S.s Werk ist bis heute die umfassendste und maßgebliche biographische Darstellung dieses wohl bedeutendsten europäischen Politikers zwischen 1815 und 1848 geblieben.

Nach der Mitarbeit an einer umfassenden Edition zur Außenpolitik Österreich-Ungarns vor dem Ersten Weltkrieg wandte sich S. während der dreißiger Jahren in verstärktem Maße der Aufarbeitung der österreichisch-deutschen Geschichte des 19. Jhdt.s zu. Er gab nicht nur das fünfbändige Werk „Quellen zur deutschen Politik Österreichs 1859-66" heraus, sondern verfaßte auch eine umfangreiche Darstellung der österreichisch-deutschen Geschichte zwischen dem Untergang des Alten Reiches und dem Auseinanderbrechen des Deutschen Bundes, 1806-66, die in vier Bänden unter dem Titel „Deutsche Einheit – Idee und Wirklichkeit vom Heiligen Reich bis Königgrätz" (1935-42) erschien – sein zweites Hauptwerk. S.s Interesse an diesem Gegenstand war nicht nur wissenschaftlicher, sondern durchaus auch gegenwartspolitischer Natur. Er sah in der Trennung Österreichs von Deutschland nach 1866 den (auch durch →Bismarcks Zweibundpolitik nicht mehr überwundenen) Ursprung für die Katastrophe des Habsburgerreichs von 1918 und die Krisen der Nachkriegszeit. Darüber hinaus ging es ihm um die Etablierung einer neuen Sicht der deutschen Geschichte: er beabsichtigte, der traditionell preußenzentrierten kleindeutschen Geschichtsauffassung und der österreichisch-großdeutschen Idee eine neue – von ihm als „gesamtdeutsch" bezeichnete – Geschichtsauffassung entgegenzusetzen. Damit einher ging die Aufwertung des Heiligen Römischen Reiches Deutscher Nation und der mit diesem verbundenen, übernational-universalistischen Tradition, die für S. das bedeutendste politische Erbe der deutschen Geschichte seit dem Mittelalter darstellte.

Der von S. in den Jahren bis 1938 propagierte „Mitteleuropa"-Gedanke befürwortete zwar eine enge Anbindung Österreichs an Deutschland, nicht aber die uneingeschränkte Herrschaft Berlins über Wien. Als seine „Utopie" für eine Neugestaltung des mitteleuropäischen Raumes schwebte ihm vor, daß sich „an die deutsche Lebensgemeinschaft des Reichs und Österreichs eine lose politische Gemeinschaft ostmitteleuropäischer Staaten angliedern" sollte: dies wäre, so S., „die Auflösung des ewigen mitteleuropäischen Streites zwischen Raum und Volk, Staat und Natur, Wirklichkeit und Idee, Macht und Geist; es wäre ein in sich selbst beruhendes und befriedetes Mitteleuropa, die Erfüllung eines ewigen deutschen Traumes und eine große Bürgschaft für den alten Erdteil und die Welt".

1938 und in den ersten Jahren danach fiel S. tatsächlich auf die nationalsozialistische Propaganda herein und glaubte, im „Großdeutschen Reich" Hitlers den Beginn der Verwirklichung seiner „Utopie" sehen zu können, jedoch wurde er schon in den ersten Jahren des Zweiten Weltkrieges eines Besseren belehrt. Immerhin akzeptierte er 1938 die Er-

nennung zum Präsidenten der Wiener Akademie der Wissenschaften – und ließ sich (obwohl nicht Parteimitglied) ein Reichstagsmandat aufdrängen. Obwohl er in zunehmendem Maße mit dem NS-Regime in Konflikt geraten war – so mußte er nach dem 20. Juli 1944 wegen seiner Kontakte zu →Goerdeler Hausdurchsuchungen über sich ergehen lassen –, wurde S. 1945 seines Amtes enthoben. Nach dem Krieg gab er offen zu, einer „Gelehrtenillusion" zum Opfer gefallen zu sein.

Immerhin führte S. auch in den letzten ihm noch verbleibenden Jahren seine wissenschaftliche Arbeit unter schwierigsten Bedingungen fort. Die Frucht seiner späten Lebenszeit war eine lange vorbereitete, umfangreiche Geschichte der deutschen Geschichtsschreibung, die erst postum in zwei voluminösen Bänden unter dem Titel „Geist und Geschichte vom deutschen Humanismus bis zur Gegenwart" erschien.

S. hat als einer der führenden nationalkonservativen Historiker seiner Epoche ein eindrucksvolles und bedeutendes Werk hinterlassen. Wenngleich die Patina seiner Schriften – S. bezeichnete sich 1944 einmal als „romantischer Katholik" – manchem heutigen Leser fremdartig erscheinen mag, liegt die größte Bedeutung der meisten Arbeiten S.s doch in der umfassenden wissenschaftlichen Aufarbeitung und Vergegenwärtigung des alten, übernational-universalistischen Reichsgedankens als eines zentralen Aspektes der deutschen Geschichte.

B.: in: H. Ritter v. S.: Die wissenschaftliche Korrespondenz (siehe unter **E.**), S. 567-96.

S.: Die Bemühungen von Staat und Kirche in Österreich während des Mittelalters, Innsbruck 1904; Der staatliche Exporthandel Österreichs von Leopold I. bis Maria Theresia, Wien 1907; Wilhelm von Schröder. Ein Beitrag zur Geschichte der Staatswissenschaften, Wien 1910; Studien zur Geschichte des österreichischen Salzwesens, Innsbruck 1917; Wallensteins Ende. Verlauf und Folgen einer Katastrophe, Wien 1920; Die Niederlande und Österreich, Utrecht 1923; Metternich. Der Staatsmann und der Mensch, Bde. I-II, München 1925, Bd. III, hrsg. v. *T. v. Borodajkewicz*, München 1954; (als Mithrsg.): Österreich-Ungarns Außenpolitik von der Bosnischen Krise 1908 bis zum Kriegsausbruch 1914, Bde. I-IX, Wien – Leipzig 1930; (als Hrsg.): Quellen zur deutschen Politik Österreichs 1859-66, Bde. I-V, Oldenburg – Berlin 1934-38; Deutsche Einheit. Idee und Wirklichkeit vom Heiligen Reich bis Königgrätz, Bde. I-IV, München 1935-42; Österreich in der deutschen Geschichte, München 1936; (als Mithrsg. zus. m. *J. Nadler*): Österreich. Erbe und Sendung im deutschen Raum, Salzburg 1936; Goethe und das Reich, Leipzig 1940; Gestalten und Ereignisse aus Österreichs Vergangenheit, Leipzig 1942; Wien und Versailles 1692-97. Zur Geschichte von Straßburg, Elsaß und Lothringen, München 1944; Aus Österreichs Vergangenheit. Von Prinz Eugen zu Franz Joseph, Salzburg 1949; Geist und Geschichte vom deutschen Humanismus bis zur Gegenwart, Bde. I-II, München 1950-51.

E.: Zwei Reden für Österreich, Wien 1978; H. Ritter v. S.: Die wissenschaftliche Korrespondenz des Historikers, hrsg. v. *J. Kämmerer*, Boppard a. Rh. 1988.

L.: *K. A. v. Müller*: Gesamtdeutsche Geschichtsauffassung. H. Ritter v. S., in: *ders.*: Zwölf Historikerprofile, Stuttgart 1935, S. 40-7; *C. Antoni*: H. v. S. e l'unita della storia tedesca, in: Studi Germanici 2 (1937), S. 46-75; Gesamtdeutsche Vergangenheit. Festgabe für H. Ritter v. S. zum 60. Geburtstag am 10. November 1938, München 1938; *H. Raschhofer*: H. Ritter v. S., in: Volk und Reich 14 (1938), S. 864-65; *A. Wandruszka*: H. Ritter v. S., in: Mitteilungen des Instituts für österreichische Geschichtsforschung 59 (1951), S. 228-36; *E. Kessel*: H. Ritter v. S., in: Deutsche Literaturzeitung 6 (1951), Nr. 8, S. 8-10; *F. Engel-Janosi*: H. v. S. (1878-1951), in: Journal of Central European Affairs 11 (1951/52), S. 78-79; *W. Näf*: H. Ritter v. S. (1878-1951), in: Historische Zeitschrift 173 (1952), S. 95-101; *F. Schnabel*: H. Ritter v. S., in: Jahrbuch der Bayerischen Akademie der Wissenschaften zu München (1952), S. 163-70; *A. Lhotsky*: Geschichte des Instituts für österreichische Geschichtsforschung 1854-1954, Graz – Köln 1954; *H. C. Meyer*: Mitteleuropa in German Thought and Action 1815-1945, Den Haag 1955; *W. Bauer*: H. S., in: Große Österreicher. Neue Österreichische Biographie ab 1815, Bd. XII, Wien 1957, S. 171-93; *H. Frühwald*: Großdeutsch und Gesamtdeutsch bei H. v. S., phil. Diss. Wien 1965; *R. J. Ross*: H. Ritter v. S. and "gesamtdeutsch" history, in: Review of Politics 31 (1969), S. 88-107; *P. R. Sweet*: The Historical Writing of H. Ritter v. S., in: History and Theory 10 (1970), S. 37-58; *A. Agnelli*: H. Ritter v. S., Neapel 1975; *J. H. Pitcher*: H. Ritter v. S. and the Evolution of Gesamtdeutsch Historiography, phil. Diss. Ann Arbour 1975; *J. M. Pasteiner*: Die gesamtdeutsche Geschichtsauffassung H. Ritter v. S.s und ihr Beitrag zur Geschichtstheorie, phil. Diss. Wien 1980; *H. Reinalter*: H. Ritter v. S., in: Deutsche Historiker, hrsg. v. *H.-U. Wehler*, Bd. VIII, Göttingen 1982, S. 78-95.

– K

Staat

1. Allgemein bezeichnet St. die politische Organisation selbständiger Völker, ebenso die Gesamtheit von Volk, Organisation und beherrschtem Raum. Volk ist jede menschliche Gruppe, die sich als von anderen Gruppen unterschieden versteht, Organisation jede, auch lockere Ordnungsform, die den Zusammenhalt der Gruppe sichert. Dieser allgemeine Begriff von S. wird in der Geschichtsschreibung, der Philosophie und der Soziologie verwendet; die Ethnosoziologen bezeichnen auch Nomadenvölker als S.

2. "Moderner" S. wird die neue politische Bauform genannt, die sich seit dem 15. Jhdt. in Europa zu entwickeln begann. Im 19. und 20. Jhdt. voll ausgebildet, wurde der moderne S. global zum Modell. Ursächlich für diese Entwicklung war die Revolution in der Kriegstechnik (Feuerwaffen), weshalb der kostenfreie Ritter durch den teuren Söldner ersetzt werden mußte. Der Finanzbedarf des Landesherrn stieg sprunghaft an und belastete sein Verhältnis zu den Geld bewilligenden Ständen. Konfessionelle Unruhen und Bürgerkriege störten den sozialen Frieden ebenso wie die traditionelle Rechtsdurchsetzung durch Fehde, deren früher begrenzte Schadenszufügung durch die Verwendung von Söldnern mit Feuerwaffen unerträglich wurde. Legale Eigenmacht mußte durch eine effektive staatliche Gerichtsbarkeit ersetzt werden. Seit dem 17. Jhdt. gehören der innere Frieden und das "Gewaltmonopol" zum Staatsbegriff. Die von der ständestaatlichen Konzeption vorausgesetzte Harmonie der →Werte und Interessen fiel auch der ökonomischen und sozialen Differenzierung zum Opfer, die mit der im 16. Jhdt. deutlichen Bevölkerungsvermehrung und den überseeischen Entdeckungen verbunden war. Alle diese Umstände führten zur Stärkung der politischen Zentralgewalt; auf dem Kontinent unter Ausschaltung der Stände zum fürstlichen →Absolutismus, in England nach langen Kämpfen zur Herrschaft des "King in Parliament" mit wachsender Präponderanz des bürgerlichen Unterhauses. Der juristische Hebel war die "Souveränität", die, nach außen gewendet, Unabhängigkeit von Befehlen Dritter und formell gleichen Rang mit anderen S.en vermittelte, nach innen eine Rechtsetzungs- und Befehlsbefugnis verlieh, die durch "natürliches und göttliches Recht" ideell begrenzt war, aber Konsenszwängen nicht unterlag und von Vetopositionen nicht aufgehalten werden konnte. Die souveräne Gewalt (Hoheitsgewalt, Staatsgewalt) konnte jedermann – auch die Hintersassen des Grund-

herrn – durch Gesetz, Administrativakt und staatlichen Richterspruch einseitig verpflichten; das Einverständnis des Adressaten wurde rechtlich ebenso bedeutungslos wie das Vorhandensein besonderer Rechtsbeziehungen im „Land" und zum Landesherrn. Die staatliche Herrschaft wurde Territorialherrschaft, der „Personenverband" war nicht mehr Herrschaftsgrundlage, sondern unterschied durch Landes- und Staatsangehörigkeit nur noch In- und Ausländer. Die jetzt genau bestimmte Staatsgrenze schuf nach Arrondierungen durch Krieg und Heiratspolitik einen „geschlossenen" Raum („Staatsgebiet"), der weder durch Gebiete fremder S.en getrennt wurde noch „exterritoriale" Räume und nichtstaatliche Rechtsbeziehungen zu fremden Mächten duldete.

Die Übereinstimmung des Staatsgebiets mit dem Siedlungsgebiet der →Nation („Nationalstaat") wurde im 19. und 20. Jhdt. ein legitimes, häufig durch Krieg realisiertes Politikziel. Das im Völkerrecht neuerdings anerkannte „Selbstbestimmungsrecht" begründet für nationale Minderheiten einen Anspruch auf Autonomie, primär aber das Recht der Völker, d.h. Nationen, auf den eigenen S. Als zu Beginn der 1990er Jahre die deutsche Teilung endete, das Sowjetimperium und Jugoslawien zerbrachen, bestätigten die neuen oder wiederauferstandenen S.en diese Erfahrung: Die Übereinstimmung von Staatsgebiet und Siedlungsgebiet schafft die besten Voraussetzungen für eine optimale Nutzung der individuellen und kollektiven Freiheitsrechte, verstärkt die Kohäsion der →Bürger, ungeachtet ihrer sonstigen Differenzen, und erleichtert die Selbstbehauptung des S.es als Wirkungs- und Entscheidungseinheit nach innen und außen.

3. Die Entstehung des modernen S.es war im 16. Jhdt. begleitet von den literarischen Protesten gegen den „Machiavellismus" der Fürstenhöfe, gegen die „Staatsräson" als politische Handlungsmaxime unter Behauptung eines Anspruchs der Stände auf ein Widerstandsrecht gegen den fürstlichen Tyrannen. Solange im frühmodernen S. die Gesetzgebungskompetenz nur zur Restabilisierung und Konservierung der gestörten Sozialordnung eingesetzt wurde, leisteten die alten Mächte nur geringen Widerstand, zumal die Steuerfreiheit von Geistlichkeit und Adel erhalten blieb und die leitenden Positionen im nunmehr entstehenden staatlichen Herrschaftsapparat ebenso wie die Offiziersstellen in der Armee dem Adel vorbehalten wurden. Auch behielten die Grundherren – unter staatlicher Kontrolle – die Polizei- und (niederen) Justizbefugnisse, in Deutschland die „Patrimonialgerichtsbarkeit" bis 1848. Glaubte der Grundadel seine Interessen berührt, vermochte er selbst in Preußen die königliche Souveränität lange Zeit zu blockieren, z.B. die Schulpflicht, die Friedrich Wilhelm I. einzuführen suchte. In Frankreich konnte das Königtum die spätestens in der zweiten Hälfte des 18. Jhdt.s fällige Finanzreform nicht durchsetzen. Erst die Französische Revolution von 1789 vermittelte der Staatsgewalt durch Demokratisierung jene Kraft, die den S. zur Zerstörung hergebrachter →Institutionen wie zur Umgestaltung und Neuordnung aller sozialen Verhältnisse befähigte.

4. Gegen die Verwirklichung der revolutionären Energien mit staatlichen Mitteln stellten die Konservativen die tragenden Elemente der alteuropäischen Ordnung: das Bündnis von Thron und Altar, die Einheit von Ethik, Moral und →Recht, das Gewohnheitsrecht unter Ablehnung der Machbarkeit des Rechts durch staatliches Gesetz, die (adlige) Selbstverwaltung gegen die staatliche Bürokratie, die sich zunehmend bürgerlichen Juristen geöffnet hatte.

Zukunftsträchtiger erwies sich die Forderung des Bürgertums nach einer geschriebenen →Verfassung, die seine Beteiligung an der staatlichen Willensbildung sicherte durch gewählte Parlamente, zuständig für den Staatshaushalt und die Gesetzgebung. Geschützt wurde die bürgerlich-gesellschaftliche Sphäre gegen Eigenmacht der monarchischen Exekutive durch verfassungsgesicherte Grundrechte mit gesetzlichen Vorbehalten. Eingriffe in Freiheit und Eigentum bedurften der gesetzlichen Grundlage, d.h. der Zustimmung des im Parlament repräsentierten Bürgertums („Rechtsstaat").

Seit der Mitte des 19. Jhdt.s tritt der S. als „Verfassungsstaat" auf, seine Vorherrschaft unterbrachen nur die totalitären Parteien des 20. Jhdt.s Die Staatsgewalt wird von den zuständigen Verfassungsorganen und Staatsbehörden in ihren drei Grundformen ausgeübt

(Gesetzgebung, Exekutive, Rechtsprechung), gebunden in Kompetenz und Verfahren an gesetzliche Regeln und durch das Prinzip „Gewaltenteilung" auf Gleichgewicht und gegenseitige Kontrolle ausgerichtet. „Rechtsstaat" und „Verfassungsstaat" bildeten die unerläßlichen Voraussetzungen und den notwendigen Rahmen für die Ablösung der Agrargesellschaft durch die moderne Industriegesellschaft.

5. Das gegenwärtige Bild des S.es ist gekennzeichnet durch die Indienstnahme der staatlichen Institutionen und öffentlichen Kassen für nahezu alle Zwecke. Der unbegrenzten staatlichen Verantwortung entspricht eine steuerliche Beanspruchung des Bürgers, die in früheren Zeiten als Zeichen von Verknechtung gegolten hätte. Zugleich muß eine mit den Aufgaben wachsende Staatsbürokratie unterhalten werden, die professionell und „ohne Ansehen der Person" die öffentlichen Aufgaben wahrnimmt. Nur ausnahmsweise ist der Bürger noch als Wehrpflichtiger, Schöffe, Gemeinderat unmittelbar am Vollzug der Staatsaufgaben beteiligt. In Deutschland sind von 36,9 Mio. Erwerbstätigen 6,6 Mio. im öffentlichen Dienst tätig (17,9 %). Auch die Lenkung der bürokratischen Apparate folgt dem unerbittlichen Gesetz der Arbeitsteilung. Die Politik ist professionalisiert und beschränkt auf kleine Politikergruppen, getragen von straff organisierten Parteiapparaten, deren besoldete Angehörige ebenfalls ihre Tätigkeit als Beruf ausüben. Die ehrenamtliche Politikbefassung beschränkt sich auf die Minderheit der Mitglieder politischer Parteien, in der Bundesrepublik nur 3 % der Wahlberechtigten. Die bürgerliche Beeinflussung der öffentlichen Angelegenheiten ist institutionell begrenzt auf Wahlen im Abstand von drei bis fünf Jahren, in denen Parteien und ihre Vertreter den Regierungsauftrag erhalten oder abgewählt werden, wahrgenommen von 50-80 % der Berechtigten. Sachplebiszite sind (außer in der Schweiz) selten oder ausgeschlossen.

Konservative und Liberale kritisieren übereinstimmend das Auswuchern der Staatsaufgaben und die damit verbundene Überlastung des S.es, die den Bürger enttäuscht und rebellisch macht. Im Gegensatz zu den Liberalen kritisieren die Konservativen auch die zögerlichen oder schwachen Reaktionen des S.es gegenüber Rechtsbrüchen sowie die Ratlosigkeit und Untätigkeit gegenüber einem als asozial begriffenen Wertewandel.

6. International ist der S. zwar Subjekt der Politik geblieben, agiert aber regelmäßig im Interessenverbund mit anderen S.en und ist dementsprechend eingeschränkt in seiner Entscheidungsfreiheit. Isoliertes Handeln erscheint den Staatsleitungen angesichts der dichten wirtschaftlichen, kulturellen und militärischen Verbindungen und Abhängigkeiten untunlich, weil wenig erfolgversprechend.

L.: *J. Bodin:* Les Six Livres de la République, Paris 1576, Die Sechs Bücher über den S., dt. Übers. *B. Wimmer,* München 1981/86; *C. L. v. Haller:* Restauration der Staatswissenschaft oder Theorie des natürlich-geselligen Zustands, der Chimäre des künstlich-bürgerlichen entgegengesetzt (sic), Bde. I-VI, Winterthur ²1820-34, Ndr. Aalen 1964; *G. Jellinek:* Allgemeine Staatslehre, Berlin 1900, Bad Homburg v. d. H. ³1966; *R. Kjellén:* Der S. als Lebensform, Leipzig 1917; *M. Weber:* Politik als Beruf, München 1919; *H. Heller:* Die Souveränität, Berlin 1927; *C. Schmitt:* Verfassungslehre, München 1928, Berlin ⁸1993; *H. Heller:* Staatslehre, Leiden 1934; *O. Brunner:* Land und Herrschaft, Baden b. Wien 1939, Wien ⁵1965; *O. Hintze:* S. und Verfassung, Leipzig 1941, Göttingen ³1970; *E. Kern:* Moderner S. und Staatsbegriff, Hamburg 1949; *C. Schmitt:* S. als ein konkreter, an eine geschichtliche Epoche gebundener Begriff, in: *ders.:* Verfassungsrechtliche Aufsätze, Berlin 1958, ³1985, S. 375-85; *F. Hartung:* Staatsbildende Kräfte der Neuzeit, Berlin 1961; *H. Krüger:* Allgemeine Staatslehre, Stuttgart 1964; *M. Weber:* Staatssoziologie, Berlin ²1966; *W. Mager:* Zur Entstehung des modernen Staatsbegriffs, Mainz 1968; *P. L. Weinacht:* S. Studien zur Bedeutungsgeschichte des Wortes von den Anfängen bis ins 19. Jhdt., Berlin 1968; *H. Quaritsch:* S. und Souveränität, Frankfurt a. M. 1970; *R. Herzog:* Allgemeine Staatslehre, Frankfurt a. M. 1971; *H. H. v. Arnim:* Staatslehre der Bundesrepublik Deutschland, München 1984; *P. Kondylis:* Konservativismus, Stuttgart 1986; *H. Quaritsch:* Souveränität, Berlin 1986; *J. Isensee:* S. und Verfassung, in: *ders. / P. Kirchhoff* (Hrsg.): Handbuch des Staatsrechts der Bundesrepublik Deutschland, Bd. I, Heidelberg 1987, S. 591-661; *R. Koselleck / W. Conze / D. Klippel / H. Boldt:* S. und Souveränität, in: *O. Brunner / W. Conze / R. Koselleck* (Hrsg.): Geschichtliche Grundbegriffe, Bd. 6, Stuttgart 1990, S. 1 ff.; *A. Demandt:* Antike Staatsformen, Berlin 1995.

– Qu

Stadtler, Eduard

* 17. 2. 1886 Hagenau/Elsaß; † 5. 10. 1945 Sachsenhausen. Essayist, politischer Aktivist,

Rhetor. Nach harter Jugendzeit konnte S. nur mit Hilfe kirchlicher Stipendien in Frankreich die Hochschulreife erwerben (Baccalauréat de philosophie, Besançon 1903). In diese Phase fielen S.s frühe politische Prägung durch den „Sillon" Marc Sagniers und der Ausbau seiner überdurchschnittlichen körperlichen Leistungsfähigkeit durch konzentriertes Training (Erstveröffentlichung von „Sport und Schule", einer Artikelserie in der „Süddeutschen Sportzeitung", 1907). Nach dem Studium der Geschichte, Philosophie sowie der englischen und französischen Sprache in Graz und Straßburg wurde er bei Martin Spahn über „Parteibewegungen im Elsaß im Jahre 1848" promoviert. Unter dem Einfluß Spahns wurde S. 1910 für die zentrumsnahe Windthorstbundbewegung aktiv, wo er auch seine rhetorischen Fähigkeiten entfalten konnte.

Mit dem Kriegsausbruch 1914 kam es für S. zu einer privaten „Ostorientierung" in politischen Angelegenheiten, die seinen weiteren Weg bestimmen sollte. Das Parteiwesen hinter sich lassend, wandte sich der Elsässer explizit der „preußischen" Staatsidee zu („Das deutsche Nationalbewußtsein und der Weltkrieg", 1915). Nach kurzem Fronteinsatz geriet S. im September 1916 in russische Gefangenschaft. In dieser Extremsituation vermochte er sich aufgrund seiner außergewöhnlichen psychophysischen Vitalität zu behaupten; er lernte in kurzer Zeit Russisch, las russische Zeitungen und konnte seinen Mitgefangenen Vorträge über Rußland und seine Lage halten. Im Januar 1918 floh S.; er gelangte zuerst nach Ufa, im folgenden Sommer erreichte er Moskau, wo er sich dem deutschen Geschäftsträger Karl →Helfferich (S. bezeichnete ihn als „Willen mit agonistischem Temperament") zur Verfügung stellte.

Nach Deutschland zurückgekehrt (August 1918), versuchte S. vergebens, die deutsche Führung vor dem – von ihm vorausgesagten – bevorstehenden kommunistischen Putsch zu warnen. Im November 1918 gründete er mit Heinrich von →Gleichen die „Vereinigung für nationale und soziale Solidarität" („Solidarier") mit einer Kerngruppe von 20 Mitgliedern. S.s Vortrag „Bolschewismus und Wirtschaftsleben" am 28. 11. 1918 in Berlin galt als die erste öffentliche Kundgebung von rechts nach dem revolutionären Umbruch. Am 1. 12. 1918 gründete S. die „Antibolsche-

wistische Liga" als Rahmenorganisation sowie das von ihm direkt geleitete „Generalsekretariat zum Studium und zur Bekämpfung des Bolschewismus".

S.s ununterbrochener politischer Aktivismus, seine intensive Vortrags- und Publikationstätigkeit wurden nach Kriegsende aber nicht nur durch die fortdauernde Bürgerkriegssituation behindert; es zeigte sich schon früh, daß die „Aktionsprogramme" S.s und seiner „Solidarier" ihm neben der Resonanz seiner Massenveranstaltungen auch wachsendes Mißtrauen der vornehmlich industriellen Finanzier der „Antibolschewistischen Liga" eintrugen. Noch im Januar 1919 wurde die „Liga" umbenannt („Liga zum Schutz der deutschen Kultur"). S.s „positive" Aufnahme des Rätegedankens führte Ende März 1919 zu seinem Rücktritt als Chef der „Liga" – damit war seine große Zeit beendet.

Seit dem 9. 4. 1919 redigierte S. als Herausgeber die politische Wochenzeitung „Das Gewissen"; zusammen mit Arthur →Moeller van den Bruck und Heinrich von Gleichen bildete er das Herz des bald darauf gegründeten jungkonservativen „Juni-Clubs". Doch der Tod Moellers ließ den latenten Gegensatz zwischen den elitären Positionen Gleichens und den sozialrevolutionären Sympathien S.s zum offenen Ausbruch kommen. Den Weg in den „Herrenklub" vollzog S. nicht mit; Ende 1925 legte er die Herausgeberschaft des „Gewissens" nieder. In der Folgezeit engagierte sich S. für den „Stahlhelm" und den „Bund der Großdeutschen" (1926). Sein einstmals großer Einfluß ging rapide zurück, und noch vor dem Ende der Weimarer Republik versank S. in der politischen Bedeutungslosigkeit.

B.: A. Mohler: Die Konservative Revolution in Deutschland (siehe unter L.), Bd. II, S. 405.

S.: Das deutsche Nationalbewußtsein und der Krieg, 1915; Französisches Revolutionsideal und neudeutsche Staatsidee, Mönchengladbach 1917; Bolschewismus, Berlin 1919; Die Diktatur der sozialen Revolution, Leipzig 1920; Die Weltkriegsrevolution, Leipzig 1920; Lebenserinnerungen, Bd. I: Jugendschicksale 1886-1914, Bd. II: Als politischer Soldat 1914-18; Bd. III: Als Antibolschewist 1918-19, Düsseldorf 1935; Weltrevolutionskrieg, Düsseldorf 1937.

L.: K. v. Klemperer: Konservative Bewegungen zwischen Kaiserreich und Nationalsozialismus, Wien 1957; A. Mohler: Die Konservative Revolution in Deutschland, Bde. I-II, Darmstadt ³1989.

– Hi

Stählin, Wilhelm

* 24. 9. 1883 Gunzenhausen, Franken; † 16. 12. 1975 Prien am Chiemsee. Evangelischer Theologe. Nach dem 1901 in Augsburg abgelegten Abitur studierte S. bis 1905 Theologie in Erlangen, Rostock und Berlin, u.a. bei A. Harnack, J. Kaftan und O. Pfleiderer. Seit 1906 wirkte er als evangelischer Pfarrer in Bayern, so 1911-14 in Egloffstein. Daneben studierte S. in Würzburg Psychologie. Er wurde 1913 mit einer Arbeit „Zur Psychologie und Statistik der Metaphern" zum Dr. phil. promoviert; 1914 gründete er in Zusammenarbeit mit dem Psychologen Kurt Koffka die „Gesellschaft für Religionspsychologie". Nachdem er 1914-17 als Militärpfarrer in verschiedenen bayerischen Regimentern gedient hatte, amtierte S. 1917-26 als Gemeindepfarrer an der St. Lorenz-Kirche in Nürnberg. Daneben war er in führender Funktion in der deutschen →Jugendbewegung aktiv, u.a. als Gründer des „Jungdeutschen Bundes" und als Vorstandsmitglied im kirchlichen „Bund deutscher Jugendvereine". Sein Wirken in diesen Jahren war gekennzeichnet durch eine rege Organisations-, Vortrags- und Publikationstätigkeit zur Rekonstituierung der Jugendbewegung in der Nachkriegszeit sowie zur Neukonstituierung der evangelischen Kirche in Deutschland nach dem Ende des landesherrlichen Kirchenregiments unter dem Aspekt der ästhetisch-phänomenologischen Reformulierung christlicher Traditionsbestände für den modernen Menschen. Diesem Ziel diente auch die von S. gegründete „Berneuchener Konferenz" (1923-29), ein jugendbewegt liturgisch-ekklesiologisch orientierter theologischer Arbeitskreis, an dem u.a. P. Tillich, W. →Stapel und K. B. →Ritter teilnahmen.

Von 1926-44 lehrte S. als o. Professor für Praktische Theologie in Münster. 1931 gründete S. die „Michaelsbruderschaft" als geistiges Zentrum des „Berneuchener Kreises" bzw. des „Berneuchener Dienstes" in Marburg. Daneben absolvierte S. eine Reihe von ökumenisch bedingten Auslandsreisen, u.a. nach Schweden, in die Tschechoslowakei und mehrmals nach England. Während des Kirchenkampfes war S. bis 1934 Angehöriger der „Deutschen Christen"; sein Austritt erfolgte aufgrund der Vermengung nationalsozialistischer und christlicher Symbole unter Reichsbischof Müller. Bis 1941 gehörte S. der Bekennenden Kirche an, deren konservativen Flügel er zusammen mit W. →Künneth repräsentierte. Sein Austritt erfolgte nach massiven Auseinandersetzungen mit den Parteigängern M. Niemöllers und D. Bonhoeffers aufgrund der für S. schismatischen Aufkündigung der evangelischen Kirchengemeinschaft durch die „Brüderräte" der „Bekennenden Kirche". 1945-52 amtierte er als Landesbischof der evangelisch-lutherischen Landeskirche von Oldenburg; anschließend übersiedelte er nach Prien am Chiemsee, von wo aus er bis zu seinem Tode eine rege Publikationstätigkeit zur Reformulierung der christlichen Kultustradition für die christenmenschliche Lebenspraxis der Gegenwart entfaltete.

S. begann als leidenschaftlicher Kritiker des dogmatisch erstarrten landeskirchlichen Luthertums. Die leibhaftige Lebenshaltung des Christenmenschen in Alltag und Gottesdienst erschien ihm vor dem Hintergrund der modernen Industriegesellschaft als Brachland, das aufgrund einer sinnentleerten Wiederholung der klassischen Topoi der lutherischen Bekenntnisschriften zur Rechtfertigungslehre nicht beackert wurde. Ausgehend von der gegenwartshermeneutischen Kompetenz der liberalen Theologie in Schleiermachers Tradition gelang S. die Reformulierung christlicher Traditionsbestände in enger Zusammenarbeit mit der Religionspsychologie (O. Pfleiderer), der Gestaltpsychologie (K. Koffka), der Religionsphänomenologie (R. Otto, M. Scheler), der kulturkritischen Religionsphilosophie (P. Tillich, R. Guardini) und der früheren „Wort Gottes"- und „Krisis-Theologie" (K. Barth, R. Bultmann, F. →Gogarten). Die besondere theologische Leistung S.s besteht darin, daß fortan die leibhaftige Gegenwart des Christenmenschen auf der Grundlage der Inkarnationstheologie als zentraler Ort von Lebensbildung und Lebensgestaltung angesehen wird. In der Situation nach 1918 hielt S. die Kirche für berufen und kompetent, der Jugendbewegung eine äußere Form sowie eine innere Gestaltungskraft zur Lebensweltbildung zu geben – mit dem Ziel, das neue gegenwarts- und leibbezogene Lebensgefühl der Wandervögel weder in der vergangenheitsorientierten Naturromantik der Völkischen noch in der zukunftsbezogenen Revolutionsromantik der internationalen Sozialisten oder gar der Nationalsozialisten untergehen zu lassen, sondern statt dessen zu einer elementaren Erneuerung, d.h. Reformation von Kirche und Volk, beizutragen. Die „Berneuchener Konferenz" und die „Michaelsbruderschaft" versuchten, diesem Ziel durch die Erneuerung und Neuformulierung der liturgischen Traditionsbestände in Kultus und Alltagsfrömmigkeit zu dienen.

Doch blieb S. die Erfüllung seines Traumes von einer zweiten, ökumenisch orientierten Reformation einer einheitlichen deutsch-evangelischen Volkskirche versagt. Die Konflikte des Kirchenkampfes, aber auch die Auseinandersetzungen innerhalb der kirchlichen Opposition gegen den Nationalsozialismus führten zu einer regelrechten Pulverisierung der von S. gewünschten evangelischen Kircheneinheit. Auch sein nach dem Zweiten Weltkrieg ökumenisch definiertes und gelebtes Bischofsamt („*ubi episcopus, ibi ecclesia!*") vermochte diesen Prozeß in letzter Konsequenz nicht aufzuhalten. S.s Bestimmung des Bischofs als das leibhaftige, sichtbare Symbol der Einheit des einen Leibes Jesu Christi in allen seinen Gliedkirchen bleibt gleichwohl zukunftsweisend.

B.: in: Kosmos und Ekklesia. Festschrift W. S. zum 75. Geburtstag, hrsg. v. *H.-D. Wendland*, 1958; *H. E. Kellner:* Das theologische Denken W. S.s, Frankfurt a. M. u.a. 1994.

S.: Ecce Homo, Augsburg 1926; Das Berneuchener Buch. Vom Anspruch des Evangeliums auf die Kirchen der Reformation, hrsg. v. d. **Berneuchener Konferenz.** *L. Heitmann / K. B. Ritter / W. S.*, Hamburg 1926; Vom göttlichen Geheimnis, Kassel 1936; Die Regel des geistlichen Lebens, hrsg. i. Auftr. d. **Evangelischen Michaelsbruderschaft,** Kassel 1947; Um was geht es der liturgischen Erneuerung?, Kassel 1950; Vom Sinn des Leibes, Stuttgart 1952; Ostern. Zwölf farbige Miniaturen aus dem frühen Mittelalter erläutert, Hamburg 1957; Predigthilfen, Bde. I-III, Kassel 1958-59; Symbolon, Bde. I-II, Stuttgart 1958-63; Sendung und Botschaft. Ansprachen in Rundfunk und Fernsehen, München 1963; Die Feier des Neuen Bundes. Betrachtungen zur Messe, Kassel 1963; Via Vitae. Lebenserinnerungen, Kassel 1968; Die Bitte um den heiligen Geist, Stuttgart 1969; Mysterium. Vom Geheimnis Gottes, Kassel 1970.

L.: *R. Guardini:* Liturgische Bildung, Burg Rothenfels 1923; *R. Otto:* Zur Erneuerung und Ausgestaltung des Gottesdienstes, Gießen 1925; *G. Mensching:* Die liturgische Bewegung in der evangelischen Kirche. Ihre Formen und Probleme, Tübingen 1925; *O. Dietz:* Die liturgische Bewegung der Gegenwart im Lichte der Theologie Luthers, Göttingen 1932; *W. Birnbaum:* Das Kultusproblem und die liturgischen Bewegungen des 20. Jhdt.s, Bde. I-II, Tübingen 1966-70; *F. Henrich:* Die Bünde katholischer Jugendbewegung. Ihre Bedeutung für die liturgische und eucharistische Erneuerung, München 1968; *K. Scholder:* Die Kirchen und das Dritte Reich, Bd. I, Frankfurt a. M. u.a. 1977; *O. Casel:* Mysterientheologie. Ansatz und Gestalt, ausgew. u. eingel. v. *A. Schilson*, Regensburg 1986; *H. Fischer:* Systematische Theologie, in: *G. Strecker* (Hrsg.): Grundkurs Theologie, Bd. VI, Stuttgart u.a. 1992; *P. C. Bloth:* Praktische Theologie, in: ebd., Bd. VIII, Stuttgart u.a. 1994, S. 152-76.

– Be

Stahl, Friedrich Julius

* 16. 1. 1802 München; † 10. 8. 1861 Bad Brückenau. Jurist und Politiker. S. – geboren als Julius Jolson – entstammte einer in Bayern ansässigen jüdischen Kaufmannsfamilie. 1811-19 besuchte er das Münchner Wilhelmsgymnasium und wurde maßgeblich durch die führenden Repräsentanten des süddeutschen Neuhumanismus, F. Thiersch und F. I. Niethammer, geprägt. Im November 1819 konvertierte der Abiturient unter der Patenschaft Thierschs zum evangelischen Glauben und nahm den Namen F. J. S. an. An. 1819-24 studierte S. Rechtswissenschaften an den Universitäten Würzburg, Heidelberg und Erlangen; an der letztgenannten Universität wurde er 1824 wegen burschenschaftlicher Aktivitäten für zwei Jahre relegiert und konnte sein Studium erst 1826 mit der Promotion abschließen. 1827 habilitierte er sich in München und wurde erst nach einigen harten Jahren als Privatdozent, in denen er die erste Fassung seines rechtsphilosophischen Hauptwerkes erarbeitete, 1832 als außerordentlicher Professor nach Erlangen berufen. Noch im gleichen Jahr gelangte S. als Ordinarius nach Würzburg. 1834 kehrte er nach Erlangen zurück, wo er eine erfolgreiche Lehrtätigkeit entfalten konnte. 1836/37 saß er als Abgeordneter seiner Universität im bayerischen Landtag.

1840 änderte sich S.s Leben grundlegend mit der Berufung an die Universität Berlin. Hier legte er nicht nur seine ersten wichtigen kirchenrechtlichen Schriften vor, sondern verfaßte auch die zweite, wesentlich vermehrte Ausgabe seines Hauptwerkes sowie die höchst einflußreiche Gelegenheitsschrift

Friedrich Julius Stahl
1802-1861

„Das Monarchische Princip" (1845), die ein Schlüsselwerk zum Verständnis des spezifisch deutschen monarchischen Konstitutionalismus des 19. Jhdt.s werden sollte. Daneben näherte sich S. den konservativen Kreisen der preußischen Hauptstadt an, denen er sich im Verlauf der Revolution von 1848 aufs engste anschloß: Von Anbeginn an zählte er zu den Mitarbeitern der Neuen Preußischen Zeitung. 1849 wurde er in die Erste Kammer gewählt, deren Mitglied (sie wurde 1854 in das Herrenhaus umgewandelt) er bis an sein Lebensende blieb. Infolge seiner Kenntnisse und vor allem seiner herausragenden rhetorischen Fähigkeiten avancierte S. schnell zu einem der Führer der preußischen Konservativen; seit 1852 leitete er unangefochten die konservative Fraktion der Ersten Kammer bzw. des Herrenhauses.

Es ist S.s großes Verdienst, die Konservativen zum Konstitutionalismus, d.h. zur Akzeptanz der geschriebenen Verfassung, veranlaßt zu haben. Das von ihm definierte „Monarchische Prinzip" vermochte nämlich den zeitgenössischen Konstitutionalismus aus konservativer Sicht dadurch zu entschärfen, daß dem Monarchen das staatsrechtliche Übergewicht zugesprochen wurde: der König war zur Zusammenarbeit mit seinem Par-

lament und zur Einigung mit diesem zwar verfassungsrechtlich verpflichtet, im Konfliktfall sollte ihm jedoch – als alleinigem Träger der Souveränität – das Letztentscheidungsrecht zukommen. S. formulierte hiermit im Kern das Grundprinzip der in Deutschland bis 1918 bestehenden konstitutionellen Monarchie.

Als Parlamentarier und Parteipolitiker wandte sich S. denn auch in den Jahren nach 1850 gegen jeden Versuch, die neue preußische Verfassung wieder abzuschaffen oder durch einen „Freibrief" des Königs zu ersetzen; freilich interpretierte er die verfassungsmäßigen Rechte des Landtags so restriktiv wie möglich. Im Bereich der Deutschlandpolitik erwies sich S. 1849/50 als Gegner der Unionspolitik von →Radowitz, sah aber auch den Deutschen Bund nicht unbedingt als ideale Lösung der deutschen Frage an, wenngleich er stets für ein enges Zusammengehen Preußens mit Österreich eintrat – so auch am Beginn des italienischen Krieges von 1859. Während des Krimkrieges (1853-56) optierte er im Landtag für eine strikte Neutralitätspolitik Preußens.

Als politischer Denker entwickelte er in seinem (in drei Auflagen vorgelegten) Hauptwerk „Die Philosophie des Rechts" eine „Rechts- und Staatslehre auf der Grundlage christlicher Weltanschauung". S. verarbeitete vielerlei Anregungen; prägend wurde für ihn der Gegensatz zum Naturrecht des 18. Jhdt.s und zu Hegel sowie der Einfluß der Historischen Schule →Savignys und der Spätphilosophie Schellings. Die Grundvoraussetzung seiner Staatsphilosophie ist die Annahme eines persönlichen Gottes, der die Welt regiert und Herr der Geschichte ist. Die Weltordnung ist die Ordnung Gottes, daher kann für S. der →Staat als Bestandteil dieser Ordnung auch nur ein „christlicher Staat" (kein naturrechtlich-rationalistisch begründeter „Vernunftstaat" im Sinne der →Aufklärung) sein. Aufgabe des Staats – den S. in durchaus moderner Weise bereits als „Rechtspersönlichkeit" auffaßte – ist die Verwirklichung des „sittlichen Reiches". Die „Obrigkeit" eines Staates kommt, wie immer sie auch im einzelnen beschaffen ist, von Gott und wird durch ihn legitimiert. Die ideale Obrigkeit besteht in der Monarchie, die S. zugleich historisch wie auch ethisch-religiös begründet: „Das

Königthum ist nicht bloß eine mechanische, sondern auch eine organische Institution, und es ist nicht bloß äußerlich eine historisch rechtliche, sondern es ist eine ethische Institution. Der König ist nach sittlicher, und das ist im tiefsten Grunde göttlicher Ordnung, die Autorität über dem Volke."

In den 1850er Jahren erreichte S. den Höhepunkt seiner Bedeutung als Wissenschaftler und Politiker: 1852/53 amtierte er als Rektor der Berliner Universität, außerdem übte er als Mitglied des Evangelischen Oberkirchenrats (1852-58) zeitweilig einen bedeutenden, wenn auch keineswegs unumstrittenen Einfluß auf die preußische Kirchenpolitik aus. Nach dem Ende der Regierung Friedrich Wilhelms IV. sank jedoch S.s Einfluß rapide. Durch öffentliche Angriffe (so z.B. von seiten →Bunsens), durch den Niedergang der konservativen Partei und auch durch die politischen Veränderungen der liberalen „Neuen Ära" in Preußen (1858-61) deprimiert, hatte er mit seinem Rückzug aus dem öffentlichen Leben bereits begonnen, als ihn ein früher Tod ereilte.

S.: Ueber das ältere Römische Klagerecht, München 1827; Die Philosophie des Rechts nach geschichtlicher Ansicht, Bde. I-II/2, Heidelberg 1830-37, ebd. [2]1845-47, ebd. [3]1854-56 (Nachdruck der 3. Aufl. Darmstadt 1963); Die Kirchenverfassung nach Lehre und Recht der Protestanten, Erlangen 1840; Das Monarchische Princip, Heidelberg 1845; Vortrag über Kirchenzucht, Berlin 1845; Rechtsgutachten über die Beschwerden wegen Verletzung verfassungsmäßiger Rechte der Protestanten im Königreiche Bayern, Berlin 1846; Fundamente einer christlichen Philosophie, Heidelberg 1846; Der christliche Staat und sein Verhältnis zu Deismus und Judentum, Berlin 1847; Rechtswissenschaft oder Volksbewußtsein?, Berlin 1848; Die Revolution und die konstitutionelle Monarchie, Berlin 1848; Die deutsche Reichsverfassung nach den Beschlüssen der deutschen Nationalversammlung und nach dem Entwurf der drei königlichen Regierungen, Berlin 1849; Reden von S. aus den Verhandlungen der preußischen Kammer und des Volkshauses des Deutschen Unions-Parlaments 1849 und 1850, Berlin 1850; Was ist die Revolution?, Berlin 1852; Der Protestantismus als politisches Prinzip, Berlin 1853; Friedrich Wilhelm der Dritte. Gedächtnisrede, Berlin 1853; Die katholischen Widerlegungen. Eine Begleitschrift zur vierten Auflage meiner Vorträge über den Protestantismus als politisches Prinzip, Berlin 1854; Ueber christliche Toleranz, Berlin 1855; Wider Bunsen, Berlin 1856; Die lutherische Kirche und die Union, Berlin 1859; Zum Gedächtniß Seiner Majestät des hochseligen Königs Friedrich Wilhelm IV. und seiner Regierung, Berlin 1861.

E.: Siebzehn parlamentarische Reden und drei Vorträge, Berlin 1862, neu hrsg. v. *B. v. Kröcher*, Berlin 1921; Parlamentarische Reden, hrsg. v. *J. P. M. Treuherz*, Berlin 1856; Die gegenwärtigen Parteien in Staat und Kirche, Berlin 1863; *E. Salzer:* S. und Rotenhan. Briefe des ersten an den zweiten, in: Historische Vierteljahrsschrift 14 (1911), S. 199-247, 514-51; *ders.:* Neue Briefe F. J. S.s, in: Deutsche Rundschau 159 (1914), S. 99-125; *G. Masur:* Aus den Briefen F. J. S.s an Rudolph Wagner, in: Archiv für Politik und Geschichte 8 (1927), S. 261-301; *H.-J. Schoeps:* Unveröffentlichte Briefe von S. und Bismarck, in: Zeitschrift für Religions- und Geistesgeschichte 16 (1964), S. 275-78; *O. Koglin:* Die Briefe F. J. S.s, jur. Diss. Kiel 1975.

L.: *Landsberg* in ADB XXXV, 392-400; *E. L. v. Gerlach:* S. (Gedenkrede), Berlin 1862; (anonym): Pernice – Savigny – S., Berlin 1862; *E. Landsberg:* Geschichte der deutschen Rechtswissenschaft, Bd. III/2, München – Leipzig 1910; *B. Michniewicz:* S. und Bismarck, phil. Diss. Berlin 1913; *H. Schmidt:* F. J. S. und die deutsche Nationalstaatsidee, phil. Diss. Breslau 1913; *K. Poppelbaum:* Die Weltanschauung F. J. S.s, phil. Diss. Frankfurt a. M. 1922; *J. Thomas:* Hegel und S., phil. Diss. Jena 1924; *H. v. Arnim:* Studien zur Entwicklung des konservativen Staatsgedankens, jur. Diss. Greifswald 1925; *ders.:* F. J. S., in: Deutscher Aufstieg, hrsg. v. *dems. / G. v. Below*, Berlin – Leipzig – Wien – Bern 1925, S. 49-68; *W. Srocka:* Der Kirchenbegriff F. J. S.s, theol. Diss. Erlangen 1927; *R. Hübner:* F. J. S. und der Protestantismus, phil. Diss. Rostock 1928; *G. Masur:* F. J. S. – Geschichte seines Lebens. Aufstieg und Entfaltung 1802-40, Berlin 1930; *A. Müller:* Beiträge zur Geschichte der Entwicklung F. J. S.s, phil. Diss. Tübingen 1933; *P. Drucker:* F. J. S. – Konservative Staatslehre und geschichtliche Entwicklung, Tübingen 1933; *O. Volz:* Christentum und Positivismus. Die Grundlagen der Rechts- und Staatsauffassung F. J. S.s, Tübingen 1951; *H. Sinzheimer:* Jüdische Klassiker der deutschen Rechtswissenschaft, Frankfurt a. M: 1953, S. 9-49; *E. Fahlbusch:* Die Lehre von der Revolution bei F. J. S., theol. Diss. Göttingen 1957; *A. Roos:* Konservatismus und Reaktion bei F. J. S., phil. Diss. Bonn 1957; *H.-J. Schoeps:* F. J. S. und das Judentum, in: Juden in München, hrsg. v. *H. Lamm*, München 1958, S. 99-103; *D. Grosser:* Grundlagen und Struktur der Staatslehre F. J. S.s, Köln – Opladen 1963; *H. Heinrichs:* Die Rechtslehre F. J. S.s, jur. Diss. Köln 1967; *R. A. Kann:* F. J. S. – A reexamination of his conservatism, in: Publications of the Leo-Baeck-Institute, Year Book 12 (1967), S. 55-74; *H.-J. Wiegand:* Das Vermächtnis F. J. S.s, Königstein/Ts. 1980; *H.-J. Schoeps:* Biographisches über F. J. S., in: *ders.:* Ein weites Feld, Berlin 1980, S. 289-92; *C. Wiegand:* Über F. J. S. (1802-61). Recht, Staat, Kirche, Paderborn – München – Wien – Zürich 1981; *A. Nabrings:* F. J. S. – Rechtsphilosophie und Kirchenpolitik, Bielefeld 1983; *W. Bußmann:* F. J. S., in: Gestalten der Kirchengeschichte, hrsg. v. *M. Greschat*, Bd. IX/1, Stuttgart – Berlin – Köln – Mainz 1985, S. 325-43; *W. Füßl:*

Professor in der Politik: F. J. S. (1802-61). Das Monarchische Prinzip und seine Umsetzung in die parlamentarische Praxis, Göttingen 1988; *J. B. Müller:* Der politische Professor der Konservativen – F. J. S. (1802-61), in: Konservative Politiker in Deutschland, hrsg. v. *H.-C. Kraus*, Berlin 1995, S. 69-88.

– K

Stapel, Wilhelm

* 27. 10. 1882 Calbe (Altmark); † 1. 6. 1954 Hamburg. Politischer Schriftsteller. S. entstammte einer Familie des kleinen Mittelstands. Nach einer Buchhandelslehre und dem anschließenden Abitur studierte er in Göttingen, München und Berlin und wurde 1911 mit einer kunstgeschichtlichen Arbeit promoviert. Seiner politischen Orientierung nach neigte er ursprünglich dem Liberalismus zu, allerdings in der spezifischen Ausprägung, die er in Deutschland bei F. Naumann gefunden hatte. Seine Vorstellung vom notwendigen „national-sozialen" Ausgleich führte ihn 1911 zu F. Avenarius und dem „Dürerbund", ein Jahr später wurde er Redakteur in dessen Zeitschrift „Der Kunstwart". Diese Funktion behielt er bis 1917 inne. Infolge eines Zerwürfnisses mit Avenarius folgte S. seinem lange gehegten Wunsch nach praktischer Betätigung und trat die Leitung des „Hamburger Volksheims" an, das sich der Erziehung von Jugendlichen aus Arbeiterkreisen widmete.

Zu diesem Zeitpunkt hatte S. schon seit längerem Kontakt zum Deutschnationalen Handlungsgehilfenverband, insbesondere dessen Führung um M. Habermann und Ch. Krauß, die für die neue Zeitschrift des DHV – „Deutsches Volkstum" – einen leitenden Redakteur suchten. Im Herbst 1919 gab S. seine Position im Volksheim auf und übernahm die Herausgeberschaft des „Deutschen Volkstums" (seit April 1926 zusammen mit A. E. →Günther). S. machte das Blatt zu einem der führenden Organe der konservativ-revolutionären Tendenz. Von seinen älteren liberalen Anschauungen hatte er sich unter dem Eindruck von Kriegs- und Nachkriegszeit gelöst; wie die meisten Jungkonservativen zeigte er aber eine gewisse Elastizität in der Einstellung zur Republik. Vom Gedanken an eine Restauration weit entfernt, hoffte er anfangs, daß die Revolution eine kathartische Wirkung auf die Nation ausüben könne:

sie sollte helfen, den künftigen „Volksstaat" im Sinne eines „deutschen Sozialismus" zu organisieren. Erst die Enttäuschung über die Härte des Versailler Vertrages und die Farblosigkeit der neuen politischen Klasse führten S. in die Fundamentalopposition.

Viele seiner Gedankengänge richteten sich in den zwanziger Jahren auf die Kritik der „westlichen" und „formalen" Demokratie, die durch eine „nationale" und „organische" ersetzt werden sollte. Anders als die meisten Jungkonservativen, versuchte S. sich auch mehrfach an systematischen Entwürfen für ihre Grundlegung. Im Zentrum standen dabei die Idee der Präsidialverfassung, des gestuften Wahlrechts und der korporativen Vertretung. In der Krise der Weimarer Republik glaubte S. vorübergehend, daß die →„Volkskonservativen" geeignet sein könnten, etwa mit Hilfe Brünings (den das „Deutsche Volkstum" unterstützte) dieses Programm zu verwirklichen. Er mußte aber rasch einsehen, daß die Volkskonservativen keine ausreichende Verankerung in den Massen besaßen. Das führte S. zu einer vorsichtigen Annäherung an die Nationalsozialisten. Wie viele Jungkonservative, glaubte auch er, die Basis Hitlers benutzen zu können, um das eigene Ziel zu erreichen, und noch in der ersten Zeit der NS-Herrschaft deutete er das Regime immer wieder im Sinne seiner Vorstellungen um.

Eine Erklärung für die Illusionen S.s findet sich vor allem in seinem Hauptwerk, dem 1932 erschienenen Buch „Der christliche Staatsmann", das den bezeichnenden Untertitel „Eine Theologie des Nationalismus" trug. Der ganze Text war auf einen apokalyptischen Ton gestimmt und von innerweltlicher Erlösungshoffnung durchtränkt. S. entwickelte hier die Vision vom zukünftigen „Imperium Teutonicum", das den europäischen Kontinent neu gestalten, aber auch die eigenen geistigen Prinzipien zur Geltung bringen würde. Er behauptete für die Deutschen eine besondere Sendung aufgrund ihres „Nomos", der sie verpflichte, der Welt eine neue Ordnung zu bringen. Diese Vorstellung, deren Analogie zum Auserwähltheitsanspruch Israels offenkundig ist, erklärt auch die feindselige Einstellung S.s zum Judentum. Er sah in den Juden und ihrem Nomos einen metaphysischen Gegner des Deutschtums, im Grunde den einzigen ernstzunehmenden. Allerdings war S. kein Biologist – er wollte längere Zeit nicht bezweifeln, daß ein Jude zum deutschen Nomos „übertreten" könne –, aber er verfocht bereits in den zwanziger Jahren die Segregation der beiden Völker.

S.s Nationalismus und Antijudaismus ließen ihn auch in den dreißiger Jahren noch glauben, daß sich der nationalsozialistische Staat in seinem – „volkskonservativen" – Sinne verändern ließe. Seine Verteidigung von Hitlers Integrität und seine Sympathie für die „Deutschen Christen" entfremdeten ihn aber nicht nur großen Teilen der Leserschaft des „Deutschen Volkstums", sondern auch langjährigen Mitkämpfern wie H. →Asmussen, K. B. →Ritter und W. →Stählin. Erst unter dem Druck Rosenbergs und des „Schwarzen Korps" begriff S. allmählich, daß er einem Irrtum erlegen war. Der Versuch seines ehemaligen Protegés W. Frank, ihm im „Reichsinstitut für die Geschichte des neuen Deutschlands" eine Wirkungsstätte zu verschaffen, scheiterte, nachdem S. darauf beharrte, die Juden zwar von den Deutschen zu trennen, er aber weder ihre Entrechtung noch ihre materiale Minderwertigkeit akzeptieren wollte. Der Pogrom vom 9. November 1938 belehrte ihn endgültig über die Unmöglichkeit eines solchen Weges. Zu diesem Zeitpunkt hatte er auch schon – halb freiwillig, halb gezwungen – den Rückzug aus der Öffentlichkeit angetreten und zum Ende des Jahres die Herausgeberschaft des „Deutschen Volkstums" niedergelegt (die Zeitschrift erschien ohne Angabe des Herausgebers fortan unter dem Titel „Monatsschrift für das deutsche Geistesleben").

Eine Verschärfung seiner Position ergab sich für S. noch einmal mit der Sudetenkrise und dem Kriegsbeginn, der ihn zu der Erkenntnis führte, daß er nicht nur persönlich getäuscht worden war, sondern das ganze politische System einen fatalen Weg eingeschlagen hatte, der so oder so in den Untergang Deutschlands führen würde. Durch Habermann, der enge Verbindung zu C.-F. →Goerdeler hatte, kam er seit 1943 in Kontakt zu den Kreisen des →Widerstandes; Beck soll S.s 1941 erschienenes Buch „Drei Stände" als maßgeblich für den Wiederaufbau Deutschlands betrachtet haben. Diese Verbindungen konnten S. nach Kriegsende allerdings nur

wenig helfen, obwohl J. Kaiser und Th. Heuss Ehrenerklärungen für ihn abgaben. Seine Publikationsmöglichkeiten wurden radikal eingeschränkt, und für eine breitere Öffentlichkeit konnte er nach 1945 nur noch im „Deutschen Pfarrerblatt" schreiben, das sein Freund K. B. Ritter herausgab. Sein letztes Buch „Über das Christentum", das 1951 erschien, war eine in fast resignativem Ton gehaltene Bilanz, zeigte aber noch einmal, wie tief S.s Denken von der Theologie und vom Luthertum geprägt war.

B.: in *H. Keßler:* W. S. als politischer Publizist (siehe unter **L.**), S. 301-09.

S.: Volksbürgerliche Erziehung, Jena 1917 (weitere, wesentlich veränderte Ausgaben, in 3. Aufl. unter dem Titel „Volksbürgerliche Erziehung. Versuch einer volkskonservativen Erziehungslehre", Hamburg 1928, in 4. unter dem Titel „Volk. Untersuchungen über Volkheit und Volkstum. Vierte Auflage der ‚Volksbürgerlichen Erziehung'", Hamburg 1942); Das Büchlein Thaumasia, Rudolstadt 1924; Antisemitismus und Antigermanismus, Hamburg 1928; Die Fiktionen der Weimarer Verfassung, Hamburg 1928; Sechs Kapitel über Christentum und Nationalsozialismus, Hamburg 1931; Der christliche Staatsmann, Hamburg 1932; Preußen muß sein, Hamburg 1932; Die Kirche Christi und der Staat Hitlers, Hamburg 1933; Stapeleien, Hamburg 1939; Die drei Stände, Hamburg 1941; Über das Christentum, Hamburg 1951.

L.: *H. Keßler:* W. S. als politischer Publizist, Diss. phil. Nürnberg 1967; *H. Thomke:* Politik und Christentum bei W. S., Diss. theol. Mainz 1973.

– W

Stein, Karl Reichsfreiherr vom und zum

* 26. 10. 1757 Nassau; † 29. 6. 1831 Schloß Cappenberg/Westfalen. Preußisch-deutscher Staatsmann; führende Persönlichkeit der Reformbewegung nach 1800. S., der einer alten und angesehenen Familie des reichsunmittelbaren Adels entstammte, studierte 1773-77 Rechts- und Staatswissenschaften sowie Geschichte in Göttingen. Seine wichtigsten Lehrer waren Pütter und Schlözer; einen bedeutenden Einfluß auf seine politischen Anschauungen übten zudem seine Kommilitonen und Freunde A. W. →Rehberg und E. →Brandes aus, die den jungen S. insbesondere mit der von ihnen als ideal angesehenen englischen Verfassung vertraut machten. Nach weiterer Ausbildung am Reichsgericht in Wetzlar, am Reichstag in Regensburg und

Karl Reichsfreiherr von und zum Stein
1757-1831

am Reichshofrat in Wien (1777-79) trat S., ein Verehrer Friedrichs des Großen, 1780 in den preußischen Staatsdienst ein. Hier absolvierte er eine Karriere im Verwaltungsdienst: 1784 wurde er Direktor der westfälischen Bergämter, 1793 Präsident der Kriegs- und Domänenkammer von Kleve und Mark, 1796 Oberpräsident sämtlicher Kammern in den rheinisch-westfälischen Provinzen, schließlich 1804 Minister im preußischen Generaldirektorium zu Berlin. Ernüchtert durch langjährige Berufserfahrung, legte er Anfang 1806 einen umfassenden Plan zur Reform und Neuorganisierung der preußischen Verwaltungsbehörden vor.

Doch erst nach der vernichtenden Niederlage der preußischen Armee gegen die Truppen Napoleons wurde S. im Oktober 1806 zum Innenminister berufen; von diesem Amt trat er – zeitlebens eine streitbare und im Umgang schroffe Persönlichkeit – bereits im Januar 1807 infolge interner Konflikte zurück. Er verfaßte in den folgenden Monaten seine berühmte „Nassauer Denkschrift", in der er umfassend ausgearbeitete Vorschläge zur Neugestaltung des preußischen Staates – nicht nur seiner Verwaltung und Regierung,

sondern auch seiner sozialen Gliederung – vorlegte. Vom König an die Spitze der Regierung zurückgeholt, amtierte S. vom 4. 10. 1807 bis zum 24. 11. 1808 als leitender Minister und brachte während dieser Zeit eine Reihe umfassender und weit ausgreifender politisch-sozialer Reformen in Gang, die für die weitere Entwicklung der preußischen und deutschen Geschichte von grundlegender Bedeutung sein sollten. Es waren dies 1. die *Bauernbefreiung*, d.h. die Aufhebung der Erbuntertänigkeit eines großen Teils der Landbevölkerung, 2. die Aufhebung des Zunftzwanges und damit die Einführung der *Gewerbefreiheit*, 3. die *Neuorganisation der preußischen Regierung*, insbesondere die Einrichtung von fünf Ministerien (für Äußeres, Inneres, Finanzen, Justiz und Kriegswesen), wobei die einzelnen Minister dem König direkt unterstellt sein sollten (und nicht, wie früher, nur auf dem Wege über ein eigenes königliches Kabinett mit dem Monarchen kommunizieren sollten), 4. die *Städteordnung* vom November 1808, welche die Einrichtung von Stadtverordnetenversammlungen und gewählten Magistraten vorsah. Hiermit verwirklichte S. eines seiner wichtigsten Vorhaben, nämlich den um das gemeine Wohl bemühten Bürger aktiv in die Verwaltung und innere Gestaltung des eigenen Gemeinwesens mit einzubeziehen.

S. erreichte keineswegs alle seiner Ziele: Die Errichtung eines Staatsrats als oberstes Regierungsorgan konnte er ebensowenig durchsetzen wie die Schaffung eines gesamtstaatlichen Ständeparlaments, für das er allerdings nicht ein allgemeines, sondern ein streng an Besitzvorgaben gebundenes Wahlrecht vorgesehen hatte. Stark von seiner altadligen Herkunft und von den alten Reichstraditionen geprägt, ging es S. nicht um eine Beseitigung der Adelsrechte, sondern um eine Erneuerung des Adels im Sinne einer Anpassung an neue Formen sozialer und politischer Existenz; den zum Bürgertum geöffneten englischen Adel sah er hier als Vorbild an.

Im November 1808 mußte der preußische König S. entlassen, nachdem dessen Pläne für eine Befreiung Deutschlands von der französischen Zwangsherrschaft bekannt geworden waren. S. wurde von Napoleon geächtet; seine Güter wurden eingezogen, er selbst mußte außer Landes gehen. Seit 1809 im Prager Exil, wurde S. 1812 durch den russischen Zaren Alexander I. als politischer Berater nach St. Petersburg berufen; hier betätigte er sich, zusammen mit E. M. Arndt, als geistiger und politischer Mittelpunkt des deutschen Widerstandes gegen Napoleon. Während der Befreiungskriege schuf er die Voraussetzungen für das preußisch-russische Bündnis, auch übernahm er 1813 die Organisation und Leitung der provisorischen Verwaltungen der befreiten Gebiete. 1814/15 nahm er als – nun allerdings weitgehend einflußloser – russischer Berater am Wiener Kongreß teil.

1815 kehrte S. ins Privatleben zurück; ein öffentliches Amt hat er seitdem nicht mehr bekleidet. Große Verdienste erwarb er sich allerdings um die Begründung der modernen deutschen Geschichtswissenschaft, denn die Einrichtung der Gesellschaft für ältere deutsche Geschichtskunde, der Monumenta Germaniae Historica (1819), wurde wesentlich von ihm angeregt und z.T. auch geprägt. In seinen letzten Lebensjahren vertrat S., wie insbesondere seine Briefe zeigen, immer strengere konservative Ansichten. Ungeachtet der scharfen Auseinandersetzungen mit dem preußischen Adel während der Reformzeit – zu S.s schärfsten Gegnern zählte der Altkonservative F. A. L. von der →Marwitz – war S. doch keineswegs ein Liberaler, sondern gehörte zu den absolutismuskritischen deutschen Reformkonservativen um 1800, die durch umfassende, von oben verordnete und durchgeführte Reformen das Gemeinwesen modernisieren und dadurch – wie auch durch die Beteiligung des Besitzbürgertums an der kommunalen Selbstverwaltung und an der Gesetzgebung – ein Übergreifen der Französischen Revolution auf Deutschland verhindern wollten. Die soziale und ökonomische Eigendynamik, die einige der Reformen (insbesondere die Bauernbefreiung und die Gewerbefreiheit) entwickeln sollten, hat S. nicht vorausgesehen.

S.: Briefe und amtliche Schriften, Bde. I-X, hrsg. v. *W. Hubatsch*, Stuttgart 1957-74.

E.: Die Autobiographie des Freiherrn v. S., hrsg. v. *K. v. Raumer*, Münster [3]1960; Das Reformministerium Stein, hrsg. v. *H. Scheel / D. Schmidt*, Bde. I-III, Berlin (-Ost) 1966-68.

L.: *Stern* in ADB XXXV, 614-41; *G. H. Pertz:* Das Leben des Ministers Freiherrn v. S., Bde. I-VI/2, Berlin 1849-55; *M. Lehmann:* Freiherr v. S., Bde. I-III, Leipzig 1902-05, (überarb. Ausg. in einem Bd.) Göttingen

[3]1928; *E. v. Meier:* Die Reform der Verwaltungsorganisation unter S. und Hardenberg, München – Leipzig [2]1912; *E. Botzenhart:* Die Staats- und Reformideen des Freiherrn v. S., Tübingen 1927; *K. Thiede:* Die Staats- und Wirtschaftsauffassung des Freiherrn v. S., Berlin 1927; *B. Drews:* Freiherr v. S., Berlin 1930; *G. Ritter:* S., Bde. I-II, Stuttgart 1931, (überarb. Ausg. in einem Bd.) [4]1981; *F. Schnabel:* Freiherr v. S., Leipzig 1931; *W. Görlitz:* S. – Staatsmann und Reformator, Frankfurt a. M. 1949; *E. Botzenhart:* Freiherr vom S., Münster 1952; *W. Mommsen:* S. – Ranke – Bismarck. Ein Beitrag zur politischen und sozialen Bewegung des 19. Jhdt.s, München 1954; *H. Rößler:* Reichsfreiherr v. S., Göttingen – Berlin – Frankfurt a. M. 1957; *O. v. Gierke:* Die Steinsche Städteordnung, Darmstadt [2]1957; *H. Conrad:* Freiherr v. S. als Staatsmann im Übergang vom Absolutismus zum Verfassungsstaat, Köln 1958; *W. Gembruch:* Freiherr v. S. im Zeitalter der Restauration, Wiesbaden 1960; *K. v. Raumer:* F. v. S. – Reden und Aufsätze, hrsg. v. *H. Gollwitzer / R. Vierhaus*, Münster 1961; *P. Mikat:* Politische Theorie, pragmatisches Denken und historischer Sinn in den Reformideen des Freiherrn v. S., in: Politische Ordnung und menschliche Existenz, Festgabe für Eric Voegelin, München 1962, S. 395-416; *R. Koselleck:* Preußen zwischen Reform und Revolution, Stuttgart 1967; *W. Isenburg:* Das Staatsdenken des Freiherrn v. S., Bonn 1968; *G. Wilms:* Nationalgefühl und Deutschlandbild des Freiherrn v. S. – Entstehung und Entwicklung bis 1815, phil. Diss. Tübingen 1971; *D. Schwab:* Die „Selbstverwaltungsidee" des Freiherrn v. S. und ihre geistigen Grundlagen, Frankfurt a. M. 1971; *F. Herre:* Freiherr v. S. – Seine Leben, seine Zeit, Köln 1973; *G. Ipsen:* Staat aus dem Volk. Scheitern, Wollen, Vollbringen des Freiherrn v. S. in der preußischen Reform, in: Der Staat 12 (1973), S. 145-64; *W. Hubatsch:* S.-Studien, Berlin – Köln 1975; *M. Herberger:* Die Staats- und Gesellschaftstheorie des Freiherrn v. S., in: Rechtsgeschichte als Kulturgeschichte. Festschrift Adalbert Erler, hrsg. v. *H.-J. Becker u.a.*, Aalen 1976, S. 611-48; *W. Hubatsch:* Die S.-Hardenbergschen Reformen, Darmstadt 1977; *ders.:* Der Freiherr v. S. und England, Köln 1977; *R. Nürnberger:* Freiherr v. S. und das 19. Jhdt., in: Staat und Gesellschaft im politischen Wandel. Beiträge zur Geschichte der modernen Welt. Festschrift für Walter Bußmann, hrsg. von *W. Pöls*, Stuttgart 1979, S. 17-30; *W. Hubatsch:* Der Freiherr v. S. und die preußischen Militärreformen, in: Wehrwissenschaftliche Rundschau 29 (1980), S. 37-41; *A. Hartlieb v. Wallthor:* Der Freiherr v. S. und Rußland, Stuttgart 1992.

– K

Stein, Lorenz von

* 15. 11. 1815 Barby bei Eckernförde; † 23. 9. 1890 Wien. Geboren als illegitimer Sohn des dänischen Oberstleutnants a. D. Frh. Lorenz Jacob von Wasmer, erhielt S. seinen Na-

men nach dem ersten Ehemann seiner Mutter, Carl Friedrich Stein. Nach dem Besuch der militärischen Internatsschule in Eckernförde und ab 1832 der Lateinschule in Flensburg absolvierte S. von 1835-39 ein Studium der Rechte und der Philosophie in Kiel und Jena; 1839/40 legte er in Kiel das juristische Examen mit Auszeichnung ab und vollendete seine Promotion. 1841/42 hielt er sich mit einem königlichen Reisestipendium in Paris und Berlin auf; 1845 wurde er a.o. Professor der Staatswissenschaften an der Universität Kiel. 1848/49 nahm er an der nationalen Bewegung in Schleswig-Holstein teil und war Mitglied der Landesversammlung. Als Beobachter der provisorischen schleswig-holsteinschen Landesregierung und der Frankfurter Nationalversammlung reiste er erneut nach Paris. 1852 verlor er seine Professur aus politischen Gründen; seine daran anschließenden Lehrstuhlverhandlungen mit Tübingen, Königsberg, Erlangen und Würzburg scheiterten, u.a. durch Intervention der preußischen Regierung. 1855 erhielt S. einen Ruf als o. Professor der politischen Ökonomie an die Universität Wien, wo er bis 1885 lehrte. Seine Verwaltungswissenschaft war von großem Einfluß nicht nur in den Ländern der Habsburgermonarchie (Ungarn und Polen), sondern auch in Italien und im Japan der Meji-Reformen. S. wurde u.a. mit der Erhebung in den erblichen Ritterstand und der Ehrendoktorwürde der Universität Bologna (1885) geehrt.

S. war einer der letzten Repräsentanten der traditionellen „gesamten Staatswissenschaften", die sich als Einheit von Staats- und Verfassungsrecht, Volkswirtschafts- und Gesellschaftslehre, Verwaltungs- und Finanzwissenschaften begriff. Als Rechtshistoriker zur Gesellschaftswissenschaft gekommen, wurde S. vor allem unter dem Eindruck der sozialistischen Bewegung und ihrer Theorien während seines Pariser Aufenthalts 1841/42 zu einem der „Väter der modernen Sozialwissenschaft (B. Willms). T. Nipperdey nennt S.s „Geschichte der socialen Bewegung in Frankreich von 1789 bis auf unsere Tage" (Leipzig 1850) so epochemachend wie F. Engels' „Die Lage der arbeitenden Klassen in England" (1835). Mit dem Begriffswerkzeug der Hegelschen Rechtsphilosophie und unter dem Einfluß von →Tocquevilles „Über die Demokra-

tie in Amerika" (1835) hat S. als „einer der großen Diagnostiker und Prognostiker des 19. Jhdt.s" (H.-J. Arndt) die Entwicklung der modernen antifeudalen „Staatsbürgergesellschaft" seit 1789 und die innere Bewegung der auf Eigentum und Arbeit beruhenden bürgerlichen Erwerbsgesellschaft analysiert; er erkannte den engen Zusammenhang des Verfassungs- und Verwaltungslebens mit dem „gesellschaftlichen Güterleben", wie er es in Aufnahme von Hegels „System der Bedürfnisse" (in der Rechtsphilosophie) formulierte. Das schloß die Erkenntnis des Phänomens der Klassen der Besitzenden und Nichtbesitzenden und ihres Kampfes um die Beherrschung des →Staates ein.

Entgegen der revolutionaristischen Hybris vor allem des Marxismus, der die Probleme der kapitalistischen Erwerbsgesellschaft durch die Eroberung von Kapital und Staat durch die bislang abhängige und besitzlose Klasse des Proletariats zu lösen gedachte, entwickelte S. seine Alternative der sozialen Reform und „sozialen Demokratie" als Aufgabe des Staates. Mit diesem Ansatz verband er früh eine hellsichtige Kritik des Kommunismus, die von dessen schließlichem historischem Scheitern ein Jhdt. später nachhaltig bestätigt wird. Durch seine Vergesellschaftung von Kapital und Lohnarbeit erzeuge der Kommunismus nicht nur Armut, „sondern auch eine wahre Sklaverei, die im absoluten Widerspruch mit der Idee der Gerechtigkeit steht". Er setze „notwendig eine neue und noch unerträglichere Unfreiheit" an die Stelle der gesellschaftlichen Abhängigkeit in der bürgerlich-kapitalistischen Gesellschaft (die S. nie leugnete, sondern ausdrücklich thematisierte), „nur mit dem Unterschiede, daß in dieser die einzelnen Kapitalien, in jener das Kapital der Gemeinschaft die Arbeit despotisch beherrscht". Auch in der kommunistischen Gesellschaft werde es weiterhin Herren geben, die die Arbeit leiten und die Güter verteilen, eine neue Klasse von Funktionären mit einer grenzenlosen Verfügungsmacht über das gesamtgesellschaftliche Kapital.

Kernstück von S.s Sozialtheorie wurde seine Lehre von der sozialen Reform in Gestalt des „sozialen Königtums". Die „reine Staatlichkeit der Königs-, Militär- und Beamtenherrschaft" (E. R. Huber) reiche in der fortschreitenden Industrie- und Erwerbsgesellschaft nicht mehr aus; die Monarchie benötige einen neuen gesellschaftlich-konkreten Daseinszweck, indem sie, als unabhängige Kraft *über* den gesellschaftlichen Interessen, den Schutz und die „Hebung" der bislang besitzlosen und abhängigen Klassen zu ihrer eigensten Aufgabe mache. „Alles Königtum wird fortan entweder ein leerer Schatten oder eine Despotie werden oder untergehen in Republik, wenn es nicht den hohen sittlichen Mut hat, ein Königtum der sozialen Reform zu werden." Es ging S. um die „Sicherung der sozialen Freiheit durch die Erhebung der arbeitenden Klasse zu Bildung und Besitz", um die „Herstellung und Sicherung personaler →Freiheit der abhängigen Schichten durch den Staat" (E. R. Huber). Damit wurde S. zu einem Vordenker des modernen Sozial- und Daseinsvorsorgestaates, wie er sich – beginnend mit der deutschen Sozialgesetzgebung der 1880er Jahre – dann besonders nach den beiden Weltkriegen in den demokratischen Industriestaaten schrittweise ausbildete. Auf diesem Hintergrund der engen Verwobenheit des modernen Staates, seiner →Verfassung und Verwaltung mit den Bewegungsgesetzen der autonom gewordenen Gesellschaft und ihres „Güterlebens" ist dann auch der Stellenwert von S.s einflußreicher Verwaltungswissenschaft als Instrument des „tätigen" und zu sozialpolitischer Gestaltung verpflichteten Staates zu bestimmen.

Zugleich war S.s dialektisches Denken aber auch geistig unabhängig genug, um die Tendenzen der Selbstzerstörung einer sich selbst überlassenen, von Interessen dominierten Gesellschaft und ihren Schatten der Gefährdung der personalen Freiheit zu erkennen. Er führte den Begriff der „toten Völker" in die Diskussion ein, die sowohl dann entstehen können, wenn der Staat „allein für sich", wie etwa im →Absolutismus, lebt, als auch bei denjenigen Völkern, „in denen die Staatsgewalt absolut in den Händen der Gesellschaft ist", also der „Pleonexie" der gesellschaftlichen Interessen und Zwecke zum Opfer fällt. S. war weder autoritärer Etatist noch glaubte er an die gesellschaftliche Selbstregulierung. Er strebte nach der Einsicht in die Totalität der gesellschaftlich-politischen Bewegungs- und Ordnungsgesetze im Sinne der dialektischen Einheit von Gesellschaft und Staat, Interesse und Idee, im stetigen „Stoß und Ge-

genstoß" beider. In der heutigen Krise von liberaler Erwerbsgesellschaft wie perfektioniertem Versorgungsstaat (als den beiden Seiten derselben Medaille) sind seine Gedanken von beträchtlicher Aktualität.

B.: *M. Munding:* Bibliographie der Werke L. v. S.s und der Sekundärliteratur, in: *Schnur* (Hrsg.): Staat und Gesellschaft (siehe unter **L.**), S. 561-625.

S.: Der Socialismus und Communismus des heutigen Frankreichs, Leipzig 1842; Die Municipalverfassung Frankreichs, Leipzig 1843; Einleitung in das ständische Recht der Herzogthümer Schleswig und Holstein, Kiel 1847; System der Staatswissenschaft, Bde. I-II, Stuttgart – Aschaffenburg 1852-56; Zur preußischen Verfassungsfrage (1852), neu hrsg. v. *C. Schmitt*, Berlin 1940, Ndr. Darmstadt 1961; Die Geschichte der socialen Bewegung in Frankreich von 1789 bis auf unsere Tage, Bde. I-III, Leipzig 1855, neu hrsg. v. *G. Salomon*, München 1921, Ndr. Darmstadt 1959; Oesterreich und der Frieden, Wien 1856; Die Grundlagen und die Aufgaben des künftigen Friedens, Wien 1856; Lehrbuch der Volkswirthschaft, Wien 1858; Lehrbuch der Finanzwissenschaft, Leipzig 1860; Die Verwaltungslehre, Bde. I-VIII, Stuttgart 1866-84, Ndr. Aalen 1962; Handbuch der Verwaltungslehre und des Verwaltungsrechts, Stuttgart 1870; Lehrfreiheit, Wissenschaft und Collegiengeld, Wien 1875; Wesen und Aufgaben der Staatswissenschaft, Wien 1879; Der Wucher und sein Recht, Wien 1880; Die Frau auf dem socialen Gebiete, Stuttgart 1880; Die staatswissenschaftliche und die landwirthschaftliche Bildung, Breslau 1880; Die drei Fragen des Grundbesitzes und seiner Zukunft, Stuttgart 1881.

E.: Staat und Gesellschaft, hrsg. v. *H. Aschenbrenner,* Zürich 1934; Begriff und Wesen der Gesellschaft, hrsg. v. *K. G. Specht,* Köln – Opladen 1956; Verwaltungslehre und Verwaltungsrecht, hrsg. v. *E. Wolf,* Frankfurt a. M. 1958; Gesellschaft – Staat – Recht, hrsg. v. *E. Forsthoff,* Frankfurt a. M. – Berlin – Wien 1972; Schriften zum Sozialismus, hrsg. v. *E. Pankoke,* Darmstadt 1974.

L.: *H. v. Treitschke:* Die Gesellschaftswissenschaft, Leipzig 1859; *G. Schmoller:* L. S., in: *ders.:* Zur Literaturgeschichte der Staats- und Socialwissenschaften, Leipzig 1888, S. 114-46; *E. Grünfeld:* L. v. S. und die Gesellschaftslehre, Jena 1910; *P. Vogel:* Hegels Gesellschaftsbegriff und seine geschichtliche Fortbildung durch L. v. S., Marx, Engels und Lassalle, Berlin 1925; *F. Oppenheimer:* L. v. S. und die deutsche Soziologie, in: *ders.:* Soziologische Streifzüge, Bd. II, München 1927, S. 99-113; *H. Nitzschke:* Die Geschichtsphilosophie L. v. S.s, München – Berlin 1932; *K. Günzel:* Der Begriff der Freiheit bei Hegel und L. v. S., phil. Diss. Leipzig 1934; *C. Schmitt:* Die Stellung L. v. S.s in der Geschichte des 19. Jhdt.s, in: Schmollers Jahrbuch für Gesetzgebung, Verwaltung und Volkswirtschaft im Deutschen Reiche 64 (1940), S. 641-46; *M. E. Kamp:* Die Theorie der Epochen der öffentlichen Wirtschaft bei L. v. S., Bonn 1950; *C. Schmid:* L. v. S., in: *H. Heimpel u.a.*

(Hrsg.): Die großen Deutschen, Bd. V, Berlin 1957, S. 318-30; *E. Angermann:* Zwei Typen des Ausgleichs gesellschaftlicher Interessen durch die Staatsgewalt. Ein Vergleich der Lehren L. S.s und Robert Mohls, in: *W. Conze* (Hrsg.): Staat und Gesellschaft im deutschen Vormärz 1815-48, Stuttgart 1962, S. 173-205; *M. Hahn:* L. v. S. und Hegel, phil. Diss. Münster 1965; *D. Blasius:* L. v. S. – Grundlagen und Struktur seiner politischen Ideenwelt, phil. Diss. Köln 1970; *E. Pankoke:* Sociale Bewegung – Sociale Frage – Sociale Politik. Grundfragen der deutschen „Socialwissenschaft" im 19. Jhdt., Stuttgart 1970; *D. Blasius:* L. v. S. und Preußen, in: Historische Zeitschrift 212 (1971), S. 339-62; *E. W. Böckenförde:* L. v. S. als Theoretiker der Bewegung von Staat und Gesellschaft zum Sozialstaat, in: *ders.:* Staat – Gesellschaft – Freiheit, Frankfurt a. M. 1976, S. 146-84; *H. Treiber:* Die Revolution und ihre Theorien. Marx, L. v. S. und Tocqueville im aktuellen Vergleich, Opladen 1977; *D. Blasius / E. Pankoke:* L. v. S. Geschichts- und gesellschaftswissenschaftliche Perspektiven, Darmstadt 1977; *R. Schnur* (Hrsg.): Staat und Gesellschaft. Studien über L. v. S., Berlin 1978; *D. Blasius:* L. v. S. Krisenprobleme der Moderne im Spiegel konservativen Denkens, in: Geschichte und politisches Handeln – Studien zu europäischen Denkern der Neuzeit. Theodor Schieder zum Gedächtnis, hrsg. v. *P. Alter / W. J. Mommsen / T. Nipperdey,* Stuttgart 1985, S. 197-205; *A. v. Mutius* (Hrsg.): L. v. S. 1890-1990, Heidelberg 1992; *M. Stolleis:* Geschichte des öffentlichen Rechts in Deutschland, Bd. II, München 1992, S. 388-93.

– Ho

Adalbert Stifter
1805-1868

Stifter, Adalbert

* 23. 10. 1805 Oberplan/Böhmen; † 28. 1. 1868 Linz. Österreichischer Dichter und Schriftsteller. S. – Sohn eines Leinwebers – entstammte ärmlichen Verhältnissen und konnte nur dank kirchlicher Unterstützung 1818-26 das Gymnasium des Benediktinerstifts zu Kremsmünster/Oberösterreich absolvieren. Anschließend studierte er 1826-31 zuerst die Rechte, dann Naturwissenschaften an der Universität Wien. S. entwickelte sich zum „verbummelten Studenten", der sich mehr seinen künstlerischen Neigungen, dem Malen und dem Dichten, als dem Studium widmete. Die Universität verließ er ohne eigentlichen Abschluß. Anschließend war er zeitweise als Hauslehrer tätig, konnte aber keine feste Anstellung erreichen. Bald gelang es ihm allerdings, sich als Dichter einen Namen zu machen; er begann unter dem bestimmenden Eindruck der Romantiker, und sein Frühwerk ist noch ganz der Spätromantik zuzurechnen. Bald aber entwickelte er eine ausgeprägte Tendenz hin zum Formstrengen, Klassischen; in diesem Sinne hat er später seine frühen Dichtungen überarbeitet.

Das Jahr 1848 machte S. zum politischen Publizisten, der leidenschaftlich Anteil am Revolutionsgeschehen in Wien nahm. Doch seine Freude über den Sturz des verhaßten Metternichschen Systems wich bald einer entschiedenen Ernüchterung über den weiteren Verlauf der Erhebung. Schon Mitte 1848 zog sich S. nach Linz zurück, wo er fortan bleiben sollte; zuerst arbeitete er noch als Journalist, trat aber 1850 – als Inspektor für das Volksschulwesen in Oberösterreich – in den Staatsdienst ein, in dem er bis zu seiner Pensionierung (1865) verblieb.

S.s spätere Dichtung ist von dem Grundgedanken bestimmt, daß die eigentlich bewegenden und wichtigen Vorgänge des menschlichen Lebens gleichsam „unter der Oberfläche" stattfinden, im Bereich der Empfindung und der Imagination, in den zwischenmenschlichen Beziehungen und den damit zusammenhängenden Gefühlsäußerungen. Mit seinem Lob des Einfachen, Alltäglichen und Unmittelbaren, seiner Distanz zum Ungewöhnlichen, „Großen", Gewalttätigen machte sich S. unter seinen dichterischen Zeitgenossen manchen Gegner und Verächter (etwa Friedrich Hebbel), doch erwarb er sich auch viele Bewunderer, die seine beiden großen Romane „Der Nachsommer" (1857) und „Witiko" (1865-67) als Hauptwerke der deutschen Literatur des 19. Jhdt.s erkannten und würdigten. Seine berühmte, 1853 in der Vorrede zu der Novellensammlung „Bunte Steine" formulierte Überzeugung, das „sanfte Gesetz" der alltäglichen Sittlichkeit sei von größerer Bedeutung für die Entwicklung des Menschen als die großen historischen Bewegungen und Umbrüche, bestimmte seine Kunst wie sein politisches Denken: „Hauptsächlich sind es doch immer die gewöhnlichen, alltäglichen, in Unzahl wiederkehrenden Handlungen der Menschen, in denen dieses Gesetz am sichersten als Schwerpunkt liegt, weil diese Handlungen die dauernden, die gründenden sind, gleichsam die Millionen Wurzelfasern des Baumes des Lebens. So wie in der Natur die allgemeinen Gesetze still und unaufhörlich wirken, und das Augenfällige nur eine einzelne Äußerung dieser Gesetze ist, so wirkt das Sittengesetz still und seelenbelebend durch den unendlichen Verkehr der Menschen mit Menschen, und die Wunder des Augenblickes bei vorgefallenen Taten sind nur kleine Merkmale dieser allgemeinen Kraft. So ist dieses Gesetz, so wie das der Natur das welterhaltende ist, das menschenerhaltende." Als politischer Autor trat S. nach 1848 nur noch wenig hervor. Vom Verlauf der Revolution enttäuscht, wandelte er sich vom Liberalen zum Konservativen altösterreichisch-habsburgischer Provenienz – also gewissermaßen vom schwarz-rot-goldenen Achtundvierziger zum schwarz-gelben Legitimisten. Zwar hielt er an seiner Kritik an der absolutistischen Monarchie fest, doch er nahm ebenfalls die Defizite der bürgerlichen Republik in den Blick; eine Kombination der Vorteile der Monarchie und der Republik schwebte ihm als Idealzustand vor. Absolute →Freiheit

könne es nicht geben, betonte er, „sondern nur eine der jedesmaligen sittlichen Entwicklung entsprechende". Als die „heiligste Lehre der Geschichte" formulierte er im Mai 1849: „Suche eher auf unermüdliche, aber ruhige Weise die Abhilfe deiner Übel, wenn es selbst Jahre lang dauert, ehe du dich in die Verwirrung und in das Elend einer Revolution stürzest:"

Einhaltung und Achtung des →Rechtes postulierte S. als Grundvoraussetzung sinnvoller politischer Existenz, und „Recht" definierte er „als ein solches Verhalten der Menschen, wodurch alle als Personen, d.h. nach höchster sittlicher Vollkommenheit strebende Wesen, nebeneinander bestehen können". Hieraus folgerte er das ethische Prinzip des Maßes und der Selbstbeschränkung: jeder Mensch solle „auf das strengste bemüht" sein, „in sein Leben Mäßigung im Genusse, Ordnung in jeder Handelsweise und Rechtschaffenheit im Umgange mit andern zu bringen". Diese Grundprinzipien versuchte er in seiner Dichtung zum Ausdruck zu bringen, und sein spätes Hauptwerk „Witiko" ist in diesem Sinne treffend als eine „historische Utopie staatlicher und rechtlicher Ordnung über den Völkern" (W. Bußmann) charakterisiert worden.

Der Dichter, der 1868 nach langer und schwerer Krankheit seinem Leben vermutlich selbst ein Ende setzte, beschrieb sich 1854 einmal mit den Worten: „Ich bin zwar kein Goethe, aber einer aus seiner Verwandtschaft, und der Same des Reinen, Hochgesinnten, Einfachen geht auch aus meinen Schriften in die Herzen."

B.: *W. Heck:* Das Werk A. S.s 1840-1940, Wien 1954; *E. Eisenmeier:* A. S.-Bibliographie, Linz 1964, 1. Fortsetzung, Linz 1972, 2. Fortsetzung, Linz 1978, 3. Fortsetzung, Linz 1983; Vierteljahrsschrift des A. S.-Instituts des Landes Oberösterreich, Bd. 1ff., Linz 1952ff.

S.: Werke, Bde. I-XVII, Pest 1869-70; Sämtliche Werke, hrsg. v. *A. Sauer / F. Hüller / K. Eben / G. Wilhelm u.a.,* Bde. I-XIX, Prag – Reichenberg – Graz 1901-60; Gesammelte Werke, hrsg. v. *M. Stefl,* Bde. I-VI, Leipzig 1939-42; Werke, hrsg. v. *M. Gerken / J. Thauner,* Bde. I-V, München 1949-54; Gesammelte Werke, hrsg. v. *K. Steffen,* Bde. I-XIV, Basel – Stuttgart 1962-72.

E.: Briefe, hrsg. v. *J. Aprent,* Bde. I-III, Pest 1869; Briefe, hrsg. v. *F. Seebaß,* Tübingen 1936, ⁴1951; Kulturpolitische Aufsätze, hrsg. v. *W. Reich,* Zürich 1948; Jugendbriefe (1822-39), hrsg. v. *G. Wilhelm / M. Enzinger*, Graz – Wien – München 1954.

L.: *A. R. Hein:* A. S. – Sein Leben und seine Werke, Prag 1904; *J. Bindtner:* A. S. – Sein Leben und Werk, Wien – Prag – Leipzig 1928; *U. Roedl:* A. S. – Geschichte seines Lebens, Berlin 1936, Bern ²1958; *J. Michels:* A. S. – Leben, Werk und Wirken, Berlin – Wien – Leipzig 1939, Freiburg i. Br. ²1949; *E. Wolf:* Der Rechtsgedanke A. S.s, Frankfurt a. M. 1941; *E. A. Blackall:* A. S., Cambridge 1948; *L. Hohenstein:* A. S., Bonn 1952; *W. Kosch:* A. S. als Mensch, Künstler, Dichter und Erzieher, Regensburg 1952; *M. Stefl:* A. S., in: Die großen Deutschen, Bd. III, Berlin 1956, S. 336-46; *E. Bertram:* A. S., in: *ders.:* Möglichkeiten, Pfullingen 1958, S. 67-90; *U. Roedl:* A. S. mit Selbstzeugnissen und Bilddokumenten dargestellt, Reinbek 1965, ¹⁴1994; *J. Mühlberger:* A. S., Mühlacker 1966; *A. Langer:* Zu den Quellen des Rechtsdenkens bei A. S., Linz 1968; *M. Gump:* A. S., New York 1974; *U. Naumann:* A. S., Stuttgart 1979; *M. Tielke:* Sanftes Gesetz und historische Notwendigkeit. A. S. zwischen Restauration und Revolution, Frankfurt a. M. – Bern – Las Vegas 1979; *W. Bußmann:* A. S. und der österreichische Staatsgedanke, in: Staat und Parteien. Festschrift für Rudolf Morsey, hrsg. v. *K. D. Bracher / P. Mikat / K. Repgen / M. Schumacher / H.-P. Schwarz*, Berlin 1992, S. 177-99.

– K

Stoecker, Adolf

* 12. 12. 1835 Halberstadt; † 2. 2. 1909 Bozen-Gries. Evangelischer Geistlicher und sozial-konservativer Politiker. S., Sohn eines Wachtmeisters und späteren Gefängnisinspektors, studierte 1853-58 evangelische Theologie in Halle und Berlin; prägenden Einfluß übten dabei die konservativen Theologen Tholuck und Nitzsch auf ihn aus. 1858-62 war S. als Hauslehrer bei verschiedenen Adelsfamilien tätig, u.a. in Kurland. Nach einer ausgedehnten Reise, die ihn über die Schweiz nach Italien führte (1862/63), trat er 1863 sein erstes Pfarramt in Seggerde (Altmark) an. 1866-71 amtierte er als Pfarrer in Hamersleben bei Magdeburg, 1871-74 als Divisionspfarrer in Metz. 1874 wurde S. – der sich bereits einen Namen als wortmächtiger Prediger gemacht hatte – als Vierter Hof- und Domprediger an den preußischen Königshof zu Berlin berufen.

Hier sah er sich bald mit den drängenden Zeitfragen sowohl des Glaubens wie der Politik konfrontiert. S., der sich schon seit einigen Jahren äußerst aktiv in der kirchlichen Publizistik betätigt hatte, fühlte sich berufen, für die religiöse Erneuerung des evangelischen Deutschland in doppelter Weise zu wirken: Zum einen forderte er (unter dem Eindruck des Aufblühens des Katholizismus während des Kulturkampfs und eines gleichzeitigen Niedergangs der evangelischen Kirche) eine klarere Trennung von →Kirche und →Staat, von „Thron und Altar"; so bezeichnete er „das Vertrauen auf die Staatsmacht, auf den Staatsschutz, auf die Staatsleitung der Kirche" als einen der größten aller Schäden des evangelischen Kirchentums, und er forderte, „dies Übermaß von Untertanengehorsam in Kirchensachen aus den Geistern zu schaffen". Zum anderen aber erkannte er die gleichzeitig politische wie religiöse Brisanz der sozialen Frage, was u.a. 1877 zur Übernahme der Leitung der Berliner Stadtmission führte.

Als S. wahrnahm, „daß Leute, die zur Kirche hielten,… dennoch mit der Sozialdemokratie stimmten, weil sie in dieser Partei die Vertretung der Arbeiterinteressen erblickten", entschloß er sich zu einer eigenen Parteigründung, und in der Tat konstituierte sich am 4. 1. 1878 in Berlin unter seiner Führung die „Christlich-soziale Arbeiterpartei". Doch diese Gruppierung erreichte selbst in ihren besten Zeiten nicht mehr als etwa 2000 Mitglieder und blieb auch bei den Reichstagswahlen erfolglos. Trotz starker Bedenken des Evangelischen Oberkirchenrats setzte S. seine politischen Aktivitäten fort und schloß seine Partei – seit 1881 in „Christlich-soziale Partei" umbenannt – als selbständige Gruppe der →Deutschkonservativen Partei an; er selbst zog für die Zeit von 1881-93 als Abgeordneter der Konservativen für den Wahlkreis Arnsberg-Siegen in den Reichstag ein.

Seit Ende der 1870er Jahre änderte S. die Zielrichtung seiner politischen Agitation: Er griff nun nicht mehr primär die Sozialdemokratie, sondern das „moderne Judentum" an, womit er nicht die jüdische Religion, auch nicht die „jüdische Rasse", sondern die zeitgenössische jüdische Intelligenz meinte, die er für Säkularisierung, Entchristlichung, Liberalismus und Überschätzung des ökonomischen Materialismus im allgemeinen gesellschaftlichen Leben verantwortlich machen zu können glaubte. Diese antisemitische Agitation schadete ihm in mehr als einer Hinsicht und diskreditierte auch sein soziales Anliegen. →Bismarck, der S.s Wirken erst als mögliche Alternative zur Sozialdemokratie begrüßt hatte, entzog ihm sein Wohlwollen und versuchte (allerdings vergeblich), S.s Entlassung zu bewirken.

Seit 1885 bestanden enge Kontakte zum jungen Prinzen Wilhelm, auf dessen sozialpolitische Ideen S. anfangs einen gewissen Einfluß ausüben konnte. Doch in den Jahren 1897-90 entfremdete er sich dem Prinzen und Kaiser (seit 1888); S. agierte politisch unglücklich, verbündete sich mit den falschen Personen und gehörte zu den Verlierern des Jahres 1890, weil nicht sein Protegé (und Wilhelms einstiger engerer Berater), General Waldersee, Bismarcks Nachfolger wurde, sondern Caprivi.

Im Oktober 1890 trat S. von seinem Amt zurück; der Kaiser sah sich veranlaßt, sich mit den Worten „Christlich-sozial ist Unsinn" auch öffentlich von S. zu distanzieren. S. geriet nun immer mehr in den Hintergrund: 1895 trat er aus dem (1890 von ihm mitgegründeten) Christlich-sozialen Kongreß wieder aus, und ein Jahr später verließ er auch die Konservative Partei; immerhin gelang ihm in den Jahren 1898-1908 wieder der Einzug in den Reichstag als Abgeordneter seiner kleinen Partei (die sich nach dem Ende des Kaiserreichs schließlich der →DNVP anschließen sollte).

S. bietet das tragische Bild eines persönlich ehrenhaften Mannes, der die drängenden Probleme seiner Zeit richtig erkannte, der aber nicht die adäquaten Antworten zu finden vermochte, der an Selbstüberschätzung litt, der unvorsichtig war und sich als kein guter Menschenkenner erwies. Das eigentlich treibende Moment seines Handelns war die Hoffnung, daß vom Erlebnis des Krieges von 1870/71 eine große religiöse und geistige Erneuerung des deutschen Protestantismus ausgehen möge. An diese Erneuerung hat er lange geglaubt; für sie glaubte er nicht nur als Geistlicher, sondern gerade auch als Politiker wirken zu können. Erst spät hat er das Trügerische dieser Hoffnung erkannt.

S. (Auswahl): Der religiöse Geist in Volk und Heer während des französischen Krieges, Berlin 1876; Die Bibel und die sociale Frage, Nürnberg 1879; Das moderne Judenthum in Deutschland, besonders in Berlin, Berlin 1879; Zur Handwerkerfrage, Breslau 1880; Christlich-conservative Ziele für die Gegenwart, Stuttgart 1881; Christlich-Social. Reden und Aufsätze, Bielefeld 1885 u.ö.; Eins ist noth, Berlin 1885; O Land, höre des Herrn Wort!, Berlin 1886; Den Armen wird das Evangelium gepredigt, Berlin 1887; Innere Mission und sociale Frage, Leipzig 1891; Gesammelte Predigten, Bde. I-VII, Berlin 1894-1900; Dreizehn Jahre Hofprediger und Politiker, Berlin 1895; Verheißung und Erfüllung, Berlin 1897; Zur Gemeinschaftspflege und kirchlich-socialen Arbeit, Berlin 1899; Die Leitung der Kirche, Siegen 1899; An der Grenze zweier Jhdt.e, Berlin 1900; Das Evangelium eine Gotteskraft, Berlin 1900; Die Aenderung der bisherigen Konfirmationspraxis, Berlin 1900; Beständig in der Apostel Lehre, Berlin 1901; Kann ein Christ Sozialdemokrat, kann ein Sozialdemokrat Christ sein?, Berlin 1901; Das Leben Jesu in täglichen Andachten, Berlin 1903.

E.: A. und Anna S. – Brautbriefe, hrsg. v. *D. v. Oertzen*, Schwerin 1913; Reden und Aufsätze, hrsg. v. *R. Seeberg*, Leipzig 1913; Reden im Reichstag, hrsg. v. *R. Mumm*, Schwerin 1914.

L.: *F. Mehring*: Herr Hofprediger S. der Sozialpolitiker. Eine Streitschrift, Bremen 1882; *D. v. Oertzen*: A. S. – Lebensbild und Zeitgeschichte, Bde. I-II, Berlin 1910; *M. Braun*: A. S. – Ein Lebensbild, Berlin 1912; *W. Frank*: A. S. und die christlichsoziale Bewegung, Berlin 1928; *K. Veidt / E. Bunke / W. Thieme*: A. S. – Der Herold für Volk und Kirche, Berlin 1935; *E. Bunke* (Hrsg.): A. S. zum 100. Geburtstag, Berlin o. J. (1935); *K. Buchheim*: Geschichte der christlichen Parteien in Deutschland, München 1953; *G. Brakelmann* (Hrsg.): Protestantismus und Politik – Werk und Wirkung A. S.s, Hamburg 1982; *H. Engelmann*: Kirche am Abgrund – A. S. und seine antijüdische Bewegung, Berlin 1983; *K. Motschmann*: Ein aussichtsloser Kampf um die innere Einheit Deutschlands – A. S. (1835-1909), in: Konservative Politiker in Deutschland, hrsg. v. *H.-C. Kraus*, Berlin 1995, S. 205-33.

– K

Strauss, Leo

* 20. 9. 1899 Kirchhain/Hessen; † 18. 10. 1973 Annapolis (USA). Modernitätskritischer politischer Philosoph. 1917-23 Studium der Philosophie in Freiburg i. Br. und Hamburg, dabei Besuch von Vorlesungen Husserls und Heideggers. 1921 Promotion in Hamburg bei Ernst Cassirer mit einer Arbeit über „Das Erkenntnisproblem in der philosophischen Lehre Fr. H. Jacobis". Von 1925-32 arbeitete S. als Assistent an der Akademie für die Wissenschaft des Judentums in Berlin und fungierte als Mitherausgeber der gesammelten Schriften von Moses Mendelssohn. Als Stipendiat der Rockefeller Foundation betrieb er von 1932-34 Studien in Frankreich und England, wohin er 1934 emigrierte. Bis 1938 forschte er in Oxford über Hobbes. Danach ging er in die USA. S., der 1944 die amerikanische Staatsbürgerschaft erhielt, unterrichtete zunächst an mehreren Colleges, bevor er 1949 Professor für Politische Philosophie an der University of Chicago wurde. Diesen Posten hatte er bis zu seiner Emeritierung im Jahre 1968 inne. Danach wirkte er nach einem kurzen Aufenthalt am Claremont College bis zu seinem Tode als Scott Buchanan Distinguished Scholar am St. Johns College in Annapolis, Md.

Es sind zwei große Themenkomplexe, die das Werk von S. dominieren, nämlich das Verhältnis der Alten zu den Modernen und der Konflikt zwischen Jerusalem und Athen, d.h. zwischen Offenbarung und Vernunft, in welchem S. den Kern der Geistesgeschichte des Westens und die Ursache für die Vitalität der westlichen Kultur sieht. Die wichtigste mit dem Philosophieren einhergehende Frage lautet nach S. *quid sit deus*. Beim Bemühen darum, auf sie eine Antwort zu finden, komme der Philosoph ebenso wie sonst beim Philosophieren notwendigerweise mit seiner sozialen Umwelt in Konflikt, da es Aufgabe der Philosophie sei, nach Wahrheit zu streben und deshalb die Mythen, Sitten, →Traditionen und religiösen Überzeugungen einer Gesellschaft kritisch zu hinterfragen. Die Kenntnis der nackten Wahrheit sei jedoch für die Mehrzahl der Menschen unerträglich und würde destruktive Auswirkungen auf den Bestand der politischen Gemeinschaft haben. Deshalb müsse der Philosoph, der eine hohe moralische Verantwortung trage, sehr vorsichtig mit ihr umgehen. Ausgehend von diesem Standpunkt, kam S. zu einer Auffassung, die ihn berühmt gemacht hat: Da der Philosoph nicht alles offen sagen könne, was er wisse, müsse man zwischen seiner *exoterischen* Lehre, d.h. dem, was er offen sage, und seiner *esoterischen* Lehre, die im Text seiner Werke verborgen sei, unterscheiden.

Politische Philosophie ist nach S. die exoterische Lehre eines Philosophen, die Rüstung, in welcher die Philosophie in der politischen Gemeinschaft erscheint. Der Begriff „politische Philosophie" bedeute deshalb „primarily not the philosophic treatment of politics, but the political, or popular, treatment of philosophy, or the political introduction to philosophy – the attempt to lead the qualified citizens, or rather their qualified sons, from the political to the philosophic life". Aufgabe der politischen Philosophie sei es, das politische Leben im Hinblick auf dessen letztes Ziel, das gute Leben, anzuleiten.

An der modernen Demokratie schätzt S. ihre Toleranz und ihren Respekt für persönliche Freiheit. Er sieht sie jedoch durch ihr immanente Entwicklungen bedroht und kritisiert insbesondere den Trend zum Konformismus und zum Eindringen ins Privatleben ihrer Bürger. Er schlägt demgegenüber die Hinwendung zur klassischen Bildungskonzeption vor: „Liberal education is the counterpoison to mass culture, ... the ladder by which we try to ascend from mass democracy to democracy as originally meant". Unter dieser ursprünglichen Demokratiekonzeption versteht er „an aristocracy which has broadened into a universal aristocracy".

Die westliche Zivilisation befindet sich nach S. in einer Krise, da sie, nachdem ihr der Glaube an die Tragfähigkeit des Projekts der Moderne abhanden gekommen sei, über kein Ziel mehr verfüge. Sie sei zum Opfer des Nihilismus geworden. Ursächlich für die Krise des modernen Rationalismus ist nach S., daß die philosophische, d.h. der Natur gemäße Existenz nicht mehr als höchste Daseinsweise angesehen werde und daß das gesellschaftliche Leben nicht mehr auf ein *summum bonum* ausgerichtet sei. Nach S. haben drei Wellen der Moderne zur Abkehr von diesen Vorstellungen geführt: Im Verlauf der ersten sei, vorbereitet von Machiavelli, das klassische Verständnis der Natur als eines Maßstabs, welcher bestimmt, was gut und was gerecht ist, durch das moderne Naturrecht abgelöst worden. Dessen Krise habe jedoch nicht zur Rückkehr zur Natur, sondern, in der zweiten, durch das Werk von Rousseau, Kant und Hegel gekennzeichneten Welle zur Ersetzung der Natur durch die Geschichte als Maßstab geführt. An deren Stelle sei schließlich in der dritten Welle, an deren Anfang Nietzsche stehe und die im Werk Heideggers kulminiere, ein radikaler Historismus getreten.

Da S. die moderne politische Philosophie als ursächlich für die Krise der westlichen Welt ansieht, ist es für ihn erforderlich, hinter die Doktrinen zurückzugehen, die – wie die Unterscheidung von Tatsachen und Werten, Relativismus und Historismus – eben diese Krise ausmachen. Es sei daher der Wahrheitsanspruch der klassischen politischen Philosophie ernst zu nehmen. Zu ihr müsse man zurückkehren, wobei es darum gehe, die großen Denker nicht durch die Augen der Gegenwart zu betrachten, sondern sie so zu verstehen, wie sie sich selbst verstanden haben. Das Bemühen um die Rehabilitierung der klassischen politischen Philosophie schließt für S. das Bestreben mit ein, die Natur als Maßstab und den Primat des Guten wieder in Geltung zu setzen. Ihm zufolge scheint es notwendig zu sein, „that the notion of the beneficence of nature or of the primacy of the Good must be restored by being rethought through a return to the fundamental experiences from which it is derived".

Die Frage, wie das Werk von S. zu verstehen sei, ist – auch innerhalb seiner vielen Anhänger und Schüler – umstritten. Kritiker werfen ihm insbesondere vor, einem Elitismus das Wort zu reden und für Philosophen eine privilegierte Stellung in der Gesellschaft vorzusehen. So ist behauptet worden, er vertrete eine „doormat theory of the majority" (Holmes), derzufolge es die Aufgabe der Mehrheit der Menschen eines Gemeinwesens sei, über die Schaffung der ökonomischen Voraussetzungen einigen wenigen ein Leben als Philosoph und als Ratgeber der politisch Mächtigen zu ermöglichen. Aber wie auch immer S. letztlich zu verstehen ist: Tatsache ist, daß seine Betonung der restaurativen Kräfte der Tradition der klassischen politischen Philosophie eine große Anziehungskraft auf die amerikanischen Konservativen ausgeübt hat.

B.: *L. S.*: Studies in Platonic Political Philosophy (siehe unter **S.**), S. 249-58 (Schriften); *S. B. Drury:* The Politics of L. S. (siehe unter **L.**), S. 243-52 (Literatur).

S.: Das Erkenntnisproblem in der philosophischen Lehre Fr. H. Jacobis, phil. Diss. Hamburg 1921; Die Religionskritik Spinozas als Grundlage seiner Bibelwissenschaft: Untersuchungen zu Spinozas Theologisch-politischen Traktat, Berlin 1930, Hildesheim [2]1981; Anmerkungen zu Carl Schmitt, Der Begriff des Politischen, in: Archiv für Sozialwissenschaft und Sozialpolitik 67 (1932), S. 732-49 (wiederabgedruckt in: *H. Meier:* Carl Schmitt, L. S. und „Der Begriff des Politischen" (siehe unter **L.**), S. 97-125); Philosophie und Gesetz. Beiträge zum Verständnis Maimunis und seiner Vorläufer, Berlin 1935; The Political Philosophy of Hobbes: Its Basis and its Genesis, Oxford 1936, Chicago [4]1984; On Tyranny: An Interpretation of Xenophon's Hiero, New York 1948, Revised and Expanded Edition including the S. – Kojève Correspondence, hrsg. v. *V. Gourevitch / M. S. Roth*, New York 1991; Persecution and the Art of Writing, Glencoe (Ill.) 1952,

Chicago – London [2]1988; Natural Right and History, Chicago 1953; Thoughts on Machiavelli, Glencoe (Ill.) 1958, Chicago -London [3]1984; What is Political Philosophy, Glencoe (Ill.) 1959, Chicago – London [2]1988; (als Hrsg. zus. m. *J. Cropsey*): History of Political Philosophy, Chicago – London 1963, [3]1987; The City and Man, Chicago – London 1964, [2]1978; Hobbes politische Wissenschaft, Neuwied – Berlin 1965; Socrates and Aristophanes, New York 1966; Liberalism Ancient and Modern, New York 1968, Ithaca – London [2]1989; Xenophon's Socratic Discourse: An Interpretation of the „Oeconomicus", Ithaca – London 1970; Xenophon's Socrates, Ithaca – London 1972; The Argument and the Action of Plato's Laws, Chicago 1975; Studies in Platonic Political Philosophy, Chicago – London 1983, [2]1986; The Rebirth of Classical Political Rationalism. An Introduction to the Thought of L. S. Essays and Lectures by L. S., Chicago – London 1989; An Introduction to Political Philosophy. Ten Essays by L. S., hrsg. v. *H. Gildin*, Detroit 1989; Gesammelte Schriften, hrsg. v. *H. Meier*, Suttgart – Weimar 1996 ff. (bisher erschienen: Bd. 1: Die Religionskritik Spinozas und zugehörige Schriften, 1996).

E.: *P. Emberly / B. Cooper* (Hrsg.): Faith and Political Philosophy: The Correspondence between L. S. and Eric Voegelin, 1934-1964, University Park 1993.

Ü.: Naturrecht und Geschichte, Stuttgart 1956, Frankfurt a. M. [2]1977; Über Tyrannis, Neuwied – Berlin 1965.

L.: *H. Kuhn:* Naturrecht und Historismus, in: Zeitschrift für Politik (Neue Folge) 3 (1956), S. 289-304; *W. C. Havard:* The Method and Results of Political Anthropology in America, in: Archiv für Rechts- und Sozialphilosophie 47 (1961), S. 395-415; *G. Niemeyer:* What is Political Knowledge?, in: Review of Politics 23 (1961), S. 101-7; *R. McShea:* L. S. on Machiavelli, in: Western Political Quarterly 16 (1963), S. 782-97; *H.-G. Gadamer:* Wahrheit und Methode, Tübingen [3]1972, S. 503-12; *H. Caton:* Der hermeneutische Weg von L. S., in: Philosophisches Jahrbuch 80 (1973), S. 171-82; *A. Bloom:* L. S.: September 20, 1899 – October 18, 1973, in: Political Theory 2 (1974), S. 372-92 (auch in: *ders.:* Giants and Dwarfs. Essays 1960-1990, New York 1990, S. 235-55); *D. L. Schaefer Jr.:* The Legacy of L. S.: A Bibliographic Introduction, in: Intercollegiate Review 9 (1974), S. 139-48; *T. L. Pangle:* Introduction, in: L. S.: Studies in Platonic Political Philosophy (siehe unter **S.**), S. 1-27; *H. V. Jaffa:* The Primacy of the Good. L. S. Remembered, in: *ders.:* American Conservatism and the American Founding, Durham (N. C.) 1984, S. 143-47; *J. P. East:* L. S., in: *ders.:* The American Conservative Movement. The Philosophical Founders, Chicago – Washington (D. C.) 1986, S. 143-73, 255-61; *N. Tarcov / T. L. Pangle:* Epilogue: L. S. and the History of Political Philosophy, in: History of Political Philosophy, hrsg. v. *L. S. / J. Cropsey* (siehe unter **S.**), S. 907-38; *K. L. Deutsch / W. Soffer* (Hrsg.): The Crisis of Liberal Democracy. A Straussian Perspective, Albany 1987; *S. B. Drury:* The Political Ideas of L. S., New York

1988; *H. Meier:* Carl Schmitt, L. S. und „Der Begriff des Politischen", Stuttgart 1988; *T. L. Pangle:* Editor's Introduction, in: The Rebirth of Cassical Political Rationalism (siehe unter S.:), S. vii-xxxviii; *A. Söllner:* L. S., in: Politische Philosophie des 20. Jhdt.s, hrsg. v. *K. Graf Ballestrem / H. Ottmann,* München 1990, S. 105-21; L. S.' Thought, hrsg. v. *A. Udoff,* Boulder – London 1991; *K. H. Green:* Jew and Philosopher: The Return to Maimonides in the Jewish Thought of L. S., Albany 1993; *S. Holmes:* The Anatomy of Antiliberalism, Cambridge (Mass.) – London 1993, S. 61-87, 277-84; L. S. Political Philosopher and Jewish Thinker, hrsg. v. *K. L. Deutsch / W. Nicgorski,* Lanham 1994; *R. Devigne:* Recasting Conservatism. Oakeshott, S., and the Response to Postmodernism, New Haven – London 1994; *D. L. Shaefer:* Shadia Drury's Critique of L. S., in: The Political Science Reviewer 32 (1994), S. 80-127; *A. Söllner:* L. S.' Denkweg gegenüber der Moderne – der Weimarer Ausgangspunkt, in: Politisches Denken. Jahrbuch 1994, hrsg. v. *V. Gerhardt / H. Ottmann / M. P. Thompson,* Stuttgart – Weimar 1995, S. 103-22; *L. Lampert:* L. S. and Nietzsche, Chicago – London 1996; *H. Meier:* Die Denkbewegung von L. S., Stuttgart – Weimar 1996.

– Z

Studienzentrum Weikersheim

Das Studienzentrum Weikersheim e.V. (SZW) wurde im Herbst 1979 im hohenlohischen Residenzstädtchen Weikersheim an der Tauber gegründet von einem Kreis von Persönlichkeiten um den 1978 zurückgetretenen baden-württembergischen Ministerpräsidenten Prof. Dr. Hans Filbinger und Prof. Dr. Günter →Rohrmoser, Ordinarius für Sozialphilosophie an der Universität Hohenheim.

Selbstverständnis: Das sich freiheitlich-konservatiy und christlich definierende SZW versteht sich als Ort und Träger einer geistig-politischen Initiative, die den deutschen Staat befähigen soll, den großen Herausforderungen unserer Zeit zu begegnen, wobei das SZW seine Position geistig-offensiv vertritt, weil nur so ein gestaltender Einfluß auf die Entwicklung von Politik und Kultur möglich sei. Dabei sieht das SZW seine vordringlichste Aufgabe in der Arbeit an einer ethischen Erneuerung des deutschen Volkes aus der Kraft seines christlichen Ursprungs und im Vertrauen in seine bewahrende und verwandelnde Macht. →Freiheit kann nach Meinung des SZW nur überleben, wenn sie mit Verantwortung und der Übernahme von Pflichten verknüpft ist und wenn ihre Träger zu jenen Innovationen fähig sind, die die Gegenwart von uns verlangt.

Das SZW läßt sich dabei von der Erkenntnis leiten, daß die als Lösungen angebotenen Ideologien des 20. Jhdt.s gescheitert sind, was am drastischsten der Zusammenbruch des „real existierenden Sozialismus" und das Scheitern des „One world-Liberalismus" beweisen. Das machtmäßige und geistige Vakuum könne aber nicht durch Konsum und Materialismus gefüllt werden, sondern durch den kulturell, sittlich-politisch und historisch gefestigten Staatsbürger, der seine Kraft aus der Aneignung und Vergegenwärtigung der großen Tradition unseres geschichtlichen Erbes, aus der nüchternen Analyse der Gegenwart und aus dem neu begründeten Wissen um die Zukunft gewinnt.

Arbeit und Ergebnisse: Das SZW führt seit seiner Gründung Fachtagungen, Gesprächskreise, Vortragsveranstaltungen und Kongresse, seit 1992 auch Hochschulwochen, vornehmlich in Baden-Württemberg, aber auch in Rheinland-Pfalz, Thüringen, Sachsen, Berlin und Bayern durch. Haupttagungsort ist das Schloß Weikersheim. Mit seinen Tagungen wendet sich das SZW an Multiplikatoren der öffentlichen Meinung und an Entscheidungsträger, vor allem aber auch an Jugendliche. Die Ergebnisse werden in einer Schriftenreihe (SZW-Dokumentationen) an die Öffentlichkeit gebracht, von denen bis zum November 1995 beim Verlag v. Hase und Koehler, Mainz, insgesamt 27 Bände erschienen sind. Außerdem wurde von 1988-92 die Zeitschrift „Weikersheimer Blätter" herausgegeben.

Struktur: Das SZW hat ein neunköpfiges Präsidium, ein Kuratorium, einen wissenschaftlichen Beirat, darüber hinaus Mitglieder, Spender und Förderer. Das Präsidium besteht seit 1994 aus Prof. Dr. Hans Filbinger, Otto Esser, Ehrenpräsident der BDA, Brigadegeneral a.D. Heinz Karst, Prof. Dr. Klaus Hornung, Prof. Dr. Lothar Bossle, Minister Dr. Erwin Vetter, Direktor a.D. Willi Dempf, Bernhard von Diemer und Dr. Renate Heinisch MdEP. Das Kuratorium setzt sich aus über 60 Persönlichkeiten des öffentlichen Lebens aus Politik und Publizistik, Wissenschaft und Wirtschaft, Kultur und Kirchen zusammen. Das SZW ist seit Anbeginn ein eingetragener Verein, überparteilich, jedoch der CDU nahestehend, gemeinnützig, interkonfessionell ausgerichtet und auch für den Beitritt von Ausländern offen. Es hat seinen Sitz in Stuttgart, eine Nebengeschäftsstelle in Freiburg i. Br.

L.: Über das SZW existiert bisher keine wissenschaftliche Sekundärliteratur. Um sich über seine Arbeit, seine Aufgaben und seine Erfolge zu informieren, muß man deshalb die SZW-Dokumentationen, die jeweiligen Jahresberichte und die bis 1992 erschienenen „Weikersheimer Blätter" heranziehen. Außerdem existiert ein nahezu unübersehbares Medienecho in Wochen- und Tageszeitungen, in Funk und Fernsehen.

– Je

Studnitz, Hans Georg von

* 31. 8. 1907 Potsdam; † 17. 7. 1992 Rimsting (Chiemsee). Journalist. Sohn eines in den letzten Kriegswochen gefallenen Gardeoffiziers und der Tochter des Hamburger Bankiers Max von Schinckel. Aufgewachsen in Potsdam und Hamburg. 1923, auf dem Höhepunkt der Inflation, ging S. als Außenhandelskaufmann nach Chile, Argentinien und den USA. 1929 nach Deutschland zurückgekehrt, trat er in die vom Scherl-Verlag herausgegebene Tageszeitung „Der Tag" ein. 1934-40 Auslandskorrespondent an den Brennpunkten der Weltpolitik, danach in der Presseabteilung des Auswärtigen Amtes. Nach Kriegsende Berichterstatter der „Zeit" bei den Nürnberger Prozessen, 1949 Gründer der Monatsschrift „Außenpolitik", Chefredakteur der „Hamburger Allgemeinen Zeitung" und des „Hamburger Anzeigers". 1955-61 Pressechef der Lufthansa, ab 1961 Außenpolitiker und stellv. Chefredakteur von „Christ und Welt".

Der welterfahrene, urteilssichere und der Provinzialität der Bonner politischen Szene abgeneigte Preuße S. war, auch durch seine Bücher, einer der letzten Vertreter des konservativen Journalismus in Deutschland, eine Tradition, die durch den in den Medien institutionalisierten Wertewandel aus der Öffentlichkeit verdrängt wurde.

S.: Als Berlin brannte, Stuttgart 1963; Bismarck in Bonn, Stuttgart 1964; Glanz und keine Gloria. Reise durch die Wohlstandsgesellschaft, Stuttgart 1965; Rettet die Bundeswehr!, Stuttgart 1967; Ist Gott Mitläufer?, Stuttgart 1969; Seitensprünge. Erlebnisse und Begegnungen, Stuttgart 1975.

– S-N

Subsidiarität

(Gebildet aus lat. *subsidium* = Unterstützung, Beihilfe, Entsatz, oder frz. *subsidiaire* = unterstützend, helfend, bei Versagen einspringend). S. wird heute in der Sozialphilosophie als anzustrebendes Prinzip der Herrschaftsausübung verwendet, demzufolge übergeordnete gesellschaftliche Gebilde (und hier vor allem der →Staat) nicht solche Aufgaben an sich ziehen sollen, die von den unteren Einheiten besser (z.B. lebensnäher, unbürokratischer, differenzierter) und häufig sogar billiger erfüllt werden können. Aus diesem Prinzip werden weitgehende Forderungen nach Selbstverwaltung, Eigenvorsorge, Autonomie und →Föderalismus abgeleitet.

Besonders betont wird das Prinzip der S. von der →Katholischen Soziallehre. In der Sozialenzyklika Pius' XI. „Quadragesimo anno" hat es seine klassische Formulierung gefunden: „Wenn es nämlich auch zutrifft, daß unter veränderten Verhältnissen manche Aufgaben, die früher leicht von kleineren Gemeinwesen geleistet wurden, nur mehr von größeren bewältigt werden können, so muß doch allezeit und unverrückbar jener höchst gewichtige sozialphilosophische Grundsatz festgehalten werden, an dem nicht zu rütteln und zu deuten ist: wie dasjenige, was der Einzelmensch aus eigener Initiative und mit seinen eigenen Kräften leisten kann, ihm nicht entzogen und der Gesellschaftstätigkeit zugewiesen werden darf, so verstößt es gegen die →Gerechtigkeit, das was die kleineren und untergeordneten Gemeinwesen leisten und zum guten Ende führen können, für die weitere und übergeordnete Gemeinschaft in Anspruch zu nehmen; zugleich ist es überaus nachteilig und verwirrt die ganze Gesellschaftsordnung. Jedwede Gesellschaftstätigkeit ist ja ihrem Wesen und Begriff nach subsidiär; sie soll die Glieder des Sozialkörpers unterstützen, darf sie aber niemals zerschlagen oder aufsaugen" (n. 79).

Inzwischen hat das Subsidiaritätsprinzip selbst in internationale Vertragswerke Eingang gefunden. So bezieht sich Art. 3b des Vertrags über die Europäische Union vom 7. 2. 1991 ausdrücklich auf das Subsidiaritätsprinzip, wenn auch in einer Weise, die von der Kritik an diesem Abkommen als dem Geiste dieses Prinzips widersprechend eingestuft wurde. Die konsequente Anwendung des Prinzips der S. setzt einen hierarchisch-körperschaftlichen Gesellschaftsaufbau voraus, weil ohne das Bestehen von vielfältigen *corps intermédiaires* eine Verlagerung der Durchführungs- und Verwaltungskompetenzen auf untere Einheiten (Dezentralisation) bei Wahrung der Gemeinwohlerfordernisse nicht möglich ist. Die individualistisch-egalitaristische Gesellschaftsauffassung hat zusammen mit der Massendemokratie die zentralistischen Tendenzen des modernen Staates und die Aufsaugung der Kompetenzen der kleinen Gemeinschaften begünstigt. Konservative Politik versucht diesen Tendenzen entgegenzuwirken und die kleinen Gemeinschaften (Familien, Gemeinden, Heimat- und Berufsverbände) wieder zu stärken. Bürgerinitiativen, Kommunitarismus und Neokorporatismus kommen ihr hierbei entgegen. Die zentrifugalen Kräfte solcher Bewegungen stellen an die Staatsautorität hohe Anforderungen. Die Stärkung der Staatsautorität ist daher Voraussetzung für S., Dezentralisation, Föderalismus, Selbstverwaltung und Mitbestimmung.

L.: *Pius XI.:* Enzyklika über die gesellschaftliche Ordnung, ihre Wiederherstellung und Vollendung nach dem Heilsplan der Frohbotschaft „Quadragesimo anno", Rom 1931; *A. Rauscher:* Personalität, Solidarität, S., Köln 1975; *T. A. Schmitt:* Das Subsidiaritätsprinzip, Würzburg 1979; *U. v. Aleman:* Neokorporatismus, Frankfurt a. M. 1981; *O. Kimminich* (Hrsg.): S. und Demokratie, Düsseldorf 1981; *G. Lehmbruch / C. Schmitterer:* Patterns of Corporist Policy Making, London 1982; *P. J. Katzenstein:* Corporatism and Change. Austria, Switzerland and the Politics of Industry, London 1984; *A. MacIntyre:* After Virtue, a study in moral theory, London [2]1985; *T. Herr:* Katholische Soziallehre, Paderborn 1987; *C. Taylor:* Negative Freiheit? Zur Kritik des neuzeitlichen Individualismus, Frankfurt a. M. 1988; *J. B. Müller:* Der Korporatismus im Spannungsfeld von Konservatismus, Liberalismus und Sozialismus, in: Zeitschrift für Politik 35 (1988), S. 57ff.; *M. Walzer:* Kritik und Gemeinsinn. Drei Wege der Gesellschaftskritik, Berlin 1990; *R. Weiler:* Einführung in die katholische Soziallehre. Ein systematischer Abriß, Graz 1991; *W. Hummer / S. Bohr:* Die Rolle der Regionen im Europa der Zukunft. S. – Föderalismus – Regionalismus in vergleichender Betrachtung, in: *P. Eisenmann / B. Rill* (Hrsg.): Das Europa der Zukunft, Regensburg 1992.

– Ro

Swift, Jonathan

* 30. 11. 1667 Dublin ; † 19. 10. 1745 ebd. Englischer Satiriker, Dichter, Pamphletist, Geistlicher der hochkirchlichen Church of Ireland. Postumer Sohn eines nach Irland ausgewanderten Juristen, Enkel des als Anhänger Karls I. verfolgten Pfarrers von Goodrich (Gft. Hereford). Schulzeit im Internat von Kilkenny (dem irischen Eton), Studium am Trinity College in Dublin. 1689 nach Ausbruch des Bürgerkrieges auf irischem Boden zwischen Jakob II. und Wilhelm von Oranien Flucht nach England. 1692 Magister in Oxford, 1695 Ordination als Geistlicher der Church of Ireland, Pfarrei Kilroot. 1700 Vikar von Larakor. 1701 Doktor der Theologie an der Universität Dublin.

1689-99 meist in Moor Park (Gft. Surrey) als Privatsekretär des ehemaligen Diplomaten, Bücher- und Gartenfreundes Sir William Temple. Gleichzeitig mit der Herausgabe des literarischen Nachlasses des 1699 verstorbenen Temple veröffentlichte S. anonym drei eigene, in Moor Park entstandene Schriften (darunter „Die Bücherschlacht", „Das Märchen von der Tonne"). Seine erste politische Schrift („Der Diskurs über die Kämpfe und Zwistigkeiten zwischen den Edlen und Gemeinen in Athen und Rom und deren Folgen für die beiden Staatswesen", 1701) enthält schon das Leitbild eines „Mixed Government" und des Gleichgewichts der Institutionen gegen die sich in Parteien vereinigenden und demagogischen Führern folgenden „Vielen". Konsequent blieb S.s Ablehnung der religiös-politischen Sekten und des politischen Radikalismus, sein Eintreten für die Staatskirche. Sir William Temple galt als gemäßigter „Old Whig", und auch S. wurde den Whigs zugerechnet. Er entfremdete sich jedoch der Kirchenpolitik der „High-flying" (im Gegensatz zu den gemäßigten) Whigs.

Als Königin Anna 1710 die Tories an die Regierung berufen hatte, schloß sich S. ihnen an und wurde ihr wichtigster Propagandist. Als Chefpublizist, graue Eminenz und Patronagesekretär arbeitete er mit Robert Harley (später Earl of Oxford) und Henry St. John (Viscount of →Bolingbroke) zusammen. Obwohl der eine ein „Old Whig" gewesen war, der die „Whigs auf die Kirchenpartei aufpfropfen wollte", und der andere ein Erz-

Jonathan Swift
1667-1745

Tory, der Verbindungen zum exilierten Hof hielt, waren beide bezüglich der neuen Rolle der öffentlichen Meinung und der zu verfolgenden Friedenspolitik, die später zum Frieden von Utrecht (1713) führte, einer Meinung. S. verteidigte auf seiten der Regierung die 1688 wiederhergestellte Ordnung auf der Basis des „Mixed Government" und des Gleichgewichts der Institutionen Krone und Parlament, Staatskirche und verantwortungsvoller Aristokratie. Er sah diese Ordnung von seiten der Whigs durch den Vorrang wirtschaftlicher Interessen, Karrieresucht und die Sekten fördernde religiöse Toleranz gefährdet. In der 1710/11 von ihm herausgegebenen Wochenzeitung der Regierung „The Examiner" eröffnete S. den Kampf gegen den Herzog von Marlborough (den Feldherrn der Koalition gegen Ludwig XIV. im Spanischen Erbfolgekrieg), dem er Geldgier und Mißachtung des Primats der zivilen vor der militärischen Gewalt zum Vorwurf machte. S.s Streitschrift „Das Verhalten der Verbündeten und des letzten Kabinetts beim Beginn und der Führung des gegenwärtigen Krieges" leitete den Sturz Marlboroughs ein. Als nach dem Utrechter Frieden die Gemeinsamkeiten der beiden Tory-Führer erschöpft waren, widmete sich S. als Parteihistoriker der Geschichte der letzten Jahre der Regierung Kö-

nigin Annas und als „Wit" dem Umgang mit den Mitgliedern des „Scriblerus"-Clubs (Pope, Gay, Arbuthnot), der gemeinsam durch die fiktiven Memoiren eines Martinus Scriblerus die gelehrsame Pedanterie entlarven sollte. Als Ersatz für den ihm von Königin Anna verweigerten Bischofssitz erhielt S. 1713 das Dekanat der Kathedrale von St. Patrick in Dublin. S.s vier Jahre London spiegeln sich im Brieftagebuch an seine in Irland gebliebene Freundin „Stella" (Esther Johnson).

Nach dem Tod der Königin, der hannoveranschen Thronfolge und dem Sturz der Tories zog sich S. ganz nach Irland zurück, das gegen nach Verfolgungen Schutz bot. Hier begann er sich für die irische Frage zu interessieren und wurde unbeabsichtigt zum Vorläufer der irischen Nationalbewegung. Vor allem die wirtschaftliche Benachteiligung, die aus den Iren „eine Nation der Holzfäller und Wasserträger" machte, und die rechtliche Ungleichheit von Iren und Engländern ließen ihn zur Waffe seiner gefürchteten Satiren greifen. 1724 erschien der erste seiner „Tuchhändler-Briefe" („The Drapier's Letters"), die gegen ein Patent zur Prägung von Kupfermünzen gerichtet waren und Unruhen auslösten, die schließlich zur Rücknahme des Patents führten. Die schärfste seiner Satiren war der „Bescheidene Vorschlag, wie man verhüten kann, daß die Kinder armer Leute ihren Eltern oder dem Lande zur Last fallen, und wie sie der Allgemeinheit nutzbar gemacht werden können" (1729).

1726 war S. erstmals wieder für längere Zeit in London. Er brachte aus Dublin die „Reisen in verschiedene ferne Länder der Welt von Lemuel Gulliver – erst Schiffsarzt, dann Kapitän mehrerer Schiffe" mit, eines der am meisten gelesenen Werke der Weltliteratur. Zwar wandelt sich in den „Reisen" Gulliver (von *gullible* – leichtgläubig) von einem naiven Optimisten zum Misanthropen, doch war Gulliver nicht mit S. identisch, der zwar die Vorstellung vom Menschen als *animal rationale* ablehnte, aber den Menschen doch als *rationis capax* ansah. Die satirische Attacke auf das England unter der Regierung Sir Robert Walpoles und dessen auf allgemeiner Käuflichkeit beruhenden „Robinocracy", die S. als Verfallserscheinung ansah, und die bitterböse Bestandsaufnahme der Conditio humana bedienen sich eines ganzen Arsenals satirischer Schockwirkungen. Dennoch nahmen die regierenden Whigs das Buch gelassen auf, da alle Anspielungen verschlüsselt waren. Das entsprach auch der Lage: Konnten sich unter Königin Anna die regierenden Tories offen und offensiv äußern, so mußten die opponierenden Tories unter Georg I. verschlüsselt und defensiv vorgehen. 1726 sammelte sich unter dem aus dem Exil zurückgekehrten Bolingbroke, der die Zeitschrift „The Craftsman" gründete, eine solche literarische Opposition aus den Mitgliedern des ehemaligen Scriblerus-Klubs: S. mit den „Reisen", A. Pope mit der „Dunciad", J. Gay mit den „Fables", denen bald die höchst erfolgreiche „Bettleroper" folgen sollte. Mit Pope gab Swift noch gemeinsame Gelegenheitsschriften, die „Miscellanies", heraus. In den späteren Jahren verschlimmerten sich seine Leiden, so daß er drei Jahre vor seinem Tode entmündigt wurde.

B.: *H. Treerink:* A Bibliography of the Writings of J. S., Philadelphia [2]1963; *M. Voigt:* S. and the Twentieth Century, Detroit 1964; *J. Stathis:* Bibliography of S. Studies 1945-65, Nashville 1967; *C. Lamont:* A Checklist of Critical and Bibliographical Writing on J. S. 1945-65, in: *A. N. Jeffares:* Fair Liberty Was All His Cry: A Tercentanary Tribute to J. S., London 1967; *L. A. Landa / J. E. Tobin:* J. S.: A List of Critical Studies Published from 1895 to 1945, New York 1975; *K. Schuhmann / J. Möller:* J. S. – Erträge der Forschung, Darmstadt 1981; Münster Symposium of J. S., München 1985.

S.: The Shakespeare Head Edition of the Prose Writings of J. S., hrsg. v. *H. Davis*, Bde. I-XIV, Oxford 1939-68; Poetical Works, hrsg. v. *H. Davis*, London 1967.

E.: Journal to Stella, hrsg. v. *H. Williams*, Bde. I-II, Oxford 1948; The Correspondance of J. S., hrsg. v. *dems.*, Bde. I-V, Oxford 1963-65.

Ü.: Ausgewählte Werke, hrsg. v. *R. Arnold / A. Schlösser / F. Baade*, Frankfurt a. M. 1972.

L.: *I. Ehrenpreis:* The Personality of J. S., London 1938; *A. E. Case:* Personal and Political Satire in „Gulliver's Travels", London 1945; *R. Quintana:* The Mind and Art of J. S., London 1953; *J. M. Murry:* J. S., a critical Biography, London 1954; *L. Landa:* S. and the Church of Ireland, Oxford 1954; *R. Quintana:* S., An Introduction, Oxford 1955; *M. Foot:* The Pen and the Sword, London 1958; *D. Johnston:* In Search of S., Dublin 1959; *I. Ehrenpreis:* S., The Man, His Works and the Age, Bde. I-II, London 1962-67; *P. Wolff-Windegg:* S., Stuttgart 1967; *R. I. Cook:* J. S. as a Tory Pamphleteer, Seattle 1967; *I. Cramnick:* Bolingbroke and His Circle, Cambridge (Mass.) 1968; *D. Donoghue:* J. S.: A Critical Introduction, Cambridge 1969; *J. O. Richards:*

Party Propaganda under Queen Anne, Athens 1972; *P. Rogers:* Hacks and Dunces. Pope, S. and Grub Street, London 1972; *A. L. Rowse:* J. S., Major Prophet, London 1975; *J. F. Wittkop:* J. S. in Selbstzeugnissen und Bildern, Reinbek 1976; *A. Carpenter:* The Irish Perspective of J. S., Wuppertal 1978; *J. A. Downie:* Robert Harley and the Press: Propaganda and Public Opinion in the Age of S. and Defoe, Cambridge 1979; *A. C. Elias:* S. at Moor Park, Philadelphia 1982; *F. P. Lock:* S.'s Tory Politics, Newark 1983; *J. A. Downie:* J. S., Political Writer, London 1984.

– S-N

Symbolik, konservative

Die konservative S. hat ihren Ursprung in der dynastischen Anhänglichkeit und dem Festhalten an den Traditionen des historischen Gemeinwesens. Ein typisches Beispiel dafür waren schon die *loyalists* während der amerikanischen Revolution, die sich weigerten, das revolutionäre Sternenbanner an Stelle der britischen Flagge aufzuziehen. Noch dramatischer spielte sich ein „Flaggenstreit" während der Französischen Revolution ab: Die Gegner des Umsturzes trugen – entsprechend den Farben des Hauses Bourbon – als äußere Kennzeichen weiße Schärpen, Blumen oder Kokarden sowie die königlichen Lilien. Je heftiger der Konflikt zwischen Revolution und Konterrevolution wurde – insbesondere während der Kämpfe in der Vendée –, desto weiter gingen die Royalisten bei der Übernahme von S.-Mustern des Gegners; nicht allein, indem sie seine Lieder und Parolen persiflierten oder umdeuteten („vivre libre ou mourir"), sondern auch indem sie ähnliche Formen der Zeichenpropaganda betrieben.

Die politische S. der französischen Revolutionäre (v.a. Trikolore, phrygische Mütze, Fasces, Freiheitsbaum) entwickelte in der ersten Hälfte des 19. Jhdt.s einen internationalen Charakter und wurde im Vormärz auch von der deutschen liberalen Nationalbewegung übernommen. Dementsprechend verboten die Regierungen der Bundesstaaten das Tragen der Farben Schwarz-Rot-Gold, die in Anlehnung an die Uniform des Lützowschen Freikorps nach dem Ende der Befreiungskriege entstanden waren und sich seit Beginn der 1830er Jahre immer stärker als symbolischer Ausdruck des Verlangens nach Einheit und Konstitution durchsetzen konnten. In der Anfangsphase der Revolution von 1848/

49 versuchte die konservative Gegenseite durch Rekurs auf die S. eines traditionellen Patriotismus (in Preußen z.B. das Eiserne Kreuz, →Kreuzzeitung), die Landesfarben und die Propagierung des entsprechenden Liedgutes („Ich bin ein Preuße, kennst du meine Farben…") gegenzusteuern, allerdings ohne Erfolg. Erst die faktische Niederlage der Revolution führte dazu, daß der „deutsche Dreifarb" an Popularität verlor. Er blieb allerdings weiterhin Abzeichen der Großdeutschen; wegen der traditionellen romantischen Fehldeutung von Schwarz-Rot-Gold (als Fahne des alten Reiches entsprechend den Tinkturen des Adlerwappens) wurde hier – jedenfalls in Österreich – auch eine konservative Rezeption möglich.

Die mit der Gründung des Norddeutschen Bundes, 1867, eingeführten Farben Schwarz-Weiß-Rot waren als Unions-Flagge, aber nicht als Nationalflagge gedacht. Unter den verschiedenen Deutungen, die →Bismarck selbst in Umlauf gesetzt hat, erscheint die am plausibelsten, derzufolge es sich um eine Kombination des preußischen Schwarz-Weiß und des hanseatischen Weiß-Rot handelte. Durch den siegreichen Krieg gegen Frankreich von 1870/71 und die allmähliche Öffnung der Konservativen für den Nationalgedanken wurde Schwarz-Weiß-Rot schließlich auch zur Parteifahne derer, die sich als „Reichsfreunde" gegen das Schwarz-Rot-Gold der liberalen und das Rot der sozialistischen „Reichsfeinde" wandten. Zur konservativen S.-Propaganda gehörte in dieser Zeit aber auch die Errichtung von Denkmälern, die einerseits Traditionen der liberalen Nationaldenkmal-Bewegung des Vormärz aufnahmen, andererseits schon über deren Vorstellungen hinausgingen. In diesem Zusammenhang wären v.a. die monarchischen Standbilder zu nennen, aber auch die seit den 1890er Jahren errichteten Bismarck-Säulen und das erst 1913 fertiggestellte Völkerschlacht-Denkmal in Leipzig, das den Versuch einer neuartigen Massenintegration zum Ausdruck brachte. Schließlich war in konservativen Kreisen auch die durch Wilhelm II. selbst propagierte Figur des hl. Michael als alt-neuer Nationalheiliger besonders populär.

Tatsächlich kann von einem vollständigen Durchsetzen der Anerkennung von Schwarz-Weiß-Rot als Nationalfarbe erst mit dem Ausbruch des Weltkrieges gesprochen werden. Die Motivation für den Flaggenwechsel nach der Niederlage von 1918, nämlich der vor allem von der alldeutschen Rechten befürwortete und dort auch gewünschte Beitritt Österreichs zum Reich, erlosch nach dem von den Siegermächten ausgesprochenen Anschluß-Verbot. Dementsprechend wandte sich die Mehrheit der Bürgerlichen (→DNVP, DVP, der größere Teil der DDP-Abgeordneten) in der Nationalversammlung von 1919 gegen die Einführung der Reichsfarben Schwarz-Rot-Gold, die jetzt mit dem (wenig glaubwürdigen) Hinweis auf die Revolution von 1848 gerechtfertigt wurde. Auch der Entwurf einer Handelsflagge Schwarz-Weiß-Rot mit einem Obereck in Schwarz-Rot-Gold als Kompromißangebot konnte nicht befriedigen.

Der „Flaggenstreit" der zwanziger Jahre fand die Konservativen, ob Monarchisten oder nicht, auf der Seite von Schwarz-Weiß-Rot; wie man überhaupt traditionellen Emblemen (etwa der Kornblume als Lieblingsblume der Königin Luise bzw. Wilhelms I.) oder Gestalten der Geschichte (Friedrich dem Großen, Bismarck) einen besonderen Symbolwert zusprach. Das galt prinzipiell auch für die Gruppen der →Konservativen Revolution, die – vielleicht mit Ausnahme der schwarzen Fahne des nationalen Protests – keine eigenständige S. hervorbrachte, jedenfalls keine, die mit der Dynamik und der Modernität von Kommunisten und Nationalsozialisten auf diesem Feld hätte konkurrieren können. Die Versuche – vor allem aus gemäßigt bürgerlichen Kreisen –, eine „Reichseinheitsflagge" (oft unter Rückgriff auf das Adlermotiv) zu schaffen, kamen schon zu spät.

Durch die vorläufige Regelung der Flaggenfrage im März 1933, die Schwarz-Weiß-Rot und Hakenkreuzflagge als Nationalfarben nebeneinander bestehen ließ, schien das Problem gelöst zu sein. Allerdings zeigte sich hier, wie auf allen anderen Gebieten, daß das NS-Regime nur eine konservative Camouflage betrieb. Auf dem Parteitag von 1935 wurde dann die Parteifahne der NSDAP zur einzigen Nationalflagge erhoben. Das Zeigen der alten Farben, vor allem der Reichskriegsflagge, galt jetzt als Ausweis einer verdächtigen „reaktionären" Gesinnung.

Im Zusammenhang mit den Planungen des

konservativen →Widerstands wurden von J. Wirmer, einem Mitglied des →„Kreisauer Kreises", auch Entwürfe für eine neue Fahne angefertigt. Dabei wollte man eine Wiederholung der Auseinandersetzungen in der Weimarer Republik vermeiden und wich in den Vorschlag einer Kreuzflagge aus (ein schwarzes, lateinisches Kreuz, golden gefaßt, auf rotem Grund). Mit dem Scheitern des 20. Juli 1944 kam dieser Plan nicht zur Ausführung, obwohl auf dem westdeutschen „Verfassungskonvent" vom August 1948 ein Teil der Bürgerlichen für die Einführung einer entsprechenden neuen Nationalflagge plädierte. Dafür fand sich allerdings keine Mehrheit, so daß das Muster nur in den Parteifahnen von CDU und FDP während der fünfziger und sechziger Jahre modifiziert überlebte.

Wie H. →Zehrer und O. Schmidt-Hannover schon in ihrem „Manifest der Konservativen" unmittelbar nach Kriegsende gefordert hatten, trat ein großer Teil der Konservativen in den Westzonen bzw. der Bundesrepublik weiter für Schwarz-Weiß-Rot ein, dabei der Unterstützung eines nicht unerheblichen Teils der Bevölkerung (nach Umfragen in den fünfziger Jahren etwa 25%) gewiß. Die →DP wie die anfangs stark nationalliberal orientierte FDP hielten Zusammenkünfte ihrer Organisationen ab, bei denen die alten Reichsfarben gezeigt wurden. Das änderte sich mit der zunehmenden Stabilisierung und Normalisierung der Bundesrepublik, wodurch Schwarz-Rot-Gold allgemein als S. der Nation und ihrer zukünftigen Einheit anerkannt wurde – ein Prozeß, der durch die Wiedervereinigung, die von Anfang an unter den Farben Schwarz-Rot-Gold stattfand, nur bestätigt wurde.

L.: *E. Zechlin:* Schwarz Rot Gold und Schwarz Weiß Rot in Geschichte und Gegenwart, Berlin 1926; *V. Valentin / O. Neubecker:* Die deutschen Farben, Leipzig 1928; *ders.:* Fahnen und Flaggen, Leipzig 1938; *A. Rabbow:* dtv-Lexikon politischer Symbole, München 1970; *K. Weißmann:* Zeichen des Reiches – Symbole der Deutschen, Asendorf 1989; *ders.:* Schwarze Fahnen – Runenzeichen. Die Entwicklung der politischen Symbolik der deutschen Rechten zwischen 1890 und 1945, Düsseldorf 1991.

– W

T

Taaffe, Eduard Graf von

* 24. 2. 1833 Wien; † 29. 11. 1895 Ellischau
(Böhmen). Österreichischer Staatsmann. Aus
alter irischer Familie stammend, studierte der
Sohn des Grafen Ludwig T. (1848 Justizminister, später Präsident des obersten Gerichts-
und Cassationshofes) Rechtswissenschaften
an der Universität Wien und trat (schon 1850
Ehrenritter des souveränen Johanniteror-
dens) 1857 in den österreichischen Staatsdienst. Nach diversen Tätigkeiten bei der niederösterreichischen Statthalterei, der Be-
zirkshauptmannschaft Wiener Neustadt und
den Statthaltereien in Ungarn und Böhmen
wurde T. 1863 Landespräsident von Salzburg
und 1867 Statthalter von Oberösterreich.
Kurz darauf wurde T. nach →Belcredis Demission am 7. 2. 1867 Innenminister, gleichzeitig Geheimer Rat. Vom 22. 6. bis 30. 12.
1867 war T. auch interimistischer Regierungschef. Unter dem neuen Ministerpräsidenten Auersperg übernahm T. zunächst am
1. 1. 1868 das neu errichtete Ministerium für
Landesverteidigung und öffentliche Sicherheit. Ab 26. 9. 1868 provisorischer Chef der
Regierung, trat T. am 17. 4. 1869 unter Beibehaltung des genannten Ressorts das Amt des
Ministerpräsidenten stellvertretend an. Allerdings war die Regierung durch innere Querelen belastet, wobei T. der föderalistischen
(d.h. gegen deutschliberale Bestrebungen
eher slawophil orientierten) Minderheit zuzurechnen war. Diese Fraktion wurde am 15.
1. 1870 vom Kaiser entlassen. Schon am 12. 4.
1870 trat T. als Minister des Innern, zugleich
der Landesverteidigung und der öffentlichen
Sicherheit, wieder in die Regierung ein. Am 4.
2. 1871 wurde dieses Ministerium durch die
Regierung →Hohenwart abgelöst.

1874 wurde T. lebenslängliches Mitglied
des Herrenhauses, 1878 Ritter des Goldenen
Vlieses. Er wirkte nun (seit Februar 1871) als
Statthalter von Tirol. Am 15. 1. 1879 wieder
Innenminister, wurde er am 12. 8. d. J. vom
Kaiser mit der Regierungsbildung beauftragt,
wobei er das Innenministerium behielt. T.
stützte sich vor allem auf die Kurie des Großgrundbesitzes, doch entsandten bis Mai 1880
auch die Deutschliberalen Vertreter in seine
Regierung. Nachdem es T. gelungen war, die

Tschechen durch Zugeständnisse zur Aufgabe ihrer strikten Oppositionspolitik zu bewegen, mußte er auf diese Unterstützung von
nun an verzichten. In der Folge regierte T.,
gestützt auf die Feudal-Konservativen, die
Klerikalen und die Slawen (Polen und Tschechen), gegen das deutsche Element. Diese Koalition ging unter der Bezeichnung „Eiserner
Ring" in die Geschichte ein.

Trotz vehementer liberaler Opposition
konnte T. am 17. 6. 1883 sein Sozialwerk beginnen: Die neu eingerichteten Gewerbein-
spektorate zur Überwachung der zum Schutz
der Arbeiter erlassenen Gesetze – so hinsichtlich der Arbeitsräume, eines maximal elfstün-
digen Arbeitstages, der Sonntagsruhe, eines
angemessenen Lohnes sowie Jugend- und
Frauenarbeitsbestimmungen – stellten noch
lange eine Pionierleistung dar. Die Aus-
gleichskonferenzen von 1890 führten zu einer
Annäherung, doch die Agitation der „Jung-
tschechen" stellte die Ergebnisse dieser Bemühungen bald in Frage. Auf finanz-, wirt-
schafts- und sozialpolitischem Gebiet konnte
T. hingegen beachtenswerte Erfolge erzielen:
Durch die Valutareform gelangen der Übergang zur Goldwährung und die Sanierung des
Staatshaushalts. Die versuchte Wahlrechtsreform vom Oktober 1893, ein Schritt in Richtung Demokratisierung, wurde hingegen von
den Liberalen (der Partei der besitzenden
Bourgeoisie) zu Fall gebracht. Am 29. 10.
1893 nahm T. seinen Abschied – auch weil der
tschechische Nationalismus die moderate
Nationalitätenpolitik T.s hintertrieb. Wiewohl sich das persönlich gute Verhältnis zu
Kaiser Franz Joseph nicht änderte, starb T.
1895 verbittert auf seinem Gut in Ellischau.

T. hatte sich selbst als „Kaiser-Minister"
definiert, da er den Dienst für den Monarchen
– die beiden Männer waren seit Kindheitsta-
gen persönlich bekannt und wurden von der
Geschichtsschreibung auch in ihrer politischen Weltanschauung miteinander verglichen – als seine höchste Aufgabe erkannte.
Das Vertrauen des Kaisers wiederum
schützte ihn vor den Anfeindungen des liberal gesinnten Kronprinzen. Als über die Tagespolitik hinausdenkender Staatsmann förderte T. auch die Objektivität des Verwal-
tungsapparates durch die forcierte gesetzliche
Verankerung eines unabhängigen, überparteilichen Beamtentums. Der humorbegabte

konservative Politiker, dessen ironische Aussprüche (wie jener vom „Fortwursteln" als politischer Maxime) seine Generation bei weitem überdauerten, hatte lange Jahre hindurch versucht, durch eine geschickte Sozial- und Nationalitätenpolitik die österreichisch-ungarische Monarchie zu retten: Wie diese scheiterte er letztlich an den Radikalismen der Zeit.

L.: *C. v. Wurzbach:* Biographisches Lexikon des Kaiserthums Oesterreich, Bd. XLII, Wien 1881, S. 295-99; *P. Molisch:* Briefe zur deutschen Politik in Österreich von 1848 bis 1918, Wien – Leipzig 1934, S. 229-314; *R. Charmatz:* Lebensbilder aus der Geschichte Österreichs, Wien 1947, S. 124-41; *F. Lerch:* Die Konservativen und die österreichische soziale Gesetzgebung in der Ära T., phil. Diss. Wien 1948; *G. Beck:* Die Persönlichkeit des Grafen E. T., phil. Diss. Wien 1949; *W. Knarr:* Das Ministerium des Grafen T. und die soziale Frage, phil. Diss. Wien 1949; *H. Hantsch:* Graf E. T. (1833-95), in: Gestalter der Geschicke Österreichs, hrsg. v. dems., Wien – München 1962, S. 447-56; *W. A. Jenks:* Austria under the Iron Ring, 1879-93, Charlottesville 1965; *A. Wandruszka / P. Urbanitsch* (Hrsg.): Die Habsburgermonarchie 1848-1918, Bd. III, Wien 1980; *E. Rutkowski* (Hrsg.): Briefe und Dokumente zur Geschichte der österreichisch-ungarischen Monarchie unter besonderer Berücksichtigung des böhmisch-mährischen Raumes, T. 1: Der verfassungstreue Großgrundbesitz 1880-99, München – Wien 1983.

– Ri

Taine, Hippolyte

* 21. 4. 1828 Vouziers; † 5. 3. 1893 Paris. T., Sohn eines frühverstorbenen Advokaten, entstammte einer anglophilen Beamtenfamilie. 1841-48 besuchte er das Collège de Bourbon in Paris, anschließend bis 1851 die École normale supérieure, die er als Jahrgangsbester, versehen mit umfassenden philosophischen Kenntnissen, verließ. 1853 promovierte er zum *Docteur es lettres* mit zwei Abhandlungen: einer lateinisch abgefaßten Arbeit über die Personen der platonischen Dialoge und der Studie „La Fontaine und seine Fabeln". Während des Zweiten Kaiserreichs wurde es für T. schwierig, im weitgehend klerikal bestimmten französischen Schulwesen Fuß zu fassen; zeitweilig mußte er sich – trotz herausragender Leistungen – seinen Lebensunterhalt mit Privatunterricht und journalistischen Veröffentlichungen verdienen. Nach einer Reihe bedeutender und stark beachteter Publikationen zur Literaturgeschichte und zur Philosophie sowie viel gelesener Reiseberichte wurde T. 1863 zum Examinator für deutsche Sprache und französische Literatur an der Militärakademie von Saint-Cyr ernannt. 1865 infolge von Intrigen entlassen, erhielt T. durch Fürsprache der Prinzessin Mathilde Bonaparte noch im gleichen Jahr einen Lehrstuhl für Ästhetik und Kunstgeschichte an der Schule der Schönen Künste in Paris. Hier entfaltete er eine ausgedehnte Lehrtätigkeit; seine vielbesuchten Vorlesungen und die hieraus erwachsenden Bücher (insbesondere seine „Philosophie de l'art") sollten die kommende Generation des geistigen Frankreich nachhaltig prägen.

Als Gelehrter, d.h. vor allem als Literatur- und Kunsthistoriker sowie als Philosoph, war T. stark vom wissenschaftlichen Positivismus geprägt. Er glaubte, daß es möglich sei, die Geisteswissenschaften am methodischen Ideal der Naturwissenschaften ausrichten zu können, und strebte nach der Ermittlung von „Gesetzen" auf diesen Gebieten. In der Einleitung zu seinem ersten Hauptwerk, der fünfbändigen „Geschichte der englischen Literatur", wie auch in der Vorrede zu seiner ersten Essay-Sammlung skizzierte er seinen methodischen Ansatz, in dem er davon ausging, „daß die Dinge in der Moral wie in der Physik ihre Folgen und Ursachen haben"; diese seien zu ermitteln und auf den Begriff zu bringen: „Einerlei, ob die Lebensäußerungen physisch oder geistig sind, sie haben immer eine Ursache. So der Ehrgeiz, der Mut, die Wahrhaftigkeit, wie die Verdauung, die Muskelbewegung, die tierische Wärme. Das Laster und die Tugend sind Produkte wie Vitriol und Zucker." Die drei Hauptfragen, die ein Wissenschaftler zu stellen habe, der das Werk etwa eines bedeutenden Künstlers, Schriftstellers oder auch Politikers untersuche, seien diejenigen nach „Rasse", „Milieu" und „Moment". Die erste Frage richte sich nach der Herkunft der betreffenden Persönlichkeit, nach ihren Vorfahren, Erbanlagen und ihrer Volkszugehörigkeit. Die zweite befasse sich mit ihren Lebensumständen, ihrem Bildungsgang und der Stellung, die sie in der Gesellschaft einnahm. Die dritte Frage schließlich richte sich auf die historische Epoche, in der sie lebte und wirkte; gefragt werde hier nach den Eigentümlichkeiten und Tendenzen der Zeit, dem Stand der geistigen Entwicklung und den Möglichkeiten menschlichen Handelns. Für T. stand fest, daß auch die Geschichtswissenschaft „durch eine Folge von gut ausgeführten Forschungen die Ursachen der großen menschlichen Ereignisse feststellen kann, ich meine die Umstände, die notwendig sind für die Erscheinung, die Dauer oder Zerstörung der verschiedenen Formen der Gesellschaft, des Denkens und des Handelns." Diesen Ansatz hat T. allerdings nicht immer streng durchgehalten; wenn seine Bücher hohe Auflagen erzielten, dann nicht wegen seiner Theorie, sondern vor allem wegen der Brillanz seines Stils und seiner – von den Zeitgenossen bewunderten – facettenreichen und lebensvollen Darstellungskunst.

Bis 1870 hatte sich T. verhältnismäßig wenig für Politik interessiert; seine politischen Ideale scheinen – wie diejenigen führender französischer Liberal-Konservativer der Zeit von Guizot bis →Tocqueville – durch die als vorbildlich angesehenen angelsächsischen Traditionen und Institutionen geprägt worden zu sein. Dies änderte sich allerdings mit dem deutsch-französischen Krieg; das Erlebnis des Zusammenbruchs des Zweiten Kaiserreichs und der Pariser Kommune lösten in T. eine tiefgreifende Wandlung aus: Nun war „der aufgeklärte Skeptiker… zu einem rückwärtsgewandten Pessimisten geworden, der Soziologe zum Moralisten, der Anatom zum Arzt, der Ästhetiker zum Politiker" (R. Stadelmann). 1870 betätigte sich T. erstmals als politischer Publizist, er verfaßte Flugblätter für deutsche Soldaten sowie Zeitungsartikel für die englische Presse, mit denen die öffentliche Meinung Großbritanniens zugunsten Frankreichs beeinflußt werden sollte.

Nach der Niederlage und dem erneuten politischen Kontinuitätsbruch in der jüngsten französischen Geschichte verabschiedete sich T. von den Gegenständen seiner bisherigen wissenschaftlichen Tätigkeit und wandte sich ganz einem umfassenden historisch-politischen Werk zu, das – mit den Mitteln strengster wissenschaftlicher Analyse – den eigentlichen Ursachen der wiederholten Katastrophen Frankreichs zwischen 1789 und 1870 nachspüren sollte. Sein zweites Hauptwerk, das er jedoch nicht mehr vollenden konnte, erschien seit 1876 in sechs umfangreichen Bänden unter dem Titel „Les origines de la France contemporaine". Ausgehend von einer umfassenden Analyse des Ancien régime gelangte T. (wie vor ihm schon Tocqueville) zu der Auffassung, die Revolution sei bereits in der grundverfehlten Politik der Ära vor 1789 angelegt gewesen. Den Verlauf der Revolution stellte T. als politische Pathologie, als Krankengeschichte einer von inneren und äußeren Krisen heftig gepeinigten Nation, dar. Diese Grundtendenz und vor allem seine in aller Schärfe geführte Abrechnung mit den Ideen und der Praxis der Jakobiner ließen T. bereits zu Lebzeiten (und erst recht nach seinem Tode) zum Haßobjekt aller Verteidiger der Revolution, insbesondere der marxistischen Revolutionshistoriker des 20. Jhdt.s, werden.

1873 hatte sich T., auch aus gesundheitlichen Gründen, nach Menthon St. Bernard in Savoyen zurückgezogen, wo er die beiden letzten Jahrzehnte seines Lebens in zurückgezogener, ganz der Vollendung seines Hauptwerks gewidmeter Arbeit verbrachte. 1893 starb er in Paris an den Folgen einer schweren Diabetes.

S.: De personis Platonicis commentationem, Paris 1853; Essai sur les fables de La Fontaine, Paris 1853; Voyage aux eaux de Pyrénées, Paris 1855; Essai sur Tite Live, Paris 1856; Les Philosophes françaises du XIXe siècle, Paris 1857; Essais de critique et d'histoire, Paris 1858; Histoire de la littérature anglaise, Bde. I-IV, Paris 1863-64; Nouveaux essais de critique et d'histoire, Paris 1865; Voyages en Italie, Bde. I-II, Paris 1866; Notes sur Paris. Vie et opinions de M. Frédéric Thomas Graindorge, Paris 1867; De l'intelligence, Bde. I-II, Paris 1870; Du suffrage universel et la manière de voter, Paris 1872; Notes sur l'Angleterre, Paris 1872; Les origines de la France contemporaine, Bd. I: L'Ancien régime, Paris 1876, Bd. II/1: La Révolution – L'Anarchie, Paris 1878, Bd. II/2: La Révolution – La Conquête jacobine, Paris 1881, Bd. II/3: La Révolution – La Conquête révolutionnaire, Paris 1885, Bd. III/1: Le Régime moderne – Napoléon Bonaparte, Paris 1891, Bd. III/2: Le Régime moderne – L'Eglise, l'École, Paris 1894; Philosophie de l'art, Bde. I-II, Paris 1881.

E.: Derniers essais de critique et de l'histoire, Paris 1894; Carnets de voyage. Notes sur la province 1863-65, Paris 1897; H. T. – Sa vie et sa correspondance, Bde. I-IV, Paris 1902-07; Étienne Mayran, fragments. Préface de P. Bourget, Paris 1910; Voyage en Allemagne (1870), Paris 1920.

L.: G. Brandes: Den Franske Aesthetik i vore dage. En afhandling om H. T., Kopenhagen 1870; A. de Margerie: H. T., Paris 1894; V. Giraud: Essai sur T., son œuvre et son influence, Fribourg – Paris 1901; P. Bourget: T., in: ders.: Psychologische Abhandlungen über zeitgenössische Schriftsteller, Minden 1903, S. 151-215; *A. Aulard:* T., historien de la révolution française, Paris 1907; *O. Petrovich:* H. T. historien littéraire du XVIIe siècle, Paris 1907; *A. Laborde-Milaà:* H. T., Paris 1909; *P. Lacombe:* T., historien et sociologue, Paris 1909; *O. Engel:* Der Einfluß Hegels auf die Gedankenwelt H. T.s, Stuttgart 1920; *F. Jean-Desthieux:* T., son œuvre, Paris 1923; *K. Murray:* T. und die englische Romantik, München – Leipzig 1924; *V. Giraud:* H. T. Etudes et documents, Paris 1928; *D. D. Rosca:* L'influence de Hegel sur T., Paris 1928; *H. Gmelin:* Französische Geistesform in Sainte-Beuve, Renan und T., Berlin 1934; *K. de Schaepdryver:* H. T. – Essai sur l'unité de sa pensée, Paris 1938; *R. Stadelmann:* T. und die Gedankenwelt des französischen Bürgertums, in: *ders.:* Vom Erbe der Neuzeit, Bd. I, Leipzig 1942, S. 70-143; *ders.:* T. und das Problem des geschichtlichen Verfalls, in: Historische Zeitschrift 167 (1943), S. 116-35; *G. Castiglioni:* T., Brescia 1945; *F. Melin:* Les idées politiques de T., Montpellier 1949; *A. Cresson:* H. T., Paris 1951; *S. J. Kahn:* Science and Aesthetic Judgement. A Study in T.'s Critical Method, New York 1953; *A. Chevrillon:* Portrait de T., Paris 1958; *S. Jeune:* Poésie et système. T., interprète de La Fontaine, Paris 1968; *C.-O. Carbonell:* Histoire et historiens. Une mutation idéologique des historiens français 1865-85, Toulouse 1976.

– K

Tat-Kreis

„Die Tat" wurde 1909 als Monatszeitschrift von den Brüdern Ernst und August Horneffer gegründet. Die beiden wollten ein selbständiges Organ für die Nietzscheaner und verschiedene freireligiöse Gruppen schaffen, aber bereits drei Jahre später ging die „Tat" in den Besitz von E. Diederichs über und wurde nach dessen Verlagsprogramm ausgerichtet. Unter den lebensreformerischen und – im weitesten Sinne – „völkischen" Zeitschriften nahm die „Tat" wegen ihres Niveaus einen besonderen Rang ein, aber eine weitergehende Bedeutung besaß sie weder vor noch nach dem Weltkrieg. Das änderte sich erst, als im Oktober 1929 H. →Zehrer ihre Leitung und dann auch die Herausgeberschaft übernahm. Der Untertitel der „Tat" wurde in bezeichnender Weise abgeändert: von „Monatsschrift für die Zukunft deutscher Kultur" zu „Monatsschrift zur Gestaltung neuer Wirklichkeit". Zehrer veränderte den Stil der „neuen Tat" vollständig. Die eher betulichen und bildenden Beiträge verschwanden, auch die Reste der Wandervogel-Haltung; an ihre Stelle traten massive Politisierung und prophetischer Gestus, verbun-

den mit dem Anspruch, die weitere Entwicklung Deutschlands absehen und die dabei auftretenden Schwierigkeiten lösen zu können.

Zehrer zog eine Gruppe von Mitarbeitern heran, die ihm persönlich verbunden waren und ihn in seinem Vorhaben unterstützten, die „Tat" zum Organ jener heimatlosen Intelligenz zu machen, die sich weder der Republik noch ihren Feinden auf der Linken oder Rechten ganz zugehörig fühlte. Das waren der Wirtschaftsjournalist F. F. Zimmermann (Pseudonym: Ferdinand Fried), der Pädagoge H. Grüneberg, der Militärspezialist F. W. von Oertzen sowie die noch jugendlichen Universitätsassistenten E. W. →Eschmann (Pseudonym: Leopold Dingräve), ein Schüler des Soziologen Alfred Weber, und G. Wirsing, der aus dem Umfeld des Nationalökonomen C. Brinkmann kam. Eher am Rande stand der spätere Romanschriftsteller C. Rothe. Als Autoren gewann Zehrer außerdem P. Fechter, A. Kantorowicz, Graf Brockdorff-Rantzau, H.-J. →Schoeps, H. Hauser, W. Sombart, E. Saemisch, W. Beumelburg und F. →Sieburg.

Den T.-K. im eigentlichen Sinne bildeten Zehrer selbst, Zimmermann, Eschmann und Wirsing. Sie trugen in wesentlichen dazu bei, daß die „Tat" zwischen 1929 und 1932 „unter den deutschen politischen Monatsschriften… die bedeutendste gewesen ist" (K. Sontheimer). Innenpolitisch hoffte man auf die katalytische Wirkung der großen Krise, die sich bereits abzeichnete, und die die Voraussetzung für eine „totale" Neuordnung Deutschlands schaffen würde. Die Mittelschichten sollten die notwendige Transformation tragen, in eine revolutionäre Rolle gedrängt, weil sie sonst fürchten mußten, im „liberalen System" zwischen „Masse" und „Kapital" zerrieben zu werden. Ohne daß eine präzise Staatsvorstellung entwickelt worden wäre, kennzeichnete man das künftige System als elitäre, „nationale Demokratie", die von einer kommissarischen „Diktatur" lediglich vorzubereiten sei. Ein Gedankengang, der nicht ganz zufällig an C. →Schmitt erinnert, auf den sich Zehrer und Grüneberg häufig bezogen und von dem sie auch die Vorstellung übernahmen, daß „auctoritas" (der Reichspräsident) und „potestas" (die Reichswehr), getragen vom „Volkswillen", den Übergang zum neuen Staat decken müßten. Der sollte den Primat des Politischen gegen die Übermacht der Gesellschaft durchsetzen und auch in wirtschaftlicher Hinsicht souverän sein. Wobei die Skepsis gegenüber dem freien Markt bei Fried zu Vorstellungen von einem korporativen System führten, das er sich als „antikapitalistisch" und von der Weltwirtschaft abgeschlossen dachte. Die von ihm propagierte „Autarkie" war allerdings nicht rein nationalwirtschaftlich gemeint, da Wirsing – der außenpolitische Kopf des T.-K.es – gleichzeitig eine Variante der in Deutschland auch sonst verbreiteten Mitteleuropa-Modelle entwickelte. Wirsing dachte daran, die Staaten „Zwischeneuropas" in einer Föderation mit dem Reich zusammenzuschließen und vor allem den Südosten des Kontinents als agrarischen Ergänzungsraum für den deutschen Industriestaat zu nutzen. Wie Wirsing, wurde Fried bei seinen Thesen auch durch die soziologischen Studien von Eschmann unterstützt, der sich mit Hinweis auf Pareto und →Michels und Erfahrungen im faschistischen Italien gleichfalls für eine berufsständische Reorganisation der Gesellschaft aussprach.

Die Auflage der „Tat" stieg zwischen 1929 und 1932 von 1.000 auf mehr als 30.000 Exemplare. Ihr Einfluß und der Einfluß des T.-K.es ging vor allem auf die Funktion als „Sammelplatz der jüngeren nationalen Bewegung" (E. R. Curtius) zurück. Trotzdem wird man die unmittelbare politische Wirksamkeit eher skeptisch beurteilen müssen. Zehrers Grundgedanke – die Bildung einer „Dritten Front" vom Strasser-Flügel der NSDAP über die Landvolkbewegung, die Kirchen und die Bünde bis zu den Gewerkschaften – hatte nur in der kurzen Zeit der Regierung Schleicher Aussicht auf Erfolg. Die Verbindung zwischen dem T.-K. und Schleicher bzw. der Reichswehrführung war seit 1929 über Oertzen und dann den Zahnarzt H. Elbrechter, der zum weiteren T.-K. gehörte, aufgebaut worden, blieb aber lange Zeit beeinträchtigt von der Ablehnung Papens durch Zehrer. Beratende Gespräche zwischen Zehrer und Schleicher hat es wahrscheinlich gegeben, wie weit der unmittelbare Einfluß ging, ist schwer zu klären. Bemühungen des T.-K.es, darüber hinaus mit der im Herbst 1932 erworbenen Zeitung „Tägliche Rundschau" Massenwirksamkeit zu entfalten, scheiterten (die Auflage stieg nie über 10.000 Exemplare) ebenso wie die Versuche, die in mehreren Städten entstandenen „Tat"-Leserkreise (zwischen 800 und 900), die durch „Tatkreis-Briefe" mit der Redaktion verbunden waren, zur Basis einer organisatorisch selbständigen „jungen Front" zu machen.

Die eher snobistische Einstellung des T.-K.es zu Hitler und zum Nationalsozialismus – einer „Bewegung", der höchstens zugestanden wurde, daß sie eine „Bresche" geschlagen habe – war zwar typisch für viele Intellektuelle aus dem Lager der →Konservativen Revolution, wirkte sich aber um so fataler aus, als die „Tat" einen Einfluß wie sonst keine der Zeitschriften aus diesem weltanschaulichen Sektor besaß. Die „Tat" durfte nach der „Machtergreifung" Hitlers zwar weiter erscheinen, ihr Anpassungskurs konnte aber nicht verhindern, daß sie von den neuen Machthabern mit Mißtrauen beobachtet wurde. Der T.-K. löste sich infolge der Absetzung Zehrers als Herausgeber im Oktober 1933 praktisch auf. Die Zeitschrift existierte noch bis 1939 weiter, hatte sich aber im Grunde überlebt. Danach erhielt sie unter der Leitung von Wirsing und Eschmann einen neuen Titel – „Das XX. Jahrhundert" – und ein verändertes Gesicht. Unter den Bedingungen des Krieges wurde „Das XX. Jhdt." 1944 eingestellt.

L.: *H. B. Brunzel:* Die „Tat" 1918-33, phil. Diss. Bonn 1952; *K. Sontheimer:* Der T.-K., in: Vierteljahreshefte für Zeitgeschichte, 7 (1959), S. 239-60; *E. Demant:* Hans Zehrer als politischer Publizist, Mainz 1971; *H. Hecker:* Die Tat und ihr Osteuropa-Bild 1909-39, Köln 1974; *K. Fritzsche:* Politische Romantik und Gegenrevolution. Fluchtwege in der Krise der bürgerlichen Gesellschaft: Das Beispiel des „T.-K.es", Frankfurt a. M. 1976.

– W

Thomas von Aquin

* 1225/26 Roccasecca bei Aquino; † 7. 3. 1274 Kloster Fossanova. Der größte konservative Theologe und Philosoph des Mittelalters. Als vierter Sohn des Grafen von Aquin (bei Neapel) geboren, mütterlicherseits aus normannisch-fürstlichem Geblüt, kommt er mit fünf Jahren zur Erziehung in die Benediktinerabtei von Monte Cassino. Mit vierzehn bezieht er die Artistenfakultät von Neapel und wird hier durch Petrus von Hibernia in die aristotelische Philosophie eingeführt. 1244 tritt er in den Dominikanerorden ein, der ihm das Studium in Paris und Köln bei Albertus Magnus ermöglicht. 1252 beginnt T. seine eigene Lehrtätigkeit in Paris, 1257 wird er dort Professor für Theologie. 1259 wird er an die römische Kurie gerufen und *lector curiae*; 1269 kehrt er nach Paris zurück. 1272 vom Ordensgeneral mit dem Aufbau eines *studium generale* in Neapel betraut, wird T. 1274 durch Gregor X. zum Konzil nach Lyon berufen, das die römisch-katholische Kirche mit der griechisch-orthodoxen Kirche vereinigen soll. Auf der Reise nach Lyon erkrankt, stirbt T. in der Zisterzienserabtei Fossanova. Bereits 1323 wird er heiliggesprochen, 1567 wird er Kirchenlehrer, 1879 macht ihn →Leo XIII. zum offiziellen katholischen Kirchenphilosophen; seit langem gilt er als „gemeinsamer Lehrer" aller katholisch-theologischen Richtungen und Schulen.

Geistesgeschichtlich ist sein Werk aus dem Zusammenstoß des von den Arabern (bes. Averroes 1126-98) überlieferten Aristotelismus mit der Glaubenslehre des Christentums zu verstehen. Die dabei aufbrechenden Gegensätze zwischen Gott und Welt, Jenseits und Diesseits, Transzendenz und Immanenz, Wesen und Erscheinung, Sein und Seiendem, Allgemeinem und Besonderem (Universalienstreit), Einheit und Vielfalt, Glaube und Wissen, Dogma und Ratio werden zur ernsten Gefahr für die Glaubenslehre und die Autorität von Papst und →Kirche.

Von der politischen Geschichte her steht das Werk des T. in der Spannung von *sacerdotium* und *regnum*, geistlicher und weltlicher Herrschaft, Papst und Kaisertum, Kirche und →Reich, *civitas dei* und *civitas terrena*. In seinem Werk versucht T. diese Gegensätze und Spannungen zu ordnen und in einer vielbewunderten, noch heute unübertroffenen Synthese zu überwinden. Sein Hauptwerk, die „Summa theologica", gleicht im Aufbau und in der detaillierten Ausarbeitung den schönsten und großartigsten gotischen Kathedralen, die etwa zur gleichen Zeit entstehen.

Für T. ist das gesamte Weltall sowohl in seiner intelligiblen wie in seiner materialen Natur hierarchisch und ganzheitlich-universalistisch geordnet. Dieser *ordo* hat in Gott seinen Ursprung und weist auf Gott, das letzte Ziel und „Ende" aller Dinge, zurück.

Die Welt ist nicht von vornherein etwas Defizientes, Negatives, aus dem Abfall von Gott Entstandenes, sondern sie wurde von Gott aus Liebe geschaffen: Alle Geschöpfe tragen den Prägestempel von Gottes Liebeswillen, der ihnen auch ihre eigenen Wirkkräfte (*causae secundae*) verleiht. „In den Naturdingen sind eigene Wirkkräfte, obgleich Gott die erste und allgemeine Wirkursache (*causa prima*) ist" (Quaestiones disputatae, De anima, a. 4, ad 7). Damit wird durch T. von der Theologie her das geschöpflich Seiende in seiner relativen Eigenständigkeit als eine von Gott gewollte Wirklichkeit anerkannt und jene Weltflucht zurückgewiesen, die manche Formen des Frühchristentums und des Ordenslebens angenommen hatten.

In besonderer Weise gilt diese eigenständige Wirkkraft für den Menschen, dem einzigen mit Vernunft durch Gott ausgezeichneten und begabten Wesen. Dank dieser Auszeichnung ist der Mensch die „Krone" der Schöpfung, der die Wirk- und Wesenskräfte aller Geschöpfe erkennt, benennt und ihnen „Namen" (Begriffe) gibt. Laut T. erhält die Ratio die Aufgabe, das Seiende zu begreifen, seine Zusammenhänge, Strukturen und Gesetzmäßigkeiten aufzudecken, und sie hat somit eine durch den Glauben nicht vorbestimmte, freie oder „autonome" Funktion. Damit wird eine Wende in der Geschichte des abendländischen Geistes von größter Tragweite, aber auch Tragik angebahnt: Die durch T. eingeführte scharfe Trennung von Glaube und Wissen, von Theologie und Philosophie – bei T. noch die unbedingte Voraussetzung ihrer Synthese – führt mit dem Erlahmen der synthetischen Kraft, die aus dem Glauben fließt, zu immer tiefergehenden Spaltungen in Religion, Kirche, Reich, →Staat und Gesellschaft und schließlich zur Auflösung der abendländischen Kultur.

Bei T. wird der Zwiespalt von Glaube und Wissen, von Offenbarungswahrheit und „natürlicher" Einsicht durch die Gottbezogenheit überwunden: Sowohl das *lumen naturale* und seine natürliche Erkenntnis, wie auch das *lumen supranaturale*, das die Quelle des Glaubens, der Offenbarung und „Erleuchtung" ist – sie sind von Gott und können daher niemals in Widerspruch zueinander treten (Expositio super librum Boethii De trinitate, q. II, a. 3). Sie sind auch aufeinander bezogen:

Der Glaube setzt die natürliche Erkenntnis voraus: *„fides praesupponit cognitionem naturalem"* (S. th. I, q. 2, a. 3). Die Vernunft des Menschen führt auf natürliche Weise zur Erkenntnis Gottes (Summa contra gentiles, IV, 1). Die natürliche Vernunft und ihre Erkenntnis nehmen ihren Ausgang bei den geschöpflichen, durch die Sinne wahrgenommenen Dingen und steigen auf zu Gott, den sie zwar selbst auf diesem Wege nicht zu erkennen, wohl aber zu „berühren" vermögen (S. th. I, q. 12, a. 7). Gott ist nicht eine Art des Seins (ebd., I, q. 3, a. 5), er ist vielmehr das Prinzip aller Weisen des Seins (ScG., I, 4, 3), der vor allem Sein liegende Grund und daher „unbegreiflich". So führt die „natürliche" Erkenntnis nur zu dem Wissen, daß Gott ist, nicht aber, „was" er ist. Das „Was" erhellt sich erst aus der Offenbarung.

Auch die Heiden besitzen das „natürliche Licht" der Vernunft, durch das sie die Schöpfungsordnung erkennen und das Gute vom Bösen unterscheiden können. Durch seine *anima rationalis* hat jeder Mensch die Neigung, gemäß der Vernunft, d.h. tugendhaft, zu handeln. Das letzte Ziel des menschlichen Handelns ist die Erlangung des Glücks, der *beatitudo* (S. th. I, q. 16, a. 2). Dieses Glück kann nur in einem *bonum universale* gefunden werden: das aber ist Gott. Ihn, das höchste Gut, kann der Mensch vernünftigerweise nicht nicht wollen (de potentia, q. 2, a. 3). Das aber bedeutet, daß schon die „natürliche Vernunft", die *ratio naturalis*, das menschliche Handeln auf Gott hinordnet und so teilhat an der göttlichen Vernunft und ihrem „ewigen Gesetz". Die *lex aeterna* ist in der Seele auch der Heiden „eingeschrieben" (vgl. Röm. 2, 14). Daher nehmen auch sie am Plan und ewigen Gesetz aktiv teil, denn die *lex aeterna* ist ja „nichts anderes als der Plan der göttlichen Weisheit, insofern sie alle Handlungen und Bewegungen lenkt" (S. th. I/II, q. 93, a. 1).

Auf der „natürlichen Vernunft" und ihrer Einsicht in die Schöpfungsordnung beruht auch das „Naturrecht". Die *lex naturalis* beherrscht die *communitas perfecta*, den vernunftgemäß geordneten Staat oder auch die „vollkommene Gesellschaft" (*societas perfecta*). Ziel und Zweck des Staates (der *civitas*) ist das →Gemeinwohl, das dem Einzelwohl vorgeordnet ist: „Wie also das Gut des einzelnen Menschen nicht letztes Ziel, sondern auf

das Gemeinwohl hingeordnet ist; ebenso ist auch das letzte Wohl der einzelnen Hausgemeinschaft hingeordnet auf das Wohl eines Gemeinwesens, das die vollkommene Gemeinschaft ist" (S. th. I/II, q. 90, a. 4). Erst in und durch die Gemeinschaft kann sich der Mensch vollenden und sein Ziel, das ewige Glück, erreichen. Im Pflichtfalle, wenn es um Erhaltung und Integrität der Gemeinschaft geht, sollen wir daher dem Vaterland „alles opfern, nur nicht unsere Seele" (S. th. I/II q. 83, a. 1; II/II, q. 26, a. 4).

Die wichtigste Aufgabe des Staates ist es, für →Gerechtigkeit zu sorgen, die jedem das Seine zuteil werden läßt (S. th. II/II, q. 61, a. 1), denn sie führt zum inneren Frieden. Um aber zu erkennen, was gerecht ist, müssen die Träger der politischen Gewalt nicht nur über Klugheit verfügen, sondern auch weise genug sein, um das Maß des politischen Handelns im letzten Grund des Seins zu suchen, in Gott und seinem ewigen Gesetz. Denn menschliches Gesetz, die *lex humana*, muß dem ewigen Gesetz und Naturrecht entsprechen. Der Verpflichtungscharakter eines positiven Gesetzes gründet nicht im Willen des Gesetzgebers (z.B. im „Volk"), sondern in der Vernunft und der vernunftgemäßen Ordnung. Widersprechen menschliche Gesetze dem Naturrecht, so sind sie nicht →Recht (trotz positiver Geltung), sondern Willkür und Unrecht. T. befürwortet ganz im aristotelischen Sinn als prinzipiell beste Staatsform die „gemischte Verfassung" (S. th., I/II, q. 105, a. 1) (Mischverfassung).

B.: *P. Mandonnet / J. Destrez:* Bibliographie thomiste, Le Saulchoir, Kain 1921; *P. Wyser:* T. v. A., Bern 1950; *T. L. Miethe / V. J. Bourke:* Thomistic bibliography, London 1980.

S.: Opera omnia, Bde. I–XXV, Parma 1852-72 (Ndr. New York 1948-50); Opera omnia (Edition Leonina), Rom 1882ff. (unvollendet).

Ü.: Ausgewählte Schriften zur Staats- und Wirtschaftslehre, hrsg. v. *F. Schreyvogel*, Jena 1923; Die deutsche T.-Ausgabe, bisher 36 Bde., Salzburg, später Heidelberg – Graz 1933ff. ; *E. Stein:* Quaestiones disputatae de veritate, Löwen – Freiburg i. Br. 1952ff.; Zweisprachige Ausgabe: *K. Albert / P. Engelhardt:* Summe gegen die Heiden, Darmstadt 1974ff.; *H. L. Fäh:* Compendium theologiae, Heidelberg 1963; *R. Allers:* De ente et essentia, Darmstadt 1980; Über die Herrschaft der Fürsten, hrsg. v. *U. Matz,* Stuttgart 1981.

L.: *L. Schütz:* T.-Lexikon, Paderborn ²1895; *J. Maritain:* Die Stufen des Wissens, Mainz o. J.; *P. Tischleder:* Ursprung und Träger der Staatsgewalt nach der Lehre des heiligen T., M.-Gladbach 1923; *E. Rolfes:* Gottesbeweise bei T. v. A. und Aristoteles, Limburg [2]1927; *O. Schilling:* Die Staats- und Soziallehre des Hl. T. v. A., München [2]1930; *M. Grabmann:* T. v. A., München [8]1949; *F. C. Copleston:* T. v. A., Harmondsworth 1956; *T. Gilby:* The Political Thought of T. A., Chicago 1958, Ndr. 1973; *W. Kluxen:* Politische Ethik bei T. v. A., Hamburg [2]1980; *J. A. Weisheipl:* T. v. A., Graz 1980; *J. Pieper:* T. v. A. , München [3]1986.

– Ro

Thun-Hohenstein, Leo Graf von

* 7. 4. 1811 Tetschen-Bodenbach a. d. Elbe; † 17. 12. 1888 Wien. Österreichischer Staatsmann und konservativer Politiker. Schöpfer der freien Universitätsverfassung (1849-60), Vorkämpfer der Dezentralisierung des Reiches auf föderalistisch-autonomistischer Grundlage (1860-88). T. entstammte einer Familie Tiroler Uradels, die nach der Schlacht am Weißen Berg (1620) in Böhmen Fuß gefaßt hatte und in den nachfolgenden zwei Jhdt.en als Träger zunächst der Gegenreformation und dann des josephinischen Reformkatholizismus hervortrat. Erzogen wurde T. im Geiste der gemeinnützigen Religiosität Bernhard Bolzanos und Josef Dobrovskýs. Nach Absolvierung der juridischen Studien in Prag (1827-31) unternahm er Studienreisen nach Dresden, London, Oxford, Schottland und Paris (1831-35). In England schloß er Bekanntschaft mit liberalen Reformkreisen um John Stuart Mill, im Januar 1835 in Paris mit A. de →Tocqueville, dessen Rat und Freundschaft er gewinnen konnte. Dem von ihnen vertretenen „Liberalismus einer neuen Art" lag die gemeinsame Überzeugung zugrunde, daß „Völkern, denen die selbstverwaltende Kraft der Religion fehlt, auf die →Freiheit nicht vorbereitet" seien (Lord →Acton).

In der Verknüpfung von „josephinischer" Aktivität mit dem Self-Government-Prinzip trat T. im Oktober 1835 in Prag in den Staatsdienst ein. 1842 wechselte er von der Justiz in die politische Verwaltungslaufbahn. Er amtierte zunächst bis 1845 als Kreiskommissar in böhmischen Kreisämtern, von 1845-47 als Regierungs- bzw. Hofsekretär in der vereinigten Hofkanzlei in Wien; 1847 wurde er zum Regierungsrat ernannt. Bis April 1848 war er als rechte Hand des späteren Innenministers Franz Stadion in Galizien tätig, vom 10. 4. 1848 bis zur Absetzung durch das Re-

Leo Graf von Thun-Hohenstein
1811-1888

volutionsministerium Doblhoff amtierte er als Landesgouverneur von Böhmen, wo er an der Seite des Fürsten Windischgraetz im Kampf gegen die Revolution stand.

Stets auf das Zusammenwirken von Staat und Gesellschaft bedacht, trat T. gleich zu Beginn seiner Laufbahn mit einem Plan zur Reform der Strafrechtspflege hervor. Daneben gründete er einen Verein zur Resozialisierung entlassener Häftlinge, eine Anstalt zur Erziehung verwahrloster Kinder und einen Verein zur Errichtung zweisprachiger Lehrerbildungsanstalten. Mit diesen Plänen trat er auch publizistisch (entgegen dem üblichen Staatsstil) an die Öffentlichkeit, gleichwohl mit ununterbrochener Mitwirkung in den ständischen Institutionen des böhmischen Landespatriotismus. Er trat mit den „böhmischen Wiedererweckern" Jungmann, Šatařík und Palacký in Verbindung und nahm tschechischen Sprachunterricht, wie er später in Wien auch Illyrisch, Polnisch und Ruthenisch lernte. Von Jugend an wollte T. Österreich in Rückverbindung mit den Reformkräften Deutschlands im Rahmen seiner historischen Länder „zum Hort der freien Entwicklung aller Nationen, ohne jede Oberhoheit herrschender Völker" umbilden. 1842 bekannte er sich öffentlich zu der Überzeugung, daß die Zukunft der Monarchie von der Lösung der slawischen Frage abhänge. „Im Interesse Europas und Deutschlands" sollten die westslawischen Völker gegen die Anziehungskraft einer „russischen Universalmonarchie" immunisiert werden.

T. wurde am 28. 7. 1849 als Minister für Unterricht und Kultus in die Regierung Schwarzenberg-Stadion berufen. Im Glauben an die Vereinbarkeit von Religion und Wissenschaft hatte er die Vereinigung der beiden Ressorts zur Bedingung gemacht; dadurch wurde er u.a. mitverantwortlich für das Konkordat von 1855. Während seines elfjährigen Wirkens mußte T. sein umfangreiches Bildungsreformwerk im Zweifrontenkrieg gegen die Mächte einer antiklerikalen, josephinischen Bürokratie und einer teilweise wissenschaftsfeindlichen katholischen Restauration durchsetzen. Bei Angleichung an das deutsche System (durch Aufstockung der Gymnasien und Einrichtung philosophischer Fakultäten) kam ihm der Umstand zugute, daß damit auch die für die österreichische Außenpolitik zentrale Aufgabe zu erfüllen war, Wien und Innsbruck zu geistigen Zentren der großdeutschen Bewegung zu machen. Dabei konnte er sich auf mächtige Bundesgenossen im reichsdeutschen Episkopat sowie in der geistigen Elite der katholischen Bewegung der Rheinprovinz, Schlesiens und Süddeutschlands stützen. Aber auch bei österreichischen Ordensgeistlichen sowie unter den Schulmännern des Bolzano-Kreises fand T. fähige Mitkämpfer, die von der Notwendigkeit eines engeren Bundes zwischen Religion und Wissenschaft überzeugt waren. Ein Ergebnis der Thunschen Reform war die Verdrängung des abstrakten Naturrechts durch das historische Recht an den juristischen Fakultäten und das Übergewicht der historisch-philologischen Fachrichtung in den Geisteswissenschaften. Ein weiterer Schwerpunkt der Reform lag im Aufbau des Bürgerrealschulwesens und dessen Verknüpfung mit den polytechnischen Hochschulen. Dies entsprach der berufsorientierten josephinischen Tradition.

Nach dem Scheitern des Neoabsolutismus (1859) trat T. mit dem fest umrissenen Plan hervor, die Autonomie der Kronländer aus einem stufenförmigen System der kommunalen Selbstverwaltung hervorgehen zu lassen. Statt dessen entschied sich der Kaiser im „Oktoberdiplom" von 1860 aber für die Verknüpfung des Länderföderalismus mit dem Kuriensystem. So wurde der Stadionschen Grundidee der Erweckung selbstverwaltender Kräfte zugunsten der Organisation nach *Wirtschaftsklassen* der Abschied erteilt.

Nach seinem Rücktritt aus der Regierung wurde T. 1861 lebenslängliches Mitglied des Herrenhauses sowie 1861-67, 1870 und schließlich 1883-88 Mitglied des böhmischen Landtages. Von nun an leistete T. aus seiner föderalistischen Position heraus Opposition gegen die fortschreitende Zentralisierung. Bis zu seinem Lebensende in Frontstellung gegen das Februarpatent sowie dessen Fortsetzung im Doppelzentralismus der Ausgleichsverfassung mit Ungarn 1867, wurde er zum herausragenden Organisator einer über das ganze Reich verzweigten konservativen Bewegung. Als eines der Häupter der „Katholisch-Konservativen" brachte er gemeinsam mit seinem Schwager H. Clam-Martinitz, den Grafen E. und R. →Belcredi sowie K. →Hohenwart und Prof. A. Schäffle (1865 und 1870-71) das Bündnis zwischen den Majoritäten der deutschen und slawischen Kronländer zustande. Seit 1865 übernahm T. zudem die Oberleitung der von ihm mitgegründeten konservativen Zeitung „Das Vaterland". 1875 berief er den mecklenburgischen Konvertiten Frh. A. von →Vogelsang zum Chefredakteur. So wurde das „Vaterland" zur geistigen Plattform der christlichsozialen Bewegung. In den Gesetzgebungskommissionen des Herrenhauses leistete T. noch Vorarbeit für das soziale Gesetzgebungswerk der 1880er Jahre. Im Gegensatz zu den extremen Forderungen Vogelsangs – genannt seien das Zinsverbot und eine aggressive Preußenfeindschaft – kämpfte T. um eine maßvolle Linie. Daraus sowie aus Spannungen, die sich aus dem Einschwenken der Christlichsozialen auf die zentralistische Verfassung ergaben, erfolgte 1888 T.s Rücktritt zugunsten E. Belcredis. Bis an sein Lebensende hielt T. an der Forderung fest, an Stelle des Zentralparlaments einen Reichsrat zu setzen, der durch Delegierte der Länderparlamente beschickt werden sollte. Dies erschien ihm Voraussetzung dafür, um vom System bloß nationaler Parteien zum System wahrhaft politischer Parteien überzugehen.

T.s Laufbahn hatte mit dem Kampf gegen den Rückstau der Evolution im Zeitalter →Metternichs begonnen, und sie endete mit dem Kampf gegen das aus dem Bündnis der Wirtschaftsmächte und der Bürokratie hervorgegangene Zentralparlament des franziskojosephinischen Zeitalters. Daß seine auf die Erweckung des historisch-genetischen Sinnes gerichtete Kulturpolitik mit den auf den Umbau des Reiches gerichten Reformplänen im vollen geistigen Einklang stand, ist erst lange nach dem Untergang des Habsburgerreiches verstanden worden. Seit der Entdeckung des postfeudalen „josephinischen" Hintergrunds, aus dem er agierte, gilt er auch nicht mehr als „feudaler Reaktionär". So scheint sich in der Geschichtsschreibung für diesen Staatsmann ein neues Verständnis zu erschließen.

S.: Die Notwendigkeit der moralischen Reform der Gefängnisse mit Hinweisung auf die zur Einführung derselben in einigen Ländern getroffenen Maßregeln, Prag 1836; Über den gegenwärtigen Stand der böhmischen Literatur und ihre Bedeutung, Prag 1842; Die Stellung der Slowaken in Ungarn, Prag 1843; Betrachtungen über die Zeitverhältnisse, insbesondere im Hinblick auf Böhmen, Prag 1849 (gleichzeitig auch in tschechischer Sprache erschienen); Offenes Schreiben an Herrn Joh. Slawik, Prager Bürger in Betreff der Ereignisse in der Pfingstwoche 1848, Prag 1849; Nachtrag zum offenen Brief an Herrn Joh. Slawik, Prag 1849; Die parlamentarische Regierungsform betrachtet im Hinblick auf eine Reform des Parlaments. – Eine Abhandlung von Earl Grey. Aus dem Englischen übersetzt und mit einem Anhange über die Aussichten der parlamentarischen Regierungsform in Österreich versehen von Graf L. T., Prag 1863, Ndr. o. O. 1970; Die staatsrechtliche Zweispaltung Österreichs. Rede, gehalten im Herrenhause den 5. Juni 1867, Wien 1867; Die alleruntertänigsten Adressen des böhmischen Landtages vom 12. Dezember 1866 nebst den am Schlusse der Debatten über dieselben vom dem Berichterstatter der Adreß-Kommissionen gehaltenen Reden, Prag 1867; Der Friede im Hause Österreich, Graz 1872; Der Föderalismus im oesterreichischen Parteienkampfe, Graz 1875; Zur Revision des ungarischen Ausgleiches, Prag 1877; Der Kampf um die Schule, Wien 1877.

L.: *Frankfurter* in ADB XXXVIII, 178-212; *C. v. Wurzbach:* L. L. Graf T.-H., in: Biographisches Lexikon des Kaiserthums Oesterreich, Bd. XLV, Wien 1882, S. 54-62; *J. A. v. Helfert:* Graf L. T. – Lehr- und Wanderjahre, in: Oesterreichisches Jahrbuch 15 (1891), S. 123-212; *ders.:* Graf L. T. im kaiserlichen Justiz- und Verwaltungsdienst, in: ebd. 16 (1892), S. 85-166; *ders.:* Graf L. T. in Galizien, in: ebd. 17 (1893), S. 57-146; *ders.:* Graf L. T., k. k. Gubernialpräsident in Böhmen,

in: ebd. 18 (1894), S. 93-185; 19 (1895), S. 137-224; 20 (1896), S. 179-254; 21 (1897), S. 1-271; *S. Frankfurter:* Graf. L. T.-H., Franz Exner und Hermann Bonitz – Beiträge zur Geschichte der österreichischen Unterrichtsreform, Wien 1893; *K. Inthal:* Der Gedenktag des „Vaterland". Festschrift zum 50. Jahrgang, 1903; *J. Redlich:* Das österreichische Staats- und Reichsproblem, Bde. I-II, Leipzig 1920-26; *F. Zimmermann:* Das Ministerium T. für die Evangelischen im Gesamtstaate Österreich 1849-60, Wien 1926; *E. Winter:* Graf L. T., in: Sudetendeutsche Lebensbilder, hrsg. v. *E. Gierach,* Bd. III, Prag 1934, S. 301-04; *H. Ritter v. Srbik:* Deutsche Einheit. Idee und Wirklichkeit vom Heiligen Reich bis Königgrätz, Bde. I-IV, München 1934-42; *T. v. Borodajkewycz:* L. T. und Onno Klopp – Ein Gespräch nach Königgrätz um Österreichs Wesen und Zukunft, in: Gesamtdeutsche Vergangenheit. Festgabe für Heinrich Ritter von Srbik, München 1938, S. 319-34; *R. Meister:* Die Universitätsreform des Ministers Graf T.-H, Wien 1949; *J. C. Allmayer-Beck:* Vogelsang – Vom Feudalismus zur Volksbewegung, Wien 1952; *H. Lentze:* Graf T. und die voraussetzungslose Wissenschaft, in: Festschrift für Karl Eder zum 70. Geburtstag, Innsbruck 1959, S. 197-209; *ders.:* Die Universitätsreform des Ministers Graf L. T.-H., Sitzungsberichte der Österreichischen Akademie der Wissenschaften, Bd. 239, 2. Abh., Wien 1962; *T. v. Borodajkewycz:* Aus der Frühzeit der Wiener Schule der Kunstgeschichte. Rudolf Eitelberger und L. T., in: Festschrift für Hans Sedlmayr, München 1962, S. 321-48; *ders.:* Gewerbefreiheit und konservativer Geist, in: Festschrift Walter Heinrich, Graz 1963, S. 371-87; *H. Lentze:* L. Graf T.-H., in: Neue Österreichische Biographie ab 1815, Bd. XV, Wien 1963, S. 74-81; *O. Folberth:* Minister T. und die Siebenbürger Sachsen, in: Jahrbuch der Gesellschaft für die Geschichte des Protestantismus in Österreich 80 (1964); *R. A. Kann:* Das Nationalitätenproblem der Habsburgermonarchie, Bde. I-II, Graz – Köln 1964; *C. v. Thienen-Adlerflycht:* Graf L. T. im Vormärz – Grundlagen des böhmischen Konservativismus im Kaisertum Österreich, Graz – Wien – Köln 1967; *F. Prinz:* Prag und Wien 1848. Probleme der nationalen und sozialen Revolution im Spiegel der Wiener Ministerratsprotokolle, München 1968; *E. Winter:* Revolution, Neoabsolutismus und Liberalismus in der Donaumonarchie, Wien 1969; *C. v. Thienen-Adlerflycht:* L. Graf T.-H., in: Tausend Jahre Österreich – Eine biographische Chronik, hrsg. v. *W. Pollak,* Bd. II, Wien – München 1973, S. 195-200; *F. Prinz:* Graf L. T., in: Lebensbilder zur Geschichte der böhmischen Länder, hrsg. v. *K. Bosl,* Bd. II, München – Wien 1976, S. 139-67; *ders.:* Geschichte Böhmens 1848-1948, München 1988; ; *J.-P. Bled:* Les fondements du conservatisme autrichien 1859-79, Paris 1988; *E. Zöllner:* Geschichte Österreichs. Von den Anfängen bis zur Gegenwart, Wien [8]1990; *H.-C. Kraus:* L. Graf v. T.-H., in: Criticón 126 (1991), S. 161-65.

– Th

Tocqueville, Alexis de

* 29. 7. 1805 Paris; † 16. 4. 1859 Cannes.
Charles Alexis Henry Clérel de T. entstammte normannischem Uradel und einer
Familie der großen französischen Magistrats-
und Juristentradition. Für den Heranwachsenden wurden insbesondere die französischen Moralisten und B. Pascal prägend. 1827
tritt T. in den französischen Staatsdienst ein.
Von Mai 1830 bis Juni 1831 hält er sich mit
seinem Freund G. de Beaumont in den Vereinigten Staaten auf mit dem offiziellen Auftrag, das dortige Gefängniswesen zu studieren. Daraus ist sein geniales Jugendwerk „De
la Démocratie en Amérique" entstanden (die
beiden ersten Bände 1835, der 3. Band 1840).
Es wurde zu einem beispiellosen Erfolg: 13
französische Auflagen allein zu T.s Lebzeiten
und Übersetzungen in die wichtigsten europäischen Sprachen. 1841 Mitglied der Académie française, ab 1839 der Nationalversammlung. Nach der Februarrevolution 1848 wird
T. Mitglied der Kammerkommission für die
neue republikanische Verfassung, in der er für
das Zweikammersystem und eine starke
Selbstverwaltung nach englischem Vorbild
sowie für die Volkswahl des Präsidenten plädiert. Im Sommer 1849 ist T. für fünf Monate
französischer Außenminister. Dann jedoch
Bruch mit Louis Napoléon aus Verachtung
gegen „die plumpen Gemeinplätze, welche
die Welt bestimmen und führen... Ich bin als
Denker mehr wert denn als Täter." In der erzwungenen Muße Arbeit an seinen Erinnerungen („Souvenirs") über seine Tätigkeit als
Parlamentarier, die Revolution von 1848 in
Paris und die Zeit als Außenminister Louis
Bonapartes. Vor allem auch durch ihre Porträts bekannter Zeitgenossen zählt C. J.
→Burckhardt die „Souvenirs" zu den großen
politischen Memoiren. In den 1850er Jahren
Arbeit am Alterswerk „L'Ancien Régime et la
Révolution", dessen 1. Band 1856 erscheint,
dessen 2. Band aber Fragment blieb.

W. Dilthey hat T. den „größten Analytiker
der politischen Welt seit Aristoteles und Machiavelli" genannt, I. Geiss „intellektuelles
Korrektiv und kritische Ergänzung" der marxistischen Weltbetrachtung. T.s Analysen
und Prognosen führen in das Zentrum unseres politischen und geistigen Schicksals „in einer Zeit, in der nicht nur die Garantien, sondern auch der Sinn und die gelebte Erfahrung
aktiver →Freiheit sich zwischen schleichen-
der Technokratie und systemsprengendem
Sozialutopismus auf dem Rückzug befinden"
(G.-K. →Kaltenbrunner). Die Quintessenz
seiner Analysen und Prognosen hat T. in der
Einleitung und im Ausblick der „Demokratie
in Amerika" zusammengefaßt: Er sieht in der
„Gleichheit der gesellschaftlichen Bedingungen" („égalité des conditions") die zentrale
Ursache („fait générateur") der „großen demokratischen Revolution". Seine zentrale
Frage in der „Demokratie in Amerika", die
von vielen Zeitgenossen, aber auch heute Lebenden nicht verstanden wurde und wird,
lautete, „welche Art von Despotismus die demokratischen Nationen zu befürchten haben". Am Beginn stand die Tendenz zur
Gleichheit, nicht nur zur politisch-staatsbür-
gerlichen, sondern darüber hinaus zur „traditionsfreien Gleichheit der Ausgangsstellung
aller Menschen" (R. Dahrendorf) als des spezifischen Merkmals „moderner" Gesellschaft. Hierin sieht T. eine freiheitsfeindliche
Tendenz wirksam, denn despotische Regierungen lassen sich „umso leichter in einem
Volk einsetzen, wo die gesellschaftlichen Bedingungen gleich sind". In einem solchen
„Despotismus neuer Art" bieten demagogi-
sche Minderheiten ideologische und politisch-messianische Sinn-Antworten, Geborgenheit und maximale Erfüllung materieller
Ansprüche. Die „Sucht nach Wohlstand" in
der egalitären Gesellschaft entwickelt sich
„ungleich leidenschaftlicher und anhaltender" als das Streben nach Freiheit und kann
leicht auch zur Hinnahme von Knechtschaft
führen. „Diese Art von geregelter, milder und
friedsamer Herrschaft" verträgt sich, so T.,
„mit einigen der äußeren Formen der Freiheit
meist besser als man denkt", so daß es ihr
nicht unmöglich wird, „sich geradezu im
Schatten der Volkssouveränität einzunisten".
Die Menschen nehmen Bevormundung um
so leichter hin, wenn sie ihre Vormünder
selbst auswählen können. T.s zentrale analytische Leistung besteht darin, auf die inhä-
rente Ambivalenz der Demokratie und des
demokratischen Prozesses aufmerksam gemacht zu haben, auf seine „zwei entgegengesetzten Bewegungen, die nicht verwechselt
werden dürfen: die eine für die Freiheit, die
andere für den Despotismus".

In seinem zweiten Werk, „Der alte Staat und die Revolution", geht T. der Frage der historischen Kontinuität zwischen dem egalisierenden und nivellierenden absolutistisch-merkantilistischen französischen Königsstaat und der in gewisser Weise bruchlos anschließenden weiteren Steigerung der Staatsgewalt durch die Revolution nach: Was jener mit der Auflösung der intermediären Gewalten des Feudalismus und mit der Zentralisation begonnen habe, hätte die Revolution in demokratischem und republikanischem Gewand fortgesetzt. T. zeichnete hier auch das Porträt der neuen →Eliten, der „Klasse" der Literaten und Intellektuellen. Anders als die alte Aristokratie, die in Verwaltungsroutine und Privilegien erstarrt sei, vermochten die neuen Eliten zu begreifen und zu beurteilen, was im Geist der Massen vor sich ging, und ihn entsprechend zu lenken. Hier entwickelte sich aber auch eine neuartige „literarische Politik", die an die grenzenlosen Möglichkeiten der Vernunft und die Wirksamkeit der Proklamation allgemeiner Gesetze glaubte, „ohne je an die Mittel ihrer Ausführung zu denken... Ihre Opfer von morgen wissen noch nichts davon; sie glauben, die totale, plötzliche Umbildung einer so komplizierten alten Gesellschaft könnte sich ohne Erschütterung nur mit Hilfe der Vernunft und durch ihre alleinige Kraft vollziehen. Die Unglücklichen!".

Den Tendenzen der „totalitären Demokratie" (J. Talmon) und demokratisch eingekleideten „Despotie neuer Art" (die die Prognose der totalitären Herrschaftsformen des 20. Jhdt.s enthielt) versuchte T. durch die Mobilisierung freiheitlicher Kräfte und die Stärkung entsprechender →Institutionen entgegenzuwirken. Dazu gehörten für den konservativen Liberalen Gewaltenteilung, Minderheits- und Menschenrechtsschutz in einem funktionierenden Rechtsstaat, dezentrale Selbstverwaltung als Schule demokratischer Selbstregierung nach britisch-amerikanischem Vorbild, Unabhängigkeit der Justiz, kraftvolle Verbände bürgerlicher Interessenaggregation, Pressefreiheit (deren Bedrohung durch ideologische und ökonomische Monopole er nur in ihren Anfängen wahrnehmen konnte) sowie nicht zuletzt die Pflege und Erneuerung der geistig-moralischen und religiösen Kräfte der Gesellschaft. Deren Zusammenwirken sollte nach T. den gesellschaftlichen und geistigen Pluralismus gegen Zentralisierungs- und Konformitätsdruck verteidigen. T. hat zwar noch die Anfänge der industriellen Revolution und der sozialen Frage in Europa erlebt. Gewissermaßen in der Klimax des bürgerlichen Zeitalters lebend, hat er dessen Bedrohung klar gesehen, die bald beginnenden überwältigenden Konzentrationsbewegungen politischer, ideologischer und ökonomischer Macht, moderner Egalität und darauf fußender Despotie aber nicht mehr erlebt. Um so bedeutsamer und geistig anregender bleiben die Prognosen dieses „Regenpfeifers" (H.-J. →Schoeps) der totalitären Despotien des 20. Jhdt.s.

B.: *A. Jardin / F. Melonio:* T.-Bibliographie, in: *M. Hereth / J. Höffken* (Hrsg.): A. de T. – Zur Politik in der Demokratie, Baden-Baden 1981, S. 121-72.

S.: Œuvres Complètes, hrsg. v. *Mme. de T.*, Bde. I-IX, Paris 1864-66; Œuvres et correspondance inédites, hrsg. v. *G. de Beaumont*, Paris 1861; Œuvres Complètes, hrsg. v. *J. P. Mayer*, Bde. I-XVII, Paris 1951ff.

E.: A. de T. als Abgeordneter: Briefe an seinen Wahlagenten Paul Clamorgan 1837-51, hrsg. v. *J. Kühn*, Hamburg 1972.

Ü.: Erinnerungen; mit einer Einleitung von *C. J. Burckhardt*, Stuttgart 1954; Werke und Briefe, Bde. I-II: Über die Demokratie in Amerika, hrsg. v. *J. P. Mayer / T. Eschenburg / H. Zbinden*, Stuttgart 1959 (Neuausg. München 1976 u.ö.); Der alte Staat und die Revolution, hrsg. v. *J. P. Mayer*, Bremen o. J. (Neuausg. München 1978); T. und das Zeitalter der Revolution, hrsg. v. *I. Geiss*, München 1972.

L.: *L. Schemann:* A. de T., Stuttgart 1911; *W. Dilthey:* Gesammelte Werke, Bd. VII: Der Aufbau der geschichtlichen Welt in den Geisteswissenschaften, Stuttgart 1927 u.ö.; *H. Barth:* T. und das Zeitalter der Revolution, in: *ders.:* Fluten und Dämme, Zürich 1943, S. 109-23; *J. P. Mayer:* A. de T., Paris 1948 (dt. Stuttgart 1955 u.ö.); *J. Lively:* The Social and Political Thought of A. de T., Oxford 1962; *R. Herr:* T. and the Old Regime, Princeton 1962; *J. L. Talmon:* Politischer Messianismus. Die romantische Phase, Köln – Opladen 1963 (bes. S. 289ff.); *E. T. Gargan:* De T., New York 1965; *M. Zetterbau:* T. and the Problem of Democracy, Stanford 1967; *S. Drescher:* Dilemmas of Democracy. T. and Modernization, Pittsburgh 1968; *P. Birnbaum:* Sociologie de T., Paris 1970; *O. Vossler:* A. de T. – Freiheit und Gleichheit, Frankfurt a. M. 1973; *K.-H. Volkmann-Schluck:* Politische Philosophie. Thukydides, Kant, T., Frankfurt a. M. 1974; *D. S. Goldstein:* Trial of the Faith. Religion and Politics in T.'s Thought, New York 1975; *G.-K. Kaltenbrunner:* A. de T. – Der Konservative als Liberaler, in: *ders.:* Der schwierige Konservatismus, Herford – Berlin 1975, S. 223-28; *K. Hornung:* Die Dialektik von Emanzipation und Despotismus – A. de T.

und Karl Marx, in: Der Staat 15 (1976), S. 305-33; *U. Uhde:* Politik und Religion. Zum Verhältnis von Demokratie und Christentum bei A. de T., Berlin 1978; *C. v. Barloewen:* Gleichheit und Freiheit: A. de T. in Amerika, München 1979; *J. T. Schleifer:* The Making of T.'s Democracy in America, Chapel Hill 1980; *H. A. Rau:* Demokratie und Politik. T.s Theorie des politischen Handelns, Würzburg 1981; *K. Pisa:* A. de T. – Prophet des Massenzeitalters, Stuttgart 1984; *H. Rausch:* T. (1805-59), in: *H. Maier / H. Rausch / H. Denzer* (Hrsg.): Klassiker des politischen Denkens, Bd. II, München ⁵1987, S. 181-98, 341-44; *A. Jardin:* A. de T. – Leben und Werk, Frankfurt a. M. 1991; *M. Hereth:* T. zur Einführung, Hamburg 1992; *K. Hornung:* Welche Art von Despotismus die demokratischen Nationen zu fürchten haben – A. de T. über die Voraussetzungen der freiheitlichen Demokratie, in: Zeitschrift für Politik 41 (1994), S. 347-58.

– Ho

Totalitarismus, totalitäre Diktaturen

Unter dem Begriff T. fassen wir insbesondere das sowjetkommunistische System von Lenin bis Gorbatschow (1917-91) und den deutschen Nationalsozialismus (als „Bewegung" 1920-33, als politische Herrschaftsform 1933-45) zusammen. Den italienischen Faschismus Benito Mussolinis (als Herrschaftsform 1922-43) wird man eher als autoritäre Entwicklungsdiktatur, gemäßigt durch Machtteilung mit der italienisch-savoyischen Monarchie, Armee und Bürokratie, bezeichnen. Auch Franco-Spanien (1939-75) gehörte nicht zu den totalitären oder „faschistischen" Systemen, sondern eher zu den autoritären Regimen, da die Einheitspartei der Falange keinen zentralen politischen Einfluß besaß. Auch in Rumänien und Ungarn drangen die „faschistischen" Parteien der „Eisernen Garde" („Legion des Erzengels Michael") bzw. der „Hungaristen" nicht durch. Im Unterschied zu autoritären Diktaturregimen sind die totalitären Diktaturen des 20. Jhdt.s nicht nur Regierungsapparaturen, sondern „Lebensgestaltungen" (K. Loewenstein), deren „Primärphänomen" es ist, „gegenüber den in der Gesellschaft herrschenden Wertungen ein ganz anderes Wertsystem durchzusetzen... durch ebenso breite wie tiefe Eingriffe in das gesamte gesellschaftliche und private Leben" (M. Draht). Sie sind nicht nur Steigerungen der uns aus der Geschichte bekannten Diktaturen, sondern ein völlig neuer Herrschaftstypus, beruhend auf „revolutio-

nären Bewegungen als straff zentralisierten Parteien unter der Führung eines Mannes und von einem Bewußtsein ihrer ideologischen Sendung inspiriert" (R. Löwenthal), „eine Verfallserscheinung oder Perversion der Demokratie... auf dem Nährboden der suggestionsfähigen, für eine virtuos und intensiv geübte Propaganda empfänglichen Massendemokratie" (H. Herzfeld).

Historische und gesellschaftliche Voraussetzungen. T. wird erst möglich unter den Voraussetzungen der „Fundamentaldemokratisierung" und „Modernität" mit ihrer „traditionsfreien Gleichheit der Ausgangsstellung aller Menschen" (R. Dahrendorf). Zu ihren Voraussetzungen gehört ebenso die industrielle Revolution des 19. Jhdt.s wie die dadurch bedingte Bevölkerungsexplosion und Massengesellschaft samt ihrer in der „sozialen Frage" kulminierenden Klassenspaltung, die Säkularisierung Europas ebenso wie der Zusammenbruch der ständischen Traditionen und schließlich auch der bürgerlichen Klassengesellschaft. Sie sind konsequenter Ausdruck der „Zeit der Ideologien" mit ihrer „Tendenz zu einer extremen Vereinfachung komplexer Realitäten: dem Anspruch, sie auf *eine* Wahrheit zu reduzieren und zugleich aufzuspalten in gut und böse, richtig oder falsch, Freund oder Feind, mit einem einzigen Erklärungsmuster die Welt bipolar zu erfassen, wie sie es besonders die marxistische Klassentheorie oder die nationalsozialistische Rassentheorie versuchen" (K. D. Bracher). Sie sind die Erfüllung der frühen Prophezeiungen A. de →Tocquevilles (1835), daß die demokratischen Nationen einen „Despotismus neuer Art" zu befürchten hätten, da in ihnen das Verlangen nach Gleichheit und materiellem Wohlstand „ungleich leidenschaftlicher und anhaltender" sei als das Streben nach Freiheit. Der Erste Weltkrieg, die „Urkatastrophe des Jhdt.s", wurde zum Geburtshelfer dieser neuartigen Herrschaftsformen durch sein Ergebnis des Zusammensturzes jahrhundertealter monarchischer Ordnungen: des Zarenreichs in Rußland, der Dynastien in Deutschland, des Habsburger- und des Osmanenreiches (1917/18).

Politischer Messianismus als gemeinsamer Wurzelgrund. Die erstaunlichen Gleichheiten und Ähnlichkeiten der Herrschaftsstrukturen und Methoden der beiden

Totalitarismen sind weder Zufall noch sekundäre Äußerlichkeiten (wie die marxistische Linke nicht müde wird, zu behaupten), sondern Ausdruck des gemeinsamen Grundes politisch-messianischer Ideologien bei aller Unterschiedlichkeit ihrer historisch-kulturellen Ausformungen. Sowohl der marxistische ökonomische Materialismus wie der biologische Materialismus in seinen Steigerungen zu Sozialdarwinismus und Rassenideologie verstehen sich als absolutes Wissen über die Gesetze und das Ziel des gesellschaftlich-geschichtlichen Gesamtprozesses und können unter der zeitbedingten Verkleidung durch wissenschaftlichen Anspruch ihren ersatzreligiösen Grundzug, ihr Wesen als „politische Religionen", nicht verleugnen. Die Charakterisierung des SED-Staates durch R. Havemann als „Hauptverwaltung ewiger Wahrheiten" kennzeichnet die Quintessenz totalitärer Diktaturen und ihrer politisch-messianischen Ideologien.

Lenins Grundlegung der totalitären Diktatur. Die Geburtsurkunde und „Blaupause" der totalitären Herrschaftssysteme ist die Schrift von Wladimir Iljitsch Lenin „Was tun? Brennende Fragen unserer Bewegung" (1902) mit dem Entwurf der „Partei neuen Typs", die mit den Parteien des herkömmlichen Typs nur noch den Namen gemein hat: Sie versteht sich nicht mehr als eine Teilkraft („pars") der Gesellschaft, sondern, unter Berufung auf die absolute Wahrheit ihrer Ideologie, als eine Organisation von „Berufsrevolutionären" zur Eroberung und Verteidigung der ungeteilten Macht in →Staat, Gesellschaft und Wirtschaft. Diese Modellfunktion auch für die italienischen Faschisten und die deutschen Nationalsozialisten als ihre „Gegen- und Nachbilder", die sich nach 1917/18 in einem engen Wechselspiel von Wirkungen und Gegenwirkungen entwickelten, wird heute allzuleicht übersehen. Hierzu zählen wesentlich die bürgerkriegsartigen Verhältnisse in Deutschland 1919/23 und 1931/33 mit den kommunistischen Versuchen eines „deutschen Oktober" und der Widerstand dagegen, der auch stets die deutsche Mehrheits-Sozialdemokratie einschloß und schließlich in den Nationalsozialisten eine Gegenkraft von gleicher totalitärer Wesensart fand. Diese „feindliche Nähe" (E. Nolte) war den Zeitgenossen weitaus bewußter als den Nachgeborenen.

Gemeinsame Merkmale.
1. die politisch-messianische Ideologie als Grundlage totalen Machtanspruchs, des Freund-Feind-Denkens und grundsätzlicher Vernichtungsbereitschaft gegenüber den Feinden.

2. Diese Ideologie dient der Legitimation des Machtmonopols der „Partei neuen Typs" und ihres Anspruchs auf die „führende Rolle". Er wird in der Verfassung (Art. 1 der DDR-Verfassung von 1974; Art. 6 der Verfassung der UdSSR von 1978) oder in grundlegenden Gesetzen mit materiellem Verfassungsrang verankert (im NS-System das „Gesetz gegen die Neubildung der Parteien" vom 14. 7. 1933 und „zur Sicherung der Einheit von Partei und Staat" vom 1. 12. 1933). In den kommunistischen Staaten galt die Formel „die Partei leitet den Staatsapparat an", im NS-System „die Partei befiehlt dem Staat".

3. Neben die primäre Legitimation durch die Ideologie tritt die sekundäre Rechtfertigung durch pseudodemokratische Rituale von Wahlen (jedoch nach Einheitslisten), Volksabstimmungen und Akklamations-Parlamenten. W. Ulbricht 1945: „Es muß demokratisch aussehen, aber wir müssen alles in der Hand behalten" (W. Leonhard). Im NS-Staat wurden die einsamen Entscheidungen des Führers nach dessen Belieben durch nachträgliche Plebiszite (mit den ominösen 99%) abgesegnet.

4. Der „Gleichschaltung" (NS-Begriff) der Gesellschaft mit dem Willen der Parteiführung dienen die „gesellschaftlichen Organisationen", „Massenorganisationen", „angeschlossenen Gliederungen und Verbände" als „Transmissionsriemen" (Lenin) des Willens der Parteiführung in die Breite und Tiefe der Gesellschaft (Einheitsgewerkschaft, Schriftstellerverband, Jugend- und Frauenverbände, Berufsverbände usw.).

5. Kennzeichnend für alle totalitären Systeme ist der zentrale Stellenwert von „Agitation und Propaganda" („Agitprop") bzw. „Volksaufklärung und Propaganda" zur Durchsetzung des ideologischen und politischen Monopols einer Minderheit über die Mehrheit, deren Dauermobilisierung und Unterwerfung unter die Feindbestimmungen der Partei (Kapitalisten, Bürgertum bzw. Juden, Freimaurer, Kirchen usw.). Dementsprechend befinden sich alle Medien sowie

das gesamte Schul- und Erziehungswesen, von der Kinderkrippe bis zur Hochschule, unter Parteikontrolle.

6. Wo die Instrumente der Gleichschaltung, Verführung und Indoktrination nicht ausreichen, treten diejenigen der Gewalt und des Terrors hinzu durch ein umfangreiches System von Machtsicherungsapparaten (bis zu den Vernichtungslagern des Gulag und des Holocaust).

7. Der totalitäre Parteistaat besitzt das Monopol der bürokratischen Kontrolle der Ökonomie durch ein umfassendes Lenkungs- und Planungssystem bzw. eine dirigistische Staatskontrolle, in Deutschland seit Einführung des Vierjahresplans (1936) als Kopie von Stalins Fünfjahresplänen. Hinzu trat auch im NS-System ein umfangreicher Staatssektor, besonders für Rüstung, Bergbau, Großchemie (Reichswerke Hermann Göring, Buna, Leuna, Salzgitter). Totalitäre Systeme sind daher in wirtschaftspolitischer Hinsicht als parteistaatliche Supermonopole zu kennzeichnen.

8. Neben Zwang und Terror, Indoktrination und Verführung tritt als totalitäres Lenkungsinstrument auch ein breites System materieller und immaterieller Belohnung und Betreuung, das das Selbstwertstreben des einzelnen in den Dienst der Systemstabilisierung stellt (Wettbewerbe, Orden, Prämien, „materielle Interessiertheit") und auch die Freizeit organisiert (Deutsche Arbeitsfront, FDGB usw.). Man kann von einem typisch „totalitären Sozialstaat" sprechen.

9. Ähnlichkeiten und Gemeinsamkeiten bestehen im Bereich des →Rechts, wobei die Bezugnahme auf „das Volk" oder „die Arbeiterklasse" die faktische Rechtlosigkeit im totalitären Parteistaat verhüllen soll. „Recht ist, was dem Volke nützt" (im NS-Staat, wobei der Führer über den „Nutzen" entschied) bzw. Recht ist „der zum Gesetz erhobene Wille der Arbeiterklasse und ihrer Partei" (W. Ulbricht).

Fortdauer der totalitären Versuchung. Die totalitären Diktaturen des 20. Jhdt.s sind zwar gescheitert – durch die Hybris des rassenideologischen Imperialismus des deutschen Diktators bzw. durch die Ineffizienz des sowjetischen Systems und das Erlahmen seiner ideologischen Mobilisierung. Doch dauert die „tentation totalitaire" (J. F. Revel) in den Industriegesellschaften des Westens fort und kann jederzeit neue Formen annehmen: durch den Wandel der Erwerbs- und Gesellschaftsstruktur von den selbständigen und freien hin zu den abhängigen Berufen, durch die Schrumpfung von Mittelstand, Handwerk, Bauerntum; durch die Wucherung des Sozialstaats zu einem molochartigen Versorgungs- und Betreuungsstaat, der leicht „die Abhängigkeit des einzelnen von ihm zum Mittel der Beherrschung" machen kann (E. →Forsthoff); durch den „sanften Totalitarismus" der Medien, besonders des Fernsehens als faktisch erster Gewalt ohne Kontrolle, der „keine Köpfe rollen zu lassen braucht, weil er sie überflüssig macht" (B. Strauß) und mit seinem ideologisch geschlossenen Rekrutierungssystem einer Nomenklatura neuer Art gleicht. „Wer die Medien beherrscht, beherrscht die Wählerschaft. Wer die Wählerschaft beherrscht, beherrscht den politischen Prozeß" (K. Loewenstein).

L.: *A. de Tocqueville:* Über die Demokratie in Amerika (1835-40), dt. München 1976 u.ö.; *H. Arendt:* Elemente und Ursprünge totaler Herrschaft, München 1955; *C. J. Friedrich:* Totalitäre Diktatur, Stuttgart 1957; *E. Voegelin:* Wissenschaft, Politik und Gnosis, München 1959; *W. Kornhauser:* The Politics of Mass Society, Glencoe (Ill.) 1959; *J. L. Talmon:* Die Ursprünge der totalitären Demokratie, Köln – Opladen 1961; *L. Shapiro:* Art. „T.", in: *K. Kernig* (Hrsg.): Sowjetsystem und Demokratische Gesellschaft, Bd. VI, Freiburg i. Br. 1962; *J. L. Talmon:* Politischer Messianismus, Köln – Opladen 1963; *M. Draht:* T. in der Volksdemokratie, in: *E. Richert:* Macht ohne Mandat, Köln – Opladen ²1963; *R. Löwenthal:* Totalitäre und demokratische Revolution, in: *B. Seidel / S. Jenkner* (Hrsg.): Wege der Totalitarismusforschung, Darmstadt 1968; *H. Herzfeld:* Die moderne Welt 1789-1945, Bd. II: Weltmächte und Weltkriege, Braunschweig 1969; *K. Loewenstein:* Verfassungslehre, Tübingen ²1969; *J. F. Revel:* Die totalitäre Versuchung, München 1976; *M. Funke* (Hrsg.): T. Ein Studien-Reader, Düsseldorf 1978; *K. D. Bracher:* Zeitgeschichtliche Kontroversen, München 1979; *ders.:* Zeit der Ideologien, Stuttgart 1982; *ders.:* Art. „T.", in: *P. Gutjahr-Löser / K. Hornung* (Hrsg.): Politisch-Pädagogisches Handwörterbuch, Percha ²1985; *E. Nolte:* Der europäische Bürgerkrieg 1917-45, Berlin 1987; *K. Hornung:* Das totalitäre Zeitalter. Bilanz des 20. Jhdt.s, Berlin 1993; *E. Voegelin:* Das Volk Gottes. Sektenbewegungen und der Geist der Moderne, München 1994.

– Ho

Tradition

Die Bedeutung der T. im Leben der Völker und damit für jeden einzelnen erklärt sich aus der Tatsache, daß der Mensch in seinem Sozialverhalten „von Natur aus" nicht determiniert ist. *„Wir sind Mensch nicht durch Vererbung, sondern erst durch den Gehalt einer T."* (Karl Jaspers). T. ist deshalb wesentliche Voraussetzung für die menschliche Sozialisation und Wesensmerkmal aller menschlichen Kultur. Über Jhdt.e hinweg haben sich alle religiösen, politischen und gesellschaftlichen Ordnungen aus der T. legitimiert und damit ein weit höheres Maß an Integration der Gesellschaft und politischer Stabilität bewiesen als andere Ordnungen, die sich auf die Vernunft oder auf das Charisma eines einzelnen gründeten. Arnold →Gehlen hat diese fundamentale Bedeutung der T. durch den Umkehrschluß unterstrichen, daß bewußter und radikaler Abbruch der T. eines Volkes als „geistiger Völkermord" zu verurteilen sei. Er beruft sich dabei auf die Internationale Konvention über die Verhinderung und Unterdrückung des Verbrechens des Völkermordes vom 9. Dezember 1948, in der von einem „schweren Angriff auf die physische oder geistige Integrität einer Gruppe" die Rede ist.

An derartigen Angriffen hat es in unserem Jhdt., aber auch in früheren Zeiten nicht gefehlt. Dabei wurde in der Regel das Ziel verfolgt, wenn nicht die Menschheit, so doch zumindest ganze Völker von den „Fesseln der T." zu befreien und „Verkrustungen der T." aufzubrechen, um der Emanzipation zum Durchbruch zu verhelfen. T. im Sinne eines geschichtlichen Kontinuums wird als Blokkade des vermeintlichen Fortschritts der Geschichte verstanden. Falls überhaupt T., dann als bewußt diskontinuierlichen Anschluß an abgebrochene T.en der „Unterdrückten" im Sinne einer „Zukunft in der Vergangenheit" (Ernst Bloch), d.h. eine T. des „Unabgegoltenen", das also bisher noch nicht gegolten hat (Burghart Schmidt).

T. bedeutet jedoch – entgegen unausrottbaren ideologischen Mißverständnissen – gerade nicht die passive, kritiklose und mechanische Weitergabe geschichtlich gewordener Normen und Formen menschlichen Zusammenlebens in einer Art Staffellauf durch die Epochen der Geschichte. Das wäre bloße Überlieferung. T. zielt vielmehr auf die aktive Auseinandersetzung mit den sich ständig wandelnden religiösen, politischen, gesellschaftlichen und wissenschaftlich-technischen Ordnungs- und Wertvorstellungen. Das Verständnis für den Wandel als Voraussetzung für die notwendigen Antworten auf die Herausforderungen im Sinne von Toynbees *„challenge and response"* läßt sich jedoch nur aus dem in der T. bewahrten Schatz von Wissen, Erfahrung und Weisheit gewinnen. Sie bietet dem Menschen eine zuverlässige Orientierungshilfe im Prozeß der persönlichen Urteils- und Willensbildung und verhilft ihm damit zu einem hohen Maß an „instinktiver" Verhaltenssicherheit im sozialen Umgang. Sie wird vor allem gekennzeichnet durch deutliche Distanz (eine völlig in Vergessenheit geratene soziologische Kategorie!) zu Menschen und Programmen, die sich als Vollstrecker geschichtlicher Gesetzmäßigkeiten verstehen und in dieser Überzeugung den Menschen „zu einem Teile eines größeren Ganzen umformen, aus dem das Individuum gewissermaßen erst Leben und Wesen erhält" (J. J. Rousseau). Dabei ist nicht nur an die Französische Revolution, an den Kommunismus und an den Nationalsozialismus zu denken mit ihren offen erklärten und praktizierten Traditionsabbrüchen, sondern mehr noch (weil andauernd) an die allmähliche Zersetzung des Traditionsbewußtseins in den westlichen Demokratien. David Riesman hat diesen Wandel von der Traditionslenkung der Gesellschaft und des einzelnen über eine Zwischenphase der Innenlenkung des einzelnen zu einer vorherrschenden Außenlenkung der Gesellschaft bereits in den fünfziger Jahren beschrieben, der zur Atomisierung der Gesellschaft und der Bildung einer „einsamen Masse" führe. Sie bewirke eine deutliche Verhaltensunsicherheit, weil traditionelle Ordnungsmaßstäbe allenfalls noch für den einzelnen oder kleinere Gruppen verbindlich seien, aber nicht mehr für die Gesellschaft insgesamt. Aus der Verhaltensunsicherheit erwachse Isolationsfurcht und daraus, weil die Menschen „Absonderung (von der Gesellschaft) mehr fürchten als den Irrtum" (Alexis de →Tocqueville), eine zunächst freiwillige Meinungs- und Verhaltenskonformität, aus der allerdings ein Konformitätsdruck auf Minderheiten entstehe. An die Stelle des inneren Kompasses, der eigene Orientierungen ermöglicht, sei das „Meinungs-Radargerät" getreten (Helmut →Schelsky), das eigene Orientierungen kaum noch zulasse und damit die Ausbreitung eines ständig wechselnden Massenbewußtseins mit allen Möglichkeiten der Manipulation des einzelnen begünstige.

Die politischen und gesellschaftlichen Konsequenzen dieses Prozesses förderten allerdings auch die Bereitschaft zu einer Rück- bzw. Neubesinnung auf das Wesen der T. im allgemeinen und zu *bewußter* Pflege noch lebendiger T.en im besonderen aus der Erkenntnis, daß menschenwürdige Ordnungen nicht allein durch noch so perfekte Richtlinien zu erreichen, geschweige denn auf Dauer zu erhalten seien, wenn sie nicht durch die „ungeschriebenen Gesetze" der T. fundiert und legitimiert würden.

L.: *L. Ziegler:* Überlieferung, München 1948; *O. Cullmann:* Die T. als exegetisches, historisches und theologisches Problem, Tübingen 1954; *D. Riesman:* Die einsame Masse, Hamburg 1958; *J. Pieper:* Über den Begriff der T., Köln 1958; *ders.:* Überlieferung. Begriff und Anspruch, München 1970; Vom Sinn der T. – Zehn Beiträge von *Bertrand d'Astorg* (u.a.), hrsg. v. *L. Reinisch*, München 1970; *T. Brochner:* Aufstand gegen die T. – Über den Konflikt zwischen den Generationen, Stuttgart – Berlin 1972; *J. Friedrich:* T. and Authority, New York 1973; Traditional Societies and Technological Change, hrsg. v. *G. MacClelland Foster,* New York 1973; *E. Shils:* T., London 1981; Wissenschaft und T., hrsg. v. *P. Feyerabend / C. Thomas,* Zürich 1983; T. und Modernität. Aspekte der Auseinandersetzung zwischen Anciens und Modernes, hrsg. v. *V. Roloff,* Essen 1988.

– Mo

Treviranus, Gottfried Reinhold

* 20. 3. 1891 Schieder/Lippe; † 7. 6. 1971 Florenz. Konservativer Politiker. 1912-18 Marineoffizier; nahm nach dem Ersten Weltkrieg ein Landwirtschaftsstudium auf und wurde 1921 Direktor der lippischen Landwirtschaftskammer. 1924 gelangte T. auf der Liste der →Deutschnationalen Volkspartei (DNVP) in den Reichstag. Als Repräsentant des gemäßigten Flügels der DNVP widersetzte sich T. scharf dem seit den Reichstagswahlen von 1928 einsetzenden Rechtskurs Hugenbergs. Das gemeinsam von DNVP und NSDAP unterstützte Volksbegehren gegen den Young-Plan war für T. Anlaß, zusammen mit zwölf weiteren DNVP-Abgeordneten die Partei 1929 zu verlassen. Zusammen mit der

ein Jahr später ebenfalls aus der DNVP ausgetretenen Gruppe um Westarp und der Christlich-Nationalen Bauern- und Landvolkpartei →Schlange-Schöningens fusionierte T.' „Deutschnationale Arbeitsgemeinschaft" 1930 zur Konservativen Volkspartei (KVP).

T. amtierte im ersten Kabinett Brüning seit März 1930 als Minister für die besetzten Gebiete; nach Auflösung dieses Ressorts war er Minister ohne Geschäftsbereich und seit September 1930 Reichskommissar für die Osthilfe. Im zweiten Kabinett Brüning hatte T. von Oktober 1931 bis Mai 1932 das Amt des Verkehrsministers inne. Bei den Reichstagswahlen 1932 blieb seiner Konservativen Volkspartei (nach den Wahlen wurde sie in Konservative Vereinigung umbenannt) der Durchbruch versagt; sie erhielt 1,2 Prozent der Stimmen und damit sechs Reichstagsmandate. Als Gegner des Nationalsozialismus entkam T. im Zusammenhang mit den Ereignissen des 30. Juni 1934 („Röhmputsch") nur knapp der Festnahme oder Ermordung durch die SS. Im Juli 1934 floh er aus Berlin über die Niederlande nach England. Im Dritten Reich galt er laut SD-Übersicht als „führender Mann der Systemzeit (Rechtsopposition und Reaktion)". 1940 wanderte er nach Kanada aus und erwarb 1943 die kanadische Staatsbürgerschaft; danach übersiedelte er in die USA, wo er bis 1946 lebte. Nach dem Zweiten Weltkrieg war T., der zunächst im Ausland verblieb, Wirtschaftsberater für die amerikanische Militärregierung; 1949 kehrte er nach Deutschland zurück. Die letzten Jahre seines Lebens verbrachte T. in Italien (Palermo).

T. kann als einer der maßgeblichen Köpfe der →„Volkskonservativen" bezeichnet werden, die in schroffer Frontstellung zu den seit 1928 zunehmenden Rechtstendenzen der DNVP einen moderaten Kurs steuerten, der ungeachtet des Festhaltens an monarchisch-großdeutschen Positionen die Weimarer Republik gegen die Diktatur und das Aufkommen der NSDAP zu verteidigen suchte.

S.: Das Ende von Weimar. Heinrich Brüning und seine Zeit, Düsseldorf – Wien 1968; Für Deutschland im Exil, Düsseldorf 1973.

L.: *E. Jonas:* Die Volkskonservativen 1928-33, Düsseldorf 1965; *H. Möller:* G. R. T. Ein Konservativer zwischen den Zeiten, in: Festschrift Johannes und Karin Schauff, Pfullingen 1983.

– St

U

Ullmann, Hermann

* 12. 9. 1884 Teplitz-Schönau (Böhmen);
† 23. 2. 1958 Stockholm. Journalist und
Schriftsteller. U. studierte, nach der Schulzeit
in seinem Geburtsort, an den Universitäten
Prag, Heidelberg, Wien und Berlin und wurde
1906 in Wien zum Dr. phil. promoviert. Zunächst Gymnasiallehrer in Salzburg, Linz und
Mährisch-Trübau, nahm U. 1909 die Mitarbeit an der Zeitschrift „Kunstwart" auf, in deren Redaktion er ein Jahr später eintrat. 1912
wechselte er zur „Deutschen Arbeit" in Prag,
der wichtigsten Zeitschrift der deutschen
Volksgruppe in Böhmen. Am Krieg nahm U.
als Freiwilliger des Österreichischen Roten
Kreuzes teil; nach seiner Einbürgerung in
Deutschland wurde er Soldat in einem sächsischen Artillerieregiment; seit 1917 arbeitete er
für das Kriegs-Presseamt in Berlin.

Infolge seiner Herkunft konzentrierte sich
U. nach dem Abschluß des Versailler Vertrages besonders auf das Schicksal der Deutschen in den neu entstandenen Ländern
„Zwischeneuropas"; 1918 trat er dem VDA
bei, in dem er bald führende Positionen übernahm und als dessen Zeitschrift jetzt die
„Deutsche Arbeit" (Berlin) erschien. 1919 gehörte U. zu den Mitgründern des „Deutschen
Schutzbundes" und betätigte sich als Chefredakteur (Tageszeitung „Der Deutsche",
1921-24) bzw. Herausgeber („Politische Wochenschrift", 1925-31) verschiedener Publikationen aus dem Umkreis der →Konservati-
ven Revolution. 1926 trat U. in die Leitung
des einflußreichen Scherl-Konzerns ein, verließ das Unternehmen allerdings drei Jahre
später wieder, weil er sich der gegen Hugenberg agierenden Gruppe in der →DNVP angeschlossen hatte. In dieser Zeit gehörte er zu
den wichtigsten Sprechern der Jungkonservativen, denen er mit seinen Büchern „Das werdende Volk" (Hamburg 1929) und „Die
Rechte stirbt – es lebe die Rechte" (Berlin
1931) ein Programm zu geben versuchte.
U. gehörte 1930 auch zu den Gründern der
→„Volkskonservativen Vereinigung", mußte
aber relativ rasch das Scheitern dieser Gruppe
zur Kenntnis nehmen, die weder die
Deutschnationalen beerben noch den Vormarsch der NSDAP aufhalten konnte.

Auch nach 1933 versuchte U. den konservativen, deutlich christlich akzentuierten
Standpunkt weiter auszuformulieren
(„Durchbruch zur Nation", Jena 1933; „Das
neunzehnte Jhdt.", Jena 1936), mußte aber
immer deutlicher die Ohnmacht der eigenen
Position erkennen. Nach der Gleichschaltung
des VDA im Jahr 1937 ging U. nach Wien. In
dieser Zeit nahm er sich wieder eines älteren
Themas an, das ihn schon während des Ersten
Weltkriegs beschäftigt hatte: der mitteleuropäischen Frage. U. war ab 1940 als Auslands-
berichterstatter für die „Berliner Börsenzei-
tung" in Sofia, Belgrad und Agram tätig, dann
– ab 1942 – in der Schweiz. Die Schweiz blieb
auch nach Kriegsende seine Wahlheimat. Als
Mitarbeiter des „Lutherischen Weltbundes"
und Gründer der „Lutherischen Rundschau"
(1947) hat U. in seiner letzten Lebensphase
nicht nur versucht, seinem Volk den Rück-
weg in die christliche europäische Tradition
zu öffnen, sondern auch erhebliche Neuinter-
pretationen seines eigenen Werkes vorgenommen (so z.B. in „Der Weg des neunzehnten Jhdt.s. Am Abgrund der Ersatzreligionen" von 1949). Wegen vollständiger Erblin-
dung schied er 1953 aus dem Dienst. Er starb
1958 während einer Vortragsreise in Schweden.

B.: *H. Schmid-Egger* (Hrsg., siehe unter L.), S. 9f.

S.: Die Bestimmung der Deutschen in Mitteleuropa.
Von den Grundlagen des deutsch-österreichischen
Bündnisses, Jena 1915; Das werdende Volk. Gegen Liberalismus und Reaktion, Hamburg 1929; Die Rechte
stirbt – es lebe die Rechte!, Berlin 1931; Flucht aus Berlin?, Jena 1932; In der großen Kurve. Führer und Geführte, Berlin 1933; Der Reichsfreiherr vom Stein, Lübeck 1934; Das neunzehnte Jhdt. Volk gegen Masse im
Kampf um die Gestalt Europas, Jena 1936; Die Völker
im Südosten, Jena 1938; Gericht über Napoleon.
Schicksalsstunden um Stein, Napoleon, Metternich,
Jena 1938; Der Weg des neunzehnten Jhdt.s. Am Abgrund der Ersatzreligionen, München 1949.

L.: *H. U.:* Zerstörtes und Unzerstörbares. Erinnerungen aus dem alten Österreich und dem kämpfenden
Mitteleuropa, in: *H. Schmid-Egger* (Hrsg.): H. U. Publizist in der Zeitenwende, München 1965, S. 13-207.

– W

Universalismus

(Abgeleitet aus universus = Hinwendung
zum Einen, zum Ganzen, zum Gesamten;
oder aus universal = allumfassend). Der Be-

griff U. bezeichnet eine stark metaphysisch geprägte Gesellschaftsauffassung, die den Vorrang gesellschaftlicher Gebilde, insbes. auch den des →Staates, vor dem einzelnen in zeitlicher (genetischer), sachlich-logischer, wert- und würdemäßiger Hinsicht betont, häufig unter Berufung auf die Sätze des Aristoteles „Das Ganze ist früher als der Teil", „Das Ganze ist mehr als die Summe der Teile". Die altchinesische, die altindische, die altgriechische und die mittelalterliche Gesellschaftsphilosophie waren in ihren klassischen Ausprägungen – Laotse, Kungfutse, Upanischaden, Pythagoras, →Platon, Aristoteles, →Thomas von Aquin – universalistisch. In der Neuzeit sind es vor allem →Romantik und Deutscher →Idealismus, die die universalistische Gesellschaftsphilosophie zu neuen Höhepunkten führten: Fichte, Schelling, Hegel, F. von →Baader, F. C. von →Savigny, A. →Müller, J. von →Görres, die Brüder Grimm, →Schlegel und Humboldt, L. von →Ranke, G. F. Kreuzer, J. J. →Bachofen, C. G. Carus seien beispielhaft angeführt.

Im 20. Jhdt. ist es vor allem O. →Spann, der das Wort U. (oder das deutsche Wort „Ganzheitslehre") für sein ganzes System verwendet, um damit den Gegensatz zum Individualismus und dessen Gesellschaftstheorie so deutlich und schroff wie nur möglich zu betonen. Die individualistische Theorie geht bei der Erklärung gesellschaftlicher Gebilde vom autonomen einzelnen aus, der in Verfolgung seiner Interessen auf Teile seiner Freiheit verzichtet, sich mit anderen aus Nützlichkeitserwägungen zusammenschließt und so Gesellschaft und gesellschaftliche →Institutionen bildet. Typisch ist hierfür die Vertragslehre von Th. Hobbes, mit der die Entstehung des →Staates erklärt wird. Gesellschaft und Institutionen sind nur Abgeleitetes, sie haben keine eigene Substanz und überindividuelle Persönlichkeit, ihre Funktion beschränkt sich auf („subsidiäre") Hilfeleistungen für die Individuen. Für den U. ist dagegen die Gesellschaft als →Ganzheit das Erstwesentliche, denn sie ruft das Geistige im einzelnen hervor und läßt ihn in schöpferischer Weise teilnehmen am „objektiven Geiste" der Gemeinschaft, am Schatz des Guten, Wahren und Schönen, der von Generation zu Generation angesammelt und vermehrt wurde.

Universalistisch ist ferner die in Geschichte und Politik höchst wirksame Idee des heiligen →Reiches (Sacrum Imperium) zu nennen, der A. Dempf und O. Torsten ausführliche Untersuchungen gewidmet haben. Weder die Bismarcksche Engführung noch der Mißbrauch durch die Nationalsozialisten konnten der Reichsidee auf Dauer Schaden zufügen. Als „Imperium Europaeum" ist die Reichsidee nach dem Zweiten Weltkrieg wiederauferstanden und zum geheimen Leitbild der europäischen Vereinigung geworden.

Im religiös-kirchlichen Bereich kann „universalistisch" mit „katholisch" gleichgesetzt werden. Etymologisch geht „katholisch" auf das griech. „katholikós" zurück (= das Ganze, alle betreffend, allgemein, die ganze Erde umfassend). Als katholisch bezeichnet sich die römisch-katholische →Kirche. „Sie ist nach Berufung und Sendung eine universale Kirche, die in verschiedenen Kulturräumen, sozialen und menschlichen Ordnungen Wurzeln schlägt und dabei in jedem Teil der Welt verschiedene Erscheinungsweisen und äußere Ausdrucksformen annimmt" (Papst Paul VI.). Ihrer Funktion nach ist sie „allumfassendes Sakrament, das heißt, Zeichen und Werkzeug für die innigste Vereinigung mit Gott wie für die Einheit der gesamten Menschheit" (Vat. II: Lumen gentium 1). Dieser katholischen Interpretation von U. darf L. →Zieglers Lehre vom „Allgemeinen Menschen" zur Seite gestellt werden, in die der U. zuletzt einmündet: Weltschöpfung und Weltgeschichte, Entwicklung und Erlösung sind Teile der einen Anthropophanie (Menschwerdung), die vom ersten Adam zum letzten Adam ihren gottbestimmten Verlauf nimmt. In ontologischer und eschatologischer Hinsicht reflektiert U. die Verbindung des Vergänglichen mit dem Ewigen. Er ist damit zutiefst konservativ.

L.: *O. Spann:* Art. „U.", in: Handwörterbuch der Staatswissenschaften, Jena ⁴1928 (Wiederabdruck in: Gesamtausgabe O. S., Bd. VIII, Graz 1975); *A. Dempf:* Sacrum Imperium. Geschichts- und Staatsphilosophie des Mittelalters und der politischen Renaissance, München 1929; *O. Torsten:* Rîche. Eine geschichtliche Studie über die Reichsidee, München 1943; *L. Ziegler:* Menschwerdung, Bde. I-II, Olten 1948; *ders.:* Das Lehrgespräch vom Allgemeinen Menschen an sieben Abenden, Hamburg 1956; *A. Mohler:* Die konservative Revolution in Deutschland 1918-32, Darmstadt 1972 (bibliogr. Angaben zur Reichsidee, S. 235f.); *Paul VI.:* Apostolisches Schreiben Evangelii nuntiandi, Rom

1975 (Zitat: n. 62); *F. Schuon:* Das Ewige im Vergänglichen, München 1984.

Zur Literatur siehe allgemein auch die Stichwörter Ganzheit, Reich, Deutscher Idealismus, Romantik, Spann, Ziegler.

– Ro

V

Verfassung

Der Begriff der V. (oder Konstitution) beinhaltet im traditionellen Sinne des vorrevolutionären Europa keineswegs – wie heutzutage – eine Gesamt*regelung* aller bestehenden rechtlich-politischen Herrschaftsverhältnisse und →Institutionen, sondern – in einer viel vageren Verwendung – das Gefüge der in einem Gemeinwesen vorhandenen politischen Institutionen und Rechtsordnungen. Außerdem bedeutet V. in einem etwas engeren Sinne einen zwischen den Vertretern unterschiedlicher Gewalten geschlossenen *Vertrag* (Freibrief, Herrschaftsvertrag, Wahlkapitulation), der dazu dient, die Herrschaftsbefugnisse der einen und die Freiheiten der anderen Seite voneinander abzugrenzen und in ihren rechtlichen und institutionellen Details und Verfahrensregeln festzulegen. Im politischen Denken seit Mitte des 18. Jhdts. wurde V. durchaus auch schon als *Summe* solcher Einzelverträge, Vereinbarungen, Privilegien usw. angesehen und definiert.

In der Ära der Geschichte des nachrevolutionären Europa (seit 1789) erscheint die V. zuerst bestimmt durch ihre Funktion als *Einschränkung des monarchischen Herrschaftsanspruchs* im Sinne einer Begrenzung der Machtvollkommenheit des traditionellen →Absolutismus. Im 19. Jhdt. dominiert, um die Gefahren der Volkssouveränitätsidee zu bannen, zuerst das Konzept der V. als *Vertrag*: Der klassische Liberalismus interpretiert die V. als *Vereinbarung* zwischen den beiden das Gemeinwesen konstituierenden Gewalten, dem →*Staat* (vertreten durch die Monarchie und die mit ihr verbundene Bürokratie) und der *Gesellschaft* (repräsentiert durch die politisch führende Schicht des →Bürgertums und das von diesem frei gewählte Parlament). Eine andere Form des Vertrages als V. stellt der *Bundesvertrag* dar, durch den sich mehrere souveräne Staaten zu einem einheitlichen Gemeinwesen (Bundesstaat oder Staatenbund) zusammenschließen (Beispiele: die Schweizer Verfassung oder die Deutsche Bundesakte, beide 1815). Erst mit der Durchsetzung des modernen demokratischen Staates definiert sich die V. – in der Form eines schriftlich verfaßten *Staatsgrundgesetzes* – als einheitliche Grundlage und Voraussetzung staatlicher Herrschaftsgewalt und Organisation, die ausschließlich auf der Voraussetzung der *Volkssouveränität* beruht und aus dieser ihre →Legitimität ableitet. Die moderne V. unterscheidet sich in doppelter Hinsicht von der traditionell-alteuropäischen und der „Normalverfassung" des 19. Jhdt.s: a) sie beruht auf der Setzung, d.h. sie wird aus bestimmten normativen Prinzipien abgeleitet (und nicht mehr historisch legitimiert); b) sie stellt nicht mehr ausschließlich das Resultat eines Kompromisses (sei es zwischen verschiedenen Gewalten in einem Staat oder zwischen mehreren Staaten selbst) dar. In diesem Sinne ist die moderne V. auch nicht das Ergebnis eines „Klassenkompromisses" (wie die marxistische Deutung zu suggerieren versuchte).

Die neueste Entwicklung – insbesondere in Deutschland seit 1949 – tendiert zu einer wertmäßigen Aufladung der als Grundgesetz bezeichneten V., die jetzt nicht mehr nur „Grundlage staatlicher Herrschaftsgewalt und staatlicher Grundorganisation", sondern zugleich „rechtliche Lebensordnung und Wertgrundlage des politischen Gemeinwesens" (Böckenförde) sein soll. Daß hiermit eine „ideologische Überhöhung ihres Geltungsanspruchs" (Böckenförde) vorliegt, die einer „Tyrannei der Werte" (C. →Schmitt) den Weg bereitet, ist evident. Die „Metamorphose des Grundgesetzes vom obersten Rechtsgesetz zum politischen Integrationsprogramm, von der... Rahmenordnung des Staates zur unbegrenzten, virtuell allzuständigen, offenen Totalverfassung für Staat und Gesellschaft" (Isensee) ist voll im Gang. Das führt zum einen zu einer (beabsichtigten) Aufladung der V. mit politisch-moralischen Wünschbarkeiten (den sog. „Staatszielbestimmungen"), zum anderen zum Postulat einer von liberalen Ideologen verordneten „Verfassungsmoralität und Verfassungsreligiosität" (Isensee). Die letztere widerspricht dem Tatbestand historischen Wandels und kann zu politischer Verknöcherung führen, während die erste die Verfassungsauslegung in den Sog der Auseinandersetzung widerstrebender Ideologien und Interessen geraten läßt, die den Staat als ganzen (und dessen Funktion als *Pouvoir neutre*) gefährden können.

Das konservative Denken hat sich von Anfang an mit dem Problem der V. beschäftigt. Vorrevolutionäre Autoren wie J. →Möser gebrauchen den Begriff noch ganz im traditionellen Sinne als Bezeichnung für die Summe hergebrachter Rechtsüberlieferungen und Institutionen (etwa der alten deutschen „Reichsverfassung"). Dem Anspruch des modernen politischen Denkens, V. ausschließlich als *geschriebene Konstitution*, als Staatsgrundgesetz, zu definieren, treten die großen konservativen Kritiker der Revolution entschieden entgegen. E. →Burke bezeichnet in seinen „Reflections on the Revolution in France" (1790) die (englische) V. zwar als einen „Vertrag", meint damit aber keineswegs eine Urkunde, sondern nur die durch Tradition und Überlieferung begründete Einheit der drei Verfassungsteile König, Adel und gemeine Bürger (King, Lords and Commons). J. de →Maistre beharrt in seinen „Considérations sur la France" (1796) darauf, daß eine V. entweder „unsichtbar wachsen" oder durch einen von Gott persönlich gesandten Urheber, niemals jedoch durch bloße menschliche Satzung entstehen kann.

Die deutschen Konservativen dieser und der folgenden Zeit lehnen eine geschriebene V., in der sie die notwendige Folge eines revolutionären Umsturzes sehen, ebenfalls strikt ab. C. L. von →Haller, A. →Müller, F. →Schlegel, C. E. →Jarcke und C. W. von →Lancizolle, auch F. C. von →Savigny stimmen trotz mancher Unterschiede darin überein, den Konstitutionalismus ausschließlich als Folge des Geltungsanspruchs der modernen Volkssouveränitätsidee zu interpretieren. Obwohl sich das konservative Denken traditionell im Namen des Adels gegen den absoluten Herrschaftsanspruch der Monarchie gewandt hatte, sahen diese Autoren in der modernen V. etwas völlig anderes als einen Herrschaftskompromiß oder eine Beschränkung von Herrschaftsbefugnissen durch Gewährung begrenzter Freiheiten.

Doch auch andere Stimmen meldeten sich bereits vor 1848 zu Wort. So stellte das →„Berliner politische Wochenblatt" 1834 fest, daß eine gemäßigte V. dem Absolutismus in seiner strengsten Form vorzuziehen sei, und K. F. →Göschel bemerkte, daß die Konservativen „nur gegen die Konstitution" zu kämpfen hätten, „welche die Throne erschüt-tert und von der Volksgunst abhängig macht, aber nicht gegen Verfassungen, wodurch im Fortschritte der Zeit ein Theil der fürstlichen Gewalt nach Befinden vertheilt wird". Für das weitere konservative Verfassungsverständnis wurde F. J. →Stahls Theorie des Monarchischen Prinzips bestimmend: das Mitentscheidungsrecht eines Parlaments sah er so lange als zulässig an, wie für den Streitfall das Letztentscheidungsrecht des Königs sichergestellt war. Die Frage, ob dieses Mitentscheidungsrecht in einer „Constitutions-Urkunde" oder in anderer Form zu verbriefen sei, betrachtete er als zweitrangig.

Die späteren Konservativen haben seit der zweiten Hälfte des 19. Jhdt.s eine Rückkehr zum vorkonstitutionellen Zustand kaum noch erwogen; allenfalls entwickelte man – erfolglos – Modelle einer „Auflösung" der Verfassungsurkunde in einzelne Gesetzesparagraphen (F. Walter). Man beschränkte sich jetzt und auch nach der Jahrhundertwende darauf, den sich nun deutlicher artikulierenden normativen Anspruch der liberalen Verfassungsinterpretation zurückzuweisen. So betonte im Kaiserreich M. von Seydel die Bedeutung der V. von 1871 als eines (durch die Fürsten wieder auflösbaren) Bundesvertrages. In kritischer Auseinandersetzung mit der Wirklichkeit der Weimarer Reichsverfassung definierte R. Smend V. als einen beständig sich vollziehenden Vorgang der „Integration". Und C. Schmitt erneuerte in seiner „Verfassungslehre" (1928) den traditionellen Verfassungsbegriff, indem er V. als „den *Gesamtzustand* politischer *Einheit* und *Ordnung*" definierte und in seinem „positiven Verfassungsbegriff" die V. als „Gesamt-Entscheidung über Art und Form der politischen Einheit" bestimmte und damit zugleich an den *Staat* als „politische Einheit eines Volkes" band.

An dieser Stelle hat heutiges konservatives Denken anzusetzen. Auf der einen Seite ist der Aufblähung der Verfassungstexte zu Katalogen von Wünschbarkeiten und politisch-ideologisch bestimmten Zielsetzungen zu widerstehen, weil hierdurch die Ansprüche der pluralen Gewalten und Interessengruppen ermuntert werden, was wiederum die Überforderung oder auch unangemessene Machtbefugnis der Verfassungsgerichtsbarkeit zur Folge haben kann. Und auf der anderen Seite muß einer (hieraus folgenden) normativen Aufladung und Überfrachtung der V. – etwa in der Form des sog. „Verfassungspatriotismus" (D. Sternberger) – entschieden widersprochen werden, weil diese aus der V. einen Fetisch machen können, der notwendige Veränderungen und Korrekturen – z.B. in Krisenzeiten – zu blockieren imstande ist. Ein Blick auf die Vergangenheit lehrt, daß Ordnung zu unterschiedlichen Zeiten in jeweils verschiedenen Formen verwirklicht wurde. Wenn eine V. ihren Hauptzweck erfüllen soll, politische Ordnung zu konstituieren und vor Anomie zu schützen, hat sie dieser Tatsache Rechnung zu tragen.

L.: *R. Smend*: V. und Verfassungsrecht, München – Leipzig 1928; *F. Hartung*: Volk und Staat in der deutschen Geschichte, Leipzig 1940; *E. R. Huber*: Deutsche Verfassungsgeschichte seit 1789, Bde. I-VIII, Stuttgart 1957-90; *O. Brunner*: Moderner Verfassungsbegriff und mittelalterliche Verfassungsgeschichte, in: *H. Kämpf* (Hrsg.): Herrschaft und Staat im Mittelalter, Darmstadt 1960, S. 1-19; *E. W. Böckenförde*: Die deutsche verfassungsgeschichtliche Forschung im 19. Jhdt., Berlin 1961; *F. Hartung*: Staatsbildende Kräfte der Neuzeit, Berlin 1961; *E. R. Huber*: Nationalstaat und Verfassungsstaat, Stuttgart 1965; *O. Brunner*: Land und Herrschaft, Wien [5]1965; *R. Smend*: Staatsrechtliche Abhandlungen und andere Aufsätze, Berlin [2]1968; *O. Hintze*: Staat und V., Gesammelte Abhandlungen, Bd. I, Göttingen [3]1970; *E. Forsthoff*: Rechtsstaat im Wandel, München [2]1976; *R. Vierhaus* (Hrsg.): Herrschaftsverträge, Wahlkapitulationen, Fundamentalgesetze, Göttingen 1977; ; *G. Oestreich*: Strukturprobleme der frühen Neuzeit, Berlin 1980; *E. W. Böckenförde* (Hrsg.): Moderne deutsche Verfassungsgeschichte (1815-1918), Köln [2]1981; *H. Mohnhaupt / D. Grimm*: V., in: Geschichtliche Grundbegriffe VI, S. 831-99; *C. Schmitt*: Verfassungslehre, Berlin [6]1983; *ders.*: Verfassungsrechtliche Aufsätze aus den Jahren 1924-54, [3]1985; *J. Isensee*: Die V. als Vaterland. Zur Staatsverdrängung der Deutschen, in: *A. Mohler* (Hrsg.): Wirklichkeit als Tabu, München 1986, S. 11-35; *C. Schmitt*: Positionen und Begriffe im Kampf mit Weimar – Genf – Versailles 1923-39, Berlin [2]1988; *G. Stourzh*: Wege zur Grundrechtsdemokratie, Wien – Köln 1989; *T. Würtenberger*: An der Schwelle zum Verfassungsstaat, in: Aufklärung 3 (1988), S. 53-88; *E. W. Böckenförde*: Staat, V., Demokratie, Frankfurt a. M. 1991; *D. Grimm*: Die Zukunft der V., Frankfurt a. M. 1991.

– K

Verschwörerthese

V.n stellen Erklärungsmodelle dar, welche die vermeintlich unter der Oberfläche verborgen liegenden Ursachen und Drahtzieher als illegitim bewerteter und als Katastrophe erlebter sozialer Veränderungsprozesse entlarven. Sie sind nicht gekennzeichnet durch unparteiisches Erkenntnisstreben, vielmehr sind sie interessengebundene Instrumente des politischen Kampfes, dienen der Mobilisierung der eigenen Parteigänger und der Stigmatisierung der Gegner. Soweit sie nicht in machiavellistischer Weise hergestellt und gehandhabt werden, sind sie ein ins Aggressive gerichteter Ausdruck der Angst, die in Krisen aus einer realen vielfach zu einer wahnhaftneurotischen wird. Dies manifestiert sich auch darin, daß es ein Merkmal von V.n ist, daß mißliebigen kleinen, vermeintlich hochorganisierten – oft ethnischen – Minderheiten diabolisch-übermenschliche Kräfte zugeschrieben werden. Die Ausgrenzung solcher Minderheiten zieht eine rücksichtslose Verfolgung nach sich. V.n haben in vielen Kulturen und Epochen als Ausdruck politischer, ökonomischer und religiöser Krisen politische Bedeutung erlangt. Ihre folgenreichste und geschichtsmächtigste Ausprägung ist jedoch diejenige, welche eine konterrevolutionäre Antwort auf →Aufklärung und Französische Revolution erteilte, bis ins 20. Jhdt. hineinwirkte und daher weithin als *die* V. gilt.

Diese These, die in den erstmals 1797 in London publizierten und in neun europäische Sprachen übersetzten „Mémoires pour servir à l'histoire du Jacobinisme" des Abbé Augustin Barruel ihre voll ausgebildete Gestalt erhalten hat, unterstellt eine „dreifache Verschwörung..., in welcher lange vor der Revolution der Ruin der Kirche, der Ruin des Thrones und endlich der Ruin der ganzen bürgerlichen Gesellschaft geschmiedet wurde und noch geschmiedet wird".

Im einzelnen behauptete die V., daß die „Philosophen" (Aufklärer) die Legitimitätsgrundlagen der christlichen Gesellschaft (Thron und Altar) untergraben und sich die Freimaurer als „Sophisten des Unglaubens" mit den „Sophisten des Aufruhrs" verbunden hätten. Dabei wird den deutschen Illuminaten und ihren Verbindungen nach Paris eine ausschlaggebende Rolle beim Ausbruch der Revolution von 1789 zugeschrieben. Der erste Teil der Barruelschen Denkwürdigkeiten ist als literarisch effektvolle Streitschrift zu kennzeichnen, die von einem katholisch-gegenaufklärerischen Pathos getragen wird und eine Kreuzzugsstimmung gegen Aufklärung und Revolution verbreitet. Der zweite Teil dagegen ist eine um denunziatorische Kommentare angereicherte Kompilation sowohl von den Schriften der deutschen Illuminaten als auch ihrer Gegner. Letztere waren bei der bereits vor 1789 einsetzenden Herausbildung der V. im Sinne einer Drahtziehertheorie maßgeblich beteiligt.

Unter den die V. propagierenden Organen sind hier die von Leopold Alois →Hoffmann mit kaiserlicher Protektion herausgegebene „Wiener Zeitschrift" (1792/93), das gleichfalls in Wien publizierte „Magazin für Kunst und Literatur" (1793-97) sowie die von den deutschen Fürsten finanzierte und in Leipzig gedruckte „Eudämonia oder deutsches Volksglück" (1795-98) hervorzuheben. Eudämonisten wie der Konsistorialdirektor Ludwig von Grolmann und der Darmstädter Oberhofprediger Johann August Starck spielten dem das Deutsche beherrschenden Jesuiten Barruel die illuminatischen Schriften sowie die anti-illuminatische Pamphletliteratur zu. Neben dem Edinburger John Robison, der 1797 mit den „Proofs of a conspiracy, carried on in the secret meetings of free masons, illuminati and reading societies" eine protestantische Variante der V. vorlegte, wurde Starck mit seinem 1803 publizierten „Triumph der Philosophie im 18. Jhdt." zu einem der wichtigsten Theoretiker der V.

Während die V. als Komplott- bzw. Drahtziehertheorie nicht ernstzunehmen ist, verdient die Vorstellung von einer „philosophischen Conjuration" nähere Betrachtung. Sie wurde erstmals 1791 dargelegt von Karl von →Eckartshausen in seiner Schrift „Über die Gefahr, die den Thronen, den Staaten und dem Christentum den gänzlichen Verfall drohet, durch das Sistem der heutigen Aufklärung, und die kecken Anmaßungen sogenannter Philosophen, geheimer Gesellschaften und Sekten". Indem Eckartshausen vom „philosophischen Satanismus" sprach, machte er deutlich, daß die ständisch strukturierte Ordnung von „Thron und Altar" als gottgewollt galt und demzufolge ihre Infragestellung nicht nur politischen Ungehorsam und Rebellion beinhaltete, sondern zugleich Auflehnung gegen Gottes Gebot.

Neben den die Rechtgläubigkeit und den absolutistischen Staat unterminierenden neuen Ideen wurden von den Propagatoren der V. die „geheimen Gesellschaften" als vermeintliche Organisatoren des Umsturzes gebrandmarkt. Diese Gesellschaften waren in der Tat – wie C. F. Bahrdt 1789 formulierte – ein wichtiges „Beförderungsmittel" der Aufklärung. Allerdings waren jene Gesellschaften in aller Regel nicht „geheim" im Wortsinn, sondern vielmehr private, freiwillige Assoziationen, die der absolutistische Staat *a priori* für gefährlich hielt. Nach Kant war die Ursache aller geheimen Gesellschaften der „Geist der Freiheit". Deshalb konnte Adam Weishaupt als der Begründer des radikalaufklärerischen quasifreimaurerischen Illuminatenordens (1776-85) sogar erklären, daß „Gott selbst" den Trieb der geheimen Verbindungen in die Herzen der Menschen gelegt habe. In der um 1797 in Frankreich erschienenen „Théorie des conspirations" wurde festgestellt, daß alle Menschen durch den Willen der Natur Konspirateure seien. Damit wurde auf den nichtkriminellen Charakter menschlicher Freiheit bzw. Selbsttätigkeit verwiesen.

Die Freimaurerei, die in der konterrevolutionären Publizistik als „Grund aller Revolutionen" denunziert wurde, stellte die geheime Gesellschaft *par excellence* dar. Wegen ihrer aufklärerisch-deistischen Ideologie und ihrer von ständischen, religiösen und nationalen Schranken absehenden Organisationsform erschien sie besonders der kirchlichen Orthodoxie als eine Bedrohung der überkommenen Ordnung. Nach 1789 glaubten viele in kurzschlüssiger Weise, daß in der Revolution binnendemokratische freimaurerische Organisationsprinzipien auf die Gesellschaft übertragen worden seien. Die anti-freimaurerische Ausprägung der V. gewann insofern an Plausibilität, als die staatlich lizensierte Freimaurerei bereits von den Illuminaten als „schickliches Kleid für höhere Zwecke", d.h. als Deckmantel und organisatorisches Vorbild für politische Organisationen ausgenutzt wurde. In diesem Zusammenhang müssen republikanische und nationalemanzipatorische Gesellschaften wie die Filadelfi, der Tugendbund, das Grand Firmanent, die Carbonari, die Nationale Freimaurerei Polens, die Gesellschaft der Dekabristen und schließlich die ebenfalls in dieser Tradition stehenden frühsozialistischen Geheimbünde erwähnt werden.

Im 20. Jhdt. wurde die V. unter Rückgriff auf die konterrevolutionären Theoreme aktualisiert. Dabei traten die Freimaurer als vermeintliche Verschwörer gegenüber „den" Juden in den Hintergrund. Ihnen wurde z. T. in den von der zaristischen Geheimpolizei fabrizierten „Protokollen der Weisen von Zion" eine wahnhafte Züge tragende Weltverschwörung nachgesagt. Die Erforschung dieses aufgrund der ungeheuerlichen Naziverbrechen höchst sensiblen Themenkomplexes ist noch nicht abgeschlossen. So wurden die Textgeschichte und die Verbreitung der genannten und auch bei Antisemiten umstrittenen „Protokolle" erforscht. Dargestellt wurde auch die mit dem Topos des „Judeobolschewismus" arbeitende antisemitische Agitation. Dabei übte man große Zurückhaltung bei der Beantwortung der Frage, inwiefern der unbestreitbar große Anteil kommunistischer Führer jüdischer Herkunft solchen Thesen Plausibilität zu verleihen schien.

Abschließend sei darauf verwiesen, daß es auch eine von E.-O. Fehn als „linke" V. gekennzeichnete Komplott-Theorie gegeben hat. Mit ihrer Hilfe bekämpfte der Aufklärer Friedrich Nicolai (1733-1811) die Ex-Jesuiten und „Kryptokatholiken". Schließlich ist noch die antifaschistische V. zu erwähnen, nach der Adolf Hitler eine Marionette der „Rüstungsmagnaten, Bankherren und Junker" (W. Ulbricht) gewesen sei. Sie lieferte die Rechtfertigung für die Verfolgung bzw. Liquidierung dieser (Klassen-) „Feinde des Volkes".

L.: *W. Laqueur:* Deutschland und Rußland, Berlin 1966; *N. Cohn:* Die Protokolle der Weisen von Zion, Köln 1969; *K. Epstein:* Die Ursprünge des Konservativismus in Deutschland 1770-1806, Frankfurt a. M. – Berlin 1973; *J. Rogalla v. Bieberstein:* Die These von der Verschwörung 1776-1945. Philosophen, Freimaurer, Juden, Liberale und Sozialisten als Verschwörer gegen die Sozialordnung, Bern 1976, Flensburg ²1992; *C. F. Graumann* (Hrsg.): Changing conceptions of conspiracy, New York 1987; *E.-O. Fehn:* Das „Geheimnis der Bosheit", in: Aufklärung und Geheimgesellschaften, hrsg. v. *H. Reinalter,* Bayreuth 1992, S. 85-7; *H. Schüttler:* Die Intervention des Illuminatenordens auf dem Konvent der Philalethen in Paris 1787, in: ebd., S. 71-84; *J. Rogalla v. Bieberstein:* Die Junker als Feinde des Volkes, in: Deutsches Adelsblatt, H. 9/1994, S. 198-201; *ders.:* Vom Antimasonismus zum (Vernichtungs-)Antisemitismus (erscheint 1996 in einer von *H. Reinalter* hrsgg. und von der Bayreuther Forschungsloge „Quatuor coronati" vorbereiteten Kongreßschrift).

– RvB

Vilmar, August Friedrich Christian

* 21. 11. 1800 Solz (Kurhessen); † 30. 7. 1868 Marburg. Evangelischer Theologe, Politiker. 1818-20 Studium der Theologie mit stark rationalistischer Prägung in Marburg. Anschließend Lehrtätigkeit an der Stadtschule in Rotenburg. 1824 Ernennung zum Rektor. Ab 1827 Gymnasiallehrer in Hersfeld. Die 300-Jahr-Feier des Augsburgischen Bekenntnisses 1830 führte V. zu einer intensiven Auseinandersetzung mit lutherischer Theologie und einer Abkehr vom Rationalismus. 1831 wurde V. von Hersfeld als liberaler Abgeordneter in die kurhessische Ständeversammlung entsandt und erreichte eine durchgreifende Reform des kurhessischen Schulwesens. Nach kurzer Tätigkeit als Referent im ersten Ministerium Hasenpflug wurde V. 1833 Gymnasialdirektor in Marburg. Hier entwickelte er seine theologischen und politischen Konzeptionen und wurde zum Wortführer der kirchlich-konservativen Partei in Kurhessen. 1837 Kirchen- und Schulreferent im Kasseler Innenministerium. Ab 1848 veröffentlichte V. reaktionäre Polemiken als Redakteur des „Hessischen Volksfreundes". 1850 vortragender Rat im zweiten Ministerium Hasenpflug. Als Vertreter des Kasseler Generalsuperintendenten versuchte V. ab 1851, die Kirche in seinem Sinne umzugestalten (Kirchenzucht, Brautexamen, strenge Sakramentsverwaltung usw.), wurde nach seiner Wahl zu dessen Nachfolger 1855 vom Kurfürsten aber nicht bestätigt. Dieser ermöglichte ihm statt dessen 1856 eine Berufung an die Universität Marburg.

V. war Vertreter der konfessionalistischen Richtung innerhalb der „positiven Theologie" des 19. Jhdt.s, der Schleiermachers berühmtes Wort von den „Umschanzungen des alten Buchstaben" galt. Neben der Bibel begegnen bei V. geistliches Amt und Kirche als „objektive Tatsachen" des Heils, die er – oft polemisch – gegen theologischen Rationalismus und calvinistische Tendenzen verteidigte. Das Amt, das als „direktes göttliches Institut" allein die Weitergabe des Heils sichert, bildet bei V. den Kern der →Kirche, die in ihrem Institutscharakter „der Leib Christi in seiner Herrlichkeit" selbst ist. Einer von einem rationalistischen Wissenschaftsbegriff überfremdeten „Theologie der Rhetorik" hielt V. die „Theologie der Tatsachen" entgegen, derzufolge der christliche Glaube in seiner „Ganzheit und Ungebrochenheit" nur erfahren und bezeugt werden könne.

V.s theologischer Wandel, der sich ab 1830 abzeichnete, entspricht geistesgeschichtlich dem Übergang von der Romantik zur Restauration. War V.s antidemokratische Polemik von politischer Überzeugung geleitet, mußte seine theologische Kritik an Eingriffen der Monarchie in die Belange der Kirche – wie 1817 durch die Einführung der unierten Kirche in Preußen vorgeführt – zum Konflikt mit dem landesherrlichen Kirchenregiment führen. Anders als sein Bruder Wilhelm, Pfarrer in Melsungen, ging V. über die Frage des hessischen Konfessionsstandes 1855 nicht den Weg in die (lutherische) hessische Renitenz, sondern nahm im Jahr darauf eine Berufung nach Marburg an. Von hier aus kämpfte V. weiter gegen das landesherrliche Summepiskopat und für den lutherischen Bekenntnisstand in Hessen, veröffentlichte aber auch kulturgeschichtliche und politische Arbeiten, in denen seine nationale und reaktionäre Grundhaltung wieder deutlich zum Tragen kam.

B.: Art. V., A. F. C., in: ADB, Bd. 39, S. 715 ff.; *J. Haußleiter:* Art. V., A. F. C., in: RE XX, S. 649 ff.

S.: Das Verhältnis zur evangelischen Kirche in Kurhessen zu ihren neuesten Gegnern, Marburg 1839; Geschichte der deutschen National-Literatur, Marburg – Leipzig 1845, ²⁶1905; Schulreden über Fragen der Zeit, Marburg 1852; Bedenken über das unter dem 10. September 1855 von der theologischen Fakultät zu Marburg ausgestellte Gutachten über die hessische Katechismus- und Bekenntnisfrage, Berlin 1856; Die Theologie der Tatsachen wider die Theologie der Rhetorik, Marburg 1856; Gütersloh ⁴1876 (Neuaufl. m. Einf. v. *H. Sasse,* ebd. 1937, ²1947); Das Königtum des Alten Testaments und das Königtum des deutschen Volkes, Marburg 1857; Das lutherische Bekenntnis in Oberhessen und das Gutachten der theologischen Fakultät zu Marburg..., Marburg 1858; Über konservative Gesinnung und Lebensrichtung, Marburg 1858; Zur neuesten Culturgeschichte Deutschlands. Zerstreute Blätter wiederum gesammelt, Bd. 1/2, Erlangen 1858; Bd. 3, Frankfurt a. M. 1860, ²1868; Deutsche Altertümer im Heliand als Einkleidung der evangelischen Geschichte, Marburg 1862; *A. F. C.* (Autobiogr.), in: Grundzüge zu einer hessischen Gelehrten- und Schriftstellergeschichte von 1830 bis auf die jüngste Zeit, hrsg. v. *O. Gerland,* Bd. 1, Kassel 1863.

E.: Über Goethes „Tasso", hrsg. v. *K. W. Piderit,* Frankfurt a. M. 1869; Luther, Melanchthon, Zwingli, hrsg. v. *dems.,* Frankfurt a. M. 1869; Die Augsburgische Confession erklärt, hrsg. v. *dems.,* Gütersloh 1870; Die

August Friedrich Christian Vilmar
1800-1868

Lehre vom geistlichen Amt, hrsg. v. *dems.,* Marburg – Leipzig 1870; Theologische Moral, hrsg. v. *C. Israel,* 2 Bde., Gütersloh 1871; Lehrbuch der Pastoral-Theologie, hrsg. v. *K. W. Piderit,* Gütersloh 1872; Von der christlichen Kirchenzucht, hrsg. v. *dems.,* Marburg 1872; Kirche und Welt, gesammelte pastoraltheologische Aufsätze, hrsg. v. *C. Müller,* Bd. 1, Gütersloh 1872, Bd. 2, ebd. 1873; Dogmatik (Akademische Vorlesungen), hrsg. v. *K. W. Piderit,* 2 Bde., Gütersloh 1874 (Neuaufl. m. Einf. v. *H. Sasse,* ebd. 1937); Predigten und geistliche Reden, hrsg. v. *W. Heldmann,* Marburg 1876; Collegium biblicum. Praktische Erklärung des Neuen Testaments, hrsg. v. *C. Müller,* 2 Bde., Gütersloh 1879/83; Über den evangelischen Religionsunterricht in den Gymnasien, hrsg. v. *J. Haußleiter,* Marburg 1888; Theologisch-kirchliche Aufsätze, hrsg. v. *K. Ramge,* München 1938.

L.: *W. Hopf:* A. F. C. V. Ein Lebens- und Zeitbild, 2 Bde., Marburg 1913; *K. Ramge:* V.s Bedeutung für die Kirche in der Gegenwart, Essen 1941; *K. Barth:* Art. V., A. F. C. in: Die protestantische Theologie im 19. Jhdt., Zürich 1947, S. 570 ff.; *B. Schlunk:* Amt und Gemeinde im theologischen Denken V.s, München 1947; *G. Müller:* Die Bedeutung A. V.s für Theologie und Kirche, in: „Theologische Existenz heute", Nr. 158, München 1969; *K. Scholder:* Art. V., A. F. C., in: RGG³, Bd. 9. Sp. 1401 ff.

– Fe

Vinet, Alexandre Rodolphe

* 17. 6. 1797 Ouchy, † 4. 5. 1847 Clarens.
Nach A. Schumann (1907) der berühmteste
und einflußreichste Theologe, christliche
Denker und Schriftsteller der französischen
Schweiz im 19. Jhdt. V. stammte aus einer
Waadtländer Familie, die sich 1687 in Gilly
niedergelassen und 1727 in Cressier eingebür-
gert hatte. Mit großer Wahrscheinlichkeit
geht sie auf den Hugenotten Paul Vinay aus
Guillestre (Hautes Alpes) zurück. V.s Vater
(1770-1822) war lange Jahre Sekretär des
waadtländischen Departements des Innern; er
prägte V. stark.

Vom achten Lebensjahr an besuchte V. das
Collège in Lausanne, mit dreizehn Jahren trat
er vorzeitig in die dortige Akademie ein; bald
entschloß er sich zum Theologiestudium.
Noch vor dessen Abschluß schlugen ihn seine
Professoren für das Amt des Lehrers für französische Sprache und Literatur am Gymnasium und Pädagogium von Basel vor. V. übersiedelte daher 1817 in die Rheinstadt. 1819
legte er seine Schlußexamina der Theologie in
Lausanne ab und erhielt die Ordination. Im
selben Jahr heiratete er seine Cousine Sophie
de la Rottaz. 1820 erlitt V. einen Unfall, der
wohl die Ursache für sein von Krankheit
überschattetes Leben war. In Basel gab V. ferner Stunden an der Mädchenschule und hielt
bald auch Vorlesungen über Literatur an der
Universität (a.o. Professor 1819, Ordinarius
1835). Oft vertrat V. den dortigen französischen Pfarrer. Früh schon betätigte er sich als
religiös-politischer Publizist.

1837 nahm V. nach langem Zögern die Berufung auf den Lehrstuhl für praktische
Theologie der Akademie in Lausanne an. Als
Theologe stand er sodann „nur zu oft im
Schatten Schleiermachers, als dessen französisches Ebenbild er gerne – wenn auch ohne
gründliche Abklärung des wahren Sachver-
halts – dargestellt worden ist" (Leuenberger,
1979). 1843 verließ V. aus Gewissensgründen
die Fakultät und übernahm zwei Jahre später
den Lehrstuhl für französische Literatur.
1847 erlag er seiner Krankheit. Lausanne errichtete ihm im Jahre 1900 ein Denkmal.

V. war ein tief religiöser Mensch. Aus dem
Christentum schöpfte er alle seine Überzeugungen: politische, philosophisch-moralische
und literarische. V.s Werk war von großer

Vielfalt; er war Literaturhistoriker und -kriti-
ker, religiöser Schriftsteller und Prediger, er
war Philosoph und ein bedeutender Publizist.
In seinem Christentum wurzelte die Kraft,
die ihn mutig für die Rechte des Individuums
– Gewissensfreiheit, Religionsfreiheit – eintreten, ihn gegen die literarische Strömung
seiner Zeit, die Romantik und ihre berühmtesten Vertreter, kämpfen ließ.

Die Intoleranz im damaligen Kanton
Waadt spornte V. zum Kampf für die religiöse →Freiheit und sogar für die völlige
Trennung der Kirche vom Staat an. Seine ursprünglich staatskirchliche Gesinnung wurde
durch seine Begegnung mit Vertretern der Erweckungsbewegung beeinträchtigt. Er benannte sie mit dem Sammelnamen „Methodi-
sten". Aus seinem stark vaterländisch-kirchli-
chen Traditionalismus heraus, aber auch ge-
fühlsmäßig aus seinem auf Verbindung von
Kultur, Moral und Religion hinzielenden
Streben lehnte V. diesen „Methodismus" als
etwas ihm Fremdes und Widerstrebendes ab.
Insbesondere widersetzte er sich der Engher-
zigkeit, die sich dabei kundtat, und suchte zu
zeigen, wie das Evangelium allen wirklichen
Bedürfnissen der menschlichen Natur entspreche.

Die Problematik des Verhältnisses von
Kirche und Staat sollte das zentrale Thema
von V.s Lebenswerk werden: Für die →Kir-
che sah er keinen Nutzen des Systems der
Staatsreligion; denn der →Staat beschütze die
Kirche nicht, sondern „belästigt dann das Gewissen ebenso, wie wenn er es unterdrückt".
Gerade dort, wo eine Staatskirche sei, gäbe es
auch Sekten und Spaltungen. Zwar forderte
V. nicht die sofortige Abschaffung der Staatskirche, doch verlangte er von einer diese
Staatskirche beschützenden „weisen Regierung und Pfarrerschaft, die Einsicht und wahren Eifer besitzt, die vollständige Duldung
der Meinungen".

Nachdrücklich vertrat V. die Auffassung,
daß dem Staat als höchste Aufgabe nur zukomme, die soziale Ethik zu schützen und
aufrechtzuerhalten; niemals aber dürfe er ins
Gebiet der Gewissen hineinregieren oder gar
die religiösen Überzeugungen beeinflussen
oder bestimmen wollen, auch nicht unter dem
Vorwand, als Schutzmacht des Glaubens aufzutreten. In einer Reihe vielbeachteter Schriften hat er das Anliegen der Gewissens-, Glau-

bens- und Kultusfreiheit wortmächtig und einflußreich vertreten.

V.s Verhältnis zu Staat und Politik war durch seine Furcht geprägt, daß ihn die Politik in Gewissenskonflikte bringen könne. Er hatte Schwierigkeiten, sich für eine politische Richtung ganz zu erwärmen. V. war kein Parteimann, sondern versuchte zu vermitteln und zu versöhnen. Je mehr er den Lauf der Welt verfolgte, desto mehr verlor er alle Illusionen. Zwar war V. von der Julirevolution in Paris, die dem Königtum von Gottes Gnaden ein Ende bereitete und den Bürgerkönig Louis Philippe von Volkes Gunst auf den Thron erhob, zuerst tief ergriffen, doch meldeten sich schon bald bei ihm Bedenken. Bereits im Sommer 1830 befürchtete er, nur die Despotie habe gewechselt; auf die Gewaltherrschaft des einzelnen folge nun die eines Parlaments. Die Begründung einer auf dem allgemeinen Volkswillen beruhenden Staatsordnung sah V. als etwas Rätselhaftes, Ungewisses, Unsicheres an; er selbst trat dagegen nachhaltig für eine Aristokratie der „Wohlgesinnten" ein.

Was V. aber am meisten befürchtete, war die Staatsvergötterung. Die Volkssouveränität, die auch der Schweiz durch die Revolution von 1830 beschert wurde, erschien ihm immer problematischer. Gewiß bekannte sich V. zur repräsentativen Demokratie, aber immer mehr wandte er sich in seinen späteren Auslassungen gegen eine wahllose Ausdehnung der Volksrechte. Nur ein kleiner Kreis von erwählten Sachverständigen sollte nach seiner Auffassung beraten und entscheiden. Die spätere Entwicklung des Liberalismus hin zum Radikalismus und Sozialismus hat V. scharf kritisiert. Auf diese politischen Fragen kam er insbesondere in seiner Schrift „Du socialisme considéré dans son principe" (1846) zu sprechen. Diese weist ihn im übrigen als einen der ersten politischen Autoren aus, die das Kommen des totalitären Staates vorausgeahnt haben.

B.: in *E. Rambert:* A. V.. Histoire de sa vie et de ses ouvrages, Lausanne [5]1930.

S.: Discours sur quelques sujets religieux, Paris 1831; Essais de philosophie morale et de morale religieuse, Paris 1837; Nouveaux discours sur quelques sujets religieux, Paris 1841; Essai sur la manifestation des convictions religieuses et sur la séparation de l'Eglise et de l'Etat, Paris 1842; Les complices de la crucifixion du Saveur, Lausanne 1845; Quelques mots sur une question à l'ordre du jour, Lausanne 1845; Du socialisme considéré dans son principe, Genf 1846; Études sur Blaise Pascal, Paris 1848; Théologie pastorale ou théorie du ministère évangélique, Paris 1850; Études évangéliques, Paris 1851; Homilétique ou théorie de la prédication, Paris 1853; Histoire de la litterature française au 18. siècle, Bde I-II, Paris 1853; Liberté religieuse et questions ecclésiastiques, Paris 1854; Études sur la littérature française au 19. siècle, Bde. I-III, Paris 1857; Moralistes des 16. et 17. siècles, Paris 1859; Poètes du siècle de Louis XIV, Paris 1861; Esprit d'A. V., hrsg. v. F. Astié, Bde. I-IV, Genf – Paris 1861; Poésies recuillies par ses amis, Lausanne 1890.

E.: Lettres d'A. V., Bde. I-II, Lausanne 1882; Lettres, hrsg. v. *P. Bovet,* Bde. I-IV, Lausanne 1947-49.

Ü.: Reden über die religiösen Gegenstände, Frankfurt a. M. 1835; Über die Darlegung der religiösen Überzeugungen und über Trennung der Kirche und des Staates, Heidelberg 1845; Die Mitschuldigen an der Kreuzigung des Erlösers, Zürich 1845; Der Sozialismus, in seinem Prinzip betrachtet, Berlin 1849; Evangelische Silberblicke. Reden, Predigten und Studien, Zwickau 1863; Pastoraltheologie oder Lehre vom Dienst am Evangelium, Grimma 1852; Homiletik oder Theorie der Predigt, Basel 1857; Ausgewählte Werke in deutscher Übersetzung, hrsg. v. *E. Staehelin,* Bde. I-IV, Zürich 1944-46.

L.: *E. Schérer:* V., Notice sur sa vie et ses écrits, Paris 1853; *E. Molines:* Étude sur A. V., critique littéraire, Paris 1890; *A. Schumann:* A. V. Sein Leben – Seine Gedankenwelt – seine Bedeutung, Leipzig 1907; *C. Paira:* Kirche und Staat bei A. V., Gotha 1922; *E. Seillière:* A. V., historien de la pensée française, Paris 1925; *E. Rambert:* A. V., Lausanne [5]1930; *P. Bridel:* La Philosophie sociale et politique d'A. V. Lausanne 1930; *F. Wartenweiler:* V. – Ein Kämpfer für Wahrheit, Liebe, Freiheit des Gewissens. Erlenbach-Zürich – Leipzig o. J. (ca. 1932); *E. Borschberg:* A. V. als Literarhistoriker, phil. Diss. Zürich 1940; *P. Bridel:* La pensée de V., Lausanne 1940; *O. E. Strasser:* V. – Sein Kampf um ein Leben der Freiheit, Erlenbach-Zürich 1946; *H. Perrochon:* A. V., Neuchâtel 1947; *P. Kohler:* V. vivant, Lausanne 1947; *P. A. Robert:* La flamme sur l'autel, Essai sur la crise religieuse de V., Lausanne 1948; *U. Beichel:* A. V. Seine Kritik der französischen Literatur des 19. Jhdt.s, München 1969; *R. Leuenberger:* Aus A. V.s Tagebüchern, in: *U. Häfelin, W. Haller, D. Schindler* (Hrsg.): Menschenrechte, Föderalismus, Demokratie. Festschrift zum 70. Geburtstag von W. Kägi, Zürich 1979, S. 235 – 58.

– Hä

Voegelin, Eric (eigentl. Erich)

* 3. 1. 1901 Köln; † 19. 1. 1985 Stanford (USA). Modernitätskritischer Politikwissenschaftler. V. studierte Staatswissenschaften in Wien, wo er 1922 mit einer Arbeit über „Wechselwirkung und Gezweiung" bei Othmar →Spann und Hans Kelsen promoviert wurde. Von 1924-27 absolvierte er als Stipendiat der Rockefeller Foundation Forschungsaufenthalte in den USA und Paris. 1928 habilitierte sich V. für Staatslehre und Soziologie. Von 1929-36 wirkte er als Privatdozent und von 1936-38 als a.o. Professor an der Universität Wien.

V.s 1933 erschienene Bücher „Rasse und Staat" und „Die Rassenidee in der Geistesgeschichte von Ray bis Carus" machten ebenso wie seine Studie „Der Autoritäre Staat" (1936), in der er diesen als Mittel zur Hintanhaltung radikaler Ideologien verstand, und das Büchlein „Die politischen Religionen" (1938), in dem er den Nationalsozialismus als pervertiertes religiöses Phänomen deutete, seine Lage in Wien nach dem Anschluß Österreichs an das Dritte Reich im März 1938 prekär: Er verlor sofort seine Position an der Universität und konnte sich mit Glück – ein knapp vor dem Abschluß der Emigrationsvorbereitungen von seiten der Gestapo unternommener Versuch, seinen Paß zu konfiszieren, schlug fehl – in die Schweiz absetzen. Von dort aus gelangte er in die USA, wo er nach Tätigkeit an mehreren Universitäten von 1942-59 als Professor an der Louisiana State University wirkte. 1958 kehrte er nach Europa zurück und übernahm eine Professur am neugegründeten Institut für Politikwissenschaft an der Universität München, um dessen Aufbau er sich in der Folge verdient machte. Nach seiner Emeritierung im Jahre 1969 kehrte er in die USA zurück.

Bald nach seiner Ankunft in den USA im Jahre 1938 begann V. mit der Arbeit an einer „History of Political Ideas", die er jedoch aufgrund theoretischer Schwierigkeiten unvollendet ließ: Er gelangte zur Ansicht, daß der Begriff „Ideengeschichte" eine ideologische Deformation der Realität sei, da es keine Ideen ohne Symbole unmittelbarer Erfahrung gäbe. In weiterer Folge wandte er sich der Erforschung von Ordnung, ihren symbolischen Ausdrucksformen und den sie fundierenden →Institutionen sowie der Ordnung des Bewußtseins zu. Der entscheidende theoretische Durchbruch gelang ihm mit den 1951 in Chikago gehaltenen Wahlgreen Lectures, die im Folgejahr unter dem Titel „The New Science of Politics" veröffentlicht wurden. Darin bemühte sich V. in Wendung gegen die vorherrschenden Methoden des Positivismus unter Rückgriff auf die platonisch-aristotelische *episteme* um die Wiederherstellung des Sinnes von Wissenschaft im Gegensatz zu Meinungen. Es ging ihm dabei aber nicht um die Wiederaufnahme platonisch-aristotelischer Doktrinen, sondern um die Wiedergewinnung von Rationalität, die er in einem zunehmend irrationalen, weil Teile der Seinsverfassung von der Betrachtung ausschließenden oder deren Existenz überhaupt bestreitenden Zeitalter für verloren erachtete. Unter Rationalität verstand er die Anerkennung der Seinsverfassung, und die Möglichkeit einer Wissenschaft vom rationalen Handeln des Menschen erblickte er darin, „daß alle untergeordneten und teilhaften Zwecksetzungen des Handelns bezogen werden auf einen höchsten Zweck, auf ein *summum bonum*, d.h. auf die Ordnung der Existenz durch Orientierung am ‚unsichtbaren Maß' göttlichen Seins".

In der „New Science of Politics" entfaltete V. auch seine später – insbesondere in dem Büchlein „Wissenschaft, Politik und Gnosis" – weiter vertiefte harsche Kritik der Moderne im Detail: Die Moderne ist in seinen Augen vom Geist des Gnostizismus geprägt. Die gnostische Spekulation habe zur Abwendung von der Transzendenz geführt und die Menschen mit dem Glauben an eine eschatologische Erfüllung im innerweltlichen Handlungsbereich ausgestattet. Die Folge davon seien die modernen ideologischen Massenbewegungen. Am Liberalismus und dessen Wendung gegen den Offenbarungsglauben kritisierte er die von diesem nicht beabsichtigte, aber mitverursachte Ideologisierung der Menschen: „Wenn man jedoch in der Praxis den Menschen erfolgreich das Christentum austreibt, dann werden sie nicht rationale Liberale, sondern Ideologen." Darüber hinaus habe das liberale Konzept der autonomen, innerweltlichen Vernunft in der Wissenschaft vom Menschen und von der Gesellschaft den Gegenstand zerstört, „weil der Mensch *imago Dei* ist und mit seinem Wesen an transzendentem Sein teilhat". Als Konsequenz dieser Entwicklung würden wertbeziehende Methode und Wertrelativismus mitsamt der damit einhergehenden Umwandlung der objektiven Güterordnung in menschliche Wertsetzungen in ideologisch zersetzten Gesellschaften wie den westlichen zum Zerfall der Wissenschaft in die Apologien der verschiedenen Ideologien führen.

In der „New Science of Politics" finden sich auch schon die Einsichten, auf denen V.s späteres Werk gründet. Dabei handelt es sich einerseits um das Konzept der „transzendenten Repräsentation", worunter V. die Symbolismen versteht, mit denen die Integration der Gesellschaft in die Struktur der sie umgreifenden Gesamtwirklichkeit bewerkstelligt wird, und andererseits um die Annahme, „daß die Substanz der Geschichte in den Erfahrungen besteht, durch die der Mensch das Verständnis seiner Menschlichkeit und gleichzeitig das Verständnis seiner Grenzen gewinnt". Diese Gedanken entwickelte V. im Wege der Analyse empirischen Materials in seinem – unvollendet gebliebenen – fünfbändigen Hauptwerk „Order and History", in welchem er die Ordnung der Geschichte als Geschichte der Ordnung begriff und über die Herausarbeitung der Ordnungsreihen in der geschichtlichen Offenbarung des menschlichen Geistes zu einer Philosophie der Geschichte zu gelangen suchte. Politische Ideen verstand er im Rahmen dieses Unterfangens nicht als Doktrinen mit politischer Zwecksetzung, sondern als Symbolisationen des Verhältnisses, in welches sich die Menschen zum Kosmos setzen.

An die Stelle der ursprünglichen Konzeption einer unilinearen, von den Reichen des Alten Orients bis zur Krise der westlichen Zivilisation verlaufenden Geschichte trat ab dem vierten Band von „Order and History" ein Geflecht vielfältiger Parallelgeschichten. Geschichte wurde von da an als Verwirklichung ewigen Seins in der Zeit, als Prozeß der Teilhabe der menschlichen Seele am göttlichen Grund verstanden. Da diese Teilhabe jedoch als innerer Vorgang aufgefaßt wurde, bedurfte es der Erhellung des von V. als *metaxy* bezeichneten „Dazwischen", d.h. der zwischen Zeit und Ewigkeit liegenden und beide verbindenden Dimension. Aus diesem Grund wandte sich V. immer stärker der Aufgabe zu, eine Philosophie des Bewußtseins zu entwickeln. Von diesem Bemühen zeugen insbesondere die in dem Sammelband „Anamnesis" (1966) zusammengefaßten Schriften. V. ging dabei davon aus, daß die Probleme menschlicher Ordnung in Gesellschaft und Geschichte der Ordnung des Bewußtseins entspringen, weshalb eine Theorie des Bewußtseins das Kernstück einer Theorie der Politik sei.

B.: E. V.'s Search for Order in History, hrsg. von *S. A. McKnight*, Lanham [2]1987, S. 217-36; *E. V.:* Ordnung, Bewußtsein, Geschichte. Späte Schriften – eine Auswahl, hrsg. von *P. J. Opitz*, Stuttgart 1988, S. 226-53; *M. Franz:* E. V. and the Politics of Spiritual Revolt, Baton Rouge – London 1992, S. 137-59; *E. V.:* Autobiographische Reflexionen, hrsg. von *P. J. Opitz*, München 1994, S. 155-95.

S.: Über die Form des amerikanischen Geistes, Tübingen 1928; Rasse und Staat, Tübingen 1933; Die Rassenidee in der Geistesgeschichte von Ray bis Carus, Berlin 1933; Der Autoritäre Staat, Wien 1936; Die politischen Religionen, Wien 1938, München [3]1993; The New Science of Politics, Chikago 1952; Order and History, Bd. I: Israel and Revelation, Baton Rouge 1956; Order and History, Bd. II: The World of the Polis, Bd. III: Plato and Aristotle, Baton Rouge 1957; Wissenschaft, Politik und Gnosis, München 1959; Der Liberalismus und seine Geschichte, in: Christentum und Liberalismus. Studien und Berichte der Katholischen Akademie in Bayern, H. 13, hrsg. von *K. Forster*, München 1960, S. 11-42; Anamnesis. Zur Theorie der Geschichte und Politik, München 1966; Was ist politische Realität?, in: Politische Vierteljahresschrift 7 (1966), S. 2-54; Plato, Baton Rouge 1966; (als Hrsg.): Zwischen Revolution und Restauration. Politisches Denken im 17. Jhdt., München 1968; Order and History, Bd. IV: The Ecumenic Age, Baton Rouge 1974; Order and History, Bd. V: In Search of Order, Baton Rouge 1987; The Collected Works of E.V., Baton Rouge – London 1990 (bisher erschienen: Bd. 1: On the Form of the American Mind, hrsg. von *J. Gebhardt / B. Cooper*, 1995; Bd. 12: Published Essays, 1966-85, hrsg. von *E. Sandoz*, 1990; Bd. 27: „The Nature of the Law" and Related Legal Writings, hrsg. von *R. A. Pascal / J. L. Babin / J. W. Corrington*, 1991; Bd. 28: „What is History?" and Other Late Unpublished Writings, hrsg. von *T. A. Hollweck / P. Caringella*, 1990).

E.: From Enlightenment to Revolution, hrsg. von *J. H. Hallowell*, Durham (N. C.) 1975; Conversations with E. V., hrsg. von *E. O'Connor*, Montreal 1980; Ordnung, Bewußtsein, Geschichte. Späte Schriften – eine Auswahl, hrsg. von *P. J. Opitz*, Stuttgart 1988; Autobiographical Reflections, hrsg. von *E. Sandoz*, Baton Rouge – London 1989; Faith and Political Philosophy: The Correspondence between Leo Strauss und E. V., 1934-64, hrsg. von *P. Emberly / B. Cooper*, University Park 1993; E. V., Alfred Schütz, Leo Strauss und Aron Gurwitsch. Briefwechsel über „Die Neue Wissenschaft der Politik", hrsg. von *P. J. Opitz*, Freiburg – München 1993; Die Größe Max Webers, hrsg. v. *dems.*, München 1995.

Ü.: Die Neue Wissenschaft der Politik, München 1952, Freiburg – München [4]1991; Autobiographische

Reflexionen, München 1994; Das Volk Gottes, München 1994; „Die spielerische Grausamkeit der Humanisten". Studien zu Niccolò Machiavelli und Thomas Morus, München 1995.

L.: E. V.'s Search for Order in History, hrsg. von *S. A. McKnight*, Baton Rouge 1978, Lanham [2]1987; *T. Hollweck:* Gedanken zur Arbeitsmethode E. V.s, in: Philosophisches Jahrbuch 88 (1981), S. 136-52; *H. Kuhn:* Das Problem einer philosophischen Historiographie. Zum Werk von E. V., in: Zeitschrift für Politik 28 (1981), S. 116-29; *E. Sandoz:* The Voegelinian Revolution. A Biographical Introduction, Baton Rouge 1981; *E. Webb:* E. V.: Philosopher of History, Seattle 1981; *E. Sandoz* (Hrsg.): E. V.'s Thought: A Critical Appraisal, Durham (N. C.) 1982; *J. Kirby / W. Thompson* (Hrsg.): V. and the Theologian: Ten Studies in Interpretation, New York 1983; *K. Metz:* Unordnung und Geschichte. Historiographische Randbemerkungen zum Werk E. V.s, in: Saeculum 34 (1983), S. 105-25; *A. Baruzzi:* E. V.: Politische Wissenschaft und Geschichtsphilosophie, in: Philosophische Rundschau 31 (1984), S. 216-35; *R. Faber:* Der Prometheus-Komplex. Zur Kritik der Politotheologie E. V.s und Hans Blumenbergs, Würzburg 1984; *B. Cooper:* The Political Theory of E. V., Lewiston – New York 1986; *J. P. East:* E. V., in: *ders.:* The American Conservative Movement. The Philosophical Founders, Chikago – Washington (D. C.) 1986, S. 175-207, 261-68; *I. Crowther:* E. V., in: Conservative Thinkers: Essays from the Salisbury Review, hrsg. von *R. Scruton*, London 1988, S. 261-74; *P. J. Opitz:* Zur Binnenstruktur eines „ontologisch-normativen" Theorie-Ansatzes. Versuch einer systematischen Rekonstruktion der politischen Philosophie E. V.s, in: Zeitschrift für Politik 36 (1989), S. 370-81; *J. Nida-Rümelin:* Das Begründungsproblem bei E. V., in: ebd., S. 382-92; *J. Gebhardt / W. Leidhold:* E. V., in: Politische Philosophie des 20. Jhdt.s, hrsg. von *K. Graf Ballestrem / H. Ottmann*, München 1990, S. 123-45; *T. Heilke:* V. and the Idea of Race. An Analysis of Modern European Racism, Baton Rouge – London 1990; *K. Keulmann:* The Balance of Consciousness: E. V.'s Political Theory, University Park 1990; *H.-C. Kraus:* Auf der Suche nach der verlorenen Ordnung. Theologische Spekulation als politische Philosophie bei E. V., in: Criticón Nr. 120 (1990), S. 177-81; *H. K. Rupp / T. Noetzel:* E. V.: Episteme und Doxai – eine Verfallsgeschichte des politischen Wissens, in: *dies.:* Macht, Freiheit, Demokratie. Anfänge der westdeutschen Politikwissenschaft, Marburg 1991, S. 137-52; E. V.'s Significance for the Modern Mind, hrsg. von *E. Sandoz*, Baton Rouge – London 1991; *M. Franz:* E. Voegelin and the Politics of Spiritual Revolt, Baton Rouge – London 1992; *G. Hughes:* Mystery and Myth in the Philosophy of E. V., Columbia 1993; *D. J. Levy:* The Life of Order and the Order of Life. E. V. on Modernity and the Problem of Philosophical Anthropology, in: *ders.:* The Measure of Man, St. Albans 1993, S. 33-57; *P. J. Opitz:* Erste Spurensicherungen: Zur Genesis und Gestalt von E. V.'s „History of Political Ideas", in: Politisches Denken. Jahrbuch

1993, hrsg. von *V. Gerhardt / H. Ottmann / M. P. Thompson*, Stuttgart – Weimar 1993, S. 135-56; *H.-C. Kraus:* E. V. redivivus? Politische Wissenschaft als Politische Theologie, in: Criticón Nr. 146 (1995), S. 105-09; *J. J. Ranieri:* E. V. and the Good Society, Columbia 1995; *J. Gebhardt:* Zwischen Wissenschaft und Religion. Zur intellektuellen Biographie E. V.s in den 30er Jahren, in: Politisches Denken. Jahrbuch 1995/96, hrsg. v. *V. Gerhardt / H. Ottmann / M. P. Thompson / K. Graf Ballestrem*, Stuttgart – Weimar 1996, S. 283-304.

– Z

Vogelsang, Karl (Emil Ludolf) Freiherr von

* 3. 9. 1818 Liegnitz; † 8. 11. 1890 Wien. Katholisch-konservativer Publizist und Sozialreformer aus uradeligem Geschlecht. Nach dem Studium der Rechts- und Staatswissenschaften in Bonn, Berlin und Rostock trat V. in den preußischen Justizdienst ein, den er aufgrund des Verhaltens des Königs in bezug auf die revolutionären Ereignisse von 1848 verließ. Danach bewirtschaftete er ein von seinem Stiefvater ererbtes Gut in Mecklenburg. 1850 trat V. zum Katholizismus über. 1854 übersiedelte er nach Köln, wo er zusammen mit F. von Florencourt die „Politische Wochenschrift" herausgab. Nach seinem Umzug nach Bayern – 1856 erwarb er das Gut Fußberg bei München – unterhielt er Kontakte zum →Eos-Kreis. Die Begleitung des jungen Fürsten Liechtenstein auf Reisen führte 1859 zur Verleihung des Freiherrntitels an V., der nach dem Erwerb eines Gutes bei Wien 1865 nach Österreich ging. Nach seiner Übersiedelung nach Preßburg arbeitete V. ab 1873 für die dort erscheinende Zeitung „Der Katholik". 1875 wurde er von Leo Graf →Thun zum Leiter der katholisch-konservativen Zeitung „Das Vaterland" berufen, für die er unzählige Artikel schrieb. 1879 gründete V. die „Österreichische Monatsschrift für Gesellschaftswissenschaft und Volkswirtschaft", die 1883 in „Österreichische Monatsschrift für christliche Sozialreform" umbenannt wurde.

Seine nie in systematischer Form dargelegten gesellschaftsphilosophischen, sozialpolitischen und wirtschaftlichen Vorstellungen entwickelte V. auf der Basis der Anerkennung sowohl der göttlichen Gesetze als auch der geschichtlichen Kontinuität. Von diesem Ansatz her gelangte er zu einer Frontstellung ge-

Karl Freiherr von Vogelsang
1818-1890

gen Liberalismus und →Kapitalismus. Im ersteren sah er die Ursache für die Zersetzung des staatlichen Organismus durch den schrankenlosen Individualismus; im letzteren, den er für die Entpflichtung des Eigentums in sozialer Hinsicht und für die Erhebung des Egoismus zum zentralen Faktor des Wirtschaftslebens verantwortlich machte, erblickte er „das Princip, daß der erwerbende Besitz keine andere Bestimmung in sich trage, als die des Erwerbens". Demgegenüber trat er unter ausdrücklicher Berufung auf A. →Müller für eine organische Gesellschaftsordnung und die Kooperation der einzelnen in die konstitutive Grundlage der →Verfassung bildenden berufsständischen Genossenschaften ein.

An unmittelbar erforderlichen Reformmaßnahmen nannte V. u.a. zur Sicherung der Landwirtschaft die Grundentlastung, die Schaffung von Erbgütern und die Einführung eines den landesüblichen Gewohnheiten entsprechenden Intestaterbrechts sowie die Errichtung genossenschaftlicher Verbände zur Selbstverwaltung des Bauernstandes. Zum

Schutz des Handwerkerstandes sah er die Abgrenzung von Handwerk und Fabrik, obligatorische Innungen, die Errichtung von Handwerkskammern und -gerichten sowie Befähigungsnachweise vor. Darüber hinaus verlangte V., dem als Lösung der Arbeiterfrage „das Aufhören der Arbeiterklasse, ihre Absorption von der Besitzklasse" vorschwebte, die korporative Gestaltung der Großindustrie und die Gliederung der einzelnen Betriebe nach dem Prinzip der „industriellen Familie".

Politischen Einfluß erlangten die Ideen V.s, der für ihre Umsetzung die Mitwirkung des →Staates für unerläßlich erachtete, zunächst insbesondere über die Grafen E. Belcredi, G. Blome und F. Kuefstein sowie den Prinzen Alois von und zu Liechtenstein, die sie im Parlament vertraten und in die Sozialgesetzgebung des Grafen →Taaffe bestimmend einfließen ließen. Nach dem Tod V.s war es vor allem der Politiker Karl Lueger, der V.s. sozialreformerischen Ideen im Rahmen der um die Wende zum 20. Jhdt. ihren Aufschwung nehmenden christlichsozialen Partei aufgriff.

B.: In *Allmayer-Beck* (siehe unter **L.**), S. 171f.; sowie in *Klopp* (siehe unter **L.**), S. 162-81 (Aufsätze in der Österreichischen Monatsschrift für Gesellschaftswissenschaft und Volkswirtschaft).

S.: Betrachtungen über die Gesetze, Würzburg 1877; Das Ministerium Lasser, genannt „Auersperg", eine zisleithanische Zeitstudie, Amberg 1877 (anonyme Sonderschrift); Ein offenes Wort an Herrn Justizminister Dr. Glaser, Amberg 1877 (anonyme Sonderschrift); Die Grundbelastung und -entlastung, Wien 1879; Die Notwendigkeit einer neuen Grundentlastung, Wien 1880; Die Bauernbewegung in den österreichischen Alpenländern, Wien 1881; Die sozialpolitische Bedeutung der hypothekarischen Grundbelastung, Wien 1881; Die Konkurrenzfähigkeit der Industrie, Wien 1883; zus. m. *E. Schneider:* Die materielle Lage des Arbeiterstandes in Österreich, Wien 1884; Zins und Wucher, Wien 1884; Die Konsolidierung des Bodenwertes, Wien 1885; Gesammelte Aufsätze über sozialpolitische und verwandte Themata, 12 Hefte, Augsburg 1885/86.

Ü.: Extrait de ses Œuvres, Paris 1905.

E.: Die sozialen Lehren des Freiherrn K. v. V., zusammengestellt von *W. Klopp*, St. Pölten 1894, Wien [2]1938.

L.: *A. Orel:* V.s Leben und Lehren, Wien 1922, [2]1957; *A. M. Knoll:* K. v. V. als Nachfahre der Romantik, Diss. Wien 1927; *A. Lesowsky:* K. Frhr. v. V., Wien 1927; *J. Schwalber:* V. und die moderne christlich-soziale Politik, Diss. München 1927; *W. Klopp:* Leben und Wirken des Sozialpolitikers K. Frhrn. v. V., Wien 1930; *A. M. Knoll:* K. v. V. und der Ständegedanke, in: Die soziale

Frage und der Katholizismus. Festschrift zum 40jährigen Jubiläum der Enzyklika Rerum novarum, hrsg. von der *Görres-Gesellschaft,* Paderborn 1931, S. 64-85; *M. Saner:* Frhrn. K. v. V.s Gesellschafts- und Wirtschaftslehre, Diss. Freiburg/Schweiz 1939; *J. C. Allmayer-Beck:* V. Vom Feudalismus zur Volksbewegung, Wien 1952; *G. Schupp:* Die sozialen Lehren K. v. V.s unter besonderer Berücksichtigung der Gedanken über eine Gesellschaftsreform durch berufsständische Ordnung, handelswiss. Diss. Wien 1963; *G. Stavenhagen:* V., in: Staatslexikon, hrsg. von der *Görres-Gesellschaft,* Bd. VIII, Freiburg ⁶1963, Sp. 278-81; *G. Grimm:* K. v. V. – Publizist im Dienste christlicher Sozialreform, Diss. Wien 1969; *E. Weinzierl:* V., in: Katholisches Soziallexikon, hrsg. v. *A. Klose / W. Mantl / V. Zsivkovits,* Innsbruck u.a. 1980, Sp. 3266-70; *D. Lang:* K. Frhr. v. V. – Die christlich-soziale Reform im Spiegel seiner publizistischen Tätigkeit, Diplomarbeit Wien 1984; *L. Reichold:* K. v. V. Die Grundlegung der österreichischen Sozialpolitik, Wien 1987; *J. Oelinger:* V., in: Staatslexikon, hrsg. von der *Görres-Gesellschaft,* Bd. V, Freiburg u.a. ⁷1989, Sp. 765f.; *E. Bader:* K. v. V. Die geistige Grundlegung der christlichen Sozialreform, Wien 1990; *A. Egger:* Die Staatslehre des K. v. V., Wien 1991.

– Z

Volksblatt für Stadt und Land

Konservative Zeitschrift; bestand 1844-1922 unter wechselnden Namen. Gründer und erster Herausgeber war der evangelische Pfarrer Friedrich von Tippelskirch in Giebichenstein bei Halle, der im Vorwort zur ersten Ausgabe die „Tendenz" des zweimal wöchentlich erscheinenden Blattes darin sah, „wahre Aufklärung, d.h. richtiges, in Schrift und Erfahrung begründetes und bewährtes Urtheil über göttliche und menschliche Dinge bilden zu helfen, in allen Lebenskreisen des Volkes. Und die steht mit wahrer Frömmigkeit, die freilich in unserer Zeit oft von den Wohlweisen mit allerlei Spottnamen, als Pietismus, Mysticismus etc. beehrt wird, in unzertrennlichem Zusammenhange." Den Ruch eines pietistisch ausgerichteten Kirchenblattes begann die Zeitschrift erst seit 1848 zu verlieren, als für kurze Zeit Franz von Florencourt als Leiter des V.s fungierte, das sich daraufhin in zunehmendem Maße politischen Themen zuwandte.

Doch erst als Philipp E. v. →Nathusius 1849 die Redaktion übernahm, entwickelte sich das V. – neben der →„Kreuzzeitung" – zum führenden Organ des christlichen Altkonservatismus in Preußen. 1851 bekannte sich Nathusius ausdrücklich zu der „an sich

nicht sehr zahlreichen, aber unter →Stahls und Gerlachs Panier führenden Schaar der reaktionären Partei, weil sie die bewegenden Ideen besitzt". Er selbst widmete sich vorzugsweise kirchlichen sowie sozialpolitischen Themen. Zu den regelmäßigen Mitarbeitern gehörten u.a. K. F. →Göschel, E. L. von →Gerlach, V. A. →Huber, die Theologen A. Tholuck, A. →Vilmar und vor allem der Historiker H. →Leo, dessen zwischen 1849 und 1860 regelmäßig erschienenen politischen „Monatsberichte" das weltanschauliche Profil der Zeitschrift in der Ära der „Reaktionszeit" nachhaltig prägten. Leos inhaltlich-stilistisch farbige und zuweilen drastische Vergegenwärtigung der preußischen Innenpolitik wie auch der außenpolitischen Lage Deutschlands und Europas machten das V. zu einem vielbeachteten und -zitierten Organ; einzelne Formulierungen und Wortprägungen Leos (etwa seine Kennzeichnung Napoleons III. als „Hecht im Karpfenteich Europas") wurden zu feststehenden Redewendungen. Ein weiterer Schwerpunkt der Zeitschrift blieben kirchlich-religiöse Themen und „christliche Poesie"; auch sind die Romane und Erzählungen der Ehefrau des Herausgebers, Marie Nathusius, hier zuerst publiziert worden.

In den 1860er Jahren verlor die Zeitschrift wieder an Einfluß; Leos Nachfolger als „Monatsberichter", H. E. Marcard, vermochte mit seiner eher trockenen und weltanschaulich allzu engherzigen Schreibweise an die Erfolge seines Vorgängers nicht anzuknüpfen. Und als sich Nathusius 1866 auf die Seite →Bismarcks stellte und dessen Politik nachhaltig unterstützte, führte dies zu einer Abwanderung der christlich-altkonservativen Klientel unter der Leserschaft. Aus gesundheitlichen Gründen übergab Nathusius 1871 die Leitung der Zeitschrift an seinen Sohn, den Theologen Martin von →Nathusius, der zuerst vergeblich versuchte, an die früheren Erfolge anzuknüpfen.

Nachdem Ende der 1870er Jahre die Abonnentenzahl auf ca. 850 abgesunken war, entschloß er sich zur Umwandlung des Wochenblattes in eine Monatsschrift: Seit 1879 erschien die Zeitschrift nun (bis 1899) unter dem neuen Namen „Allgemeine Conservative Monatsschrift für das christliche Deutschland" (AKM). Ziel M. von Nathusius' war es, mit der neuen Zeitschrift „auch in außerchristlichen Kreisen" beachtet zu werden, um „das Programm zu erfüllen, das sie sich gesteckt: die christliche Weltanschauung zu vertreten in Kirche und Staat, Schule und Familie, Kunst, Wissenschaft und Literatur". Am Standort des Blattes ließ er jetzt und auch in den folgenden Jahren keinen Zweifel aufkommen: „Die Monatsschrift vertritt die *christliche* Weltanschauung, sie ist das Organ der *christlichen* Partei im Lande, einer Partei, *die erst im Werden begriffen ist,* die aber kurz zuvor durch die Neuorganisation der Conservativen in der ‚Deutschen conservativen Partei' einen erheblichen Fortschritt zu ihrer Verwirklichung gemacht hatte."

Gleichwohl verstand er die AKM keineswegs als parteigebundenes, sondern ausdrücklich als unabhängiges Organ, das „von höher gelegener Warte" aus die Entwicklungen inner- und außerhalb der neuen →Deutschkonservativen Partei wohlwollend-kritisch begleiten sollte. In der Tat wahrte die AKM in den folgenden Jahren eine unübersehbare Distanz zur neuen Partei und auch zur Politik Bismarcks; insbesondere stand man der Politik der preußischen Regierung im Kulturkampf ablehnend gegenüber – ohne es jedoch auf einen ernsthaften Konflikt mit der Zensur ankommen zu lassen. In den 1880er Jahren trat der Journalist D. von →Oertzen als Mitherausgeber (1882-96) hinzu; er und Nathusius unterstützten die sog. „Kreuzzeitungsgruppe" innerhalb der konservativen Partei um Hammerstein und A. →Stoecker. Der christlich-sozialen Bewegung Stoeckers schlossen sich die Herausgeber zuerst in den 1890er Jahren an; als sich Nathusius jedoch bald von Stoecker und dessen Aktivitäten zurückzuziehen begann, schied Oertzen 1896 aus der Schriftleitung aus; neuer Mitherausgeber wurde bis 1905 der Journalist und ehemalige Offizier U. von →Hassell, der bereits seit den 1880er Jahren ständiger Mitarbeiter gewesen war.

In den Jahren 1900 bis 1905 wechselte die Zeitschrift noch einmal ihren Namen: Sie erschien nun als „Monatsschrift für Stadt und Land". Während man den agrarisch-interessenpolitischen Kurs der Deutschkonservativen Partei nicht mehr aktiv mittrug, versuchte man eigene politische Akzente zu setzen, ohne jedoch den grundsätzlich konservativen Charakter der Zeitschrift in Frage zu stellen.

Unter der Ägide Hassells, der selbst die militär- und kolonialpolitischen Themen abdeckte, gehörten vor allem der für die Außenpolitik zuständige E. von Ungern-Sternberg und C. von Massow, der sich auf die „Bekämpfung der Umsturzpartei", also der Sozialdemokratie, spezialisiert hatte, zu den ständigen Mitarbeitern.

Da es Hassell, der nach der Jahrhundertwende die Zeitschrift neben dem kranken Nathusius (der Anfang 1906 starb) fast allein geleitet hatte, nicht gelungen war, die Leserschaft der „Monatsschrift" zu erweitern, gab er 1905 die Schriftleitung auf. Die Zeitschrift wurde an den Berliner Verleger R. Hobbing verkauft, der in den folgenden Jahren selbst als Herausgeber fungierte und sie erneut umbenannte: In den Jahren 1906-10 erschien sie als „Konservative Monatsschrift für Politik, Literatur und Kunst", 1910-22 nur noch als „Konservative Monatsschrift" (KM). Hobbing nahm inhaltlich eine deutliche Kehrtwendung vor; die traditionell christlichen Akzente traten unverkennbar zurück, während man sich politisch wieder an die Deutschkonservativen annäherte, ohne jedoch zum Parteiorgan zu werden. Kulturelle Themen traten neben der Politik stark in den Vordergrund, auch gelang es dem neuen Herausgeber, angesehene konservative Gelehrte wie die Historiker G. von →Below und H. von Petersdorff oder den Germanisten G. Roethe als Mitarbeiter zu gewinnen. Im Ersten Weltkrieg verfocht die KM als eines der bekannteren Organe der politischen Rechten einen mittleren Kurs zwischen den Vertretern des Status quo und den alldeutschen Annexionisten; wie es scheint, vermochten deren Blätter (wie etwa „Deutschlands Erneuerung") der KM allerdings bald den Rang abzulaufen. Nach dem Krieg begann sich die Leserschaft offenbar deutlich zu verringern; zu den letzten beachteten Veröffentlichungen der KM zählten die politischen Erinnerungen des bis 1918 amtierenden Vorsitzenden der Deutschkonservativen Partei, E. von →Heydebrand und der Lasa, die 1920 erschienen. Mit dem Septemberheft 1922 stellte die KM ihr Erscheinen ein.

L.: *M. v. Nathusius:* Ein Rückblick, in: Allgemeine Conservative Monatsschrift für das christliche Deutschland 37 (1880), S. 290-97; *E. Fürstin Reuß:* Philipp v. Nathusius. Das Leben und Wirken des Volksblattschreibers, Neinstedt a. H./Greifswald 1900; *D. v. Oertzen:* Erinnerungen aus meinem Leben, Berlin o. J. (1914); *U. v. Hassell:* Erinnerungen aus meinem Leben 1848-1918, Stuttgart 1919; *C. v. Maltzahn:* V., in: Criticón, Nr. 21 (1974), S. 21-2; *ders.:* Heinrich Leo (1799-1878). Ein politisches Gelehrtenleben zwischen romantischem Konservatismus und Realpolitik, Göttingen 1979; *J. Retallack:* Notables of the Right. The Conservative Party and Political Mobilization in Germany, 1876-1918, Boston 1988; *H.-C. Kraus:* Bürgerlicher Aufstieg und adeliger Konservatismus. Zur Sozial- und Mentalitätsgeschichte einer preußischen Familie im 19. Jhdt., in: Archiv für Kulturgeschichte 74 (1992), S. 191-225.

– K

Volkskonservative Vereinigung (VKV)

Zwischen 1930 und 1933 bestehende konservative Bewegung und Partei (Konservative Volkspartei). Der Begriff „volkskonservativ" wurde zuerst in einem Aufsatz von H. →Ullmann aus dem Jahr 1926 verwendet. Neben Ullmann waren es vor allem G. →Quabbe, E. J. →Jung und O. Hoetzsch, die wesentliche geistige Vorarbeit für die Bildung einer „neuen staatsbejahenden republikanischen Rechten" (R. R. Beer) leisteten; in vieler Hinsicht stellte die VKV auch den einzigen ernstzunehmenden Versuch der Jungkonservativen dar, sich eine eigene Partei zu schaffen.

Der entscheidende Impuls für die Gründung der VKV war aber die Abspaltung eines Flügels der →DNVP. Gegen den Obstruktionskurs A. Hugenbergs plädierte eine Gruppe um G. R. →Treviranus für die Annahme des Young-Plans aus übergeordneten politischen Erwägungen. Nach einer Kampfabstimmung Ende 1929 kam es zur Sezession einiger Mandatsträger aus der deutschnationalen Reichstagsfraktion, die am 28. Januar 1930 die VKV gründeten.

Die neue Gruppierung erhielt erhebliche Unterstützung von seiten der Industrie und aus dem einflußreichen gewerkschaftsähnlichen Deutschnationalen Handlungsgehilfenverband (DHV), dessen Geschäftsführer W. Lambach auch zu den Köpfen der VKV gehörte. Mehr ideeller Natur war der Sukkurs aus der →Jugendbewegung, vor allem aus den Reihen des Jungnationalen Bundes unter H. Dähnhardt. Die VKV verstand sich von vornherein als Kern einer neuen großen Partei, die die ganze gemäßigte Rechte integrieren sollte. Deshalb wurde auch kein eigenes Programm verabschiedet, es existierten lediglich die von E. J. Jung formulierten „Volkskonservativen Richtlinien zu deutscher Erneuerung". Den kommenden „autoritativen Staat" (G. R. Treviranus) wollte man in einer „Tory-Demokratie" (O. Hoetzsch) verankern. Die als notwendig angesehene Transformation der Weimarer Republik versprachen sich die Volkskonservativen von der Errichtung eines Präsidialregimes. Aus diesem Grund unterstützte man auch – trotz einiger Vorbehalte – die Regierung Brüning, der Treviranus als Kabinettsmitglied in verschiedenen Funktionen angehörte.

Eine wesentliche Veränderung in der Struktur der VKV ergab sich, als im April 1930 eine weitere Gruppe von DNVP-Abgeordneten um K. Graf Westarp die Partei verließ und sich fast vollständig der VKV anschloß. Dabei spielten weltanschauliche Momente eine völlig untergeordnete Rolle, denn die Altkonservativen um Westarp waren entschiedene Royalisten und hatten sich von den Deutschnationalen vor allem wegen der Person Hugenbergs und der Auseinandersetzung um die „Osthilfe" getrennt. Am 23. Juli des Jahres gründete man gemeinsam die Konservative Volkspartei, die unter dem Vorsitz von Treviranus als parlamentarischer Arm der VKV dienen sollte. Allerdings führte die Reichstagswahl vom 14. September 1930 zu einer katastrophalen Niederlage für die Partei; sie konnte keine Massenanhängerschaft gewinnen und nur vier Mandatsträger durchbringen. Alle Versuche, im Vorfeld der Abstimmung eine Sammlung der bürgerlichen Kräfte zustande zu bringen, waren gescheitert, und mehr oder weniger resigniert beschloß man im Februar/März 1931 die Auflösung der KVP. Die Hoffnung, die Volkskonservative Vereinigung (jetzt unter der Leitung von P. Lejeune-Jung, 1932 abgelöst von H. Dähnhardt, dann noch einmal Treviranus) im außerparlamentarischen Raum erhalten zu können, zerschlug sich rasch. Zu keinem Zeitpunkt gab es eine effiziente Organisation, die Differenzen der Führung mit der Regierung Brüning wuchsen, und gleichzeitig wurde die Basis – wie die gesamte Rechte – von einer Sogbewegung hin zur NSDAP erfaßt. Die Bemühungen um einen Zusammenschluß mit der Deutschen Volkspartei und der Deutschen Staatspartei vor den Reichstagswahlen vom Sommer 1932 waren schon deshalb ohne Realisierungschance. Dem neu gebildeten Kabinett Papen stand man skeptisch gegenüber, während es für Schleicher einige Sympathien gab. Im April 1933 erfolgte die Selbstauflösung der Vereinigung; einige ihrer führenden Mitglieder, etwa O.

Hoetzsch, erlitten Verfolgung und persönliche Zurücksetzungen, andere, wie M. Habermann und Lejeune-Jung, schlossen sich in den vierziger Jahren dem →Widerstand an.

L.: *E. Jonas:* Die Volkskonservativen 1928-33. Entwicklung, Struktur, Standort und staatspolitische Zielsetzung. Beiträge zur Geschichte des Parlamentarismus und der politischen Parteien, Bd. 30, Düsseldorf 1965.

– W

W

Wagener, Hermann

* 8. 3. 1815 Seegelitz/Kr. Neuruppin; † 22.
4. 1889 Berlin-Friedenau. Politischer Publizist, Parlamentarier und innen- bzw. sozialpolitischer Berater →Bismarcks als preußischer Ministerpräsident und Reichskanzler.
Der Parlamentarier W. galt als „Vater des kleinen, aber nie verschwindenden sozialpolitischen Flügels des deutschen Konservatismus" (T. Nipperdey); als Berater Bismarcks war er der wohl „bedeutendste Protagonist konservativer Sozialpolitik im 19. Jhdt." (D. Blasius). Studium der Rechte in Berlin (F. J. →Stahl); seit den 1840er Jahren Angehöriger des →Gerlach-Kreises. Einfluß der christlich-sozialen Bewegung in England auf sein Denken (T. Chalmers, T. →Carlyle, E. Irving). Redakteur der Neuen Preußischen Zeitung (→„Kreuzzeitung") 1848-54. Zweite politische Karriere als Parlamentarier, ab 1854 im preußischen Abgeordnetenhaus, ab 1867 im Norddeutschen und Deutschen Reichstag (bis 1873). Bekanntschaft mit Bismarck seit 1845, dessen presse-, innen- und sozialpolitischer Berater seit 1862; Vortragender Rat 1866.

Sozialpolitische Denkschriften, in denen W. für einen korporativen Staats- und Gesellschaftsumbau eintritt sowie für das allgemeine Wahlrecht nach Ständen als Gegengewicht gegen das liberale Bürgertum und seine „Oligarchien des Geldkapitals". Ab 1861 führend an der Gründung des Preußischen Volksvereins beteiligt. Bemühungen, die konservative Partei zu einer konservativ-sozialen Reformpartei umzugestalten nach dem Muster der britischen Konservativen in der →Disraeli-Ära; ähnlich erneut ab 1872. Durch Bismarcks Kompromiß mit den Nationalliberalen ab 1867 wachsende Distanz zu ihm und Isolierung in der zunehmend liberal-manchesterlichen →Deutschkonservativen Partei. 1873 politischer Sturz in seiner Funktion als Vortragender Rat und Reichstagsabgeordneter aufgrund von Vorwürfen des Nationalliberalen E. Lasker, an unlauteren Gründerspekulationen im pommerschen Eisenbahnbau beteiligt gewesen zu sein. Von da an nur noch gelegentliche freie Mitarbeit für Bismarck und zunehmende Vereinsamung.

Hermann Wagener
1815-1889

W. hat die „soziale Frage" als die „religiöse, politische und soziale Kardinalfrage der Epoche" verstanden und die Mitwirkung an ihrer friedlichen Lösung als seine „Lebensaufgabe". In Distanz zu bürgerlich-liberaler wie auch konservativer Interessenpolitik blieb W. zeitlebens Prinzipien- und Ideenpolitiker. Unter dem geistigen Einfluß A. de →Tocquevilles und vor allem L. von →Steins sowie der englischen christlich-sozialen Bewegung sah er in der sozialistischen Bewegung den „dritten Akt der mit der Französischen Revolution begonnenen Schicksalstragödie", Ausdruck einer „Krisis unseres gesamten Kulturlebens" in Staat und Gesellschaft, ausgerüstet mit der Stoßkraft eines „neuen Glaubens" an die Vollendbarkeit im Diesseits.

Politisch wie kulturell ging es W. nach 1871 um die „innere Reichsgründung". Von einer in schlechten ökonomischen und sozialen Verhältnissen lebenden Bevölkerung konnte man keinen Patriotismus, keine „Reichsfreundschaft" erwarten. Damit trat die Lösung der sozialen Frage für W. in den Mittelpunkt der politischen und kulturellen Aufgaben im neuen Reich. W. stieß dabei auf eine zunehmend irreligiöse bürgerlich-liberale Gesellschaft, deren „Geldaristokratie" und „Zwingburgen des Kapitals" die ökonomische Freiheit zu neuer Ausbeutung mißbrauchten und damit zu W.s Hauptgegnern wurden. Auf dieser Grundlage bedeutete aber der Sozialismus mit seinem Ziel der Abschaffung des Staates und der klassenlosen Gesellschaft nur die „Transponierung der liberalen Klassenherrschaft in fortissime". So stand für W. – von vielen Liberalen und auch von Konservativen als verkappter Sozialdemokrat abgelehnt – der Übertritt zur Sozialdemokratie nie zur Diskussion, wenngleich er ihre Existenz und Argumente vielfach verstand. Mit L. von Stein sah auch W. im konstitutionellen „sozialen Königtum", „unverworren von allen Sonderinteressen", die verfassungspolitische Synthese aus der Dialektik der gesellschaftlichen Gegensätze.

Den soziopolitischen Unterbau der sozialen Monarchie sollte eine ständisch-korporative Gesellschaftsordnung bilden mit allgemeinen Wahlen, jedoch nach Ständen getrennt. Bismarck hielt einen solchen Umbau der in voller Entfaltung begriffenen bürgerlich-kapitalistischen Gesellschaft für nicht realisierbar. Auch nach W.s Vertreibung aus Amt und Reichstagsmandat durch seine liberalen Gegner und der Entfremdung von Bismarck sind manche Anregungen W.s noch in die großen Versicherungsgesetze der 1880er Jahre eingeflossen, an deren Ausarbeitung W. freilich nicht mehr in amtlicher Position beteiligt war. Auch der „neue Kurs" ab 1890 hat sozialpolitische Vorstellungen W.s aufgegriffen und fortgeführt. W.s Klarsicht in der Kritik am „revolutionären Prinzip" sowohl eines schrankenlosen Liberalkapitalismus wie am Sozialismus mit seinen despotischen Gefahren bleibt eindrucksvoll. Der Sozialkonservative H. W., der nicht zum handelnden Politiker wurde, blickte über das liberale Zeitalter und seine Aporien hinaus. Man hat ihn eine „post-liberale Figur" (W. Saile) genannt, und er ist auch zu den Vordenkern des korporativen Staates des 20. Jhdt.s zu zählen.

S.: (als Hrsg.): Das Judenthum und der Staat, Berlin 1857; (als Hrsg.): Staats- und Gesellschaftslexikon, Bde. I-XXII, Berlin 1859-67; Was wir wollen. Ein Wort zur Verständigung, Berlin 1859; (anonym): Die Lösung der sozialen Frage vom Standpunkt der Wirklichkeit und

Praxis, Bielefeld – Leipzig 1878; Kritik der Quintessenz des Sozialismus, Bielefeld – Leipzig 1878; Die Politk Friedrich Wilhelms IV., Berlin 1883; Erlebtes, Bde. I-II, Berlin 1884; Die kleine aber mächtige Partei, Berlin 1885; Die Mängel der christlich-sozialen Bewegung, Minden i. W. 1885; Aus den Aufzeichnungen eines alten preußischen Staatsmannes, in: Deutsche Revue 13/II-13/III (1888), S. 318-28, 92-103.

L.: *Petersdorff,* in: ADB XL, S. 471-76; *K. V. Herberger:* Die Stellung der preußischen Konservativen zur sozialen Frage 1848-62, phil. Diss. Leipzig 1914; *H. Müller:* Der Preußische Volksverein, phil. Diss. Greifswald 1914; *F. Eberhardt:* Friedrich Wilhelm H. W. – Die ideellen Grundlagen seines Konservatismus und Sozialismus, phil. Diss. (masch.) Leipzig 1922; *H. v. Petersdorff:* H. W., in: Deutscher Aufstieg, hrsg. v. *H. v. Arnim / G. v. Below,* Berlin usw. 1925, S. 169-79; *A. Hahn:* Die Berliner Revue, Berlin 1934; *A. Richter:* Bismarck und die Arbeiterfrage in der Konfliktszeit, Stuttgart 1935; *K. Danneberg:* Die Anfänge der Neuen Preußischen (Kreuz-)Zeitung unter H. W. von 1848-53, phil. Diss. (masch.) Berlin 1943; *S. Christoph:* H. W. als Sozialpolitiker, phil. Diss. (masch.) Erlangen 1950; *W. Saile:* H. W. und sein Verhältnis zu Bismarck – Ein Beitrag zur Geschichte des konservativen Sozialismus, Tübingen 1958; *D. Blasius:* Konservative Sozialpolitik und Sozialreform im 19. Jhdt., in: *G.-K. Kaltenbrunner* (Hrsg.): Rekonstruktion des Konservatismus, Freiburg i. Br. 1972, S. 469-88; *H.-J. Schoeps:* H. W., ein konservativer Sozialist, in: *ders.:* Das andere Preußen, [5]1981, S. 203-28; *K. Hornung:* Preußischer Konservatismus und Soziale Frage – H. W., in: *H.-Christof Kraus* (Hrsg.): Konservative Politiker in Deutschland, Berlin 1995, S. 157ff.

– Ho

Weaver, Richard Malcolm

* 3. 3. 1910 Asheville (N. C.); † 9. 4. 1963 Chicago. Konservativer Kulturkritiker. W. studierte an der University of Kentucky, wo er sich der sozialistischen Bewegung anschloß, und ab 1932 an der Vanderbilt University in Nashville (Tenn.). Dort geriet er unter den Einfluß von John Crowe Ransom, einem führenden Vertreter der →Southern Agrarians, und begann, sich allmählich vom Sozialismus abzuwenden. 1934 erwarb er einen M. A. in Englisch. 1936-40 lehrte er am Alabama Polytechnic Institute und einem College in Texas, wo er unter dem Eindruck eines überhandnehmenden, von der Technik begünstigten Spießbürgertums, großer Organisationen und selbstzufriedener Anerkennung von Erfolg als Lebensziel endgültig seine Hinwendung zu einer poetischen und ethischen Konzeption des Lebens vollzog.

Ab 1940 setzte er seine Studien an der Louisiana State University fort, wo er, betreut von Cleanth Brooks und Robert Penn Warren, zwei Southern Agrarians, 1943 mit einer Arbeit über die Kultur des amerikanischen Südens promoviert wurde. Von 1944 bis zu seinem Tod wirkte er als Professor für Englisch an der University of Chicago.

W., der auch als Mitherausgeber der 1957 entstandenen Zeitschrift „Modern Age", einem Organ des traditionalistischen Flügels der amerikanischen Konservativen, fungierte, gilt neben Russell →Kirk als der Gründervater der modernen intellektuellen konservativen Bewegung in den USA. Zu diesem Ruf verhalf ihm insbesondere sein 1948 erschienenes Buch „Ideas Have Consequences". Darin entwickelte er auf der Basis der Philosophie →Platons eine Fundamentalkritik des westlichen Modernismus. Den allmählichen Niedergang des Glaubens an das Transzendente und die Entstehung des die Kultur der Gegenwart prägenden Materialismus und moralischen Relativismus führte W. auf den Nominalismus William von Ockhams zurück, der die platonisch-christliche Tradition zurückgewiesen habe. In dieser Tradition aber steht nach W. der wahre Konservative: „The true conservative is one who sees the universe as a paradigm of essences, of which the phenomenology of the world is a sort of continuing approximation. Or, to put this in another way, he sees it as a set of definitions which are struggling to get themselves defined in the real world." Der Konservative ist ein Realist, der daran glaubt, daß es eine Schöpfung gibt, die vor ihm da war und die ihn überdauern wird, was bedeutet, daß eine von seinem Willen und seiner Begierde unabhängige Struktur der Wirklichkeit existiert: „The conservative holds that man in this world cannot make his will his law without any regard to limits and fixed nature of things."

In seinen Arbeiten zur Rhetorik entwickelte W. eine Rangordnung der einzelnen Argumente. An ihrer Spitze steht das den Konservativen angemessene Argument, das von einem Prinzip, einer Gattung oder einer Definition ausgeht. Ethisch niedrigere Ränge nehmen die Berufung auf Ähnlichkeit und das kausale Argument ein. Das schwächste Argument ist nach W. das der Berufung auf die jeweiligen Umstände. Eine den Status quo verteidigende Partei verliere nämlich nach dessen Änderung ihre Argumentationsgrundlage.

W. bezog stets Stellung gegen die Verflachung der modernen Sprache, der er die Vermeidung von Wertüberzeugungen vorwarf, und er wandte sich gegen die Instrumentalisierung der Rhetorik als Mittel zur Erreichung niedriger Ziele. Dies tat er deshalb, weil er unter Rhetorik die überzeugende Rede im Dienste der Wahrheit verstand. Für ihn „rhetoric at its truest seeks to perfect men by showing them better versions of themselves, links in that chain extending up toward the ideal which only the intellect can apprehend and only the soul have affection for".

W. ließ es nicht bei einer rein negativen Kritik an der modernen Massengesellschaft bewenden, sondern skizzierte auch ein Programm für die Erneuerung der westlichen Kultur. Dessen Schwerpunkte sind die Entwicklung eines Sinnes für Geschichte, die Wiederentdeckung des Glaubens an Ideen, Ideale und Prinzipien, die Aufrechterhaltung des von ihm als „metaphysisches Recht" verstandenen Privateigentums, die Respektierung der Natur und die Wiederbelebung traditioneller Bildung unter besonderer Berücksichtigung von Literatur, Rhetorik und Dialektik. Die notwendige philosophische Grundlage für die Erneuerung der Kultur sah W. im kulturellen Vermächtnis des in seinen Augen die platonisch-christliche Zivilisation verkörpernden alten amerikanischen Südens, den er als „the last non-materialist civilization in the Western World" bezeichnete.

W.s Gedanken sind in den USA nach wie vor lebendig. Das zeigt sich nicht zuletzt daran, daß das Rockford Institute seit 1983 jährlich einen „Richard M. Weaver Award for Scholarly Letters" vergibt.

B.: The Vision of R. W., hrsg. v. *J. Scotchie* (siehe unter L.), S. 225-29.

S.: Ideas Have Consequences, Chicago – London 1948, [3]1984; The Ethics of Rhetoric, Chicago 1953, Davis (Ca.) [2]1985; Composition: A Course in Reading and Writing, New York 1957, unter dem Titel: Rhetoric and Composition [2]1967; Visions of Order: The Cultural Crisis of Our Time, Baton Rouge 1964, Bryn Mawr, (Pa.) [2]1995; Life without Prejudice and Other Essays, Chicago 1965.

E.: The Southern Tradition at Bay: A History of Postbellum Thought, hrsg. v. *G. Core / M. E. Bradford*, New Rochelle (N. Y.) 1968, Chicago [2]1989; Language is Sermonic: R. M. W. on the Nature of Rhetoric, hrsg. v.

R. L. Johannesen / R. Strickland / R. T. Eubanks, Baton Rouge 1970, [2]1985; The Southern Essays of R. M. W., hrsg. v. *G. M. Curtis III / J. J. Thompson, Jr.*, Indianapolis 1987. **L.: *R. Kirk:*** Ethical Labor, in: *ders.:* Beyond the Dreams of Avarice. Essays of a Social Critic, Peru (Ill.) 1956, [2]1991, S. 79-100; *E. Davidson:* R. M. W. – Conservative, in: Modern Age (Sommer 1963), S. 226-30; *W. Kendall:* How to Read R. W.: Philosopher of We the (Virtuous) People, in: Intercollegiate Review 2 (September 1965), S. 77-86, auch in: *ders.:* Willmoore Kendall Contra Mundum, hrsg. v. *N. D. Kendall*, Lanham [2]1994, S. 386-402; *F. S. Meyer:* R. M. W.: An Appreciation, in: Modern Age (Herbst 1970), S. 243-48; *C. Amyx:* W. the Liberal: A Memoir, in: Modern Age (Frühling 1987), S. 101-06; *W. C. Havard:* R. W.: The Rhetor as Philosopher, in: The Vanderbilt Tradition. Essays in Honor of Thomas Daniel Young, hrsg. v. *M. R. Winchell*, Baton Rouge 1991, S. 163-74; *M. Montgomery:* R. W. against the Establishment: The Southern Tradition at Bay, in: *ders.:* The Men I Have Chosen for Fathers, Columbia 1991, S. 103-27; *B. K. Duffy / M. Jacobi:* The Politics of Rhetoric: R. M. W. and the Conservative Tradition, Westport 1993; The Vision of R. W., hrsg. v. *J. Scotchie*, New Brunswick (N. J.) 1995.

– Z

Weiße Blätter

„W. B. – Zeitschrift für Geschichte, Tradition und Staat": Monatszeitschrift; erschien in Bad Neustadt/Saale unter dem Herausgeber Karl Ludwig von und zu →Guttenberg. Gedruckt bei Carl Krüger in Mylau/Sachsen. Die W. B. waren die Nachfolgezeitschrift der ebenfalls von G. herausgegebenen „Monarchie – Zeitschrift für deutsche Tradition" (1932-34), die vom sächsischen Innenminister verboten worden war, weil sie im Januarheft von 1934 eine Würdigung Kaiser Wilhelms II. aus Anlaß seines 75. Geburtstags gebracht hatte. Anliegen der W. B. war es vor allem, den Gedanken an die Monarchie als einzig mögliche Staatsform für die Deutschen wachzuhalten, aber auch eine Aussöhnung zwischen den beiden großen Konfessionen in Deutschland herbeizuführen. Guttenberg, der bayerischer Föderalist, aber keineswegs Separatist war, wollte gegen den Zentralismus zunächst von Weimar und später gegen den der Nationalsozialisten auf das seiner Meinung nach viel geeignetere Bismarckreich verweisen. Einen breiten Raum in den Abhandlungen nahmen der Friedensvertrag von Versailles, die „Dolchstoßlegende" und die

Auseinandersetzung mit der Abdankung Kaiser Wilhelms II. in Spa ein.

Zunehmend aber konnte eine wache Leserschaft in den historischen Artikeln und Erzählungen, in den Buchkritiken und in den im sog. „Mosaik" zusammengestellten politischen Nachrichten die Verfehlungen der Gegenwart aus den Darstellungen der Vergangenheit ablesen. Die Zeitschrift verzichtete auf jede Form der Polemik, und gerade ihre leise Kritik macht es dem heutigen Leser schwer, zu verstehen, wieso sie nach dem Krieg zur Widerstandsliteratur gezählt wurde. Hinzu kommt, daß das national-konservative Gedankengut, das die Zeitschrift prägte, auch bei den Nationalsozialisten Verwendung fand. So spielt in den W. B. sowohl der „Volk-ohne-Raum-Gedanke" eine Rolle wie die Vorstellung des Germanen und damit des Deutschen als des besseren Menschen und, daraus abgeleitet, das Recht Deutschlands auf Hegemonie in Europa. Und doch wird dieses Gedankengut gerade dazu verwendet, um den darin liegenden Unterschied zur Auslegung der Nationalsozialisten klar zu machen. Rechtsstaatlichkeit und christlicher Glaube werden als germanisches Erbe beschworen, nationalsozialistischer Mißbrauch wird an den historischen Vorgängen dargestellt. Die Krone gilt als Symbol des angestrebten Idealbildes vom →Staat.

Ideengeschichtlich waren die W. B. geprägt von den Vorstellungen von Arthur →Moeller van den Bruck, Oswald →Spengler und von den Historikern Martin Spahn und Hermann Oncken. Als Mitarbeiter konnte G. Autoren wie Werner →Bergengruen, Jochen →Klepper, Harald von Koenigswald und vor allem Reinhold →Schneider gewinnen. Vertreter des Widerstandes, wie Ulrich von →Hassell und Klaus Bonhoeffer, schrieben ebenfalls in den W. B., deren Leserkreis zunächst aus den Abonnenten der „Monarchie" und der gleichfalls 1934 verbotenen „Deutschen Treue" (Hrsg. Carl Krüger/Mylau) bestand. 1935 kamen die Leser der „Zukunft" hinzu, die mit dem Tode ihres Herausgebers Julius Bierbach/Heidelberg ihr Erscheinen eingestellt hatte. 1939 wurde unter den Lesern der verbotenen „Eisernen Blätter" des Pfarrers Gottfried Traub um Bestellungen geworben. Der Plan, die Abonnenten der „Gelben Hefte" Max Buchners/Würzburg nach dessen Tod zu übernehmen, kam nicht zur Durchführung. Nach Kriegsausbruch 1939 erschienen die W. B. nur noch vierteljährlich, um 1943, wie viele ähnliche Zeitschriften, aus kriegsbedingtem Papiermangel ihr Erscheinen ganz einzustellen.

L.: *J. Donohoe:* Hitlers Conservative Opponents in Bavaria 1930-45, Leiden 1961; *A. Ritthaler:* Karl Ludwig Freiherr von und zu Guttenberg. Ein politisches Lebensbild, Würzburg 1970; *U. v. Hassell:* Die Hassell-Tagebücher 1938-44, hrsg. v. *F. Freiherr Hiller v. Gaertringen,* Berlin 1988; *M. Th. Freifrau v. dem Bottlenberg-Landsberg:* Die „W. B." des Karl Ludwig Freiherrn von und zu Guttenberg. Zur Geschichte einer Zeitschrift monarchistisch-religiöser Opposition gegen den Nationalsozialismus 1934-43, Berlin 1990; *U. Catarius:* Opposition gegen Hitler, Berlin 1994.

– B-L

Wert(e)

W. beruht auf der Eigenschaft von materiellen oder immateriellen Gütern, Mittel für Zwecke zu sein, d.h. auf der Leistung oder Leistungsfähigkeit von Gütern. Güter sind „wertvoll", wenn und insoweit sie der Zielerreichung dienen. Als Zweck wird jedes Ziel bezeichnet, das durch Personen, Personengruppen (Gemeinschaften) oder →Institutionen angestrebt wird oder das im Wesen des Gutes selbst liegt (Entelechie). Mittel oder Gut ist demnach alles, was der Erreichung eines Zieles (oder mehrerer Ziele zugleich, eines ganzen Zielkomplexes) dient. Leistung ist die Funktion (Rolle, Aufgabe), die ein Mittel bei der Zielerreichung erfüllt. Die Wertschätzung von Gütern beruht auf der Kenntnis ihrer Leistung. Niedrige Ziele können selbst wiederum Mittel oder Güter zur Erreichung höherer Ziele werden. So kann z.B. das Ziel, sich durch Nahrungsaufnahme zu sättigen, dem höheren Ziel dienen, das Leben zu erhalten. Die Rangordnung der Ziele bestimmt sowohl die Güter- wie die Wertordnung, Ziele sind immer zugleich „Strebewerte". Güter sind entweder als leistende Mittel den Zielen untergeordnet, oder sie werden um ihrer selbst willen angestrebt und sind dann Selbstzweck (z.B. kann Geigenspiel Mittel zum Gelderwerb sein oder auch nur um des Spiels willen erfolgen). Die Ziele („Strebewerte") können durch die ziel- oder wertsetzende Tätigkeit eines Subjekts (Person, Personengruppe, Institution, →Staat, →Kirche) be-

stimmt oder aus der Seins- oder Schöpfungsordnung abgeleitet werden.

Die aus der Seins- oder Schöpfungsordnung abgeleiteten Werturteile sind objektiv. Objektive Werturteile sind der Ratio zugänglich, sie sind Urteile, für die denknotwendige, inter- und übersubjektiv nachvollziehbare (Vernunft-) Gründe angegeben werden können (z.B. die allgemeine Sozialisierung der Produktionsmittel [kommunistisches System] vermindert die Produktivität der Wirtschaft). Subjektiv sind Werturteile nur dann, wenn für sie keine allgemein nachvollziehbaren Vernunftgründe bestehen (z.B. Alle Wahrheit ist relativ oder immer bloß „vorläufig" [Popper]. Dieser Satz widerspricht sich bekanntlich selbst, er kann also durch die Vernunft nicht nachvollzogen werden. Dennoch kann ein Subjekt von diesem Satz überzeugt sein. Es befindet sich dann objektiv im Irrtum). Das Subjekt hat die sittliche Pflicht, sich willkürlicher Handlungen zu enthalten und „in der (objektiven) Wahrheit zu leben" (→Solschenizyn: „Nicht lügen"; daher Pflicht zur Ehrlichkeit, Aufrichtigkeit, Anständigkeit usw.).

Ziel-, Güter- oder Wertordnungen stellen eine Pyramide oder →Hierarchie dar, deren Spitze das höchste Ziel, das höchste Gut oder der Höchstwert einnimmt, auf die alle übrigen Ziele, Güter oder W. bezogen werden. Im Anschluß an M. Scheler läßt die heutige Wertphilosophie folgende Rangordnung mit Allgemeingültigkeitsanspruch für alle Einzel- und Gesamtpersonen (Kollektive) erkennen: 1. hedonische oder Lustwerte als unterste Klasse (Befriedigung des Sexualtriebs, Nahrungstriebs u.a.); 2. utilitarische oder „Dienstwerte" (z.B. Verkehrsregeln, materielle Interessen); 3. Vitalwerte (z.B. Gesundheit, Kraft, Stärke); 4. ästhetische W. (das Schöne); 5. personale „Selbstwerte" (das sittlich Gute); 6. das Heilige (Gott, das Göttliche, die Glückseligkeit, das ewige Leben). Güter verkörpern nicht selten mehrere W. zugleich, sie sind dann „Ensembles von W.n". Gutes Essen z.B. kann gleichzeitig den Nahrungstrieb befriedigen, der Gesundheit dienen und auch ästhetischen Ansprüchen genügen. Kultur zeigt sich darin, daß die höheren W. die niedrigeren „durchdringen".

Jede Rangordnung von Zielen, Gütern und W.n beruht zuletzt auf dem Welt- und Gottverständnis des Menschen, d.h. auf Religion und Philosophie. Die Heiligung ist objektiv (nicht immer subjektiv) letztes Ziel des Menschen wie der Gesellschaft, auf das alle Einzelziele, -güter, -werte und -handlungen auszurichten sind. Die rechte, weil objektive Rangordnung in allem Handeln festzuhalten und zu verwirklichen, ist sittliche Pflicht. Das Nichtfesthalten oder die Verkehrung der Rangordnung („Umwertung der W.") führt zur Nichterreichung der Bestimmung von Mensch und Gesellschaft, zu Krise und Verfall der Kultur, zu „Dekadenz" und „Säkularisierung", ja zu bis in Persönlichkeitsbereiche hineinreichende „Sinnkrisen" (V. E. Frankl), Neurosen und Frustrationen. Werden relative W. (Leben, Volk, Rasse, Klasse, Staat, Freiheit, Demokratie u.a. m.) verabsolutiert, dann tritt ein, was C. →Schmitt im Anschluß an N. Hartmann „die Tyrannei der W." genannt hat: die Vernichtung des „Unwerten".

Gemeinschaftsleben setzt gemeinsame W. („Wertegemeinschaft") voraus, den „Grundkonsens" über den Höchstwert und die Grundwerte. Die Beachtung und Verwirklichung solcher Grundwerte wird von jedermann und jeder Institution gefordert, und zwar auch dann, wenn eine rechtliche Verpflichtung nicht besteht. Fehlt dieser Grundkonsens, lassen sich die Gemeinschaftsbindungen auch durch rechtliche Regelungen auf Dauer nicht aufrechterhalten, die Gemeinschaft zerfällt. Werterziehung, vor allem durch Elternhaus, Schule und Kirche, sowie die unablässige Übung der Tugenden im Alltag beugen diesem Zerfall vor.

Kurze Geschichte der Wertphilosophie:
→Platon spricht anstelle von W. von Ideen, Aristoteles von Formen. Für die Scholastik ist der W. das „Gute", welches mit dem eigentlichen, wesentlichen, wirklichen, vollkommenen und „voll-endeten" Sein (im Unterschied zum unvollkommenen, bloß empirisch Seienden) identisch ist: *ens et bonum convertuntur.* Erst mit der →Aufklärung und ihrer Ökonomielehre wird die Beschäftigung mit den W.n zu einem zentralen Thema. Das Interesse der Wirtschaftslehre gilt dem Tauschwert, Arbeitswert, Gebrauchswert, der subjektiven Wertschätzung, dem Kapitalwert, Ertragswert, Substanzwert, Vermögenswert und der theoretischen Erklärung des Zustandekommens solcher W.

In Überwindung der Aufklärung, des englischen Empirismus und seiner utilitaristischen Ethik entwickelte Kant eine nicht mehr auf Sinneserfahrung rückführbare und daher „apriorische" Sittenlehre, die allein in der Vernunft gründet und in dem berühmten „kategorischen Imperativ" gipfelt, der dem Subjekt unabhängig von seinen Neigungen und Trieben und daher „aus Freiheit" aufträgt, nach Maximen (Leitsätzen, Prinzipien) zu handeln, von denen es wollen kann, daß sie zum allgemeinen Gesetz der Menschheit erhoben werden. Dieser Imperativ sagt nichts über den Inhalt der Maximen aus, er gibt nicht vor,was zu tun ist: er kann daher nur im formalen Sinne Geltung beanspruchen. Dem Formalismus der Ethik Kants versuchen die Neukantianer (Lotze u.a.) durch den Dualismus von Sollen (Reich der W., die „gelten") und Seiendem (Dasein, dem Faktischen) zu begegnen, wobei, ihrer Ansicht nach, über das „Sollen" oder die W. keine wissenschaftlichen Aussagen gemacht werden können, gelten doch W. immer nur für Subjekte, die sie setzen oder zumindest anerkennen. Auf dieser neukantianischen Zerreißung von Sollen und Sein beruht auch die von M. Weber geforderte, von ihm selbst in seinen Arbeiten jedoch nicht durchgehaltene „Wertfreiheit" der Wissenschaft, vor allem der Sozialwissenschaften. W. und Wertphilosophie sind „der positivistische Ersatz für das Metaphysische" (M. Heidegger).

Die Postmoderne hat Aufklärung, Neukantianismus, Positivismus und Wertfreiheit in den Geistes- und Sozialwissenschaften weitgehend überwunden. Die Suche nach naturwissenschaftlichen Gesetzen von der Art der Mechanik (z.B. „Gesetz von Angebot und Nachfrage" in der Ökonomie) wurde zugunsten der Beschäftigung mit Normen, die sich am Menschen- und Gesellschaftsbild (Anthropologie, Kulturmorphologie, Politologie, Wirtschaftspolitik, Sozialpolitik, Pädagogik usw.) orientieren, weitgehend aufgegeben. Ebenso stehen heute die Auswirkungen von normativen Maßnahmen auf Mensch und Gesellschaft mehr und mehr im Blickfeld der Sozialwissenschaften. Sie haben erkannt, daß bereits ihre Fragestellungen „value loaded" sind und daß erst recht in die Antworten W. eingehen (so stellt sich dem Sozialforscher die Negerfrage in den USA nur, wenn er z.B. den

W. der „Chancengleichheit" auf das Untersuchungsobjekt anwendet). Die Sozialwissenschaften zählen daher heute zu den normativen oder „ethischen" Wissenschaften, deren empirischer Teil (z.B. Feldforschung) dazu dient, die Abweichungen der vorgefundenen Situation von der Norm festzustellen und Abhilfemaßnahmen vorzuschlagen.

In der Ethik, die ja immer zugleich Wertlehre ist, hat die entscheidende Wendung über Kant und den Neukantianismus hinaus M. Scheler mit seiner 1913 erschienenen Arbeit: „Der Formalismus in der Ethik und die materiale Wertethik" vollzogen und der Anerkennung der Existenz einer objektiven materialen Rangordnung der W. zum Durchbruch verholfen. Die Gründung der Ethik auf die individuelle Person und ihre Bestimmung hat heute breite Anerkennung und Aufnahme gefunden, so vor allem die von ihm betonten Prinzipien des Personalismus und der Solidarität.

Die volle systematische Durchgestaltung der Ethik ist in der „Gesellschaftsphilosophie" von O. →Spann erfolgt. Hier werden aus der analytischen Zergliederung der Gesellschaft, die ja nichts anderes ist als „objektiver Geist" (im Sinne Hegels), der sich in den Kulturbereichen oder „Teilinhalten" der Gesellschaft (Religion, Philosophie und Wissenschaft, Kunst, Sittlichkeit und Recht, Leiblichkeit, Ausdruckshandeln [Sprache, Tanz, Gebärde], Anstaltshandeln [Staat, Kirche, Organisationen, Verbände] und mittelbeschaffendes oder „wirtschaftliches" Handeln) auslegt, die Güterordnung, Tugendordnung und Wertordnung gewonnen. W. sind für Spann Vollkommenheitsgüter, die in den gesellschaftlichen Teilbereichen angestrebt werden sollen, z.B. in der Religion die Rückverbundenheit mit Gott oder Heiligkeit; in der Kunst die vollendete Gestalt der Idee; in der Wissenschaft die wahre Erkenntnis; im Recht und im Staat das Gerechte; in der Sprache der gelungene Ausdruck des Gedankens; in der Wirtschaft die Produktivität.

Einen mehr anthropologisch fundierten Zugang zu einer objektiven Wertordnung findet das „Naturrecht" J. Messners. Für ihn sind W. mit den „existentiellen Zwecken", die mit der Natur des Menschen unaufhebbar verbunden sind, identisch, die Zweckordnung begründet die Wert- und Güterord-

nung: „Die äußeren materiellen Dinge sind nicht Selbstzwecke, sondern Mittel für Zwecke anderer Seinsstufen, darunter vor allem im Dienst von Leben und Gesundheit; an diese sind andere Zwecke in großer Zahl geknüpft, so vor allem von Familie und Heim; die Familie hinwiederum findet ihren übergeordneten Zweck in dem das vollmenschliche Sein, das „gute Leben" (Aristoteles) ermöglichende →Gemeinwohl; alle genannten Zwecke münden in den Endzweck des Besitzes des höchsten Gutes. Der Rang der Zwecke steigt so auf von den in den äußeren, materiellen Gütern liegenden Zwecken mit ihrer Stellung als Mittel zu den Zwecken des biologischen Bereiches über die des gesellschaftlichen und geistigen zum allumfassenden sittlichen und religiösen Bereich." Wo immer neuere Versuche ethischer Wertbegründungen über das individualistische Kalkül von „pleasure and pain" (Jevons) oder von Nutzen und Aufwand hinausgehen, kommen sie zu Aussagen, die in der platonisch-aristotelisch-thomistischen Tradition vorgeprägt sind.

B.: *J. E. Heyde:* Gesamtbibliographie des Wertbegriffes (Literarische Berichte aus dem Gebiet der Philosophie), 1928; *O. Höffe:* Lexikon der Ethik, 1977.

L.: *Aristoteles:* Nikomachische Ethik; *ders.:* Politik; *I. Kant:* Grundlegung zur Metaphysik der Sitten (1785); *ders.:* Kritik der praktischen Vernunft (1788); *R. H. Lotze:* Logik (1874); *D. v. Hildebrand:* Sittlichkeit und ethische Werterkenntnis, 1922; *M. Müller:* Über die Grundbegriffe philosophischer Wertlehre, 1932; *J. v. Rintelen:* Der Wertgedanke in der europäischen Geistesentwicklung, Bd. I, Halle 1932; *N. Hartmann:* Ethik, Berlin [3]1949; *M. Heidegger:* Frankfurt a. M. 1950; *M. Weber:* Der Sinn der „Wertfreiheit" der soziologischen und ökonomischen Wissenschaften, in: *ders.:* Gesammelte Aufsätze zur Wissenschaftslehre. Tübingen [2]1951; *D. v. Hildebrand:* Christliche Ethik, Düsseldorf 1959; *C. Schmitt:* Die Tyrannei der W., in: Festschrift für Ernst Forsthoff zum 65. Geburtstag. Stuttgart 1967; *O. Spann:* Gesellschaftsphilosophie, Graz [2]1968; *V. E. Frankl:* Der Mensch auf der Suche nach Sinn, Freiburg 1975; *M. Scheler:* Der Formalismus in der Ethik und die materiale Wertethik. Neuer Versuch der Grundlegung eines ethischen Personalismus, Bern [6]1980; *F. H. Tenbruck:* Die unbewältigten Sozialwissenschaften oder Die Abschaffung des Menschen, Graz 1984; *J. Messner:* Das Naturrecht. Handbuch der Gesellschaftsethik, Staatsethik und Wirtschaftsethik, Berlin [7]1984; *E. Heintel:* Was kann ich wissen? Was soll ich tun? Was darf ich hoffen? Versuch einer gemeinverständlichen Einführung in das Philosophieren, Wien 1986; *F. Vonessen:* Krisis der praktischen Vernunft.

Ethik nach dem „Tod Gottes", Heidenheim 1988; *E. Voegelin:* Die neue Wissenschaft der Politik. Eine Einführung, Freiburg ⁴1991; *A. Laun:* Aktuelle Probleme der Moraltheologie, Freiburg 1991; *W. Brezinka:* Glaube, Moral und Erziehung, München 1992; *A. Pieper:* Geschichte der neueren Ethik, Bde. I-II, Tübingen 1992; *W. Brezinka:* Erziehung in einer wertunsicheren Gesellschaft, München ³1993; *Johannes Paul II.:* Enzyklika über einige grundlegende Fragen der kirchlichen Morallehre „Veritatis splendor", Rom 1993; *M. Scheler:* Vom Ewigen im Menschen, Bern ⁴1994.

– Ro

Wichern, Johann Hinrich

* 21. 4. 1808 Hamburg; † 7. 4. 1881 ebd. Der evangelische Theologe und Sozialreformer W. gehört zu den herausragendsten Vertretern des deutschen →Sozialkonservatismus. Er studierte von 1829-31 an den Universitäten Göttingen und Berlin evangelische Theologie. Sein Verständnis des Christentums und seine Gesellschaftsideale wurden entscheidend von dem Theologen F. Schleiermacher beeinflußt. 1832 trat W. die Stelle eines Oberlehrers an der vom Erweckungsprediger Rautenberg gegründeten Sonntagsschule in Hamburg an. Diese Tätigkeit ermöglichte ihm einen tiefenscharfen Einblick in die soziale Not des Volkes und seine zunehmende Entchristlichung. Um seinen eigenen Beitrag gegen die Verelendung von Kindern und Jugendlichen leisten zu können, gründete er 1833 in Hamburg das „Rauhe Haus". Zur Ausbildung des notwendigen pädagogischen Nachwuchses rief er 1844 das sog. „Gehilfeninstitut" ins Leben. Um seine Erziehungsarbeit auf eine nationale Grundlage stellen zu können, regte W. auf dem Deutschen Evangelischen Kirchentag des Jahres 1848 die Gründung des „Centralausschusses für die Innere Mission der deutschen evangelischen Kirche" an.

Im Jahre 1857 trat W. als Vortragender Rat im Ministerium des Innern in den preußischen Staatsdienst. Seine Aufgabe bestand darin, das Gefängniswesen zu reformieren. Bei dieser Tätigkeit ließ er sich vor allem von englischen Vorbildern inspirieren. 1858 rief W. das „Evangelische Johannesstift" in Berlin ins Leben. Es bildete Gefängnisaufseher und Stadtmissionare aus. Als sein letztes Werk gründete W. im Jahre 1864 die „Feldmission". Sie leistete im Dänischen Krieg karitative Hilfe.

Als Hauptursache für den gesellschaftlichen Verfall und das mit ihm einhergehende soziale Elend prangerte W. zeit seines Lebens die Entchristlichung des Gemeinwesens an. Dabei spielten seiner Auffassung nach auch die oberen sozialen Schichten eine unrühmliche Vorreiterrolle bei der Abkehr von den christlichen Tugendidealen – sichtbar u.a. an ihrer egoistischen Interpretation des Eigentumsbegriffs. W. kritisierte aber auch die religionsfeindliche Einstellung des Sozialismus: „Diese antichristliche Bewegung hat sich scharf und klar zugespitzt und ihre praktischen letzten Ausläufer in dem Kommunismus gefunden." Dabei war ihm zufolge die „Verwirklichung der christlichen und sozialen Wiedergeburt des heillosen Volkes" nur in einem christlichen Staat möglich.

In letzter Konsequenz postulierte W. die Einheit von →Staat und →Kirche. Bei aller Anerkennung ihrer unterschiedlichen Aufgaben war er der Ansicht, daß die beiden sich zu einem harmonischen Ganzen zu fügen hätten, um auf diese Weise die Voraussetzungen für ein „christliches Gesellschaftsleben" zu schaffen. Eine derartige Ordnungsvorstellung rief notwendigerweise die Kritik all derjenigen hervor, die das soziale Heil in der Aufgabe des christlichen Glaubens und der revolutionären Umgestaltung der Gesellschaft erblickten. Sie warfen W. vor, in zu starkem Maße einem vormodernen Patriarchalismus verhaftet zu sein und an der Restauration der alten Zustände zu arbeiten.

Dabei muß allerdings bedacht werden, daß W. bei seinem Bestreben, ein christliches und soziales Gemeinwesen zu etablieren, kaum auf die Hilfe von Liberalen oder gar Sozialisten zählen konnte, da die Rechristianisierung des Volkes nicht gerade zu deren Leitideen zählte. Weit mehr Gehör für seine reformerischen Ideen fand er bei König Friedrich Wilhelm IV., Allerdings hätte W. in weit stärkerem Maße darauf hinweisen müssen, daß die Arbeiterschaft dazu zu berechtigen sei, auch in einem von christlichen Grundsätzen geprägten Staatswesen legitime Forderungen auf gesellschaftliche und politische Teilhabe zu stellen. Obgleich er sich für eine „Association der Hilfsbedürftigkeit" aussprach, weigerte er sich doch, den christlichen Gewerkschaftsgedanken zu unterstützen. – Später wurden W.s christlich-konservative

Reformgedanken besonders durch F. Naumanns wiederaufgenommen und erneuert.

B.: *G. Schiller:* W.-Bibliographie, Heinburg/Hessen ²1983; *M. Michel:* W.-Konkordanz, Hannover 1988.

S: Notstände der protestantischen Kirche und ihre innere Mission, Hamburg 1843; Die innere Mission der deutschen evangelischen Kirche. Eine Denkschrift an die deutsche Nation, Hamburg 1849 (zahlr. Neuaufl.); Die Behandlung der Verbrecher in den Gefängnissen und die entlassenen Sträflinge, Hamburg 1853; Die Verpflichtung der Kirche zum Kampf gegen die Widersacher des Glaubens in ihrer Bedeutung für die Selbsterbauung der Gemeinde, Hamburg 1863; Die Ursachen der so vielfach erfolglosen Bemühungen in der heutigen Kindererziehung, Hamburg 1863; Rettungsanstalten als Erziehungshäuser in Deutschland, in: Enzyklopädie des gesamten Erziehungs- und Unterrichtswesens, Bd. VI, hrsg. v. *K. A. Schmid*, Gotha 1869; Vorträge und Abhandlungen, hrsg. v. *J. Wichern / F. Oldenberg*, Hamburg 1891; Gesammelte Schriften, hrsg. v. *J. Wichern / F. Mahling*, Bde. I-VI, Hamburg 1901-08; Ausgewählte Schriften, Bde. I-III, hrsg. v. *K. Janssen / K. Sieverts*, Gütersloh 1956-62; Ausgewählte Schriften, Bde. I-II, hrsg. v. *K. Janssen*, Gütersloh 1956-58; Sämtliche Werke, Bde. I-X, hrsg. v. *P. Meinhold / G. Brakelmann*, Hamburg – Hannover 1962-88.

E.: Briefe und Tagebücher, hrsg. v. *J. Wichern*, Bde. I-II, Hamburg 1901; Der junge W., Jugendtagebücher, hrsg. v. *M. Gerhardt*, Hamburg 1925; Tagebuchblätter der Liebe. Aus W.s Brautbriefen, hrsg. v. *W. Birnbaum*, Hamburg 1929; Der Erzieher W. in Selbstzeugnissen, hrsg. v. *R. Färber*, Lüneburg 1949; J. H. W. als Sozialpädagoge, hrsg. v. *M. Busch*, Weinheim – Berlin 1957; Schriften zur Sozialpädagogik, hrsg. v. *J.-G. Klink*, Bad Heilbrunn, Obb. 1964.

L.: *F. Oldenberg:* J. H. W. Sein Leben und sein Wirken, Bde. I-II, Hamburg 1884-87; *J. Wichern:* J. H. W. und die Brüderanstalt des Rauhen Hauses, Hamburg 1892; *O. Schnizer:* J. H. W., der Vater der Inneren Mission, Calw – Stuttgart 1904; *H. Petrich:* J. H. W. Leben und Wirken des Herolds der Inneren Mission, Hamburg 1908; *M. Hennig:* W.s Lebenswerk in seiner Bedeutung für das deutsche Volk, Hamburg 1908, Neuausg. Egelsbach – Washington 1994; *H. Sandt:* Die Pädagogik W.s, Leipzig 1913; *M. Gerhardt:* J. H. W., Bde. I-III, Hamburg 1927-31; *E. Meissner:* Der Kirchenbegriff J. H. W.s, Gütersloh 1938; *M. W. Klügel:* W. Ein Beitrag zur Geschichte der Sozialpolitik, Berlin 1940; *E. Benz:* W. und der Sozialismus, Stuttgart 1949; *E. Thier:* Die Kirche und die soziale Frage. Von W. bis Naumann, Gütersloh 1950; *G. Noske:* W.s Plan einer kirchlichen Diakonie, Stuttgart 1952; *H. Lilje:* J. H. W., in: Die großen Deutschen, Bd. III, Berlin 1956; *E. Bunke:* J. H. W., der Vater der Inneren Mission, Gießen – Basel 1956; *H. Rauterberg:* W. und die schlesischen Rettungshäuser, Ulm 1957; *R. Grunow:* W. – Ruf und Antwort, Gütersloh 1958; *ders.:* Wer war J. H. W. ?, Hamburg 1958; *R. Kramer:* Nation und Theologie bei J. H. W., Hamburg

1959; *E. Beyreuther:* Geschichte der Diakonie und der Inneren Mission, Berlin 1962; *G. Brakelmann:* Kirche und Sozialismus im 19. Jhdt. Die Analyse des Sozialismus und Kommunismus bei J. H. W. und bei R. Todt, Witten 1962; *ders.:* Die soziale Frage des 19. Jhdt.s, Witten ²1964; *H. Lemke:* W.s Bedeutung für die Bekämpfung der Jugendverwahrlosung, Hamburg 1964; *W. Herntrich:* Im Feuer der Kritik. J. H. W. und der Sozialismus, Hamburg 1969; *H. C. v. Hase / P. Meinhold:* Reform von Kirche und Gesellschaft. Studien zum 125. Gründungstag des Centralausschusses für die Innere Mission der Deutschen Evangelischen Kirche, Stuttgart 1973; *P. Meinhold:* W. und Ketteler. Evangelische und katholische Prinzipien kirchlichen Handelns, Wiesbaden 1978; *H. Martin:* Ein Menschenfischer: J. H. W., sein Leben, Wirken und seine Zeit, Hamburg 1981; *D. Lehmann:* Die soziale Komponente bei K. Marx und J. H. W., Bad Liebenzell 1981; *G. Wehr:* Herausforderung der Liebe. J. H. W. und die Innere Mission, Metzingen – Stuttgart 1983; *R. Anhorn:* Sozialstruktur und Disziplinarindividuum. Zu J. H. W.s Fürsorge und Erziehungskonzeption des Rauhen Hauses, Egelsbach b. Frankfurt a. M. 1992; *E. Petzold:* Eschatologie als Impuls und als Korrektiv für den Dienst der rettenden Liebe. Dargestellt an der Theologie J. H. W.s, Reutlingen 1995.

– JBM

Widerstand, konservativer

Die Tatsache, daß Hitler mit Hilfe einer Koalitionsregierung an die Macht kam, deren Mehrheit aus Konservativen (→DNVP, Stahlhelm, parteilose Fachleute) bestand, darf nicht den Blick dafür verstellen, daß es von vornherein auch W. gegen den Nationalsozialismus von konservativer Seite gegeben hat. In der ersten Phase, bis etwa zum August 1934, waren vor allem vier Gruppen Träger dieses W.s: 1. konservative Einzelgänger wie E. von →Kleist-Schmenzin, die den Nationalsozialismus aus prinzipiellen weltanschaulichen Erwägungen ablehnten; hier bestanden häufig Überschneidungen mit (2.) den evangelischen und katholischen Christen konservativer Prägung, die zwar das Ende der Parteiendemokratie bejahten, die Übergriffe des neuen Regimes auf die Kirchen jedoch ablehnten; 3. W. im eigentlich politischen Sinn ging zu diesem Zeitpunkt nur von konservativen Organisationen aus, die ihre Selbständigkeit gegen die „Gleichschaltung" verteidigen wollten, wie etwa der Braunschweiger „Stahlhelm-Putsch" vom Frühjahr 1933; den Kern des konservativen W.s bildete aber (4.) die Gruppe um H. von Bose und E. J. →Jung, die die Vizekanzlei Papens zum Zentrum einer Verschwörung machte; dort plante man im Frühjahr 1934, das System mit Hilfe der Reichswehr zu stürzen. Die Ermordung Boses und Jungs (sowie der Generäle von Schleicher und von Bredow) im Zusammenhang mit der Aktion vom 30. Juni 1934 markiert auch das Ende des ersten Abschnitts in der Geschichte des konservativen W.s.

Bis zum Ausbruch des Zweiten Weltkriegs, in der Phase, in der das NS-Regime seine größten Erfolge feiern konnte und von einem breiten Konsens getragen wurde, gab es keinen nennenswerten W. von irgendeinem Teil der Gesellschaft. Auch die meisten Konservativen waren zu einer weitgehenden Kooperation bereit. Dies änderte sich 1938 mit dem Ende der „Revisions"-Politik Hitlers. Seit dem Beginn der Offensivplanungen gegenüber der Rest-Tschechei bildete sich um L. Beck und C.-F. →Goerdeler sowie U. von →Hassell eine Opposition, die politisch konservativ orientiert war. Ihre Zielsetzung bestand zunächst in der Errichtung einer kommissarischen Militärdiktatur, die dann Voraussetzungen für die Wiederherstellung geordneter politischer Verhältnisse schaffen würde. Die äußeren Erfolge des Reiches wollte man keineswegs rückgängig machen, sah aber im unverantwortlichen Handeln Hitlers und in der Zerstörung des Rechtsstaates Faktoren, die als ethischen wie aus politischen Gründen bekämpft werden mußten. Das neue Deutschland wurde häufig als Monarchie nach britischem Vorbild gedacht, im übrigen divergierten die Anschauungen erheblich. Die von Goerdeler favorisierte Wiederherstellung des Parlamentarismus stieß bei vielen Teilnehmern des W.s auf Ablehnung.

Die mangelnde Unterstützung des W.s im Ausland, wo man auf Deckung für einen Umsturz gehofft hatte, führte zur Resignation Becks und der Stornierung aller Pläne in der ersten Kriegszeit, als die unerwarteten Siege der Wehrmacht noch einmal für eine Stabilisierung des Regimes sorgten. Erst ab 1942 erhielt der – unter den gegebenen Umständen vor allem militärische – W. Sukkurs von einer Generation jüngerer Offiziere. Um C. von Stauffenberg und H. von Tresckow bildete sich die „Grafengruppe", deren Angehörige meist Stabsoffiziere waren, die aus dem →Adel stammten und eine konservative Ori-

entierung mitbrachten. Allerdings spielten hier Gedankengänge aus dem Umkreis der →Konservativen Revolution eine größere Rolle als bei den älteren Anhängern des W.s. Stauffenberg selbst war stark von dem Elitismus des Dichters S. →George geprägt, für ihn wie für Tresckow, F.-D. von der Schulenburg, M. von Quirnheim oder C. von Hofacker bot aber auch die von O. →Spengler inspirierte Idee des „preußischen Sozialismus" eine wichtige Orientierung. In der Ablehnung einer Restauration der Monarchie oder der Weimarer Republik wußte man sich außerdem einig mit Gruppen wie dem →Kreisauer Kreis, der Verfassungsreformpläne entwarf, die mit ihrem gestuften Wahlrecht an konservative Vorschläge aus der Zwischenkriegszeit erinnerten.

Die Durchführung des Attentats vom 20. Juli 1944 diente allerdings nur noch bedingt einem praktischen Zweck, da die Verschwörer fast jede Hoffnung auf einen Sonderfrieden mit den Westmächten (Vorbedingung für einen geordneten Rückzug aus dem Osten) aufgegeben hatten; vor allem für Stauffenberg und Tresckow war die Tat in erster Linie Nachweis für die moralische Integrität des „geheimen Deutschland".

L.: *E. Salin:* Die Tragödie der deutschen Gegenrevolution, in: Zeitschrift für Religions- und Geistesgeschichte 1 (1948), S. 205f.; *T. Duesterberg:* Der Stahlhelm und Hitler, Wolfenbüttel 1949; *G. Ritter:* Carl Goerdeler und die deutsche Widerstandsbewegung, Stuttgart 31956; *J. Donohoe:* Hitler's Conservative Opponents in Bavaria 1930-45, a study of Catholic, monarchist, and separatist anti-Nazi activities, Leiden 1961; *G. van Roon:* Neuordnung im Widerstand. Der Kreisauer Kreis innerhalb der deutschen Widerstandsbewegung, München 1967; *G. Schulz:* Nationalpatriotismus im Widerstand, in: Vierteljahreshefte für Zeitgeschichte, 32 (1984) S. 331-72; *H. Höhne:* Mordsache Röhm. Hitlers Durchbruch zur Alleinherrschaft 1933-34, Reinbek 1984; *P. Hoffmann:* Widerstand – Staatsstreich – Attentat. Der Kampf der Opposition gegen Hitler, Stuttgart ⁴1985; *K.-J. Müller:* Die nationalkonservative Opposition 1933-39, in: Aus Politik und Zeitgeschichte, Nr. 50 vom 13. Dezember 1986, S. 19-30; *U. Heinemann:* Ein konservativer Rebell. Fritz-Dietlof Graf v. der Schulenburg und der 20. Juli, Berlin 1990; *ders.:* Claus Schenk Graf v. Stauffenberg und seine Brüder, Stuttgart 1992; *K. v. Klemperer / E. Syring / R. Zitelmann:* „Für Deutschland". Die Männer des 20. Juli, Frankfurt a. M. – Berlin 1994; *B. Scheurig:* Henning v. Tresckow. Eine Biographie, Frankfurt a. M: – Berlin ⁴1994; *N. Hammersen:* Politisches Denken im deutschen Widerstand. Ein Beitrag zur Wirkungsgeschichte neokonservativer Ideologien 1914-44, Berlin 1994.

– W

Widerstandsrecht

Unter W. wird das →Recht verstanden, sich gegen unrechtmäßige, die etablierte Rechts- und Verfassungsordnung verletzende Handlungen der Obrigkeit zur Wehr zu setzen. Sowohl passiver (Verweigerung des Gehorsams) als auch aktiver (Anwendung von Gewalt) Widerstand haben nicht die (revolutionäre) Schaffung einer neuen, sondern die Erhaltung bzw. Wiederherstellung der alten Ordnung zum Ziel. Nichts mit dem W. zu tun hat daher die seit den 1960er Jahren vielfach propagierte Doktrin des „zivilen Ungehorsams". Dabei handelt es sich nämlich um eine sich unter Berufung auf moralische Grundsätze legitimierende aktive Gesetzesverletzung innerhalb einer als fast gerecht empfundenen Gesellschaft mit dem Ziel einer Änderung der bestehenden Rechts- und Gesellschaftsordnung.

Bereits in der griechisch-römischen Antike war im Zusammenhang mit der gegen den heiligen Nomos verstoßenden Tyrannis das Recht, teilweise sogar die Pflicht zur Wiederherstellung der gestörten Ordnung mit allen, bis zur Tötung des Tyrannen reichenden Mitteln anerkannt. Die christliche Lehre vom W. entwickelte sich aus dem Spannungsverhältnis der Bibelworte „Jeder leiste den Trägern der staatlichen Gewalt den schuldigen Gehorsam. Denn es gibt keine staatliche Gewalt, die nicht von Gott stammt" (Römer 13, 1) und „Man muß Gott mehr gehorchen als den Menschen" (Apg. 5, 29). Im Urchristentum wurde der unrecht handelnden Obrigkeit in Glaubensfragen bis zum Märtyrertod reichender passiver Widerstand, in weltlichen Angelegenheiten duldender Gehorsam entgegengesetzt. Im Mittelalter wurde das Problem des W.s und insbesondere das der Zulässigkeit des Tyrannenmordes in der Theologie kontrovers diskutiert. →Thomas von Aquin erkannte die Tötung des die Macht an sich reißenden *tyrannus usurpationis* als gerechtfertigt an, hielt aber fest, daß der zum Tyrannen entartende legitime Herrscher nur durch ein Gericht abgesetzt und nur im äußersten Fall zum Tod verurteilt werden dürfe. Die

→Kirche versuchte in dieser Zeit, die Entscheidung über die Zulässigkeit des Widerstandes an den Spruch geistlicher Instanzen zu binden; sie nahm darüber hinaus für sich in Anspruch, gegen göttliches oder natürliches Recht verstoßende Herrscher in ihrer Eigenschaft als Christen zu bestrafen, über sie den Bann zu verhängen und deren Untertanen von ihrer Gehorsamspflicht zu entbinden.

Im germanischen Rechtskreis beruhte das W. auf der wechselseitigen Verpflichtung von Lehnsherr und Vasall zur Treue. Tat der dem Recht unterworfene Herrscher, dem dessen Wahrung oblag, unrecht, so durfte ihm jedermann widerstehen. Die Entscheidung darüber kam dem Gewissen jedes einzelnen zu. Dieses formlose W. erfuhr mit der Ausbildung des mittelalterlichen Ständestaates mit der für diesen charakteristischen Teilung der Herrschaftsgewalt zwischen Fürst und Landständen eine Umgestaltung. Es wurde zu einem reinen Amtsrecht, dessen Ausübung nicht mehr jedermann, sondern nur mehr den das Volk repräsentierenden Ständen zukam.

Dieses ständische W., das im 16. Jhdt. von den Monarchomachen und von Althusius eine intensive theoretische Durchdringung erfuhr, wurde auch von Konservativen im Rahmen ihres Einsatzes für den Erhalt der Ordnung der *societas civilis* in Opposition zum aufkommenden →Absolutismus in Anspruch genommen. Vor dem Hintergrund dieser Tradition ist Edmund →Burkes Deutung der Glorious Revolution von 1688 als einer eigentlich verhinderten Revolution zu sehen, als gegen den nach absoluter und willkürlicher Macht strebenden König James II. gerichteter Schritt „to preserve our *antient* indisputable laws and liberties, and that *antient* constitution of government which is our only security for law and liberty".

Das Auftreten eines neuen Gegners in Gestalt der Revolution veranlaßte die Konservativen dazu, sich unter Abkehr vom W. mit der ursprünglich von ihnen bekämpften modernen souveränen Staatlichkeit zu arrangieren. Darüber hinaus konnte das W. nach 1789 von ihnen nicht mehr in Anspruch genommen werden, weil es eine revolutionäre Umdeutung erfahren hatte: In der neuzeitlichen politischen Philosophie – und hier insbesondere in der John Lockes – war es zu einem Recht des Individuums zur Verteidigung seiner natürlichen Menschenrechte geworden. Art. 2 der „Déclaration des droits de l'homme et du citoyen" von 1789 zählte folgerichtig den Widerstand gegen Unterdrückung zu den natürlichen und unabdingbaren Menschenrechten und nannte deren Erhaltung als Endzweck aller politischen Vereinigung, womit die Revolution eine Rechtfertigung erfuhr.

Mit der Wende zum Konstitutionalismus, der Ausbildung des Rechtsstaates und der Durchsetzung des Rechtspositivismus im 19. Jhdt. trat das W. in den Hintergrund. Angesichts des nunmehr vorherrschenden Verständnisses des Rechts als staatliche Setzung erschien die Vorstellung eines W.s gegen die Staatsgewalt einerseits in logischer Hinsicht widersprüchlich; andererseits konnte es vor dem Hintergrund der neuen institutionellen Gegebenheiten wie Gewaltenteilung, Verwaltungsgerichtsbarkeit und Mitwirkung des Volkes durch seine Vertreter an der Gesetzgebung als entbehrlich angesehen werden.

Aufgrund der Erfahrungen mit der nationalsozialistischen Diktatur und dem gegen diese gerichteten deutschen →Widerstand wurde das W. nach 1945 in die Verfassungen einiger deutscher Länder aufgenommen und 1968 in das Grundgesetz eingefügt. Der juristische Wert dieser Positivierung ist jedoch fraglich.

B.: *L. E. Backmann:* Bibliographie zum W., in: W., hrsg. v. *A. Kaufmann* (siehe unter **L.**), S. 561-615.

L.: *K. Wolzendorff:* Staatsrecht und Naturrecht in der Lehre vom W. des Volkes, Breslau 1916, Aalen [3]1968; *F. Kern:* Gottesgnadentum und W. im Mittelalter, Darmstadt [3]1970; *C. Heyland:* Das W. des Volkes gegen verfassungswidrige Ausübung der Staatsgewalt im neuen deutschen Verfassungsrecht, Tübingen 1950; *R. Angermair / H. Weinkauff:* W., in: Staatslexikon, Bd. VIII, hrsg. v. der *Görres-Gesellschaft,* Freiburg i. Br. [6]1963, Sp. 670-83; *K. F. Bertram:* Widerstand und Revolution, Berlin 1964; *J. Isensee:* Das legalisierte W., Bad Homburg 1969; W., hrsg. v. *A. Kaufmann,* Darmstadt 1972; *P. J. Winters:* W., in: Handlexikon zur Rechtswissenschaft, hrsg. v. *A. Görlitz,* München 1972, S. 526-31; *M. Köhler:* Die Lehre vom W. in der deutschen konstitutionellen Staatsrechtslehre der ersten Hälfte des 19. Jhdt.s, Berlin 1973, *R. Dreier:* Widerstand im Rechtsstaat? Bemerkungen zum zivilen Ungehorsam, in: Recht und Staat im sozialen Wandel, Scupin-Festschrift, hrsg. v. *N. Achterberg,* Berlin 1983, S. 573-99; Ziviler Ungehorsam im Rechtsstaat, hrsg. v. *P. Glotz,* Frankfurt a. M. 1983; *D. Rucht:* Recht auf Widerstand?, in: *B. Guggenberger / C. Offe* (Hrsg.): An den Grenzen der Mehrheitsdemokratie, Opladen 1984, S. 254-81; *M. E. Bradford:* And God defend the Right: The American Revolution and the Limits of Christian Obedience, in: *ders.:* Remembering Who We Are, Athens 1985, S. 38-44, 159-61; *B. Koch:* Rechtsbegriff und W., Berlin 1985; *P. Kondylis:* Konservativismus, Stuttgart 1986; *E. Burke:* Reflections on the Revolution in France (1790), hrsg. v. *C. C. O'Brien,* Harmondsworth [9]1986; *G. Dietze:* Konservativer Liberalismus in Amerika, Tübingen 1987; *C. Starck:* W., in: Staatslexikon, Bd. V., hrsg. v. der *Görres-Gesellschaft,* Freiburg u.a. [7]1989, Sp. 989-93; *M. Kriele:* Die Rechtfertigungsmodelle des Widerstands; *ders.:* Ziviler Ungehorsam als moralisches Problem, beide in: *ders.:* Recht – Vernunft – Wirklichkeit, Berlin 1990, S. 409-28, 429-37; *L. Zechlin:* Widerstand / W., in: Europäische Enzyklopädie zu Philosophie und Wissenschaften, Bd. IV, hrsg. v. *H.-J. Sandkühler,* Hamburg 1990, S. 872-76; *N. Luhmann:* W. und politische Gewalt, in: *ders.:* Soziologische Aufklärung, Bd. IV, Opladen [2]1994, S. 161-70.

– Z

Y

Yeats, William Butler

* 13. 6. 1865 Sandymount/Grafschaft Dublin; † 28. 1. 1939 Cap Martin/Südfrankreich. Dichter, Vorkämpfer einer irischen Nationalkultur, Literatur-Nobelpreisträger. Y. entstammte einer seit dem 17. Jhdt. in Irland ansässigen protestantischen Familie. Vater (John Butler Y.) und Bruder (Jack Y.) waren namhafte Maler. Da der Vater berufsbedingt nach London zog, hielt sich der junge Y. oft bei der mütterlichen Familie Pollexfen in der nordwestirischen Hafenstadt Sligo auf, deren eindrucksvolle Umgebung sein Irland-Bild nachhaltig prägte. Als Student der Kunstakademie von Dublin wandte sich Y. drei weit auseinander liegenden Interessengebieten zu, die er später immer wieder miteinander verwob: Dichtung, Okkultismus und Politik. Politisch war Y. Schüler des Nationalrevolutionärs John O'Leary, der die Auffassung vertrat, daß einer Revolution stets eine kulturelle Erneuerung vorausgehen müsse. Seit 1887 mit der Familie wieder in London, betätigte sich Y. im Rahmen einer zeitkritischen „Ästhetischen Bewegung" um W. H. Pater als Dichter, Herausgeber (William Blakes Werke), Journalist und Organisator literarischer Gesellschaften (Rhymer's Club, Irish Literary Society). Mitgliedschaft, später Vorsitz im rosenkreuzerischen Geheimorden des Golden Dawn. 1897 erster Sommeraufenthalt in Lady Gregorys irischem Landsitz Coole Park.

Mit der Rückkehr nach Irland nimmt Y. eine zentrale Stellung in der englischsprachigen irischen literarischen Renaissance („Irish Literary Awakening") ein, die parallel zur gaelischen Sprach- und Traditionspflege den Iren, jenseits von den parlamentarischen Bemühungen um „Home Rule" auf der einen und dem revolutionären Einsatz von „physical force" auf der anderen Seite, eine nationale Identität entfalten wollte. 1908 durch die Herausgabe seiner gesammelten Werke in 8 Bänden Aufstieg zur literarischen Berühmtheit. In Verbindung mit Lady Gregory Gründung einer „Irischen Nationalen Theatergesellschaft" als Trägerin eines irischen Nationaltheaters. 1904 eigenes Theatergebäude (Abbey Theatre). Seit dem Theaterskandal um John Millington Synges „A Playboy of

William Butler Yeats
1865–1939

the Western World" (1907) wachsende Distanz Y.' zum engstirnig-provinziellen katholischen Kleinbürgertum und dem radikalen Flügel der Nationalbewegung, dem er durch sein langjähriges Werben um die schöne Revolutionärin Maud Gonne nahegestanden hatte.

Der Osteraufstand 1916 unter dem Dichter Patrick Pearse bewirkte jedoch seine unwiderrufliche Entscheidung für Irland („All changed, changed utterly / A terrible beauty is born"). Ankauf eines normannischen Turmes in Ballylee in der Nähe von Coole Park als Wohnsitz. Nach einem letzten Heiratsantrag an Maud Gonne, deren Mann, John McBride, nach dem Osteraufstand von den Engländern hingerichtet worden war, Heirat mit der Engländerin Georgina Hyde-Lees. 1922 Berufung in den Senat des neugegründeten Freistaats. 1923 Nobelpreis für Literatur. In Ballylee Erleben des Bürgerkrieges nach Teilung des Landes. 1928 Ausscheiden aus dem Senat nach vergeblichem Kampf gegen die Einführung der Zensur und für die Ehescheidung. Zur Verteidigung der geistigen Freiheit in Irland 1934 Gründung der Irischen Akademie für Dichtung (zusammen mit G. B. Shaw). Weltanschaulich-okkultes Werk: „A

Vision", 1925; letzte politische Schrift: „On the Boiler", 1938.

Die sich über ein halbes Jhdt. erstreckende Dichtung von Y. wurde von ihm selbst in zwei Abschnitte unterteilt: Während die frühe Lyrik, beginnend mit „Wanderings of the Oisin" (=Ossian), sich mit elegischen Stimmungen und mythologischen sowie heroischen Figuren aus der irischen Frühzeit in herkömmlichen Stilarten gegen „Ziegel und Mörtel zwischen den Buchdeckeln" wandte, vollzieht die spätere Lyrik, beginnend etwa mit „The Wild Swans at Coole" (1919) und gipfelnd in den Bänden „The Tower" (1928) sowie „The Winding Stair" (1933), den Bruch mit den überlieferten Stilarten und gewinnt eine Direktheit, Härte und Symbolhaltigkeit, die diese Gedichte zum Höhepunkt der englischsprachigen Moderne in der Lyrik werden ließen. Auch das dramatische Werk Y.' entwickelt sich von Stoffen für ein irisches Nationaltheater („The Countess Cathleen") über eine unter Einfluß des japanischen No-Theaters entstandene revolutionäre Spielform für ein begrenztes Publikum („Plays for Dancers") zu den tiefgründigen späten Dramen. Einheitlicher war Y.' politische Linie. Von seiner Frühzeit, in der er die „bäuerlichen Visionäre, die existieren, und die duellfreudigen Grundbesitzer, die existierten, zu einer keltischen Phantasmagorie" vereinen wollte, bis zu seiner letzten Schrift „On the Boiler" lehnte Y. den nur seinem eigenen Nutzen folgenden Mittelstand ab. Daß die alten Stände im industriellen und zunehmend massendemokratischen Zeitalter ausgespielt hatten, wußte er. Doch sah er eine Parallele zwischen den alten Ständen, die die „perennial things" verkörperten, und den Dichtern, die sie wiedererschufen. In der modernen Politik sah er nur „die Manipulation der öffentlichen Erregung durch Falschmeldungen". Y., zweifellos ein Metapolitiker, ist in der uferlosen, wenn auch von Literaturhistorikern dominierten Literatur bisher in seiner einzigartigen Position als großer Dichter und Metapolitiker noch nicht gewürdigt worden.

S.: Werke, hrsg. v. *W. Vortriede*, Neuwied – Berlin 1970-73: I. Ausgewählte Gedichte; II. Erzählungen; III. Dramen 1; IV. Dramen 2; V. Essays und Einführungen; VI. Autobiographie. In englischer Sprache zahlreiche Ausgaben der Schriften.

B.: *K. D. S. Jochum:* W. B. Y. – A Classified Biblio-graphy of Criticism, University of Illinois 1978. Fortsetzung in den Jahresbibliographien der „Irish University Review"; Jahrbuch: Y. Annual, hrsg. v. *R. Finneran*, London 1982ff.; *F. Timm:* W. B. Y. – Erträge der Forschung, Darmstadt 1984.

E.: The Letters of W. B. Y., hrsg. v. *A Wade*, 1954; The Senate Speeches, hrsg. v. *D. R. Pearce*, 1960; The Collected Letters of W. B. Y., I. 1865-95, hrsg. v. *J. Kelly / E. Domville*, 1986.

L.: *J. Hone:* W. B. Y. 1865-1939, London 1942; *R. Ellman:* Y. – The Man and the Masks, London 1948; *V. Moore:* The Unicorn: W. B. Y.' Search for Reality, New York 1954; *F. A. C. Wilson:* W. B. Y. and Tradition, London 1958; *J. Kleinstück:* W. B. Y. oder: Der Dichter in der modernen Welt, Hamburg 1963; *R. Ellman:* The Identity of Y., New York 1964; *T. Whitacker:* Swan and Shadow: Y.' Dialogue with History, Chapel Hill 1964; *John R. Harrison:* The Reactionaries: Yeats – Lewis – Pound – Eliot – Lawrence, New York 1964; *D. Donoghue / J. R. Mulryne* (Hrsg.): A Honoured Guest: New Essays on W. B. Y., London 1965; *S. Gwynn* (Hrsg.): W. B. Y. – Essays in Tribute, Port Washington 1965; *T. R. Henn:* The Lonely Tower: Studies in the Poetry of W. B. Y., London 1965; *C. Salvadori:* Y. and castiglione: Poet and Courtier, Dublin 1965; *D. T. Torchiana:* W. B. Yeats and Georgian Ireland, Evanston 1966; *T. Klimek:* Symbol und Wirklichkeit bei W. B. Y., Bonn 1967; *E. Boyd:* Ireland's Literary Renaissance, Dublin 1968; *G. S. Fraser:* W. B. Y., London 1968; *S. M. Schaup:* W. B. Y. in deutscher Sicht, Salzburg 1968; *H. Bloom:* Y., New York 1970; *M. Macliammòir / E. Boland:* W. B. Y. and His World, London 1971; *A. N. Jeffares:* W. B. Y., London 1971; *G. M. Harper:* Y. and the Occult, Toronto 1975; *F. Tuohy:* Y. An Illustrated Biography, London 1976; *M. C. Flannery:* Y. and Magic: The Earlyer Works, Gerrards Cross 1977; *E. Timm:* W. B. Y. und Friedrich Nietzsche, Würzburg 1980; *E. Cullingford:* Y., Ireland and Fascism, Dublin 1981; *G. Freyer:* W. B. Y. and the Anti-Democratic-Tradition, Dublin 1981; *B. G. Krimm:* W. B. Y. and the Emergence of the Irish Free State, New York 1981; *A. Martin:* W. B. Y., Dublin 1983; *U. O'Connor:* Celtic Dawn. A Portrait of the Irish Literary Renaissance, London 1984 *A. N. Jeffares:* W. B. Y. – A New Biography, London 1990.

– S-N

Yorck von Wartenburg, Paul Graf

* 1. 3. 1835 Berlin; † 12. 9. 1897 Klein-Oels/ Schlesien. Philosoph und Politiker. Der Enkel des Feldmarschalls Hans David Ludwig Y. v. W. studierte – nach der Erziehung durch Hauslehrer im Geiste der Berliner Spätromantik und Abitur am Breslauer Magdalenen-Gymnasium – von 1855-58 Rechtswissenschaften und Philosophie in Bonn und Breslau. Nach dem freiwilligen Militärjahr und dem Referendariat in Breslau und Potsdam übernahm Y. die Leitung des Familienbesitzes Klein-Oels und wurde erbliches Mitglied des preußischen Herrenhauses. Am dänischen Feldzug, am preußisch-österreichischen und am Deutsch-Französischen Krieg nahm er als Offizier teil. Ausführliche Korrespondenzen mit seinem Freund Wilhelm Dilthey und seinem Breslauer Lehrer Braniß. Y.s eigene philosophische Studien und Fragmente blieben zu seinen Lebzeiten unveröffentlicht.

Als Mitglied des preußischen Herrenhauses stand Y. den Freikonservativen unter Graf →Bethusy-Huc nahe. Schwerpunkte von Y.s politischem Wirken waren die Ausweitung der Selbstverwaltung der Provinzen und die Erlangung der vollständigen Autonomie der evangelischen Kirche vom preußischen Staat. Er wandte sich gegen die Einführung des BGB und erweiterte die Kritik des Deutschrechtlers Otto von Gierke, der die Idee des deutschen →Rechts gegen die Konzeption eines technischen, positiv-abstrakten Rechts stellte. Y. sah die erste Aufgabe des →Staates darin, „die elementare öffentliche Meinung zu zersetzen und möglichst die Individualität des Sehens und Ansehens bildend zu ermöglichen. Es würden dann statt eines so genannten öffentlichen Gewissens – dieser radikalen Veräußerlichung – wieder Einzelgewissen, d.h. Gewissen mächtig werden."

Sich am Ende einer Epoche fühlend, „da die Voraussetzungen des Dreißigjährigen Krieges gegeben sind" und das Regieren „als Effekt der Bewußtseinsstellung auf die Organisation" seelenloses Administrieren geworden sei, suchte Y. eine deutsche Gegenbewegung gegen die Bilderstürmerei der zweckrationalen, mechanischen Abstraktionen der Philosophie seit Hobbes und Descartes durch eine Reformation des Bewußtseins zu begründen. Y. begriff das Sein als ein Lebensereignis. Der Grundcharakter der Geschichte zeigte sich ihm als Virtualität, und ihm wurde deutlich, daß weder das Selbstverhalten noch die Philosophie, als ein „Schatten des Lebens", von der Geschichtlichkeit abstrahiert werden könne. Reformation des Bewußtseins geschehe mit dem Begreifen und Durchdenken dieses Zusammenhangs. Das Denken, das nichts Letztes sei, müsse dabei zunächst „hinter sich selbst zu kommen versuchen", hinter metaphysische und ontologische Konstruk-

tionen dringen und zeigen, welche Motive sie hervorbringen. Auszugehen sei dabei vom lebendigen Selbstbewußtsein, hinter das nicht zu gelangen sei. Die Reformation des Bewußtseins vollziehe sich daher in der Verinnerlichung des Selbst, im „Rückgang auf die Fülle der Lebendigkeit". Das Selbstbewußtsein als solches werde von Gegensätzlichkeiten konstituiert und überhaupt erst durch diese lebendig. Drei Grundverhaltungen des Selbstbewußtseins lassen sich bestimmen: Empfinden, Wollen und Vorstellen. Das Empfinden bestimmt die Personalität; Empfinden ist nicht objektivierbar und kann nicht getrennt von der Person, von Zeit und Zeitlichkeit betrachtet werden. Um mein Selbst zu fassen, bedarf ich der inneren Entfernung von meinen Empfindungen. Der Gedanke ist daher die tatsächliche Abstraktion vom Empfinden und seinem Bei-sich-Sein. Das Wollen führt über das Empfinden hinaus und ist ohne Raum und Gegenständlichkeit nicht zu denken. Es ist verantwortlich für Motivation und Spontaneität, für das, was als Ding anzusehen ist. Das Vorstellen ist bar der Empfindung, es ist Verräumlichen, Projizieren, Versachlichen, ein Akt der Veräußerung und somit verantwortlich für die Trennung von Innen (Empfindung) und Außen. Das Denken selbst ist ein Vorstellen; Vorstellungskraft ist mithin selbst Weltelement und die Welt nicht Vorstellungsobjekt. Diese Grundverhaltungen, in deren Zentrum die Empfindung steht, sind untrennbar miteinander verbunden; ihr Zusammenspiel nennt Y. Syndesmos (syndesmotische Logik). Alle Harmonie und Disharmonie liegt im lebendigen Zusammenwirken der Grundverhaltungen begründet. Disharmonie tritt dort auf, wo eine der Grundverhaltungen sich im Selbstbewußtsein absolut setzen will und die anderen negiert. Mit der Lehre von den Grundverhaltungen kommt Y. zu dem Zusammenhang des verschiedenartigen Denkens und unterscheidet drei Grundtypen historischer Bewußtseinsstellungen. Die Griechen und, davon etwas abweichend, die Inder fühlen sich frei und befriedigt im anschauend-vorstellenden Selbstgefühl. Die Römer und, wiederum etwas abweichend davon, die Juden erfassen Willenssetzung und Zweckbestimmung wesensverwandt; ihr historisches Selbstgefühl ist daher willentlich bestimmt. Die Bewußtseinsstellung des Christentums ist nicht mehr wesenhaft auf ein anderes gerichtet, sondern auf sich selbst und ist damit hinter die Verhaltungen des Selbstbewußtseins zurückgegangen, indem es Gefühl und Leben Gott zuweist. Der Wille wird, durch die Reformation Luthers, als etwas Natürliches und Ungebundenes empfunden, so daß das Selbst nun unverstellt erfahren werden kann (Beginn der Neuzeit). Damit ist es nach Y. „die tiefste und äußerste Möglichkeit historischer Bewußtseinsstellung", die allein ein lebendiges Erfassen der Geschichte ermöglicht.

Y.s Philosophie des „Begreifens vom Leben aus" hat, über Dilthey und Husserl hinaus, das Denken vom spekulativen Idealismus in die neuen philosophischen Ansätze dieses Jhdt.s geführt und hat so F. G. →Jünger, Heidegger und auch Gadamer beeinflußt.

S.: Die Katharsis des Aristoteles und der Oedipus Coloneus des Sophokles, Berlin 1866 (Neudruck in: *K. Gründer*, 1970, siehe unter **L.**).

E.: Briefwechsel zwischen Wilhelm Dilthey und dem Grafen P. Y. v. W., hrsg. v. *S. v. der Schulenburg*, Halle 1923; Italienisches Tagebuch, hrsg. v. *dems.*, Darmstadt 1927, Leipzig [2]1939; [3]1941; Bewußtseinsstellung und Geschichte, ein Fragment aus dem philosophischen Nachlaß, hrsg. v. *I. Fetscher*, Tübingen 1956, Hamburg [2]1991; Heraklit, ein Fragment aus dem philosophischen Nachlaß, hrsg. v. *dems.*, in: Archiv für Philosophie 9 (1959), S. 214-89; Gedanken über eine Reform des Gymnasialunterrichts in Preußen, in: Archiv für Philosophie 9 (1959), S. 290-312; Klein-Oels 1816-71 (als Manuskript gedruckt), hrsg. v. *L. v. Katte, geb. Y. v. W.*, o. O., o. J.; weitere Dokumente aus dem Nachlaß in: *K. Gründer*, 1970 (siehe unter **L.**).

L.: *F. Kaufmann:* Die Philosophie des Grafen P. Y. v. W., in: Jahrbuch für Philosophie und phänomenologische Forschung 9 (1928), S. 1-253; *ders.:* Y.s Geschichtsbegriff, in: Deutsche Vierteljahrsschrift für Literaturwissenschaft und Geistesgeschichte 8 (1930), S. 306-23; *ders.:* Geschichtsphilosophie der Gegenwart, Berlin 1931; *G. Weippert:* Gustav v. Schmoller im Urteil Wilhelm Diltheys und Y. v. W.s, in: Schmollers Jahrbuch für Gesetzgebung, Verwaltung und Wissenschaft 62/II (1938), S. 489-565; *F. Kaufmann:* Wiederbegegnung mit dem Grafen Y., in: Archiv für Philosophie 9 (1959), S. 177-213; *H. Schmitz:* Rezension von P. Y. v. W., Bewußtseinsstellung und Geschichte, in: Philosophische Rundschau 7 (1959), S. 17-30; *H. Lorenz:* Das Bewußtsein der Krise und der Versuch ihrer Überwindung bei Wilhelm Dilthey und Graf Y. v. W., in: Zeitschrift für Religions- und Geistesgeschichte 9 (1959), S. 59-68; *H.-J. Schoeps:* Dilthey und Y., in: *ders.:* Was ist der Mensch, Göttingen 1960, S. 149-63; *F. G. Jünger:* Graf P. Y. v. W., in: *ders.:* Sprache und Denken, Frankfurt a. M. 1962, S. 162-212; *L. v. Renthe-Fink:* Geschichtlichkeit. Ihr terminologischer und begrifflicher Ursprung bei Hegel, Haym, Dilthey und Y., Abhandlungen der Akademie der Wissenschaften zu Göttingen, phil.-hist. Klasse, 3. Folge, Nr. 59, Göttingen 1964; *K. Gründer:* Entstehungsgeschichtliche Voraussetzungen für Y.s Frühschriften, in: Colloquium philosophicum. Studien, Joachim Ritter zum 60. Geburtstag, Basel – Stuttgart 1965, S. 58-71; *P. Hünermann:* Der Durchbruch geschichtlichen Denkens im 19. Jhdt., J. G. Droysen, W. Dilthey, Graf. P. Y. v. W., ihr Weg und ihre Weisung für die Theologie, Freiburg 1967; *K. Gründer:* Zur Philosophie des Grafen P. Y. v. W. – Aspekte und neue Quellen, Göttingen 1970; *K. Flasch:* Rezension von P. Y. v. W., Bewußtseinsstellung und Geschichte, in: FAZ Nr. 257 v. 4. 11. 1992, S. 12.

– Han

Z

Zehrer, Hans

* 22. 6. 1899; † 23. 8. 1966. Journalist. Z.
entstammte einer bürgerlichen, ursprünglich
aus Sachsen kommenden Familie. Nach dem
Abitur meldete er sich 1917 freiwillig, nahm
nach Kriegsende noch an der Niederschlagung des Spartakus-Aufstands und am Kapp-
Putsch teil und verließ das Militär erst im
Frühjahr 1920. Dann begann er an der Universität Berlin zunächst ein Studium der Medizin und Psychologie, das ihn aber auf seiner
Suche nach „dem Menschen" nicht befriedigte. Deshalb wechselte er nach fünf Seme-
stern zu Theologie, Geschichte, Philosophie
und Nationalökonomie. Z. wurde vor allem
durch A. von Harnack, E. Troeltsch und W.
Sombart beeindruckt, verließ die Hochschule
aber ohne Abschluß. Dabei spielte möglicherweise die verschlechterte wirtschaftliche
Lage seines Elternhauses eine Rolle, doch
entscheidender war, daß er seine Leidenschaft
für den Journalismus entdeckt hatte. Am 1.
Oktober 1923 trat er in die „Vossische Zeitung" ein, als deren Auslandsredakteur er seit
Mai 1925 zu einem der beachtetsten Journalisten der Weimarer Jahre wurde.

Bis zu diesem Zeitpunkt hatte Z. noch
keine besonders auffälligen politischen Positionen vertreten. Er verstand sich wohl als
Mitglied der Kriegsgeneration, hielt den
Kampf gegen Versailles für unabdingbar, aber
seine Stellung zur Republik war eher undeut-
lich, eine prinzipielle Feindschaft gegen das
parlamentarische System nicht erkennbar.
Das änderte sich, nachdem Z. im Oktober
1929 die Herausgabe der Zeitschrift „Die
Tat" übernahm. Mit Rücksicht auf seine Bindung an die „Vossische Zeitung" bzw. den
Ullstein-Verlag trat er allerdings bis zum Tod
ihres Besitzers Eugen Diederichs nicht offen
hervor. Erst vom Oktober 1931 an, nachdem
er die Vossische Zeitung verlassen hatte,
zeichnete Z. als Herausgeber der „Tat". Damals war er bereits der unbestritten führende
Kopf des →Tat-Kreises, seine anti-kapitali-
stischen, anti-liberalen und anti-parlamenta-
rischen Vorstellungen, seine Vision von einer
„Dritten Front", die den „national-sozialen"
Neubau, gegründet auf die Mittelschichten
und ihre Eliten, verwirklichen werde, waren

zum allgemein akzeptierten Programm der
Zeitschrift geworden.

Aber Z.s politische Kalkulation ging nicht
auf. Seine Vorstellung, man könne Schleicher
einen „brain-trust" (E. Demant) zur Verfügung stellen und dann den Kanzler-General
im eigenen Sinn lenken, erwies sich als illusorisch. Die „Dritte Front" kam nicht zustande;
Z.s mit viel Geschick geführter politischer Salon in Berlin blieb ohne jede Bedeutung angesichts des Aufstiegs der bis dahin gönnerhaft
betrachteten NSDAP, die mit Hilfe der „Reaktion" noch Erfolg hatte, als Z. sie schon er-
ledigt glaubte (die ebenfalls von Z. geleitete
„Tägliche Rundschau" meldete als erste Zeitung das Treffen von Papen und Hitler im
Haus des Kölner Bankiers Schröder am 5. Januar 1933).

Z.s Versuche, die „nationale Erhebung" im
Sinne seiner Vorstellung eines „autoritären
Staates" umzudeuten, scheiterten rasch. Nach
seiner Ablösung als Herausgeber der „Tat"
im Oktober 1933 zog er sich von Berlin nach
Blankenese, dann nach Kampen auf Sylt zurück. Wegen seiner Ehe mit einer Volljüdin
übte er politische Abstinenz und versuchte
sich erfolgreich als Romanautor: 1935 erschien unter dem Pseudonym „Hans Thomas" das Buch „Percy auf Abwegen". Der
Anlauf, nach intensiver Beschäftigung mit
Augustinus, W. Solowjew und N. Berdjajew
sowie →Donoso Cortés, M. Scheler, K.
Mannheim und E. Rosenstock, eine eigene
Religionsphilosophie zu schreiben, scheiterte
indes; erst nach dem Krieg – 1948 – erschien
der kaum lesbare Text unter dem Titel „Der
Mensch in dieser Welt".

Z.s Lebenssituation änderte sich 1938 infolge der Emigration seiner Frau nach England und der anschließenden Scheidung. Er
kehrte nach Berlin zurück, wo er – trotz einiger Widerstände von nationalsozialistischer
Seite – die Filiale des Stalling-Verlages übernehmen konnte. Am 1. April 1941 wurde er
Mitglied im Vorstand des Unternehmens und
1942 – nach dem Tod H. Stallings – Vor-
standsvorsitzender. Ende 1943 folgte die Einberufung zur Luftwaffe. Noch 1945 nach
Berlin versetzt, kehrte Z. bei Kriegsende nach
Sylt zurück.

Z. scheint dann vorübergehend an eine
Rückkehr in die Politik gedacht zu haben. Jedenfalls unterstützte er den ihm bekannten

O. Schmidt-Hannover – der ebenfalls auf Sylt lebte und zu den führenden Deutschnationalen der Weimarer Republik gehört hatte – im Winter 1945/46 bei der Abfassung eines „Konservativen Manifestes". Der Text forderte ein rasches Ende des Besatzungsregimes, Wiederherstellung Deutschlands in seinen Vorkriegsgrenzen, Sicherstellung des Rechtsstaates und Errichtung einer parlamentarischen Monarchie. Das „Manifest" diente der in Kiel gegründeten „Deutschen Konservativen Partei" als Programm. Diese ging aber schon im Frühjahr 1946 in der neu gebildeten „Deutschen Rechtspartei – Konservative Vereinigung" auf, in der sich die konservativen Kräfte gegen den dominierenden Einfluß von Völkischen und radikalen Nationalisten nicht behaupten konnten.

Inzwischen hatte Z. sein Liebäugeln mit der politischen Praxis auch schon wieder beendet, denn im Januar 1946 wurde er Chefredakteur der durch die britische Besatzungsmacht gegründeten Tageszeitung „Die Welt" – eine Position, die er allerdings im März des Jahres wieder einbüßte, weil die Hamburger SPD-Regierung unter Hinweis auf seine politische Vergangenheit die Abberufung erreichte. Z. wechselte zu dem von Bischof Hanns Lilje gegründeten „Sonntagsblatt". Was Lilje und Z. verband, war die gemeinsame Überzeugung vom „Ende des Politischen". Sie deuteten die Katastrophenfolge des 20. Jhdt.s als eine Art Gottesgericht über die Irrtümer der Moderne und glaubten, daß bestenfalls eine Besinnung auf die Güter der abendländischen Tradition und eine Pazifizierung der Weltanschauungskonflikte zu erwarten seien. Diese moderat pessimistische Einstellung – Z. blieb zeit seines Lebens sehr stark von P. de →Lagarde und O. →Spengler beeinflußt – trug dazu bei, daß Z. die Tagespolitik aus dem „Sonntagsblatt" völlig heraushielt. Grundsätzlich neigte man einer Adenauer-kritischen Position zu und unterstützte den preußisch-protestantischen Flügel der CDU um H. →Ehlers und Eugen Gerstenmaier.

Diese Einstellung hat Z. auch mitgenommen, als er am 30. September 1953 noch einmal die Leitung der „Welt" antrat. Das Blatt war kurz zuvor von seinem Freund A. Springer gekauft worden, der seinen „Mentor" (Springer über Z.) als neuen Chefredakteur

einsetzte. Bis 1958 konnte Z. in der „Welt" seine Linie weitgehend durchsetzen, auch wenn der Wunsch, eine deutsche „Times" zu machen, kaum erfüllbar war. Die Zeitung war regierungsfreundlich, ging in ihrem Wohlwollen aber nicht so weit wie die „Frankfurter Allgemeine Zeitung". Vor allem in bezug auf die Deutschlandpolitik wurde die einseitige Westbindung kritisiert, denn Z. glaubte wie Springer, daß der „Schlüssel" zur Wiedervereinigung in Moskau liege. Er selbst hatte schon im Juni 1955 eine Reise in die Sowjetunion unternommen und kam mit der Vorstellung zurück, daß man – bei Rücksichtnahme auf die Interessen der UdSSR – Verhandlungen über die innerdeutsche Lage einleiten könne. Der Gedanke wurde von Springer aufgenommen und verleitete ihn zu der optimistischen Auffassung, daß er durch ein persönliches Gespräch mit Chruschtschow die Wiedervereinigung erreichen könne. Ein Besuch in Moskau im Januar 1958 endete mit einem blamablen Ergebnis und führte bei Springer fortan zu einem scharfen und ausschließlichen Antikommunismus. Diese Einstellung, der er als Verleger Nachdruck verlieh, indem er seinen Chefredakteuren – auch Z. – entsprechende direkte Anweisungen gab, war keineswegs mit einer unkritischen Haltung gegenüber den Alliierten der Bundesrepublik verbunden. Daß der Mauerbau von den Vereinigten Staaten, Großbritannien und Frankreich widerstandslos hingenommen wurde, führte zu einer scharfen Polemik der Zeitungen des Springer-Konzerns gegen die westdeutschen Verbündeten.

Z. hat den neuen Kurs trotz eines gewissen Unbehagens mitgetragen. Er teilte die außen- und deutschlandpolitischen Auffassungen Springers nur bedingt, aber der „Rechtsschwenk" der „Welt" kam seinen eigenen Vorstellungen wenigstens darin entgegen, daß er die innenpolitische Entwicklung seit Beginn der sechziger Jahre mit Mißfallen verfolgte. Er fürchtete, daß die „deutsche Intelligentsia" die gewonnene „Libertät" in „Libertinage" verwandle und sah das politische System gefährdet durch eine Erosion aller Bindungen im Namen der Emanzipation. Seine letzten Anstrengungen – er holte einige profilierte konservative Autoren, wie W. Martini und A. →Mohler, zur „Welt" – dienten ebenso dem Bemühen, diese Tendenzen zu steuern, wie seine viel gelesenen Kolumnen in anderen Blättern des Springer-Konzerns: unter dem Pseudonym „Hans im Bild" für die „Bild-Zeitung", als „Hans Thomas" für die „Welt am Sonntag". Bis kurz vor seinem Tod hatte Z. die Chefredaktion der „Welt" inne.

B.: in: *E. Demant:* Von Schleicher zur Springer (siehe unter L.), S. 252-58.

L.: *E. Demant:* Von Schleicher zur Springer. H. Z. als politischer Publizist, Mainz 1971.

– W

Ziegler, Leopold

* 30. 4. 1881 Karlsruhe; † 25. 11. 1958 Überlingen/Bodensee. Z. war einer der einflußreichsten geistigen Führer der Konservativen in den Zwischenkriegsjahren, nicht zuletzt durch sein besonders enges Verhältnis zu E. J. →Jung. Die Bedeutung seines Werkes reicht jedoch weit über diese Zeit hinaus, bringt es doch die religiös-metaphysische Verwurzelung von Volk und →Staat, Gesellschaft und Kultur in der jeweils eigenen, heilheiligen Überlieferung in den Blick. Dieser Verwurzelung wiederum liegt eine „Ur-Offenbarung" des einen Göttlichen zugrunde, aus der die heiligen Bücher, Mythen und Riten aller Völker gespeist werden. Diesem Gedanken, der schon in seinen kurz nach der Realschulmatura herausgegebenen Frühschriften und seiner philosophischen Dissertation (bei R. Eucken und E. Haeckel in Jena) auftaucht, ist Z. sein ganzes Leben lang treu geblieben. Von Hauptwerk zu Hauptwerk wird er vertieft und mit dem ganzen Rüstzeug der vergleichenden Religionswissenschaft, der Völkerkunde, der Psychologie, der Soziologie, Philosophie und Historiographie ausgebreitet. Dabei festigt sich bei Z. die Überzeugung, daß „die Seelentümer sämtlicher Völker von demselben unterirdischen Strom derselben Überlieferung genährt und gespeist (werden)", den „alle wirklich ‚Eingeweihten' immer wieder als die Einheit aller Überlieferungen unwiderruflich erfahren" („Überlieferung", S. 246). In hartem Ringen nähert sich Z. in seinen Spätwerken mehr und mehr dem Christentum, in dem er schließlich die Aufgipfelung aller Religionen und jenen „geheimnisvollen Leib" sieht, der die heiligen Traditionen der Völker im Hegelschen Sinne „aufhebt" und sich selbst mit dem Glanz ihrer Wahrheit schmückt. Z. konnte die folgende Bestätigung seiner Überzeugung durch das Zweite Vatikanum (Erklärung über das Verhältnis der Kirche zu den nichtchristlichen Religionen „Nostra aetate", Rom 1965), das den Weg zu einer echten, auf gegenseitiger Anerkennung und Wertschätzung beruhenden Ökumene freimachte, nicht mehr erleben.

Nach dem Ersten Weltkrieg sah sich Z. innerlich aufgefordert, dem durch Niederlage, Zusammenbruch, Umsturz, Friedensvertrag, Gebietsabtretungen, Reparationen und Parteienstreit gedemütigten und zerrissenen deutschen Volk den Sinn seiner Existenz und sein Selbstbewußtsein neu zu vermitteln. Seine Schriften zu Volk, Staat und Persönlichkeit sowie vor allem die zwei Bände über „Das heilige Reich der Deutschen" lösten eine umfangreiche Vortragstätigkeit aus, die ihn mit zahlreichen konservativen Kreisen, führenden Politikern (u.a. →Rathenau, Brüning, von Papen), Dichtern und Denkern in Berührung brachte. Tragisch endete im Mai 1934 die letzte Begegnung mit Jung, der ihm seinen Plan zur Ermordung Hitlers vortrug. Z. riet Jung, der sich nach der Mordtat zum Führer der Deutschen ausrufen lassen wollte, von der Durchführung des Planes aus moralischen Gründen ab: „Die Personalunion zwischen politischem Mörder und Führer richtet Volk und Reich zu Grunde." Z., der sich schon früh und immer schärfer als pronocierter Gegner der Nationalsozialisten deklariert hatte, entging dem Schicksal seines Freundes nur durch glückliche Umstände und der Hilfe durch Schweizer Vertraute.

Z. wurde für seine Arbeit vielfach ausgezeichnet und geehrt (1920 Nietzsche-Preis, 1929 Goethe-Preis der Stadt Frankfurt a. M., 1954 Klopstock-Preis in Hamburg). 1951 erhielt er das Ehrendoktorat für Religionswissenschaft der Theologischen Fakultät der Universität Marburg. Drei Berufungen auf theologisch-philosophische Lehrstühle lehnte er ab. Die südbadische Landesregierung verlieh ihm 1951 den Professorentitel. Diese äußeren Ehrungen zeugen davon, daß seine Bedeutung als einer der ganz großen Vertreter der „integralen Tradition" und der „traditionellen Methode" (W. →Heinrich) auch von exoterischen Kreisen mehr und mehr erkannt wird, sind es doch gerade diese

Tradition und Methode, die dem heutigen Konservatismus Überzeugungskraft und Stärke im Kulturkampf verleihen. „Angesichts der in Europa wie in den Vereinigten Staaten von Amerika beschworenen Wende zum Konservativismus" könnte Z. „als eine Art ‚Ernst Bloch von rechts'... dem Konservativismus eine metaphysische Tiefendimension verleihen, von der diejenigen nichts ahnen, die diese geistespolitische Haltung mit altliberaler Reaktion, steriler Nostalgie oder theorielosem ‚Pragmatismus' verwechseln" (G.-K. →Kaltenbrunner).

S.: Metaphysik des Tragischen, Leipzig 1902; Das Wesen der Kultur, Jena 1903; Der abendländische Rationalismus und der Eros, phil. Diss. Jena 1905; Das Weltbild Hartmanns, Leipzig 1910; Florentinische Introduktion, Leipzig 1911; Der deutsche Mensch. Gesammelte Aufsätze, Berlin 1915; Volk, Staat und Persönlichkeit, Berlin 1917; Gestaltwandel der Götter, Bde. I-II, Berlin 1920, Darmstadt ²1922; Der ewige Buddho, Darmstadt 1922; Das heilige Reich der Deutschen, Darmstadt 1925; Dienst an der Welt. Zur Einführung in die Philosophie L. Z.s, Darmstadt 1925; Zwischen Mensch und Wirtschaft. Gesammelte Vorträge, Darmstadt 1927; Don Juan, Leipzig 1927; Magna Charta einer Schule, Darmstadt 1928; Der europäische Geist, Darmstadt 1929; Fünfundzwanzig Sätze vom deutschen Staat, Darmstadt 1931; Zwei Goethereden und ein Gespräch, Leipzig 1932; Überlieferung, Leipzig 1936, München ²1946; Apollons letzte Epiphanie, Leipzig 1937; Menschwerdung, Bde. I-II, Olten 1948; Von Platons Staatheit zum christlichen Staat, Olten 1948; Goethe in unserer Not, Leutstetten b. München 1949; Die neue Wissenschaft, 1951; Spätlese eigener Hand, München 1953; Edgar Julius Jung. Denkmal und Vermächtnis, Salzburg 1955; Das Lehrgespräch vom Allgemeinen Menschen, Hamburg 1956; Messias Pseudomessias, Salzburg 1959; Briefwechsel Reinhold Schneider – L. Z., München 1960; Dreiflügelbild, München 1961; Briefe 1901-58, München 1963.

L.: *O. Köhler:* Mythos und Geschichte der Menschheit. Zum Werk L. Z.s, in: Saeculum 2 (1951); *W. Heinrich:* Über die traditionelle Methode, Salzburg 1954; *E. Benz:* Das Bild des Allgemeinen Menschen in der Religionsphilosophie L. Z.s, Frankfurt a. M. 1960; *ders.:* Meine buddhistischen Nachbarn. In memoriam Fritz Mauthner und L. Z., in: Antaios 3 (1962); *D. Mach:* Anmerkungen zu L. Z.s Werk, in: Zeitschrift für Ganzheitsforschung, N. F. 7 (1963); *H. Riehl:* L. Z.s „Florentinische Introduktionen", in: Zeitschrift für Ganzheitsforschung, N. F. 7 (1963); *F. Romig:* Herrschaft und Opfer. Zum 5. Todestag L. Z.s, in: Zeitschrift für Ganzheitsforschung, N. F. 7 (1963); *D. Kamper:* Die Anthropologie L. Z.s, München 1964; *H. H. Härlen:* Universitas und der Allgemeine Mensch. Ein Beitrag zum Werk L. Z.s, in: Areopag 2 (1967); *E. Stein:* L. Z. – Versuch einer Einführung in sein Werk, in: Ursprung und Gegenwart des integralen Bewußtseins (Abhandlungen der Humboldt-Gesellschaft), Hamburg 1967; *W. Heinrich:* L. Z. und die Tradition, in: Kairos 10 (1968); *M. Schneider-Fassbaender:* L. Z., Augsburg 1978; *G. Stamm u.a.* (Bearb.): L. Z. (30. 4. 1881 – 25. 11. 1958). Leben und Werk in Dokumenten (zur Ausstellung der Badischen Landesbibliothek), Karlsruhe 1978; *S. Latour:* Geschichte und Menschwerdung in der Sicht L. Z.s, in: Zeitschrift für Ganzheitsforschung, N. F. 24 (1980); *dies.:* Theosophische und prophetische Überlieferung im Werk L. Z.s, in: Zeitschrift für Ganzheitsforschung, N. F. 24 (1980); *dies.:* Die Philosophie L. Z.s und die Überwindung des Geschlechtskonflikts. Das Urbild des Androgynen, in: Zeitschrift für Ganzheitsforschung N. F. 25 (1981); *E. Stein / H. Mislin / S. Latour / E. Benz:* L. Z. Denker des erinnernden Urwissens – Deuter des Weltsinnes – Wegweiser in die Zukunft, Freiburg i. Br. 1981; *G.-K. Kaltenbrunner:* L. Z. zum 100. Geburtstag, in: Criticón 64 (1981); *S. Latour:* Gestaltwandel als Lebensprinzip über den Tod hinaus in Anlehnung an L. Z., in: Zeitschrift für Ganzheitsforschung 38 (1994); *P. König:* Europa und der Friedensgedanke bei Reinhold Schneider und L. Z., in: Zeitschrift für Ganzheitsforschung, N. F. 38 (1994).

– Ro

Verzeichnis der Mitarbeiter

AM	=	Dr. Armin Mohler
Be	=	Dr. Christian Bendrath
B-L	=	Dr. Maria Theodora von dem Bottlenberg-Landsberg
Br	=	Charles C. Brown
Bu	=	Cecilia von Buddenbrock
Di	=	Felix Dirsch
Fe	=	Wolfgang Fenske
GM	=	Dr. Guido Müller
Gr	=	Dr. Eckhart Grünewald
Ha	=	Dr. Karl-Eckhard Hahn
Hä	=	René Häusler, lic. phil. I
Hak	=	Dr. Hans-Thomas Hakl
Han	=	Stefan Hanz
He	=	Don Gregor Hesse
Hi	=	Dr. Ulrich Hintze
Hö	=	Doz. Dr. Lothar Höbelt
Ho	=	Prof. Dr. Klaus Hornung
Hu	=	Hans Graf Huyn
JBM	=	Prof. Dr. Johann Baptist Müller
Je	=	Dr. Albrecht Jebens
K	=	Dr. Hans-Christof Kraus
Kro	=	Doz. Dr. Frank-Lothar Kroll
Ma	=	Dr. Michael Matthiesen
Mo	=	Prof. Dr. Klaus Motschmann
No	=	Oswalt von Nostitz
Qu	=	Prof. Dr. Helmut Quaritsch
Ra	=	Prof. Dr. Mohammed Rassem
Ri	=	Dr. Robert Rill
Ro	=	Doz. Dr. Friedrich Romig
Ros	=	Dr. Olaf Rose
RvB	=	Dr. Johannes Rogalla von Bieberstein
Sch	=	Dr. Ehrenfried Schütte
SdL	=	Dr. Helmut Stubbe-da Luz
S-N	=	Caspar Baron von Schrenck-Notzing
So	=	Gunnar Sohn
St	=	Heinz-Siegfried Strelow M. A.
Th	=	Dr. Christoph von Thienen-Adlerflycht
Ün	=	Dr. Elfriede Üner
W	=	Dr. Karlheinz Weißmann
Wi	=	Andreas K. Winterberger
Z	=	Dr. Ulrich E. Zellenberg